北京大学考古学丛书

考 古 学 研 究

（九）

庆祝严文明先生八十寿辰论文集

上 册

北京大学考古文博学院
北京大学中国考古学研究中心　编

文物出版社
北京

封面设计　周小玮

责任印制　陈　杰

责任编辑　杨新改

图书在版编目（CIP）数据

考古学研究.9，庆祝严文明先生八十寿辰论文集／北京
大学考古文博学院，北京大学中国考古学研究中心编.—北
京：文物出版社，2012.4
　（北京大学考古学丛书）
　ISBN 978 – 7 – 5010 – 3431 – 4

Ⅰ.①考…　Ⅱ.①北…②北…　Ⅲ.①考古学 – 中国 – 文
集　Ⅳ.①K870.4 – 53

中国版本图书馆 CIP 数据核字（2012）第 056920 号

考 古 学 研 究 （九）

——庆祝严文明先生八十寿辰论文集

北 京 大 学 考 古 文 博 学 院
北京大学中国考古学研究中心 编

*

文 物 出 版 社 出 版 发 行

（北京东直门内北小街 2 号楼）

http：//www.wenwu.com

E-mail：web@wenwu.com

北 京 君 升 印 刷 有 限 责 任 公 司 印 刷

新 华 书 店 经 销

787×1092　1/16　印张：56　插页：2

2012 年 4 月第 1 版　2012 年 4 月第 1 次印刷

ISBN 978 – 7 – 5010 – 3431 – 4　定价：328.00 元（上、下册）

Archaeology Series, Peking University

A Collection of Studies on Archaeology

(IX)

Festschrift in Commemoration of Prof. Yan Wenming's 80th Birthday

A

Compiled by

School of Archaeology and Museology, Peking University

Center for the Study of Chinese Archaeology, Peking University

Cultural Relics Press

Beijing

岁月留痕

——严文明先生学习、工作照片

在讲台上

1946 年 10 月小学毕业前

1951 年在长沙一中高一班

1949 年 12 月在湖南华容县立中学中二班部分同学毕业前合影（后排穿夹克者为严文明）

1953 年 10 月，考上北京高校的高中同窗假日聚会在北大未名湖畔

1954 年 8 月，北大历史系 53 级五名同学徒步往返白洋淀，泛舟赏景

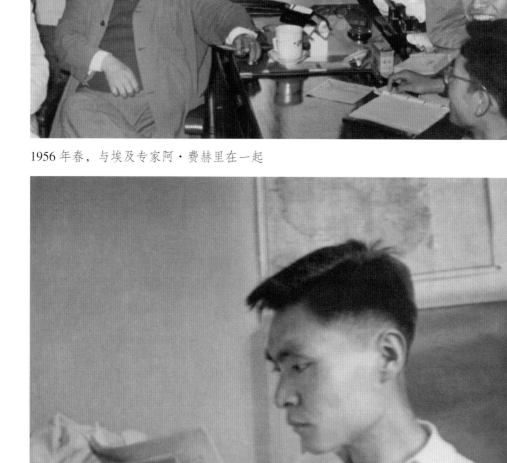

1956年春，与埃及专家阿·费赫里在一起

1956年夏，在宿舍研读资料，向科学进军

1957 年，同宿舍的同窗好友
前左起：刘勋、严文明；后左起：徐秉铎、戴尔俭

1958 年 2 月，从邯郸实习归来，
独步未名湖畔

1960年5月，在洛阳王湾指导考古实习时留影
前左一：李仰松，后左一：严文明

1962年12月，在殷墟指导考古实习时在安阳工作站前留影

考
古
生
涯

1963年11月11日，在兰州指导考古实习时于青岗岔发掘半山期房址

1970年夏，在江西鲤鱼洲"五七"干校

1973年下学期给北大考古专业73级学生讲授新石器时代考古

1975年9月，在承德避暑山庄参加北方边疆考古工作座谈会时与刘观民到荷塘赏景

温馨的家，在北大燕东园39楼前（1979年）

1980年夏在家备课

1984 年 8 月，请张光直来北大讲考古学专题，课前在休息室与宿白先生一起聊天

1985 年 3 月，在广东北部翁源县考察下角垄遗址时与李子文交谈

1985年10月初，在辽宁兴城八一疗养院与苏秉琦、俞伟超、张忠培讨论《中国通史》第二卷《远古时代》的撰稿问题

1985年12月，与赵辉考察山东章丘城子崖遗址

1987 年 4 月 29 日，参加三星堆考古学术讨论会期间参观纵目青铜面具

1987 年 5 月 17 日，在烟台主持胶东考古座谈会

1987年5月20日，胶东考古会议期间给苏秉琦和郑笑梅介绍长岛大黑山北庄遗址出土陶器

1987年12月2日，同李水城考察浙江良渚莫角山考古工地

1988 年 10 月，应日本考古学协会邀请首次访问日本，在东京银座举行的宴会上，原理事长江上波夫先生热情致辞

1988 年 10 月 16 日，在早稻田大学与日本考古学协会理事长樱井清彦先生在一起

1988 年 10 月 11 日，在日本奈良丝绸之路博览会上会见老同学俄罗斯汉学家刘克甫

1989 年 5 月，与日本京都原太乐陶瓷研究所的原太乐先生签订协议，由日方资助北大考古系建立陶瓷研究所并共同进行研究

·17·

1989 年 5 月，与郭素新察看内蒙古凉城县园子沟龙山时代窑洞中的白灰地面和墙裙

1989 年 8 月，与李伯谦（右）、郭素新（中）在岱海上

1989 年 12 月 10 日，日本大阪经济法科大学村川行弘教授来北大访问时合影

1990 年 1 月 24 日，陪苏秉琦看望北大考古系老职工容媛（容庚胞妹）先生

1991 年 11 月 6 日，在日本早稻田大学与稻田耕一郎教授交谈

1991 年 12 月，与石兴邦先生在广州瞻仰黄花岗起义七十二烈士墓园

1992 年 3 月，在山东大学与栾丰实研究邹平丁公遗址出土器物

1992 年 5 月 17 日，在考察长江三峡文物时留影

1992年8月31日，在北大赛克勒博物馆同宿白先生一起接待台湾大学的宋文薰和连照美教授

1992年11月15日，在韩国全罗北道高趋郡竹园里考察石棚
左起：郭大顺、许玉林、严文明、全荣来等

1993年5月，在北大勺园会见德国航空考古学家平格尔，俞伟超和赵辉一同会见

1993年7月24日，在日本宫崎市佐贺大学作稻作起源的学术报告后回答听众提问
右为陈文华，左为藤原宏志

1993 年 9 月 4 日，中美农业考古合作协议在北大赛克勒博物馆由中方队长严文明和美方队长马尼士正式签字并换文

1994 年 1 月 25 日，参观台北故宫博物院时与张忠培拜会秦孝仪院长（三个湖南人）

考古生涯

1994 年 3 月，在兰州"黄河母亲"雕塑前

1994 年 12 月 13 日，同苏秉琦、张忠培一道拜访白寿彝先生

考古生涯

1995 年 3 月 9 日，同臧振华在澎湖考察贝丘遗址

1995 年 7 月，在长春参加国家教委社会科学优秀成果评奖会上与林沄交谈

1995 年 11 月 13 日，与徐苹芳考察新疆吐鲁番交河故城

1995 年 12 月 21 日，在夏商周断代工程启动式上与李铁映交谈
左为李学勤，右为裘锡圭和朱学文

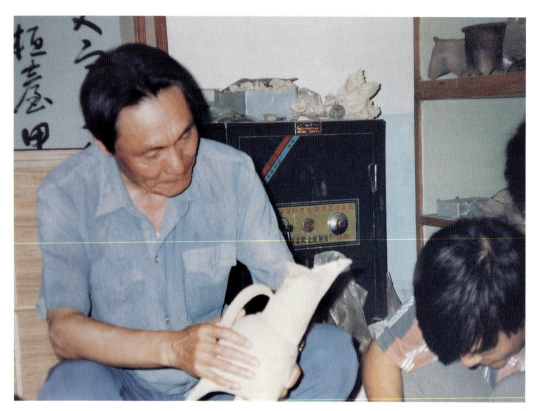

1997年6月1日，在山东桓台欣赏出土龙山文化陶鬶

1997年11月6日，与刘军在贵州黄果树瀑布前

1998 年 8 月 17 日，偕夫人重游长岛

1998 年 9 月，在浙江桐乡普安桥，中日浙江东北考古队的三位队长：严文明（左）、量博满（中）、刘军（右）

1999 年 9 月 25 日，在香港大学做学术报告

1999 年 12 月 20 日，与夫人在漓江上

2000 年 2 月 20 日，在香港古物古迹办事处由邹兴华陪同参观香港出土器物

2000 年 4 月 3 日，参观台北故宫博物院
右起：邓淑蘋、臧振华、严文明、王秀莲、洪玲玉、江美英

2001 年 2 月 25 日，参加长江流域青铜文化国际研讨会时与俞伟超在赛克勒博物馆前

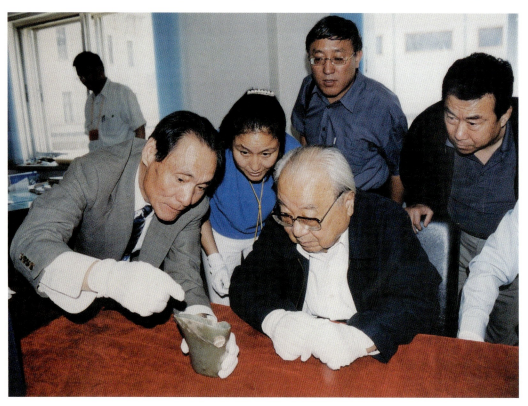

2001 年 5 月 30 日，在沈阳给费孝通先生介绍红山文化玉箍形器

2003 年 12 月 11 日，参观桂林甑皮岩遗址
右起：阮文好（越南）、严文明、吴小红

2004 年 5 月 17 日，游安徽黄山，与张弛（左）和吴卫红（右）在迎客松旁休息

2004 年 5 月 21 日，与夫人在安徽当涂参观李白墓

2004 年 5 月 22 日，与夫人在安徽寿县参观淝水古战场

2005 年 11 月 11 日，回湖南华容老家探望小学启蒙老师黄剑萍先生

2005 年 11 月 13 日，兄弟齐聚岳阳楼
右起：二弟文思、三弟文光、大哥文明、妹夫罗学文、四弟文才

2005 年 11 月 16 日，在湖南道县玉蟾岩洞穴遗址内，中美考古合作的三位队长：巴尔·约瑟夫（左）、严文明（中）、袁家荣（右）

2007 年 9 月 23 日，与夫人在甘肃嘉裕关前

2007 年 9 月 25 日，由彭金璋（左）陪同参观敦煌莫高窟

2007 年 9 月 30 日，在天山北麓巴里坤由王建新陪同考察他所主持发掘的黑石沟游牧人遗址

考古生涯

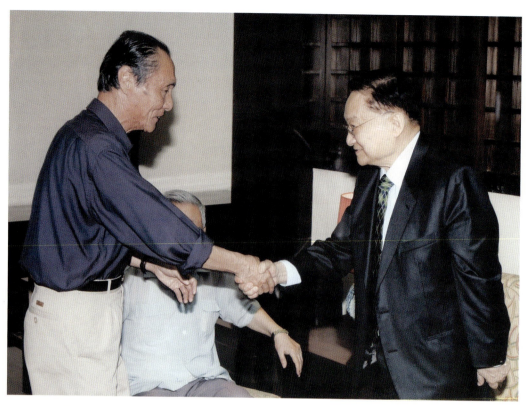

2008 年 3 月 26 日，在北京大学国学研究院会见查良镛（金庸）先生

2009 年 12 月 13 日，在海南三亚海边望南海

考古生涯

2009 年 12 月 13 日，与夫人在海南三亚市西郊海滨（巨石嶙峋，这里就是天涯海角）

2010 年 9 月 19 日，在美国南达科达州黑山森林公园由女儿严一苹陪同参观拉希莫尔总统山巨型雕塑，山头有华盛顿、杰斐逊、林肯和罗斯福四位总统的头像

2010 年 10 月 13 日，与儿子严松在加拿大蒙特利尔国王山上（远处为圣劳伦斯河）

全家福：2010 年 9 月 26 日摄于美国丹佛一苹家
后排左起：儿子严松、严文明、夫人王秀莲、女儿严一苹、女婿李宏毅
前排左起：孙女严奉宇、外孙女李若丹、孙女严奉鸣、外孙李云桥

目　录

上　册

下　册

李家沟、大岗与柿子滩 9 地点的地层及相关问题①

王幼平

（北京大学中国考古学研究中心　北京大学考古文博学院）

自 20 世纪 70 年代裴李岗文化与磁山文化发现以来，考古同行一直希望找到时代更早，可以将本地区旧、新石器时代连接起来的考古遗存①。经过 30 多年的工作，在逐渐积累起来的田野考古资料中，有几处发现尤其值得关注，包括较早发现的河南舞阳大岗②、山西吉县柿子滩③，以及刚刚发现的河南新密李家沟④。这几处遗址都有比较清楚的地层关系与典型的文化遗存，为讨论该地区与旧、新石器时代过渡相关的课题提供了很重要的资料。本文拟对这几处发现的地层与相关问题进行初步探讨。

（一）新密李家沟

在上述几处发现之中，当属李家沟遗址的地层堆积延续的时代长，文化特征变化明显。该遗址位于河南省新密市岳村镇岗坡村所属的李家沟村西，椿板河左岸的 2 级阶地。经近两年的发掘，已揭露遗址面积近百平方米。其已发表的南区剖面最为完整，自上向下可分为 7 层（图一、二）。

第 1 层，表土层，褐色沙质黏土，只发现陶、瓷片等近现代遗物；

＊　本文是教育部人文社会科学研究重大项目（课题号：2009JJD780002）成果。

① 陈星灿：《黄河流域的农业起源：现象与假设》，《中原文物》2001 年第 4 期。

② 张居中、李占扬：《河南舞阳大岗细石器地点发掘报告》，《人类学学报》第 15 卷第 2 期，1996 年。

③ 柿子滩考古队：《山西吉县柿子滩遗址第九地点发掘简报》，《考古》2010 年第 10 期。

④ 郑州市文物考古研究院、北京大学考古文博学院：《新密李家沟遗址发掘的主要收获》，《中原文物》2011 年第 1 期。

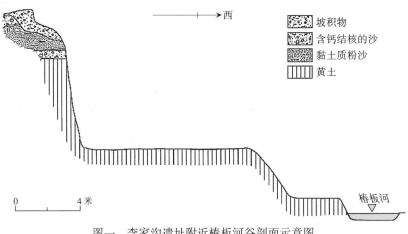

图一　李家沟遗址附近椿板河谷剖面示意图

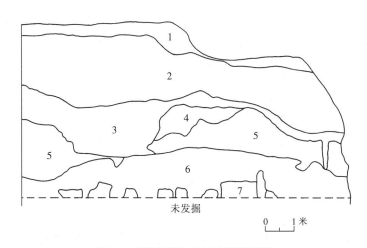

图二　李家沟遗址南区南壁剖面图

第2层，棕褐色的含碳酸钙胶结物层，以褐色粗沙为主，包含大量料礓，有少量属于裴李岗文化的陶片，类似的堆积可见于本区新石器时代遗址，如新郑唐户遗址，在裴李岗文化层之下即可见到巨厚的含棕褐色的含碳酸钙胶结物层；

第3层，灰白色的沙砾层，含零星裴李岗文化陶片；

第4层，棕黄色沙质黏土，基本不见文化遗物；

第5层，上部为灰黑色沙质黏土，向下渐变为棕黄色，岩性特点与北区5、6层相同，应与马兰黄土上的黑垆土层相当，含夹砂压印纹陶片与石磨盘等；

第6层，褐色沙砾层，含大量料礓砾石，发现有船形与柱状细石核与细石叶等典型的细石器文化遗存，同时亦见人工搬运的石块及粗大石制品，最新又发现局部磨光的石锛与素面夹砂陶片。

第 7 层，棕褐色黏土质粉沙，次生马兰黄土层，未见底①。

与南区隔一条人工沟相望的北区的文化层厚度也超过 3 米，从上向下共分 7 层。其第 1 至 3 层为近代堆积。第 4~6 层为新石器时代早期的堆积，发现了数量较多的陶片、石制品与动物骨骼碎片等。第 7 层则是仅含打制石器的旧石器文化层。按岩性与包含物的特点，北区的第 4 层当与南区的第 3 层属同期堆积，第 5、6 层与南区的第 5 层相当。北区第 7 层应与南区的第 7 层相当，其所含石制品的时代也应早于南区第 6 层的细石器工业。

比较南北两区的地层堆积情况，南区的地层更为连续，可以清楚见到本地区从旧石器时代晚期向新石器时代过渡的地层关系。加速器碳-14 等年代测定结果进一步提供了过渡阶段的年代数据。采自南区第 6 层（细石器文化层）木炭样品的测定结果，为距今 10500~10300 年期间。南区第 5 层和 4 层的时代，比照北区碳-14 测定结果，应分布在距今 10000~9000 年之间。南区第 3 层和 2 层的年代则不会早于距今 8600 年②。

结合地层堆积与所含文化遗存的性质来看，南区第 2、3 层当属裴李岗文化无疑。在发掘区内，已发现属于裴李岗文化的陶片有数十件，包括小口双耳壶等裴李岗文化典型器物的残片。南区第 3 层灰白色细沙砾层中虽含裴李岗文化陶片，但该层并非原地埋藏，应该是裴李岗阶段流水作用的产物。而其上叠压的棕褐色的含碳酸钙胶结物层，在本区全新世早期地层堆积中则较常见，如新郑的唐户遗址即有类似棕褐色的含碳酸钙胶结物层，且被叠压在典型的裴李岗文化层之下。所以，南区第 2、3 层的发现显然应归入裴李岗文化。

南区第 5 层和北区的第 5、6 层，无论是地层关系还是年代测定结果，都早于前述的裴李岗文化。其文化特点也明显有别于前者。这一阶段的文化层较厚，显示当时人类在该遗址停留的时间更长，使用规模较大且较稳定。东西长约 3 米、南北宽约 2 米的石块聚集区遗迹显然应与人类的居住活动有关。本阶段所发现的文化遗物包括石制品、陶制品、带有人工痕迹的动物骨骼以及人工搬运石块等。

这一阶段的石制品包括打制石器与磨制石器两类。前者有细石器与简单剥片技术生产的石制品。细石核数量不多，且以宽台面者为主；细石叶数量也很有限。普通石器的数量则较多，但多为权宜工具，主要是边刮器与砍砸器。均较随意，没有固定的

---

① 北京大学考古文博学院、郑州市文物考古研究院：《河南新密市李家沟遗址发掘简报》，《考古》2011 年第 4 期。

② 同①。

形态标准。原料多为石英砂岩与石英等。磨制石器则仅见石磨盘，矩形、板状、无支脚，简单修成直边、圆角。上表面是磨平面，局部已经形成磨光面。体积较大，长达30余厘米，重量超过15公斤。

已发现的陶制品均为陶片，两次发掘所获已超过200件，均为夹粗砂陶。大部分陶片的质地较坚硬，显示其烧成火候较高，已不是最原始制陶技术的特点。颜色有浅灰黄色、黄褐至红褐色等。虽可见多件不同陶器的口沿部分，但器形却很单一，均为直口筒形类器物，仍保留着早期陶器的特点。与前述裴李岗文化明显的区别是，绝大部分陶片的外表都有纹饰，包括间断似绳纹、似绳纹与间断似绳纹的组合纹与刻划纹等。

上述陶器以及石磨盘等特点，均与典型的裴李岗文化有显著区别。其时代与地层关系也明显早于裴李岗文化。虽然尚不见其他磨制工具，但其打制石器技术与工具组合也与更早细石器文化阶段的发现不同。这些情况说明，李家沟遗址发现的早于裴李岗文化的新型文化遗存，或有可能命名为"李家沟文化"。

比前裴李岗文化或称"李家沟文化"时代更早的是细石器文化遗存的发现，包括数以千计的打制石器，以及人工搬运石块、动物骨骼残片等。尤其重要的是，还有磨制石锛与陶片的发现。

打制石器也包括简单剥片技术生产的石制品与典型的细石器。前者的种类与数量均不多，加工技术也简单粗放，不见刻意加工的精制品。细石器的数量多，技术特征明显，有细石核、细石叶以及精细加工的工具，代表了本阶段的石器技术水平与文化发展特点。细石核主要是船形与扁柱形两大类，属于这两种类型不同剥片阶段的细石核均可见到。细石叶的数量不多，且多是剥片初期阶段产品，或形状不太适宜用作加工复合工具者。石锛扁平、长条形，灰色石英砂岩砾石，仅在一端磨制出锛形刃口，前后两面只做轻微磨制处理，然后在两侧打出对称的缺口，与磨刃面相对的一面亦保留有清楚的打琢痕迹，明显是为捆绑装柄所用。石锛的刃口有明显的使用痕迹，并已严重偏向一侧，不便再继续使用。

本阶段值得关注的还有数量较多的人工搬运石块。这些石块多呈扁平块状，岩性为砂岩或石英砂岩，当来自遗址附近的原生岩层。其具体用途尚不十分明确，但显然应与当时人类的居住活动相关。另一项新发现是陶器遗存，先后发现2片陶片，均为夹砂陶，素面，烧制火候较低，器形亦简单。虽然很少，但却可以说明陶器已开始应用于本阶段。

上述三个不同的文化类型，即从典型的细石器、前裴李岗（或称李家沟文化）到裴李岗文化在同一剖面依次出现，清楚地反映了本地区从旧石器时代晚期到新石器时代过渡的历史进程。

（二）舞阳大岗

20 世纪 80 年代后期发掘的舞阳大岗遗址，也发现细石器与裴李岗文化叠压关系的地层。大岗遗址位于河南舞阳侯集乡大岗村北的一处岗地之上。东临沙河故道，西南距现代沙河有 5 千米之遥。文化层不厚，从地表向下，有汉代、裴李岗及细石器三个文化层，总厚度只有 1.2 米左右，自上而下分为 5 层（图三）。

第 1 层，表土层，黄褐色沙质黏土，含近晚期文化遗物；

第 2 层，浅黄褐色亚黏土，含汉代及裴李岗文化陶片；

第 3 层，灰褐色黏土，含裴李岗文化陶片；

第 4 层，褐色亚黏土，较坚硬，层表有"V"形小冲沟，细石器文化层；

第 5 层，浅黄色粉沙质亚黏土，质地坚硬，不见文化遗物①。

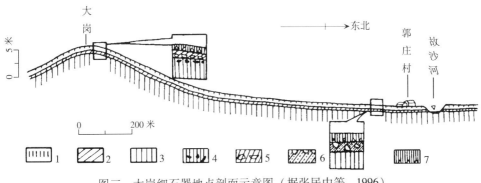

图三　大岗细石器地点剖面示意图（据张居中等，1996）

1. 顶层黄土　2. 顶层埋藏土　3. 马兰黄土　4. 细石器　5. 裴李岗文化陶片　6. 仰韶文化陶片　7. 汉代陶片

大岗遗址在裴李岗文化层之下发现典型细石器遗存。该地的发掘已发现石制品有 300 余件。石制品的原料大部分为燧石，其次是脉石英等，均为小型的块状原料。从发表的资料看，大岗的细石器技术是使用船形、半锥形等细石核剥取细石叶。虽然这里也有楔形细石核的报道，但其可能并不是两面技术预制的产品。精致工具的种类较多，包括端刮器、边刮器、凹缺刮器、尖状器与琢背石刀等。另外还发现 1 件磨刃的残片。

关于大岗遗址裴李岗文化的情况，已发表的报告只笼统提及属于裴李岗文化晚期。在裴李岗与细石器文化层间有明显的侵蚀面，存在着沉积间断。所以，在大岗遗址从裴李岗文化的晚期到细石器文化之间还有明显的文化缺环。尽管大岗遗址的发掘面积很大，但发现的文化遗存并不十分丰富。这可能与该地点的性质有关，只是临时活动

---

① 张居中、李占扬：《河南舞阳大岗细石器地点发掘报告》，《人类学学报》第 15 卷第 2 期，1996 年。

留下的零星遗物，还没有找到居址等主要活动场所。遗憾的是在大岗的细石器文化遗存之中，除上述磨制石器的残片之外，还没有见到陶器制品以及石磨盘等①。

（三）吉县柿子滩 9 地点

柿子滩 9 地点是近年来在山西吉县境内清水河流域发掘的柿子滩遗址群之中年代较晚的一处。该地点坐落在清水河北岸的 2 级阶地上，南距柏山寺乡高楼河村约 150米。海拔为 680 余米，高出清水河河面约 38 米②。

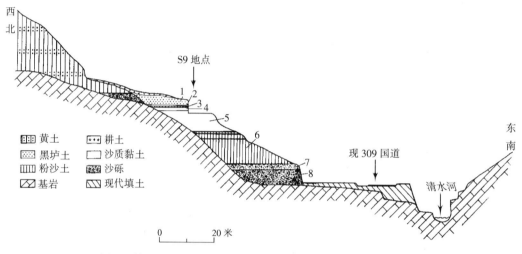

图四　柿子滩 9 地点地层剖面示意图（据柿子滩考古队，2010）

9 地点所处二级阶地为典型基座阶地，位于二级阶地面的后缘（图四）。

地层从上至下依次如下：

第 1 层，灰褐色黑垆土层，厚达 170 厘米，出土少量石制品；

第 2 层，黄褐色沙质黏土层，厚 30～36 厘米，无文化遗物；

第 3 层，灰褐色黑垆土层，厚 26～36 厘米，土质同第 1 层，有保存较好的用火遗迹，及石制品、烧骨、化石、烧石、烧土块、炭屑、蚌片等；

第 4 层，黄褐色沙质黏土层，厚约 120 厘米，土硬且致密，含石制品、烧骨、化石、蚌片及蚌壳或鸵鸟蛋壳穿孔饰品等；

第 5 层，黄褐色沙质黏土层，总厚度约 8 米，已发掘厚度约 1 米。文化遗物包含石制品和化石，以及比例不小的烧骨等；

①　王幼平：《中国远古人类文化的源流》，科学出版社，2005 年。
②　柿子滩考古队：《山西吉县柿子滩遗址第九地点发掘简报》，《考古》2010 年第 10 期。

第 6 层，粉沙土层，厚 10 米；

第 7 层，沙砾层，出露厚度约 80 厘米，灰黄、灰绿色砂岩或泥岩砾石，磨圆度中等；

第 8 层，砾石层，平均厚 4 米，砾石磨圆不好，源于当地基岩；

第 9 层，基岩①。

文化遗物发现于第 1、3、4、5 层。文化层呈北高南低，东西近水平。堆积较厚，3 个年度的发掘总厚达 4.5 米以上。在第 3 层灰黑色黑垆土层及其下的两层黄褐色沙质黏土层中均有文化遗物发现。文化遗物以石制品为主，占 70% 以上，其余主要是动物骨骼碎片，还有十多件蚌制品等。石制品主要是打制石器，典型的细石器遗存占很大比重。磨制石器仅见石磨盘与磨棒。

柿子滩 9 地点的文化遗物虽出自 3 个不同的地层单位，但在文化面貌方面却还难以明确区别开来。在最上的黑垆土层（第 3 层），虽有用火遗迹的发现，但该层的石制品数量却远不及后两者（第 4、5 层），仅有 50 余件。不过从其细石叶所占比例之高来看，该阶段与本遗址较早阶段居民的石器技术并无明显区别，可能还是同一人群的延续。在文化遗存相对丰富的第 4、5 层之间，除石制品的组合之间有所差别，在石器技术与整体文化面貌方面亦不见显著不同。因而，在发掘报告的讨论部分，研究者也还是将其视为一体②。

石器工业最突出特点是锥形和柱形细石核技术居主导地位。细石叶在整个石片类制品中所占份额亦超出两成。这种情况在上、下不同层位之间没有显著变化。精制品类，也以端刮器、边刮器等细石器组合中常见类型为主。这些都是典型细石器工业的基本特征。不过缺少两面加工技术预制细石核，而主要使用锥形和柱形等宽台面细石核则与本地更早的细石器技术传统有关。

柿子滩 9 地点出土的石磨盘虽然也只有 2 件，但其原料与打制技术均与李家沟遗址的发现没有明显区别。所不同者是其出自黑垆土层之下的黄褐色土堆积之中，时代可能要更早些。另外，这里出土的蚌制饰品，也不见于李家沟遗址。

（四）讨论

比较上述 3 个遗址的地层堆积可以看出，这几者均坐落在 2 级阶地或相当于 2 级阶地的地貌部位。从黄土地层的发育过程来看，几者都含有大致相当于马兰黄土（L1）

① 柿子滩考古队：《山西吉县柿子滩遗址第九地点发掘简报》，《考古》2010 年第 10 期。
② 同①。

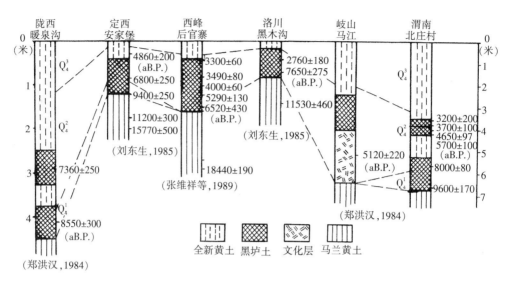

图五　晚更新世末至全新世黄土地层对比图（数字为碳-14 年代数据）（据孙建中，1991）

上部至黑垆土（S0）堆积，可以和同一阶段的典型黄土地层对比①（图五）。从已有的测年数据来看，亦都处于晚更新世之末到全新世之初。尤其值得关注的是，在李家沟遗址的剖面上，还可以清楚看到，在相当于马兰黄土堆积顶部，是距今 10500 年左右的细石器文化层，其上则直接被含压印纹粗夹砂陶的新石器时代早期文化层叠压。该层的碳-14 年代为距今 10000 ~ 9000 年，堆积以灰黑色调为主，无论是地层堆积的序列或是岩性特点，均可与黑垆土层对比。再上则直接被含典型的裴李岗文化的红褐色堆积叠压。这一地层序列清楚地展示了该地区从旧石器时代晚期向新石器时代过渡的过程。

在柿子滩 9 地点以及先期发表的 1 地点剖面，也可以清楚看到从晚更新世末至全新世之初的发展过程。如图四所示，在其 2 级阶地的沙砾层之上的黄褐色堆积，显然可与晚期的马兰黄土堆积对比。向上渐变过渡为黑垆土。典型的细石器文化从下向上连续分布，显然是同一人群所遗。而该遗址含细石器的黑垆土层的碳-14 年代为距今 9000 多年（校正后），显然已进入全新世。不过遗憾的是，不仅在 9 地点和 1 地点，而且在柿子滩遗址群的 10 多处地点，已发掘揭露的数千平方米的范围内，均还没有见到晚于细石器文化的新石器遗存②。

① 孙建中：《黄土高原第四纪地层之划分对比》，《黄土高原第四纪》第 77 页，科学出版社，1991年。

② 山西省临汾行署文化局：《山西省吉县柿子滩中石器文化遗址发掘报告》，《考古学报》1989 年第 3 期；柿子滩考古队：《山西吉县柿子滩旧石器时代遗址 S14 地点》，《考古》2002 年第 4 期。

　　舞阳大岗的地层亦记录了中原地区晚更新世之末到全新世之初的堆积过程与文化发展情况。从整体来看，大岗地层虽不及前两者巨厚，但保存的地层层序则很齐全。最下部也是马兰黄土堆积，向上渐变过渡为黑垆土，再上则是晚期的裴李岗文化堆积。虽然在黑垆土层与裴李岗层之间存在着较明显的沉积间断，但仍大致反映了该地区从晚更新世之末到全新世之初的变化过程①。

　　上述三处遗址在地层堆积方面所显示的共性十分重要，这也当是中原及邻近地区晚更新世之末到全新世之初考古遗址地层堆积的普遍特点。类似情况在邻近河南的河北南部磁山遗址出露的剖面上，也可以很清楚地观察到，上层的红褐色沙质土是典型的磁山文化层；其下的灰褐色沙质土是黑垆土层；再下的灰黄色沙质土即是马兰黄土堆积。只是比较遗憾，在磁山文化层之下的黑垆土与马兰黄土堆积中，都还没有发现文化遗存。尽管如此，也还是可以看出，在中原及邻近地区，马兰黄土上部到黑垆土堆积的形成过程，正处于该地区旧、新石器时代过渡阶段。

　　几个遗址所发现的文化遗存，也清楚地记录了中原及邻近地区从旧石器时代晚期向新石器时代过渡的历史进程。李家沟遗址细石器文化层所发现的典型船形与扁柱形细石核及其所代表的细石器技术，在中原及邻近地区的旧石器时代晚期有较广泛的分布，如舞阳大岗遗址与吉县柿子滩遗址等，都是类似的发现。这几处细石器文化遗存，从地层堆积到石器技术与工具组合都与典型的细石器工业比较一致，仍属于典型的细石器文化类型。

　　然而值得关注的是，在李家沟遗址的细石器文化层却出现了磨制石器技术与制陶技术。尽管只有一件局部磨制的石锛与两件陶片的发现，但却反映此时已孕育着划时代的变化。还有数量较多的与加工石器无关的人工搬运石块的出现，这一现象亦不见于时代较早的旧石器时代文化，而与稍晚的具有较稳定的栖居形态的新石器时代早期遗存更为接近。这些情况说明，李家沟遗址新发现的细石器文化具有更明显的承前启后的特点②。

　　与大岗及柿子滩不同的是，李家沟遗址新发现有早于裴李岗阶段的早期新石器文化。从这一阶段的 200 多件陶片观察，李家沟早期新石器的制陶技术与细石器阶段发现的两件陶片的技法明显不同。从细石核观察，两者的细石器技术也有所区别，当属于不同技术系统。如果将李家沟早期新石器的发展与华南地区及华北北部同一阶段的

① 张居中、李占扬：《河南舞阳大岗细石器地点发掘报告》，《人类学学报》第 15 卷第 2 期，1996年。

② 北京大学考古文博学院、郑州市文物考古研究院：《河南新密市李家沟遗址发掘简报》，《考古》2011 年第 4 期。

情况相比较，也清楚可见，无论是石器或是陶器技术的发展模式均不相同。华南与华北北部地区在旧、新石器时代过渡阶段的文化发展，都很清楚地呈现着连续渐变的态势；而在李家沟所见到的细石器与陶器技术演进过程则存在着明显的断层。这种间断发展态势或许暗示，与前两者发展模式不同的原因，更可能是非本地技术因素在中原地区的旧、新石器时代过渡进程中发挥过重要作用。

（五）小结

综合审视李家沟等几处遗址的地层堆积与文化发展特点，可以很清楚地看到中原及邻近地区从旧石器时代之末向新石器时代发展的历史进程。从记录这一演进过程的几处黄土地层剖面来看，李家沟遗址新发现的三叠层，即裴李岗、前裴李岗与细石器等文化层尤为重要。细石器遗存从马兰黄土上部一直延续的黑垆土层，是几处遗址的共同特点。不过在李家沟的黑垆土层却出现典型的新石器文化遗存。在黑垆土层之上，还直接被裴李岗文化叠压。这一地层关系说明，尤其是马兰黄土之上，裴李岗文化层之下的黑垆土层，应成为在中原及邻近地区寻找更多的旧、新石器时代过渡阶段遗存的工作重点。

这几处遗址的发现也揭示了本地区旧、新石器时代交替过程的特点，即典型的细石器文化伴随着更新世的结束而逐渐退出历史舞台，以磨制石器、陶器以及反映相对稳定栖居形态的人工搬运石块等出现为标志的新石器时代，则开始在黑垆土堆积形成的时代正式登场。中原地区的新石器时代早期文化并非突然出现，而是孕育在本区更早的细石器文化阶段。李家沟细石器文化层新发现局部磨制石器与陶片，以及数量较多的人工搬运石块，正是新石器文化因素出现的萌芽，也成为联结中原及邻近地区旧、新石器两个时代的重要纽带。

黑垆土层出土的压印纹夹砂陶器与板状无支脚的石磨盘等文化遗存，可称为前裴李岗或"李家沟文化"的新发现，在一定程度上填补了中原及邻近地区从裴李岗文化（阶段）到旧石器晚期文化之间的空白。不过如前所述，这一新型文化的制陶与石器工艺等与其前后的发展并不协调，还存在着明显的文化断层。另一方面，同属黑垆土堆积形成期的柿子滩9地点与大岗等仍然流行典型的细石器文化，并没有与李家沟遗址同步进入早期新石器阶段。这些问题的认识，还亟待更多的工作和更努力的探索。

试论中国新石器时代早期文化的
区域特征与发展阶段

赵春青

（中国社会科学院考古研究所）

学术界对中国新石器时代早期文化的探索，由来已久。早在20世纪60年代，已经在北京门头沟的东胡林人和江西万年仙人洞遗址以及广东、广西的多处遗址中被多次发现，只是因各方面的原因受到质疑。直到80年代发现河北徐水南庄头遗址以后才得以确认。进入90年代以来，陆续发现了一批新石器时代早期的遗址，进入21世纪之后，又有山东沂源扁扁洞遗址和河南新密李家沟遗址的新发现。所有这些发现，为探索中国新石器时代早期文化的区域特征与发展阶段，积累了越来越丰富的资料，使得中国新石器时代早期的文化面貌日益清晰起来。

一 中国新石器时代早期文化的重要发现

由于中国幅员辽阔，气候和环境差异极大，文化传统也不尽相同，势必导致各地新石器时代早期文化的面貌不尽相同。根据目前发现的材料，已经发现有新石器时代早期遗存的遗址至少可以归纳为四个区域，即华北北部、黄河中下游、长江中下游和岭南地区，现择其要者将每一区域的重要发现分述如下。

（一）华北地区

华北地区新石器时代早期文化遗存已发现的有北京门头沟东胡林[①]、怀柔转年遗

---

① 周国兴、尤玉柱：《北京东胡林村的新石器时代墓葬》，《考古》1972年第6期；赵朝洪、郁金城、王涛：《北京东胡林新石器时代早期遗址获重要发现》，《中国文物报》2003年5月9日；东胡林考古队：《北京新石器早期考古的重要突破——东胡林人引起广泛关注》，《中国文物报》2003年11月7日。

址①及河北徐水南庄头②、阳原于家沟③等。

1. 东胡林遗存

东胡林遗址位于北京市门头沟区东胡林村西，1966 年曾在遗址区发现三具人骨架（未发现墓坑）以及石器、骨器等文化遗物④。

2001 年发掘出的文化层自上而下可分为 7 层，新石器时代早期文化遗存均发现在第 7 层，出土了包括石器、陶器、残存人骨、动物骨骼在内的一批重要遗物，还发现了人类烧火遗迹 5 处及一座新石器时代早期的残墓。烧火遗迹 5 处，其中 HD3 平面为不规则圆形，范围约 80 厘米×60 厘米，深约 30 厘米，推测其原为临时灶址，后废弃不用。

石器数量较多，包括石磨盘、石磨棒、石片、石核及残断砾石块等，还采集 1 件局部磨光的小型石斧。其中石磨盘、石磨棒都有使用痕迹；石片稍加打制即使用，其刃部多有使用痕迹；砾石块数量较多，以打制为主。

出土陶器似为泥片贴筑法制成，似为罐类残片。骨器数量较少，另见有螺壳项链。出土鹿类动物骨骼数量较多，另发现有少量蚌壳、个别食肉类动物骨骼以及多种形态的螺壳等。孢粉分析及蜗牛分析表明东胡林人生活的全新世早期，北京地区的年平均气温可能与现在相近或略偏高。据碳-14 测年可知东胡林人活动的年代大致在距今 1 万年。

根据该遗址出土的大量兽骨、烧火遗迹以及石磨盘、石磨棒等石器推测东胡林人的经济活动仍以采集狩猎为主，至于是否已发明了农业，尚待进一步研究。

2. 转年遗址

北京市怀柔转年遗址，在 20 世纪 90 年代曾经三次发掘⑤。其文化堆积可分为 3 层，其中第 1 层为灰黑色沙质土，含新石器时代早期石制品和陶器等遗物。出土陶器以夹砂褐陶为主，质地疏松，火候不匀。器表经打磨较光滑，多素面，个别器物口沿下饰附加堆纹或凸纽。陶器均手制，应为泥片贴筑法制成。流行平底器，主要器形有筒形罐和平底直壁、带凸纽的盂。

出土的石制品达 1.5 万余件，包括小型石器、细石器和少量磨制石器。其中，小型打制石器有砍砸器、盘状器和石片等。细石器有石核、刮削器、细石叶等，数量较

① 郁金城、李超荣等：《北京转年新石器时代早期遗址的发现》，《北京文博》1998 年第 3 期。
② 保定地区文物管理所等：《河北徐水县南庄头遗址试掘简报》，《考古》1992 年第 11 期；李珺：《徐水南庄头遗址又有重要发现》，《中国文物报》1998 年 2 月 11 日。
③ 梅惠杰、谢飞：《华北新旧石器时代的过渡——泥河湾盆地阳原于家沟遗址》，《中国十年百大考古新发现（1990～1999）》，文物出版社，2002 年。
④ 周国兴、尤玉柱：《北京东胡林村的新石器时代墓葬》，《考古》1972 年第 6 期。
⑤ 郁金城：《北京市新石器时代考古发现与研究》，《跋涉集》，北京图书馆出版社，1998 年。

多，尤其是某些细石核、细石叶和刮削器等具有典型细石器的工艺传统。磨制石器有石斧、磨盘、磨棒和石容器等。

转年遗址有两个碳-14数据，一个距今9200年，一个距今9800年，树轮校正后大约距今1万年。

3. 于家沟遗址

1995～1997年，河北省文物研究所、北京大学考古学系合作发掘河北阳原县泥河湾盆地虎头梁地点群的于家沟遗址①，发掘的文化层厚达7米，分下、中、上层三部分，年代跨度在距今14000～5000年间。下层仅出土有细石器工艺制品和装饰品，未见陶片。中层偏下出土有陶片和1件磨光的尖状石器及用贝壳、螺壳、鸟骨制成的装饰品，属于新石器时代早期，该层所出陶片质地粗糙、疏松，其中最大的一片为夹砂黄褐陶平底器底部，热释光测年距今约11700年。

4. 南庄头遗址

河北省徐水县南庄头遗址地处华北平原西部边缘的瀑河冲积扇上，发现于1986年，并分别于1986、1987和1997年进行了清理和发掘，总计发掘面积300余平方米。发现5条小灰沟，在灰沟附近发现用火遗迹5处，多为近圆形或椭圆形的红烧土或草木炭（灰）层堆积，应为原始居民活动场所。出土陶器器类比较单调，仅见罐、盂或钵等②。陶器质地疏松，火候较低，器表除素面外，纹饰以浅细绳纹为主，部分器物的颈沿部位饰附加堆纹或在口沿外侧饰剔划纹，部分陶片上有钻孔现象。出土石器较少，仅发现磨盘、磨棒、少量石锤和打制的石英、燧石、玛瑙、石榴石、云母石片等。骨、角器较发达，多选用动物肢骨及鹿角切割、打磨而成。主要器形包括骨锥、骨镞和角锥等。

南庄头遗址发现数量较多的水、陆生动物遗骸，包括鸡、鹤、狼、狗、猪、麝、马鹿、麋鹿、斑鹿和鳖等，除狗和猪有可能为家畜外，其余均为野生动物，大都属于鹿科动物。水生动物遗骸共发现五种，包括中华原田螺、珠蚌、萝卜螺、扁卷螺和微细螺等。

孢粉分析显示③，当时的环境总体上偏凉干，但在南庄头人类生活的中期，气候环境相对较好一些。南庄头地处太行山山前平原，说明当时人类在渡过了晚更新世冰期之后，在比较有利的气候条件下，已逐渐来到平原地区活动。其年代应在距今10510（BK87075）～9700（BK86121）年之间。

---

① 梅惠杰、谢飞：《华北新旧石器时代的过渡——泥河湾盆地阳原于家沟遗址》，《中国十年百大考古新发现（1990～1999）》上册，文物出版社，2002年。
② 保定地区文物管理所等：《河北徐水县南庄头遗址试掘简报》，《考古》1992年第11期；李珺：《徐水县南庄头遗址又有重要发现》，《中国文物报》1998年2月11日。
③ 保定地区文物管理所等：《河北徐水县南庄头遗址试掘简报》附录2《南庄头遗址¹⁴C年代测定与文化层孢粉分析》，《考古》1992年第11期。

（二）黄河中下游地区

1. 李家沟文化

2009 年，在河南新密李家沟遗址①，发现了距今约 10500～8600 年连续的史前文化堆积，堆积下部出土有细石核与细石叶等典型的细石器遗存，被命名为李家沟文化。李家沟新石器时代的文化层较之于旧石器时代明显增厚，说明遗址的使用规模和稳定性远大于细石器文化阶段，在新石器时代文化层中，发现有石块聚集区，内含石磨盘、石砧、多块扁平石块、较多的陶片和动物骨骼等。这里发现的陶片均为夹粗砂陶，部分陶片质地较坚硬，显示其烧成火候较高，已不是最原始制陶术，器形单调，均为直口的筒形罐，绝大部分陶片的外表都有纹饰，以绳纹为主，还有少量刻划纹。

经测定，李家沟新石器时代文化层年代为距今 9000～8600 年。

2. 扁扁洞遗址与黄崖遗址

扁扁洞遗址位于山东沂源县东南一座岩厦洞穴内，2005～2006 年进行了小规模发掘②。该洞洞口朝北，洞内现存地层分为 8 层，表土层以下有三层堆积属于新石器时代早期，都发现有明确的活动面。其中，第 4 层层面上发现多处红烧土面，堆积有可能为人工敲砸后的兽骨。出土陶片为夹砂陶，砂粒粗细不均，陶色以红陶和红褐陶为主，火候较低，陶胎较厚，器类多为圜底的釜、钵，均素面，仅有一例饰附加堆纹。共存的石器仅见石磨盘、石磨棒和形体细小的石制品，不见典型的细石器产品。

洞内采集的人头骨经碳-14 年代测定，距今 11000～9600 年，兽骨样品的年代在 1 万年前。距离扁扁洞遗址不远的黄崖遗址，位于沂源县土门镇黄崖村一个山洞内，原洞穴不大，宽深都不到 10 米，不见烧土面和活动面，可能不是人类活动的主要场所，而是堆积垃圾的地方。从出土的陶器已有叠唇釜口沿来看，已与后李文化同类器十分近似，年代或许晚于扁扁洞，但仍属于新石器时代早期③。

（三）长江中下游地区

1. 仙人洞与吊桶环遗址

两遗址位于江西万年县境内，其中仙人洞为洞穴遗址，吊桶环为岩厦遗址。仙人

---

① 北京大学考古文博学院等：《中原地区旧、新石器时代过渡的重要发现——新密李家沟遗址发掘收获》，《中国文物报》2010 年 1 月 22 日第 6 版。

② 孙波：《山东发现新石器时代早期遗址》，《中国文物报》2007 年 8 月 15 日。

③ 同③。

洞遗址于 20 世纪 60 年代初曾经进行过两次发掘①，1993 和 1995 年中外学者联合对仙人洞遗址再次进行了系统采样，并对吊桶环遗址进行了小规模发掘②。两遗址的文化堆积分属于三个时期，早期以吊桶环下层为代表，文化遗物以打制石器为主，还有类似细石器的燧石片，不见磨制石器和陶器，绝对年代在距今约 20000 ~ 15000 年间，属旧石器时代晚期。中期以吊桶环中层和仙人洞下层为代表，属旧石器时代末期。晚期以吊桶环上层和仙人洞上层为代表，堆积中含较多的水生动物螺、蚌壳之类，与陶器同层位的取样标本的碳-14 年代大多介于距今 19780 ± 360 至 15050 ± 60 年之间，最晚的一个数据为距今 12430 ± 80 年，可归为新石器时代早期。

新石器时代早期出土遗物丰富，包括大量石器、骨器、蚌器、陶片等人工制品以及人骨和水、陆生动物遗骸。陶器器类单纯，可辨器形主要为圜底罐（釜）形器。所有早期陶片的陶土中都加有石英岩做羼和料。陶色驳杂。陶器制作方法为泥片贴筑法和泥条（圈）盘筑法。器表拍印绳纹，部分陶片在器口外壁戳印单行或双行小圆窝。

出土石器包括打制石器、穿孔石器、局部磨制石器和类似细石器的石片等。骨器有锥、簪、铲、凿、镞、镖和投掷器等，有的骨器和骨片上有刻划痕。特别值得一提的是发现了可能是栽培稻的植硅石，这是现今所知年代最早的栽培稻遗存。

2. 玉蟾岩遗址

湖南道县玉蟾岩（俗称蛤蟆洞）洞穴遗址发现于 20 世纪 80 年代初，后曾进行过多次调查，1993 年和 1995 年进行了两次考古发掘③。文化遗物包括陶器、打制石器和骨、角、牙、蚌制品及大量的水、陆生动物遗骸。陶器制作粗糙，陶胎厚薄不匀，最厚的达 2 厘米。陶质疏松，火候不匀。陶器为泥片贴筑法制成。陶片内外均饰编织印痕，器形均为侈口、圆唇、斜弧壁、尖圜底，已复原两件釜形器。

生产工具主要是石制品和骨、角、牙、蚌器。石制品以砾石为原料，全部为打制石器，包括石核、石片、砍斫器、刮削器、切割器、石刀、锄形器、亚腰斧形器等。制作粗糙，以小型石器为主，有一定数量的中型石器。大型石器较少，缺乏细小石器。

① 江西省文物管理委员会：《江西万年大源仙人洞洞穴遗址试掘》，《考古学报》1963 年第 1 期；江西省博物馆：《江西万年大源仙人洞洞穴遗址第二次发掘报告》，《文物》1976 年第 12 期。
② 蒋迎春：《九五年、八五期间十大考古新发现分别揭晓》，《中国文物报》1996 年 2 月 18 日；刘诗中：《江西仙人洞和吊桶环发掘获重要进展》，《中国文物报》1996 年 1 月 28 日；张弛：《江西万年早期陶器和稻属植硅石遗存》，《稻作 陶器和都市的起源》，文物出版社，2000 年；严文明、彭适凡：《仙人洞与吊桶环——华南史前考古的重大突破》，《中国文物报》2000 年 7 月 5 日；赵志军：《吊桶环遗址稻属植硅石研究》，《中国文物报》2000 年 7 月 5 日。
③ 蒋迎春：《九五年、八五期间十大考古新发现分别揭晓》，《中国文物报》1996 年 2 月 18 日；袁家荣：《玉蟾岩获水稻起源重要新物证》，《中国文物报》1996 年 3 月 3 日；袁家荣：《湖南道县玉蟾岩 1 万年以前的稻谷和陶器》，《稻作 陶器和都市的起源》，文物出版社，2000 年。

此外，还有用鹿类和小型食肉类动物犬齿制作的牙饰。

　　洞穴内生活遗迹主要是地面烧灰堆，一般直径约 40～50 厘米，厚不足 10 厘米。

　　在 1993 和 1995 年的两次发掘中各发现 2 枚水稻种子，经鉴定，1993 年出土的稻谷为普通野生稻，但具有人类初期干预的痕迹。1995 年出土稻谷为栽培稻，但兼备野、籼、粳的特征，是一种由普通野生稻向栽培稻演化的最原始的古栽培稻类型。遗址堆积中包含有大量的水生动物介壳，同时还发现了大量陆生动物遗骸，其中哺乳动物 28 余种，计有猴、兔、羊、鼠、食虫类等，数量最多的是鹿科动物。鸟禽类骨骼有 27 种。个体数量占动物残骸总数的 30% 以上，可见，玉蟾岩人主要狩猎大型的食草动物和小型的食肉动物。

　　上述情况说明玉蟾岩人的经济活动仍然是以采集和渔猎为主，原始稻作农业尚处于最初的萌芽阶段，在人类的日常生活中所占的比重还很小。

　　经测定，玉蟾岩遗址年代当在距今约 12000～10000 年。

3. 上山遗址

　　上山遗址位于浙江中部浦阳江上游的浦江县黄宅镇渠南村一座名叫"上山"的小山丘上，这是盆地中的一个小山丘，遗址西侧为浦阳江支流——洪公溪的古河道。2001、2004～2006 年，浙江省文物考古研究所等对遗址进行三度发掘。该遗址可分为早晚两期，早期出土陶器多为夹炭红衣陶，数量少，陶质疏松，陶器多厚胎，低温烧制；采用原始的"贴筑法"制陶技术。器形十分简单，多为敞口、斜腹、小平底的盆类器，中腹或近沿处见有粗圆的桥形环钮，另有少量的双耳罐、卷沿罐、双耳钵，已出现圈足器。陶器的纹饰仅见极少量的绳纹、戳印纹。石器以打制石器为主，并发现少量通体磨光的石锛和石凿，其中以石磨盘和石磨棒的组合最具特点，反映了与原始农业紧密相关的经济生活模式。陶胎中发现的大量稻谷颗粒，经植物硅酸体分析，这是经过人类选择的早期栽培稻，从而证明了上山遗址所在的长江下游地区是世界稻作农业的最早起源地之一。

　　晚期发现有一建筑遗迹，其中柱洞分三列，长 14 米、间距 3 米，布列呈西北-东南向，与河姆渡遗址的干栏式建筑基础有相似之处。

　　北京大学考古文博学院对上山遗址出土的夹炭陶标本进行了碳-14 年代测定，其中，早期前段的校正年代达距今 11000 多年①。

（四）岭南地区

　　据目前资料，岭南地区新石器时代早期文化包括广西桂林甑皮岩第一期文化、桂

---

① 蒋乐平等：《上山遗址与上山文化——兼谈浙江新石器时代考古研究》，《环境考古研究》（第四辑），北京大学出版社，2007 年。

林庙岩遗存、临桂大岩第三期文化遗存、邕宁顶蛳山第一期文化遗存等，年代均在距今 1 万年以前。

1. 顶蛳山一期遗存

顶蛳山遗址属河旁台地贝丘遗址，现存面积约 5000 平方米。1994 年发现，1997 年进行了发掘①。顶蛳山遗址第一期为棕红色黏土堆积，出土陶器数量较少，且器类简单，仅见圜底的罐或釜形器。陶器成型方法为手制。基本上为灰黄陶，陶壁较厚。火候较低，质地疏松。器表均施以粗绳纹，口沿上捺压花边，花边下贴附一周附加堆纹。

石器种类较少，仅有穿孔石器和小石片石器两种，细小石片石器多为龟背状，少见二次加工现象，不见细石叶和细石核。穿孔石器为细砂岩，取天然扁平近圆形砾石，中间对穿一圆孔。

顶蛳山遗址第一期的陶器与江西万年仙人洞发现的新石器时代早期陶器特征相同，其年代也应大体一致，大约在距今 10000～9000 年之间。

2. 甑皮岩一至四期遗存

甑皮岩洞穴遗址早在 1965 年发现已经作了小范围试掘，清理出 2 座蹲踞葬墓。1973 年发掘约 90 平方米，发掘出火塘、灰坑及 35 座墓葬；出土石器、骨器、蚌器及陶器等数千件以及大量的水陆生动物遗骸②。

2001 年，进行了第二次发掘，总计发掘面积约 10 平方米，共发现墓葬 5 座，石器加工点 1 处。同时，还获得了大量的陶片、石器、骨器和蚌器等史前人类生活用具、生产工具以及人类食用后遗弃的水、陆生动物遗骸。

该遗址可分为五个时期，其中第一至四期属新石器时代早期③。

甑皮岩第一期发现石器制作场所 1 处（DT4 第 31 层）。出土的文化遗物包括陶器、打制石器、骨器和蚌器等。其中，石器均为打制，以河砾石为原材料，器类包括石锤、砍砸器、盘状器、切割器、尖状器、棒形石凿和穿孔石器等。属于典型的中国南方砾石工业传统。

---

① 傅宪国等：《广西邕宁顶蛳山遗址发掘获丰硕成果》，《中国文物报》1997 年 12 月 14 日；中国社会科学院考古研究所广西工作队等：《广西邕宁县顶蛳山遗址的发掘》，《考古》1998 年第 11 期。

② 广西壮族自治区文物工作队、桂林市革命委员会文物管理委员会：《广西桂林甑皮岩洞穴遗址的试掘》，《考古》1976 年第 3 期；张银运、王令红、董兴仁：《广西桂林甑皮岩新石器时代遗址的人类头骨》，《古脊椎动物与古人类》第 15 卷第 1 期，1977 年；李有恒、韩德芬：《广西桂林甑皮岩遗址动物群》，《古脊椎动物与古人类》第 16 卷第 4 期，1978 年。

③ 中国社会科学院考古研究所等：《桂林甑皮岩》，文物出版社，2003 年。

陶器仅发现一件圜底釜。器形低矮，器壁极厚，陶质疏松，烧成温度极低，制作粗糙，捏制而成，表现出一系列初级陶器工艺的特征，器表大部分为素面，仅在近口部分隐约可见粗绳纹。

骨器和蚌器的数量较多。包括骨锥、骨铲、骨针、骨鱼镖和蚌刀等，并有少量牙器。磨制工艺已经存在，但尚未应用于石器制作。

地层中出土了大量的水陆生动物遗骸和植物遗存，结合浮选和植硅石的研究结果，证明甑皮岩史前居民的经济形态主要是采集和渔猎。

依据碳-14测年结果，甑皮岩第一期的年代约在距今12000～11000年间。

甑皮岩第二期至第四期文化遗存发掘出的墓葬葬式为蹲踞葬，墓坑为不规则圆形竖穴土坑。代表性器物仍然是砾石打制石器、骨蚌器和夹砂陶器等。不过陶器的数量逐渐增加，且出现了新的技术——泥片贴塑法，新器形如高领罐等，而且陶器器壁较薄，烧成的温度也较高。石器当中，除打制石器外，新出现磨制的石斧、石锛等。骨器中有骨锥、骨铲和磨制的骨针，另有穿孔蚌刀。

从出土贝类和其他动植物遗存来看，狩猎采集经济仍是当时主要的生计方式。依据碳-14测年结果，甑皮岩第二期至第四期文化遗存的年代为距今大约11000～8000年。

3. 大岩第三期文化遗存

大岩洞穴遗址由A、B两洞组成，现存总面积约300平方米。1999年发现，2000年对其进行正式发掘①。

早期遗存以第三期为代表，为以螺壳为主的堆积，出土物包括砾石打制石器、骨器、蚌器及陶器等文化遗物以及较多的水、陆生动物遗骸。据研究，桂林庙岩遗址出陶片的遗存大体属该阶段②。

石制品以砾石为原料，全部为打制，制作粗糙，以小型石器为主，有一定数量的中型石器。大型石器较少，不见细小石器。种类包括石核、石片、砍砸器、刮削器等，就中以砍砸器为主。石器工业风格继承了华南旧石器时代砾石石器工业传统。骨器包括骨锥和骨锛两种，磨制也较精，体现出较高的制作工艺。大岩第三期文化共发现3件陶容器，制作粗糙，为素面圜底陶容器，从陶器的制作方法及形态判断，应属新石器时代早期，距今12000～10000年。

4. 庙岩遗存

庙岩遗址位于桂林南郊雁山区李家塘村东的庙岩南麓的一个穿洞内，洞底面积约

---

① 傅宪国等：《桂林地区史前文化面貌轮廓初现》，《中国文物报》2001年4月4日。
② 傅宪国：《新石器时代早期文化》，《中国考古学·新石器时代卷》第109页，中国社会科学出版社，2010年。

130 平方米。1988 年由桂林市文物管理委员会发掘,出土的文化遗物有石制品、骨蚌制品和陶片及泥制品等。其中,石制品皆为砾石打制而成,陶片为制作粗糙的夹砂灰黑色,另有 1 件捏制的泥制品,未经烧制。庙岩遗址出土的 2 个陶片的测年数据均在距今 15000 年左右[①]。

二　中国新石器时代早期文化的发展阶段

综合分析中国迄今发现的新石器时代早期文化遗存,可以划分早晚两大阶段,早段约为公元前 14000 ~ 前 10000 年,是新石器时代的萌芽阶段。晚段约为公元前 10000 ~ 前 7000 年,是发明农业和定居聚落初步建立的阶段。

(一) 新石器时代早期文化的偏早阶段

目前,这一阶段的遗址仅见于华北南部的于家沟遗址、长江中游的玉蟾岩和仙人洞遗址和华南地区的庙岩、甑皮岩遗址。

长江中游地区的吊桶环上层和仙人洞上层,碳-14 年代大多介于距今 19780 ± 360 至 15050 ± 60 年之间,仙人洞早期陶器同层位的有些测年数据距今 19700 ~ 15000 年,最晚的一个数据为距今 12430 ± 80 年。仙人洞、吊桶环、庙岩、玉蟾岩等遗址均发现有陶器,陶器均为圜底,可辨器形主要为圜底罐(釜)形器。陶器制作方法为最原始的直接成型法(或曰捏制法),稍晚出现泥片贴筑法。器表多拍印绳纹,部分陶片在器口部外壁戳印单行或双行小圆窝。出土石器包括打制石器、穿孔石器、局部磨制石器和类似细石器的石片等,此外,还发现了可能是栽培稻的植硅石,这是现今所知年代最早的栽培稻遗存。从玉蟾岩遗址看长江中游的栽培稻和陶器是基本同时出现的,最早出现的农业为稻作,可见这里主要以栽培稻和陶器的出现为跨入新石器时代的重要标志,起始当不晚于公元前 12000 年左右。

华南地区,虽然很早就出现陶器,却不像长江中游那样几乎同时发明了农业。例如桂林庙岩遗址出土陶器的年代,经测定为距今 15500 年左右[②],却没有农业的痕迹。

桂林甑皮岩第一期的年代约在距今 12500 ~ 11400 年,个别样品年代更早[③]。甑

① 谌世龙:《桂林庙岩洞穴遗址的发掘与研究》,《中石器文化及有关问题研讨会论文集》,广东人民出版社,1999 年。

② 有人对庙岩陶片的年代如此之早表示疑问,不过联系到东亚地区的日本、俄罗斯远东地区发现最早陶片的年代可早到距今 1.7 万年前后(参见王涛:《中国早期陶器研究》第 63 页,北京大学博士学位论文,2005 年 6 月),庙岩的测年数据或不致大误。

③ 中国社会科学院考古研究所等:《桂林甑皮岩》第 444 页,文物出版社,2003 年。

皮岩遗址第一期文化遗存出土的石器以河砾石为原材料，均为打制，属于典型的中国南方砾石工业传统。陶器仅发现一件圜底釜。器形低矮，器壁极厚，陶质疏松，烧成温度极低，制作粗糙，捏制而成。或许因为发掘面积的限制，这里不见稻作农业的痕迹。

临桂大岩第三期文化遗存应属新石器时代早期，年代比甑皮岩第一期的年代稍晚，约为距今 12000～10000 年。它是以螺壳为主的堆积，出土物包括砾石打制石器、骨器、蚌器及陶器等文化遗物以及较多的水、陆生动物遗骸。其中，石制品以砾石为原料，全部为打制，制作粗糙，以小型石器为主，有一定数量的中型石器。大型石器较少，不见细小石器。种类包括石核、石片、砍砑器、刮削器等，就中以砍砸器为主。骨器包括骨锥和骨镞两种，磨制也较精，体现出较高的制作工艺。此外，共发现 3 件陶容器，制作粗糙，为素面圜底陶容器。

可见，无论是华南地区还是长江中游地区，石器全部为打制的，属于南方砾石工业传统，不见或少见细石器以及大部磨光的石器。

华南和长江中游地区的共同特点是都出现了圜底陶器，而华北为平底器，这实际上为后来新石器时代中期南北方陶器形态的差异奠定了最初的基础。在后续的新石器时代中期文化当中，分布在华北地区和东北地区的兴隆洼文化、裴李岗文化、磁山文化都是以平底器为主，而长江流域新石器时代中期的彭头山文化、城背溪文化、跨湖桥文化以及后李文化等，常见圜底器，这种陶器形态上的差异，其源头可以追溯至新石器时代早期。

长江中游和华南地区的差异表现在前者很早便出现了原始农业的萌芽，而后者出现农业的时间要晚得多。在公元前 10000 年前甚至更早一些时候，长江中游已经发现了稻作农业遗存，迄今尚未在华南和华北地区发现这么早的农业痕迹。除了考古工作的原因之外，也可能与华南地区气候温暖不需要农业，而华北地区在更新世冰期尚未结束的严寒气候下，不利于产生农业有关。只有在长江流域，气候不像华北那么寒冷，而又有野生稻的资源，加上具有冬季储粮的需要，才率先产生了稻作农业。

华北地区新石器时代早期的特点之一是出土有大量细石器，这一现象与我国旧石器文化传统有关。据研究中国旧石器传统可分为华南砾石工业和北方的小石器工业，到旧石器时代晚期，华北地区不少遗址出现了大量的细石器，而华南地区一直以砾石工业为主，可见，新石器时代初期不可避免地带有旧石器时代的烙印。

（二）新石器时代早期文化的偏晚阶段

目前，在华北北部、黄河中下游地区、长江中下游地区和岭南地区，都发现了新石器时代偏晚阶段的遗存，大大拓展了新石器时代早期遗存的分布范围。不仅如此，新石器时代早期的文化内容也较前一个阶段显得更为丰富。

华北地区的河北泥河湾于家沟遗址、河北徐水南庄头遗址、北京东胡林和怀柔转年遗址等，不仅发现陶器、磨光石器和细石器，而且开始出现了农业迹象和定居的端倪。其中，于家沟遗址中层偏下出土的距今 11000 年的陶片，是该地区目前发现年代最早的陶片，虽然热释光方法获得的测年数据，不像碳-14 年代那样精确，但是推测华北地区至迟在距今 1 万多年前已经出现了陶器。不同于长江中游和华南地区的是，华北地区旧石器时代晚期的某些遗址，已经出现了石器磨光技术，而且不少遗址发现了大量的细石器。因此，于家沟遗址出土了大量细石器和一件大部磨光的石矛，是承袭当地旧石器文化传统的结果。不仅如此，于家沟出土的陶器，可辨形态为平底，不同于同时期分布于岭南地区和长江流域、黄河下游的遗址，其经济类型以猎取羚羊和采集为主，尚未发现农业的痕迹。这种情况到了稍晚一些的南庄头遗址悄悄发生了变化。

河北徐水南庄头遗址的年代应在距今 10510（BK87075）~ 9700（BK86121）年之间。此时，人类在渡过了晚更新世冰期之后，气候环境相对较好一些，南庄头的人们已逐渐来到太行山山前平原地区活动。该遗址出土工具中，未见石斧、石刀、骨刀类，多见用动物骨头和角磨成的锥状器，表明南庄头时期人类的经济活动仍然是以渔猎和采集为主，但发现了较多的植物种子遗存，加上石磨盘、石磨棒等的存在，不排除出现了农业的可能性。南庄头遗址出土的陶器，制作技术也有所提高，器类有罐、盂或钵等，较前一个阶段丰富①。陶器器表除素面外，有浅细绳纹、附加堆纹和钻孔现象。特别值得注意的是南庄头遗址还发现了有可能为家养的狗和猪的骨骼②，而家畜的饲养往往与定居和农业有关，这也从一个侧面说明南庄头遗址的进步性。

北京市怀柔转年遗址出土陶器的进步性表现在器表经打磨较光滑，个别器物口沿下饰附加堆纹或凸纽，器形至少可分为筒形罐和平底直壁、带凸纽的盂。出土 1.5 万余件石制品，包括小型石器、细石器和少量磨制石器。某些细石核、细石叶和刮削器等具有典型细石器的工艺传统。磨制石器不仅有石磨盘、磨棒，而且有石斧和石容器等，磨制工艺使用更加广泛，其中石斧、石磨盘和石磨棒，不能完全排除为农具的可能性。

---

① 李家治等：《新石器时代早期陶器的研究——兼论中国陶器的起源》，《考古》1996 年第 5 期。
② 保定地区文物管理所等：《河北徐水县南庄头遗址试掘简报》附录 1《河北省徐水县南庄头遗址的动物遗骸》，《考古》1992 年第 11 期。

中原地区的河南新密李家沟遗址，在石块聚集区中发现有石磨盘、石砧、多块扁平石块和大量烧石，显示出遗迹区进行过加工动物骨骼的活动，大量烧石的存在说明这里具有烧火的功能，显然与当时人们相对稳定的居住活动有关。这为后来中原地区原始旱作农业的产生奠定了最初的基础。到了新石器时代，细石器的应用明显衰落，技术特点也与早期的明显不同，但存在大量人工搬运的扁平石块，其中有些是制作石磨盘的原料，但是更多的石块应与当时人类的居住或建筑活动有关，也为定居聚落的形成打下伏笔。

长江下游，浙江省浦阳上山遗址出土陶器采用"贴筑法"制陶技术，器形已有小平底的盆和极少量的釜、罐类等，陶器的纹饰有绳纹和戳印纹，这些都显示出制陶技术具有一定的进步性。石器已可见到少量通体磨光的石锛和石凿，并且出现了可能与原始农业紧密相关的石磨盘和石磨棒，尤其陶胎中发现的大量早期栽培稻遗存，说明上山遗址比仙人洞和吊桶环遗址所代表的阶段更为进步。

华南地区，甑皮岩第二期至第四期文化遗存的年代为距今大约11000~8000年。墓葬葬式为蹲踞葬，墓坑为不规则圆形竖穴土坑。陶器数量逐渐增加，且出现了新的技术——泥片贴塑法，发明了新器形，如高领罐等，而且陶器器壁较薄，烧成的温度也较高，显示出一定的进步性。石器当中，除打制石器外，新出现磨制的石斧、石锛等。从出土贝类和其他动植物遗存来看，狩猎采集经济仍是当时主要的生计方式。骨器中有骨锥、骨铲和磨制的骨针，另有穿孔蚌刀。这一切显示出甑皮岩第二至第四期文化即有传承性，又有进步性。

顶蛳山一期遗存的年代大约在距今10000~9000年之间，不同于其他遗址的是，它发现于河旁台地，顶蛳山遗址的早期遗存发现为新石器时代早期人类的生活方式和活动范围提供了新的诠释。

综上所述，在新石器时代的偏晚阶段，华北地区较早地出现了定居聚落的倾向，而长江下游地区也已经出现了稻作农业、磨光石器、较为成熟的制陶技术甚至出现了干栏式建筑——定居聚落的萌芽。华南地区表现在较早地发明了陶器，然而出现农业和定居聚落较晚。黄河中下游地区，目前发现的均属于新石器时代早期晚段的遗存，其中，黄河中游李家沟文化出土的陶器相当成熟，不会是最早的陶器，换言之，中原肯定有更早的陶器。由于李家沟的陶器年代已经在万年左右，那么，推测中原地区早在公元前10000年之前，已经发明了陶器应该不成问题。由于在黄河中游新石器时代中期文化当中，发现了像河北磁山遗址那样十分发达的旱作农业现象，因此，推测在新石器时代偏晚阶段即距今10000年前后，中原地区可能已经发明了旱作农业。

三 关于中国新石器时代的标志

在谈及中国新石器时代发生的标志时，有学者最初主张以磨制石器的出现作为标志[1]，大约进入 20 世纪 90 年代以后，有人注重陶器的出现[2]，有人主张以农作物栽培的出现作为中国新石器时代开始的主要标志[3]，也有人重视居住因素[4]。傅宪国指出，可把陶器和栽培稻的出现作为长江流域新石器时代开始的标志，而广西的桂林和南宁地区稻作农业出现较晚，可以陶器的出现作为该地区进入新石器时代的标志之一[5]。我们认为从华北、黄河流域来看，陶器的出现无疑是新石器时代的标志，不过应该重视聚落的作用。定居是区别于旧石器时代的重要方面，而在以上遗址中普遍发现有与定居有关的灰坑（南庄头）、活动场所和墓葬（东胡林），因此，不能忽视定居的重要作用，只不过是今后要仔细地发掘、辨别居住的遗迹。

农业也是一样，既然在长江流域发现稻谷，在华北地区发现大量距今 8000 年前的粟类遗迹，它的发明不会比稻作晚，因此，不能排除农业的发生也是新石器时代的标志。

总之，我们认为中国进入新石器时代的标志，不应过分强调某一种文化现象的重要性，而应综合考察陶器、农业和定居的发生和初步发展过程。所谓的"新石器革命"并非一个早上就能够实现的。目前看来，至迟在公元前 12000 年前后，华南地区和长江中游地区已经开始发明了陶器，尤其长江中游几乎同时发明了稻作农业，从而启动了新石器革命的步伐，可视为中国新石器时代到来的标志。不过，稻谷的栽培开始并没有立即引发稻作农业的产生，在栽培稻出现后的很长一段时间内，人们仍然过着以狩猎和采集为主的生活，到了公元前 1 万年左右，我国的华北地区、黄河中下游地区、长江中下游和华南地区等重要文化区普遍进入了新石器时代，标志着中国历史从此真正迈入一个崭新的时代——新石器时代。

---

① 吴耀利：《史前考古学中的时代划分问题》，《史前研究》1985 年第 1 期。
② 贾兰坡、杜耀西、李作智：《中国史前的人类与文化》，台湾幼狮文化事业公司，1995 年；陈星灿：《中国新石器时代早期文化的探索——关于最早陶器的一些问题》，《史前考古学新进展》，科学出版社，1999 年。
③ 朱乃诚：《中国新石器时代的开始》，《华南及东南亚地区史前考古——纪念甑皮岩遗址发掘 30 周年国际学术研讨会论文集》，文物出版社，2006 年。
④ 钱耀鹏：《资源、技术与史前居住方式的演变》，《华南及东南亚地区史前考古——纪念甑皮岩遗址发掘 30 周年国际学术研讨会论文集》，文物出版社，2006 年。
⑤ 中国社会科学院考古研究所：《中国考古学·新石器时代卷》第 112 页，中国社会科学出版社，2010 年。

中国新石器时代早中期文化的区系研究*

韩建业

（北京联合大学应用文理学院）

20 世纪七八十年代苏秉琦先生提出区系类型思想，指出要"在准确划分文化类型的基础上，在较大的区域内以其文化内涵的异同归纳为若干文化系统"，"区是块块，系是条条，类型则是分支"①。这里的"区"和"系"其实是紧密联系而又有所不同的两个概念。如果单从文化内涵宏观着眼，就会划分出不同的"系"或"文化系统"，如严文明先生将中国古代文化大致归纳成三个文化系统②；而每个文化系统在特定的时间内总有其相对稳定的分布地域，就构成"区"或"文化区"，如苏秉琦先生主要依据新石器时代和青铜时代遗存的情况将中国划分为六个文化区③。其实文化系统也好，文化区也好，其数量、范围和历史地位在不同时期都可能发生变化④。本文拟在大的文化分期基础上，以文化内涵的异同为切入点，从宏观视角考察中国新石器时代早中期文化的区系状况及其发展演变⑤，兼论其在早期中国文化圈起

---

* 本项研究得到"国家社会科学基金项目"、"北京市属高等学校人才强教计划资助项目"支持。

① 苏秉琦、殷玮璋：《关于考古学文化的区系类型问题》，《文物》1981 年第 5 期。

② 严文明：《中国古代文化三系统说——兼论赤峰地区在中国古代文化发展中的地位》，《中国北方古代文化国际学术研讨会论文集》，中国文史出版社，1995 年。

③ 苏秉琦、殷玮璋：《关于考古学文化的区系类型问题》，《文物》1981 年第 5 期。

④ 安志敏先生指出："考古学文化的地理分布，常常随着时间的发展而有所变化，除一脉相承的文化系统之外，还可能有不同的谱系和源流，即使同一文化系统的分布范围也往往会前后有所差异，并不可能长久地局限在同一'区系'内"，见安志敏：《论环渤海的史前文化——兼评"区系"观点》，《考古》1993 年第 7 期。

⑤ 按照严文明先生的划分方案，中国新石器时代早期大约在公元前 10000～前 7000 年，新石器时代中期大约在公元前 7000～前 5000 年（见严文明：《中国新石器时代聚落形态的考察》，《庆祝苏秉琦考古五十五年论文集》，文物出版社，1989 年）。

源过程中的基础性贡献①。

一

中国从什么时候进入新石器时代？或者我们如何界定中国最早的新石器时代文化呢？让我们首先从对发现最早陶器的华南及附近地区相关遗存的分析入手。

华南及附近地区发现最早期陶器的遗存，以江西万年仙人洞和吊桶环早期②、广西桂林甑皮岩第一期③和湖南道县玉蟾岩早期遗存④为代表。发现烧火灰堆、石器制作场和蹲踞式屈肢葬。所见陶器仅有圜底釜和圜底钵两种，多为胎质粗陋、火候较低、器表斑驳的夹砂褐陶；流行拍印绳纹，也有拍印编织纹陶、刮抹条纹陶以及素面陶。据张弛分析，陶坯制作可能采用泥条筑成法和泥片贴筑法，至少仙人洞的资料显示出条纹陶出现最早，其次是双面绳纹陶，最后是单面绳纹陶⑤。绝对年代约在距今15000～11000年，尚处于更新世末期。少量陶器之外，还有不少骨、角、蚌器，更多的则是继承旧石器时代晚期而来的各类打制砾石石器，不过石锤、石钻、砺石，尤其是穿孔重石的发现，则显示出由打制石器向磨制石器过渡的趋势。此外，该时期玉蟾岩的稻谷遗存和仙人洞的水稻植硅石，表明当时可能已经出现原初的稻作农业，甑皮岩则当已出现原初的家猪驯养业。

南岭两侧的这些早期遗存陶器和农业或家畜饲养业大体同时出现，并已经开始由打制石器向磨制石器过渡，尽管当时尚未进入全新世，也应当已经是中国、东亚乃至于世界上最早的新石器时代遗存了。这类遗存总体面貌近似，可以归纳为"绳纹圜底釜—圜底钵文化系统"。只是南岭南北两侧还是有一定差别，比如南岭以北的玉蟾岩和仙人洞遗址的陶釜大口斜直腹，出现稻作农业；而以南的甑皮岩遗址仅见陶钵，虽已养

---

① "早期中国文化圈"，是指商代以前中国大部地区文化彼此交融联系而形成的以中原为核心的相对的文化共同体（韩建业：《论早期中国文化周期性的"分""合"现象》，《史林》2005年增刊），与张光直先生提出的"中国相互作用圈"（张光直：《中国相互作用圈与文明的形成》，《庆祝苏秉琦考古五十五年论文集》第6页，文物出版社，1989年）、严文明先生提出的"重瓣花朵式的格局"（严文明：《中国史前文化的统一性与多样性》，《文物》1987年第3期）、苏秉琦先生提出的"共识的中国"（苏秉琦：《中国文明起源新探》第161页，生活·读书·新知三联书店，1999年）等概念内涵接近。
② 江西省文物管理委员会：《江西万年大源仙人洞洞穴遗址试掘》，《考古学报》1963年第1期；江西省博物馆：《江西万年大源仙人洞洞穴遗址第二次发掘报告》，《文物》1976年第12期；张弛：《江西万年早期陶器和稻属植硅石遗存》，《稻作　陶器和都市的起源》，文物出版社，2000年。
③ 中国社会科学院考古研究所、广西壮族自治区文物工作队等：《桂林甑皮岩》，文物出版社，2003年。
④ 袁家荣：《湖南道县玉蟾岩1万年以前的稻谷和陶器》，《稻作　陶器和都市的起源》，文物出版社，2000年。
⑤ 张弛：《中国南方的早期陶器》，《古代文明》（第5卷），文物出版社，2006年。

猪，却未有稻作农业迹象。甚至玉蟾岩和仙人洞本身的陶釜形态也有区别。只是由于资料太少，我们还很难弄清它们间的细部差异，也就暂时不好划分出不同的考古学文化。不过即使"甑皮岩文化"的名称能够成立，大概也只能涵盖该系统南岭以南的范围。

二

稍后的大约距今11000～9000年，华南地区文化以甑皮岩第二期和邕宁顶蛳山第一期遗存为代表①，陶器主要为小口高颈绳纹釜，常见附加堆纹压印形成的花边口沿，当为绳纹圜底釜—圜底钵文化系统的继续发展。更为引人注意的是在长江下游、中原腹地、黄河下游和华北等地区也开始出现包含陶器的新石器时代早期偏晚阶段文化遗存。

长江下游地区以浦江上山第一阶段遗存②和嵊州小黄山早期遗存③为代表，主要分布在杭州湾南岸地区。发现底部放置石磨盘、石磨棒或完整陶器的灰坑，可能具有储藏或食物加工功能，成排柱洞可能是干栏式建筑的遗留。陶器多为平底器，圈足器次之，流行敞口平底盆、双耳罐、敞口豆、平底盘、平底钵，还有圈足盘、矮圈足罐、高颈壶、直腹杯、圜底釜等。常见双环耳、双贯耳或双鋬，有的双耳紧贴颈部，颇具特色；以夹炭陶为主，质地疏松，偏晚夹砂陶增加。厚胎多呈淡黄色，器表一般素面红衣，个别沿外饰刻划折线纹和戳点纹；有的圈足饰圆形镂孔或竖条状镂孔；以泥条筑成法和泥片贴筑法制作。石器主要为打制的石片和砾石石器，有少量石磨盘、石磨棒、穿孔重石、石球，以及极少量通体磨光的锛、凿等。这类遗存器类丰富，器物附件和装饰复杂，发展水平较高，可以称之为"平底盆—圈足盘—双耳罐文化系统"。由于内涵较为清楚，已被命名为上山文化。据对陶胎中所夹杂稻壳的分析，可知该文化可能存在原始粳稻的栽培④。

中原腹地以河南新密李家沟"细石器文化遗存"和"早期新石器遗存"为代表⑤。发现包含石磨盘、石砧、烧石、动物骨骼碎片等的石块堆，可能是加工动物骨殖的遗

---

① 中国社会科学院考古研究所广西工作队等：《广西邕宁县顶蛳山遗址的发掘》，《考古》1998年第11期。

② 浙江省文物考古研究所、浦江博物馆：《浙江浦江县上山遗址发掘简报》，《考古》2007年第9期；蒋乐平：《浦阳江流域新石器时代遗址的发现与思考》，《浙江省文物考古研究所学刊》（第八辑），科学出版社，2006年。

③ 张恒、王海明、杨卫：《浙江嵊州小黄山遗址发现新石器时代早期遗存》，《中国文物报》2005年9月30日第1版。

④ 郑云飞、蒋乐平：《上山遗址出土的古稻遗存及其意义》，《考古》2007年第9期。

⑤ 北京大学考古文博学院、郑州市文物考古研究院：《河南新密市李家沟遗址发掘简报》，《考古》2011年第4期。

留，或兼具烧烤功能。陶器主要是直口的深腹罐类，均为色泽斑杂的夹粗砂褐陶，外表多饰压印或拍印圆窝纹和绳纹，也有少量篦点纹和刻划纹。部分陶片的质地较坚硬，显示其烧成火候较高。共存较多细石器、个体较大的砂岩制品以及扁平石块、局部磨制石锛、石磨盘、石砧等。暂时可称"深腹罐文化系统"。

黄河下游地区以山东沂源扁扁洞早期遗存为代表①。发现烧土面、灰坑等遗迹。陶器仅见圜底釜和钵的残片，为器表斑杂、火候不均的厚胎夹砂褐陶。主要以泥条筑成法制作，有的表面略经压光处理，有的沿下贴加一周泥条。共存石磨盘、石磨棒，以及锥、针、镖等骨角器。暂时可称"素面圜底釜文化系统"。

华北地区以河北徐水南庄头②和北京门头沟东胡林③、怀柔转年④早期遗存为代表，主要分布在太行山和燕山山麓。在东胡林遗址发现火塘和墓葬，墓葬均为竖穴土坑墓，葬式多仰身直肢，个别仰身屈肢，墓主人随身佩戴螺壳、兽骨组成的项饰、骨镯等。陶器主要是直腹平底盆或筒形罐。以夹粗砂者占多数，质地疏松，器表呈斑杂不均的褐色。除个别口沿外有附加堆纹、压印纹和錾状装饰外，其余基本为素面。石器主要为打制石器和细石器，也有石磨盘、石磨棒、石臼、石研磨器等磨蚀石器，还有极少量斧、锛等磨制石器，以及锥、鱼镖、骨梗石刃刀等骨角器和复合器。这类遗存总体上可以归纳为"直腹平底盆—筒形罐文化系统"。这个系统也有地方性差别，如偏南的南庄头遗存多拍印绳纹，而偏北的东胡林类遗存装饰刻划几何纹，待资料充分后或许可据此划分成两个考古学文化（图一）。

由于资料限制，现在还很难深入讨论上述五大文化系统间的相互关系。大致来看，彼此空间距离较远，差异较大，似乎不存在直接的联系，但也不是没有共性，尤其是相邻文化系统之间。这些共性分两种情况。其一，可能是相似的经济方式或共同的发展阶段所导致。比如陶器粗陋、夹粗砂、褐色等特征当是制陶技术处于初始阶段的反映，石磨盘、石磨棒在华南以外其他系统的普遍出现则可能与自然环境变化引起的人们对禾本科植物种子的加工利用有关。其二，可能是彼此间存在一定联系的反映。比

---

① 孙波：《扁扁洞初识》，《文物研究》（第16辑），黄山书社，2009年。

② 保定地区文物管理所等：《河北徐水县南庄头遗址试掘简报》，《考古》1992年第11期；郭瑞海、李珺：《从南庄头遗址看华北地区农业和陶器的起源》，《稻作 陶器和都市的起源》，文物出版社，2000年。

③ 周国兴、尤玉柱：《北京东胡林村的新石器时代墓葬》，《考古》1972年第6期；北京大学考古文博学院、北京大学考古学研究中心、北京市文物研究所：《北京市门头沟区东胡林史前遗址》，《考古》2006年第7期。

④ 郁金城、李超荣等：《北京转年新石器时代早期遗址的发现》，《北京文博》1998年第3期；李超容：《北京地区旧石器时代考古的新发现》，《中国考古学研究的世纪回顾·旧石器时代考古卷》，科学出版社，2004年。

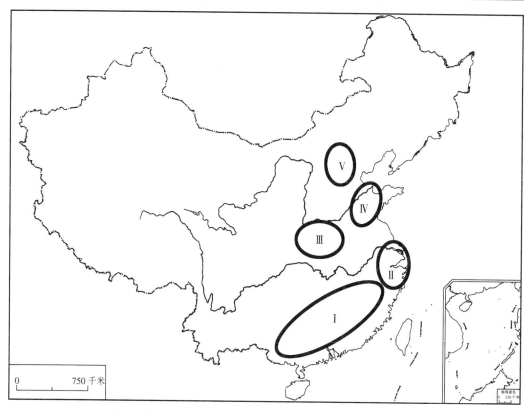

图一　中国新石器时代早期文化区系（距今 15000～9000 年）

Ⅰ. 绳纹圜底釜—圜底钵文化系统　Ⅱ. 平底盆—圈足盘—双耳罐文化系统

Ⅲ. 深腹罐文化系统　Ⅳ. 素面圜底釜文化系统　Ⅴ. 直腹平底盆—筒形罐文化系统

如长江下游小黄山遗址的少量双耳带领罐、绳纹圜底釜等，就有可能是受到华南绳纹圜底釜—圜底钵文化系统的影响；黄河中游李家沟遗址的深腹罐上拍印圆窝纹和绳纹，可能也和华南有一定关系，绳纹陶还见于华北的南庄头遗址；黄河下游的扁扁洞遗址虽未发现绳纹，但却流行陶釜，也不排除和华南存在某种关系。又比如资料较清楚的华北和长江下游等地，发现石斧、石锛、石凿等和砍伐或加工木材有关的磨制石器，表明他们都有相似的木材加工传统，石凿的出现暗示当时甚至可能已经出现榫卯结构。这当为人们趋于定居，普遍使用木料建造房屋的反映①。此外，华南和长江下游还共见穿孔重石。至于各系统间联系的形成，既可能是同时期的相互交流，也不排除同源的可能性②。

① 钱耀鹏：《略论磨制石器的起源及其基本类型》，《考古》2004 年第 12 期。
② 张弛曾指出"在现有的证据下实际是表明陶容器制作技术起源的一元性"，见张弛：《中国南方的早期陶器》，《古代文明》（第 5 卷）第 16 页，文物出版社，2006 年。

三

大约公元前 7000 年以后，各地文化有了较大发展，进入新石器时代中期，黄河流域和淮河上中游出现裴李岗文化、白家文化、后李文化、双墩文化等。这些文化从总体上可以分为三个发展阶段。

早段包括裴李岗文化早期和后李文化早期，前者以河南舞阳贾湖 1~4 段为代表①，后者以山东临淄后李第 12 层②和章丘小荆山 I 段为代表③，绝对年代大致在公元前 7000~前 6200 年。裴李岗文化早期拥有半地穴式圆形窝棚式建筑和长方形竖穴土坑墓，流行仰身直肢葬，普遍随葬日用陶器、生产工具和简单装饰品。有斧、锛、凿、铲、锯齿形镰等磨制石器和石磨盘、石磨棒。陶器中占据主体的深腹角把罐为颜色斑杂的夹砂褐陶，筒形小平底，多饰绳纹和圆窝纹，主要以泥片贴筑法制作，与新石器时代早期的新密李家沟陶器当有继承关系。卵形双耳罐则和湖南澧县彭头山早期的双耳罐有近似之处④，但前者口稍大、颈不显、小平底，而后者小口、高颈、圜底，二者毕竟有所区别。或许卵形双耳罐正是中原传统和长江中游传统结合的产物。其他如双耳壶、方口盆、竖耳深腹盆、平底钵等也当如此。后李文化早期有较大的长方形半地穴式房屋，墓葬和裴李岗文化类似而少见随葬品，磨制石器有斧、铲等。陶器主要为粗陋的夹砂褐色素面直腹圜底釜，多口外叠唇，有的带竖耳，采用泥片贴筑法制作，和早先的扁扁洞陶器当有直接联系。数量很少的小口卵形壶矮颈无耳，和裴李岗文化同类器有别。总体来看，这时黄河中下游文化仍属于联系不多的两个文化系统，裴李岗文化可称"深腹罐—双耳壶—钵文化系统"，后李文化仍属"素面圜底釜文化系统"。

中段包括舞阳贾湖 5~6 段和河南新郑裴李岗遗存所代表的裴李岗文化中期⑤，后李第 11、10 层和小荆山 II~III 段所代表的后李文化中期，以及陕西临潼白家村和甘肃秦安大地湾一期为代表的白家文化早期⑥。绝对年代大致在公元前 6200~前 5500 年。

---

① 河南省文物考古研究所：《舞阳贾湖》第 465~519 页，科学出版社，1999 年。

② 济青公路文物考古队：《山东临淄后李遗址第一、二次发掘简报》，《考古》1992 年第 11 期；济青公路文物工作队：《山东临淄后李遗址第三、四次发掘简报》，《考古》1994 年第 2 期。

③ 山东省文物考古研究所、章丘市博物馆：《山东章丘市小荆山遗址调查、发掘报告》，《华夏考古》1996 年第 2 期。

④ 湖南省文物考古研究所：《彭头山与八十垱》，科学出版社，2006 年。

⑤ 开封地区文管会、新郑县文管会：《河南新郑裴李岗新石器时代遗址》，《考古》1978 年第 2 期；中国社会科学院考古研究所河南一队：《1979 年裴李岗遗址发掘报告》，《考古学报》1984 年第 1 期。

⑥ 中国社会科学院考古研究所：《临潼白家村》，巴蜀书社，1994 年；甘肃省博物馆等：《甘肃秦安大地湾新石器时代早期遗存》，《文物》1981 年第 4 期；甘肃省文物考古研究所：《秦安大地湾——新石器时代遗址发掘报告》，文物出版社，2006 年。

这时裴李岗文化出现鼎、三足钵、圈足钵（碗）等形态较复杂的陶器，壶类多样化，泥质陶大增，泥条筑成法盛行，器形规整，火候均匀，反映制陶技术的显著进步和陶器功能更加专门化。聚落已小有分化，面积从几千平方米到数万平方米不等。墓葬小的仅有几件随葬品，较大的则达数十件，其中贾湖大墓包含骨笛、骨板、绿松石饰品、龟甲（有的上有刻符）等精致新器，墓主人极可能在宗教方面具有较高地位。较为发达的物质文化为裴李岗文化对外产生较大影响准备了条件，最显著者是向渭河流域和汉水上游的扩展。当地白家文化早期的圜底钵、三足钵、圈足钵、深腹罐等主要陶器都可在裴李岗文化中找到原型，前者的锯齿形蚌或骨镰与后者的石镰也存在明显联系；两者均以简陋的半地穴式窝棚为居室，均流行仰身直肢葬且都有合葬墓，都有随葬獐牙和猪下颌骨的习俗。由于渭河流域和汉水上游并无更早的农业文化遗存，白家文化的初始年代又比裴李岗文化晚1000年左右，因此有理由推测，白家文化可能是裴李岗文化西向扩展并与土著文化融合的产物①。当然，二者也存在一定的差别，如白家文化流行交错绳纹，有简单棕红色彩陶，还有小口高领鼓腹罐等陶器，这些都是和裴李岗文化不同的地方，或许是受到峡江地区枝城北类彭头山文化的影响所致，少数屈肢葬或许也与此相关②。此外，后李文化中期当已分布至淮河中游地区③，总体情况及其和裴李岗文化的关系大致同前。可见，通过裴李岗文化的强烈扩张，已经将黄河上游地区也纳入到"深腹罐—双耳壶—钵文化系统"当中，但整个黄河流域的整体文化格局大体依旧。

　　晚段包括河南巩义瓦窑嘴④、孟津寨根⑤所代表的裴李岗文化晚期，甘肃天水师赵村一期为代表的白家文化晚期⑥，安徽蚌埠双墩⑦、山东济宁张山J1⑧为代表的双墩文化，以及山东章丘小荆山Ⅳ段所代表的后李文化晚期。绝对年代大致在公元前5500～前5000年。这时的裴李岗文化进入没落阶段，壶类数量大减，新出黑衣陶、竖条纹等，某些碗钵口部略折的特点则与仰韶文化初期有近似之处。恰巧此时或稍后，锥足

① 韩建业：《裴李岗文化的迁徙影响与早期中国文化圈的雏形》，《中原文物》2009年第2期。
② 湖北省文物考古研究所：《宜都城背溪》，文物出版社，2001年。
③ 安徽宿州小山口早期类遗存大致属于后李文化。见中国社会科学院考古研究所安徽队：《安徽宿县小山口和古台寺遗址试掘简报》，《考古》1993年第12期；栾丰实：《试论后李文化》，《海岱地区考古研究》，山东大学出版社，1997年。
④ 巩义市文物管理所：《河南巩义市瓦窑嘴新石器时代遗址试掘简报》，《考古》1996年第7期；郑州市文物工作队、巩义市文物管理所：《河南巩义市瓦窑嘴新石器时代遗址的发掘》，《考古》1999年第11期。
⑤ 河南省文物管理局：《黄河小浪底水库考古报告》（二）第157～211页，中州古籍出版社，2006年。
⑥ 中国社会科学院考古研究所：《师赵村与西山坪》，中国大百科全书出版社，1999年。
⑦ 安徽省文物考古研究所、蚌埠市博物馆：《蚌埠双墩——新石器时代遗址发掘报告》，科学出版社，2008年。
⑧ 济宁市文物考古研究室：《山东济宁市张山遗址的发掘》，《考古》1996年第4期。

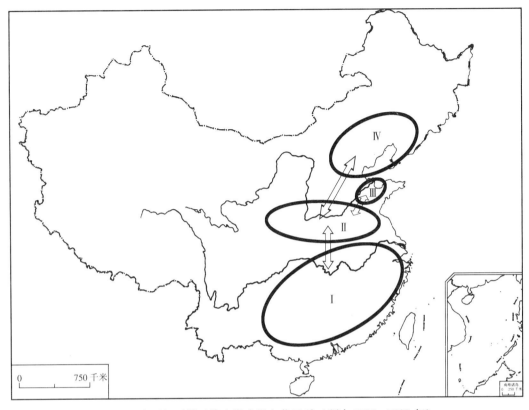

图二　中国新石器时代中期晚段文化区系（距今 7500～7000 年）

Ⅰ. 釜—圈足盘—豆文化系统　Ⅱ. 双耳壶—钵（碗）文化系统

Ⅲ. 素面圜底釜文化系统　Ⅳ. 直腹平底盆—筒形罐文化系统

鼎、双耳平底壶、三足壶、三足钵、口部略折的圈足或假圈足碗等裴李岗文化因素却较多见于淮河中游地区，由此促使淮河中游乃至于泰沂山西南的后李文化转变为双墩文化，与泰沂山以北的后李文化形成对峙格局。这一文化格局的转变或许伴随着人群的东向迁徙。值得注意的是，此时双墩文化当中豆的出现，有受到长江下游跨湖桥文化或类似遗存影响的可能性。此外，白家文化晚期也出现类似裴李岗文化晚期的竖条纹，罐、钵、盆和新出的平口双耳壶等也都呈现出向仰韶文化过渡的趋势。如此一来，黄河流域大部和淮河上中游文化实际上大致融合成一个"双耳壶—钵（碗）文化系统"。"黄淮流域文化区"初步形成，但泰沂山以北地区后李文化所代表的素面圜底釜文化系统还仍然存在（图二）。

四

新石器时代中期长江下游有上山文化、跨湖桥文化，长江中游先后出现彭头山文化、皂市下层文化、高庙文化、城背溪文化、楠木园文化等，南岭两侧则有顶蛳

山文化，其间的传承交流关系更加复杂。这些文化从总体上也可以分为三个发展
阶段。

早段包括从新石器时代早期延续下来的上山文化，以甑皮岩第三、四期和顶蛳
山第二期遗存为代表的顶蛳山文化早期，以及新出现的以湖南澧县彭头山和八十垱
第一、二期遗存为代表的彭头山文化早期①，绝对年代大致在公元前 7000～前 6200
年。顶蛳山文化早期流行宽短长方形竖穴土坑墓，多为屈曲严重的蹲踞式屈肢葬，
有磨制不精的斧、锛等石器和穿孔重石，陶器中占据主体的是拍印绳纹的褐色圜底
罐釜类器物，一种小口细高颈，一种大口矮颈或无颈，显然仍属华南绳纹圜底釜—
圜底钵文化系统。彭头山文化有方形地面式房屋和宽短长方形或圆形竖穴土坑墓，
可能和华南新石器时代早期一样主要流行屈肢葬②，随葬少量日用陶器或石器。除大
量打制石器外，还有斧、锛、凿等磨制石器。陶器主要有拍印绳纹的褐色圜底罐釜
类和盆钵类器物，与甑皮岩三、四期陶器接近，颈部饰平行线纹特征也彼此类似。
推测其主要源头在南岭两侧的绳纹圜底釜—圜底钵文化系统③。当然彭头山文化也有
不少自身特色，比如流行夹炭陶，有一定数量的双肩耳高颈罐、矮足器和兽形支座，
器物唇部压印锯齿状花边而非绳纹，出现戳印圆点、圆圈、篦点等组成的较复杂的图
案等。

中段包括以顶蛳山第三期和广西南宁豹子头晚期遗存为代表的顶蛳山文化晚期④，
彭头山和八十垱第三期遗存为代表的彭头山文化晚期，以及浙江萧山跨湖桥第一期为
代表的跨湖桥文化早期等⑤，绝对年代大致在公元前 6200～前 5800 年。顶蛳山文化晚
期和彭头山文化晚期基本是早期的延续。跨湖桥文化早期工具以锛、斧、凿等磨制石
器为主，也有骨耜、石或骨镞。陶器可以大致分成两组：属第一组的双耳折肩罐、圈
足盘和豆等，早就见于上山文化且细部形态彼此相似，二者还均以夹炭陶为主，都有
器表施红衣现象，说明跨湖桥文化的主体应当源自上山文化。第二组为各种形态的绳
纹圜底釜和折腹圜底钵，不见或少见于上山文化，而与长江中游的彭头山文化接近，
可见跨湖桥文化的形成应当有彭头山文化的贡献在内。换一句话说，跨湖桥文化应当

①　湖南省文物考古研究所：《彭头山与八十垱》，科学出版社，2006 年。

②　韩建业：《中国古代屈肢葬谱系梳理》，《文物》2006 年第 1 期。

③　2007 年发现的湖南临澧华垱、澧县宋家岗早期遗存，绝对年代当在公元前 7000 年以前，包含饰
　　绳纹的粗陋褐色陶片，可能同样属于"华南绳纹圜底釜—圜底钵文化系统"，或为彭头山文化的
　　直接前身。见郭伟民：《新石器时代澧阳平原与汉东地区的文化和社会》第 44 页，文物出版社，
　　2010 年。

④　中国社会科学院考古研究所广西工作队、广西壮族自治区文物工作队、南宁市博物馆：《广西南
　　宁市豹子头贝丘遗址的发掘》，《考古》2003 年第 10 期。

⑤　浙江省文物考古研究所、萧山博物馆：《跨湖桥》，文物出版社，2004 年。

是在上山文化基础上接受彭头山文化影响发展而成①。此外，峡江以下的枝城北类彭头山文化遗存（或可称为彭头山文化枝城北类型）的一些地方性因素当为受到裴李岗文化影响而产生，如双錾平底或圈足深腹罐、小口耸肩扁壶等。

晚段包括跨湖桥第二、三期为代表的跨湖桥文化晚期，湖南石门皂市下层②和临澧胡家屋场遗存③为代表的皂市下层文化，湖南洪江高庙下层为代表的高庙文化④，湖北宜都城背溪早期遗存为代表的城背溪文化⑤，湖北巴东楠木园遗存为代表的楠木园文化⑥等，绝对年代大致在公元前5800～前5000年。从陶器来看，皂市下层文化流行的束颈或高领圜底釜、绳纹等因素显然承继彭头山文化，其他如斜弧腹的盆、钵类及直体支脚等，也都和彭头山文化颇多联系，可以说皂市下层文化是在彭头山文化基础上发展而来⑦。但和彭头山文化相比，皂市下层文化突然出现了很多新因素，如大量镂孔装饰的圈足盘、折腹罐、折腹钵、边带一周凹槽的"线轮"，以及釜罐类盛行的双耳、折沿内凹、折肩或折腹、平底等特征，这些恰好是起点更早的跨湖桥文化的典型因素。可见皂市下层文化是在彭头山文化基础上，接受较多跨湖桥文化因素发展而成。再往外围，沅江上中游地区的高庙文化和峡江口以下的城背溪文化，主体都是承继彭头山文化而来，圈足盘等跨湖桥文化因素比皂市下层文化明显少，或许只是通过皂市下层文化传播而来；地方特点则更浓厚，如高庙文化的精美白陶和带獠牙兽面纹等。至于三峡地区的所谓楠木园文化，已不见圈足盘，只有个别双耳罐体现出与跨湖桥文化的些许间接联系；而较多圈足碗则明确为白家文化因素。特别值得一提的是，这时甑皮岩五期遗存有和高庙文化颇为接近的一面，如出现圈足盘、豆和白陶，器口内曲，压印或戳印复杂几何形纹饰等，显见高庙文化对其南向产生了较大影响。

总结起来看，首先是在公元前7000年前后，华南的绳纹圜底釜—圜底钵文化系统北上，可能与当地文化结合而在长江中游洞庭湖地区诞生彭头山文化。公元前7000年末期，彭头山文化东向挺进长江下游的杭州湾以南地区，使得当地的上山文化发展成

① 韩建业：《试论跨湖桥文化的来源和对外影响——兼论新石器时代中期长江中下游地区间的文化交流》，《东南文化》2010年第6期。
② 湖南省博物馆：《湖南石门县皂市下层新石器遗存》，《考古》1986年第1期。
③ 湖南省文物考古研究所：《湖南临澧县胡家屋场新石器时代遗址》，《考古学报》1993年第2期。
④ 湖南省文物考古研究所：《湖南黔阳高庙遗址发掘简报》，《文物》2000年第4期；湖南省文物考古研究所：《湖南洪江市高庙新石器时代遗址》，《考古》2006年第7期。
⑤ 湖北省文物考古研究所：《宜都城背溪》，文物出版社，2001年。
⑥ 国务院三峡工程建设委员会办公室、国家文物局：《巴东楠木园》，科学出版社，2006年。
⑦ 尹检顺：《浅析湖南洞庭湖地区皂市下层文化的分期及其文化属性》，《长江中游史前文化暨第二届亚洲文明学术讨论会论文集》，岳麓书社，1996年；何介钧：《长江中游新石器时代文化》，湖北教育出版社，2004年。

为跨湖桥文化，从此绳纹圜底釜成为长江下游南部地区长期存在的重要文化内容。几百年之后的公元前 6000 年初期，处于兴盛期的跨湖桥文化又反过来西向影响洞庭湖地区，促成彭头山文化向皂市下层文化的转变，使得圈足盘等成为长江中游文化的重要特征。不仅如此，间接通过皂市下层文化的对外影响，跨湖桥文化因素还渗透到沅江、湘江、峡江甚至漓江流域。通过这样彼此双向交流融合，此后长江中下游地区和华南北部文化已经大同小异，基本形成"长江中下游—华南文化区"，总体构成新的"釜—圈足盘—豆文化系统"（见图二）。

五

新石器时代中期华北和东北地区分布着磁山文化、兴隆洼文化、赵宝沟文化、新乐下层文化、左家山下层文化等。这些文化总体上可以分为早、晚两大阶段，分别对应黄河和长江流域的中、晚段，公元前 7000 ～前 6200 年这样一个阶段目前还是缺环。

早段包括太行山以东以河北武安磁山早期①和易县北福地一期遗存②为代表的磁山文化早期，西辽河—凌河流域和燕山南北以内蒙古敖汉旗兴隆洼 F171③、林西白音长汗二期甲类④、辽宁阜新查海 D1⑤ 为代表的兴隆洼文化，绝对年代大致在公元前6200 ～前 5500 年。磁山文化有方形或长方形半地穴式房屋，长方形窖穴，包含成组明器化陶器、石玉器等的所谓"祭祀场"。除去细石器、砺石、石磨盘、石磨棒、网坠，还有较多斧、锛、凿、铲等磨制石器。圈足石碗和陶假面面具很有特色，有鸟首形支座和纺轮。陶容器基本都是夹砂褐陶，泥条筑成法制作，直腹盆（盂）占据主体，也有深腹罐、平底盘等，与华北新石器时代早期文化存在明显的渊源关系，仍属"直腹平底盆—筒形罐文化系统"。只是南北有所差别，北部的北福地类型器表上部压印或刻划一周成组斜线纹、鳞纹、篦点纹等，与新石器时代早期的东胡林遗存陶器风格接近，其中"之"字纹平底钵和玉玦等可能为兴隆洼文化因素；南部的磁山类型陶器常带双錾，器表以拍印绳纹为主，也有细泥条附加堆纹、篦点纹、刻划纹等，与新石器时代

① 河北省文物管理处、邯郸市文物保管所：《河北武安磁山遗址》，《考古学报》1981 年第 3 期。
② 河北省文物研究所：《北福地——易水流域史前遗址》，文物出版社，2007 年。
③ 中国社会科学院考古研究所内蒙古工作队：《内蒙古敖汉旗兴隆洼遗址发掘简报》，《考古》1985 年第 10 期；中国社会科学院考古研究所内蒙古工作队：《内蒙古敖汉旗兴隆洼聚落遗址 1992 年发掘简报》，《考古》1997 年第 1 期。
④ 内蒙古自治区文物考古研究所：《白音长汗——新石器时代遗址发掘报告》，科学出版社，2004 年。
⑤ 辽宁省文物考古研究所：《辽宁阜新县查海遗址 1987 ～ 1990 年三次发掘》，《文物》1994 年第 11 期。

早期的南庄头遗存可能有联系，至于少量泥质三足钵的出现，则是裴李岗文化向北渗透的结果。兴隆洼文化有成排较大方形半地穴式房屋构成的环壕聚落，墓葬为长方形竖穴土坑墓或石棺墓，仰身直肢葬为主，还有奇特的居室葬，随葬玉玦、蚌饰、石玉珠等各类随身装饰品，有的还随葬整猪。其玉玦、玉匕形器、玉蝉、嵌蚌石面具、骨蚌面具、石雕人等很有特色。以打制或略磨的有肩或无肩铲、斧、锛等为主，还有石磨盘、石磨棒、骨梗石刃刀等。有少量石质的罐、杯、臼等容器。陶器主要为泥条筑成法制作的夹砂褐色筒形罐，其次为平底钵、盆、圈足碗，器表最初基本为素面①，后遍饰压印旋纹和网格纹，最后流行"之"字纹、绞索纹等。总体和磁山文化同属"直腹平底盆—筒形罐文化系统"，其渊源或许是和东胡林类似的新石器时代早期遗存。兴隆洼文化各区域也有一定的地方性差异。

晚段包括磁山晚期遗存为代表的磁山文化晚期，西辽河和燕山南北以内蒙古敖汉旗赵宝沟遗存为代表的赵宝沟文化早期②，下辽河流域以辽宁沈阳新乐下层遗存为代表的新乐下层文化③，第二松花江流域以吉林农安左家山第4层遗存为代表的左家山下层文化早期等④，绝对年代大致在公元前5500～前5000年。这时冀南磁山遗址磁山文化晚期中泥质素面的三足钵、圜底钵、壶、深腹罐等已经占到接近1/3，还出现圆形窝棚式房屋和四足石磨盘，显示来自裴李岗文化的影响显著加强⑤。赵宝沟文化早期流行成排的方形半地穴式房屋，耜（有肩铲）、斧、锛、凿等石器磨制精整，筒形罐和平底钵之外新出现尊形器、圈足钵、圈足罐等陶器种类，以遍布器表的压印或刻划几何形纹最具特色，各类题材互相勾连组合，繁缛复杂，"之"字纹规整成熟，类似风格纹饰雏形早见于查海兴隆洼文化当中。新乐下层文化流行方形半地穴式房屋，陶器以规整成熟的"之"字纹筒形罐为主体，也有斜口器、圈足钵，与赵宝沟文化较为相似。除磨盘、磨棒、网坠和磨制石斧、石锛、石凿、石镞外，还流行精致的带铤石镞、石叶等细石器，煤精制品有特色。左家山下层文化早期和新乐下层文化近似，其刻划阶梯状带纹有特色。总体来看，赵宝沟文化、新乐下层文化和左家山下层文化都和兴隆洼文化有一定的传承关系（见图二）。

---

① 以内蒙古林西白音长汗一期遗存为代表，曾被命名为"小河西文化"。
② 中国社会科学院考古研究所：《敖汉赵宝沟——新石器时代聚落》，中国大百科全书出版社，1997年。
③ 沈阳市文物管理办公室、沈阳故宫博物馆：《沈阳新乐遗址第二次发掘报告》，《考古学报》1985年第2期；沈阳新乐遗址博物馆、沈阳市文物管理办公室：《辽宁沈阳新乐遗址抢救清理发掘简报》，《考古》1990年第11期。
④ 吉林大学考古教研室：《农安左家山新石器时代遗址》，《考古学报》1989年第2期。
⑤ 韩建业：《裴李岗文化的迁徙影响与早期中国文化圈的雏形》，《中原文物》2009年第2期。

六

从距今一万五六千年算起，到距今 7000 年左右为止，中国新石器时代早中期文化经历了近万年之久。新石器时代早期早段遗存在中国仅局限于南岭两侧，绳纹等后来又成为中国华北甚至日本岛常见因素，让人有东亚陶器同出一元之感，但现有证据也还仅能提供假设而已。约距今 11000 年以后进入新石器时代早期晚段，明确形成五个文化区或文化系统，即华南文化区的绳纹圜底釜—圜底钵文化系统、长江下游文化区的平底盆—圈足盘—双耳罐文化系统、中原腹地文化区的深腹罐文化系统、黄河下游文化区的素面圜底釜文化系统和华北文化区的直腹平底盆—筒形罐文化系统，他们总体上独立发展，交流甚少。约距今 9000 年以后虽进入新石器时代中期早段，但总体格局未变。约距今 8200 年以后进入新石器时代中期中段，各文化区交流明显频繁起来，中原裴李岗文化强势扩张，长江流域彭头山文化和跨湖桥文化东进西渐，东北地区被纳入直腹平底盆—筒形罐系统，从而整合成四个文化区或文化系统，即黄淮流域文化区的双耳壶—钵（碗）文化系统、长江中下游—华南北部文化区的釜—圈足盘—豆文化系统、华北—东北文化区的直腹平底盆—筒形罐文化系统三个大文化系统，以及泰沂山以北地区的素面圜底釜一个小文化系统，这当中三个大文化系统已和严文明先生归纳的中国新石器时代的三个系统大致吻合。不仅如此，通过中原裴李岗文化的强烈扩张和影响，还使各文化区边缘都开始互相接触融合，几个文化系统发生一定的联系，从而形成雏形的"早期中国文化圈"，为文化意义上早期中国的形成和发展奠定了基础。此后在中国大部才会出现普遍的认同观念和以中原为核心的历史趋势①。

附记： 严文明先生是我学习考古学的启蒙老师和受业恩师。先生经实践反复锤炼而来的考古学研究方法，关于早期中国文化谱系、文明起源、农业起源等方面的理论创见，先生严谨求实的治学精神，博大深远的学术视野，中正和平的为人风范，都深刻影响着我的学术和人生。谨以此文祝贺先生 80 华诞！

---

① 赵辉：《以中原为中心的历史趋势的形成》，《文物》2000 年第 1 期；韩建业：《论新石器时代中原文化的历史地位》，《江汉考古》2004 年第 1 期。

岭南地区的新石器时代早期文化

傅宪国

（中国社会科学院考古研究所）

　　本文所讨论的岭南地区，指五岭以南、云南以东，今天的两广、福建和海南岛，包括港、澳地区在内的这一片地理区域。本区绝大部分位于北纬25°以南，属于亚热带到热带地区，气候温和，阳光和雨量充沛，有丰富的水资源、植物资源和水陆生动物资源，为人类文化的发展提供了良好的自然环境。从旧石器时代以来，本地区就有人类在此活动和繁衍。近年的考古发现表明，与邻近地区相比，本区的文化发展既具有一定的普遍性，又具有非常鲜明的自身特色。这种特色不仅表现在整体的考古学文化面貌上，而且也表现在新石器时代早期的文化特征方面。

　　何谓"新石器时代"？众所周知，这个名词是英国人 J. Lubbock 1865 年在他的著作"史前时代"中提出的，原意指使用磨制石器的时代。关于新石器时代的特征与标志，说法很多，但通常以农牧业、定居、磨制石器和陶器的出现作为这个时代开始的文化特征。这四个特征的提出，其主要依据是中东和欧洲地区考古材料所表现出的史前文化面貌及发展序列。但是，随着考古学研究的不断发展，新材料的不断发现，显示出人类文化在世界各地有着不同的发展轨迹，而这四个特征未必适用于所有地区。从世界范围来看，中东地区早在距今大约 11000～10000 年即出现了定居和农牧业，使用半磨制的石器，但陶器的出现却要晚得多。日本列岛的绳文时代被称为新石器时代，以陶器、磨制石器、狩猎和渔捞经济（如贝丘遗址的出现）作为本阶段的文化特征，但没有农业；而澳洲地区的磨制石器早在距今 22000～18000 年已经开始出现，但直到欧洲人入侵之前，却一直没有出现定居、农牧业和陶器①。由此看来，上述的新石器时代四个基本文化特征，并不具有普遍的适用性，不能代表人类从旧石器向新石器时代发

---

①　中国大百科全书考古卷编委会：《中国大百科全书·考古学卷》，中国大百科全书出版社，1986年。

展的唯一规律。各个地区应当根据本区的实际情况，探讨本地区新石器时代的标志以及新石器早期文化的特征。

一　研究回顾

岭南地区从旧石器时代向新石器时代的转变，以及新石器时代早期文化的研究，一直是学术界比较重视的课题之一。德日进、丁文江、翁文灏、杨钟健和裴文中等前辈学者早在 20 世纪 30 年代就对两广地区进行过考古调查①。裴文中先生当年根据广西石灰岩地区洞穴调查的材料，提出该地区洞穴晚期堆积中含有螺壳和穿孔砾石的文化层，与东南亚地区新石器早期的"北山文化"相似，但由于在这些遗址中没有发现陶片和磨光石器，故将之称为"典型的中石器时代"遗存。

从 20 世纪 30 年代以来，特别是 1949 年以来，随着考古工作的不断发展，岭南地区已经积累了相当数量的考古资料。80 年代中期开始，不少学者著文讨论岭南地区旧石器时代向新石器时代的过渡以及新石器时代早期文化的特征等问题，并且提出了不同的看法②。回顾历年的讨论，基本上围绕着以下几个问题而展开：

（1）地层学和遗址分布问题

要解决旧石器向新石器时代过渡以及新石器时代早期文化特征的问题，首先必须有考古遗址的地层序列作为依据。何乃汉和邱立诚分别对广西和广东地区从更新世晚期到全新世早期的一些考古遗址的地层堆积进行分析，指出了不同时期地层叠压的关系，以及新石器时代早期遗址的堆积特征③。焦天龙对岭南地区全新世早期从距今14000～7000 年间不同类型遗址的分布作过综合研究，提出这些遗址可分为两个阶段，前者从距今 14000～9000 年，后者从距今 9000～7000 年，在考古学文化上分属于中石

① Pei Wenzhong, 1935, On a Mesolithic（？）Industry of the Caves of Kwangsi, *Bulletin of the Geological Society of China*, Vol. XIV.（3）.

② 安志敏：《关于华南早期新石器的几个问题》，《文物集刊》1981 年第 3 期；安志敏：《华南早期新石器的 ^{14}C 断代和问题》，《第四纪研究》1989 年第 2 期；何乃汉、覃圣敏：《试论岭南中石器时代》，《人类学学报》1985 年第 4 卷第 4 期；何乃汉：《岭南旧石器时代向新石器时代的过渡及其有关的几个问题》，《中国考古学会第五次年会论文集》，文物出版社，1988 年；邱立诚：《略论华南洞穴新石器时代早期文化》，《史前研究》1985 年第 1 期；张之恒：《华南地区的前陶新石器文化》，《考古与文物》1985 年第 4 期；张之恒：《华南地区新石器时代文化的分期和特征》，《中国考古学会第七次年会论文集》，文物出版社，1989 年。

③ 何乃汉、覃圣敏：《试论岭南中石器时代》，《人类学学报》1985 年第 4 卷第 4 期；何乃汉：《岭南旧石器时代向新石器时代的过渡及其有关的几个问题》，《中国考古学会第五次年会论文集》，文物出版社，1988 年；邱立诚：《略论华南洞穴新石器时代早期文化》，《史前研究》1985 年第 1 期。

器和新石器时代的遗存①。

根据上述学者的意见，岭南地区属于新石器时代早期的文化遗存，从地理分布和特征来看，主要见于石灰岩地区的洞穴中，但在台地和河流阶地也有发现；而旧石器时代晚期以及"中石器时代"的文化遗存往往只在洞穴中发现。在 90 年代中期以前，作为展示岭南新石器时代早期文化地层关系的代表遗址有广西柳州鲤鱼嘴、桂林庙岩②和甑皮岩遗址等。从遗址的地层序列来看，上述研究者普遍认为，新石器时代早期地层之下往往是不含陶片也不含螺壳的旧石器时代晚期堆积，或者是中石器时代不含陶片而具有大量螺壳的堆积③，而新石器早期的地层以含有大量螺壳和出现陶片为标志。不过，由于地层关系和碳-14 测年往往出现不整合甚至上下颠倒的情形，而且有些遗址的地层划分也存在一定的局限性，所以，有关岭南地区新石器时代早期文化的地层堆积及其特征，尚未达成一定程度的共识。

（2）年代学问题

这是石灰岩地区特有的一个难题，主要是由于该地区水中含有"死碳"，造成碳-14 测年结果偏老，而且经常出现年代早晚上下颠倒的情形。不少学者讨论过这个问题。20 世纪 80 年代北京大学考古学系和中国社会科学院考古研究所的两个碳十四实验室还专门为此到岭南地区作了采样、分析和测试，但问题依然没有完全解决④。碳-14 测年的偏老问题直接影响岭南地区新石器时代早期文化年代框架的建构。岭南地区早期新石器时代到底从何时开始？一直未有令人满意的答案。

（3）文化特征问题

在技术发展方面，不少学者指出陶器和磨制石器的出现当是岭南地区新石器时代早期文化的主要特征⑤。在经济形态方面，有的学者认为岭南地区全新世早期并没有可靠证据表明农业经济已经出现⑥，但也有学者认为可能已经有初级农业，此期的经济形

---

① 焦天龙：《更新世末至全新世初期岭南地区的史前文化》，《考古学报》1994 年第 1 期。

② 谌世龙：《桂林庙岩洞穴遗址的发掘与研究》，《中石器文化及有关问题研讨会论文集》，广东人民出版社，1999 年。

③ 何乃汉：《岭南旧石器时代向新石器时代的过渡及其有关的几个问题》，《中国考古学会第五次年会论文集》，文物出版社，1988 年。

④ 安志敏：《华南早期新石器的 ${}^{14}C$ 断代和问题》，《第四纪研究》1989 年第 2 期；原思训：《华南早期新石器 ${}^{14}C$ 年代数据引起的困惑与真实年代》，《考古》1993 年第 4 期。

⑤ 何乃汉：《岭南旧石器时代向新石器时代的过渡及其有关的几个问题》，《中国考古学会第五次年会论文集》，文物出版社，1988 年；邱立诚：《略论华南洞穴新石器时代早期文化》，《史前研究》1985 年第 1 期。

⑥ 安志敏：《关于华南早期新石器的几个问题》，《文物集刊》1981 年第 3 期。

态是以渔猎和采集为主，兼营农业①。另外有学者提出薯芋类植物的栽培活动可能在此期出现②。

由以上的简单回顾可以看出，迄今为止，在岭南地区新石器时代早期文化的遗址类型、堆积特征、文化内涵以及起始年代等方面，学术界均未能达成一定共识。造成这种现象的原因，主要是由于考古资料的零散，特别是地层学资料不足，若干遗址的地层划分有所局限。此外，由于种种条件限制，未能通过多学科手段收集更多的考古信息，特别是有关经济活动的信息，限制了对文化特征及内涵的讨论。同样，碳-14测年在石灰岩地区的可靠性也在一定程度上影响了年代序列的建立。

1996年以来，中国社会科学院考古研究所和广西壮族自治区以及南宁市、桂林市的文物考古部门合作，在广西南部的南宁地区和北部的桂林地区分别进行了考古调查和发掘。从1997~1999年在南宁地区三次发掘了邕宁顶蛳山遗址，2000年在桂林地区发掘了临桂大岩遗址，2001年再次发掘了桂林甑皮岩遗址。经过几年的田野考古工作，并且运用多学科的综合研究方法，为我们了解岭南地区新石器时代早期文化的基本特征及开始年代提供了一批十分珍贵的材料。

二　主要遗址及考古发现

据初步统计，目前岭南地区属于全新世初期的考古遗址和发现地点超过120个③。根据现有的材料，参考碳-14测年数据，并且与邻近地区特别是长江中下游的考古材料进行对比，我们认为在岭南地区属于全新世初期，即年代大约12000~9000年的代表性考古遗存有广西桂林地区的大岩第三期遗存、庙岩遗址、甑皮岩第一期遗存及广西南部邕宁顶蛳山第一期遗存和广东北部的英德牛栏洞遗址第三期遗存。而福建和港澳地区目前尚没有有关该阶段考古资料的报道。

1. 甑皮岩第一期遗存

甑皮岩洞穴遗址位于桂林市南郊独山，1965年发现，1973~1975年进行发掘，出土了丰富的器物和遗迹现象，一直是岭南地区最重要的史前遗址之一。不过，由于当年在发掘和研究方面的种种限制，遗址的地层序列、文化分期以及各期文化经济特征等问题，一直悬而未决。

2001年，中国社会科学院考古研究所、广西壮族自治区文物工作队（2006年后改

---

① 何乃汉：《岭南旧石器时代向新石器时代的过渡及其有关的几个问题》，《中国考古学会第五次年会论文集》，文物出版社，1988年。

② 张之恒：《华南地区新石器时代文化的分期和特征》，《中国考古学会第七次年会论文集》，文物出版社，1989年。

③ 焦天龙：《更新世末至全新世初期岭南地区的史前文化》，《考古学报》1994年第1期。

为广西文物考古研究所）、桂林甑皮岩遗址博物馆及桂林市文物工作队联合对甑皮岩洞穴遗址进行了第二次发掘。总计发掘面积约10平方米。共发现墓葬5座，石器加工点1处。同时，还获得了大量地层关系明确的文化和自然遗物，包括陶片、石器、骨器和蚌器等史前人类生活用具、生产工具以及人类食用后遗弃的水、陆生动物遗骸。发掘表明，遗址堆积最厚处达3.2米，地层变化相当复杂，自然堆积层次最多达32层。依地层叠压关系及出土文化遗物的变化，遗址堆积自下而上可分为五个时期①，其中第一期出土的文化遗物包括陶器、打制石器、骨器和蚌器等。石器均以河砾石为原材料，石质以砂岩占绝大部分，包括各种颜色的细砂岩、粉砂岩、石英砂岩等，另有少量的花岗岩、碳质板岩、泥质板岩和灰岩。均为打制石器，石器加工技术比较单一，大部分为单面单向直接打击成型，只有个别采用双面打击加工，二次修理可能有间接的硬锤打击技术。以石核石器为主，直接用砾石打制加工而成，少部分为石片石器。器类包括石锤、砍砸器、盘状器、切割器、尖状器、棒形石凿和穿孔石器等，以石锤和砍砸器为主。从出土器物的形态来看，此期的石器工业属于典型的中国南方砾石工业传统。对比分析的结果表明，石器原料基本上来源于漓江河滩。此期地层中发现了较多砾石原料以及大量制作石器过程中产生的半成品、石块、石片和碎屑，其中部分可以拼合，表明当时石器的制作加工是在洞内进行的。骨器和蚌器的数量较多，包括骨锥、骨铲、骨针、骨鱼镖和蚌刀等，并有少量牙器。磨制工艺已经存在，但主要用于加工有机质的工具如骨锥、骨铲和穿孔蚌器，尚未应用于石器制作。

陶器仅发现一件，为敞口、圆唇、斜弧壁、圜底釜。夹粗石英灰白陶，内、外壁及胎芯同色，近口沿部分呈灰褐色，石英颗粒较大，最大粒径1.1～1.5厘米。器表大部分为素面，仅在近口部分隐约可见纹饰，似为滚压而成的粗绳纹，后又经抹平。器形低矮，器壁极厚，口径27、高14.5、口沿厚1.4、胎厚3.6厘米。陶质疏松，烧成温度极低（不超过250℃），胎质疏松，器表开裂，呈鳞片状。制作粗糙，捏制而成，表现出一系列初级陶器工艺的特征，应是中国目前所见最原始的陶容器。

地层中出土了大量的水陆生动物遗骸和植物遗存，结合浮选和植硅石的研究结果，证明甑皮岩史前居民的经济形态主要是采集和渔猎。

依据碳-14测年结果，甑皮岩第一期遗存的年代约在距今12000～11000年间。

2. 大岩遗址第三期遗存

大岩遗址位于广西临桂县临桂镇二塘行政村小太平自然村东南约0.5千米的下岩门山北麓，东北距临桂县城约3千米，由A、B两洞组成。A洞位于东侧，B洞位于西侧，两洞洞口相邻，均朝向正北。下门岩山为一石灰岩孤峰，其东侧有一条小河自东

---

① 中国社会科学院考古研究所等：《桂林甑皮岩》，文物出版社，2003年。

南向西北流过，在 A 洞前形成一面积约 3000 平方米的水塘，然后南折流入 B 洞东侧并成为一地下暗河。B 洞堆积主要分布在洞口西侧，距现在河水水面约 1 米，因破坏严重，残存面积仅约 15 平方米；A 洞洞口部分为一宽敞的洞厅，宽约 15~20 米，进深 8~10 米，洞底有两小洞与 B 洞相通，距现在河水水面约 5 米，洞内及洞外都比较完整地保留了原生堆积，现存总面积约 300 平方米。遗址 1999 年发现，2000 年对其进行正式发掘①。

依地层叠压关系和出土文化遗物的变化，自下而上分为六个文化时期。其中第三期为以螺壳为主的堆积，出土物包括砾石打制石器、骨器、蚌器及陶器等文化遗物以及较多的水、陆生动物遗骸。石制品全部为打制，不见磨制石器，包括石核、石片、砍砸器、刮削器等，并以砍砸器为主。以砾石为原料，主要是砂岩，有少量石英岩。石器制作粗糙，多不规整，形状多样，以小型石器为主，有一定数量的中型石器。大型石器较少，不见细小石器。石器加工技术简单，基本上采用锤击法单面加工，第二步加工的石器很少。其石器工业风格继承了华南旧石器时代砾石石器工业传统，与岭南全新世初期的封开黄岩洞、阳春独石仔以及桂林甑皮岩、道县玉蟾岩等洞穴遗址出土的石器相类似。骨器包括骨锥和骨铲两种，磨制也较精，体现出较高的制作工艺。

该期共发现 3 件陶容器，均为素面，夹杂破碎的方解石和石英颗粒，陶质疏松，烧成温度极低，陶胎厚 2~3 厘米。其中两件为夹砂灰褐陶，因受地层挤压变形而难辨器物原形；另一件可复原，为圆唇，斜弧壁，圜底，器表红色，内壁呈橙黄色，器表有植物茎秆压痕三道，并有因火烧而形成的黑色烟炱。该圜底陶器与甑皮岩第一期出土的陶器在器物形态和烧成温度上均相近，其年代也大体相当，即不晚于距今 12000 年。

地层中出土了大量的水陆生动物遗骸。浮选和植硅石的研究结果表明大岩第三期史前居民的经济形态主要是采集和渔猎。

3. 庙岩遗址

位于桂林市南郊雁山镇东北李家塘村东 0.5 千米的孤峰南麓，海拔高程为 150 米，离地面相对高度约 20 米，洞底面积约 130 平方米。洞前开阔地带有大片鱼塘、沼泽。洞内干燥通风。该洞于 1965 年发现，于 1988 年 7~8 月由桂林市文物队进行发掘。

根据其中的 B 区探方 T1 和 T2 北壁剖面，遗址文化堆积厚 2.4~2.9 米，可分六层。第 1 层为扰乱层；其下的第 2 层是灰黄色含大量螺壳的亚沙土，含烧灰、烧骨等；第 3 层胶结较严重，含螺壳、石器、骨器和动物遗存；第 4 层除了螺壳、石制品、兽

---

① 傅宪国等：《桂林地区史前文化面貌轮廓初现》，《中国文物报》2001 年 4 月 4 日第 1 版。

骨、蚌壳之外，有较多的炭和烧灰；第 5 层含少量螺、蚌壳，多量兽骨和烧灰，在此层下部出数片极为粗糙的灰黑色陶片；第 6 层只有少量螺、蚌壳，没有其他文化遗物。在此次发掘中，共发现石器 365 件，骨制品 70 余件，以及陶片、螺壳、蚌壳、灰烬等遗物。其中的陶片难以辨明器形，制作原始，均为素面，陶质疏松，夹杂细石英颗粒和炭粒①。

庙岩遗址共测出 15 个碳–14 年代，其测年标本为钙华 1 （>3.5 万年）、含炭屑黏土 1 （距今约 11000 年）、螺壳 11 （距今约 20000～12000 年）、陶片 2 （15560±500 和 15660±260），分别由北京大学考古学系实验室、中国社会科学院考古研究所实验室和地质矿产部岩溶地质研究所实验室②进行测定，半衰期均为 5730 年。

从地层和测年数据来看，用螺壳测得的年代，出现了年代上下颠倒的情况。由此可见石灰岩地区用螺壳测年问题的复杂性，并非减去偏老的数据即可以解决所有问题。

庙岩发现陶片的第 5 层有两个以螺壳为标本测出的数据，大约在距今 18000～17000 年之间，如果减去石灰岩地区螺壳偏老大约 2000 年的因素③，比较接近陶片所测得的两个年代（15560±500 和 15660±260）。那么，这是否就代表了岭南地区最早的陶片所产生的时代呢？原文没有披露陶片所测的是基质还是陶片上的腐殖酸。根据玉蟾岩陶片的测定，陶片上腐殖酸的年代为距今 12320±120 年，而陶片基质的年代是距今 14810±230 年④。两者数据相差超过 2000 年。据报道，庙岩共发现 5 件陶片，器形难辨。均为灰褐色，素面，部分表面有烟炱。陶质粗疏，吸水性强，夹石英颗粒和炭粒⑤。所述特征与甑皮岩第一期和大岩第三期特征近似，其年代也应相去不远。

4. 顶蛳山第一期遗存

顶蛳山遗址位于广西南部邕宁县城南约 3 千米的蒲庙镇新新行政村九碗坡自然村东北约 1 千米的顶蛳山上，坐落在邕江支流八尺江右岸第一阶地，八尺江与清水泉交汇处的三角嘴南端。遗址现存面积约 5000 平方米。1994 年发现，1997 年中国社会科学院考古研究所广西工作队、广西壮族自治区文物工作队和南宁市博物馆对该遗址进行了发掘。遗址的堆积可分为四期，其中第一期为棕红色黏土堆积，不含或少含螺壳。

---

① 谌世龙：《桂林庙岩洞穴遗址的发掘与研究》，《中石器文化及有关问题研讨会论文集》，广东人民出版社，1999 年。

② 陈先、汪训一、王丽娟：《桂林庙岩文化遗址及其形成环境》，《科技考古论丛——全国第二届科技考古学术讨论会论文集》，中国科学技术大学出版社，1991 年。

③ 原思训：《华南早期新石器¹⁴C 年代数据引起的困惑与真实年代》，《考古》1993 年第 4 期。

④ 袁家荣：《湖南道县玉蟾岩 1 万年以前的稻谷和陶器》，《稻作　陶器和都市的起源》，文物出版社，2000 年。

⑤ 谌世龙：《桂林庙岩洞穴遗址的发掘与研究》，《中石器文化及有关问题研讨会论文集》，广东人民出版社，1999 年。

出土器物包括穿孔石器、玻璃陨石制作的细小石片石器等。后者多为直接打击法打下，石片上多留有打击的锥形疤。二期和三期的文化遗物和遗迹现象都比较丰富，可命名为"顶蛳山文化"①。第四期和三期之间有缺环，年代已经到大约6000年，而且文化特征也有较大改变。

顶蛳山一期陶器数量较少且器类简单，仅见圜底的罐或釜形器，不见平底、圈足器。陶器成型方法为手制，大部分陶片的内壁可见手指捺窝痕迹。陶器表面灰黄，陶胎为黑褐色。器壁较厚，羼合料是粗大的方解石颗粒。质地疏松，烧成温度不高。器表均施以粗绳纹（纹饰直径在3毫米以上）。纹饰为分段滚压而成，部分陶器的器底纹饰较杂乱。部分陶器口沿上捺压花边，花边下施一周附加堆纹，这些附加堆纹均为成器后另外贴附上去的，部分在出土时已脱落。依据地层及器物形态，顶蛳山遗址第一期的年代大约在距今10000~9000年之间。

5. 英德牛栏洞遗址第三期

该遗址位于广东北部英德市云岭镇东南面约2千米的狮子山南麓，亦属于石灰岩地区。有一条古河道流经狮子山下南侧。

该遗址1983年发现，1996和1998年两次发掘。文化堆积厚薄不一，最厚处可达到2.8米左右。发现灰坑、灰烬等遗迹以及比较丰富的文化遗物和水陆生动物遗骸。文化遗物包括打制石器、局部磨制石器、骨制品、牙角制品、蚌制品及陶片等。根据发掘者研究，牛栏洞的文化遗存主要分为三期，其中第三期又分成前后两段。在第三期前段开始出现陶器和磨刃石器，陶器制作粗糙，容易破碎，器类难以辨认。第三期有9个碳-14测年数据，其中5个是螺壳标本，4个是动物骨骼标本。所测的结果，螺壳标本的年代范围在距今约17000~14000年之间，而动物骨骼标本所得的年代范围在8900~7900年之间，即使扣除2000年左右的螺壳偏老因素，两类标本的年代差别仍然超过2000年。发掘者认为第三期前段的年代大体在距今10000~9000年②。

三　讨论

从以上考古遗址及其出土材料，可以看到它们具有一些共同的文化特征。

首先，从年代来看，已经过测年的遗址，虽然仍有石灰岩地区碳-14测年造成的误

① 中国社会科学院考古研究所广西工作队、广西壮族自治区文物工作队、南宁市博物馆：《广西邕宁顶蛳山遗址的发掘》，《考古》1998年第11期。

② 英德市博物馆、中山大学人类学系、广东省文物考古研究所：《英德史前考古报告》，广东人民出版社，1999年。

差，但经过调整和与邻近地区考古学遗存相比较，上述遗存的年代都在距今大约12000～9000年。这个年代范围在地质时代上属于全新世最早一段。

其次，从遗址分布的地理位置和遗址地貌来看，大部分的文化遗物发现于石灰岩地区洞穴内，但也开始出现河流台地遗址如顶蛳山第一期文化遗存。表明其活动范围不仅限于洞穴和岩厦地区，而且扩大到河流沿岸。这种变化，很可能与当时的经济模式变化有关。

再次，从出土器物来看，主要有石器、骨蚌器和陶器。石器以打制为主，其中除了顶蛳山以外，其他遗址所见都是砾石打制石器，利用天然砾石作为原料，直接在一端或边缘加工成器。这种加工工艺与黄河流域的石片石器传统迥然不同，属于长江以南到东南亚大陆的砾石石器工业传统。打制的方法都是以直接打击为主，器类都比较简单，以砍砸器为多，部分遗址并发现穿孔石器。除了顶蛳山以外，其他遗存都没有发现小石片石器，更不见细石器。这种石器组合和长江流域新石器早期的一些遗址如仙人洞等所见石器组合有所差别，但邻近的湖南道县玉蟾岩也有相似的不见小石片石器的情况。这种砾石石器工业传统的相对稳定性，也属于岭南地区新石器时代早期文化的特征之一。

磨制骨器和穿孔蚌器也是上述遗址经常发现的器物。根据大岩的发现，磨制骨锥和穿孔蚌器在较早的第二期已经开始出现，应当属于岭南中石器时代的器物；在新石器时代早期，这类器物得到更进一步的发展，器类增加，如出现了骨铲、骨锛等新器形，加工技术也有所发展。

以上遗址普遍发现手制成型、胎质疏松、烧制火候很低的夹矿物颗粒陶器，器形简单，多数是圜底器，所夹矿物有方解石和石英颗粒。其中甑皮岩和大岩所出的陶片呈现出更为原始的特征，如甑皮岩第一期的陶器厚度达2.9厘米，而夹杂的石英颗粒粗大而棱角分明。大岩第三期所出的陶器为素面陶，夹粗大的碎石英颗粒，其胎壁厚度与甑皮岩第一期的相似，在制作工艺上的原始程度也相似。至于庙岩的陶片，也是素面，陶质疏松，夹石英颗粒和炭粒；其胎厚未见报道，不过从原文的描述来看，制作也处于初期的阶段。顶蛳山遗址第一期和牛栏洞陶器的胎壁相对较薄，顶蛳山陶器所夹的仍是方解石颗粒，而牛栏洞陶器夹杂的是砂粒而不是矿物颗粒，胎壁也较薄，在制作工艺上可能已经有所进步，其年代也略晚。

从此阶段的出土器物来看，砾石打制石器基本上是本地区旧石器工业传统的延续，穿孔石器和磨制、穿孔骨蚌器出现于略早的中石器时代，只有陶器是这一时期新的器物。无论在制作工艺、器形以及烧制水平上，此期的陶器都处于最早的阶段。因此，岭南地区这一时期应当是以陶器出现作为主要的文化特征之一。

陶器的出现是人类技术发展史上的一个里程碑，因为这是人类首次将大自然的泥土、火和水三者有机的、有控制的结合，制作出大自然所没有的新物质。但除了技术上的意义之外，陶器的出现很可能反映了经济形态的变化。从目前岭南地区所见的考古材料来看，含有早期陶器的全新世初期文化遗存，基本上都含有大量的螺壳堆积。而根据多学科综合研究的结果，该阶段尚不存在稻作农业，因此，陶器在本地区的起源应该基本上与稻作农业和采集植物种子的生业形态无关。岭南地区的考古资料表明，该地区属旧石器时代晚期的考古遗址，其堆积基本不含螺壳，至中石器时代开始出现含螺壳的堆积。而岭南地区的资料表明，该地区陶器的出现与大量螺壳堆积的出现基本同时或略晚。根据我们的实验，从水里采集到的介壳类动物，假如不砸碎外壳，即便用铁制的钉、锥类器物也极难把肉挑出。同时，根据我们对大岩、甑皮岩遗址出土螺、蚌壳的仔细观察，这些螺壳个体完整，找不到过去一般认为的敲去尾端而食的现象。但是，这些螺、蚌一经加热，则极易把肉挑出。岭南地区上述遗址的早期陶器都是炊器的形状，有些底部还有烟炱（如庙岩的陶片），进一步说明陶器的最早功能是炊器。而陶器的发明又反过来为采集贝类作为食物的经济活动提供了重要的工具，从而促进了这种经济活动的进一步发展。如此，我们认为，岭南地区陶器的出现很可能与采集螺、蚌作为主要食物的生业形态有关。换句话说，岭南地区陶器出现的动因或契机，大概是由于最后一次冰期结束，气候变暖，水生动物大量繁殖（甑皮岩遗址出土的动物共计108种，其中贝类47种，螃蟹1种，鱼类1种，鳖1种，鳄鱼1种，鸟类20种，哺乳动物37种），依最佳觅食模式，因其容易采集，可以花最少的时间和气力获得最高的回报，人类开始大量捕捞和食用水生介壳类动物，而介壳类水生动物因其坚硬的外壳，不可能像鱼类和陆生动物那样可以直接在火上烤而食之，促使人类发明了陶器，由此也在该地区产生了与以往不同的生业形态。严文明先生就认为，陶器的起源，"有的地方与农业的产生有关系，有的地方则与相对定居的生活和集约的采集经济有关系"①。事实说明，在某些特殊的地区、某种特定环境以及某些特殊的时期，渔猎和采集经济也可以发展到很高的程度。

岭南地区在全新世早期的生计形式，乃是建基于当时当地的自然环境和资源之上。根据广西地区古气候和古植被的研究成果，全新世初期的岭南地区，大约在距今10000年开始进入升温期，各种植物特别是阔叶植物和根茎、草本植物，其数量和种类都大为增加②，为人类提供了丰富的果实、绿叶和块茎食物。由于气候温暖，雨水充沛，植物丰盛，又为多种动物的繁殖提供了良好的条件，包括陆地和水生动物。在以上5个

---

① 严文明：《稻作、陶器和都市的起源》，《稻作 陶器和都市的起源》，文物出版社，2000 年。
② 李文漪：《中国第四纪植被与环境》，科学出版社，1998 年；张美良等：《广西灌阳响水洞石笋的同位素年龄及古气候意义》，《中国岩溶》1998 年第 17 卷第 4 期。

考古遗址中均发现数量丰富的动物遗存，包括大量的水生贝类和其他动物，说明当时人类食物资源的丰富和多样性，也说明渔猎采集经济的发达。

与岭南上述遗址大约同时的长江流域仙人洞、玉蟾岩等遗址，已经出现了采集野生稻的证据，并且随后发展为农业栽培。岭南地区是野生水稻的主要分布区之一，全新世早期是否也有类似的经济活动呢？近年我们在顶蛳山、大岩和甑皮岩都进行了浮选和植物硅酸体的分析，目的是了解岭南地区在全新世初期是否已经出现稻作农业。从目前的结果来看，结论是否定的。在顶蛳山，水稻栽培的出现大概要晚到距今6000年左右。在大岩和甑皮岩的文化堆积中，虽经过全面浮选，仍然没有发现植物种子；植物硅酸体分析也没有发现属于稻亚科的硅酸体。牛栏洞的报告中提到在遗址的第二和第三期发现了少量水稻硅酸体，但根据所披露的资料，不能判断是否属于野生或栽培稻。所以，如果据此判断水稻栽培在本地区新石器时代早期已经出现，恐怕言之过早。在甑皮岩、大岩和顶蛳山目前都没有发现采集野生稻作为食物的证据，说明在其他资源丰富的情况下，人们并不选择植物种子作为食物，因此也没有发展出采集或栽培草本植物的经济。

需要特别指出的是，岭南地区新石器时代早期遗存可能与栽培稻起源乃至稻作农业无关，但并不意味着我们完全否定当时存在早期的农业生产活动。早已有学者指出，属于热带、亚热带地区的东南亚大陆以及相邻地区很可能是根茎类植物栽培的起源地①。根据考古学实验，依靠采集贝类和挖掘根茎植物，再辅以狩猎的生计形式，比之依靠采集野生植物种子如野生稻的生计形式，前者所花费的时间要少得多②。在甑皮岩遗址，从第一期开始即存在炭化的块茎类植物；部分工具类器物表面残余物分析也发现，在一些石器或骨器的刃部发现了附着的芋类淀粉颗粒，且数量比较丰富。这或许表明，在岭南地区，块茎类植物有可能是古代居民一类重要的食物来源。但由于块茎类植物遗存在考古遗址中难已保存和发现，因此，在今后的考古发掘工作中还要做更多、更为细致的工作。

综上所述，根据目前考古资料，岭南地区应当存在一个不同于华北等地区的史前文化发展过程和演化模式。岭南地区新石器时代开始的时间大致不晚于距今12000年。其标志性特征是陶器的出现；其他主要的器物组合是砾石打制石器、磨制骨器和穿孔蚌器；聚落形态以相对稳定的洞穴居住形式为主；生业形态为发达的广谱性渔猎采集

---

① Coursey, J. A.,1968, The Origin of Yam Cultivation, in *The Domestication and Exploitation of Plants and Animals*, Eds. by P. J. Ucko and G. W. Dimbley, London: Gerald Duckworth & Co.

② 赵志军、吕烈丹、傅宪国：《广西邕宁县顶蛳山遗址出土植硅石的分析与研究》，《考古》2005年第11期。

经济，不排除种植块茎类植物为补充。

过去，我们一直试图引用或归纳、总结出一个甚至在世界范围内都适用的普遍法则，并以此来解释不同地区、不同环境和不同文化背景下人类文化发展的过程，而较少考虑历史文化发展过程的复杂性和不平衡性。岭南地区新石器时代早期文化的特征，从一个侧面说明了人类文化的演化具有多样性，不宜随意提出和应用所谓普遍适用于世界各地的、单一的文化演化规律，去分析不同区域的考古学文化现象。

中国南方早期陶器的年代以及新石器时代标志的问题[*]

吴小红

（北京大学中国考古学研究中心　北京大学考古文博学院）

近几百年来，陶器的出现、植物的栽培和动物的驯养等文化特征一起被认为是新石器时代来临的标志，这个概念是由 Golden Childe 于 1928 年在研究中东考古材料的基础上提出来的[①]，大多数中国学者长期以来也持守着这一观点。而西亚农业起源方面的研究进展证实最早的农业社会可以追溯到距今 11500 年[②]，当时人们并没有制造陶器，陶器直到 9000 年前才在这个地区出现。此外，中国南方不少遗址出土了早期陶器，年代都早到了更新世晚期，当时的环境处在全新世大暖期来临之前的寒冷时期，并不适合农业和畜牧业的发展，而且考古学证据也不能证实处在更新世晚期旧石器时代的人群在掌握了制陶技术的同时也开始了植物的栽培和动物的驯养。由此，陶器作为新石器时代标志的概念受到挑战。

更新世晚期中国南方不少洞穴遗址出土了陶器[③]，但洞穴遗址出土陶器年代数据的

＊ 本论文的部分研究工作得到国家教育部人文社会科学研究重大项目 "晚更新世现代人的年代学研究" 项目的资助，项目批准号为 10GGD770015。

① Gordon Childe, 1936, *Man Makes Himself*, Oxford University Press.

② Ofer Bar-Yosef, 2011, Climatic Fluctuations and Early Farming in West and East Asia, *Current Anthropology*, Vol. 52, No. S4, The Origins of Agriculture: New Data, New Ideas (October 2011), pp. S175–S193.

Paul Goldberg & Richard I. Macphail, 2006, *Practical and Theoretical Geoarchaeology*, Blackwell Publishing, United Kingdom.

③ Yan Wenming, 1996, Sekai Saiko No doki to Inasaku No Kigen, *Kikan Ko_kogaku* 56: 18–21.

Yuan J, 2002, Rice and Pottery 10,000 Years BP at Yuchanyan, Dao County, Hunan Province, *The Origins of Pottery and Agriculture*, ed Yasuda Y (Roli Books, New Delhi), pp 157–166.

Zhang, C., 2002, The Discovery of Early Pottery in China, *Documenta Praehistorica* 29: 29–35.

可靠与否受到诸多因素的制约。除极个别陶器因为有表面残留物的存在可以直接用陶器测年以外①，大多数陶器的年代不能用碳-14测年方法直接测定，需要利用与陶器同出的可测年样品来断定陶器的年代，比如植物种子、动物骨骼、木炭等。这一类样品是遗址中比较容易得到的，所以目前来看，采集与陶片同出的碳-14测年样品进行间接的年代测定是解决陶器年代问题的有效手段。其中所涉及的关键问题是：我们所采集的碳-14测年标本的年代是否能够代表陶器的年代？要解决这个问题，除了需要我们对样品的生成年代有一个清楚的了解以外，最关键的是确保测年样品与陶片出土于同一个考古背景中。这需要在发掘过程中对样品进行采集，而不是等发掘结束之后统一采集测年样品，同时需要对洞穴遗址的堆积过程进行细致的研究。首先需要识别洞内堆积是人工作用形成的，还是有自然作用的参与拟或是受到了某些动物行为的影响。比如水流的作用将洞外的一些自然和人工的物质带进洞内形成二次堆积，由于经过了水的搬运过程，不同时代的物质很可能被放在了一起，或者是出现在同一个地层当中，这样洞内的陶片和测年的标本即便是出在同一个单位或是同一个地层当中，也无法保证它们的年代是相同的。动物的活动也会在某种程度上导致可测年物质在不同地层或不同遗迹之间的挪移。排除自然作用或者动物的行为所产生的影响之后，也需要对人类行为所产生的沉积过程有一个可靠的判断和清楚的认识。由于洞内空间有限，人们在里面生活所产生的垃圾很有可能倒在了洞外，如果洞口处有一个相对开阔的平台，人们也会在洞前活动，洞口的堆积是研究当时人们生活的很好的遗存。但由于这部分堆积很容易遭到自然和人为作用的破坏，比如雨水冲刷、山体滑坡、人工清理等，有些清理工作甚至是在发掘的时候发生的，也有的是为了洞穴遗址的展示而作了清理。若洞口的堆积能够被稳定保存下来，则能为研究当时的人类活动提供很好的材料。留在洞内的遗迹现象和生活垃圾是研究人类活动的重要遗存，针对这部分遗存也要进行仔细的分析。理论上，人们在洞内生活，一个阶段形成一层堆积，同一层堆积代表同一考古年代。但不排除人们有平整洞内活动面的可能性，如果洞穴被人们使用的时间很短，这种平整地面的行为不会给研究人类生活的年代问题带来太大困扰；如果洞穴在几百年甚至上千年的时间里被人多次反复使用，那么平整地面所带来的地层的变化就不容忽视了，地层内部所留遗物的等时性问题就需要仔细推敲了。要解决洞穴遗址

① Yuan S, et al.,1995,¹⁴C AMS Dating the Transition from the Paleolithic to the Neolithic in South China, *Radiocarbon* 37:245.

Yuan S., Li Kun, Yuan J., Zhang Z., Wang J., Liu K., Gao S., Lu X., Zhao Q., Li B., Guo Z., 1997, Application of AMS Radiocarbon Dating in Chinese Archaeological Studies, *Application of Accelerators in Research Industry*, edited by J. L. Duggan and I. L. Morgan, AIP Conference Proceedings 392, 803–806, New York.

出土陶器的年代问题，对洞内堆积形成过程的了解至关重要。小规模仔细地发掘、详细地记录再加上地层微形态分析和矿物学研究能够帮助我们有效地了解地层堆积过程，判别是人工还是自然过程，可以在很小尺度上识别堆积后活动比如生物扰动、地层混合所导致的样品的混杂。这种技术在《地质考古的理论与实践》一书中有很详细的介绍①。2004～2005年我们在湖南道县玉蟾岩遗址的发掘过程中运用了这一技术，证实玉蟾岩遗址洞内堆积为稳定的人工堆积过程，成功地解决了遗址洞内出土陶器的年代问题②。2009年我们在江西万年仙人洞遗址也同样应用了这种方法对洞内堆积进行了研究，并完成了系统的年代测定工作。地层的稳定堆积为出土陶片和碳-14样品的等时性提供了很好的保障。

　测年样品的选择也是影响年代数据可靠性的关键因素。一般来说，与人类活动相关的植物和动物遗存是碳-14测年很好的样本，比如炭化的植物种子和动物骨骼等，它们自身寿命较短，而且不易引入外来污染。但遗憾的是，这个时期的洞穴遗址很少能浮选得到炭化植物种子。动物骨骼的选择很大程度上取决于其保存状况，通常以是否能从动物骨骼中提取出足够量的明胶蛋白为选择的依据，有经验的工作人员在发掘现场通过肉眼观察和触摸样品也能做出判断。另外一类重要样品是木炭，木炭的形成通常是和人类活动有关的，但木炭本身的年代和人类烧火的行为之间可能有时间差。木炭的年代与木头生长的年代有关，而与它被烧成的年代无关，树一年长一轮，其中木质部分的年代代表的是这一轮生长的年代，树的木质部分的年代从树心向树外轮方向依次年轻，一棵被砍伐的树其最外轮代表的是树被砍伐的年代，木炭的年代取决于它所处的树轮的位置，它常常比树被砍伐的年代早，比木头被烧的年代早。同时由于木炭含有大量的空隙，很容易吸附环境污染物，木炭最常吸附的物质是黏土矿，其中所含的微小炭颗粒基本上都是死炭（即不含碳-14的炭，或说是碳-14全部衰变完了），这部分死炭的存在会使木炭年代数据变老。被吸附的其他物质比如腐殖酸等在实验室前处理过程中可被除去，而黏土矿中的炭颗粒不易被除去。古人砍伐木材作燃料，通常使用的是树枝或细小树木，由于年轮的存在而导致木炭年龄偏老的问题相对于旧石器时代的年代来说是微不足道的。黏土矿是导致木炭年龄偏老的主要原因，所以选择木炭作为测年样品一定要检查其中是否含有黏土矿，红外光谱分析的方法可以帮助解

①　Paul Goldberg & Richard I. Macphail, 2006, *Practical and Theoretical Geoarchaeology*, Blackwell Publishing, United Kingdom.

②　Elisabetta Boaretto, Xiaohong Wu, Jiarong Yuan, Ofer Bar-Yosef, Vikki Chu, Yan Pan, Kexin Liu, et al. 2009, Radiocarbon Dated Early Pottery at Yuchanyan Cave, Hunan Province, China, *Proceedings of the National Academy of Sciences of the USA* 106(24):9595-9600.

决这一问题①。我们在玉蟾岩遗址的工作中采用了红外光谱分析的方法对所有的木炭样品进行了筛选，得到了很好的结果②。在中国南方这个时期的古人也食用蜗牛和水生的螺、蚌，在洞穴遗址中留下了大量的螺、蚌壳遗存，有学者利用这些遗存进行了大量的年代测定，并针对石灰岩地区水生螺、蚌壳中碳库效应问题进行了讨论③。在石灰岩地区水体大量溶解岩石中的碳酸盐，在水里生活的螺、蚌会吸收这部分碳酸盐进入体内，并在壳里保留下来，使石灰岩地区水生螺、蚌壳的年代会比同时期陆生动植物的年代早几百到两三千年不等。有学者尝试用当地现代水生和陆生动植物的年代数据进行校正，但由于不同微小水域碳库效应不同，只能取平均值来估算年代④，另外，现代水体岩石碳库效应与几千年甚至上万年前是否相同也要存疑，用水生螺、蚌壳测定年代是在没有其他测年样品情况下的权宜之计。陆生的壳体类动物的年代不会偏老，比如蜗牛壳等。对遗址出土的壳体进行识别也是寻找适合的测年样品的有效手段。

实验室从样品前处理到数据测量的过程中需要关注现代碳污染的问题。测定旧石器晚期遗址的年代时，现代碳对测年数据的影响随年代的增加而加重。比如一个1万年的样品，其中若引入1%的现代碳，则测年结果会比实际数据年轻约200年；若是一个2万年的样品，样品中1%的现代碳会使数据年轻约800年；5万年的样品，1%的现代碳会使结果年轻约1.4万年。对于加速器质谱碳-14测年来讲，通常使用1毫克碳进行测量，1毫克的1%是10微克，相当于用很细针的针尖挑那么一点的重量。若要得到可靠的精确的年代数据，实验室过程需要严格控制，特别是样品前处理过程。比如，首先要在显微镜下仔细挑选样品，要将样品特别是木炭上附着的细小的植物根系拣除干净；实验室空气需要过滤，避免空气中飘尘进入样品；实验用水采用超纯水装置，现用现制；所用溶液最好是现用现配，等等。所以样品的考古背景，包括相对年代信息、埋藏环境等信息对于实验过程的设定都是有帮助的。有时有些提供样品的人为了

---

① Francesco Berna and Paul Goldberg, 2007, Assessing Paleolithic Pyrotechnology and Associated Hominin Behavior in Israel, *Israel Journal of Earth Science* 56: 107–121.
    Francesco Berna, et al., 2007, Sediments Exposed to High Temperatures: Reconstructing Pyrotechnological Processes in Late Bronze and Iron Age Strata at Tel Dor (Israel). *J Archaeol Sci* 34:358–373.
    Gordon Childe, 1936, *Man Makes Himself*, Oxford University Press.

② Elisabetta Boaretto, Xiaohong Wu, Jiarong Yuan, Ofer Bar-Yosef, Vikki Chu, Yan Pan, Kexin Liu, et al., 2009, Radiocarbon Dated Early Pottery at Yuchanyan Cave, Hunan Province, China, *Proceedings of the National Academy of Sciences of the USA* 106 (24): 9595–9600.

③ 北京大学历史系，考古专业¹⁴C实验室、中国社会科学院考古研究所¹⁴C实验室：《石灰岩地区碳-14样品年代的可靠性与甑皮岩等遗址的年代问题》，《考古学报》1982年第2期；中国社会科学院考古研究所等：《桂林甑皮岩》中《第九章　年代讨论》，文物出版社，2003年。

④ 中国社会科学院考古研究所等：《桂林甑皮岩》中《第九章　年代讨论》，文物出版社，2003年。

保证年代测定的客观性，不肯提供样品的背景信息，其实这样反倒对样品年代的精确
测定不利。整个实验过程所涉及的环节很多，不同的环节由不同的实验人员参与，每
一个实验室工作人员都需要严格按照实验操作规程来工作，若想让某人有意识地有方
向性地影响某个数据的结果是很难的一件事。

　　由此可以知道，为要解决中国早期陶器的年代问题，需要从考古发掘现场的工作
开始，从研究陶片出土背景，与测年样品的堆积关系，到测年样品的筛选，到实验过
程的控制，每个环节都可能影响到年代数据的可靠性，需要一个多学科学术团队的共
同参与和配合。下面我们以湖南道县玉蟾岩遗址为例作进一步说明。

　　湖南道县玉蟾岩遗址位于北纬 25°30′，东经 110°30′，为一个宽约 12 ~ 15 米、进深
6 ~ 8 米的洞穴遗址。1993 年和 1995 年湖南省文物考古研究所由袁家荣教授带队对此遗
址进行了发掘，发掘总面积 46 平方米①。此后，北京大学严文明教授、哈佛大学 Ofer
Bar-Yosef 教授和湖南省文物考古研究所袁家荣教授领衔组织了中美联合多学科研究队
伍，经国家文物局批准，于 2004 ~ 2005 年在该遗址做了小规模发掘，并做了一系列相
关研究，包括通过地层微形态学和矿物学方法研究遗址的形成过程，对动物遗存进行
种属鉴定和埋藏学研究②，系统的碳-14 年代测定等③。在这里仅对 2004 ~ 2005 年的发
掘和相关年代学研究工作做一个介绍。

　　为了研究遗址的堆积过程，美国波士顿大学的 Paul Goldburg 和以色列维兹曼研究
院的 Steve Weiner 做了地层微形态学和矿物学方法，研究结果显示：堆积中含有大量条
带或透镜状的红色和白色细颗粒堆积，褐色堆积把由白色和红色细粒堆积组成的若干
透镜体分隔开。堆积物中的矿物成分以碳酸钙、石英和黏土为主。红色的细颗粒物是
红色黏土矿，白色颗粒堆积为碳酸钙团块和浅灰色灰烬。微形态研究清晰地表明碳酸
钙中主要含有微胶结的草木灰。灰烬的保存状况相当好。我们在很多灰烬样品中发现
由木材转化的长方形草酸钙结晶。多数红色黏土应当是人们有意搬进洞内的，因为洞
穴中的黏土不可能因为地质过程而富集形成透镜体。红外光谱分析结果显示，红色透
镜堆积的红外光谱没有 3600cm^{-1} 的吸收峰值，说明这些堆积曾经过 400 ~ 500℃的加
热。堆积中高岭土的红外吸收峰在 400℃的温度下消失。需要注意的是，白色透镜体中

①　Yuan J, 2002, Rice and Pottery 10,000 Years BP at Yuchanyan, Dao County, Hunan Province, *The Origins of Pottery and Agriculture*, ed Yasuda Y (Roli Books, New Delhi), pp. 157–166.

②　Prendergast, Mary. E., Jiarong Yuan, and Ofer Bar-Yosef, 2009, Resource Intensification in the Late Upper Paleolithic: a View from Southern China, *Journal of Archaeological Science* 36(4):1027–1037.

③　Elisabetta Boaretto, Xiaohong Wu, Jiarong Yuan, Ofer Bar-Yosef, Vikki Chu, Yan Pan, Kexin Liu, et al., 2009, Radiocarbon Dated Early Pottery at Yuchanyan Cave, Hunan Province, China, *Proceedings of the National Academy of Sciences of the USA* 106(24):9595–9600.

的黏土成分在经过红外光谱分析时显示出同样的特征。因此，这些堆积很可能是人类正常用火的结果。由于有了地层微形态和矿物学的研究，可以有效地区分洞穴中的白色碳酸钙究竟是人类用火后形成的灰烬还是洞顶石灰岩掉落或者是石钟乳风化形成的①。总之，地层微形态和矿物学的研究结果清楚地说明玉蟾岩洞内堆积为人类活动形成的稳定堆积，为碳-14年代样品的采集提供了重要依据。

有了上述遗址堆积过程的研究，我们可以根据遗址堆积情况采集合适的碳-14测年标本。值得注意的是，洞内保存了大量人类用火后形成的条带状或透镜体状堆积，这些条带或者透镜体内部遗存应当是同时的，这为我们提供了判断陶片与碳-14年代标本等时性的可靠依据。由此，我们尽量选择与陶片存在于同一个透镜体内部的木炭或者骨骼标本，并尽可能选择距离陶片出土位置很近的样品。每一个测年标本都单独记录其出土位置的坐标，并单独包装。

样品进入实验室后，要进行进一步的筛选。对75个木炭样品和76个骨头样品进行了预筛选和样品前处理。经过预处理，发现有21个木炭样品含有黏土，在它们的红外光谱图中1033cm^{-1}、535 cm^{-1}和472cm^{-1}有很强的吸收峰。由于黏土可能携带有炭颗粒，而这些炭颗粒在样品处理的过程中被逐级富集，最终会对测年造成一定影响，所以这些含黏土的木炭要被筛选掉。另有8个木炭样品在处理过程中完全溶解。剩余样品的红外光谱分析显示只有木炭1718 cm^{-1}到1595 cm^{-1}吸收峰，可被用来进行碳-14年代测定。在这些样品中选了20个样品量比较大的木炭进行了拉曼光谱分析，结果显示，除了4个样品以外其余的16个木炭样品经过常规的酸碱酸前处理过程之后胡敏酸基本被清除干净，这4个样品也被排除了。所有的骨头样品都用1N盐酸进行检验，再经红外光谱分析，其中有25个样品得到了纯的胶原蛋白红外光谱。胶原蛋白所占骨头重量的百分比范围是0.02%～1.6%。4个样品的红外谱线分离因子（IRSF，infrared splitting factor）数值在2.6～2.9之间，通常新鲜骨头样品的IRSF值在2.9～3.3之间②。有些胶原蛋白样品检测到了胡敏酸的吸收峰。在完成整个样品前处理过程之后在做加速器质谱碳-14样品制石墨靶之前需要进行第二次红外光谱检验。

经过上述检验和筛选，样品严格按照实验室操作规程进行样品前处理、制备和测量，最终有27个样品进行了加速器质谱碳-14年代测定。其中10个样品进行了平行测定，以检验实验过程和测量过程的可靠。所测年代结果见表一。

① Vikki Chu, Lior Regev, Steve Weiner, Elisabetta Boaretto, 2008, Differentiating between Anthropogenic Calcite in Plaster, Ash and Natural Calcite Using Infrared Spectroscopy: Implications in Archaeology, *Journal of Archaeological Science* 35 (2008) 905-911.

② Ziv V, Weiner S, 1994, Bone Crystal Sizes: A Comparison of Transmission Electron Microscopic and X-ray Diffraction Line Width Broadening Techniques, *Connect Tissue Res* 30:165-175.

表一　玉蟾岩遗址碳-14年代数据表

WISLab No	PKULab No	样品物质	探方与地层	碳-14年代 (1σ, 距今)	树轮校正年代（距今年代）	
					1σ (68.2%)	2σ (95.4%)
RTT 3967 RTT 3968 平均		木炭 木炭	T9, 西剖面, 129厘米 T9, 西剖面, 129厘米	12190±85 11970±90 12089±62	14020~13850	14090~13790
RTT 3966		木炭	T9, 西剖面, 135厘米	11975±85	13940~13750	14030~13670
RTT 3969		木炭	T9, 西剖面, 190厘米	12230±85	14210~13960	14600~13800
RTB5117	BA05429a BA05429b 平均	骨头	T9, 西剖面, 191厘米	12100±70 12275±50 12188±124	14210~13850	14650~13750
RTT 3970		木炭	T9, 西剖面, 194厘米	11865±85	13820~13630	13920~13480
RTB5206	BA05898-1 BA05898-2 平均	骨头	T10a, ③A, 195厘米	12440±40 12350±40 12395±28	14490~14190	14750~14100
RTB5113	BA05425a BA05425b 平均	木炭	T1, 南, 198厘米	12290±50 12230±50 12260±35	14180~14050	14250~13990
RTB5112	BA05424a BA05424b 平均	木炭	T1, 南, 204厘米	12360±50 12345±60 12348±33	14380~14130	14650~14050

续表

WISLab No	PKULab No	样品物质	探方与地层	碳-14年代（1σ，距今）	树轮校正年代（距今年代）1σ（68.2%）	2σ（95.4%）
RTB5205	BA05895－1 BA05895－2 平均	木炭	T11a，③A IV，217 厘米	11670±40 11600±40 11635±28	13540～13410	13620～13370
RTB5206	BA05896－1 BA05896－2 平均	木炭	T10a，③A，219 厘米	11860±40 11870±40 11865±28	13780～13700	13820～13650
RTB5111	BA05423a BA05423b 平均	木炭	T5，东，222 厘米	12260±60 12235±50 12245±38	14160～14040	14230～13980
RTB5207	BA05897－1 BA05897－2 平均	木炭	T1c，③BIII，228 厘米	12020±40 12020±40 12020±28	13930～13810	13980～13780
RTB5116	BA05428	骨头	T5，东，229 厘米	12315±60	14370～14070	14650～14000
RTB5209	BA05899	骨头	T10c，③B III，230 厘米	12400±40	14580（6.7%）14530 14500（61.5%）14200	14800～14100
RTB5471	BA06868	木炭	T5，305～314 厘米	12825±50	15250～15010	15420～14920
RTB5204	BA05894－1 BA05894－2 平均	木炭	T11a，③C，236 厘米	12200±40 12430±40 12315±163	14650～14000	14950～13850

续表

WISLab No	PKULab No	样品物质	探方与地层	碳-14年代 (1σ，距今)	树轮校正年代（距今年代）	
					1σ（68.2%）	2σ（95.4%）
RTB5110	BA05422	木炭	T1D-c，③E，251厘米	13890±50	16760~16340	16950~16150
RTB5107	BA05419a BA05419b 平均	木炭	T1E，③E，251厘米	12835±40 12815±60 12829±33	15250~15020	15400~14940
RTB5108	BA05420	木炭	T1E，③E，254厘米	11855±50	13790~13670	13840~13580
RTB5109	BA05421	木炭	T1A，③E，255厘米	12735±70	15170~14910	15350~14700
RTB5114	BA05426	骨头	T1E，③E 253~258厘米	13425±70	16140~15740	16400~15550
RTB5465	BA06865	骨头	T11a，③H，252厘米	14695±55	17990~17700	18050~17350
RTB5463	BA06863	木炭	T11c，③H，255厘米	14610±55	17900~17510	18000~17150
RTB5466	BA06866	骨头	T11c，③H，257厘米	14835±60	18500（14.1%）18350 18200（54.1%）17850	18550~17750
RTB5464	BA06864	木炭	T11c，③H，260厘米	14800±55	18080~17800	18500~17650
RTB5470	BA06867	木炭	T12a，③H，260厘米	14795±60	18500（13.3%）18420 18390（54.9%）18100	18600~18000
RTB5115	BA05427	骨头	T1E，③I，260~264厘米	17720±90	21110~20700	21300~20550

注：（1）表中所列数据为北京大学和以色列维兹曼研究院两家实验室联合分析完成，WISLab No 为以色列维兹曼研究院实验室编号，PKULab No 为北京大学实验室编号。

（2）所用碳-14半衰期为5568年，为距1950年的年代。树轮校正所用曲线为IntCal04（Reimer PJ，et al. 2004，*Radiocarbon* 46：1029~1058），所用程序为OxCal v3.10（Christopher Bronk Ramsey 2005，www.rlaha. ox. ac. uk/oraw/oxcal. html）。下同。

（3）表中数据出自文献：Elisabetta Boaretto，Xiaohong Wu，Jiarong Yuan，Ofer Bar-Yosef，Vikki Chu，Yan Pan，Kexin Liu，et al.，2009，Radiocarbon Dated Early Pottery at Yuchanyan Cave，Hunan Province，China，*Proceedings of the National Academy of Sciences of the USA* 106（24）：9595~9600.

遗址的年代研究工作（包括从发掘到样品的选择和实验室工作）由北京大学和以色列维兹曼研究院的相关实验室共同完成。

玉蟾岩遗址陶器的年代研究工作经历了上述严格的过程，我们在考虑地层关系的基础上，充分考虑洞穴堆积的特点和复杂性，在发掘过程中选取距离陶片几厘米范围内的样本进行年代测定。同时借助地层微形态分析方法充分了解地层堆积过程，确保所出陶片与测年样品之间的同时性关系。这样的研究过程使得我们可以相对准确地给出玉蟾岩遗址出土陶器的年代，即距今 18500 ～ 17500 年（1δ）。如果我们将这次玉蟾岩遗址陶器年代测定结果与以前原思训先生的工作相比较①，可以看见原思训先生当年利用陶器表面残留物所测定的年代数据是相当准确的，尽管当时测年数据的误差较大，但其年代范围基本与这次测量结果相吻合。玉蟾岩遗址出土陶器的年代数据比日本群岛出土的早期绳文陶器的最早年代早了几百年②，可以说在世界范围内陶器最早是在中国南方被制造出来的，而后向周边地区逐渐扩散。

我们把玉蟾岩遗址的碳–14 年代数据利用 OxCal 程序作图，得到该遗址碳–14 年代数据分布图（图一）。从图中可以看到，玉蟾岩遗址并不是一个被连续使用的遗址，在几个时间段之间有几百年到几千年的空白，说明玉蟾岩遗址所保留的这些遗存是来自不同时间的不同人群。玉蟾岩遗址所出陶片较少，大致可复原出两件器物，并且集中出土于 3H 和 3E 层，时间集中在距今 18500 ～ 17500 年之间，如果与玉蟾岩遗址整个堆积的时间相比，拥有陶器的人群似乎是仅在玉蟾岩遗址作了一个相对短暂的停留，然后就转向别处了。

尽管在玉蟾岩遗址发现了几粒稻米遗存，但不能判断它们是栽培的还是野生的，结合动物遗存和石制工具的情况来看，当时的人们应当是处于采集狩猎经济阶段，还没有进入农业社会。可以说陶器出现与农业社会没有直接的关系，或者说把陶器的出现作为划分新旧石器时代重要标志之一的说法需要重新考虑。

我们于 2009 年对江西万年仙人洞遗址进行地层微形态样品和系列碳–14 测年样品

① Yuan S., Li Kun, Yuan J., Zhang Z., Wang J., Liu K., Gao S., Lu X., Zhao Q., Li B., Guo Z., 1997, Application of AMS Radiocarbon Dating in Chinese Archaeological Studies, *Application of Accelerators in Research Industry*, edited by J. L. Duggan and I. L. Morgan, AIP Conference Proceedings 392, 803–806, New York.

② Keally, C. T., Y. Taniguchi & Y. V. Kuzmin, 2003, Understanding the beginnings of Pottery Technology in Japan and Neighboring East Asia, *The Review of Archaeology* 24 (2): 3–14.

Pearson, R., 2005, The Social Context of Early Pottery in the Lingnan Region of South China, *Antiquity* 79(306): 819–828.

Kuzmin, Y. V., 2006, Chronology of the Earliest Pottery in East Asia: Progress and Pitfalls, *Antiquity* 80 (308): 362–371.

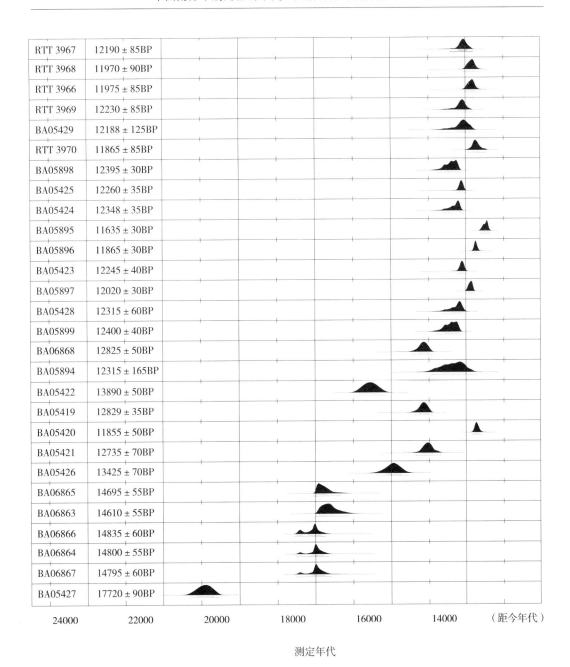

RTT 3967	12190 ± 85BP
RTT 3968	11970 ± 90BP
RTT 3966	11975 ± 85BP
RTT 3969	12230 ± 85BP
BA05429	12188 ± 125BP
RTT 3970	11865 ± 85BP
BA05898	12395 ± 30BP
BA05425	12260 ± 35BP
BA05424	12348 ± 35BP
BA05895	11635 ± 30BP
BA05896	11865 ± 30BP
BA05423	12245 ± 40BP
BA05897	12020 ± 30BP
BA05428	12315 ± 60BP
BA05899	12400 ± 40BP
BA06868	12825 ± 50BP
BA05894	12315 ± 165BP
BA05422	13890 ± 50BP
BA05419	12829 ± 35BP
BA05420	11855 ± 50BP
BA05421	12735 ± 70BP
BA05426	13425 ± 70BP
BA06865	14695 ± 55BP
BA06863	14610 ± 55BP
BA06866	14835 ± 60BP
BA06864	14800 ± 55BP
BA06867	14795 ± 60BP
BA05427	17720 ± 90BP

24000　　　22000　　　20000　　　18000　　　16000　　　14000　　（距今年代）

测定年代

图一　玉蟾岩遗址碳–14 年代数据分布图

的采集，并完成了相关的样品分析和研究工作，所得结果与玉蟾岩遗址的研究结论一致，即最早的陶器产自中国南方，时处旧石器晚期还没有进入新石器时代。相关的文章将于近期在国外杂志上发表。

　　我国南方出土早期陶器的遗址还有几处①，比如江苏溧水县神仙洞遗址，出土陶片同层炭屑的碳-14年代为距今10885±1000年（ZK-0502）。广西柳州大龙潭遗址，出土陶片同层位的两个人骨样品的碳-14年代分别为：距今10210±150年（PV-401）和11125±150年（PV-402）。广西桂林庙岩遗址，所测年代数据见表二。由于陶片出自5层中部，所以陶片的年代数据应当介于4层距今13710±270（BA92034-1）年和5层下部距今18140±320年（BA92036-1）之间。后来对陶片所含的腐殖酸和腐殖质（残渣）进行了碳-14年代测定，得到碳-14年代分别为：距今15560±500年（BA94137a）和距今15660±260年（BA94127b），二者年代吻合，应该能代表陶片的年代。若真如此，那么庙岩陶片的年代应当是目前所知最早的。广西桂林甑皮岩遗址是经过了系统发掘和多学科研究并获得了大量碳-14年代数据的遗址，国内外五家实验室参与了该遗址年代的测定②。在这里我们仅就北京大学所测木炭的年代数据进行讨论，年代数据见表二。我们把甑皮岩遗址的碳-14数据用分布图来表示（图二），可以看到大多数数据都集中在距今12000~9500年之间，呈相对连续分布，只有个别数据达到了距今14000年。由于甑皮岩遗址的整个堆积从早到晚都有陶片出土，所以该洞穴的堆积应该是由掌握了制陶技术的人群所留下的。甑皮岩遗址的发掘报告由多学科的学者合作完成，并有专门的章节就甑皮岩人的生业模式进行了讨论，据此可以得出结论在距今14000~9500年间甑皮岩人虽然已掌握了制陶技术并在遗址大量使用陶器，但当时的人们仍处于旧石器晚期没有农业出现的迹象③。

　　由此，我们将中国南方各遗址出土陶器的碳-14年代数据作图（图三），并与日本和俄罗斯已发表的早期陶器年代数据作比较（图四），可以看到陶器最早在中国的湖南庙岩遗址和玉蟾岩遗址出现之后开始向周边扩散，大约在距今14000年出现在广西大龙潭遗址和甑皮岩遗址，并在差不多的时候出现在江苏神仙洞。大约在距今16800年出现在日本，稍后约在距今16000年到了俄罗斯。同样的，在日本和俄罗斯陶器也

① 原思训：《¹⁴C与我国陶器溯源》，《华南及东南亚地区史前考古——纪念甑皮岩遗址发掘30周年国际学术研讨会论文集》，文物出版社，2006年；张弛：《江西万年早期陶器和稻属植硅石遗存》，《稻作 陶器和都市的起源》，文物出版社，2000年。

　　Zhang, C., 2002, The Discovery of Early Pottery in China, *Documenta Praehistorica* 29: 29-35.

　　Zhao C. and Wu X., 2000, The Dating of Chinese Early Pottery and a Discussion of Some Related Problems, *Documenta Praehistorica* 27, p. 233-240.

　　Wu X, Zhao C, 2003, Chronology of Transition from Paleolithic to Neolithic in China, *The Review of Archaeology* 24, pp. 15-20.

② 中国社会科学院考古研究所等：《桂林甑皮岩》《第九章 年代讨论》，文物出版社，2003年。

③ 中国社会科学院考古研究所等：《桂林甑皮岩》，文物出版社，2003年。

表二　中国南方早期陶器碳-14年代数据表

Lab 编号	样品	原编号	出土地点	分期	碳-14 年代 (1σ, 距今)	树轮校正后年代 (距今年代)	
						1σ (68.2%)	2σ (95.4%)
ZK-0502	炭屑		神仙洞遗址		10885±1000	13850 (68.2%) 11150	15450 (95.4%) 9450
PV-401	人骨		大龙潭遗址		10210±150	12350 (1.3%) 12300 12250 (65.2%) 11600 11550 (1.7%) 11500	12650 (95.4%) 11250
PV-402	人骨		大龙潭遗址		11125±150	13150 (68.2%) 12910	13270 (95.4%) 12840
BK820290	螺壳		大龙潭遗址		12515±220	15000 (68.2%) 14200	15350 (95.4%) 13950
BA95058	木炭	③E	玉蟾岩遗址		14080±270	17300 (68.2%) 16350	17850 (95.4%) 15950
BA95057a	腐殖酸（陶片表面烟炱）	③H	玉蟾岩遗址		12320±120	14600 (68.2%) 14000	14900 (95.4%) 13900
BA95057b	腐殖质（陶片表面烟炱）	③H	玉蟾岩遗址		14810±230	18550 (68.2%) 17650	18750 (95.4%) 17050
BA05426	骨头	③E	玉蟾岩遗址		13425±70	16140 (68.2%) 15740	16400 (95.4%) 15550
BA06865	骨头	③H	玉蟾岩遗址		14695±55	17990 (68.2%) 17700	18050 (95.4%) 17350
BA06863	木炭	③H	玉蟾岩遗址		14610±55	17900 (68.2%) 17510	18000 (95.4%) 17150
BA06866	骨头	③H	玉蟾岩遗址		14835±60	18500 (14.1%) 18350 18200 (54.1%) 17850	18550 (95.4%) 17750
BA06864	木炭	③H	玉蟾岩遗址		14800±55	18080 (68.2%) 17800	18500 (95.4%) 17650

续表

Lab编号	样品	样品原编号	出土地点	分期	碳-14年代（1σ，距今）	树轮校正后年代（距今年代）1σ（68.2%）	2σ（95.4%）
BA06867	木炭	③H	王嶂岩遗址		14795±60	18500（13.3%）18420 18390（54.9%）18100	18600（95.4%）18000
BA94137a	腐殖酸（陶片）	BT1 29⑥:2	庙岩遗址		15560±500	19450（68.2%）18050	19850（95.4%）17350
BA94137b	腐殖质（陶片）	BT1 29⑥:2	庙岩遗址		15660±260	19140（68.2%）18710	19500（95.4%）18500
BA92030–1	核桃皮炭	②	庙岩遗址		12730±370	15450（68.2%）14250	16050（95.4%）13850
BA92033–1	核桃皮炭	③层中部	庙岩遗址		12630±450	15450（68.2%）14050	16150（95.4%）13550
BA92034–1	木炭屑	④层中部	庙岩遗址		13710±270	16750（68.2%）15900	17150（95.4%）15450
BA92036–1	木炭屑	⑤层下部	庙岩遗址		18140±320	22050（68.2%）21100	22350（95.4%）20650
BA92037–1	木炭屑	⑥层下部	庙岩遗址		20920±430		
BA92037–3	淡水螺壳	⑥层下部	庙岩遗址		21555±320		
BA01245	木炭	2001GGZDT6⑫:1	甑皮岩遗址	一	10500±140	12700（68.2%）12150	12850（95.4%）12000
BA01246	木炭	2001GGZDT6⑫:1	甑皮岩遗址	一	11960±240	14100（68.2%）13500	14650（95.4%）13250
BA01239	木炭	2001GGZDT6㉘:2	甑皮岩遗址	一	9440±280	11150（68.2%）10300	11650（95.4%）9850
BA01244	木炭	2001GGZDT4③:1	甑皮岩遗址	一	9380±170	11100（6.2%）10950 10800（62.0%）10250	11150（95.4%）10200
BA01243	木炭	2001GGZDT4㉚:1	甑皮岩遗址	一	9770±130	11350（68.2%）10750	11650（95.4%）10700

续表

Lab编号	样品	样品原编号	出土地点	分期	碳-14年代（1σ，距今）	树轮校正后年代（距今年代）	
						1σ（68.2%）	2σ（95.4%）
BA01238	木炭	2001GGZDT6㉘：1	甑皮岩遗址	一	9380±180	11100（6.7%）10950 10800（61.5%）10250	11200（95.4%）10200
BA01242	木炭	2001GGZDT4㉒：1	甑皮岩遗址	二	9490±190	11150（68.2%）10550	11250（95.4%）10250
BA01241	木炭	2001GGZDT4㉗：1	甑皮岩遗址	三	9180±100	10490（7.1%）10460 10440（61.1%）10240	10590（95.4%）10180
BA01240	木炭	2001GGZDT4㉖：1	甑皮岩遗址	三	9210±240	10800（68.2%）9900	11150（95.4%）9650
BA01237	木炭	2001GGZDT4㉔：3	甑皮岩遗址	三	8980±330	10500（68.2%）9600	11150（95.4%）9250
BA01236	木炭	2001GGZDT4㉓：1	甑皮岩遗址	三	8460±290	9900（1.0%）9850 9800（67.2%）9000	10250（95.4%）8650
BA01235	木炭	2001GGZDT4㉑：3	甑皮岩遗址	三	10160±80	12030（63.9%）11700 11670（4.3%）11640	12100（95.4%）11400
BA01234	木炭	2001GGZDT4⑳：1	甑皮岩遗址	三	8970±80	10230（35.3%）10110 10070（32.9%）9930	10260（91.9%）9860 9850（3.5%）9780
BA01233	木炭	2001GGZDT4⑲：1	甑皮岩遗址	三	9040±150	10410（44.1%）10110 10100（24.1%）9910	10600（95.4%）9650
BA01232	木炭	2001GGZDT4⑱：7	甑皮岩遗址	三	8890±160	10200（68.2%）9740	10400（95.4%）9500

续表

Lab 编号	样品	样品原编号	出土地点	分期	碳-14 年代 (1σ, 距今)	树轮校正后年代（距今年代）	
						1σ (68.2%)	2σ (95.4%)
BA01231	木炭	2001GGZDT4①:3	甑皮岩遗址	三	8870±80	10180（65.0%）9860 9850（3.2%）9820	10200（95.4%）9650
BA01230	木炭	2001GGZDT4⑥:1	甑皮岩遗址	三	9070±250	10600（68.2%）9800	11150（95.4%）9450
BA01229	木炭	2001GGZDT4⑮:5	甑皮岩遗址	四	9010±80	10250（47.5%）10130 10070（8.3%）10010 10000（12.4%）9940	10390（95.4%）9880
BA01228	木炭	2001GGZDT4⑭:4	甑皮岩遗址	四	6500±120	7560（2.0%）7540 7510（66.2%）7290	7590（95.4%）7170
BA01227	木炭	2001GGZT4⑬:5	甑皮岩遗址	四	9010±150	10380（4.9%）10310 10300（63.3%）9890	10550（95.4%）9600
BA01226	木炭	2001GGZT4⑫:2	甑皮岩遗址	四	8740±170	10150（68.2%）9500	10250（95.4%）9450
BA01225	木炭	2001GGZT4⑫:1	甑皮岩遗址	四	9040±100	10380（1.8%）10350 10300（47.9%）10120 10070（18.5%）9930	10500（95.4%）9800
BA01224	木炭	2001GGZBT3⑦:1	甑皮岩遗址	五	8790±170	10150（68.2%）9600	10250（95.4%）9500

注：表格中数据来自文献：

（1）原思训：《¹⁴C 与我国陶器溯源》，《华南及东南亚地区史前考古——纪念甑皮岩遗址发掘 30 周年国际学术研讨会论文集》，文物出版社，2006 年。

（2）中国社会科学院考古研究所：《桂林甑皮岩》中《第九章 年代讨论》，文物出版社，2003 年。

（3）Elisabetta Boaretto, Xiaohong Wu, Jiarong Yuan, Ofer Bar-Yosef, Vikki Chu, Yan Pan, Kexin Liu, et al., 2009, Radiocarbon Dated Early Pottery at Yuchanyan Cave, Hunan Province, China, *Proceedings of the National Academy of Sciences of the USA* 106 (24)：9595~9600.

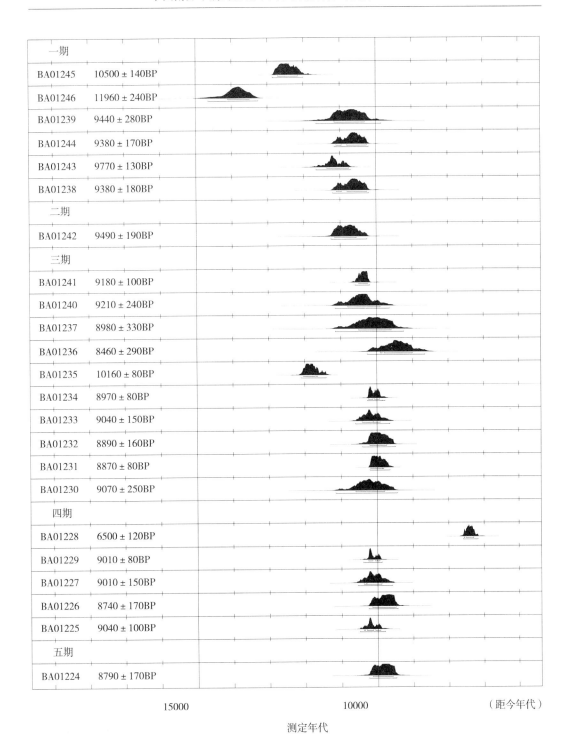

一期	
BA01245	10500 ± 140BP
BA01246	11960 ± 240BP
BA01239	9440 ± 280BP
BA01244	9380 ± 170BP
BA01243	9770 ± 130BP
BA01238	9380 ± 180BP
二期	
BA01242	9490 ± 190BP
三期	
BA01241	9180 ± 100BP
BA01240	9210 ± 240BP
BA01237	8980 ± 330BP
BA01236	8460 ± 290BP
BA01235	10160 ± 80BP
BA01234	8970 ± 80BP
BA01233	9040 ± 150BP
BA01232	8890 ± 160BP
BA01231	8870 ± 80BP
BA01230	9070 ± 250BP
四期	
BA01228	6500 ± 120BP
BA01229	9010 ± 80BP
BA01227	9010 ± 150BP
BA01226	8740 ± 170BP
BA01225	9040 ± 100BP
五期	
BA01224	8790 ± 170BP

15000　　　　　　　　10000　　　　　　（距今年代）

测定年代

图二　甑皮岩遗址碳–14 年代数据分布图

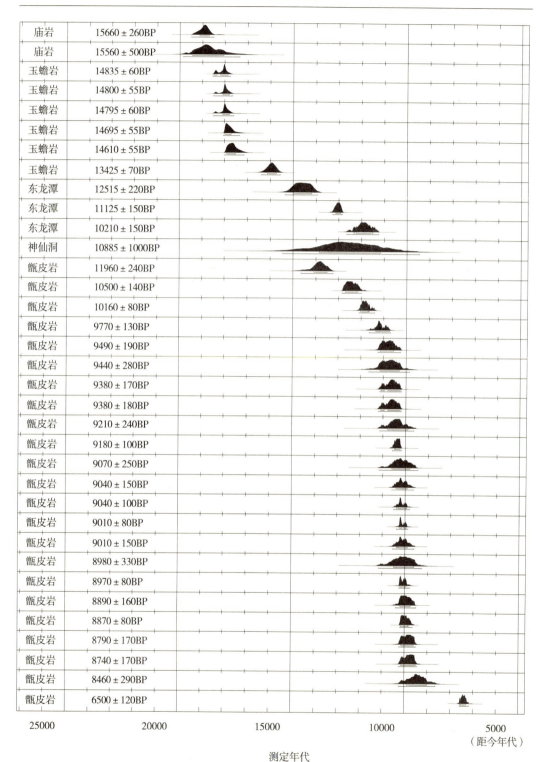

庙岩	15660 ± 260BP
庙岩	15560 ± 500BP
玉蟾岩	14835 ± 60BP
玉蟾岩	14800 ± 55BP
玉蟾岩	14795 ± 60BP
玉蟾岩	14695 ± 55BP
玉蟾岩	14610 ± 55BP
玉蟾岩	13425 ± 70BP
东龙潭	12515 ± 220BP
东龙潭	11125 ± 150BP
东龙潭	10210 ± 150BP
神仙洞	10885 ± 1000BP
甑皮岩	11960 ± 240BP
甑皮岩	10500 ± 140BP
甑皮岩	10160 ± 80BP
甑皮岩	9770 ± 130BP
甑皮岩	9490 ± 190BP
甑皮岩	9440 ± 280BP
甑皮岩	9380 ± 170BP
甑皮岩	9380 ± 180BP
甑皮岩	9210 ± 240BP
甑皮岩	9180 ± 100BP
甑皮岩	9070 ± 250BP
甑皮岩	9040 ± 150BP
甑皮岩	9040 ± 100BP
甑皮岩	9010 ± 80BP
甑皮岩	9010 ± 150BP
甑皮岩	8980 ± 330BP
甑皮岩	8970 ± 80BP
甑皮岩	8890 ± 160BP
甑皮岩	8870 ± 80BP
甑皮岩	8790 ± 170BP
甑皮岩	8740 ± 170BP
甑皮岩	8460 ± 290BP
甑皮岩	6500 ± 120BP

25000　　　　20000　　　　15000　　　　10000　　　　5000

（距今年代）

测定年代

图三　中国南方各遗址早期陶器年代数据分布图

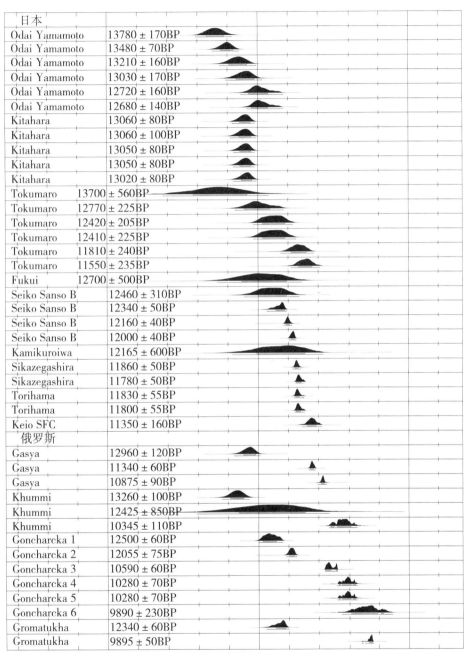

日本		
Odai Yamamoto	13780 ± 170BP	
Odai Yamamoto	13480 ± 70BP	
Odai Yamamoto	13210 ± 160BP	
Odai Yamamoto	13030 ± 170BP	
Odai Yamamoto	12720 ± 160BP	
Odai Yamamoto	12680 ± 140BP	
Kitahara	13060 ± 80BP	
Kitahara	13060 ± 100BP	
Kitahara	13050 ± 80BP	
Kitahara	13050 ± 80BP	
Kitahara	13020 ± 80BP	
Tokumaro	13700 ± 560BP	
Tokumaro	12770 ± 225BP	
Tokumaro	12420 ± 205BP	
Tokumaro	12410 ± 225BP	
Tokumaro	11810 ± 240BP	
Tokumaro	11550 ± 235BP	
Fukui	12700 ± 500BP	
Seiko Sanso B	12460 ± 310BP	
Seiko Sanso B	12340 ± 50BP	
Seiko Sanso B	12160 ± 40BP	
Seiko Sanso B	12000 ± 40BP	
Kamikuroiwa	12165 ± 600BP	
Sikazegashira	11860 ± 50BP	
Sikazegashira	11780 ± 50BP	
Torihama	11830 ± 55BP	
Torihama	11800 ± 55BP	
Keio SFC	11350 ± 160BP	
俄罗斯		
Gasya	12960 ± 120BP	
Gasya	11340 ± 60BP	
Gasya	10875 ± 90BP	
Khummi	13260 ± 100BP	
Khummi	12425 ± 850BP	
Khummi	10345 ± 110BP	
Goncharcka 1	12500 ± 60BP	
Goncharcka 2	12055 ± 75BP	
Goncharcka 3	10590 ± 60BP	
Goncharcka 4	10280 ± 70BP	
Goncharcka 5	10280 ± 70BP	
Goncharcka 6	9890 ± 230BP	
Gromatukha	12340 ± 60BP	
Gromatukha	9895 ± 50BP	

20000　　　　　　　　　　15000　　　　　　　　　10000（距今年代）

测定年代

图四　俄罗斯和日本早期陶器年代数据分布图

是在旧石器晚期出现了。俄罗斯的数据略显凌乱，并且在那样早的时间在纬度较高的地区出现陶器是一个特别值得关注的问题。总之，除俄罗斯以外，中国和日本的陶器年代数据基本上呈现连续分布的趋势，可以认为制陶技术在中国的南方被发明之后就在东北亚地区被保留并继承了下来，而这些地区的农业则是在陶器被发明之后又过了几千年才出现的。与欧洲、西亚不同，生活在东北亚地区的人群经历了不一样的新石器化过程，陶器在这个文明化过程当中究竟担当了怎样的角色尚需进一步的研究和探讨。

附记：与本论文相关的研究工作得到北京大学考古文博学院潘岩、高世君、原思训、李水城、严文明等同事和前辈的支持和帮助，得到美国哈佛大学人类学系 Ofer Bar-Yosef 教授、美国波士顿大学考古学系 Paul Goldberg 教授及以色列维兹曼科学研究院 Elisabetta Boaretto 的帮助和支持，在此深表感谢。

环日本海文化的独特性和多样性*

大贯静夫

（日本东京大学）

笔者曾经把中国东北的新石器社会置于整个东北亚地区内进行过讨论①。如今，这一研究已经过去了 20 多年，而学术界对这个地区的研究也取得显著进展。本文将在这些研究成果的基础上，试就包括中国东北地区在内的环日本海新石器时代诸文化阐述自己的看法。

一 东亚森林文化和"远东"的产生

根据一种观点，旧大陆的旧石器时代可以划分成西方的草原世界和东方的森林世界②。后续的新石器时代，包括中国的谷物栽培农业文化在内的东亚新石器文化，很早就在以产出鹿、野猪和坚果类资源的阔叶林环境中发展起来了，而和以绵羊、山羊为资源的西亚草原型新石器文化呈鲜明对比。在这个意义上，笔者把以鹿、野猪这类林栖性动物作为主要狩猎对象的东亚新石器文化称为森林型新石器文化③。

包括朝鲜半岛和日本列岛在内的以鹿、野猪为代表的东亚森林型新石器文化，同时重视对坚果类资源的利用，与森林环境共存，是一个广义上的食物采集型社会。随着对森林资源的开发，很早便发展出谷物栽培、野猪的家畜化技术，从而形成了中国的新石器农业文化。

---

* 本文由赵辉译。

① 大贯静夫：《东北亚洲中的中国东北地区原始文化》，《庆祝苏秉琦考古五十五年论文集》，文物出版社，1989 年。

② 藤本强：《東は東、西は西》，平凡社，1994 年。

③ 大贯静夫：《环渤海初期杂谷农业文化的展开》，《东北亚考古学研究》，文物出版社，1995 年；大贯静夫：《極東先史社会の野生食料基盤》，《ロシア極東の民族考古学》，六一书房，2005年。

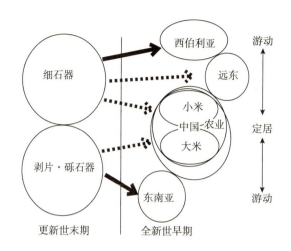

图一　东亚更新世至全新世演变模式

采自大贯静夫：《東北アジアの考古学》（同成社，1998 年）图 12，部分修改

　　森林型新石器文化形成于黄河流域以北的东北亚地区。宏观上看，在旧石器时代晚期，这是一片手持细石叶石器的人们的世界。在最后冰期以来向全新世过渡期间，这个世界分裂成三大部分，形成了东西伯利亚、中国和远东（环日本海）地区的地理格局（图一）①。

　　西伯利亚是流动的食物采集社会，中国为定居农业生产社会，位于两者之间的远东地区则为定居的食物采集社会。作为主要碳水化合物类的植物性食物资源，在中国为谷物；在远东系坚果，而西伯利亚地区没有这类资源。动物性食物资源在远东为鹿和野猪，中国除此之外还有从野猪驯化来的家猪，西伯利亚不产野猪，鹿则以驯鹿为主。同为食物采集社会的远东和西伯利亚，无论动物还是植物型食物资源，远东地区都要丰富得多，从而分别成为流动和定居两种不同生活方式的基础②。不过，远东区和中国区是部分重叠着的，其范围并因时代不同而有游移变化，两者之间无法画出一条清楚的边界。

　　从这个角度出发，俄国考古学者奥克拉德尼科夫很早就注意到了俄国远东地区和东西伯利亚之间的差别，把俄国远东地区和中国东北地区划分为同一个平底筒形

① 大贯静夫：《極東の先史文化》，《季刊考古学》，1992 年；大贯静夫：《東北アジアの考古学》，同成社，1998 年；大贯静夫：《远东史前陶器》，《考古学文化论集》（四），文物出版社，1997 年。

② 大贯静夫：《环渤海初期杂谷农业文化的展开》，《东北亚考古学研究》，文物出版社，1995 年；大贯静夫：《極東先史社会の野生食料基盤》，《ロシア極東の民族考古学》，六一书房，2005 年。

罐文化区①。

包括绳文文化在内的环日本海地区属广义上的"远东"，而笔者称之为"远东平底陶器"的新石器时代陶器群分布和发展地区是狭义上的"远东"。在狭义的远东地区里，炊器基本为平底筒形罐。尽管随着时代推移，陶器群因逐渐出现的新器类而变得复杂和发生分化。但始终保持着平底这一不同于周围地区陶器群的特征属性。也正是出于这个原因，笔者将其称为"远东平底陶器"。

二　远东新石器社会的产生

从各地新石器时代文化的出现过程看，和远东地区相比，西伯利亚的新石器文化以其流动性的食物采集形态显示出与当地旧石器晚期文化更强的连续性。在强调文化连续性的日本学者中间，有人认为绳文文化即来源于西伯利亚，系自北而南传播而来。但是，新石器文化实为人们在更新世向全新世过渡过程中，适应剧烈环境变化而导致的区域多样性的结果。这其中重要的是，处在温带地区的远东和中国尽管看起来文化的发展不具连续性，却是最早发生了向新石器文化急进转变的地区。也即远东的新石器文化产生于远东！

陶器是东亚新石器时代开始的标志。过去仅知日本列岛的陶器最早，年代超过了距今一万年。但这在整个东亚地区里，是个长时间的孤例。不过，最近一段时间以来，许多地方都发现了一万年以上，古老程度可与日本最早陶器匹敌的陶器。就现有资料看，这些陶器的分布不是平面铺开的，而是似乎存在着几个核心区。陶器分别起源并长时间于各自地区内缓慢发展——这种看法也许是颇为重要②（图二）。

距今超过一万年的陶器，在远东地区除日本列岛以外，还有黑龙江下游奥西波夫卡文化的陶器和燕山附近的南庄头遗址等尚未做文化命名的陶器③。这些陶器皆为平底罐，属远东陶器中最早的一群。青森县大平山元遗址④出土的陶器是日本列岛上最早的陶器之一，也为平底器，可视为远东平底陶器的另一翼。但是，此后的日本陶器以发达的凸弦纹和圜底为特点，可以视为远东边缘地区的现象。

① Окладников А. П. 1954, У истоков культуры народов Дальнего Вотока, По следом дрених культур От Волги до Тихого океана, 227–260; 冯恩学：《俄国东西伯利亚与远东考古》，吉林大学出版社，2002 年。

② 大贯静夫：《東アジアの土器の出現》，《縄文世界の一万年》，集英社，1999 年；大贯静夫：《周辺地域の土器出現期　華南－南嶺山脈の北と南－》，《季刊考古学》，2003 年。

③ Деревянко А. П.，Медведев В. Е. 1993, Исследование Поселения Гася（предварительные результаты，1980г.），Новосибирск；保定地区文物管理所等：《河北徐水县南庄头遗址试掘简报》，《考古》，1992 年第 11 期。

④ 大平山元Ⅰ遺跡発掘調査団編：《大平山元Ⅰ遺跡の考古学調査》，大平山元Ⅰ遺跡発掘調査団，1999 年。

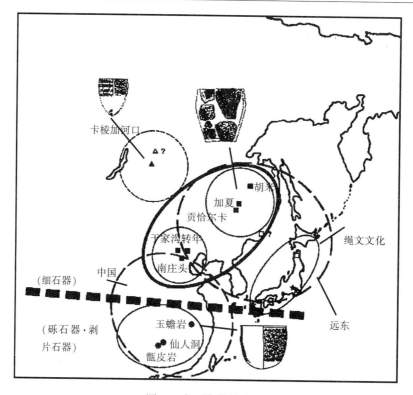

图二　东亚陶器的出现

采自大贯静夫：《縄文文化と東北アジア》（《縄文時代の考古学 1》，2010 年）图 1，部分修改

　　参与了中国系统陶器形成的长江流域最早的陶器也是圜底，再以后流行的鼎、鬲类炊器也是圜底。很难想象北方的平底陶器和南方圜底陶器在起源阶段全然没有发生过关系，而可推测在缓慢的发展过程中，两地之间可能发生过关联。但总之目前还是没有证据。

　　下面再考察上面提到的远东地区南北两地的平底陶器。

　　北方奥西波夫卡文化的石器以两面加工石矛为特征，显示当地狩猎发达，南方的南庄头遗址未见石矛，却出土了和日后环渤海地区早期杂谷农业文化有关的石磨盘和石磨棒，显示在植物利用方面发达。虽然同为食物采集型社会，北方地区在动、植物性食物的比重上和南方地区存在较大差别。这就成为以后以坚果类为主要食物资源的远东新石器文化的起点。

　　在燕山周围地区，南庄头遗址地处平原，这也是以后的农业遗址所要求的环境。南庄头以北不远的山前地带，则为持有细石叶、因而狩猎色彩更多的转年遗址①。转年遗址与西翼的远东平底陶器文化有关。也即在燕山周围地区使用着最古老陶器的人群

① 郁金城：《北京市新石器时代考古发现与研究》，《跋涉集》，北京图书馆出版社，1998 年。

在以后的发展中，一部分参与了华北新石器农业社会——也即中国之一部分——的形成，另一部分则加入了远东平底陶器文化的社会。但它们皆保留着挖土工具、石磨盘、石磨棒这种环渤海各地通用的农耕工具，华北农业社会与辽西食物采集社会之间始终没有一条明确的界限，两者之间无非是程度上的差异，而非根本不同。

根据南庄头的考古资料，燕山地区最早陶器出现的背景是旧石器晚期草原动物群向以野猪和鹿占绝对多数的林栖动物群转变，特别是能够提供坚果类资源的落叶阔叶林扩大。在北方，对奥西波夫卡文化食物资源的情况尚未进行充分研究，但奥西波夫卡文化分布的黑龙江下游地区在东北地区中略偏南，是现代的坚果和野猪分布的北限。花粉分析也似乎反映了大致相同的环境背景。最近，在还没有公布详细数据的情况下，库兹旻（Kuzmin）根据对黑龙江下游的花粉分析结果指出奥西波夫卡文化的产生和落叶阔叶林的扩大之间存在联动关系[1]。现在已知位于奥西波夫卡文化最北处的胡米遗址[2]，也和现代野猪分布的北限非常接近。沿黑龙江的夏季（七月）等温线和气温指数，以及现代树种的分布都更偏北一些。因此虽然奥西波夫卡文化的地区比日本列岛纬度高，甚至比北海道的纬度还高，但要说它和坚果无缘，似乎有些过早了[3]。

在这里，笔者丝毫没有否定在内陆河流进行鲑鱼、鳟鱼等渔捞对人们生计产生的作用的意思。但东北亚的范围内仅有很小部分与鲑鱼和鳟鱼的洄游区域重合，因此把河流渔业作为生业的主要因素是不对的[4]。

奥西波夫卡文化和日本绳文时代开始时的石器组成内容类似。很多日本研究者因此将其视为绳文文化的来源。但是，以胡米遗址为标志的奥西波夫卡文化分布范围的北限没有抵达黑龙江河口地区，当然也没有进入库页岛，所以，传播论的观点不能成立。有关绳文时代的产生是来自北方的一场革命，这种观点实际上对不同地区生态系统的特殊性视而不见，而对中间缺环的原因尚未发现，这是没有道理的。奥西波夫卡文化当然不是虚幻的，但打个比方，若把它看做是绳文文化的亲戚也许更好。

若论大陆面向日本的窗口，黑龙江最下游地区以及库页岛的陆生动物资源和野生植物资源都十分匮乏这一点非常重要。以后的时代，黑龙江最下游地区和库页岛尤其是库页岛的北半部海洋动物的捕猎逐渐发达起来，因此很难再把这个地区放在环日本

[1] Kuzmin Y. V., The Emergence of Pottery in the Russian Far East; Geoarachaeological Approach，《国际シンポジウム＜東アジアにおける新石器文化の成立と展開＞》，國學院大學，2003 年。

[2] Лапшина З. С. 1999，Древности озера Кумми，Хабаровск.

[3] 大贯静夫：《極東先史社会の野生食料基盤》，《ロシア極東の民族考古学》，六一書房，2005 年。

[4] 大贯静夫：《東北アジアの考古学》，同成社，1998 年；《極東先史社会の野生食料基盤》，《ロシア極東の民族考古学》，六一書房，2005 年。

海新石器文化的框架里了。库页岛北部的诺格利基、伊姆钦等遗址群出土陶器与黑龙江下游的沃兹涅谢诺夫卡文化者类似，呈现为该文化分布边缘的形态①。笔者在黑龙江最下游地区发掘的小戈邦（Малая Габань）遗址出土别里卡奇文化的陶器，这些现象说明西伯利亚系统的文化不断南下到了这个地区②。

进而在考虑奥西波夫卡文化和后续的远东平底陶器各文化之间的不连续性现象时，必须注意这一现象与气候变动的相关性。奥西波夫卡文化之后的远东各地开始出现由持续使用的半地穴房子构成的聚落，这一变化发生在大约七八千年前。与冰后期气候转为温润、原有植被为落叶阔叶林替代的变化相合，食物采集或以食物采集为主的社会形成了。同一时间里，燕山以南的中国新石器文化也发生了变化，但这里的变化带有更多的连续特征，是与上述不同之处。

三　远东平底陶器社会的发展

笔者过去曾把不包括陶器出现阶段的远东平地陶器分为早晚两大期③。但后来，因为被划分在东部地区前期的黑龙江下游的马雷舍沃文化和博伊斯曼文化的情况逐渐明晰起来，又考虑划分为早中晚三个阶段比较妥当，也比较容易把握远东平底陶器社会的整体动态（图三）④。当然，远东各地三期的年代参差不齐，相对关系上还有许多遗留问题，以上三期的划分不过是大而言之。

1. 东部

远东东部地区可再划分为两大区域，一是俄国境内的黑龙江下游至中国境内的三江平原的广大地区。俄国沿海州以及接壤的中国东北地区的东半部分、朝鲜半岛的东北部为另一区。朝鲜半岛东部和这个大区关系密切。

黑龙江下游新石器文化的编年是根据沃兹涅谢诺夫卡遗址的地层关系建立起来的，依次为马雷舍沃文化→孔东文化→沃兹涅谢诺夫卡文化⑤。但是，笔者始终对这个编年心

① Шубин В. О,Шубина О. А.,1984,Новые радиоуглеродные датировки по археологисческим памятникам Сахалинской области,Южно-Сахалинск；山浦清：《樺太先史土器管見（Ⅱ）》，《考古学雑誌》，1986 年。

② 福田正宏、大貫静夫等：《東シベリアとアムール下流域との先史狩猟採集民間にみられる交渉関係史の解明》，《日本考古学協会第 74 回総会研究発表要旨》，2008 年。

③ 大貫静夫：《極東の先史文化》，《季刊考古学》，1992 年；大貫静夫：《東北アジアの考古学》，同成社，1998 年；大貫静夫：《远东史前陶器》，《考古学文化论集》（四），文物出版社，1997 年。

④ 大貫静夫：《北東アジア新石器社会の多様性》，《東北アジアの歴史と文化》，2010 年；大貫静夫：《縄文文化と東北アジア》，《縄文時代の考古学 1》，2010 年。

⑤ Окладников,А. П.,Деревянко,А. П. 1973, Далекое прошлое Приморья и Приамурья,Владивосток.

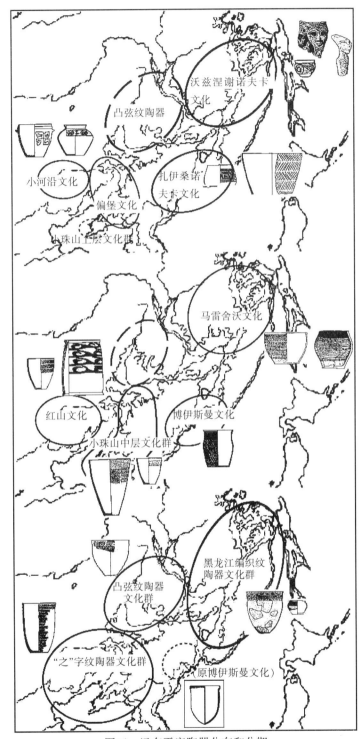

图三　远东平底陶器分布和分期

采自大贯静夫：《縄文文化と東北アジア》（《縄文時代の考古学1》，2010年）图3，部分修改

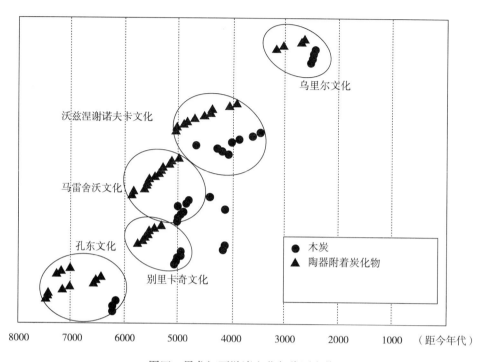

图四　黑龙江下游诸文化年代测定值

采自国木田大、吉田邦夫、I. Shevkomud、大贯静夫等：《ロシア・アムール流域における過去一万年間の文化編年》（《日本文化財科学会第 27 回大会研究発表要旨集》，2010 年）文献，部分修改

存疑问。在 1992 年的文章中没有来得及涉及这个问题，1998 年的文章中，笔者提出至少马雷舍沃文化的一部分要较孔东文化年代晚[①]。俄国学者舍夫科穆德（Шевкомуд）也认为孔东文化应当早于马雷舍沃文化[②]。

　　最近，笔者和舍夫科穆德率领的国际调查团在黑龙江下游小戈邦遗址进行了发掘，进一步在地层关系上明确了孔东文化→马雷舍沃文化→沃兹涅谢诺夫卡文化的发展顺序。对各层出土的木炭和陶器上黏附的碳化物测年也显示出同样的年代序列，从而订正了过去的编年错误。

　　孔东文化→马雷舍沃文化→沃兹涅谢诺夫卡文化的年代序列确定下来之后，这三个文化阶段也就可以与下文将要谈到的远东地区西部文化的早中晚三个阶段对应

①　大贯静夫：《極東の先史文化》，《季刊考古学》，1992 年；大贯静夫：《東北アジアの考古学》，同成社，1998 年。

②　Шевкомуд И. Я., 2003, Кондонская неолитичская культура Нижнем Амуре: Общий обзор, Проблемы археологии и палеоэкологи Северной, Восточной и Центральой Ази, 214–218.

起来了①（图四）。以下的论述即依照这个编年。

属西伯利亚文化系统的别里卡奇文化分布以雅库特为中心，过去就已经知道该文化南下发展到了黑龙江最下游地区。根据我们的调查发掘，可认定其时间相当于中期的马雷舍沃文化阶段。

东部地区早期文化的典型特征是所谓的黑龙江编织纹陶器，文化则为黑龙江下游的孔东文化、沿海地区的鲁得亚纳文化，聚落主要是以半地穴房子构成的小型聚落。但在黑龙江下游地区，较之先行的是以石叶镞石器群和单纯的栉目纹（中文一般叫做篦划纹或篦刷纹——译注）陶器为特征的马林斯克（Маринск）文化，则是需要注意的②。

笔者曾根据沿海地区鲁得亚纳文化的分期，进而将黑龙江编织纹陶器群分为古、中、新三个阶段③。但是，在最近的研究中，有学者将笔者所谓的鲁得亚纳文化新阶段分离出来，视为一支独立的拜佳（Ветка）文化类型④。如此，黑龙江编织纹陶器文化可归纳为旧、新两个阶段：在黑龙江下游地区分别是孔东文化和马雷舍沃文化古阶段；在沿海地区依次为鲁得亚纳文化和拜佳类型。新阶段的菱形纹以插入纵列凸线为特征。而有无黑龙江编织纹陶器，则是区别以后阶段的最容易把握的标志。中国境内的新开流文化分期符合这个特点。另一方面，划分黑龙江编织纹陶器新旧两个阶段的界限时，因为考虑到不宜在马雷舍沃文化中间、以及后面将要谈到的博伊斯曼文化中间断开，因此有研究者主张还是把各自都作为一个整体，放在中期的位置上。究竟应当遵循哪种观点是难以抉择的。在这里，笔者按照最近俄国研究者提出的观点，把拜佳文化从鲁得亚纳文化中分离出来，将鲁得亚纳和拜佳之间，或者将孔东文化和马雷舍沃文化之间，作为黑龙江编织纹陶器古、中段的界限。

最近刚刚了解到，在黑龙江编织纹文化的南侧也即沿海地区南部的早段，分布着

① 国木田大、吉田邦夫、I. Shevkomud、大貫静夫等：《ロシア・アムール流域における過去一万年間の文化編年》，《日本文化財科学会第 27 回大会研究発表要旨集》，2010 年；福田正宏、大貫静夫等：《東シベリアとアムール下流域との先史狩猟採集民間にみられる交渉関係史の解明》，《日本考古学協会第 74 回総会研究発表要旨》，2008 年；大貫静夫：《北東アジア新石器社会の多様性》，《東北アジアの歴史と文化》，2010 年；大貫静夫：《縄文文化と東北アジア》，《縄文時代の考古学 1》，2010 年。

② Медведев В. Е., 1999, Новое в неолите Нижнего Амуре, Проблемы археологии, этнографии, антропологии Сибири и сопредельных V, 174–180.

③ 大貫静夫：《東北アジアの考古学》，同成社，1998 年

④ Морева, О. Л., Батаршев, С. В., Попов А. Н. 2008, Керамический комплекс эпохи неолита с многослойного памятника（Приморье），Неолит и неолитизаця бассейна Японского моря, 131–160.

一种非平底陶器的原（Прото）博伊斯曼文化。继该文化之后的博伊斯曼文化的起始年代大约与马雷舍沃文化同时，显示了平底陶器在沿海州南部出现的时间要晚①。博伊斯曼文化出现贝丘，有大量骨角加工制作的渔捞工具，说明沿海渔捞活动比较发达。博伊斯曼文化进而分布到了与沿海州南部接壤的朝鲜东北部、中国东北地区的东部。推测原博伊斯曼文化的分布可能也到了这些地区。

　　朝鲜半岛东海岸一带分布有与博伊斯曼文化相近的陶器。但是，此后的朝鲜半岛中部以南全部为尖底陶器文化所覆盖②。这种尖底陶器的由来目前全然不明，与原博伊斯曼文化的关系也还不能肯定。

　　在黑龙江下游，继远东平底陶器中期的马雷舍沃文化之后，为晚期的沃兹涅谢诺夫卡文化。虽然目前还不清楚该文化聚落规模和数量变化的具体情况，但可基本肯定较马雷舍沃文化阶段，这时的聚落数量增加了。马雷舍沃文化中发现了女性陶偶和动物造型的陶制品，食物采集经济稳定发展，这些现象应是和西部红山文化的繁荣相连动。远东平地陶器晚期阶段，辽西地区文化衰落，与之不同的是沃兹涅谢诺夫卡文化的聚落却有了进一步的增加。但是，自黑龙江下游到远东北部地区，整个新石器时代里始终没有发现农业文化的因素。

　　南方的博伊斯曼文化分布的广大地区里，晚期为扎伊桑诺夫卡文化。从中期开始，远东东部的文化不断向西扩张，引起这些接壤地带文化格局上发生转变。沿海地区在博伊斯曼文化中出现了贝丘，而几乎大致同一时间里，辽东半岛也出现了贝丘。扎伊桑诺夫卡文化中，贝类采集和渔捞是重要的生计活动内容，但石磨盘、石磨棒以及打制石锄等开始普及，这一变化应当和早期农业文化的扩张有关③。但是，仅仅就远东史前社会里是否存在农业的讨论并无多大价值。石器工具组成的情况表明，远东地区分几次受到农业文化的影响④。扎伊桑诺夫卡文化中出现了石锹、石磨盘、石磨棒等，显示该文化开始由自采经济向农业的过渡，再以后的续远东平底陶器文化中出现了石刀，相反却不再有石磨盘、石磨棒。这两者应当予以区别看待。

　　从人们对野生食物资源利用角度的研究，也不应只注意有什么、没有什么，吃什么、不吃什么，更有一个量的问题。一般来说，位于边缘地区较中心地区在资源总量

---

① Морева，О. Л.，2003，Относительная Переодизация Керамических Комплексв Боисманской Археологической Культуры Памятника Бойсман2，Проблемы Археологии и Палеоэкологии Северной，Востоной и Центральной Азии，172–175.

② 大贯静夫：《东北亚洲中的中国东北地区原始文化》，《庆祝苏秉琦考古五十五年论文集》，文物出版社，1989年。

③ 宫本一夫：《農耕の起源を探る》，吉川弘文館，2009年。

④ 大贯静夫：《東北アジアの考古学》，同成社，1998年。

上要少得多。黑龙江下游地区的新石器文化研究尚未有有关食物资源方面的分析结果。根据民族志，当地土著被称为"食鱼人"，鲑鱼、鳟鱼之类是他们的主要食物。但重要的是，尽管这些地区的人们主要依赖鱼类资源，但远东平地陶器文化的分布和坚果类、狍子、马鹿、野猪等的分布范围上基本没有大的出入。这一分布范围的外围，自黑龙江河口至库页岛是食鱼人的分布区，这里的海洋哺乳动物资源丰富，却全然不见远东平底陶器。作为远东史前文化的特征，尽管其东北部地区对鱼类有较强依赖的倾向，但陆生动物和坚果类则更有广泛和重要的意义。这也表明占有海洋哺乳动物和鱼类资源，却几乎没有坚果类以及野猪、梅花鹿等可利用的人们并没有南下到库页岛南部的绳文文化地区。

2. 北部

远东北部地区分布的是以凸弦纹陶器为特征的文化。由于黑龙江中游地区伴出石叶镞石器群的新彼得罗夫卡文化的具体情况尚不十分清楚，因此在这里早中晚三大阶段的文化分期也还只是个大概。嫩江流域已知昂昂溪文化年代最早，具体情况也是不明。

嫩江流域晚期有梁思永、路卡徐金（Lukashkin）调查发现的墓葬资料，以及最近发现的小拉哈遗址一期乙组遗存[①]。

这些遗址的石器采用石片素材，两面加工，属于新彼得罗夫卡文化的石叶镞石器群，而与昂昂溪额拉苏 C 遗存不同。从陶器上看，额拉苏 C 的凸弦纹陶器与小拉哈一期乙组的凸弦纹陶器口沿形态以及纹饰也有区别。据碳–14 年代测定，额拉苏 C 地点出土贝壳的测定年代为距今 6510 ± 90 年，大幅度早于小拉哈一期乙组的距今 3584 ± 104 年。最近，用 AMS 再次测定遗址三件陶器上的碳化物，结果和此前测定的贝壳数据年代几乎一致，分别为距今 6630 ± 35、6510 ± 40、6610 ± 40 年[②]。这样，就可以肯定额拉苏 C 遗存与新彼得罗夫卡文化同为远东平底陶器的早期遗存，其分布在嫩江流域（图五）。

黑龙江中游凸弦纹陶器与剥片石器群伴出的奥西诺湖文化的碳–14 年代为距今

---

① 梁思永：《昂昂溪史前遗址》，《梁思永考古论文集》，科学出版社，1959 年；Lukashkin A. S., 1932, New Data on Neolithic Culture in Northern Manchuria, *Bulletin of the Geological Society of China*, 11, 171–181；黑龙江省文物考古研究所、吉林大学考古系：《黑龙江肇源县小拉哈遗址发掘报告》，《考古学报》1998 年第 1 期。

② 大贯静夫：《昂昂溪採集の遺物について》，《東京大学考古学研究室紀要》，1987 年；大贯静夫、国木田大、吉田邦夫：《極東北部新石器時代の変遷について－額拉蘇 C 遺跡採集土器の新たな測定年代から－》，《第 12 回北アジア調査研究報告会発表要旨》，2011 年；国木田大、吉田邦夫、大贯静夫：《額拉蘇 C 遺跡出土土器付着炭化物の¹⁴C 年代測定》，《第 12 回北アジア調査研究報告会発表要旨》19 頁，2011 年。

3715±35、4255±150 年①。除额拉苏 C 之外，奥西诺湖文化的年代和齐齐哈尔周边的所谓昂昂溪文化的年代接近，相当于远东平底陶器文化的晚期。这样可把黑龙江中游至嫩江流域的文化分为早晚两大段。目前虽然没有中间阶段的良好资料，但在同一地区范围内，早段和晚段都为凸弦纹陶器，很难说它们之间没有任何关系。如果真的有关系的话，中期的这一地区似乎也应当是凸弦纹陶器的分布范围。

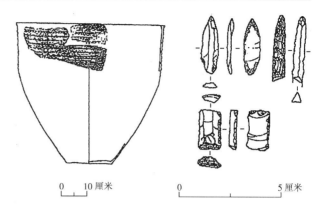

图五　额拉苏 C 遗址出土陶器、石器

采自大贯静夫：《東北アジアの考古学》（同成社，1998 年）图 32，部分修改

但是，目前还很难把小拉哈一期甲组遗存放入这个位置，而在黑龙江中游，也还没有发现连接新彼得罗夫卡文化和奥西诺湖文化的中间环节的资料。有关北区中期的理解，当是今后的一个课题。

凸弦纹陶器不时出现在黑龙江编织纹陶器群的组合中，显示出两者并非截然对立的关系。例如新开流下层的凸弦纹陶器②和额拉苏 C 遗址的非常相似，它们的年代也应相近，约当孔东、鲁得亚纳文化的后段。黑龙江编织纹陶器文化中也有石叶镞，亦显示出两者之间存在关系。

远东北部地区现在已经没有森林了。但从额拉苏 C 遗址出土的动物遗存看，当时是森林草原的环境，其生业活动主要为针对鲤、顶珠蚌、无齿蚌的内河渔捞和以狍子、野猪等动物和雁、雉等水禽为对象的狩猎③。这个地区的遗址规模都不大，分散在平原的小高地上，周围则是在冰后期的气候最宜期间北上的落叶阔叶林。

3. 西部

西部地区早期的代表是以"之"字纹陶器为特征的兴隆洼、赵宝沟文化。近年又发现了更早一些的小河西文化④。小河西文化中不见以后流行的石铲，似乎农业的成分

① Кузьмин Я. В., 2005, Геохронология и палеосреда позднего палеолита и неолита умеренного пояса Восточной Азии, Владиосток.

② 杨虎、谭英杰：《密山县新开流遗址》，《考古学报》1979 年第 4 期。

③ 直良信夫、平井尚志、金子浩昌：《額拉蘇 C 遺跡出土の動物遺存体と骨角器》，《東京大学文学部考古学研究室研究紀要》，1987 年。

④ 索秀芬、郭治中：《白音长汗小河西文化遗存》，《边疆考古研究》（第 3 辑），科学出版社，2005 年。

不大。兴隆洼文化中发现了粟、黍，是存在农业的明确证据。此外，鹿、野猪、胡桃等的大量出土，意味着野生食物资源对当时人们而言仍具重要意义。华北初期农业社会中大量构筑的储藏窖穴，在辽西地区并不发达。但值得注意的是，辽西的聚落规模却明显比华北地区同期聚落大。似乎在资源相对匮乏的地区，农业反而发展得更快①。

华北和辽西地区文化的生计形态是逐渐变化的，中间没有一条明确的界限。但辽西地区发现的男性墓葬多随葬狩猎器具，华北地区的男性墓葬则以农具随葬，反映了农业在两个社会里所受重视程度不同②。

西部地区的中期，在辽西是红山文化。红山文化出现了大型积石冢和玉器厚葬墓等，标志着当地社会发展的顶峰。辽东地区中期则与辽西有明显不同，当地为自小珠山下层演变而来的小珠山中层文化。这一文化并向吉长地区扩展。

晚期阶段，辽西地区的小河沿文化进一步"华北化"，聚落数量减少，规模变小，小型的半地穴房子和储藏窖穴普及，显示其并非简单直线的演进，而是越接近华北的农业社会，越接近远东平底陶器文化的尾声。文化面貌的变化实际与资源减少和农业进步互为里表。而在辽东，进入晚期阶段，部分地区出现了偏堡文化。目前还不十分了解这个文化的具体情况，但从大型陶壶等新的文化现象看，当地文化向"非远东化"发展。

四 结 语

以上对远东平底陶器分布的广大区域进行了宏观考察，而非被语言、国别肢解了的考古学研究。我以为，这对于把握东北亚整体历史而言是非常重要的。

东北亚地区很早就出现了以鹿、野猪为主要狩猎对象的远东（环日本海）型定居采集社会，较晚时候，鄂霍茨克海沿岸又出现了以捕获海洋哺乳动物和鲑鱼为主的定居采集社会。但是，远东是坚果类植物分布地区，气候条件好，在新石器时代很早阶段各地文化就不同程度地受到了早期农业文化扩张的影响，而在气候寒冷、没有坚果类资源的东北亚北部，整个新石器时代还都是单纯的食物采集社会。而且，在农业出现的最初阶段，华北地区也还没有清楚地从远东型食物采集社会中脱离出来。因此，远东这个地区应当得到充分重视。

在远东平底陶器的社会中，辽西的新石器文化里出现了大型聚落、与宗教祭祀活动有关的各种遗迹遗物，这些现象与东日本绳文文化非常相似，因而常被研究者注意。华北初期农业社会中也很可能有类似的现象，尽管随着时间推移，农业的比重逐渐增加，但仍可看出其很强的采集社会的特点。东日本和辽西有同样的食物资源，但说到各种资

---

① 冈村秀典：《農耕社会と文明の形成》，《岩波講座世界歴史 3》，1995 年。
② 大贯静夫：《東北アジアの考古学》，同成社，1998 年。

源如鹿、家猪、胡桃等的数量则很难具体评判——姑且不论鱼类和根茎类植物的场合。作为碳水化合物类的食物，在东日本有栗、橡子，在辽西为粟和黍，于当地皆有重要地位①。

伴随粟、黍为主要作物的旱作农业的扩大，远东平底陶器社会自西而东也逐渐变化。但气候严寒的远东北部和东北部地区，农业则很难开展。若从各地石器群的情况看，远东西部的辽西地区在早期阶段即已出现了农业，东部地区晚期阶段的扎伊桑诺夫卡文化也不可否认地有了农耕。但同时也应注意到，它们都还不是以农业为主的生计体系。在远东地区，农业的比重是逐渐增加的，绝非是因为农业一经传入，当地就迅疾转变为以农业为主的生计体系了。在考察这个地区的历史时，不应该简单地根据有无农业的标准判断问题。

同样地看待辽西，这个地区在较晚时间伴随着气候干冷化的变迁，在资源充裕森林环境基础上发展起来的新石器文化渐渐向草原性经济转变，不得不更多地通过农业来获得植物性食物，动物性食物的来源也从森林型狩猎逐渐转向通过草原畜牧来获取。因此，有关这个地区早、中期阶段的社会发展原因，不能简单地从存在农业上寻求②。

公元前两千年前后或者最早在公元前两千年纪的前半段，各地的远东平底陶器社会几乎同时进入了尾声。再以后，远东西部地区气候干冷变化促进了对草原动物的饲养驯化，原来的农耕牧畜社会开始向游牧社会转变，当地的炊器中也新出现了华北系统的三足器，从而整体上从远东平底陶器社会中脱离出来。东部日本海沿岸地区的石器群中出现了收割谷穗的石刀等新的农具种类，社会向初期农业社会方向发展。黑龙江下游地区在公元前一千年纪，以储藏用大型壶罐的普遍出现为标志，开始了初期农耕。但这个地区始终没有规整的收割工具，且越向下游，农业的色彩越稀薄。所有地区依然不同程度地保持着以平底陶器为炊器的传统，笔者将其称为"续远东平底陶器社会"，借此表达它们依旧残留着浓厚的食物采集的传统特色③。

（本文中俄语专有名词的汉语对音，依冯恩学《俄国东西伯利亚与远东考古》（吉林大学出版社，2002 年）一书中所收的对译表）

---

① 大贯静夫：《極東先史社会の野生食料基盤》，《ロシア極東の民族考古学》，六一書房，2005 年。
② 秋山进午：《紅山文化と先紅山文化》，《古史春秋》，1989 年。
③ 大贯静夫：《東北アジアの考古学》，同成社，1998 年。

东南亚古文化研究的几个课题[*]

臧振华

（史语所）

（一）前言

东南亚位居东亚大陆之南，在地理区域上包括大陆（中南半岛）和海岛（马来群岛）两部分，包括缅甸、泰国、马来西亚、新加坡、文莱、菲律宾、印度尼西亚、东帝汶、越南、柬埔寨、老挝和巴布亚新几内亚等十二个国家。陆地总面积约500万平方千米，人口约6亿[①]。但是，从人类学的角度来看，台湾与华南也可被涵盖在东南亚的范围之内[②]。1966年在日本东京举行的第11届太平洋科学会议，即将"东南亚"界定为：大陆东南亚部分，北自北纬30°（大约相当于长江口），南至新加坡的南端，西起伊洛瓦底江，东达中国海岸；岛屿东南亚则包含从台湾至苏门答腊[③]。

东南亚的自然环境呈现非常多样性的变化，地形上包含高山、丘陵、河谷、海岸平原、海滩和岛屿等；气候上，东南亚的气温依所在的高度、纬度和季节，从严寒变化到酷热。居住在这里的人群，也同样的复杂：除了属于蒙古种的马来人、泰人和华人之外，还有印度人，以及见于马来西亚和菲律宾的矮黑人（Negritos）；在马来半岛的山区中，有一些像斯里兰卡的吠佗人（Vedda），而柬埔寨的高棉人（Khmers），很

---

[*]　本文原发表于《东南亚区域研究通讯》第六期，经修改增补。

[①]　Hall，D. G. E.，1981，*A History of Southeast Asia*，London：The Macmillan Press Ltd. http://en. wikipedia. org/wiki/Southeast_Asia.

[②]　凌纯声：《东南亚古文化研究发凡》，《新生报民族学研究专刊》1950第4期；凌纯声：《东南亚铜鼓装饰文样新解》，《"中研院"院刊》1956年第2期；张光直：《东南亚文化史上的若干重要问题》，《民族学研究所集刊》第13期，1962年；Solheim，W.，1969，Reworking Southeast Asian Prehistory，*Peideuma* 15：125–139.

[③]　Solheim，W.，1969，New Directions in Southeast Asian Prehistory，*Anthropologica*，N. S.，Vol. XI，No. 1，p. 30.

类似印度的达罗毗荼人（Dravidians）。这些人群所说的语言包含了分属汉藏、侗台、苗傜、南亚、南岛和巴布亚六大语系的语言。在宗教上，佛教、回教、天主教、印度教和中国的道教在东南亚都有很多信众。在东南亚的广大区域中，人类的生产方式自然也非常歧异，从最原始的刀耕火种到单一作物的密集灌溉农业都可以见到。此外，由于其地理位置，东南亚从古到今不断受到周边地区文化的影响，除了夹在中印两大古文明之间，也受到阿拉伯和欧美文化的影响，并且成为连接亚洲大陆与太平洋和澳洲大陆的桥梁。

所以，无论是从自然环境或人类文化上来看，东南亚的一个主要特色即是多样性。这也造就了东南亚一部非常复杂的人类历史，其中许多有待了解的课题，有赖考古学的研究。

（二）东南亚的考古学研究

自 17 世纪以来，一些西方学者即对东南亚地区的考古有兴趣，但是第一篇比较正式的考古报告是 1902 年 Henry Mansuy 所写柬埔寨 Samrong – seng 遗址的发掘报告①。到了 20 世纪 20 年代，马来西亚、印度尼西亚、泰国、印度和菲律宾等地先后出现考古工作。1925 年以后，有关考古的著作也陆续出现。这些研究的主要目的都是寻求当地人群的来源，以及建立文化的年代②。然而，到了第二次世界大战时，东南亚的考古工作几乎完全停止，直到 20 世纪 50 年代才又恢复。从 1950 年开始的 20 年间，在东南亚的若干国家出现了长期而有系统的考古发掘。例如，沙捞越博物馆的英国学者 Tom Harrisson 在沙捞越的 Santubong 河三角洲和 Niah 洞穴进行了长期的研究。特别是在 Niah 洞穴，从 1957 ~ 1967 年，Harrisson 调查了大小洞穴数百个③。美国学者 Wilhelm Solheim 于 1950 ~ 1954 年间，在菲律宾对瓮棺葬进行了系统调查④。此外，美国学者 Rob-

①　Heine – Geldern, R., 1945, Prehistoric Research in the Netherlands' Indies, In *Science and Scientists in the Netherlands' Indies*, ed. by Pieter Honing and Frans Verdoorn, p. 129. New York: the Board for the Netherlands' Indies.

　　Solheim, W., 1969, New Directions in Southeast Asian Prehistory, *Anthropologica*, N. S., Vol. XI, No. 1, p. 30.

　　Higham, Charles F. W., 1989, *The Archaeology of Mainland Southeast Asia*, pp. 15–28, Cambridge: Cambridge University Press.

②　Solheim, W., 1969, New Directions in Southeast Asian Prehistory, *Anthropologica*, N. S., Vol. XI, No. 1, p. 33.

③　Harrisson, T., 1958, The Caves of Niah: a History of Prehistory, *Sarawak Museum Journal*: 549–595.

　　Harrisson, 1970, The Prehistory of Borneo, *Asian Perspectives* 13: 17–46.

④　Solheim, W., 1960, Jar Burial in the Babuyan and Batanes Islands and in Central Philippines, and its Relationship to Jar Burial Elsewhere in the Far East, *Philippines Journal of Science* 89 (1): 115–148.

ert Fox 在吕宋 Batangas 省 Calatagan 遗址所进行了发掘，发掘 500 多座墓葬，出土了 1000 多件 14～16 世纪的贸易瓷器①。他于 1962 年又在菲律宾巴拉望岛西岸 Quezon 市附近的石灰岩区发现了 Tabon 洞穴；此后以迄 1966 年，在此进行了密集的发掘，出土的考古资料可以早到距今 3 万年前②。在泰国，由泰国和丹麦所组成的考古调查团从 1960～1962 年、1965～1966 年，在 Kanchanaburi 省 Kwae Noi River 的 Ban Kao 和 Kwae Yai River 的 Ongba Cave 进行旧石器时代和新石器时代遗址的调查和发掘③。1963 年，美国考古学家 Wilhelm Solheim 在泰国东北部四个水库区进行了大规模的抢救考古调查，发现了许多遗址④。其中，Nan Nok Tha 和 Spirit Cave 在随后的几年中做了发掘，有重要发现⑤。上述这些工作与战前所做最大的不同是逐渐改进了发掘技术，开始采用层位来区分地层堆积，并使用科学定年和重建古代环境的技术。但是更重要的是，这个时期的研究，已经将研究的焦点从单纯的器物，转移到将个别遗址放入区域空间的脉络来加以探讨⑥。

到了 20 世纪 70 年代，东南亚的考古研究出现了一个新的趋势，那就是注意生态环境的研究。例如，1970 年，美国密歇根大学（University of Michigan）的 Karl Hutterer 开始在菲律宾 Negros Oriental 省进行一项长期的研究计划，其目的不只是要建立该地区的器物年代序列，更重要的是要利用科技方法，探讨史前人类与自然环境的适应、互动与变迁问题⑦。1976～1978 年美国爱荷华大学的 Richard Shutler, Jr. 与菲律宾国立博物馆合作在吕宋岛的 Liwan Plain 进行调查，力图了解该地更新世动物化石与打制石器之间的关联，并且于 1977 年邀请爱荷华州立大学的地质学家 Carl Vondra 至该地进行地

① Fox, Robert, 1959, The Calatagan Excavation, *Philippine Studies* 7：325–390.

② Fox, Robert, 1970, *The Tabon Caves*, Manila：National Museum Monograph 1.

③ Sorensen, P. and T. Hatting, 1967, *Archaeological Excavations in Thailand*, Vol. 2：Ban Kao, Copenhagen：Munksgaard.

④ Solheim, W., 1969, New Directions in Southeast Asian Prehistory, *Anthropologica*, N. S., Vol. XI, No. 1, p. 35.

⑤ Bayard, D. T., 1970, Excavations at Non Nok Tha, Northern Thailand, 1968：an Interim Report, *Asian Perspectives* 13：109–144.

Gorman, C., 1970, Excavation at Spirit Cave, North Thailand：Some Interim Interpretation, *Asian Perspectives* 13：79–108.

⑥ Solheim, W., 1969, New Directions in Southeast Asian Prehistory, *Anthropologica*, N. S., Vol. XI, No. 1, p. 35.

⑦ Hutterer, Karl L. and William K. MacDonald, 1982, *Houses Built on Scattered Poles：Prehistory and Ecology in Negros Oriental, Philippines*, Cebu City：San Carlos Publications.

调查，澄清了许多更新世地质的问题①。在泰国，1974～1975 年，Chester Gorman 和 Charoenwongsa 分别代表美国宾州大学和泰国艺术部合作在泰国东北高地的 Ban Chiang 遗址进行发掘。这次发掘与以往所不同的是，田野队伍中包含了土壤、花粉分析、动物、测年技术和体质人类学家，力图对遗址中的生态遗留作更仔细的研究②。到了 80 年代以后，东南亚各地的考古活动逐渐增多；值得注意的是，这个时候的考古工作，大多由当地考古学者与其他国家考古学者合作进行，也有许多是由当地的考古学家所进行，与先前考古工作几乎完全是由西方学者主导的情况，已是大异其趣。此时，西方的现代考古学研究方法和理论，如聚落形态的研究、贸易与复杂社会的起源与发展、民族考古学等也纷纷被引进，为东南亚考古带进了新的气息。目前由当地考古学者与外来考古学者合作研究仍然相当普遍，包括：老挝考古学者与美国宾州大学合作在老挝西北部湄公河中游进行考古研究，以弥补东南亚史前史中的缺环③；柬埔寨考古学者与美国夏威夷大学合作在湄公河下游进行考古研究，探讨当地国家社会的起源④；菲律宾考古学者与澳大利亚大学合作在巴丹岛进行考古调查，探讨南岛民族扩散的路径⑤；泰国考古学者与美国宾州大学合作在泰国西北部发掘史前铜矿遗址，探讨东南亚金属冶炼的起源等等⑥。

（三）东南亚古文化研究的几个课题

东南亚考古学的发展虽然相对迟缓，但是目前已经进行的考古工作及其出土资料，

---

① Shutler, Richard, Jr., and M. Mathisen, 1979, Pleistocene Studies in the Cagayan Valley of Northern Luzon, Philippines, *Journal of Hong Kong Archaeological Society*, Vol. 8：105–114.

② Gorman, C. and P., Charoenwongsa, 1976, Ban Chiang：a Mosaic of Impressions from the First Two Years, *Expedition* 18(4)：14–26.

③ White, J., 2008, Archaeology of the Middle Mekong：Introduction to the Luang Prabang Province Exploratory Survey, In Yves Goudineau & Michael Lorrillard (eds), *New Research on Laos*, Études Thématiques n°18, Vientiane–Paris：École Française d'Extrê me–Orient.

　　Marwick, Ben, Joyce White, Bounheuang Bouasisengpaseuth, 2009, The Middle Mekong Archaeology Project and International Collaboration in Luan Prabang, Laos, *SAA Archaeological Record*, 9：3, pp. 25–28.

④ Stark, Mariam, 2001, Recent Research on the Emergence of Early Historic States in Cambodia's Lower Mekong, *Bulletin of the Indo – Pacific Prehistory Association* 19：85–98.

⑤ Bellwood, Peter and E. Dizon, 2005, The Batanes Archaeological Project and the 'out of Taiwan' Hypothesis for Austranesian Dispersal, *Journal of Austronesian Studies* 1：1–23.

⑥ Pryce, T. O. and Pigott, V. C., 2008, Towards a Definition of Technological Styles in Prehistoric Copper Smelting in the Khao Wong Prachan Valley of Central Thailand. In Pautreau, J. – P., Coupey, A., Zeitoun, V. & Rambault, E. (Eds.), *Archaeology in Southeast Asia：From Homo Erectus to the Living Traditions*, Choice of Papers from the 11th Euraseaa Conference, Bougon 2006. Chiang–Mai, European Association of Southeast Asian Archaeologists, 139–150.

不仅对于东南亚古代历史的重建有绝对的重要性，也是研究全人类历史与文化不可或缺的部分。下面我将对几个有关东南亚古代文化重要课题的研究现状及未来展望提出说明与讨论，包括：1）东南亚古代文化层序的年代学架构问题，2）东南亚早期人类的发现，3）东南亚更新世的石器工业及其源流，4）和平文化的性质和年代问题，5）东南亚栽培植物的起源，6）南岛民族的起源和扩散，7）东南亚的青铜文化的起源与发展，8）东南亚复杂社会的出现等问题。

1. 东南亚古代文化层序的年代学架构问题

近几十年来，东南亚各地的考古资料日渐增多，但是它们并无助于澄清东南亚古代文化史的面貌，却反而使局面愈加混乱①。这点就东南亚的文化层序而言，尤为可信。东南亚的考古学家已经发现，考古学界所惯用的源自于欧洲的旧石器时代、中石器时代和新石器时代的史前史年代架构，似乎不适用于东南亚。就像代表旧石器特征的打制石器，特别是打制石片器工业传统，在东南亚的若干区域可以流行到相当晚近，另外，在东南亚的若干区域，石器出现的频率甚低。因此，Solheim 就曾试图为东南亚的文化层序提出一个新的架构，其中包含下述五个阶段②：

（1）石器（lithic）阶段

以打制和片解石器为工具，此一阶段大致相当于欧洲旧石器的早期和中期阶段，代表最早进入东南亚的人类，大约于 4 万年前结束。

（2）竹木器（lignic）阶段

木材或竹子成为制造工具的重要原料，大致相当于传统的旧石器晚期到和平文化早期，年代在公元前 4 万 ~ 前 2 万年。

（3）结晶（crystallic）阶段

形成了地域性的文化，今日东南亚的许多文化成分开始出现，有初级的农业和园艺。人类开始种植作物并畜养动物。在大陆东南亚，相当于和平文化中期和晚期，结束于公元前 8000 年。

（4）扩张（extensionistic）阶段

从公元前 8000 年至公元前后，是东南亚的人口扩张时期，人口由高山扩散到平地，由海岸到内陆，由大陆到海洋，演变成许多不同的地域性文化，可能出现了稻作农业，并且有了刀耕火种。出现磨制石锛、石刀和陶器。而在东南亚的若干地方，大约在公元前 4000 年出现了冶金术。

---

① Hutterer，K. L.，1976，An Evolution Approach to the Southeast Asian Cultural Sequence，*Current Anthropology* 17（2）：221–242.

② Solheim，W.，1969，Reworking Southeast Asian Prehistory，*Peideuma* 15：125–139.

（5）冲突帝国（conflicting empires）阶段

从公元初至第二次世界大战，东南亚的土著受到邻近古文明国家以至于欧洲国家在宗教和政治上的强烈影响。

1981 年，Barbara Thiel 从东南亚生业变迁的观点，提议采取一个"发展架构"（developmental framework）来取代传统的"阶段架构"（stage framework）①。此一架构包括：

（1）一般性狩猎和采集（generalized hunting and gathering）（距今 2 万年）

由于动植物食物资源多，没有固定的生业和聚落模式，依需要和喜好随时改变。技术主要使用石核器，未加修整的石片器和作尖器和刮器使用的骨角器。也可能使用木器和竹器。

（2）未特化的狩猎和采集（unspecialized hunting and gathering）（距今 18000 年）

生业和技术大致与前一时期相同，但由于受食物供应地点和其他人群的影响，聚落形态较受限制。

（3）特化的狩猎和采集（specialized hunting and gathering）（距今 18000 年）

生业方式开始特殊化，不是集中于采取特定的资源（如采贝），就是采取广谱（broad spectrum）的策略。聚落形态与之密切相关，包括各类游居的模式。在若干地区，发展出一套周期性的觅食系统。技术亦较特化，而出现新的工具，如石瓣器，另外可能有弓箭、吹矢、渔网、竹制和木制的陷机。可能有交易行为。

（4）狩猎、采集和农垦（hunting and gathering and cultivation）（距今 16000 年）

开始出现植物垦种。聚落形态为半移居式。生产工具同前期。

（5）园艺、狩猎和采集（horticulture and hunting and gathering）（距今 12000 年）

除了狩猎和采集，生业方式更着重在园地中种植一些植物。一年中在园地边至少居住几个月，采取半移居式的聚落形态。出现新的技术，包含磨制石器、石斧、石刀和陶器。

（6）农耕、狩猎和采集（agriculture and hunting and gathering）（距今 8000 年）

农业生产成为食物的主要来源。烧垦是主要的农业方式。聚落比较定居，地力耗尽时才移动。技术与前期相同。

（7）发达农业（developed agriculture）（距今 6000 年）

农业技术进步，种植大面积单一作物（主要是稻子），有引水灌溉系统。长期定居。开始冶铸金属。

----

① Thiel, Barbara, 1980, *Subsistence Change and Continuity in Southeast Asian Prehistory*, Ph. D. Dissertation, University of Illinois at Urbana – Champaign.

以后，Charles Higham 以聚落形态和社会发展作为主轴，也为大陆东南亚的文化层序提出了一个有别于传统的年代学架构①：

（1）早期狩猎采集者（early hunter-gatherers）（公元前1万年）

海水面逐渐升高，超出现今海平面约3米，海岸聚落淹没，退住内陆岩荫。游群社会，狩猎和采集为主要生业。石器有限，木工具重要。

（2）海岸聚落（coastal settlement）（公元前5000~1500年）

大约自公元前7000年开始，海水面急剧上升至公元前4000年超过今日之海平面。公元前4700年出现海岸定居聚落，种植稻米，但海洋资源重要，并从淡水沼泽中获取食物。

（3）一般时期A（general period A）（公元前3000年）

聚落向河流支流河谷、高地、平原和三角洲边缘等内陆地区延伸。聚落仍小，没有明显的社会阶层。在沼泽边沿种植稻米，交换石器和贝壳等物品。

（4）一般时期B（general period B）（公元前2000~前500年）

制铜工艺开始在低地村落中传布。矿源来自山区，在低地炼铸，买卖铜锭，并铸造铜器。村落中出现等级，上等阶层的家族使用珠宝和铜器。生业方式多样化，可能种植稻米。

（5）一般时期C（general period C）（公元前500年）

出现炼铁，中央化的酋邦也出现了。与印度商人和中国军队开始接触。贸易、社会分级和农业生产都有所加强。出现专业工匠，制造仪式所用铜饮食器、铜牌和铜鼓等。酋长葬于船棺中。

（6）一般时期D（general period D）（公元200~1500年）

在湄公河下游、越南海岸、泰国东北和湄南河谷等地都出现了小型国家，统治权力集中。信奉印度宗教，使用梵文。吴哥（Angkorian Mandala）王国建立于公元802年，盛极一时。汉人在越北军事征服。

以目前的资料来看，上述这些重建东南亚文化层序架构的尝试，在年代和涵盖内容上似乎还未达到普遍适用的程度，在学者间也未达成共识。这正足以说明东南亚地区古代文化内涵的歧异性，及其在时间与空间分布上的复杂性，似乎很难从某一个或几个标准，将文化层序作出较为共通性的整合。

笔者以为，欲进一步厘清这一个问题，恐怕还是要回归对各个小的地理或环境区域（如个别岛屿、河谷、地形区等）的仔细调查研究。只有将它们个别的文化内

① Higham, Charles F. W.,1989,*The Archaeology of Mainland Southeast Asia*, Cambridge：Cambridge University Press.

涵和其在时、空上的变异状况弄得更加细致清楚，才有可能期待一个更大范围的区域整合。这一点，在目前东南亚的考古研究中，显然还是非常不足，是亟待努力的课题。

2. 东南亚最早的人类证据及其来源和演变

目前，东南亚所发现更新世的人类化石大都是发现于爪哇，标本大约有 100 件，被归类为直立猿人（*Pithecanthropus erectus*，现称 *Homo erectus*）。主要是头骨或颚骨的碎片，所涵盖的年代大约超过一百万年，其中可以分为三群①。

第一群是古直立猿人（the Archaic *Homo erectus*）。主要发现于 Sangiran 的 Pucangan 地层中，年代大约在距今 170 万 ~ 70 万年之间。这一群猿人头以 1979 年 Sarttono 所发现 Sangiran 31 号最具代表性，骨壁粗厚，眉脊突出，头顶并有矢状脊，脑容量约 900 毫升。由于他们的面貌看起来似乎较直立人更为粗壮，所以孔尼华（Ralph von oenigswald）曾将之命名为古爪哇巨人（*Meganthropus paleojavanicus*），亦有学者将之与非洲所发现的南方猿人（*Australopithecus*）的粗壮形态相比。1994 年 Jocob 和 Curtis 公布了从爪哇中部 Pering 出土的 Modjokerto 头骨的钾氩法测定的年代为 181 万年，甚而早过非洲的直立人，但此一年代目前还不能确定②。

第二群是典型直立人（the Classic *Homo erectus*）。这一群化石的形貌特征与欧洲、非洲和亚洲大陆所发现地直立人（*Homo erectus*）相类，主要发现于 Sangiran 的 Kabuh 地层中，年代在距今 80 万 ~ 40 万年之间。目前已发现化石标本 30 余件，其中以 Sangiran 17 号较为完整。

第三群是进化直立人（Evolved *Homo erectus*）。头颅较上述两型长、高；脑容量约 1100 ~ 1300 毫升，主要发现于 Ngandong，Sambungmacan 和 Nagawi，其年代约在距今 10 万 ~ 8 万年前。过去这一类型人类化石曾被归类为尼安德特人，现在则被认为是进化直立人。

除了爪哇之外，更新世的人类化石在东南亚仅发现于越南和缅甸。近来在越南北部的洞穴遗址也发现了直立人的牙齿，在 Lang Trang 洞发现了五件直立人化石，年代测定为 50 万年前③。1987 年在 Lang Son 省 Tham Khuyen 又发现直立人的牙齿和下颚

---

① 依据 Semoh，Semah and Djubiantono 的资料，见 Semoh，Francois，Anna – Marie Semah and Tony Djubiantono，1990，*The Discovered Java*，Pusat Penelithlan Arkeologi Nasional & Museum Nasional D'histoire Natarelle. 在其中，作者将直立人仍然称之为 *Pithecanthropus*。本文采世界通用名称，将之改称 *Homo erectus*.

② Shutler，R.，1995，Huminid Cultural Evolution as Seen from the Archaeological Evidence in Southeast Asia，In *Southeast Asian Archaeology*，ed. By Teng Tsung，pp. 49–56. Hong Kong：Chinese University.

③ Pope，Geoffrey，1986，Earliest Radiometrically Dated Artifacts from Southeast Asia，*Current Anthropology* 77(3)：275–279.

骨，年代估计为 25 万年前①。1981 年，在缅甸 Chindwin 盆地的 Nwe Gwe 村发现一个带有牙齿的直立人化石上颚骨，估计约为 50 万年前②。

上述这些古人类与现存的东南亚族群有何关系？他们有没有现代的后裔？他们与 2004 年在印度尼西亚福罗瑞斯（Flores）所发现的福罗瑞斯人（Flores man）化石③有何关系？与在婆罗洲的 Niah Cave（距今 38000 年）④，巴拉望的 Tabon Caves（距今 22000 年）⑤，爪哇的 Wajak 及马来西亚的 Gua Gunung Runtuh（距今 10120 年）⑥ 所发现的更新世晚期智人（*Homo sapiens*）化石的关系又是如何？这些问题目前都还不清楚。但是最近有新的年代证据显示，爪哇 Ngandong 的直立人可能一直生活到距今 53000～27000 年前，而与上述智人曾同时存在⑦。至于这些人类有无可能在更新世的时候，沿着露出海面的陆地，到达新几内亚和澳洲？同样不清楚。在澳洲曾发现 Mungo 化石（距今约 3 万年）和 Kow 沼泽化石（距今约 12000～9000 年）。而在澳洲北领地（Northern Territory）的 Jinmium 遗址，最近报道发现了年代在 10 万年以前的石器。Peter Bellwood 推测，东南亚的人类至迟于 3 万年前已移居澳洲⑧，是可以肯定的；但是如果 Jinmium 遗址的年代可靠，则更古老的直立人也许已经到达了澳洲大陆，不过还有质疑。

虽然，早在 1891～1982 年，荷兰军医 Eugene Dubois 就在爪哇娑罗河（Solo river）的 Trinil 遗址发现了第一个直立人化石，但是过了一百多年，关于东南亚古人类的来龙去脉，比起世界其他地区，还要不清楚得多。这无疑也是东南亚考古有待努

---

① Shutler, R.,1995,Huminid Cultural Evolution as Seen from the Archaeological Evidence in Southeast Asia, In *Southeast Asian Archaeology*, ed. By Teng Tsung, pp. 49–56. Hong Kong：Chinese University.

② Shutler, R.,1995,Huminid Cultural Evolution as Seen from the Archaeological Evidence in Southeast Asia, In *Southeast Asian Archaeology*, ed. By Teng Tsung, pp. 49–56. Hong Kong：Chinese University.

③ Argue, D., D. Donlon, C. Groves and R. Wright,2006,Homo Floresiensis：Microcephalic, Pygmoid, Australopithecus, or Homo? *Journal of Human Evolution* 51（4）：360–374. http://en. wikipedia. org/wiki/Digital_object_identifier

④ Harrisson, T.,1958,The Caves of Niah：a History of Prehistory, *Sarawak Museum Journal*：549–595.

⑤ Fox, Robert,1970,*The Tabon Caves*,Manila：National Museum Monograph 1.

⑥ Majid, Zuraina,1994,An Introduction to the Excavation and Analysis of the Gua Gunung Runtuh Remains, In *The Excavation of Gua Gunung Runtuh and the Discovery of the Perak Man in Malaysia*, ed. By Zuraina Majid, pp. 1–8. Department of Museum and Antiquity, Malaysia.

⑦ Bellwood, Peter,1997,Ancient Seafarers, *Archaeology*：50(2)：20–22.

⑧ Bellwood,Peter,1992,Southeast Asia before History, In *The Cambridge Histor of Southeast Asia*, *Volume One*, *from Early Times to c.* 1800., ed. by Nicholas Taring, pp. 55–136. Cambridge：Cambridge University Press.

Bellwood, Peter,1997,Ancient Seafarers,*Archaeology*：50(2)：20–22.

力的重要课题。

3. 东南亚更新世的石器工业及其源流

目前在东南亚很多地方发现了更新世的石器。Movius 曾将之归类为砍伐器传统（chopper‑chopping tool tradition），并断年为更新世中期。依据 Movius，在东南亚更新世中期至少存在三个砍伐器文化：爪哇的 Patjitanian，缅甸的 Anyathian 和马来西亚的 Tampanian[1]。

Patjitanian 的石器以石片、石子和圆筒状石头制造，体型粗大，打制粗糙，少见再修整的痕迹。主要器形有偏锋砍器、中锋砍器、手镐和手斧等，其中，手斧可能代表地区性的发展。

Anyathian 石器是 T. O. Morris 于 20 世纪 30 年代发现。1937 年在缅甸伊洛瓦底江中游发现属于 Anyathian 早期的三期文化。这些石器的一个特色是其材料主要是硅化的凝灰岩和化石木，年代为更新世中期至晚更新世早期，亦属于砍伐器的传统。

Tampanian 是 H. D. Collings 于 1938 年在马来亚 Perak 河上游 Kota Tampan 发现。此后，在马来亚北部和中部，亦都发现了 Tampanian 石器[2]。其典型器物是单面片解的砍器、再修整的石片器和石英质的尖器[3]。

这三个更新世中期石器传统的年代，其实都还有争论。像在爪哇发现的 Patjitanian 石器，从未伴随直立人的化石出土，而新的研究也显示，出土 Patjitanian 石器的地层也都还有问题。所以，最近一个对 Patjitanian 作研究的 G. J. Bartstra 即认为这一个石器工业可能不会早过 5 万年[4]。另外，Harrison 也认为 Tampanian 的年代应该晚于 4 万年，与主要分布在东南亚大陆的和平文化相当[5]。

所以，东南亚更新世中期直立人的文化究竟为何？他们用不用石器？显然还需要有更多的证据。1975 年 T. Jacob 在爪哇 Sambungmacan 遗址，与出土化石人同时的地层中，发现一件砍器和经过再修整的石片器。此外，近数十年来，在越南、柬埔寨、老

[1] Movius, H. L. Jr.,1948,The Lower Paleolithic Cultures of Southern and Eastern Asia, *Transaction of the American Philosophical Society*, Vol. 32, pp. 341–393.

[2] Tweedie, M. W. F.,1953,The Stone Age in Malaya, *Journal of the Malaysian Branch of the Royal Asiatic Society* 26：part 2（No. 162）.

[3] Movius, H. L. Jr.,1948,The Lower Paleolithic Cultures of Southern and Eastern Asia, *Transaction of the American Philosophical Society*, Vol. 32, pp. 341–393.

[4] Semoh, Francois, Anna‑Marie Semah and Tony Djubiantono,1990, *The Discovered Java*, Pusat Penelithlan Arkeologi Nasional & Museum Nasional D'histoire Natarelle.

[5] Harrisson,1975,Tampan：Malaysia's Paleolithic Reconsidered, In *Modern Quaternary Research in Southeast Asia*, ed. by G. J. Bartstra and W. A. Casparie, pp. 53–70, Rotterdam：Balkema.

挝等地也都先后发现了更新世中期的石器①，而在越南北部的洞穴中更发现了直立人的
牙齿和石器②。此外在泰国北部 Lampang 省的 Mae Tha 也发现片解的石器，经过古地磁
和钾氩法所测定的年代约在 70 万年前③。所以，目前的资料显示，东南亚大陆的直立
人曾经使用石器应该是没有疑问的，但是值得注意的是：与世界其他地区所发现的直
立人相比，东南亚直立人所使用的石器是相当稀少的，而且缺乏标准化。这究竟是由
于他们对所居住自然环境的特殊适应（如使用竹器），还是由于特殊的生活习惯（如采
集植物，少吃动物），还有待更多的研究④。

到了更新世晚期，东南亚的石器工业似乎可以分为两个大的传统，其一是以缅甸
Anaythian 晚期为代表，被认为是更新世中期砍伐器传统的持续。其二是主要分布于东
南亚海岛地区的石片和石瓣器传统⑤。代表遗址包括爪哇的 Ngandong 和 Sangiran，Su-
lawesi 的 Carbenge，Sarawak 的 Niah Cave 和 Palawan 的 Tabon Cave ⑥。张光直曾认为这
两种工业传统可能代表两种不同的生业方式⑦。但是最近泰国 Karbi 省 Lang Rong Rien
岩荫遗址更新世晚期的地层中出土的小型石片器工业⑧，使这种分类面临了新的挑战，
而有必要加以澄清。

所以目前对于东南亚更新世的石器工业的了解，其实还非常有限，尤其是关于其
在时间和空间上的变异，各地区性工业传统之特性和彼此间之关系，以及其与人群和
自然环境之间的关系，都还需要有更多的研究。

4. 和平文化的性质和年代问题

和平文化（Hoabinhian）是继更新世的文化之后，广泛分布在东南亚的一个考古文
化。法国考古学家于 1906 年在越南北部首先发现的。目前，和平文化的分布地区除了
越南之外，还包括华南、老挝、柬埔寨、泰国、马来西亚、婆罗洲南部等地，另外爪
哇和台湾也可能在其涵盖范围⑨。和平文化最初被界定的特征为：以石子单面打击的石

---

① Bellwood，Peter，1979，*Man's Conquest of the Pacific*，p. 57，New York：Oxford University Press.

② Historical Museum of Vietnam，1987，*Guidebook*，Hanoi：Historical Museum of Vietnam.

③ Charoenwongsa，Pisit and Bennet Bronson，1988，*Prehistoric Studies：the Stone and Metal Ages in Thai-land*，The Thai Antiquity Working Group.

④ Shutler，R.，1995，Huminid Cultural Evolution as Seen from the Archaeological Evidence in Southeast A-sia，In *Southeast Asian Archaeology*，ed. By Teng Tsung，pp. 49–56. Hong Kong：Chinese University.

⑤ Heekeren，H. R.，1957，*The Stone Age of Indonesia*，Grarenhage：Nijhoff.

⑥ Bellwood，Peter，1979，*Man's Conquest of the Pacific*，p. 62，New York：Oxford University Press.

⑦ 张光直：《东南亚文化史上的若干重要问题》，《民族学研究所集刊》第 13 期，1962 年。

⑧ Anderson，Dauglas，1988，Excavations of a Pleistocene Rock Shelter in Krabi and the Prehistory of South-ern Thailand，In *Prehistoric Studies：the Stone and Metal Ages in Thailand*，ed. By Pisit Charoenwongsa and Bennet Bronson，pp. 43–59. The Thai Antiquity Working Group.

⑨ Bellwood，Peter，1979，*Man's Conquest of the Pacific*，New York：Oxford University Press.

器，包括圆盘形器、短斧、杏仁形器，以及石锤、磨石和骨器等；可以分为三个阶段：第一个阶段只有大型打制石器；第二阶段出现较小的石核器、石片器，并偶见磨刃的石器；第三阶段以磨刃石器为主，并出现陶器，通常饰以绳纹①。

和平文化目前在东南亚已经被广泛用作许多不同考古学文化集合体的名称，但也曾引起许多争论，如 Mathew 认为和平文化这个名称其实是忽略文化间的相异性而只强调其相同性②。而 Gorman 认为 Hoabinhian 其实是一个"技术丛"（technocomplex），而不是一个文化③。但是越南考古学者 Ha Van Tan 对此提出了反驳，他认为所谓一个"技术丛"，依据 David Clarke 的解释，是指对相同的环境、经济和技术因素的反应，但是"和平文化"却是广泛分布在不同的环境当中，因此，将和平文化当做一个"技术丛"的概念是不合适的。Ha Van Tan 提议使用"类和平工业"（Hoabinhoid industry）来称呼分布在越南、泰国、老挝、柬埔寨、马来西亚和苏门答腊一部分的"和平工业"（Hoabinhian industry）和分布在华南、尼泊尔和澳洲等地的"类似和平工业"（Hoabinhian – like industry）④。显然，此一广泛分布于东南亚并且具有相同或相类特征文化的本质究竟如何，是值得继续探讨的课题。

和平文化的年代，也是一项颇受争议的课题。过去许多学者把越南和华南一带所发现和平文化遗址的年代都定为更新世。但是后来发现和平文化洞穴遗址出土的动物群都是属于现代种，未发现有已经绝灭的，因此就必须将它的年代修正为后更新世（post – Pleistocene）。Mathews 更进一步提议将和平文化定位为中石器（Mesolithic）时代的文化⑤。此后，Solheim 推测和平文化的开始年代应在更新世的晚期，大约是 5 万年前⑥。Gorman 则根据泰国仙人洞（Spirit cave）遗址的发掘资料，推定和平文化的年代大致是从公元前 10000～9000 年到公元前 5000 年⑦。不过，最近越南和平文化遗址大量碳-14 年代资料，又将这个文化的年代推早到公元前 14000 年，而其下限年代，根据

① Glover, I. C., 1977, The Hoabinhian：Hunter Gatherer or Early Agriculturalists in South East Asia, In *Hunter, Gatherer and First Farmers beyond Europe*, ed. by J. V. S. Megaw, p. 145. Leicester University Press.

② Mathews, J., 1966, A Review of the Hoabinhian in the Indochina, *Asian Perspectives* 9：86–95.

③ Gorman, C., 1971, The Hoabinhian and After：Subsistence Patterns in Southeast Asia during the Late Pleistocene and Early Recent Period, *World Archaeology* 2：p. 300.

④ Ha, Van Tan, 1997, The Hoabinhian and Before, *Bulletin of Indo – Pacific Association* 16：pp. 35–41.

⑤ Mathews, J., 1966, A Review of the Hoabinhian in the Indochina, *Asian Perspectives* 9：86–95.

⑥ Solheim, W., 1969, Reworking Southeast Asian Prehistory, *Peideuma* 15：125–139.
Solheim, W., 1972, An Earlier Agricultural Revolution, *Scientific American* (April)：34–42.

⑦ Gorman, C., 1970, Excavation at Spirit Cave, North Thailand：Some Interim Interpretation, *Asian Perspectives* 13：79–108.

位居海岸地带的 Bau Du 遗址的资料，不会晚过公元前 3000 年①。这些新的年代资料，虽然比过去要清楚了许多，但只代表了越南地区，其他和平文化分布地区的情况如何？目前仍有疑问。例如，泰国的学者就认为和平文化的年代不会早到更新世②。

所以，虽然早在 20 世纪之初，学者已认出了和平文化，并且已逐渐认识到它在东南亚史前文化中所可能具有的承先启后的地位，然而关于它的本质，到了 21 世纪的时候，似乎仍然不清楚，它在人群、文化、工艺或生业技术上各自代表着什么意义？可能还须要从东南亚各地的实际考古资料中仔细梳理。

5. 东南亚栽培植物的起源问题

在过去，东南亚曾被认为是一个落后的地区，许多文化的进步，都被认为是受自于其邻近文明的影响。但是就农业一项而言，自 19 世纪后期以来，东南亚就被许多学者认为是世界上植物栽培的主要起源地之一。早在 1926 年苏联植物学家 Vavilov 就系统地调查了东南亚（及世界其他地区）的栽培植物③。1952 年，美国植物地理学家 Carl Sauer 也提出了东南亚是世界农业起源地的说法：他认为东南亚地形复杂，野生植物种类繁多，最早居住在海边河口处的居民，由于对这些植物的用途和性质逐渐熟悉，因而学会了使用、栽培和控制。Saurer 并推测东南亚最早栽培的作物可能包含竹子、葫芦、果树、根茎类植物和水生植物等。1966 年中国香港植物学家李惠林在《东南亚栽培植物之起源》一文中，指出包含南亚和南岛的东亚南方地带主要为块茎作物和无性栽培作物的起源地④。

所以，东南亚是世界农业起源地之一的假说，理论上是可能成立的。但是验证这个假说的具体材料，则须从考古遗址中来发现。1967～1968 年，美国夏威夷大学考古学者 Chester Gorman 在泰国西北靠近缅甸的仙人洞遗址发掘，在距今 10000～6000 年和平文化的地层中，发现了许多植物遗存，包括槟榔、蚕豆、豌豆、葫芦、菱角、胡椒、橄榄和瓜类等。此外，在仙人洞遗址之遗物中，还发现了涵盖许多种类的动物骨骼，包括牛、赤鹿、水鹿、猪类、灵长类、小型食肉类、蝙蝠、龟类、甲壳类和鱼类。Gorman 认为这些发现说明当时人类主要是采取一种广谱（broad spectrum）的食物开采策略，以狩猎、捕捞和采集为生。他们除了广泛利用各种动物以外，对现代东南亚种植

① Ha, Van Tan, 1997, The Hoabinhian and Before, *Bulletin of Indo-Pacific Association* 16: pp. 35-41.

② Charoenwongsa, Pisit and Bennet Bronson, 1988, *Prehistoric Studies: the Stone and Metal Ages in Thailand*, p. 35, The Thai Antiquity Working Group.

③ Vavilov, N. I., 1949, The Origin, Variation, Immunity, and Breeding of Cultivated Plants, *Chronica Botanica*, Vol. 13, pp. 1-364 (Translated into English by K. S. Cheser).

④ 李惠林：《东南亚栽培植物之起源》，香港中文大学讲座教授就职演讲，香港中文大学出版社，1966 年。

的或栽培的许多植物已经很熟悉①。仙人洞的发现被认为是极具意义的，Solheim 甚而认为如果仙人洞所发现的植物可以证明有人工栽培的种类，则东南亚的农业起源要比中东地区还要早 2000 年，可以称为东南亚的"农业革命"②。然而问题是，迄今在所有东南亚的和平文化遗址中，都还未能发现任何有关植物栽培和动物畜养的确切证据。所以，现在也有学者认为可以忽略东南亚曾经有过一个早期本土发展的根茎类农业层次的可能性③。总之，经过了数十年的讨论，关于东南亚是否有一个早期独自发展的根茎类农业，以及和平文化在东南亚农业出现的过程中扮演什么角色等问题，显然还没有令人满意的答案。

除了根茎类之外，稻米（rice，*Oryza*）的栽培和利用目前是东南亚文化的主要内涵，在经济上扮演重要的角色。植物学家认为大陆东南亚作为稻米的栽培起源区之一，应是没有疑问的④。但是在考古学上东南亚的稻米栽培究竟始于何时，其空间分布和变化如何，则是长期以来学者所关注的课题。

目前在东南亚大陆所发现有关稻米农业的考古资料见于越南（如 Phung Nguyen 文化）、马来西亚（如 Gua Cha 遗址）和柬埔寨（如 Somrongsen 遗址）等处，但以泰国的资料最为丰富。过去泰国东北部 Khorat 高地发现了两处遗址：Non Nok Tha 和 Ban Chiang。Non Nok Tha 遗址包含新石器和早期金属器时代的文化层，其中分布着许多墓葬，在较早的地层中发现牛、猪、狗等畜养的动物骨骼，同时也有一件带稻壳的陶片，发掘者推测其年代约在距今 5500 年前⑤。而 Ban Chiang 遗址也同样出土猪、狗、鸡、牛等畜养动物的骨骼以及带有稻壳的陶片，其下限年代同样也在距今 5000 多年前⑥。

1984～1985 年，Charles Higham 在泰国暹罗湾北端海岸的 Khok Phanom Di 遗址也发现了带稻壳的陶片和其他农业证据。这个遗址的年代经测定是在公元前 2000～前 1400 年之间，说明至迟在公元前 2000 年，在泰国的海岸低地已经出现了种植稻米的

①　Gorman, C., 1971, The Hoabinhian and After: Subsistence Patterns in Southeast Asia during the Late Pleistocene and Early Recent Period, *World Archaeology* 2: 300–320.

②　Solheim, W., 1972, An Earlier Agricultural Revolution, *Scientific American* (April): 34–42.

③　Bellwood, Peter, 1992, Southeast Asia before History, In *The Cambridge History of Southeast Asia*, *Volume one*, *from Early Times to c.* 1800., ed. by Nicholas Taring., p. 88, 91, Cambridge: Cambridge University Press.

④　李惠林：《东南亚栽培植物之起源》，香港中文大学讲座教授就职演讲，香港中文大学出版社，1966 年。

⑤　Bayard, D. T., 1972, *Non Nok Tha: the 1968 Excavations*, Dunedin.

⑥　White, J., 1986, *A Revision of the Chronology of Ban Chiang and its Implication for the Prehistory of Northeast Thailand*, Ph. D. Dissertation, University of Pennsylvania.

聚落①。这个年代明显晚于泰国东北部 Khorat 高地上的 Non Nok Tha 和 Ban Chiang，所以有的学者像 Peter Bellwood 就认为泰国的稻米栽培首先由中国南方和越南北部一带传到北部高地然后再向南传到海岸低地②。不过，Higham 认为 Non Nok Tha 遗址出现稻米的年代应该不会超过纪元前第二个千年③。而根据从 Khok Phanom Di 遗址附近钻孔所得的花粉资料显示，当地的农业活动可能更早到公元前 4000 ~ 前 3000 年。所以 Higham 认为泰国北部高地的稻作农业，可能不是传自于中国或越南，而是源自于南方的暹罗湾海岸④。不过由于这些遗址的年代都还有争议，目前还难以理清他们之间的发展关系。最近 White 又公布了泰国东北距 Ban Chiang 遗址 30 千米处 Kumphawapi 湖的钻孔年代测定资料，显示该处早在公元前 4000 年以前就已有农业活动的迹象⑤。

在东南亚的岛屿地区，所发现有关早期农业的考古证据甚为稀少。印尼苏门答腊和爪哇的花粉资料显示，大约在公元前第四到第三个千年，开始出现间歇性的森林砍伐的现象，到了距今 3000 年前，此种活动更为加剧⑥。Bellwood 认为这种情形可能反映了南岛民族来到以前由泰国和马来西亚所下来的农业族群⑦。不过这种推测的可信性还需要具体的考古资料来验证。

目前在东南亚的群岛中，最直接的农业证据是仅见于少数遗址的稻米遗留。其中出自印尼 Sulawesi 南部 Ulu Leang 洞穴遗址的，年代为公元前 4000 年，曾被认为是岛屿东南亚最早的稻米⑧。但后来，Glover（1985）已将之修正为距今 1490 ± 210 年，晚了许多。此外，沙捞越古晋东南方约 55 千米处之 Gua Sireh 洞穴出土陶片上的炭化稻谷，

---

① Higham，C.，and R. Thosarat，1994，*Khok Phanom Di*，Fort Worth：Harcourt Brace.

② Bellwood，Peter，1992，Southeast Asia before History，In *The Cambridge History of Southeast Asia*，*Volume one*，*from Early Times to c.* 1800.，p. 100，ed. by Nicholas Taring，pp. 55–136. Cambridge：Cambridge University Press.

③ Higham，Charles F. W.，1983，The Ban Chiang Culture in Wider Perspective，*Proceedings of the British Academy*，69：249.

④ Higham，C.，and R. Thosarat，1994，*Khok Phanom Di*，Fort Worth：Harcourt Brace.

⑤ White，J.，1997，A Brief Note on New Dates for the Ban Chiang Cultural Tradition，*Bulletin of the Indo-Pacific Association* 16：103–106.

⑥ Grace，Gorge，1985，Some Problems Relating to Domestication of Rice in Asia，In *Recent Advances in Indo-Pacific Prehistory*，pp. 265–274，ed. by N. Misra and P. Bellwood. New Helhi：Oxford and IBH.

⑦ Bellwood，Peter，1992，Southeast Asia before History. In *The Cambridge History of Southeast Asia*，*Volume one*，*from Early Times to c.* 1800.，ed. by Nicholas Taring，pp. 55–136. Cambridge：Cambridge University Press.

⑧ Glover，I. C.，1977，The Hoabinhian：Hunter Gatherer or Early Agriculturalists in South East Asia，In *Hunter*，*Gatherer and First Farmers beyond Europe*，ed. by J. V. S. Megaw，pp. 145–166. Leicester University Press.

经碳–14 年代测定为公元前 2334 年①；菲律宾吕宋岛北部 Cagayan Valley 的 Andarayan 遗址出土带红衣陶片上的稻壳，经加速器碳–14 年代测定为距今 3400 年②。

这些遗址的年代说明，稻作农业在东南亚岛屿出现的年代，显然要晚于东南亚大陆、华南和台湾③。Bellwood 推测南岛民族大约在公元前 4000 年开始由华南，经过台湾和菲律宾向东南亚岛屿和太平洋逐步扩散，可能即是与种植稻米及其所引起的人口膨胀有关④。所以，按照 Bellwood 的解释，东南亚的稻作农业主要是源于中国内地的东南沿海和台湾，然后经菲律宾而到达婆罗洲和印尼群岛，最后进入太平洋。然而 Chang Te-tzu（张德慈）依据稻种的分布，则认为东南亚岛屿的稻米种属主要是 Oryza Sativa Javanica 和 Indica⑤，系源自印度和东南亚大陆，沿印度洋东岸或缅甸、泰国和马来半岛、印尼群岛，到达婆罗洲、菲律宾和台湾。这明显是两条完全不同的途径，目前的资料似乎比较支持前一种说法，但是也不能完全排除后者。

6. 南岛民族的起源和扩散问题

在亚洲大陆以南，包括太平洋和印度洋这一约占地球总面积三分之一以上的广大水域中，目前居住着大约有二亿七千万说南岛语（Austronesian languages）的民族，他们分布于太平洋内的波利尼西亚（Polynesia）、密克罗尼西亚（Micronesia）、美拉尼西亚（Melanesia）诸群岛，海岛东南亚的印度尼西亚、马来西亚、菲律宾，中南半岛的东南部、印度洋中的马达加斯加岛（Magdagascar Island），以及台湾。这一些住民在人种上概属海洋蒙古种，在文化上亦大同小异，显示其在这一地区空间中的散布时代不会太久远⑥，是属于较晚到达东南亚的人种层次。

关于这一民族的来源问题，已有不少考古、民族和语言等方面的学者作过讨论。其中大多认为南岛民族应起源于中国内地的东南沿海一带。例如早在 1899 年荷兰语言学者柯恩（H. A. Kern）就利用语言古生物学的方法推测"古南岛民族不仅住的地方靠

① Bellwood, Peter, R. Gillespie, G. B. Thompson, J. S. Vogel, I. W. Ardika, and Ipoi Datan, 1992, New Dates for Prehistoric Asian Rice, *Asian Perspectives* 31(2): 161–167.
② Snow, B. E., 1986, Evidence of Early Rice Cultivation in the Philippines, *Philippine Quarterly of Culture and Society* 14:3–11.
③ 东南亚大陆至迟在公元前 2000 年已有稻作农业，华南的稻米遗迹更可早到公元前 7000~前 5000 年或更早，台湾开始有稻米农业是始于公元前 3500 年左右。
④ Bellwood, Peter, 1995, Austronesian Prehistory in Southeast Asia: Homeland, Expansion and Transformation, In *The Austronesians: Historical and Comparative Perspectives*, ed. by P. Bellwood, James J. Fox & Darell Tryon. pp. 214–225. Canberra: The Austronesian National University.
⑤ Chang, Te-tzu, 1988, The Ethnobotany of Rice in Island Southeast Asia, *Asian Perspectives* (1): 69–76.
⑥ 张光直：《华南史前文化提纲》，《民族学研究所集刊》第 7 期 57 页，1959 年。
Bellwood, Peter, 1980, The Peopling of the Pacific, *Scientific American* 243(5):74–85.

海，而且是一个航海民族"，他们"大概居住在 Champa、中国与越南交界处、高棉，以及沿海的临近地区"①。奥地利史前学者 Heine-Geldern 首先认为南岛民族是以方角石斧（Vierkantbcil）为代表，推测应起源于亚洲大陆，经过中南半岛再传到东南亚的海岛②。我国民族学者凌纯声则依据中国古代文献史料和太平洋的民族志资料，认为南岛民族中的印度尼西亚文化是源于古代华南的越獠文化③。日本学者鹿野忠雄从台湾的考古学和民族学资料推测南岛民族应源于华南和中南半岛东岸④。美国人类学者 Linton 从比较民族学的眼光，拟测一个史前的东南亚文化丛（southeast Asiatic complex），与上述 Heine-Geldern 的方角石斧文化相当⑤。另张光直⑥依据考古学的资料，推论华南百越及百越以前的居民向南方移居者成为日后南岛民族之祖。此后，Grace⑦、Chang⑧、张光直⑨、Shutler 和 Marck⑩、Bellwood ⑪、Blust⑫、Thiel⑬、Ngo The Phong⑭、Pham Huy

① 李壬癸：《从语言的证据论台湾土著的起源》，《大陆杂志》19 期 3、4 页，1979 年。

② Heine-Geldern, R., 1932, *Urheimat und frheste Wanderungen dez Austronesier*, A27: 543–619.

③ 凌纯声：《东南亚古文化研究发凡》，《新生报民族学研究专刊》1950 年第 4 期；凌纯声：《东南亚铜鼓装饰文样新解》，《"中研院"院刊》1956 年第 2 期。

④ 鹿野忠雄：《东南亚细亚民族学先史学研究》第二卷，东京：矢岛书房，1952 年。

⑤ Linton, Ralth, 1955, *The Tree of Culture*, New York：A. A. Knopf. Maglioni, Rafael.

⑥ 张光直：《华南史前文化提纲》，《民族学研究所集刊》第 7 期，1959 年。

⑦ Grace, Gorge, 1961, Austronesian Linguistics and Culture History, *American Anthropologist* 63: 359–368.

⑧ Chang, K. C., 1989, Taiwan Archaeology in Pacific Perspective, In *Anthropological Studies of the Taiwan Area: Accomplishments and Prospects*, pp. 87–99. Taipei: Department of Anthropology, National Taiwan University.

⑨ 张光直：《中国东南海岸考古与南岛语族起源问题》，《南方民族考古》（第一辑），四川大学出版社，1987 年；张光直：《新石器时代的台湾海峡》，《考古》1989 年第 12 期。

⑩ Shutler, R. and Jeffrey C. Marck, 1975, On the Dispersal of the Austronesian Horticulturalists, *Archaeology and Physical Anthropology in Oceania* 10 (2): 81–113.

⑪ Bellwood, Peter, 1980, The Peopling of the Pacific, *Scientific American* 243(5):74–85.
Bellwood, Peter, 1983, New Perspectives on Indo–Malaysian Prehistory, *Bulletin of Indo–Pacific Prehistory Association* 4:71–83.
Bellwood, Peter, 1988, A Hypothesis for Austronesian Origins, *Asian Perspectives* 26(1):107–117.

⑫ Blust, R., 1988, The Austronesian Homeland：a Linguistic Perspective, *Asian Perspectives* 26(1): 45–67.
Blust, R., 1976, Austronesian Culture History: Some Linguistics Inference and Their Relations to the Archaeological Record, *World Archaeology* (8): 19–43.

⑬ Thiel, Barbara, 1988, Austronesian Origins and Expansion:the Philippine Archaeological Data, *Asian Perspectives* 26(1): 119–129.

⑭ Ngo, The Phong, 1988, Some Archaeological Questions of the Northern Vietnamese Coastal Area in Relation to Austronesian Origins, *Asian Perspectives* 26(1): 147–152.

Thong①、Tsang②等论文也都分别依据更新、更多的语言学或考古学证据，提出南岛民族起源于中国东南沿海一带的主张。

但是也有学者持不同观点。Solheim 认为南岛语基本上是一个贸易语言，最早源于菲律宾南部的棉花老岛（Mindanao）和印尼东北，后被带往菲律宾北部和台湾，然后再跨过台湾海峡到达内地东南沿海③。所以南岛民族其实是东南亚岛屿的土著民族，最早的源头是在印尼东北部和菲律宾南部一带。Meacham 也持类似的看法，他认为台湾的南岛语言和文化应该是在本土演化形成的，而在此过程中，虽受到内地东南沿海的影响，但其主要的文化根源是来自南方岛屿④。所以，南岛民族应是源于台湾、苏门答腊和帝汶（Timor）之间所形成的三角地带。

从以上这些论述看来，主张南岛民族起源于中国内地东南沿海的学者，虽然在目前似是占了上风，但是持反对意见的学者也非全无道理。所以，这个问题目前还不能说是尘埃落定，甚而也可能还有其他的解释。最近，遗传学的分析也加入了这个课题的论战⑤。

至于是什么原因造成南岛民族在太平洋和东南亚的海岛扩散，而且在不算太久远的时间内，就分散到如此广大的地域当中？学者提出了各种解释：族群压迫⑥、农业扩张⑦、寻求贸易⑧、社会控制⑨和生态适应⑩都成了可能的解释，也是众说纷纭，莫衷一是。

---

① Pham, Huy Thong,1988,Studies in Viet Nam on Austronesian Languages and Peoples, *Asian Perspectives* 26(1): 131–134.

② Tsang, Cheng–hwa,1992,*Archaeology of the P'eng–hu Islands*,Institute of History and Philology, Academia Sinica, Special Publications, No. 95.

③ Solheim, W.,1988,The Nusantao Hypothesis: the Origin and Spread of Austronesian Speakers, *Asian Perspectives* (1984–85), Vol. 26(1): 77–88.

④ Meacham, William,1995,Austronesian Origins and the Peopling of Taiwan, In A*ustronesian Studies Relatingto Taiwan*, ed. by Paul Lee et al. pp. 227–254. Taipei: Institute of History and Philology, Academia Sinica.

⑤ Jin, Li, Mark Seielstad and Chunjie Xiao (eds),2001,*Genetic, Linguistic and Archaeological Perspectives on Human Diversity in Southeast Asia*, River Edge, NJ: World Scientific Publishing Co.,2001. p. 172.

⑥ Chang,K. C.,1989,Taiwan Archaeology in Pacific Perspective. In *Anthropological Studies of the Taiwan Area:Accomplishments and Prospects*,pp. 87–89. Taipei:Department of Anthropology,National Taiwan University.

⑦ Bellwood, Peter,1980,The Peopling of the Pacific, *Scientific American* 243(5):74–85.
Bellwood, Peter,1983,New Perspectives on Indo–Malaysian Prehistory,*Bulletin of Indo–Pacific Prehistory Association* 4:71–83.
Bellwood,Peter,1988,A Hypothesis for Austronesian Origins,*Asian Perspectives* 26(1):107–117.

⑧ Thiel,Barbara,1988,Austronesian Origins and Expansion:the Philippine Archaeological Data,*Asian Perspectives* 26(1): 119–129.

⑨ Kirch, Patirck, V.,1984,*The Evolution of the Polynesian Chiefdoms*,Cambridge: Cambridge University Press.

⑩ Yen,D. E.,1974,*The Sweet Potato and Oceania*,Bernice B. Bishop Museum Bulletin 236.

所以关于东南亚南岛民族的起源和扩散问题，显然是相当复杂的，目前还有必要从资料累积与研究理念上继续探讨。

7. 东南亚的青铜文化问题

早在 19 世纪初，已有欧洲学者开始对东南亚的青铜器感兴趣，20 世纪初（1924年）法国学者 Pajot 在越南北部清化省的东山遗址发掘了一个非常丰富的青铜遗存，包括青铜鼓及青铜武器、农具、装饰品和人形像等[1]。奥地利的文化传播学派大师 Heine – Geldern 曾推论东南亚的青铜文化是在公元前 8 世纪由东欧移民传入，但是对于东南亚青铜文化的年代和内涵，在学者间虽各有意见，但由于资料贫乏，一直未能成为重要的课题[2]。

到了 20 世纪 60 年代中期，由美国夏威夷大学与泰国艺术部所合组的考古队，在泰国东北部的 Non Nok Tha 遗址进行调查和发掘，在厚达 1.4 米的文化堆积中出土了大量史前文化遗存，可分为三个时期。早期年代为公元前 4000 ～ 前 3000 年，出土许多仰身直肢葬，随葬品除陶、石、贝器之外，还有带銎红铜器和一些青铜器碎片；中期年代为公元前 3000 ～ 前 2000 年，出土青铜斧、手镯和模制铜器的石范等；晚期为公元前 500 年，出土铁制农具[3]。这些发现说明在东南亚可能有一个年代很早，并且是独自发展的青铜器工业，比中国商代先行了 1000 来年，比印度 Harappa 文化也早 100 年以上[4]。消息公布之后，立即引起了学者的重视和争论，分成了"相信"和"不相信"两派。"相信"派对东南亚在考古学上终能跃登世界文明的先锋，欣喜不已；"不相信"派则对 Non Nok Tha 遗址年代的有效性提出了严厉的批判[5]。

另一个出土青铜器的遗址是 Non Nok Tha 东边 110 千米的 Ban Chiang。1974 ~ 1975年 Chester Gorman 和 Pisit Charoenwongsa 在此进行了两季发掘，并于 1976 年在美国宾州大学博物馆所出版的 Expedition 杂志 18 卷 4 期公布了发掘简报。这个遗址的堆积厚度达 4 ~ 5 米。根据其中所分布的墓葬，从下到上分为六期，涵盖的年代，依据碳–14 和热释光所作的测定，大约是从公元前 3600 ～ 前 250 年。而在最早期的墓葬中，出土了青铜矛头以及青铜手镯和脚踝饰。这个重要的发现一方面支持了 Non Nok Tha 的发现，

① Pham, Huy Thong,1990,*Dong Son Drums in Viet Nam*,The Viet Nam Social Science Publishing House.

② 转引自 Loofs–Wissowa, H. H. E.,1983,The Development and Spread of Metallurgy in Southeast Asia: a Review of the Presnt Evidence, *Journal of Southeast Asian Studies*, Vol. XIV, No. 1, pp. 1–31.

③ Bayard, D. T.,1970,Excavations at Non Nok Tha, Northern Thailand, 1968: an Interim Report. *Asian Perspectives* 13: 109–144.

④ Solheim, W.,1968,Early Bronze in Northwestern Thailand, *Current Anthropology* 9: 59–62.

⑤ Loofs–Wissowa, H. H. E.,1983,The Development and Spread of Metallurgy in Southeast Asia: a Review of the Present Evidence, *Journal of Southeast Asian Studies*, Vol. XIV, no. 1, pp. 1–31.

另一方面更加剧了有关泰国北部青铜器年代的争议。

　　有关 Non Nok Tha 和 Ban Chiang 青铜器年代争议的主要原因是两处遗址的地层堆积，因为受到密集的墓葬和其他文化行为的扰乱，显得极为复杂而难以解释，因此虽然有大量的放射性绝对年代测定数据，但是彼此间经常出现有矛盾的现象①。

　　针对此一问题，已有一些学者对这两处遗址的年代、地层或器物的类型，重新作了检视和分析②。目前，大多数学者已经不太相信东南亚的青铜器年代可以早于公元前3000 年，仍在公元前 2000 年和公元前 1500 年之间犹疑。White 为了解决测年样本与文化系列之间联系上的混乱，特别利用直接掺和在陶器中的稻壳进行加速器的测年分析，其结果肯定了 Ban Chiang 遗址青铜器出现的年代应在公元前第二个千年早期，即在公元前 2000～前 1500 年之间③。

　　除了泰国之外，东南亚大陆其他地方如越南、柬埔寨和老挝等地，都有青铜器遗址的发现，但以越南的资料较多。目前所知，越南的青铜文化主要出现在越北的红河流域，最早的青铜器是出自冯原（Phung Nguyen）文化（公元前 2300～前 1500 年）晚期。但真正进入青铜时代是在铜豆（Dong Dau）文化期，年代为公元前 1500～前 1000年。出土的青铜器包括斧、凿、镞、带銎矛、尖器、鱼钩以及铸铜石范④。到了"木门"丘（Go Mun，公元前 1000～前 600 年）时期，铜器工业达到鼎盛，在出土的器物中，青铜器所占的比例更多。之后，出现了东山文化，一直延续到公元前 2～前 1 世纪。此时，不但青铜冶铸技术有了更大的提升，而且也出现了铁器。铜鼓是此一时期的主要特色。东山文化的铜鼓，不只是越南，而且也广泛分布于东南亚的许多地方，

①　Bayard, D. T.,1979,The Chronology of Prehistoric Metallurgy in Northern Thailand: Silabhumi or Samrddhabbumi? In *Early South East Asia*, ed. By R. B. Smith and W. Watson,pp. 3-14. New York: Oxford University Press.

②　White, J.,1986,*A Revision of the Chronology of Ban Chiang and its Implication for the Prehistory of Northeast Thailand*,Ph. D. Dissertation, University of Pennsylvania.

　　Higham, Charles F. W.,1983,The Ban Chiang Culture in Wider Perspective, *Proceedings of the British Academy*, 69: 249.

　　Higham, Charles F. W.,1987,Chronology, Evolution and Diffusion in the Later Southeast Asian Cultural Sequence: Further Comments, *Bulletin of Indo-Pacific Prehistory Association* 7:141-147.

　　Bayard, D. T.,1987,Chronology, Evolution and Diffusion in the Later Southeast Asian Cultural Sequence: Some Comments on Higham's Recent Revision,*Bulletin of Indo-Pacific Prehistory Association* 7: 118-140.

③　White, J.,1997,A Brief Note on New Dates for the Ban Chiang Cultural Tradition,*Bulletin of the Indo-Pacific Association* 16:103-106.

④　Higham, Charles F. W.,1996,*The Bronze Age of Southeast Asia*, Cambridge University Press.

甚而远至马来西亚、印尼和新几内亚西部①。

关于东山文化的来源，也是长久以来争执不休的问题。早在 19 世纪末至 20 世纪初，学者们对于东山铜鼓的来源多主张是外来的。瑞典汉学家高本汉（Bernhard Karlgren）认为东山文化是受到中国"淮式"铜器的影响②。民族学者凌纯声也主张东山文化的许多要素受到中国的影响③。另一种观点，主要兴起于 20 世纪 60 年代泰北青铜遗址发现之后，则持完全相反的看法，认为包含东山文化在内的东南亚铜器文化是东南亚本土创造的。近二三十年来，由于云南石寨山等青铜文化的发现，使得铜鼓起源问题的争论更加激烈④。

综之，结合泰国和越南两地出土青铜器的资料来看，将东南亚大陆青铜文化的年代放在公元前 2000 ~ 前 100 年，应该是可以接受的。

至于东南亚岛屿地区，目前所发现青铜器的遗址不多，一般是红铜、青铜、铁器或玻璃珠等伴随出现，其年代在公元前 500 ~ 前 200 年之间。这些铜器多属墓葬中的随葬品，如在菲律宾巴拉望岛所发现的青铜銎斧、有茎箭头和铸铜石范都是出自 Managgal、Duyong、Uyaw 和 Batu Pati 等几个洞穴的墓葬中；而在印尼和马来西亚东部也在几处墓葬中发现了铜器和铸铜石范。铸铜石范的出现似乎显示可能有地域性的铸铜工业，然而从类型和风格来看，大多数铜器应来自东南亚大陆的贸易品⑤。所以，铜器在东南亚岛屿的出现，可能相当程度是受到了东南亚大陆青铜时代晚期东山文化的影响，但是在其各自地域性的文化史上能否构成一个青铜时代，是一个值得商榷的问题。随着资料的日渐增多，东南亚青铜器时代的轮廓已更为清晰，不过，其间所存在的一些课题，如东南亚青铜器的出现与社会发展的关系、东南亚青铜时代与世界其他地区青铜时代的比较研究等，都亟具意义。

8. 东南亚复杂社会的出现问题

考古资料显示，大约自公元前 6 ~ 前 5 世纪铁器出现的同时，东南亚大陆上开始出现了一些文化和社会的变迁。在越南、泰国一带出现了由较高社会地位的氏族所统治的中心聚落；统治者控制剩余的粮食和生产的土地，有专业的工匠为其服务，同时也

---

① 埃德蒙·索兰、让皮埃尔·卡伯内尔：《印度支那半岛的史前文化》，《考古学参考资料》1979 年第 2 期。

② Karlgren，B.，1942，The Date of The Early Dongson Culture，*Bulletin of Museum of Far Eastern Antiquities*，Vol. 14，pp. 1–28.

③ 凌纯声：《东南亚铜鼓装饰文样新解》，《"中研院"院刊》第 2 期。

④ 中国铜鼓研究会：《中国古代铜鼓》，文物出版社，1988 年；Pham，Huy Thong，1990，*Dong Son Drums in Viet Nam*，The Viet Nam Social Science Publishing House.

⑤ Heekeren，H. R.，1958，*The Bronze Age of Indonesia*，The Hague：Martinns Nijhoff.
Higham，Charles F. W.，1996，*The Bronze Age of Southeast Asia*，Cambridge University Press.

控制威权物品的输入。统治者佩戴精致的仪式性武器，住着华美的房子。此后几个世纪，在东南亚大陆的几条大河下游地区，进一步发展出更为复杂的社会，中国古书上所记载的占婆、扶南、真腊等一些小王国即是。

关于这些复杂社会出现的原因，过去都很简单的归之于受中国或印度文明的影响，但是近来学者已经认识到这中间可能有一个很复杂的发展过程。Higham 主要依据泰国北部之考古资料，曾尝试以人口压力、农业生产增加、技术专业化、财富分化、贸易控制、军事战争等变项，来解释复杂社会的出现①。但是也有学者认为，以目前所能用的资料和证据，还没有办法作出较为可信的解释 ②。

在东南亚的海岛地区，复杂社会出现的时间要比大陆地区晚得多。最近，来自密西根大学的一些考古学家包括 Nishimura③，Junker④ 和 Bacus ⑤，在菲律宾中的 Nigros Oriental省，分别从经济和贸易的观点，对菲律宾第 6~16 世纪之间的酋邦社会，以及其形成的原因和过程进行了探讨。Nishimura 从生态环境变迁、长距离贸易的观点，探讨宿务（Cebu）地区复杂社会的出现和发展。Junker 力图通过检视对外贸易与内部经济、政体间之冲突策略和社会政治间之关系，来解释 Nigros Oriental 省的 Bais 地区酋邦社的出现。Bacus 则利用菲律宾 Nigros Oriental 省东南的 Dumaguete – Bacong 地区的考古资料和西班牙人的记录资料，探讨酋邦的社会经济和政体间的互动。此外，Gunn 从资源分布的角度，探讨菲律宾酋邦社会的交换关系和交换策略⑥。

有关复杂社会出现问题的研究在东南亚可谓方才兴起，上述这少数的研究，比起世界上其他地区，虽然只能算是初步的尝试，而且所研究的区域亦缺乏较大范围的涵

①　Higham, Charles F. W.,1989,*The Archaeology of Mainland Southeast Asia*, Cambridge: Cambridge University Press.

②　Bayard, D. T.,1992, Models, Scenarios, Variables and Suppositions: Approaches to the Rise of Social Complexity in Mainland Southeast Asia, 700BC–500 AD, In *Early Metallurgy*, *Trade and Urban Centres in Thailand and Southeast Asia*, edited by Ian Glover, et al. Bangkok: White Lotus, 13–38.

③　Nishimura, M.,1988, Long Distance Trade and the Development of Complex Societies in the Prehistory of the Central Philippines—the Cebu Archaeological Project: Basic Concepts and First Results, *Philippines Quarterly of Culture and Society* 16: 107–157.

④　Junker, Laura Lee,1994, Trade Competition, Conflict, and Political Transformations in Sixth–to Sixteenth–century Philippines Chiefdoms, *Asian Perspectives* 33(2): 228–260.

⑤　Bacus, Elizabeth,1996, Political Economy and Interaction among Late Prehistoric Polities in the Central Philippines: Current Research in the Dumaguete–Bacong Area of Southeastern Negros, *Bulletin of the Indo–Pacific Prehistory Association* 14, pp. 226–241.

⑥　Gunn, Mary M.,1996, Aggression and Alliance: the Impact of Resource Distribution on Exchange Strategies Chosen by Prehispanic Philippines Chiefs, *Bulletin of the Indo–Pacific Prehistory Association* 14, pp. 242–249.

盖性，然而由于东南亚在文化生态环境和族群历史上的特殊性，此一课题的深入探讨和研究，无疑会为人类复杂社会出现问题的认识和了解，增添独特和重要的讯息，很值得学者投入。近来美国夏威夷大学的 Miriam Stark 在湄公河下游对于复杂社会起源的研究①，澳大利亚大学的 Ian Caldwell 与 David Bulbeck 在印尼苏拉威西（Sulawesi）西南部所进行的农业王国出现的研究②，以及张光仁探讨东南亚岛屿的菲律宾和印尼原史时期的贸易体系与社会变迁关系的研究③，都是这方面研究的例子。

（四）结语

自 20 世纪初期近代考古学被西方殖民者带到东南亚以来，其进展可以说是相当缓慢的。这一方面是由于东南亚的大多数国家长期处于西方殖民统治之下，考古学只是少数殖民贵族的癖好；另一方面，东南亚长久以来给人的印象是文化迟滞落后，缺乏考古的吸引力。但是自 20 世纪 60 年代以来，随着东南亚各地考古工作数量的增多和品质的提升，这种情形已经明显改观。从上述所列举八个东南亚古文化研究的重要课题及其研究的现状来看，他们不仅是对于东南亚古代历史文化的了解和重建有其绝对的重要性，在全人类的文化史上，这些课题也是亟具意义的。

---

① Stark, Mariam, 2001, Recent Research on the Emergence of Early Historic States in Cambodia's Lower Mekong, *Bulletin of the Indo-Pacific Prehistory Association* 19：85-98.

② Caldwell, Ian and David Bulbeck, 2000, The Historical Archeology of Luwu and the Cenrana Valley, *Results of the Origins of Complex Society in South Sulawesi Project* (OXIS), Centre for South-East Asian Studies Occasional Publications Series, University of Hull.

③ 张光仁：《初论岛屿东南亚东部岛群原史时代的贸易社会经济变迁：三个案的比较研究》，《台湾大学考古人类学刊》(63)，2005 年。

中国东南史前文化及其交流*

后藤雅彦

（日本琉球大学法文学部）

　　1994 年出版的《中国通史》第二卷《远古时代》一书中，曾提及中国东南地区与华南地理之环境特质，其一为海岸线绵长，包括诸多岛屿；其二为丘陵多，平原少。文中根据前者探讨海洋文化发展，指出该地区遗存史前时代贝丘甚多。又根据后者，说明中国该区域由于地形崎岖阻隔，影响史前文化形态不以单一中心为主，而是于多个地域之中分别发展存续①。其后，严文明先生更于 2006 年论及华南自然环境与史前文化关联，认为该地区纬度低，地形复杂，对于考古学文化的形成产生极大影响。尤其地形上的复杂程度不仅造成地理区域分断为多个小单位，亦使得遗址形态多样，也导致在此需要采用不同于长江流域及黄河流域两地惯用的考古调查方法②。

　　1996 年，《东南考古研究》发行，所载有关中国东南地区的课题研究，使本刊具有了重要意义。本文所言中国东南地区，实指长江下游及其南部沿海地域，共可概分为三大区域，包括长江下游平原及盆地区域（太湖、鄱阳湖流域），沿海丘陵山地区域和海岛区域③。

　　本文主要目的在于探讨中国东南地区史前文化动向，并祈能一并检视其海洋特点与受崎岖地理环境阻隔的区域文化。

---

* 本文由卢柔君译，赵辉校。
① 严文明：《周边地区的远古文化》，《中国通史》第 2 卷《远古时代》，上海人民出版社，1994年。
② 严文明：《甑皮岩遗址与华南地区史前考古》，《华南及东南亚地区史前考古》，文物出版社，2006 年。
③ 厦门大学历史系考古教研室：《中国东南：早期历史与考古文化》（代序），《东南考古研究》（第 1 辑），厦门大学出版社，1996 年。

笔者于本文中区分中国东南地区史前时代时，所指 I 期为公元前 4000 年以前末伴有陶器之文化遗存，II 期为绳纹陶器为主之文化遗存，昙石山文化等新石器时代晚期文化为 III 期，公元前 2000 年以后则为 IV 期。

一　中国东南史前文化之动态

公元前 3000 年以降，中国东南地区正值福建昙石山文化及珠江三角洲银洲遗址等新石器时代后期文化（III 期）时期，同期之内陆地区有石峡文化，而以石峡文化为中心之中国东南及华南各地文化遗存，皆蕴含有长江下游良渚文化要素。由玉器、石钺、有段石斧、石刀及陶鼎等遗物，即可见其与长江流域（下游）关联所在。本文在此将长江下游经江西省到广东北部（石峡文化）一带称为中国东南地区的内陆地区；外围沿海地区则称为中国东南沿海地区。

笔者认为各地域之史前文化并非处于孤立状态，在地域间应有相互交流，故亦将对各地域文化的构成要素进行具体探讨。

石峡文化为内陆的区域文化，在出土陶器群上可区分为三组①。一组与樊城堆类遗存相同，数量上亦为石峡文化之主体。二组以炊器之陶釜为主，此类陶釜向来广泛分布于珠江三角洲，为当地共通器物。组中的釜形鼎则为当地陶器附加上三足的产物。三组以小口壶、管及罐为代表。以上遗存在年代及系谱关系上虽然不明，但由印纹陶之纹样构成来看，亦可能来自于珠江三角洲的影响。

此外，邻接福建省的浙江省好川遗址因位于中国东南部内陆交通路线上而受到瞩目。其陶器群分为 A、B、C 三群②，其中 A 群受良渚系影响，B 群为当地发展之陶器，C 群则为受到昙石山文化影响之印纹陶系统。在出土陶器中，鼎分为釜形及钵形两类，钵形显示出 A 群特征，属于良渚系。随葬品中亦出土与该鼎类似的三足盘，报告中推论此三足盘为鼎的仿造，专置于墓中作为随葬品使用。由于该遗址与良渚文化距离近，笔者认为可能在良渚系鼎器传入的同时，此类模仿行为也随之展开。而 C 群陶器与昙石山文化的印纹陶类似，可能受到昙石山文化影响。据此而言，良渚文化是经内陆地区影响了石峡文化，和从内陆直线南下沿海的传播方向不同，而是自沿海向内陆的文化传播。换言之，当时不只存有单向的文化影响，以河流水系为轴路的内陆地区和沿海地区具有相互影响之文化关系。

公元前二千年代中叶，长江以南沿海地区进入福建黄土仑期，代表性文化遗存于

---

① 赵辉：《珠江三角洲地区几何印纹陶的出现和文化的发展》，《中国考古学的跨世纪反思》，商务印书馆，1999 年。

② 浙江省文物考古研究所：《好川墓地》，文物出版社，2001 年。

珠江三角洲为东澳湾遗址及茅岗遗址，在内陆则为广东石峡中层文化。其时正为中原初期王朝形成期，中国东南部全境皆出现几何形纹硬质陶器（印纹硬陶），凹底罐组合的陶器文化也开始发展①。如此共同性渐生的社会背景，可以说是公元前二千年代以后中原王朝各种政治及文化影响南下的结果。

　　基于近年的研究，中国南方沿海各地区的文化已日渐明朗。中国社会科学院考古研究所编《中国考古学·夏商卷》中的第八章《夏、商王朝周边地区的考古学文化》，将福建、广东及广西壮族自治区，分为①福建东部沿海，②福建西北部，③珠江三角洲，④广东北部，⑤广东东部、福建南部，⑥广西等六大地理区域②。其中福建地区公元前 2000 年以来的史前文化可分为沿海类型及内陆类型两种，沿海类型以彩陶为其特征③。

　　概言之，在Ⅳ期以后，经由河流水系沟通了沿海及内陆的中国东南地区，广域的共同文化因素有普遍增加的趋势。闽江流域之①、②两地域间亦被认为有交流存在。且类似的彩陶越过①地区，由浙江南部流至福建南部以及台湾，由此种种现象看来，可说沿海地区间的文化交流已开始盛行。与此同时，福建省沿海开始普遍出现了具有浓厚区域特征的昙石山文化系统的三角横断面石锛等。

二　沿海路线之形成

　　一般认为，新石器时代晚期即第Ⅲ期，良渚文化系遗物是沿长江下游至江西一带再至广东北部之北江流域的内陆路径广布于中国东南地区的。相反，若着眼于Ⅱ期闽江河口海坛岛壳丘头遗址出土的多角口缘陶釜，则可考虑该地区是经沿海路径与长江下游交流的④。两地文化的相似因素还有石锛、陶釜、支脚等。单看多角形口缘陶釜的特殊形态，其谱系来源可追溯至河姆渡第二层阶段（公元前 4000～前 3500 年），系由宁绍平原传播至舟山群岛的文化因素，且年代与前述壳丘头遗址之碳-14 年代几乎一致。若考虑到此类遗物在其原产地长江下游地区的数量也不多，说明两地间文化交流就格外引人注目。

　　不过，壳丘头遗址之多角形口缘陶釜及陶罐的肩部或腹部施有贝壳纹，今后应在对出土陶器之详细观察的基础上，将器形和纹饰的组合关系一并纳入考虑，以进一步进行比较研究。此外，同一时期，宁绍平原至舟山群岛之诸遗址中，鼎已见于煮沸陶

① 中村慎一：《良渚文化の灭亡と"越"的世界の形成》，《文明の危机 - 民族移动の世纪》（讲座文明と环境 5），朝仓书店，1996 年。
② 中国社会科学院考古研究所：《中国考古学·夏商卷》，中国社会科学出版社，2003 年。
③ 杨琮：《闽越国文化》，福建人民出版社，1997 年。
④ 福建省博物馆：《福建平潭壳丘头遗址发掘简报》，《考古》1991 年第 7 期。

器之列，比较研究亦应注意与壳坵头遗址在器种组合上的差异点。

综合上述，长江下游至环南中国海地区广布之沿海路径上的大规模文化交流共有两次：公元前四千年代中叶河姆渡遗址第二层阶段自宁绍平原至舟山群岛一带，再进至福建沿岸（海坛岛）之文化传布；公元前二千年代中叶（公元前1500年前后）昙石山上层文化期时彩陶的传布。

中国东南地区为中心之沿海路径文化正处于交流盛行期时，由澎湖群岛所产玄武岩亦传入台湾，可由此推论澎湖群岛与台湾本岛之关联。当时，澎湖群岛之锁港期遗址数增加，遗址分布范围扩大至境内全局，锁港遗址中出土的软玉制小型断面方形凿状石锛，应为台湾本岛传入之文化要素。软玉制品中除有石锛，尚包括箭状器、针状器及装饰品。而软玉制品除锁港遗址外，亦出土于南港等同期遗址。此外，澎湖群岛内部岛屿间亦有交流，如已有研究指出，在不产玄武岩的花屿采集到玄武岩打制石斧，应系自其他岛屿搬入。此类玄武岩石材动向之讨论，不仅关系到与台湾本岛的关系，亦可应用于澎湖群岛内部物资流动之研究[1]。鉴于石材动向对于研究文化交流的重要性，对壳坵头遗址出土石锛亦正加紧进行石材鉴定工作[2]。

前述软玉产自台湾东部，于台湾新石器时代中期（包含锁港期）经海路向外传布，澎湖正在这条通道之上。距今3000年前的新石器晚期文化进而向内陆扩张，软玉制品分布区域亦随之扩张至内陆地区[3]。由此亦可见始为经沿海路径之区域交流，后经内陆路径进一步扩散的过程。

新石器时代晚期（Ⅲ期）之沿海各地，如珠江三角洲区域，清楚地呈现出稳定交流之态势。又由广东海丰出土良渚系玉琮来看，可解读为沿海文化交流结果，或珠江三角洲与昙石山文化之共同点[4]。然而，虽认为Ⅲ期中有大范围的沿海路径之交流，但许多中间地带的交流细节仍不甚明朗。后续之Ⅳ期与Ⅲ期不同，形成了多层次沿海交流路径，这对于处在大时代变迁中的中国东南地区时代具有重要意义。换言之，公元前2000年以后，相邻之沿海地域间，近而指包纳前者之广泛沿海地域间，又或指包含内陆地域间，开始出现多层次文化区交流。

---

① Tsang, Cheng-hwa, 1992, Archaeology of Peng-hu Islands, *Inst. of History and Philology*, Academia Sinica.

② 焦天龙、范雪春、罗莱：《壳丘头遗址与台湾海峡早期新石器时代文化》，《福建文博》2009年第2期。

③ 洪晓纯：《史前台湾石锛的选材研究》，《东南考古研究》（第3辑），厦门大学出版社，2003年。

④ 朱非素：《广东石峡文化出土的琮和钺》，《良渚文化研究》，科学出版社，1999年；赵辉：《珠江三角洲地区几何印纹陶的出现和文化的发展》，《中国考古学的跨世纪反思》，商务印书馆，1999年。

以闽江下游为例整理沿海地区史前文化情况，则在包围闽江下游沿海路径中可见两阶段动向。其一为公元前四千年代，长江下游至闽江下游一带的文化传播；其二为公元前二千年代，自浙江南部至厦门乃至台湾的文化流通。尤其公元前二千年代时，由沿海相邻地区之间的近距离交流起始，在一个由地区构成的广大区域内出现了多层次交流。公元前四千年代，中国东南各地所见长江下游文化因此呈现零星和点状分布态势，是为当时代的特征，且未被后续时代所承续。然自公元前二千年代起，沿海各地间的交流呈现平面式的扩张，各地文化在石器组成等方面出现更多共同点，伴随技术、物质及人群移动之大范围交流，成为此期重要特点，在中国东南地区萌生出了一种多层次的交流网络，而和迄今为止有着全然不同的交流形态。

三　贝丘及稻作农耕

中国东南地区Ⅱ期，贝丘已出现于各地，尤其Ⅲ期的闽江下游几乎所有遗址均伴有贝丘，故贝丘成为研究中国东南地区生业活动内容的重要资料。而后，贝丘逐渐消失，但福建沿海各地贝丘消失时间有所不同。其原因应当从周边文化对当地文化的影响，特别是与农业经济相关之诸因素中寻求原因[①]。

闽江下游Ⅳ期以降，即公元前二千年代，进入贝丘衰退期，二千年代后半进而出现了以埋葬遗迹为主体的黄土仑遗址。但在与昙石山上层关系密切的福建北部仍可见贝丘遗址。福建南部贝丘遗址虽仍持续存在，却出现了如蚁山、墓林山等高地贝丘，若将其与海拔20米的万宝山遗址相较，即见差异之显著，南部贝丘的地形环境条件开始倾向多样化。欲掌握一个地区内遗址动向与遗址间的差异，区域系统调查是最有效的方法。这方面，最近于福建省东山岛开展的调查应当给予注意[②]。

珠江三角洲虽亦以地域间交流为贝丘消失的背景原因之一，但伴随数千年间海岸线不断南移，平原范围扩大，给当地居民之生业造成影响，从而唤起了对农耕文化发展之注意，或是根本原因[③]。

以下试就中国东南地区稻作农业的情况进行整理。公元前6000~前3000年间，本区处于温暖湿润之高温期（hypsithermal），后于公元前3000年开始气候干燥寒冷化。于气候变动期间之华南，因稻作农耕文化，即包含陶器样式之文化复合体南下，出现

---

① 蔡保全：《从贝丘遗址看福建沿海先民的居住环境与资源开发》，《厦门大学学报》（哲社版）1998年第3期；曲晓雷、陈智杨：《从胶东半岛和福建沿海的比较看贝丘遗址消亡原因》，《福建文博》2010年第2期。

② 福建博物院：《福建省东山县史前遗址2007年调查简报》，《福建文博》2009年第1期。

③ 袁靖：《关于中国大陆沿海地区贝丘遗址研究的几个问题》，《考古》1995年第12期。

了昙石山文化和石峡文化，从而导致了华南地区文化发展的重大转折①。

中国东南区域为野生稻分布范围，据此似有充分理由推测当地存在稻作农业。但直到新石器时代晚期（Ⅲ期），内陆地区的石峡遗址才出土稻谷。沿海地区亦已知有零星的水稻资料，最近出土地点有所增加②。闽江下游昙石山遗址亦于第9次发掘中，浮选出两粒炭化谷粒③。东张及狮子山遗址发现带有稻种压痕的红烧土④。这两遗址未见Ⅳ期贝丘遗存。此外，黄瓜山和明溪南山遗址亦发现了水稻。珠江三角洲则于香港沙下遗址出土了一粒4500年前之炭化谷粒，同时检测出水稻亚科植硅石⑤。同时期之南明古椰遗址亦出土稻谷⑥，其年代由出土遗物来看，相当于Ⅲ～Ⅳ期。综上，内陆和沿海地区发现的水稻似均可上溯至Ⅲ期，Ⅳ期以后数量更进一步增加。

除稻作水稻资料以外，兹再就包含农具在内的农业技术方面的情况进行整理。作为构成农业体系的要素，对其栽种过程（耕作至收割）及收割后之加工过程进行讨论是非常重要的。

首先，有关中国东南地区的石制农具，在内陆地区石峡文化虽未缺少长江下游盛行之破土器、耘田器等农具，但出土有石镢⑦。这类石镢亦出土于江西拾年山等遗址⑧。沿海地区定型的农耕工具资料很少。最近宝镜湾遗址有石镢出土⑨。闽江下游出土横断面三角形状石锛和珠江三角洲地区发现的器形稍大、扁平、肩部平缓之有肩石斧也都可能为掘土利器（即石锹）。然而，石镢依地域不同，刃部形态或断面形态亦有差异，究竟是否为农耕工具，需要仔细研究。一般而言，作为掘土工具的石器通常地方色彩较强，其形态与当地土壤性质及使用方法相关。

收割工具的石刀始终为探讨农业传播时的重点研究对象，对其在整个东亚地区的分布情况有大量研究。

---

① 宫本一夫：《中国の歴史01 神话から歴史へ 神话时代 夏王朝》，讲谈社，2005年。

② 张弛、洪晓纯：《华南和西南地区农业出现的时间及相关问题》，《南方文物》2009年第3期。

③ 陈兆善：《论"昙石山文化"居民的食物构成与获取方式》，《福建文博》2004年第3期。

④ 福建省文物管理委员会：《福建福清东张新石器时代遗址发掘报告》，《考古》1965年第2期；泉州海外交通史博物馆等：《福建丰州狮子山新石器时代遗址》，《考古》1961年第4期。

⑤ 香港古物古迹办事处等：《2002年度香港西贡沙下遗址CO2区和DⅡ02区考古发掘简报》，《华夏考古》2004年第4期。

⑥ 崔勇：《佛山市古椰贝丘遗址》，《中国考古学年鉴·2007》，文物出版社，2008年。

⑦ 广东省博物馆、曲江县文化局石峡发掘小组：《广东曲江石峡墓葬发掘简报》，《文物》1978年第7期。

⑧ 江西省文物考古研究所等：《江西新余拾年山遗址》，《考古学报》1991年第3期。

⑨ 广东省文物考古研究所等：《珠海宝镜湾——海岛型史前文化遗址发掘报告》，科学出版社，2004年。

福建内陆地区的闽江上游采集有长方形双孔磨制石刀，Ⅳ期武夷山梅溪岗遗址上层出土凹背石刀①；沿海地区庄边山遗址上层（Ⅳ期）出土有孔直刃石刀②。此外，在Ⅲ期出土过牡蛎制蚌刀。推测与闽江上游有交流关系之下游区域中可能有过以蚌器代替石器的现象。

广东省属Ⅱ期的蚬壳洲遗址出土过有孔石刀，然他例多自Ⅲ期以后遗址出土③。其中，内陆地区Ⅲ期英德史老墩遗址发现有石器制作遗迹，出土石器中可见长方形及半月形石刀④，前者亦含有穿孔者，但仅为长度约 3 厘米、厚度 0.2 厘米之小型器。由于出土陶器多为碎片，难以判断年代，报告者乃参考出土石器的整体情况，判断该遗址年代较石峡文化稍早。此外，位于北江流域Ⅲ～Ⅳ期之鲶鱼转遗址曾出土打制石刀⑤。在沿海地区Ⅳ期以后，石刀出土数量增加。香港沙下遗址第 3 期遗存中出土磨制石刀 1 件⑥，形态为镰形。宝镜湾遗址之石刀刃部磨成直刃，但两端欠损，整体形状不明⑦。

正如上述，广东省境内虽多出土石刀，但多不是典型的长方形石刀。唯在内陆地区石峡遗址所在之曲江县的考古调查中，于下边山遗址采集到长方形石刀（2 孔）⑧，这是在福建内陆及沿海地区皆可见到的典型形制。

新石器时代晚期（Ⅲ期）以后，中国东南区域各地收割工具出土数量虽不多，但已有一定程度之增长，反映出长江流域稻作文化向东南中国的传播。闽江流域发现的长方形石刀应为Ⅳ期以后，同一时期的长江下游可以马桥遗址石刀、石镰出土情况为例。遗址 1993～1997 年的发掘出土石镰 53 件，推测为收割工具之石刀含半月形者 18 件，长方形者 25 件，共计 43 件⑨。再看江西境内商时期之吴城文化。吴城遗址于 1973～2002 年发掘出土 35 件磨制石刀，其中 19 件为长方形石刀，另 16 件系形态

---

① 福建省文物管理委员会：《闽北建瓯和建阳新石器时代遗址调查》，《考古》1961 年第 4 期；福建省博物馆：《武夷山梅溪岗遗址发掘简报》，《福建文博》增刊（总 32），1998 年。

② 福建省博物馆：《福建闽侯庄边山遗址发掘报告》，《考古学报》1998 年第 2 期。

③ 广东省博物馆等：《高要县龙一乡蚬壳洲贝丘遗址》，《文物》1991 年第 11 期。

④ 英德市博物馆等：《英德史前考古报告》，广东人民出版社，1999 年。

⑤ 广东省文物管理委员会等：《广东曲江鲶鱼转、马蹄坪和韶关走马冈遗址》，《考古》1964 年第 7 期。

⑥ 香港古物古迹办事处等：《2002 年度香港西贡沙下遗址 CO2 区和 DⅡ02 区考古发掘简报》，《华夏考古》2004 年第 4 期。

⑦ 广东省文物考古研究所等：《珠海宝镜湾——海岛型史前文化遗址发掘报告》，科学出版社，2004 年。

⑧ 吴孝斌：《广东曲江县马坝河沿岸山岗遗址调查》，《华南考古》（2），文物出版社，2008 年。

⑨ 上海文物管理委员会：《马桥——1993～1997 年发掘报告》，上海书画出版社，2002 年。

特殊的马鞍形石刀①。马鞍形石刀整体形状似长方形者，但背部内弯是其特征所在。

江西商代文化地近中国东南地区，当地自新石器时代晚期开始，就是连接长江下游到中国东南内陆地区交通路线上的一个重要环节。Ⅳ期含石刀之稻作文化的传布亦推测即沿此路径进行的。中国东南区域石刀出土虽少，但皆为典型长方形石刀，确为与长江流域（下游）文化交流的具体证明。

石刀作为长江流域稻作文化石器传入中国东南地区。另一方面，中国东南区域当地生产工具石器群亦在此时有所变迁。中国东南区域石器群由Ⅱ期开始即以石锛为主体，至Ⅳ期亦展现出相同倾向。在石锛之中，有段石锛流行于东南中国内陆地区，而非沿海地带。石刀于Ⅲ期伴随长江系稻作文化经内陆路径传入，并和上述有段石锛呈现出相同的地域分布状况。

再谈炊器，中国东南地区于Ⅳ期以后，以闽江流域（下游、上游）为中心分布至内陆地区的江西商代文化万年类型中，出现了陶釜及鼎釜合体的釜形甗。长江下游一带良渚文化期则出现了鼎甑合体的鼎形甗。食物蒸成饭后食用成为普遍做法，以上二者应乃因此需要而生产之物②。鼎于Ⅲ期即已传入中国东南地区，于内陆的石峡等文化中落地生根。但在沿海地区则继续延用圜底釜，可能即因鼎尚未定着于此。即使在甗传入后，此地的甗下部依然承袭了圜底釜的形态。

综合上述，中国东南内陆地区于Ⅲ期传入了以石峡文化为代表的稻作农业，其后开始稳定发展；沿海地区虽于Ⅲ期仍未出现与稻作有关的资料，但在Ⅳ期后不仅发现的稻谷数量增加，在长江流域（下游）一带与稻作相关的收割工具的石刀及煮食稻米用的炊器甗也传入此区。因此，就目前考古资料的分布状况看，长江流域之稻作文化因素在中国东南地区有广泛传播，闽江流域更是积极地引进了稻作农业。

严文明先生论述华南稻作时指出两种可能性。其一，公元前3000年以前，即新石器时代晚期石峡文化出现以前，为狩猎采集经济，并未施行水稻耕作。其二，新石器时代早期以来，华南虽有了水稻栽种，但因其他食料资源丰富之故，长时间内稻作农耕并未有所发展。但这仅为考古资料尚不充分之时的推测③。换言之，稻作农业于素有野生稻分布之华南地方的确立，乃是新石器时代晚期之后，随良渚文化或印纹陶文化的波及影响而产生的社会现象④。

是若如此，于公元前二千年代后稻作农业的确立，可视为中国东南地区贝丘遗址

---

① 江西省文物考古研究所等：《吴城——1973～2002年考古发掘报告》，科学出版社，2005年。

② 中村慎一：《稲の考古学》，同成社，2002年。

③ 严文明：《中国史前稻作农业遗存的新发现》，《江汉考古》1990年第3期。

④ 小柳美树：《稲と神々の源流——中国新石器文化と稲作農耕－》，《現代の考古学3　食料生産社会の考古学》，朝倉書店，1999年。

产生变化的背景原因之一。恰值这期间，贝丘遗址变化或消失、居住形态出现多样化，一地之内的遗址间出现各种差异，此正反映了沿海文化在面对农业文化时不同于内陆地区的适应特点。

四　各地文化之动向

吴春明等曾对闽江下游遗迹分布变化状况进行过研究，其结果试整理如下。首先，公元前 4000～前 3000 年（Ⅱ期）属于"原始聚落形成期"，遗址集中分布于自闽侯至福州约 20 千米范围以及闽江河口之海坛岛上。其中海坛岛上包括壳坵头共发现 5 处遗址。这个时期亦被称作"沿海形成时期"。其次，公元前 3000～前 2000 年（Ⅲ期）为"原始聚落发展期"，聚落开始扩张，分布密集，呈现向"内陆扩散时期"之态势。再以后的公元前 2000～前 1000 年（Ⅳ期）开始为"原始聚落鼎盛期"，大型聚落呈密集分布，并从闽江下游外扩散，亦可称为"周边扩张时期"①。

尤其是在Ⅳ期里，与闽江下游文化依沿海路径向外扩张的同时，一个区域之内的聚落数量增加，遗址分布密集，这一变化很有意思。目前，尚难借助聚落分布情况和遗址内涵在闽江下游区域找出据点性质的聚落。然而昙石山遗址于Ⅲ期至Ⅳ期（黄土仑文化阶段）间，多处有壕沟存在，这应引起注意②。

由中国东南区域遗址状况来看，Ⅲ期遗址几乎全数延续至Ⅳ期，相对而言，Ⅱ期遗址一般内涵单纯，延续时间也短。海坛岛上的 5 处遗址采集所得，基本为壳坵头类型遗物，现今于该地仍未发现昙石山文化时期之遗址。不过有报道称，在壳坵头遗址一处路边地层剖面露出之贝层中采集到过属Ⅳ期的印纹陶片，采集到此类印纹陶的遗址还有 6 处，其中井过关山遗址还采集到Ⅳ期前半之昙石山上层期特有的彩陶③，据此可知Ⅳ期时，海坛岛被再次纳入中国东南地区沿海交流通道之中了。

再者，由中国东南地区的地理环境考虑，稻作农业文化与其说是平面式的扩张，不如更关注各地在接受它时的明显差异。例如，最大的差异表现在沿海与内陆地区之间，即使同在沿海地区里，在是否接受石刀、陶甗这类长江下游文化因素上，闽江下游和珠江三角洲亦有明显不同。顺便说到，前述中国东南地区发现的石刀总体不多，相反于台湾，长方形及半月形等典型石刀数量甚多。由于本文主要研究石刀经由内陆向中国东南地区传播的问题，有关石刀传入台湾之路径，拟将另文探讨。

---

① 吴春明、林果：《闽越国都城考古研究》，厦门大学出版社，1998 年。
② 福建省博物院：《闽侯昙石山遗址第八次发掘报告》，科学出版社，2004 年。
③ 福州市文物考古队等：《1992 年福建平潭岛考古调查新收获》，《考古》1995 年第 7 期。

浙江南部飞云江流域的遗址中，发现了在台湾各地常见的打制石刀①。虽然在功能上石刀是否全为收割工具，仍需进一步探讨，但长江下游和福建省中间地带的文化有与台湾共同之处，则是可以确定的。

于中国东南区域形成之稻作社会并非全相同，而呈现较为复杂的状况，如珠江三角洲珠海市宝镜湾遗址，即为适应海洋环境之典型事例。该遗址第二期出土石峡文化风格的鼎足及石钺，相当于商代的第三期大量出土网坠及石碇（锚），为海岛渔捞生活之遗址类型②。当前。虽然还不能断定当时的中国东南地区尚未进入农业的地方社会，但讨论稻作社会于当地产生问题时，应充分注意地区间乃至遗址间的差异。最近于福建南部沿海开展的考古调查工作即为有关这一问题的重要学术研究活动。据调查者指出，新石器时代晚期（Ⅲ期）大帽山遗址与昙石山文化比较，存在一定差异，其泥质陶不如昙石山文化者多③。沿海地区普遍不流行鼎，炊器多以圜底釜为主。然若比较各地陶釜之形态，可知昙石山文化陶釜的折腹形态为其特殊之处。

正如前述，同时期沿海各地文化间虽有类似性，但各自的特点仍很明显。沿海各地间交流不如后来Ⅳ期显著，不过仍有交流，如大帽山遗址出土之石锛石材产自澎湖诸岛。

笔者认为音楼山一类遗存属新石器时代末期文化，年代与本文的Ⅳ期相当。生产工具以石锛、自然石块制成的网坠、石杵、凹石，以及骨蚌器的构成为特点。由于遗址中出土大量贝壳、鱼骨、鹿类等动物骨骼，推测其生业活动应以采集渔猎为主，农耕工具则尚未发现④。如前述，这个时期的闽江下游已出现农耕化现象，但遗址中仍可发现大量陶网坠及石镞，即渔猎狩猎仍为生业的重要部分。此外，同期福建南部庵山遗址是一座位于沙丘上之贝丘，没有发现磨制石器而仅出土打制石器，且其中有大量凹石，推测此类凹石是贝丘生活之重要器物⑤。凹石的具体用途虽待探讨，但从遗址位置特点等看，有如珠江三角洲之宝镜湾遗址，表现为适应海洋环境的情况。

华南及其周边地域之采集狩猎渔猎文化自距今 5500～5000 年间开始衰退的同时，

① 浙江省文物考古研究所等：《浙南飞云江流域青铜时代文化遗存》，《东南考古研究》（第 2 辑），厦门大学出版社，1999 年。
② 广东省文物考古研究所等：《珠海宝镜湾——海岛型史前文化遗址发掘报告》，科学出版社，2004年。
③ 范雪春、焦天龙、林公务：《福建东山大帽山遗址发掘简报》，《考古》2003 年第 12 期；福建博物院：《福建东山大帽山遗址第二次发掘报告》，《福建文博》2006 年第 4 期。
④ 陈兆善：《福建南部沿海新石器时代末期文化遗存》，《福建文博》2008 年第 2 期。
⑤ 福建博物院、晋江市博物馆：《晋江庵山沙丘遗址发掘收获》，《福建文博》2008 年第 3 期。

农耕文化出现①。尽管如此，于公元前二千年代沿海地区之种种变化应予以充分重视。沿海地区的确在Ⅲ期发现有与稻作相关的资料，但若探讨稻作农耕传入后生业变迁之问题，亦需从工具等角度全面考量，且如本文提倡的，还应注意各地区间以及各遗址间的差异等问题。受环境约束，中国东南地区各地文化相对孤立，稻作农耕之传入及确立亦呈现复杂之情况。以后了解遗址之动向，根据环境因素及与遗址关系的分析②，以及对各地遗址出土遗物深入比较等，乃是重点所在。今后对福建南部遗址的研究关注其地理环境的多样性特点，此外，于沿海地区业已较深了解的闽江下游及珠江三角洲地区，对其中间地带开展研究，亦为了解不同地区间文化交流问题的重点。以同样视角审视浙江省南部地区，对于今后的比较研究亦十分重要。

五　结语

笔者以为，分别将长江下游经江西省至广东北部（石峡文化）一带划分为内陆区，其外围沿海划分为沿海区这两大部分，有利于研究长江以南中国东南地区史前文化之动向。尤其内陆交流路径，在中国东南及其周边地区特别是与长江下游的文化传播交流，发挥了重要作用。

而在沿海地区出现的贝丘遗址，显示其利用海洋资源为主的生业形态。但公元前二千年后，来自长江流域之稻作文化传入，贝丘逐渐消失。当地于此前之新石器时代晚期虽已发现少量与稻作有关的资料，然本文在把握中国东南地区史前文化之整体动向的基础上，更强调公元前两千年代之变化。

笔者注意到，与其把稻作文化在中国东南尤其在沿海地区之扩散称为平面式扩张，不如更需重视其地域性差异。此为探讨中国东南先史时代各地文化交流之关键所在。换言之，在沿海地区，如闽江下游那样，于海及河流水系交汇河口附近易形成较为集中的地方文化，成为一个地区内物资、信息及人口集中的核心，并以此为节点，在更大范围里结成网络。随着各地之间的交流，在整个中国东南地区形成大范围的共同文化特征。然而，即使至交流状况非常明朗的公元前二千年代，各个地方文化个性已然显著，此可说是中国东南史前文化特征所在。

笔者以为，若把握由受地理阻隔而形成的许多地方文化构成的中国东南地区史前文化，则以下所述是为要点：位于长江以南的中国东南地区自成一大地理单元，其中根据其与长江流域交流路径不同导致的文化差异，可分为内陆和沿海两大部分。虽然

① 张弛、洪晓纯：《中国华南及其邻近地区的新石器时代采集渔猎文化》，《考古学研究》（七），科学出版社，2008年。

② 西谷大：《中国東南沿岸部の新石器時代》，《国立歴史民俗博物館研究報告》第70集。

长江流域的陶鼎等文化因素传入到沿海地区，但自闽江下游至珠江三角洲，却始终未能演变为陶器群之主体，为沿海地区的普遍情况。与此同时，因地理阻隔的各地方文化在接受长江下游稻作农业之各种相关文化因素方面，也呈现出诸多相异处，如各地贝丘遗址之消长，及其不同遗址间内涵上的种种差异等即为证明。深入了解这些情况，对于把握因稻作农业南下而导致的各地文化的重组至关重要。

新石器时代华北袋足器的演变及其背景[*]

小泽正人

（日本成城大学）

中国新石器时代的陶器充满了多样性，不仅有黑陶、灰陶、白陶以及彩陶等，进而在器类上更是千变万化。其中袋足器最具特征。

这种中国陶器之代表的袋足器，在新石器时代出现的年代却比较晚，始见于铜石并用时代早期的华北黄河流域、汾水流域[①]。开始阶段器类不多，分布范围有限。但到了铜石并用时代晚期也即龙山时代，广泛分布于华北各地，且器类增加，形制多样。

由于袋足器出现时间较晚，且形状特殊，比较容易追溯它的产生，因而也是探讨新石器时代陶器流通与各地文化关系问题上的重要资料。

基于上述考虑，本文拟在对铜石并用时代早期至龙山时代期间袋足器演变过程分析的基础上，进而探讨从陶器所见各地文化的关系问题。

关于袋足器的产生和演变发展，张忠培先生在 1997 年曾经发表过极富见解的论述[②]。本文并无更改张先生基本观点的必要，但张文发表十年以来，随着各地田野考古工作的开展，资料显著增加，使更仔细研究成为可能。以下将从袋足器的产生和发展过程开始本文的研究[③]。

---

[*] 本文由赵辉译。

[①] 关于时代划分和编年，本文主要采纳了以下论著：严文明：《龙山文化和龙山时代》，《文物》1981 年第 6 期；严文明：《仰韶文化研究》，文物出版社，1989 年；严文明：《略论中国文明的起源》，《文物》1992 年第 1 期；栾丰实：《海岱地区考古研究》，山东大学出版社，1997 年。

[②] 张忠培：《黄河流域空三足器的兴起》，《华夏考古》1997 年第 1 期。

[③] 小泽正人：《中国新石器时代後期における袋足器の出現と展開》，《成城大学短期大学部纪要》31 号，1999 年。但在自己这篇文章中，尚存在对资料的分析不足之处。论文发表之后，新资料不断增加，研究也不断深入，本文系就这个课题重新研究的成果。

（一）铜石并用时代早期的袋足器

华北地区袋足器出现于铜石并用时代早期，器类为袋足鬶和斝（图一）。

（1）袋足鬶

袋足鬶分布以山东为中心，南到江苏北部和安徽北部以及河南东部，进而西抵河南中部地区。陶鬶是用来盛放液体以供膳食活动的器物。早在新石器时代晚期的大汶口文化早期，就已经有了实足鬶①。袋足鬶是在实足鬶的基础上，于铜石并用时代早期演变出袋足，并替代了旧有的实足鬶。其分布仍以山东为中心，大致的演变过程为：鬶腹下接三袋足（图一，2）和三袋足直接连接在矮颈下、颈口外敞、斜出流（图一，1、3、6）者两种年代最早，三足接于颈下的高流鬶（图一，4、5、7）年代晚，其中又以矮颈者（图一，4）稍早，高颈者（图一，5）较晚。

三袋足直接拼接在鬶颈下的形制也见于苏北（图一，8）和皖北（图一，9、12、13）以及豫东地区（图一，16），有腹的形制见于皖北（图一，10、11）和豫中地区（图一，14、15）。这些发现于山东境外的鬶，形制与山东出土的十分相似，但在皖北和豫东地区还有一种颈部细长、于口沿直接捏出短流的鬶，为山东不见的形制（图一，12、16）。但这种鬶数量不多，分布范围也有限。总体而言，在铜石并用时代早期，各地陶鬶的形态差别不大。

（2）斝

斝是在釜或罐下续接三个袋足而成的炊器，于洛阳盆地②、垣曲盆地、豫西、晋南和晋中③以及关中盆地皆有发现，形态上可分釜形斝、罐形斝和带流斝三种。其中的釜形斝分布最广，见于上述陶斝分布区的全境（图一，17～21、23、24、26、28～31）。各地釜形斝形态上或有些差别，但敞口折腹的基本特征一致。釜形斝之外的罐形斝（图一，22、25）和带流斝（图一，27）的出土仅限于关中地区。斝的出现过程不如鬶清楚。在斝之前的炊器是鼎，也可认为斝是以三袋足替换了鼎的三条实足而形成的器类。新石器时代晚期有鼎无斝，铜石并用时代早期开始有斝出土，并与鼎在上述地区内共存。不过，在这些地区里始终没有发现从鼎到斝的演变资料。因此尚不能精确判定出斝的起源地，但总不出自洛阳盆地至关中的黄河流域以及晋中南的汾水流域。

---

① 包括袋足鬶在内的陶鬶演变的研究可参考以下文章：高广仁、邵望平：《史前陶鬶初论》，《考古学报》1981 年第 4 期；栾丰实：《海岱地区考古研究》，山东大学出版社，1997 年。

② 这里所谓的洛阳盆地，包括嵩山一带。

③ 本文有关山西的地理区划为：山西北部：忻州市以北；山西中部：太原、晋中、吕梁市；山西南部：临汾市、运城市（不包含垣曲盆地）；山西东南部：长治市、晋城市；垣曲盆地。

图一 铜石并用时代早期袋足陶器

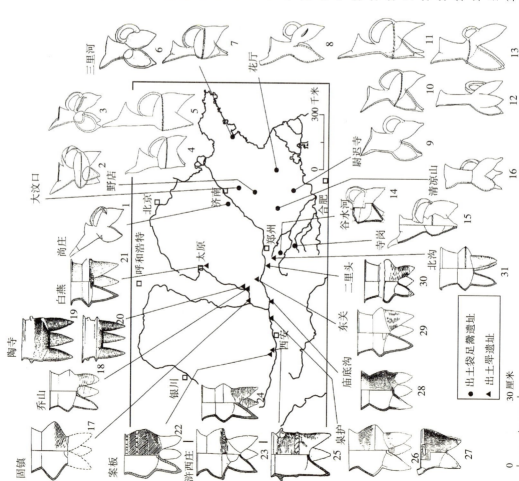

资料出处：1. 山东省博物馆等：《山东茌平县尚庄遗址第一次发掘简报》，《文物》1978年第4期；山东省文物考古研究所：《茌平尚庄新石器时代遗址》，《考古学报》1985年第4期。

2、3. 山东省文物管理处等：《大汶口》，文物出版社，1974年。

4、5. 山东省博物馆等：《邹县野店》，文物出版社，1985年。

6、7. 南京博物院：《花厅——新石器时代墓地发掘报告》，文物出版社，2003年。

8. 中国社会科学院考古研究所：《胶县三里河》，文物出版社，1988年。

9～13. 河南省博物馆：《河南禹县谷水河遗址发掘简报》，《考古》1979年第4期；《考古》1977年第5期。

14. 河南平顶山市发现一座大汶口类型墓葬。

15. 张脱：《河南平顶山市发现一座大汶口类型墓葬》，《河南夏邑县清凉山遗址1988年发掘简报》，《考古》1997年第11期。

16. 北京大学考古学系等：《河南夏邑县清凉山遗址1988年发掘简报》，《考古》1997年第11期。

17. 山西省考古研究所，山西省考古学会编：《山西河津固镇遗址发掘报告》，《三晋考古》（第二辑），山西人民出版社，1996年。

18. 山西省考古研究所侯马工作站：《山西侯马乔山底遗址1989年Ⅱ区发掘报告》，《文物季刊》1996年第2期。

19、20. 中国社会科学院考古研究所山西工作队：《1978～1980年山西襄汾陶寺墓地发掘简报》，《考古》1983年第1期；中国社会科学院考古研究所山西工作队：《1978～1980年山西襄汾陶寺工作队》，《山西襄汾县陶寺遗址Ⅱ区发掘简报》，《考古》2003年第3期。

21. 晋中考古队：《山西太谷白燕遗址第一、三地点发掘简报》，《考古》1989年第3期。

22. 西北大学文博学院考古专业：《扶风案板遗址发掘报告》，科学出版社，2000年。

23～25. 中国社会科学院考古研究所：《武功发掘报告——浒西庄与赵家来遗址》，文物出版社，1988年。

26、27. 北京大学考古系：《华县泉护村》，科学出版社，2003年。

28. 中国科学院考古研究所：《庙底沟与三里桥》，科学出版社，1959年。

29. 中国历史博物馆考古部等：《垣曲古城东关》，科学出版社，2001年。

30. 中国社会科学院考古研究所二里头工作队：《河南偃师二里头遗址发现龙山文化早期遗存》，《考古》1982年第5期。

31. 河南省文物研究所：《登封告成北沟遗址发掘简报》，《中原文物》1984年第4期。

斝的起源是留待今后解决的问题。从整个铜石并用时代早期的情况看，釜形斝的分布地域最广，且各地的形态差别最小，因此，斝这类器物整体没有因为地区不同而有多大变化。

（二）龙山时代（铜石并用时代晚期）的袋足器

龙山时代的袋足器继承了铜石并用时代早期的鬶、斝，新出鬲和袋足甗。

（1）袋足鬶

龙山时代袋足鬶的分布沿黄河扩大，除原来的分布地区之外，于豫北、洛阳盆地和豫西以及关中盆地都有发现。在其分布的中心地区山东，袋足鬶的袋足直接与鬶颈对接、鬶流直立（图二，5～10），流部形态富于变化，有的高耸（图二，6～8），有的则略显矮宽（图二，9、10）。这一形制的陶鬶另见于鲁西南至豫东（图二，5、24）、皖北（图二，25）及河南中部地区（图二，22），此外在铜石并用时代早期未发现陶鬶的豫北地区也有出土（图二，3、4）。于山东境外发现的陶鬶无一例外，皆作短流。

形制不同的袋足鬶则见于关中（图二，12、15、16）、豫西（图二，17）、洛阳盆地（图二，19）、豫中（图二，20、21、26、28、30、31）以及豫北（图二，1、2）等地，总体分布在山东式陶鬶分布地域之以西地区。这些陶鬶口部不单独贴附鬶流，而是在鬶颈上捏出流口，因此，鬶口为平口状。此外，这类鬶在本文研究涉及范围之外的长江流域也有发现，可见其有相当广泛的分布。在这里，笔者将以山东为中心分布的鬶叫做"山东型"，将以平口为特征的后者叫做"西南型"。

西南型陶鬶在铜石并用时代早期仅在安徽北部和河南东部这一小范围内出土。进入龙山时代，于豫东的鹿台岗遗址发现与山东型共存。由此现象可知，在袋足鬶从铜石并用时代早期向龙山时代变化的同时，豫东皖北一带出现了采用捏制流口技术的西南型陶鬶，它填补了铜石并用时代早期袋足鬶分布外围地区的空白，并逐渐向河南西部地区扩散。另在西南型陶鬶分布范围里还出土一种于鬶口附加一段管状流的袋足鬶，出土例子见于关中（图二，11）、洛阳盆地（图二，18）和豫中（图二，27、29）等地。因其作法是在捏出的流口之上再接一段管流，因此仍然可以把它算在西南型的范畴里。

（2）斝

龙山时代发现陶斝的地方除铜石并用时代早期的分布圈内如洛阳盆地（图三，41）、垣曲盆地（图三，38～40）、豫西（图三，31）、晋中（图三，32～34）和晋南（图三，35～37）、关中盆地（图三，28～30）仍有发现之外，于陕北至内蒙古中南部（图三，1～3）、燕北地区（图三，4～12）、豫中（图三，25～27）和豫北（图三，21、22、24）、晋东南（图三，23）、鲁西北（图三，20）、渭河上游地区（图三，16～19）以及陇东（图三，13、14）、陇西高原至青海东北部地区（图三，15）也有

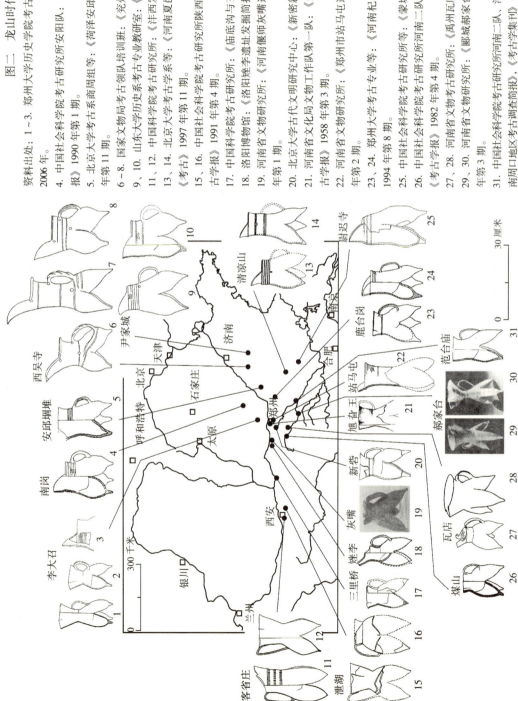

图二 龙山时代袋足陶鬲

资料出处：1~3. 郑州大学历史学院考古系：《新乡李大召》，科学出版社，2006年。
4. 中国社会科学院考古研究所安阳队：《安阳大寒村南岗遗址》，《考古学报》1990年第1期。
5. 北京大学考古系商周组等：《荷泽安邱堌堆遗址发掘简报》，《文物》1987年第11期。
6~8. 国家文物局考古领队培训班：《兖州西吴寺》，文物出版社，1990年。
9、10. 山东大学历史系考古专业教研室：《泗水尹家城》，文物出版社，1990年。
11、12. 中国科学院考古研究所：《沣西发掘报告》，文物出版社，1963年。
13、14. 北京大学考古学系等：《河南夏邑县清凉山遗址1988年发掘简报》，《考古》1997年第11期。
15、16. 中国社会科学院考古研究所陕西六队：《陕西蓝田泄湖遗址》，《考古学报》1991年第4期。
17. 中国科学院考古研究所：《庙底沟与三里桥》，科学出版社，1959年。
18. 洛阳博物馆：《洛阳锉李遗址发掘简报》，《考古》1978年第1期。
19. 河南省文物研究所：《河南偃师灰嘴遗址发掘报告》，《华夏考古》1990年第1期。
20. 北京大学古代文明研究中心：《新密新砦》，文物出版社，2007年。
21. 河南省文化局文物工作队第一队：《郑州旭旮王屯遗址发掘报告》，《考古学报》1958年第3期。
22. 河南省文物研究所：《郑州市站马屯遗址发掘报告》，《华夏考古》1987年第2期。
23、24. 郑州大学考古专业等：《河南杞县鹿台岗遗址发掘简报》，《考古》1994年第8期。
25. 中国社会科学院考古研究所等：《蒙城尉迟寺》，科学出版社，2008年。
26. 中国社会科学院考古研究所河南二队：《河南临汝煤山遗址发掘报告》，《考古学报》1982年第4期。
27、28. 河南省文物考古研究所：《禹州瓦店》，世界图书出版公司，2004年。
29、30. 河南省文物研究所：《郾城郝家台遗址的发掘》，《华夏考古》1992年第3期。
31. 中国社会科学院考古研究所河南二队、河南省周口地区文物管理委员会：《河南周口地区考古调查简报》（四），中国社会科学出版社，1984年。

大量发现，其分布远较铜石并用时代早期扩大了许多。铜石并用时代早期的三种形制，即釜形斝、罐形斝和带流斝为龙山时代所继承，且分别有多种变化。

釜形斝继承了铜石并用时代早期的折腹、自颈部至口沿斜敞的核心特征，主要分布除了在铜石并用时代早期范围的洛阳盆地（图三，41）、垣曲盆地（图三，38）、关中盆地（图三，30）之外，进一步扩大到豫中（图三，25～27）、豫北（图三，21、24）、雁北（图三，7）、渭河上游（图三，19）、陇东（图三，13）。而在晋中南部出土的釜形斝口沿微内敛的形态，是当地早期铜石并用时代的变化。

此外，进入龙山时代后，新出现了带把手的单把釜形斝。这种形制见于雁北（图三，6）、冀北（图三，11）、晋中（图三，34）、晋南（图三，37）和晋东南（图三，40）等地。

罐形斝在铜石并用时代早期仅见于关中盆地。龙山时代扩大到关中盆地（图三，28）以外的豫西（图三，31）、垣曲盆地（图三，39）、晋南（图三，35）、晋中（图三，32）、陕北至内蒙古中南部（图三，1、2）、晋北（图三，4、5）、冀北（图三，9、10）、晋东南（图三，23）、豫北（图三，22）、鲁西北（图三，20）、渭河上游（图三，16、17）、陇东（图三，14）等地皆有出土。但各地区的形态有一定差别，其组合内容也不相同。例如，在华北地区的陕北至内蒙古中南部、雁北和冀北地区，罐形斝（图三，2、5、10）通常与一种深腹罐形斝（图三，1、4、9）组合出土，而在陇东、渭河上游及关中盆地，则常与双把罐形斝同出（图三，14、17、28）。

与罐形斝同样，在铜石并用时代早期仅见于关中盆地的带流斝，在龙山时代除了在关中盆地（图三，29）依然存在外，在陕北至内蒙古中南部（图三，3）、雁北（图三，8）、冀北（图三，12）、洛阳盆地（图三，42）、渭河上游（图三，18）、陇西高原至青海东北部地区（图三，15）都有发现。其形态因地区不同亦有变化。陕北至内蒙古东南部地区、雁北、冀北、洛阳盆地的罐形斝高矮不一致（图三，3、8、12、42），渭河上游、关中盆地的多数较高并有把手（图三，18、29），而陇西高原至青海东北（图三，15）以小型罐形斝居多。

（3）鬲

鬲是龙山时代新出现的器类，其形状为在短颈下结合三个袋足。鬲与斝的分布范围多有重合，其在陕北至内蒙古中南部（图四，1～3）、晋南（图四，4～6）、晋中（图四，7～9）、晋北（图四，10～12）、冀北（图四，13）、鲁西北（图四，14）、鲁中南（图四，15）、豫北（图四，16、31）、陇西高原至青海东北部（图四，17、18）、陇东（图四，19）、渭河上游地区（图四，20～22）、关中盆地（图四，23、24）、豫西（图四，25、26）、垣曲盆地（图四，27、28）、鲁东南（图四，29、30）、洛阳盆地（图四，32）皆有出土。在如此大的分布范围里，各地鬲的形制也有区别。

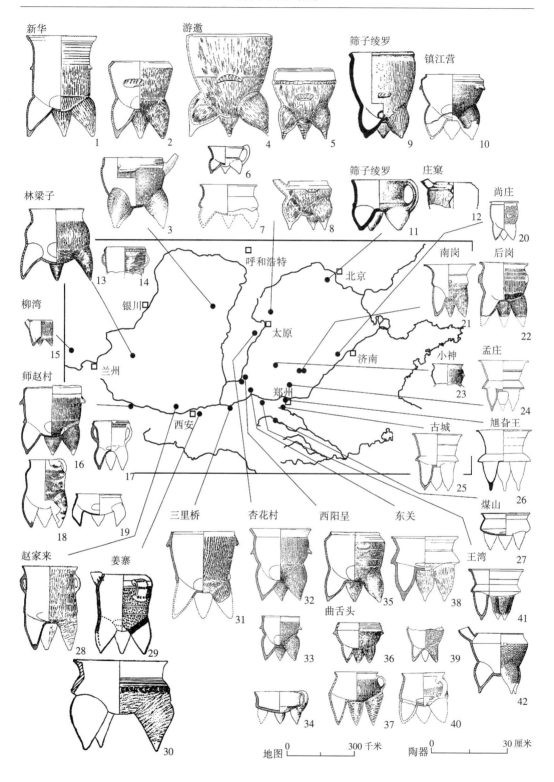

新华
游邀
筛子绫罗
镇江营
林梁子
筛子绫罗
庄窠
尚庄
柳湾
呼和浩特
北京
南岗
后岗
银川
太原
济南
小神
孟庄
师赵村
兰州
郑州
旭旮王
西安
古城
煤山
三里桥
杏花村
西阳呈
东关
王湾
赵家来
姜寨
曲舌头

1 2 4 5 9 10 3 6 7 8 11 12 20 13 14 15 16 17 18 19 21 22 23 24 25 26 27 28 29 30 31 32 33 34 35 36 37 38 39 40 41 42

地图　0　　　300 千米　　　陶器　0　　　30 厘米

图三　龙山时代陶鬲

资料出处：1～3. 陕西省考古研究所：《神木新华》，科学出版社，2005 年。

4～8. 忻州考古队：《忻州游邀考古》，科学出版社，2004 年。

9、11. 张家口考古队：《一九七九年蔚县新石器时代考古的主要收获》，《考古》1981 年第 2 期。

10. 北京市文物研究所：《镇江营与塔照》，中国大百科全书出版社，1999 年。

12. 张家口考古队：《一九七九年蔚县新石器时代考古的主要收获》，《考古》1981 年第 2 期。

13、14. 宁夏文物考古研究所等：《宁夏菜园》，科学出版社，2003 年。

15. 中国社会科学院考古研究所等：《青海柳湾》，文物出版社，1984 年。

16～19. 中国社会科学院考古研究所：《师赵村与西山坪》，中国大百科全书出版社，1999 年。

20. 山东省博物馆等：《山东茌平县尚庄遗址第一次发掘简报》，《文物》1978 年第 4 期；山东省文物考古研究所：《茌平尚庄新石器时代遗址》，《考古学报》1985 年第 4 期。

21. 中国社会科学院考古研究所安阳队：《安阳大寒村南岗遗址》，《考古学报》1990 年第 1 期。

22. 中国社会科学院考古研究所安阳工作队：《1979 年安阳后岗遗址发掘报告》，《考古学报》1985 年第 1 期。

23. 山西省考古研究所晋东南工作站：《长治小常乡小神遗址》，《考古学报》1996 年第 1 期。

24. 河南省文物考古研究所：《辉县孟庄》，中州古籍出版社，2003 年。

25. 河南省文物考古研究所：《河南新密市古城寨龙山文化城址发掘简报》，《华夏考古》2002 年第 2 期。

26. 河南省文化局文物工作队第一队：《郑州旭旮王村遗址发掘报告》，《考古学报》1958 年第 3 期。

27. 中国社会科学院考古研究所河南二队：《河南临汝煤山遗址发掘报告》，《考古学报》1982 年第 4 期。

28. 中国社会科学院考古研究所：《武功发掘报告——浒西庄与赵家来遗址》，文物出版社，1988 年。

29、30. 西安半坡博物馆等：《姜寨》，文物出版社，1988 年。

31. 中国科学院考古研究所：《庙底沟与三里桥》，科学出版社，1959 年。

32～34. 国家文物局等：《晋中考古》，文物出版社，1998 年。

35. 山西省考古研究所侯马工作站：《侯马西阳呈陶寺文化遗址调查》，《文物季刊》1996 年第 2 期。

36、37. 山西大学历史系考古专业：《山西襄汾县丁村曲舌头新石器时代遗址发掘简报》，《考古》2002 年第 4 期。

38～40. 中国历史博物馆考古部等：《垣曲古城东关》，科学出版社，2001 年。

41、42. 北京大学考古文博学院：《洛阳王湾》，北京大学出版社，2002 年。

　　龙山时代的鬲可分为普通鬲和带把鬲两大类。在华北地区又可划分出普通鬲和单把
鬲组合出土地区以及仅有普通鬲的分布地区。前者包括陕北至内蒙古、晋南、晋中、晋
北、陇西高原至青海东北部、渭河上游、关中盆地、豫西、垣曲盆地、豫东南，而在洛阳盆
地、豫北、鲁西北、鲁中南、冀北地区，只出土有普通鬲，不见单把鬲。另外在陇东一带，
却只有单把鬲的资料，不过，该地区资料情况不是很好，不排除亦存在普通鬲的可能。

　　普通鬲中，有一类以肥大袋足为特征的（图四，3、6、9、12、13）。这种鬲大型
器居多，主要见于陕北至内蒙古中南部、晋南、晋中、晋北、冀北等华北北部地区。
渭河上游还出有双把鬲（图四，22），但在其他地区与其类似者，是当地特有的形制。

　　（4）袋足甗

　　鼎和甑结合而成的鼎形甗的出现可追溯至铜石并用时代早期的良渚文化和大汶口
文化晚期。袋足和甑部结合的袋足甗的出现则进入了龙山时代[1]。袋足甗的分布范围在
陕北至内蒙古中南部（图五，1、2）、晋中（图五，3~5）、晋北（图五，6~8）、冀
北（图五，9）、晋南（图五，10）、豫北（图五，17~19）、豫中（图五，23~26）、
豫东至鲁西南（图五，13、14、20、27）、晋东南（图五，15、16）和安徽北部（图
五，21、22）、鲁西北（图五，11）、鲁中南（图五，12）。同样在鲁中南至安徽北部，
也是鼎形甗的分布区。由此看来，袋足甗有可能是起源在这一带的。不过，其他地区
也曾经报道过发现了将煮沸用器物（联系上下文意思，作者此处的煮沸器物应当指的
是鼎——译者注）和甑接合成甗的零星事例，论者也曾将其与袋足甗的起源联系起来。
因此，现阶段还无法准确落实袋足甗的起源地区[2]。

　　各地袋足甗的形态没有太大区别，但上半截的甑部大致上与当地流行之罐的形制
相同。例如北方地区的陕北至内蒙古中南部、燕北、晋中等地的甗，甑口皆向内折收，
正是当地陶罐口沿的特征。

（三）袋足器的起源与发展

　　以上分类描述了铜石并用时代早期至龙山时代袋足器的情况。在此基础上，下文
试就袋足器的发展进行分析。

　　袋足器产生于铜石并用时代早期。袋足器的基本特征是先制作出袋足，再或者将其
接装在罐底，或者直接将三个袋足拼接成器。这种技术可称为"袋足技术"。就技术本身

① 赵辉：《龙山文化的分期和地方类型》，《考古学文化论集》（三），文物出版社，1993 年；栾丰
　　实：《海岱地区考古研究》，山东大学出版社，1997 年；槙林启介：《中国新石器时代における甗
　　の出現と展開》，《古代文化》58 卷 3 号，1995 年。
② 槙林启介：《中国新石器时代における甗の出現と展開》，《古代文化》58 卷 3 号，1995 年。

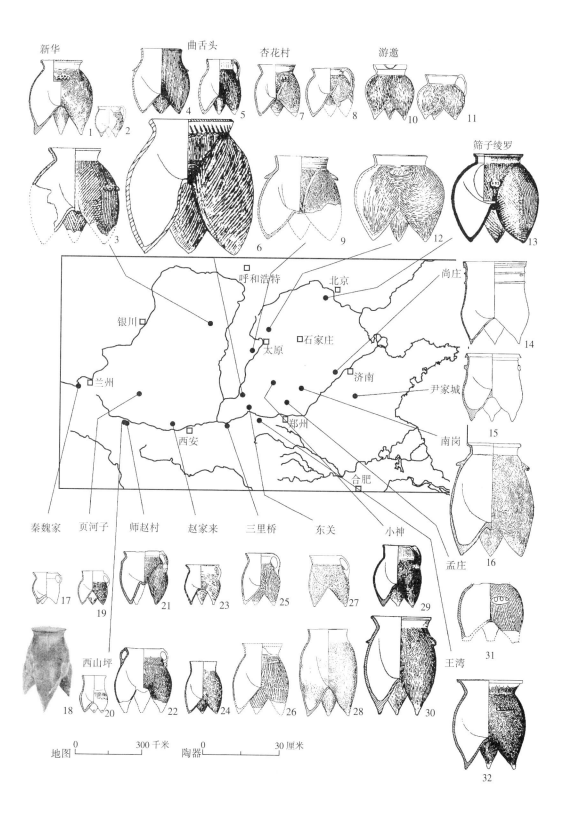

新华

曲舌头

杏花村

游邀

筛子绫罗

呼和浩特　北京　　尚庄

银川　　　　　石家庄
　　　　太原

兰州　　　　　　济南　尹家城

西安　　　郑州　南岗

合肥

秦魏家　页河子　师赵村　赵家来　三里桥　东关　　小神

孟庄

西山坪

王湾

0　　　300千米　　0　　　30厘米
地图　　　　　　　陶器

1 2 3 4 5 6 7 8 9 10 11 12 13 14 15 16 17 18 19 20 21 22 23 24 25 26 27 28 29 30 31 32

图四 龙山时代陶鬲

资料出处:1～3. 陕西省考古研究所:《神木新华》,科学出版社,2005 年。

4～6. 山西大学历史系考古专业:《山西襄汾县丁村曲舌头新石器时代遗址发掘简报》,《考古》2002 年第 4 期。

7～9. 国家文物局等:《晋中考古》,文物出版社,1998 年。

10～12. 忻州考古队:《忻州游邀考古》,科学出版社,2004 年。

13. 张家口考古队:《一九七九年蔚县新石器时代考古的主要收获》,《考古》1981 年第 2 期。

14. 山东省博物馆等:《山东茌平县尚庄遗址第一次发掘简报》,《文物》1978 年第 4 期;山东省文物考古研究所:《茌平尚庄新石器时代遗址》,《考古学报》1985 年第 4 期。

15. 山东大学历史系考古专业教研室:《泗水尹家城》,文物出版社,1990 年。

16. 中国社会科学院考古研究所安阳队:《安阳大寒村南岗遗址》,《考古学报》1990 年第 1 期。

17、18. 中国科学院考古研究所甘肃工作队:《甘肃永靖秦魏家齐家文化墓地》,《考古学报》1975 年第 2 期。

19. 北京大学考古实习队等:《隆德页河子新石器时代遗址报告》,《考古学研究》(三),科学出版社,1997 年。

20～22. 中国社会科学院考古研究所:《师赵村与西山坪》,中国大百科全书出版社,1999 年。

23、24. 中国社会科学院考古研究所:《武功发掘报告——浒西庄与赵家来遗址》,文物出版社,1988 年。

25、26. 中国科学院考古研究所:《庙底沟与三里桥》,科学出版社,1959 年。

27、28. 中国历史博物馆考古部等:《垣曲古城东关》,科学出版社,2001 年。

29、30. 山西省考古研究所晋东南工作站:《长治小常乡小神遗址》,《考古学报》1996 年第 1 期。

31. 河南省文物考古研究所:《辉县孟庄》,中州古籍出版社,2003 年。

32. 北京大学考古文博学院:《洛阳王湾》,北京大学出版社,2002 年。

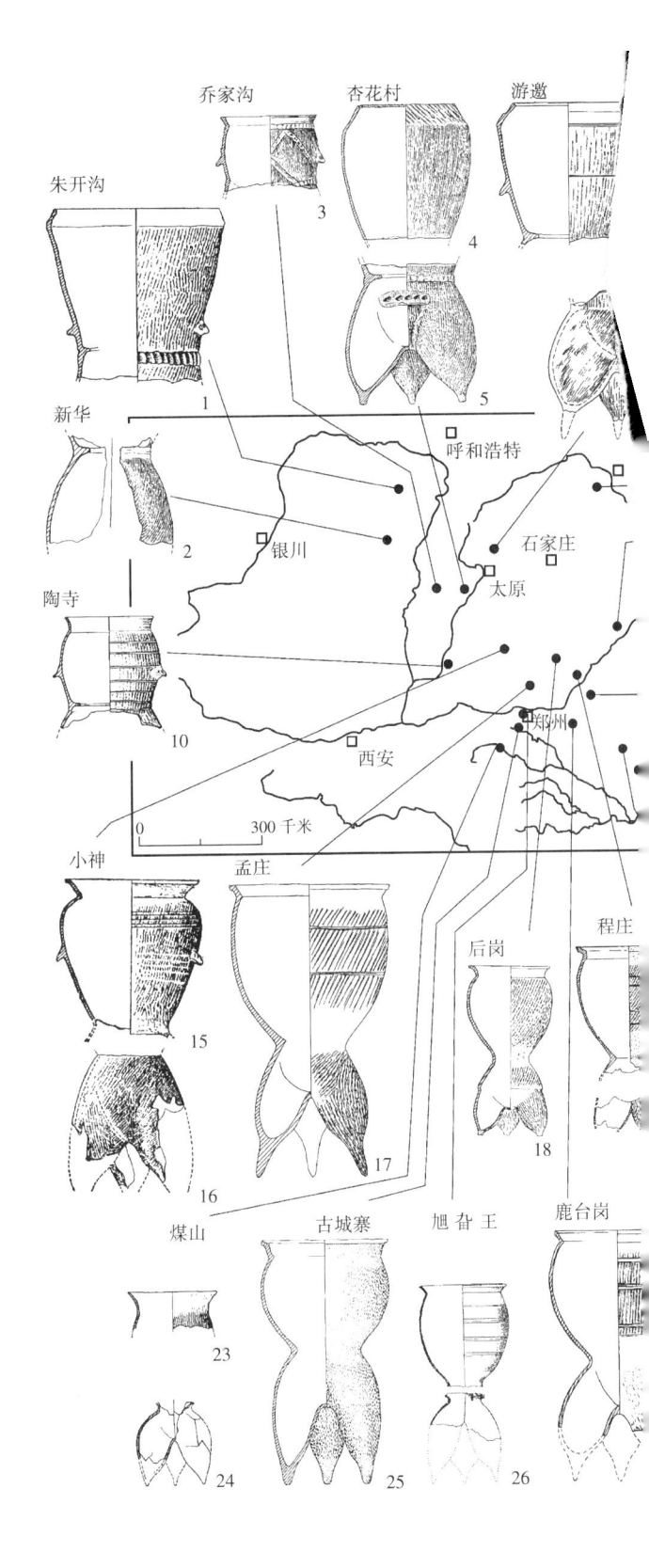

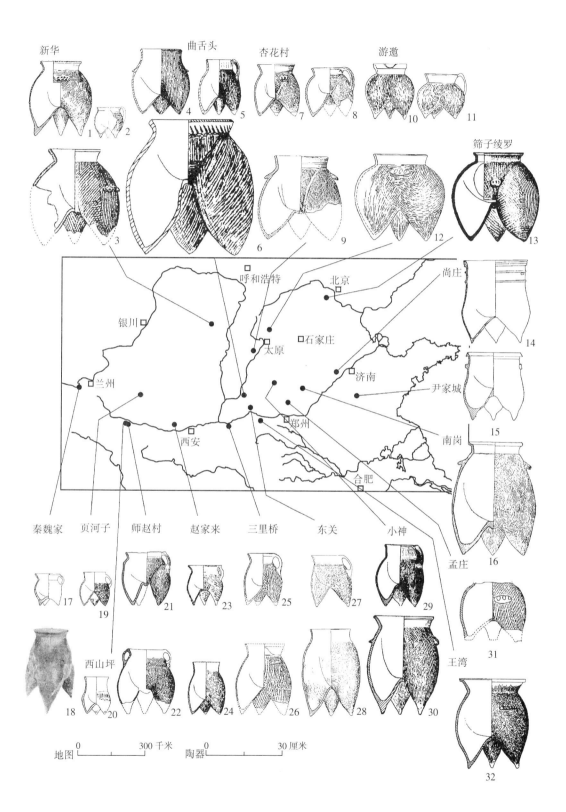

新华

曲舌头

杏花村

游邀

筛子绫罗

秦魏家　页河子　师赵村　赵家来　三里桥　东关　　小神

西山坪

孟庄

尚庄

尹家城

南岗

王湾

呼和浩特　北京
银川
石家庄
兰州　　太原
济南
西安　郑州
合肥

0　　　300 千米
地图

0　　　30 厘米
陶器

而言，它并不十分复杂，经过一些学习即可掌握。利用袋足技术设计制造出的器物有如袋足与壶接合而成的鬶、与釜罐之类接合而成的斝等。前者分布在山东及皖北、苏北、豫东、最西到河南的中部；后者流行于自洛阳盆地至关中的黄河流域以及汾水流域。

袋足鬶用袋足替换了实足鬶的实足。它的起源应在以山东为中心，包括豫东、皖北、苏北在内的大汶口文化的分布范围内。河南中部发现的袋足鬶均为较晚新的式别，因此这一带不会是袋足鬶的起源地区。斝应当是从鼎演变发展出来的器形。囿于资料，有关它的起源地区，还不如袋足鬶清晰，不过总是不出洛阳盆地到关中地区的黄河流域以及汾水流域的范围。而有关袋足技术的起源，不得不非常含混地泛指在自山东直到关中以及汾水流域这一广大范围。再按地区观察的话，则可以河南中部为界，分为东西两区。东区习用陶鬶，袋足鬶即起源于斯；西区惯用釜罐，是斝的发源地。而袋足鬶和斝在各自分布区内的不同地区之间，形制差别很小，呈现为比较一致的面貌。

进入龙山时代，袋足器的空间分布扩大，产生出若干新的器形，并且于同一种器形之内出现了形制多样化的变化。

首先看它们的分布。这个时期，在此前的铜石并用时代早期没有袋足器的晋东南、豫北、冀北、陕北至内蒙古中南部、燕北、渭河上游以及陇东、陇西高原和青海东北部地区都发现了袋足器，分布范围显著扩大了很多。与此同时，袋足鬶、斝这类出现于铜石并用时代早期的器物在原分布地区的基础上也各自扩大了分布范围。袋足鬶的分布已达豫北、豫西乃至关中地区；斝则更扩散至陕北·内蒙古中南部、燕北至冀西北、晋东南、豫北和豫中、鲁西北，向西抵渭河上游、陇东、陇西至青海东北部地区。

与分布范围大幅度扩大的同时，袋足鬶和斝各自出现了显著的多样化变化。龙山时代的袋足鬶可分接流的山东型和捏流的西南型。西南型分布范围的扩大程度尤其引人注目，直到洛阳盆地、豫西以及关中一带。同时，器形变化多样也给人以很深印象。斝的情况相似。铜石并用时代早期的斝分釜形斝、罐形斝、带流斝三种，以釜形斝为主体，罐形斝和带流斝仅见于关中盆地。然而进入龙山时代，罐形斝的分布遍及陕北至内蒙古中南部、燕北、冀北、晋中晋南、豫北、鲁西北以及渭河上游、陇东和陇西至青海东北地区。带流斝的分布较罐形斝范围略小，也在陕北至内蒙古中南部、燕北、冀北、渭河上游、陇西至青海东北部有广泛发现。而在形制变化方面也明显地复杂起来。

鬲和袋足甗是龙山时代新出现的器形。鬲用三个袋足拼接起来，再加装颈口而成的炊器。其分布多与斝的分布重叠，形成了鬲和斝的炊器组合。袋足甗同为炊器，分布范围较鬲要小，集中在华北东部。袋足甗当时把早前的鼎形甗的实足部分改装成袋足演变而来的，也即与鬲的产生是不同的谱系。因此导致了在袋足甗分布的豫东、皖北地区不见鬲，反之，与鬲的分布区之豫西至关中盆地内有袋足甗这种分布上的差异。

龙山时代袋足器分布扩大的同时，器类器形上也呈现出多样性的变化。这应当体现了铜石并用时代早期产生的袋足技术在华北各地陶器生产中扎根下来的情况。

（四）结语

总之，袋足器产生于铜石并用时代早期黄河中下游及汾水流域，出现了袋足鬶和斝这种新器类。当时的袋足器分布范围不广，器类少，不同地区同一种器物形制上的差别也不大。在以后的龙山时代，随着袋足技术成熟普及，袋足器的分布范围扩大，新出鬲、袋足甗等新的器形，各类器物的形态变化也丰富起来了。

以袋足器的发展为背景，可进一步了解新石器时代各地陶器所见的地区文化关系。从现有资料已然可见铜石并用时代早期至龙山时代袋足器呈现出的分布扩大、器类增加、器形变化逐渐丰富的发展趋势。其结果，袋足成为整个华北地区龙山时代的共同要素，复杂多样的袋足器的出现，致使各地文化呈现出更为复杂的面貌。袋足器复杂化背后上是袋足技术的普及与传播，各地文化间的日趋频繁的交流在陶器层面反映出来了。张忠培指出，考古学文化不是一个封闭的系统[①]。铜石并用时代至龙山时代的袋足器上出现的种种变化，也正是张忠培所说的开放的文化系统的表达形式。

然而，尽管考古学文化是一个开放的系统，不同种类的袋足器分布情况各异的现象也意味着某种陶器在传播或被接受时存在的大量不确定性。例如洛阳盆地在龙山时代新出现了鬲，却不见袋足甗，与此相反，与洛阳盆地紧邻的豫中地区有袋足甗，却不出土陶鬲。导致这种差别的原因不一，如放置和使用陶器的房子结构、陶器的使用方法和盛放或加工处理的物质、某类陶器在陶器群中与其他陶器的配伍组合关系、陶器制作技术传统等，以及这些原因的综合作用等等，都是需要考虑的。总之，在各种原因的作用制约下，造成了以袋足器为代表的陶器传播上的复杂样态。

新石器时代中国华北地区各地的陶器处在一种开放的文化系统中，促成了袋足技术的广泛传播和借此技术设计制作之陶器所形成的共同风格。但是，各地在不同方向上的文化传播与接受的条件并不一致，从而产生出许多地方特点，袋足器中丰富的形态变化也因此而生。

严文明先生基于对各地文化的特点和涵盖大范围的文化共通性分析，把中国史前文化的特征概括为"统一性与多样性"[②]。本文通过对袋足器的探讨所得有关华北地区文化的共同性和地域特征的认识，恰好为严文明先生的"统一性与多样性"提供了一个注解。换言之，统一性和多样性的关系，是研究中国新石器的陶器时，需要始终置于头脑中的一个思考角度。

---

① 张忠培：《研究考古学文化需要探索的几个问题》，《文物与考古论集》，文物出版社，1986年。
② 严文明：《中国史前文化的统一性与多样性》，《文物》1987年第3期。

粤西地区考古学文化遗存编年
及相关问题的考察

李　岩

（广东省文物考古研究所）

由于笔者 2008 年在阳春参加了配合云（浮）阳（江）高速公路的发掘，有机会观摩粤西沿海各县、市博物馆的历次文物普查的藏品。2010 年 8 月，又有机会参加湖南永州的南岭四省相关学术会议，观摩了湖南同行在湘江上游地区的新发现，会后经广西返回广州期间，又观摩了广西境内不少遗址和遗物。结合广东省文物考古研究所近年配合基本建设的若干新发现和自己学习思考，对广东西部地区的考古学文化编年等问题有所心得，叙之如下。

一　地貌与通道

本文所指广东西部地区，是指现阳江、云浮、肇庆（除四会市、高要市之外的广宁县、德庆县、封开县、怀集县）、茂名市、湛江市之范围。该区域西邻广西，西北接湖南，东临北江谷地，东南与珠江三角洲相连。这一区域内的地貌有着自身显著的特点：北部为南岭山脉的九嶷山、骑田岭，中央被西起广西的一组东北—西南走向之山脉所分割，这组山脉自东向西为天露山、云雾山、云开大山，于是形成天然的分水岭地带，将南岭至沿海地区的这一区域分为南北两半，南部为沿海平原，并有地势平坦的雷州半岛，地势北高南低。天露山—云开大山这组山脉以北，又有三组西北—东南走向的山脉将其分割：自东向西有大东山、起微山—罗壳山以及以七星岩顶为主峰的山地；由于山脉的分割与地势走向，间中的主要河流分布也呈现出南、北各自流向的特点：北部地区又以七星岩为分水岭，其东北部河流基本为西北—东南流向，并注入北江；其南坡和西侧的河流则由北向南注入西江；天露山—云开大山南坡之河流则基本为自北向南流向，天露山以东地区，河流则自西向东，流向珠江三角洲沿海。北部区域的主要河流为：大东山、起微山—罗壳山之间，有北江支流连江自西北向东南流向，于连江口注入北江；七星岩与起微山—罗壳山之间有绥江自西北向东南流过，经怀集、广宁、四会于四会马房注入北江，七星岩与分割南北的三列山脉之间，有西江干流自西向东流经，自肇庆以东，进入珠江三角洲平原；起微山—罗壳山、七星岩西侧，自北向南有贺江于封开县城附近注入西江；七星岩南坡与西江干流之间有些小的支流，自北向南汇入西江，有大迳河（高要）、悦城河（德庆）、马圩河（德庆县）等；西江干流与天露山—云开大山北坡之间有两条主要支流：南江和新兴江，南江（罗定江、泷水）自南向北于郁南南江口镇入西江，新兴江自南向北于高要附近流入西江。天露山东侧有潭江自西向东进入珠江三角洲，并于新会入海。而天露山—云开大山南坡与南海之间，主要有漠阳江、鉴江两条河流，基本为自北向南注入南海（图一、二）。

由于山脉分割及河流流经，粤西地区与周边地区自古形成了若干天然通道：自封开向北，沿贺江河谷可进入广西，并临潇水上游地区；西江干流溯向西，进入广西境内，为浔江，自梧州向西北上溯，为桂江、漓江，通过这一河谷地带，进入湘桂走廊，沿湘江之兴安、全州，北上永州；西江顺流向东进入珠江三角洲；南部则有粤西沿海走廊连通广西沿海及阳江、江门地区至珠江三角洲地区。

正是由于这样的地貌及通道的存在，为粤西地区史前考古学文化的发展与交流提供了空间和渠道，为我们理解该地区的史前考古学文化编年等问题提供了一个观察的视角。

二 编年概况

根据本地区的考古发现及遗存特点，本文将粤西地方的考古学文化划分为三个期别。

第一期，为新石器时代晚期偏早阶段的遗存。粤西地区发现之新石器时代遗存中，年代最早者分别位于封开、遂溪两县。

簕竹口遗址位于封开县封川镇簕竹村贺江边的低矮台地上[①]，20世纪90年代，经广东省文物考古研究所发掘，出土了一批新石器时代遗物。其中有大量石料及石器，石器中以锛为主，为长身或梯形状；陶器全部为夹砂褐陶，陶片厚薄不均，最厚达3.3厘米，薄者0.4厘米，陶器制法为贴塑法，纹饰以绳纹为主，有少量篮纹，其中绳纹有粗细之分，但细绳纹的数量相当少，绳纹通常并压印较浅，器形有釜、罐两类。釜有宽沿和窄沿两种，其中Bb型釜唇部有压印的锯齿状纹，罐类器物有卷沿和斜直领形状。报告者将簕竹口新石器时代遗存划分为两期，认为簕竹口遗址第一期的年代相当

---

① 广东省文物考古研究所等：《广东封开簕竹口遗址发掘简报》，《文物》1998年第7期。

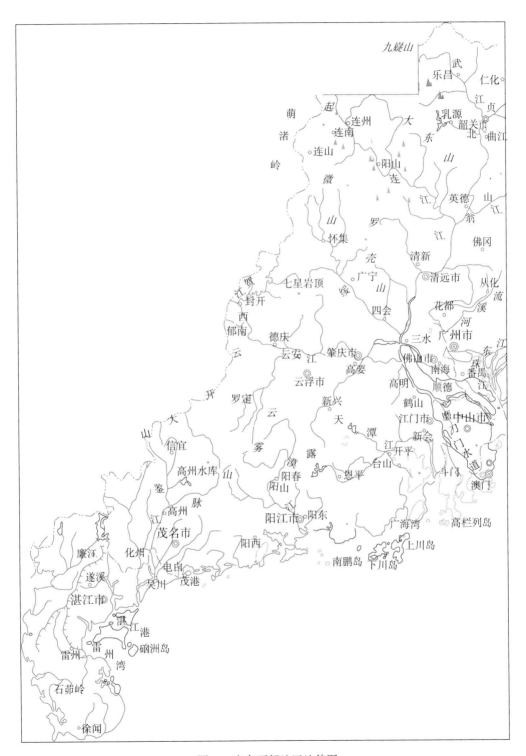

图一 广东西部地区地貌图

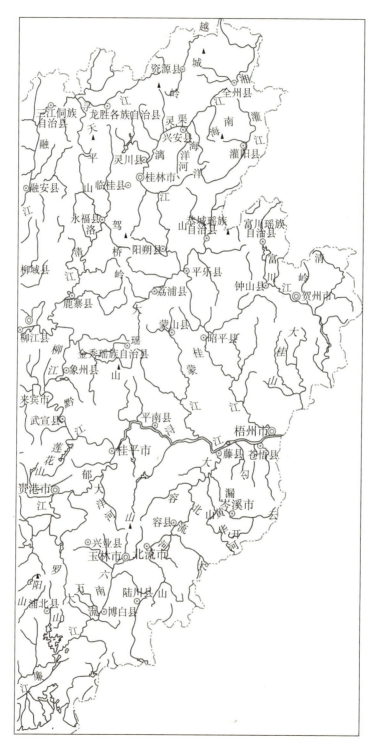

图二　广西东部地区地貌图

于广西柳州鹿谷岭遗址①，第二期相当于或稍早于南宁西津②等贝丘遗址的年代，约距今6000年以上。笔者认为簕竹口遗址出土的两期陶器的形制变化不大，基本可以作为一个整体看待。

除簕竹口遗址外，封开同时期遗存还有水口遗址③。该遗址位于封开县长岗镇旺村村委会水口村埇口嘴，西江东岸二级阶地上。遗址沿江边呈南北走向分布，长约100米、宽10~15米，面积约1200平方米，从剖面来看，文化堆积分为四层，第1层为表土层，灰褐色，厚0.6~0.8米；第2~4层为新石器时代文化层，分别为褐灰、褐、黄褐色土，厚分别为0.4~0.6、0.3~0.4、0.2~0.3米，以第2层包含物最丰富。采集的标本有夹砂绳纹罐（釜）片、石器及石料等。比较发现其陶器及石器之特点与簕竹口遗址遗存相似，年代亦基本相当。簕竹口和水口遗址的距离相当近，文化面貌也表现出明显的一致性。两遗址的年代应均在距今6000年以上。

2010年8月，笔者在广西参观学习时曾经观摩了大塘城遗址④的发掘资料，发现该遗址新石器部分的出土遗物，与封开簕竹口、水口遗址所见陶片具有很强的相似性，如陶器中均有大量的夹砂褐陶、器形中釜和斜直领罐的组合与形制、陶器纹饰中的绳纹均浅而粗的风格。这类遗存与顶蛳山文化⑤有不少相似之处，特别是釜类器物口部均有锯齿状压印纹饰；但是也明显存在着不同，顶蛳山文化的陶器陶色驳杂，而簕竹口、水口、大塘城的陶器之陶色则相对单纯些，以红褐色为主，有少量的灰陶。总体来看应当属于顶蛳山文化的范畴，但如何看待它们所表现出的差异，是由于地方类型导致的，还是发展阶段不同所导致？则还有待进一步的工作。

粤西沿海地区遂溪鲤鱼墩遗址⑥，于21世纪初经过发掘，根据发掘者介绍，其最早的遗物中代表性陶器为钵形釜，器形及制作技术比甑皮岩第一期者进步⑦，与顶蛳山文化者相似，并认为属于同一文化系统，年代亦相当，距今约7000年。笔者暂从之。

第二期，大体相当于石峡文化阶段遗存，主要资料见于封开、郁南、广宁等地。

① 柳州市博物馆：《广西柳州新石器时代调查与试掘》，《考古》1983年第7期。
② 广西壮族自治区考古训练班等：《广西南宁地区新石器时代贝丘遗址》，《考古》1975年第5期。
③ 肇庆市文物普查资料。
④ 何乃汉等：《广西桂平县新石器时代文化遗存》，《考古》1987年第11期；广西壮族自治区文物考古研究所发掘资料，笔者观摩笔记。
⑤ 中国社会科学院考古研究所广西工作队等：《广西邕宁县顶蛳山遗址的发掘》，《考古》1998年第11期。
⑥ 广东省文物考古研究所发掘资料（未刊）及笔者在遂溪博物馆参观笔记。
⑦ 冯孟钦：《岭南先秦陶器逻辑发展简论》，《岭南考古研究》（8）。

　　石峡文化阶段在粤西北部地区最著名的发现莫过于封开县的乌骚岭遗址①。20 世纪 90 年代，广东省文物考古研究所发掘了乌骚岭遗址，清理发掘了百余座石峡文化的墓葬，随葬品中最具特色的是瓦状足或锥状足之鼎、盘，石器中也可见到弓背锛。除乌骚岭之外，封开还有禄美村对面岗遗址，该遗址曾经发掘清理了一座石峡文化的土坑墓，不仅出土了陶器和石器，还有玉琮出土②。

　　封开以外的区域，该阶段的发现有：2010 年发掘的广宁龙嘴岗遗址③；2007 年，广东省文物考古研究所因配合广（州）贺（州）高速公路，发掘了广宁南街镇首约村遗址④，同年因相同的基建项目，还发掘了郁南县平台镇大桥头遗址⑤。

　　广宁龙嘴岗遗址发掘资料的主体部分虽然是战国墓葬，但在遗址的地层堆积及个别遗迹单位中（H1）出土了一定数量的与乌骚岭遗址相似之陶器、石器。根据发掘者提供的资料，其 H1 出土的陶器中有釜、鼎、直领矮圈足罐等，与石峡文化乌骚岭遗址之典型陶器器形基本相同，不仅如此，还有石镬类石器，即弓背锛，此类石器也是石峡文化中典型的石器形制。

　　首约村、大桥头遗址均可见锥形鼎足以及直领、鼓腹矮圈足罐的残片，此类器表通常装饰曲折纹和附加堆纹；石器中三棱形镞亦为石峡文化常见的石器。广宁位于绥江边，而绥江系北江支流，如前文所及，于四会马房镇注入北江，郁南县位于西江干流的南岸，再向南是云开大山的北坡。

　　粤西南部地区，截至目前并没有发现石峡文化的陶器，2008 年，笔者在高州博物馆的馆藏文物中，曾经见到一件类似石峡文化的弓背锛⑥，而在粤西南其他博物馆馆藏中未再见到石峡文化的石器或陶器标本。因此，笔者推断，高州的弓背锛可暂时列为受到石峡文化因素传播或影响的产物，而非石峡文化的分布区域。

　　由于封开、郁南、广宁的发现，带给我们一个新的问题，即三足器中的锥形足在石峡文化范畴中，而以往认为石峡文化之三足器中，典型的样式是瓦状足，而非圆锥形足，两者的差异究竟是属于地方类型所造成的差别，还是同一考古学文化发展阶段不同所造成的差别呢，更有甚者是不同考古学文化的差异？笔者倾向于同一考古学文

---

① 广东省文物考古研究所等：《封开县乌骚岭新石器时代墓葬群发掘简报》，《文物》1991 年第 11 期。

② 杨式挺、邓增魁：《广东封开杏花河两岸古遗址的调查和试掘》，《考古学集刊》（6），中国社会科学出版社，1989 年。

③ 广东省文物考古研究所发掘资料及《广东广宁龙嘴岗战国墓地 2010 年抢救发掘成果》（《中国文物报》2010 年 7 月 16 日）。

④ 广东省文物考古研究所发掘资料。

⑤ 广东省文物考古研究所发掘资料。

⑥ 高州博物馆调查资料，笔者观摩笔记。

化发展阶段的原因，即同属于石峡文化，但为不同的发展阶段所造成的差别。

在封开郁南的西侧，沿西江干流溯向西，至浔江中段的平南县，广西的文物考古工作者发掘了该县的石脚山遗址①，在观摩该遗址的陶片时，发现其中可以辨认的一组陶器器形主要有：圆锥形鼎足与直领鼓腹矮圈足罐，其中鼎足为圆锥形，足根还有按窝，与乌骚岭类墓葬中的同类器足十分相似；圈足罐是见于石峡文化第三期墓葬的直领、鼓腹、矮圈足罐，该类器物的装饰为领至底部多压印曲折纹，于腹部通常有一至数条附加堆纹。

沿西江再向西至郁江岸边，又有贵港市上江口遗址②，遗址位于郁江与浔江交汇处，与平南石脚山遗址并不远，并有便利水路相连。上江口遗址的遗存分为两期，其中第二期的陶器以夹细砂红褐陶为主，有一定数量的泥质红褐陶，纹饰以素面为主，此外还有曲折纹、曲折与圆圈组合纹、网格纹（方格），可以辨认的器形有鼎足，为夹砂红褐陶，圆柱形。这些特点与乌骚岭墓葬的随葬陶器都十分相似。

当我们将眼光转向东方，江西拾年山遗址第三期遗存也发现了类似的鼎足和直领、鼓腹、矮圈足罐，同时在陶器纹饰中同样见有石峡文化第三期墓葬之曲折纹、附加堆纹等③。

综合上述发现，笔者认为：石脚山、上江口、拾年山第三期遗存与乌骚岭一样，均属于石峡文化范畴，而上述材料与石峡文化墓葬第三期的随葬陶器相比，最大的区别在于足的样式，是以瓦状足还是以锥状足为主，而石峡文化墓葬第三期是石峡遗址所见之最晚的期别，因此，可以认为，从江西到广西所发现的石峡文化遗存中，显然还存在着一组晚于石峡文化第三期墓葬之器物，两者之间的变化主要表现于陶器形制的变化和新的因素之比例加重：锥形足则是其中的代表性器物，另外从广宁龙嘴岗 H1 的陶片观察，印纹陶的数量也比石峡文化第三期墓葬阶段比例大些；以封开地区的资料来看，而豆、三足盘等陶器，石锛、三棱形石镞、玉琮等石、玉器依然保存着明显的石峡文化之特色，墓葬性质也同样保留着火烧的特点。

在这样的视角下，石峡文化在发展阶段上，存在着以锥形足及较大比例印纹陶为特色的一期，其分布范围从赣南至广西的浔江两岸这一东西向并略显狭长的空间内。

粤西沿海地区，与石峡文化同时期的遗存状况和面貌不是十分清楚，原因主要是缺乏资料相对丰富，特别是缺乏有相当数量的陶器资料。这也为我们今后的工作提出

---

① 广西壮族自治区文物工作队等：《广西平南县石脚山遗址发掘简报》，《考古》2003 年第 1 期。
② 广西壮族自治区博物馆等：《广西贵港市上江口新石器时代遗址的发掘》，《华夏考古》2008 年第 1 期。
③ 江西省文物考古研究所等：《江西新余市拾年山遗址》，《考古学报》1991 年第 3 期。

了明确的方向。

第三期，粤西北部地区是以封开塘角嘴为代表的遗存，南部是以舌形双肩石器及大石铲为代表的遗存。

封开塘角嘴遗址于 20 世纪 90 年代初曾经进行过调查和小型发掘，该遗址采集陶片的标本中一组为拍印有方格纹、曲折纹及菱格凸点纹的泥质灰陶①，此类遗存与东莞村头②等珠江三角洲地区同类遗存面貌基本相同，至粤北的石峡中层③等也可见到类似的陶器群，不仅文化属性相同，年代也应当基本相若，为距今 3000 多年的遗存。封开地区调查发现的众多遗址中，泥质灰陶并拍印有方格纹及菱格凸点纹的遗存不算少数④。

阳春白寨遗址发现于 1978 年，该遗址所见的陶片中，有一组亦属于与上述相同者，泥质陶数量多，纹饰有曲折纹，还有叶脉纹、大方格纹、篮纹、曲折圆圈纹、回纹等，并有石戈出土⑤。该遗址所在的合水镇位于阳春偏北地区，处于现在阳春通往其东北新兴、肇庆的交通路线上，天露山的西南坡，是粤西地区目前所见该类遗存分布的最南地点。

平南县石脚山遗址，除有与前文提到的与乌骚岭类似的一组陶器外，还有与封开塘角嘴遗址印纹类似的一组陶片，陶片为泥质橙黄或橙红、灰色几种，纹饰有粗细相间的曲折纹、涡纹、网格纹等，器类有形制为高领、折肩、圈足罐，该类罐领部外侧有一周凸棱，肩部为素面，腹底部不存，圈足略高，足外侧也装饰有一周凸棱。这种造型无论是封开塘角嘴，还是珠江三角洲同时期的遗存中都是常见的器形。可以说，石脚山遗址是此类陶器分布的最西端之地点。

粤西南部地区，即湛江、茂名、阳江等地的考古调查材料显示，其遗存的文化面貌与前述各组遗存存在明显的差别。

同样属于阳春的古城坡⑥、白坟岭遗址⑦两遗址，分别位于岗美镇和春城镇（阳春市府所在地），均位于白寨遗址的西南方向。两遗址均采集或出土了一批双肩石器，特

① 国家文物局主编、广东省文化厅编：《中国文物地图集·广东分册》，广东省地图出版社，1988年；杨式挺、邓增魁：《广东封开杏花河两岸古遗址的调查和试掘》，《考古学集刊》（6），中国社会科学出版社，1989 年。

② 《东莞村头》未刊稿，广东省文物考古研究所发掘资料。

③ 广东省博物馆、曲江县文化局石峡发掘小组：《广东曲江石峡墓葬发掘简报》，《文物》1978 年第7 期。

④ 《东莞村头》未刊稿，广东省文物考古研究所发掘资料。

⑤ 国家文物局主编、广东省文化厅编：《中国文物地图集·广东分册》（广东省地图出版社，1988年）及笔者观摩笔记。

⑥ 广东省文物考古研究所发掘资料。

⑦ 同⑥。

点是肩宽、短身、刃部呈舌形。此后，为了认识此类双肩石锛，笔者到阳江市、电白县、高州县、湛江市等博物馆观摩馆藏，其中阳江市博物馆所藏刘三沙岗遗址①采集的石器中有数件舌形刃双肩石锛，并见有一片夹砂陶片，陶片有红色陶衣及粗绳纹。电白县沙乡区水心乡路巷村遗址②采集的一件双肩舌形石锛，其形制为宽且上翘双肩，未见陶片。高州博物馆馆藏中编号为"云新片 2、28"和"GB39"三件双肩石锛，均来自 20 世纪 50～60 年代的调查，形制同样为宽肩、舌形刃。湛江博物馆的馆藏中，有 50 年代对广西东兴的考古调查资料③，其中东兴马兰嘴遗址亦采集有宽肩舌形刃石锛。

从阳江至湛江的这些遗址中，宽肩、短身、舌形刃之石锛的存在具有相当的普遍性，形制与珠江三角洲地区常见的各类双肩石锛均不同，差异或为文化属性，或为年代不同造成。形制比较显示，舌形双肩石器总体造型与广东省封开、德庆等地以及广西出土的大石铲有相似之处，主要表现在肩宽而柄窄，绝大部分的刃部均为弧形，或者说是舌形。形同造型的舌形双肩石器更多的见于广西南宁附近地区④，以及靠近南宁的左右江地区⑤。

最近几年，广西同行发表了若干岩洞葬的报告以及研究成果⑥，认为早期岩洞葬即桂西、桂南地区的新石器晚期文化，年代从距今 4000 多年至商时期。岩洞葬的材料为桂南大石铲、夹砂绳纹陶器和舌形双肩石器提供了共存的证据，而粤西南部地区的舌形双肩石器与夹砂绳纹陶应与广西桂南大石铲及岩洞葬为代表的遗存性质相同，关于其年代，笔者更倾向于商时期。

截至目前，广西境内发现大石铲的地点东至平南、容县、北流，南到合浦、宁明、凭祥，西至那坡、靖西、德保，北到河池、柳州、贺州，主要分布在广西南部⑦。而广东境内的大石铲则在封开、德庆、阳江、海康等地均有发现⑧，但是，并非广东境内所有大石铲出土地点之文化遗存均与桂南大石铲者文化性质完全相同，封开、德庆等地的大石铲，从文化背景的角度而言，从平南石脚山至封开，乃至珠江三角洲，商时期之印纹陶遗存遍布，故此，此两县的大石铲应当是商时期印纹陶中带有桂南大石铲文

---

① 笔者观摩笔记。
② 《电白文物志》未刊稿，笔者往电白县博物馆观摩笔记。
③ 笔者往湛江博物馆观摩笔记。
④ 广西壮族自治区文物考古训练班等：《广西南部地区的新石器时代晚期文化遗存》，《文物》1978年第 9 期。
⑤ 容观夐：《广西左右江流域新石器时代遗物简介》，《文物参考资料》1956 年第 6 期。
⑥ 广西文物考古研究所等：《广西先秦岩洞葬》，科学出版社，2007 年。
⑦ 广西壮族自治区文物考古训练班等：《广西南部地区的新石器时代晚期文化遗存》，《文物》1978年第 9 期。
⑧ 笔者观摩笔记。

化的因素；而阳江、海康则属于另外的情况，其分布与舌形双肩石器基本吻合，并在阳江以西的沿海地区，基本没有发现商时期的印纹陶陶片，故此，粤西南部的阳江以西地区则更有可能是桂南大石铲的分布范围。

由于近十多年珠江三角洲及广东其他地区发掘资料积累日丰，编年研究也取得了长足进展，相当于商周之际的遗存及其后夔纹陶阶段遗存之编年情况越来越清晰[①]，所以关于商周之际及夔纹陶阶段的遗存本文在此即不赘述；然而，粤西地区商周之际的遗存，就目前发现而言，尚不明朗，夔纹陶阶段的遗存则已经广泛地分布在粤西南北及广西乃至湖南等地。

三 格局与交流

本文根据粤西地区的考古发现及广西地区的相关考古资料梳理出三个阶段，很明显这三个阶段并没有直接的承袭关系，有明显的缺环。但是从考古学文化发展的动态格局与交流层面，却显示出一定的规律性：

第一期遗存，即距今 6000 年前，广东西部地区的考古资料与广西大塘城一类的遗存当属相同性质，而该类遗存虽然与顶蛳山文化有密切联系，但是存在显著差异，为今后粤西北部地区寻找、认识较早时期考古学文化遗存提供相对明确的方向。这样的文化分布与西江干流提供的便利通道应有密切关系，这一文化传播通道在粤西地区第二期文化遗存中也起到了重要作用。

第二期的主要特点是石峡文化的西进。但这个西进过程带有一定的复杂性，复杂性集中在直领、鼓腹、矮圈足罐类器物上，饰有曲折纹、附加堆纹。此类器物并不是石峡文化本身固有，石峡文化共三期，前两期没有该类器物，而它所装饰的拍印纹饰也不是石峡文化的传统，统计表明，拍印纹饰在石峡文化的随葬品种所占数量相当微小。无论是器物造型还是纹饰风格，都显示它来自于虎头埔文化[②]，而虎头埔文化在空间上与广西浔江流域并未直接相邻，间隔着石峡文化。从目前的发现来看，直领、鼓腹、矮圈足罐的传播路线清晰：首先被传播到石峡文化，并随石峡文化的三足器一同，向西分布到浔江流域。

无论是从石脚山、乌骚岭以及拾年山出土的石峡文化陶器来看，拍印纹的直领、鼓腹、矮圈足罐往往与圆锥形鼎足同时出现，乌骚岭的墓葬提供了直接的共存证据。

---

① 广东省文物考古研究所：《博罗横岭山——商周时期墓地 2000 年发掘报告》，科学出版社，2005 年。

② 揭阳考古队、揭阳市文化广电新闻出版局：《普宁市虎头埔新石器时代遗址发掘报告》，《揭阳考古》，科学出版社，2005 年。

这表明属于石峡文化的第三期墓葬之后，至少还存在着该文化的另一个发展阶段，即鼎足样式开始变化，广宁龙嘴岗 H1 的资料显示，该阶段印纹陶的比例明显增加。

在粤西南部地区及广西沿海地区，我们目前还没看到石峡文化的踪迹，但是其后的粤西地区第三期文化遗存却为理解这现象提供了帮助。

第三期给人印象深刻的是以粤西中部的山地为界发生的变化，即天露山—云开大山将粤西地区分为南北两部分，而考古学文化遗存也明确地形成了两个不同文化传统的分区。北部地区继承了原石峡文化分布的范围，但其考古学文化的内容已经发生了彻底的改变，石脚山、塘角嘴等遗址都出现了与珠江三角洲商时期印纹传统一致的陶器与石器，即商时期广泛分布于广东地区的印纹陶遗存。南部地区则加入了桂南大石铲为代表的遗存分布版图。

综观粤西地区三个期别的文化遗存，第一期与第二期之间不仅年代相去较远，且分属不同的文化系统；第二期与第三期，即石峡文化与商时期印纹陶遗存之间的缺环，由于最近在韶关圆墩岭的发现，变得明朗了许多[1]。

圆墩岭遗址的陶器中，不仅有石峡文化 M45 之直领、鼓腹、矮圈足罐，还可见到其后的变化形态，该类器物领部从直领变成敞口高领；器身从鼓腹演变为圆肩乃至带有折肩效果的造型，即使有肩的形态，曲折纹等印纹依然从领下拍到器物底部，附加堆纹则从一条变为数条，圈足则一直很矮。石峡中层等商时期印纹陶之典型圈足罐之领口部位加高，圈足也增高，纹饰除曲折纹等之外多了一些纹样，但器身部位的附加堆纹则消失了，因此说，圆墩岭的圈足罐与石峡中层或村头遗址所见敞口高领、折肩或圆肩的圈足罐相比，造型和纹饰明显处于过渡阶段，为探索石峡文化向商时期印纹陶为主要特色遗存的过渡提供了明确的线索。

参考珠江三角洲与粤东地区的考古学文化编年，位于商周之际的考古学文化遗存之编年基本比较清晰，珠江三角洲有横岭山的分期，粤东地区则以浮滨类型遗存[2]为代表；粤西地区商周之际的材料需要日后的工作去发现、甄别和认识。至于夔纹陶阶段，第三期的地理分界就已经不存在了，显示出夔纹陶一类遗存的强势扩张与存在。

---

① 广东省文物考古研究所 2010 年发掘资料，待刊。
② 广东省博物馆等：《广东饶平县古墓发掘简报》，《文物资料丛刊》（8），1983 年。

粤东闽南地区先秦考古学文化的分期与谱系

魏　峻

（广东省文物局）

一　概述

　　粤东闽南地区是指莲花山—博平岭一线以南的广东省东部和福建省东南部区域，行政区划包括粤东的潮州、揭阳、汕头市和闽南的漳州、厦门的全部，以及广东省梅州、汕尾两市和福建省泉州的部分地区，与现代闽南语方言区分布范围大体一致。整个区域的地势由西北向东南倾斜下降，大致为山地到丘陵再到冲积平原和滨海低地的格局。

　　1936 年开始，意大利神父麦兆良（Fr Rafael Maglioni）就在粤东闽南地区（主要是广东海丰和福建武平）进行了长达十年的田野考古调查，他将采集到的古代遗物分为沙坑北、三角尾、菝子园和宝楼等四期文化，认为它们分别代表了当地从新石器时代至青铜时代的不同文化①。约略同时，两位中国学者——饶宗颐、林惠祥也分别对广东韩江流域以及福建武平、龙岩、南安一带的早期文化遗存进行过考古调查②。这些工作使得粤东闽南地区成为华南一带最早进行考古工作的区域之一。不过，此后的近三十年时间里，在该区域内进行的考古调查、发掘工作寥寥可数，学界也一直未能形成对这一地区先秦时期考古学文化特征和文化谱系的系统认识。直至 20 世纪 80 年代，饶平浮滨墓地和普宁虎头埔遗址的考古发掘为考古学研究注入了新动力，李伯谦先生率先提出"粤东闽南区"的概念，并将之视为以印纹陶遗存为代表的东南早期古文化的七

---

①　麦兆良著，刘丽君译：《粤东考古发现》，汕头大学出版社，1996 年。

②　饶宗颐：《韩江流域史前遗址及其文化》，1950 年；林惠祥：《福建南部的新石器时代遗址》，《考古学报》第八册，1954 年；林惠祥：《福建武平县新石器时代遗址》，《厦门大学学报》第 4 期，1956 年。

个区系之一①。之后，广东梅江、韩江、榕江流域以及福建九龙江流域的考古资料日益增多，该区域内从新石器时代晚期至青铜时代末期的古文化发展脉络也逐渐清晰起来②。进入 21 世纪，粤东闽南地区的考古工作数量增加，如粤东榕江流域先秦考古学文化研究项目的开展和闽南虎林山③、松柏山④、鸟仑尾⑤等处墓地的发掘，不仅为探讨区域内先秦时期古文化的内涵和谱系提供了丰富的材料，而且也为进一步认识该地区先秦时期的社会结构、生计方式以及文化—环境互动关系奠定了基础⑥。然而，针对粤东闽南地区的考古学研究也存在一定的问题。首先，考古资料在空间和时间上存在明显的不平衡性：空间上，粤东榕江流域和闽南九龙江中下游地区的考古资料相对丰富，而其他区域则考古工作较为零星；时间上，新石器时代末期和青铜时代的考古资料较丰富，而新石器时代早中期的相关材料严重不足。其次，对出土资料的分析和认识还有较大的提升空间：文化分期和文化谱系仍较粗疏，缺乏对文化演进机制和分区的深入研究；研究视野受现行行政区划影响，少有将粤东闽南作为独立文化区进行整体性研究；对于该地区先秦时期聚落模式、社会形态和文明起源等方面的研究关注不够等。本文将围绕其中的最基础问题——考古学文化的分期与谱系，提出对粤东闽南地区先秦时期考古学文化的发展、演变过程的一些新认识。

二　文化分期

粤东闽南地区是我国南方几何印纹陶的重要分布区域之一，与周边地区相比，这一区域的先秦时期考古学文化具有鲜明的地方特色。总体来看，该地区先秦时期考古学文化面貌在具有较强一致性的同时，也表现出在文化特点和器物组合上一定程度的

① 李伯谦：《我国南方几何印纹陶遗存的分区、分期及其有关问题》，《北京大学学报》（哲学社会科学版）1981 年第 1 期。
② 朱非素：《闽粤地区浮滨类型文化遗存的发现与探索》，《人类学论文选集》，中山大学出版社，1986 年；吴诗池：《浅谈福建南部先秦考古及有关问题》，《福建文博》1988 年第 2 期；郑辉、陈兆善：《九龙江流域先秦文化发展序列的探讨》，《福建历史文化与博物馆学研究》，福建教育出版社，1993 年；吴春明：《晋江、九龙江流域新石器和青铜时代文化遗存》，《南方文物》1996 年第 3 期；陈兆善：《试论浮滨文化》，《南方文物》1996 年第 4 期。
③ 福建省博物馆、漳州市文管办、漳州市博物馆：《虎林山遗址》，海潮摄影艺术出版社，2003 年。
④ 同③。
⑤ 福建博物院文物考古研究所、漳州市文物管理委员会办公室：《鸟仑尾与狗头山——福建省商周遗址考古发掘报告》，科学出版社，2004 年。
⑥ 魏峻：《粤东地区的考古学文化与环境互动》，《南方文物》2008 年第 1 期；李伯谦：《关于岭南地区何时开始铸造青铜器的再讨论》，"文物保护与南中国史前考古国际研讨会"论文，2007 年12 月；魏峻、刘志远：《闽南粤东地区的青铜时代文化》，《边疆民族考古与民族考古学集刊》（第 1 集），文物出版社，2009 年。

空间差异，大体分为以榕江—韩江中下游为中心的粤东区和以九龙江中下游为中心的闽南区这样两个空间单元。本文结合近年来新发表的考古资料，分别对上述两个空间单元内的重要遗址进行重新梳理，在遗址分期的基础上讨论不同空间单元乃至整个粤东闽南地区先秦时期文化的分期和年代关系。

（一）粤东区

该区域内经过发掘的先秦时期遗址有潮安陈桥①，普宁虎头埔②、后山③、牛伯公山④、龟山⑤，揭东面头岭⑥、蜈蚣山⑦、油柑山⑧，饶平浮滨⑨，南澳东坑仔⑩及大埔金星面山⑪等处。我们选取其中的虎头埔、面头岭、油柑山、牛伯公山、龟山和采集遗物较为丰富的揭西赤岭埔⑫、揭东县新岭矿场⑬和华美⑭等遗址进行分析。

1. 虎头埔遗址

遗址位于普宁市广太镇，邻近榕江南河支流。遗址在 1982、2003 年经过两次发掘，是一处文化内涵较单纯的新石器时代晚期陶窑遗址。发掘者根据地层关系及出土

① 广东省文物管理委员会：《广东潮安的贝丘遗址》，《考古》1961 年第 11 期。

② 揭阳考古队等：《普宁市虎头埔新石器时代遗址发掘报告》，《揭阳考古（2003～2005）》，科学出版社，2005 年。

③ 广东省文物考古研究所、普宁省博物馆：《广东普宁市池尾后山遗址发掘简报》，《考古》1998 年第 7 期。

④ 广东省文物考古研究所、普宁市博物馆：《广东普宁市牛伯公山遗址的发掘》，《考古》1998 年第 7 期。

⑤ 广东省文物考古研究所 2009 年发掘资料。

⑥ 汕头地区文物管理站、揭阳博物馆：《揭阳东周墓发掘简报》，《汕头文物》第 9 期；广东省博物馆、汕头市文管会、揭阳县博物馆：《广东揭阳县战国墓》，《考古》1992 年第 3 期；揭阳考古队：《揭东县面头岭墓地发掘报告》，《揭阳考古（2003～2005）》，科学出版社，2005 年。

⑦ 广东省博物馆、揭阳县博物馆：《揭阳地都蜈蚣山遗址与油柑山墓葬的发掘》，《考古》1988 年第 5 期。

⑧ 揭阳考古队：《揭东县先秦两汉遗址调查报告》，《揭阳考古（2003～2005）》，科学出版社，2005 年。

⑨ 广东省博物馆、饶平县文化局：《广东饶平县古墓发掘简报》，《文物资料丛刊》（8），文物出版社，1983 年。

⑩ 广东省南澳县海防史博物馆：《广东南澳县东坑仔古遗址》，《东南文化》1991 年第 6 期。

⑪ 广东省博物馆、大埔县博物馆：《广东大埔县古墓葬清理简报》，《文物》1991 年第 11 期。

⑫ 揭阳考古队：《揭西县赤岭埔遗址调查报告》，《揭阳考古（2003～2005）》，科学出版社，2005 年。

⑬ 揭阳考古队：《揭东县先秦两汉遗址调查报告》，《揭阳考古（2003～2005）》，科学出版社，2005 年。

⑭ 邱立诚、吴道跃：《广东揭阳华美沙丘遗址调查》，《考古》1985 年第 5 期；揭阳考古队：《揭东县华美沙丘遗址调查报告》，《揭阳考古（2003～2005）》，科学出版社，2005 年。

器物形态的差异，将该遗址的文化遗存分为两组：第一组以 Y9、Y14 为代表，陶器多见浅灰色硬陶或灰白色软陶，典型器物包括小口鼓腹罐、子口罐等，器表装饰长方格纹、条纹和附加堆纹等；第二组以 Y2、Y3 等为代表，泥质硬陶所占比例仍然较大，器物包括垂腹罐、圜底罐等，主要装饰长方格纹。

2. 面头岭墓地

墓地位于揭东县云路镇，地处榕江中游地带。2003 年经正式的考古发掘，发掘者将该墓地先秦时期分为四组七段。第一组以 M27 为代表，陶器为拍印方格纹的泥质灰色硬陶，器类包括凹底罐、有流带把壶和陶钵等。第二组分为两段，一段以 M18、M19 和第 8 层为代表，陶器多见泥质灰陶，器表饰梯格纹或红色陶衣，器物包括折肩釜、圈足罐、圈足杯等；二段以 M17 为代表，同一段相比，陶釜腹部变浅，出现原始瓷器。第三组以 M20、M22 和第 6 层为代表，原始瓷器数量增多，器类包括陶釜、碗、豆等，器物表面饰方格纹、曲折纹以及夔纹等。第四组分为四段，一段包括 M1、M3 和 H1 等单位，陶器多为泥质硬陶，器表饰方格纹或施酱紫色陶衣，器类包括凹底或平底陶罐、盂、碗和青铜鼎、盘等；二段包括 M2、M14、M24、G1 和第 5 层，器物群中原始瓷器发达，包括碗、匜、杯等，陶器多为饰复线对角线纹或者方格纹的硬陶，铜器数量增多；三段以 M11、M28 为代表，铜器和原始瓷器发达，陶器可见瓮、平底罐等，器物形态与二段相比略有变化；四段可能已晚到秦至南越国时期，此时铁器已见于岭南。

3. 龟山遗址

龟山遗址位于普宁市流沙镇，属于练江流域。综合 20 世纪 80 年代采集资料和 2009 年发掘资料①可将该遗址出土遗物分为四组。一组包括 Y1～Y7 等单位，陶器多为泥质硬陶，纹饰以条纹、交错条纹为大宗，器物组合包括各型矮圈足罐、圈足钵、圜底钵、深腹罐与釜等。第二组包括 M1～M5 等单位，陶器以泥质硬陶为主，夹砂软陶也占有相当大比例，流行饰方格纹或菱格纹，陶器包括凹底罐、鸡形壶、子口凹底钵、子口豆、尊、瓠形器等。磨制石器种类丰富，有石环、穿孔石戈、石矛与凹面刃石锛等。第三组为 20 世纪 80 年代采集的石器，包括石戈、凹刃锛等。第四组遗存包括圜底罐、铜铃等遗物，器表以饰夔纹为突出特征。

4. 油柑山遗址

油柑山遗址位于揭东县地都镇，处在榕江下游丘陵地带。1983 年发掘墓葬 8 座，之后又陆续采集到一些文化遗物。分析该遗址出土的遗物特征，可分为三组：第一组以采集文物②的第一组为代表，器类为灰色硬陶的折沿凹底罐，器表饰方格纹；第二组

①　广东省文物考古研究所：《广东省普宁龟山遗址 2009 年发掘简报》，《文物》（待刊稿）。
②　揭阳考古队：《揭东县先秦两汉遗址调查报告》，《揭阳考古（2003～2005）》，科学出版社，2005 年。

甲类遗存以采集文物第三组和 M1、M4 为代表，釉陶器在本组中最为突出，器物包括大口尊、圜底罐、凹刃锛等；第二组乙类遗存以采集文物的第二组和 M3、M6 为代表，器物多为泥质的软陶或硬陶凹底罐，器表饰梯格纹或方格纹。第三组以采集文物第四组为代表，可见夔纹陶罐、石范和石锛等器物。

5. 牛伯公山

牛伯公山位于普宁市下架山镇，1995 年发掘。发掘者将该遗址分为早晚两期，并认为两期之间有着直接的传承关系。结合报告提供的层位关系以及遗物特征，可将其文化遗存分为三组：第一组以 H7、H13 和 G1 为代表①，夹砂陶的主要器类为陶釜，泥质硬陶可见子口方格纹陶钵等；第二组遗存包括 2C 层的部分遗存，以豆、尊为典型器物；第三组遗存为 2B 层和 2A 层出土器物，器类包括罐、尊、釜等。

6. 华美沙丘遗址

遗址位于揭东县地都镇，地处榕江下游东侧的桑埔山麓。20 世纪 80 年代在遗址中采集到一批陶器、石器和青铜器。经整理，其中的先秦时期文化遗存被分为三组②：第一组遗存最为丰富，器物多红褐或者灰褐夹砂陶，凹底器、圜底器和圈足器发达，常见釜、壶、圈足豆、器座等，器表装饰几何形纹饰，部分器物器表或口沿内侧有红色或橙色陶衣；第二组以青铜钺为代表；第三组多见原始瓷器，主要为小件的钵、盅等。

7. 新岭矿场遗址

新岭矿场位于揭东县新亨镇，榕江中游北岸丘陵地带，20 世纪采集到一批石器和残陶器，先秦时期的遗存可分为四组：第一组陶器多方格纹硬陶，石器可见石锛和石镞；第二组以凹刃锛及石戈最有特色；第三组多见硬陶器，纹饰包括夔纹、云纹和蕉叶纹，同时可见原始瓷豆；第四组同样以硬陶和原始瓷器为主，器形包括碗、钵和器盖等。

8. 赤岭埔遗址

赤岭埔遗址位于揭西县坪上镇，地处榕江南河上游北岸。20 世纪多次采集到青铜器和原始瓷器，2003 年经重新调查，调查者将该遗址的遗物分为两组：第一组以硬陶为主，基本不见原始瓷器，器表纹饰包括勾连雷纹、席纹、方格纹及凸块纹等，一些器物还装饰有紫黑色陶衣。器形可见平底罐、垂腹罐等。第二组出现原始瓷器，器表多饰米字纹、方格纹或者复线菱格对角线纹，典型器物为钵、盅、瓮等③。

据上述各遗址的分期，以及零星公布的其他遗址资料，可将粤东区先秦时期考古学文化的分期如下（表一）：

---

① 从报告提供的资料来看，牛伯公山 2C 层遗物中有相当一部分应该属于第一组。
② 揭阳考古队：《揭东县华美沙丘遗址调查报告》，《揭阳考古（2003～2005）》，科学出版社，2005 年。
③ 揭阳考古队：《揭西县赤岭埔遗址调查报告》，《揭阳考古（2003～2005）》，科学出版社，2005 年。

表一　粤东区先秦考古学文化遗存分期对照表

分期	遗址	虎头埔	面头岭	油柑山	牛伯公山	龟山	华美	新岭矿场	赤岭埔	其他
一期	一段									陈桥、海角山、沙坑北
二期	二段	一组								
	三段	二组								
	四段					一组				莲花心山①
三期	五段		一组	一组	一组二组	二组		一组		普宁后山
四期	六段		二组一段（乙）	二组（乙）三组（甲）	三组（甲）	三组（甲）	一组（乙）	二组（甲）		东坑仔（乙）浮滨 M1～M3 等（甲）
	七段		二组二段（乙）							大埔 M1、M7 等（甲）
五期	八段		三组	四组		四组		三组		
	九段								一组	揭东第六组遗存②
六期	十段		四组一段				二组			
	十一段		四组二段				三组			
	十二段		四组三段						二组	

　　第一期：以潮安陈桥遗址第 3 层遗存和海丰沙坑北遗址为代表。陶器均为夹砂陶，多灰胎，可见罐、钵两类器物，器表磨光，有的施赭红彩和刻划纹。石器以打制为主，骨器一般仅经过粗加工，包括砍砸器、端刃器、锥、针等。沙坑北遗址采集到彩陶圈足盘及彩陶残片。

　　第二期：以虎头埔遗址和龟山一组为代表，按时间早晚可分为三段。这一期的总体特征是陶器多为灰色泥质印纹硬陶，器物以矮圈足罐、鼓腹罐、钵为基本组合，不同时段的同类器物形态略有差异，并且随着时间推移，陶器群中夹砂软陶数量有所

---

① 揭阳考古队：《揭东县先秦两汉遗址调查报告》，《揭阳考古（2003～2005）》，科学出版社，2005 年。

② 同①。

增加。

第三期：以普宁后山墓葬、龟山二组为代表。以圜底罐、凹底罐和带流罐、子口圜底钵等为典型器物，陶器多为灰色或者灰褐色泥质硬陶，方格纹、复线菱格纹等常见，部分陶器颈部有明显的轮修痕迹，口肩部或有单个出现的刻划符号。归入本期的牛伯公山第一、二组遗存与后山墓葬在陶系构成方面有一定差异，其中前者夹砂黑胎陶更为流行。由于两遗址位置相近，上述差异更可能缘于时间早晚的略有不同，暗示第三期遗存的分期存在进一步细化的可能性。

第四期：按照文化面貌和器物组合、形态的差异，可区为甲、乙两类遗存。甲类遗存以浮滨墓葬、大埔金星面山墓葬为代表，见于本期六段和七段，这类遗存以施酱褐色泥釉的大口尊、陶豆、陶壶和石戈为典型器物。乙类遗存包括华美一组、油柑山二组和面头岭二组等，陶器多红褐色或灰褐色夹砂陶，折肩尊、圜底罐和凹底罐为代表性器物，器表纹饰以梯格纹和方格纹最常见，部分陶器表面和口沿内壁还施有红色或者橙红色的陶衣。

第五期：见于面头岭、油柑山、惠来饭钵山、赤岭埔和揭东县第六期遗存①，分为前后两段，第八段陶器种类单调，常见饰双"f"形夔纹罐、瓮、原始瓷豆等，本段的青铜器数量明显增加；第九段中印纹硬陶罐、钵常见，纹饰有勾连雷纹、菱格凸块纹等，部分器物施暗红色陶衣。

第六期：以面头岭墓葬和赤岭埔遗存为代表，可细分为三段。总体特点是印纹硬陶和原始瓷器发达，器物以平底为主，典型器物包括瓮、罐、碗、盅、盒、器盖等，器物表面常有拍印的几何形纹饰及刻划符号，青铜器群中工具和武器发达，青铜容器总体数量不多，各段的器物组合和形态略有不同。

（二）闽南区

闽南区经过正式发掘的先秦时期遗址包括漳州虎林山②、松柏山③、鸟仑尾④、狗头山⑤、云霄墓林山⑥等处。本文将对上述几个遗址或墓地的发掘资料进行逐一分析。

---

① 广东省南澳县海防史博物馆：《广东南澳县东坑仔古遗址》，《东南文化》1991 年第 6 期。

② 福建省博物馆、漳州市文管办、漳州市博物馆：《虎林山遗址》，海潮摄影艺术出版社，2003 年。

③ 同②。

④ 福建博物院文物考古研究所、漳州市文物管理委员会办公室：《鸟仑尾与狗头山——福建省商周遗址考古发掘报告》，科学出版社，2004 年。

⑤ 同④。

⑥ 郑辉：《云霄县尖子山贝丘遗址》，《福建文博》1988 年第 1 期；福建省博物馆：《福建墓林山遗址发掘简报》，《东南文化》1993 年第 3 期。

1. 虎林山

虎林山遗址位于漳州市朝阳区，2001年清理墓葬20座。根据考古报告公布的资料，可将虎林山遗址所获考古材料分为四组：第一组仅M2，随葬陶器多为夹砂软陶，器物包括圜底尊、圈足尊和高柄豆，器表饰刻划网格纹，有的还涂抹一层黄色或红褐色细泥。第二组包括M1、M3、M4、M6等墓葬。随葬陶器多为火候较低的红褐色或灰黑色夹砂陶，常见高领或长颈圜底罐、折沿豆等，并有少量拍印方格纹的硬陶带把壶，部分器物表面饰凸棱或抹一层细泥。随葬石器包括小型石锛和少量石戈。第三组以M12、M14、M15等墓葬为代表。随葬器物中有一定数量的泥质硬陶，器形多见小平底高领尊、折腹豆、圈足壶、圜底釜等，器表装饰竖条纹、拍印方格纹、凸泥条饰等，陶豆等器物表面多施酱褐色釉，随葬石器包括成组的石锛、石戈，并出现玦类饰品。第四组包括M5、M7、M16~M19等墓葬。陶器组合和纹饰与三组基本相同，但同类器物形态有所变化，高领尊的颈部更加细长，陶豆的豆盘变扁等。石器制作更加精细，新出石矛、石钏等，同时墓葬开始随葬铜戈、铜铃、铜矛等铜器。

2. 松柏山

松柏山遗址位于漳州市芗城区，2001年清理早期竖穴土坑墓7座，这些墓葬均开口于表土层下，打破生土层。根据随葬器物特征，可将该遗址分为三组：第一组仅M7，随葬器物多为深灰色夹砂陶的凹沿鼓腹陶釜，器物腹部饰绳纹和附加堆纹，器物表面涂抹红色细泥的现象，石锛为磨光的梯形锛。第二组包括M1、M3、M4等墓葬。随葬陶器多为火候较低的灰褐色夹砂陶，器形包括大口圈足尊、圜底或凹底罐、浅盘高圈足豆、凹底钵等，器表纹饰流行刻划的网格纹、短斜线纹、折线纹等，少数器物表面也有涂抹细泥。墓葬中少见石器随葬。第三组包括M2、M6等墓葬。随葬器物仍以夹砂陶为主，同第二组相比圈足器大幅减少，凹底器流行，常见凹底罐、凹底尊等，陶豆柄部变矮，陶尊颈部变短，器物颈内壁多有明显轮修痕迹，器表流行素面并涂抹一层细泥。

3. 鸟仑尾

鸟仑尾遗址位于南靖县金山镇，2002年发掘墓葬23座。墓葬多数开口于第2或3层下，打破生土层。少数墓开口于2层下，打破3层，如M18、M22。墓葬间不存在叠压打破关系。根据墓葬开口层位及随葬品组合、形态差异，可将鸟仑尾墓葬分为三组。第一组包括M2、M4、M5、M8、M15、M17等，随葬陶器多为泥质灰黄陶或者夹细砂黑陶，基本组合包括大口圜底尊、圜底釜、凹底罐、高柄豆、敛口钵等，纹饰多见刻划的斜线纹、凹弦纹、单线或复线网格纹等，部分器物表面还抹有一层细泥装饰。随葬石器数量较少，多为小型的石锛、石戈等。第二组包括M1、M3、M7、M9、M11、

M13、M14、M19、M23 等墓葬。随葬品包括石器、陶器两类，陶器多为泥质灰陶，夹砂陶比例下降，出现印纹硬陶，器物多见凹底罐、陶釜、陶豆等，器表纹饰包括单线或复线网格纹、拍印的竖条纹、弦纹等。石器数量增多，可见随葬的成组小型石锛以及石戈等。第三组包括 M10、M16、M18、M20~M22 等墓葬，随葬器物多为泥质灰硬陶，组合有圜底罐、陶豆、陶壶等，不少器物表面施酱褐色泥釉。石器包括小型凹刃锛和石戈等，本段石戈制作更加精良。

4. 狗头山

狗头山遗址位于南靖县丰田镇，2003 年发掘墓葬 5 座。这批墓葬均开口于第 3 层下，M3 打破 M4、M2 打破 M5，发掘者认为墓葬基本同时。然而，对比墓葬的层位关系和随葬品形态之不同，可将之分为两组。第一组以 M4、M5 为代表，出土陶器为夹细砂灰陶，包括圜底罐和敞口豆等，器物颈部的刻划纹和斜线纹的装饰方法与虎林山 M1 相近；第二组包括 M1~M3 三座墓，出土器物多为泥质灰硬陶，常见大口尊、矮柄豆、小罐等，纹饰可见竖条纹、方格纹等，器表多施酱褐色泥釉，器表常见刻划符号。墓葬随葬石锛和石戈等石器。

5. 墓林山

墓林山又名尖子山，位于云霄县列屿乡，是一处贝丘遗址。1986 年文物普查时发现，两年后进行了抢救性考古发掘。发掘者认为遗址的各文化层及灰坑 H1 出土遗物基本相同，可视为同一时期的文化遗存。由于发掘简报中的遗物编号缺乏出土层位信息，无法针对具体遗物进行分期。根据粤东闽南地区其他遗址的分期情况，并参照墓林山遗址出土遗物形态、纹饰方面的差异，可将其遗物分为三组。第一组以 H1 出土遗物为代表，陶器以夹砂灰陶为主，器形包括陶尊、折沿罐、钵、器座等，器物口沿部往往有一道凹槽；器表纹饰多样，以梯格纹最具特色，有一定数量的方格纹、叶脉纹、曲折纹、雷纹等，部分器物表面施红彩。石器中凹石较为突出。墓林山遗址中的多数出土陶器属于本组。第二组遗物包括遗址中出土的石戈、施酱褐色釉或条纹的陶豆、平底罐、尊等。第三组遗物数量较少，可辨识的包括青铜锛、Ⅱ式和Ⅲ式石锛及部分印纹硬陶等。

6. 其他

东山县大帽山贝丘遗址 2002 年经正式发掘，发掘者认为不同地层单位的遗物属于同一时期[1]。陶器以浅棕褐色夹砂陶为主，器类包括釜、罐、豆、碗、器盖等，器表以拍印绳纹最为常见，并有编织纹、锥刺纹、附加堆纹和压印的锯齿纹等，器物圈足部

---

[1] 福建博物院、美国哈佛大学人类学系：《福建东山县大帽山贝丘遗址的发掘》，《考古》2003 年第 12 期。

多有镂孔。

诏安县陂里后山遗址清理墓葬 6 座①，可分为三组：第一组为出土曲折纹鼓腹罐（No：39）的墓葬；第二组为出土方格纹陶釜（No：44）和凹底钵（No：42）、凹底罐的墓葬；第三组为出土条纹陶尊的墓葬（No：35、No：43）。

据上述各遗址的分期情况，可将闽南区的先秦时期考古学文化的分期如下（表二）：

表二 闽南区先秦文化遗存分期对照表

分期 ＼ 遗址		虎林山	松柏山	鸟仑尾	狗头山	墓林山	陂里后山	其他
一期	一段		一组					大帽山、腊洲山
二期	二段						一组	
三期	三段	一组	二组	一组				禁山 M1
	四段	二组	三组	二组	一组		二组	
四期	五段	三组（甲）			二组（甲）	一组（乙）	三组（甲）	西山 M1
						二组		
	六段	四组（甲）		三组（甲）				三凤岭 M1
五期	七段							长泰覆船山、古雷半岛
	八段					三组		
六期	九段							石牛山 M1～M3、犁头山 M1

第一期：以松柏山一组，以及大帽山、腊洲山遗址出土遗物为代表。陶器皆为火候较低的夹砂陶，陶胎内掺和石英砂粒或者云母片，器形常见凹沿釜、圜底钵、豆、圈足盘、碗、器盖等，纹饰常见绳纹、附加堆纹等，器物口沿部的压印锯齿纹较有特色。这一时期还发现石质和骨质工具，包括锛、石球、镞、匕、鱼钩等。

第二期：目前仅见于诏安县陂里后山第一组，以印纹硬陶的矮圈足罐为代表，器表多饰曲折纹、斜条纹或者方格纹等。

第三期：以虎林山、鸟仑尾的第一和二组遗存、松柏山的第二和三组遗存为代表，按时间早晚可以分为前后两段。其中，三段器物以灰色或红褐色的夹细砂陶或泥质陶为主，多圜底器和圈足器。器物类型以高领折肩圜底釜、凹底罐、浅盘高柄豆为常见

---

① 福建省博物馆、厦门大学人类学系：《福建诏安考古调查简报》，《福建文博》1987 年第 1 期。

组合，器表饰刻划网纹、斜线纹以及拍印的复线菱格纹等，部分泥质陶的表面涂抹有一层细泥。四段陶器以夹细砂陶为主，陶器火候较前一段提高，出现一些印纹硬陶器物，凹底器流行，圈足器、圜底器数量减少，器物包括凹底罐、尊形器、敛口钵、折盘浅腹豆等。器表纹饰多为刻划或者拍印的网格纹、复线菱格纹等，少量器物表面有施釉现象。

第四期：以虎林山三和四组、狗头山二组、墓林山一和二组等遗存为代表，按照器物组合与形态的差异，分为甲、乙两类遗存。甲类遗存见于虎林山、鸟仑尾、狗头山等遗址，时间上分为早晚两段：五段包括虎林山三组、狗头山二组等；六段包括虎林山四组和三凤岭 M1 等。两段器物组合（如高领尊、陶豆、陶壶、陶钵等）和纹饰（如流行竖条纹、施酱褐色釉等）特征基本相同，但同类器物形态有所变化；石器制作更加精美，并出现新器类，青铜器在六段时开始出现。乙类遗存以墓林山一组和音楼山遗址为代表，陶器多为夹砂陶，器形常见折肩尊、圜底或者凹底罐、器座等，器物口沿多有一道凹槽，器表以饰梯格纹和红色陶衣为突出特点。

第五期：可分为早晚两段。早段遗存仅见于漳浦古雷半岛和长泰县覆船山遗址的调查资料，相关论文中提及上述区域或遗址曾采集到夔纹陶片①。晚段遗存见于墓林山三组，包括青铜锛和装饰勾连雷纹陶器等都可归入本段。

第六期：以石牛山 M1～M3、犁头山 M1 为代表②。器物包括米字纹灰陶罐、水波纹敛口钵、原始瓷盅和谷纹璧等。

（三）文化序列与年代

在对比粤东区和闽南区先秦考古学文化面貌和器物组合特征的基础上，可将整个区域分为七期十四段（表三）。

第一期的海丰沙坑北遗址未经正式发掘，遗址中采集的彩陶圈足盘在形态、纹样方面与深圳咸头岭二期基本相同，年代相近。根据研究者对咸头岭遗址的年代判断③，我们推测沙坑北遗址的年代为距今 6200 年前后。陈桥遗址无相关测年数据，鉴于该遗址出土石器的形态较原始，陶器形制、器表装饰特征也显示其年代可能较早，故一些研究者判断这类遗存年代可能为距今 7000 年前后④。由于陈桥一类遗存考古资料零星，我们暂且将其年代定为与沙坑北遗址相当或略早。

---

① 郑辉、陈兆善：《九龙江流域先秦文化发展序列的探讨》，《福建历史文化与博物馆学研究——福建省博物馆成立四十周年纪念文集》，福建教育出版社，1993 年。

② 福建省博物馆：《漳州发现商周、西汉墓葬》，《福建文博》2001 年第 1 期。

③ 李海荣、刘均雄：《广东深圳市咸头岭新石器时代遗址》，《考古》2007 年第 7 期。

④ 焦天龙：《更新世末至全新世初岭南地区的史前文化》，《考古学报》1994 年第 1 期。

表三　粤东闽南地区先秦文化遗存分期对照表

分区　　分期		粤东区		闽南区	
一期	一段	一期	一段		
二期	二段			一期	一段
三期	三段	二期	二段	二期	二段
	四段		三段		
	五段		四段		
四期	六段	三期	五段	三期	三段
	七段				四段
五期	八段	四期	六段（甲/乙）	四期	五段（甲/乙）
	九段		七段（甲/乙）		六段（甲）
六期	十段	五期	八段	五期	七段
	十一段		九段		八段
七期	十二段	六期	十段	六期	
	十三段		十一段		
	十四段		十二段		九段

　　第二期遗存目前仅发现于闽南区，东山大帽山遗址共发表过 5 个测年数据：其中三个为 2002 年发掘中采集的样品，海洋效应校正年代为 2940BC（68.2%）2740BC、3040BC（95.4%）2640BC、2660BC（95.4%）2200BC[1]；另外两个 1986 年试掘采集样品的测年数据为 4030 ± 100BP（2900BC（95.4%）2250BC）、3990 ± 100BP（2900BC（95.4%）2200BC）。据此，第二期的年代大致为距今 5000 ~ 4400 年间。

　　第三期包括粤东区的二至四段、闽南区的二段遗存。目前，该期遗存尚无测年数据，笔者曾将其年代下限推测为约距今 3600 年，但根据新出土考古资料来看，该文化的年代或应更早，约为距今 4200 ~ 3800 年间。

　　第四期包括粤东区的五段和闽南区的三、四段遗存。该期遗存已公布的测年数据共 6 个：乌仑尾 M2 墓底木炭的年代为距今 3550 ± 60 年（2040BC（95.4%）1730BC）；其余 5 个标本均来自牛伯公山遗址，其中 H7 木炭的碳-14 年代为距今 3390 ± 95 年（1930BC（94.1%）1490BC），来自遗址 2C 层的其他三个年代数据分别为距今 2780 ± 80

① 福建博物院、美国哈佛大学人类学系：《福建东山县大帽山贝丘遗址的发掘》，《考古》2003 年第 12 期。

（1300BC（95.4%）840BC）、2980±85（1420BC（95.4%）970BC）、3170±90（1680BC（95.4%）1210BC）、3290±90（1780BC（94.3%）1390BC）。除 M2 对应粤东闽南地区总分期的第六段外，其他年代均对应第七段。据此，推断第四期的年代约为距今 3800～3300 年间。

第五期包括粤东区的六、七段和闽南区的五、六段。其中甲类遗存的两个测年数据均出自虎林山墓地，M13 腰坑底部木炭的年代为距今 3040±60 年（1440BC（95.4%）1120BC），M18 木炭的年代为距今 3120±80 年（1540BC（93.9%）1120BC）。由此推断甲类遗存的年代为距今 3300～3000 年间，即商代晚期至西周初期。乙类遗存的音楼山遗址中共采集测试了 4 个贝壳年代，分别为距今 3030±40 年（1410BC（91.5%）1190BC）、3110±40 年（1460BC（94.1%）1260BC）、2955±40 年（1310BC（95.4%）1020BC）、2525±40 年（800BC（95.4%）520BC）①，除最后一个数据年代偏晚外，其他数据年代显示乙类遗存的年代可能为距今 3400～2900 年间。

第六期包括粤东区的八、九段，闽南区的七、八段，测年数据为来自墓林山遗址贝壳的两个碳-14 年代数据分别为距今 2635±75 年（980BC（95.4%）530BC）和距今 2450±65 年（770BC（95.4%）400BC）。据此，推断本期年代约为距今 2900～2500 年，即大约西周中晚期至春秋时期。

第七期包括粤东区的十至十二段遗存，以及闽南区的第九段遗存。该期的第十二段至十四段分别代表战国早期、中期、战国晚期至西汉初年。

三　文化谱系

文化谱系的研究对象，应该包括对考古遗存依据特征进行分类、梳理，以构建其时空框架，明确其来龙去脉、对外关系等内容②。依此，对一个考古学文化自身及其与其他文化之间的时间和空间关系的分析，构成了文化谱系研究的核心内容。前文已确定了粤东闽南地区先秦时期考古学文化的基本年代框架，下文将从各文化的性质与类型，以及考古学文化间的相互关系两个方面探讨该地区文化谱系的相关问题。

（一）文化性质与类型

粤东闽南地区第一期遗存暂时只发现于粤东区的东西两翼地带，分别以陈桥贝丘遗址和沙坑北沙丘遗址为代表，分别与两者文化面貌相同或者相近的遗存数量很少，在空间上大致在韩江下游和捷胜半岛一带各自聚群分布（图一）。两者文化特点明显有

① 福建晋江流域考古调查队：《福建晋江流域考古调查与研究》，科学出版社，2010 年。
② 严文明：《关于考古学文化的理论》，《走向 21 世纪的考古学》，三秦出版社，1997 年。

别，在遗址类型上也可区分为贝丘遗址和沙丘遗址两种形态。这两类遗存的陶器中均见彩陶，生计方式也同样以狩猎—采集经济为主，但出土遗物特点存在一定的差异，应为文化性质不同的两支考古学文化。其中，沙坑北等遗址采集到彩陶圈足盘、器表装饰有镂孔、刻划纹或者彩绘的泥质陶器，以及外壁饰贝压纹、细绳纹、波浪纹的夹砂陶罐等特征与珠江三角洲地区的咸头岭文化相同。与陈桥遗址文化性质相近的遗址还包括潮安石尾山、海角山①、凤地②以及揭东湖岗等处，这些遗址皆为贝丘遗址。遗址出土物中基本都有骨器、打制石器和一定数量的动物骨骼（包括牛、猪、鹿等哺乳动物和鱼、龟等水生动物）发现，陶器以火候较低的夹砂陶为主，器类多为饰绳纹的圜底器。由于这类遗存文化特征独特，且有一定的空间分布范围，可将之命名为陈桥文化。

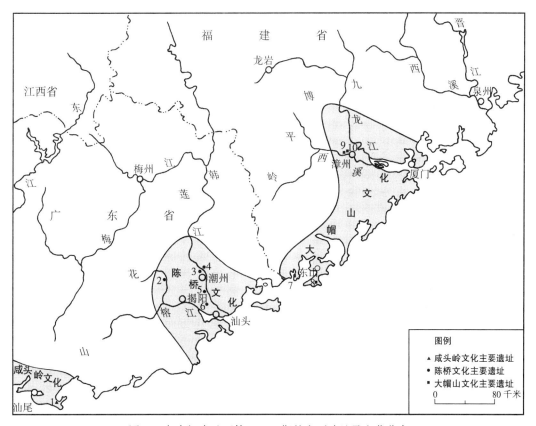

图一　粤东闽南地区第一、二期的主要遗址及文化分布

1. 海丰沙坑北　2. 揭东湖岗　3. 潮安陈桥　4. 潮安海角山　5. 潮安凤地　6. 潮安石尾山
7. 诏安腊洲山　8. 东山大帽山　9. 漳州覆船山　10. 漳州松柏山

①　广东省文物管理委员会：《广东潮安的贝丘遗址》，《考古》1961 年第 11 期。
②　潮安县博物馆：《潮安池湖凤地新石器时代贝丘遗址清理纪略》，《潮汕考古文集》，汕头大学出版社，1993 年。

　　粤东闽南地区的第二期遗存目前主要见于闽南区，数量零星且遗址间的空间距离相对较远。该期遗存以大帽山贝丘遗址为代表，同时期遗存还见于漳州覆船山、诏安腊洲山两处贝丘遗址和漳州松柏山墓地。这些遗址出土陶器均以夹砂陶为主，器形单调，多见罐、釜、碗等，纹饰以绳纹、贝压纹和刻划纹较有特色，所出石器包括石锛、凹石等（图二），表现出浓厚的渔猎—采集经济特色。研究者认为这类遗存在闽南区新石器时代遗址中很有代表性，代表了同一文化传统，或可称之为"大帽山文化"①。

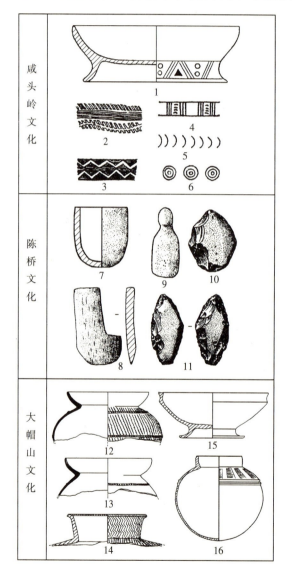

图二　粤东闽南地区第一、二期主要遗物
1~6. 海丰沙坑北　7~9、11. 潮安陈桥（CC123、CC122、CC108、CC20）　10. 潮安石尾山（CS007）12、13. 漳州松柏山（M7:6、4）　14~16. 东山大帽山（T4②:33、3、2）

① 福建博物院、美国哈佛大学人类学系：《福建东山县大帽山贝丘遗址的发掘》，《考古》2003 年第 12 期。

　　粤东闽南地区的第三期遗存在粤东的榕江—韩江中下游地区和闽南的诏安、云霄一带有着较为广泛的分布，遗址相对集中于低丘陵和冲积平原相间地带，高丘陵和海拔相对较高的山间盆地边缘虽然也有同时期遗址分布，但分布上明显稀疏得多（图三）。考古调查资料显示，这一时期的遗址已出现在小空间单元内数处遗址相互邻近而构成遗址群的现象①。本期遗存流行印纹硬陶，多见拍印几何形印纹的矮圈足罐，以及圈足钵、豆、壶、簋形器等（图四）。石器均为磨制，总体上数量不多，包括石锛、石镞和石环等。此时不同聚落的社群之间已经存在手工生产的分工现象，如虎头埔遗址的陶窑群、宝山岽遗址的石环生产等。这类被称为虎头埔文化的新石器时代晚期文化的范围已不限于粤东闽南地区，应该已经越过莲花山一线分布到粤东北的兴（宁）梅（州）一带，至少形成了榕江—韩江中下游地区和梅江流域这样两个中心分布区②，代表不同的地方类型。

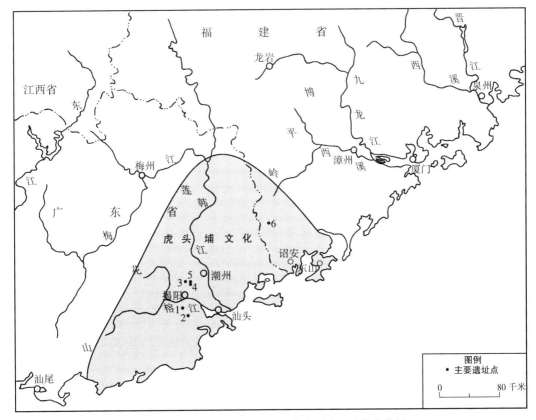

图三　粤东闽南地区虎头埔文化主要遗址及分布范围

1. 普宁虎头埔　2. 普宁龟山　3. 揭东莲花心山　4. 揭东宝山岽　5. 揭东金鸡岽　6. 诏安陂里后山

---

① 魏峻：《粤东地区的考古学文化与环境互动》，《南方文物》2008 年第 1 期。

② 揭阳考古队等：《普宁市虎头埔新石器时代遗址发掘报告》，《揭阳考古（2003～2005）》，科学出版社，2005 年。

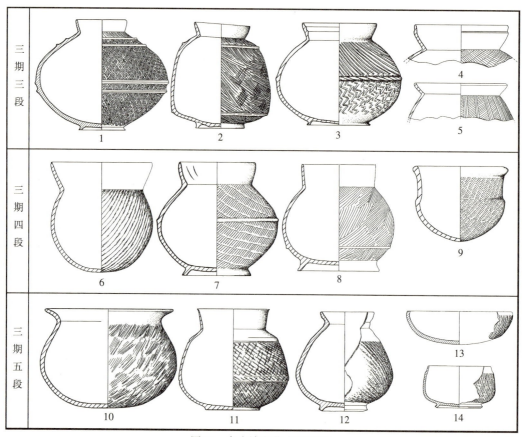

三期三段

三期四段

三期五段

图四　虎头埔文化主要遗物

1、4、5. 普宁虎头埔遗址（ⅢT0202⑤∶1、ⅢT0202④∶15、ⅢT0202④∶11）　2. 揭阳狮头崎遗址（JY30∶1）　3. 揭东宝山岽遗址（采∶1）　6～9. 普宁虎头埔遗址（ⅣT0203②∶1、Y2∶1、ⅣT0203②∶2、ⅢT0202③∶1）　10、11. 揭东莲花心山遗址（JD21∶6、1）　12～14. 普宁龟山遗址（G1∶2、Y1①∶2、G1∶3）

　　粤东闽南地区的第四期遗址也同样以河流冲积平原和低丘陵交错区域最为密集，选址多在临近河流的岗地或者矮丘顶部，单个小生境状态中同样呈现遗址聚群分布的特点①（图五）。第四期的陶器多圜底器和凹底器，典型器物包括凹底尊形器、折肩凹底罐、子口钵、豆等，器表装饰流行拍印或者刻划的几何形纹饰，如复线菱格纹、网格纹、斜线纹等，这类遗存被研究者称为"后山文化"或者"松柏山类型"。现有考古资料显示，后山文化至少可以分为早晚两期。早期遗存见于九龙江中下游区域，陶系以夹细砂或者泥质的灰陶为主，火候不高，器物群中圜底或者圈足尊、浅盘高柄豆，以及器物表面装饰的刻划纹或涂抹细泥的做法较有特点，代表了后山文化的独特地方类型，因早期遗存在鸟仑尾墓地中发现较多，可将之称为后山文化鸟仑尾类型。晚期

①　魏峻：《粤东地区的考古学文化与环境互动》，《南方文物》2008 年第 1 期。

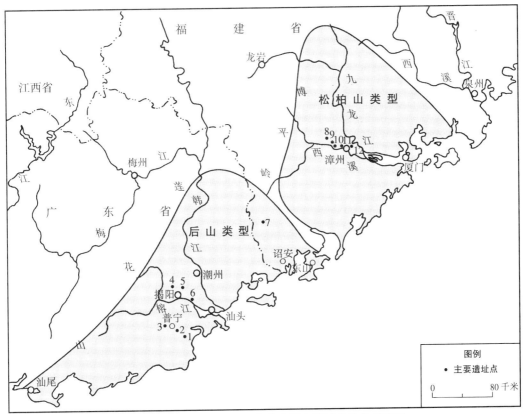

图五　粤东闽南地区后山文化晚期主要遗址及分布范围

1. 普宁牛伯公山　2. 普宁龟山　3. 普宁后山　4. 揭东新岭矿场　5. 揭东面头岭　6. 揭东油柑山　7. 诏安陂里后山　8. 漳州鸟仑尾　9. 漳州狗头山　10. 漳州禁山　11. 漳州松柏山　12. 漳州虎林山

遗存则在整个粤东闽南地区皆有发现，陶器以夹细砂或者泥质的灰陶、灰褐陶为主，凹底器、圜底器依然流行，圈足器数量减少，典型器物有凹底或圜底罐/釜，陶豆、子口钵等，器表装饰多见拍印纹饰，刻划纹已较少见。墓葬中随葬的石器数量大增，开始见到一些成组随葬的石锛、石戈等（图六）。然而，此时粤东、闽南两区的文化面貌却有所区别，如粤东区陶器多为泥质硬陶，装饰拍印的几何形纹饰；盛行凹底器，常见器形包括各式陶罐、钵、陶豆和鸡形壶等；石器数量较少，种类也相对单调。闽南区陶器中细砂陶占 90% 以上，陶器火候不高，器表装饰多为拍印和刻划的几何形纹饰，同时也有在器表涂抹细泥的现象，常见器形包括大口折肩的尊形器、各式凹底罐和折沿豆等，石器数量相对较多，包括石锛、石戈、石镞等。据此，我们分别将粤东区、闽南区的后山文化晚期遗存称为后山类型和松柏山类型。

　　粤东闽南地区第五期遗存按照文化面貌和陶器组合、形态的差异，分为甲、乙两类。甲类遗存就是研究者所说的浮滨文化，该文化的遗址数量和密度都较虎头埔文化、后山文化有较大增加，不仅冲积平原区的河岸高阶地、矮丘和低丘陵区都有分布，并

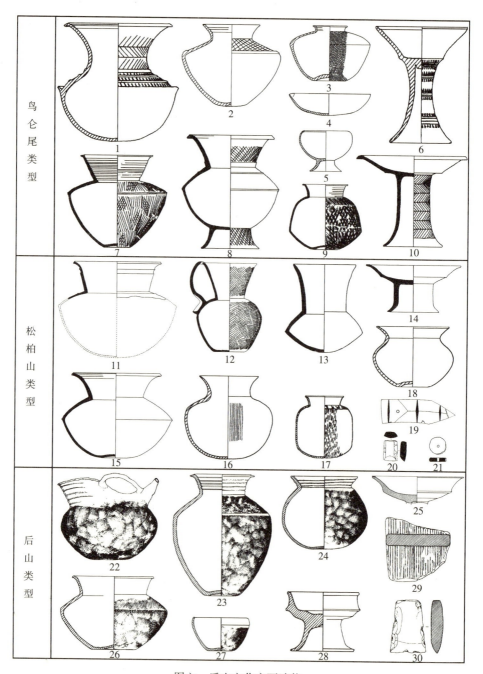

图六　后山文化主要遗物

1～6、16～18. 南靖鸟仑尾遗址（M15：4、M15：2、M4：15、M14：6、M14：2、M14：3、M14：1、M3：10、M1：4）
7、12、13、19～21. 漳州虎林山遗址（M2：8、M3：2、M4：2、M3：13、M3：3、M3：11）　8～11、14、15. 漳州
松柏山遗址(M1：5、M4：2、M1：21、M2：1、M2：6、M2：2)　22～30. 普宁后山遗址（采：1、采：9、采：32、
采：30、M1：2、M4：2、采：7、T2③：1、T8③：3）

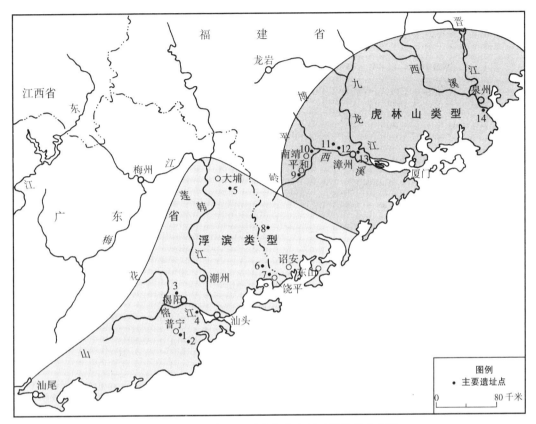

图七　粤东闽南地区浮滨文化主要遗址及分布范围

1. 普宁龟山　2. 普宁牛伯公山　3. 揭东新岭矿场　4. 揭东油柑山　5. 大埔金星面山等　6. 饶平塔仔金山　7. 饶平顶大埔山　8. 诏安陂里后山　9. 平和西山　10. 南靖三凤岭　11. 漳州鸟仑尾　12. 漳州狗头山　13. 漳州虎林山　14. 南安石窟山

且在海拔超过 250 米的高丘陵区也出现了不少该文化的遗址（图七）。浮滨文化至少包含了早晚两个发展阶段：早期遗存以虎林山三组遗存和浮滨部分墓葬为代表，陶器多为灰色/灰褐色泥质陶或者夹砂陶，火候不高。器物中有一定数量的圜底器和圈足器，并有少量凹底器；典型器物有侈口圜底罐、圈足壶、折沿浅腹豆、陶杯等，器物纹饰多见短条纹，开始出现釉陶器。同时随葬石器数量大增，常见个体较小的石锛、石戈和石质的装饰品等。较晚阶段遗存以虎林山四组为代表，大埔的浮滨文化墓葬不少也属于这一阶段。此时陶器已多为泥质陶，流行圈足器和平底器，包括高领尊、垂腹壶、深腹矮圈足豆等器物，器表纹饰多见饰短条纹，器面多施酱色釉，石器数量多且制作精美，包括成组的石戈、石矛、凹刃石锛等，墓葬可见随葬的青铜器（图八）。虽然粤东、闽南区同时期的浮滨文化面貌也有一定差异，但考虑到两地各自文化特征变化的同步性，可简单地将两地的浮滨文化区分为浮滨类型和虎林山类型。乙类遗存被研究

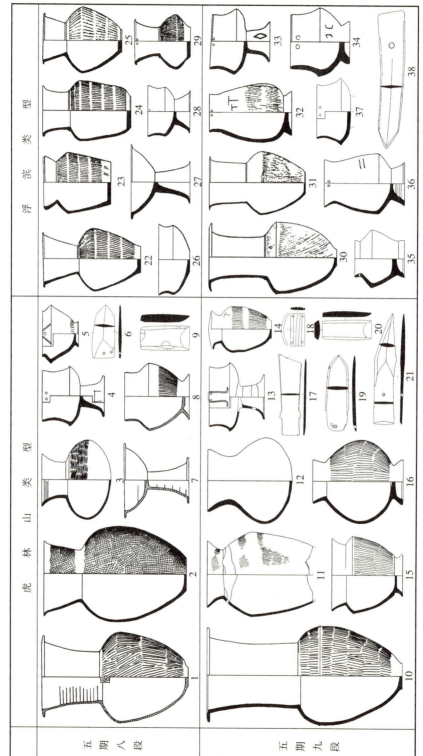

图八　浮滨文化主要遗物

1、7、8. 南靖狗头山遗址（M1：1、3、17）　2～6、9. 漳州虎林山遗址　10～21. 漳州虎林山遗址
（M7：3、M18：22、M7：9、M17：3、M19②：7、M18：1、M7：6、M19②：4、M19①：1、M19②：22、M19②：8）　22～24、29. 饶平浮滨遗址 M1（编
号不详）　25～28. 饶平浮滨遗址（M1：21、M2：12、M3：2、M2：5）　30、34. 大埔金星面山遗址（M1：2、3）　31～33. 大埔屋背岭遗址（M7：4、2、5）
35～38. 揭东梅林山遗址（JD33：7、1、13、8）

者称为华美文化或者墓林山文化，本文称之为华美文化，它也是后山文化之后存在于粤东闽南沿海地带的土著文化遗存。华美文化居民多选址滨海或者邻近河、湖的环境，遗址多为贝丘或者沙丘类型，渔捞—采集经济特征明显（图九）。该文化的陶器以夹砂陶为主，器物中凹底器、圜底器和圈足器都较为发达，典型器物包括宽沿釜、陶尊、带耳圈足罐、陶杯、矮圈足豆、筒形支座等，器表装饰梯格纹、方格纹或者条纹，一些器物的口沿、肩部施有条带状或者卵点状的红彩（图一〇）。就现有资料来看，与华美文化相同或近似的遗存在惠安蚁山①、音楼山②等遗址也有发现，表明该文化的分布范围已达晋江流域。相对而言，华美文化在榕江—韩江中下游区域和九龙江流域的文化面貌相似性较高，而与晋江流域的同类遗存有一定差别，可能代表了不同的地方类型。

第六期遗存在粤东、闽南两区的遗址分布都相当零星，主要见于冲积平原的低矮岗地和低丘陵的边缘地带。因该期遗存的陶器多见装饰夔纹、重菱格凸块纹、涡纹、弦纹、勾连雷纹等组合纹样的硬陶罐、瓮等，纹饰和器物特点与分布于东江流域的夔纹陶文化遗存相同，属于同一类型的考古学文化。

粤东闽南地区的第七期为战国时期的越系青铜文化遗存，主要分布在丘陵和冲积平原区域，临河台地的坡腰或者稍低位置成为当时居址的最为普遍选择。本期文化遗存以原始瓷、印纹硬陶和青铜器为主要特征，与珠江三角洲地区的同时期文化遗存之间有着较强的同一性（图一一）。

（二）文化关系

粤东闽南地区第一、二期各文化遗存的发现都较零星，进行相互间关系探讨的资料尚不充分。依据现有材料，可知距今6200年后前后自海丰捷胜半岛以西的滨海地区属于咸头岭文化的分布区，而海陆丰沿海地区可能也就是该文化分布的西界。分布在榕江—韩江中下游平原一带的陈桥文化，因资料过少，与本地及周边地区其他考古学文化的关系尚不明确。大帽山文化分布于闽南南部的滨海地带，其部分陶器的形态特征与台湾南关里、新竹上沙仑II等遗址的出土物特征非常相似③。

虎头埔文化在文化面貌上与本地区时间上更早的陈桥文化、大帽山文化之间似并不存在直接的传承关系。有学者指出，与珠江三角洲地区自成系列的同期文化相比，

① 林聿亮、林公务：《福建惠安涂岭新发现的古文化遗址》，《考古》1990年第2期。
② 福建晋江流域考古调查队：《福建晋江流域考古调查与研究》，科学出版社，2010年。
③ 福建博物院、美国哈佛大学人类学系：《福建东山县大帽山贝丘遗址的发掘》，《考古》2003年第12期。

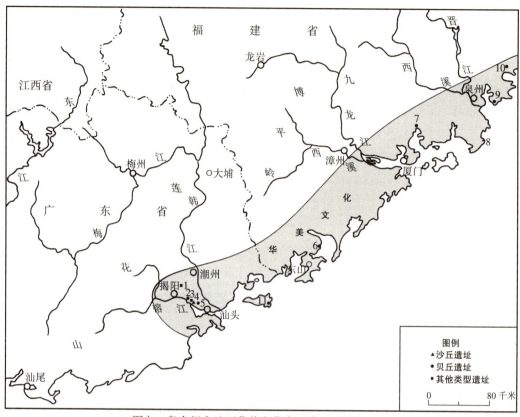

图九　粤东闽南地区华美文化主要遗址及分布范围

1. 揭东面头岭　2. 揭东洪岗　3. 揭东油柑山　4. 揭东华美　5. 潮安梅林湖　6. 云霄墓林山
7. 厦门寨仔山　8. 晋江庵山　9. 惠安音楼山　10. 惠安蚁山　11. 南澳东坑仔

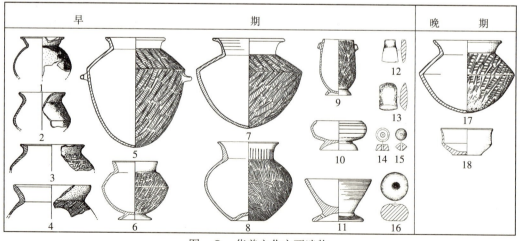

图一〇　华美文化主要遗物

1~4. 云霄墓林山遗址（88YMH1:3、18、19、9）　5~7、13、17、18. 揭东面头岭遗址（M18:1、M18:2、M21:1、M19:4、M17:1、M17:2）　8~12、14~16. 揭东华美遗址（JH:19、8、12、13、36、34、35、38）

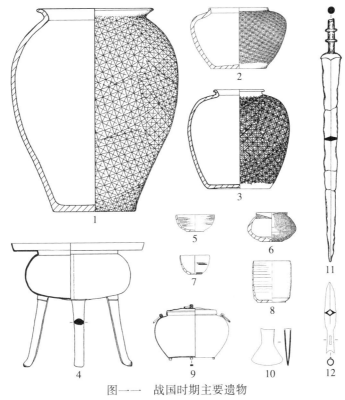

图一一　战国时期主要遗物

1~5、8、9、11. 揭东面头岭（M7∶1、M2∶3、M24∶1、M3∶1、M15∶2、M2∶5、M24∶2、M15∶6）
6、10、12. 揭西赤岭埔（JC∶17、29、18）

两者虽各有邻区的文化因素，但只能理解为文化交往的结果①。与分布在闽江流域年代上稍早的昙石山中层文化相比，两者在一些文化因素上存在相似性（如印纹硬陶、鼓腹罐、箕形器和器表纹饰等），虽然现阶段我们仍无法阐明虎头埔文化的主体文化因素究竟何来，但可以肯定，在虎头埔文化的形成、发展的过程中，来自昙石山中层文化的影响不可忽视。

　　受到来自闽江流域及更北区域考古学文化因素的影响，闽南九龙江中下游区域的土著文化在距今约 3800 年率先发生转变，形成了新的区域文化类型——后山文化鸟仑尾类型。该文化的晚期阶段，分布范围出现了向西、向北扩张的趋势，遗址数量增加，遗址集中在粤东的莲花山以南—榕江中游冲积平原以北的丘陵地带和闽南九龙江中下游冲积平原两侧丘陵接触地带这样两个区域，形成同一文化的不同地方类型。与松柏山类型主要继承了鸟仑尾类型文化因素发展而来的情况不同，后山类型在文化形成过程中还受到了粤东区时间上稍早的虎头埔文化的一定影响。

① 赵善德：《虎头埔文化与岭南考古研究》，《揭阳考古（2003～2005）》，科学出版社，2005 年。

　　浮滨文化早期遗存数量较少，晚期阶段则呈现出向周边扩散的强劲势头，其少量文化因素和器物甚至传播到更远的珠江三角洲和粤北一带。浮滨文化部分器物的形态、器表涂抹细泥乃至施釉的特点与后山文化间存在连续性，但两者陶器群的主要特征与组合方面有较大差异，这一现象表明浮滨文化的主体因素或许另有来源。20 世纪 90 年代以来，闽江上游富屯溪流域邵武、光泽一带的斗米山[1]、乌石顶[2]等遗址资料的发表为解决这一问题提供了线索，两遗址中出土的陶尊、瓶、盆、钵、石戈等器物的形态，以及陶器施釉或黑色陶衣的特点，与浮滨文化早期遗物具有较高的相似性。若发掘者对两遗址的年代判断无误，则闽西北地区的这类商代早中期遗存很可能就是浮滨文化的主体文化因素来源之一。

　　已有研究者指出，晋江流域的华美文化遗存与福建中北部沿海地区新石器时代晚期的某些器物在形态、器表纹饰、装饰方法上存在共同之处，该遗存的主体部分应该受到黄瓜山文化的较多影响[3]。然而如前文所言，因韩江—九龙江中下游与晋江中下游一带的同类遗存仍有一定差异，两者的文化因素来源可能并不完全相同。仅就分布于粤东闽南沿海的文化遗存而言，该区域年代更早的大帽山文化和后山文化松柏山类型对于华美文化的形成和文化面貌塑造作用也是不可忽视的。

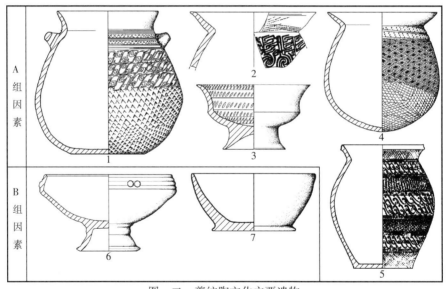

图一二　夔纹陶文化主要遗物

1. 揭东油柑山（JD38∶8）　2. 揭东落水金狮（JD7∶5）　3. 揭东新岭矿场（JD1∶24）　4. 揭东金鸡崀（JD17∶5）
5. 惠来饭钵山遗址采集　6、7. 揭东面头岭墓地（M20∶2、1）

①　福建省博物馆：《邵武斗米山遗址发掘报告》，《福建文博》2001 年第 2 期。

②　福建博物院、南平市博物馆、邵武市博物馆：《邵武肖家坊青铜时代墓葬发掘报告》，《福建文博》2004 年第 3 期。

③　福建晋江流域考古调查队：《福建晋江流域考古调查与研究》，科学出版社，2010 年。

　　粤东闽南地区的夔纹陶文化阶段至少包含了两种不同来源的文化因素：装饰夔纹以及其他几何形组合纹饰的印纹硬陶罐、原始瓷敞口豆等文化因素（A 组因素）来自东江中下游地区，构成了这一时期粤东闽南地区文化因素的主体；另一类文化因素以原始瓷敛口豆、碗等为代表（B 组因素），数量少但年代上可能较早，其代表了来自闽北或者浙江地区文化影响（图一二）。此时，粤东闽南一带的区域文化互动关系较之浮滨文化时期发生逆转——来自东江流域的文化因素开始向东传播，并渐次影响到榕江流域、韩江流域和九龙江流域。受到资料的限制，暂时还无法判断这种区域间文化互动关系变化的原因何在，但是这种变化有可能暗示了此时包括粤东闽南在内的岭南地区的社会结构和社会组织正在发生着某种变化。

　　战国时期，粤东闽南地区的越系青铜文化与珠江三角洲、粤北等地的同时期文化表现出很强的共性，并且随着时间的推移呈现逐渐增强的趋势。生产力水平的显著提高、不同群体间斗争的加剧、区域间交流的频繁和北方汉文化因素的融入，促进了具有鲜明特征的越系土著青铜文化系统在整个岭南地区的繁荣和广泛传播。

洞庭湖区大溪文化再研究

郭伟民

（湖南省文物考古研究所）

洞庭湖区大溪文化的发现与研究，既是两湖考古同仁的工作重点，也是学术界颇为关注的课题。相关的研究成果和研究深度，对于一支区域性考古学文化来说，已经取得了不俗的业绩①。但是，以当前考古工作和学科发展的视野来看，持续出现的新材料多少改变了某些早前的认识，新的理论与方法也要求对已有的研究做出检讨和反思，因而，洞庭湖区大溪文化还有再研究的必要。本文综合最近几年来在该地区的工作经历和思考，提出几个问题并做简单分析。

一 洞庭湖区大溪文化的发生

1. 距今 6300 年前长江中游的文化大势

大溪文化遗存最先发现于峡江地区②，因此峡江地区的大溪文化研究自然成为两湖地区考古研究的重点，以湖北枝江关庙山遗址为基础建立起来的大溪文化分期一直是大溪文化分期研究的标尺③。随着考古工作的开展，峡江以外特别是洞庭湖地区的考古

---

① 相关研究有：李文杰：《大溪文化的类型和分期》，《考古学报》1986 年第 2 期；王杰：《试论湖南大溪文化》，《考古》1990 年第 3 期；何介钧：《试论大溪文化》，《中国考古学会第二次年会论文集》，文物出版社，1982 年；郭伟民：《洞庭湖区大溪文化研究》，《长江中游史前文化暨第二届亚洲文明学术讨论会论文集》，岳麓书社，1996 年。

② 学术界对"峡江"地区的界定不尽一致，孟华平指峡江地区为三峡至江陵的区域，主要包括三峡地区、清江流域和沮漳河流域，其南、北分别与澧水流域和汉水流域为邻（孟华平：《论大溪文化》，《考古学报》1992 年第 4 期）。广义的峡江地区则指宜宾以下，直至宜昌的长江干流及其主要支流所覆盖的区域（国务院三峡工程建设委员会、国家文物局：《峡江地区考古学文化的互动与诸要素的适应性研究》，科学出版社，2009 年）。本文从孟华平的界定。

③ 李文杰：《大溪文化的类型和分期》，《考古学报》1986 年第 2 期。关庙山遗址的资料还见于另外两个简报。中国社会科学院考古研究所湖北工作队：《湖北枝江关庙山新石器时代遗址发掘简报》，《考古》1981 年第 4 期；中国社会科学院考古研究所湖北工作队：《湖北枝江关庙山遗址第二次发掘》，《考古》1983 年第 1 期。

发现增多，新发现大量的大溪文化遗存，人们对于该文化的认识也不断深化。20 世纪末期，以湖南澧县城头山遗址为代表的一批遗存的发掘，为促进洞庭湖区大溪文化的研究提供了关键性的材料①。这批材料为大溪文化内涵和性质的讨论、文化分期、聚落社会研究等方面带来了全新的认识②。随着城头山大溪文化早期城址的发现，以及由此而开展的对该城址持续十多年的考古发掘，在增进人们对于洞庭湖区史前文化和社会了解的同时，也极大地深化了对长江中游大溪文化时空格局的整体认识。城头山的考古发掘表明，洞庭湖区大溪文化的出现与城头山城址的始建几乎是同时的，为距今6300 年。这一重要发现不得不促使人们重新思考大溪文化的发生机制问题，同时也促使学术界更加关注洞庭湖区在长江中游新石器文化前期阶段地位和作用的思考。因而，探讨大溪文化的源头、城头山大溪文化早期城址出现原因成为学术上亟须解决的问题。而要讨论这个问题，则必须对该地区大溪文化之前的史前文化背景做一次全面考察。

（1）目前学术界一致认可长江中游最早的新石器文化是彭头山文化。彭头山文化发生地是洞庭湖区的澧阳平原，作为一个特殊的文化地理单元，澧阳平原新石器文化有其悠久的传统，早于彭头山文化以临澧华垱、澧县宋家岗为代表的一支新的遗存最近被发现，该遗存多埋藏于网纹土壤中，出土陶器、细小石器等，陶器、细小石器与彭头山文化显然存在因缘关系③。彭头山文化的石器传统，与澧阳平原旧石器晚期以来的石器工业一脉相承④。有迹象显示，大约在旧石器时代末期，澧阳平原已经出现了最早的一批定居聚落，十里岗遗址和竹马遗址均发现了这个时期的建筑遗存⑤。八十垱下层发现了这个时期的石器制造场⑥。有理由相信在万年以远，即相当于新石器时代早期或过渡时期距今 20000 ~ 10000 年之间，澧阳平原的社会与文化的进化，已经为彭头山文化的发生奠定了坚实的基础，并最终促使这个区域出现了南方地区最早的土围环壕聚落⑦。

（2）彭头山文化具有成熟的制陶、磨制石器技术，也具有成熟的环壕聚落营造技

---

① 湖南省文物考古研究所：《澧县城头山——新石器时代遗址发掘报告》，文物出版社，2007 年。
② 郭伟民：《新石器时代澧阳平原与汉东地区的文化和社会》"绪言"部分，文物出版社，2010 年。
③ 湖南省文物考古研究所调查资料。
④ 裴安平：《湘西北澧阳平原新旧石器过渡时期遗存与相关问题》，《文物》2000 年第 4 期；袁家荣：《洞庭湖西部平原旧石器文化向新石器文化过渡的研究》，《考古学研究》（七），科学出版社，2008 年。
⑤ 储友信：《湖南发现旧石器时代末期高台建筑》，《中国文物报》1997 年 4 月 6 日第 1 版。十里岗遗址为湖南省文物考古研究所发掘，资料待整理。
⑥ 湖南省文物考古研究所：《彭头山与八十垱》第 274 ~ 290 页，科学出版社，2006 年。另外在岩板垱遗址也发现了这个时期的石器遗存。
⑦ 张学海：《城起源研究的重要突破》，《考古与文物》1999 年第 1 期；裴安平：《澧阳平原史前聚落形态的研究与思考》，《庆祝张忠培先生七十岁论文集》，科学出版社，2004 年。

术，其背后的支撑显然与稳定的资源和颇具实力的经济基础是分不开的。八十垱遗址出土的大量水稻和动植物遗存显示该聚落的生业具有广谱经济的特点。虽然目前学术界对其出土水稻的性质还存在不同的看法，对是否广泛栽培水稻也还有不同的认识，但水稻作为一个重要的生业资源却是不争的事实。恰恰是在澧阳平原这样一个适合稻作农业的地带，彭头山文化发生、发展和繁荣壮大，然后以极强的辐射力向四周扩散，倘若不是稳定的食物来源促进了人口的大量繁殖，断然不会有如此的结果。

彭头山文化自澧阳平原向外扩散，催生了湘江下游的黄家园类型①；向北扩散，催生了鄂西长江沿岸的城背溪文化②。然后越过汉水，波及汉东地区③。在该文化强力扩散的同时，也将文化的边界大大拓展了，甚至已经接近某些文化的传统界线边缘了④。因而，在内外因的多重因素之下发生了文化的变迁。这个变革最先是在外围发生的，比如在彭头山文化的东部边界首先出现了圈足盘。圈足器本不是长江中游的传统，地处湘江下游的黄家园遗址最先出现圈足盘，应该是受到外来因素影响之故⑤。圈足盘接着是在坟山堡遗址出现⑥，然后是澧阳平原的八十垱和金鸡岗⑦。由此而后在彭头山文化的腹地诞生了皂市下层文化。

皂市下层文化的经济技术显然比彭头山文化进步，首先是制陶技术的发达：贴筑的泥片已经变薄，纹饰也比前发达，器物种类更加多样化。皂市下层文化同样具有极强的辐射力，向东据有原彭头山文化的范围，然后溯湘江而至湘江中游，另外还进入沅水下游，其影响力已经基本覆盖整个洞庭湖区。与此同时，在沅水中上游诞生了高庙文化，该文化的许多因素与皂市下层文化有关，其发生和发展应该受到洞庭湖区文化的影响。在峡江地区，则继续流行城背溪文化。

---

① 郭伟民：《湘江流域新石器文化序列及相关问题》，《华夏考古》1999 年第 3 期。
② 城背溪文化显然还有北方文化南下的影子，它的三足罐毫无疑问具有李家村文化的因素。
③ 天门土城下层遗存，湖北省文物考古研究所发掘资料。
④ 彭头山文化后期，大约距今 8000 年，中国南方、北方几支考古学文化几乎不约而同地发生了文化的扩张。大概是新石器发生以来各个区域文化的第二次大碰撞。第一次大碰撞发生在距今万年之际，各地普遍出现了双耳器、圜底器。这次大碰撞则是长江中游与长江下游、长江中游（关中）与黄河中游的大碰撞。其结果是：中原（关中）李家村的文化因素（三足罐）出现在长江中游，长江下游上山—小黄山文化的因素（圈足器）出现在长江中游，长江流域稻作农业推进到了黄淮地区。
⑤ 长江下游有圈足器传统，蒋乐平认为长江中游的圈足器乃是受到下游文化的影响。见蒋乐平：《错综复杂的东南新石器时代早期文化——也谈浙江新发现的几处较早期新石器时代遗址》，《中国文物报》2006 年 4 月 28 日第 7 版。
⑥ 岳阳市文物工作队等：《钱粮湖坟山堡新石器时代遗址试掘报告》，《湖南考古辑刊》（第 6 集），岳麓书社，1994 年。
⑦ 湖南省文物普查办公室、湖南省博物馆：《湖南临澧县早期新石器文化遗存调查报告》，《考古》1986 年第 5 期。

（3）洞庭湖区继皂市下层文化之后是汤家岗文化，其年代为距今 7000～6300 年。该文化部分继承了皂市下层文化的风格，来自沅水中上游的高庙文化对汤家岗文化的发生起了很大的作用①。汤家岗文化的腹心地带在澧水下游的安乡一带，这里与沅水下游毗邻，高庙文化对洞庭湖的影响直接在这里催生了汤家岗文化。该文化代表性的器物是釜、罐、折壁碗、大圈足盘、斜肩圜底罐、折壁圈底钵等，而以白陶极富特色。汤家岗文化的聚落也承袭了洞庭湖区传统风格，现已发掘的几处汤家岗文化时期的遗址都发现了壕沟和土垣②，表明自彭头山文化以来，环壕聚落一直是洞庭湖区的基本聚落形态。

汤家岗文化时期长江中游的文化格局可以概括如下：洞庭湖平原西北地区，是汤家岗文化的势力范围，汤家岗文化的南部边界大致到了今洞庭湖北岸一带，其文化性质已如上述；沅水中上游地区，是松溪口文化的分布区域③。松溪口文化的陶器以圜底器和圈足器为主，主要器物有内折宽凹沿釜、折腹盆形钵、直口扁鼓腹亚腰罐、斜卷沿广肩球腹罐、曲折腹圈足盘等。罐的斜卷沿、束颈、长弧腹成为重要特征，在其腹部饰绳纹，有的在颈部饰篦点纹；盘的形式多样，器表仍有复杂繁缛的纹饰，剔刺纹和篦点纹的组合成为一大特色，在大多数盘的器表组成了浮雕的有翼兽面图案，多数盘的沿外也有浅浮雕的装饰④。峡江地区，是柳林溪文化的势力范围⑤，该文化陶器多夹砂红陶，纹饰以绳纹为主，为泥片贴筑。器物种类以圜底器为主，其次为平底器、圈足器，有少量三足器，典型器物有直身支座、弯身支座、碗、钵、釜、罐等⑥。汉东地区，是边畈文化的分布区域，该文化陶器以粗泥陶红陶为主，纹饰有绳纹、按窝、镂孔、弦纹等。主要器形有釜形鼎、釜、钵、盆等，其次为豆、碗、器座⑦。另外在湘江流域，则有受到皂市下层文化影响而产生的一支流行于湘江中下游的大塘文化和受到汤家岗文化影响的堆子岭文化⑧（图一）。

---

① 尹检顺：《汤家岗文化初论》，《南方文物》2007 年第 2 期。

② 城头山和汤家岗遗址均发现了汤家岗文化时期的壕沟，虽然还未确定是否为环壕，但其壕沟和土围结构与八十垱遗址具有大致相同的结构。

③ 松溪口文化以辰溪松溪口遗址为代表。见湖南省文物考古研究所：《湖南辰溪县松溪口贝丘遗址发掘简报》，《文物》2001 年第 6 期。

④ 郭伟民：《中心与外围：湖南新石器文化区域进程考察》，《古代文明》（第 6 集），文物出版社，2007 年。

⑤ 柳林溪文化以秭归柳林溪遗址以及朝天嘴遗址部分遗存为代表。见国务院三峡工程建设委员会办公室、国家文物局：《秭归柳林溪》，科学出版社，2003 年；国家文物局三峡考古队：《朝天嘴与中堡岛》，文物出版社，2001 年。

⑥ 罗运兵：《试论柳林溪文化》，《2003 三峡文物保护与考古学研究学术讨论会论文集》，科学出版社，2003 年。

⑦ 张绪球：《汉江东部地区新石器时代文化初论》，《考古与文物》1987 年第 4 期。

⑧ 郭伟民：《论堆子岭文化》，《江汉考古》2003 年第 2 期。

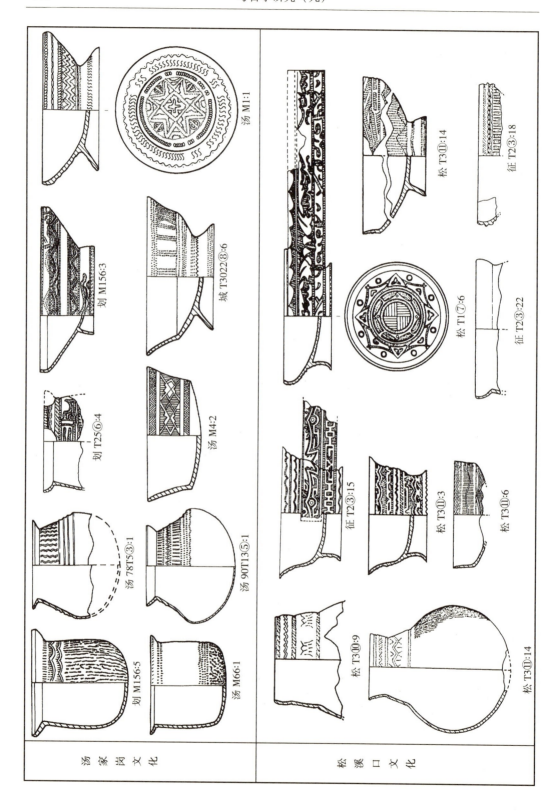

汤 M1:1

刘 M156:3

城 T3022⑧:6

刘 T25⑥:4

汤 M4:2

汤 78T5③:1

汤 90T13⑤:1

刘 M156:5

汤 M66:1

汤家岗文化

松 T3①:14

征 T2③:18

松 T1⑦:6

征 T2③:22

征 T2③:15

松 T3①:3

松 T3①:6

松 T3①:9

松 T3①:14

松溪口文化

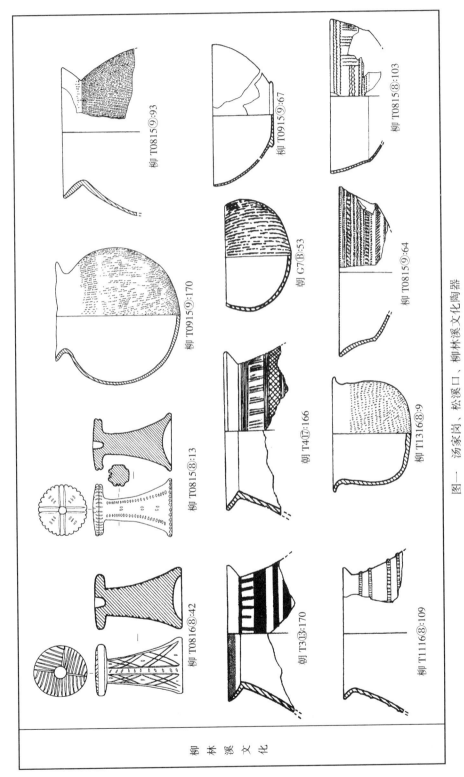

图一　汤家岗、松溪口、柳林溪文化陶器

（"划"代表"划城岗"，"汤"代表"汤家岗"，"城"代表"城头山"，"松"代表"松溪口"，"征"代表"征溪口"，"柳"代表"柳林溪"，"朝"代表"朝天嘴"）

柳T0815⑨:93
柳T0915⑨:67
柳T0815⑧:103
柳T0915⑨:170
朝G7B:53
柳T0815⑨:64
柳T0815⑧:13
朝T4①:166
柳T1316⑧:9
柳T0816⑧:42
朝T3①:170
柳T1116⑧:109

柳林溪文化

　　长江中游新石器文化发展格局肇始于彭头山文化，由彭头山文化衍生了皂市下层文化、城背溪文化、高庙文化。这三支文化在发生和发展过程中分别形成了自身的特点，彼此之间，高庙文化、城背溪文化分别与皂市下层文化有明显的联系，但高庙文化和城背溪文化似乎没有联系。由这三支文化分别发展，又在各自的地区分别诞生了汤家岗文化、松溪口文化、柳林溪文化。汤家岗文化基本是皂市下层文化和高庙文化碰撞而出现的；松溪口文化直接承袭了高庙文化的风格，也受到汤家岗文化的影响；柳林溪文化主体继承了城背溪文化的特征，但来自洞庭湖区的汤家岗文化对其也产生了重要的影响。边畈文化与长江中游传统文化无涉，它是中原文化南下的结果①。这几支文化的生存年代大约在距今 7000～6300 年。长江中游文化的基本格局，仍保持了自彭头山文化以来的走势，即文化发生、扩散与传播的源头在洞庭湖区，洞庭湖区是文化传播的"波源"之所在。中原文化的南下，虽然在城背溪文化的时代已经出现，并且还直接催生了边畈文化，但长江中游文化发展的整体格局并没有改变，始终维持着以洞庭湖区为主导地位。

　　大溪文化诞生前夜的这种文化大势，既是大溪文化诞生的背景，也是城头山大溪文化城池出现的背景。

2. 大溪文化的发生

　　（1）大溪文化最先是以巫山大溪遗址来命名的，随着考古工作的开展，原来视为典型大溪文化遗存的大溪遗址之墓葬和地层在大溪文化序列中只能归属于晚期遗存②。而大溪文化早期遗存则多发现于两湖的平原地带。从目前材料来看，峡江地区关庙山类型和洞庭湖区城头山类型是大溪文化的两支典型类型，其所在的区域也是大溪文化的源头之所在。所以，大溪文化的发生，应从峡江与洞庭湖地区寻找突破口。

　　检视已有的考古材料，关庙山遗址第一期应列为峡江地区最早的大溪文化遗存，该遗存陶器的主要特点是以夹炭红陶为主，有少量的夹砂和泥质红陶，偶见泥质黑陶和极少的白陶。器表多磨光并施深红色陶衣。素面居多，纹饰有线纹、圆窝、镂孔、戳印等，有的圈足碗器表装饰竖黑条。器形以圜底器和圈足器为主。主要器物有釜、圈足罐、折壁圈足碗、三足盘、小碟、器盖、器座等（图二）。与关庙山遗址一期年代相当且文化内涵相似的遗存还有江陵朱家台遗址一期③与阴湘城遗址一期④。朱家台一

---

① 郭伟民：《新石器时代澧阳平原与汉东地区的文化和社会》，文物出版社，2010 年。

② 四川省博物馆：《巫山大溪遗址第三次发掘》，《考古学报》1981 年第 4 期。大溪遗址 2000 年发掘了大溪文化早期遗存，但其性质仍需要讨论。

③ 湖北省文物考古研究所等：《湖北江陵朱家台遗址 1991 年的发掘》，《考古学报》1996 年第 4 期。

④ 荆州博物馆：《湖北荆州市阴湘城遗址 1995 年发掘简报》，《考古》1998 年第 1 期；荆州博物馆、福冈教育委员会：《湖北荆州市阴湘城遗址东城墙发掘简报》，《考古》1997 年第 5 期；冈村秀典、张绪球：《湖北阴湘城遗址研究（Ⅰ）》，《东方学报》京都第 69 册，1997 年。

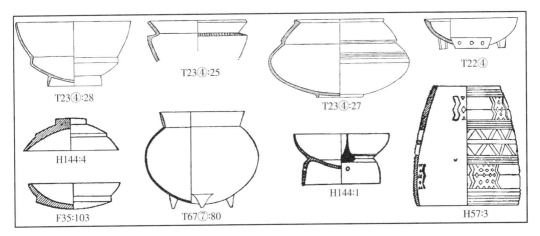

图二　关庙山遗址第一期陶器

期陶器以夹砂陶最多，粗泥夹炭陶次之，泥质陶最少。陶色以红色为主，也有一定的黑陶和外红内黑陶，并有少量的细泥黑陶。器表多施红衣，有的器表有黑色竖条，部分器物饰细绳纹。器类有釜、鼎、支座、假圈足碗、圈足碗、钵、三足盘、豆、盆、碟、杯、器盖、器座等，其中釜、支座、器座、假圈足碗、圈足碗、三足盘、小碟为本期典型器物，尤其是假圈足碗、三足盘、小碟为本期所独有（图三）。阴湘城第一期以夹炭红陶为主，泥质陶较少，也少见夹砂陶，器表多施深红色陶衣，多外红内黑陶，碗（盘）外侧有黑色竖条。有少量的凹弦纹、压印纹和戳印纹。器物主要有釜、三足盘、假圈足碗、圈足碗、圈足罐、支座、盆、器盖、碟等（图四）。

　　峡区内与之年代相当的有龚家大沟、朝天嘴、杨家湾、柳林溪、伍相庙等遗址的相关地层单位①。这些遗存代表了完全不同于柳林溪文化的一支新的考古学文化。从大溪文化在峡江的出现来看，是峡外关庙山一带最先发生而后才向峡内扩散的。

　　对于这批遗存的认识，涉及如何定义考古学文化的问题。关于考古学文化的定义，当以柴尔德的经典阐释为准，他认为，文化是重复出现的诸多类型的集合体。为此，他进一步解释，"同样形制的遗物总是在许多堆积——不仅仅是在同一个墓地中的许多墓葬，或者同一个聚落中的几所房址中，而且还在一个区域之内几个显然不同的墓地、

---

① 　这些遗址中的堆积分属于柳林溪和大溪两个考古学文化，一直没有真正分辨出来。实际上分辨它们很容易：柳林溪文化以包含汤家岗文化因素为标型器物，大溪文化以包含关庙山一期因素为标型器物，则二者是泾渭分明的了。相关遗址的情况见湖北省博物馆：《秭归龚家大沟遗址的调查与试掘》，《江汉考古》1984年第1期；湖北省博物馆江陵考古工作队：《宜昌伍相庙新石器时代遗址发掘》，《江汉考古》1988年第1期；宜昌地区博物馆：《宜昌杨家湾新石器时代遗址》，《江汉考古》1984年第4期。

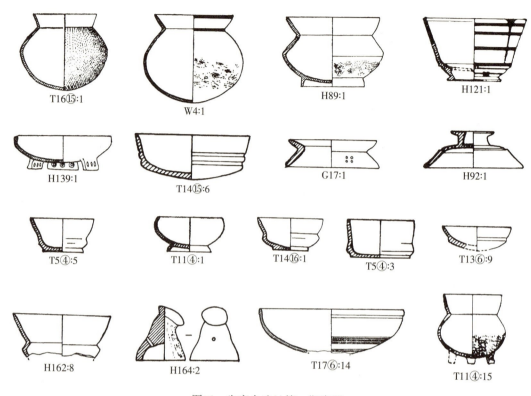

图三　朱家台遗址第一期陶器

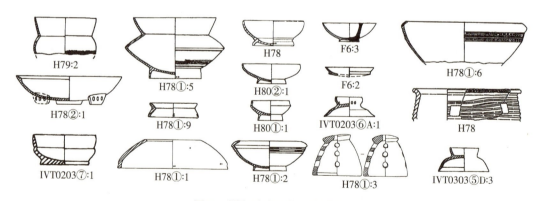

图四　阴湘城遗址第一期陶器

聚落或者窖穴中一起重复出现。像这样重复不断出现的器物的组合，或者几组反复证明有共存关系的器物类型，就组成了所谓的文化"①。大溪文化是符合这个定义的，上述遗存中，三足盘、折壁圈足碗（施竖黑条彩）、圈足罐、小碟总是反复出现于同一个

① 柴尔德：《历史的重建》第 28 页，上海三联书店，2008 年。

遗址的几个灰坑中，或几个遗址的房址和地层中，完全符合"具有标志性的器物类型反复出现共存关系，而且又不与其他文化的标志性器物共存"。所以，三足盘、折壁圈足碗（施竖黑条彩）、圈足罐、小碟就是大溪文化的标志性共存器物。这四个种类的器物形成固定的组合在多个遗址中反复共存，构成了严格意义上的"文化"。与四类器物共存的当然还有其他非标志性器物，像绳纹釜、器盖、器座等①。关于这四类标志性器物的祖型，目前的资料还没有明确的线索可循。在柳林溪文化的器物群中存在假圈足碗，这种假圈足在朱家台遗址第一期陶器中同样有所发现，H121∶1 折壁碗（施竖黑条彩）就是一件假圈足，因此有理由相信大溪文化的折壁圈足碗是在前期文化基础的一种变异。但是另外三类器物绝非柳林溪文化所有，应该是大溪文化出现的新器物。

（2）洞庭湖区大溪文化是在汤家岗文化的基础上出现的。汤家岗文化的壕沟与土垣表明洞庭湖区环壕聚落社会发展到了一个新的高度，从考古学文化上来看，汤家岗文化的标志性器物是戳印纹釜（鼓腹与筒形两种）、篦点折壁碗、戳印纹白陶圈足盘、斜肩圜底罐、折壁圜底钵，这些器物在多个遗址反复共存。另有非标志性器物为素面红衣圜底釜、小口彩陶罐、双耳罐、器盖及支座等。

洞庭湖区大溪文化既然是在汤家岗文化的阵营里孕育成长起来的，因而就继承了汤家岗文化的许多因素。从城头山遗址的情况看，素面红衣圜底釜无论是造型还是制作技术，完全由汤家岗文化直接移植到了大溪文化。大溪文化的曲颈罐、折腹钵也是由汤家岗文化的同类器发展而来。从划城岗遗址的情况来看，白陶盘、双耳罐、彩陶罐等也直接由汤家岗文化发展到了大溪文化②。但是，汤家岗文化的许多标志性器物消失了，比如装饰了绳纹与戳印纹的各式釜、篦点折壁碗、纹饰繁缛的白陶盘等不见于大溪文化。大溪文化的斜直壁圈足碗、瓦棱纹钵不见于汤家岗文化。因而，大溪文化具有了自身的一组标志性器物，它们是曲颈罐、折腹钵、斜直壁圈足碗、瓦棱形钵，另有一类非标志性器物如素面圜底釜、白陶盘等，这类器物在多个遗址多个墓葬和灰坑中反复共存，它们在层位关系和共存关系上均能反映出大溪文化与汤家岗文化的区别与联系，因而这类器物构成了大溪文化出现的标志（图五）。

（3）洞庭湖区与峡江地区最初出现的大溪文化是否是一回事？它们是同时发生的吗？如前所述，峡江地区大溪文化出现的标志是有一批标志性器物的存在，即三足盘、

---

① 正因为标志性器物与一些非标志性器物共存，才能显示其作为标志性器物的重要性。而且，这些标志性器物如果没有"异常"地与其他文化的标志性器物类型共存的情况，两个或更多文化之间的共时性联系就很难建立起来。

② 郭伟民：《新石器时代澧阳平原与汉东地区的文化和社会》第 54 页，文物出版社，2010 年。划城岗遗址材料见湖南省博物馆：《安乡划城岗新石器时代遗址》，《考古学报》1983 年第 4 期；湖南省文物考古研究所等：《湖南安乡划城岗遗址第二次发掘报告》，《考古学报》2005 年第 1 期。

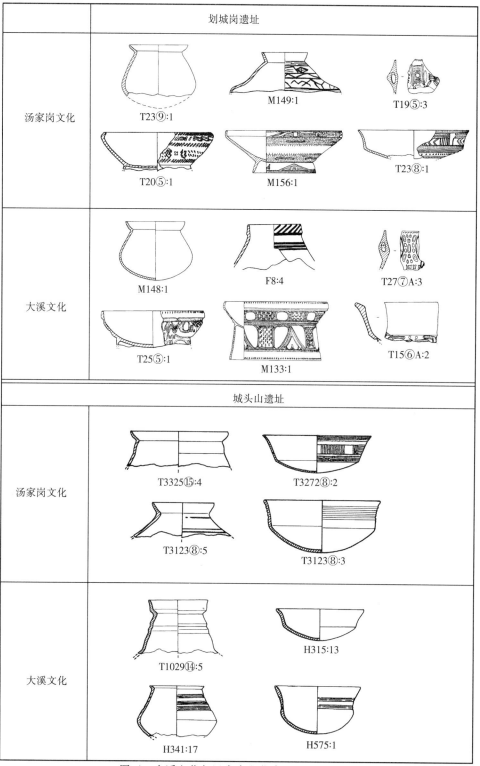

图五　大溪文化与汤家岗文化陶器继承关系图

折壁圈足碗（施竖黑条彩）、圈足罐、小碟。而洞庭湖地区大溪文化出现的标志性器物是曲颈罐、折腹钵、斜直壁圈足碗、瓦棱形钵。二者之间有很大的差别，换言之，它们是不共存的。峡江地区的"大溪文化"来自柳林溪文化，洞庭湖区的"大溪文化"来自汤家岗文化，似乎有理由说，这二者应属于不同的文化谱系。至少，它们的文化性质问题确实不能作简单的处理。至于二者是否是同时发生的这个问题，在此无须花太多精力，前文从文化传承和演进序列指出柳林溪文化与汤家岗文化是并存且同步演进的考古学文化，接之而来的后续文化的发生不应有太大的时间差距。在绝对年代方面，笔者曾仔细梳理了这个时期的碳-14年代数据，得出结论是城头山与关庙山"大溪文化"一期的时间都指向公元前4300年①。因而两地"大溪文化"的发生是同时的。那么，这么差异明显的两支遗存是同一个文化吗？

正如柴尔德指出的那样，所谓考古学文化只具有统计学的意义，一个聚落时期出土的陶器材料无论田野工作怎样仔细也只具有统计学的意义。实际上，某类看似并不具有统计学价值的器物很可能是重要的文化标志物，比如关庙山一期的腰鼓形大器座，这类器座为夹炭红陶，器表施红衣，并有凹弦纹、三角纹、菱形、锯齿形镂孔等多种纹饰。由于其只出现在关庙山遗址，而并不在多处与其他标志性器物共存，因而并未视为标志性器物。但这类器物与那几种标志性器物一同参与了两地文化的传播与交流，并在整合两地大溪文化中发挥了重要的作用。这个问题以及关于这两地"大溪文化"的性质，还必须从两地大溪文化的发生、发展和演变的全过程来考察。恰恰是洞庭湖区大溪文化的演变过程提供了一个全面认识两地大溪文化整体进程的参照系。

二 洞庭湖区大溪文化的演变

1. 城头山大溪文化的分期

考古学文化本身存在的问题必须从具体的个案分析中去加以解决，所以应该从一个相对广域的时空维度中来理解考古学文化，进而探讨其变化的过程和原因②。毫无疑问，考察文化的变化还是应该从文化的分期入手。

---

① 郭伟民：《新石器时代澧阳平原与汉东地区的文化和社会》第27页，文物出版社，2010年。
② 过程主义考古学指出文化历史学派关于考古学文化的认知有如下几个方面的问题：一是将人工制品假设成文化的观念或准则的表达，并通过这一观点将考古学文化与人类文化画上等号，其后果是导致了将过去特殊化而非综合，其含义就是通过强调事物间的不同和个性来代替强调它们之间的相似性。二是将文化看成是一成不变的。它将文化看成是共有观念的表达，如果人们共享建造房屋、制作陶器和埋葬死者的相同观念，那么变化从何而来？所以传统考古学首先是建立编年，然后是移民、传播，对于为什么这种或那种陶器风格会发生变化，为什么此文化或者彼文化会传播、变迁却鲜有明晰的解释。

　　城头山大溪文化的发生与聚落的变迁有很大的关联，因而应该从聚落的变化入手，结合陶器变化来考察文化的发展过程。城头山能直观体现聚落变化过程的地点是东北城墙和东部稻田—祭坛—墓地，这些地点不仅存在多重复杂的堆积关系，也是聚落变迁的重要见证。

　　（1）城头山东北城墙于 2001 年发掘，结果显示筑城之前这里有一条壕沟。最初的城墙（Ⅰ期城墙）便叠压在这条壕沟上，后来该城墙墙面被一系列地层及遗迹所叠压和打破。新的城墙（Ⅱ期城墙）则是远在前期城墙壕沟外坡的地面起建，大概在新城墙修建的同时或建成后不久，早期（Ⅰ期）壕沟即被厚厚的黄土堆积所覆盖。新城墙（Ⅱ期城墙）外的壕沟则倾倒了大量的城内居民生活垃圾，其上又被后来的地层所叠压，第三次新筑的城墙便垒筑在这个层面上，与之配套的城壕则向外推出了很远。城墙的营造是聚落的头等大事，意味着城内空间布局的改变。同时，各个城墙壕沟在使用期间形成若干堆积，为建立器物的时间序列提供了很好的参考①。

　　城东在汤家岗文化时期是稻田耕作区，其使用时期一直到建城为止，后来稻田被城垣圈在城内，遂废。这里城墙的始建与东北城墙同时，在填埋稻田营建城墙的过程中显然举行了某种仪式，城内一侧的祭坛大抵就是在这个时期同时建造起来的。祭坛在一个较长的时间段内被连续使用，其过程留下了大量的堆积，包括众多祭祀坑、灰烬层、烧土堆等，均是城墙建造过程中以及建成之后祭坛使用时期所形成。后来祭坛被开辟为墓地，意味着聚落结构的改变，是二次筑城后所导致。墓地的营造理念、空间的分布以及随葬物，均不同程度地暗示聚落社会结构已经发生了明显的变化。这样的过程完成以后，聚落又进入到下一个稳定阶段，并维持到新一轮变革的出现。

　　（2）田野考古揭示了城头山聚落所发生的变化。通过各个堆积单位排比陶器的形态，最终形成了城头山大溪文化遗存的分期。这个陶器分期与聚落的演变相关联，因而可以更好地认识各个阶段陶器变化与聚落演变的关系。

　　城头山大溪文化遗存可以分为三期。

　　第一期：主要堆积单位包括第一次筑城前后地层、壕沟、灰坑等单位，还包括祭坛、祭祀坑以及相关的墓葬和灰坑。从东北城墙的情况看，T1620～T1622 的第 14、15 层为筑城之前早期壕沟之中的堆积，大致略早于城墙，这里出土的遗物是大溪文化年代最早者，主要可见瓦棱纹钵、折腹钵、曲颈罐、素面圈底釜，这是一组标志性的器物，这组共存关系也在灰坑和其他堆积单位中多次出现。如东城的 H315、H348 等也出土类似的器物，说明这类标志性器物是反复共存的（图六），同时还在多个堆积中出现

①　郭伟民：《城头山城墙、壕沟的营造及其所反映的聚落变迁》，《南方文物》2007 年第 2 期。

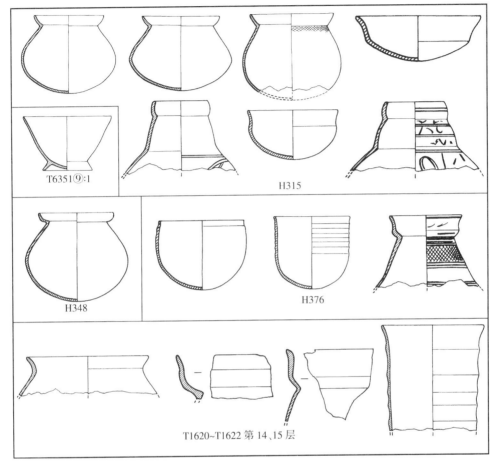

图六　城头山大溪文化一期陶器

斜直壁圈足碗。这些器物作为群体的一部分，大致可以具有炊煮、盛食、存储等功能，为日常生活之所必备。

　　第二期：二期对应的是第二次筑城。第二次筑城的情况从东北城墙的解剖可略知一二，第二次修筑的城墙是在前期城墙的壕沟之外，并非直接叠压着早期城墙，而是向外推了至少15米远，在建造新城墙的同时，也将早期的城壕用黄土填筑，并形成宽阔的黄土台面。这个台面上后来建造了大型的房屋。这意味着新的城墙的修造是聚落内部功能的适应，暗示聚落的结构和功能需求有了变化。这种情况在城东也有表现，这里早期的祭坛被废弃，祭祀坑被掩埋，取而代之的是墓地的出现，作为重要祭祀功能的祭坛的废弃暗示整个城东的用途发生了变化。若将东北城墙的建造、黄土台以及建筑的出现等一系列事件关联起来，则表明这个时期整个城头山的聚落结构发生了重大的变化，完全可以理解为出现了一个新的聚落阶段。这种变化从陶器特征上也可以观察出来，这时的陶器，前一阶段各种型式的素面圜底釜继续流行，并且只有某些细部的变化；前一阶段的斜直壁圈足碗继续流行；形态稍有变化的还有曲颈罐、瓦棱纹钵、折腹钵等。但是也新出现了不少器形，如折壁圈足碗、各种型式的豆、彩陶杯、腰鼓形大器座、三足器等，此外还新出现了小碟。另外，在距城头山直线距离仅13千米的丁家岗遗址"第二期"墓葬中，也出现了折壁圈足碗、斜直壁圈足碗（施竖黑条彩）。在距离丁家岗北边数千米以外的三元宫遗址出土了橙黄陶单耳杯，说明这些器物不仅仅出现在城头山遗址，还在多处遗址共存。这些器形与前期标志性器物的遗留型式共同组成了新的标志性器物群，意味着器类有了很大的扩充。新出现的器物在本地找不到源头，却恰恰在峡江地区找到了类似的形态，像折壁圈足碗以及碗壁上施竖黑条彩、小碟是峡江大溪文化的标志性器物，腰鼓形大器座也是峡江地区的重要器形，这说明在这个时期有来自峡江地区的明显影响。各种型式的豆、彩陶杯也于峡江地区一同出现，这两类器物应该来自其他地域。这说明在城头山建城之后的一段时间里，曾与多个地区发生过交流（图七）。

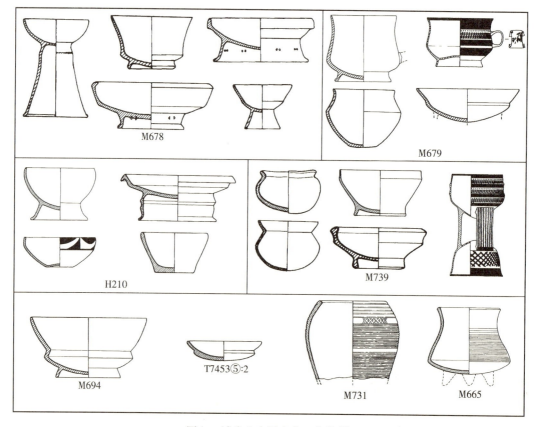

M678　　　M679　　　H210　　　M739　　　M694　　　T7453⑤:2　　　M731　　　M665

图七　城头山大溪文化二期陶器

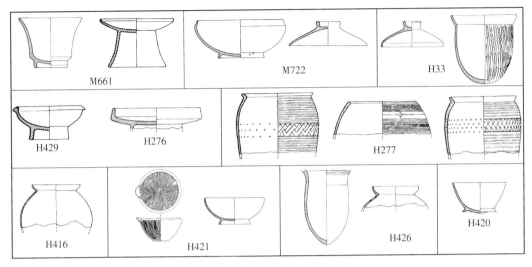

图八　城头山大溪文化三期陶器

第三期：就城头山而言，该期基本沿用前个时期的聚落结构，但因该时期的遗存发现较少，没有发现墓地，相关的其他遗迹也不多，故而对它的了解也较少。三期的器形保留了本地传统的风格，豆、圈足盘、斜直壁圈足碗、腰鼓形大器座等成为这个时期的标志性器物。二期出现的彩陶橙黄陶杯、折壁圈足碗、小碟绝迹。第三期基本已经到了大溪文化发展的后期阶段，有迹象显示，盛极一时的社会开始面临着新一轮巨变的到来[1]（图八）。

2. 从城头山看洞庭湖

（1）城头山大溪文化的发展与演变，提供了研究洞庭湖区大溪文化的一杆标尺，从澧阳平原的情况来看，丁家岗[2]、三元宫[3]等遗址大溪文化遗存的年代大致与城头山一致，文化面貌也完全相同，意味着大溪文化在澧阳平原是同时发生的。大溪文化是由此而来向外扩展，沿澧水直下洞庭，进入澧水下游地区。这里发掘了安乡汤家岗与划城岗遗址，这两个遗址位于澧水一级阶地上[4]。汤家岗遗址以汤家岗文化遗存为主，

① 这轮变革是以油子岭文化在汉东出现并迅速席卷长江中游为标志。所以本文将城头山"大溪文化第四期"列入油子岭文化。笔者在《城头山大溪文化四期及相关遗存的性质辨析》（《中国考古学会第十二次年会论文集》，文物出版社，2010 年）一文中已经做了详细交代。
② 湖南省博物馆：《澧县东田丁家岗新石器时代遗址》，《湖南考古辑刊》（第 1 辑），岳麓书社，1982 年。
③ 湖南省博物馆：《澧县梦溪三元宫遗址》，《考古学报》1979 年第 4 期。
④ 先秦时期澧水的流向是从现津市以东直接流入长江。张修桂在《洞庭湖演变的历史过程》（《历史地理》创刊号，上海人民出版社，1981 年）中考证，古代澧水津市以下河段，是沿华容隆起南侧断裂带发育的东西河道。即今津市经安乡安全北，至华容东注长江。从该地区先秦及秦汉考古的情况来看，此说是正确的。划城岗与汤家岗遗址正好坐落在澧水阶地上。

但大溪文化遗存也占有重要的地位，素面圜底釜、曲颈罐、折腹钵等大溪文化一期标志性器物在这里出现，意味着该遗址大溪文化的出现基本与城头山同时，相关的碳-14数据也能证明这一点①。划城岗遗址出土的瓦棱纹钵、折腹钵、素面圜底釜、曲颈罐也具有大溪文化一期的特征。据此推断，划城岗、汤家岗等遗址大溪文化是紧接着澧阳平原发生起来的。白陶盘继续流行是这里的一大特点。白陶的造型主要有三类：圈足盘、双耳罐、豆，它们在形态和纹饰风格上都继承了汤家岗文化的传统，而地处中游的澧阳平原却少见白陶，圈足盘的数量也很少，这正是汤家岗文化的特征。合理的解释是，作为汤家岗文化大本营的澧水下游安乡一带，这里大溪文化不可避免地带有前一阶段汤家岗文化的痕迹。同样也可以从一个侧面做出判断，即由汤家岗文化向大溪文化的转变，并不是首先发生在汤家岗文化的腹心安乡一带，而是该文化腹心之外的澧阳平原。这种情况再一次证明，文化的变革总是首先酝酿和发生在其边缘或外围地区②。因而也可以由此推断，大溪文化在洞庭湖的发生是肇始于澧阳平原，大溪文化在洞庭湖区的扩散，是由澧阳平原这个"波心"向外辐射的。

（2）顺澧水向东，进入其下游尾闾的华容，澧水即由此注入长江③。这里的大溪文化遗址极为丰富，经过发掘的有刘卜台④和车轱山遗址⑤。刘卜台遗址出土素面圜底釜、曲颈罐、折腹钵等典型的大溪文化一期标志性器物，也出土白陶盘，由于该遗址遭受严重破坏，大溪文化二三期的遗存情况不明。车轱山遗址已经接近澧水入长江的地段，地理位置更靠近湘江下游的湘东北及洪湖、监利等鄂南地区。车轱山遗址出土有曲颈罐、素面圜底釜等大溪文化器物，形态已具有城头山大溪文化二期特征，也有白陶盘、豆等器物，说明源自澧阳平原的大溪文化已经成功辐射到了这里。但是，该遗址出土的多种形态的鼎是其最大特征，数量几乎在统计中占据半壁江山，澧阳平原城头山大溪文化三期已经出现了鼎，由于车轱山遗址的分期并没有建立起来，目前还不知车轱山陶鼎出现的年代与城头山大溪文化三期具有何种关联性。从车轱山陶鼎与曲颈罐、白陶盘、豆共存的情况看，鼎在这里出现的时间可能早到大溪文化二期。似

---

① 2007 年汤家岗遗址进行了第三次发掘，选取 30 余件样品进行了碳-14 测年，大溪文化一期的年代为距今 6300～6100 年，或许绝对年代略晚于澧阳平原。

② 郭伟民：《中心与外围：湖南新石器文化区域进程考察》，《古代文明》（第 6 集），文物出版社，2007 年。

③ 张修桂考证澧水的入江口可能在现岳阳君山区广兴洲。另见杨怀仁、唐日长主编：《长江中游荆江变迁研究》，中国水利水电出版社，1999 年。

④ 湖南省文物考古研究所等：《华容县刘卜台新石器时代遗址》，《湖南考古辑刊》（第 5 集），岳麓书社，1989 年。

⑤ 湖南省岳阳地区文物工作队：《华容车轱山新石器时代遗址第一次发掘简报》，《湖南考古辑刊》（第 3 集），岳麓书社，1986 年。

乎可以考虑澧水流域陶鼎的最初出现地是在下游，并由下游向中游传播①。

在澧水之北，安乡的北界是湖北公安县，这里发掘过王家岗遗址②，该遗址南距汤家岗遗址不足 15 千米，素面圜底釜、曲颈罐、圈足碗（施竖黑条彩）、腰鼓形大器座，属于城头山大溪文化一二期的一些标志性器物都在这里发现，说明该遗址大溪文化的发生与演变大致是与安乡一带的聚落同步的。

上述遗址集中在澧水中下游地区，这个地区是湖南新石器文化的核心地带，自彭头山文化以来一直都以这里为核心向外辐射。澧阳平原作为洞庭湖的文化大本营是有历史渊源的。文化历史的悠久、稻作农业的发达、聚落的持续演进都一直在长江中游独领风骚，居于文化的高地，自然要向外流泻和扩散。从澧水流域中下游的情况来看，可以分为中游和下游两个空间区域，这里从彭头山文化到大溪文化大致是同步发展的，但即便是同步，在文化因素的发生上也绝对是有早晚之分的。白陶显然是先出现于下游而波及中游，大溪文化最初出现的那批标志性器物显然是最先出现于中游而快速传播至下游的，陶鼎则又是下游先于中游出现。由于空间毗邻而无任何交通障碍，故基本处于同步发展而只是略有先后。又因为有空间的距离，因而在文化面貌又表现出少许的差异。

（3）大溪文化在洞庭湖的影响与传播，是否仅限于澧水流域呢？先秦时期的洞庭湖并不存在大面积的水体，乃是河网交织的平原景观。湘、澧二水均独自汇入长江，资、沅二水在君山西南交汇后也流入长江。古沅水经常德至索（秦朝县名，位于今鼎城区断港头乡），沿现西洞庭—目平湖之北岸向东北流经君山西南的无名湖泊③，与资水交汇而北上汇入长江（图九）。因而，四水在地理上是相对独立的，在洞庭湖区拥有各自的三角洲和冲积扇。在大河的平原之上，文化的分布自然也受到河流的影响。

与澧水中下游空间距离最近的是沅水，在沅水与澧水之间，覆盖南县、华容、安乡的大片地域，是历史上的所谓"南华安"地区，隋唐以来多为水乡泽国，宋元以后开始淤积成陆，始有移民，明清达到开垦高潮。盖因长期接受泥沙沉积，遗址多淤于水下，因而发现较少。唯南县新湖遗址进行过试掘，因而可以一窥其概貌④。新湖遗址出土的"大溪文化"陶器以泥质褐色、红褐色为主，次为夹砂和夹炭红褐色陶，有一

---

① 这里有一个假设的前提，即因车轱山遗址出土了曲颈罐、白陶盘、豆，其类似的器形在澧阳平原可以早到大溪文化二期，所以车轱山遗址的此类器物也与澧阳平原大溪文化二期同时，这个假设目前还无法求证。这正是柴尔德之考古学文化的问题所在。

② 湖北省荆州地区博物馆：《湖北王家岗新石器时代遗址》，《考古学报》1984 年第 2 期。

③ 此湖泊或为屈原所记"洞庭波兮木叶下"之"洞庭"，乃《水经》中的无名湖。

④ 潘茂辉：《益阳新石器时代遗址考古发现与初步研究》，《湖南考古辑刊》（第 7 集），岳麓书社，1999 年。

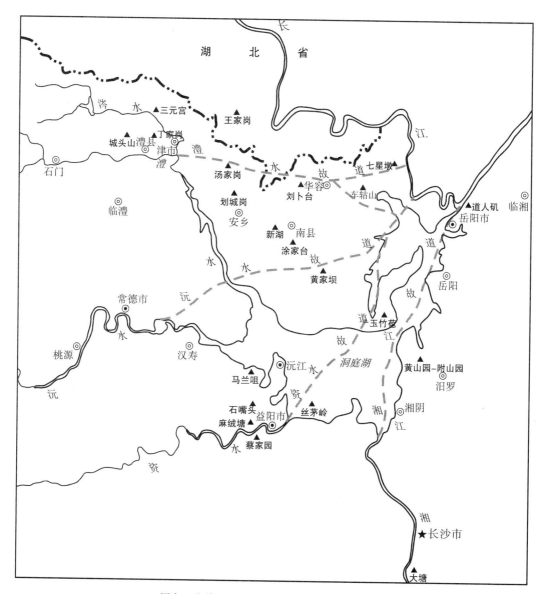

图九　湘资沅澧四水故道在洞庭湖的分布图

定数量的泥质灰陶。纹饰以刻划、戳印、拍印纹为主，还有凹弦纹、按窝、箆点、水波、绳纹、指甲纹等。主要器物为罐、鼎、豆、盘、釜、钵、杯①。其中罐的形态可见曲颈罐，釜为素面圜底釜，亦有折腹钵，这三类器物是大溪文化的标志性器物，但缺

---

① 潘茂辉：《益阳新石器时代遗址考古发现与初步研究》，《湖南考古辑刊》（第 7 集），岳麓书社，1999 年。

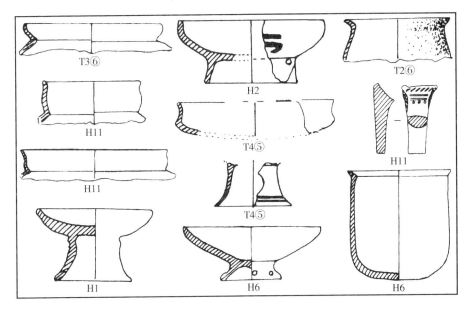

图一〇　新湖遗址出土陶器

（原文无器物编号，下同）

少折腹圈足碗、瓦棱形钵（图一〇）。鼎作为颇具特征性的器物，似是一大特点，而且鼎是与曲颈罐共存的，这一点与车轱山遗址颇有异曲同工之妙。因此，新湖聚落基本可以认为是大溪文化向外扩散的产物，可以归入大溪文化的范畴，但与澧阳平原的有一定的差异。新湖遗址的地理位置处于沅水与澧水之间，也可能在古地貌上属于澧水流域。

　　真正属于沅水流域的遗址是地处大通湖农场的黄家坝遗址①，该遗址出土陶器以夹炭红褐陶为主，其次为夹砂红褐陶，主要器物有曲颈罐、素面圜底釜、折腹钵、各种型式的鼎、镂孔鼓柄豆、平底杯、厚胎小杯、厚胎小罐（图一一）。这些器物具有自身明显的特征，前三种具有澧阳平原大溪文化的特征，后数种绝非大溪文化之物。该遗存的文化属性显然已不能归入大溪文化的范畴。

　　资水流域有一系列遗址，分布在资水下游益阳城区周围及其以下地区，基本在资水或其支流的阶地上。这些遗址以蔡家园为代表，还包括石嘴头、麻绒塘、丝茅岭、玉竹苞等，具有共同的文化特征，可以归为同一类文化遗存②。距益阳不远的汉寿马兰

①　潘茂辉：《益阳新石器时代遗址考古发现与初步研究》，《湖南考古辑刊》（第 7 集），岳麓书社，1999 年。

②　潘茂辉：《益阳蔡家园遗存试析》，《湖南考古 2002》，岳麓书社，2004 年。

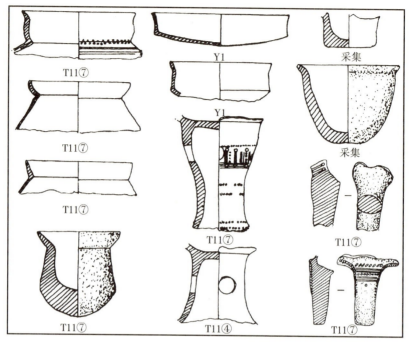

图一一　黄家坝遗址出土陶器

咀遗址在文化面貌上也属于该类遗存①。这类遗存陶器的主要特点是：陶器以夹砂红褐陶为主，次为泥质红陶，有一定的夹炭红陶和少量泥质灰陶，偶尔也见白陶。陶器装饰手法以戳印、刻划的各种纹饰极具特色，也有用压印、模印来制作纹饰的，图案有细弦纹、按窝、圆圈、篦点、镂孔、水波、绳纹、叶脉纹、指甲纹等，不少陶器是多种纹饰组合，有的白陶上是篦点作底雕成浮凸的纹样，并有少量的彩陶。器形以三足器、圈足器为主，有一定数量的平底器和圜底器。三足器为鼎，为釜形鼎，其变化最多的是鼎足与口沿的形态；圈足器主要为豆、圈足盘，豆又以镂孔鼓柄最具特色，盘以高圈足（多镂孔和相关纹饰）为主要特点，圈足器还有一种厚胎小杯，平底杯也以厚胎小杯为主，圜底器为素面圜底釜、厚胎小罐。在上述器物中，鼎、豆作为标志性器物在多个遗址的遗迹和地层中反复共存，厚胎小杯、厚胎小罐作为特殊性器物也在多个遗址的地层和灰坑中反复共存，说明釜形鼎、镂孔鼓柄豆、厚胎小杯、厚胎小罐等可以视为文化的标志性器物（图一二）。

　　资水下游此类以蔡家园为代表的考古学遗存，具有一批标志性的器物反复共存，

① 湖南省文物考古研究所：《湖南汉寿马兰咀新石器时代遗址》，《湖南考古辑刊》（第9集），岳麓书社，2011年。

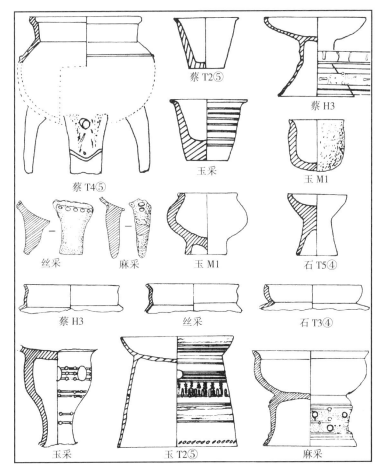

图一二　资水下游蔡家园一类遗存出土陶器

（图中"蔡"代表"蔡家园"，"玉"代表"玉竹苞"，"丝"代表"丝茅岭"，
"麻"代表"麻绒塘"，"石"代表"石嘴头"）

这批标志性器物不是其他文化的标志性器物，并且也基本不出现于其他文化的堆积单位中。这类文化遗存的年代，可以做一些初步判断，在蔡家园遗址，曲颈罐与釜形鼎共存于H3，在马兰咀遗址，"草帽型器座"①与鼎、豆等共存，麻绒塘遗址出土的高圈足豆，与城头山大溪文化二期M678所出豆的形态非常相似，曲颈罐的形态也具有城头山大溪文化二期的基本特点，"草帽型器座"则是澧水流域大溪文化二期的特殊性器物，因而这批遗存的年代上限应该相当于城头山大溪文化二期。

（4）以蔡家园遗址为代表的一类遗存，无论是陶质陶色、器物形态还是器物共存

---

① 此器物的完整形态在城头山复原出几件，实物并非器座而是一种大陶缸。

关系，均与澧水中下游地区大溪文化有明显的差异，不可能是同一支考古学文化或类型。这类遗存与流行于湘江中下游地区的堆子岭文化有较深的渊源。堆子岭文化是以湘潭堆子岭遗址①为代表的一支考古学文化，在株洲磨山②、茶陵独岭坳③、汨罗附山园④、湘阴青山⑤、岳阳道人矶⑥等多个遗址中被发现，堆子岭陶器以夹砂红褐陶为主，次为泥质红陶，也有一定数量的泥质灰陶、黄白陶和夹细砂的白陶。纹饰以戳印纹、按窝、圆圈纹、绳纹、弦纹、斜线纹、曲折纹为主体，也流行镂孔、附加堆纹、锥刺纹、刻划纹、凹槽等装饰手法，多为繁缛的通体装饰，富于变化。陶器以三足器为大宗，其次是圈足器和圜底器，也有平底器。主要器类有鼎、圈足盘、釜、豆、罐、盆、碗、钵、瓮、器盖、器座等。而釜形鼎、镂孔圈足盘、镂孔鼓柄豆、圜底釜、平底罐等为该文化的标志性器物⑦（图一三）。堆子岭文化的存续时间较长，大致相当于澧水流域的汤家岗文化到大溪文化时期。该文化的分布范围主要在湘江中下游，湘江北去，其东侧为丘陵，西侧即为洞庭湖平原区，堆子岭文化兼具多种地貌分布。从文化特征来看，以蔡家园为代表的资水下游一类新石器遗存与堆子岭文化有很多相似之处，其主要的标志性器物基本一致，可以考虑作为堆子岭文化的一支地方类型而存在。蔡家园一类遗存的时间跨度不会太大，基本不出大溪文化二、三期左右，亦即相当于堆子岭文化的后一阶段。

　　盘点上述相关遗址，大致可以划出一个堆子岭文化的分布圈，它的势力范围是雪峰山东侧的湘江中下游和资水下游地区，几乎覆盖了整个东洞庭湖和南洞庭湖包括益阳、岳阳、长沙、珠洲、湘潭在内的幅员广阔的地带，是一支与大溪文化分庭抗礼的区域性考古学文化。

3. 区域共同体的形成与文化边界的扩展

　　（1）洞庭湖区大溪文化最先萌发于澧阳平原，它是汤家岗文化的继承和发展。澧阳平原大溪文化的发生与峡江地区几乎是同时的，但在最初阶段，两地大溪文化的面

① 湖南省文物考古研究所：《湖南湘潭县堆子岭新石器时代遗址》，《考古》2000 年第 1 期。
② 湖南省文物考古研究所等：《株洲县磨山新石器时代遗址试掘简报》，《湖南考古辑刊》（第 6 集），岳麓书社，1992 年。
③ 株洲市文物处：《茶陵独岭坳新石器时代遗址发掘简报》，《湖南考古辑刊》（第 7 集），岳麓书社，1999 年。
④ 郭胜斌、罗仁林：《附山园—黄家园遗址的考古发现与初步研究》，《长江中游史前文化暨第二届亚洲文明学术讨论会论文集》，岳麓书社，1996 年。
⑤ 尹检顺、徐佳林：《洞庭湖低海拔新石器时代青山遗址》，《中国文物报》2009 年 4 月 24 日。
⑥ 湖南省文物考古研究所发掘资料。
⑦ 郭伟民：《论堆子岭文化》，《江汉考古》2003 年第 2 期；郭伟民：《湘江流域新石器文化序列及相关问题》，《华夏考古》1999 年第 3 期。

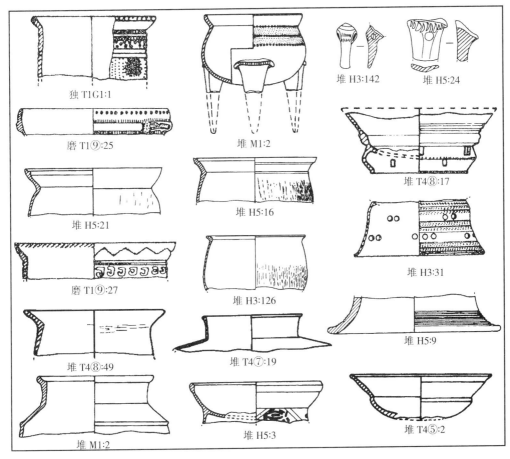

独 T1G1:1
堆 H3:142   堆 H5:24
磨 T1⑨:25
堆 M1:2
堆 T4⑧:17
堆 H5:21
堆 H5:16
堆 H3:31
磨 T1⑨:27
堆 H3:126
堆 H5:9
堆 T4⑧:49
堆 T4⑦:19
堆 M1:2
堆 H5:3
堆 T4⑤:2

图一三　堆子岭文化陶器

貌有很大的差异，关庙山第一期与城头山第一期的标志性器物几乎没有雷同之处。城头山大溪文化二期阶段，大量的峡江因素出现于澧阳平原。折壁圈足碗、斜直壁圈足碗（施竖黑条彩）、小碟、腰鼓形大器座等均是峡江地区大溪文化一期的标志性器物，都出现于澧阳平原大溪文化二期，有论者因为澧阳平原二期出现了峡江地区一期的陶器，而据此认为澧阳平原大溪文化二期相当于峡江地区关庙山大溪文化一期[1]。也有论者以关庙山二期出土白陶为依据，而做出洞庭湖大溪文化一期相当于峡江关庙山二期的判断[2]。盖因主观认知的误差而产生歧见。实际上文化的发生和发展是一个动态的过程，澧阳平原与峡江地区的这种情况恰恰说明文化在其肇始阶段的一些现象，印证了在文化变革和区域整合中技术传播的基本规律，合理的判断是，距今 6300 年前夜峡江

① 张绪球：《长江中游新石器时代文化概论》第 105 页，湖北科学技术出版社，1992 年。
② 李文杰：《大溪文化的类型和分期》，《考古学报》1986 年第 2 期。

和澧阳平原各自孕育着文化的变革。在这之前的柳林溪文化和汤家岗文化时期，两地已经有了较为频繁的交流，从各自文化的核心区域来看，柳林溪文化的核心地带是在峡区之内，枝江—江陵一线是这个文化的边缘；汤家岗文化的核心地带是在澧水下游的安乡一带，澧阳平原是这个文化的边缘。从地理空间来看，汤家岗文化与柳林溪文化的交流，则必通过澧阳平原和鄂西长江沿岸的枝江—江陵一线，也就是说其边缘地带反而是文化交流的重要廊道，最容易发生异质文化间的碰撞。正是在这样的地区，澧阳平原与鄂西不约而同地迎来社会与文化的变革，导致城头山和关庙山等聚落一批新因素的产生。

（2）澧阳平原大溪文化的发生更与一座史前城池的崛起有关。城头山城墙的建造，显然是在多种力量作用下出现的。汤家岗文化时期，澧阳平原有一些普通村落，这些村落在并不太大的空间里①，拥有相同的生活方式，使用相同的器具。村落间为了某些利益发生联系，当这种联系加深，就会聚合成"村落共同体"②。村落共同体最后发展到城池，显然是有某种力量使然。人口的增殖、资源与土地的紧张、私有观念的滋生，都会形成合力，这股合力如果遇到外来势力的入侵，必然带来社会的大变革。共同体的边缘地带在遭遇外来入侵时首当其冲，显然需要做必要的防御，这或许可以解释为什么不是在汤家岗文化的核心而是在其边缘突然崛起了一座城池。

城头山大溪文化二期出现不少鄂西关庙山大溪一期的因素，峡江大溪文化二期也出现了洞庭湖地区城头山大溪一期的因素，表明两地间关系的加强。关庙山遗存的因素到底是以何种方式渗入澧阳平原，却是一个悬而未决的问题③。不论是以何种方式进行，两地互动的结果是导致了考古学文化的全面整合，在大溪文化二期的时候，澧阳平原与鄂西地区的文化面貌出现了高度一致是不争的事实。所以，从这个角度看来，真正意义上大溪文化的出现是在大溪文化二期阶段，二期也是大溪文化最为繁荣的时期，城头山城东祭坛之上开辟的墓地具有了明显的等级，不少墓随葬了数量和质量均可观的器物，表明大溪文化达到了空前的繁荣。

大溪文化在这个时候盛极一时，完全整合了湘北澧水流域、鄂西南包括荆州、宜昌的长江沿岸的大片空间，向西甚至直入峡区，并溯江而进入崇山之中；向东则越过

① 澧阳平原地域面积不足 700 平方千米。

② 杜正胜：《关于考古解释与历史重建的一些反思》，《中国考古学与历史学之整合研究》，史语所会议论文集之四，1997 年。

③ 可以有两种完全不同的解释：第一，是鄂西力量的入侵，在城头山建城的前后，鄂西强势力量进入澧阳平原，导致关庙山大溪文化因素的南传。第二，澧阳平原崛起，实力空前，吸引着外围社群的依附，因而关庙山大溪文化因素也随之而来。何种解释更为合理，还无法回答。

汉水，直达汉东地区。形成了一个拥有整个长江中游西部的庞大文化共同体，也形成了大溪文化的"区域共同传统"①。

据此可以回答前文曾经提出的问题，峡江大溪文化一期和澧阳平原大溪文化一期虽然在文化因素上有很大的差异，但他们无疑均是大溪文化形成期的重要基础，理所当然是大溪文化的一部分。

澧水流域大溪文化共同体大致在城头山大溪文化一期的时候就形成了，三元宫、丁家岗等澧阳平原之内的聚落大致和城头山一起开始了文化的变革。丁家岗在汤家岗文化时期即是一个面积不小的聚落，大溪文化一期的地层单位出土了典型的折腹钵、瓦棱纹钵、曲颈罐等，然后是第二期的一批墓葬，出土有折腹圈足碗、斜直壁碗（施竖黑条彩），这种情况与城头山完全一致。澧水下游地区的划城岗遗址带有顽强的汤家岗文化的遗风，但是，大溪文化出现以后，应该很快就扩散至此，大量的属于城头山大溪文化一期风格的因素出现即是明证，同样的情况也在汤家岗等遗址得到反映。澧水下游末端的车轱山遗存可以早到大溪文化二期，但这里曲颈罐、豆、白陶盘与鼎共存。陶鼎的存在是该遗址的一大特点，这一特点与地处澧水之南的新湖遗址完全一致，它们应该是大溪文化所能控制的最远极限了。所以，据此可以推断，典型大溪文化的边界大致在车轱山至新湖一线，这个边界似乎就徘徊在沅水和澧水之间，再往南和往东就进入堆子岭文化的地界了。

（3）由上观之，大溪文化分布空间在两湖平原的西部，核心地带是澧阳平原到枝江—荆州一线，其文化圈的覆盖范围，向西进入三峡，直达巫山一带，向北可达荆门北部荆山东麓的汉水两岸，向东则推进到大洪山南麓的天门一线，再向东为涢水流域所在，已经不是大溪文化地界了②。南部则在从华容南至常德沿沅水故道北侧一线，这就是大溪文化圈所能划定的实际控制区了。在这样的一个圈内，澧阳平原到枝江—荆州之间，经过一期文化的发生到二期的整合之后，文化面貌高度一致，形成了文化的区域共同传统，并随后迅速推进到以汉水为东部边界、澧水为南部边界的文化核心圈。

---

① 有共同语言、共同地域、共同经济生活以及表现于共同文化上的共同。民族文化是由具有共同语言、共同地域、共同经济生活和共同心理素质的人们共同创造，是该民族历史形成的传统文化特征，决定着人们的生活。一个所谓的区域共同传统，指一个区域的整个文化史的单位，在其中组成文化之间在一段时间之内彼此互相发生关系。见张光直：《中国考古学论文集》第 369 页，生活·读书·新知三联书店，1999 年。

② 涢水下游和汉水尾间的武汉一带，有两支"红陶系遗存"，一支以程家墩、河李垮为代表，另一支以面前畈、铁门坎为代表，都受到大溪文化的影响，但在性质上都不是大溪文化（见黄锂：《湖北武汉地区发现的红陶系史前文化遗存》，《考古》1996 年第 12 期）。至于鄂东地区，更与大溪文化无涉，曾有观点认为黄冈螺蛳山等遗址存在大溪文化遗存，实则是受到汉东天门地区文化影响的一种变体。

二期后段，这个核心圈的范围不断扩大，意味着大溪文化区域共同体边界的扩大，向东越过汉水向东推进到涢水以西，向南越过澧水。西部进入峡区达瞿塘峡东部的巫山一线。有材料为证：如 2000 年大溪遗址发掘的材料表明，这里最早的大溪文化遗存应相当于关庙山二期[1]，因而可以判断，大溪文化大规模西进的时间与越过汉水的时间都在二期阶段。边界的扩张也从一个侧面印证了大溪文化二期阶段这个共同体的繁荣与强势。

　　在这个核心文化圈的边界之外，则是受到大溪文化影响的地带，这个地带处在文化的外围，大溪文化只是对其产生影响，比如涢水以东的鄂东地区，黄冈螺蛳山等遗址出土的圈足盘、圈足罐、单耳杯等确实受到大溪文化的影响[2]，但这种因素只占一小部分，大量的鼎、薄胎陶、红顶钵、罐及彩陶、带把三足器、瓦棱纹豆等均不是大溪文化的作风[3]，因而涢水以东、大别山南麓的广大地区应该有自身文化的存在。在洞庭湖区，大溪文化的核心圈在澧水中游两岸的平原上，澧水入长江地段的华容东部虽属大溪文化的实际控制区，但文化的纯洁性受到了"污染"，鼎的多种形态存在于车轱山遗址就是明证。往南越过澧水，是澧水和沅水之间的广袤空间，可以看出两大文化圈在这里交织的痕迹：安乡一带还是大溪文化的核心控制区域，往南不足百里，南县新湖的大溪文化遗存却如同车轱山一样，已属于"非典型性大溪文化遗存"，再往南，越过沅水，则进入到湘、资二水文化区域共同体之堆子岭文化的实力范围，由此可以推断，现南县县城以南至沅水故道南侧不远，是大溪文化与堆子岭文化的势力交错带，大溪文化或稍占优势。过沅水，则是堆子岭的文化范围。这样一来，在洞庭湖区可以划出数道弧线，即一条是大溪文化的边界线，从车轱山到南县城关南，这条线与沅水故道大致平行；一条是堆子岭文化的边界线，即位于沅水故道南侧。沅水故道两侧一带是两个文化圈的交界地带，受到大溪文化和堆子岭文化双重影响[4]，可以视为另外两道弧线存在的理由。在堆子岭文化的分布空间，当然也有大溪文化南传的因素，比如在马兰咀、蔡家园、堆子岭、青山等遗址中均发现了大溪文化的圈足盘、豆、"草帽型

---

[1]　邹后曦、白九江：《巫山大溪遗址历次发掘与分期》，《重庆·2001 三峡文物保护学术研讨会论文集》，科学出版社，2003 年。

[2]　中国科学院考古研究所湖北发掘队：《湖北黄冈螺蛳山遗址的探掘》，《考古》1962 年第 7 期；湖北省黄冈地区博物馆：《湖北黄冈螺蛳山遗址墓葬》，《考古学报》1987 年第 3 期。

[3]　魏峻：《鄂东北地区新石器时代文化初论》，《江汉考古》1999 年第 1 期。

[4]　这条文化界线甚至影响到数千年以后湖南的语言、文化和政治格局。沅水故道以北的居民讲西南官话，秦汉时期为洞庭郡（武陵郡）所辖，沅水故道以南讲古湘语，属苍梧郡（长沙国），并从此影响到历代的行政设置，两地从来就是两个平行的政区而互不隶属。直到清康熙三年（1664 年）置湖南布政司才统一到湖南省的名下，但两地仍是平行的政区。这个问题，周振鹤先生曾有研究。见周振鹤：《秦代洞庭、苍梧两郡悬想》，《复旦学报》（社会科学版）2005 年第 5 期。

器座"等，大溪文化三期的泥质红陶高领罐也广泛见于堆子岭文化的遗存中。说明整个堆子岭文化范围都是受大溪文化传播的异质文化范围区（图一四）。大溪文化对西部的影响也越过了瞿塘峡，在丰都玉溪、忠县哨棚嘴、奉节羊安渡、奉节李家坝、云阳故陵等遗址也都出土过大溪文化的陶片①。不仅如此，大溪文化还深入到西水流域，

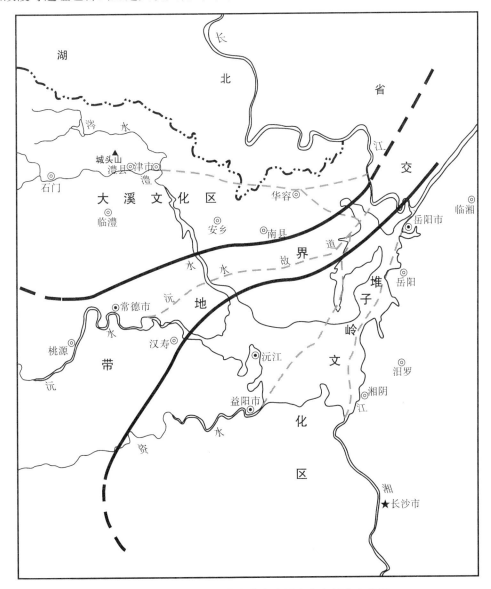

图一四　洞庭湖区堆子岭文化与大溪文化空间分布范围

---

① 邹后曦、袁东山：《重庆地区的新石器时代文化》，《重庆·2001 三峡文物保护学术研讨会论文集》，科学出版社，2003 年。

西阳笔山坝遗址发现大量大溪文化的遗物即是明证①。

故此，大溪文化的空间范围可以按几个层次来划分，首先是核心文化区，也就是形成大溪文化区域共同传统的那部分，是大溪文化实际控制区。其次则是重点影响区，在这个区域，大溪文化与其他文化处于混杂状态，属于文化的交接地带，没有明晰的边界。第三是文化传播区，大溪文化的因素传播到了其他文化的控制区和核心地带。这三个层次的空间界限在洞庭湖区是非常明显的。因而，正确区分这三个层次，大溪文化在洞庭湖区的时空传播及其动态过程也就清晰明了了。

三　南方史前文化格局中的洞庭湖区大溪文化

1. 稻作农业发展的重要阶段

洞庭湖区大溪文化是长江中游史前文化中的一个重要历史阶段，它的发生与发展，与这个地区古老的文化传统是密切相关的。澧水流域史前文化源远流长，稳定而持续的文化发展需要有强有力的物质基础支持，毫无疑问这个物质基础就是发达而成熟的稻作农业。农业在澧阳平原的持续发展，是聚落得以发展的最根本原因。与南方很多地区不同，澧阳平原是个相对独立的地理单元，但又是整个洞庭湖平原的一部分，它西、北、南均为山丘，呈簸箕形向东敞开，从旧石器时代晚期就开始了自身的文化变革，是中国最先出现新石器文化遗存为数不多的地区之一，新石器文化的发展序列非常完整。彭头山文化时期出现了环壕聚落，八十垱遗址的壕沟中还发现了大量水稻，显然水稻已经成为重要的食物来源。有学者认为彭头山和八十垱遗址的生业形态是以采集狩猎为主、以稻作农耕生产为辅②。彭头山文化之后的皂市下层文化时期聚落得到发展，环壕聚落这一特点也明显得到继承。从中国稻作起源的角度来看，洞庭湖区完全具备稻作起源与发展之中心地区的条件，第一，这里有悠久的利用水稻的历史，从道县玉蟾岩出土最早的有人工干扰痕迹的水稻③，到彭头山文化大量具有栽培特性水稻的发现，再到汤家岗文化的水稻田，说明洞庭湖区及附近的稻作农业及其技术有完整的发生发展链条，稻作农业技术的起源与发展有清晰的线索可循，这是中国任何其他地方所不具备的。第二，从稻作农业起源的地点来看，末次冰期结束以后人们对野生稻的需求应该发生在资源需求较大而不是采集类资源富集的地点，这样的条件也不是高纬度的江淮地区和水生资源特别丰富的江浙沿海地区所能具备的。而长江中游最先

① 国家文物局：《中国考古60年（1949~2009）》第435页，文物出版社，2010年。从其报道来看，笔山坝大溪文化遗存的年代可能早到关庙山大溪文化二期晚段，这支大溪文化的传播路线目前还不清楚。

② 赵志军：《植物考古学与稻作农业起源研究》，《湖南考古辑刊》（第8集），岳麓书社，2009年。

③ 十里岗遗址曾发现水稻植硅石，其年代较玉蟾岩早。

具有这样的条件，故采集和利用野生稻最有可能首先发生在长江中游地区，长江中游地区文化的源头又是在洞庭湖区。第三，城头山发掘出了汤家岗文化时期的水稻田，发现了与之配套的灌溉设施，说明汤家岗文化时期稻作农业的发达，没有长时期积累是不可能出现的。

对于稻作农业而言，人与土地都是重要的资源和生产力，发展农业需要劳动力的支持，这与狩猎采集对于人口的要求是完全不一样的，人口增长需求的刺激也极大地促使聚落获得发展，人口和聚落的增加又进一步加速了对于资源和土地的需求，因而固守已有的土地且开发新的土地就成了获得食物保障的基本诉求。正如前述，人口的增殖、资源与土地的紧张、私有观念的滋生在这个时期接踵而至，则要求稻作农业不仅仅是一种粗放型农业，而必须是采取精耕细作的生产方式，以最小的单位面积生产出更多的粮食。所以大溪文化的发生，城头山城池的出现，也标志着稻作农业到了一个全新的高度，唯有成熟发达的稻作农业才是社会获得发展的前提和保障。

在大溪文化的分布空间里，有多种地形环境，有平原、丘陵、河谷和山地，平原丘陵地区自是以稻作农业为主要生业形态，但在河谷与山地，无法开展成规模的稻作农业，所对应的生业形态也自然是渔猎经济。大溪文化的分布区，自宜昌西陵峡以上的峡区地带，其生业形态以渔猎为主，这是自楠木园文化以来的基本特点。包括大溪、中堡岛等遗址在内的遗址均出土了大量的哺乳动物和水生动物特别是鱼类的骨头，说明大溪文化时期三峡地区的生业形态是渔猎经济为主体，稻作农业并不占有重要地位。大溪文化的区域共同传统共享稻作农业与渔猎两种经济形态，应该是说拥有两种完全不同的生业方式，但留下的物质遗存大体是相似的，其陶器的形态风格及其演变过程都是一致的。这说明一支考古学文化完全可以存在两种不同的生业经济。但是，在人口加速发展、聚落急剧扩张的大溪文化发生前夕，只有大河平原之上的农业聚落才能真正成为社会进步的动力之源。澧阳平原大溪文化的发生以及城头山城池的出现，都应该是与稻作农业的发展密切相关的。

2. 开启了从环壕聚落向城壕聚落演进的先河

洞庭湖区大溪文化留给人类历史发展长河中最辉煌的遗产是城头山城池，因为城池的出现，使人类社会进入到一个新的发展阶段。

大溪文化发生之前，澧阳平原在环壕聚落这一基本形态上演进了数千年，城头山城池也是在原有圆形环壕聚落的基础上发展起来的，这奠定了中国最早的城池大体呈圆形的基本格局。实际上，它不仅仅只反映了一个平面的形态，而是其背后的社会机制，即中国史前社会演进的本土特征，正如农业社会的循序渐进一样，城池的出现也是一个渐进的过程，并不存在破裂或者跳跃式的发展，因而城头山这样的城池是洞庭湖地区本土自身演进的结果，而与外来文化无关。但是，由环壕聚落（村落）向城池的演进，是一种新的社会关系的出现，极大地改变了原有的聚落格局，也改变了原有的社会网络。它是"中国大地上一种非常醒目的人文景观，它好像历史长河中一种高耸的里程碑，把文明和野蛮两个阶段清楚地区分开来，中国历史从此开始了新的篇章"[1]。城池的出现，不仅标志着新的社会关系的到来，也标志着新的地缘格局的出现。由村落共同体发展到"城村联合体"，也就有了"城"与"乡"的区分。城头山显然不是单一的一座城池，而应与周边的聚落有密切的关系，从而形成"城壕聚落群"。这种状况实际上是一座城池与周围村落形成一种联盟，构成利益攸关方，奠定了城乡二元结构的基础，这本身就会带来社会的复杂化。另外，促使社群关系复杂的是建城和管理城池，城墙之兴建不但意味着存有多余的粮食，也显示出领导者驱使民众，而且发展出调动比较庞大人力组织，建城之后的管理更是需要有一定的安排与调度，这样的行为和各种职能的运作，必然出现人群的分化和社会分层。归结起来，城池的出现所带来的变化可以从以下几个方面阐述：一是生业结构和社会结构的转换，传统的农耕社会发生变化，出现手工业的专门化，有了明确的产品交换，因而导致社会分层。标志着传统的一元农耕社会向二元社会转变。二是人口分布结构的转换，越来越多的人口由分散的村落向城壕聚落集中，城的规模和数量不断增多。三是城壕聚落空间形态的变化，在中心城壕周围集聚了众多聚落，形成以城壕聚落为中心的城壕聚落群，即由相对分散的散居聚落变成相对集中的群聚聚落，人口相对集中于某些特定的地域范围。城壕聚落群景观涌现，出现了专门的功能服务设施并使其不断完善。说到底，城壕聚落群化是地域社群性质和景观转化的过程。四是人们价值观念和生活方式的转换，城壕聚落生活方式和价值观念向乡村地区渗透和扩散，传统村落文化走向新型的城壕聚落文化。

实际上，大溪文化的城头山城池是为屈家岭文化时期中国大地上普遍出现的城邦社会开了先河，中国最早的城邦国家就此而拉开序幕。对于中国文明化进程而言，它的地位无疑是里程碑式的。

---

① 严文明：《文明起源研究的回顾与思考》，《文物》1999 年第 10 期。

钱塘江流域的史前文化

王明达

（浙江省文物考古研究所）

长江流域是中华文明的起源地之一，与黄河流域共同创造了东亚地区的古代文明，从世界上人文地理的大视野来说，长江—黄河是中华民族摇篮的象征，这是毫无疑义的。

钱塘江位于长江南侧，是浙江境内最长的河流，称为浙江省的母亲河。虽然钱塘江跨越浙、皖、赣、闽、沪五省、市，干流全长 450 千米左右，流域地区面积达 55558 平方千米，但主要的干流和流域均在浙江省境内，占 86.5%，几乎占了浙江省总面积的近一半。

长期以来，由于多方面原因，这半个浙江省的范围，史前文化的考古研究十分缺失。1990 年萧山跨湖桥遗址的发现和发掘①，无疑是一项重大突破。跨湖桥遗址位于钱塘江与其主要支流浦阳江的交汇处，遗址内涵新颖独特，碳–14 测年数据超过距今7000 年，当时浙江省内史前考古界曾有过不小争论。笔者在《浙江省考古五十年主要收获》② 一文中肯定了"这是目前浙江境内年代最早的古文化遗存"，并指出"文化面貌虽然与相邻的河姆渡文化和马家浜文化罗家角类型有一些相似之处，但自身特征明显，不宜划归上述文化序列之中。由于仅此一处，缺乏可比资料，因而暂且以'跨湖桥类型'称之"。

浙江考古界在 20 世纪 70 年代发现河姆渡遗址、80 年代在良渚文化考古上有了重大突破后，在考古学科的前沿阵地占有一席之地，但由于种种原因，对本省的史前考

---

① 浙江省文物考古研究所：《萧山跨湖桥新石器时代文化遗址》，《浙江省文物考古研究所学刊》（3），长征出版社，1997 年。

② 浙江省文物考古研究所：《浙江省考古五十年主要收获》，《新中国考古五十年》，文物出版社，1999 年。

古工作的拓展和深化，前进步伐很小，基本上局限于杭嘉湖地区和宁波地区，学术视野受制于行政区划，所以回过头来一看，当时跨湖桥遗址发现后，并没有对跨湖桥遗址的地理位置进行深入探讨，如果溯浦阳江而上，将会有考古新天地。关于这方面的详细情况，《跨湖桥》① 考古报告中有较详细论述。

在沉寂了 10 年之久，偶然的机遇带来了新的发现。1999 年在跨湖桥遗址南 23 千米的诸暨楼家桥发掘了距今 6000 多年的史前文化遗址②，紧接着考古队在 2000 年对浦阳江流域的浦江、诸暨、萧山开展了专题调查，发现了一批遗址，这三个县级市分属金华、绍兴、杭州三个地区，却同属浦阳江流域，这些空间概念上的启发，加上学术思考上的新探索，自然而然萌生了"浦阳江流域新石器时代遗址的调查与研究"这个新课题。记得 2001 年度该课题申报国家文物局"全国文博事业人文社会科学研究课题"立项时，遭到了否决。但 2001 年 5~7 月跨湖桥遗址第二次发掘，获得了更为全新的学术成果，并获得当年全国十大考古新发现之一后，第二年该课题的申报就高票通过立项了。

笔者对浦阳江流域考古调查成果和跨湖桥遗址二次发掘获得的重大收获深受鼓舞，作为浙江省文物考古研究所学术委员会的常务副主任（笔者从 1997 年至 2003 年退休任该职），曾与"浦阳江流域新石器时代遗址的调查与研究"课题组负责人蒋乐平深入探讨过该课题及相关问题，同时启发了笔者正在执笔的"浙江省文物考古研究所考古学研究课题规划（2001~2005 年）"的撰写，现在把当年学委会讨论通过的规划中"史前考古"第三项"小流域区块的考古学研究"抄录如下："浙江境内地理条件的多样性、复杂性，形成了文化面貌的复杂性，尤其在强势文化（如河姆渡文化和良渚文化）的交汇地带，或人类生存条件较为优越的区块，近年来随着考古工作的拓展，已取得了相应的成果。"下面列举了：A. 浦阳江流域；B. 曹娥江流域；C. 临江流域（主要是台州地区）；D. 兰江和衢江流域。其中除了临江流域外，都属于钱塘江流域的干流和支流。以把浦阳江流域作为考古学区块进行整体观察、研究以来，又经历了近 10 年的进程，钱塘江流域的史前文化考古取得了一系列的新发现，进入全新的阶段，笔者根据对相关遗址的实地考察、与考古发掘第一线同仁的学习交流、结合已发表的资料③等等，提出一些看法，与大家探讨。

钱塘江，古名浙江，又名之江，都是指它江流曲折，钱塘江仅指流经"钱塘县"境内的河段，现在全称钱塘江，但干流北线的上游仍称新安江，中游称富春江，下游称钱塘江。由于受地质构造的控制，钱塘江水系的形成和发展非常独特，整个水系分

---

① 浙江省文物考古研究所、萧山博物馆：《跨湖桥》，文物出版社，2004 年。

② 蒋乐平：《诸暨市楼家桥新石器时代遗址》，《中国考古学年鉴·2000》，文物出版社，2002 年。

③ 浙江省文物考古研究所：《浙江考古新纪元》，科学出版社，2009 年。

布在盆岭交错、山谷相间的地貌区内，主要水系之间往往通过一些峡谷相互贯通，水系中的各个支流又在特定的条件下形成多层次、多类型的构造盆地。钱塘江流域内北纬30°线横贯其中，地处亚热带北缘，气候温和，雨量充沛，地处海陆交接的前缘地带，物产丰富，正是人类辛劳开发、繁衍生息的首选之地。

笔者根据自然地理中最重要的水系小流域，又主要凭借近10年来考古新发现的史前文化遗址，将钱塘江流域的史前人文地理划分为浦阳江、衢江—兰江、曹娥江、姚江、东苕溪流域等五个区块，由于考古工作的不平衡，它们之间并不是均等的（见图）。

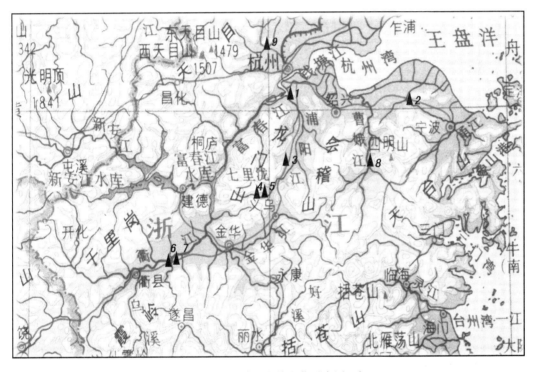

钱塘江流域的史前文化示意图

1. 萧山跨湖桥　2. 余姚河姆渡　3. 诸暨楼家桥　4、5. 浦江上山和山背
6、7. 龙游三酒坛和青碓　8. 嵊州小黄山　9. 良渚遗址群

一　浦阳江流域

浦阳江发源于龙门山东南山谷，基本上位于浙江的中心偏北，溪流众多，从浦江经诸暨北流，在萧山闻堰汇入钱塘江（古代曾经经绍兴独立入海），全长151千米。这条钱塘江的一级支流在龙门山脉和会稽山脉之间奔腾不息，从南向北，养育了近4000平方千米的土地。这条曾经不起眼、甚至很多考古界人不知道的小江河，最近10年来

的考古成果十分显著①，基本上把史前文化的编年史，从距今 1 万年左右到距今 4000 年左右延续不断的历史建立了，可以说成为一个区域史前人类社会发展的缩影。

1. 浦江上山遗址

遗址地理坐标为北纬 29°62′，东经 119°12′。

遗址处在浦阳江上游的河谷盆地，地势平坦，海拔高度 50 米左右，河流冲积土形成，遗址居盆地中心地段，分成南、北两个小丘，相对高度 3~5 米，面积约 2 万平方米。遗址南距浦阳江 2 千米，东侧紧贴流入浦阳江的蜈蚣溪。从现今的地貌看，上山遗址所在土丘已属浦阳江的二级台地，但在史前时期这里属一级台地，因为经过考古探掘，在遗址西侧水稻田下发现一条古河道，在其中的沙砾冲积层内发现了距今万年左右的遗物及春秋战国时期的陶片等，说明遗址原来紧邻江河。

经 2001、2004、2005~2006 年三期考古发掘，揭露清理面积共 1800 平方米。遗址可分为三大文化层，主体是下层，经碳-14 年代测定其年代约距今 11000~8600 年，这是中国东南地区迄今发现的最早新石器时代遗址。

上山遗址的内涵主要表现在：

发现较多的柱洞、灰坑、灰沟等遗迹，说明当时的人类已过着以木结构建筑为特点的定居生活。

发现了大口盆为主的陶器，少量陶罐、陶锛、圈足器和圜底器等，用泥片贴筑和泥条拼接的方法成型，工艺很原始，器形简单。

发现以打制石器为主的石磨盘、石磨棒、石球和石片等大量石质工具。

发现陶器制作过程中羼和大量的稻叶、茎、壳，烧成陶器后形成夹炭陶，同时经过浮选，发现了少量稻米颗粒，反映原始的稻作农业已产生。

2006 年 11 月在浙江浦江召开的"中国第四层环境考古学大会暨上山遗址学术研讨会"上，已正式提出和认可了"上山文化"。

2. 萧山跨湖桥遗址

遗址地理坐标为北纬 30°05′，东经 120°18′。

遗址处在浦阳江入注钱塘江的河湾、湘湖之滨，海拔高度约 5~10 米。湘湖地区是钱塘江南北摆动与海岸变迁的特定条件形成的沼泽型沉积，地貌变化比较复杂。

跨湖桥遗址经多年砖瓦厂取土破坏严重，尚存可考古发掘地段所剩不多，经大概测算，原遗址面积超过 3 万平方米。1990、2001、2002 年三次发掘面积共计 1080 平方米，获得了十分丰富的资料，其文化内涵简述如下：

---

① 蒋乐平：《浦阳江流域新石器时代遗址的发现和思考》，《浙江省文物考古研究所学刊》（第八辑），科学出版社，2006 年。

发现较多的建筑遗址，虽然缺乏完整的房屋构建面貌，仍可以判断建房形式有干栏式架空房，发现了上、下用的独木梯；另有土墙式的地面建筑遗存。未发现更先进的垫有柱础的立柱和榫卯木作技术，说明当时尚处在相对原始的建筑技术阶段。

发现了沿海地区年代最早的独木舟，不仅反映了当时的木作技术发展，也证明了古越族"善作舟"的悠久传统，是人类最先创造发明的交通运载工具。

陶器的烧制很有特点，陶胎以草木灰和细泥拌和料为基础，十分细腻，制作比较规整匀薄，但测定的烧成温度在 750~850℃ 之间，属无窑氧化焰烧制。器物以圜底器、圈足器为主，不见三足器。陶器上刻划、镂孔装饰具有鲜明特点，发达的彩陶是最重要的内涵之一。很多盛食器的表面涂有黑亮的一层，报告称之为"黑光陶"，笔者曾在相关讨论中提出这是"漆"[①]，为中国最早的漆制品。

骨、木器的制作比较单调，但首次发现了较完整的弓。检测其是用桑木材制成。

石器以石锛最多，与同时发现的木质锛柄相配，石斧、石锤也具有自身特点。

经济生活十分多样，稻作农业的出现已是显著的事实；采集经济和渔猎经济仍然是重要的生产手段和生活来源；家畜饲养有狗和猪，是南方最早的家猪；原始纺织业已出现。

跨湖桥遗址的年代问题曾引发过争议，经多次测定，结合地层综合研究，基本认定为距今 8200~7800 年为一期，距今 7700~7300 年为二期，距今 7200~7000 年为三期。

跨湖桥遗址的文化内涵丰富，特征鲜明，整体性强，独树一帜，年代上早于河姆渡文化和马家浜文化，后来又在附近发现了基本一致的下孙遗址，"跨湖桥文化"的命名逐渐在学术界认可。

3. 诸暨楼家桥遗址

遗址位于浦阳江支流凤桐江之滨，北距跨湖桥遗址 23 千米。遗址文化堆积在小丘的四周，东部为遗址的早期分布区。

遗址内的陶器为主，有圆柱足带突脊的鼎、深腹隔档罐、深腹钵形豆、有脊釜、双鋬耳罐、单把钵、腰沿釜、圈足盆等，以夹炭陶为主，夹砂陶为次。另有少量的玉管、骨锥、骨凿、象牙小盅；石质工具以锛为主，数量少。建筑遗迹中保存了干栏式建筑基础和木桩、带卯眼的木构件等。动物遗骸中有亚洲象、犀牛等。遗址中期承袭了早期的特点而发展，如圆锥足根部突脊演变成锯齿状，如同扉棱足鼎，成为主要炊器，深腹隔档罐数量增多，这两类陶器成为该遗址的典型特色。夹砂陶数量增加，泥质红陶增多。陶器中还有带脊釜、腰沿釜、喇叭形圈足豆、多角沿盘等。石质工具大

---

① 2002 年 3 月，在"跨湖桥遗址学术研讨会"上笔者的发言。

增，有锛、穿孔斧、凿、刀等。经年代测定，楼家桥遗址早期的年代距今 6500 年左右。

楼家桥遗址距跨湖桥遗址很近，但未见跨湖桥文化的丝毫影响，相反，在楼家桥遗址的出土遗物，特别是陶器中，似乎能看到河姆渡文化和马家浜文化的双重因素。记得 2000 年春天，浙江省文物考古研究所史前考古的基本成员都到遗址发掘工地考察，对于晾晒在地的陶片，有人说"河姆渡"、有人说"马家浜"。其实经过初步整理，对于带突脊—扁棱足鼎和深腹隔档罐为主的陶器特点，先不要急于划入某种文化，而有待于文化渊源的新发现和探索。

4. 浦江㽑塘山背遗址

遗址位于浦江黄宅镇渠南村，与上山遗址属同一村庄，为浦阳江上游一级台地的一条长条状土丘，东西宽 25 米，南北长 55 米，考古工作者在这一地块上发掘了 44 座相当于良渚文化时期的墓葬。

这些墓葬均为长方形土坑墓，东西向，墓主人头向东，墓坑内多见熟土二层台，部分墓葬有独木棺作葬具。各墓随葬品一般为 2 ~ 11 件，随葬品以陶器为主，器物组合为鼎、豆、壶、簋，少数墓中有陶釜，可能受到河姆渡文化后续的影响。其中鱼鳍足鼎、矮圈足豆、双鼻壶、三鼻簋等器物特征与良渚文化相当一致，部分陶器的特殊形态显示了地方特色。

墓葬中有一座四墓合葬的特殊形式，即 M24，面积为 4 米 ×4 米的大土坑。墓口下 30 厘米处又分隔为四个长方形东西向的土坑，各有独木棺作葬具。共随葬了陶器 56 件，占整个墓地陶器数量的三分之一；玉器 8 件，均有使用磨损、残缺的痕迹，是唯一随葬玉器的墓；石钺 1 件，也是唯一随葬石器的墓，器形较小，石质为蛇纹石，一般仅在高等级良渚文化贵族大墓中出土。M24 显示了它在整个墓地中属等级最高的地位。

从陶器特点和组合等情况分析，㽑塘山背遗址的年代相当于良渚文化中期，这是首次在浦阳江流域发现的带有地域性特点的良渚文化墓地。

十余年来，浦阳江流域的考古成果十分喜人，笔者选择上述四处遗址正代表了浙江史前文化四个重要的发展阶段，极具典型意义。在重点考古发掘的同时，整个流域的考古调查和小型发掘同样取得了更广泛更深入的资料。如果说上山遗址、跨湖桥遗址发现后，对于能否构成新的考古学文化，其分布的地域范围，与周边考古学文化的关系等等还不清楚的话，那么新的调查和试掘成果已逐渐给出答案，这需要扩展到钱塘江南缘的水系，也就是浙江的金衢地区了。

二　衢江—兰江流域

钱塘江干流的南线源头位于闽、浙、赣交界处的五龙山脉，从马金溪折向东，从常山开始称常山港，入衢州后称衢江，折向东北入兰溪，又有金华江（婺江）汇合，向北称为兰江，至梅城汇入新安江。各江流又有小江河形成支流，如乌溪江、灵山江、东阳江、武义江等。其中衢江和兰江是主要干流，所以把这一流域简称衢江—兰江流域。在行政上分属衢州地区和金华地区，又合称金衢盆地。这块盆地处在不规则的山丘之中，江河众多，水源充足，资源丰富，一直是浙江粮食农副产品的主产地。

长期以来，由于各种各样的原因，金华、衢州地区的史前文化考古几乎处于空白，只是对于零星出土石器的地点做一些实地勘探。进入 21 世纪后，浙江省文物考古研究所曾在衢县上方两处洞穴进行小型试掘，所获遗物较少，发掘者认为早于 7000 年，为洞穴遗址的探索了重要线索。另外在龙游湖镇三酒坛的小型发掘，主要发现了扰乱过的马桥文化堆积，又意外地发现了一座相当于良渚文化中期的墓葬，夹砂陶鼎和泥质陶双鼻壶完全与良渚文化一致，两件夹砂陶豆稍有区别，这座墓的发现又一次为良渚文化的去向提供了重要线索①。

真正在衢江—兰江流域史前文化发现上的突破，还是上山遗址发现以及紧追不舍的后续努力。上山遗址在浦阳江上游，浦江境内，浦江是属于金华地区的。浦阳江和衢江—兰江水系虽然不直接相通，陆地上有并不连绵的低矮山丘相隔，但相互之间各地相通，来往十分方便。依旧是"上山考古队"的基本队伍，实施了"浙中地区以上山文化为核心的新石器时代遗址专题调查"，先后在武义江、金华江边台地上的永康庙山、武义、金华等地发现了上山文化遗存。特别重要的是 2010 年 8 月在灵山江西岸，龙游县寺后村青碓遗址的发现和试掘②。

青碓遗址的地理环境与上山遗址较相似，总面积约 30000 平方米，包含了两个阶段的文化层。下层与上山文化晚期一致，陶器以夹炭红陶为主，主要器形为平底盆、双耳罐；石器有磨盘、磨棒、石片等。上层与上山遗址中层的文化面貌一致，具有明显的跨湖桥文化特征，陶器以夹炭、夹砂的灰黑陶为主，饰以绳纹；石器有石锛、磨石、石片等。整个遗址保存状况良好，具有极重要的学术价值。

衢江—兰江流域史前文化早期遗址的探索发现目前是开端，已有的线索证明上山文化和跨湖桥文化的分布基本重合又有承延关系，这两支古文化主要分布在衢江—兰江流域会是更合理的推论，上山遗址和跨湖桥遗址可能都是这两支古文化的边缘地带。

三 曹娥江流域

曹娥江发源于会稽山东南的东阳齐公岭，上游山川支流众多，呈扇形分布向北流

---

① 浙江省文物考古研究所发掘资料，分别由王海明、芮国耀提供。
② 浙江省文物考古研究所发掘资料，由蒋乐平提供。

入主干道，在会稽山与四明山之间的山谷中向北流，经新昌、嵊州、上虞，于绍兴和上虞交界处流入钱塘江，全长 192 千米，是钱塘江支流中最长的一条。如果把宁（波）绍（兴）平原作为一个地理单元的话，曹娥江流域的中、下游正处于中心地带。令人非常纳闷的是，尽管进行过一些考古调查工作，该地区几乎未能找到史前文化遗址，甚至线索也很少，基本属于空白。

2005 年初，浙江省文物考古研究所和嵊州文物部门组成"曹娥江史前文化专题调查组"，确认了嵊州甘霖镇上杜山村小黄山遗址，这是曹娥江流域史前文化的重大突破①。

嵊州小黄山遗址

遗址地理坐标为北纬 29°33′34″，东经 120°43′23″。

遗址位于曹娥江上游支流崇仁江边的台地上，距剡溪（在嵊州境内的曹娥江干流之称）约 500 余米，周围地势平坦，海拔高度 45 米左右，台地相对高度约 6～10 米。由于长期取土破坏，现遗址面积仅约 5000 平方米，从残迹测标，遗址原有面积超过 10 万平方米。2005 年 3 月至 2007 年 1 月发掘面积 3000 余平方米。

小黄山遗址文化堆积厚 1～3 米不等，共分为三期，据碳–14 测年数据，第一期距今约 9000 年，第三期距今约 7500 年。

小黄山遗址的主要文化内涵：

发现大量柱洞，柱坑深大，柱洞底部往往垫有残石磨盘、块石，从柱坑布局判断，住房坐北朝南，居住区内发现多条壕沟状遗迹，还发现大量规整的圆形储藏坑，反映当时的定居生活已达到相当水平。

发现大量石磨盘、石磨棒，打制石器有砍砸器、刮削器等，磨制石器有斧、锛，斧的横剖面呈椭圆形，还有穿孔和带槽的石制品。

陶器的特征和组合各期有明显演化，第一期以夹砂红衣陶占绝大多数，少量夹炭陶，制陶工艺以泥条盘筑为主，部分有泥片贴筑成型，烧制火候低，陶质粗厚易碎，以平底器、圈足器的盆、盘、钵、罐为主要器形，部分绳纹圜底釜、高领壶，另有背壶、尖底瓶等少量特色陶器。第二期以夹砂灰陶为主，夹炭黑陶、夹炭红衣陶占一定比例，制陶工艺进步明显，绳纹圜底釜、双耳罐、平底盆、盘、钵和小杯、器盖等组成陶器群。第三期陶器组合变化不大，新出现夹砂红衣陶釜、敛口圜底钵、软腹状绳纹釜、双腹豆及彩陶。

大量储藏坑的存在和检测到的稻属植物硅酸体，以及牛骨等动物遗骸，说明当时采集、狩猎经济占主要地位，但稻作农业已开始出现。

---

① 王海明：《嵊州市小黄山新石器时代遗址》，《中国考古学年鉴·2006》，文物出版社，2007 年。

小黄山遗址不仅是曹娥江流域史前文化发现史上的突破，而且由于遗址年代早，三个阶段的演变与跨湖桥文化、河姆渡文化有着紧密的关系，为钱塘江流域史前文化的发展谱系研究提供了全新的视角和崭新的资料。

小黄山遗址的发现，对于填补曹娥江流域史前文化遗址的空白起了重要的作用，无疑为今后相似的地理环境中的考古探寻和发现提供了经验。

四　姚江流域

姚江发源于四明山，全长 109 千米，主要流经余姚，与奉化江在宁波汇合成甬江后流入东海。如果从自然地理的角度及部分研究者的观点看，姚江直接北流可以有多条线路与钱塘江杭州湾相通。姚江流域是四明山北麓与慈溪南部山地之间的峡港型海积平原，目前发现的史前文化遗址基本上都直接建在海相青灰色亚黏土层之上。

把姚江流域纳入本文，主要是上山、小黄山、跨湖桥这些遗址、古文化的突破性发现，他们的延承、演变的区域空间在这里，或者说河姆渡文化的源头有了目标以后，再来观察河姆渡文化，视野大多了。

河姆渡遗址的发现无疑是中国考古学的重大收获，打破了传统的黄河流域中心论，使长江流域的远古文化得到全新的认识，河姆渡文化也成为学术界重要的研究领域。

余姚河姆渡遗址

遗址地理坐标为北纬 29°58′，东经 121°22′。

《河姆渡》考古报告[①]和相关书刊、文章等对此遗址已有大量叙述和论述，笔者作为发掘人之一，曾在此有过四个月的野外发掘和二十天的室内整理，对周围多次踏勘寻查，在这里简单说说我眼中的河姆渡。

河姆渡遗址西部和南部有低山丘陵，均属四明山的余脉，海拔约 60～130 米，紧邻遗址有一座高约 9 米、面积百余平方米的小石山，姚江就在近旁流过；包括遗址在内东部、北部地势低平，海拔仅 1 米余。河姆渡遗址的发现就是深挖土建排涝站（当地叫"翻水站"）而发现的，遗址处在高水位。这种地理环境是河姆渡文化的先民在选择居址时的一个特点，当然数千年来自然条件发生了很多变化，那是需要综合研究的课题。

由于遗址从第三文化层开始，就始终在水位以下，基本隔绝了空气，地下文物，无论是无机物，还是有机物，保存几乎完好如初。发掘过程中，常见的陶片、石器不用说，骨、木器好得很，更惊奇的是能挖到绿色的树叶、金黄色的稻叶、茎等，只是一眨眼的工夫便氧化成黑灰色了。河姆渡遗址发掘过程中，最麻烦的就是满坑的木桩、

---

① 浙江省文物考古研究所：《河姆渡——新石器时代遗址考古发掘报告》，文物出版社，2003 年。

木柱、各种木构件，一个探方搞不清，几个探方搞不清，经常组织大家"会诊"，还是不能充分解释。当然，对河姆渡先民的木作营建能力实在太惊叹了，干栏式建筑、榫卯工艺技术、各种板材的架构等等。总之说明河姆渡文化是依水（或沼泽）而居，建造房子的本领很高的先民，而且在长达一千多年的时期内，定居生活十分稳定，不断改进居住条件，这是非常少见的。

河姆渡遗址发现了近 200 件骨耜，数百颗炭化稻谷和釜底内的锅巴，还有数不清的稻叶、稻秆等，说明河姆渡文化以骨耜为代表的农耕稻作已比较定型，能够垦殖大片稻田，稻作农业已成为主要经济生活。农业的富裕，使家畜饲养业产生，有猪、狗、牛的家养种。当然多达 61 种的动物和大量野生果实，如橡子、酸枣、菱角等遗物，反映当时渔猎和采集在经济生活中仍有重要作用，丰富了人们的生活来源。

河姆渡先民创造了一整套与定居生活相适应的生产、生活器具。石器选用材质坚硬的石材制作斧、锛、凿等；骨器的制作十分广泛，有农具、武器、纺织工具和装饰品；制陶工艺有夹炭、夹砂之别，器种以釜、罐、盆、盘、钵为基本组合，包括了炊器、饮食器和贮盛器，以绳纹和丰富的刻划纹装饰，自成特点；木器的制作以大量建筑构件为主，生产、生活用具亦多样；纺织工具和绳子、苇编的大量发现，反映了当时纺织、编织都达到了较高水平。

河姆渡先民在精神生活和艺术上已达到较高水平，在陶、骨、木器上往往刻饰精美的纹样；用不易获取的象牙雕琢成特殊的艺术品，刻划非凡的图案；漆容器和漆牙器的出现令人赞叹；美石玛瑙、萤石制成玦、璜、管、珠作装饰品；骨笛、骨哨、木筒形器等应有乐器的功能。

总之河姆渡遗址丰富的内涵和文化面貌，展示了距今 7000 年及连续千余年发展的画卷，构成了极具特色的考古学文化。河姆渡遗址发现三十多年来，已在曹娥江以东，四明山以北，包括舟山群岛上发现了河姆渡文化的遗址三十余处，典型遗址有名山后、塔山、鲻山、田螺山遗址等①，以姚江流域的分布最为集中和密集，经过不同规模的发掘，获得了大量新资料，使河姆渡文化的内涵更加丰富，深化了对河姆渡文化的认识。

五 东苕溪流域

东苕溪发源于天目山的马尖岗，全长 158 千米，经临安、余杭、德清，流入太湖。

---

① 名山后遗址考古队：《奉化名山后遗址第一期发掘的主要收获》，《浙江省文物考古研究所学刊：建所十周年纪念（1980～1990）》，科学出版社，1993 年；浙江省文物考古研究所、象山县文物管理委员会：《象山县塔山遗址第一、二期发掘》，《浙江省文物考古研究所学刊》（3），长征出版社，1997 年；李安全主编：《田螺山遗址：河姆渡文化新视窗》，西泠出版社，2009 年。

根据考古和古地理的研究①，东苕溪在东汉以前是南流注入钱塘江的，由于杭州一带不断增高，成为城镇，入海口填塞，到了汛期极易形成洪涝灾害，于是东苕溪沿岸修筑大堤，著名的西险大塘经历年加固，目前仍是杭州地区应对东苕溪洪水的主要屏障。

东苕溪上游溪流密布，干流即北、中、南苕溪，三溪汇合后才称东苕溪，在余杭境内全长约40余千米，所以本节的东苕溪流域仅指现在杭州市的西南部和余杭区的西部，这里在20世纪30年代就发现了良渚、古荡遗址，50年代发掘了老和山遗址②，当然最主要的是80年代以来良渚遗址群内一系列重大发现，成为实证中华五千年文明史最具水平、最具规模的良渚文化中心。

良渚文化创造了灿烂的物质文化和精神文化，与同期古文化相比，处于领先地位，"影响了大半个中国"③，作为强势文化，在它的繁荣发展阶段就开始了外向的扩展，我们可以在全国很多遗址的出土物中发现良渚文化的玉器或良渚式的玉器，令人不得其解的是遥远的距离是如何传过去的，通过什么途径传过去。由于钱塘江流域近年来考古发现提供的重要线索，良渚文化南向路线基本上有了比较合理的解释。

六　认识和思考

钱塘江在中国众多的大江大河中只能算是小江河，钱塘江流域仅占全国不到百分之一面积，但是通过上述粗疏的介绍，可以充分反映钱塘江流域史前文化的重要地位和意义，笔者提出以下初步认识和思索。

（1）从20世纪七八十年代以来，稻作农业的起源研究一直是热门的重要课题。考古发现水稻遗存的所属年代不断前推，从河姆渡、罗家角的距今7000年，到彭头山、八十垱的距今8000年，到仙人洞、吊桶环、玉蟾岩的距今万年或更早，这些发现对于探索栽培稻的起源有着重要价值。

新石器时代开始的重要标志，通常会把农耕、畜养、制陶、磨制石器列入，而最重要的是农业革命，也就是谷类作物成为人类栽培的对象，谷类作物是野生种还是栽培种的鉴定成为关键。大家都承认，谷类作物的驯化是一个很长的过程，加上鉴定手段和技术的不断前进，于是在古水稻鉴定中，籼稻还是粳稻，野生还是栽培，采集的土壤中植硅石的分析等等常常会有不同意见的出现。

笔者认为这些方面的研究非常必要，也就是说"自然遗存"的综合研究要进一步

---

①　浙江省文物考古研究所：《良渚遗址群》，文物出版社，2005年；吴维棠：《杭州的几个地理变迁问题》，《历史地理》（第五辑），上海人民出版社，1987年。

②　蒋缵初：《杭州老和山遗址1953年第一次的发掘》，《考古学报》1958年第2期。

③　2007年11月29日在"发现良渚文化古城"新闻发布会上严文明先生的发言。

加强，但从另一个角度，除了这些对象作为客体的研究外，人类是农业革命的主体，在这个过程中，留下什么遗迹和遗物，仍是传统考古学研究的重要方面。而在这些研究中，人类的定居生活最重要。

谷类作物的栽培，从播种到收获，需要数月的时间，人类一旦开始学着栽培和驯化作物，暂且不考虑其中是否有管理环节，至少不能离开播种的地方，否则找不到收获地了。这就是人类必须定居的根据，而采集和狩猎经济可以居无定所。

人类在旧石器时代就栖身洞穴了，这不能作为"定居"的根据，同样的理由，仙人洞、吊桶环、玉蟾岩等遗址，虽然发现了超过万年的水稻遗存，但缺乏是在进行驯化、栽培水稻行为的充分理由，严格地说，这是一批在洞穴中的"借住者"。

到目前为止，最早的定居者是上山文化的先民，这是大量柱洞、柱坑及沟槽等组成的建筑遗迹可以证实的。距今万年左右，上山文化先民在近水的台地上建造了最早的房子，综合水稻遗存、陶器、石磨盘等，知上山文化已开始了早期稻作农业的创业。

（2）钱塘江流域史前文化的编年史，目前基本框架已经建立，从上山文化、小黄山、跨湖桥文化、河姆渡文化，河姆渡后续文化与良渚文化，大致涵盖了从距今万年到四五千年的发展过程，当然从考古学谱系研究而言，还只能处于起步阶段。

面对钱塘江流域地理上的特点和各阶段史前文化遗址时空上的分布，可以比较明显的勾勒出不同阶段不同文化的发展轨迹，包括了定居地的选择、建筑水平的提高、稻作农业的进步、农具的发展、制陶工艺的改进、精神生活和艺术品的出现等等方面。

从上山文化作为最早能造房子的定居者、稻作农业早期的创业者开始，小黄山遗址所反映的遗迹、遗物均有所进步，但除了年代稍晚，还不能说与上山文化有时代上的差别，而且曹娥江流域考古工作有待新发现，早于小黄山遗址的地点并非不可能。笔者认为，上山和小黄山的先民都属于台地上的定居者，稻作农业的创业还局限于丘陵地带的盆地，当然临近水源是必不可少的。

跨湖桥文化是新石器时代早期向中期过渡的典型。跨湖桥遗址发现之初，由于遗址地处低平的河口沼泽与海侵淹没，曾与河姆渡文化的地理特点相比，作为滨海—河口类遗址，现在浦阳江流域，尤其衢江—兰江流域的考古新发现，基本证实上山文化与跨湖桥文化既是文化上的承延关系，又是分布区域上的重合关系，那么跨湖桥遗址本身是跨湖桥文化的边缘点。不仅如此，跨湖桥遗址的先民是从山谷盆地跨向滨海平原的开拓者，是首批平原定居者，创造了干栏式建筑、独木梯和地面建筑以及丰富的物质和精神产品，最早独木舟的发现，更反映了跨湖桥先民有更广阔的探寻领域。然而海侵一来，首批平原定居者没能站稳脚跟，或许山谷盆地安稳的条件同样可以安居乐业，只不过跨湖桥文化未能发展壮大。

河姆渡文化才是真正在平原上稳固地定居下来的强大一族，遗址密集分布在区位、资源十分优越的姚江流域及滨海地带，创造了同时期无与伦比的灿烂文化，而且承延、发展了近二千年，即使它的后续文化仍顽强地保持了部分传统的特点。河姆渡文化面向的是海洋，我们很少在姚江流域以外的地区见到河姆渡文化的遗迹、遗物，河姆渡文化去了哪里？

（3）"良渚文化哪里去了"，一直是学术界、考古界常常发问的题目。良渚文化的强势状态表现在不是一般的文化面貌，而是早期国家形态的政治实体。良渚文化农耕经济的发展，资源的消耗，人口的增长，即使依托太湖流域优越的综合条件，还是难以为继，良渚文化向外的扩展，有全国十余处同期或稍后遗址出土的遗物为证。而钱塘江流域与东苕溪的沟通渠道，及浦阳江—兰江—衢江的隔而不断、山谷相通的地理条件，为良渚文化的南传路线提供了文化通道。

从良渚遗址群经萧山境内的金鸡山、乌龟山、茅草山等①遗址点，到浦江莶塘山背遗址，然后有龙游的三酒坛遗址，跨越钱塘江流域与瓯江流域的上游交汇处，遂昌好川墓地超过80座墓葬，沿瓯江而下近海口则有温州老鼠山遗址的35座墓葬。以上遗址和墓地都有一些遗迹（如墓葬形制、墓向等）和遗物表现了有别于良渚文化的特殊形态，显示了地方特色，但笔者认为，他们的主要文化特点只能来源于良渚文化，良渚文化是这些遗址或墓地的母体，这里的居民是良渚文化的移民。当然任何移民社会不会是母体社会的原版翻模，他们要适应新环境，对母体文化只能有选择地继承，但母体文化的印记是有迹可循可比的。

写到这里，笔者只能再次说明，离开野外第一线多年了，对于钱塘江流域史前文化这个重要的研究课题，只能粗疏介绍，初步认识。但是钱塘江流域史前文化的发现和研究，足以证实这里是东亚古文化的发源地之一，稻作农业的起源中心之一，中华文明的源头之一，在中华民族的光辉历史长河中占有极其重要的地位。

本文的完成，得到了本所方向明先生的大力帮助，特此致谢！

附记：严文明先生从1977年10~11月之交考察河姆渡遗址第二次发掘工地并指导工作以来，对于浙江所有的重要史前考古发现都亲临现场，我们深受教诲，留下了深刻的记忆。学生这篇文章要旨曾在2010年8月于赤峰向先生做过简要请示，现稿毕，呈先生及诸位师友批评指正。

---

① 浙江省文物考古研究所：《良渚遗址群》，文物出版社，2005年；吴维棠：《杭州的几个地理变迁问题》，《历史地理》（第五辑），上海人民出版社，1987年。

甘青地区新石器—青铜时代
考古学文化的谱系与格局

王　辉

（甘肃省文物考古研究所）

本文所探讨的甘青地区是指甘肃全境、青海东部和宁夏南部。从 20 世纪 20 年代开始，安特生、夏鼐、裴文中等考古学家就在该地区进行过考古调查和发掘。在发掘和调查的基础上，安特生还初步建立了该地区新石器至青铜时代的文化序列，将甘青地区的古代文化从早到晚依次分为齐家期、仰韶期、马厂期、辛店期、寺洼期和沙井期等六期。将前三段定为石器时代至铜石并用时代的过渡期，后三期属于早期青铜时代。基于上述分期，提出了"仰韶彩陶西来"的假说①。

关于甘青地区的文化格局及其发展已有多位学者进行过相关的探讨，但囿于资料的限制及甘青地区文化格局和文化演变的复杂性，有许多问题仍然没有得到解决。本文将在以往的研究工作基础上，结合近年来新发现的考古资料，对甘青地区新石器时代至青铜时代的文化谱系和文化格局的形成、演变及其动因进行探讨。

（一）　自然环境

甘青地区地处西北干旱和半干旱区，位于黄土高原、内蒙古高原和青藏高原的交汇处，地形地貌复杂多样，其地理位置和山地、高原复杂的地形条件决定了自然环境的复杂性和多样性。

依据地貌形态大致从西向东可以将甘青地区分为以下几个地理区域：

祁连山山地是由一系列东高西低的平行山岭和山间盆地组成。大部分海拔在 3500 米以上，是甘肃河西走廊内陆河的发源地。祁连山地南部为青海湖盆地和哈拉湖，北侧为河西走廊。

---

① 　安特生著，乐森璕译：《甘肃考古记》，《地质专报》甲种第五号，1925 年。

　　河西走廊位于祁连山地以北，北山（由马鬃山、合黎山、龙首山等组成）以南，东起乌鞘岭，西至甘新交界处。地势由东向西自南向北倾斜，海拔在1000～1500米之间。河西走廊内可分为石羊河流域的武威、永昌绿洲；黑河流域的张掖、酒泉绿洲以及疏勒河流域的玉门、敦煌绿洲。走廊东部尚有黄土分布，愈往东愈厚，张掖以西沙漠和戈壁面积逐步增大。东部气候稍湿润，西部干旱。东部森林植被覆盖较好，西部为辽阔的草原和荒漠草原。绿洲平原上灌溉农业发达。

　　北山山地和阿拉善高原位于河西走廊以北。包括马鬃山、合黎山、龙首山等断续的山脉，山地海拔1500～3400米，山势呈西北—东南走向，东西高，中部低。山间和山地周围有广阔的草原。气候干燥缺水，土质条件差。属于蒙、新荒漠区。

　　青藏高原东北部东起黄河松巴峡西南到同德县巴沟入河口，包括青海贵德、贵南、共和、兴海、同德诸县，属于青藏高原区的侵蚀山地地貌，黄河及其支流切割较深，形成众多的台地和谷地。东部是贵德小盆地，其余属于青藏高原内部断陷形成的共和盆地。

　　陇中黄土高原东起陕甘边界，西至乌鞘岭。接近南北走向的六盘山和陇山山脉将其分割为陇东和陇西黄土高原两部分。陇东黄土高原海拔1200～1800米，该区域的黄土地貌以塬为主，塬面比较完整，塬、梁、峁、坪、川、沟及多级阶状地貌相间并存。陇西黄土高原大部海拔在1200～2500米之间，也分布有深厚的黄土层。因河流切割，地形破碎，沟壑纵横，梁、峁、丘陵占优势。植被条件较差，水土流失严重。

　　甘南草原属于青藏高原东缘的一隅，大部分地区海拔超过3000米。区内气候高寒阴湿，除与岷山、迭山交接的地段外，一般地势平坦，大部是平坦宽广的草滩。黄河流经本区，白龙江、洮河和大夏河均发源于本区西倾山。

　　陇南山地大致包括渭河以南，临潭、迭部一线以东的山区，是秦岭山脉的西延部分。地形以山地和丘陵为主，海拔从东部的1500米上升到西部的4000米左右，山高谷深，山脉众多，河谷川坝面积小。介于南北秦岭之间有徽成盆地。陇南山地主要属于长江支流嘉陵江水系的白龙江、西汉水流域。山地多为土石坡地，水土流失现象普遍。

　　陇山（六盘山）山地是接近南北向的石质山地。因为接近南北走向，阻挡了东来的湿润气团，所以，山地以东较为湿润，山地以西较为干旱。

　　甘青地区属东亚季风的尾闾地带，对气候的变化十分敏感。现代气候处于由半湿润—半干旱区向干旱区过渡地带，自然条件也具有渐变的特征。气候由东南向西北逐步变干，植被也由草原渐变为荒漠。大部分地区气候干燥，大陆性显著，气候地区差异很大，具有北亚热带和温带多种气候类型。气候区域分为陇南南部河谷亚热带湿润区、陇南北部温带湿润区、陇中南部温带半湿润区、陇中北部温带半干旱区、河西北部温带干旱区、河西西部温暖带干旱区、河西南部干旱半干旱区、甘南高寒湿润区。

年平均气温 4 ~ 14℃。气候特点是冬季寒冷，夏季温热；年温差和日温差较大。年降水量从东南向西北递减，年平均降水量在 150 ~ 800 毫米之间，干旱区甚至不足 40 毫米。

区域内的河流主要属于三个流域：内陆河流域包括疏勒河水系、黑河水系和石羊河水系；长江流域，包括嘉陵江水系；黄河流域，包括黄河干流（含上游玛曲段及支流大夏河、庄浪河、祖厉河等）、洮河水系、湟水水系、渭河水系、泾河水系及清水河水系等。内陆河流域大部发源于祁连山，最后流入内陆湖泊或消失于沙漠戈壁中。区域内水系及变化较为复杂多样，河流径流量因流域而异。

全新世以来，黄土高原的植被类型在沟谷和塬面有显著差别，塬面上从来没有大面积的森林生长，自然植被类型以灌丛草原为主，在气候良好的时期会有疏林生长，在沟谷中森林得到较好的发育①。黄土高原的植被、地貌和气候特征决定了黄土高原的早期居民只能发展旱作农业，区域内的新石器时代文化也在这一地区产生。

（二）旧石器时代晚期的文化底蕴

甘青地区在黄土高原和河西走廊均发现有旧石器时代晚期的遗存。从文化面貌上看，石制品以石片石器为主，个体较小，在器物组合中刮削器占极高比例，尖状器仍然是主要器形，具有我国华北旧石器的共同特征，属于以峙峪文化为代表的旧石器文化。从陇东到陕西东部区域内旧石器文化的面貌基本一致。其石器工业传统与水洞沟和陕西接近，从大的区域来看应该属于同一文化区。

拉乙亥遗址位于贵南县黄河岸边。发现的石器无论是石器类型还是加工方式都显示出典型的细石叶工业技术特征。以压剥技术生产细石叶和细石核，个别石核采用勒瓦娄哇技术制成②。这是本区域内发现的唯一一处细石器遗址。旧石器时代晚期的文化是甘青地区文化格局形成和发展的底蕴。

（三）前仰韶文化时期和仰韶文化早中期与关中西部文化的一致性

我国新石器时代开始的时间从南到北大致是 1.2 万年 ~ 1 万年，低纬度地区开始相对较早，高纬度地区开始稍晚。南方地区的陶器出现在 1.2 万年左右，在北方地区的河北徐水南庄头遗址陶器的出现也在 1 万年以前③。

---

① 吕厚远、刘东升、郭正堂：《黄土高原地质、历史时期古植被研究状况》，《科学通报》第 48 卷第 1 期，2003 年。

② 汤惠生：《青藏高原旧石器时代晚期至新石器时代初期的考古学文化及经济形态》，《考古学报》2011 年第 4 期。

③ 赵朝洪：《更新世 – 全新世界限的划分与中国石器时代分期研究综述》，《江汉考古》1996 年第 1 期。

（1）从到目前为止的发现来看，本区域内新石器时代文化最早出现在距今8000年左右，属于新石器时代中期的前仰韶时期。前仰韶文化的遗址发现较少，主要集中在天水附近的渭河和西汉水流域上游地区，目前发现的遗址数量不超过10处①。

前仰韶文化的命名在学术界并不一致，有老官台文化、白家文化和人地湾文化等多种称谓。根据碳－14测年，年代在距今8000～7000年之间。

从文化面貌上看，渭河上游和渭河中游关中平原的前仰韶文化的文化面貌基本一致，大致可以分为早晚两期，分别以大地湾一期②和西山坪二期为代表。由于气候和环境的差异，在发展过程中产生些许地域差异，甘青地区的前仰韶文化和关中平原的前仰韶文化有着细微的区别③。

前仰韶时期人们的生业形态中狩猎采集经济占据着极为重要的地位，对大地湾遗址中属于大地湾一期遗存的地层中浮选所得黍的出现概率仅为（0.15～0.2）粒/升。从黍的形态观察，尚处于驯化的初级阶段。表明此时人类虽然已经开始驯化和栽培作物，但还不是农作物。通过对大地湾一期猪骨骼同位素的分析表明，这一时期的猪可能是随意放养的，以各类 C_3 植物为食④。

（2）仰韶文化早期在甘青地区的分布范围扩大。半坡类型时期分布范围主要在甘肃东部和东南的渭河上游及泾河的中上游地区，还波及西汉水上游和白龙江上游的部分地区⑤。

从文化面貌上看，这一时期在陶器上和关中平原仍然保持了相当大的一致性，严文明先生在研究仰韶文化的地方类型时将其和关中地区的半坡类型统一归入仰韶文化第一期的渭河流域地方类型⑥。他们有共同的信仰——鱼和葫芦，有着共同的向心式的聚落结构。但是从埋葬制度上来看，这个大的区域可分为两个不同的区域，严文明先生称之为泾渭区和陇东区，前者指渭河中游及泾渭之间的地区，后者指甘肃东部和渭河上游地区。两区域的埋葬习俗接近，均以单人葬和一次葬为主。但陇东区有在墓坑旁单挖小坑埋葬器物的习俗，这不见于半坡类型的其他区域中。和其他区域的半坡类型一样，陇东地区也存在着三级社会组织，分别代表家族、胞族或对婚氏族及

① 国家文物局主编：《中国文物地图集·甘肃分册》，测绘出版社，2011年。
② 甘肃省文物考古研究所：《秦安大地湾——新石器时代遗存发掘报告》，文物出版社，2006年。
③ 张宏彦：《渭水流域老官台文化分期与类型研究》，《考古学报》2007年第2期。
④ 吉笃学：《中国北方现代人扩散与农业起源的环境考古学观察——以甘宁地区为例》，兰州大学博士论文2007年。
⑤ 北京大学考古学系、甘肃省文物考古研究所：《甘肃武都县大李家坪新石器时代遗址发掘报告》，《考古学集刊》（第13集）第33页，中国大百科全书出版社，2000年。
⑥ 严文明：《略论仰韶文化的起源和发展阶段》，《仰韶文化研究》（增订本）第161页，文物出版社，2009年。

小型部落①。半坡类型的绝对年代范围应该在公元前 4900～前 4000 年间。只是在甘青地区的半坡类型时期缺少了在距今 7000 年左右的早期遗存②。虽然甘青地区的半坡类型和渭河中游产生了细微的差别，但从文化的总体面貌上来看，二者的共同性远远大于差异，在这一时期甘青地区的文化格局仍然是和老官台文化时期一样，和渭河中游属于同一文化区。

从距今约 7200 年开始，中国北方普遍受到干旱事件的影响，遗址数量急剧减少，在许多地区出现了文化中断或不连续的现象，导致狩猎采集经济的地位受到前所未有的打击。在这一过程中，栽培作物的作用得到认可，农业经济最后取代狩猎采集经济成为经济生活的主体。经济形态上黍类作物在渭河上游的大地湾及葫芦河流域的几个遗址都有发现。而且出现频率空前提高，籽实饱满，驯化状态良好。同时猪骨 $\delta^{13}C$ 值则明显偏正，说明当时猪主要以 C_4 类植物为食，可能是圈养的方式。而这一时期在陕西渭水流域开始出现粟和黍类两种作物，可能是黍向下游东渐和黄河下游的粟向渭水流域西渐过程的叠加。

（3）发源于晋南豫西地区的庙底沟类型是文化大扩张的时期，也是仰韶文化发展达到高峰的时期。庙底沟类型的分布范围在短时间内迅速扩展到青海东部地区。在青海民和阳洼坡和胡李家发现了庙底沟类型的遗存③。彩陶通过庙底沟类型的扩张而播散。但是在庙底沟类型的早期，庙底沟类型向外扩展的势头还较弱，渭河流域仍是以半坡类型居主导地位。于是，在大地湾 F2 中才出现了半坡类型晚期同庙底沟类型早期器物共存的现象，尤其是在大地湾、王家阴洼等遗址的半坡类型晚期遗存中，一些陶器上还饰有庙底沟类型风格特点的弧边三角纹④。庙底沟类型的年代大约为距今6000～5500 年。

甘青地区庙底沟类型的分布范围不仅扩大，遗址的数量也在增加。甘青地区与关中渭河流域庙底沟类型的文化面貌非常接近，而与晋南豫西的庙底沟类型不大相同，但这些差别大多表现在细部，因此甘青地区庙底沟时期的遗存仍然被归入庙底沟类型当中⑤。

庙底沟类型彩陶在播散的过程中，对甘青地区的影响更为明显，是一种明确的文

---

① 严文明：《半坡类型的埋藏制度和社会制度》，《仰韶文化研究》（增订本），文物出版社，2009年。
② 吉笃学：《中国北方现代人扩散与农业起源的环境考古学观察——以甘宁地区为例》，兰州大学博士论文，2007 年。
③ 青海省文物考古队：《青海民和阳洼坡遗址试掘简报》，《考古》1984 年第 1 期。
④ 戴向明：《黄河流域新石器时代文化格局之演变》，《考古学报》1998 年第 4 期。
⑤ 严文明：《论半坡类型和庙底沟类型》，《仰韶文化研究》（增订本），文物出版社，2009 年。

化传播。甘肃秦安大地湾遗址因为地近关中区域，所见半坡和庙底沟类型彩陶更是与晋、陕、豫没有明显区别。如大地湾庙底沟类型阶段彩陶中的图案化鱼纹、花瓣纹、西阴纹、单旋纹和双旋纹等，都与中原所见完全相同，难分彼此。在往更西部区域的传播过程中，彩陶的器形与纹饰也基本上没有明显变化①。

庙底沟类型时期发现粟的遗址大幅度增加，粟大幅增加情况可能正是伴随着以粟为主要作物区域的文化扩张，因而与处于粟作中心略偏西地带的庙底沟期的人群进入关系密切。

从老官台文化开始至仰韶文化庙底沟期，甘青地区的文化发展基本和关中渭河流域同步，文化面貌上也基本保持了和陕西渭河流域同类遗存的一致性。

（四）文化的分化和甘青地区文化区的萌芽——仰韶文化晚期

经历了仰韶文化早中期，在距今 5500 年左右中国的古文化进入了一个新的时期——铜石并用时代②。发生在甘青地区最大的变化就是随着文化的分化，使仰韶文化晚期甘青地区的文化面貌和关中西部产生了较大的差别，而且这些差别在以后的发展中变得越来越明显，最终导致甘青地区独立文化区的形成。严文明先生指出，在仰韶文化第三期，"分化现象最突出的是甘肃东部。那里的仰韶遗存在第一期时同陕西境内的没有什么区别；在第二期时分布范围向西推进了许多，文化面貌同陕西境内的相比已略有差别，但相同的部分是主要的，基本上属于同一类型。到第三期，天水以东和天水以西的文化走了完全不同的道路……由于后者的特异化，使它有可能从仰韶文化中分离出来，而成为单独的一支考古学文化，即所谓甘肃仰韶文化或马家窑文化"③。其绝对年代为距今约 5500～5000 年。

这类在甘青地区的约与仰韶文化晚期同时的遗存曾被命名为马家窑文化"石岭下类型"④；随着大地湾遗址的发掘，也有人称其为"大地湾仰韶晚期遗存"⑤。

对于甘青地区仰韶文化晚期的遗存，目前对其文化归属认识仍然不统一。严文明先生认为天水以东和天水以西有不同的发展道路，天水以东继续用尖底瓶，彩陶几乎

---

① 王仁湘：《庙底沟文化彩陶向西南的传播》，《四川文物》2011 年第 1 期。

② 苏秉琦主编，张忠培、严文明撰：《中国远古时代》，上海人民出版社，2010 年；严文明：《中国的铜石并用时代》，《史前研究》1984 年第 1 期。

③ 严文明：《略论仰韶文化的起源和发展阶段》，《仰韶文化研究》（增订本）第 163 页，文物出版社，2009 年。

④ 严文明：《马家窑类型是仰韶文化庙底沟类型在甘青地区的继续和发展——驳瓦西里耶夫的"中国文化西来说"》，《史前考古论集》，科学出版社，1998 年。

⑤ 郎树德、许永杰、水涛：《试论大地湾仰韶晚期遗存》，《文物》1983 年第 11 期。

消失；天水以西则显著特异化，基本不用尖底瓶，彩陶反而大盛①。这类遗存是在甘青地区有一定地方特征的庙底沟类型上发展起来的，从大的范围来讲，其与仰韶文化半坡晚期类型还是有很多共同点，他们仍然属于一个大的文化系统②。

第二种意见认为自庙底沟类型晚期开始，甘肃东部的考古学文化分为性质有别、流向各异的两类遗存，一类属于大地湾四期系统，主要分布在秦安一带、西汉水流域、白龙江下游甚至远达岷江上游地区；一类属石岭下类型系统，主要分布在葫芦河流域、洮河流域、甘南高原、青海民和一带，基本涵盖了后来马家窑文化的分布区。陇山两侧、渭河上游及其支流地区则是这两类遗存交错分布的区域③。

第三种意见认为"石岭下类型"应该归属于"大地湾仰韶晚期遗存"，马家窑文化的来源没有解决，需要重新考虑④。

第四种观点是石岭下类型是庙底沟类型和马家窑文化之间的一个过渡类型，庙底沟类型经过石岭下类型发展为马家窑文化⑤。

从隆德页河子遗址的发掘，最近第三次文物普查的资料和磨沟遗址的发掘情况看⑥，所谓的"石岭下类型"和"大地湾仰韶晚期遗存"是甘青地区从庙底沟类型发展起来的仰韶文化晚期具有明显自身特征的地方类型，它们的文化性质相同，和马家窑文化存在渊源关系。在天水以东和以西在这一时期尖底瓶和彩陶都在使用，两者具有基本相同的陶器群，陶器群的器形和装饰风格也基本雷同，而且具有相同分布地域。

仰韶文化晚期在甘青地区的分布范围进一步扩大，在甘肃东部和中西部均有较为密集的这一时期的遗址分布，分布范围与庙底沟时期接近。西抵青海东部，最西端到达青海省民和回族土族自治县的白崖子沟遗址，南至白龙江流域。在古浪县博物馆发现有一件出土于陈家厂子遗址的喇叭口彩陶平底瓶，器形和花纹特征与仰韶文化晚期相同，或昭示着仰韶文化晚期的分布范围已经进入了河西走廊东端⑦。

① 苏秉琦主编，张忠培、严文明撰：《中国远古时代》，上海人民出版社，2010 年；严文明：《中国的铜石并用时代》，《史前研究》1984 年第 1 期。
② 严文明：《甘肃彩陶的源流》，《文物》1978 年第 10 期。
③ 丁建祥：《马家窑文化的分期、分布、来源及其与周边文化的关系》，《古代文明》（第 8 卷），文物出版社，2010 年。
④ 严文明：《马家窑类型是仰韶文化庙底沟类型在甘青地区的继续和发展——驳瓦西里耶夫的"中国文化西来说"》，《史前考古论集》，科学出版社，1998 年。
⑤ 谢端琚：《论石岭下类型的文化性质》，《文物》1981 年第 4 期。
⑥ 北京大学考古实习队、固原博物馆：《隆德页河子新石器时代遗址发掘报告》，《考古学研究》（三），科学出版社，1997 年。磨沟马家窑文化遗址的发掘资料待刊。
⑦ 甘肃省文物考古研究所、北京大学考古文博学院：《河西走廊史前考古调查报告》第 65 页，文物出版社，2011 年。

甘青地区的仰韶文化晚期聚落大小规模相差悬殊，出现了中心聚落，这一时期在甘肃东部和东南部出现了像大地湾、南佐和高寺头①为代表的中心聚落。在聚落内部产生了具有特殊性质和用途的建筑。尽管在文化面貌上出现了和关中地区的显著差别，但在社会发展水平上至少在陇东地区仍然是和关中地区同步的。

经济形态上产生了一个明显的变化是粟类作物向洮河流域甚至向更西的西北干旱和半干旱地区渗透的趋势，继续保持以黍、粟为主要栽培作物的状况。同时，在庆阳南佐还发现了人工栽培的水稻②，在礼县也发现了炭化的稻米③。

（五）两支主流文化产生和甘青文化格局的独立形成

在仰韶文化之后，甘青地区的文化分布格局发生了变化。区域内部的地方特征增强，和周边文化的交流和互动更为广泛和深入。在这一时期，甘青地区存在着马家窑文化系统和齐家文化系统为代表的两支主流文化，在共和、贵德盆地存在着宗日文化。从历年调查和发掘的成果看，马家窑文化系统和齐家文化系统的遗址在本区域内数量最多，影响最大。在长期的文化发展过程中，基于文化本身自身的变化，环境的差异，人群的移动及其与其他文化的碰撞和交融，甘青地区的文化发展形成了与中原文化不同的独立体系，甘青地区自身独立的文化格局在这一时期形成。

渭水上游陇山、六盘山以西地区，在仰韶文化晚期的西渐过程中发展为马家窑文化。而在泾河流域和清水河流域的六盘山以东地区，在仰韶文化之后受关中西部的相当于庙底沟二期的案板三期的影响发展起来了常山类型。之后的客省庄二期文化也和齐家文化存在着广泛的交流。常山类型和马家窑文化都继承了仰韶文化晚期以橙黄色为主要陶色的传统。马家窑文化系统发展起来了发达的彩陶，房屋的地面处理方式采用泥土和红烧土，常山类型和齐家文化系统继承了仰韶文化晚期白灰面的传统，在甘肃东部和宁夏南部等地，因地制宜形成了窑洞式房屋。

（1）尽管对马家窑文化是分成马家窑、半山、马厂三个相互联系和发展的类型，还是将马家窑文化分为马家窑、半山、马厂三个文化，或是将马家窑与半山马厂分别称为马家窑文化、半山—马厂文化目前在学术界还有争议。但无论是从陶器形制、彩陶花纹的组合和风格以及墓葬的形制、葬式和埋葬特点等多个方面观察，马家窑、半山、马厂是三个一脉相承、有紧密联系的三个文化发展阶段。

---

① 甘肃省文物考古研究所：《西峰市南佐新石器时代晚期遗址》，《中国考古学年鉴·1987》，文物出版社，1988年。高寺头遗址的材料待刊。

② 张文绪、王辉：《甘肃庆阳遗址栽培古稻的研究》，《农业考古》2000年第3期。

③ 吉笃学：《中国北方现代人扩散与农业起源的考古学考察——以甘宁地区为例》，兰州大学博士论文，2007年。

马家窑类型主要分布在甘肃中南部地区，在青海省境内抵达黄河上游的共和县境内，在河西走廊可远达西端的酒泉一线；东界应当在陇山以西的渭河上游的天水一线，其影响可及关中西部，在宝鸡福临堡和岐山王家咀就发现有马家窑类型的彩陶①；马家窑类型分布的南界可达四川西北部的岷江上游、四川盆地的西部边缘和其青藏高原的交汇处，在甘肃中南部的洮河、大夏河流域及南部的白龙江流域有较多的马家窑类型的遗址分布②。马家窑类型由于地域的不同也产生了不同的地方类型，在白龙江流域的大李家坪遗址③和四川境内的茂县营盘山遗址④发现的马家窑类型的遗存可分为两类遗存，既有同马家窑类型分布中心区域一致的一类遗存，又有具有地方特征的一类遗存。

从分布的地域上看，马家窑类型在第一期时分布在渭河上游至青海东部和洮河流域的广大区域，马家窑类型第二期分布重心在在洮河中下游及兰州附近的黄河两岸。白龙江流域也进入了马家窑文化的分布范围。第三期时对渭河上游的影响开始减弱，分布范围明显向西收缩，但向南继续扩张，已到达了岷江上游。马家窑类型第四期时，进入河西走廊东部，在青海境内也有了进一步扩展，同时，马家窑类型的分布重心开始向西收缩。甘肃境内主要集中在兰州附近，青海境内西至共和一带。马家窑类型对岷江和白龙江流域的影响消失。马家窑类型第五期基本上维持了前一阶段发展的文化格局，只是在河西走廊马家窑文化扩展到酒泉一线。这一时期河西走廊、青海东部和兰州一带的文化面貌具有相当大的的一致性⑤。

兰州—青海东部的湟水流域是半山类型分布的中心区域，文化发展序列最为完备。在洮河—大夏河流域，主要限于半山早、中期的遗存。在大通河一线主要是半山晚期遗存，河西走廊也大体保持相同的格局，西界可达张掖一线⑥。兰州以北的皋兰—景泰等地半山中期以晚的遗存极少。在兰州以东的渭水上游，在陇山西侧的葫芦河水系仅

① 宝鸡市文物工作队等：《宝鸡福临堡——新石器时代遗址发掘报告》，文物出版社，1993 年；西安半坡博物馆：《陕西岐山王家咀遗址的调查与试掘》，《史前研究》1984 年第 3 期。

② 张忠培等：《关于马家窑文化的几个问题》，《庆祝苏秉琦考古五十五年文集》，文物出版社，1989 年。

③ 北京大学考古系、甘肃省文物考古研究所：《甘肃武都大李家坪新石器时代遗址发掘报告》，《考古学集刊》（13），中国大百科全书出版社，2000 年。

④ 成都市文物考古研究所、阿坝藏族羌族自治州文管所、茂县博物馆：《四川茂县营盘山遗址试掘简报》，《成都考古发现 2000》，科学出版社，2002 年。

⑤ 丁建祥：《马家窑文化的分期、分布、来源及其与周边文化的关系》，《古代文明》（第 8 卷），文物出版社，2010 年。

⑥ 2009 年，甘肃省文物考古研究所在张掖市民乐县六坝镇五坝村发现有半山时期的墓葬。该墓地在东灰山遗址东北约 7.5 千米。

零星发现有半山中期的遗物；在陇山以北的清水河中上游，零星发现有半山中晚期的遗物。半山晚期兰州以东的分布中心退缩至兰州左近的湟水下游①。半山类型的年代当在距今 4500 ~ 4300 年。

半山类型的墓葬流行二次扰乱葬。依据区域的不同和时间的变化，墓葬形制和葬式也发生着变化。半山中期的早段普遍流行二次扰乱葬，中期的偏晚阶段洮河流域一带葬式全部为侧身屈肢葬；兰州附近流行仰身直肢葬；黄河以北的景泰张家台则以石棺葬为主②；青海东部一带仍然以二次葬居多，次为仰身直肢葬；在青海东部的黄河流域，苏呼撒墓地除发现极个别的土坑偏洞室墓之外，绝大多数为竖穴土坑墓，少数墓内挖有小龛③。另外，从陶器的制作工艺和经济发展水平观察，各地都显现出相应的差异。半山晚期在兰州附近的土谷台墓地出现了土洞墓，侧身屈肢葬是主流；柳湾墓地的半山墓葬仍然以竖穴土坑墓为主，有木质葬具，流行二次葬④。

半山类型文化格局的总体趋势是逐渐向西移动。不同时间各区域内丧葬习俗的变化反映了各区域之间的人群移动。文化格局的变化和人群的移动反映了菜园类型和齐家文化不断向西扩张，迫使半山类型逐渐向西，同时也引起半山类型分布区域内的人群流动。半山中期出现的洞室墓是半山类型和菜园类型文化交流的结果。半山类型在皋兰—景泰一线的消失也和菜园类型的兴起和西渐有关。

兰州—湟水中下游—大通河一带是马厂类型分布的中心区。在早期，甘肃东部的渭河上游和祖厉河一带还发现有零星的马厂类型遗存，基本维持了半山晚期的格局，其后，马厂类型在这一地区基本绝迹。兰州以南的洮河—大夏河水系和青海东部的黄河沿岸所发现的马厂类型也多集中在这一时期，但遗址数量较半山时期明显降低。各地所出陶器风格基本一致。马厂中期是马厂类型的繁荣时期，在空间上形成东西两大区。在河湟地区继续保持繁荣势头，在湟水上游仅仅发现少量这一时期的遗址。在甘肃河西走廊特别是在走廊东段，马厂类型的遗址数量相当可观，在文化面貌上已经逐渐拉大了与河湟地区的距离。在中期的晚段，遗址大量集中在兰州—湟水下游地区，分布十分密集。在洮河流域、兰州以东、以北，青海东部黄河上游则很少发现这一阶段的遗存。在河西走廊其远端已经深入到酒泉和金塔一线。彩陶普遍施红陶衣，绘黑彩。马厂晚期遗存仅在湟水中下游至兰州左近有少量发现，其他地区已经

① 李水城：《半山与马厂彩陶研究》第 95 ~ 99 页，北京大学出版社，1998 年。
② 甘肃省博物馆：《甘肃景泰张家台新石器时代的墓葬》，《考古》1976 年第 3 期。
③ 青海省考古研究所：《青海循化苏呼撒墓地》，《考古学报》1994 年第 4 期。
④ 李水城：《半山与马厂彩陶研究》第 95 ~ 99 页，北京大学出版社，1998 年。

基本不见。在河西走廊，这一时期马厂类型已经开始向四坝文化转变。本期彩陶器表流行施红色陶衣，构图潦草，色调暗滞，呈现颓败迹象。马厂类型的年代在距今4300～4000年之间①。

　　马厂类型早期在湟水流域流行长方形竖穴土坑墓，以单人仰身直肢葬为主。而处在湟水上游的西宁朱家寨以二次葬为主②，保持了半山晚期的葬俗。湟水下游的土谷台墓地墓葬形制分为土洞、土坑和木棺墓三种③，以木棺墓数量最多。葬式以侧身屈肢为主。马厂类型中期乐都柳湾极为流行带墓道的椭圆形和圆形土洞墓，普遍使用长方形木棺，流行合葬墓，尤其是双人合葬墓④。葬式以仰身直肢葬最多，次为屈肢葬。兰州附近的白道沟坪流行长方形、方形竖穴土坑墓和单人侧身屈肢葬。在黄河以北的皋兰糜地岘⑤发现在马厂墓内竖立两块石板，可能为石棺或石封门，墓内合葬二人，均侧身屈肢。应该是半山类型的孑遗。马厂晚期的墓葬在柳湾为带墓道的椭圆形、圆形竖土洞墓，有长方形木棺，所见均为仰身直肢葬。

　　马厂类型分布格局和丧葬习俗的变化同样显示了齐家文化的西渐过程，随着齐家文化的西进，马厂类型的腹部区域逐渐为齐家文化所蚕食，迫使马厂类型向更西的方向移动。马厂类型晚期洞室墓的大量流行是和菜园类型及齐家文化的西渐密不可分的。

　　（2）中心分布在共和盆地的宗日文化陶器主要为泛白的夹砂陶（部分呈浅淡红褐色），以瓮（壶）、单耳罐、碗构成主要器类；纹饰中绳纹和堆纹普遍，彩陶主要为紫红色，以鸟纹和折线纹为主体图案；以分段盘筑对接成器，底部外撇为陶器特征。陶器构成中主体是在马家窑文化影响下产生的宗日式陶器，有从外地输入典型的马家窑文化的陶器，还有当地仿造的马家窑文化陶器等三部分组成。丧葬习俗中以二次扰乱葬和俯身直肢葬为主，有木椁。

　　从文化发展过程来看，宗日文化的构成要素经历了由几乎全是马家窑类型的泥质彩陶，少有的几件夹砂陶，质地、颜色、形态、纹饰都是与马家窑类型同类器物没有很大区别的阶段到自身的文化特征逐步增强，以至于到了宗日文化的晚期，就已经见不到马家窑文化的陶器，而只有宗日式的陶器了。宗日文化的三期五段分别跨越了马家窑文化马家窑类型雁儿湾组、王保保城、小坪子期、半山期和马厂期等阶段。其年

---

① 李水城：《半山与马厂彩陶研究》第 183～187 页，北京大学出版社，1998 年。
② 〔瑞典〕安特生著，刘竞文译：《西宁朱家寨遗址》，青海人民出版社，1992 年。
③ 甘肃省博物馆、兰州市文化局：《兰州土谷台半山—马厂文化墓地》，《考古学报》1983 年第 2 期。
④ 青海省文物管理处考古队等：《青海柳湾——乐都柳湾原始社会墓地》，文物出版社，1984 年。
⑤ 陈贤儒、郭德勇：《甘肃皋兰糜地岘新石器时代墓葬清理记》，《考古通讯》1957 年第 6 期。

代约在距今 5200～4100 年间①。

　　宗日文化丧葬习俗的变化也经历了同样的历程。墓葬的规模和大小经历了从大变小的过程，葬具、二次扰乱葬和俯身葬的数量则表现为从无到有、由少到多到最后占主要地位的发展过程。

　　宗日文化的中心区域在共和盆地的黄河两岸及其支流的中下游，中心区域可扩展到共和盆地的龙羊峡至松巴峡之间的黄河两岸及其支流下游，其影响的范围则可波及松巴峡至临夏段的黄河两岸及湟水下游。

　　（3）常山类型和菜园类型。"常山类型"因 20 世纪 70 年代发现于甘肃东部的镇原县常山遗址而得名②，有人认为应当称之为"常山下层文化"③ 或可称之为"常山类型"④。绝对年代上限在公元前 2930±180 年。常山类型的陶器多为橙黄色，器类简单，主要为无耳、单耳及双耳的罐，盆及盘等。罐有腹部饰多道附加堆纹的绳纹深腹罐，肩部饰附加堆纹、腹饰篮纹的高领圆肩罐，饰绳纹其上再饰刻划纹的单耳罐。流行绳纹和篮纹，小型的罐类肩上部常饰一周戳印纹。房屋为窑洞式建筑。常山下层类型与渭河中游关中西部的案板三期、武功赵家来和浒西庄等地发现的时代与庙底沟二期相当的一类遗存关系密切，其绳纹作风与仰韶文化酷似；但篮纹窄小、印痕深，横向或斜向排列，与庙底沟二期雷同。常山类型的兴起应当是陇东地区在仰韶文化晚期的基础上受到关中西部案板三期西进影响的产物。虽然常山类型目前经过正式发掘的遗址还不多，但在陇东地区及渭河上游和西汉水上游历年的考古调查中可以看到，常山类型的遗存在这一区域有比较广泛的分布。

　　在宁夏南部海原菜园村附近发掘了一系列的墓葬和遗址⑤，对于这类遗存的性质，以往或归于齐家文化，或认为属于常山下层文化的范畴，也有主张称之为"菜园文化"⑥。菜园类型遗存是常山类型西进和北上的过程中与半山类型向东发展过程中相互

① 青海省文物管理处等：《青海同德宗日遗址发掘简报》，《考古》1998 年第 5 期；陈洪海、格桑本、李国林：《试论宗日遗址的文化性质》，《考古》1998 年第 5 期；陈洪海：《关于宗日文化》，《宗日遗址文物精粹与论述选集》，四川科技出版社，1999 年；陈洪海：《宗日遗存研究》，北京大学博士论文，2002 年。

② 中国社会科学院考古研究所泾渭工作队：《陇东镇原常山遗址发掘简报》，《考古》1981 年第 3期。

③ 胡谦盈：《论常山下层文化》，《中国原始文化论集——纪念尹达八十诞辰》，文物出版社，1989年。

④ 严文明：《略论仰韶文化的起源和发展阶段》，《仰韶文化研究》第 157 页，文物出版社，1989年。

⑤ 宁夏文物研究所、中国历史博物馆考古部：《宁夏菜园——新石器时代遗址墓葬发掘报告》，科学出版社，2003 年。

⑥ 许成、李进增：《菜园遗存的多维剖析》，《宁夏社会科学》1988 年第 6 期。

碰撞和融合而形成的，并且还吸收了来自于河套地区海生不浪类型和阿善三期类型的影响①。其中半山类型因素的直接来源应该是位于黄河北部景泰县一带半山类型，半山类型为菜园类型遗存贡献了屈肢葬、半山类型的彩陶。菜园类型遗存大多数的文化因素是对常山类型的继承和发展，包括大多数的陶器、窑洞式房屋等。在齐家文化中发现的红彩网格纹等彩陶因素应来自菜园类型遗存。

菜园类型遗存的陶器多为泥质橙黄陶和夹砂红褐陶，器表多饰篮纹和绳纹，素面次之，还有附加堆纹、戳印纹、方格纹和席纹等。有少量的彩陶，以黑彩为主，有不少以黑彩和红褐彩或紫色彩组成的复彩。流行在罐类的颈部或盆类腹部饰一周附加堆纹或戳印纹，有通体饰附加堆纹者。罐类口部的花边先是压印，后变为绳索状附加堆纹。几乎全部为平底器，有个别三足器，多带环状耳。器类主要有小口鼓腹罐、小口高领罐（瓮）、花边圆腹罐、深腹罐、单耳或双耳罐、斜腹钵（盆）、浅腹盘、盆形擂钵、半罐形匜。彩陶数量很少，可分为两类，一类是属于半山—马厂类型的陶器；另一类是在器物的肩部或腹上部施彩，腹下部饰篮纹，器形为小口高领罐、双耳罐等器形，而且均为红褐彩或紫色彩，彩陶纹样主要为网格纹和棋盘格纹。房屋有半地穴式和窑洞式房屋两类。墓葬形制主要为带墓道类似"凸"字形的竖穴土坑墓，墓室的平面形状有梯形、圆角三角形、椭圆形；洞室墓；梯形和"凸"字形竖穴侧龛墓。单人葬占绝大多数，有少量成人与儿童的合葬墓。葬式流行屈肢葬，其中又以侧身屈肢葬为主，有少量俯身屈肢和仰身屈肢葬，另外发现极少量的仰身直肢葬。菜园类型遗存的碳-14年代集中在距今4500～4200年之间，或可早至距今4800年左右。

从出土的陶器看，菜园类型遗存存在早晚的差别，根据发掘报告粗略的分期可分为早晚两期，其中早期大体与常山类型偏晚阶段的年代相当，晚期当晚于常山类型而早于页河子齐家文化时期的遗存。从共同出土彩陶的特征分析，其年代相当于半山中期和马厂前期②。

菜园类型遗存的分布范围主要在宁夏南部的清水河流域，包括固原店河墓地③、固原海家湾墓葬④，甘肃东部泾河流域的同时代遗存及渭河上游到甘肃中部地区发现的包含有高领圆肩罐、带有刻花纹的单耳罐、扁腹的单双耳罐及夹砂口外侧有一周附加堆

---

① 韩建业：《中国西北地区先秦时期的自然环境与文化发展》第147～150页，文物出版社，2008年。

② 李水城：《西北地区新石器时代考古研究》，《中国考古学研究的世纪回顾·新石器时代考古卷》第338页，科学出版社，2008年。

③ 宁夏文物考古研究所：《宁夏固原店河齐家文化墓葬清理简报》，《考古》1987年第8期

④ 宁夏回族自治区展览馆：《宁夏固原海家湾齐家文化墓葬》，《考古》1973年第5期。

纹的绳纹小口罐类陶器的遗存也应当归入菜园类型的范畴。所不同的是在甘肃东部地区马家窑文化未进入该地区，因此缺少了类似马家窑文化的陶器。至于以师赵村和西山坪六期①为代表的一类遗存还是和菜园类型遗存存在着一定的区别。从所发表的材料来看，西山坪第六期的年代与马家窑类型的年代相当，其中的单耳罐与常山类型的器形相似。而师赵村第六期中所包含的因素比较复杂，三角缘敛口深腹钵（部分腹上部有鸡冠状鋬手）应该属仰韶文化晚期，彩陶壶是马家类型的遗物，腹饰细附加堆纹的单耳罐是半山类型的遗物，另外，其中还包含了类似常山类型的遗物以及一些目前还难以判断所属的彩陶器。

（4）齐家文化是常山类型经菜园类型发展，并受到了客省庄文化的影响而形成的。齐家文化的年代跨度为公元前 2615～前 1529 年，年代集中在公元前 2300～前 1900 年②。尽管对齐家文化的分期目前还有不同的意见，但从齐家文化总体发展的趋势上看，齐家文化的发展经历了一个由东向西、从早到晚的发展过程。

齐家文化早期以页河子齐家文化遗存③、灵台桥村④、师赵村和西山坪第七期为代表。主要分布在甘肃东部、宁夏南部，及渭河上游、西汉水上游和白龙江流域，西可及甘肃中部。在此范围内，齐家文化的面貌呈现出主体的一致性，但在甘肃东部地区的文化面貌和渭河上游略有差别。高领罐为折肩或圆肩近折，多饰斜篮纹，少量饰竖绳纹；双耳罐较矮胖，腹最大径近底部，有少量饰篮纹；侈口罐领较高，器形整体显得矮胖，饰麦粒状粗绳纹或竖绳纹；单耳罐和三耳罐多饰竖条刻划纹；三足器数量较多，主要为敛口罐形斝，腹上部有双耳或双鋬，还有盆形斝和肥袋足鬲，发现有制作袋足的内模；敞口盆及尊等。

齐家文化中期的分布范围几乎遍及甘肃全境、宁夏南部和青海东部，最西端可至酒泉一线。在甘肃东部和渭河上游地区这一时期齐家文化遗址的数量减少。陶器的主要器类保持了和齐家文化早期的一致性，器形略显瘦长，麦粒状粗绳纹虽然存在但数

---

① 中国社会科学院考古研究所：《师赵村与西山坪》，中国大百科全书出版社，1999 年。
② 参见张忠培：《齐家文化研究》，《考古学报》1987 年第 1、2 期；水涛：《甘肃地区青铜时代的文化文化结构和经济形态研究》，《中国西北地区青铜时代考古论集》，科学出版社，2001 年；谢端琚：《论大何庄与秦魏家齐家文化的分期》，《考古》1980 年第 3 期。据陈旗磨沟寺洼文化早期墓葬的碳-14 年代在公元前 1400 年左右，该墓地的齐家文化和寺洼文化关系极为密切，经常有寺洼早期的陶器和齐家晚期的陶器共存。因此，齐家文化的下限或可晚至公元前 1500 年。
③ 北京大学考古系、固原博物馆：《隆德页河子新石器时代遗址发掘报告》，《考古学研究》（三），科学出版社，1997 年。
④ 甘肃省博物馆考古队：《甘肃灵台桥村齐家文化遗址试掘简报》，《考古与文物》1980 年第 3 期。

量变少，竖绳纹占据主导地位。天水七里墩、秦魏家①、大何庄②、新庄坪③、武威皇娘娘台④等遗址和墓地属于该期。

齐家文化晚期的分布范围从目前已知的资料看主要在洮河、大夏河流域和青海东部，河西走廊等地这一时期的遗址基本消失。在宁夏南部、甘肃东部和渭河上游地区这一时期的文化面貌仍不明确，目前只在庄浪发现有齐家文化晚期的蛇纹罐和蛇纹鬲⑤。广河齐家坪和陈旗磨沟墓地属于齐家文化晚期。以陈旗磨沟为代表的齐家文化遗存是齐家文化的最晚阶段。

因所处地域不同，东部的齐家文化更多受到客省庄文化的影响，斝和鬲类就是客省庄文化影响的产物，随着时间的推移和区域的变化，客省庄文化的影响逐渐减弱。西部的齐家文化更多受到马家窑文化的影响，尤其是河湟地区和河西走廊，如类似马厂类型的彩陶、"过渡类型"的彩陶和切口带盖罐等。至齐家文化的晚期，齐家文化大规模东进，其实力范围进入了客省庄文化的分布地域，东部到达西安附近。张天恩等人通过对陇县川口河出土陶器的研究，提出了齐家文化"川口河类型"的命名⑥。有学者提出"宝鸡地区客省庄文化的消失便是齐家文化向东拓展的结果"⑦。研究表明，在客省庄文化时期关中地区遗址的数量减少，规模变小，人口减少，文化衰退⑧，为齐家文化的进入提供了空间。

齐家文化具有极强的扩张性，它还向北、向南与毗邻的文化发生了广泛的接触和交流。在内蒙古中南部鄂尔多斯高原的朱开沟第三段遗存中发现有齐家文化少量的双大耳罐、花边罐和双耳罐⑨。在巴彦淖尔盟阿拉善旗白音浩特的鹿图山遗址也出土过单

① 中国科学院考古研究所甘肃工作队：《甘肃永靖秦魏家齐家文化遗址》，《考古学报》1975年第2期。
② 中国科学院考古研究所甘肃工作队：《甘肃永靖大何庄遗址发掘报告》，《考古学报》1974年第2期。
③ 甘肃省博物馆：《甘肃积石山县新庄坪齐家文化遗址调查》，《考古》1996年第11期。
④ 甘肃省博物馆：《甘肃武威皇娘娘台遗址发掘报告》，《考古学报》1960年第2期；甘肃省博物馆：《武威皇娘娘台遗址第四次发掘》，《考古学报》1978年第4期。
⑤ 程晓忠：《甘肃庄浪出土的高领袋足鬲》，《华夏考古》1996年第2期。
⑥ 张天恩、肖琦：《川口河齐家文化陶器的新审视》，《中国史前考古学研究——祝贺石兴邦先生考古半世纪暨八秩华诞文集》，三秦出版社，2003年。
⑦ 张忠培、孙祖初：《陕西史前文化的谱系研究与周文明的形成》，《远忘集——陕西省考古所华诞四十周年纪念文集》第155页，陕西人民美术出版社，1998年。
⑧〔澳大利亚〕刘莉著，陈星灿等译：《中国新石器时代——迈向早期国家文明之路》，文物出版社，2007年。
⑨ 内蒙古自治区文物考古研究所、鄂尔多斯博物馆：《朱开沟——青铜时代早期遗址发掘报告》，文物出版社，2000年；王乐文：《论朱开沟遗址出土的两类遗存》，《边疆考古研究》（第3辑），科学出版社，2004年。

把鬲、双大耳罐和夹砂罐等齐家文化的遗物①。在南部，其影响通过白龙江和岷江的孔道进入四川盆地。在岷江甚至大渡河流域发现有齐家文化典型的双大耳罐。

齐家文化晚期，中原社会已经跨入了早期国家的门槛，中原系统的二里头文化也和齐家文化发生着广泛的交流，在天水发现了二里头文化特有的铜牌饰②，二里头文化典型的单把半封口管状流盉在洮河和大夏河流域的诸多齐家文化遗址中发现③，白陶鬶也在这一地区有广泛的分布。齐家文化也为二里头文化贡献了花边罐，花边罐在菜园类型遗存中就已经出现，在甘青地区一直延续到齐家文化晚期。另外，二里头文化和齐家文化同样存在大量使用绿松石制品的习俗，使用绿松石镶嵌的工艺在甘青地区同样早在菜园类型遗存中就已经出现，在宁夏菜园④、固原店河⑤、广河齐家坪、陈旗磨沟等遗址均出土了绿松石镶嵌制品，目前还不能判定是二里头文化影响齐家文化抑或相反，但在齐家文化中出现在华夏文明的中心区域标志权力和身份的象征物应是一个极其值得关注的文化现象。这种交流应该是通过客省庄文化作为中介实现的。

除了和中原、西南及河套等地存在文化联系外，这一时期文化交流的范围得到了极大扩展，已经发现的材料显示了齐家文化和欧亚草原地带的青铜文化也存在着交流。安德罗诺沃文化具有代表性的装饰品——喇叭口耳环⑥在陈旗磨沟的齐家文化墓地中发现⑦，在该墓地中还发现了与安德罗诺沃文化相同的装饰于器物肩部的刻划斜线三角纹⑧。美国学者菲兹杰拉尔德·胡博（Louisa G. Fitzgerald-Huber）在 1995 年最早提出了齐家文化、塞伊玛—图尔宾诺文化现象之间有文化接触的问题，指出一些齐家文化遗址中出土的铜器与塞伊玛—图尔宾诺文化现象中的同类器物有相似之处，应当是齐家文化受塞伊玛—图尔宾诺文化现象影响的结果，这其中包括单耳竖銎斧、骨柄铜刀、有柄弯背刀等⑨。梅建军指出还有双耳竖銎斧以及柄部有倒钩的大铜矛等也是塞伊玛—

---

① 齐永贺：《内蒙古白音浩特发现的齐家文化遗物》，《考古》1962 年第 1 期。

② 张天恩：《天水出土的兽面纹牌饰及相关问题》，《中原文物》2002 年第 1 期。

③ 李水城：《华夏边缘与文化互动——以长城沿线西段的陶鬲为例》，《东风西渐——中国西北史前文化之进程》，文物出版社，2009 年。

④ 宁夏文物研究所、中国历史博物馆考古部：《宁夏菜园——新石器时代遗址墓葬发掘报告》第 217～218 页，科学出版社，2003 年。

⑤ 宁夏文物考古研究所：《宁夏固原店河齐家文化墓葬清理简报》，《考古》1987 年第 8 期第 676 页。

⑥ 吉谢列夫：《南西伯利亚古代史》，新疆社会科学院民族研究所，1981 年。

⑦ 资料现存甘肃省文物考古研究所，待刊。

⑧ Sophie Legrand：The Emergence of Scythians：Bronze Age to Iron in South Siberia，*Antiquity* 80 (2006)：pp. 843-879.

⑨ 胡博：《齐家与二里头：远距离的文化互动现象》，《远方的时习——＜古代中国＞精选集》，上海古籍出版社，2008 年。

图尔宾诺文化现象的因素。并且这种联系和接触方式在不同时期是通过多种途径实现的，是一种间接的非连续性的过程，非某一种文化单独影响或整体输入所导致的简单情形①。

严文明先生将龙山时代的年代定在公元前 26～前 21 世纪之间。铜器的发明、制陶技术、纺织业、打井和房屋建筑技术的发展以及城防设施的出现可作为龙山时代的标志②。甘青地区的马家窑和齐家文化系统都应该属于龙山时代，齐家文化的晚期已经进入青铜时代。这一时期的文化和社会经济发展及区域文化特征主要表现在以下几方面：

首先是铜器的出现，甘青地区是中国最早使用铜器的地区之一，也是发现早期铜器最多的地区。在马家窑文化东乡林家遗址发现了中国最早的青铜刀③，在以后马家窑文化马厂类型中也发现有铜器，不过数量较少。齐家文化在洮河、大夏河流域、青海和河西走廊均有较多的铜器发现，而且铜器均发现在本区域的西部，东部目前为止还未发现。其特点是铜器主要为小型工具和装饰品，铜器的成分既有红铜，也有砷铜和青铜。制作技术既有锻打，也有铸造④。铜器的冶炼和制作与中原有所不同，还未形成类似于中原地区严密分级的冶炼和加工体系。铜器的出现似乎并未对社会复杂化进程和社会形态的改变产生重大影响。

齐家文化时期的另一重大变化是玉礼器的出现和用玉制度的产生。玉礼器的种类主要有琮、璧、璜、多璜联璧、环、多孔刀、权杖和铲等，玉器既出土在墓葬中，也发现在祭祀坑中。齐家文化玉器的使用和器类、器形与来自晋西南的影响有关。在这一地区发现的牙璋来自于陕北石峁。

齐家文化与中原及东方不同的是表现权力的不是斧钺系统，而是权杖⑤。权力和威势标志物的普遍出现标志着社会分级的加剧和社会复杂化进程的发展。在齐家文化的遗址中已经比较普遍地出现了各类显示权力和威势的标志物，主要是以玉、石类制作的各类权杖头，其形状主要为球形和类似于齿轮形的两类。而权杖这类不同于中原系统的象征权力和威势的特殊礼仪用具是由中亚一带传入的⑥。

---

① 梅建军、高滨秀：《塞伊玛——图尔宾诺现象和中国西北地区的早期青铜文化——兼评帕尔青格教授"塞伊玛——图尔宾诺现象和西伯利亚动物纹饰的起源"一文》，《中国冶金史论文集》（第四辑），科学出版社，2006 年；〔俄〕E. H. 切尔内赫、C. B. 库兹明内赫著，王博、李明华译，张良仁审校：《欧亚大陆北部的古代冶金：塞伊玛—图尔宾诺现象》，中华书局，2010 年。本文所引用的沈那出土的铜矛可能是卡约文化的铜器。

② 严文明：《龙山文化和龙山时代》，《文物》1981 年第 6 期。

③ 甘肃省博物馆文物工作队、临夏回族自治州文化局、东乡自治县文化馆：《甘肃东乡林家遗址发掘报告》，《考古学集刊》（第 4 集），中国社会科学出版社，1984 年。

④ 孙淑云、韩汝玢：《甘肃早期铜器的发现与冶炼、制作技术的研究》，《文物》1997 年第 7 期。

⑤ 闫亚林：《西北地区史前玉器研究》，北京大学博士论文，2009 年。

⑥ 李水城：《文化馈赠与文明成长》，《庆祝张忠培先生七十岁论文集》，科学出版社，2004 年。

齐家文化陶器发生重大变化：一是空三足器的出现，二是蛇纹器的出现。空三足器是受客省庄文化影响的因素。蛇纹器是与传统的附加堆纹不同的一种装饰方式。它最早出现在河西走廊马厂类型的晚期遗存当中，在武威磨嘴子①、张掖五坝②、酒泉西河滩③等地的墓葬和遗址中都有发现。在齐家坪④和磨沟⑤等地的齐家文化墓葬中也有较多的发现。马厂类型的蛇纹与齐家文化的有所不同，马厂类型的蛇纹均装饰在罐类的肩部，以直线或斜线组成垂带纹⑥、多角形纹以及竖条纹，这类纹样同样出现在哈萨克斯坦的安德罗诺沃文化阿列克耶夫卡类型、彼得罗夫卡类型中，进一步表明两者之间可能存在的文化联系⑦。齐家文化的蛇纹则有比较复杂的纹样结构，竖向并行的多道波形纹样确如蛇形。还有一类新的有特征器类是在齐家文化晚期出现的圜底彩陶罐，这类圜底罐均有双耳。大部分通体施彩，彩呈紫红色，纹样以密集的折线纹和三角纹为主。

栽培作物向多元化发展，发现了粟、黍、水稻、麦类和大麻等作物，粟在栽培作物中所占的比例远远超过了黍，在陇东地区有水稻的栽培。麦类作物在齐家文化中开始出现，而且均发现在河西走廊、洮河和大夏河流域，似乎暗示着起源于西亚的麦类作物有一个自西向东的传播过程。

占卜和祭祀的系统比较发达。在齐家文化的墓地中多发现有灼而无钻凿的卜骨，在永靖秦魏家和大何庄墓地发现了用于祭祀的石圆圈⑧，在青海民和喇家遗址发现了齐家文化的祭坛⑨。这表明了祖先崇拜和宗教信仰的发展。

发生在丧葬习俗上的变化进一步反映了本区域文化的独立性和特征。以洞室墓（包括"凸"字形洞室墓和偏洞室墓两类）和二次扰乱葬为特色的埋葬习俗是甘青文

① 甘肃省文物考古研究所与日本秋田县文化财中正联合于 2003 ~ 2005 年发掘，资料待刊。
② 甘肃省文物考古研究所于 2009 年发掘，资料待刊。
③ 王辉、赵丛苍：《酒泉市西河滩早期青铜时代遗址》，《中国考古学年鉴·2004》，文物出版社，2005 年；赵丛苍：《酒泉市西河滩史前时期和汉至魏晋时期遗址》，《中国考古学年鉴·2005》，文物出版社，2006 年。
④ 李水城：《中国北方地带的蛇纹器研究》，《文物》1992 年第 1 期。
⑤ 磨沟遗址的资料待刊。
⑥ 饶晨：《欧亚草原的东西方文化交流——以垂带纹器研究为例》，暨南大学硕士论文，2010 年。
⑦ 藤川繁彦编：《中央ユーラシアの考古学》第 18 ~ 19 页，同城社，1999 年；E. E. Kuzmina, 2008, *The Prehistory of the Silk Road*, University of Pennsylvania Press.
⑧ 中国科学院考古研究所甘肃工作队：《甘肃永靖秦魏家齐家文化墓地》，《考古学报》1975 年第 2 期；中国科学院考古研究所甘肃工作队：《甘肃永靖大何庄遗址发掘报告》，《考古学报》1974 年第 2 期。
⑨ 中国社会科学院考古研究所甘青工作队：《青海民和喇家遗址发现齐家文化的祭坛和干栏式建筑》，《考古》2004 年第 6 期。

化区区别于其他文化区的重要特色。在本区域齐家文化晚期出现的火葬也是本区域的特征之一。二次扰乱葬可以追溯至天水师赵仰韶文化晚期的墓葬中，洞室墓最早出现在菜园类型遗存中。另外，本区域内在洮河和大夏河流域齐家文化末期的墓葬中还流行多人合葬，而且出现了殉葬。在甘青文化区内，屈肢葬、俯身葬和仰身直肢葬分别占据了不同的地区，而且在不同的时期分布区域有所变化和迁移。以兰州为中心的甘肃中部是屈肢葬区；宗日文化分布的青海海南州的黄河两岸是俯身葬区；湟水中下游和河西走廊是仰身直肢葬区①。

俯身葬源于宗日文化，马家窑类型时期，俯身葬是青海省海南州的黄河两岸宗日文化的主要葬式，该区域直至齐家文化时期还是俯身葬分布的中心区域。源于半山类型的侧身屈肢葬在半山—马厂时期主要分布在东起景泰，西至民和的黄河、洮河、大夏河和湟水下游以及菜园类型中；仰身直肢葬集中在湟水中游和河西地区。齐家文化时期单纯的屈肢葬墓地消失，而在仰身直肢葬中心地区的屈肢葬比例有所增加。

二次扰乱葬同样存在时空分布的变化，在菜园类型遗存中出现二次扰乱葬。半山—马厂时期，最多的集中在青海境内的黄河流域，较多的在甘肃境内黄河流域及其支流洮河流域的兰州临夏之间，数量较少的在湟水中游的西宁民和之间，在湟水下游以及河西走廊基本不见②。

本文化区的特征还表现在对人体装饰的重视上。以头、颈、胸和手臂等部位为主要装饰部位，装饰品包括耳环、项饰、臂钏，胸腹部的以黑色胶状物粘贴动物的牙、海贝、绿松石形成的装饰和铜泡等。尤其是颈部和臂部的装饰比较发达。黑色胶状物粘贴其他装饰品形成的片状饰物极具特色，目前还未在其他文化区内发现。这种粘贴和镶嵌工艺，不仅表现在人体装饰上，还表现在对陶器的装饰上。

总之，在铜石并用时代和早期青铜时代，甘青地区存在马家窑文化和齐家文化两支大的文化系统并存发展的文化格局，在青海共和、贵德盆地一隅存在有宗日文化。马家窑文化和齐家文化都存在着由东向西的西渐过程，随着齐家文化的西进，马家窑文化不断向西退却。最终由齐家文化完成了区域内文化的统一。

这一时期甘青地区的区域文化特征形成，表现在陶器、丧葬习俗和一些宗教礼仪特征上，包括用玉系统和石圆圈形成的祭祀系统。这表明在礼仪和宗教系统上也有别于中原文化。在社会复杂化发展的进程中，马家窑文化时期虽然发生了相对平等的社会向等级社会的转化，但仍然是一个轻微的社会分化。齐家文化时期则已经发展出较

---

① 陈洪海：《甘青地区双亲墓葬中人骨处理方式的初步研究》，《中国·青海省におけるシルケロードの研究》シルケロード学研究 Vol. 14。
② 陈洪海：《甘青地区史前墓葬中的葬式分析》，《古代文明》（第 2 卷），文物出版社，2003 年。

完善的等级制度①。马家窑文化半山类型、马厂类型和齐家文化的墓葬资料显示，在家族之间虽然存在着一定的贫富分化和地位差别，但远不如东方明显。社会存在一定的社会分工，但专业性和技术性不能和东方相提并论②。在甘青地区文化区形成后，与周边文化的互动更加频繁，范围更加广泛，与欧亚草原地带的文化也发生了接触和交流，出现了新的文化因素。同时本文化区内的文化也积极向外扩张，对周边地区也产生了强烈影响。

（六）文化分化和变异的加剧，多元文化格局的形成

甘青地区的文化格局从以马家窑和齐家文化为主流文化，到最后，由齐家文化完成大一统的文化格局一变而成为分散发展的多元文化并存的局面。这些青铜时代的土著文化各自有不同的文化特征和分布区域，消亡的时间和流向也有所不同，但他们大多和齐家文化有千丝万缕的联系，是由不同地域的齐家文化发展而来的。这些青铜时代文化中有土著文化系统的寺洼文化、辛店文化、卡约文化、沙井文化、四坝文化、骟马文化、以带耳圈底罐和高领袋足鬲为代表的一类遗存和甘肃东部地区中原系统的先周文化、周文化以及早期秦文化等。陈旗磨沟寺洼文化墓葬和沙井文化墓葬中还出土了铁器，表明有些考古学文化的下限已进入早期铁器时代。

齐家文化之后甘青地区的文化格局可分为河湟地区和白龙江流域，甘肃中部和渭河上游，甘肃东部泾河流域和宁夏南部以及河西走廊等区域。

1. 河湟地区和白龙江流域

在洮河、大夏河流域、黄河上游和湟水流域并存着辛店文化、寺洼文化、卡约文化等三支青铜时代至早期铁器时代文化。这三支文化相互之间关系密切，相互影响，有着各自主要的分布区域，在文化面貌上呈现出各自明显的特征。已有的研究表明，这三支文化都与当地的齐家文化存在着紧密的联系。

辛店文化的主要因素是齐家文化晚期遗存的分化和发展，同时吸收了马厂类型的部分彩陶因素。早期的分布地域主要在黄河、洮河和湟水的交汇地带；中期主要集中于洮河下游和黄河沿岸，此时迫于周秦势力的压力，辛店文化的居民已经开始向湟水流域迁移③；晚期逐步深入到湟水中上游地区。卡约文化中的唐汪式陶器因素应该是由

---

① 〔澳大利亚〕刘莉著，陈星灿等译：《中国新石器时代——迈向早期国家之路》第 134~139 页，文物出版社，2007 年。

② 韩建业：《略论中国铜石并用时代社会发展的一般趋势和不同模式》，《古代文明》（第 2 卷），文物出版社，2003 年。

③ 李水城：《华夏边缘与文化互动》，《新世纪考古学：文化、区位、生态的多元互动》，紫禁城出版社，2006 年。

辛店文化的影响所致①。

　　辛店文化是目前甘青地区诸青铜文化中唯一发现铜容器的，在永靖莲花台出土了铜双耳小罐②，永靖张家嘴发现了铜容器口的残片。其他的铜器有矛、铃、刀、匕、泡、联珠饰、扣、镞等。

　　辛店文化以屈肢葬为主的葬式是新石器时代流行于兰州附近屈肢葬的延续。

　　寺洼文化相对年代为商末至西周晚期，绝对年代在距今 3400～2500 年之间。卓尼叶儿遗址的发掘首次提出了寺洼文化的主要源头可能是齐家文化③，陈旗磨沟墓地的发掘进一步证实了这种判断。在陈旗磨沟墓地齐家文化晚期的墓葬中齐家文化的陶器和寺洼文化特征的陶器共存，已经出现了寺洼文化标志性特征的马鞍口器物，只是还没有达到寺洼文化那样弯曲的程度④。陶器中的镶嵌白色骨管珠和蚌片的工艺也应来源于齐家文化。另外，在墓葬中随葬小石块和使用二次扰乱葬的作风也为寺洼文化所继承，随葬臂钏和使用海贝、骨珠、绿松石、肉红石髓组成的装饰品的作风也是来源于齐家文化的文化因素。寺洼文化在洮河中上游发源之后，迅速向南向东扩展到渭河上游、泾河上游、西汉水上游和白龙江上游地区。在洮河流域寺洼文化的陶鬲流行双耳，大多为高领、肥矮的乳状袋足，柱状实足跟较高且外撇、裆部多贴塑附加堆纹，其相态更接近于辛店文化，可能是受辛店文化影响。在陇东地区的寺洼文化陶鬲主要为单把鬲，有极少量的鋬手鬲，多为侈口、乳状袋足，这类单把鬲应来源于关中地区⑤。寺洼文化中的彩陶与辛店文化的器形和纹样相同，是辛店文化传入寺洼文化的外来品。同样，辛店文化中的马鞍口罐是受到寺洼文化的影响所致⑥。

　　总体上看，寺洼文化在西部的年代要早于东部和南部。早在晚商时期，商文化风格的无胡直内戈就发现在岷县战旗的寺洼文化墓葬中⑦。在寺洼文化向东、向南发展的过程中和刘家文化、周文化、早期秦文化等文化相互影响和碰撞，在合水九站、庄浪徐家碾等寺洼文化的墓葬中就出土了周文化的铜器和陶器，车马坑也是来源于周文化的因素。在清水李崖遗址的墓葬中发现了寺洼文化与早期秦文化的陶器共存的现象。

① 　张学正、水涛、韩翀飞：《辛店文化研究》，《考古学文化研究》（三），文物出版社，1993 年。
② 　现藏临夏州博物馆。
③ 　甘南藏族自治州博物馆：《甘肃卓尼叶儿遗址发掘简报》，《考古》1994 年第 1 期。
④ 　甘肃省文物考古研究所、西北大学文化遗产与考古学研究中心：《甘肃临潭磨沟齐家文化墓地发掘简报》，《文物》2009 年第 10 期。
⑤ 　张忠培、杨晶：《客省庄与三里桥的单把鬲及相关问题》，《宿白先生八秩华诞纪念文集》，文物出版社，2002 年。
⑥ 　南玉泉：《辛店文化序列及其与卡约、寺洼文化的关系》，《考古类型学的理论与实践》，文物出版社，1989 年。
⑦ 　2008 年岷县战旗墓地的资料待发，现存甘肃省文物考古研究所。

这些迹象表明在晚商至西周时期，在寺洼文化的分布地域之内，来自于中原人群已经进入，并和寺洼文化的人群有密切的交往。寺洼文化南进的一支一直进入了四川盆地的西部青藏高原的东缘，对当地的石棺葬文化产生了影响，在石棺葬文化墓葬中出土的菱形口的罐应当来源于寺洼文化，在陈旗磨沟墓地寺洼文化墓葬中就有同类器物发现。

在和来自于东方青铜文化发生广泛交流的同时，来自于俄罗斯南部和米努辛斯克盆地的青铜文化及中国北方草原文化，也和寺洼文化发生了交流。寺洼文化墓葬中发现的弯头铜刀就是中国北方草原文化的器物，带耳的铜斧及铜矛以及陶器上的波浪形折线纹、刻划三角内填以斜线纹以及骨马镳可能与米努辛斯克盆地青铜文化有关。

体质人类学研究显示，庄浪徐家碾和合水九站人骨种族类型较为一致，表明创造寺洼文化的人们属于相同的族群[1]。

卡约文化是分布在青海境内黄河沿岸及湟水流域的一支青铜文化。东至循化、化隆，西至青海湖以西，北入大通河流域，南达贵南、同仁一线。其绝对年代距今约3800~2500年。

卡约文化也是在齐家文化基础上发展起来的一支新的青铜文化[2]。卡约文化早期的陶器群都可以在齐家文化中找到祖型[3]。卡约文化继承了齐家文化的竖穴偏洞室墓和二次扰乱葬、火葬的习俗。卡约文化铜器中的臂钏和金器中的月牙形项圈[4]也是来源于齐家文化。卡约文化地区类型的划分虽然目前还存在争议，但明显可以看出卡约文化在黄河沿岸和湟水流域的文化面貌存在差别。在卡约文化晚期，辛店文化的势力进入了卡约文化的分布地域，所谓"唐汪式"陶器出现。还有迹象表明卡约文化和四坝文化也有过接触，这条途径是通过张掖经扁都口穿越祁连山实现的[5]。

卡约文化的文化因素除继承当地传统文化因素并发展以外，还和欧亚草原地带的青铜文化、中原商周文化、中国北方草原文化存在一定的联系。在大华中庄发现的有双脊的柳叶形铜矛以及沈那发现的柄部有倒钩的铜矛都是赛伊玛—图尔宾诺文化现象中常见的器物[6]。施于器物肩颈部的刻划折线纹也在齐家文化晚期出现，这类折线纹也

---

① 王明辉：《甘肃庄浪徐家碾寺洼文化人骨研究》，《徐家碾寺洼文化墓地——1980年甘肃庄浪徐家碾考古发掘报告》，科学出版社，2006年。

② 俞伟超：《关于"卡约文化"和"唐汪文化"的新认识》，《先秦两汉考古学论集》，文物出版社，1985年。

③ 许永杰：《河湟青铜文化谱系研究》，《考古学文化论集》（三），文物出版社，1993年。

④ 王国道、崔兆年：《青海卡约文化出土的金器》，《故宫博物院院刊》2003年第5期。

⑤ 李水城：《西北与中原早期冶铜业的区域特征及交互作用》，《考古学报》2005年第3期。

⑥ 〔俄〕E. H. 切尔内赫、C. B. 库兹明内赫著，王博、李明华译，张良仁审校：《欧亚大陆北部的古代冶金：塞伊玛——图尔宾诺现象》，中华书局，2010年。

是在安德罗诺沃和卡拉苏克文化中常见的装饰纹样，另外，彩陶中出现的三角形内填以斜平行线的纹样也和卡拉苏克文化①存在一定的联系。出土与西宁鲍家寨的铜鼎与二里岗上层的同类器物基本相同，应当是来自于二里岗上层的舶来品②。横銎铜斧、铜刀、联珠饰、杆头饰、铜管、啄斧等当与中国北方草原文化及卡拉苏克文化有密切的关系。

2. 甘肃中部和渭河上游地区

商周时期这一地区的文化面貌和文化格局比较复杂。在兰州左近至静宁一线仅发现李水城认为的"董家台类型"③ 和水涛提出的"洛门—朱家沟"④ 一类文化遗存。对这类遗存的认识来自于各地博物馆收藏的一批有特征的陶器，陶器多为夹细砂的橙黄或橙红陶，目前所知道的器类除饰双彩或红褐彩菱格条带纹和细长竖向三角条带纹的双耳圜底钵、饰浅细绳纹的单耳圜底罐、双耳圜底罐和腹耳壶之外，还有饰浅细绳纹或素面有细浅刮划纹的双耳圜底铲足罐。这类遗存向东还可以延伸至天水左近，向南甚至进入西汉水上游的礼县，向西到达天祝，进而进入河西走廊，和沙井文化存在着某种联系。

这类遗存和齐家文化的圜底彩陶罐—蛇纹双耳罐一类遗存有密切的亲缘关系，陶器成分中有和辛店文化三家头类型某些相似的成分。陶器中绳纹被抹和刮划细浅纹饰的风格又似乎和寺洼文化存在着联系。其年代当在商代晚期至西周初年，可能是刘家文化的源头⑤。

位于洮河上游的陈旗磨沟墓地 M1192 的墓上封土中出土了一件高领乳状袋足鬲，与被认为是刘家文化早期的庄浪水洛羊把式坡的乳状袋足鬲相态几乎一致，这件陶器为橙黄陶、口外部也贴一周泥条，饰被抹的细绳纹，和这件陶鬲同出的有属于寺洼文化早期的灰陶双耳罐和橙黄陶盆⑥。该墓地寺洼文化的碳-14 测年数据约公元前 1400～前 1300 年，约与刘家文化商代早期的年代相近。这反映了刘家文化对寺洼文化的影响，抑或是寺洼文化影响了刘家文化？总之，关于对"董家台类型"和陇东地区刘家文化的文化面貌认识均来自于各地博物馆的馆藏陶器，缺少考古发掘的实物作为

① 吉谢列夫：《南西伯利亚古代史》，新疆社会科学院民族研究所，1981 年；Sophie Legrand, 2006, The Emergence of Scythians: Bronze Age to Iron in South Siberia, *Antiquity* 80: pp. 843–879。
② 赵生琛：《青海西宁发现卡约文化铜鬲》，《考古》1985 年第 7 期。
③ 李水城：《论董家台类型及相关问题》，《考古学研究》（三），科学出版社，1997 年。
④ 水涛：《甘青地区青铜时代的文化结构和经济形态研究》，《中国西北地区青铜时代考古论集》，科学出版社，2001 年。
⑤ 李水城：《刘家文化来源的新探索》，《远望集——陕西考古研究所成立 40 周年论文集》，陕西人民美术出版社，1998 年。
⑥ 发掘资料现存甘肃省文物考古研究所，未发表。

确实的证据，它们的确立及相互之间的关系还需要以后考古发掘的进一步证实。

值得注意的是在洮河和大夏河流域的寺洼文化在东进的过程中并未进入兰州附近和定西、会宁等地。寺洼文化东进的路线是沿渭河经渭源进入武山、天水一线，再东进至泾河，南入西汉水上游；南下的路线是由岷江南下至白龙江流域。未进入兰州附近的原因当于"董家台类型"一类遗存在当地的存在有关。

在天水一带还有西周中晚期的早期秦文化和寺洼文化，这两支文化之间呈犬牙交错的分布状态，其间也存在着密切的交往。

进入春秋时期，这一地区呈现出早期秦文化和"毛家坪 B 组"遗存共存的状态，"毛家坪 B 组"遗存从其陶器形态上观察与寺洼文化有相似之处，可能与寺洼文化存在某种承继关系①。而铲足、蛇纹和口两侧有鸡冠状鋬耳风格最早应该起源于鄂尔多斯高原。以铲足鬲为代表的"毛家坪 B 组"遗存战国时期在甘肃东部有广泛的分布，并一直和秦文化共存，分布范围扩展到了庆阳一线，甚至翻越陇山进入陕北。这类文化遗存被认为是和西戎有关的文化遗存。

3. 泾河流域及宁夏南部地区

泾河流域在齐家文化之后首先出现寺洼文化、先周文化、周文化并存的局面。泾河流域先周文化陶器以乳状袋足鬲为代表。属于先周文化中的"姜戎文化"系统。宁夏南部也发现了西周墓葬。在西周晚期这一地区出现了具有北方系青铜文化特征的青铜短剑和动物纹牌饰②，周文化的势力似乎有所衰退，这可能与申侯联合西戎灭亡西周的历史事件和周人政治中心的东移有关，这一事件导致了周王朝对泾河上游的控制失控。

从春秋中期开始，位于六盘山东侧宁夏南部地区的文化面貌与北方草原文化有密切关系。墓葬中均有殉牲，随葬品中以车马器、工具、兵器、装饰品为主，陶器较少。流行青铜短剑、空首斧、刀、泡、动物形杆头饰、鹤嘴斧及动物纹和"S"形的鸟纹牌饰。这类遗存中欧亚草原文化的影响更为普遍，表现在双鸟回首剑、鹤嘴斧及动物纹等方面，是斯基泰文化不断东传的结果③。其族属被认为是西戎一支的乌氏之戎④。

4. 河西走廊

约距今 4000 年的齐家文化之后，河西走廊出现了以"过渡类型"为代表的一类文化遗存。通过对酒泉干骨崖墓地和张掖黑水国遗址的发掘，发现了"过渡类型"被四

① 赵化成：《甘肃东部秦和羌戎文化的考古学探索》，《考古类型学的理论与实践》，文物出版社，1989 年。
② 许俊成、刘得祯：《甘肃宁县宇村出土的西周青铜器》，《考古》1985 年第 4 期。
③ 杨建华：《中国北方东周时期两种文化遗存辨析——兼论戎狄与胡的关系》，《考古学报》2009 年第 2 期。
④ 罗丰：《固原青铜文化初论》，《考古》1990 年第 8 期。

坝文化叠压和打破的层位关系，证实四坝文化晚于"过渡类型"。"过渡类型"沿袭了河西走廊齐家文化和马厂类型的因素，在陶器形态、器类组合、彩陶花纹及装饰风格上都很相似，甚至表现在装饰的细节上，如在器物颈部和器耳上戳印的圆形凹窝及腹部的乳突等。"过渡类型"早期的文化面貌接近于马厂类型，晚期接近四坝文化。安西潘家庄①、张掖黑水国西城驿遗址的发掘进一步表明，"过渡类型"遗存是进入河西走廊的齐家文化在向西发展的过程中和马厂类型融合后所产生的一支新的文化遗存。在张掖黑水国西城驿遗址②及酒泉西河滩遗址③发现了齐家文化的典型陶器高领篮纹罐与"过渡类型陶器"和马厂晚期陶器的共存关系，潘家庄墓地和民乐五坝墓地④也发现"过渡类型"陶器和齐家文化的陶器共存。

从"过渡类型"的分布地域上看，在山丹以东该类遗存仅有少量的发现，其主要分布地域在河西走廊的西部。在河西走廊的东部发现有齐家文化的墓地，而在河西走廊的中西部仅发现有齐家文化的遗物，未发现单独的聚落和墓地，齐家文化的陶器多与"过渡类型"的陶器共存。由"过渡类型"发展而来的四坝文化中我们还可以看到齐家文化的遗风。

在张掖黑水国西城驿遗址发现的马厂类型—"过渡类型"遗存—四坝文化的聚落中。"过渡类型"的聚落出现了以土坯建筑的房屋。作物中发现了粟、黍和麦类，出土了大量与冶铜相关的遗物。

"过渡类型"在向西发展的过程中进入了新疆的东部⑤。

在"过渡类型"之后，河西走廊的文化格局再一次发生了变化，以永昌、山丹为界，东部出现了沙井文化，西部则在"过渡类型"的基础之上，形成了四坝文化，后又为骟马文化所取代。

沙井文化主要分布在石羊河下游腾格里沙漠的边缘永昌、民勤盆地。年代上限大致相当于中原地区的西周晚期至春秋早期，约在公元前1000～前400年。沙井文化陶器的器类比较简单，主要为单耳和双耳杯、单耳和双耳圜底罐、双耳平底罐及鬲等。流行在器表施紫红色陶衣，彩陶主要为紫红彩，花纹主要为几何形纹和动物

① 西北大学考古专业、甘肃省文物考古研究所、安溪县博物馆：《安西潘家庄遗址调查试掘》，《文物》2003年第1期。
② 甘肃省文物考古研究所、中国社会科学院考古研究所、西北大学文化遗产学院、北京科技大学等单位2010年和2011年发掘资料。
③ 据甘肃省文物考古研究所和西北大学文化遗产学院2003～2005年的发掘资料。
④ 据甘肃省文物考古研究所2009年发掘资料。
⑤ 李水城：《天山北路墓地一期遗存分析》，《俞伟超先生纪念文集·学术卷》，文物出版社，2009年。

纹。几何形纹主要有三角网格、锯齿纹、水波纹、网格纹和横竖短线，动物纹主要为鸟纹。从其陶器及装饰风格来看，仍然和马厂类型存在着一定的联系。墓葬中在随葬的陶罐内放置人牙的作风也曾在永昌鸳鸯池①的马厂墓葬中出现。竖穴偏洞室墓以及二次扰乱葬的葬俗也是延续了甘青地区传统的葬俗。月牙形金项饰与齐家文化中发现的铜项饰形制相近。但马厂类型与沙井文化之间存在着巨大的缺环，看不出直接的演变和继承关系。有迹象表明，沙井文化或许就是来自东部的"董家台类型"的一类遗存和来自于北方草原的文化在此与当地土著文化融合的结果。体质人类学的研究表明似乎有外来的人群进入了该地区并和当地土著融合，造成了文化面貌的改变②。沙井文化的人们在体质形态和亚洲蒙古种北亚类型接近，与火烧沟的有区别③。

　　沙井文化是甘青地区诸青铜文化中北方草原文化因素最为浓厚的。这表现在随葬品中陶器较少，铜器中主要为小型的工具、武器和装饰品，以及使用马、牛、猪、羊等的头蹄殉牲等方面。铜器中发现的镞、动物纹带饰、联珠饰、刀、斧、针筒、铜镜、短剑、带扣等具有明显的北方草原文化的风格。

　　四坝文化是分布在河西走廊中西部，东至山丹，西达疏勒河下游，向北至黑河下游地区，在马鬃山地区④也发现了四坝文化的羊角形器耳。

　　火烧沟墓地流行偏洞室墓和竖穴土坑墓，干骨崖墓地以竖穴土坑积石墓为主，民乐东灰山均为长方形圆角竖穴土坑墓。也存在有二次扰乱葬。四坝文化的陶器大多数都能在"过渡类型"及更早的马厂类型和齐家文化中发现其祖型，陶器上粘贴和镶嵌绿松石及蚌片的作风也在齐家文化和"过渡类型"中找到渊源。四坝文化除了河西走廊传统的文化因素外，也和欧亚草原地带的青铜文化有交流，尤其是铜器带有明显的北方草原文化的风格，权杖头、直銎斧、透銎斧、柳叶形矛、两端呈扇形的金、银和铜耳环就是这种接触和交流存在的证据。紧随"过渡类型"，四坝文化的触角也已经深入到了新疆东部，天山北麓墓地的陶器中就包含有典型四坝文化的陶器⑤。

---

① 甘肃省文物博物馆文物工作队、武威地区文物普查队：《甘肃永昌鸳鸯池新石器时代墓地的发掘》，《考古》1974 年第 5 期。

② 洪猛：《双湾墓葬及沙井文化相关问题研究》，吉林大学硕士论文，2008 年。

③ 甘肃省文物考古研究所：《永昌西岗和柴湾岗——沙井文化墓葬发掘报告》第 245 页，甘肃人民出版社，2001 年。

④ 甘肃省文物考古研究所、北京大学考古文博学院、北京科技大学：《甘肃肃北马鬃山古玉矿遗址调查简报》，《文物》2010 年第 10 期。

⑤ 李水城：《天山北路墓地一期遗存分析》，《俞伟超先生纪念文集·学术卷》，文物出版社，2009 年。

　　骟马文化主要分布在玉门、酒泉、金塔、安息、敦煌和肃北境内。兔葫芦一类的遗存也应当属于骟马文化的范畴。2005 年在火烧沟发掘了骟马文化的聚落，再次发现了骟马文化的灰坑打破四坝文化的打破关系。骟马文化的文化面貌既不同于处于同一地域的四坝文化，也和走廊东部的沙井文化不同。通过近年来的调查和发掘，骟马文化的面貌逐渐变得清晰。骟马文化的陶器均为手制，以灰褐陶为主，质地比较粗糙。骟马文化的陶器中我们仍然可以看到甘青地区传统文化的影响，主要的器类还是各种罐类，尤其以双耳罐施刻划折线纹、腹上部正中有乳突的双耳罐数量最多。另外直口和侈口罐类也是主要器形，这类罐形体较大，多在口外部贴一周泥条并施刻划折线纹，有的在口外部和肩腹相接处饰一周附加堆纹。鬲的数量增加，在鬲的裆上部或腹部饰有附加堆纹①。纹饰中的各类刻划纹富有特征，主要有平行的连续折线纹和间断折线纹、三角形内填斜线的刻划纹、刻划网格纹、横行折线纹等。

　　波浪形刻划折线纹的作风及其纹样在欧亚草原中部的安德罗诺沃、卡拉苏克等青铜文化中盛行并具有悠久的传统，和甘青地区其他青铜文化一样，这类纹样应当是吸收外来文化的结果。骟马文化的陶鬲可能是受沙井文化的影响产生的。双耳罐与卡约文化的接近，而不同于处于同一地域的四坝文化，可能和卡约文化也存在一定的联系。

　　骟马文化铜器具有明显北方草原文化的特征，发现有铃、泡、管銎斧、直銎斧、镞、"山"字形牌饰、联珠饰等。在火烧沟遗址还发现有铸造直銎斧的陶范。

　　装饰品有金耳环以及有绿松石、海贝及肉红石髓珠组成的串饰等。

　　在玉门古董滩发现骟马文化的土坯建筑和城址，在倒塌的土坯建筑周围发现了大量冶铜遗物和木炭，怀疑该遗址可能与冶铜有关②。在肃北马鬃山发现了骟马文化的玉矿，周围有防卫设施③。这昭示着对资源控制的加强。

　　骟马文化的上限应晚于四坝文化，但其下限目前还不能确定，应该不晚于公元前 5 ~ 前 4 世纪。

---

① 甘肃省文物考古研究所、北京大学考古文博学院：《河西走廊史前考古调查报告》，文物出版社，2011 年；西北大学考古系、甘肃省文物考古研究所、敦煌市博物馆：《甘肃敦煌西土沟遗址调查试掘简报》，《考古与文物》2004 年第 3 期；李水城、水涛：《公元前一千纪的河西走廊》，《宿白先生八秩华诞纪念文集》，文物出版社，2002 年。

② 甘肃省文物考古研究所、北京大学考古文博学院：《河西走廊史前考古调查报告》，文物出版社，2011 年。

③ 甘肃省文物考古研究所、北京大学考古文博学院、北京科技大学：《甘肃肃北马鬃山古玉矿遗址调查简报》，《文物》2010 年第 10 期。

　　齐家文化之后甘青地区文化分布的格局总体呈现了多元文化的面貌，在不同的小文化区内存在多支青铜文化。这些青铜文化中的辛店、卡约、寺洼、四坝、"董家台类型"等文化都和当地的齐家文化存在着承继关系或受到齐家文化的强烈影响，也沿袭了甘青地区固有的许多文化传统。进入商末周初，周人和早期秦人的势力进入甘青地区的东部，并和寺洼文化发生密切接触。春秋以后，甘青地区青铜文化更多显现了北方草原文化的特征。

　　在甘青地区青铜时代文化形成与演变过程当中除了环境变化和文化自身动力造成的文化变化之外，外界力量的介入依然不可小觑。这种影响在春秋之前主要表现为安德罗诺沃和卡拉苏克等文化的影响上，进入春秋以后主要是斯基泰文化的影响。在齐家文化时期就已经开始与欧亚草原的文化交流，在这一时期持续并得到加强，在许多文化中都发现了来自于欧亚草原的安德罗诺沃和卡拉苏克等文化的文化因素，这些影响既表现在铜器上，也表现在一些陶器的装饰风格上。联系到新疆发现的安德罗诺沃文化遗存[1]和"过渡类型"及四坝文化东进到天山东部的事实，加之马和马车的使用及气候变化造成的生业方式的变化和人群流动性的增加以及活动范围的扩大，这种影响和交流绝不是空穴来风。而且，越是西边的青铜文化来自于欧亚草原的因素就表现得越强烈。

　　甘青地区除属于周、秦系统的青铜文化之外，源自于本地各支青铜文化的经济形态中牧业的成分普遍加重，表现在陶器的制作普遍比较粗糙，在陶器中出现了与奶制品的制作和使用有关的器皿。墓葬中随葬羊、牛等动物及殉牲、动物形的杆头饰、动物形装饰品、细石器等方面，而且随着时间的推移，畜牧的比重也在不断增加。畜牧业发展的标志还表现在西河滩遗址"过渡类型"遗存中发现的面积达 200 平方米的牲畜圈栏，从保存下来的蹄印看均为牛和羊；马的饲养更加普遍；家畜种类齐全，包括猪、牛、羊、马、狗、驴和骆驼等。卡约文化中随葬的殉牲包括牛、羊、马、狗和猪，猪的数量很少，有的墓葬中埋葬的羊角近百对[2]。寺洼文化墓葬中流行随葬祭肉，有黄羊、马、羊、猪等多种不同的家畜，也以牛、马、羊、猪等家畜随葬[3]。骟马文化中也发现有牛、羊、马、骆驼，却没有发现猪。沙井文化的生业形态以经营畜牧业为主，豢养的牲畜有牛、马、羊及个别的驴和骆驼[4]。

---

① 邵会秋：《新疆地区安德罗诺沃文化探析》，《边疆考古研究》（第八辑），科学出版社，2009年。

② 高东陆：《略论卡约文化》，《考古学文化论集》（三），文物出版社，1993年。

③ 中国社会科学院考古研究所：《徐家碾寺洼文化墓地——1980年庄浪徐家碾考古发掘报告》第162页，科学出版社，2006年。

④ 李水城：《沙井文化研究》，《国学研究》（第二卷），北京大学出版社，1994年。

畜牧经济发展的同时，农业经济也得到了一定的发展。在已经进行过浮选的"过渡类型"遗存、四坝文化、卡约文化和骟马文化中发现了黍、粟及麦类作物，特别是在民乐东灰山遗址发现大量的小麦、大麦、燕麦、黑麦、粟和黍的籽粒，麦类作物的种植更加普及。从目前发现的情况看，麦类作物的栽培均在甘青地区中西部。麦类作物被认为是起源于西亚然后再传入中国的，出土在青铜时代的甘青地区中西部也是地理位置使然。

公共墓地依然存在，墓葬排列多有规律可循，显示出血缘纽带仍然有强大的作用。墓地中并未发现高等级墓葬和普通墓葬埋葬在不同区域的现象，有殉人，随葬品存在着贫富分化的现象，但并不十分显著。发现有表示权力和地位的威势物。聚落呈封闭型线性分布，缺少大型的中心聚落。社会发展处于酋邦社会阶段。

甘青地区的土著青铜文化中除"董家台类型"可能与刘家文化有关，寺洼文化与"毛家坪 B 组"遗存存在一定的联系，并发展为战国时期的西戎文化外，卡约文化、四坝文化、辛店文化及沙井文化、骟马等文化的流向目前还不明确，尤其是在甘肃中部和兰州左近地区大约在春秋时期至汉代之前出现了文化分布的空白。当然，这也有可能是由于考古调查和发掘工作还存在不足所致，但从第三次文物普查的情况来看，尚未发现这一阶段的遗址和墓葬。在洮河流域，随着周秦势力的西进，迫使洮河流域的辛店文化逐步退守，向湟水流域的纵深迁徙，最终导致它融入了当地土著的卡约文化中①。

（七）文化发展和文化格局变化的动因

甘青地区文化发展和文化格局变化的动因主要有以下几个方面：一是环境变化导致生业形态的改变，进而导致文化系统发生变化；二是文化系统本身在系统整合和调整中造成的文化面貌和文化格局的变化；三是人群的移动所引起的文化面貌和格局的改变；四是文化之间的交流和互动所造成的变化。这几种因素往往会同时出现，相辅相成，在它们的交互作用下，造成了文化分布格局的变化，也引起了文化面貌的改变。

莫多闻等通过沉积环境分析对葫芦河流域中全新世环境及其对人类活动的影响进行了研究，在大约距今 8000～7000 年的有利气候，导致老官台文化的出现和发展②。

① 李水城：《华夏边缘与文化互动》，《新世纪的考古学：文化、区位、生态的多元互动》，紫禁城出版社，2006 年。
② 莫多闻、李非、李水城：《甘肃葫芦河流域中全新世环境演化及其对人类活动的影响》，《地理学报》1996 年第 1 期。

老官台文化时期天水—秦安一带是以森林、灌丛为主的森林、灌丛和草原的多生态环境①。气候温暖湿润，这种适宜的气候和环境条件使得食物的提供比较丰富，人们可利用的自然资源足以维持人类的日常生计，因此，生业形态中狩猎采集经济占了极大比重，黍还处在驯化阶段。这样的经济形态限制了人口数量的增长，表现在文化格局上就是聚落规模小而分散，遗址的数量少。

总体来说这种适宜的气候条件一直延续到距今 5000 年，为仰韶文化的稳定发展提供了条件。但这种气候条件不是恒定不变的，期间不断有波动，通过对大地湾遗址的研究，在距今 7200 ~ 6400 年间气候又转入干旱，气温也有所下降，后迅速变得湿润②。这次环境事件也导致甘青地区老官台文化向仰韶文化的过渡。这种气候的变化导致人们对自然资源的依赖程度有所降低，加之通过长期的驯化，黍类作物的驯化已经成熟，农业经济确立。

栽培作物的种植为人们提供了比较稳定的食物来源，致使人口数量增长。通过半坡类型时期各墓地死者数量的统计，发现半坡类型在数百年文化的发展过程中人口持续而稳定的增长③。人口的增长带来了新的资源压力，为拓展生存空间，人们开始向西迁徙，因为此时关中西部地区已经发展起来了发达的仰韶文化的早期文化，而在广大的西北地区还鲜有人迹。

半坡类型之后的庙底沟类型时期，气候又向湿润的方向发展，甘青地区的新石器时代文化也稳步发展并逐渐向西推移。在栽培作物中粟的比例有了明显的增加。

在距今 5500 ~ 5000 年的仰韶文化晚期时，气温再次呈下降的趋势，草原范围进一步扩大，森林进一步减少。在仰韶晚期的前段气候还是温暖湿润的，但后期变干变冷。气温的下降导致野生动物减少，家畜饲养业空前发达。大地湾动物群的面貌发生了明显变化，森林动物虎、豹、象、猕猴、中华竹鼠全无，猪骨骼数量最多④。这种气候的变化反映在栽培作物上就是粟的数量有进一步增加的趋势，粟在栽培作物中的比重已经接近或超过黍。粟和黍相比，黍具有更强的抗病性，少有大面积病虫害传播，需要较少的时间进行锄草等田间管理，因此，在农业经济依赖程度较低、农业技术尚不发达的新石器时代早期，先民可能更倾向于选择黍作为首选的粮食作物。粟的优势在于

① 胡松梅：《渭河上游 8–5kaBP 古环境及演变初探》，《环境考古研究》（第四辑），北京大学出版社，2007 年。
② 吉笃学：《中国北方现代人扩散与农业起源的环境考古学观察——以甘宁地区为例》，兰州大学博士论文，2007 年。
③ 孙祖初：《半坡文化再研究》，《考古学报》1998 年第 4 期。
④ 胡松梅：《渭河上游 8–5kaBP 古环境及演变初探》，《环境考古研究》（第四辑），北京大学出版社，2007 年。

它具有比黍更高的产量和更高的水分利用效率，能更有效地利用水分形成种子①。环境
变化造成的压力和更适应于比较干旱环境的粟的大量栽培、家畜饲养的发展为人们提
供了比较稳定的食物来源，保障了文化的进一步向西扩张。人们追寻着祖先的足迹向
西拓荒，拓展生存空间。在陇山西侧仰韶文化晚期不断向西发展的过程中文化面貌也
发生了变化，形成了马家窑文化。稍晚在陇山东侧由于关中地区以案板三期一类遗存
的进入，在当地仰韶文化的基础上发展起来了常山类型，并发展成为齐家文化。这样
形成了两支文化系统在甘青地区并存的局面。在历经长期的发展后，甘青地区独立的
文化格局和文化面貌形成，发展出了一套具有明显地方特征的丧葬系统、陶器系统和
表示权力与地位的威势标志物。

　　常山类型和齐家文化后人们并没有停止西进的步伐，随着这股从东部向西进入势
力的压迫，马家窑文化逐渐向西退却，进入到河西走廊。在马家窑文化的中期随着齐
家文化的进一步西进，马家窑文化诸类型的分布区域在不断变化，势力范围不断缩小，
最终为齐家文化所取代。

　　但马家窑文化并非一味被动退却，在常山类型和齐家文化时期，马家窑文化在渭
河上游和陇山东、西两侧还有一定的影响，并在半山时期越过黄河进入景泰，并进入
宁夏南部，在宁夏海原菜园遗址、固原店河墓地、天水师赵和西山坪遗址常常伴出有
半山—马厂的彩陶。

　　齐家文化在晚期取得了甘青地区主导文化的地位。作为一支强势的文化，齐家文
化在不断向西发展的过程当中，也未停止向东的渗透，并向南和向北扩展。关中地区
的客省庄文化中就发现有齐家文化的陶器。在鄂尔多斯高原的朱开沟和四川西北部也
发现有齐家文化的陶器。它在接收二里头文化影响的同时，也对二里头文化产生了一
定的影响；它还与欧亚草原东部的青铜文化存在着文化交流。

　　在齐家文化的晚期，中原已经进入早期国家阶段，齐家文化中虽然阶层的分化也
在逐渐加剧，但社会的复杂化进程和发展程度比中原地区迟缓。究其原因可能与环境
变化所引起的生业形态的改变有关。

　　从全球范围来说，在距今 4000 年前后出现了一个显著的降温、干旱事件。这一事
件在全球范围均有明确的记录。反映在甘青地区也存在区域性差异，甘青地区东部在
距今 4000 ~ 3800 年以前植被以森林草原为主，气候相对温暖湿润；距今 3800 年以来，
植被以疏林草原为主，气候总体趋向干旱。甘青地区西部在距今 4500 年以前植被也以
森林草原为主，气候温凉偏湿；而在距今 4500 年以后，气候趋于干冷，尤其是在距今

① 周新郢等：《陇东地区新石器时代的早期农业及环境效应》，《科学通报》2011 年第 56 卷第 4 ~ 5
期。

3900 年以后，植被变为疏林草原①。总体来看，越往西干旱事件发生的时间就越早，以红水河流域为代表的河西走廊在距今 5000 年以后趋向干旱，以青海湖为代表的西部在距今 4500 年左右以后气候趋向干旱，而以大地湾为代表的中部从距今 4000 年趋向干旱②。随着植被的减少和自然环境的改变，洪水和干旱等自然灾害更易发生，为获取资源，人们移动的频率加快，表现在遗址高度上升，遗址数量增加，但平均规模和堆积厚度减少③。

这次剧烈的环境变化造成甘青地区文化格局的重新整合和文化面貌的变化，人类活动规模缩小，大一统的齐家文化在不同的地域分散发展为相对封闭的多支青铜文化，形成了多元文化并存的格局。

由于环境变化导致畜牧比重不断增加并向东扩展，形成农业—畜牧混合经济，而且越晚畜牧的比重越大，以至于在春秋左右，在陇山东西两侧甘青地区土著文化的面貌与北方草原文化有着极大的相似性。也许是由于河西走廊更早开始变干、变冷的环境变化过程，进入河西走廊的齐家文化比在洮河和大夏河流域的齐家文化更早向四坝文化过渡。

从世界范围看，同样地气候变化也导致了欧亚草原生业形态的改变。研究表明，从公元前 2 千纪的上半期开始，中亚等地的普遍情况是定居的农业—畜牧业混合型社会的发展，在和先进的农业文化交往中向游牧经济转化。而早在公元前 3 千纪在乌拉尔和伏尔加河流域的大草原上发展出来了马背骑乘，公元前 2 千纪大草原青铜文化的繁荣时期发明了马车④。马和马车的出现极大地增强了人们活动的范围和长途迁移的能力。在公元前 2 千纪后半叶，欧亚草原地带的广大区域内发生了大规模的民族移动，由于民族集团的同化和融合形成了新的文化⑤。甘青地区和欧亚草原的青铜文化所发生的交流就是在这样的环境和文化大背景之下发生的。

在和中原文化的互动中，甘青地区的青铜文化处于相对弱势的地位，更多的是接受了商、周文化的影响。远处河西走廊的四坝、沙井等文化可能由于地理条件的阻隔，和中原文化缺少互动。在中原地区进入华夏化的过程当中，甘青地区成为华夏边缘。

---

① 张小虎等：《黄河流域史前经济形态对 4kaB. P. 气候事件的响应》，《第四纪研究》2008 年第 6 期。
② 安成邦等：《甘青文化区新石器文化的时空变化和可能的环境动力》，《第四纪研究》2006 年第 6 期。
③ 李非、李水城、水涛：《葫芦河流域的古文化与古环境》，《考古》1993 年第 9 期。
④ 〔美〕狄宇宙（Nicola Di Cosmo）著，贺严、高书文译：《古代中国与其强邻——东亚历史上游牧力量的兴起》第 28～31 页，中国社会科学出版社，2010 年。
⑤ 藤川繁彦：《中央ユーラシアの考古学》第 22～23 页，同城社，1999 年。

在社会形态的发展上，甘青地区社会复杂化进程和社会形态发展缓慢甚至停滞，究其原因主要是环境变化引起的经济形态的改变、文化系统自身的缺陷和地理阻隔。

经济形态的改变会引起社会结构和社会的变化。传统上，牧业经济比重较大的社会由于经济的不稳定和流动性的增加，社会的聚合力降低。社会组织分散，往往会形成一些松散的政治和军事联盟，缺乏持久性而具有不稳定性。牧业比重比较大的社会，其管理系统也往往不如农业社会那样复杂。

作为一个文化系统来说，齐家文化之后由一个有主流文化具有较强统一性变为多元发展的小文化，文化的聚合力降低，不容易形成较大范围内的观念认同。

甘青地区除陇东地区的黄土高原存在比较宽广、平坦的黄土塬以外，陇西黄土高原沟壑纵横，河谷切割较深，有大山和沟谷的阻隔，河西走廊的绿洲之间存在着戈壁和沙漠等自然屏障。地理上的封闭性相对较强，聚落形态也是线性封闭型的。地理条件的阻隔限制了进一步政治结盟的可能性。而在一个无天然屏障限制的地形条件下，因聚落群体享有和周围更多中心发生互动的潜力，更有利于社会复杂化的发展①。

（八）结语

甘青地区新石器—青铜时代文化具有多变的文化面貌和复杂的谱系。文化发展的总的趋势是由东向西逐步波浪式推进。文化格局的改变和环境变化及一波又一波的人群和文化的西渐密不可分。总体来说，经历了仰韶文化时期、马家窑和齐家文化时期两次大的西渐浪潮。

甘青地区作为一个独立的文化区域萌芽于仰韶文化晚期，形成于马家窑—齐家文化时期。作为独立文化区内的各支文化也和中原文化存在着互动，曾不断间接或直接地受到中原文化的影响，甘青地区的古代文化也为中原地区带去了屈肢葬、铲形袋足鬲、洞室墓、坟丘墓、围沟墓等文化影响②，参与了华夏文明形成的进程，但在中原地区进入华夏化的过程当中甘青地区最终成为华夏边缘。

文化格局的变化经历了单一文化系统向两支文化主流系统并存到大一统，再到多元文化并存的变化过程。环境变化带来的生业形态的变化、族群迁徙、文化系统自身的整合、地理环境的复杂多样等方面的交互作用是造成甘青地区文化格局和文化面貌变化的主要动因。

---

① 〔澳大利亚〕刘莉著，陈星灿等译：《中国新石器时代——迈向早期国家之路》，文物出版社，2007年。
② 俞伟超：《关于"卡约文化"和"唐汪文化"的新认识》，《先秦两汉考古学论集》，文物出版社，1985年。

甘青文化区形成之后，发展起来一套有自身特征的文化系统，包括陶器、铜器、信仰和祭祀系统、丧葬系统，对权力和威势的表现也不同于中原系统。

距今 4000 年左右的剧烈环境变化事件造成了甘青地区经济形态由农业向农业—畜牧混合型经济的转型，由于经济形态的变化、地理环境的制约、文化格局的分散以及文化内部凝聚力的降低等多方面因素的影响，社会复杂化的进程趋缓或停滞，在中原地区进入早期国家形态时，甘青地区仍然处于酋邦社会，这种社会发展状态在部分地区一直持续到汉代以后。

来自于欧亚草原和中国北方草原地带的文化因素对甘青地区青铜文化的面貌有着较大的影响，相似的经济形态更容易形成文化选择的认同，来自它们的影响不仅表现在铜器和陶器上，还表现在农作物和权力标志物上。

体质人类学的研究表明自新石器时代以来，甘青地区的体质人类学特征上比较一致，被称之为"古西北类型"[①]，春秋时期具有北亚体质特征的人群进入了河西走廊东部和宁夏南部。甘青地区是羌戎系民族活动的舞台，新石器—青铜时代文化的族属大多与羌戎系民族有关。甘青地区也形成了羌戎民族文化区。

甘青地区新石器—青铜时代的文化发展还存在缺环，有些文化目前的文化面貌认识仍然不明确，大多数青铜时代文化的去向不明，与欧亚草原文化互动的方式，铜器的起源以及与社会复杂化进程之间的关系等还有待于今后进一步的研究去解决，另外，各文化的年代问题也需要重新进行测定，尤其是齐家文化的年代及以后各支青铜文化的年代问题。

---

① 朱泓：《建立具有自身特点的中国古人种学研究体系》，《我的学术思想》，吉林大学出版社，1996 年。

农民与采集者的相互关系：
来自西亚的认识*

Ofer Bar-Yosef

（哈佛大学人类学系）

在经历 260 万年小群体的分散式狩猎采集生活方式后，新石器或农业革命作为全新的经济模式成为旧大陆史前时期一个最为重大的转变。传统依靠采集和迁徙的生存方式被栽培野生植物和更为密集的狩猎采集所代替。这个过程通常被描述为"低水平食物生产"[1]。经历这个阶段后，在少数地区出现真正意义上的农业村庄迎来了非自主的人口变化，即通常所说"新石器时代人口迁移"[2]。最初的人口增长来自于定居的人群，小麦、大麦、粟和稻米由于适合断奶婴儿的食用成为他们最常栽培的作物。因此，妇女和老年人在社会团体中的永久定居及稳定的食物来源成功地保证了人口的迅速增长。

农业社会在"核心区域"获得的全面成功可能也曾伴随短暂失败。与此同时，狩猎采集群体仍生活在农业社会的邻近地区。随着农业社会对动植物驯化及持续的狩猎采集，对地域扩张需求成为保持人口增长的必要条件。因此，农民不可避免将活动范围扩展到狩猎采集者的领地。只有在遇到热带雨林或半干旱等不适合农业生产地区时，这种扩张才会停止。事实上，在西亚和东亚每一个区域，我们都能观察到农民和狩猎采集者之间的相互接触。

两个群体之间的关系也经历了不断的变化。友好关系会促使群体间的通婚，根据

---

* 本文由王佳音翻译。

① Smith, B. D., 2001, Low-level Food Production, *Journal of Archaeological Research* 9(1): 1–43.

② Bouquet-Appel, J. P. and O. Bar-Yosef, Eds., 2008, *The Neoloithic Demographic Transition and its Consequences*, Springer.

民族志记载和Y染色体研究，狩猎采集群体的妇女通常会嫁入农业社会①。敌对的关系则会导致暴力冲突。农民可以通过交换从狩猎采集者那里获得热带雨林的、沙漠的或海洋的资源，而狩猎采集者也可因此得到农民种植的碳水化合物（即谷物），可能还有用他们所提供的原材料制作出来的产品（比如珠子）。

　　作为西亚一个重要的区域，黎凡特地区为此类相互关系的研究提供了便利条件。一方面，此地耕作区域常与沙漠相邻；另外，大量的发掘和报告提供了丰富的研究资料。在文章结尾，我将根据黎凡特的情况对中国此类史前研究所具备的潜力进行简短评论。

1. 黎凡特的自然条件

　　西亚的主要地形有山地、高原、冲积平原、沙漠和绿洲。靠近地中海的黎凡特地区覆盖了南北长1100～1300、东西宽100～350千米的区域。托罗斯山脉从黎凡特的北部边缘和地中海东部平原向南延伸，宽度约5～25千米，并与内陆山系平行。这些山脉海拔高度约500～2000米，东部边界到死海及阿西河—约旦河河谷。该河谷从南向北经历了显著的高差变化（最高点海拔200米，最低点海拔-400米）。向东，倾斜的台地被许多溪谷分割，这些溪流流经沙漠到达美索不达米亚或阿拉伯半岛。一些绿洲在广阔沙漠中的盆地孕育而成，如El-Kowm、Plamyra、阿兹拉克（Azraq）和el-Jaffer等。

　　现在的黎凡特地区每年经历阴凉多雨的冬季和炎热干旱的夏季。降水量随海拔及距离海岸线的远近而变化，叙利亚—阿拉伯沙漠和美索不达米亚是最为干旱的区域。同时，降雨量从北部的托罗斯山脉向南部的西奈半岛递减。沿海平原和临近的山区，以森林、林地、疏林草地等地中海植被为主②。古气候研究者认为该地在全新世早期更为湿润。因此，在全新世中期的干旱到来之前，当地的农民和共存的狩猎采集民族生活在更好的气候条件下和在更多水资源的环境中。在森林覆盖的山区和疏林草地中，常绿橡树（*Q. brantii, caliprinos & ithaburensis*）和阿月浑子树（*Pistacia atlantica*）为主要树种，在高海拔地区还同时生长有野橄榄、杏树和雪松。海岸平原及东部高原的西缘同样为林地所覆盖。夏季零星的降雨可能导致较今天更为茂盛的植被和包括谷物在内的更丰富的植物资源。

①　Forster, P. and C. Renfrew, 2011, Mother Tongue and Y Chromosomes, *Science* 333: 1390–1391.
Bramanti, B., M. G. Thomas, et al., 2009, Genetic Discontinuity between Local Hunter–Gatherers and Central Europe's First Farmers, *Science Express*: 1–6.

②　Zohary, M., 1973, *Geobotanical Foundations of the Middle East*, Stuttgart, Springer Verlag.

2. 考古学证据

黎凡特地区从更新世末期到全新世初期的考古学证据已发表于部分摘要和书籍中①。图一展示了主要考古学文化的年表。

通常我们在谈到农业社会在黎凡特的出现时，先简要纵览最后冰期最盛期（即

距今年代	地中海植被区 （树林、疏林草地）	干草原和半干旱区 （疏林草地和沙漠）
17500		
		Geometric Kebaran
16500	Geometric Kebaran	Mushabian
15500		Ramonian
14500	早期纳吐夫文化	早期纳吐夫文化　　Ramonian
13500		
12500	晚期纳吐夫文化 末期纳吐夫文化	晚期纳吐夫文化 末期纳吐夫文化
11500	Khiamian 北 Sultanian 南	Harifian （半干旱地区空白）
10500	早期PPNB	PPNB狩猎采集者
9500	中期PPNB 晚期PPNB	晚期PPNB狩猎采集者
8500	PPNC	
	有陶新石器	

图一　两个主要生态区的史前文化年表

① Cauvin, J.,2000,*The Birth of the Gods and the Origins of Agriculture*,Cambridge, Cambridge University Press.
Bar-Yosef, O.,2001, From Sedentary Foragers to Village Hierarchies: The Emergence of Social Institutions, *The Origin of Human Social Institutions*, G. Runciman. Oxford, Oxford University Press, Proceedings of the British Academy, Vol. 110: 1–38.
Aurenche,O. and S. K. Kozlowski,1999,*La Naissance du Néolithique au Proche Orient*,Paris,Editions Errance.
Simmons, A. H.,2007, The Neolithic Revolution in the Near East, *Transforming the Human Landscape*, Tucson, The University of Arizona Press.
Belfer – Cohen, A. and A. N. Goring – Morris,2011,Becoming Farmers: The Inside Story,*Current Anthropology* 52(S4): in Press.
Goring – Morris, A. N. and A. Belfer – Cohen,2011,Neolithization Process in the Levant: The Outer Envelope, *Current Anthropology* 52(S4): in Press.
Gopher, A.,S. Abbo, et al.,2001,The "When", the "Where" and the "Why" of the Neolithic Revolution in the Levant, *Documenta Praehistorica* 28: 49–62.
Watkins, T.,2010,New Light on the Neolithic Revolution in South – west Asia, *Antiquity* 84: 621–634.

MOSI2,ca. 24/23 ~ 18 ka cal BP，气候干旱寒冷）之后的资料。一般认为，最后冰期最盛期导致的人口削减在18/17 ka cal BP后才得到恢复。气温稳步回升，降雨区域扩大。这个时期气候的改善使得富草植被沿许多栖息地的开阔地扩散。资料显示，Geometric Kebaran 细石器文化充分适应了新环境，扩张到从黎凡特北部一直到西奈半岛的各种生态域中。然而同时期其他群体或多或少与黎凡特的狩猎采集者展开竞争并相互依存。在南部，Mushabians 和 Ramonians 人向半干旱地区扩长。有些人认为这些人来自东北非①，也有人认为这些采集狩猎者来自叙利亚—阿拉伯沙漠②。

然而短期的气候交替（旧仙女木期）引起草原带暂时回撤，这是否促使某些族群在原地建立半定居或定居纳吐夫村庄还是一个需要继续探讨的问题③（图二）。这种由少数家庭或氏族组合而成的人类团体的首次出现反映出基于对安全及领地保护需求的一种社会决策，这种决策可能是被迫的或者是出于某种象征性行为④。

纳吐夫（Natufian）文化（距今14500 ~ 11700/500 年）的小型村庄通常由一系列建筑在环形石基上的木草房屋组成。遗址内的墓地通常被认为是领地所有权的证据。现在，纳吐夫文化通常被划为早晚末三个阶段。在纳吐夫文化末期来临之前的几个世纪，新仙女木期（距今12800 ~ 11700/500 年）影响了草原带的分布（如内盖夫（Negev）沙漠），并可能导致生存环境一度恶劣。在生态环境恶化的压力下，不同人群的社会文化意识令他们做出不同的选择⑤。一种是选择在冬季营地和夏季营地之间更多地

① Bar-Yosef, O. and J. L. Phillips, Eds., 1977, *Prehistoric Investigations in Jebel Meghara*, *Northern Sinai*, Jerusalem, Hebrew University.

② Goring – Morris, A. N., 1995, Complex Hunter – gatherers at the End of the Palaeolithic (20000 – 10000 B.P.), *The Archaeology of Society in the Holy Land*, T. E. Levy. London, Leicester University Press: 141–168.

③ Bar-Yosef, O. and A. Belfer – Cohen, 1989, The Origins of Sedentism and Farming Communities in the Levant, *Journal of World Prehistory* 3: 447–498.
Bar-Yosef, O., 2002, The Natufian Culture and the Early Neolithic: Social and Economic Trends in Southwestern Asia, *Examining the Farming/Language Dispersal Hypothesis*, P. Bellwood and C. Renfrew, Cambridge, McDonald Institute for Archaeological Research: 113–126.

④ Roscoe, P., 2008, Settlement Fortification in Village and 'Tribal' Society: Evidence from Contact – era New Guinea, *Journal Of Anthropological Archaeology* 27(4): 507–519.
Roscoe, P. B., 2009, Social Signaling and the Organization of Smal – scale Society: The Case of Contact – era New Guinea, *Journal of Archaeological Method and Theory* 16: 69–116.

⑤ Bar-Yosef, O. and A. Belfer – Cohen, 1991, From Sedentary Hunter – gatherers to Territorial Farmers, *Between Bands and States*, S. A. Gregg. Carbondale: Illinois, Center for Archaeological Investigations, Occasional Paper No.: 181–202.
Miller-Rosen, A., 2007, *Civilizing Climate: Social Response to Climate Change in the Ancient Near East*, New-Yoek, Altamira Press.

图二　黎凡特地区的纳吐夫文化遗址及同时代北部的 Hallan Cemi 及南部的 Ramonian

迁徙，如内盖夫沙漠的 Harifian 人和北部人群①。一种是选择更多地定居生活，如 Hallan Cemi 人在底格里斯河支流建立的村庄，Mureybet 的晚期纳吐夫文化及 Abu Hureyra 遗址②。还有一种是选择在部分栽培伴随下进行更为密集的狩猎采集活动（这或许显示更多地定居），在托罗斯山脚到幼发拉底河河谷中游之间可以找到考古证据③。

　　这里我们要注意，Ramonian 的一些沙漠族群在纳吐夫文化时期仍继续存在（见图一）。遗憾的是，他们同纳吐夫村庄的交流状况仍旧未知。一些族群采集红海贝壳并与纳吐夫社会进行交换。然而，当晚期纳吐夫文化的继承者 Harifian 族群在内盖夫沙漠和北部西奈出现后，这种交流模式发生了变化。他们收集的海贝包括地中海和红海的不同种类④。

　　新石器时代早期社群——仍旧依据 K. Kenyon 在埃里（Jericho）的工作，被划为前陶新石器 A 期与 B 期（PPNA & PPNB）——出现在当时最适合作物栽培的地区（图三、四）。很多遗址坐落在冲积扇上，洪水每年冬天的泛滥能够带来肥沃的泥沙（如 Netiv Hagdud）。其他遗址或位于养分丰富的泉水边（如 Jericho），或位于河流岸边，如幼发拉底河及其支流和底格里斯河（如 Jerf el – Ahmar，Mureybet）。多数村庄只存在了几个世纪。毫无疑问，相同的聚落体系持续到 PPNB 时期（距今 10700/500 ~ 8200 年）。考古学者发现，聚落曾经历周期性的废弃，原因可能包括土地的过度开发、社会动荡、疾病或暴力等。

　　在 PPNA 时期，农民经历对野生谷物的栽培后，开始有意或无意地驯化这些作物。与此同时，他们仍旧继续狩猎和采集活动，到 PPNB 初期，小麦、大麦、豆类、亚麻等

①　Goring – Morris, A. N.,1991,The Harifian of the Southern Levant, *The Natufian Culture in the Levant*, O. Bar–Yosef and F. R. Valla. Ann Arbor, International Monographs in Prehistory：173–216.

②　Rosenberg, M. and R. W. Redding,2000,Hallan Cemi and Early Village Organizarion in Eastern Anatolia, *Life in Neolithic Farming Communities. Social Organization*, *Identity*, *and Differentiation*, I. Kuijt. New York, Kluwer Academic/Plenum：39–62.

　　Moore, A. M. T.,G. C. Hillman, et al.,2000,*Village on the Euphrates*, *From Foraging to Farming at Abu Hureyra*, Oxford, Oxford University Press.

　　Cauvin, J.,2000,*The Birth of the Gods and the Origins of Agriculture*, Cambridge, Cambridge University Press.

③　Willcox, G.,S. Fornite, et al.,2008,Early Holocene Cultivation before Domestication in Northern Syria, *Vegetational History and Archaeobotany* 17：313–325.

　　Willcox, G.,R. Buxo, et al.,2009,Late Pleistocene and Early Holocene Climate and the Beginnings of Cultivation in Noerthern Syria, *The Holocene* 19(1)：151–158.

④　Bar–Yosef Mayer, D. E.,2005,The Exploitation of Shells as Beads in the Palaeolithic and Neolithic of the Levant, *Paléorient* 31(1)：176–185.

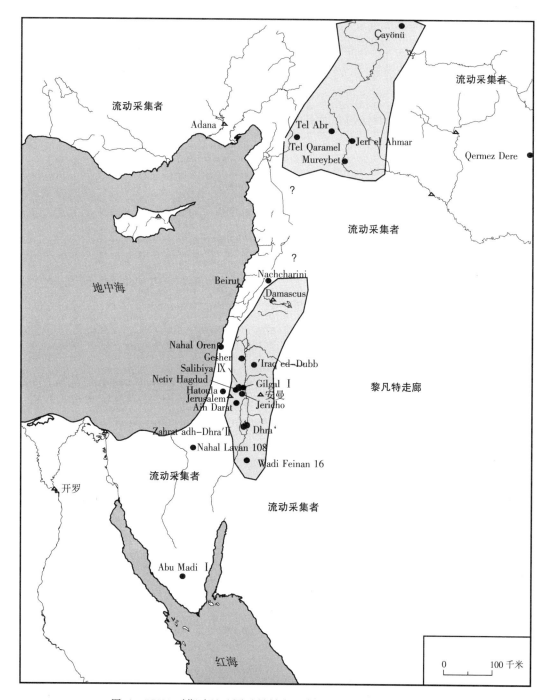

图三 PPNA 时期遗址地图及最早出现农业社会的"黎凡特走廊"

（"黎凡特走廊"位于海岸平原和濒海系列山脉的东侧）

图四　PPNB 时期遗址及农民与狩猎采集者间的接触关系

（图中标示出"沙漠风筝"的主要发现地）

作物已经成功驯化①。在此期间，山羊、绵羊、牛和猪可能在更短的时间内也被放牧和圈养。因此，到距今 10500 年，这四种牲畜也已被驯化。PPNA 时期的建筑物以圆形或椭圆形半地穴为主，墙体用泥砖建造，屋顶为平顶。另外，他们也建造了圆形的储藏设施。用于加工食物的扁平磨石与带有凹坑的磨盘发现于火塘边。石制品包括石斧、石锛、镰刀、石叶、箭头和石钻。成人墓葬中，头颅常被移走，而儿童墓葬则完好无损。具有仪式性功能的"Kiva"建筑样式在南北部均有发现②。

　　PPNB 时期，整个黎凡特地区的房屋平面样式出现很大转变。长方形平顶房屋取代圆形和椭圆形房屋。有时这些方形房屋非常密集地组成建筑群，之间留有非常狭窄的小径。房屋地面及储藏设施的内墙面常用泥灰涂抹，这得益于灰泥加工技术的进步。部分从成人墓葬中被移走的头颅也用泥灰涂抹重塑③。造型独特的泥灰塑像和石刻面具在南部也曾发现。北部地区则发现令人印象深刻的神圣场所，如 Göbekli Tepe④。早期多边形的建筑渐渐为较小的矩形建筑取代。这些神殿内常发现"T"形石灰岩石柱，上面装饰有浮雕动物图案，可能作为复杂社会体系存在的证据（能获取食物供给的工匠等等）。当这些神殿停止使用后，它们被有目的地回填（图五）。总而言之，考古学证据充分反映了当时农业社会的富足，这种富足从南向北根据地理条件渐变，而约旦河

① Zeder, M. A.,2008,Domestication and Early Agriculture in the Mediterranean Basin: Origins, Diffusion, and Impact, *Proceedings of the National Academy of Science* 105 (33): 11597–11604.

Vign, J. –D.,2008,Zooarchaeological Aspects of the Neolithic Diet Transition in the Near East and Their Relative Putative Relationships with the Neolithic Demographic Transition, pp. 179–206, in (J. P. Bocquet-Appel & O. Bar–Yosef, eds.) *The Neolithic Demographic Transition and its Consequences*,Springer: Dordrecht.

Vigne, J. –D., A. Zazzo, et al.,2009,Pre–Neolithic wild Boar Management and Introduction to Cyprus more than 11,400 Years Ago, *Proceedings of the National Academy of Science* 106(38): 16135–16138.

Martin, L. and A. Garrad,1999,Animal Domestication in the Southern Levant, *Paléorient* 25: 63–80.

② Stordeur, D. and F. Abbés,2002,Du PPNA au PPNB: Mise en Lumière D'une Phase de Transition à Jerf el Ahmar (Syrie), *Bulletin de la Société Préhisorique Française* 99(3): 563–595.

Stordeur, D. and G. Willcox,2009,Indices de Culture et D´utilisation des Céréales a Jerf el Ahmar, *De Méditerranée et D´Ailleurs... Mélanges offerts a Jean Guilaine*, Collectif. Toulouse, Archives d′Écologie Préhistorique: 693–710.

Finlayson, B., S. Mithen, et al., 2011, Architecture, Sedentism and Social Complexity at Pre Pottery Neoithic A Site WF16, Southern Jordan, *PNAS* 108 (20) 8183–8188.

③ Kuijt, I.,2008,The Regeneration of Life, Neolithic Structures of Symbolic Remembering and Forgetting, *Current Anthropology* 49(2): 171–197.

④ Schmidt, K.,2001,Göbekli Tepe, Southeastern Turkey: A Preliminary Report on the 1995–1999 Excavations, *Paléorient* 26(1): 45–54.

Schmidt, K.,2006, *Sie Bauten Die Ersten Tempel. Das rätselhafte Heiligtum der Steinzeitjäger*, München, Verlag C. H. Beck.

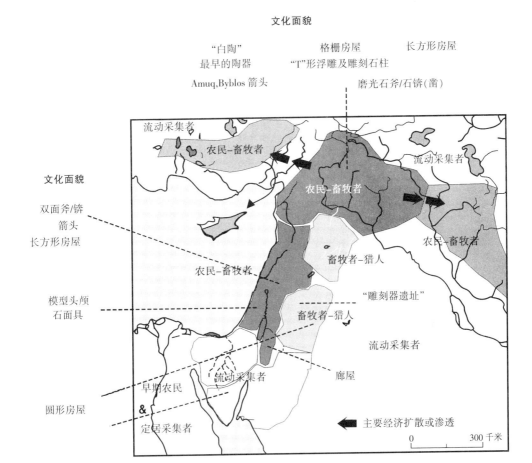

图五　依据考古学文化及经济形态划分的新石器时代部落范围（距今 8400/8200 年）

谷东侧也比西侧更为富足。下面我将在此背景下探讨在距今 11800～11500 年期间农民与狩猎采集者间的关系。

3. 狩猎采集民族作为农民特殊需求的供给者

在新石器时代初期，当社会经济模式出现分化时，农民和狩猎采集者便开始互相接触。我们注意到，在前一个时期，纳吐夫文化便在各类栖息地广泛分散，并与考古学上仍未发现的一些族群相伴。为维持种群交配体系，纳吐夫群体在黎凡特大部分地区相互之间保持接触。他们的部落大约由 250～500 或更多的人口组成，这与 Birdsell[1] 提出的"辩证部落"规模相符。这一社会网络保证他们能够将海贝资源从地中海运输至内陆。

　　PPNA 时期，当村庄建立后，人口状况发生显著变化。社群人口一般在 250～400

① Birdsell, J. B., 1968, Some Predictions for the Pleistocene Based on Equilibrium Systems among Recent Hunter-gatherers, *Man the Hunter*, R. B. Lee and I. DeVore, Chicago, Aldine Publishing Company: 229-240.

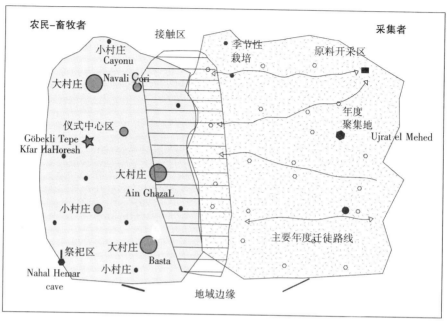

图六　农民与狩猎采集者相互关系示意图

（图中所有遗址位于黎凡特两大生态区中，属 PPNB 时期）

人之间，因此，两三个村庄便可组成一个部落。对地域的控制成为部落的首要事务，因此相互接触便在特殊的地区发生，我们称其为"接触区"（图六）。

　　遗憾的是，在 PPNA 时期，很少有狩猎采集遗址在半干旱区及托罗斯山脉被发掘。这里简要介绍位于西奈半岛南部的 Abu Madi I① 遗址，它的发现证实了狩猎采集者在此区域仍旧存在。羚羊、野生山羊、野兔骨骼和扁平磨石的发现说明此地进行过狩猎采集活动。在该遗址发现的唯一墓葬中，头颅未被移走，这意味着尽管当地狩猎采集者与远方农民有了一定的交流（由箭头样式显示），他们并没有采用这种外来的习俗。

　　在幼发拉底河畔的农业村庄以北的托罗斯山脉中，只发现一处碳–14 年代属于 PP-NA 时期的细石器遗址②。

　　因此，大多数社会经济交流的资料都来自 PPNB 遗址（见图四）。其中，约旦的叙

①　Bar-Yosef, O.,1985, The Stone Age of the Sinai Peninsula, *Studi di Paletnologia in Onore di Salvatore M. Puglisi*, M. Liverani, A. Palmieri and P. Peroni. Rome, Università di Roma "La Sapienza"：107–122.

②　Erek, C. M.,2010, A New Epi – paleolithic Site in the Northeast Mediterranean Region：Direkli Cave (Kahramanmaras, Turkey), *Adalya* 13：1–19.

利亚—阿拉伯半干旱带提供了最丰富的经过发掘和报告的遗址资料①，还有少数资料来自西奈半岛②。下面简要概括约旦的资料。

在 Azraq 绿洲以南的 Jilat Wadi 的约旦高原分布着一系列 PPNB 遗址（见图四），这为我们的研究提供了丰富的资料。根据这些遗址的遗存判断，他们均属于季节性栖息地。多数建筑平面呈圆形或椭圆形，墙体简易，常垒于一排基石之上。木草房屋便建在这些临时地基之上。建筑内部可见隔墙、灶坑、柱洞、条凳和工作台等。此外，在开阔地也发现一些装置。因为邻近 Azraq 绿洲（约 60 千米）的永久水源，通常认为当地居民通过栽培谷物进行"低水平食物生产"。玄武岩容器、磨盘和握石（handstone）等 PPNB 遗址常见的食物加工工具经验证同时用来加工栽培和采集的种子或果实，如橡子。尽管如此，发掘者认为多数的食物仍旧来源于狩猎、陷阱捕获和采集。一些遗址中发现近 20 座建筑结构的遗存。在四个遗址中发现用当地绿色石灰岩加工石珠的加工厂③。在所有地点均发现能够显示全部加工操作链条的遗存，这其中包括毛坯、废料和成品。然而在 Jilat 7 遗址，曾发现用深棕色硅化砂岩加工的装饰品，意味着这可能由其他族群所生产。所有这些产品也发现于约旦河谷和其他山区小河谷以西的农业村庄中。此外，在狩猎采集者一所布满圆形建筑的营地一角，发现一座方形建筑，推测可能为来

①　Garrard, A. N.,1998, Environment and Cultural Adaptations in the Azraq Basin: 24000-7000 BP, *The Prehistoric Archaeology of Jordan*, D. O. Henry. Oxford, Archaeopress: 139-150.

　　Garrard, A. N., D. Baird, et al.,1994, The Chronological Basis and Significance of the Late Palaeolithic and Neolithic Sequence in the Azraq Basin, Jordan, *Late Quaternary Chronology and Paleoclimates of the Eastern Mediterranean*, O. Bar-Yosef and R. Kra. Tucson, Arizona, Radiocarbon: 177-199.

　　Wright, K. and A. Garrard,2003, Social Identities and the Expansion of Stone Bead - making in Neolithic Western Asia: New Evidence from Jordan, *Antiquity* 296(77): 267-284.

　　Baird, D., A. Garrard, et al.,1992, Prehistoric Environment and Settlement in the Azraq Basin: An interim Report on the 1989 Excavation Season, *Levant* 24: 1-31.

②　Bar-Yosef, O.,1984, Seasonality among Neolithic Hunter - gatherers in Southern Sinai, *Animals and Archaeology*, 3. *Herders and Their Flocks*, J. Clutton - Brock and C. Grigson. Oxford, BAR International Series 202: 145-160.

　　Bar-Yosef, O.,2001, From Sedentary Foragers to Village Hierarchies: The Emergence of Social Institutions, *The Origin of Human Social Institutions*, G. Runciman. Oxford, Oxford University Press, Proceedings of the British Academy, Vol. 110: 1-38.

　　Tchernov, E. and O. Bar-Yosef,1982, Animal Exploitation in the Pre-Pottery Neolithic B Period at Wadi Tbeik, Southern Sinai, *Paléorient* 8: 17-37.

　　Dayan, T., E. Tchernov, et al.,1986, Animal Exploitation in Ujrat el Mehed, a Neolithic Site in Southern Sinai, *Paléorient* 12(2): 105-116.

③　Wright, K. and A. Garrard,2003, Social Identities and the Expansion of Stone Bead-making in Neolithic Western Asia: New Evidence from Jordan, *Antiquity* 296(77): 267-284.

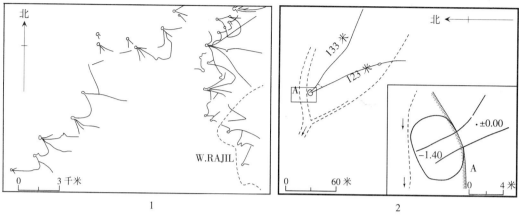

图七　"沙漠风筝"

1. 约旦北部"沙漠风筝"分布图（根据航空照片绘制）　2. "沙漠风筝"示例（注意"沙漠风筝"尽头陷阱与地面的落差，羚羊就是在这里被捕杀的）（Meshel 1974）

自农业社会的"外来者"所建造，建筑的主人身份可能为迁徙的工匠或旅行的商人。

　　20 世纪 20 年代由英国飞行员发现的"沙漠风筝"进一步生动描绘出叙利亚—阿拉伯高原的狩猎场景（图七）。这些"沙漠风筝"通常包括几条延伸 200～300 米的岩石墙，并在围墙终点汇聚处建圆形或椭圆形的围场。仔细观察可发现，这些围场或低于地平线或被高大围墙所包围。根据 19 世纪和 20 世纪初的观察，这些结构通常用于捕猎羚羊。羚羊群（*Gazella Gazella* 和 *Gazella subgoterrosa*）在受到猎人惊吓后，会沿着搭筑的墙体跑到陷阱中[1]，或摔入陷阱，或折断腿骨，或被藏在围墙后的猎人射杀。之后，狩猎者便可将自身消耗后剩下的皮、角或肉与农业民族交换。一些考古学者认为"沙漠风筝"的出现与 PPNB 时期人口的增长及农业社会对日用品需求的增加存在一定关系[2]。

　　西奈半岛的最佳证据发现在其南部。南部西奈面积约 17000 平方千米，包括一些花岗岩、变质岩山地（海拔 2200 米），其间有平坦的沙地山谷（海拔 1200～1600 米），并被覆盖灰岩构造的砂岩山地包围。我们只从大量 PPNB 的狩猎采集者遗址中选取少数进行研究。根据现代和历史时期 Bedouin 营地每年的生活模式，我们重建了史前族群的季节性栖息模式[3]。为了躲避冬天（今天一二月的平均气温在 −3～−2℃）寒风，营

①　Meshel, Z. 1974, New Data about the "Desert Kites", Tel Aviv University.

②　Bar-Yosef, O.,1986,The Walls of Jericho: An Alternative Interpretation, *Current Anthropology* 27: 157–162. Betts, A. V. G. and V. N. Yagodin,2000, A New Look at Desert Kites, *The Archaeology of Jordan and Beyond*, L. E. Stager, J. A. Greene and M. D. Coogan. Winnona Lake, Indiana, Eisenbrauns: 31–43.

③　Bar-Yosef, O.,1984,Seasonality among Neolithic Hunter – gatherers in Southern Sinai, *Animals and Archaeology*, 3. *Herders and Their Flocks*, J. Clutton – Brock and C. Grigson. Oxford, BAR International Series 202: 145–160.

图八　发掘末期的 Wadi Tbeik

小型建筑位于山坡上，墙体高约0.6 米（为保护遗址，研究者在四周树立了栅栏和围墙）

地通常建在山坡一侧或狭窄沟谷中。在 Wadi Tbeik 遗址，山坡一侧所建的小型房屋墙高0.6 米，地面被灰烬覆盖（图八）。夏季营地建在开阔谷底，如 Ujrat et Mehed 遗址，木草房屋建在一排石盘基础之上，可利用微风将热气带走（图九）。

　　Wadi Tbeik 遗址邻近石灰岩陡坡和燧石原料产地，因此遗址内发现大量石制品遗存，其中包括14 万件废片，1000 余件石核，约6000 件有加工痕迹的石制品，其中包括大量箭头[①]。这些投射用的箭头可能用于季节性捕猎或族群间的战争。

　　作为夏季营地的 Ujrat el Mehed 遗址坐落在一个开阔谷底中的低山上，海拔约1600 米。大型和局部开放的居所周围常有一周小石板。每座房屋中部均发现有灶坑[②]，大量磨盘和磨石的发现显示当地人对植物食品的依赖。鹌鹑（*Coturnix coturnix*）骨骼的发现显示人类主要在五六月和夏末时节在此地栖息。作为候鸟的一种，鹌鹑通常在春夏季由欧洲向南飞到此地，然后在西奈的北部海岸被当地人网获。

---

① Gopher, A.,1994, *Arrowheads of the Neolithic Levant*: *A Seriation Analysis*, Winona Lake, Indiana, Eisenbrauns.

Tchernov, E. and O. Bar-Yosef,1982, Animal Exploitation in the Pre-Pottery Neolithic B Period at Wadi Tbeik, Southern Sinai, *Paléorient* 8: 17-37.

② Dayan, T.,E. Tchernov, et al.,1986, Animal Exploitation in Ujrat el Mehed, a Neolithic Site in Southern Sinai, *Paléorient* 12(2): 105-116.

带有头颅的成人二次葬在 Ujrat el Mehed 的地下储藏设施中发现①，这表现出与同时代农业民族不同的信仰体系。二次葬同时也反映该族群定期进行迁徙。该遗址可能为每年族群集中的中心地带。几乎所有的石制品都被带入该遗址，因此支持中心地带的假设。石叶虽然少见，但约 6000 件投射箭头由石叶加工而成，同时仅发现几十件石核和 14000 件废片②。毫无疑问，多数石制成品是直接由其他地点带来的，仅在该遗址进行一些工具的翻新。海贝几乎全部加工为装饰品并被交换③。

4. 讨论

综上所述，狩猎采集者和农民之间的交流关系是多变的，通常包括社交、互助、互利、通婚、冲突等。在前国家的新石器时代，族群常为各种原因进行战争，如抢夺战利品、复仇、争夺荣誉等，但一

图九　Ujrat el Mehed 遗址
位于宽阔开放河谷中的山坡顶部。石基显示木草房屋曾经的覆盖范围（注意，地面下的储藏设施后期用作二次葬）

般不涉及政治统治问题④。为了积累剩余食物，黎凡特地区新石器时代的农民常与渴望获取碳水化合物（谷物）的狩猎采集者交换。远距离交换的路径也是这个复杂经济体系的一部分。

来自叙利亚—阿拉伯沙漠、内盖夫沙漠和西奈的岩石（火成岩、变质岩、特殊的石灰岩等）和来自红海的海贝通常用于交换谷物⑤。内陆农业社会中出现的来自红海的

① Hershkovitz, I., O. Bar-Yosef, et al.,1994,The Pre-Pottery Neolithic Populations of South Sinai and Their Relations to Other Circum-Mediterranean Groups: An Anthropological Study, *Paléorient* 20(2): 59-84.

② Gopher, A.,1994, *Arrowheads of the Neolithic Levant: A Seriation Analysis*, Winona Lake, Indiana, Eisenbrauns.

③ Bar-Yosef Mayer, D. E.,1997, Neolithic Shell Bead Production in Sinai (as950097), *Journal of Archaeological Science* 24(2): 97-112.

④ Keeley, L. K.,1996, *War Before Civilization*, New York, Oxford University Press.

⑤ Bar-Yosef Mayer, D. E. 1997. Neolithic Shell Bead Production in Sinai (as950097), *Journal of Archaeological Science* 24(2): 97-112.
　　Bar-Yosef Mayer, D. E. and N. Porat, 2008, Green Stone Beads at the Dawn of Agriculture, *Proceedings of the National Academy of Sciences of the U. S. A.* 105(25): 8548-8551.

海贝和来自北部安那托利亚高原的黑曜石可能归因于迁徙的狩猎采集民族（见图四）。这个社交网络中可能还包括迁徙的工匠和能够从"naviform"石核上剥取长石叶的高手们。

我们从黎凡特众多发现中建立起这个模式，一旦将其用在中国考古中，会产生以下一些认识。

按通常的认识，中国有粟作农业和稻作农业两个起源地①。根据上述模式，在同一时期应有大量狩猎采集群体与其相邻。该假设可通过一些实例加以展示。

假设粟在黄河流域和北部平原的栽培开始于距今11000/10000年，那么黄土高原以东、更靠北的平原和海岸平原的发现应该属于晚期的狩猎采集民族。

在南方，围绕长江谷地稻作农业起源的中心地带（湖南到浙江），应该有相当的狩猎采集民族生活在洞庭湖和鄱阳湖之间的山区，或在邻近长江下游的地带。随着农业在南方的发展，与农业中心区直线距离约500千米的甑皮岩遗址可以看做同时代狩猎采集者的栖息地②。吕烈丹③对地层序列的研究显示该遗址并不存在稻作栽培，而在陶器制作活动外存在较为集中的狩猎、采集和渔猎。此外该遗址的晚期墓葬则与纳吐夫复杂社会有相似之处。

综上，在新石器革命背景下晚期狩猎采集者所扮演的角色仍需进一步探明。社群间的接触可能会带来一定程度上的混血、技术与资料的共享等。另外，狩猎采集民族可以充当长距离交换的中介者，并为农业社会提供所需产品。中国复杂的河流体系能够为长距离运输提供便利条件，这也是与黎凡特所不同的。

---

① 严文明：《稻作、陶器和都市的起源》，《稻作 陶器和都市的起源》，文物出版社，2000年。
  Crawford, G. W.,2005, East Asian Plant Domestication, *Archaeology of Asia*, M. T. Stark, Blackwell Publishing：77–94.
  Fuller, Q. D.,L. Qin, et al.,2009,The Domestication Process and Domestication Rate in Rice：Spikelet Bases from the Lower Yangtze,*Science* 323：1607–1610.
  Zhao, Z.,2010,New Data and New Issues for the Study of Origins of Rice Agriculture in China,*Archaeological and Anthropological Sciences* 2：99–105.
② 中国社会科学院考古研究所等：《桂林甑皮岩》，文物出版社，2003年。
③ Lu, T. L.–D.,2011,Early Pottery in South China, *Asian Perspectives* 49（1）：1–42.

中国农业起源的植物考古研究与展望

秦 岭

（北京大学中国考古学研究中心　北京大学考古文博学院）

农业起源是严文明先生考古学研究中的重要学术领域之一。早在 20 世纪 80 年代，他就明确提出了"稻作长江中下游起源说"的观点①；并就稻作和旱作两个农业起源地的发展和相互关系，以及它们对中国古代文明发展的基础作用进行了全面阐释。近年来，随着考古学趋于专门化的发展态势和各类交叉学科的渗入，农业起源问题正在逐渐成为植物考古和相关专业领域的专属研究内容。严文明先生对于农业起源的研究方法和系统论述，为实验室训练背景下的新一代研究者提供了重要启示：1）要全面掌握资料，及时就新出现的考古学证据进行分析，才能进一步完善农业起源理论和整体框架②；2）要将农业起源传播放在整个新石器文化发展交流的大背景下进行探讨，通过农业起源研究来认识中国新石器发展的宏观进程③；3）始终强调环境因素对早期农业起源发展进程的作用④。

本文将以严先生对中国农业起源研究的整体思路为基本框架，在结构上分三个部分展开：首先分别讨论稻作和粟黍农业起源的研究现状，根据已有数据对稻作和粟黍农业的起源发展过程进行分期，就最新的考古学资料进行评述，归纳这些资料所反映的宏观图景，并讨论相关研究方法的得失；然后对中国农业起源这两条并进的历史线索进行比较，从而理解稻作和粟黍农业发展模式的差异及其原因。

需要说明的是，随着植物考古各种取样分析手段在中国考古界的推广和应用，21世纪以来农业起源研究领域出现了一系列新证据，囿于篇幅，本文将着重讨论这些系

---

① 严文明：《中国稻作农业的起源》，《农业考古》1982 年第 1、2 期。

② 严文明：《河姆渡野生稻发现的意义》，《农业发生与文明起源》，科学出版社，2000 年；严文明：《稻作起源研究的新进展》，《考古》1997 年第 9 期。

③ 严文明：《中国农业和养畜业的起源》，《史前考古论集》，科学出版社，1998 年。

④ 严文明：《再论稻作农业的起源》，《农业考古》1989 年第 2 期。

统获得的新材料；非科学浮选或取样获得的旧资料已见于诸多文献，本文不再一一赘述。此外，与中国农业起源有关的农作物并非只有水稻和小米，基于考古学资料的丰富程度和对农业体系的影响，本文仅以这两类为主要分析对象，特此说明①。

一 稻作农业的起源、发展与传播

(一) 考古新发现和考古学证据反映的宏观图景

严文明先生提出的"长江中下游"起源说曾经得到广泛的支持，随着贾湖遗址的发现，江淮起源说成为另一种"边缘起源"的学术意见，而近年来月庄、西河遗址等山东地区新数据的出现，似乎使早期稻作的范围进一步北扩。就目前所见考古资料及其编年，从宏观上看，稻属植物的早期利用，可以分成四个大的阶段（图一）。

第一阶段是大约距今 10000 ~ 9000 年前，属于全新世早期阶段。这一时期目前所见的考古学证据均集中在长江及长江以南地区。其中比较明确的是浙江上山遗址，此外还有年代更早的湖南玉蟾岩遗址和江西吊桶环遗址。

上山遗址（图一，1）位于浦阳江上游的一个丘陵小盆地，海拔约 40 ~ 50 米，来自夹炭陶片的测年数据显示上山文化时期大约为距今 10000 ~ 8500 年②。在上山遗址出土的陶片中发现了大量稻壳印痕，同时在陶片中也提取了相当数量的稻属扇形植硅体。郑云飞对稻壳印痕中的小穗轴部分进行拣选观察，虽然大多印痕模糊破碎，但仍旧能挑选出属于野生形态和"粳稻"形态的穗轴类型③。2005 ~ 2006 年，赵志军在上山遗址的发掘中开展了大规模的浮选工作，先后采集并浮选了 450 余份土样。该遗址浮选出土的植物遗存不是很丰富，仅从少数的浮选样品中发现了炭化植物种子，其中包括几十粒炭化稻米和少量小穗轴。可惜这些稻属遗存大多发现在晚期地层即相当于跨湖桥时期的浮选样品中，但也有一些是出土于早期地层即上山文化时期的样品。仅从炭化稻粒的形态上观察，赵志军认为上山文化时期有可能已经属于栽培稻④（驯化稻）。由于上山遗址的相关资料非常有限，当时植物类食物资源的整体结构尚不清楚，稻属资源在生业经济中所占的比重尚无从谈起，但万年前人们已经开始利用稻属资源却是毫无疑问的。

---

① 此外，文中未特别注明的，涉及年代数据均为已校正年代（95.4%）。非特别需要，所有植物均省去拉丁名，仅用常见名。
② 浙江省文物考古研究所、浦江博物馆：《浙江浦江县上山遗址发掘简报》，《考古》2007 年第 9 期。
③ 郑云飞、蒋乐平：《上山遗址出土的古稻遗存及其意义》，《考古》2007 年第 9 期。
④ 赵志军：《栽培稻与稻作农业起源研究的新资料和新进展》，《南方文物》2009 年第 3 期。

　　第二阶段是大约距今 9000 ~ 7000 年之间。这一阶段是全新世大暖期的开始，对稻属植物的利用出现了地域上的第一次大扩张，越过长江一线，进入江淮地区并一直扩展到泰山北麓。如进一步细分，则北扩的节奏还能分前后两段，大约距今 9000 ~ 8000 年间，扩展到淮汉之间；大约距今 8000 年，进一步扩张到后李文化区。与此同时，在长江中下游地区的考古学证据中，可以观察到稻属植物从野生到驯化的演化过程已在进行之中。

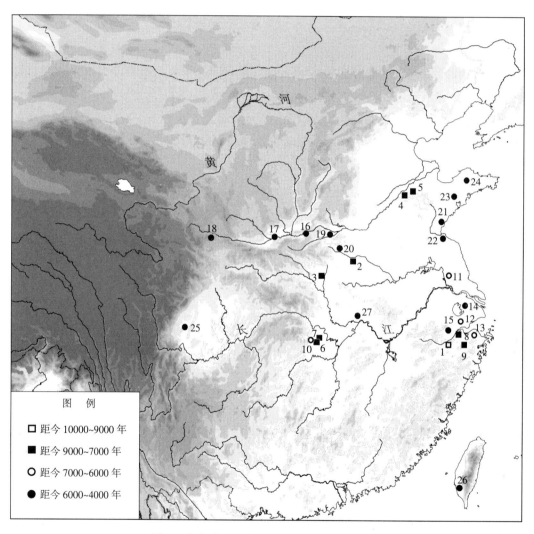

图一　文中涉及的主要遗址分布示意图（一）

1. 上山　2. 贾湖　3. 八里岗　4. 月庄　5. 西河　6. 彭头山　7. 八十垱　8. 跨湖桥　9. 小黄山　10. 城头山　11. 龙虬庄　12. 罗家角　13. 田螺山　14. 草鞋山、绰墩、澄湖　15. 茅山　16. 南交口　17. 泉护　18. 西山坪　19. 灰嘴　20. 颍河调查区　21. 两城镇　22. 藤花落　23. 赵家庄　24. 杨家圈　25. 宝墩　26. 南关里　27. 叶家庙长江中游地区，相当于这一阶段的是彭头山文化。彭头山遗址（图一，6）发现的稻属遗存，都是在陶器胎内及红烧土块中观察到的，文化堆积层内并未发现完整实物，由于这些稻壳在制陶过程中已被挤压变形，受到不同程度的破坏，不具备鉴定和进一步研究的条件①。八十垱遗址（图一，7）同属于彭头山文化，全部植物类遗存来自于古河道内的堆积，虽然没有系统采样，植物种籽果实也主要通过肉眼拣选获得，但仍然提供了关于彭头山时期植物类食物结构和相关自然景观环境的重要信息。据实物统计，河道内出土的炭化稻遗存共计9800余粒（包括稻米和稻谷），张文绪曾先后对其中的900余粒稻谷和240粒稻米进行测量分析②，这也是目前长江中游新石器早中期唯一公布了稻米测量原始均值的地点。根据公布的长宽平均值看，八十垱炭化稻米长5.48、宽2.14、厚1.71毫米，其形态尺寸和跨湖桥的类似，比之略大。当然研究者已经观察到这类古稻遗存性状上的变异性很强，因此平均值并不能很好地反映出这一特点。古河道内出土的其他植物遗存，一共仅收集了133个个体（包括种籽和果实），这与大量拣选出的炭化稻形成鲜明对比，由于是肉眼拣选，又集中出自一个地点，其代表性有限，但仍具有一定的参考价值。其中包括邻近岗地就近采集的栎果、野葡萄、桃、梅、猕猴桃、浆果等植物资源，也包括来自湿地环境的菱角、芡实和野大豆等。由于非系统采样，很难根据这些野生植物资源和炭化稻米的数量，来评估当时稻属资源在生计中所占的比重。彭头山文化的年代据报告编写者总结大约在距今9000~7800年之间③，其中彭头山遗址的年代略早，属于该文化早中期；而八十垱遗址遗存相对略晚，属于该文化晚期。出土植物遗存的八十垱古河道，根据包含物分析，属于彭头山晚期，虽然没有直接测年数据，但估计这些古稻遗存的年代大约是距今8000年。

长江下游地区，相当于这一阶段的重要地点，包括小黄山遗址和跨湖桥遗址。小黄山遗址（图一，9）位于曹娥江上游支流的河谷平原内，年代跨度与彭头山类似，大约为距今9000~7700年间④。小黄山早中期遗存和贾湖一期、彭头山文化有相似性，绝对年代应大致相当，小黄山晚期则和跨湖桥遗址的文化面貌相一致，大约距今8000年⑤。和上山的情况类似，小黄山发现了混入陶器胎土的稻谷、红烧土中的稻谷印痕等古稻遗存，对陶器胎土和红烧土中的稻谷遗存上的观察结果显示，当时已经有野生型和粳稻型（驯化型）的小穗轴之分⑥。但是稻在其生业经济中所占的比重，整个植物

① 湖南省文物考古研究所：《彭头山与八十垱》第182页，科学出版社，2006年。
② 湖南省文物考古研究所：《彭头山与八十垱》第544~562页，科学出版社，2006年。
③ 湖南省文物考古研究所：《彭头山与八十垱》第617页，科学出版社，2006年。
④ 王海明等：《浙江嵊州小黄山遗址发掘》，《2005中国重要考古发现》，文物出版社，2006年。
⑤ 张弛：《论贾湖一期文化遗存》，《文物》2011年第3期。
⑥ 郑云飞、蒋乐平：《上山遗址出土的古稻遗存及其意义》，《考古》2007年第9期。

类食物资源的构成等信息由于资料局限尚不清楚。

跨湖桥遗址（图一，8）位于杭州东南部的萧山区，年代大约为距今 8000～7000 年。跨湖桥遗址出土了大量植物遗存①，食物资源的组合同彭头山文化非常相似，包括周边林地内的栎果、桃杏类核果，湿地环境内的菱角、芡实。与彭头山文化不同的是，跨湖桥还出土了葫芦和南酸枣，这两类在长江下游的取食结构中将始终占有一定的位置；同时跨湖桥遗址没有发现野大豆，这类资源在长江下游新石器时代也始终是缺失的。郑云飞对跨湖桥出土的千余颗稻属遗存（包括 196 个稻谷、369 个稻米、498 个谷壳）进行了测量分析，其中稻米的粒形平均值为长 5.13、宽 1.99 毫米②，与八十垱的均值较为接近。郑云飞后来又对该遗址 120 个稻穗轴进行分类统计，结果显示，其中 58.3% 属于野生型，41.7% 属于粳稻型（驯化型）③。杨晓燕利用淀粉粒分析方法，对该遗址出土陶釜内底残片上的残留物进行了研究④。结果表明，陶片内壁附着的炭化"锅巴"内包含了种类丰富的植物淀粉粒。根据形态大小和表面特征，3 份样品中获得的淀粉粒可划分为 7 类 8 种，包括来自禾本科稻属、薏苡属（薏米）、豆科小豆属、壳斗科栎属以及可能是七叶树科七叶树果的淀粉粒，这一结果和大植物遗存反映出来的跨湖桥文化取食经济的多样性是相符的。同时，由于现代野生稻和驯化稻的淀粉粒特征几乎没有差别，研究者对稻属淀粉粒的性质没有做更多推断。

小黄山无论在文化面貌、年代还是稻属利用的形式方面，都具有承前启后的延续性，一方面年代和面貌上与上山遗址相衔接，大量利用稻壳作为陶器掺和料的方法也一脉相承；另一方面，小黄山晚期又可以跟跨湖桥遗址对应起来。总的来看，长江下游地区从全新世早期开始，无论是文化面貌，还是生业经济形态都具有很强的延续性。跨湖桥遗址出土稻穗轴有近半为驯化型，这是长期人工干预和选择的演化结果，而栽培行为究竟何时开始，这种演化的更早阶段始于上山还是小黄山早期，没有更多穗轴方面的硬证，是很难作答的。

贾湖遗址（图一，2）的考古工作早在 20 世纪 80 年代就已开始，当时发现的大量炭化稻遗存引起广泛重视⑤，学界普遍认为这些考古发现代表稻作农业于 9000～7800

---

① 浙江省文物考古研究所、萧山博物馆：《跨湖桥》第 241～270 页，文物出版社，2004 年。
② 郑云飞、蒋乐平、郑建明：《浙江跨湖桥遗址的古稻遗存研究》，《中国水稻科学》2004 年第 2 期。
③ 郑云飞、孙国平、陈旭高：《7000 年考古遗址出土稻谷的小穗轴特征》，《科学通报》2007 年第 52 卷第 9 期。
④ 杨晓燕、蒋乐平：《淀粉粒分析显示浙江跨湖桥遗址人类的食物构成》，《科学通报》2010 年第 55 卷第 7 期。
⑤ 严文明：《我国稻作起源研究的新进展》，《考古》1997 年第 9 期；张居中、孔昭宸、刘长江：《舞阳史前稻作遗存与黄淮地区史前农业》，《农业考古》1994 年第 1 期。

年间就已经出现在了淮河上游地区。2001年，赵志军在贾湖遗址的新发掘中进行了系统的浮选工作，为贾湖遗址植物资源的利用状况提供了更为翔实的数据①。浮选结果显示，贾湖先民主要利用的植物资源包括大量野生资源，如栎果、菱角、野葡萄、野大豆等，同时也有稻属植物和与栽培行为相关的少量杂草，根据出土概率的量化分析，赵志军认为"稻谷在贾湖人的植物类食物资源中并没有占据主导地位"，"贾湖先民在日常生活中食用的植物类食物主要是那些依靠采集活动获取到的野生植物资源，例如以莲藕为代表的块茎类和以菱角和栎果为代表的各种坚果类植物"。

就贾湖古稻本身的性质问题，近年来相关的争论颇为激烈。由于贾湖遗址尚未报道穗轴类资料，所有的争论都集中在炭化稻米的形态上。笔者等曾在比较研究中指出，贾湖稻米的粒形太小，长宽值聚类落在大部分古代稻属遗存的范围之外，可能是非普通野生稻的其他品种（如药用野生稻）②，这一观点是基于舞阳贾湖报告发表的粒形测量数据所得，后陆续见于其他文献③。刘莉和张居中就此发表了不同意见，认为对贾湖稻米性质的误判源于粒形数据的不全面，并先后发表了新的贾湖稻米数据④。这批新数据与过去贾湖报告发表的测量数据差异明显，在长宽值的分布区间上几乎没有重合，张居中认为出现这一问题有两种可能，一是原来的样本量太小，其代表性不够；二是原来测量的稻米确实本来就小，说明早期稻米的变异性较大。随后，赵志军在其浮选报告中发表了他的测量数据，这批数据的尺寸介于贾湖报告和新数据之间，赵志军认为"从总体上讲，贾湖出土炭化稻米的个体普遍偏小，形态特征各自不同，群体内部存在很强的变异性"⑤。至此，由于前后公布的三批数据差异显著，对贾湖古稻的粒形特点，在没有新证据的情况下，很难进行更多的科学分析。贾湖出土的稻属遗存，反映出稻米在当时食物资源中占有一定的比例，但非主导地位。而这些稻属植物的利用和栽培情况，尚没有进一步资料可供分析研究。

贾湖遗址中未出现任何粟黍类遗存，这是值得引起注意的。贾湖遗址除一期文化

---

① 赵志军、张居中：《贾湖遗址2001年度浮选结果分析报告》，《考古》2009年第8期。
② 秦岭、傅稻镰、Emma Harvey：《河姆渡遗址的生计模式——兼谈稻作农业研究中的若干问题》，《东方考古》（第3集）第331页，科学出版社，2006年。
③ Fuller, D. Q & Harvey, E., Qin, Ling, Presumed Domestication? Evidence for Wild Rice Cultivation and Domestication in the Fifth Millennium BC of the Lower Yangzte Region, *Antiquity* 81(312), 316–331.
④ Liu, L, G.- A Lee, L. Jiang and J. Zhang, 2007, Evidence for the Early Beginning (C. 9000 cal. BP) of Rice Domestication in China: A Response, *The Holocene* 17(8): 1059–1068.
　张居中等：《舞阳贾湖炭化稻米粒型再研究》，《农业考古》2009年第4期。
⑤ 赵志军、张居中：《贾湖遗址2001年度浮选结果分析报告》，《考古》2009年第8期。

可能略早于裴李岗文化外①，其二、三期与裴李岗文化年代相当，文化面貌相近，但正是在这一同样的地域文化背景下，裴李岗、莪沟、石固等遗址均报道有利用石磨盘石磨棒加工粟黍类植物的证据（详见下文），近在咫尺的贾湖遗址却没有发现任何相关遗存，这说明在同一考古学文化内或有不同的生业经济模式存在。同时这个"说不通"背后，也暗示了对贾湖植物类食物资源的组成还有进一步取样研究的必要性（比如对贾湖的石磨盘磨棒做同样的淀粉粒分析）。

相当于贾湖一期阶段的八里岗遗址（距今 8500 年前后），近年来也报道出现了稻属遗存②。八里岗遗址（图一，3）位于南阳盆地，属汉水支流，对这一阶段的遗迹单位均进行了系统浮选（共 10 个灰坑），实验室工作尚在进行中，目前对这一阶段的认识主要来自 H2000 这个单位的样品。稻和栎果是这一阶段的两大类可食性食物资源，在 10 个灰坑中栎果的出土概率远远低于稻，但由于栎果有其专门的储存加工方式，又由于八里岗属于这一阶段的样品数量有限，炭化遗存密度较低，目前还很难估测稻和栎果在食物结构中分别占有的比重。八里岗出土的古稻遗存包括了炭化稻米和穗轴两类，穗轴的初步分类显示，大部分已属于驯化形态，另有少量野生型和不成熟型。从驯化形态所占的比例上说，这个结果甚至于比长江下游同时期数据显得更为"进步"，如何解释这一现象，因缺乏长江中游的相关数据，不好妄作推测。八里岗遗址贾湖一期阶段可供测量的炭化稻遗存数量不多，由于上述贾湖粒形数据的多样性尤其是一期数据的不统一问题，很难就两遗址之间进行比较分析。而与八里岗遗址仰韶到西周阶段的炭化稻数据比较，结果颇有兴味。根据长宽值的分布，八里岗出土炭化稻的粒形可以聚为三类，贾湖一期为一类，特点是较窄长；从仰韶到龙山阶段，粒形较为统一，变异区间相对稳定，比贾湖一期的略为短胖；而西周的少量数据，明显最长最大。由于稻米粒形受到很多因素的影响（详见下文），同一地点的直接比较要比跨地域跨时代的比较更能说明问题。单从粒形变化看，八里岗遗址在不同历史阶段，利用的稻属植物品种是略有不同的，简单讲，贾湖一期的古稻遗存，和仰韶至龙山时期的稻米，不是持续利用稻资源的结果，不存在前后继承的演化关系，这一不连续性，和文化面貌及年代上的断层也是相呼应的。综上，八里岗遗址在距今 8500 年前后，出现过一支利用稻米和栎果为食物资源的新石器文化，栽培的稻属植物可能属于几乎完成驯化的阶段。但这一稻作文化形态在本地区并未得到进一步持续的发展，就随着物质文化面貌的缺失而中断了。

这一阶段稻属资源北扩版图中最北的证据来自于山东的后李文化，比上述地点年

---

① 张弛：《论贾湖一期文化遗存》，《文物》2011 年第 3 期。
② 张弛：《论贾湖一期文化遗存》，《文物》2011 年第 3 期。

代略晚一些。目前，已在后李文化的两处遗址中发现了稻属遗存。

长清月庄遗址（图一，4）发掘中出土了目前黄河流域最早的有明确测年的稻属遗存①，一共发现了26粒炭化稻（含残块），均出自同一个单位，同坑出土有黍和鱼骨等其他自然遗存，但未见有粟；另共计发现炭化黍40粒（来自3个灰坑）和1粒粟（单独出自H61，与稻、黍并无共存，单位亦不在同一层位）。同时，月庄遗址也有灰坑内出土了一定数量的栎果（橡子）等野生食物遗存②。

继月庄遗址的发现之后，2008年在西河遗址（图一，5）发掘中，靳桂云再次进行了系统的浮选工作③。一共发现了49粒炭化稻米（不包括小于一半的残块），绝大部分均来自于同一个灰坑；遗址中也出土了少量粟，但未见黍。

月庄遗址炭化稻的直接测年数据为距今8000～7800年之间。西河目前尚无测年数据，出土炭化稻遗存的灰坑和房址层位上均不属于后李最早阶段，因此估计年代也在距今8000年前后。两地一处有稻黍共存，一处有稻粟共存现象，而炭化稻均来自非常有限的个别单位，在这种情形下，要推测当时人们利用稻和粟黍植物的水平是很困难的，是采集还是栽培，完全没有任何证据。就粒形而言，两地发表的平均值均显示出短胖的特点④，这一特点和遗址所在高纬度的地理位置是相符合的。

总体上说，这个阶段是中国境内稻属资源的第一次大扩张，这次扩张是在全新世大暖期开始的背景下出现的。有研究者提出，稻属资源北扩的现象，实际上是随着气候变暖长江流域文化往北推进的结果，甚至进一步推断黄河中下游地区公元前6000年以降的新石器时代中期文化的形成主要是长江流域和淮汉一带文化及人群北进的结果⑤。且不论稻属遗存分布范围的扩展究竟是自然环境气候变化的反映，还是文化传播和人群迁移的结果，目前看到的情形是，这次扩张虽然使黄淮地区的文化开始利用稻属资源，但随着大暖期的推进和气候的进一步变暖变湿，这些地区却没有充分利用已有资源继续发展稻作经济，在下一个千年纪内，稻属资源的利用反而又一次回缩到了长江中下游一线。

第三阶段是距今7000～6000年之间，这一阶段，长江以北几个出现过早期稻属遗

---

① Gary W. Crawford、陈雪香、王建华：《山东济南长清区月庄遗址发现后期文化时期的炭化稻》，《东方考古》（第3集），科学出版社，2006年。

② 据Gary W. Crawford教授在"全球视野：河姆渡文化国际学术论坛"（2011年5月26～29日）上的发言。

③ 靳桂云等：《黄河下游8000年前的栽培稻——来自山东西河后李文化遗址的炭化植物证据》，"全球视野：河姆渡文化国际学术论坛"提交论文，2011年5月。

④ 月庄的炭化稻平均长4.1毫米（变幅3.5～4.7毫米）、平均宽2.3毫米（变幅2.0～2.5毫米）。西河数据未正式发表，暂不引用，长度与月庄类似，但更窄更薄一些。

⑤ 张弛：《论贾湖一期文化遗存》，《文物》2011年第3期。

存的地点相继中断，黄淮地区逐步纳入北方农业发展进程，整体转入以粟作为主的经济模式（详见下文）。而在长江中游、下游至东部沿海一线，稻作生产得到进一步发展，稻作农业已经在长江中下游地区明确地建立起来。

长江中游地区，植物考古遗存仍旧集中在澧县盆地内，属于这一阶段的城头山遗址不仅出土大量大溪文化早期的植物遗存，还有早于大溪文化（相当于汤家岗时期）的水田遗迹的报道。

城头山遗址（图一，10）位于澧县平原的西北部，海拔 46 米，遗址所处地貌和之前的彭头山文化较为类似，均在冲积平原和黄土阶地的交界处。在遗址发掘中，出土了大量植物遗存，发掘报告中就发现的种属和植物的用途有过详细的分析，但没有系统的量化数据①。总体上看，城头山的植物食物组成和彭头山时期相似，除稻米外，还包括栎果、菱角、芡实、桃李类核果、悬钩子类浆果，同时也出现了葫芦、甜瓜等可能已被栽培利用的品种。

最近，那须浩郎和顾海滨发表了来自于城头山遗址环壕堆积的系统资料②，为我们认识大溪文化时期的取食结构和生态环境提供了重要信息。城头山环壕内的堆积包括大溪文化早期（距今约 6500～6000 年），中期和晚期（距今约 5800～5500 年）阶段，那须等在南门和东门壕沟两处堆积分别取样，获得早中晚序列的两套共 6 份样品（土样量 2～6.5 升不等），由于是饱水环境，植物遗存保存较好，数量也较多，共计 3341 个个体 56 个种属。其中可能为人工栽培的植物资源包括稻、粟、紫苏和甜瓜，另有野生食物资源如浆果（悬钩子）、野葡萄、猕猴桃、南酸枣（仅 1 个）等，还有大量跟栽培有关的湿地和旱地杂草（占植物个体总数量的一半以上）。在可食性植物种类中，稻的比例最高，占植物总数的近 30%，粟和紫苏类似，仅占总数的 3%，甜瓜子则只有 1 颗；而野生果实类约占总数的 10%。由于代表早中晚期的样品均只有两份，除了中期可能由于保存状况好造成植物数量最多之外，在构成上还看不出从早到晚的明显差异。综上，城头山遗址发展到大溪文化阶段，稻作农业经济无疑已经构成了植物类取食经济的主要成分之一，而粟的出现在农业文化传播的问题上也具有重要价值。

同时，城头山遗址还发现了目前时代最早的古稻田，稻田面位于遗址东部大溪文化祭坛东侧，层位上被大溪一期城墙所叠压，属于比大溪早期略早一些的汤家岗文化时期。据报道，这些稻田都是利用原生地面略呈倾斜的凹槽地形稍加人工修整而成，两边

① 刘长江、顾海滨：《城头山遗址的植物遗存》，《澧县城头山——中日合作澧阳平原环境考古与有关综合研究》，文物出版社，2007 年。

② Hiroo Nasu, Hai-Bin Gu, Arata Momohara & Yoshinori Yasuda, 2012, Land-use Change for Rice and Foxtail Millet Cultivation in the Chengtoushan Site, Central China, Reconstructed from Weed Seed Assemblages, *Archaeological and Anthropological Sciences* Vol. 4 No. 1–14.

的田埂也与稻田同时修成,以后还不断堆垒加高。目前已确认田块二丘,每丘内的"田土"都是平整的,厚约 30 厘米,纯净黑灰色土,与现代水稻土相似。在古稻田附近,还发现有简易的灌溉设施①,包括蓄水坑和小水沟等②。考虑到进入大溪文化之后,城头山遗址表现出来的以水稻为主要成分的经济形态,出现略早于大溪文化的稻田也并不令人意外。可惜这是目前长江中游地区唯一发现的稻作农业遗迹,无法就这一地区稻作农业形式的发展做进一步探讨。

长江下游地区,这一时期从北到南出现了几个重要的相关区域和地点。其中最北的是高邮龙虬庄遗址(图一,11),该遗址新石器文化堆积分两大阶段,第 8～7 层的年代约为距今 7000～6300 年,第 6～4 层的年代约为距今 6300～5500 年之间。在一个探方内进行了取样浮选和分类统计。除了第 5 层是墓地堆积之外,其余各层均出土了丰富的炭化稻和其他植物遗存。其中可食性植物资源除稻以外,还包括大量来自湿地环境的野生菱角和芡实。菱角和芡实的数量从早到晚逐步递减,与之相对应的是,炭化稻的绝对数量除第 8 层相对较少之外,从早到晚持续递增③。虽然这一比例的变化仅来自于一个探方的结果,并且要考虑保存状况可能造成的偏差,但稻属资源比重逐步增加、其他野生果实比重降低的趋势还是确实存在的。从稻米粒形上看,龙虬庄遗址第 6～8 层的变化不大,长均值在 4.58～4.84 毫米之间,宽均值在 2.24～2.32 毫米之间,厚均值在 1.65～1.69 毫米之间;但到了第 4 层,粒形上突然增大,均值为长 5.8、宽 2.57、厚 1.78 毫米④。粒形比例上从早到晚的相似性,可以排除第 4 层稻米是外来品种的可能性,尺寸陡增的现象一方面是年代和层位上的不连续造成的,一方面确实反映出在距今 6000 年前后龙虬庄的稻作生产方式出现了飞跃性的发展。联系长江下游地区大约在这个时间陆续发现的马家浜晚期水田遗迹,两者之间可以相互呼应。

太湖地区的马家浜文化也差不多在这一时期发展起来,其中不乏稻属遗存的发现和报道⑤,近年来重新经过科学分析的是罗家角遗址。郑云飞重新拣选了罗家角遗址出土的 100 个稻穗轴部分进行分类统计,结果 51% 为粳稻型(驯化型),49% 为野生型⑥。罗家角遗址(图一,12)属于马家浜文化早期,年代大约在距今 7000 年前后。可惜马家浜文化遗址近年来的田野工作不多,系统的植物考古工作刚刚起步,对这一

---

① 根据笔者对长江下游水田遗迹的观察与研究,这些设施应该是排水而不是灌溉所用。
② 裴安平:《史前广谱经济与稻作农业》,《中国农史》2008 年第 2 期。
③ 龙虬庄遗址考古队:《龙虬庄——江淮东部新石器时代遗址发掘报告》,科学出版社,1999 年。
④ 汤陵华等:《高邮龙虬庄遗址的原始稻作》,《作物学报》1996 年第 22 卷第 5 期。
⑤ 嘉兴市文化局编:《马家浜文化》,浙江摄影出版社,2004 年。
⑥ 郑云飞、孙国平、陈旭高:《7000 年考古遗址出土稻谷的小穗轴特征》,《科学通报》2007 年第 52 卷第 9 期。

时期太湖地区植物食物资源的整体面貌尚没有更多资料可供分析。

　　钱塘江以南的宁绍平原，这一时期正是河姆渡文化阶段。以最近经过科学发掘与研究的田螺山遗址为例，河姆渡文化的植物取食经济和长江中游的城头山遗址是非常相近的①。田螺山遗址（图一，13）位于四明山支脉翠屏山南麓的一块沉积小盆地中部，海拔约 2～3 米，由于是饱水环境，植物有机体保存的非常好。目前发表的系统数据来自第一批完成的近 60 份样品，从中鉴定统计了 23000 余个植物残体，超过 50 个种属。年代跨度约为距今 6900～6200 年之间。在所有植物遗存中，占绝对数量最多的是栎果（包括柯属和青冈属，均为常绿种）、菱角、稻和芡实，这四类可以说是田螺山植物类食物资源的基本组合；此外野生食物资源的组成和前一阶段的跨湖桥遗址类似，包括来自林地的山桃、猕猴桃、南酸枣等，还有野生的葫芦、甜瓜和柿属等。按照地层关系分早、中、晚三个阶段分析的话，水稻遗存在筛选样品中所占的比例从 8%→18%→24% 稳步增长，与之相对应的是杂草类比例的同步增加。同时，稻属遗存的出土概率一直保持在 90%～100% 的水平上，菱角的出土概率也相对稳定，栎果和芡实的出土概率则随着时代变化略有降低。炭化稻米的粒形从早到晚变化不大，属于一个种群，长度均值和本地区早期遗存如跨湖桥的接近，宽度均值略大，大约在 2.3 毫米。傅稻镰观察统计了共 2604 个小穗轴，其中野生、驯化、未成熟形态的比例基本类似，各占三分之一左右。如分早、中、晚三个阶段分析，则驯化形态的比例从 27.4% 逐步增长到 38.8%，如果假设不成熟形态中野生和驯化类型各占一半（保守估计），那么驯化形态的数据从早期的 38% 增长到晚期的 51%②。郑云飞观察了田螺山遗址稻谷堆积层（相当于遗址最早阶段堆积）出土的 351 个小穗轴，统计数据为野生 49%，驯化 51%，在同样鉴定标准的前提下，跟罗家角的驯化比例一致，比跨湖桥的驯化比率略高③。可以看出，在田螺山遗址使用的约 500 年间，水稻使用比例的增长和水稻日益驯化成为可依赖主食资源的情况是相呼应的。

　　总体上看，长江中下游地区到这一阶段，稻作经济已经开始起步，早期的水稻栽培是长期伴生于野生果实采集的经济模式中，两者并不是取而代之、前后更替的关系，无法简单划分所谓农业型或采集型的经济模式和阶段。从植物资源的组合上看，这一

---

① 傅稻镰（Dorian Q Fuller）等：《田螺山遗址的植物考古分析——野生植物资源采集与水稻栽培、驯化的形态学观察》，《田螺山遗址自然遗存综合研究》，文物出版社，2011 年。

② Dorian Q Fuller, Ling Qin, Yunfei Zheng, Zhijun Zhao, Xugao Chen, Leo Aoi Hosoya, and Guo-ping Sun, The Domestication Process and Domestication Rate in Rice: Spikelet Bases from the Lower Yangtze, *Science* 323:1607-1610.

③ 郑云飞、孙国平、陈旭高：《7000 年考古遗址出土稻谷的小穗轴特征》，《科学通报》2007 年第 52 卷第 9 期。

阶段的相似度很高，无论是长江中游，还是苏北、太湖和宁绍平原，都包括来自林地的栎果、桃李类核果、浆果，来自湿地环境的菱角、芡实，还可能有开始栽培利用的葫芦、甜瓜、紫苏等品种。稻遗存本身，从穗轴落粒性的比例上看，长江下游正处于驯化的过程中。长江中游出现了这一阶段的水田，是否中游的驯化进程更早一些，目前没有其他旁证。

第四阶段是距今 6000～4000 年之间，这一阶段是稻属植物资源的第二次扩张，往内陆地区，几乎扩及整个仰韶文化区，包括甘南受仰韶文化影响的马家窑文化区；往西南进入了成都平原，进一步进入云贵地区；往东南出现在广东、福建，甚至台湾地区。

同时，在长江下游地区，稻作农业的耕作技术得到进一步持续发展。感谢当地考古学者提供的丰富资料，从马家浜后期的绰墩、草鞋山遗址（图一，14），到崧泽时期的澄湖遗址（图一，14），再到发现良渚早期和晚期阶段水田遗迹的茅山遗址（图一，15），目前长江下游地区的水田经济发展从土地管理、工具、技术等方面都能说的比较清楚，这一地区稻作农业发展节奏与当地社会文化的发展变化也有很好的呼应①。本文以讨论农业的起源和传播为题，发展拟另文展开。长江中游地区，从其社会文化发展的进程以及对周边区域的影响来看，稻作经济的发展与下游地区是同步甚至超前的。但囿于资料限制，可供讨论的余地不大。

位于三门峡的南交口遗址（图一，16），是目前出现稻粟黍组合的最早地点。早在 20 世纪 90 年代发掘中，已报道出土于仰韶文化中期两个灰坑内的炭化稻遗存②。2007 年，配合南交口报告的编写，重新对该遗址仰韶一期（2 个）和仰韶二期（8 个）的灰坑进行了取样浮选，除以粟为主要食物类遗存外（占植物总数 35%），稻和黍的数量和出土概率基本相似（各占总植物数量的 8% 左右）。一共在四个单位中发现了 8 粒完整米粒和 56 个稻米残块。其中一个单位属仰韶一期（07SNH01），并且出土数量最多，占所有稻属遗存的 60%。已取 07SN H01 中的稻米碎块直接测年，所获数据经校正为距今 6000～5800 之间。由于浮选样品少，没有发现稻穗轴部分。就炭化稻粒形而言，南交口遗址从仰韶一期到二期稻米形态特征较为稳定，从早到晚没有明显的形态变化，2007 年的测量数据均值为长 4.16、宽 2.2、厚 1.59 毫米；90 年代的数据基本落在这一分布区间，相对略窄一些（宽 1.9 毫米左右）③。

---

① Fuller, Dorian Q & Qin, Ling, 2009, Water Management and Labour in the Origins and Dispersal of Asian Rice, *World Archaeology* 41(1):88–111.

② 魏兴涛、孔昭宸、刘长江：《三门峡南交口遗址仰韶文化稻作遗存的发现及其意义》，《农业考古》2000 年第 3 期。

③ 秦岭：《南交口遗址浮选植物遗存的初步分析》，《三门峡南交口》，科学出版社，2009 年。

　　对于黄河流域出土的早期稻属遗存，长期以来已有相当报道和研究①。就河南西部
及关中一带而言，最早见诸报道并被广泛提及的是西乡李家村和何家湾遗址的一些红
烧土块上有稻壳印痕②，但一直未有具体数据和相关鉴定，无法进一步确认。在仰韶文
化中出现稻属遗存并不是新鲜的事情，但过去所有报道均出自庙底沟期以后的文化堆
积中，在仰韶早期单位中明确出土炭化稻米南交口遗址尚属首例。尽管浮选样品的数
量有限，但稻粟黍所占的比例基本不变，可能说明从仰韶早期到中期，这个稻粟黍的
食物基本结构在南交口遗址是相对稳定的。南交口遗址已位于二级阶地及黄土台塬边
坡上，海拔高度约 500 米，有数据显示当时该地区"属于暖湿气候类型（8039 ~
5368cal. aB. P.），湖盆流域温暖湿润，湖泊水位较高"③，因此在遗址周边水域存在栽
培稻属植物的自然条件。

　　稻属资源在仰韶文化中期阶段已出现在关中地区，除了过去有过报道的地点外，
最近发表的泉护剖面植硅体数据，再次显示出稻粟黍共存的农业经济模式在距今 5500
年之前就已经建立起来。这项研究工作是配合泉护遗址（图一，17）报告的编写进行
的④。采样剖面厚约 1.8 米，共采集分析了 18 份植硅体样品。从稻、粟、黍三类农作
物的植硅体含量变化分析，在剖面底部，稻粟黍均已经出现，年代至少不小于距今
5570 年，观察到的稻类植硅体类型主要是位于颖壳部位的，而非来自茎叶部分的扇形
体。稻属植硅体的含量在大约距今 5000 年上下，出现明显的增加，达到所有农作物植
硅体含量的一半左右，并且这个比例一直非常稳定延续到距今 2000 年前后。值得注意
的是，根据 40 千米外的渭南黄土剖面数据，该区距今 5000 年以来，气候环境总体上是
比全新世大暖期变冷变干的，气候变化的趋势和稻属遗存的增加没有对应关系。

　　大约在距今 5000 年，稻属资源进一步扩展到了甘肃东部的天水地区。西山坪遗址
（图一，18）早在 20 世纪 80 年代末就进行过科学发掘，2004 年在遗址北面一个厚达
6.5 米的文化堆积丰富的剖面又进行了一项以环境考古为目的的分析研究⑤。在该剖面
上以等距采样法共获得花粉样品 64 个，植硅体样品 65 个，浮选样品 20 个。从 20 个浮
选样品中，供鉴定出 15 个种属的植物种子。其中 16 个样品中鉴定出炭化稻遗存，最早

①　吴耀利：《黄河流域新石器时代的稻作农业》，《农业考古》1994 年第 1 期。

②　魏京武、杨亚长：《从考古资料看陕西古代农业的发展》，《农业考古》1986 年第 1 期。

③　郭志永、翟秋敏、沈娟：《黄河中游渑池盆地湖泊沉积记录的古气候变化及其意义》，《第四纪研
究》2011 年第 31 卷第 1 期。

④　吕厚远、张健平：《关中地区的新石器古文化发展与古环境变化的关系》，《第四纪研究》2008 年
第 28 卷第 6 期。

⑤　李小强等：《考古生物指标记录的中国西北地区 5000 aBP 水稻遗存》，《科学通报》2007 年第 52
卷第 6 期；李小强、周新郢、周杰等：《甘肃西山坪遗址生物指标记录的中国最早的农业多样
化》，《中国科学 D 辑：地球科学》2007 年第 37 卷第 7 期。

出现的层位是 5.85 米，包括 5 个完整稻米和 7 个残块，直接测年数据为距今 5070 年。炭化稻米的长为 4.45～4.93、宽 2.16～2.54 毫米。同时，从五个植硅体样品中观察到稻属植硅体①，均为位于茎叶部位的扇形体和水平排列哑铃型；从发表图表看，这五个样品基本贯穿了剖面从早到晚的堆积，最早出现稻属植硅体的层位比出现炭化米的略晚（深度为 5.60 米，同层位木炭测年数据为距今 4900 年左右）。

　　必须承认，西山坪剖面的年代数据仍存在相当大的问题，该剖面共有测年数据 8 个，其中 6 个是炭屑样品，2 个是炭化种子（稻和黍），从数据和其出土的层位看，没有形成很好的地层年代序列，即使排除研究者认为出现明显偏差的两个样品，剩下的 6 个样品中，有 5 个的碳－14 测定年代集中在距今 4490～4360 年之间，而这 5 个样品深度从 3.45～6.20 米。由于这一剖面来自于遗址文化堆积，从考古堆积形成的角度找原因，很容易理解这一现象，厚度达近 3 米的堆积，测定年代数据基本相近，很大可能是由于等距采样的位置正好处于某个遗迹单元（如灰坑填土）内所造成的②。尽管西山坪的年代数据仍旧存在一些问题，但直接从炭化稻米获得的碳－14 数据与略早的炭化黍数据对应的很好，说明至少距今 5000 年上下，稻作经济因素已往西推进至马家窑文化区东部。西山坪遗址最近还发表了木炭的树种鉴定分析结果③，数据显示这一地区在距今 5200～4300 年间，以落叶阔叶树如栎属、榆属、桦木属、槭属、榛属等为主，这些树种遗存占所有鉴定木炭的近半；同时，也出现很多典型亚热带的树种如枫香、杜仲、漆属和竹亚科的木炭标本，由此推断在当地黄土河谷地带，当时仍是常绿落叶和针叶落叶阔叶林混生的植被面貌，这可能与全新世大暖期降水增加有关。从木炭数据所反映的植被条件看，这一阶段在河谷地区出现稻作经济是完全可能的。

　　与三门峡—关中—甘肃一线可作对比的是来自中原地区（嵩山周边）的数据。嵩山南北地区是从仰韶文化至二里头时期持续发展的非常重要的史前文化中心区，伊洛河流域和颍河流域的两项区域调查中都进行了系统的植物考古研究工作，为我们提供了可靠而翔实的资料。伊洛河流域调查中在 26 个遗址点进行了采样浮选和植物考古分

①　李小强等：《甘肃西山坪遗址 5000 年水稻遗存的植物硅酸体记录》，《植物学通报》2008 年第 25 卷第 1 期。

②　简单讲，就是有个大约在 3 米深度开口的灰坑往下打破地层，正好挂在剖面上，而在此剖面等距采样的结果，造成这段深度内获得的都是某个灰坑的填土堆积，因此测年数据相对集中，恰好反映了该灰坑的废弃年代。该项目研究者其实已经发现这一问题，对此的解释是可视为"快速沉积"的结果，从田野考古角度解释所谓"快速沉积"，是遗迹单元的可能性要大大超过厚达 3 米的文化层堆积。当然，这只是基于一般考古堆积状况及测年数据分布特点所做的合理推断。

③　Xiaoqiang Li, Nan Sun, John Dodson, Xinying Zhou, Keliang Zhao, 2012, Vegetation Characteristics in the Western Loess Plateau between 5200 and 4300 cal. B. P. Based on Fossil Charcoal Records, *Vegetation History and Archaeobotany* DOI 10.1007/s00334-011-0344-9 (online first).

析，年代跨度从裴李岗晚期至二里岗时期[1]。炭化稻遗存最早出现在灰嘴遗址（图一，19），直接测年数据为距今4000年前后，介于龙山晚期到二里头文化的过渡阶段[2]。同时，文章报道正在进行实验室分析的赵城遗址的发掘样品中也有炭化稻遗存，这个遗址属于仰韶文化晚期（距今5000年前后）。此外，仰韶文化晚期有一个遗址、龙山时期有两个遗址发现了稻属植硅体。总体上说，伊洛河流域是典型以粟作为主的旱作农业区，黍的出土概率较高，但数量却非常少，可能仅为备用的作物品种。稻属资源不仅引入的时代相对晚很多，并且数量极少，以最早出现的灰嘴样品为例，其中出土了炭化稻2个、粟483个、黍13个，数量之悬殊可见一斑。可见稻属资源在伊洛河地区的新石器时代还完全谈不上是农业模式中的一个必要内容。

嵩山南麓的颍河流域（图一，20）属于淮河水系，发表的植物考古数据来自调查中13个遗址的共22份样品，年代跨度从仰韶到商时期[3]。稻属遗存包括炭化稻米和穗轴两类，同伊洛河流域的数据相比，颍河地区对稻属资源的利用更为普遍，从仰韶晚期的样品中即开始出现，总体的出土概率在60%以上。但从绝对数量上看，和伊洛河地区情况相似，稻所占的比例非常低，总体上不到作物总数的1%。因此研究者认为"在颍河谷地，水稻可以看作是一种相对稀有的作物"。

综合而言，嵩山南北中原文化区的情况是比较特殊的，稻属资源始终没有在这一地带成为农业经济中的稳定因素，以粟为主、普遍利用黍作为备用品种的旱作农业模式由始至终贯穿整个新石器时代。这和关中、甘肃地区的情况颇有不同，这种差别显然不是环境和气候原因造成的，伊洛河地区，尤其是颍河流域，应该说从自然条件上要更适合稻作农业的发展；同时，从文化面貌上看，中原地区和南方（长江中游文化）的互动关系也更为密切。因此，这种对稻属资源传入的不同表现，更应该从社会文化选择的角度去理解。

黄河下游即山东地区由于工作的局限性，目前并没有很充分的证据显示出稻作扩张的具体路线和时间表。后李文化目前看均分布于泰山北麓，之后北辛文化中唯一被

---

[1] Gyoung – Ah Lee, Gary W. Crawford, Li Liu, and Xingcan Chen, 2007, Plants and People from the Early Neolithic to Shang Periods in North China, *The Proceedings of the National Academy of Sciences* (*PNAS*), 104: 1087–1092.

[2] 从直接测年数据看，灰嘴遗址的炭化稻遗存当属龙山文化晚期阶段，但该研究报告的原始数据表中，将这一取样单位（Huizui – 127）列入二里头时期，因此，从数据表看，炭化稻最早出现在二里头；而文字表述中则将这一单位归入新石器晚期（该文新石器晚期是指龙山，非一般国内分期的时间概念）。由于前后不一致，暂时理解从龙山到二里头过渡阶段的遗存。

[3] Dorian Q Fuller（傅稻镰）、张海、方燕明：《颍河中上游谷地植物考古调查的初步报告》，《登封王城岗考古发现与研究（2002～2005）》附录四，大象出版社，2007年。

提到与稻作有关的证据出现在苏北连云港二涧村的烧土印痕上①，据该遗址墓葬判断，属于北辛文化中期，即距今 6500 年前后。而大汶口文化早中期海岱地区是否利用了稻作资源，目前也不是十分明确②。因此无论从地域分布还是年代衔接上看，后李文化先民对稻属资源的利用，在本地区完全没有得到继承和发展。

目前看来，稻属资源再次传入山东地区，开始成为农业经济的组成内容，是从大汶口文化晚期开始的，并且在地域上是沿着苏北鲁东南一路往北扩展。联系到大汶口文化晚期与良渚文化间的密切关系，应该说山东地区的稻作以长江下游为传播源头当无太大疑问。

大汶口晚期由于浮选工作做得少，尚未出现翔实可靠的系统数据，但是一系列线索将稻属资源的北扩路线从南往北推进。目前这一阶段资料最北至鲁东南的莒县盆地。安徽尉迟寺遗址在大汶口文化晚期房址倒塌的红烧土中观察到稻壳印痕，同时在这一阶段的文化堆积中提取出一定数量的稻属植硅体③；江苏连云港附近的朝阳遗址，在出土的陶片中检测出稻属植硅体④；另外，还在沭河上游的集西头和段家河遗址，检测出稻属植硅体⑤。总体上说，大汶口晚期目前的材料仅能说明在海岱地区南部有稻属资源的存在，其在经济构成中的地位并不清楚，同时，陵阳河⑥和朱家村⑦遗址人骨的稳定同位素分析提供了旁证，显示出以 C_4 植物为主的粟黍农业取食经济结构。

到山东龙山文化时期，随着开展浮选工作遗址数量的增加，对稻属资源的利用情况也比较清楚。总体上说，稻作经济在整个海岱地区的农业结构中都占有一席之地。由于地理位置的不同，各地区对稻作经济的依赖程度也各不相同。其中鲁东南地区，以两城镇遗址（图一，21）为例，是比较明确以稻作经济为主，进行稻旱混作的农业区域，这从植物考古和人骨稳定同位素数据中都能得到充分的证明⑧。此外，在胶东赵家庄（图一，23）、杨家圈（图一，24）和连云港的藤花落遗址（图一，22），都有关

---

① 李洪甫：《连云港地区农业考古概述》，《农业考古》1985 年第 2 期。
② 属于大汶口早期的证据，目前仅见兖州王因遗址"可能属于稻"的花粉，和胶东大仲家遗址文化堆积中提取的 1 个水稻植硅体。转引自栾丰实：《海岱地区史前时期稻作农业的产生、发展和扩散》，《文史哲》2005 年第 6 期。
③ 转引自栾丰实：《海岱地区史前时期稻作农业的产生、发展和扩散》，《文史哲》2005 年第 6 期。
④ 转引自栾丰实：《海岱地区史前时期稻作农业的产生、发展和扩散》，《文史哲》2005 年第 6 期。
⑤ 转引自栾丰实：《海岱地区史前时期稻作农业的产生、发展和扩散》，《文史哲》2005 年第 6 期。
⑥ 蔡莲珍、仇士华：《碳十三测定和古代食谱研究》，《考古》1984 年第 10 期。
⑦ 齐乌云等：《山东沭河上游出土人骨的食性分析研究》，《华夏考古》2004 年第 2 期。
⑧ G. Crawford 等：《山东日照市两城镇遗址龙山文化植物遗存的初步分析》，《考古》2004 年第 9 期；R. E. Lanehart 等：《山东日照市两城镇遗址龙山文化先民食谱的稳定同位素分析》，《考古》2008 年第 8 期。

于水稻田遗迹的发现。囿于篇幅，对于稻作往山东地区扩张后的后续发展不再赘述。

稻作经济进入成都平原的年代相对较晚，宝墩文化时期成都平原地区始见大量新石器文化聚落，而这些聚落的农业形态似乎是以稻作为主体的[①]。新津宝墩城址（图一，25）2009 年发掘中，对宝墩文化的 12 个单位取样浮选进行了分析，其中属于宝墩一期 2 段的样品 10 份，包含物较丰富；属于宝墩二期的样品 2 份，包含物很少。宝墩遗址的年代一般认为是距今 4700～4100 年，由于缺乏一期 1 段的样品，二期样品又不理想，这批数据大致反映了距今 4500 年前后的状况。

从植物遗存组成上看，宝墩遗址出土的可食资源包括稻、粟、薏苡、野豌豆属等，其他种子均可视为伴生杂草，没有野生果实类遗存，是以农业经济为主体的社会经济模式。稻无疑是农业结构中绝对主要的组成部分，几乎所有的单位内均出土了稻属遗存（二期 G1 一份样品除外），数量上更是占植物遗存总数的 45% 以上[②]。可测量的炭化稻米均来自宝墩一期 2 段，14 粒稻米的测量均值为长 3.93、宽 2.37、厚 1.67 毫米，粒形非常短胖。鉴定者根据 Fuller 对穗轴的分类标准进行统计，其中驯化型占 47%，野生型占 10%，不成熟型占 1%，其余为残破不可鉴定，由比例上看，宝墩出土的稻属遗存是已完成驯化的成熟的驯化品种。可确定的粟遗存均来自宝墩一期 2 段，算上未成熟的形态，一共 22 个个体，仅占植物总数的 1.5%，比例上和薏苡遗存类似，尚不及野豌豆属种子的数量（占总数的 4%），而野豌豆属植物在野外分布很广，鉴定者也认为很可能是收获中被带回居址的伴生种。据此，如此少量的粟遗存是否能代表宝墩遗址先民有一定比例的粟作农业，尚有待进一步资料的补充证明。

宝墩遗址位于成都平原的西侧，稻作农业的来源一般认为应该是自长江中游出发顺峡江地区而上进入的[③]。但是由于成都平原东部和三峡地区均缺乏数据，具体的传播路线和时间表尚不清楚。以三峡地区的中坝遗址为例[④]，中坝一期（距今 4500～3750 年）以粟黍遗存为主，仅发现了一个炭化稻残块；稻遗存在中坝后期的样品中也极为罕见。由于中坝遗址的特殊性质，其植物资源构成或许不能代表三峡至成都平原东部的一般状况。囿于目前资料有限，这一传播路线仍需进一步论证和说明，尤其是宝墩稻米非常短小的特点（长均值不到 4 毫米），需要跟长江中游的数据对比后进行合理解释。由于长江中游工作的非系统性，目前对于大溪—屈家岭—石家河文化序列中农业

---

① 姜铭、玳玉、何锟宇等：《新津宝墩遗址 2009 年度考古试掘浮选结果分析简报》，《成都考古发现 2009》，科学出版社，2011 年。

② 按最小个体数原则计算，未重复计算同一单位出土的穗轴、稻米等不同类别。

③ 张弛、洪晓纯：《华南和西南地区农业出现的时间和相关问题》，《南方文物》2009 年第 3 期。

④ Jade d'Alpoim Guedes, 2011, Millets, Rice, Social Complexity, and the Spread of Agriculture to the Chengdu Plain and Southwest China, *Rice*, Volume 4, Numbers 3-4: 104-113.

经济发展模式是完全不清楚的，是否稻作始终伴随小部分的粟作共同进行，这点尚不能肯定。但是这点对于理解成都平原农业的产生十分关键，稻粟来源是多方向的①，还是一个完整的混合经济组合，长江中游的农业形态对于我们理解成都平原农业的来源是很重要的历史背景。而稻作经过成都平原进一步往云贵地区的传播，目前资料大多出现于青铜时代，本文暂不涉及。

稻作往华南地区的扩展，近年来并没有系统的植物考古新证据，就此议题，张弛和洪晓纯在现有材料的基础上进行充分的分析和推测：大致说来，闽粤地区的稻作文化，都是在长江中下游人口增长，社会和文化发生剧烈变化的背景下发展起来的；其中福建昙石山和广东石峡文化中能看到樊城堆和良渚文化南扩的影响；同时，长江中游屈家岭文化也向南扩展到原来曾是采集渔猎文化的沅水中游地区和峡江地区②。总体上看，往南传播的时间大致是距今 5000 年前后。

最后一个要讨论的台湾地区的材料。虽然没有系统研究和公布数据，但位于台湾西南部的南关里遗址（图一，26）出土炭化稻米和粟遗存已见于相关报道。据发掘者介绍，炭化稻米出自南关里遗址，炭化粟出自南关里东遗址，两地点相距仅数百米③，因此可视为稻粟是共存的农作物组合。根据最近发表文章中所附的照片看④，这些所谓的炭化粟遗存中，也可能包括了黍。这两个地点共 10 个测年数据显示，其年代大概是距今 5000～4500 年之间。由于台湾地区的稻属遗存是跟粟黍类共存并且同时出现的，其来源问题还值得进一步探讨。目前长江下游的植物考古工作是相对系统和全面的，可以肯定的是，从河姆渡/马家浜到良渚文化晚期甚至广富林时期（钱山漾遗址），都没有看到任何粟作有关的证据，因此以长江下游为源头的传播路线目前看是很难成立的，至少不能解释粟黍的来源问题。如果结合大坌坑文化也有拔牙习俗的特点，不应排除稻粟混合经济模式由山东沿海地区往台湾传播的可能性。

综上所述，中国新石器时代稻属资源的分布和利用可以大致分为四个阶段。

第一阶段是早期对野生稻资源的采集和利用（距今 10000～9000 年间），目前看来

---

① 粟作从甘青地区南下经过川西北，如营盘山、桂圆桥等，进入平原地区；水稻顺长江由中游地区进入。这一假设的问题是，黍在平原范围内目前尚未发现，而粟黍在营盘山等川西北地区是一个农业经济组合。

② 张弛、洪晓纯：《华南和西南地区农业出现的时间和相关问题》，《南方文物》2009 年第 3 期。

③ Tsang C, 2005, Recent Discoveries at a Tapenkeng Culture Site in Taiwan: Implications for the Problem of Austronesian Origins, In: Sagart L, Blench R, Sanchez – Mazas A（eds）*The peopling of East Asia: Putting together Archaeology, Linguistics and Genetics*, Routledge – Curzon, London, pp 63–74.

④ Jaw – shu Hsieh, Yue – ie Caroline Hsing, Tze – fu Hsu, Paul Jen – kuei Li, Kuang – ti Li and Cheng – hwa Tsang, 2011, Studies on Ancient Rice——Where Botanists, Agronomists, Archeologists, Linguists, and Ethnologists Meet, *Rice*, Volume 4, Numbers 3–4: 180 Fig2c.

这种采集经济主要集中于长江中下游地区。

第二阶段从地域上看是稻属资源的第一次往北扩张（距今 9000～7000 年间），随着全新世大暖期的开始，气候环境条件适宜，不同地区不同文化可能都开始逐步栽培利用野生稻资源，有些地区甚至在实践过程中完成了对野生稻的驯化；但同时，稻属资源的利用在生业经济中并未占有重要地位，采集经济仍旧是植物食物资源的主要来源。

第三阶段，目前仅见长江中下游地区有持续稳定的发展（距今 7000～6000 年间），上一阶段出现在长江以北地区的稻属遗存没有看到进一步被延续使用的证据。而在长江中下游地区，早期稻作栽培的经济活动是伴随着对野生食物资源的继续利用而进行的，从植物食物资源组合上看，长江中下游在这一阶段同上两个千年没有太大差别；但稻属资源所占的比例日益增加，同时有证据显示稻属植物正在逐步完成驯化的进程中。

第四阶段，在长江中下游继续发展稻作农业经济的基础上，稻属资源发生了第二次地域上的大扩张（距今 6000～4000 年间）。稻属植物在长江中下游完成了驯化，并随着文化交流和扩张开始进入周边地区，这一进程分别以长江中游和下游为源头：大约仰韶文化时期，即从中游逐步扩展到汉水上游—关中—甘肃地区，而中原地区在接受稻属资源时表现出文化上的保守性；可能距今 5000 年前，进一步扩展至峡江地区—成都平原，进而推进至云贵地区；而长江下游的稻作传播比中游略晚，目前看大约始于距今 5000 年前后的良渚文化阶段，分别往南（闽粤地区）往北（海岱地区）扩展，并在此影响下，进一步扩展到台湾地区。长江下游植物考古和水田遗迹方面的资料相对丰富，从中可以看到，稻作经济的往外扩张是在本地区稻作农业发展充分完善的条件下，到了良渚文化阶段才出现的，从时间上说，这比仰韶文化时期从长江中游地区开始出现的稻作扩张要晚近千年。有两种可能造成这一现象，第一，长江中游的稻作农业发展进程的确要先于下游，囿于资料所限，目前只有距今 6500 年前汤家岗文化水田的孤证，后来的发展状况并不清楚，如果稻作扩张遵循同一种农业发展人口增长的模式出现，那么可以据此推断中游的稻作农业发展要比下游略快一些；第二种可能，则是跟新石器文化的特性有关，不管是地理环境还是创造物质文化的先民们本身的原因，都造成了中游地区新石器文化开放并乐于交流和碰撞的特点，这与下游地区从马家浜—崧泽—良渚一直相对稳定但更趋于内在独立发展的文化进程形成对比，这或许也是造成稻作扩张各有先后的内在原因。

中国新石器时代出现过两次稻属遗存地域上的扩张，而这两次出现的历史背景是不同的。第一次扩张出现在全新世大暖期开始的两千纪，随着气候的逐步变暖湿润，稻属资源逐步出现在长江以北地区，这可以看做是古植被带北移的环境背景下，古代先民对环境进行合理利用开发的一种表现；然而随着气候继续变暖湿润，接下来的千年内，这些北扩的稻属遗存反而没有被持续利用进而发展出稻作农业经济。在经过近千年的空白之后，北方地区才又一次出现稻属遗存，而这一次显然是伴随着成熟的稻作经济的传播而出现的。因此，我们不妨从环境变化和文化交流两种不同的背景和机制下来理解新石器时代的这前后两次稻属资源的扩张和利用。

早在距今9000~8000年间，中国北方地区就出现了若干跟稻作相关的地点和考古学证据，这些资料从时间上和其性质上看，也跟同时代长江中下游的情况是不相上下，因此出现江淮起源甚至海岱起源的说法是可以理解的。但所谓起源，必有后续的发展与传播，有源无流，则其源何所以为源就无从谈起了。正是由于缺乏延续性，我们目前尚无法将稻属首次扩张的分布范围全部纳入所谓稻作农业起源的范畴来考虑。现在看来，在环境气候适合的背景下，在新石器文化中期，曾经有不同地区文化的先民先后尝试利用甚至栽培过稻属植物。而最终通过不断实践发展了稻作农业经济，进而随着文化交流使之进一步得到传播发展，这个起源还是在长江中游和下游地区。

（二）野生/栽培/驯化：稻属遗存的研究方法

上述有关稻属遗存的考古学证据，大部分均被反复引用并加以阐释。这些考古学资料本身没有多大争议（除个别仍有年代问题外），但在理解早期稻属资源利用的性质和程度上，却出现了很多争论。这些争论的产生主要集中在下述几个议题上：

1. 栽培稻/驯化稻：术语引发的歧义

首先，还是关于所谓"栽培"、"驯化"的定义问题。作者不得不再次赘述这两者的意义和差别。"栽培"（cultivation），是一种人类的行为；"驯化"（domestication），是一种生物学意义上发生的生物性状的变化，意味着在人类行为干预下新物种的出现。从农业起源和进化论角度讲，每个种属驯化的原生过程，都必然是1）先有人类行为的变化——栽培或驯养（herd）；2）再有生物在人有意识或无意识行为干预发生的一系列长期的定向的性状变化，这个定向是指往驯化种特征发展的方向；这个阶段植物考古中一般称为"驯化前栽培"（pre-domestication cultivation）或者"半驯化"（semi-domestication）阶段；也有西方动物考古学家称处于这一阶段的没有完全驯化的动物为proto-domestication（原驯化，类似原史的概念proto-history）；3）最后才是人工选择下发生的生物种属的变化——驯化（domestication）的完成以及驯化种的出现。在中文语境内，驯化包含了两层含义，既是指最终的结果，也是指上述的整个变化过程。

厘清这个过程，再来翻检相关文献，"栽培稻"或"栽培"这一术语就引发不少歧义，考古学家们发现的古代稻属遗存，常常被称为"栽培稻"或者"古栽培稻"。

那么这个栽培稻，指的是上述过程中哪个阶段的生物遗存呢？究其原因，中文语境中出现的这个问题实际上是术语翻译的问题：

Wild Rice 野生稻	Domesticated Rice 驯化稻			Wild Rice（in US） 野稻（北美）
Oryza rufipogon /*Oryza nivara*	*Oryza sativa*	*Oryza sativa* subsp. *japonica*	*Oryza sativa* subsp. *indica*	*Oryza sativa* subsp. *javanica*	*Zizinia* sp.
普通野生稻 （多年生普野/ 一年生普野）	亚洲栽培稻	（温带）粳稻	籼稻	爪哇稻 （热带粳稻）	菰属（茭白）

从表中可知，水稻驯化种的拉丁名称是 *Oryza sativa*，这其中还包括若干不同的亚种①。而这个物种的中文学名则是"亚洲栽培稻"。在这个生物学学名的语境中，*Oryza sativa* = 亚洲栽培稻，对于植物学家以及农学家而言，这中间没有任何歧义，不管用拉丁名还是中文名，都是指向这种特定的驯化物种。在这里面"栽培"没有任何文化含义，也不包括人类行为，仅仅就是一个物种的名称。

但是对于考古学家而言，却存在这样一个阶段，就是"栽培"未完全驯化的稻属植物的阶段；植物考古研究的对象中，除了明确的野生稻、"驯化稻"（亚洲栽培稻 *Oryza sativa*），还会存在"栽培的野生稻"，或者说"人工栽培的还没有完全驯化的阶段的古稻品种"，就现有考古学资料看，这大概还不止一个品种，在合适的气候环境条件下，各地区文化或许会各自栽培利用不同的种类。

考古学家对于农业起源研究的责任和优势，即在于从考古学证据中，分析观察到在人类行为（栽培）干预下，植物发生和完成生物性状改变的过程。理想化的说，是要甄别出 1)"栽培行为"的起源；2) 植物驯化性状的出现、增长和完成；3) 进而才是以此驯化种为对象的农业经济的发展和传播。

因此，当我们讨论到有关的考古学证据，尤其是关于稻属资源早期利用的考古学

---

① 最近的分子生物学分类建议 *Oryza sativa* 应细分成五个便于分析的种群，分别为：*indica*，*aus*（*indica* 的一支），temperate *japonica*（温带粳稻），tropical *japonica*（including *javanica* 热带粳稻，包括爪哇稻）and fragrant（香米）。日本学界近年来开始对传入日本的是温带粳稻还是热带粳稻有很多研究和争论。可以预见，中国考古遗存属于温带粳稻（相对短胖）还是热带粳稻（相对瘦长），很快也会成为研究的热点，正如早年的籼粳之辨（新的分类参见 McNally KL, Childs KL, Bohnert R, et al., 2009, Genomewide SNP Variation Reveals Relationships among Landraces and Modern Varieties of Rice, *The Proceedings of the National Academy of Sciences*（*PNAS*）106（30）：12273 - 12278）.

证据时，"栽培稻"和"驯化稻"的概念是不能混为一谈的。当然亚洲栽培稻是学名，也是习用语，不可能要求考古学界或相关研究者从此就不用这个名字了。但是在讨论到稻属遗存的性质时，研究者所谓"栽培稻"是指"栽培"的稻，还是学名所指的驯化种，笔者在此建议，至少考古学界特别是在专业植物考古报告中需明确所指避免混淆，将来的讨论才可以建立在共识的基础上。

2. 关于野生稻资源的北界问题

另一个跟早期稻属遗存性质密切相关的问题，就是野生稻资源的分布范围。要复原不同历史阶段野生稻资源的分布范围，需要考虑两方面的因素：首先是古环境古气候的复原；其次还需要考虑人的因素，即在合宜的气候条件下，是否存在利于野生稻生存的自然生境，还是已被人类活动干扰其至破坏，这点尤其关键。

要复原野生稻资源的北界，首先要借助古环境研究的成果。"全球古植被制图计划（BIOME6000）"中国地区的阶段性研究[1]，利用孢粉生物群区化方法（biomisation），通过全国范围内的地层孢粉数据，为东亚地区全新世中期的整体植被面貌提供了大致框架。根据各个研究点上的花粉证据推算，中国距今6000年时的年均温度普遍比现代高出1~5℃，其中华北地区为3~4℃，东亚的升温高值区集中在北纬30°~50°的中纬度地区（相当于今天的武汉杭州一线至北京）。其中冬季温度升高明显，尤其是华北、甘青地区冬季气温比现代高3~8℃，相对冬季变化，夏季升幅较小，约在1~3℃之间。根据花粉值进行古植被的复原，距今6000年前后，亚热带常绿和落叶阔叶混交林的北界在东部沿海地区达到北纬35°（大致相当于山东的日照临沂一线）；而南亚热带阔叶林区则比现在的分布要往北推进了约200千米。由于植被带的分布除了温度条件外更需要满足一定的降水条件，据此模拟的中全新世夏季中国东部（北纬22°~40°，东经100°~120°）地区降水的增加可达到40%左右[2]。从宏观上说，全新世大暖期开始的气候变化，在华北地区产生的影响要大于南中国地区，越往北相对变幅越大；同时降水的增加也是造成古植被带整体北移的重要因素。全球化的气候变暖一般认为发生在距今9000~2500年间，就古植被复原的数据看，这一期间中国东部的中纬度地区均是满足野生稻自然生长条件的。

局部的古环境研究数据同样支持全新世大暖期对中国东部地区造成的影响。以第一阶段扩张中稻属资源最北到达的山东地区为例，靳桂云在综合分析了海岱地区古植

---

① 于革等：《花粉植被化模拟的中国中全新世植被分布》，《中国科学》（D辑）1998年第28卷第1期；Yu G, Chen X, Ni J et al., 2000, Palaeovegetation of China: A Pollen Databased Synthesis for the Mid-Holocene and Last Glacial Maximum, *Journal of Biogeography*, (27): 635-664.
② 陈星、于革、刘健：《东亚中全新世的气候模拟及其温度变化机制探讨》，《中国科学》（D辑）2002年第32卷第4期。

被气候的孢粉数据后指出"海岱地区全新世气候环境的变化趋势大体一致"。距今11000~8000年，气候从末次冰期向全新世转化，表现为气温升高和降水增多，气候波动明显，比现在冷干；距今8000~5000年，是气候迅速转暖时期，当时的平均气温比现在高约2~5℃，是全新世气候最温暖湿润的阶段①。荣成朝阳港潟湖SO4钻孔、莱州沧上潟湖Y86钻孔等的孢粉组合特征②，均显示出大约距今8000年开始，气候逐渐向暖湿发展，木本花粉中出现很多现代热带亚热带常绿阔叶树种，古植被类型为含常绿成分的针叶阔叶混交林。

全新世中期野生动物的分布情况，从另一角度为我们理解和复原野生稻北界提供线索。如亚洲象在距今8000~3000年间分布到河北省阳原县（北纬40°左右），而现在仅限于云南省西南部（分布范围南移了15°以上）；犀牛见于仰韶文化半坡遗址，而现代仅限于印度缅甸境内③；扬子鳄在山东大汶口文化遗址中是反映身份标志的重要物质遗存，目前仅见于北纬31°左右的长江支流内④。由此可见，野生动物分布范围的变化，不仅仅是由于晚全新世气候变冷所造成的，也和人类过度捕猎以及人类活动破坏其自然生境有最直接的关系。

同理，现在所看到的野生稻分布情况，也不仅仅是气候环境造成的，一方面其现代分布的确是全新世晚期气候变冷，植被带整体南移的表现；但更大程度上则是人类几千年来开发利用土地资源的结果。因此，要复原野生稻资源的分布，不是依照古植被带移动的大致范围，将目前所见北限（东乡野生稻）往北移动个几百千米或者几个纬度这么简单。

谈到人类活动对野生稻生境的影响，现代的数据最具有代表性。云南省近年的资料显示⑤，省内八九十年代原有记录的93个点，到21世纪初仅30个还能找到野生稻，并且其中15个点的野生稻分布面积缩小或生长密度明显下降；在有记录的26个普通野生稻点（*Oryza rufipogon*）中，只有1个点还在，其余25个均已绝迹。这只是短短十余年间发生的变化，因此，野生稻资源已列为国家二级重点保护植物。由此推断，作为农业大国，人口密集分布地区的自然生态条件早就破坏殆尽，而这种人为造成的景观

---

① 靳桂云、王传明：《海岱地区新石器时代气候与环境》，《古地理学报》2010年第12卷第3期。
② 周江等：《全新世海侵以来山东荣成朝阳港泻湖沉积层与古环境记录》，《中国海洋大学学报》2008年第38卷第5期。
③ 施雅风、孔昭宸等：《中国全新世大暖期的气候波动与重要事件》，《中国科学》（B辑）1992年第12期。
④ 靳桂云、王传明：《海岱地区新石器时代气候与环境》，《古地理学报》2010年第12卷第3期。
⑤ 戴陆园、黄兴奇、张金渝等：《云南省野生稻资源保存保护现状》，《植物遗传资源科学》2001年第2卷第3期。

变化从新石器时代晚期农业发展后便不可逆转，因此，目前所见现代野生稻分布北界，并不是自然生态条件下的分布，这点是需要明确的。

在古植被气候复原的大背景下，利用古文献记载，是复原野生稻分布的一条线索。游修龄就古书中记载的野生稻曾做过系统的整理和分析，在讨论了古书中关于野生稻的文字之后，该研究列举了由《文献通考》和《古今图书集成》中摘录的共16条相关记载进行分析。综合而言，宋代以前在整个长江流域、苏北江淮一带，直到渤海湾地区都陆续可见相关文献，分布上呈弧形带状①。其中，需要排除一些出现在废弃的田地和人口密集区域的记录，这些虽然被描述为"来年自生"，但更可能是今天所谓的杂草稻，是驯化稻和野生稻杂交品种或者驯化稻缺乏人类干预后的"返祖"品种。而那些出现在湖泊池塘等自然生境中的记录是相对可靠的，符合多年生野生稻的生态习性，可以采信。据此，到宋代时，最北至宿州符离县仍有关于野生稻的记录。可见在人口密度相对较低、农业景观也没有今天这样发达的中古史阶段，野生稻的分布是完全可以远远跨过长江以南这条界线的。

还有一个从古书中可以得到的启示是，现代野生稻主要分布的云南、广西、广东和海南地区，反而不见任何历史记载，这显然和当时的人口分布密度以及中国史料记载的倾向性有关。由此也反证了人类行为和人为景观对野生资源的破坏力，经过几千年发展，反倒是没有任何文献记载、历史时期相对人烟罕至的地区保留下了野生稻资源。

除了古环境提供的时空框架和古文献提供的历史时期的线索以外，考古学实物资料实际上是最重要的复原野生稻分布范围的直接证据。从逻辑上讲，如果某个地区出现了早期对稻属资源的利用，那么这个地区应该就有潜在的野生稻分布。如果周围生态环境中没有这种自然资源，何来利用之说？如果要论证稻属资源是外来的，那么需要有明确的传播路线，文化面貌上的相关性，以及来源地非常明确的持续利用，甚至业已驯化的硬证。就目前看来，稻属资源最早的广泛分布发生在距今9000～8000年前后，这时候长江中下游地区对这类资源的利用也才刚刚开始，并且还伴随着大量的采集经济因素，更没有明确的证据显示水稻驯化业已完成，因此后李文化、贾湖遗址中出现的稻属资源，不大可能是由长江中下游地区传播过去的，更应该是本地区本文化主动开发利用周边自然资源的结果。目前的资料有限，还无法对长江中下游、贾湖和后李文化的稻属遗存的性质进行切实的横向对比，但仅就贾湖出土的稻米数量、八里岗遗址出土的穗轴特征看，当地栽培利用稻属资源的水平和稻属资源所占的比重甚至可能是高于同时代长江中下游的彭头山文化和跨湖桥文化的。因此也可反证这些

① 游修龄：《中国古书中记载的野生稻探讨》，《古今农业》1987年第1期。

长江以北地区的稻属遗存，不是传播过去的，而是本地文化利用周边自然资源的结果。

这样说来，新石器中期在不同区域文化中先后出现的对稻属资源的利用，反而是可以用来说明早期野生稻分布范围的有效资料。进一步推敲，这些地点出现稻属遗存的先后时间和全新世大暖期的开始及逐步升温变湿的趋势是能够相互呼应的。

综上，作者试图澄清在稻作起源议题上始终未能明确解决的野生稻北界问题。很多研究者以长江以北地区，特别是山东地区没有野生稻分布的假设，来支持这些地区早期出现的稻遗存是人工栽培的或外来的结论。其实，这些地区有野生稻分布，和遗址中出现的稻属遗存已被栽培，这两个观点之间并无矛盾之处。没有人会反对长江中下游在新石器时代分布着大量野生稻资源，这反而是论证稻作由此起源的基本条件。同理，贾湖遗址9000年前，和后李文化8000年前稻属遗存的出现，反而是说明当时野生稻分布疆域的最明确的线索。考古学资料从这个角度讲，是帮助复原全新世大暖期野生稻分布最大范围的基本证据，考古学的优势恰在此显现。

3. 植物考古中关于稻属遗存驯化/野生的鉴定标准

根据植物考古研究对象的分类，我们分别讨论大植物和微植物遗存的鉴定问题。

驯化会使物种的生物性状产生一系列的变化，就驯化稻而言，包括稻芒的消失、颖壳表面刚毛的退化减少、自动落粒性的丧失和谷粒更为饱满等特征。这其中落粒性的消失和种子尺寸的变大是最容易在考古学遗存中被甄别出来的，也是研究最多的内容。

稻穗轴的形态特点和落粒性的关系在20世纪90年代就得到考古研究项目的论证[1]，因此从落粒/非落粒穗轴比例来推断研究种群的性质（驯化程度），从比例变化复原某一地区稻属植物驯化的进程，已经成为植物考古大力推广的研究手段。

已有实验显示，测量方法在对穗轴进行分类时没有显著效果[2]，参考小麦、大麦等植物穗轴基部鉴定的经验，目前最有效的方法还是根据形态特征的综合分析来进行判断和分类。

然而在实际工作中，在穗轴形态差异的认定上，还存在一些不同意见。一个是成熟/不成熟的差别，这一差别首先由Fuller提出，但并没有被广泛采纳和应用。郑云飞在对现代野生和驯化品种进行观察后指出，穗轴基部枝梗突出的形态（以下称

---

① Thompson GB,1997,Archaeobotanical Indicators of Rice Domestication—A Critical Evaluation of Diagnostic Criteria,In：Ciarla R, Rispoli F(eds)*South-East Asian Archaeology* 1992,Instituto Italiano per il Medio ed Estremo Orientale,Rome,pp.159-174.

② 赵志军、顾海滨：《考古遗址出土稻谷遗存的鉴定方法及应用》，《湖南考古辑刊》（第8集）第260页，岳麓书社，2009年。

突出型）更多发生在现代粳稻品种上，因此这类特征的穗轴应该划入驯化稻中的粳稻类型，而非"不成熟"的形态[1]；潘艳在进行了5份野生、6份驯化及6份杂交品种的收割实验后，对成熟和不成熟的稻穗轴直接进行观察比较，认为突出型小穗轴是粗糙型（非落粒）小穗轴当中非常典型的一类，与未成熟收获没有表现出明确的关系[2]。Fuller等对来自东亚、东南亚和印度的87份野生种和53份驯化品种进行观察[3]，认为突出型出现在很多现代粳稻品种上的原因，是在农业机械化（机械收割）的影响下，水稻非落粒性得到进一步强化选择的结果，因此对现代驯化种的观察要选择传统农家品种，而不能选用现代水田内正在生长的水稻；同时，另一条论据是，如果突出型是粳稻品种的特点，那么随着稻作农业的发展，我们应该预期在考古样品中看到突出型穗轴比例的持续增长，这才符合中国是粳稻起源的理论；但事实却与之相反，从田螺山、良渚、八里岗、颍河地区龙山时代样品等考古实例中，看到的恰恰是突出型穗轴比例的逐步减少，由此反证突出型是早期栽培阶段相对普遍的特征，是未完全驯化前成熟期尚不统一、落粒性尚未完全消失，因此不可避免出现的未成熟稻米的一种阶段性特点。不管怎样，在目前对突出型穗轴分类问题上无法达成共识的情况下，暂时将突出型数据和驯化型汇总，仍然可以对各项独立研究的数据进行有效的检验和比较分析。

第二个问题，是驯化型即非落粒性的小穗轴本身在形态上具有多样性的特点。在对穗轴野生/驯化的形态判断上，大部分实践显示没有很大分歧，简单讲由于一个是自然落粒，一个是人工落粒，因此穗轴上表现出"光滑"和"粗糙"两大类特点。但随着考古学资料的积累，穗轴形态的多样性和变异性日益显现出来，并非简单的野生/驯化/突出型三大类所能概括。特别是在不同时代不同地区的遗址中，驯化型的形态特征存在着很大差异[4]。因此，就长江下游稻遗存的观察所产生的鉴定标准，并非放之四海皆准。目前看需要考虑不同的自然环境、收割方法等因素，特别是纬度和海拔的差异，可能会对穗轴形态造成影响。最近的分子生物学研究显示，落粒与否的性状，并不是

① 郑云飞、孙国平、陈旭高：《7000年考古遗址出土稻谷的小穗轴特征》，《科学通报》2007年第52卷第9期。
② 潘艳：《长江三角洲与钱塘江流域距今10000~6000年的资源生产：植物考古与人类生态学研究》第228~229页，复旦大学文物与博物馆学系博士毕业论文，2011年。
③ Fuller, Dorian Q, Ling Qin, Yunfei Zheng, Zhijun Zhao, Xugao Chen, Leo Aoi Hosoya, and Guo-ping Sun, 2009, The Domestication Process and Domestication Rate in Rice: Spikelet bases from the Lower Yangtze, *Science* 323:1607–1610.
④ 感谢北京大学植物考古实验室金和天、邓振华、石涛、高玉等同学提供的实验数据和个人体会。同时感谢Cristina Castillo和Dorian Fuller提供的对泰国样品的观摩讨论。

简单的由某一个基因片段来控制的①，因此同样是非落粒性的驯化种，在穗轴形态上还能细分出不同类型，得到遗传学研究成果理论上的支持。

由于穗轴保存状况的影响和形态特征把握存在主观性等问题，在所谓形态特征的判断上产生困难和分歧是可以理解的。植物遗存鉴定本来就是一项根据植物种子果实形态特征进行分类的技能，需要在反复实践、经验积累交流的过程中提高。以近东农业起源研究为例，西方研究者在麦穗轴鉴定标准的掌握上就用了近三十年时间。早在20世纪80年代中期，Van Zeist就已经提出了对大麦穗轴的鉴定分类方法②，但直到90年代末21世纪初，对单粒和二粒小麦穗轴的鉴定应用才逐步建立起来③，一直到2006年，Tanno和Willcox综合有编年的穗轴数据（一共也就来自6个遗址），才首次提出近东农业作物驯化进程长达近3000年的观点，以此来回应现代实验显示的仅需要一两百年即可完成驯化的假说④。但在麦类穗轴鉴定分类上仍有大量基础工作需要开展，今年初Tanno和Willcox还发表了他们最新的鉴定研究标准⑤，基于对11个早全新世遗址的两万余个炭化穗轴个体的观察（其中小麦穗轴17196个），他们将小麦类穗轴遗存细分为九大类，这项研究还显示由于保存状况差异，小麦类的穗轴遗存有90%以上是属于不可鉴定的，而大麦穗轴中不可鉴定的比例才不到5%。可以预见，麦类穗轴的鉴定分

---

① 多项数量性状基因位点（quantitative trait loci，QTL）分析显示，分别位于第一和第四染色体的 *qSH1* 和 *sh4* 是主要控制落粒性的基因位点，其中 *sh4* 广泛分布于世界各地所见各类驯化稻品种（*indica*，*aus*，*japonica*，frangant）中，*qSH1* 仅在有限的温带粳稻品种中发现。因此一般认为 *sh4* 是最初稻属驯化中发生作用的基因突变，而 *qSH1* 是发生在东亚种群经过瓶颈效应形成温带粳稻的过程中。参见 Fuller, Dorian Q, Yo – Ichiro Sato, Cristina Castillo, Ling Qin, et al., 2010, Consilience of Genetics and Archaeobotany in the Entangled History of Rice, *Archaeological and Anthropological Sciences* 2:119.

　　最近，Ishikawa对现代粳稻和野生品种的交叉分析结果使这一问题变得更为复杂，该项实验数据明确显示，非落粒性行为并不是在野生种群遗传背景中某一单个的基因突变上获得的，其他多基因对离层发育的控制会影响这一结果。参见 Ryo Ishikawa, Pham Thien Thanh, Naoto Nimura et al., 2010, Allelic Interaction at Seed – shattering Loci in the Genetic Backgrounds of Wild and Cultivated Rice Species, *Genes & Genetic Systems* 85:265–271.

② Van Zeist, W. and Bakker – Heeres, J. H., 1985, Archaeobotanical Studies in the Levant 1, Neolithic Sites in the Damascus Basin: Aswad, Ghoraife, Ramad, *Palaeohistoria* 24, 165–256.

③ Kislev ME, 1997, Early agriculture and Paleoecology of Netiv Hagdud, In: Bar–Yosef O, Gopher A(eds) *An Early Neolithic Village in the Jordan Valley. Part I: the Archaeology of Netiv Hagdud, Peabody Museum of Archaeology and Ethnology*, Cambridge, pp. 203–230.

　　Colledge S, 2001, *Plant Exploitation on Epipalaeolithic and Early Neolithic Sites in the Levant*, BAR Int Ser 986, Archaeopress, Oxford.

④ Tanno K, Willcox G, 2006, How Fast was Wild Wheat Domesticated? *Science* 311:1,886.

⑤ Ken – ichi Tanno · George Willcox, 2012, Distinguishing Wild and Domestic Wheat and Barley Spikelets from Early Holocene Sites in the Near East, *Veget Hist Archaeobot* 21:107–115.

类方法将继续在实践中被补充改进。再以中国为例，在对粟黍籽粒的判断标准上，刘长江等 2004 年的文章中还在对其形态差异进行学术论证和分析①，经过不到十年来植物考古工作者的实践和经验积累，现在经过基本训练的本科生都可以独立完成粟黍的分类。同样的道理，稻穗轴基部的鉴定分类工作在中国仅仅开展了 5 年，而最早郑云飞和 Fuller 在对田螺山遗存的鉴定分类中，排除对"突出型"穗轴的不同理解，合并后的数据完全是相符的，这说明各自独立进行的形态分类具有可比性，要建立穗轴鉴定分类标准是完全可行的。如果每项研究在公布分类统计数据的同时，也能具体说明鉴定过程中所用的分类方法和判断依据，相信通过很短时间的实践和交流，就会跟小麦、大麦穗轴的研究水平一样，达到基本共识。进而，这类直接反映驯化/野生性质的硬证才能很好地被考古学家利用。

穗轴作为驯化与否的鉴定标准有其他鉴定方法不可取代的优越性：首先这是目前可以应用的唯一硬证，穗轴所反映的落粒性能直接说明研究对象的生物学属性，因此穗轴驯化型比例可以直接对应驯化的程度②；其次，小穗轴是稻谷去壳这一最后步骤的伴生物，通常比稻米更易于被炭化保存，根据已有经验，样品中小穗轴的数量一般均多于炭化稻的数量，有利于进行量化统计和分析；最后在炭化变形的问题上，穗轴没有稻米那么明显，基部的光滑或粗糙状况，一般不会随着炭化过程发生根本逆转，保证了观察结果的有效性。

尽管很多研究都已经指出，野生、驯化稻米在粒形特征上具有种间重合，并且稻米的粒形差异由很多因素造成。但不可否认，驯化植物的谷粒一般均比其野生祖本的尺寸和重量有显著增加，这是人为选种播种和种子萌发能力等多项竞争选择的结果。因此，通过对炭化稻米系统的测量和比较分析，理论上可以看到在人类行为干预下，植物种子随着驯化进程逐步变大的历史演变进程。目前就稻米粒形的研究，存在下述两个议题需要讨论：简言之即"跟谁比"和"比什么"的问题。

首先，是考古遗址出土的稻遗存应该以何为参照系进行比较研究？目前的大部分工作，都是通过对现代样品的测量建立野生/驯化（籼粳）的判断标准，进而将这些标准应用在考古数据上来进行判别。且不论野生/驯化（籼粳）稻确实在粒形分布上存在

① 刘长江、孔昭宸：《粟、黍籽粒的形态比较及其在考古鉴定中的意义》，《考古》2004 年第 8 期。
② 当然这里面还要考虑两个因素：一个是野生种群中自带的非落粒性个体（正是由于这些非落粒性的存在，才会发生基因突变和人工选择，进而完成驯化）；一个是周边环境中的野生稻遗存和稻田中具有落粒性的杂草稻，都会随人类活动被带入遗址，出现在植物组合中。因此所谓的比例变化不是绝对的。考古数据显示，良渚古城（147 个穗轴）、龙山文化程窑遗址（121）、泰国青铜时代 Khao Samkaeo 遗址（133）等驯化型穗轴的比例都在 65% 左右，这可能反映了一个稳定的稻作农业状态下获得的穗轴构成比例。

相当程度种间重合这一事实，以现代样本为参照系的基本思路尚存在不少问题。首先，要明确"进化"是持续发生的，至今仍在进行。尽管驯化稻的野生祖本是普通野生稻，但并不等于说今天看到的现代普通野生稻是数千年前出土稻遗存的直接祖先。驯化物种在人类行为干预下经历了一系列的进化演变；同理，野生物种也在其适应环境气候的过程中不停地发生着进化演变。汤陵华在某次研讨会中曾比喻说：古代稻遗存跟今天的野生稻/驯化稻之间，是远房兄弟关系，而不是直接父子关系，这个说法形象又准确①。因此，将古代遗存拿来跟现代的野生/驯化品种比较，必然不能直接对号入座。反过来说，完全的对应反而是不太符合进化规律的。

第二，要明确现代样本间存在亲缘关系的近疏。遗传学研究已经指出，现存各类野生稻品种跟现代亚洲栽培稻的亲缘关系是不同的。孙传清等对来自亚洲 10 个国家的 122 份普通野生稻和 76 份亚洲栽培稻的核基因组进行 RFLP 分析，结果表明，在核 DNA 分化程度上，供试材料可分为四大群：1）籼稻及偏籼普野群；2）粳稻及偏粳普野群；3）中国原始普野群；4）南亚和东南亚原始普野群。一方面这一聚类结果再次显示出籼粳之间的亲缘关系要远于各自与其同类普野群的亲缘关系，说明在野生稻中即存在籼粳分化，籼粳是分别起源的。另一方面，更重要的是揭示出存在大量现代野生稻，跟籼粳两类在遗传多样性上没有聚群关系，换言之，这些野生品种，可以称为驯化稻的"近缘"祖先种，而并非其直接祖先。有意思的是，考古学界经常引用的江西东乡野生稻、湖南茶陵野生稻均属于所谓的"中国原始普野群"，即非偏籼、也非偏粳，跟现代驯化稻是"近缘"而非"亲缘"关系。因此，利用现代野生稻作为参照标准，还需要考虑到各类野生稻与驯化稻之间不同的亲缘关系；比如东乡茶陵野生稻都不是现代驯化稻的直接祖先，用其作为参照标准来判断古代遗存的驯化/野生性状就有失偏颇了。

第三个需要考虑的是环境因素对稻米粒形的影响。各类研究均显示稻米粒形受降水、温度、光照等各方面自然条件的影响。也因此，将现代品种作为参照系时，需考虑到现代样品来源问题。比如很多研究用本地区现代的农家品种作为驯化稻的参照标准，拿来同本地出土的古代遗存进行比较，就植物生长的环境而言，现代当地的自然条件跟考古遗址所处时代肯定是不同的，且不考虑上文所说的数千年"进化"所能造成的差异，不同环境条件下的粒形特征本身就会存在差别。同理，目前遗传学上归入偏粳普野群的中国野生稻大多分布在广东广西一带，这些地区现代的气候环境状况跟水稻起源地区（长江中下游）全新世中期的自然条件又是否完全一致呢？

---

① "史前稻作经济与生态的研究与重建"小型工作会上发言（2011 年 5 月 30 – 31 日，北京大学考古文博学院）。

综上，如果考虑到"进化"、"亲缘关系"和"环境"这三方面的综合影响，不难看出以现代样品作为参照标准进行的任何比较和判别都有可能失之毫厘而差之千里。笔者认为，最有效的比较研究，应该是在考古遗存之间进行的。这种比较可以概括分为几个角度：首先，同一地区不同时期的粒形比较对研究稻作驯化和起源非常重要，我们预期可以在同一自然生态环境下，通过长程的比较，看到稻属植物在人类行为干预下长期的定向的形态变化，这一变化进程记录了水稻驯化过程中生物性状发生的改变。其中"定向"①是持续发展的关键证据，如果在同一地区，长程变化是无序的，则暗示了各阶段遗存有不同来源的可能性。第二类，是进行同一时期不同地区稻属遗存的粒形比较，这在讨论稻作扩张和传播路线时可以作为一项重要的判断依据。形态对环境的适应是一个缓慢的演化过程，因此当某一地区新出现稻属遗存时，其形态特征往往能反映来源信息，结合考古学文化面貌的特点，这类比较或许能帮助我们抓住新石器时代农业传播的诸般细节。

粒形研究中还存在一个"比什么"的问题。最初的古稻研究是由农学家指导开展的，当时长宽比是反映粒形特征的关键数值，通过长宽比讨论古代遗存的"籼粳"性质是基本的研究内容。近年来随着遗传学研究的深入，籼粳异源的观点基本上被广泛接受，对古代遗存进行籼粳判断的研究也日趋减少。但是稻米粒形不可否认仍旧是判断其野生/驯化的一个重要指标。除了一般测量的长和宽外，厚度也日益成为粒形测量的基本内容。2009 年，赵志军和顾海滨一项研究②，还将胚的形态特征纳入测量比较的标准。该文通过对 72 份现代稻谷样品共 360 个稻米个体的观察，对稻米长、宽、厚、胚长、胚厚等五个测量点进行测量，然后采用统计学方法建立了野生/驯化的判别公式，并以此对长江中游地区八十垱（距今 8000 年）、丁家岗（距今 7000 年）、城头山（距今 6000 年）、叶家庙（距今 5000 年）的稻米粒形进行测量判别，得到驯化型从47.14%（八十垱）、66.67%（丁家岗）、78.57%（城头山）到 91.67%（叶家庙）逐步增长的变化进程，从而很好的记录和说明了长江中游地区水稻驯化的进程及其速度。这项研究的可贵之处，是揭示出在粒形比较中稻米厚度和宽度值的重要性。从稻米胚所在的位置和形态看，胚的宽度和稻米的厚度是直接相关的；而胚的长度跟稻米的宽度也有一定的相关性，在这种情况下，判别式中五个变量实际上反映的是在三个自变量和两个因变量上所发生的数值变化。判别公式内变量的贡献大小也显示，胚长、胚宽、粒厚、粒宽依次对判别值作出贡献（依次为 0.752/0.724/0.634/0.580），而粒长

① 即往特定的相同特征发生转变，比如逐步变宽，或者逐步变厚等等。
② 赵志军、顾海滨：《考古遗址出土稻谷遗存的鉴定方法及应用》，《湖南考古辑刊》（第 8 集），岳麓书社，2009 年。

的贡献值仅为 -0.299。换言之，稻米宽度和厚度值要比长度值更好地表现出其驯化属性和特征。因此，宽、厚和长度一样应该成为今后稻米粒形测量中的基本内容，宽度和厚度值的变化可能更多反映植物成熟与否、野生/驯化的生物特性，而长度值一定程度上是环境变异的反映。

不管怎样，考古遗存测量数据的积累是进一步发展和深入粒形比较研究的基本条件。其中，原始数据的发表非常关键。均值、变异区间、甚至经过聚类处理后的数据集合，这些都不能用来进行有效的比较分析。可喜的是，近年来的植物考古报告已经开始陆续公布最原始的测量数据资料，相信随着这类报告资料的积累，粒形的比较研究能很快为我们提供新的成果和信息。

与大植物遗存的研究相比，对稻属微植物遗存的形态研究近年来进展不多。双峰乳突和扇形体的鉴定判别标准都还有待更多的研究数据加以检验和证实①。对已有研究方法的应用，目前的实例不多，且相互间没有很好的呼应和互证。比如在长江下游地区的研究中，最早稻属植物遗存记录来自东海地质钻孔 DG9603，该钻孔地点位于古长江的入海口，吕厚远等在距今 13900～13000 年的岩芯中检测出稻属扇形植硅体，根据其对扇形底部鳞片数量的判别值，得出 13000 年前东海大陆架上出现了驯化稻的结论②；而利用赵志军双峰乳突的判别式，在青浦地区沉积物分析中，植硅体特征显示，驯化稻要到距今 2350 年才开始出现，并在距今 2100 年左右迅速增长③。上述结论都不大符合目前所见考古学证据所反映的历史状况，其相互矛盾之处更是明显。因此对于稻属植硅体形态特征的基础研究还有待进一步开展，目前尚谈不到可以广泛应用的程度。

而淀粉粒的研究，也是以坚果、块茎类及小米类为主要研究对象。无论是野生稻还是栽培稻，其淀粉粒粒径都比较小，相关研究表明粒径太小的淀粉粒由于表面积比较大易于风化，在地层和器物表面保存下来的概率相对较小。同时，由于个体太小，目前还没有办法区别野生和驯化的特征④。因此，现在并没有在稻作研究领域发展淀粉粒分析的趋势。

---

① 利用扇形体形态进行籼粳判别的研究，仍旧是很多植硅体研究中的基本内容。但由于中国是粳稻起源地的假说越来越得到遗传学证据的支持，且众多植硅体研究数据本身反复直接地给出了中国古稻遗存是偏粳型的结论；目前这类研究已不再是稻作起源议题中的主流。

② Lu, H. Y., Liu, Z. X., Wu, N. Q., Berné, S., Saito, Y., Liu, B. Z. & Wang, L., 2002 Rice Domestication and Climatic Change: Phytolith Evidence from East China, *Boreas* Vol. 31, pp. 378–385.

③ Freea Itzstein – Davey, David Taylor, John Dodson, Pia Atahan, Hongbo Zheng, Wild and Domesticated Forms of Rice(*Oryza* sp.)in Early Agriculture at Qingpu, Lower Yangtze, China: Evidence from Phytoliths, *Journal of Archaeological Science*(2007)34:2101–2108.

④ 承杨晓燕面告。

二　小米类农业起源的植物考古研究

粟黍类的植物考古工作，相对没有稻作广泛和深入。但在研究方法上，利用微植物遗存和稳定同位素分析，是有别于稻作的研究特点。我们以分析植物考古成果为主①，按粟黍农业发展的宏观节奏进行讨论。

（一）考古新发现和考古学证据反映的宏观图景

第一阶段，距今 1 万年之前至 9000 年，属于对粟黍类禾草植物的早期利用阶段。这一阶段，目前还没有公开发表的炭化粟黍遗存的资料，大量证据来自淀粉粒研究成果。其中包括北京附近的东胡林、南庄头遗址，以及山西南部的柿子滩遗址。

柿子滩遗址（图二，1）位于黄河支流清水河畔，西距黄河 2 千米。其中第九地点海拔 688 米左右，遗址高出现代河面约 38 米。用于取样分析的石磨盘石磨棒出土于第九地点第 4 层，该遗址第 3 层用火遗迹的直接测年数据为距今约 9600～9000 年，而第 3 和 4 层文化遗物特征没有明显界限，仅第 4 层岩性上显示出为两次堆积而成②，推测年代应相差不远。刘莉等对第 4 层出土的 2 个磨盘、2 个磨棒进行了取样分析，鉴定结果显示，大部分可供鉴定的淀粉粒属于禾草类和栎果，这两大类的淀粉粒个体占总数的 73%，占可鉴定个体数的 95%。具体而言，可明确分类统计的淀粉粒可分五大类，其中栎属 47 个，黍属 80 个，小麦族 27 个，薯蓣类 5 个，豆科 4 个③。此外，同层出土的动物遗存也相对丰富，大部分为烧骨，无法鉴定种属，大多为啮齿类动物的牙齿和肢骨，也有一些鸟类。第九地点从出土石器看继承了中国北方的小石器工业传统，但出现了典型的细石核和细石叶压剥技术，细石核类型也较丰富，因此发掘者认为属旧石器时代晚期细石器文化。

东胡林遗址（图二，2）位于北京市门头沟永定河支流的三级阶地上，海拔 390～400 米，高出河床 25 米以上。遗址年代根据地层堆积和文化面貌可分前后两期，早期大约在距今 11150～10500 之间；晚期大约在距今 10500～9450 年。遗址出土了打制石器、细石器、数量众多的磨盘磨棒（144 件），还有一定数量的陶片，因此认为属于新石器时代早期。遗址出土的主要动物遗存为哺乳动物，以鹿科居多，也有野猪、獾等

---

① 稳定同位素研究及其发展前景将另文发表。
② 柿子滩考古队：《山西吉县柿子滩遗址第九地点发掘简报》，《考古》2010 年第 10 期。
③ Liu, L. Judith Field, Richard Fullagar, et al., 2011, Plant Exploitation of the Last Foragers at Shizitan in the Middle Yellow River Valley China: Evidence from Grinding Stones, *Journal of Archaeological Science*（38）12：3524 – 3532.

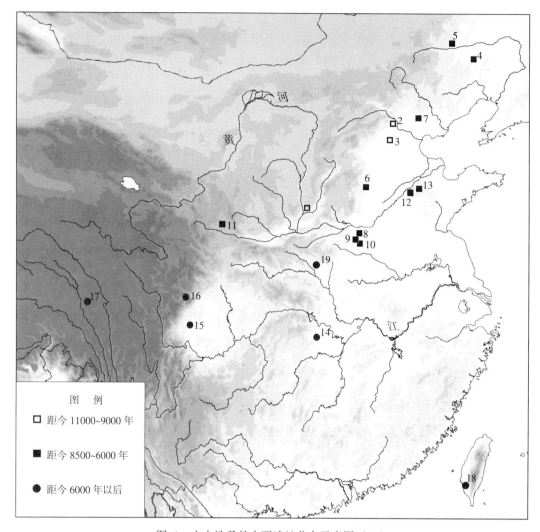

图二　文中涉及的主要遗址分布示意图（二）

1. 柿子滩　2. 东胡林　3. 南庄头　4. 兴隆沟　5. 白音长汗　6. 磁山　7. 上宅　8. 裴李岗、沙窝李　9. 莪沟
10. 石固　11. 大地湾　12. 月庄　13. 西河　14. 城头山　15. 宝墩　16. 营盘山　17. 卡若　18. 南关里

其他种类①。东胡林遗址浮选样品中发现了山楂和小米类遗存②，但资料尚未发表。淀
粉粒的研究先后由杨晓燕和刘莉进行。杨晓燕对东胡林早期阶段的 2 件磨棒，晚期阶
段的 1 个磨盘残块、2 件磨棒、1 件陶器底残片内侧残留物和 1 份陶片外部土壤样品等

① 北京大学考古文博学院等：《北京市门头沟区东胡林史前遗址》，《考古》2006 年第 7 期。

② 转引自 Yang, X., Wan, Z., Perry L. et al., 2012, Early Millet Use in China, *Proceedings of the National Academy of Sciences of the United States of America*, www. pnas. org/cgi/doi/10. 1073/pnas. 1115430109 (online first).

共 7 份样品进行了淀粉粒提取和鉴定，共获得 793 个淀粉粒个体，其中 742 个属于禾草类，包括 525 个小米类、217 个小麦族。在小米类中，带有野生狗尾草形态特点的淀粉粒比例逐步下降，从早期的 32.3% 到晚期的 14.9%；从淀粉粒尺寸上看，大于 14 微米（一般认为是粟）的淀粉粒比例则从早期的 36.2% 上升到晚期的 51.4%[1]。

刘莉对同样来自东胡林早期阶段的 1 件磨盘和 1 件磨棒进行了淀粉粒、使用微痕和植硅体分析[2]，其中磨棒样品与杨晓燕取样的是同一件遗物，结论则略有不同。研究认为，东胡林磨盘磨棒是主要用来加工橡子（栎果）的，考古样品的测量中值比栎属样品略大，更接近属于南方常绿种的柯属或青冈属；虽然磨棒上有个别淀粉粒的多面体特征类似粟黍，但由于数量太少不能判断。微痕研究中，石器表面的磨光面显示出石器加工过产生植硅体植物的可能，但由于没有提取到植硅体，淀粉粒鉴定也不支持，该文结论认为东胡林石器是用来加工坚果（橡子）的。

夏正楷等通过地貌调查和相关沉积物分析，复原当时东胡林遗址所在的生态环境[3]，研究显示，东胡林遗址年代对应于新仙女木事件结束之后的升温期，当时气候环境发生了明显的改善，孢粉数据说明，当时这一地区的植被主要以蒿属为主，藜科或禾本科次之，间有阔叶落叶树出现，属于温和较干的温带草原与比较温暖湿润的温带草甸草原交替出现的生态环境，以距今 10500 年为界，地貌和气候环境都发生了一定变化，其中温暖湿润的温带草甸草原更多的出现在后一阶段。文化遗迹的分布部位表明，"东胡林人"主要活动在两次河漫滩发育阶段（以距今 10500 年为界），尤其是远岸河漫滩发育阶段。他们生活在洪水后退之后出露的河漫滩平原上，并随着河水的涨落和由此引起的地貌变化，不断改换营地，过着半定居的生活。从夏正楷等复原的生态环境看，杨晓燕等的淀粉粒数据更符合古植被重建的结果。

南庄头遗址（图二，3）位于华北平原西部边缘，西距太行山余脉 15 千米。该遗址于 80 年代末即发掘出土了万年前的陶片，成为讨论北方新石器早期文化不可回避的地点。根据已有测年数据看，该遗址年代大约在距今 11500～11000 之间，相当于东胡林遗址的早期阶段。除陶片石器外，该遗址也出土了很多动物骨骼遗存，以鹿科动物为主[4]。杨晓燕对南庄头遗址出土的 1 件磨盘残块和 1 件磨棒进行了淀粉粒提取分析，

---

① Yang,X.,Wan, Z.,Perry L. et al. Early Millet Use in China,2012,*Proceedings of the National Academy of Sciences of the United States of America*,www. pnas. org/cgi/doi/10. 1073/pnas. 1115430109(online first).

② Li Liu,Judith Field,Richard Fullagar,et al.,2010,A Functional Analysis of Grinding Stones from an Early Holocene Site at Donghulin, North China,*Journal of Archaeological Science*(37)10:2630-2639.

③ 夏正楷等：《10000aBP 前后北京斋堂东胡林人的生态环境分析》，《科学通报》2011 年第 56 卷第 34 期。

④ 保定地区文物管理所等：《河北徐水南庄头遗址试掘简报》，《考古》1992 年第 11 期。

共发现了超过 400 个淀粉粒个体，其中 255 个鉴定为禾草类，包括 205 个小米类和 50 个小麦族。在小米类淀粉粒中，具有野生形态特点的占 38%；从尺寸上看，大于 14 微米（粟）的则占 46.8%。除禾草类以外的淀粉粒还在鉴定分类中，资料尚未发表。南庄头 1997 年发掘时，也对文化堆积层进行了孢粉采样分析①，这项古环境研究显示，在具有丰富人类文化遗迹和遗物的地层中，以禾本科花粉占优势，其次为蒿，也有一定量的水生植物花粉，木本植物含量在该层底部（即较早阶段）达本剖面最高值，其中又以栎含量最高；植硅体分析说明这时气候温凉偏干，禾本科中以早熟禾亚科占较大优势。由于来自文化堆积的孢粉组合不能完全反映当时的自然植被，这些数据仅供参考。

除了上述资料，最近磁山遗址新的测年数据到了一万年，但是由于目前磁山遗址中尚未甄别出有别于磁山文化的更早阶段的考古学遗存，而且同一剖面获得的系列年代数据出现倒置，因此仍将其纳入下一个阶段讨论。

总体上说，目前在华北地区已发现的距今 12000～9000 年间的新石器时代早期遗址有河北徐水南庄头和阳原于家沟、北京门头沟东胡林、怀柔转年以及山西吉县柿子滩等多处，这些地点基本的文化特征是类似的，在以打制石器、细石器为主体的文化中，也出现了磨盘磨棒等食物加工工具，有些地点没有出土陶片（如柿子滩），因此被划分为旧石器晚期文化。这些遗址已有的植物考古数据，基本上均来自于石器器表淀粉粒的提取和分析，从已有资料看，这一阶段对禾草类植物资源的加工利用已经相当普遍，这与新仙女木期结束后逐步升温的古植被环境整体上是相符的；而石磨盘磨棒在北方地区的最早出现，也同禾草类植物新资源的利用直接相关。

目前看来，华北地区最初禾草类的采集经济跟西亚的情况是有可比性的。以色列的 OhaloII 地点，约为距今 23000 年，该遗址的植物考古工作，将西亚禾草利用的历史往前推了一万年（过去一般认为是从距今 13000 年左右的纳吐夫文化时期开始的）。同针对于野生大小麦这类"大籽粒"谷草不同的是，OhaloII 表现出所谓"广谱经济"的植物采集特征，出土的 19000 多个草籽中，大部分是各类被研究者称为 SGG（small grain grasses）的小型禾草种子，包括常见的雀麦属、看麦娘属等等②。同时，对该遗址出土石器的淀粉粒研究也证明除了野生大麦小麦之外，石器被用来加工其他禾草类

① 李月从、王开发、张玉兰：《南庄头遗址的古植被和古环境与人类活动的关系》，《海洋地质与第四纪地质》2000 年第 20 卷第 3 期。

② E. Weiss, W. Wetterstrom, D. Nadel and O. Bar-Yosef, 2004, The Broad Spectrum Revisited: Evidence from Plant Remains, *Proceedings of the National Academy of Sciences of the United States of America*, Vol 101 (26):9551-9555.

植物①，值得注意的是，这项研究中提取的淀粉粒同我国早期所见的小麦族淀粉类型相似。从大量利用各类小型禾草（SGG）的广谱植物经济到集中采集进而栽培野生大小麦，这个过程在西亚是漫长的，目前看至少有一万年左右，然后又经过了两三千年才完成对野生大小麦的驯化。与此相比，中国北方的发展模式是类似的，也是从出现石磨盘磨棒开始同时出现具有广谱特点的禾草采集（粟黍类和小麦族类），之后逐步转为针对粟黍类进行采集和栽培，进而发展出旱作粟黍农业，只不过这一过程显然比西亚的发展速度要快得多。

第二阶段，距今8500~6000年前。从细石器文化往新石器中期转变的考古学资料（9000~8500年间）目前还很欠缺，但从距今8000年或略早阶段起，北方各地区的粟黍栽培经济都陆续发展了起来。出土相关遗存的地点涉及北方所有新石器中期文化，包括赤峰地区的兴隆洼文化、华北地区的磁山文化和裴李岗文化，还有甘肃秦安大地湾遗址（老官台文化）。

兴隆沟遗址（图二，4）位于赤峰市敖汉旗东部，东南距兴隆洼遗址13千米。发掘显示，第一地点属于兴隆洼文化中期大型聚落（距今8000~7500年）；第二地点属于红山文化晚期小型环壕聚落（距今5500~5000年）；第三地点为夏家店下层文化小型环壕聚落（距今4000~3500年）。配合发掘，赵志军对该遗址进行了较为系统的采样浮选工作②，其中第一地点取样1200余份，第二地点近150份，第三地点约100份。兴隆洼时期的样品基本来自数十座房址的堆积中（以一米见方网格取样），共发现炭化植物种子1万余粒，其中大多数是草本，包括石竹科的球序卷耳（*Cerastium glomeratum*）、豆科的紫云英属（*Astragalus*）和藜科的苋属、藜属，这些都是北方草原植被的常见品种；炭化黍的数量较多，近1500粒，占第一地点植物种子总数的15%，炭化粟籽粒数量非常少，仅发现了60粒③。属于红山文化的第二地点出土植物种子非常少，总计不到100粒，其中以坚果和杏李类核果为主，也有粟和黍遗存，但数量极少。到了夏家店下层阶段，炭化植物遗存异常丰富，在第三地点的百余份样品中，就发现了炭化植物种子1.4万余粒，平均密度是兴隆洼阶段的十几倍，同时粟、黍、大豆三个农作物品种的炭化种子占了植物总数的99%。从粒形上看，兴隆洼阶段黍粒和夏家店下层的差异明显。赵志军各取50粒进行了测量比较，第一地点黍粒呈长圆形，长宽均值为1.62×1.20毫米；第三地点黍粒呈圆球形，长宽均值为1.98×1.82毫米，与现代

① D. R. Piperno，E. Weiss，I. Holst and D. Nadel，2004，Processing of Wild Ceral Grains in the Upper Palaeolithic Revealed by Starch Grain Analysis，*Nature* 430：670–673.

② 赵志军：《从兴隆沟遗址浮选结果谈中国北方旱作农业起源问题》，《东亚古物》（A卷），文物出版社，2004年。

③ Zhijun Zhao，New Archaeobotanic Data for the Study of the Origins of Agriculture in China，*Current Anthropology*，Vol. 52，No. S4，The Origins of Agriculture：New Data，New Ideas（Oct 2011），pp. S301.

黍粒基本相同。此外，兴隆洼阶段的第一地点也在房址中发现了一定数量的猪头骨，骨骼的形态鉴定和稳定同位素数据均显示，这些猪尚未被驯化，还是野生种。夏正楷等对该遗址的地貌背景进行了分析，认为距今 8000～6000 年间，现代河流水系的雏形刚刚出现，本地区主要还是宽广的山间黄土堆积平原，没有形成后来阶地与河漫滩的地貌环境①，因此可供人类利用的资源域（resource catchment）相对单一广阔，包括黄土平原及其周围的山麓地带。

白音长汗遗址（图二，5）位于赤峰市林西县，位于西拉木伦河的北岸，这个遗址文化堆积涵盖了辽西地区小河西—兴隆洼—赵宝沟—红山—小河沿的完整考古学文化序列。该遗址出土的大部分磨盘磨棒来自于兴隆洼文化阶段，最近的一项淀粉粒研究对白音长汗的研磨石器进行了分析②。淀粉粒遗存来自四个样品，其中 1 件磨棒类工具、3 件磨盘，均出自房址内靠近火塘的位置。磨棒来自 F64，从地层上看早于兴隆洼文化堆积，属于当地的小河西文化阶段（距今 8200 年之前）；另外 3 件磨盘则来自兴隆洼阶段的房址。磨棒上发现的淀粉粒相对兴隆洼阶段略少，大部分具有类似黍的特征，有 1 颗可能属于栎果。属于兴隆洼阶段的 3 件磨盘上均发现了粟、黍和栎果类型的淀粉粒遗存。

综合大植物和微植物遗存数据，兴隆洼文化利用粟黍作为其植物食物资源的主要内容是明确的，微植物中发现的橡子类遗存在兴隆沟的大量浮选样品中未见，可能同取样单位的性质及保存方式有关，橡子一般有其特定的储存加工方式，橡子壳也很难被炭化保存下来。

华北地区目前还没有见到属于这一阶段系统获得的大植物遗存资料。相关讨论以上宅遗址、裴李岗文化遗址的石器淀粉粒分析以及磁山遗址储存坑堆积的植硅体分析为主要依据。

上宅遗址（图二，7）位于北京市平谷县洵河北岸的台地前缘。进行淀粉粒分析的 1 件磨盘和 1 件磨棒均来自第 5 层，该层测年数据在距今 7500～6700 年间。从这两件石器的使用及非使用面共取样四处，最后一共获得 71 个淀粉粒个体（另在磨棒上发现了由几百个淀粉粒组成的复粒淀粉，种属不详），在可鉴定淀粉粒中，最多的是来自栎属果实（24 个），其次是粟（10 个），另有一定数量的黍和小豆属淀粉粒③。

---

① 夏正楷、邓辉、武弘麟：《内蒙西拉木伦河流域考古文化演变的地貌背景分析》，《地理学报》2000 年第 55 卷第 3 期。

② Dawei Tao, Yan Wu, Zhizhong Guo, et al., 2011, Starch Grain Analysis for Groundstone Tolls from Neolithic Baiyinchanghan Site: Implications for Their Function in Northeast China, *Journal of Archaeological Science* 38：3577-3583.

③ 杨晓燕等：《北京平谷上宅遗址磨盘磨棒功能分析：来自植物淀粉粒的证据》，《中国科学 D 辑：地球科学》2009 年第 39 卷第 9 期。

　　位于河北武安的磁山遗址（图二，6），曾经长期被学界公认为是北方地区最早出土栽培作物粟的地点，由于储存坑内出土的所谓粟已经完全"灰化"，无法辨识，其种属鉴定是根据灰像法推断而成的，不少学者对此提出了疑问①。吕厚远等在经过对现代粟黍狗尾草类植硅体的观察分析后，建立了鉴别粟黍的植硅体分类标准②，并在此基础上对磁山遗址储存坑进行重新取样和研究③。这项研究重新清理了现代暴露的磁山遗址文化剖面，对挂在剖面上的 5 个储藏坑填土进行了分层取样，共获得样品 47 份，另外，还包括一份磁山遗址博物馆保存的发掘时取的"灰化"样品。这些样品根据植硅体组合和新的测年数据可分成两组，其中 CS-I（坑I，下同）、III 和 IV 为一组（27 个样品），测年数据在距今 10300～8700 年间，所有样品中提取的可鉴定分类的颖壳植硅体 100% 均为黍；来自 CS-II、V 和博物馆保存样的结果为第二组（20 个样品），年代数据在距今 8700～7500 年间，这些样品中有超过 97% 的可鉴定颖壳植硅体为黍，另有很少量（0.4%～2.8%）为粟。此外，以 CS-I 为例，植硅体组合的变化还揭示出储存坑内的黍类种子是隔层堆放的，被储存的是带有稃壳的黍粒，用来间隔的是黍的颖片和芦苇茎叶混合物，深 1.5 米的储存坑填土堆积可以分成三个黍粒层和三个间隔层。

　　磁山植硅体研究的争议之处在于新测定的年代数据。过去有两个来自灰坑的常规碳-14 数据，校正年代为距今 8295～7975 年间。这次重新取样时测定了年代数据 9 个，其中大部分要远远早于已有的对磁山年代的认识：有两个坑的 4 个数据在距今万年以上或左右，两个坑的 2 个数据在距今 9500 年前后，一个坑的 1 个数据在距今 8700 年前后，仅有 1 个坑和博物馆藏品 2 个数据较晚，在距今 7500 年左右。要接受这些新测年数据，把磁山文化的年代往前提到万年以上，目前还有很多疑问。首先是数据系列本身存在问题，CS-I 中共采集测年样品 4 个，这四个样品的年代完全是逆序的，即最靠上的年代最老，最靠底部的年代反而最年轻，如果利用 OxCal 软件对这组数据进行拟合的话，数据逆序排列的拟合度极高 ｛A = 103.4%（A'c = 60.0%）｝，完全违反了地层堆积形成的一般规律，没有办法进行合理解释。其次，从考古学文化面貌上说，要保持陶器等人工遗物特征长期不变是不太合理的，如果将磁山遗址最早扩展到万年以上的

①　赵志军：《从兴隆沟遗址浮选结果谈中国北方旱作农业起源问题》，《东亚古物》（A 卷）第 191 页，文物出版社，2004 年。

②　Lu H, Zhang J, Wu N, Liu KB, Xu D, et al., 2009, Phytolith Analysis for the Discrimination of Foxtail Millet (*Setaria italica*) and Common Millet (*Panicum Miliaceum*), *PLoS ONE* 4: e4448.

③　Lu Houyuan, Zhang Jianping, Liu Kambiu et al., 2009, Earliest Domestication of Common Millet (*Panicum Miliaceum*) in East Asia Extended to 10000 Years Ago, *Proceedings of the National Academy of Sciences of the United States of America*, 106(18): 7367-7372.

话，跨度有 2000 余年，就应该能从已有的磁山文化中甄别出更早的一组文化因素来，目前显然没有支持这种情况的考古学证据；如果把磁山文化年代改为万年前后的话，那么跟磁山文化面貌相近的裴李岗、老官台等一系列新石器中期文化都要往前提 2000年，等于整个北方新石器文化序列要重新建立，这与大量工作下建立的时空框架显然是很难整合的。所幸的是，该项研究的主持者也认为，目前让考古学界接受新的测年数据是不现实的，只有在地层、文化面貌和年代三者完全对应的情况下，才会考虑和探讨这样的可能性①。

年代议题的争议并不能影响这批研究数据的学术意义，它为我们讨论北方旱作农业起源提供了非常重要的信息：首先，明确了磁山储存坑内的储存对象，澄清了过去磁山最早种植的是粟的说法，以黍为主体的植物组合同这一阶段其他北方地区的材料是一致的；其次，磁山遗址发掘中一共发现了 80 余个储存坑，都深达几米，通过这次植硅体分析再次明确了它们的功能，跟其他已发现粟黍的同一阶段遗址相比，磁山储存坑是唯一的植物资源原址保存的证据，大量的储存坑显示，黍类植物已经成为当时人们的主食来源；最后，储存坑内植硅体组合变化的数据能够帮助我们复原当时谷粒的储存方式，隔层堆放的方法更易于保存和取用。

裴李岗文化比磁山文化年代跨度略长一些，一般认为大约在距今 8500 ～ 7000 年间。过去报道过一些出土粟遗存的遗址，比如丁庄②、沙窝李③等，也有关于这一时期野生植物资源的记录，比如班村遗址出土了紫苏、野大豆、栎属子叶等等④。但上述地点均未开展过系统的植物考古工作。最新的植物考古证据大多来自淀粉粒研究，进行过系统取样分析的遗址已有四五处。

裴李岗遗址（图二，8）位于新郑西北，以出土带柱状四足的磨盘为文化特征。张永辉等对该遗址出土单位明确的 8 件石磨盘进行了取样分析⑤，共提取淀粉粒个体超过1000 个，根据形态和尺寸特征，可分为 7 大类。其中，可鉴定淀粉粒中比例最多的是栎果的淀粉粒，占到总数的 46.3%，其次是小麦族（24.3%）、粟或黍或薏苡属（12.1%）、根茎类（0.4%）等，不可识别的淀粉粒占总数的近 17%。

---

① 　与吕厚远私人通讯。
② 　许天申：《论裴李岗文化时期的原始农业——河南古代农业研究之一》，《中原文物》1998 年第 3期。
③ 　王吉怀：《新郑沙窝李遗址发现炭化粟粒》，《农业考古》1984 年第 2 期。
④ 　孔昭宸、刘长江、张居中：《渑池班村遗址植物遗存及其在环境考古学上的意义》，《第四纪研究》1998 年第 3 期第 280 页。
⑤ 　张永辉等：《裴李岗遗址出土石磨盘表面淀粉粒的鉴定与分析》，《第四纪研究》2011 年第 31 卷第 5 期。

　　此外，张永辉也对其他裴李岗文化遗址出土的石磨盘进行了取样分析①，包括莪沟（图二，9）（1件出土品，1件采集品）、石固（图二，10）（2件出土品）、沙窝李（图二，8）（2件出土品）、岗时（1件采集品）等遗址共7件。共提取淀粉粒个体396个，按照对裴李岗遗址同样的形态分类标准，其中比例最多的也是栎果淀粉粒，占总数的33.3%，其次是狗尾草属或黍属或薏苡属（23.48%）、小麦族（22.73%）。研究表明，这些裴李岗文化石磨盘的加工对象具有多样性，并且残存的淀粉粒构成比例相似，反映出类似的取食经济结构。

　　刘莉等对莪沟和石固遗址出土石磨盘也做过淀粉和微痕研究②。数据来自莪沟遗址出土的2件石磨盘、1件磨棒和石固遗址出土的2件、采集的1件石磨盘。共提取淀粉粒个体340个，其中石固遗址的保存较差，仅发现了22个个体，主要来自2件石器，而2件提取的淀粉粒在尺寸大小上差异较显著，从总的特征看，鉴定者认为没有属于谷物类的可能性，应该是属于栎果一类的淀粉粒遗存；莪沟遗址出土的3件样品中，2件磨盘经鉴定是加工栎果的（可能是常绿的柯属或青冈属），也包括类似小豆属的淀粉粒和1个块茎类的淀粉粒（近似薯蓣类），磨棒上提取的24个淀粉粒中，有5个近似粟的形态特征。综上，研究者认为裴李岗文化的石磨盘石磨棒是多功能的，但以加工栎果为主，因此认为坚果才是裴李岗文化的主食来源。

　　除此之外，在对伊洛河流域田野调查中有两个属于裴李岗晚期的地点采集了浮选样品，分别是府店和坞罗西坡。李炅娥等的分析数据显示，这两个地点出土的唯一农作物品种是粟，且数量极少，各出土2个粟粒③。

　　总体上说，华北及中原地区这一阶段的材料，囿于保存状况和工作条件，是不够系统和全面的。磁山遗址的新工作解决了是黍而不是粟的问题，但由于样品全部来自储存坑，并且坚果块茎类植物又不产生可鉴定植硅体，局部的植硅体研究结果不能反映当时整体的取食经济结构；而裴李岗文化的数据大多来自石器表面淀粉粒的分析，可以说一定程度上是反映了食物资源的多样性，但以坚果为主、禾草类为辅的淀粉粒组合，是否直接反映当时取食结构的比例，还有待其他旁证的进一步说明。

---

① 张永辉：《裴李岗文化植物类食物加工工具表面淀粉粒研究》，中国科学技术大学硕士学位论文，2011年。

② Li Liu, Judith Field, Richard Fullagar, et al., 2010, What Did Grinding Stones Grind? New Light on Early Neolithic Subsistence Economy in the Middle Yellow River Valley, China, *Antiquity*(84):816–833.

③ Gyoung – Ah Lee, Gary W. Crawford, Li Liu, and Xingcan Chen, 2007, Plants and People from the Early Neolithic to Shang Periods in North China, *The Proceedings of the National Academy of Sciences*(*PNAS*), 104:1087–1092.

　　甘肃秦安大地湾遗址（图二，11），是属于同一阶段老官台文化的重要地点。该遗址的堆积包括了大地湾一期（距今 7800～7300 年间）、仰韶文化（即大地湾二、三、四期，距今 6500～4900 年间）和常山下层文化（即大地湾五期）。在大地湾发掘中，曾有针对性的对各时期的遗迹单位进行过植物遗存采样，并委托中国科学院植物研究所进行了鉴定统计①。属于大地湾一期的样品只有 H398 一份，从中分拣出8 个黍粒。仰韶早期的样品两份，QDT109 ⑥中分检出黍 500 余粒；H379 中鉴定出420 粒炭化黍，10 粒炭化粟，2 粒紫苏。仰韶文化晚期 H219 中，分检出 700 余粒粟，另有黍 5 粒。可惜仰韶中期和常山下层阶段均没有发现植物遗存。从出土炭化遗存看，以黍为主的取食结构从大地湾一期一直延续到了仰韶文化早期阶段，而仰韶文化晚期则已转变成以粟为主，由于缺乏仰韶中期的数据，粟黍在食物结构比例上的转换只能大致推测发生在距今 6000～5500 年间。此外，尽管大地湾一期出土的黍遗存数量不多，一期和仰韶早期之间尚有七八百年的缺环，但从炭化黍的尺寸上看，一期到仰韶早期之间大致相当，没有发生明显变化，推测从距今约 7800～6000 年，人们对黍的栽培利用一直处于相对稳定的模式；从黍的尺寸变化看，栽培技术的发展也发生在仰韶中期之后。

　　除了大植物遗存的证据，Barton 等还对大地湾的人骨和动物骨骼进行了稳定同位素的分析②。研究显示，大地湾一期狗（距今 7560～7160 年）的取食模式可分两类，一类近似野生（C_3 食物，低 $\delta^{15}N$ 值），一类则显示出被圈养的特征（高 $\delta^{13}C$ 和 $\delta^{15}N$ 值），尽管没有这一阶段人骨的资料，但截然分成两类的狗数据说明，其中一部分并非狩猎获得。狗只有在人类行为干预下才会以 C_4 植物为取食资源，这也旁证了当时人们已经开始以 C_4 植物为主要食物资源；同时，大地湾一期的猪则全部表现出同其他野生动物类似的食性（低 $\delta^{13}C$ 和 $\delta^{15}N$ 值）。到仰韶文化阶段，所有的狗和人都已处于碳氮高值范围，证明了人们以 C_4 植物为主食的农业经济形态，同时狗都是驯养而非狩猎所得；这一阶段，最早出现典型圈养特征（高 $\delta^{13}C$ 和 $\delta^{15}N$ 值）的猪测年数据约为距今 5800年，一共有 26 个猪骨样品属于这类圈养型，另有 2 个个体仍然表现出野生的食性，有5 个个体属于中间形态。就该文提供的补充材料看③，家猪型是在距今 5800～5500年间集中出现的（测年猪骨 7 个），属于中间型和野生型的猪骨样品反而在年代上集

① 刘长江、孔昭宸、朗树德：《大地湾遗址农业植物遗存与人类生存的环境探讨》，《中原文物》2004 年第 4 期。

② Loukas Barton, Seth D. Newsome, Fahu Chen et al., 2009, Agricultural Origins and the Isotopic Identity of Domestication in Northern China, *The Proceedings of the National Academy of Sciences*(PNAS), Vol. 106 No. 14：5523-5528.

③ www. pnas. org/cgi/content/full/0809960106/DCSupplemental.

中在了仰韶文化晚期阶段（碳比值属野生型的两个样品年代分布区间为距今 5500 ~ 4500 年；中间型的样品年代分布区间为距今 5500 ~ 4800 年），如何解释这一现象还有待进一步探讨。

总体上，大地湾稳定同位素研究结果可以跟大植物遗存数据较好的对应，对黍（C_4 类植物）的栽培利用从大地湾一期即已开始；仰韶文化中期家猪开始出现，这与粟黍比例和黍粒尺寸的变化差不多同时，由此推测葫芦河流域的农业形态在仰韶文化早中期间出现了明显的发展，家畜饲养是伴随着粟黍转换和粟农业的建立共同出现的。

关于这一阶段的古环境气候，上述几个地区都有相应的沉积物和孢粉数据供我们参考。赤峰七锅山剖面显示[1]，距今 8400 ~ 6200 年间，本地区以草原植被为主，在沟谷和土壤水分较好的地方有小片的阔叶林生长；距今 6200 ~ 4000 年间，孢粉组合中藜科花粉增加较多，因此气候较前一阶段偏干一些；距今 4000 ~ 2500 年间，孢粉组合中木本花粉最少，相反蕨类植物有明显增多，反映出以草原为主，气候温干，较上一阶段略有好转。

河北曲周的沉积物样品显示[2]，这一地区距今 10000 ~ 8500 年间，气候凉干；在距今 8500 ~ 8000 年间，气候开始转为温暖湿润；在距今 8000 ~ 7200 年间，气候再趋凉干；在距今 7200 ~ 6500 年间，再度变为温暖湿润；而约距今 6500 年以后，气候整体渐趋凉干。河南皂角树剖面的沉积物质特征显示[3]，洛阳盆地距今约 12000 ~ 8000 年，气候冷湿，在特征上更接近西北草原气候；距今约 8000 ~ 3000 年，气候比较温暖湿润，在特征上更向长江中下游的现代气候特征靠近；距今 3000 年以来，气候趋于干旱化。对郑州西山全新世地层的分析也显示出[4]，距今 6800 ~ 4200 间这一地区达到温暖湿润的鼎盛阶段；而在距今 2900 年以来，气候总体处于冷干状态。这一结论同洛阳盆地结果可以相互印证。

在甘肃东部，大地湾一级阶地剖面的综合分析显示[5]，本地区自距今 8500 年或略早时期开始，气候由干凉转为温湿；在距今 8000 年以后，变为温暖湿润气候，曾一度出现森林茂密、河湖密布的景观，这种气候一直延续到距今 6000 年左右；从距

[1] 许清海等：《赤峰地区孢粉分析与先人生活环境初探》，《地理科学》2002 年第 22 卷第 4 期。
[2] 工红亚等：《河北平原南部曲周地区早、中全新世沉积物的分析及古环境状况的推测》，《第四纪研究》2002 年第 22 卷第 4 期。
[3] 张本昀、李容全：《洛阳盆地全新世气候环境》，《北京师范大学学报》（自然科学版）1997 年第 33 卷第 2 期。
[4] 王晓岚、何雨：《郑州西山 7000 年来磁化率所反映的气候变化》，《北京师范大学学报》（自然科学版）2004 年第 40 卷第 1 期。
[5] 莫多闻等：《甘肃葫芦河流域中全新世环境演化及其对人类活动的影响》，《地理学报》1996 年第 51 卷第 1 期。

今6000～5000年开始，气候有变干凉的趋势。

综合而言，北方温带地区全新世气候变化的总体趋势是一致的，即早全新世比较干凉，在大约距今9000～8000年间开始转为暖湿，稳定的暖湿阶段持续到距今5000年，之后明显再次趋于干凉，而这一干凉化的趋势从距今6000年左右就已经开始。由于所处的地理位置不同，各地区气候变化的特点也略有差别①。兴隆洼文化地区纬度相对较高，温度略低，但位置偏东，受夏季风影响强烈，因此在温湿阶段，降水明显比其他地区增幅明显；而地处内陆的甘肃东部地区，虽然最适期相对湿润，总体仍较干燥，但由于地理位置偏南，温度升幅明显。

旱作农业正是在北方温带地区处于稳定暖湿期的大背景下发展起来的。大约距今8000年，各地区分别出现发展水平相似的旱作经济文化，这和整个北方地带环境气候变化的宏观节奏相一致。海岱地区虽属黄河流域，但因为地理位置的关系，降水可能较多，因此在距今8000～7800年间，出现了稻和黍粟被共同利用的现象（图二，12、13），但由于数量很少，两个地点间的相似性不够，没有证据直接说明这三种植物栽培和驯化程度②。整个黄土地区，均有大量利用黍类的证据，目前看来，旱作农业开始首先是选择的黍作为主要栽培利用的品种，这种黍作经济持续发展了1000多年，从黍的形态特点上看，仍未发生明显的进化。仰韶早期阶段（距今6500～6000年）的情形，囿于资料的匮乏，很不清楚，是否发生了粟黍的交替？猪的驯化是发生在粟黍交替之后还是之前？这些在北方农业发展进程中的关键点尚没有明确的时间坐标。

第三阶段，仰韶文化中期后（距今6000年后），北方地区明确建立起来以粟为主的旱作农业，其中黍仍占有一定的比例，随着不同地区不同文化交流的影响，先后又有水稻、小麦和大豆等农作物参与到北方农业经济的体系当中，形成以粟类为主多种农作物共同组成的混合型农业经济模式。

同稻作农业的发展进程类似，粟作经济也差不多在这一阶段开始往外传播。长江中游地区在大溪文化早中期就开始出现粟遗存（城头山，大约距今6000年，图二，14），进而逆长江而上，与稻作主体经济一起进入成都平原（宝墩，距今4500年，图二，15）。往西南方向，随着马家窑文化的扩张和影响，在成都平原周边山区的哈休、营盘山（图二，16）等遗址相继出现粟黍农业（距今5300～4500年）③，甚至很快进

---

① 莫多闻、王辉、李水城：《华北不同地区全新世环境演变对古文化发展的影响》，《第四纪研究》2003年第23卷第2期。

② 详见上文月庄、西河的讨论。

③ 赵志军、陈剑：《四川茂县营盘山遗址浮选结果及分析》，《南方文物》2011年第3期。

入青藏高原区（卡若遗址，距今 5500～4200 年，图二，17）①。

粟黍经济往东北亚的传播相当迅速，大约是在仰韶中晚期即进入西伯利亚东部沿海地区，已有资料显示东部沿海的 Krounovka-1（距今 5550～5350 年）、Zaisanovka-7（距今 5500～5000 年）、Zaisanovka-1（距今 4600～4400 年）、Novoselische-4（距今 4500～4050 年）等遗址，均出土粟黍类遗存，并且以黍为主②。虽然缺乏朝鲜地区材料，但粟黍遗存出现在朝鲜半岛南部的时间差不多也在 Chunlmun 文化中期（距今 5500 年）③。

黍往西传播与小麦东传的时间估计是差不多的。尽管有研究者提出过黍往西的传播可能追溯到距今 8000～7000 年④，但目前尚无考古学资料的支持。最近发表的哈萨克斯坦东部 Begash 遗址，为黍和小麦的东西交汇提供了明确的年代，该遗址经过浮选后，发现了 28 个黍和 5 个小麦种子，种子的直接测年数据是距今 5400～5100 年⑤。

目前尚无证据显示新石器时代粟黍经济曾往中国东南地区发展，在长江下游大量的植物考古资料中，完全没有看到此类遗存，因此出现在台湾地区的小米（南关里，距今 4800 年，图二，18），更有可能是来自海岱地区大汶口晚期文化的传播和影响（详见上文）。

本文着力讨论农业起源的议题，对其发展传播进程无法一一进行详细分析。但综合而言，从仰韶中晚期开始，以粟为主体，包括了黍、稻、大豆、麦等多种成分的混合农业体系就在北方地区逐步建立起来⑥。与此同时，在文化扩张和交流的过程中逐步扩展，主要是进入了东北亚和西南地区，但并没有对稻作农业区产生太大的影响；这与稻作传播过程中，率先波及粟黍农业地带，并成为其混合经济的一部分，形成了颇

① 西藏自治区文物管理委员会等：《昌都卡若》，文物出版社，1985 年。

② Sergusheva EA，Vostretsov YE，2009，The Advance of Agriculture in the Coastal Zone of East Asia，In：Fairbairn A，Weiss E，Editors，*From Foragers to Farmers*：*Papers in Honor of Gordon C. Hillman*，Oxford：Oxbow Books，p. 205-219.

③ Gyoung - Ah Lee，2011，The Transition from Foraging to Farming in Prehistoric Korea，*Current Anthropology* Vol. 52，No. S4，*The Origins of Agriculture*：*New Data*，*New Ideas*，pp. S307-S329.

④ Jones MK，2004，Between Fertile Crescents：Minor Grain Crops and Agricultural Origins，In：Jones MK（ed）*Traces of Ancestry*：*Studies in Honour of Colin Renfrew*，Oxbow Books，Oxford，pp127-135.

⑤ M. D. Frachetti，R. N. Spengler，G. J. Fritz and A. N. Mar'yashev，2010，Earliest Direct Evidence for Broomcorn Millet and Wheat in the Central Eurasian Steppe Region，*Antiquity* 84：993-1010.

⑥ 由于环境因素，有些地区是以黍为主、以粟或稻为辅的。比如淅川沟湾遗址，从仰韶到王湾三期完整的文化序列中，黍在农作物结构中始终占有绝对的优势地位，粟或稻（明显在仰韶最晚和屈家岭时期增加）从未超过黍的出土概率和绝对数量。见王育茜等：《河南淅川沟湾遗址 2007 年度植物浮选结果与分析》，《四川文物》2011 年第 2 期。

为鲜明的对比。总体上说，粟黍农业的发展与传播，和庙底沟阶段中原与北方文化发展影响的大背景是相互呼应的。

综合而言，北方地区旱作农业的发展经历了大的三个阶段：第一阶段是万年以前到距今 9000 年左右，北方地区有证据显示，人们开始利用一定数量的野生禾草类植物作为食物资源，这些禾草类中包括了粟黍狗尾草类，也有另一类属于小麦族的植物。目前看到的早期利用地点均集中在华北平原和太行山脉。

第二阶段是距今 8500～6000 年之间，得益于适宜的环境气候条件，北方大部分地区开始奠定起旱作农业的基础。前 1000 年（距今 8000～7000 年）目前看来完全是以黍为主的经济形态，分布上东西向从泰山北麓一直到甘肃东部，南北向从赤峰地区一直到河南中部，大范围内表现出早期农业形态的相似性；下一个千年（距今 7000～6000 年）的资料较少，目前是否发生了粟黍比重上的转变，尚不清楚。证据还显示，猪的驯化似乎要比粟黍植物的驯化略晚一些，至迟到这一阶段后期才得以完成。

第三阶段是距今 6000 年之后，整个北方及中原地区在环境条件适宜的范围内均转入了以粟为主的旱作农业形态，黍始终在农业结构中占有一席之地，但栽培数量并不显著，水稻、小麦等先后被纳入北方农业体系，大豆也在更晚阶段完成了驯化，最终在商时期形成了"五谷"组合的混合农业体系。粟黍往外的传播也是从这个阶段开始的，大约距今 5500 年前后，是粟黍传播的加速扩张期，东北可达韩国半岛、西伯利亚沿海；西北进入川西山区和青藏高原北部；另外黍往西传播的时间大约与小麦东传的年代相当。距今 6000 年后，北方气候整体开始趋于干凉，但文化的发展和人口的增长，却促进了农业发展和传播进程的加速，环境的因素看来已不再成为农业发展的关键。

（二）关于粟黍农业的起源——研究方法的进展

1. 大植物遗存的鉴定

粟黍个体很小，想要利用穗轴这类硬证，开展同大麦、小麦和稻属植物类似的研究，是很不现实的。同时，关于粟黍粒形上的特征，及其与野生祖本间的差异，基础性的研究工作也没有开展起来。总体上说，就大植物遗存本身的特征，来判断粟黍野生/驯化的特性，现在还没有充分的条件。

不过在目前的资料中，很多学者都注意到了早期黍遗存粒形上的特点，比如 Crawford 就在其月庄报告中指出"与后期发现相比，这些早期黍类作物颗粒较短且瘦，但比野生的黍属种子要厚，我们推测月庄遗址发现的黍和粟属于粟类作物的早期栽培类型"。赵志军选择兴隆沟第一地点和第三地点各 50 粒黍进行测量，结果显示，兴隆洼时期的炭化黍粒"呈长圆形，明显小于现代黍粒"。刘长江也认为"大地湾样品中出现的黍或粟米粒均较现代米粒为小"。从有限的测量数据及其年代来看，黍粒尺寸增大的过程是可以被考古学资料记录和证实的，并且这个过程似乎存在先增宽（粒形趋向球形），再整体增大的演化趋势。和稻属植物研究类似，同一地区粒形的长程变化需要数据积累，而这项工作的开展，应该能够反映出粟黍类农业的起源发展进程①。

另一个需要考虑的谷粒形态问题，是如何甄别出未成熟的粟黍遗存。实验显示②，黍的开花结实期大约为 32 天左右，单个黍粒在发育 16 天之后其尺寸和干重即停止发生变化。炭化实验显示，经过 235 度氧化条件的炭化过程后，大约发育 10 天以上的未成熟籽粒基本都能够保存下来，早于 10 天的保存率很低，并且会丧失可供鉴定的胚等形态特征。从炭化后的形态比较看，未成熟黍粒的总体特征跟黍是一致的，由于长宽基本是同比增长，所以除尺寸明显偏小外，整体还是呈圆球形，但是厚度上差异较明显，16 天成熟黍粒比 10 天黍粒平均厚 0.4 毫米左右。因此，建议在具体实践中，将形态相似、个体较小，整体较为扁平的一类单独区分出来，定为不成熟的粟或者黍③。已有研究者指出，小米的成熟程度具有较大的不平衡性④，因此早期遗址出土的谷物中存在一定比例不成熟的谷粒是很正常的现象。由于不成熟的籽粒相对轻小，在作物后期加工过程中容易被丢弃，出现在遗址中的几率更大。有研究显示，通过成熟/不成熟比例的变化，是可以讨论农业发展水平和劳力组织形态等议题的⑤，因此，这一分类在将来的大植物实验室分析中应加以推广。

跟稻属植物的研究相比，粟黍类在大植物方面的基础研究相对薄弱，但在微植物形态研究领域则发展较快，植硅体和淀粉粒研究在粟黍及其野生亲缘种的鉴定判断方法上均已做了大量的基础性工作。

2. 植硅体与粟黍及其亲缘种的鉴定应用

粟黍的植硅体形态研究以吕厚远和其研究小组为主要代表。吕厚远在 *PLoS ONE* 发表了关于粟黍的植硅体鉴定和判别标准⑥。研究者对 27 个黍亚科品种（9 个粟、12 个

---

① 需要注意的是，粟黍类炭化变形的程度要远远大于炭化稻米，考古出土的炭化小米，经常出现爆裂和顶部胀裂（类似爆米花的效果）或者成团粘连的保存状况。因此粒形测量分析要注意避免挑选炭化变形的个体。

② Giedre Motuzaite - Matuzeviciute, Harriet Hunt, Martin Jones, 2012, Experimental Approaches to Understanding Variation in Grain Size in *Panicum Miliaceum* (Broomcorn Millet) and its Relevance for Interpreting Archaeobotanical Assemblages, *Vegetation History and Archaeobotany* Volume 21, No. 1; 69–77.

③ 秦岭：《南交口遗址浮选植物遗存的初步分析》，《三门峡南交口》，科学出版社，2009 年。

④ Lu, Tracy L-D, 2000, A Green Foxtail Cultivation Experiment in the Middle Yellow River Valley and Some Related Issues, *Asian Perspectives*, Vol 41 (1), pp. 1–14.

⑤ Dorian Q Fuller（傅稻镰）：《颍河中上游谷地植物考古调查的初步报告》，《登封王城岗考古发现与研究（2002~2005）》附录四，大象出版社，2007 年。

⑥ Lu H, Zhang J, Wu N, Liu K-B, Xu D, et al., 2009, Phytoliths Analysis for the Discrimination of Foxtail Millet (*Setaria Italica*) and Common Millet (*Panicum Miliaceum*). *PLoS ONE* 4 (2): e4448.

黍和其他野生狗尾草、黍属、稗属品种）进行了观察比较，检测了位于颖片、内外稃片等不同组织，及同一组织不同部位的长细胞植硅体，最终得到五个可供判别的形态特征，据此，可以对粟和黍进行明确的鉴定分类。

随后，张建平继续发表了关于粟和狗尾草的鉴定标准和方法[1]。该项工作一共观察了16份样品。9份粟（5份来自中国，2份法国，2份东欧）和7份狗尾草。观察了种籽内外稃片上的表皮长细胞，发现在内稃片上尤其是位于内稃片中部（研究者称Ω3）的细胞形态差异明显，三组不同的测量数据均有可供分类的差异。总体上说，粟的值都比狗尾草大，意味着粟的表皮长细胞结构间距更宽，沟壑更深，这跟种籽的尺寸大小有相关性。这项研究的另一个贡献，就现代粟样品的测量数据看，法国的两个品种跟中国和东欧的品种聚成了两个组，形态上存在差别。这个结果是否能和分子生物学提示的多次起源[2]相对应，还需进一步数据支持。

上述基础工作的成功为下一步在考古学中的应用提供了重要的学术基础。同一研究小组已将粟黍判别方法应用在磁山储藏坑、泉护剖面等考古堆积的分析中。尽管磁山再次测年的结果尚有待商榷，但磁山储藏坑内大量储存的是黍，而不是粟的结论，可以说是植硅体判别方法对粟黍类农业研究的一项重要贡献。这一结论也跟整个北方地区先以黍为主，后以粟为主的农业发展进程相吻合，跟来自兴隆沟、大地湾等遗址的大植物遗存证据有很好的互证关系。用同样的方法分析泉护剖面，得出关中地区新石器时代始终以黍为主的结论，这一结果能否与大植物遗存的结论相呼应，目前还不清楚[3]，如果情况确实如此，那么关中地区和中原地区（嵩山南北）的农业基本模式是有差别的，由此牵涉的相关问题就很多了。

植硅体有其保存状况的优越性，可以预见在上述基础研究工作的带动下，相关的

---

① Zhang J, Lu H, Wu N, Yang X, Diao X, 2011, Phytolith Analysis for Differentiating between Foxtail Millet（Setaria Italica）and Green Foxtail（Setaria Viridis）, PLoS ONE 6(5)：e19726.

② Fukunaga K, Wang Z, Kato K, Kawase M, 2002, Geographical Variation of Nuclear Genome RFLPs and Genetic Differentiation in Foxtail Millet, Setaria Italica（L.）P. Beauv, Genet Resour Crop Evol 49：95–101.
Fukunaga K, Ichitani K, Kawase M, 2006, Phylogenetic Analysis of the rDNA Intergenic Spacer Subrepeats and its Implication for the Domestication History of Foxtail Millet, Setaria Italica, Theor Appl Genet 113：261–269.

③ 据赵志军发表的西安鱼化寨遗址资料，在106份浮选样品中出土55000个种子，其中粟的绝对数量占65%，黍的绝对数量占25%，从种子数量看是以粟为主；不过从出土概率看，黍为67%，粟为63%，两者基本相当。鱼化寨是一处仰韶文化遗址，不清楚浮选样品属于仰韶哪个阶段，但有相当于半坡期的遗存是明确的。这批数据跟泉护剖面表现出来的以黍为主的特点不同，因此关中地区仰韶时期的粟黍比重还有待进一步证实。鱼化寨资料见：Zhijun Zhao, 2011, New Archaeobotanic Data for the Study of the Origins of Agriculture in China, Current Anthropology, Vol. 52, No. S4, The Origins of Agriculture：New Data, New Ideas, pp. S302.

考古学应用会日益增多。因此，从考古学角度出发，我们应该分析这一方法在考古学应用中的局限性和可能产生的问题，以便获得更好的应用结果。首先，目前基础研究显示，最有效的可供测量分类的植硅体细胞仅限于外稃片的中部，这就为实际的考古学应用设置了障碍。和实验用的现代样品不同，考古样品中提取的植硅体是破碎的，可能来自于任何位置，可供测量判断用的有效细胞数量有限。第二个问题是要考虑狗尾草的生长习性，同野生稻的自然生境不同，粟的祖先分布广泛，能通过各种途径进入到古代聚落当中，甚至可以说是农业村落中的自然植被，降解后其植硅体也会保留在文化堆积里面，预期不管任何阶段的考古遗址，都包含了野生狗尾草和农作物的组合，因此要通过对文化堆积中狗尾草和粟的植硅体分类统计来复原当时的农业生产状况是相当困难的。第三个问题就是考古样品本身的特点，文化堆积不同于自然地层，是在各种人类活动扰动后形成的，文化堆积的形成年代，不完全代表堆积中包含物的年代，这是一般的考古学常识。也因此，微植物遗存可以在任何阶段进入到文化堆积的古土壤中，即可以是土壤中本来就存在的自然植被的一部分，也可以是早期人类活动的遗留物（就如堆积中常见的早期陶片一样），这些都不能反映堆积形成时候的人类活动信息。陶片等人工遗物基本上是全体采样的结果，从数量上和早晚比较中，能够排除早期遗存的干扰。而微植物遗存的采样量很小，土壤中的这些遗存的保存数量却很大，因此文化堆积中微植物遗存的代表性是存在一定问题的，解释时需要谨慎，并综合考虑各种产生偏差的因素。

3. 淀粉粒分析及其在旱作农业研究中的应用

跟植硅体相比，淀粉粒鉴定在考古学中的应用近年来开展的更为迅速和广泛。由于在坚果和粟黍狗尾草类种属的鉴定标准方面基础工作做得比较多，淀粉粒的考古学应用也相应地集中在北方地区新石器早中期遗址中。

在淀粉粒种属鉴定方面，现代样品的参照数据库正在建立当中，此项基础工作对于考古学应用是相当必要的。目前对现代样品的基础工作集中在坚果[1]、块茎[2]、禾草[3]等几大类。其中对北方地区所见坚果有相对系统的样品采集和鉴定分析，对南方常绿种的鉴定分析相对薄弱；块茎类的种属鉴定，则强调了中国本地区物产的重要性，对菱角、芡实、山药等类的现代样品进行了采集和分析。在与粟黍相关的鉴定

---

[1] 杨晓燕等：《中国北方主要坚果类淀粉粒形态对比》，《第四纪研究》2009 年第 29 卷第 1 期。

[2] 万智巍等：《中国南方现代块根块茎类植物淀粉粒形态分析》，《第四纪研究》2011 年第 31 卷第 4 期。

[3] 杨晓燕等：《中国北方现代粟、黍及其野生近缘种的淀粉粒形态数据分析》，《第四纪研究》2010 年第 30 卷第 2 期；葛威、刘莉、金正耀：《几种禾本科植物淀粉粒形态比较及其考古学意义》，《第四纪研究》2010 年第 30 卷第 2 期。

方面，杨晓燕近几年来的系列成果最有代表性，最近的一项研究对 31 个现代品种
（分属 7 个种的 21 个狗尾草属品种，和分属 2 个种的 10 个黍属品种）的淀粉粒进行了
比较分析①。运用淀粉粒尺寸、裂隙形态和多面体表面特征等综合因素，建立了二分
式检索表，使粟黍和其野生亲缘种类的分类鉴定更具有可操作性和可控性。由于这
批样品来自中国 14 个省份，地域分布相对较广（从内蒙古到江苏），该项研究还讨
论了环境对淀粉粒大小的影响，目前看来同种属淀粉粒具有纬度越高尺寸越大的变
化趋势。研究者最后还特别指出，淀粉粒的鉴定分类方法均是建立在大量数据的基
础上的，并且粟黍及其野生亲缘品种在各类比较中都存在一定程度的种间特征重合
现象，因此当考古样品中提取到的淀粉粒数量有限时，进行种一级的鉴定是极其困
难的，需要谨慎对待。

　　针对目前淀粉粒基础研究和考古学应用的现状，笔者认为有如下几方面的问题有
待解决和加强：1）在现代比对样品的选择上针对性过强，容易产生人为预设的比较结
果。同禾本科植物大量生产植硅体的特性不同，淀粉粒几乎出现在人类所能利用的各
类植物中，因此建立现代样品数据库的工作是个相当漫长的积累过程。目前现代样品
数据库的建立大多选择已知的为现代人类所利用的植物品种，这不免存在先入为主的
偏见，很多“失落的作物”因为已经消失在现代人的视线内，因此也消失在现代样品
数据库中。比如在北方考古遗存中已经大量出现的小麦族，说明某类禾草在新石器早
中期被北方文化经常使用，而且很可能是早熟品种，能够反映出早期植物经济非季节
性的重要特征。但由于现代中国农业社会除了大麦小麦等西方传入的农作物品种，没
有对小麦族植物的利用，因此这方面的现代样品数据也相对缺乏，对这类已经大量出
现在考古遗存中的淀粉粒的鉴定就无法进一步细化和明确，对我们全面认识早期北方
的植物资源构成障碍。2）针对考古样品中提取出来的淀粉粒，没有建立一套基本共识
的实验室分类统计记录方法。在微植物遗存研究领域，植硅体、花粉等均有专门的分
类统计方法和数据发表图式，这样才能综合利用和分析他人研究成果，进行更大尺度
的比较研究。而在已有的淀粉粒研究中，针对同一地点甚至同一件遗物，都出现了不
同的分析结果②，究其原因，在如何对考古提取的淀粉粒进行分类、测量、统计等方
面，各实验室尚未达成共识。这本身就说明，建立相对科学可检验的考古样品鉴定分
类方法与规范，是将来进一步开展比较研究的基本前提。3）关于各类植物及不同部位

①　Xiaoyan Yang, Jianping Zhang, Linda Perry, et al., 2012, From the Modern to the Archaeological: Starch Grains from Millets and Their Wild Relatives in China, *Journal of Archaeological Science* 39:247–254.

②　比如东胡林遗址，杨晓燕和刘莉分别对同一石器取样；裴沟遗址和石固遗址，张永辉和刘莉也对同一石器进行过取样（裴沟 M26；石固 M28）。而这三例来自同一件器物的淀粉粒分析结果差异却很大。

产生淀粉粒的能力和数量差异，目前尚无相关报道。因此，如何利用考古样品中提取的不同类别淀粉粒的比例变化，来分析和复原当时人们的取食经济结构，仍旧需要基础研究数据的进一步支持。

值得称道的是，淀粉粒鉴定在考古学应用中，很早就针对这类遗存保存的特点，将采样对象集中到工具和牙齿这两大类上，最近也尝试了对陶器残留物的分析。根据实验数据和考古遗物使用面与非使用面的比较分析，目前可以比较肯定地说，在石器使用表面所提取到的淀粉粒确实能够反映石器工具的功能和加工对象，因此不用再想当然的担心周围埋藏环境造成的污染问题。同时有实验显示，除了一般研磨用的加工工具外，用来收割的石刀石镰等工具上也能留下其加工对象包含的淀粉粒，淀粉粒不仅仅保存在植物的营养器官内，在茎秆等部分也有大量存在，且形态特征一致①，这就为磨盘磨棒消失后，新石器晚期的石器残留物分析提供了淀粉粒应用的发展空间。而植硅体鉴定的发展前景，应该借鉴淀粉粒研究的例子，集中于残留物分析，包括工具使用和食品加工两个方面。和淀粉粒结合应用，可以较为全面准确的分析工具或者陶容器的加工对象。

总体上说，植硅体和淀粉粒在植物和考古遗址中的保存状况各有特点。淀粉粒在植物中的数量极其丰富，人类加工利用的有些食物种类比如坚果、块茎等，如没有特殊的保存条件，很难以可鉴定的炭化状态被保存下来，但却会产生大量的淀粉粒，这是淀粉粒相对于其他种类遗存的优势所在；但同时，淀粉粒容易高温糊化，并且在现有基础下，除了粟黍和个别坚果种类外，其他鉴定还完全达不到种一级的分辨率。植硅体相对来说有耐高温、耐不同土壤酸碱条件的优点，但各种植物产生植硅体的能力是不一样的，很多被人类所利用的植物种类不能产出可供鉴定的植硅体；同时植硅体种一级鉴定标准的研究也才刚刚起步，尚未广泛得到应用和印证。

对于研究旱作农业起源而言，植硅体和淀粉粒的基础研究与初步应用还是难能可贵的。因为大植物形态上的硬证很难找到（粟黍太小），从栽培到驯化的这个历史过程如何从考古学证据中获得，就不像研究稻作起源那样直接。现在看来，要探索旱作农业的起源与发展，在系统浮选和大植物考古工作以外，还需进一步强调和发挥植硅体淀粉粒等微植物遗存的作用，一方面加深对粟黍形态特征及其野生祖本和亲缘种属的分类标准等基础研究；一方面推广微植物遗存研究在人工制品残留物分析方面的应用——这样有望可以捕捉早期人类利用和管理禾草，进而对粟黍类进行驯化的历史进程。

---

① 马志坤等：《石器功能研究的现代模拟实验：石刀表面残留物中淀粉粒来源分析》，《第四纪研究》2012年第32卷第2期。

三 两种模式的比较和讨论

对于中国农业起源在全球视角下的特殊性，严先生早就作过论述：作为世界几大农业起源地之一，与其他单一的起源中心不同的是，中国实际上包含有两个相互联系的起源中心。两个中心逐步发展为两个紧密相连的农业体系，它们互相补充，互有影响，形成一个更大的复合的经济体系，进而为中国古代文明的孕育和发展奠定了坚实的基础①。因此，对稻作和旱作农业起源及发展模式进行比较研究，可以帮助我们更深层次的理解和认识中国新石器文化产生发展的背景。就目前所见资料，我们可以从植物考古角度做这样的尝试，得到如下一些初步的认识。

首先，小米类农业和稻作农业的起源模式及其产生背景是不同的。粟黍类农业起源与北方地区新石器时代定居社会的产生可以说是同步的。现在看来，早在季节性定居的采集狩猎流动人群中，对禾草资源的利用就已经开始，比如旧石器末期的柿子滩文化和北方新石器早期的代表东胡林、转年遗址等等。接着，在北方新石器定居社会产生的同时，以黍类为主粟类为补充的植物取食结构就相当普遍，从东部的兴隆沟、到河北磁山河南裴李岗文化、再到甘肃大地湾遗址，基本上贯穿了整个北方地区；从人骨的稳定同位素数据看，北方新石器先民以 C_4 植物为主的取食经济结构在这个阶段已经开始，这意味着黍粟类不仅仅相当普遍被利用，而且是取代野生食物资源（绝大部分是 C_3 植物）占据了主导地位的。因此可以推断定居聚落的出现，就是北方旱作农业的开始。从采集经济往农业经济的转变在粟黍类农业起源过程中是非常迅速完成的。

相比之下，稻作农业起源的过程要漫长的多。稻作起源于长期利用山林湿地野生资源的新石器早期文化中。与旱作不同的是，早期的水稻栽培是伴随着野生食物资源的采集经济共同进行的，并且在最初的几千年内，稻属植物被持续利用，却始终没有占据取食经济的主导地位，更没有取代野生食物采集在生业经济中的作用。就长江下游相对系统的资料来看，从开始定居，持续利用进而栽培稻属植物，到最终放弃其他野生资源，转而集中发展水田经济，这个过程大约经历了近 4000 年（从上山到马家浜晚期）。长江中游资料相对零碎，但从城头山出土植物资源的多样性看，这个过程也要到大溪文化后期才能完成。稻作迅速往外传播差不多就是在这个阶段，从而可以旁证稻作农业体系完全建立起来的大致年代。

旱作农业起源，可以说是农业经济取代采集经济的迅速转变；而稻作农业起源，却是伴随着采集经济因素缓慢发展起来的，在南方地区，看不到农业经济和采集经

---

① 严文明、庄丽娜：《不懈的探索——严文明先生访谈录》，《南方文物》2006 年第 2 期第 10 页。

济之间取而代之的关系。这两种农业起源模式的差别，对于探讨农业起源机制等理论问题，具有很重要的启示意义。目前看来，要分析文化或社会方面的因素还有点无从谈起，反而从自然环境和植物的生态学特点上，比较容易理解两种起源模式的产生。

由于黍的野生祖本尚不清楚，我们暂且先比较狗尾草和野生稻这两种植物。从生态群落学角度讲，狗尾草和野生稻的特征是完全不同的。普通野生稻有群聚优势，因此在最适于其生长繁衍的静止浅水层中，常为建群种①，至少也是优势种，对群落结构和群落环境的形成有明显控制作用。所以我们看到野生稻的自然生长状况，都是覆盖大面积的水域，在其所在的植物群落中，野生稻的覆盖度往往较高。但由于这些特点，随着水层深浅、土壤状况和人为干扰等因素的变化，生态平衡一旦破坏，野生稻资源就会大量减少甚至消失。由此想见，只有定居社会才能相对容易的发现和持续利用野生稻植物资源。另一个挑战是野生祖本和驯化种生长习性的差异，野生稻是宿根性繁殖的多年生植物，而驯化稻则是以种子繁殖的一年生植物，在利用过程中，要认识和改变野生稻的生态特性将是一个漫长的过程，最初的人为干扰会破坏野生稻生境平衡，使资源减少，同时又需要对水环境有一定的管理技术，才能有效地进行采集和再生产，进而改变其生态习性，完成对其的驯化。

而我们生活中常见的狗尾草，它的生境特点和生长习性跟野生稻是截然不同的，作为生态群落中的伴生种，狗尾草几乎可以出现在任何植物群落的草本层内，它不仅不能控制其所在群落环境，甚至不能反映任何群落结构特点。狗尾草的种子适应性强，耐旱耐贫瘠，在酸性或碱性土壤均可生长，现代常见于农田、路边、荒地等各种生态环境中，在农业生态中，更是常见杂草，发生普遍，与作物争夺肥水力强，容易造成作物减产。可以想象，即使是狩猎采集的流动人群，也很容易发现和采集这些沿途随时随处可见的野生资源，同时因其伴生能力强的生态特点，能够被带到新的生态环境中加以繁殖和利用。狗尾草本身就是一年生、靠种子繁殖的植物，与驯化种之间的生态习性差别不大，因此才能迅速完成驯化，满足定居社会对食物资源来自固定的相对狭小资源域的要求。

除了狗尾草和野生稻自身的生态差异外，长江中下游和北方地区由于地理位置不同，古气候变化所产生的对环境的影响和压力也是有差别的。大量全新世古气候变化数据显示，当出现较大范围的升温或降温事件时，高纬度地区的变幅往往要大于低纬度地区。就全球气候环境变化角度讲，北半球中纬度温带地区，是地理环境变动的灵敏带，因此华北地区受环境变化的影响要大于南中国地区。从古植被分布

---

① 高立志等：《中国野生稻的现状调查》，《生物多样性》1996年第4卷第3期。

的角度看，长江中下游地区不管是全新世最暖阶段，还是在气候变冷变干的极端条件下，植被类型的变化都不太大，亚热带常绿阔叶林所能提供的丰富资源，并没有随着气候变化受到太多冲击，同时整个中国东部受东亚季风影响，夏半年汛期（5～9月）的持续降水为大多数野生食物资源的生长提供了基本保障。因此，长江中下游早期文化中，水稻栽培长期处于备用和补充的经济地位，没有影响到野生采集的主导经济活动。同时，每年夏季风产生的洪涝问题，可能会削弱人类利用水稻资源的意图，减缓水稻驯化的进程，最初稻作农业发展的核心问题是排水而不是灌溉，对自然湿地环境水位的管理需要一定的社会组织和劳力分配，这也是需要随着定居社会的发展才能逐步实现的。

华北地区现代植被群落就跟全新世大暖期时有很大差异，曾经能够在北方地区生长的常绿阔叶植物基本上已经完全被落叶阔叶和针叶群落所取代，并且在曾经出现过早期农业线索的内蒙古东部、甘青走廊地区都出现程度不一的荒漠化现象。现代的环境恶化同时也反映出这些地区应对气候环境变化的脆弱性。因此尽管在全新世早中期，大范围内是气候逐步暖湿的变化趋势，但局部出现的极端降温干旱事件仍然会对北方地区的自然环境造成影响，这反而会促进这些地区的早期文化去选择和发展应对环境变化的生计策略。

除了在起源过程中，稻作农业和旱作农业形成了两种不同的模式之外，其发展进程也继续显示出重要的差异。如果说起源模式的不同，是由于环境因素以及选择不同的植物品种所造成的，那么发展过程中的差异，或许就包括了更多社会和文化的因素。

概括的讲，北方的发展进程是从小米类农业走向"五谷丰登"的多元化过程；而长江流域的农业则是坚持"饭稻羹鱼"的单一经济形态逐步实现精准化的发展道路。尽管发展方向各异，但都毫无疑问成功的支持了人口增长、社会复杂化的文明化进程。

上文已经涉及，在粟黍类农业建立起来不久，稻属资源就开始进入北方地区，并且在适合的地理环境中发展，成为当地经济结构中的一员。另一个在北方地区被驯化的农作物是大豆。尽管早在贾湖遗址中，就出现了大量的野生大豆遗存，但野大豆并没有成为之后稻作经济区食物构成的一部分；反而是在中原地区，从裴李岗文化开始，对野大豆的利用一直持续存在，到龙山文化阶段，很多遗址出土的大豆数量已经相当丰富，但除了个别地点（王城岗和周原），大豆在形态上一直没有太大变化；大豆的尺寸变化要到二里头—商时期才明确发生[1]，这之后，大豆成为了北方农业体系中的一个

---

① Lee G-A, Crawford GW, Liu L, Sasaki Y, Chen X, 2011, Archaeological Soybean (Glycine Max) in East Asia: Does Size Matter? *PLoS ONE* 6(11): e26720.

重要组成部分。

小麦在大约龙山文化阶段开始进入旱作农业区。由于西山坪出土小麦没有直接测年数据①，早年东灰山的测年结果又没有得到新系列数据的支持②，目前甘青地区并没有小麦出现早于北方其他地区的硬证，但小麦经过河西走廊这一通道传入应大体不误。距今4300年或略晚一些，小麦出现在最东边的两城镇、教场铺等山东龙山文化遗址中，同时也见于陕西周原等遗址；从二里头始，中原地区也出土了小麦遗存（王城岗、二里头、皂角树等）；商周阶段，小麦（大麦）遗存基本上覆盖了所有以粟黍农业为主体的经济区（包括西南地区）。可以清楚地看到，小麦作为一种农作物新品种，从新石器晚期开始就被旱作农业区所接受并持续利用，但在整个农业经济中所占的比重始终很小。小麦成为农业经济主体可能是迟至战国之后的转变③。

在北方农业呈现混合经济特点时，我们应该注意到，还有很多目前没有被继续利用的植物资源，在当时可能也是非常重要的。比如藜科种子，特别是藜属，是反映较干冷自然环境的植被类型，在浮选样品中出现，一般被认为是与旱作农业相关的杂草种子。但是在营盘山④、海门口⑤等遗址中，都可以看到大量利用甚至驯化藜科植物的线索；在汉阳陵外藏坑DK15中，分箱存放的农作物遗存包括了大量藜科种子，说明藜

① 李小强等：《甘肃西山坪遗址生物指标记录的中国最早的农业多样化》，《中国科学D辑：地球科学》2007年第37卷第7期。

② 东灰山新剖面浮选样品中获得了很多大麦和小麦遗存，但跟出土的粟黍类遗存相比，比重仍然很低（大麦约占作物总数的6%，小麦1%，黍10%，余为粟）。新剖面系列数据显示该堆积年代为距今约3600～3400年。见 Rowan Flad, Li Shuicheng, Wu Xiaohong and Zhao Zhijun, 2010, Early Wheat in China: Result from New Studies at Donghuishan in the Hexi Corridor, *The Holocene* Vol. 20 No. 6:955-965.

③ 根据古文献记载，一般认为小麦要到汉代才成为北方农业经济主体。由于先秦阶段系统的植物考古资料很少，目前对这一问题尚无定论。最近云南海门口遗址的系统浮选资料显示，小麦从最早距今约3700年的地层中即开始出现，从第5层开始，突然转入以麦作为主的经济模式（小麦遗存开始超过作物总数的60%，并持续上升），根据对小麦的直接测年，这一转变不会晚于距今2800年，由于云南剑川已属于青铜文化的边缘区，估计这一转变在核心地区会发生的更早一些。海门口资料见薛轶宁：《云南剑川海门口遗址植物遗存初步研究》，北京大学考古文博学院硕士学位论文，2010年。

④ 赵志军、陈剑：《四川茂县营盘山遗址浮选结果及分析》，《南方文物》2011年第3期。该结果显示，藜属种子的数量跟粟、黍相当，甚至还略多一些，分别占炭化种子总数的30.1%/29.4%/27.0%。营盘山的年代约为距今5300～4600年。

⑤ 薛轶宁：《云南剑川海门口遗址植物遗存初步研究》，北京大学考古文博学院硕士学位论文，2010年。初步统计数据显示，藜属种子大量出现在第8～6层（距今3700～3100年），分别占到各层农作物总数的39%、68%和75%；从第5层麦作农业发展后，藜属种子的比例迅速降到1%。

和共存的粟、黍、稻一样，至少在西汉早中期，还是关中地区重要的农作物①。

应该看到，上述这些新的作物品种，都是在粟黍农业模式建立后逐步加入的，有些是通过传播获得的外来品种，有些是随后在旱作农业区内被栽培驯化的，迟至商代，这些新品种都没有改变粟或者黍的核心地位。各种不同农作物的生长季节和生态条件不同，混合经济模式的出现，提高了对土地的利用，也加速和扩展了对自然景观的改造。在龙山时代北方地区日趋干冷的气候变化大趋势下，选择混合农业形态可以看做是应对人口增长的一种经济策略。中国古文献中最早关于"五谷"、"六谷"的记载，是对战国秦汉时期中原及北方地区农业形态的记录，考古学资料可以帮助我们理解其产生的历史背景，"五谷"实际上在新石器时代晚期就已经开始逐步形成了。

同样，长江中下游地区"鱼米之乡"的文化景观，也是从新石器时期就开始出现的。目前资料看，长江中下游早期的稻作栽培，始终同野生食物资源的采集同步发展。大约在距今7000～6000年间，随着人口增长和采集栽培时效性的矛盾，人们逐步放弃了来自林地的坚果资源，转而集中利用淡水资源②，这不仅表现在出土的动植物遗存组合上，也表现在新石器晚期的聚落选址上，长江中下游的人口迅速从原来的山前小盆地扩张到整个湖网密布的冲积平原地带。

稻作农业建立之初，其他淡水野生资源如菱角、芡实等仍然在取食经济中占有重要地位；随着农业工具的发展，排水技术的提高，稻作农业的规模也日渐扩大，长江下游良渚文化早期出现犁耕、晚期出现大型水田系统的考古学证据很好地记录了这一过程③，同时菱角、芡实等作为主食来源的比重日趋降低。与稻作精耕细作同步发展的，还有类似西方所谓的"园艺"经济，葫芦、甜瓜等瓜果类品种，易于生长在屋舍附近，有记录显示也是在良渚至广富林阶段被驯化的④。

鱼类也是稻作农业区利用周边水资源的内容之一，并且一直是长江流域肉食资源的重要组成。已有研究者指出，"长江三角洲地区新石器时代获取肉食资源的方式在相当长的时间里一直以狩猎和捕鱼为主，饲养家猪仅仅占据次要地位，这种获取肉食资

① 杨晓燕等：《汉阳陵外藏坑农作物遗存分析及西汉早期农业》，《科学通报》2009年第54卷第13期。

② 秦岭、傅稻镰、张海：《早期农业聚落的野生食物资源域研究》，《第四纪研究》2010年第30卷第2期。

③ Fuller, Dorian Q & Qin, Ling, 2009, Water Management and Labour in the Origins and Dispersal of Asian Rice, *World Archaeology* 41(1):88-111.

④ Fuller, DQ, Leo Aoi Hosoya, Yunfei Zheng & Ling Qin, 2010, A Contribution to the Prehistory of Domesticated Bottle Gourds in Asia: Rind Measurements from Jomon Japan and Neolithic Zhejiang, China, *Economic Botany* 64(3):260-265. 郑云飞、陈旭高：《甜瓜起源的考古学研究——从长江下游出土的甜瓜属（*Cucums*）种子谈起》，《浙江省文物考古研究所学刊》（第八辑），科学出版社，2006年。

源的方式与长江中上游地区的基本一致"①。随着稻作农业精准化的发展，利用水田养鱼的复合型经济模式开始出现，汉代西南地区大量出土的陂塘水田陶模型就是最好的考古学证据，只是尚不清楚这类稻作模式是否出现的时代还能更早一些。

尽管粟类早在大溪文化早期就已经出现在长江中游的城头山遗址中，但数量极少，目前尚无证据显示，新石器时代长江中下游地区除了稻作之外，还有其他被稳定利用的农作物品种。从总体上看，南方稻作农业经济的发展不同于北方的混合型经济，得益于水稻产量高及南方自然资源丰富的优势，发展精耕细作的季节性单一性经济模式，不仅同样能够应对人口增长的压力，并且还为专门化生产的发展提供了基本保障，使手工业能够较早脱离农业经济成为一部分人的专属生产活动。南方玉石器生产规模和水平始终高于同时期的旱作农业区，漆器、丝织等手工业的发展均是在南方率先开始，甚至新石器晚期社会复杂化的进程目前看来也略先于北方地区的发展脚步，这些或许都可以放在不同农业发展模式的背景下来认识和理解。

严文明先生早就指出："研究农业的起源，实在是因为这个问题关系到整个新石器时代文化的起源与发展，进而也关系到文明的起源与发展"②。因此有关早期农业的植物考古研究，也应该以此为最终的学术目标。

感谢杨晓燕、邓振华、石涛、高玉和 Dorian Fuller 在文献收集上的热忱帮助，感谢 Dorian Fuller 在整个写作过程中的支持与启发。

附记： 进入考古学领域，最初能引起严先生注意，是在赵辉师指导下完成的关于良渚文化研究综述的本科学年论文，通过类似"读书报告"式的研究，得以拜入先生门下，继续考古学的探索。这几年，由于个人兴趣部分转向了植物考古方向，有时面对先生，不免觉得自己有点"不务正业"之嫌，颇为惭愧。其实农业起源一直都是先生主要的研究兴趣和作出重要贡献的研究领域，因此大胆借此机会，将这几年学习实践的体会，再次汇成类似"读书报告"的研究成果，希望这份作业也能够让老师满意。

---

① 袁靖：《长江三角洲地区新石器时代动物考古学研究的思考》，《田螺山遗址自然遗存综合研究》第 276 页，文物出版社，2011 年。
② 严文明：《农业发生与文明起源》（前言），科学出版社，2000 年。

河姆渡与中国东南史前的
低水平食物生产经济

焦天龙

（毕士普博物馆　厦门大学人文学院历史系）

在严文明先生一系列关于稻作农业起源研究的著述中，河姆渡遗址一直占有重要地位。随展考古新材料的不断发现，严先生对河姆渡稻作的观点也不断更新和充实，并持续对国内和国际学术界产生重要影响①。本人对河姆渡文化最初的认识，即启蒙于大学时代严先生所讲授的"新石器时代考古"课程。近年来有机会与浙江省文物考古研究所的同仁合作研究河姆渡文化的一些问题，也对河姆渡文化的经济形态进行了一些思考和探索。本文试图依据这些新材料，并参照美国学者 Bruce Smith 近年来提出的"低水平食物生产"（low-Level food production）概念②，对河姆渡文化的经济形态进行一种不同的阐释。希望能以这点学习和研究心得来为严文明师祝寿！

（一）河姆渡文化与稻作农业的起源研究

1973 年河姆渡遗址的发掘是中国史前经济考古研究的重要里程碑。这一距今 7000～5000 年遗址发现的水稻遗存是当时世界上已知最早的驯化稻。这一发现不仅一举奠定了长江流域是稻作农业最早起源地的基础，而且也使得河姆渡遗址从此受到中国和世界其他各地考古学者的关注。

自河姆渡文化发现以来，中国学术界对稻作农业起源的探索已经取得了令世人瞩目的成果。但这是一个漫长而曲折的过程。最近十余年来，随着欧美学者的介入和一系列中外合作项目的开展，中国学者关于稻作农业起源的研究成果在融入国际学术界

---

① 严文明：《中国稻作农业的起源》，《农业考古》1982 年第 1 期；严文明：《农业发生与文明起源》，科学出版社，2000 年。

② Smith, Bruce, 2001, Low-level Food Production, *Journal of Archaeological Research*, 9 (1) :1-43.

的同时，也日益受到西方学者在这一问题上的挑战和批评①。在理论概念、发掘方法和分析技术方面，中国学术界和西方学术界的差异相当明显。中国学者对西方的发掘方法和分析技术是热情接受的，并在很多方面很快与西方同行并驾齐驱。但是，在概念和理论方面的转变却相当缓慢。譬如，在概念方面，中国学术界在栽培（cultivation）、驯化（domestication）等术语上长期是模糊不清的，直到现在仍然有很多文章把这两个不同的术语混为一谈。在理论上，中国考古学界深受柴尔德"新石器时代革命"概念的影响，在农业起源问题上，长期以来都在致力于寻找一个清晰的分界线，试图把采集经济和农业经济彻底分开，并把农业的产生当做人类进化史上的革命性事件，即柴尔德所说的"新石器时代革命"（Neolithic revolution）。柴尔德特别强调新石器时代革命是"一个事件"（a single event）。虽然他承认在这一事件发生之前，应该会有很多的步骤，但他认为考古学只能观察到结果，而这些步骤是无法直接观察到的。柴尔德认为，新石器时代革命清晰地将农业经济和狩猎采集经济分列开来，是人类历史上最重大的事件之一②。如此重大的"事件"当然需要一个清晰的发生时间，而且是当然越早越重要。

河姆渡的材料和后来的一系列考古发现，表明中国是全球范围内"新石器时代革命"最早发生的重要地区之一。中国学术界由此在农业起源尤其是稻作农业起源的研究上，不仅倾注了巨大的热情和资源，而且孜孜追求这一"革命性"事件发生的时间和地点。稻作农业起源的时间被一再提前，而且所有出土更早水稻遗存的遗址都受到了学术界极大关注，相当部分这类遗址的发掘都被评为当年度中国十大考古新发现之一。

由于20世纪80年代晚期至90年代在长江中游发现了更早的水稻，河姆渡遗址便失去了在早期农业起源研究中的宠儿地位。湖南北部的彭头山和八十垱遗址发现了距今9000~8000年前的被认为是人工栽培（驯化）的水稻，年代较河姆渡早了千余年③。于是长江中游成为学术界探讨稻作农业起源的新焦点。随后，更早的湖南的玉蟾岩遗址④和江西的吊桶环和仙人洞遗址的发现⑤，更让学者开始假设长江中游为史前水稻栽

① Fuller, D., E. Harvey, and L. Qin, 2007, Presumed Domestication? Evidence for Wild Rice and Domestication in the Fifth Millennium BC of the Lower Yangtze Region, *Antiquity* 81:316-331.

② Childe, V. Gordon, 1951, *Man Makes Himself*. New York: The New American Library.

③ 裴安平：《长江流域的稻作文化》，湖北教育出版社，2004年。

④ 袁家荣：《湖南道县玉蟾岩一万年以前的稻谷和陶器》，《稻作 陶器和都市的起源》，文物出版社，2000年。

⑤ Zhao, Zhijun, 1998, The Middle Yangtze Region in China is One Place Where Rice Was Domesticated: Phytolith Evidence from the Diaotonghuan Cave, Northern Jiangxi, *Antiquity* 72:885-897.

培起源的中心地区。河姆渡文化似乎已不再与稻作农业的起源有关。

　　但是，过去十余年来在浙江的一系列新发现又把学术界的视线引向了长江下游地区。上山遗址（距今 11000～9000 年）①和跨湖桥遗址（距今 8200～7000 年）② 均发现了被认为是驯化的水稻遗存，其年代和长江中游的发现相近。因此，长江下游地区再次被视为稻作农业的可能发祥地。但是，由于对野生和驯化稻区分标准的认识不一致，部分学者指出真正意义上的驯化稻在中国出现的时间是在距今 6000 年前后③。如此，河姆渡早期的水稻也应该划入野生的范围内，河姆渡晚期才是稻作农业的发生时间。河姆渡似乎又变成了探讨稻作农业发生的起点线。

　　在至今已发表的五百余篇研究河姆渡文化的论文与专著中，绝大多数都与稻作研究有关。有意思的是，研究文章虽不少，但学者们对河姆渡文化水稻遗存的属性及其在稻作农业史上的地位至今也没有取得共识。从技术角度如何区分野生（wild）和驯化（domesticated）水稻，学术界一直在争论不休。而且，直到最近的文献中，中国大多数的研究者都将驯化稻称为栽培稻。游修龄先生首先将河姆渡出土稻谷鉴定为亚洲栽培稻中的籼亚种（*Oryza sativa* L. subsp. hsien Ting）。同时，根据与稻谷同出的古粗这一现象，游修龄先生提出河姆渡文化的农业是"耜耕农业"，并进一步推断稻米已是主要的粮食，农业生产已经成为主要的生产方式④。游修龄先生对河姆渡稻作水平的这一判断长期以来一直是中国学术界的主流观点。在 2003 年出版的河姆渡遗址发掘报告中，作者进一步强调了河姆渡文化的经济是以农业经济为主⑤。

　　不过，游修龄先生对河姆渡稻米的鉴定结果却不断被充实和更新。周季维在河姆渡的稻谷遗存中不仅发现了籼稻，而且还发现了粳稻（*O. Sativa* L. subsp. keng Ting）和高原粳型类的爪哇稻（*O. Sativa* L. Javanica）。在 303 个可鉴定标本中，周季维发现 74.59% 的标本为籼稻，23.43% 是粳稻，1.98% 为爪哇稻⑥。周季维这一分类为张文旭所批评。张文旭根据双峰乳突鉴别法，提出河姆渡的稻米是被历史固定的非籼非粳

① 蒋乐平：《浙江浦江县发现距今晚年的早期新石器时代遗址》，《中国文物报》2003 年 11 月 7 日；Jiang, L. & L, Liu. 2006, New Evidence for the Origin of Sedentism an Rice Domestication in the Lower Yangzi River, China, *Antiquity* 80：1–7.

② 浙江省文物考古研究所、萧山博物馆：《跨湖桥》，文物出版社，2004 年。

③ 秦岭、傅稻镰、Emma Harvey：《河姆渡遗址的生计模式——兼谈稻作农业研究中的若干问题》，《东方考古》（第 3 集），科学出版社，2007 年。

④ 游修龄：《对河姆渡第四文化层出土稻谷和骨耜的简单看法》，《文物》1976 年第 8 期。

⑤ 浙江省文物考古研究所：《河姆渡——新石器时代遗址考古发掘报告》，文物出版社，2003 年。

⑥ 周季维：《长江中下游出土古稻考察报告》，《云南农业科技》1981 年第 6 期。

的正在分化的古栽培稻，应称之为"河姆渡古栽培稻"①。日本学者佐藤洋一郎和中国学者汤圣祥等合作，在所观察的 81 粒河姆渡稻米中，发现了 4 粒普通野生稻（*Oryza rufipogon*）②。这一发现表明，河姆渡遗址出土的稻谷遗存，其包含的种类是相当复杂的。由于水稻基因和植硅石形态研究的进展，学界目前对河姆渡水稻的属性也渐趋统一，多数学者同意河姆渡稻米的主体是热带粳稻类型，而不是籼稻③。

最近，稻作农业在河姆渡经济中的地位也受到了部分学者挑战。基于学界对野生和驯化稻区别的新认识以及新的考古发现，秦岭等认为"河姆渡是一个很大程度上依赖于季节性采集储存坚果类食物（尤其是橡子）资源的生计模式"，认为河姆渡先民主要为"坚果采集者"（nut collector），"可能已经有了人工种植行为来利用野生的稻类资源"④。这一观点不仅否定了稻作在河姆渡经济中的主导地位，而且也基本否定了河姆渡出土的稻米是驯化稻的看法。

总而言之，河姆渡的发现所带动的中国学术界对稻作农业起源研究的历程，在很大程度上就是要寻找农业发生的最早时间和地点的过程。在研究理念上，中国学术界基本上是柴尔德式的二元对立思想，即农业与狩猎采集业是截然有别的。虽然也有人提出需要研究农业的发生过程，但这是一个微弱的声音，直到目前仍未引起学术界的足够重视⑤。

（二）低水平食物生产经济

在欧美学术界，农业起源研究中的这种"二元对立"式思路（dualistic epistemology）近年来已经受到了很多学者的批评。以 Harris 和 Smith 为代表的一批学者，从概念和理论上对农业起源研究中关于采集和农业分立的话语系统进行了强烈的批评，他们认为，长期以来，农业起源研究存在很多模糊不清的术语，学者对一些关键性概念的解释和理解往往因人而异。很多人分不清"栽培"（cultivation）、"驯化"（domestication）和"农业"（agriculture）之间的差别。而另外一些诸如"复杂的狩猎采集者"（complex hunter-gatherers）、"萌芽时期的农人"（incipient agriculturalists）和"驯化前栽培"（pre-domestication cultivation）等复合式术语（composite terms），更往往让人无

① 张文旭：《中国古栽培稻的研究》，《作物学报》1998 年第 4 期。
② 汤圣祥等：《河姆渡碳化稻中普通野生稻谷粒的发现》，《农业考古》1994 年第 3 期。
③ 郑云飞等：《河姆渡遗址稻的硅酸体分析》，《浙江农业大学学报》1994 年第 20 卷第 1 期。
④ 秦岭、傅稻镰、Emma Harvey：《河姆渡遗址的生计模式——兼谈稻作农业研究中的若干问题》，《东方考古》（第 3 集），科学出版社，2007 年。
⑤ Prendergast, Mary E., Jiarong Yuan, and Ofer Bar-Yosef, 2009, Resource Intensification in the late Upper Palaeolithic: a View from Southern China, *Journal of Archaeological Science* 36: 1027-1037.

所适从①。

这些概念的理论出发点都是试图将人类史前生计形态截然二分为狩猎采集或农业社会，假设农业起源为"革命性"的突发事件。这种二元论导致很多研究关注寻找驯化作物出现的最早时间和地点，而完全忽视了中间形态。

实际情况是，人类的采集行为和农业活动之间并非完全对立，许多史前食物的生计模式乃是介于狩猎采集与农作之间，考古学应该关注这种介于中间的经济形态和其对史前社会的影响。许多学者已试图提出一些新的概念来描述这种中间形态，如 Harris 提出的"以野生植物为主的食物生产"（wild plant-food production dominant）、Zvelebil 提出的"可获取时期"（availability phase）和"替代食物生产时期"（substitution phase）②，以及 Smith 提出的"低水平食物生产经济"（low-level food production economy）③。

其中，Smith 的"低水平食物生产经济"影响最大。Smith 对这一概念的定义是，无论动植物是否已经被驯化，只要人类开始有意管理它们，干预其自然的生长周期，这就是从事生产活动，这种生计形态就是食物生产经济。人类早期的食物生产毫无例外都是低水平的。Smith 指出，只要生产食物的热量（calories）不超过一个社群年摄取热量的 30% ~ 50%，这种食物生产经济就是低水平的。从事低水平食物生产的社群，仍在很大程度上要依赖渔猎和采集的食物维持生存。Smith 并将不同社会形态的低水平食物生产分为两大类：一为没有驯化动植物的生产经济，另一类是有驯化动植物的生产经济。这类社会与完全依靠狩猎采集为生的社会不同，同时也与完全依靠农业为生的社会不同。根据这一标准，Smith 对全球主要文明地区的考古材料进行了分析，发现这种低水平食物生产经济延续的时间相当长。Smith 估计在近东地区的文明低水平生产持续了约 3000 年、墨西哥瓦哈卡（Oaxaca）则有 5500 年之久，北美东部则持续了约 4000 年，在欧洲也持续了 4000 余年。

"低水平食物生产经济"概念打破了传统上把狩猎采集社会和农业社会截然分开的概念系统，同时也表明这种生产经济绝不是一个短暂的过渡现象。相反，在全球绝大部分地区，这种低水平的食物生产方式都持续了数千年的时间，表明这是一个很成功

① Harris, D.,2007, Agriculture, Cultivation, and Domestication: Exploring the Conceptual Framework of Early Food Production, In T. Denham et al, eds. *Rethinking Agriculture: Archaeological and Ethnoarchaeological Perspectives*, pp. 16-35, Walnut Creek: Left Coast Press.

② Zvelebil, M. 1996, The Agricultural Frontier and the Transition to Farming in the Circum-Baltic Region, In Harris, D. ed. *The Origins and Spread of Agriculture and Pastoralism in Eurasia*. pp. 323-345, Washington D. C.: Smithsonian Institution Press.

③ Smith, Bruce, 2001, Low-level Food Production, *Journal of Archaeological Research*, 9(1):1-43.

的经济适应模式。在更新世末至全新世中期，分布在世界不同地区的社群面临的环境、社会和文化的挑战是不同的，但低水平食物生产经济是他们选择的共同的适应模式。这种生产模式是这些史前社会赖以生存和发展的基础，对不同地区社会演化的过程造成了重大影响。因此，我们有必要对这种生产方式进行认真的研究。只有这样，我们才能深入研究各个地区社会发展的历程。不过，就全球范围而言，考古学家对这一经济形态的研究实在是不够。在中国考古学界，直到目前仍很少有人知道"低水平食物生产经济"这一概念，更遑论认真探讨了。

（三）河姆渡文化经济形态再思考

"低水平食物生产"概念为我们重新认识中国史前经济从更新世末到全新世早中期的转变模式提供了一个新的视角。全面检讨低水平食物生产经济在中国史前时代存在的时间跨度和空间范围，已经超出了本文的讨论范围。不过，可以肯定的是，这种经济形态在中国史前时代是存在的，其中河姆渡文化的经济形态是低水平食物生产的典型代表之一。

现有的考古证据表明，河姆渡先民经济活动是多样性的。除了种植水稻以外，他们还狩猎大型陆生动物，采集陆地和水生植物，并从事海洋和河流捕捞，饲养家猪、狗、甚至可能包含水牛[1]。这种多样性的生计形态奠定了河姆渡先民定居生活的经济基础。

河姆渡文化的先民种植水稻已是学术界的共识。河姆渡遗址 4A 层厚达一米的稻谷、稻草、稻壳和稻叶堆积，是学者视稻米为河姆渡先民主要食物来源的重要证据之一。田螺山遗址也发现了一些稻谷堆积遗迹，而炭化稻米则普遍出土于所有的文化层中。其他河姆渡文化遗址如鲻山和慈湖等亦出土数量较多的水稻遗存。田螺山遗址还发现了两个时期的一定规模的稻田，进一步表明种植水稻是河姆渡文化生产经济的一个部分[2]。

但是，问题的关键是这种水稻种植业的发展水平。如以上所述，大部分学者相信河姆渡文化具有发达的稻作农业并以稻米为主要粮食，这一观点最近受到了挑战。郑云飞等对田螺山遗址水稻田的分析表明，当时水稻的产量相当低。秦岭和傅稻镰等则指出，水稻在河姆渡文化食物链中的重要性低于橡子等坚果，并将河姆渡先民称为"坚果采集者"。我认为，目前的材料似乎不足以讨论水稻和橡子谁主谁次的问题。橡子基本上发现于较下层的饱水环境的储藏坑中，且多数未被食用。但从田螺山遗址的

---

① 浙江省文物考古研究所：《河姆渡——新石器时代遗址考古发掘报告》，文物出版社，2003 年。

② Zheng Yunfei, et al. 2009, Rice Fields and Modes of Rice Cultivation between 5000 and 2500 BC in East China, *Journal of Archaeological Science*, Vol. 36, No. 12: 2609-2616.

材料来看，水稻在各层的发现也相当普遍，而且数量也相当大。遗址周围有一定规模的水稻田发现，已表明当时已有水稻生产。河姆渡先民既是"坚果采集者"，也是水稻种植者和采集者。我们还应该看到，除橡子与水稻外，几乎所有的河姆渡文化遗址都发现种类丰富的动物与植物遗留，显示河姆渡先民获取食物资源的范围相当广泛。把坚果采集列为河姆渡文化的主要生计形态，同样是片面的。

除了植物类的食物外，动物在河姆渡文化食物链中的作用是不可忽视的。以河姆渡遗址为例，仅陆生动物就有 20 余种，其中有 7 种今日已绝灭；水生动物有 22 种，其中 5 种为海生；另有 8 种鸟类动物。遗址报告中将狗、猪、水牛列为家畜，不过亦有新研究认为水牛可能为野生种①。多数兽骨破碎或有切痕，显示其为食用后的遗留。田螺山遗址也出土了为数可观的动物与植物遗留。虽然详细的量化分析尚未出版，大量且密集的出土兽骨暗示动物在食物链上扮演的重要角色②。

总而言之，河姆渡文化中目前能够列为生产食品的，只有水稻、猪和狗。大量的野生动植物遗存的发现，表明河姆渡文化的食物生产只是生计形态的一部分。根据现有资料虽还不能精确计算生产食物占总体食物的比例，但种种迹象表明，它们不太可能超过食物的 50%，因此是低水平食物生产。

（四）河姆渡文化的海洋经济

值得注意的是，河姆渡文化的生计形态不只利用多样化的陆地资源，也大量地利用海洋资源。与多数中国内地的新石器时代文化不同的是，河姆渡文化具有强烈的海洋文化特色，因而海洋适应也是其生计形态的重要组成部分。目前发掘的所有河姆渡文化的遗址都有相当数量的海洋动物发现，表明海洋是当时居民重要的食物来源之一。河姆渡遗址报告所发表的海洋类动物种类有：生活于暖温低盐泥质浅海环境中的锯缘青蟹（*Scylla serrata*）、鲸鱼（Cetacea sp.）、鲨鱼（*Carcharhinus* sp.）、鲷鱼（*Gymnocranus grisues*）和海龟（*Chelonia mydas*）等。此外，陶器上高比例的蛤类压印纹也暗示河姆渡先民大量采集海贝③。在河姆渡遗址早期的陶器纹饰中，22% 为蛤类的贝壳压印纹，此比例之高超过了中国东南地区多数的贝丘遗址。然而，在目前河姆渡文化的分布区内，仍没有发现贝丘遗址，原因不明。

在已经发掘的河姆渡文化遗址中，均发现丰富的海生动物遗存。田螺山还发现了深

---

① Liu, L., X. Chen, and L. Jiang, 2004, A Study of Neolithic Water Buffalo Remains from Zhejiang, China, *Indo-Pacific Prehistory Association Bulletin* 24：113–120.
② 浙江省文物考古研究所等：《余姚田螺山遗址 2004 年考古发掘简报》，《文物》2007 年第 11 期。
③ 浙江省文物考古研究所：《河姆渡——新石器时代遗址考古发掘报告》，文物出版社，2003 年；浙江省文物考古研究所等：《余姚田螺山遗址 2004 年考古发掘简报》，《文物》2007 年第 11 期。

海鱼类的金枪鱼等。这些材料表明，获取海洋资源是河姆渡文化生计形态的重要组成部分。

河姆渡文化的海洋文化特征是由其所处的地理环境所决定的。大多河姆渡遗址距今日海岸线约 20～30 千米，但主要遗址的地层堆积和地质学证据均显示 7000～5000 年前的海岸线与今日完全不同。目前所有发掘的河姆渡遗址均被叠压于一层海相沉积层之下，而有的遗址则有多层海相沉积层。譬如，河姆渡遗址最上层（第 1 层）的堆积就是厚达 1 米的海相沉积，而 2B 层也是海相堆积。这种情形表明，在河姆渡的晚期，至少有两次海侵事件发生。在田螺山，所有文化层均被叠压在一层厚达 2 米的海相沉积层下。其他已发掘的河姆渡文化的遗址均与此类似。这表明，河姆渡文化的聚落离当时的海岸线很近，所以才容易受海侵的危害。

地质学研究表明，河姆渡文化分布的宁绍平原在全新世时期至少历经四次海侵事件，导致了这一地区的全新世堆积中有 4 层是海相或潟湖沉积层。其中对河姆渡文化影响最大的是第二次和第三次海侵事件。第二层海相与潟湖堆积厚 0.4～7 米，年代为距今 6000 年左右，河姆渡遗址的 2B 层就是这层海相沉积的一部分。这次海侵事件发生在河姆渡文化的中期，相当数量的聚落受到冲击，部分聚落可能被海水吞没。第三层海相沉积距今 5000 年左右，这也是此地区河姆渡文化聚落最晚期。目前发现的所有河姆渡文化层均压在第三层的海相沉积层之下，表明这次海侵的范围比上次要大。绝大部分河姆渡文化的聚落被海水吞没。

这两次海平面上升极大地改变了河姆渡文化分布的区域结构。由于宁绍平原大部分被海水淹没，已经不再适合人类居住，迫使大批人口从这一地区外迁。从距今 6000 年以后，在浙江东部沿海和舟山群岛上出现了数量较多的河姆渡文化的聚落，当是这些移民建立的新家园。

临海而居的生活为河姆渡先民适应海洋和开发海洋提供了条件。在获取海洋食物资源的过程中，河姆渡文化的先民进一步发展了航海术。在目前已发掘的绝大部分河姆渡文化的遗址中，均有木桨出土，表明舟楫已被普遍使用。在田螺山，还发现了可能是当时独木舟码头的遗迹。我们最近对田螺山等遗址的石器产地的研究也表明，河姆渡文化的先民可能通过航海来进行石器的交换或获取石器原料[①]。这些材料表明，河姆渡文化的航海术已经发展到了一定的水平，至少已足以沿海岸和近海岛屿活动。

（五）讨论

"低水平食物生产"是研究从采集到农耕转变过程的一个描述性概念（descriptive

①　Tianlong Jiao, et al.,2011, Sourcing the Interaction Networks in Neolithic Coastal China: a Geochemical Study of the Tianluoshan Stone Adzes, *Journal of Archaeological Science*,38:1360–1370.

concept）。这一概念的优势是将所有的维持人类生存所需的经济因素均包含在内，而非只着重作物或动物的驯化。一方面，"低水平食物生产"承认生产食物是人类史前社会的重大转变，但另一方面，又明确指出早期的食物生产水平偏低，食物的生产行为只是整个经济形态的次要部分。这样，我们就可以了解史前经济形态变化的复杂过程，而不必拘泥于寻找某种作物或动物被栽培的最早时间和地点。

以"低水平食物生产"来描述河姆渡文化的经济形态，可以帮助我们更全面地认识河姆渡生计方式的复杂性。同时，这种低水平的食物生产方式也在很大程度上决定了河姆渡社会的发展水平。很显然，大量出现于遗址的水稻遗存显示稻米是河姆渡先民的重要食物之一；稻田的发现更进一步指出河姆渡先民具有一定程度的稻作能力。稻米的生产以及猪狗的驯化，显示食物生产为河姆渡经济的一环，社会并非纯粹依赖狩猎、采集和捕捞。但是，正是因为其生产水平低，采集经济对社会仍然非常重要。这种经济形态造成了河姆渡的聚落规模都是小型的。其社会的分化也很不明显，看不出有强烈的等级差别。在近两千多年的发展过程中，社会的复杂化进程似乎相当缓慢，尽管物质文化的形态发生了较大变化。

但是，河姆渡文化对东南沿海地区的史前社会进程的影响却是非常重大的。其中晚期向东部和南部海岸地带的扩散，为这一地区不仅带来了新石器时代的生活方式，而且也迫使其社会对海洋资源的依赖度日益递增。海洋经济成分的增加，又反过来改变了河姆渡文化的社会和文化形态。福建沿海新石器文化的发源，很可能就是渡海南来的河姆渡文化的移民所造成的[1]。考虑到国际学术界大多数学者把台湾海峡的新石器时代文化作为原南岛语族的发源文化[2]，那么河姆渡文化的后裔很可能就是南岛语族的最早的祖先之一。所以，尽管河姆渡文化的食物生产是低水平的，但它对东南沿海地区甚至东南亚群岛史前史的影响却是不低的！

附记： 衷心感谢孙国平、王海明、郑云飞和郭正府等先生多年来的合作。本研究蒙美国鲁斯基金会（The Henry Luce Foundation）和弗里曼基金会（The Freeman Foundation）赞助，特致谢忱！

---

① 焦天龙：《福建沿海新石器时代经济形态的变迁及意义》，《福建文博》2009 年增刊。

② Bellwood, P, 2005, *First Farmers：The Origins of Agricultural Societies*, Oxford：Blackwell Publishing. Chang. K. C. 1995, Taiwan Strait Archaeology and Proto-Austronesian, In P. Li et al（eds）, *Austronesian Studies Relating to Taiwan*, 161-183, Taipei：Academia Sinica.

移民、贸易、仿制与创新

——宗日遗址新石器时代晚期陶器分析

洪玲玉[1] 崔剑锋[2] 陈洪海[3]

（1. 印第安纳大学人类学系 2. 北京大学考古文博学院 3. 西北大学文化遗产学院）

一 前言

宗日遗址位于青海省海南州同德县巴沟乡班多村和卡力岗村间的黄河北岸，地处马家窑文化分布的西南边陲[①]（图一）。这里所发现的主要遗存可以分为三期六段，相当于马家窑文化的马家窑期（宗日一期一段和二段）、小坪子期（宗日二期三段）、半山期（宗日二期四段到三期六段）、马厂期（个别宗日三期六段[②]）——几个主要以彩陶器形和纹饰风格变化为区分的文化阶段。然而，不同于其他典型马家窑文化遗址，宗日遗址所出土的陶容器主要可以分为两组。一组是典型的马家窑文化陶器，几乎都是泥质彩陶；一组是主要分布在黄河上游共和盆地的所谓宗日式陶器，绝大部分为夹砂陶，包括夹砂彩陶，以绘紫红彩为特征，主要纹饰为多道横行连续折线纹和变形鸟纹。马家窑文化、宗日式的陶器在宗日遗址共存，在海南州共和盆地的一些遗址也有同样情况[③]。这两组陶器群代表目前共和盆地所发现年代最早的陶器遗存。在此之前，共和盆地一带只发现有中石器时代文化遗存，没有陶器[④]。

基于纹饰风格与做工的差异，之前的分析进一步将宗日遗址出土的马家窑文化泥质陶（主要为彩陶）分为三组，认为它们的产源可能不同，但所要求的工艺技术都高

---

① 青海省文物管理处、海南州民族博物馆：《青海省同德宗日遗址发掘简报》，《考古》1998 年第 5 期。

② 陈洪海：《宗日遗存研究》，北京大学考古文博学院博士学位论文，2002 年。

③ 陈洪海、格桑本、李国林：《试论宗日遗址的文化性质》，《考古》1998 年第 5 期。

④ 盖培、王国道：《黄河上游拉乙亥中石器时代遗址发掘报告》，《人类学学报》1983 年第 2 卷第 1 期。

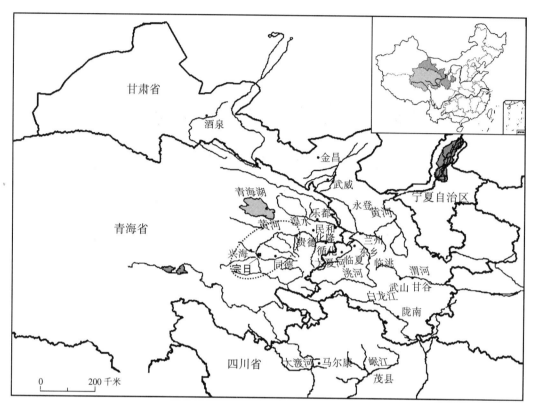

图一　宗日遗址位置图

（图中圆圈代表共和盆地，为宗日式陶器的主要分布范围）

于具有本地特色的宗日式陶器①（表一）。宗日遗址出土的不同类别陶器不仅涉及以农业为基础的东来彩陶文化②在甘青地区的传播途径，也反映了共和盆地以狩猎采集为生业基础的土著居民对于这套东来文化的吸收与转化过程，例如本地制陶业的产生与发展。宗日遗址固然位处马家窑文化分布的边陲，但这里所呈现的文化过程却有助于我们重新检视区域性土著文化与东来农业文化的交互作用。马家窑期的彩陶并无明显区域差异，但半山期和马厂期的彩陶则可明显的分为不同的地方类型③。这些地方类型的出现或许相当程度地与各区域土著居民对于制陶业的掌握和发展有关。宗日遗址出土

---

① 陈洪海：《宗日遗存研究中的几点思考》，《西部考古》（第一辑），三秦出版社，2006年。

② 严文明：《甘肃彩陶的源流》，《文物》1978年第10期。

③ 严文明：《甘肃彩陶的源流》，《文物》1978年第10期；袁靖：《试论马厂类型墓葬的几个问题》，《中国原始文化论集》，文物出版社，1980年；李伊萍：《半山、马厂文化研究》，《考古学文化论集》（三），文物出版社，1993年；张弛：《半山式文化遗存分析》，《考古学研究》（二），北京大学出版社，1994年。

表一　依据纹饰风格和做工差异所得的宗日遗址陶器分类及其产源推论

陶器分类	马家窑文化陶器 A 组	马家窑文化陶器 B 组	马家窑文化陶器 C 组	宗日式陶器
特征描述	宗日遗址马家窑文化陶器的主体,与同时期其他地区出土的马家窑文化彩陶完全一样	12件。采用马家窑类型彩陶的纹饰元素,如平行横线纹和水波纹,但构图及线条疏朗。主要是无耳壶和单耳壶,这类陶器不见于外地	9件,质地纹样与A组一样,但技法生疏、做工较粗糙拙劣	宗日遗址的主要陶器遗存,夹砂陶,制作工艺不如马家窑文化陶器A、B、C组
产源推论	可能是外地输入,也有可能是由外来的专业陶工在当地所生产的	当地所生产的自创陶器	当地所生产的仿制马家窑文化陶器	当地所生产

陶器跨越了马家窑文化的不同阶段,厘清该遗址出土陶器的生产与消费系统将有助于了解东来文化势力与当地土著文化的交流互动过程。因此,我们选了26件出土自宗日遗址的不同类别陶片标本进行陶胎的化学组成分析。综合此一分析的结果和其他相关线索,本文关注的焦点包括:1)宗日遗址出土的马家窑文化时期分属不同类别的陶器产源;2)共和盆地的制陶业在马家窑文化时期的发展变化;3)宗日聚落的形成及马家窑文化陶器在甘青地区的分布变化。

二　宗日聚落的移民与土著

在讨论宗日遗址出土陶器的产源之前,我们必须先了解宗日是一个由东来的农业移民和当地原本以狩猎采集为生业基础的土著所组成的聚落。依据葬式的差异,宗日遗址的人群组成主要包括一组仰身直肢葬组和一组俯身直肢葬组。除了葬式以外,这两组人群埋葬的头向也不同,仰身直肢葬者的头向以东南向为主,而俯身葬者则几乎都是西北向。整体而言,宗日墓地的仰身葬数目远少于俯身葬。宗日一期一段墓葬中两组人数差不多,但其他各个阶段都是以俯身葬为主。对照甘青地区其他墓地的葬式分布,宗日墓地的仰身直肢葬所代表的应该是马家窑期东来的农业移民,而俯身葬组可能与原本分布于当地的狩猎采集社群有关[①]。葬式的变化显示在聚落初步形成之后,

---

① 陈洪海:《甘青地区史前墓葬中的葬式分析》,《古代文明》(第2卷),文物出版社,2003年。
陈洪海:《宗日遗存研究中的几点思考》,《西部考古》(第一辑),三秦出版社,2006年。

土著人口很快成为聚落中的主体。

稳定同位素的分析结果也显示分属两组葬式的人群在食谱上的早期差异。整体而言，$\delta^{13}C$ 和 $\delta^{15}N$ 的分布数据反映宗日遗址相当于马家窑文化阶段的古代居民采取以农业为主的生业形态[①]。主要的食物来源是 C_4 类植物，如粟和黍。肉食来源主要是狩猎和渔捞，可能还有驯养的家畜，包括黄牛和黄羊[②]。在 24 件以稳定同位素进行分析的人骨样本中，共有 16 件出自可以分期而且有葬式资料的墓葬。其中，宗日一期有 2 件俯身葬标本（M273、M297）和一件仰身葬标本（M299）；就 $\delta^{13}C$ 和 $\delta^{15}N$ 的分布来看，前者较后者的肉食比例为高，C_4 类植物比例为低。宗日二期有 4 件俯身葬标本（M23、M27、M78、M282）和 1 件侧身葬标本（M33），其中 2 件俯身葬标本（M23、M282）和一期俯身葬标本一样，肉食比例高于其他标本。到了宗日三期，8 件葬式分属仰身、俯身和侧身的标本均与一期仰身葬标本的 C_4 类植物及肉食比例相似。这样的结果表明从早到晚越来越多俯身葬组的食谱中 C_4 类植物比例逐渐增加。相较于俯身葬组，仰身葬组的食谱则是相当稳定，从早到晚没有明显变化。因此，食谱分析的结果与上述基于葬式所做的推论相吻合，仰身葬组代表外来的农业定居民，俯身葬组则是原本以狩猎采集为生的土著。由早到晚 C_4 类植物在越来越多俯身葬者的食谱中达到跟仰身葬组一样的比例，显示他们饮食中对于农作物的依赖程度逐渐增加。

人骨形态学的观察也表明宗日居民与同时期其他甘青古代居民的体质特征略有差异，显示他们主要为区域性的土著居民。头骨测量的聚类分析和主成分分析显示宗日组与甘青地区新石器时代到青铜时代的古代组关系密切，都属东亚类型人群。然而，在东亚类型人群当中，宗日组的头骨形态特征更接近于现代藏族 B 组，与甘青地区古代组中的柳湾组和东灰山组有差别[③]。

三　宗日遗址不同类别的陶器产源分析与讨论

宗日遗址所出土的两组陶器显然都与上述的东来移民有关。其中精美的马家窑文化彩陶可能是这些移民所带来的，或者是在移民入驻之后持续与其他位于马家窑文化分布中心的社群交换而来，又或者是移民中的专业陶工在当地所生产的。宗日式陶器的出现则主要是基于移民所带来的制陶技术。

在原有陶器分类的基础上，我们选取了 26 件宗日遗址出土的陶片标本进行陶胎的化学组成检测，以探讨不同类别陶器的产源问题。我们使用激光剥蚀进样（laser ablation）

①　崔亚平等：《宗日遗址人骨的稳定同位素分析》，《第四纪研究》2006 年第 26 卷第 4 期。
②　安家瑗、陈洪海：《宗日文化遗址动物骨骼的研究》，《动物考古》（第一辑），文物出版社，2010 年。
③　陈靓：《宗日遗址出土的人骨研究》，《西部考古》（第一辑），三秦出版社，2006 年。

电感耦合等离子发射光谱仪（ICP-AES）的分析方法。所有标本的分析都在北京大学考古文博学院科技考古教研室 LA-ICP-AES 实验室进行。分析的方法与步骤、使用的实验仪器、实验条件和测量标准与我们所分析的其他马家窑文化陶器标本相同[①]。我们检测的包括 Na、Mg、Ca、Fe、Al、Si、P、K、Ti、Mn、Ba、Sr 等 12 种主量、次量及微量元素的含量（表二）。其中 SiO_2 的含量是通过规一化得到，即用总量 100% 减掉其他所有元素的含量。由于我们并未测量陶器的烧失量，所得 SiO_2 含量与实际值尚有差异。依据化学组成的分析结果，我们将 26 件标本（编号 QTZ01 至 QTZ26）分为三组，其中甲组与乙、丙两组的差异极大，乙组和丙组的差异则主要表现在 CaO 含量的不同（图二至图五）。

甲组：包括 7 件断面呈乳白色、灰白色的夹砂陶标本。相较于另外两组标本，这组标本的化学组成特色是 Al_2O_3 的含量比较高，分布在约 27% ~ 30%，但 CaO、MgO、Fe_2O_3 的含量都偏低。微量元素中的 MnO、SrO、BaO、P_2O_5 含量也偏低。可以起助熔作用的元素（陶器中主要包括 CaO、MgO、K_2O、Na_2O 和 Fe_2O_3）总和同样明显偏低。Al_2O_3 含量高是造成这组标本断面陶色偏白的主因。7 件甲组标本中有 6 件属于宗日式夹砂陶器，1 件为宗日一期一段的马家窑文化马家窑类型夹砂绳纹陶瓮（QTZ12；图四，1）。这件夹砂瓮有灰白色和红褐色的胎体交错斑杂，掺和料粒径较小、较密集，陶质与其他属于甲组标本的宗日式夹砂陶略有不同。

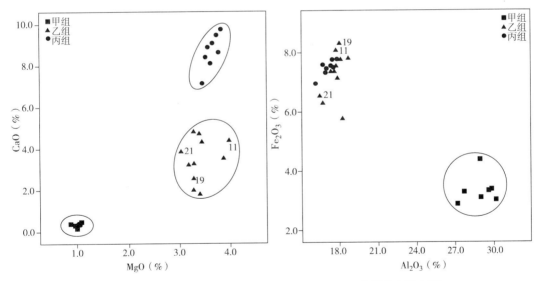

图二　宗日遗址标本的 CaO、MgO、Al_2O_3、Fe_2O_3 含量分布散点图

（图中圆圈仅表示数据的分布情况，无统计意义）

---

① 洪玲玉等：《川西马家窑类型彩陶产源分析与探讨》，《南方民族考古》（第七辑），科学出版社，2011 年。

表二　宗日遗址 26 件标本陶胎化学组成分析数据（%）

标本编号	出土单位及编号	分期	陶器类别	陶胎化学组成分组	Na_2O	MgO	CaO	Fe_2O_3	Al_2O_3	SiO_2	P_2O_5	K_2O	TiO_2	MnO	SrO	BaO	助熔剂①
QTZ01	M20：5	二期四段	宗日式夹砂彩陶瓷	甲	0.583	0.955	0.328	3.052	30.173	61.418	0.022	2.492	0.892	0.009	0.017	0.059	8.311
QTZ02	M35：1	二期三段	宗日式夹砂彩陶瓷	乙	1.204	3.450	4.302	6.288	16.731	61.444	1.094	4.546	0.696	0.110	0.042	0.094	20.595
QTZ03	M37：2	四至五段	宗日式夹砂陶瓷	乙	1.669	3.283	4.802	5.770	18.245	62.849	0.098	2.539	0.560	0.093	0.027	0.063	18.717
QTZ04	M47：2	三期五段	宗日式夹砂陶瓷	乙	0.634	3.278	2.003	7.120	17.859	64.960	0.026	2.953	0.837	0.236	0.017	0.077	17.061
QTZ05	M49：1	三期五段	宗日式夹砂陶瓷	乙	1.036	3.285	3.263	7.753	18.103	62.680	0.122	2.785	0.741	0.119	0.024	0.090	18.983
QTZ06	M131：2	二至三段	宗日式夹砂彩陶瓷	甲	0.385	1.068	0.494	4.389	28.898	61.594	0.031	2.361	0.684	0.025	0.018	0.054	9.406
QTZ07	M192：1	一期二段	马家窑类型泥质彩陶瓷	丙	0.802	3.618	8.084	7.506	17.568	58.629	0.091	2.820	0.641	0.131	0.032	0.077	23.603
QTZ08	M198：8	一期二段	宗日式夹砂陶瓷	乙	1.313	3.406	1.822	7.363	17.609	64.689	0.066	2.775	0.728	0.124	0.023	0.081	17.532

① Na_2O、MgO、CaO、Fe_2O_3、K_2O、TiO_2、MnO 的含量总和。

续表

标本编号	出土单位及编号	分期	陶器类别	陶胎化学组成分组	Na_2O	MgO	CaO	Fe_2O_3	Al_2O_3	SiO_2	P_2O_5	K_2O	TiO_2	MnO	SrO	BaO	助熔剂
QTZ09	M223:3	三期六段	宗日式夹砂陶瓮	乙	0.445	3.871	3.515	7.798	18.721	61.449	0.078	2.984	0.733	0.232	0.044	0.131	19.578
QTZ10	M270:1	一期二段	宗日式夹砂彩陶瓮	甲	0.546	1.024	0.363	3.121	28.967	62.994	0.017	2.164	0.723	0.010	0.015	0.056	7.951
QTZ11	M291:1	一期二段	马家窑类型泥质彩陶盆	乙	1.286	4.057	4.316	8.060	17.830	60.818	0.101	2.542	0.739	0.145	0.024	0.082	21.145
QTZ12	M322:2	一期一段	马家窑类型夹砂陶瓮	甲	1.057	1.021	0.334	3.382	29.831	61.212	0.051	2.117	0.894	0.033	0.018	0.049	8.839
QTZ13	M323:1	一期一段	马家窑类型泥质陶瓮	丙	1.036	3.735	9.436	7.770	17.813	56.616	0.147	2.539	0.630	0.134	0.035	0.108	25.281
QTZ14	地表采集	一期	马家窑类型泥质彩陶	丙	0.649	3.568	8.859	7.564	17.352	58.247	0.240	2.646	0.617	0.112	0.047	0.099	24.015
QTZ15	地表采集	一期	马家窑类型泥质彩陶	丙	0.645	3.460	7.132	7.323	16.934	60.713	0.103	2.728	0.695	0.116	0.040	0.110	22.100
QTZ16	地表采集	一期二段	马家窑类型泥质彩陶	丙	0.506	3.827	9.729	7.597	16.739	57.787	0.149	2.767	0.654	0.139	0.034	0.072	25.219
QTZ17	地表采集	一期	马家窑类型泥质彩陶	丙	0.535	3.529	8.390	7.471	17.007	59.312	0.130	2.762	0.634	0.122	0.034	0.073	23.444

续表

标本编号	出土单位及编号	分期	陶器类别	陶胎化学组成分组	Na$_2$O	MgO	CaO	Fe$_2$O$_3$	Al$_2$O$_3$	SiO$_2$	P$_2$O$_5$	K$_2$O	TiO$_2$	MnO	SrO	BaO	助熔剂
QTZ18	地表采集	一期二段	马家窑类型泥质彩陶盆	丙	0.573	3.660	9.063	7.761	17.459	57.793	0.098	2.675	0.665	0.136	0.038	0.080	24.533
QTZ19	地表采集	一至二段	马家窑类型泥质彩陶壶	乙	0.491	3.280	2.576	8.344	18.167	63.168	0.089	2.982	0.699	0.098	0.022	0.085	18.469
QTZ20	地表采集	二至三段	马家窑类型泥质彩陶	丙	1.539	3.778	8.615	6.955	16.193	58.921	0.131	2.444	0.754	0.193	0.118	0.358	24.278
QTZ21	95TYZT24②:2	二至四段	宗日式泥质质彩陶钵	乙	0.783	3.033	3.866	6.544	16.596	65.467	0.108	2.713	0.725	0.067	0.024	0.073	17.731
QTZ22	地表采集		宗日式夹砂彩陶	乙	0.543	3.186	3.205	7.545	17.750	63.835	0.099	2.981	0.663	0.090	0.022	0.083	18.211
QTZ23	地表采集		宗日式夹砂彩陶	乙	0.837	3.400	4.731	7.354	17.337	62.507	0.069	2.744	0.725	0.152	0.021	0.123	19.943
QTZ24	95TYZT24②:6		宗日式夹砂彩陶	甲	0.045	0.985	0.180	2.892	27.144	65.510	0.020	2.290	0.840	0.026	0.010	0.057	7.258
QTZ25	地表采集		宗日式夹砂陶	甲	0.207	1.046	0.414	3.337	29.582	61.628	0.050	2.593	0.866	0.162	0.017	0.098	8.624
QTZ26	地表采集		宗日式夹砂陶	甲	0.226	0.869	0.406	3.295	27.678	64.107	0.022	2.459	0.855	0.011	0.019	0.052	8.122

图三　宗日遗址分析陶片标本

1. 甲组：QTZ01（M20∶5）　2. 乙组：QTZ02（M35∶1）　3. 丙组：QTZ16（地表采集）

图四　宗日遗址分析陶片标本

1. 甲组：QTZ12（M322∶2）　2. 乙组：QTZ08（M198∶8）　3. 丙组：QTZ18（采集）

图五　宗日遗址分析陶片标本（乙组）

1. QTZ11（M291：1）　2. QTZ21（95TZT24②：2）　3. QTZ19（采集）

　　乙组：包括 8 件断面呈红褐色的夹砂陶标本和 3 件断面呈红褐色的泥质彩陶标本。首先，8 件夹砂陶与甲组绝大多数标本一样，同属宗日式陶器。甲、乙两组夹砂陶标本的表面颜色有时差别不大，但陶胎颜色却往往不同。此外，甲组的陶土中普遍有一种黑色边缘圆滑的细小掺和料，此种掺和料不见于乙组夹砂陶标本。最重要的是，甲、乙两组的化学组成特征明显不同，乙组 Al_2O_3 含量远低于甲组，CaO、MgO、Fe_2O_3 等可以起助熔作用的元素总和则明显高于甲组。因此，分属甲、乙两组的宗日式夹砂陶标本在陶胎颜色（乳白色和红褐色）、掺和料、化学组成特征上都有明显差异。这些差异表明宗日遗址所出土的宗日式夹砂陶器至少有两个不同的生产体系。至于 3 件属于乙组的泥质彩陶，彩绘颜色都是黑彩，不同于宗日式彩陶的紫红色彩。这 3 件中有 1 件为宗日一期一段的马家窑类型彩陶盆（QTZ11；图五，1），属于表一宗日遗址马家窑文化陶器 A 组。1 件为大口彩陶钵（QTZ21；图五，2），其陶质、陶色、黑彩都与马家窑类型彩陶相似，但器表没有抛光，彩绘纹饰风格和宗日式夹砂陶碗一样，笔法不纯熟。另外 1 件（QTZ19；图五，3）为彩陶壶，纹饰风格与马家窑类型彩陶相似，但黑彩和陶器表面都没有光泽，属于表一宗日遗址马家窑文化陶器 C 组。

　　丙组：包括 8 件典型马家窑类型的泥质彩陶，断面呈红褐色，都属于表一的宗日遗址马家窑文化陶器 A 组。这组标本的化学组成与乙组相似，但 CaO 含量却明显较高，分布在约 7%～10%，乙组则都低于 5%。由于较高的 CaO 含量，这组标本的助熔剂含量总和一般也高于乙组。

就我们所分析的化学元素来看，宗日遗址丙组标本的化学组成特征与甘青地区及四川其他遗址所出土的绝大部分马家窑文化陶片相似，都以 CaO 和 MgO 含量高为明显特征，与甘青地区现代陶匠使用的第三纪红黏土具有同样特性①。乙组标本的化学组成特征与丙组相似，但 CaO 含量偏低，在已分析的甘青川马家窑文化陶片中不见有此一特征的陶片。至于甲组标本，具有 Al_2O_3 含量高的特征，属高岭土一类黏土，其特征更是明显不同于已分析的马家窑文化陶片标本。显然，宗日遗址所出土的不同类别陶器至少是用三种具有不同化学组成特征的陶土所制成，我们将 26 件标本的分析结果整理成表三。

表三　依据陶土化学组成所得的宗日遗址陶器分类及其产源推论

陶土化学组成分组	甲组	乙组	丙组
标本数量	7 件	11 件	8 件
陶胎颜色与陶质	乳白色、灰白色夹砂陶	8 件红褐色夹砂陶、3 件红褐色泥质陶	红褐色泥质陶
陶器风格分类	6 件宗日式陶器，以及 1 件马家窑类型夹砂绳纹陶瓮	8 件红褐色夹砂陶都是宗日式夹砂陶器。3 件红褐色泥质陶中有一件典型马家窑类型彩陶盆（QTZ11），属于表一马家窑文化陶器 A 组；一件绘宗日式彩陶纹饰的黑彩泥质红陶大口彩陶钵（QTZ21）；一件非典型马家窑类型风格黑彩红陶泥质壶（QTZ19），属于表一马家窑文化陶器 C 组	皆为典型马家窑类型黑彩泥质红陶，属于表一马家窑文化陶器 A 组
三组陶器的化学组成特征比较	Al_2O_3 含量偏高，但 CaO、MgO、Fe_2O_3 含量偏低；MnO、SrO、BaO、P_2O_5 含量也偏低	与丙组相似，但 CaO 含量低于丙组标本，高于甲组标本	Al_2O_3 含量明显低于甲组，但 CaO、MgO、Fe_2O_3 含量偏高
陶器化学组成与其他遗址标本的比较	不见于其他已分析的甘青和四川遗址所出土的马家窑文化陶器标本	不见于其他已分析的甘青和四川遗址所出土的马家窑文化陶器标本	与其他已分析的甘青和四川遗址所出土的马家窑文化陶器标本相似
产源推论	当地所生产	当地所生产	外地输入

① 洪玲玉等：《川西马家窑类型彩陶产源分析与探讨》，《南方民族考古》（第七辑），科学出版社，2011 年。

依据这26件标本的分析结果，我们可以大致推论宗日遗址出土的不同类别陶器的产源。其中，用甲组和乙组陶土所制作的宗日式夹砂陶显然是共和盆地的区域性产品。这是考虑到目前所发现的宗日式夹砂陶主要分布在这一区域。除了宗日，其他共和盆地遗址出土的宗日式陶器也包括乳白色和红褐色两种①。而且，甲组和乙组陶器的化学组成特征不见于其他地区所出土的马家窑文化陶片，具有区域特征。宗日遗址过去曾出土过陶窑，里面还有宗日式夹砂陶器②；墓葬的随葬品中也出土过装着红色颜料的钵（一期二段 M267）。因此，宗日遗址应该有宗日式夹砂陶的生产单位。然而，使用甲乙两组陶土的制陶单位是否同时存在于宗日遗址则不清楚。相较于邻近的兴海羊曲遗址，宗日遗址所出土的乳白色陶器比例远远较低（羊曲：40.8%；宗日：11.5%）③，这些陶器也有可能是从位于其他聚落的制陶单位交换而来的。此外，这两组陶器的分布似乎有时间上的差异。在我们所分析的标本以及已出版的宗日遗址图录中④，宗日三期几乎不见乳白色的宗日式陶器。调查资料也显示红褐陶有越来越多的变化趋势⑤。显然，共和盆地至少有两组陶匠使用两种不同的陶土制作宗日式夹砂陶器。这两组宗日式夹砂陶器的生产与消费系统所牵涉的文化、社会与经济意义还需要日后更多以遗址、墓葬或房屋为单位的陶器统计资料方能进一步探讨。

除了夹砂陶以外，少数共和盆地的陶匠也使用甲、乙两组陶土制作泥质彩陶。我们所分析的标本没有包括乳白色的泥质彩陶，但宗日遗址出土有少数乳白色泥质彩陶。这些陶器显然是用甲组陶土所制成的（例如 M159：3 和 M222：3）⑥，它们的器形、彩绘颜色、纹饰都与同类宗日式夹砂陶没有区别，只是陶质不同。使用乙组陶土所做的泥质彩陶则一般绘黑彩而不用紫红彩。这些泥质彩陶的纹饰有的与马家窑文化彩陶相似，如标本 QTZ19（图五，3）；有的与宗日式夹砂彩陶相似，如标本 QTZ21（图五，2）。此外，有一些我们分析标本中没有涵盖的泥质彩陶很可能也是用乙组陶土所制成的，包括：1）表一的宗日遗址马家窑文化陶器 B 组；2）宗日遗址所出土的绝大部分大口泥质彩陶钵⑦，这一类彩陶钵不见于同时期其他马家窑文化遗址，而且与上述马家

① 陈洪海：《宗日遗存研究》第 73~97 页，北京大学考古文博学院博士学位论文，2002 年。
② 高东陆：《同德县巴沟乡兔儿滩马家窑文化半山类型遗址发掘记》，《青海考古学会会刊》1982 年第 7 期。
③ 陈洪海：《宗日遗存研究》表二六，北京大学考古文博学院博士学位论文，2002 年。
④ 格桑本、陈洪海主编：《宗日遗址文物精粹论述选集》，四川科学技术出版社，1999 年。
⑤ 陈洪海：《宗日遗存研究》第 90 页，北京大学考古文博学院博士学位论文，2002 年。
⑥ 格桑本、陈洪海主编：《宗日遗址文物精粹论述选集》第 53、63 页，四川科学技术出版社，1999 年。
⑦ 格桑本、陈洪海主编：《宗日遗址文物精粹论述选集》第 61、62 页，四川科学技术出版社，1999 年。

窑文化陶器 B 组一样集中出土在外地输入陶器明显减少的宗日二期。就本地产的泥质彩陶而言，使用乙组陶土所制作的陶器种类显然较为多元，数量也较多。这些陶器通常比甲组泥质彩陶有更多的马家窑文化彩陶元素，包括黑彩、泥质红褐色胎体、相似的纹饰元素。因此，根据陶土、颜料、陶质的不同，共和盆地在马家窑文化时期至少有两组夹砂陶和两组泥质陶的生产体系。

至于宗日遗址所出土的典型马家窑文化彩陶（表一的宗日遗址马家窑文化陶器 A 组），我们则认为绝大部分是从外地所输入的。主要证据是我们分析的所有典型马家窑文化彩陶标本几乎都属上述陶土化学组成的丙组，这组标本与其他遗址所出土的绝大部分马家窑文化彩陶的化学组成特征相似，但明显不同于甲、乙两组陶器。标本 QTZ21（图五，2）的乙组泥质彩陶标本可以作为这一推论的佐证。化学组成和纹饰风格都表明这件陶器为本地产品。黑彩和泥质红陶这两个属性则证明共和盆地的陶工可以取得黑彩颜料，也可以用他们熟悉的低钙黏土制作泥质红陶。然而，所有丙组马家窑文化泥质彩陶的化学组成特征却不同于这一本地制作的泥质彩陶，暗示这些马家窑文化泥质彩陶是外地输入的。同样的，化学组成和纹饰风格显示标本 QTZ19（图五，3）的乙组标本是模仿马家窑文化马家窑类型彩陶的本地产品。至于标本 QTZ11（图五，1）的乙组标本则不好解释，这件典型马家窑文化马家窑类型彩陶盆有可能为当地所产，但这在我们所分析的标本中是一个孤例。

除了陶土的化学组成特征以外，其他一些线索也暗示宗日遗址所出土的绝大部分典型马家窑文化泥质彩陶是从外地输入的。不同于其他同时期的甘青马家窑文化遗址，这里的马家窑文化泥质陶几乎都是彩陶，素面陶数量极少。此外，宗日遗址所出土的典型马家窑文化泥质彩陶只有有限的数量和种类。这些泥质彩陶主要集中在宗日一期，属于马家窑类型彩陶。即使在这一阶段，平均每座墓葬的泥质彩陶数量也不到 2 件，远低于同时期其他地区的墓葬，例如民和核桃庄①、乐都脑庄②、兰州王保保城③。除了有限的数量以外，宗日遗址所出土的马家窑类型彩陶主要为盆、瓮、壶，缺少钵和碗。而且，属于这一阶段，高度在 40～60 厘米的大型彩陶壶和瓮基本不见于宗日遗址。许多宗日遗址出土的马家窑类型彩陶瓮个体较小，有的通高只有 20 厘米，大多数不到 30 厘米。这些个体较小的彩陶瓮在其他中心遗址较少见到，暗示这一尺寸特征可能是基于远距离运输的考量。有的彩陶器形和纹饰看起来仿佛出自同一陶匠之手（例

①　青海省考古队：《青海民和核桃庄马家窑类型第一号墓葬》，《文物》1979 年第 9 期。
②　青海省考古队：《青海乐都县脑庄发现马家窑类型墓》，《考古》1981 年第 6 期。
③　甘肃省博物馆文物工作队：《兰州马家窑和马厂类型墓葬清理简报》，《文物》1975 年第 6 期。

如 M255：3 和 M198：17①），不排除是以远距离交换为目的的生产，亦即陶匠在生产时
已经有预设的消费族群了。无论如何，宗日居民所消费的马家窑类型彩陶数量、种类
和尺寸都有限，不若其他中心遗址多元。然而，宗日遗址不同阶段所出土的典型马家
窑文化彩陶却与那些出土自甘肃中部或是湟水流域的同时期彩陶一致，表现在彩陶的
精美程度和阶段性风格变化上。总之，陶器化学组成分析的结果和这些线索表明，宗
日遗址所出土的绝大部分典型马家窑文化彩陶应该是从外地输入的。

四　共和盆地制陶业的产生与发展

　　在上述分析的基础上，我们可以进一步讨论制陶工艺在共和盆地的产生与发展。
这里，我们以宗日墓地所出土的相当于马家窑文化时期的陶器和墓葬为讨论材料。调
查资料证明宗日墓地的发掘材料具有一定程度的区域代表性②。由于聚落材料的缺乏，
我们只能暂且以墓地的资料讨论各个阶段的变化。

　　首先，共和盆地制陶工艺的出现与宗日一期一段东来的马家窑文化农业移民有关。
宗日一期一段有 15 座墓葬，每座墓葬随葬陶器的平均数量为 2.1 件。这些陶器主要为
马家窑类型泥质彩陶，一般每座墓有一或两件，分布平均。除此之外，还有少数马家
窑类型的素面泥质陶及夹砂陶，以及个别绘紫红彩的夹砂彩陶，后者可视为是宗日式
陶器的前身。宗日一期一段的这些陶器代表目前共和盆地所发现年代最早的陶器。上
述陶胎化学分析的结果表明这一阶段绝大部分精美的马家窑类型泥质彩陶都是从外地
输入的。然而，个别泥质彩陶不排除为当地所产的可能，如上述乙组标本 QTZ11（图
五，1）的马家窑类型泥质彩陶盆。这一阶段出土的夹砂陶数量很少，包括我们所分析
的甲组标本 QTZ12（图四，1）的马家窑类型夹砂陶瓮，属于本地制品。即便不考虑个
别的泥质彩陶，这些最早的当地制夹砂陶器仍然展现一定程度的工艺水平，例如规整
的器形、绳纹加工纹饰以及使用矿物颜料彩绘制陶的知识和经验。因此，这些当地产
的陶器最可能是宗日一期一段所出现的马家窑文化农业移民中有制陶经验的陶工所制
作的。整体而言，制陶业在这一阶段出现于共和盆地，产量并不多，属于初始阶段。

　　宗日一期二段当地陶器的生产已经转化为一套具有区域特色的宗日式夹砂陶器，
呈现蓬勃发展的气象。属于这一阶段的墓葬有 31 座，每座墓葬随葬陶器的平均数量为
5.3 件，明显多于上一阶段。其中，宗日式夹砂陶器的数量远多于马家窑类型泥质彩
陶，这个变化反映了当地制陶业的发展。最迟在这一阶段，用来生产宗日式夹砂陶器
的陶土已经包括上述化学组成分析中的甲、乙两组，而且还有少数用甲组陶土所做的

――――――――――
①　格桑本、陈洪海主编：《宗日遗址文物精粹论述选集》第 78 页，四川科学技术出版社，1999 年。
②　陈洪海：《宗日遗存研究》第 73～97 页，北京大学考古文博学院博士学位论文，2002 年。

泥质彩陶，如 M159：3 和 M222：3。这一阶段的宗日式陶器包括可作为储藏器和水器的大小陶瓮、可作为炊煮器的单耳罐以及可作为盛食器的陶碗，器类完整。有些陶器的器形和纹饰都不规整，有初学者的风格，暗示更多的工匠加入陶器的生产。这些工匠除了移民中有经验的陶工和他们的后代以外，也可能包括当地不具制陶工艺传统的土著者。所谓的宗日式陶器在这一阶段于共和盆地形成；马家窑类型夹砂陶则基本不见。无论是基于生产者或消费者的喜好，在定居村落中土著人口比例的增加与这一陶器风格的转化可能有关。同时，随着制陶工业的发展以及聚落中土著人口比例的急剧增加，可以推测当地的经济和社会组织必然也发生了一定程度的变化。

相较于本地生产夹砂陶数量的增加，宗日一期二段的马家窑类型彩陶数量仍然相当有限。31 座墓葬中，有 12 座没有马家窑类型泥质彩陶，其余墓葬也大多只有 1~3 件。有些宗日居民显然已经无法获取这些输入品作为随葬陶器。此外，绝大多数墓葬的陶器组合都是以宗日式的夹砂陶为主，仅个别墓葬的陶器组合仍以马家窑类型泥质彩陶为主。这种分配不均的现象显示一定程度的社会地位差异。同时，这时期宗日墓地以夹砂陶为主的墓葬陶器组合也不同于其他同时期甘青遗址墓葬以泥质彩陶为主的组合。在外来泥质彩陶数量有限的情况下，本地产的夹砂陶器似乎已是提供各种日常生活或丧礼仪式需求的主要来源。

到了宗日二期三段，即相当于马家窑文化的小坪子期，宗日式夹砂陶的器形更加多元化，还出现了一些可能是专门用作随葬的明器[①]。这一阶段泥质彩陶在出土陶器中所占比例更少，但主要可能都是本地产品，分别属于下列三种类别：1）表一马家窑文化 B 组的陶器；2）表一马家窑文化 C 组的陶器，例如我们所分析标本中乙组编号 QTZ19 的标本；3）纹饰风格不见于宗日一期或是其他同时期遗址的大口泥质彩陶钵。就陶色看来，这些泥质彩陶都是用乙组陶土所做的。整体而言，宗日二期三段本地产陶器的陶质、器形种类和纹饰风格呈现多样化发展；这一变化暗示当地制陶单位的增加。然而，宗日二期三段 33 座墓葬随葬陶器的平均数量是 4.7 件，与上一阶段并无明显差异。即使考虑到这一阶段的泥质彩陶主要可能是本地所产而非外地输入的，我们也没有看到生产单位的增加带来随葬陶器数目的提高，这显示当地陶器生产单位的各自规模与上一阶段相似。对照本地泥质彩陶生产的形成，这一阶段仅个别墓葬出土可能从外地输入的小坪子期彩陶。无论是基于生产、运输或消费需求的改变，这些输入品从这一阶段开始就只有零星地出现在宗日墓地。

宗日二期四段 33 座墓葬随葬陶器的平均数量是 4.4 件，与上一阶段相似。宗日式夹砂陶器仍然包括陶瓮、单耳罐和碗。其中，夹砂陶瓮的器形种类增加。然而，单耳

---

① 陈洪海：《宗日遗存研究》表十，北京大学考古文博学院博士学位论文，2002 年。

罐的器形种类减少，剩下一种高度一般不足 10 厘米的小型器，可能是明器。夹砂碗的器形种类与之前相同。三种本地产的泥质陶持续存在，但数量或种类并无任何增加发展的趋势。随葬陶器的数量和类别显示这一阶段陶器的生产单位及各自的规模与前一阶段相似，本地制陶业没有出现明显变化。我们的化学组成分析标本中并无包括这一阶段宗日遗址所出现的半山类型早期彩陶。然而，这些数量稀少的半山类型彩陶高度一般不足 20 厘米，特征与那些出土自甘肃中部和湟水流域的同类器相似。属于这一时期高度约 40~50 厘米的大型彩陶壶则不见于宗日。延续之前的模式，宗日遗址所出土的半山类型早期彩陶极可能是从外地所输入的。

与上一阶段相比，宗日三期五段陶器的生产发生了明显变化。随葬陶器的器形种类和数量显示生产单位减少、产量增加，但其中小型器、无彩绘或纹饰疏朗等耗费劳力较少的陶器比例增加。具体地说，宗日三期五段的陶器已经没有本地生产的泥质彩陶，随葬陶器几乎都是宗日式夹砂陶器。这些宗日式夹砂陶的器形种类与上一阶段相似，但以甲组陶土制作的乳白色陶器似乎明显减少。该阶段 37 座墓葬随葬陶器平均数量是 7.3 件，远多于之前一、二期墓葬的随葬陶器数量。由于这些随葬陶器几乎都是宗日式夹砂陶，我们可以推测每一夹砂陶生产单位的平均产量提高。值得注意的是，这一产量的提高可能没有涉及任何生产规模的变化。小型夹砂陶瓮的增加、彩绘陶器的减少、纹饰的简化等现象都表明陶匠花费相对较小的劳力在每件陶器的生产制作上。这一阶段，消费者对于随葬陶器数量的追求可能远高于对器物尺寸或纹饰的要求。

宗日三期六段的陶器生产呈现衰落的趋势。宗日式夹砂陶器的器形种类略微减少。该阶段 27 座墓葬随葬陶器平均数量是 5.4 件，以小型器为主，绝大部分只有简单彩绘或是无彩绘。因此，陶器数量、器形种类、尺寸和纹饰等特征都显示本地陶器生产在这一阶段走向衰落。

就宗日墓地随葬陶器的资料看来，宗日一期一段的东来移民将制陶技术带到共和盆地一带。这一阶段本地陶器的生产包括马家窑类型夹砂陶和一些不见于其他地区的夹砂彩陶，不排除也有泥质彩陶。然而，随葬陶器仍以外地输入的马家窑类型彩陶为主，本地生产的陶器所占比例极低。宗日一期二段出现了一套具有鲜明区域特色的宗日式夹砂陶器，在随葬陶器中所占比例已高于外地输入的马家窑类型泥质彩陶，显示本地陶器生产体系的发展。在宗日二期，外地输入的泥质彩陶数量急遽减少。然而，本地陶器生产中比较明显地出现了一些泥质彩陶，有的完全仿制同时期马家窑文化陶器，但比较多的是一组独具区域特色的单耳或无耳壶（表一马家窑文化彩陶 B 组）以及大口彩陶钵。无论是夹砂陶或泥质陶，本地陶匠似乎并不热衷于追求制作典型马家窑文化陶器，而是吸取马家窑文化陶器的某些元素，进而创造出另外一组陶器群。这组陶器群以夹砂陶为主，需要较高制作工艺和劳力的泥质彩陶数量少，而且主要集中在宗日二期。到了宗日三期，随葬陶器中已经不见这些本地泥质彩陶制品，几乎全部都是宗日式夹砂陶器。同时，随葬陶器的数量、种类、尺寸、纹饰等变化暗示本地陶器生产在这一阶段走向衰落。整体而言，本地陶器生产体系在宗日一期二段形成之后，宗日墓葬随葬陶器的数量就大致维持在 5 件。从早到晚，并无明显变化。因此，马家窑文化时期宗日遗址甚或整个共和盆地的制陶业大概始终是由小规模生产单位所构成的。

依照陶质和纹饰，宗日遗址出土的陶器可分为宗日式陶器和马家窑文化系统陶器两组。然而，如果按照产地分组，本地产品包含宗日式陶器和部分马家窑文化系统陶器。这些马家窑文化系统陶器展现了明显的区域特色，例如表一的宗日遗址马家窑文化陶器 B 组以及宗日遗址所出土的大口泥质彩陶钵。无论是夹砂陶或泥质陶，所有这些本地产品基本上都是在马家窑类型陶器的基础上发展而来的。例如宗日式夹砂陶瓮的肩部常常抹平画彩，器身保留绳纹；这样的风格显然是源自同一样式的马家窑类型泥质彩陶壶，只是两者的做工和彩绘图案截然不同。因此，所谓的宗日遗存可以理解成是在马家窑文化马家窑类型陶器的基础上发展出来的一组区域性陶器群。这组陶器群以夹砂陶为主体，泥质陶仅占少数。其中夹砂彩陶使用的彩绘颜色和纹饰与马家窑类型彩陶完全不同，这或许是基于本地原有的土著文化因素。大部分泥质彩陶则较多地保留马家窑类型彩陶的特性，例如陶质、陶色、黑彩和彩绘的纹饰元素。

五 宗日聚落和马家窑文化陶器在甘青地区的分布变化

在马家窑文化时期之前，甘青地区的新石器文化主要分布在甘肃东部。马家窑文化马家窑类型的遗存则扩散到整个甘肃中部和青海东部，甚至往南到达甘肃南部、四川西北部，往西北到达河西走廊西段。根据甘肃和青海文物地图集，甘青地区出土马家窑类型遗存的遗址共有 600 个[①]。依照马家窑类型石岭下组—西坡坬组—雁儿湾组—王保保组的发展序列[②]，我们可以发现这四组的分布范围是一个逐渐扩散的过程。石岭下组的分布范围主要仍然在甘肃东部渭河上游甘谷、武山一带。西坡坬组的分布范围

---

① 国家文物局主编：《中国文物地图集·青海分册》，中国地图出版社，1996 年；国家文物局主编：《中国文物地图集·甘肃分册》，待刊。
② 严文明、张万仓：《雁儿湾和西坡坬》，《考古学文化论集》（三），文物出版社，1993 年。

则比较密集地扩散到了甘肃中部和青海东部，在临夏东乡林家①、兰州西坡峁②、永登蒋家坪③、民和大庄④、循化苏合礼⑤、化隆格尔玛⑥等遗址都有发现。雁儿湾组的分布范围更广，往西北到了河西走廊，如武威塔儿湾⑦；往西南到了黄河上游的共和盆地，如本文讨论的同德宗日；往南则到达甘肃南部和四川西北部，如武都大李家坪⑧、茂县营盘山⑨。王保保组的分布范围与雁儿湾组大致相当，但在河西走廊则延伸到了酒泉⑩。整体而言，雁儿湾组和王保保组的彩陶不仅分布范围最广，而且许多最精美的马家窑类型彩陶都属于这两组，如永靖三坪出土的高达 49 厘米的彩陶瓮⑪。遗址数量显示甘青地区在马家窑期经历了人口密度的急速成长。不断往西扩张的移民是这一发展的基础，与之伴随的是农业、磨制石器、制陶业、丧葬仪式等一套相当成熟的知识、技术与文化在这个地区的传播、生根与发展。这是位处马家窑文化分布边陲的宗日聚落的形成背景。

马家窑文化往外扩张的文化势力在小坪子期呈现了消退的趋势。属于小坪子期的彩陶遗存目前主要发现在甘肃中部和青海东部，其他地区只有零星发现，甘肃南部和四川西北则没有发现，分布范围较小。半山类型遗存的分布延续在这一范围，没有明显往外扩张的迹象。甘青地区已发现有半山类型遗存的遗址数目较马家窑类型大为减少，从 600 个减少到 332 个。这一时期甘青地区出现了明显的区域性发展差异。甘肃中部遗址数目持续增加，并且有大量精美彩陶，如广河地巴坪⑫。相较之下，其他地区的

---

① 甘肃省博物馆文物工作队、临夏回族自治州文化局、东乡自治县文化馆：《甘肃东乡林家遗址发掘报告》，《考古学集刊》（第 4 集），中国社会科学出版社，1984 年。

② 严文明、张万仓：《雁儿湾和西坡峁》，《考古学文化论集》（三），文物出版社，1993 年。

③ 张学正、张朋川、郭德勇：《谈马家窑、半山、马厂类型的分期和相互关系》，《中国考古学会第一次年会论文集》，文物出版社，1980 年。

④ 青海省文物考古队编：《青海彩陶》图 1，文物出版社，1980 年。

⑤ 卢耀光：《一九八〇年循化萨拉族自治县考古调查简报》图三，1，《青海考古学会会刊》1982 年第 4 期。

⑥ 青海省文物考古研究所：《青海化隆、循化两县考古调查简报》图五，8，《考古》1991 年第 4 期。

⑦ 甘肃省文物考古研究所：《武威塔儿湾新石器时代遗址及五坝山墓葬发掘简报》，《考古与文物》2004 年第 3 期。

⑧ 北京大学考古系等：《甘肃武都县大李家坪新石器时代遗址发掘报告》，《考古学集刊》（第 13 集），中国大百科全书出版社，2000 年。

⑨ 成都市文物考古研究所等：《四川茂县营盘山遗址试掘报告》，《成都考古发现 2000》，科学出版社，2002 年。

⑩ 李水城：《河西地区新见马家窑文化遗存及相关问题》图 2，《苏秉琦与当代中国考古学》，科学出版社，2001 年。

⑪ 甘肃省博物馆、甘肃省文物工作队编：《甘肃彩陶》图 41，文物出版社，1979 年。

⑫ 甘肃省博物馆文物工作队：《广河地巴坪半山类型墓地》，《考古学报》1978 年第 2 期。

遗址数目都明显减少，包括青海东部的湟水流域和黄河上游地区，而且这些地区彩陶的制作工艺也显得较粗糙，如乐都柳湾①和循化苏呼萨②。与此相呼应，位于更上游的同德宗日只发现少数属于半山类型的彩陶。

甘青地区已发现有马厂类型遗存的遗址共有 893 个，遗址数目较半山类型有大幅度增加。这些马厂类型遗址主要集中分布在甘肃中部的兰州地区和临夏北部以及青海东部湟水中下游的乐都及民和。河西走廊的遗址数目也有明显增加，集中在武威和金昌一带③。相较于这些区域，青海东部黄河上游的遗址数目并没有发生太大变化。这里的马厂类型遗存主要分布在循化和化隆一带，共和盆地则只有个别遗址出土零星马厂类型彩陶，如宗日遗址编号 M170：1 的彩陶壶④。

宗日遗址延续的时间跨越了马家窑文化的不同阶段，这里所发现的马家窑文化陶器几乎都是彩陶，主要属于马家窑类型的雁儿湾组和王保保组（宗日一期一段和二段），属于小坪子和半山类型（宗日二期三段到三期六段）的数量则大幅度减少，只有极个别属于马厂类型（个别宗日三期六段）。这个变化与上述马家窑文化在青海东部黄河上游的分布变化相符合；马家窑期以农业为生业基础的社群在甘青地区沿着河谷盆地的大规模扩张是宗日聚落的形成背景。仰身葬和俯身葬的共存更直接反映了这一阶段有一批移民抵达了黄河上游并与当地土著人共同形成了宗日聚落。在这之后，马家窑文化的泥质彩陶在宗日从早先的居于主体地位到逐渐被当地发展出来的另外一组陶器群取代而退居次要地位。这一过程正反映了共和盆地两种文化势力的消长变化。一是本地土著人在接受新的工艺与生业技术之后和移民一起发展出来的区域性陶器群，一是典型马家窑文化陶器在马家窑期之后于共和盆地的消退。宗日的考古资料显示马家窑文化在这一区域的影响至少涉及三种不同途径：一是人群迁移，二是技术和文化传播，三是马家窑文化彩陶的输入。就某种程度而言，这三种途径其实也见于宗日以外的其他马家窑文化遗址。

如上所述，马家窑期雁儿湾组和王保保组的彩陶代表马家窑文化分布最广的一个阶段，但这些彩陶的区域差异并不明显。这一阶段不同地区所出土的彩陶大多展现相似的纹饰风格和精致的工艺水平，陶匠显然掌握共同的彩绘纹饰和制作工艺，并且都有相当的经验。这些特性暗示这一阶段彩陶的生产主要是由一些相当专业的陶匠所负责。我们的陶器产源分析结果指出宗日遗址所出土的雁儿湾组和王保保组彩陶多不是

① 青海省文物管理处考古队、中国社会科学院考古研究所：《青海柳湾》，文物出版社，1984 年。
② 青海省考古研究所：《青海循化苏呼萨墓地》，《考古学报》1994 年第 4 期。
③ 李水城：《河西地区新见马家窑文化遗存及相关问题》图 2，《苏秉琦与当代中国考古学》，科学出版社，2001 年。
④ 陈洪海：《宗日遗存研究》图 65，北京大学考古文博学院博士学位论文，2002 年。

在当地制作的。同样的，四川茂县营盘山和马尔康哈休所出土的这一阶段彩陶也都不是当地制品①。这些结果显示马家窑类型彩陶的生产是相对比较集中的，并不是所有分布区都有属于当地的生产单位。人群迁移可能是这些精美彩陶出现在川西、宗日以及许多周边遗址的一个途径。然而，宗日和川西的资料都显示这些彩陶也可能是从特定的生产单位通过远距离交换而来。在分布范围急遽扩散的过程，不同区域马家窑类型彩陶的高度相似性是一个非常值得注意的现象。一个可能的解释是只有少数地区的专业陶匠能够掌握这些高品质彩陶的生产，马家窑期彩陶的广泛分布可能与区域之间密切的交流有关。

宗日式陶器的出现则反映了共和盆地更多土著和当地居民在掌握了制陶工艺之后的区域性发展。我们在其他马家窑文化分布区固然没有看到区域特色如此鲜明的陶器群，但半山期和马厂期不同地方类型陶器群的形成或许也和各区域土著文化的影响有关。以湟水中游为例，这里马家窑期的彩陶与甘肃中部所出土的同类器品质相似。然而，湟水中游半山期彩陶的品质却出现明显差异，大部分彩陶的胎质变粗，器表没有抛光，纹饰较为潦草，黑彩浓淡不均且缺乏光泽，以乐都柳湾的出土陶器为典型代表②。相较于湟水中游，甘肃中部大部分半山期彩陶则延续马家窑期彩陶的工艺水平，显得较为精美。除了品质的差异以外，柳湾半山期 257 座墓葬只出土 266 件陶器，显示当地陶器的产量不高，制陶单位的规模较小。同时，柳湾半山期墓葬出土了大量的装饰品，包括 15000 多颗串珠，还有 1000 多件骨片。这样大量的装饰品不见于其他同时期的甘肃墓葬。此外，柳湾墓葬的随葬品中有较多的骨镞，还有矢箙，显示狩猎可能仍是重要的生业活动。柳湾半山期的合葬墓多为同棺叠压葬，这样的葬俗目前还不见于其他区域。整体而言，柳湾半山期的物质文化遗存、生业形态和埋葬习俗都显示了强烈的区域特色。相似于宗日遗址，柳湾聚落的居民可能主要是当地原本以狩猎采集为生的土著人。区域性陶器群的形成或许反映了当地居民（土著和东来的移民）在掌握制陶工艺之后的区域性发展。同时，延续马家窑期的模式：聚落分布较密集、彩陶产量较多、品质较精美的区域仍然往其他区域输出彩陶。半山期青海地区湟水流域和黄河上游的本地彩陶质量都明显不如甘肃中部的彩陶精美，但在许多青海遗址都出土有个别甘肃彩陶，如乐都柳湾、乐都贾湾、民和巴州、化隆群科③、同德宗日等。然而，甘肃中部几乎不见同时期的青海彩陶，可能是以彩陶换取其他物品。

---

① 洪玲玉等：《川西马家窑类型彩陶产源分析与探讨》，《南方民族考古》（第七辑），科学出版社，2011 年。

② 青海省文物管理处考古队、中国社会科学院考古研究所：《青海柳湾》，文物出版社，1984 年。

③ 青海省文物考古队编：《青海彩陶》图 33、34、36、37，文物出版社，1980 年。

宗日遗址虽然位处马家窑文化分布的边陲，这里所看到的农业移民、土著居民、马家窑文化彩陶、宗日式陶器等不同元素却提供了我们丰富的资料以探讨共和盆地在马家窑文化时期的区域文化发展过程。如此鲜明的两种文化势力的相互作用或许不见于其他马家窑文化分布区的考古遗存，但东来农业文化和青海及河西走廊各区域土著文化的互动可能是形成半山期和马厂期不同地方类型的形成背景。宗日遗址的资料显示土著居民在区域文化发展过程中具有不可忽视的主导力量。

垣曲商城与中条山铜矿资源

佟伟华

（中国国家博物馆田野考古研究中心）

（一）坐落于中条山铜矿资源分布区内的垣曲商城

（1）控制与索取中条山铜矿资源是城址择选位置的重要指向。

在早期国家形成之后的夏商时期，一座座城池平地而起。这些城址兴建的初衷主要在于其政治、军事与经济等各项功能的实现，而城的这几项功能又是相互作用密不可分的。有的城的建立，可能主要是为了扩张领土的需要，以城为中心，征战四方，消灭敌对势力，实现其政治军事目的。而有的城则可能首要考虑的却是控制和占领各类经济资源，以城为中心，从事各类生产活动，进而以经济的繁荣促进国家的发展，由此看来，各城址始建的初衷各有不同。当然，经济发展的最终目的仍是为了实现征服天下的目的。垣曲商城兴建于商王朝京畿之地的西北周边，地处中条山南麓的深山峡谷之中，地理位置偏僻，若以此偏居一隅的城为基地，向由崇山峻岭阻隔的周边扩张领土，这里似乎并不占地理优势。那么，为什么要在这一封闭的区域建立一座城池呢？我们认为，此城建立的主要目的是为了占领及控制这里丰富的水、木材、铜、锡、铅有色金属等自然资源，尤其是铜矿资源，所以商城择建于黄河北岸，亦即中原地区最大的中条山铜矿分布区内。商代二里岗时期，青铜文化呈高速发展的态势，地处中原的偃师商城①和郑州商城②两座王都需要大量代表当时最高生产力的青铜器，以满足生产、生活以及各种政治、经济、宗教等活动的需要。因此，青铜器生产已成为当时生产力发展的标志，更是巩固早期国家的物质基础，而中原地区最大的铜矿产地就是

① 王学荣：《河南偃师商城遗址的考古发掘与研究述评》，《偃师商城遗址研究》，科学出版社，2004 年。
② 河南省文物考古研究所：《郑州商城——1953～1985 年考古发掘报告》，文物出版社，2001 年。

中条山，因而垣曲商城的兴建，是商王朝为了占领与控制中条山铜矿派驻的桥头堡，它的建立为商王朝攫取铜矿创造了极大便利，也为巩固商王朝统治奠定了物质基础。无疑，控制铜矿资源对于早期国家的巩固发展具有重要意义①。

垣曲商城位于晋南黄河北岸，地处中条山南麓的崇山峻岭之中，向南越过黄河为河南渑池县境，西北毗邻山西平陆、夏县、闻喜、绛县，东与河南济源、新安交界。发源于中条山的沇河和亳清河自北向南穿越山谷奔腾不息，在古城镇东南汇流后注入黄河，形成低平的冲积扇，即垣曲盆地之所在。商城遗址坐落于盆地中央，位于黄河北岸陡立的高台地上，向南俯瞰奔腾的黄河，向西北远眺起伏的中条山。这里依山环水的自然环境极其优越，气候温和、雨量丰沛，动植物及矿产资源丰富，极适宜人类生存。数千年来，在这块水源充足、土地肥沃的山间小盆地内分布着许多从史前仰韶文化、龙山文化到夏商周三代的聚落址，多位于黄河、沇河、亳清河两岸及其支流的河旁台地上，商城遗址便是其中规模最大的城堡聚落②。在垣曲盆地以北约30～40千米的山间峡谷便是中条山铜矿的集中分布区。

根据现代资料统计，中国的铜矿分布以位于华南及西南部的江西、西藏、云南三省区的储量为最多，可占全国储量的近一半。而地处中原的山西省也是我国铜储量较多的省份之一，可排在全国前10位之列，晋南的中条山铜矿集中区是我国铜矿资源的重要产地之一，也是华北地区最大的产矿地点。它位于华北地台南缘，即太行山、中条山、吕梁山、贺兰山组成的"山"字形构造的顶端，属于中条古裂谷，裂谷呈不同方向控制着各铜矿，是一条蛇曲形延脉③。矿区位居中条山东段，北纬35°19′，东经111°40′，海拔620米。南起胡家峪、犁耙沟，北到铜矿峪、虎坪，西自篦子沟，东到落家河，矿区南北约20余千米，东西约10余千米，现有大小铜矿点30余处。矿藏主要有黄铜矿、铜蓝矿、斑铜矿、辉铜矿、黄铁矿、孔雀石等，含铜品位0.67%～1.5%，并伴生有钴、钼、金、银、黄铁矿、铝、铅、锌等十多种有色金属矿产④。这一矿区已发现的铜矿床分为多种类型，铜矿峪矿为斑岩铜矿，胡家峪矿、篦子沟矿属变质岩层状铜矿。胡家峪—篦子沟型矿床赋存于下元古界中条群篦子沟组，以黄铜矿、黄铁矿为主，矿床成因类型为沉积变质热液型。铜矿峪矿床赋存于太古界绛县群骆驼峰组，含矿岩性主要为变石英晶屑凝灰岩，含铜矿物以黄铜矿为主，其次为斑铜矿、

①　刘莉、陈星灿：《城：夏商时期对自然资源的控制问题》，《东南文化》2000年第3期；李水城：《西北与中原早期冶铜业的区域特征及交互作用》，《考古学报》2005年第3期。
②　中国国家博物馆考古部：《垣曲盆地聚落考古研究》，科学出版社，2007年。
③　企业之窗：《山西中条山有色金属集团有限公司》，《中国有色冶金》2005年第1期。
④　冯廷恺：《垣曲地矿指南》，内部发行，1993年；《山西中条山有色金属集团有限公司》，《有色金属工业》2001年第9期。

辉铜矿①。中条山铜矿资源矿量分布不均匀，在目前的保有储量中，铜矿峪可占 95%，是具有百万吨保有储量的大型矿床②。

在这些铜矿中，铜矿峪矿位于垣曲商城西北约 36 千米，胡家峪位于垣曲商城西北方向约 32 千米，箅子沟位于垣曲商城西北方向约 34 千米，落家河位于垣曲商城东北约 22 千米，它们与垣曲商城的直线距离约为 32 ~ 36 千米。只有落家河距离垣曲商城最近，仅有 20 余千米。这些较大铜矿的四周还分布着数量较多的小矿井，主要有位于箅子沟附近的刘庄冶，位于胡家峪附近的桐木沟、老宝滩，位于同善附近的虎坪、位于横岭关附近的庙疙瘩等。据报道，中条山地区还发现了不少古代铜矿，1958 年有学者曾在运城洞沟发现古代矿峒遗址及铁锤铁钎等挖矿工具，据矿峒附近的摩崖题记载，其时代可早到东汉灵帝光和二年（公元 179 年）③。此外，在铜矿峪、胡家峪、箅子沟、落家河等现代铜矿周围也发现不少古矿冶遗址，分布于这一区域的古铜矿主要有位于铜矿峪附近的铜锅、箅子沟附近的刘庄冶、胡家峪附近的店头和马蹄沟、胡家峪与箅子沟之间的桐木沟以及同善附近的李巴沟、横岭关附近的庙疙瘩等。在这些古矿井中发现有古代开采的矿洞、老窟、采矿巷道及支护、废石堆、渣堆及大量炼渣、炉渣、渣灰层、石块等，出土瓷片、陶片及瓦片。其中，店头的时代可能早到战国时期，马蹄沟、铜锅因出有瓷片，或可到唐宋时期④（图一）。从垣曲商城与中条山铜矿分布区的距离来看，在黄河之滨，距铜矿分布区数十千米兴建的垣曲商城，其战略地位与铜矿资源应是密不可分的。

（2）城址的地理与生态环境具有青铜冶铸的优越条件。

前已述及，垣曲商城与中条山铜矿集中区的直线距离不过数十千米，与铜矿产区这样近距离相邻的城址极为罕见，距离近可使中条山开采的矿石免除远距离运输耗费的人力、物力，顺着发源于中条山的沇河及亳清河水路可直达商城所在的古城地区，沿着沇河及亳清河谷地的陆路也不难在短时间内将矿石运输到商城所在。因而，拥有充足的矿料来源为垣曲商城所独有，就地取材的便利为其他城址所不具备。

中条山茂密的林木资源是垣曲商城青铜冶铸丰富的燃料来源。除了有色金属资源以外，中条山还是我国华北地区最大的原始森林所在地，垣曲盆地及周边地区的植被

① 郭双龙：《中条山铜资源潜力及找矿思路》，《中国有色金属》2010 年第 10 期。
② 王志章：《中条山地区铜矿分布规律几点认识》，《河北地质学院学报》1988 年第 2 期；王阳湖、杜继盛、刘丽玲、真允庆：《中条山铜矿集中区进一步找矿思路与前景》，《矿产与地质》第 6 卷第 4 期，1992 年；叶德隆、朱勤文：《中条山铜矿研究新进展》，《地学前缘》1994 年第 1 期。
③ 李仲均：《山西中条山古铜矿区》，《有色金属》1980 年第 2 期。
④ 李延祥：《中条山古铜矿冶遗址初步考察研究》，《文物季刊》1993 年第 2 期；关东杰：《古代产铜盛地——中条山》，《金属世界》1995 年第 6 期。

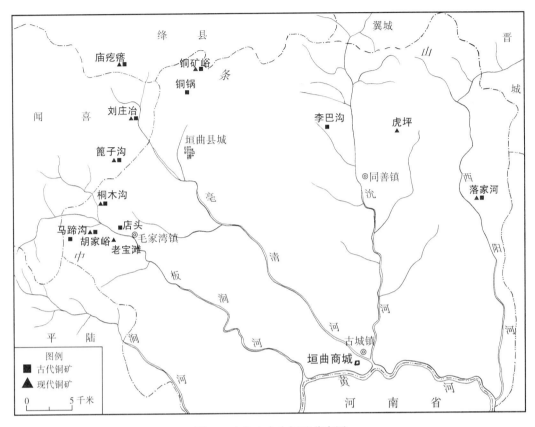

图一　中条山古今铜矿分布图

覆盖率极高，山地草原、森林面积是人口居住面积的5~6倍。中条山群山矗立，沟壑纵横。主峰历山自沁水县蜿蜒而东，长30、宽5千米，顶峰舜王坪海拔高度2300米，这一地区的深山峡谷至今仍被浓密的原始森林覆盖，其木材储量为中原地区之最。植被的类型有亚高山草甸、山地温性针叶常绿林、暖湿性夏绿阔叶林、灌木草本植物带、河漫滩植被等。近代既然如此，那么不难想象，在3000年前的商代，这里林木资源的数量及种类会比当下丰富数倍，早期的青铜冶炼需要大量木炭作为燃料，而中条山种类繁多的植物特别是大量的乔、灌木植物均是良好的燃料薪材，这为垣曲商城的冶炼活动提供了良好的条件。

　　另外，垣曲商城三面环水，南部为奔腾不息的黄河，东、北面的沇河与亳清河为垣曲盆地内黄河的两条较大的支流。三水交汇带来的丰沛水源为垣曲商城火法冶炼所需的大量水源以及生活用水提供了保证。

　　垣曲商城所在的古城南关遗址经历了从二里头晚期至商代二里岗时期长时期的发展进程，为商城从事青铜冶炼这种高技术水平的生产活动奠定了深厚的物质基础。从二里头晚期至商代二里岗时期这里始终是垣曲盆地中最大的中心聚落，尽管早期的青铜冶炼会对植被、水源、气候等生态环境造成负面影响，导致一定程度的环境退化，但由于垣曲商城先天具备优越的地理地貌及生态环境，初期的冶炼活动规模较小，使这种退化进程较为缓慢，尚不足以在一定时间内影响生活及生产的发展，因此这里从二里头晚期直至商代始终保持着垣曲盆地中心聚落的位置。聚落考古调查的结果表明，垣曲盆地二里头晚期共发现聚落 41 个，可分为 4 个聚落群，古城南关是本区域聚落群的中心。商代二里岗下层时期共发现聚落 12 个，此期修建的商城是盆地中最大的城堡聚落。到了二里岗上层时期，盆地内的聚落数量有所减少，共发现 10 个，此城仍是垣曲盆地中最大的城堡聚落①。从二里头晚期、二里岗下层到二里岗上层时期，分布于古城南关周边的其他聚落规模都明显较小，属从属聚落。可以认为，古城南关二里岗期城堡若没有二里头晚期规模巨大的环壕聚落的基础，是不可能建立的，更不可能使青铜冶铸业快速发展。青铜的生产代表着当时生产力的顶峰，只有中心聚落才有人力、物力等条件从事这种高技术水平的生产活动，由于城址具有源自二里头晚期开始积累的农业、手工业、家畜饲养等生业的物质基础，还有制陶、制石、制骨等发达的手工业技术、设施与人才基础，故这里能够发展成为青铜冶铸中心就不足为奇了。

（3）城址独具匠心的设计重点是护卫青铜冶铸重地。

垣曲商城在战略上选择了与中条山铜矿资源近邻，在军事防御上选择了踞守高台的优越地势，在生态环境上选择了三水交汇、靠近河口的近水位置，使垣曲商城成为即有利于交通又便于生产、生活的中心。进而，如何有效地占领及控制中条山铜矿产地，护卫城堡内的青铜冶铸重地，更是城址建设中需要重点考虑的因素，从这一目的出发，商人在城址的具体定位、城墙加固、城门屏蔽等诸多方面进行了精心设计，用以加强城池的坚固性，使商城成为易守难攻的城堡。

垣曲商城所在的高台地呈西北高东南低之势，东、北两面有沇河与亳清河环绕，南面濒临黄河，城址定位在台地的东南角，与河床高差较小，以便靠近水源，有利于各种生产活动和生活的需要，特别是青铜冶铸对于大量水源的需要。

垣曲商城的平面形状略呈梯形，北城垣现存于地面之上，其余三面墙均埋没于地下。城址东西约 350 米、南北约 400 米，周长 1470 米，总面积 13 万平方米。为了加强防守，西、南两面设计了双道城垣，西墙长度 395 米，在中段偏北距西北角 140 米处为西城门，城门以北为较宽的单墙，城门以南修筑了双道夹墙，外墙将内墙城门屏蔽在夹墙中。南墙现存总长 375 米，已被黄河冲为四段，中段被一冲沟截断，仅余两块夯

①　中国国家博物馆考古部：《垣曲盆地聚落考古研究》，科学出版社，2007 年。

土，有可能是城门之所在。南墙西段亦修筑了双道夹墙，与西城墙南段的夹墙一样均通向西南角出口。西墙外还有一条与墙完全平行的护城壕，全长 446 米。城址的四面城墙可能都有城门，东、北两座门很可能是为生产与生活设置的，而西、南两门的设置则主要是为了保卫城内青铜冶炼生产的需要，如此加固的城垣，使城门隐蔽于城内，有效地护卫了紧靠西城门内进行的冶炼活动①。

（二）垣曲商城发现的青铜冶铸遗迹遗物

在垣曲商城近 20 年的发掘中，曾陆续在二里岗下层与上层的一些灰坑、道路及地层中发现了铜炼渣、炉壁残块、坩埚残块以及小件青铜制品，这些遗物是遗留在废弃后的有关遗迹中的，散布于城内各处。另外，还在 2 座铜器墓中发现了数件青铜容器。极为重要的是，在西城门内道路 L2 的两侧发现了数个青铜冶炼遗迹，虽然只遗留底部，却使商城内存在着青铜冶炼活动得到确认。

1. 二里岗下层时期

二里岗下层时期发现的冶炼遗物有炉壁残块和青铜炼渣两种，数量较少，仅在 6 个灰坑等单位中发现（其中 H661 采样 2 个），有 4 处位于城址东南部的居民区内，1 处位于城址西城门内，1 处位于城址西南部（表一；图二）。这些遗物常常与大量的木炭、炭粒及红烧土块同出。有 4 个单位出土了青铜炼渣，这些炼渣是冶炼或熔炼后排出的废弃物，或呈颗粒状或呈大小不等的块状，形状多不规则，表层呈铜绿色，重量较沉，如 91T3865H576∶1，铜渣呈颗粒状。还有 2 个单位出土了炉壁烧结层的残块，大小不等，有的略呈弯弧形，如 92T3752H639∶1，炉壁呈较大的块状，从残炉壁的剖面看可分为内外两层，烧结层内壁为铜绿色蜂窝状的凝结物，内壁面较平，呈灰绿色，层中间布满密集

表一　垣曲商城二里岗下层青铜冶铸遗迹遗物统计表

顺序号	出土单位	青铜冶铸遗物	出土位置	灰坑中的同出物
1	91T3865H576∶1	铜炼渣、大烧土块	城址东南部	陶器等
2	92T3752H637∶1	小块炉壁、烧土块	城址东南部	兽骨、卜骨、陶器等
3	92T3752H639∶1	大块炉壁	城址东南部	兽骨、陶器等
4	92T3752H641∶1	铜炼渣、烧土块、炭粒	城址东南部	成人骨架1、儿童骨架1、陶器等
5	93T6125G26①∶6	铜炼渣块	城址西部	陶器等
6	94T4121H661∶27	铜炼渣	城址西南部	人骨架14具、卜骨、陶器等
	94T4121H661∶16	铜炼渣	城址西南部	人骨架14具、卜骨、陶器等

---

① 中国历史博物馆考古部等：《垣曲商城》，科学出版社，1996 年。

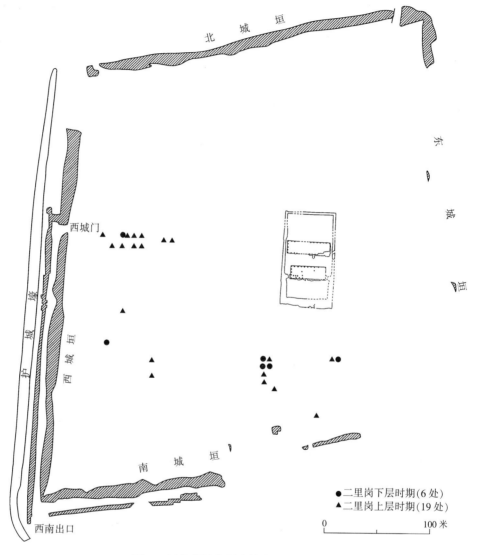

图二　垣曲商城青铜冶铸遗迹遗物分布图

的孔隙，层厚 0.5～1.5 厘米。外壁为泥质红陶，类似草拌泥，层厚 0.5 厘米，两层紧密黏接。灰坑中与铜炼渣同出的还有各种兽骨、卜骨及大量陶器、石器、骨器等，有的灰坑中还出有人骨架。

这一时期出土的铜器制品较少，除了两件为铜容器外，其余为小件兵器和工具，器形有爵、斝、镞、针等。爵、斝两件容器出土于 M16 中，是二里岗下层发现的唯一一座出土铜器的墓葬，两件器物壁较薄，器形与郑州商城出土的同类器近似。斝为敞口、平沿、圆鼓腹、圜底，底附三锥状足，颈腹之间置半圆形鋬，口沿上置二对称的三棱状柱。器物的装饰花纹简单，颈下部饰凸弦纹两周，其间饰乳丁纹，弦纹下为圆圈纹。爵为椭圆形敞口，前流窄长，后有尖尾，束腰，腰腹间有明显的折棱，鼓腹，平底，下附三棱状尖足外撇，颈腹间附扁形鋬，口流相接处附对称的三棱状柱，腰部饰一周单层饕餮纹。此外，在一座灰坑中还出土了一件残石范，似制作镞的外范，表明这一时期仍使用石质范进行冶铸。

2. 二里岗上层时期

二里岗上层时期发现的熔炼冶铸遗迹和炉壁、炼渣等遗物比二里岗下层时期明显增多，据统计，在二里岗上层时期的 19 个地层及灰坑等单位中发现了熔炼冶铸的遗迹以及炉壁、炼渣等遗物（表二；图二）。它们的分布分为三个区域，一个地点是位于城址东南部的一般居住区内，有 6 处；另一地点是位于城址西南部的手工业区附近，有 3 处；还有一片最为集中的地点位于城址西部略偏北的西城门内，有 10 处，其中道路 L2 两侧有 9 处，灰坑中 1 处（H646 采样 4 个）。

表二　垣曲商城二里岗上层青铜冶铸遗迹遗物统计表

顺序号	出土单位	青铜冶铸遗物	出土位置	灰坑中的同出物
1	86T2862H105∶41	铜炼渣、红灰烧土块	城址东南部	原始瓷、卜骨、完整狗骨架、陶器等
2	91T3865④A∶1	铜炼渣、红烧土粒	城址东南部	
3	92T3552④A∶1	铜炼渣、炉壁烧结层、炭粒	城址东南部	
4	92T3552H628∶2	铜炼渣	城址东南部	原始瓷尊、陶器等
5	92T3752④A∶3	坩埚残器	城址东南部	
6	92T3354④A∶4	铜炼渣	城址东南部	
7	91T3531H530∶1	铜炼渣	城址西南部	原始瓷、卜骨、陶器等
8	91T3831H535∶15	铜炼渣、红烧土粒、炭渣	城址西南部	动物头骨、陶器等
9	98T4725④A∶1	圆形铜块	城址西南部	
10	93T6121L2③∶2	铜炼渣、炉壁烧结层	城址西部 L2 路北	
11	93T5923L2③∶5	碎铜炼渣	城址西部 L2 路南	
12	93T6125L2③∶6	铜炼渣、大量烧土块、炭渣	城址西部 L2 路北	
13	93T5925L2③∶1	铜炼渣、烧土粒、炭渣	城址西部 L2 路南	

续表

顺序号	出土单位	青铜冶铸遗物	出土位置	灰坑中的同出物
14	94T6127L2②:1	铜炼渣	城址西部 L2 路北	
15	94T6127L2③:1	铜炼渣及大块炉壁烧结层	城址西部 L2 路北	
16	93T5927L2③:1	铜炼渣	城址西部 L2 路南	
17	93T5927L2③:2	铜矿石	城址西部 L2 路南	
18	93T5933L2④:5	铜炼渣、红烧土块、炭粒	城址西部 L2 路北	
19	93T5933H646①:6	铜炼渣、大量红烧土块、木炭渣	城址西部 L2 路北	原始瓷、兽骨、陶器等
	93T5933H646②:2	铜炼渣，大量红烧土块、木炭渣	城址西部 L2 路北	完整人骨架、兽骨、陶器等
	93T5933H646③:1	铜炼渣，大量红烧土块、木炭渣	城址西部 L2 路北	兽骨、陶器等
	93T5933H646⑤:3	铜炼渣，大量红烧土块、木炭渣	城址西部 L2 路北	人上肢骨、卜骨、兽骨、陶器等

冶炼遗迹发现于西城门内的道路 L2 两侧，L2 是西城门通往宫殿区的东西向道路，这条道路是填埋了二里头晚期的两条聚落围沟 G26、G27 后形成的略低于地面的路沟，已揭露路面东西长约 96 米，南北宽 11.8～13.6 米，方向 108°。路基在城门附近呈西高东低的坡状，再向东部则基本平坦，没有太大的起伏。路面的纵剖面略呈凹弧状，路土层层叠压，通常上层宽于下层，堆积的横剖面大体呈下凹的弧形，中部厚、南北两侧薄。路土堆积主要有 3 层，局部分布 5 层，第 1 层为褐色土，层面呈凹弧形，较平坦，质坚硬，经人工铺垫踩实，层厚 0.75～0.85 米，出土有商代二里岗上层时期的夹砂或泥质粗绳纹陶片；第 2 层为灰黑土，层面呈凹弧状，土质坚硬，经人工踩踏而成，层厚 0.05～0.1 米，堆积中含有大量烧土粒及炭粒，出土商代二里岗上层时期的夹砂或泥质粗绳纹陶片；第 3 层为灰褐土，层面亦呈凹弧状，土质较硬，为人工踩踏而成，层厚 0.4～0.5 米，堆积中含有大量烧土粒、木炭、铜炼渣，亦出土商代二里岗上层时期的夹砂或泥质粗绳纹陶片，主要器形有鬲、罐、盆、豆等。在道路南北两侧这几层

路土坚硬的踩踏面上，发现了9处青铜冶炼遗迹，路的北侧有5处，南侧有4处。每处遗迹都呈不规则的片状，长、宽多在几十厘米，清理后出现成片分布的黑色木炭和黑、红色的烧土块，其间夹杂不少青铜冶炼遗物，铜绿的斑点与炭黑、红色烧土相间分布，这些遗迹很可能是熔炼或铸造等生产活动后遗留，由此判断，这一区域应是商城最集中的冶炼场地之所在。这些小片遗迹的分布不连续，从已揭露的部分看，范围自西城门以东约20余米处一直向东延续约70米。

冶炼和熔炼铸造遗物铜炼渣及炉壁与二里岗下层相同，亦出土于灰坑及地层中，与之同出的亦常见大量的木炭、炭粒及红烧土块。灰坑中与铜炼渣同出的还有原始瓷器、各种兽骨、卜骨及大量陶器、石器、骨器，有的灰坑中还出有完整的人骨架及狗等动物骨架。遗物分为两种，一种为炼渣，形状多不规则，或呈颗粒状，或呈大小不等的块状，块状炼渣多呈黑灰色，表层多瘤状凸起，露出不少铜绿色斑点，重量较沉，如94T6127L2②：1，渣块较大，而93T5933H646⑤：3等均较小，呈绿色颗粒状。另一种为炉壁烧结层残块，大小不等，如92T3552④A：1，炉壁呈块状，较小。94T6127L2③：1，呈较大的块状，数量较多，残炉壁分为内外两层，烧结层内壁亦为铜绿色的凝结物，蜂窝状，层中间有密集的孔隙，层厚0.5～1.5厘米；外壁为泥质红陶，类似草拌泥，层厚0.5厘米，两层紧密黏接。此外，还发现了一件坩埚残块，92T3752④A：3，为近底部的器壁残段，弯弧形，内壁黏有一层铜绿色颗粒，外壁为泥质红陶，两层相黏接，厚1～2.5厘米。

二里岗上层的铜器数量也较少，但略多于二里岗下层。容器较少，有鼎、斝、爵3件，出土于铜器墓M1中，器壁都较薄，多素面。鼎为圆腹，圜底，口沿附二方耳，三尖锥状实足，腹饰阴弦纹。斝为素面，大敞口，束腰，附圆形鋬，三尖锥状空足。爵为椭圆口，尖尾，长流，双柱，腰部饰一周单层饕餮纹，扁圆鋬，下腹外鼓，平底，三尖锥状空足外撇。其余多为小件工具或兵器等，器形有刀、镞、镈等。还有一些器物残片，可以辨识的器形有爵底部残块、长条三棱器、圆形铜块以及残铜片等，这些铜器多出土于灰坑中。

还有一个值得我们关注的现象是，在二里岗上层的陶器中发现了部分仿铜器造型的陶礼器，器形为簋，分为两种。一种为宽平沿、矮体、鼓腹，如H310：2，泥质灰陶，通体磨光，沿面略鼓，口沿内外饰两道弦纹凹槽，沿下附加双桥形耳，上宽下窄，上连口沿下接腹部，耳中央及两侧各有纵向脊，之间有圆乳丁两个。口以下有多道凸棱纹带，其下的一周宽带被划分为八个方框，内模印饕餮纹，纹饰规整严谨。下腹大部分素面，仅饰一道细弦纹，近底部饰斜向中绳纹再抹平，圈足缺失。另一种为平沿、深直腹，如H793：9，泥质灰陶，直口弧腹略圜底，圈足缺失，腹中上部两条凸棱之间夹八组饕餮纹图案，模印而成，器底有交错中粗绳纹，其余部分素面，口部及外壁全部磨光。这些器物上装饰着与铜器完全相同的饕餮纹，这些繁复花纹的出现，表明当时已具备了制作铜礼器的技术。

（三）垣曲商城是中条山地区青铜冶炼的重地

古代冶金史的研究成果表明，古代火法炼铜主要采用三种工艺：氧化矿石直接还原冶炼成铜，简称为"氧化矿—铜"工艺；高品位硫化矿石焙烧后还原冶炼成铜，简称为"硫化矿—铜"工艺；低品位硫化矿石（焙烧后）先炼成冰铜，再将冰铜焙烧、冶炼提高品位，最后烧死、还原冶炼成铜，简称为"硫化矿—冰铜—铜"工艺[①]。

垣曲商城炉渣、炉壁以及铜器制品等遗物的发现，向我们提出了一个重要问题，即对这些炉渣的检测和化学分析，能否为我们提供有关青铜冶炼、熔铸等方面的信息？如果能够证实这里确实曾经存在过冶炼熔铸等生产活动，那么从已发现的遗迹遗物中，我们还能够进一步获得青铜工艺类型、熔炼方法、技术水平等方面的哪些信息？对于这一问题，冶金考古学家李延祥、洪彦若先生在《炉渣分析揭示古代炼铜技术》一文中对炉渣作出了解释："炉渣是冶炼产物之一，在冶炼温度下呈融熔状态，排放到炉外凝结成致密的固体。""炼铜炉渣是由矿石、造渣剂、炉衬等在冶炼温度下相互作用而形成的，主要含 FeO、SiO_2、Al_2O_3 等氧化物的硅酸盐体系，并含有少量铜的残余矿物，固态炉渣中大量的硅酸盐作为基体溶解并包裹着铜的残余矿物。"他们还指出：火法炼铜的"氧化矿—铜工艺"、"硫化矿—铜工艺"、"硫化矿—冰铜—铜工艺"三种工艺的炉渣分为两种：还原熔炼得到铜及还原渣，富集熔炼得到冰铜及冰铜渣。由于还原熔炼与富集熔炼的矿石和产品的区别在于铜与硫的赋存状态及相对含量（Cu/S）不同，可表明还原渣与冰铜渣的区别，"氧化矿—铜工艺"、"硫化矿—铜工艺"只排放还原渣，"硫化矿—冰铜—铜工艺"可数次排放冰铜渣，最后排放还原渣，故冰铜渣的存在直接标志"硫化矿—冰铜—铜工艺"的使用，还原渣的存在，需借助其他遗迹遗物判定，才能得出结论。总之，根据上述区别以及炼渣基体的成分分析，并结合地质、考古等证据，可判定冶炼的工艺类型[②]。

基于冶金科学的技术支持，发掘者将垣曲商城出土的炼渣、炉壁、铜器制品等两批样品分别交与北京科技大学冶金与材料史研究所和北京大学考古文博学院进行分析

---

① 孙淑云、李延祥：《中国古代冶金技术专论》，中国科学文化出版社，2003 年。
② 李延祥、洪彦若：《炉渣分析揭示古代炼铜技术》，《文物保护与考古科学》第 7 卷第 1 期，1995年；李延祥：《中国古代有色金属冶炼技术》，《中国科学科技史·矿冶卷》，科学出版社，2007年。

检测。北京科技大学所取的样品为铜炼渣及炉壁烧结块，其中 5 个为炉渣块，2 个为炉壁烧结块，对这些标本运用偏光矿相显微镜、扫描电镜及 X 射线能谱分析等方法，分析了出土炉渣及炉壁样品中主要合金元素 Cu、Sn、Pb、As 在炉渣中的分布及存在形式，同时分析了炉渣渣相的矿物组成①。北京大学所取的样品有 10 个为铜炼渣及炉壁，5 件为青铜制品，对这些样品进行了金相显微观察、扫描电镜观察以及外接能谱成分分析检测。通过分析和研究得知，垣曲商城的确存在着青铜冶炼活动，而且当时的冶炼技术已达到了相当的水平②。

（1）多种铜合金元素及微量元素的分布代表着硫化矿还原冶炼工艺的使用。

北京科技大学的检测分析表明，7 个炉渣及炉壁样品中有 5 个含有铜金属颗粒，有 2 个含有红铜金属颗粒，另有 1 个为锡青铜、锡铅青铜合金组，还有 2 个渣块中发现有铜硫化物或铜蓝矿物的结晶体。由此表明，在炉渣和炉壁等铜冶铸遗物渣中，多种铜合金元素及微量元素的分布基本符合铜冶炼渣的特征，是使用多金属共生矿进行冶炼的证据。其中铜合金颗粒的存在是冶炼铜合金共生矿或铜熔化后合金配置的结果。另外，渣中铜颗粒中硫化物的分布，又表明矿石原料中硫化矿的存在③。北京大学的检测分析也表明，垣曲商城的冶炼工艺是以硫化矿死焙烧还原熔炼的方法进行的，这是我国最早使用硫化矿炼铜的地区④。

（2）铅锡青铜的存在表明铅和锡是当时的两种主要合金。

北京科技大学的检测表明，部分铜渣为锡青铜，部分为铅锡青铜，有的铅含量较高，这是当时的两种主要合金⑤。北京大学的检测表明，铜渣有含铅较低、含铅较高的铅锡青铜，这表明高铅锡青铜是当时铸造容器使用的主要合金类型，低铅锡青铜也被广泛使用。使用高铅的铅锡青铜铸造铜器是夏商时期普遍存在的现象，垣曲商城出土铜器也是如此，这与本地出土铜渣含铅量较低的情况不符，或许这些铜器并非本地铸造⑥。

---

① 梁宏刚、孙淑云、李延祥、佟伟华：《垣曲商城出土炉渣炉壁内金属颗粒及矿物组成的初步研究》，《文物保护与考古科学》2009 年第 4 期。

② 崔剑锋、吴小红、佟伟华、张素琳：《山西垣曲商城出土部分青铜器的科学研究》，《考古与文物》2009 年第 6 期。

③ 梁宏刚、孙淑云、李延祥、佟伟华：《垣曲商城出土炉渣炉壁内金属颗粒及矿物组成的初步研究》，《文物保护与考古科学》2009 年第 4 期。

④ 崔剑锋、吴小红、佟伟华、张素琳：《山西垣曲商城出土部分青铜器的科学研究》，《考古与文物》2009 年第 6 期。

⑤ 梁宏刚、孙淑云、李延祥、佟伟华：《垣曲商城出土炉渣炉壁内金属颗粒及矿物组成的初步研究》，《文物保护与考古科学》2009 年第 4 期。

⑥ 崔剑锋、吴小红、佟伟华、张素琳：《山西垣曲商城出土部分青铜器的科学研究》，《考古与文物》2009 年第 6 期。

（3）加锡青铜的存在表明在金属熔化过程的后期配置合金进行铸造的过程。

北京科技大学的检测分析样品中有 5 个含 SiO_2 结晶颗粒，含量较高的有 4 个，有的炉壁烧结层中含有二氧化锡，很可能是在金属熔化过程的后期，在准备铸造前有意加入的，即加入金属锡配置合金。故炉渣中大量 SiO_2 结晶的存在，应该表明人为加锡配置 Cu、Sn 合金进行铸造的过程。同时，高铅和高锡炉渣的存在，也表明它们是在铜熔化的后期加入，应是铸造渣①。

北京大学的检测也表明，有的铜渣是配制合金时排出的合金渣，系使用低砷青铜直接加锡，将铜渣中砷的去除和锡的加入同时进行，这是一种直接用金属锡和金属铜配炼合金的技术。还有的合金铜渣反映了冶炼者使用金属锡进行锡青铜的配炼，这种工艺是将硫化铜矿加砷钴镍矿经第一次冶炼后，再直接投入金属锡料，得到 As、Co、Ni 含量较高的多元锡青铜合金，少部分形成 Cu、Sn、Ni 含量近似的三元合金。此前，关于锡青铜的锡料如何加入问题始终没有解决，此次发现为解决这一问题提供了可能，表明这种工艺可能处于使用铜矿配金属锡的阶段②。

（4）砷铜冶炼技术的出现。

冶金考古学家指出，古代铜冶金的发展经历了自然铜、人工冶炼红铜、铜的合金化（先是砷铜，后为锡青铜，最后为锌黄铜）的漫长过程。砷铜即铜砷二元合金，是人类历史上使用的第一种合金，为早于锡青铜之前流行的工艺。尽管这种古老的砷铜的硬度和抗拉强度不及锡青铜，但其在很高形变率下能进行冷热加工，具有固熔强化、加工硬化、延展性和热锻性好等多种机械性能。砷铜的制法可用含砷的氧化矿直接冶炼，也可用含砷的硫化矿分为直接还原和共熔还原两种方法冶炼，还有向熔解金属中加入砷单质和砷的氧化物进行合金化的制作方法③。

北京科技大学对垣曲砷铜进行的研究指出，垣曲出土的一块铜渣含有砷铜颗粒、钴（镍、铁）氧化物、钴的硅酸盐、含钴砷氧等物相。不是使用含砷的氧化矿或硫化矿冶炼而成的，而是在熔铜的过程中，添加砷、钴、镍矿物以获得砷铜，钴镍应与砷同源，是引入砷而带入的，其目的是获得砷铜合金。在熔铜的过程中，添加砷、钴、镍矿物以获得砷铜的方法，也称为点炼技术。这一渣块应是使用砷钴（镍）矿物点炼砷铜合金的残留物，代表着一种人工添加含砷矿物配置砷铜合金技术的存在。而这种技术应与当地的矿产资源有关，垣曲的中条山铜矿是我国钴矿床的主要产地，

---

① 梁宏刚、孙淑云、李延祥、佟伟华：《垣曲商城出土炉渣炉壁内金属颗粒及矿物组成的初步研究》，《文物保护与考古科学》2009 年第 4 期。

② 崔剑锋、吴小红、佟伟华、张素琳：《山西垣曲商城出土部分青铜器的科学研究》，《考古与文物》2009 年第 6 期。

③ 潜伟、孙淑云、韩汝玢：《古代砷铜研究综述》，《文物保护与考古科学》2000 年第 2 期。

就地取材即可得到矿料，这种地利之便极大地推动了砷铜冶炼的发展①。北京大学也对从 3 块铜渣中检测出的砷铜进行了研究，他们认为，垣曲发现的砷铜渣，是还原熔炼结束后排出的炼渣，是在硫化矿中加入含砷钴镍的矿石共同冶炼的，形成砷铜合金时可得到含砷量高（10%）的砷铜，后又经过重新熔化，砷减少了约一半（4%），得到含砷较低的最终产品砷铜②。在国际上，各国考古学家在新旧大陆发现了数以万计古代砷铜，研究表明，砷铜的使用都早于锡青铜。但在中国，砷铜的发现较少，主要发现于我国西北河西走廊的玉门、酒泉、民乐等四坝文化铜器中，新疆、青海、内蒙古、北京房山等地区也有发现，而中原地区夏商周三代却少有砷铜发现。有的中国学者曾提出，中国青铜时代是否也存在砷铜阶段，其冶炼技术来自何处？这是当今冶金考古需要解决的一个重要问题③。垣曲砷铜的发现为解决这一课题提供了可贵的资料，说明夏商时期的中原地区不仅使用砷铜器物，而且存在着使用本地矿料冶炼制作砷铜的技术，因而我们有理由认为，中国也同世界其他地区相同，同样走过了从砷铜发展到锡青铜的阶段。我们相信中原地区将来会有更多的砷铜发现④。

（5）高锡淬火炼铜技术的出现。

北京大学对一件残铜削进行检测分析后发现，该削刀为锡含量达23%的高锡青铜，显微结构显示曾经淬火，由组织中出现的大量变形硫化物夹杂和少量的 α 相孪晶可以判断该铜器最初受过热锻加工，表明商代已掌握了高锡青铜的热处理性能，丰富了我国古代青铜器加工工艺的种类。目前所知，经淬火的高锡青铜器主要发现在中国，如吴国、巴国的青铜兵器、广东罗定的战国篾刀，其时代最早为春秋战国时期，故这是一件迄今发现的我国最早的淬火高锡铜器。同时表明青铜器淬火的技术可能起源于中国⑤。

（四）垣曲商城青铜冶炼的矿料来源

前面我们从垣曲商城与中条山铜矿所处的地理位置以及生态环境等方面讨论了垣曲商城青铜冶炼所需的矿料可能来源于中条山铜矿，为了使这一课题的研究不断深入，北京大学考古文博学院通过铅同位素的比值分析，对垣曲商城青铜冶炼的矿料来源进

---

① 梁宏刚、孙淑云、李延祥、佟伟华：《垣曲商城出土含砷渣研究》，《有色金属》2005 年第 9 期。
② 崔剑锋、吴小红、佟伟华、张素琳：《山西垣曲商城出土部分青铜器的科学研究》，《考古与文物》2009 年第 6 期。
③ 梅建军：《关于中国冶金起源及早期铜器研究的几个问题》，《吐鲁番研究》2001 年第 2 期。
④ 潜伟、孙淑云、韩汝玢：《古代砷铜研究综述》，《文物保护与考古科学》2000 年第 2 期。
⑤ 崔剑锋、吴小红、佟伟华、张素琳：《山西垣曲商城出土部分青铜器的科学研究》，《考古与文物》2009 年第 6 期。

行了追踪研究。

冶金史学家指出："Pb 同位素示踪方法应用于青铜器考古研究的基本原理在于，由于地球上铜、锡、铅金属矿床在其形成的地质年代以及形成过程中环境物质中铀钍浓度条件方面的差异，其 Pb 同位素组成亦各有差异，即 Pb 的 4 种稳定同位素（^{204}Pb、^{206}Pb、^{207}Pb 和^{208}Pb）的含量比率各有特征；4 种稳定同位素在古代青铜业的一般冶炼、铸造等加热过程中不会发生分馏，与微量元素相比，可更好地保留原产地的信息。所以，通过比较青铜器样品和矿床的 Pb 同位素分析数据，可以进行青铜金属原料来源的产地研究。"[1]

北京大学对垣曲商城出土的 13 个冶炼渣、熔炼渣及铜器样品进行了铅同位素比值研究，其中包括冶炼渣 3 个，熔炼渣 5 个，铜器 4 件（5 个样品）。分析结果显示，8 个炉渣样品的铅同位素比值变化范围虽比较大，但大致集中于两个区域，其中比较集中的是$^{207}Pb/^{206}Pb$ 介于 0.86~0.87 之间，$^{208}Pb/^{206}Pb$ 介于 2.12~2.14 之间，该区域共有 5 个样品，其余 3 个则较为分散。根据这些炉渣的显微结构和成分分析表明，无论是冶炼渣还是熔炼渣，铅含量都非常低，因此渣的铅同位素比值应该代表了铜矿的产地信息。同时，研究者将已发表的中条山铜矿的铅同位素比值与炉渣和铜器的数据作了对比。数据表明，中条山铜矿的铅同位素比值基本可以覆盖垣曲商城铜炼渣的铅同位素比值分布范围，其中来自落家河的 3 个数据和垣曲商城最集中的 5 个炉渣样品的铅同位素比值范围几近重叠，说明它们可能具有相同的来源。而落家河、横岭关和铜矿峪各有矿石样品和另 2 个炼渣的铅同位素比值接近。只有 1 个铅同位素比值超过了中条山铜矿的一般范围。由于垣曲商城大部分炉渣样品的铅同位素比值落入中条山铜矿的铅同位素比值范围当中，这表明垣曲商城所冶炼或者熔炼的铜料很有可能来自商城附近的中条山铜矿。进一步的数据对比结果揭示，落家河矿区是最有可能提供矿料的铜矿区，而这一矿区与垣曲商城的直线距离恰恰是最近的，只有 20 余千米，为矿料的运输提供了极大的便利。

对于铜器的分析结果表明，4 件铜器的铅同位素比值分析结果十分分散，仅有 2 件铜器的铅同位素比值和铜渣的相似，而其余 2 件则和铜渣的完全不同，落在中条山铜矿比值的分布范围之外，它们的铅含量都非常高，其中有 1 件铜片属于高放射性成因铅，铅的平均含量达到 20% 以上，其显微组织中出现铜铅的分层，因此其铅同位素比值指征的是铅矿的来源，说明高放射性成因铅可能并不来自中条山矿区。还有 1 件铜斝（取 2 个样品）铅含量在 8% 左右，属于高比值铅，根据地球化学研究，这种铅同位素比值主要分布于辽宁、河北和山东等省，因此这件铜斝的矿料则可能来自河北、山

[1]　金正耀：《铅同位素示踪方法应用于考古研究的进展》，《地球学报》第 24 卷第 6 期，2003 年。

东等地①。

　　研究者对垣曲商城炉渣及铜器铅同位素比值研究的初步结果，为我们多年前提出的垣曲商城冶炼遗迹遗物的矿料来源于邻近的中条山铜矿区的推测，提供了极为可贵的证据支持，同时，对于探求垣曲商城的建城目的、城址性质等课题也具有极为重要的意义。

　　垣曲商城的青铜冶铸业经历了逐步发展、进步的过程，在商城兴建前的二里头环壕聚落时期，尽管也曾发现过零星的冶铸遗迹，如这一时期曾出土过嵌入人颈椎骨的铜镞和一件铸造铜镬的石范，但在大量的二里头遗迹单位中却未见铜炼渣出土，表明商城兴建之前，这里的冶铸业还很弱小，规模不大，而且尚处于使用石范进行铸造的初期阶段。到了二里岗下层时期，青铜冶铸业开始发展，但仅在6个单位中出现冶炼和熔铸的炼渣以及石范，出土的爵、斝、镞、针等青铜制品数量很少。而到了二里岗上层时期，青铜冶铸业有了明显的发展，冶炼遗迹遗物的出土数量大大增加，在19个单位中发现了较多的炼渣和炉壁烧结层残块，出土地点散布全城，除了城址东南部和西南部以外，最为集中的地点是西城门内道路两侧，成为集中的冶炼区。同时，这一时期还出土了鼎、斝、爵、镈、镞、刀等铜制品。由此看到，二里岗上层的青铜冶铸业有了长足的发展，其规模明显扩大，冶炼地点明显增多。出土的遗迹遗物表明，垣曲商城已经出现了以多种铜合金元素及微量元素所代表的硫化矿还原冶炼工艺，同时，还出现了砷铜冶炼技术以及我国最早出现的高锡淬火炼铜技术。铅和锡是当时的两种主要合金，加锡青铜的存在表明在金属熔化过程的后期配置合金进行铸造的过程。此外，铅同位素比值的研究表明，垣曲商城的大部分冶炼炉渣及部分铜器铅含量都很低，与中条山铜矿低铅含量的情况一致，两者的铅同位素比值大多接近，故垣曲商城冶炼青铜器的矿料来源极有可能是中条山铜矿区。

　　总之，垣曲商城出土的大量铜炼渣所代表的硫化矿还原冶炼技术和铸造前合金化的铜熔化技术以及遗留的数处片状的熔炼冶铸遗迹表明，这里确实存在着集冶炼、熔化、铸造为一体的铜冶铸过程，我们有理由认为，3000年前的垣曲商城曾经是中条山地区尽占地利优势、矿源充足的青铜冶铸重地，是一座燃烧着熊熊火焰的冶炼之都。

附记：此文的写作得到北京大学考古文博学院崔剑锋老师的协助，附图经王月前、田伟、王文武先生协助绘制，在此一并表示衷心的感谢。

①　崔剑锋、佟伟华：《垣曲商城出土部分铜炼渣及铜器的铅同位素比值分析研究》，《文物》待刊。

中国盐业考古十年[*]

李水城

（北京大学考古文博学院）

法国是世界上最早关注古代制盐并最早开展盐业考古的国家。17 世纪末，法国人不断强化与德国接壤的阿尔萨斯—洛林地区的控制。当时有一位工程师注意到摩泽尔河（R. Moselle）的支流塞耶河（R. Seille）上游某些河段的沿岸地层堆积有大量烧土和奇形怪状的陶器，而且附近往往有盐沼分布，这位工程师推测，此类堆积很可能是古代制盐业的遗留，并随之将堆积中的大量陶器残件命名为"Briquetage"①。19 世纪后半叶，德国夺回了对阿尔萨斯—洛林的控制。1901 年，时任梅斯（Metz）博物馆的德国馆长在塞耶河谷的马萨尔（Marsal）城堡外进行了首次考古发掘，随之确认这是一处公元前 6 世纪的制盐遗址。此次发掘标志着盐业考古的正式诞生②。

19 世纪 70 年代，有人注意到，沿英格兰东南海岸的艾塞克斯（Essex）湿地分布

---

* 本项研究得到国家文物局"中华文明探源工程"（3）——技术与经济研究项目资助。

① "Briquetage"是法文中一个有着特殊含义的专业词汇。最初它用来特指法国东部塞耶河谷制盐遗址那些形状各异的制盐器具。包括搭建在煮盐炉灶上的"陶棍"和各种各样的"连接扣"。这些"陶棍"形态繁杂，大小、长短、粗细不一，横切面有方、长方、圆、椭圆和扁条之分，长者达 60 厘米，短者仅 10 余厘米。"连接扣"是用来连接加固上述"陶棍"的，一般呈亚腰短泥坨状，或两端粘连，或作三通接头状。至于如何将这些形状各异的"陶棍"组合成"栅格状支架"，考古学家意见不一。再有，当时用来煮盐的陶容器也属于 Briquetage 范畴。法国东部的早期制盐陶器为大口浅盘，口径 35～50 厘米，厚胎，火候较高；晚期改为喇叭口小杯，高 10 余厘米，制作较粗率，胎内掺入大量植物茎秆，火候低，质轻。这些容器体积大小接近，被认为兼有制盐模具和量器的双重职能。由于这些制盐陶器系一次性使用，损耗很大，因此制盐遗址的堆积都很深厚。如今，Briquetage 这个词已被欧美考古界普遍接受，特指"专门制盐的陶器具"。

② Olivier, L. And Kovacik, J., 2006, The 'Briquetage de la Seille' (Lorraine, France)：Proto-industrial Salt Production in the European Iron Age, *Antiquity* 80. 109：558-566.

着大片的烧土堆积，但一直弄不清这些堆积的成因①。1906 年，英国专门成立了红丘（red hill）研究委员会，这是个由诸多资深科学家组成的团队，目的是通过考古发掘的出土文物研究当地的环境背景，解释红丘的成因及性质。经过十年的调查研究，了解到红丘均坐落在海岸潮间带上，堆积形成的时间从前罗马铁器时代晚期到罗马时代早期（约公元前 100 ~ 公元 100 年）。而红丘所在海潮涨落区域内的许多遗迹现象表明，它们应与古代的制盐业有密切的关系②。

此后，盐业考古在欧洲逐渐发展起来，并逐步扩展到美洲、非洲、东南亚和南太平洋诸岛屿。东亚的日本于 20 世纪 50 年代开始尝试盐业考古。如今，日本的考古学家已将其海盐制造业的上限追溯到绳文时代晚期，日本列岛制盐业各阶段的历史也大致明晰③。

中国保存有历朝历代大量的文献档案，其中不乏有关盐业和盐政的历史记录，为中国盐业史的研究提供了丰富的资料。但直至 2000 年以前，盐业考古对于中国考古学家来说，还是一个陌生的领域。

1993 年，北京大学考古学系承接了长江三峡水库淹没区忠县地下文物的抢救发掘与保护论证工作，在长江沿岸及支流㴎井河谷调查发掘了一批文化堆积深厚、埋藏物单一的古遗址，联想到当地保存的大批古盐井及史书记载大量与制盐有关的传说，我们推测这类遗址很可能与早期巴人的制盐业有关，遂将这一认识写入了长江三峡工程淹没区及迁建区文物古迹保护规划报告④。

1999 年春，北京大学考古学系与美国加州大学洛杉矶分校（UCLA）联合组队，前往成都平原周边的蒲江、邛崃、自贡以及渝东至三峡一带进行了大范围的考古学与人类学调查，目的是全面了解这一区域的制盐遗址、古盐井、现代制盐工厂以及传统的制盐工艺及保存状况⑤。随后，派员参加了由四川省文物考古研究所在中坝遗址进行的考古发掘。

---

① Atkinson, J. C.,1880, Some Further Notes on the Salting Mounds of Essex, *Archaeological Journal* 37：196-199.
Stopes，H.,1879,The Salting Mounds of Essex, *Archaeological Journal*，36；369-372.
② 〔美〕巴盐（Ian W. Brown）：《中坝遗址与南英格兰艾塞克斯红丘遗址出土制盐陶器的比较》，《中国盐业考古（第二集）——环球视野下的比较观察》，科学出版社，2010 年。
③ 李水城：《中日古代盐产业的比较观察：以莱州湾为例》，《考古学研究》（六），科学出版社，2006 年。
④ 国务院三峡工程建设委员会办公室、国家文物局编：《长江三峡工程淹没区及迁建区文物古迹保护规划报告·重庆卷》（下册），《忠县文物古迹保护规划报告》第 508 页，中国三峡出版社，2010 年。
⑤ 北京大学考古学系、加州大学洛杉矶分校考古研究所等：《1999 年盐业考古田野调查报告》，《中国盐业考古（第一集）——长江上游古代盐业与景观考古的初步研究》，科学出版社，2006 年。

2002 年，北京大学与山东省文物考古研究所合作进行了沿渤海南岸莱州湾至胶东半岛的盐业考古调查，发现大批与制盐业有关的遗址和遗物①。前不久，北京大学与山东省文物考古研究所联合发掘了寿光双王城制盐遗址，有重要的考古发现②。

本文将以中坝和双王城两处盐业遗址考古发现为主线，简要介绍中国盐业考古十年来走过的路程、重要发现及初步的研究。

（一）中坝遗址

中坝遗址位于重庆忠县㽏井河谷中游，地理坐标为北纬 37°17′14″，东经 108°1′16″，海拔 135 ~ 148 米。该址四周群山环绕，总面积约 5 万平方米。由于河水历年冲刷，处在河北岸阶地的遗址中心部分已沦为孤岛，面积约 7000 平方米。

㽏井河谷所在的忠县自古即为产盐重镇。20 世纪 70 年代，在河谷内还保留古盐井 72 眼。就在中坝遗址西北不远处还有一眼名为"官井台"的古盐井。

中坝遗址最初发现于 20 世纪 50 年代，此后曾多次进行调查③。1990 年，四川省文物考古研究所进行试掘④；1993 ~ 1994 年，北京大学考古学系曾多次前往该址调查，并采集有遗物⑤。1997 ~ 2003 年，四川省文物考古研究所正式进行发掘，总计发现制盐作坊、蓄卤槽池、沟、灶（窑）、墓葬等各类遗迹 1414 个，出土文物 144490 件。其中，包括巨量的制盐陶器堆积⑥。2003 年三峡水库蓄水，中坝遗址被淹没水下。

---

① 李水城等：《莱州湾地区古代盐业考古调查》，《盐业史研究》2003 年第 1 期；李水城等：《鲁北—胶东盐业考古调查记》，《华夏考古》2009 年第 1 期。

② 山东省文物考古研究所、北京大学中国考古学研究中心、寿光市文化局：《山东寿光市双王城盐业遗址 2008 年的发掘》，《考古》2010 年第 3 期。

③ 四川省博物馆：《川东长江沿岸新石器时代遗址调查简报》，《考古》1959 年第 8 期；四川省博物馆：《四川省长江三峡水库考古调查简报》，《考古》1959 年第 8 期；中国社会科学院考古研究所四川工作队：《四川万县地区考古调查简报》，《考古》1990 年第 4 期；国务院三峡工程建设委员会办公室、国家文物局：《长江三峡工程淹没区及迁建区文物古迹保护规划报告·重庆卷》（下册），《忠县文物古迹保护规划报告》第 508 页，中国三峡出版社，2010 年。

④ 巴家云：《忠县中坝遗址新石器时代晚期及商周遗址》，《中国考古学年鉴·1991》，文物出版社，1992 年。

⑤ 国务院三峡工程建设委员会办公室、国家文物局：《长江三峡工程淹没区及迁建区文物古迹保护规划报告·重庆卷》（下册），《忠县文物古迹保护规划报告》，中国三峡出版社，2010 年。

⑥ 四川省文物考古研究所等：《忠县中坝遗址发掘报告》，《重庆库区考古报告集·1997 年卷》，科学出版社，2001 年；四川省文物考古研究所等：《忠县中坝遗址Ⅱ区发掘简报》，《重庆库区考古报告集·1998 年卷》，科学出版社，2003 年；四川省文物考古研究所：《忠县中坝遗址 1999 年度发掘简报》，《重庆库区考古报告集·2000 年卷》，科学出版社，2006 年；四川省文物考古研究院等：《中坝遗址的盐业考古研究》，《四川文物》2007 年第 1 期；孙智彬：《忠县中坝遗址的性质》，《盐业史研究》（巴渝盐业考辑）2003 年第 1 期。

中坝遗址的堆积厚 12.5 米，文化层最多达 79 层①，上迄新石器时代晚期，下止于明清，延续时间长达 4500 年，几乎囊括中国历史上的所有朝代②。以编号为 DT0202 的探方（10 米×10 米）为例，其堆积分为 69 层。这其中，第 69~54 层属新石器时代晚期；第 53~49b 属青铜时代早中期；第 49a~17 层属青铜时代晚期至铁器时代早期③。北京大学考古文博学院实验室与美国贝塔分析（beta analytic）实验室对该址采集有机碳样本进行 AMS 检测，经树轮校正，DT0202 第 18 层以下的绝对年代为公元前 2470~前 200 年。可分为三大期，第一期为公元前 2500~前 1800 年（新石器时代晚期）；第二期为公元前 1800~前 800 年（青铜时代早中期）；第三期为公元前 800~前 200 年（青铜时代晚期至铁器时代早期）④。

中坝新石器时代晚期的制盐陶器使用一种夹粗砂红褐陶花边口厚唇尖底缸，其数量约占同时期陶器总量的 70% 强。特点为大口、厚唇、尖底（或小平底），个别器底延伸出一短柱，口唇处捏塑起伏的大波浪花边，器口缘和底部胎较厚，腹部胎薄，故所有器皿均从腹部断裂，加之器形相同，至今无可复原者。此类器皿若复原，其造型应为大敞口、斜直腹、尖底（或小平底），口径、器高均约 0.4 米，容积接近。此种特殊造型很难作为日常生活用具使用。有趣的是，日本爱知县松崎贝冢古坟时期的制盐陶器也采用了这种造型。据日本学者研究，其容积基本恒定⑤。

中坝遗址新石器晚期地层发现大批涂泥圆坑，坑口较大，圆形或椭圆形，圜底，坑口直径 1~2、深 1 米余。坑内壁涂抹厚 0.023~0.035 米的黄黏土，有些坑底铺垫石块。如 H583 为椭圆口，圜底，口径 1.5~1.9、深 1.2 米，坑内壁涂抹黄黏土，坑底铺设石头三块，坑内残留制盐陶器残件。此类涂泥圆坑的形状与一般生活聚落遗址的储物窖穴迥异，坑内壁涂抹黏土显然有防止液体渗漏的目的。在国外的制盐遗址也普遍发现有同类涂泥圆坑，均用作储存、浓缩或过滤卤水杂质的设施。如非洲坦桑尼亚的尤温扎（Uvinza）镇的普瓦嘎（Pwaga）盐泉遗址曾发现集中排列的涂泥圆坑，坑壁涂沫黏土，坑底放置石块⑥，与中坝的涂泥圆坑遗迹几乎完全一致。中坝有些圆坑的口部

---

① 四川省文物考古研究所：《忠县中坝遗址 1999 年度发掘简报》，《重庆库区考古报告集·2000卷》，科学出版社，2006 年；四川省文物考古研究院等：《中坝遗址的盐业考古研究》，《四川文物》2007 年第 1 期。

② 中坝遗址从上到下的地层堆积为：近现代、清代、明代、宋代、唐代、汉代、铁器时代（战国—秦代）、青铜时代、新石器时代晚期。

③ 以上检测年代只涉及中坝遗址第 18 层以下的堆积。

④ 吴小红、付罗文等：《重庆忠县中坝遗址的碳十四年代》，《考古》2007 年第 7 期。

⑤ 〔日〕岸本雅敏：《古代日本食盐的流通》，《中国盐业考古（第二集）——环球视野下的比较观察》，科学出版社，2010 年。

⑥ Sutton, J. E. G. and A. D. Roberts, 1968, Uvinza and Its Salt Industry, *Azania* 3:45-86.

周围还挖有小洞，可能是在坑上搭建有简便的防雨设施。

中坝遗址新石器晚期的盐灶仅发现一座，编号 Y15，长条状，长 9.2、宽 1.4～1.7、深 0.4 米。其横断面为锅底状，灶内堆积物厚度超过 1 米。根据这座盐灶的结构、形态和尺寸，如果用花边口尖底缸煮盐，其工艺流程可能接近非洲尼日尔曼嘎地区的传统制盐方法。即将尖底缸一排排放入长条形灶内固定，因尖底缸底部尖细，可在灶下形成较大的空间，有利于燃料的放置和火焰燃烧，煎煮制盐①。但此推论的难点在于，尖底缸器口比较大，如何将器口间的缝隙封堵，有效利用热能，是个值得思考的问题。若参照德国学者在海尔布隆（Heilbronn）博物馆复原的盐灶，也可采用开放式的敞开煎煮制盐法②。

进入青铜时代，中坝遗址仍存在大量深浅大小不一的涂泥圆坑，但却未发现盐灶。这个时期最大的变化是将制盐陶器改为个体甚小的泥质红陶（少量灰陶）薄胎尖底杯，此类器皿的出土量呈现不断增多的势头，最多占到同期陶器的 94%③。在中坝遗址以南约 10 千米的邓家沱遗址，有人统计在约 20 立方米的范围内出土尖底杯达 2 万余件④。依照尖底杯造型可分为大小两类，各自间的容积基本相等。稍早的尖底杯呈陀螺状，器形矮胖，口径 0.06～0.07、高 0.06 米；晚期的尖底杯器形瘦高，形似羊角外壳，口径 0.05～0.06、高 0.1～0.14 米。

制盐陶器的更替暗示着制盐技术的改变。美国阿拉巴马大学的巴盐（Ian W. Brown）教授推测，这或许与新石器晚期以来长期砍伐遗址周边的山林（竹林）作燃料，从而引发环境恶化，出现燃料危机，不得已而改用小型的尖底杯制盐。为此他介绍了美国学者埃里克森（Jonathon Ericson）对美国东部林地基姆斯维克（Kimmswick）印第安人制盐遗址的研究成果。这处制盐遗址用一种尺寸较大的尖底杯制盐，并有器盖。埃里克森认为，此类尖底杯被插入地面挖好的小坑内，注入盐水，盖上器盖（防止雨水和杂质进入），利用日晒蒸发和水的渗透压，过滤水分，获得盐块。这个方法的关键之处是不需要任何燃料⑤。巴盐教授认为这种方法对解释中坝遗址的尖底杯

① Pierre Gouletaure etc. 1994, *Sels et Techniques*, Le Sel Gaulois：Bouilleure de sel et ateliers de briquetages armoricains à l'Age du Fer, Préface de Yves COPPENS du Collège de France, Editeur Centre Régional d'Archéologie d'Alet Saint-Malo.
② 作者在德国海尔布隆博物馆参观所见。另见〔德〕赫斯（Martin Hees）：《德国西南部的史前盐业》，《中国盐业考古（第二集）——环球视野下的比较观察》，科学出版社，2010 年。
③ 北京大学考古学系：《忠县㽏井沟遗址群哨棚嘴遗址发掘简报》，《重庆库区考古报告集·1997 年卷》，科学出版社，2001 年。
④ 李锋：《忠县邓家沱遗址西周时期文化遗存的初步认识》，《重庆：2001 三峡文物保护学术研讨会论文集》，科学出版社，2003 年。
⑤ 巴盐（Ian W. Brown）：《中坝遗址与南英格兰艾塞克斯红丘遗址出土制盐陶器的比较》，《中国盐业考古（第二集）——环球视野下的比较观察》，科学出版社，2010 年。

现象富有启发。因为在中坝遗址出土尖底杯的地层发现有成千上万的"小洞"遗迹，分布极其密集，有的探方几乎布满"小洞"，其排列有的像墙基，周围还有窄沟环绕。特别是这些"小洞"的口径较之尖底杯的体径稍大。根据这些"小洞"的分布，巴盐猜想中坝可能采用了一种类似于"园艺栽培"的技术，即将尖底杯插在"小洞"内，然后犹如栽培蔬菜花草般轮流向杯内加注盐水，通过日晒和渗透压的作用析出结晶的盐块①。

尽管巴盐的猜测极富想象力，但三峡境内的气候和考古发现似乎并不支持此说②。有学者发现，尖底杯的烧造火候存在差异，其底部一般呈灰褐色、灰色或红皮灰胎，火候较高；口部则多呈红色、橘红色，火候低，亦破碎。这一现象很难用烧制过程中摆放位置不同来解释。因为无论如何摆放都不可能达到大部分器物的烧成一半呈还原焰，一半呈氧化焰的结果。进一步的研究表明，造成这种现象的原因很可能是在尖底杯盛放液体时再度过火加热使然③。另有学者注意到，尖底杯上半部呈红色，近底部呈黑灰或黑色，分界处靠近尖底部位，此类痕迹似显示杯子曾被插入尚有余温的灰烬中烘烤，由于再次加热使底部还原为较深的暗色，而暴露在外的上部则保持原来的浅色④。为此更有可能的是，或许当时采用一种较大型的器皿在盐灶上煎煮，待卤水达到近结晶状态时，将浓稠的湿盐（盐膏）捞进尖底杯，再将其分别插入尚有余温的灰烬内烘烤，获得盐块。这不仅大大提高了工效，也非常节省燃料。特别是尖底杯容积相近，成型的盐块大小相若，这类标准化的产品更便于贸易流通。

最近，有学者对三峡出土的船形杯、尖底杯进行观察，进一步论证它们是当时专门用来制作盐锭的特殊器具。由于此类器皿与制成的盐块一起外销，这也是三峡境内大量同时期遗址发现有尖底杯的原因之一⑤。

中坝遗址青铜时代晚期至铁器时代早期的地层发现有作坊、涂泥槽池等遗迹现象。槽池的形状分圆形、椭圆形、长方形和不规则形几种，有的坑壁涂抹黄黏土，或在黏土内嵌入陶片，表面显露灰白色钙化物。此类涂泥坑小者直径0.5米左右，大者长径超过4米，深0.2~0.4米。以编号H439的坑为例，坑口长径4.1、短径1.4、深0.2~0.3米，坑底较平，坑内遗留完整圜底罐78件，南侧摆放三块大砾石和一些小的石块。

① 巴盐（Ian W. Brown）：《中坝遗址与南英格兰艾塞克斯红丘遗址出土制盐陶器的比较》，《中国盐业考古（第二集）——环球视野下的比较观察》，科学出版社，2010年。
② 李水城：《盐业考古：一个可为的新的研究领域》，《南方文物》2007年第1期。
③ 李锋：《忠县邓家沱遗址西周时期文化遗存的初步认识》，《重庆：2001三峡文物保护学术研讨会论文集》，科学出版社，2003年。
④ 白九江：《尖底杯在古代制盐工艺流程中的功能研究》，《盐业史研究》2010年第2期。
⑤ 白九江、邹后曦：《三峡地区的船形杯及其制盐功能分析》，《南方文物》2009年第1期。

长方形涂泥槽池是新出现的设施。如编号 SC15 的槽池口长 0.85、宽 0.46、深 0.25 米，斜直壁，平底，坑壁和底部涂抹黄黏土，表面残留灰白色钙化物硬壳，填土内夹杂圜底罐和大量草木灰。此类涂泥槽池与同期作坊遗迹呈现共生关系，其功能当是用于储存、浓缩或清除卤水杂质的设施①。2002 年，重庆市文物考古研究所在挖掘中坝遗址西北侧的古盐井时，在井口旁边挖出一长方形石槽，槽内积有厚厚一层灰白色钙化物，其形状和残留物与涂泥槽池相似，功能亦应相同②。

青铜时代晚期至铁器时代早期的制盐陶器再改为夹砂陶圜底罐，器表滚压粗疏的绳纹，出土量巨大，最多占到陶器总量的 95% ~98%。此类器皿的造型有阶段性变化，早期器形略大，口唇部捏塑大齿状花边；中期器形略有缩小，口缘亦捏塑齿状花边；晚期器形大小与中期相仿，但口缘部位不再捏塑花边。这些圜底罐大多集中出土于作坊内或涂泥槽池内，有些甚至直接摆放在"柱洞"上。由于未发现这一时期的盐灶，对当时如何制盐还缺乏了解。但从圜底罐的出土数量看，这个时期采用煎煮法制盐。另一现象是，随着时间的推移，圜底罐的容积渐趋标准化。对此有学者指出，改用圜底罐制盐的现象暗示，前一阶段燃料短缺的困局或许有所缓解，抑或出现了更加行之有效的运输模式，可以将盐块做得更大。总之，圜底罐的超量使用表明，这个时期中坝盐业生产的专业化程度、产业内部的组织和协调能力均有大幅度提高。特别是制盐陶器容积的进一步标准化表明，专业工匠的出现和较为固定的交易模式已经形成。

进入汉代以后，中坝遗址改用铁器制盐，陶器迅速消失，制盐业也由此转入一个新的时代。在中坝遗址发现一批长条形盐灶，两侧灶壁用石块垒砌加固。可见，除去煮盐陶器被金属器具替换以外，延续两千余年的传统工艺仍在延续。成都平原等地出土的东汉井盐画像砖以形象的画面再现了汉代盐井汲卤、输卤笕槽及制盐作坊用铁锅熬盐的整套流程。近年来，在三峡库区的汉墓新发现一批盐灶模型明器，有 5 孔、9 孔、12 孔之别③。其中巫山县麦沱汉墓出土的 9 眼盐灶模型明器的结构竟然与三峡地区近现代盐场煮盐车间的锅灶排列完全一致④。这些新发现对探讨汉代及更早阶段的制

---

① 有学者认为这种长方形坑槽也有可能用来腌制鱼肉酱。见傅罗文等：《重庆中坝遗址动物遗存研究》，《考古》2006 年第 1 期；陈伯桢：《由早期陶器制盐遗址与遗物的共同性看渝东早期盐业生产》，《盐业史研究》（巴渝盐业考辑）2003 年第 1 期。

② 四川省文物考古研究院等：《中坝遗址的盐业考古研究》，《四川文物》2007 年第 1 期。

③ 重庆市文物考古所、重庆文化遗产保护中心：《重庆文物考古十年》第 137 ~138 页，重庆出版集团—重庆出版社，2010 年。

④ 湖南省文物考古研究所、巫山县文物管理所：《巫山麦沱汉墓群发掘报告》，《重庆库区考古发掘报告集·1997 卷》，科学出版社，2001 年。

盐工艺和盐灶的复原有重要价值。考古发现表明，渝东至三峡自汉代以来一些高规格大墓的墓主很可能就是当时掌控制盐产业和贸易流通的高官、商贾。

到了唐代，中坝遗址出现排列齐整的圆形盐灶，其布局和排列已基本奠定了近现代西南地区制盐工场的格局①，直到这套传统工艺被现代真空制盐技术取代。在云阳县云安镇发掘出土了较完整的宋代至明清时期的制盐作坊，包括盐井、汲卤、输卤笕槽、沉淀卤水坑池、制盐、漕运等整套的生产运输环节设施，总面积达 15 万平方米②。以上发现对于全面系统地了解渝东至三峡地区的制盐历史有重要研究价值。我们相信，通过进一步的整理研究，足以构建这个地区上迄新石器时代、下至 20 世纪长达 4500 年的完整制盐史，这在世界范围内都极其罕见。利用这批宝贵的文化遗产，做好三峡盐业考古这篇大文章，是摆在中国考古学家面前的重要任务之一。

渝东至三峡地区丰富的盐业资源和悠久的制盐历史对当地经济文化的发展具有重要影响。进入历史时期以后，三峡及其周边很多城镇的出现和发展均有赖于盐业生产和相关贸易③。这种由特殊资源开发和商贸活动带动一个区域经济文化和城市化进程的发展模式，是个非常富有潜力的研究领域，相关研究不仅关乎考古学，也是历史学、社会学、地理学、经济学和其他一些社会科学的重要课题。

（二）双王城遗址

黄河东流至山东入海，一路携带大量泥沙不断沉积扩展黄河三角洲，长此以往在渤海湾的南岸形成了莱州湾，也造就了鲁北这个著名的海盐产地。传说早在 4000 年前，有位名叫夙沙的人就在这里煮海造盐④，后被尊为盐神。春秋战国时期，齐国因坐拥"渔盐舟楫之利"，大力推行管仲的"官山海"策略，很快便称霸一方。

20 世纪 50 年代就有学者猜测，鲁北沿海地区发现的那些"盔形器"有可能是制盐器具⑤，后有学者曾撰文进行讨论⑥，由于从未作过考古发掘，此说一直悬而未决。以至于到 21 世纪初我们在鲁北调查时，仍有不少人对此持有疑义。

2002 年夏，北京大学考古学系与山东省文物考古研究所对鲁北和胶东半岛首次进

---

① 孙智彬：《中坝：罕见的通史式古盐场遗址》，《文明》2009 年第 4 期。

② 重庆市文物局：《三峡文物珍品》第 97～98 页，北京燕山出版社，2003 年；白九江：《巴盐与盐巴——三峡古代盐业》，重庆出版集团—重庆出版社，2007 年。

③ 李小波：《川东古代盐业开发的历史地理考察》，北京大学硕士研究生学位论文，2000 年；李小波：《长江上游古代盐业开发与城镇景观研究》，四川大学博士学位论文，2009 年。

④ "夙（宿）沙氏煮海为盐"的记载见《世本·作篇》。

⑤ 王思礼：《惠民专区几处古代文化遗址》，《文物》1960 年第 3 期。

⑥ 曹元启：《试论西周至战国时代的盔形器》，《北方文物》1996 年第 3 期。

行盐业考古调查，初步了解了这一区域内的盐业遗址分布①。自 2007 年开始，"鲁北沿海地区先秦盐业考古"重大研究项目实施，调查明确了当地的制盐遗址群的年代和分布。2008 年，为配合南水北调东线工程建设，北京大学与山东省联合对寿光双王城遗址进行发掘，清理商周时期的制盐作坊 3 处，金元时期制盐作坊群 2 处②。这一重要发现揭开了鲁北早期海盐制造业的神秘面纱，开始触及鲁北早期制盐产业的规模、工艺、生产组织、聚落形态、盐政及贸易等问题，并将对我国先秦时期的历史、文化、政治、经济、贸易、军事等多方面的研究起到积极的推动。

双王城是目前所知鲁北地区面积最大的一处制盐作坊遗址群。此地位于山东省寿光市羊口镇一座废弃水库的西侧。截至目前，在 30 平方千米的范围内已发现制盐遗址83 处（每处含制盐作坊 1～3 座）。以双王城西侧编号 014 的作坊为例，该遗址包括 a（北）、b（南）两个作坊。014a 长 60、宽 70 米；014b 长 80、宽 70 米。两个制盐作坊相距 25 米，布局相若。经考古发掘发现成组的制盐遗迹以及大量当时煮盐的盔形陶器。

014b 作坊保存较好，清理出的遗迹现象包括煮盐炉灶、过滤坑池、储卤坑池、涂泥淋滤坑及垃圾区等。该作坊盐灶火口处的工作间被现代水沟所破坏，经复原应作圆角方形，地面修建十分平整，略低于盐灶底面，其内堆积大量草木灰。盐灶长13、宽 9 米，灶后部为椭圆形，直径 3.6～4.5、深 0.5～0.7 米，灶底平整，堆积有大量烧土、黄白色块状物及烧结面。东面靠近火口处及灶壁烧结十分坚硬，烧结面厚 0.2～0.3 米，两侧边缘堆积草木灰、烟灰和大量烧土。盐灶的中心位置有一半月状间隔，烘烤坚硬，具有分火的功能。炉灶前端为长条状，长 5.5、宽 0.8～1.7、深0.4～0.6 米；底面、灶壁烧结亦坚硬，堆积物有草木灰和烟灰。灶的最前端岔出两股烟道，分别长 0.8、1.6 米，宽 0.3～0.4 米。烟道的尽头为近圆形出烟口，直径0.7～1.2、深 0.5～0.6 米。

在盐灶后部南北两侧各挖有一座长方形坑池，坑壁垂直，四壁至底部涂抹灰褐色黏土，局部嵌有陶片。经解剖得知，在坑的底部还涂有 0.1 米厚的褐色黏土和厚0.05～0.1 米的灰绿色黏土，打造得十分结实。以 2 号坑为例，坑口长 1.64、深 0.5米，一侧留有供踩踏的半月形台阶，坑底残留完整盔形器 10 余件，个别盔形器底部还残留有草拌泥烧土。其中，有 4 件盔形器相互联结，器口间隙用碎陶片填充，再现了

①　李水城等：《莱州湾地区古代盐业考古调查》，《盐业史研究》2003 年第 1 期；李水城等：《鲁北—胶东盐业考古调查记》，《华夏考古》2009 年第 1 期。
②　山东省文物考古研究所、北京大学中国考古学研究中心、寿光市文化局：《山东寿光市双王城盐业遗址 2008 年的发掘》，《考古》2010 年第 3 期。

在盐灶内熬煮制盐时的组合结构。3 号坑坑口长 1.6、深 0.55 米，坑底也遗留有盔形器及其残件。

在盐灶两侧外围各挖有一排涂泥圆坑。在 014b 作坊南侧有圆坑 15 个，北侧 14 个（残损 2 个）。这些坑口径 0.8～0.9、深 0.3～0.4 米，间距 0.05～0.3 米。其构筑方法是，先掘圆坑，在坑壁和底部层层涂抹沙质黏土和厚 0.03～0.1 米的褐色胶泥。

涂泥圆坑与炉灶间地面铺垫青灰色沙土，修理平整。涂泥圆坑外开挖有形状不甚规整的浅坑池，池底呈灰绿色，有的还堆积草木灰。在盐灶西侧 5 米开外是倾倒废弃物的垃圾区，面积约 140 平方米，堆积物主要为盔形器残件和烧土块等废弃杂物①。

每个制盐作坊可能拥有一眼卤水井②。井口椭圆形或圆形，直径 3～5 米，井壁斜直向下收缩约 2 米上下，深约 4 米③。围绕井壁横向铺设芦苇束，再间隔插入约 10 厘米直径的木桩加固井壁的苇束，以阻隔泥沙，保持卤水的清洁。这一发现的重要性在于，三千多年以前，鲁北地区的制盐原料并非取用海水，而是在富集卤水的区域内掘井，汲取浓度较高的卤水制盐。

纵观双王城遗址制盐作坊的设施及布局，可尝试将其制盐工艺做一推测性复原。首先从盐井汲卤；再将汲出的卤水引入作坊两侧的坑池或外侧的浅池内沉淀、提纯，利用风力和阳光蒸发提浓。有些坑池内发现残存的草木灰，可能是利用它们吸附卤水内有害的碳酸钙、硫酸镁等杂质④。

根据国内外的人类学调查资料，可利用自然界的风力和阳光获取高浓度卤水制盐，如我国西藏芒康的盐民就采用这种方法。但这种方法需要特殊的气候和地理环境，否则不仅耗时久，而且受气候摆布。为了最大限度地提高工效，节省燃料，必须对自然卤水作提浓处理。在沿海地带，盐工一般采用沙或泥土获取浓缩盐水⑤。如在海南岛的洋浦盐田，盐工将海边的泥土扒整松散，待潮水涌入，经一段时日的蒸发，使其充分吸附海水中的盐分，形成盐泥；再将其移至下面铺有稻草的特质木架槽池内，用海水淋滤，将盐泥内的盐分过滤入坑池，再将浓缩卤水转入火山石槽内蒸发制盐。在日本⑥

---

① 王守功、李水城：《南水北调东线工程山东寿光双王城水库盐业遗址调查与发掘》，《2008 中国考古重要发现》，文物出版社，2009 年。

② 当时的作坊是否都有盐井尚不清楚。参照 014a 作坊的布局，假若每个作坊都有盐井，014b 的盐井应位于炉灶的西侧。

③ 由于地下水位较高，很难下挖，这些盐井的深度数据均为钻探资料。

④ 《国家文物局文物保护移动实验车课题组双王城遗址现场试验分析初步结果》（苏伯民先生提供，特此致谢！）

⑤ 朱去非：《中国海盐科技史考略》，《盐业史研究》1994 年第 3 期。

⑥ 日本东京日本烟草公司盐工业局：《日本盐业生产技术的进步》，《盐业史研究》1994 年第 2 期。

和菲律宾①等岛屿国家，在阳光充足时，盐工们反复向海边的沙上泼洒海水，经日晒蒸发使其凝聚盐分；然后再经淋滤获取浓缩盐水制盐，劳动强度极大。在内陆地区，盐工也采用类似的方法。如甘肃礼县盐官镇，盐工在阳光充足的天气，将备好的细沙土摊在盐井周边的旷地上，不断将汲出的卤水泼洒到沙土上，再将充分含盐的沙土装入柳条小筐，排排放置于木架上进行淋滤，获取浓缩卤水熬盐②。在中美洲的墨西哥谷地③和非洲尼日尔的曼嘎④，地表土壤本身含有盐分，可直接刮取收集表土，放入锥形涂泥容器或涂泥坑池，在坑池或容器底部铺放干草，经淋滤获取浓盐水制盐。其实，这些方法人类很早就采用了。人们在海边低地表面铺设细沙土或草灰，利用土壤的毛细作用将地下的盐分吸附上来，以获取盐卤制盐。此即明代《天工开物》所记："凡海水自具咸质，海滨地高者名潮墩，下者名草荡，地皆产盐。同一海卤，传神而取法则异。一法，高堰地，潮波不没者，地可种盐。种户各有区画经界，不相侵越。度诘朝无雨，则今日广布稻、麦稿灰及芦茅灰寸许于地上，压使平匀。明晨露气冲腾，则其下盐茅勃发。日中晴霁，灰、盐一并扫起淋煎。一法，潮波浅被地，不用灰压。后潮一过，明日天晴，半日晒出盐霜，疾趋扫起煎炼。一法，逼海潮深地，先掘深坑，横架竹木。上铺席苇，又铺沙于苇席之上。俟潮灭顶冲过，卤气由沙渗下坑中，撤去沙苇，以灯烛之，卤气冲灯即灭，取卤水煎炼。"在鲁北发现的制盐作坊往往位于地势较之周围略高的地方，呈微微隆起状，正与此记载相合。

　　有趣的是，双王城014制盐作坊的布局和结构与甘肃礼县盐官镇的制盐作坊非常相似。推测在商周时期，鲁北地区也可能采用草木灰细沙土提浓的技术。如014作坊盐灶两侧地表空旷平整，完全可以作为摊晒场地，将备好的沙土或掺有草木灰的土摊放于地表，将注入坑池浓缩的卤水不断泼洒，使其充分吸附盐分，再将其放

① 〔美〕严科夫斯基：《传统技术和古器物：菲律宾中部保和岛（Bloho）盐业生产和陶器制造的民族考古学研究》，《中国盐业考古（第二集）——国际视野下的比较观察》，科学出版社，2010年。

② 2006年夏，中美盐业考古队前往甘肃礼县盐官镇调查，在当地盐神庙内保留有制盐作坊和一眼盐井。作坊内安置煮盐锅灶，两侧搭建双层木架，架上放置柳条小筐，将淋洒盐水、日晒干燥、饱含盐分的沙土置于筐内，通过淋滤获取浓盐水，再放入铁锅煎煮制盐。

③ Jefffrey R. Parsons, 2008, Losúltimos salineros de Nexquipayac, Estado de México: *el encuentro de un arqueólogo con los vínculos vivos de un pasado prehispánico*, Diaria de Campo, Suplemento No. 51·Noviembre/Diciembre·2008, pp. 69–79. Sal y salinas: Un gusto ancestral, Coordinador：Blas Román Castellón Huerta.

④ Pierre Gouletquer, Dorothéa Kleimann et Olivier Weller, 1994, Sels et Techniques, *Le Sel Gaulois*, Bouilleurs de sel et ateliers de briquetages armoricains à L'age du Fer, Ouvrage publié sous la diraction de Marie-Yvane Daire, Chargée de recherche au C. N. R. S., Editeur Centre Régional d'Archéologie d'Alet Saint-Malo.

入特制的容器淋滤，获取浓盐水制盐。具体到 014 作坊，其淋滤设施可能有两处，一处是盐灶两侧的长方形坑池，可在其上方搭建木架，铺设芦苇，再将富含盐分的沙土放置其上淋滤，浓缩的卤水直接流入下方坑内。另一处是盐灶两侧的涂泥圆坑。参考菲律宾保和岛（Bohol）[1] 的制盐作坊，可在这些圆坑上放置淋滤的架子，将盆形器放在坑内，直接承接过滤的浓卤水。在 014a 的涂泥圆坑内还残留有破碎的盆形器，可以为证[2]。最近有学者通过检测分析，发现此类圆坑涂抹的黏土成分与盐灶两侧储卤坑壁的黏土成分和残量微量元素完全相同，进一步证实此类圆坑是过滤卤水的设施[3]。

最后一道工序是煮盐。双王城 014 作坊出土盆形器底部大多二次回火氧化呈红色，且大多破裂，有些器底还黏附草拌泥烧土。另在盐灶底部残存有大量的草拌泥烧土。推测煮盐时，须先在灶内用草拌泥将盆形器固定。由于盆形器底为圜状或尖圜状，自然会在器皿之间形成一些缝隙，有利于火焰的游走串通燃烧。在 014b 的 2 号涂泥坑池内发现有 4 个相连在一起的盆形器，器口之间的缝隙用碎陶片封堵，其结构与尼日尔曼嘎地区封堵制盐泥钵缝隙的做法相同。可见盆形器是相互连接、布满整个灶内，器口间缝隙用陶片填充，再用泥封堵，使煮盐炉灶形成封闭的状态，避免热力流失，并控制炉温。由于盐灶呈长条葫芦状，前后位置会有温差，但这样可能更利于盐工进行分区控制，温度较低的区域预热，温度较高的区域煎盐，有效地利用热能，降低成本，提高工效。

---

① 〔美〕严科夫斯基：《传统技术和古器物：菲律宾中部保和岛盐业生产和陶器制造的民族考古学研究》，《中国盐业考古（第二集）——国际视野下的比较观察》，科学出版社，2010 年。

② 有人将此涂泥圆坑解释为作坊棚屋的"柱洞"，并做复原（见山东省文物考古研究所、北京大学中国考古学研究中心、寿光市文化局：《山东寿光市双王城盐业遗址 2008 年度的发掘》，《考古》2010 年第 3 期）。但这种解释是错误的。第一，当时的制盐作坊是季节性的，没有必要营建大规模的建筑。第二，此建筑的屋顶跨度达 16 米，屋顶被复原成两面坡式，中间竟无任何梁柱支撑，在建筑学上如何结构？第三，所谓的"柱洞"直径达 40、深仅 20～40 厘米，如何将粗大的木柱安放到如此之浅的"洞"内？第四，有些"柱洞"间隔仅 5 厘米，如此密集，怎么解释？第五，"柱洞"内均涂抹数层沙黏土，被解释为多次"修补"或"保护"木柱行为。柱洞为何要"修补"，且统一"修补"？若此，修补时需将木柱先行取出，再行涂泥，还要重新栽种"木柱"，如此大动干戈，何为？第六，柱洞内均无柱础，也无木柱，甚至木屑朽痕，何解？第七，既是"柱洞"，为何仅 014a 作坊"柱洞"大致对称，其余作坊或不对称，或仅在一侧，或在灶前方，如何解释？第八，假若木柱以粗 40 厘米、高 200 厘米、每个作坊 32 个计，仅 014a 一个作坊需耗费木材 80.384 立方米（0.4×3.14×2×32）。双王城发现制盐作坊点 83 个，若每个地点以 2 个作坊计，将耗费多少木材？第九，双王城遗址地处沿海滩涂，此地不宜树木生长，如此粗壮的大树只能来自外地？如何将其运至海边？成本多大？等等。总之，所谓作坊"柱洞"的解释和复原均有悖常理，实难成立。

③ 崔剑峰：《山东寿光双王城制盐遗址的科技考古研究》，《南方文物》2011 年第 1 期。

（三）其他地区

在三峡和莱州湾的盐业考古开展以后，我们也在国内其他一些地区展开了盐业考古的调查与研究，其中，较重要的有如下一些。

1. 四川盐源

此地位于四川西南部的盐源县，与云南毗邻。当地矿产资源十分丰富，特别是盐业的开发历史很早，并对当地及周边的经济文化产生过重要影响①。

在国家文物局指南针项目的支持下，成都文物考古研究所与凉山州博物馆在盐源进行了盐业考古调查。在黑盐井区发现三处与制盐有关的遗址。其中，在两处遗址找到了文化层，采集部分夹砂红褐陶绳纹陶片。这些陶器的特点是种类和质地相对单一，且集中分布在古盐井附近，显然与早期的制盐生产有关。此外，在遗址中还发现含有大量白色结晶物的烧土。调查者指出，上述遗迹和遗物与汉代文献"积薪以盐水灌而焚之，薪成炭灰，即成黑盐"的记载有关。有趣的是，这种制盐方法在现代新几内亚的伊里安—扎亚（Irian-Jaya）土著民族中还在使用。所不同的是，后者采用一种生长于热带雨林的特殊植物，其茎秆近似海绵，将其浸泡于盐泉内，可充分吸附盐水，待将其捞出后干燥焚烧，可从灰烬中获取食用的盐粒②。调查中，在盐泉附近还发现有人工垒砌的方形卤水池。另在白盐井区调查也发现一些遗迹，但年代大多已晚至明清时期。经初步的研究，盐源使用陶器制盐的技术已晚至汉唐之际，与传统的"积薪齐水灌而焚之"的原始技术相比，代表了较先进的技术③。

此次调查发现盐源境内盐井分布密集，其制盐业至迟在汉代已形成规模。前些年，盐源及附近河谷地带盗掘出大批战国至西汉的青铜器④，证实当地曾有发达的青铜文化，这与当地蕴藏的盐矿资源和便利的交通条件不无关系。而盐业作为民生消费的必需物资和政府赋税的首要来源，对当地政治、经济和文化的发展有至关重要的作用。

2. 成都平原

《华阳国志·蜀志》记载："（秦）蜀守李冰，识齐水脉，穿广都盐井，诸陂池。

---

① 《华阳国志·蜀志》："定筰县……有盐池，积薪，以齐水灌，而后焚之，成盐。"

② Pierre Gouletquer, Dorothéa Kleimann et Olivier Weller, 1994, Sels et Techniques, *Le Sel Gaulois*, Bouilleurs de sel et ateliers de briquetages armoricains à L'age du Fer, Ouvrage publié sous la diraction de Marie-Yvane Daire, Chargée de recherche au C. N. R. S., Editeur Centre Régional d'Archéologie d'Alet Saint-Malo.

③ 四川成都市文物考古研究所、四川凉山州博物馆：《四川盐源县古代盐业与文化的考古调查》，《南方文物》2011 年第 1 期。

④ 凉山彝族自治州博物馆、成都文物考古研究所：《老龙头墓地与盐源青铜器》，文物出版社，2009 年。

蜀于是盛有养生之饶焉。"可见，川西平原的盐业开发历史至少可上溯至战国。在成都平原西南的蒲江、邛崃等丘陵山地蕴藏有丰富的盐卤和铁矿，这些特殊资源对于成都平原的开发和经济文化的发展具有重要价值。20 世纪 90 年代中期，在成都平原相继发现 9 座新石器时代晚期的城址，这些城址与成都西南侧的特殊资源开发有无关系？三星堆文化的政治中心转到广汉，到了十二桥文化时，再度回归成都平原。恰在此时，川西及周边地区开始大量出现尖底陶器，包括尖底杯、尖底盏、尖底罐、尖底盂等，此类器皿做工粗糙，其尖底的造型非常不宜作为日常生活用具，加之数量庞大，究竟做何使用值得深究。渝东至三峡的考古发现证明，尖底杯是用于制盐的专业器具。如此，成都平原的尖底器究竟何用？至今尚缺乏研究。在前不久出版的《成都十二桥》发掘报告中，披露一批亚腰圆筒形穿孔器（报告称"器座"）。此类器皿形体均不大，胎体厚重，做工粗糙，上下贯通，器身普遍有戳孔或切割的镂孔，有些在器表拍打宽粗的类篮纹，或在类篮纹上再滚压绳纹①。此类器皿的用途至今无解。有趣的是，在日本富山省和宫城省江浜贝冢制盐遗址曾发现与之几乎完全相同的器物②。看来，对成都十二桥遗址的性质以及川西地区大量出现尖底器的现象需要启用新的视角来思考。假若这批形态特殊的陶器确实为制盐器具，这也证明"李冰穿广都盐井"有着更为深远的历史背景。或许正是因为成都平原蕴藏有丰富的盐业资源，加之地肥水美，方能在较短的时间迅速提升经济文化实力，孕育出富甲一方的天府之国。

3. 河东盐池

地处山西南部的河东盐池（又称"解池"）是中原地区最重要的盐业资源。传说尧、舜、禹都将都邑建在晋南，目的就是控制"河东盐池"。此后，夏、商、周三代逐鹿中原，亦与争夺盐利相关。考古发现表明，晋西南一带自旧石器晚期以来，古遗址稳步上升，分布密度逐步加大。这似乎表明，上述的传说并非空穴来风。毕竟人类对居址的选择与环境资源是有前提条件的，而河东盐池也确实在中华文明的起源和早期国家的形成过程中扮演了关键角色。可惜，由于河东盐池所产之盐经日晒风吹、自然生成，很难留下早期生产的遗迹和遗物，也很难通过考古发掘寻找早期的盐业生产证据。看来，此地的盐业考古需要开启新的视角，另辟蹊径。

张光直先生曾指出，"晋南除了铜矿以外，还有华北最为丰富的盐矿，在中国古代的确是一个富有战略性资源的地区"③。有学者沿此思路提出，夏商统治者将都邑建在

① 四川省文物考古研究院、成都市文物考古研究所：《成都十二桥》，文物出版社，2009 年。

② 〔日〕岸本雅敏：《古代日本食盐的流通》《中国盐业考古（第二集）——国际视野下的比较观察》，科学出版社，2010 年。

③ 张光直：《关于中国初期"城市"这个概念》，《中国青铜时代》第 37 页，生活·读书·新知三联书店，1999 年。

洛阳—郑州一线，一是出于防御和经济发展的需要，再就是控制晋南的特殊资源，特别是那里的食盐是各路诸侯争抢的物资。他们通过对夏县东下冯遗址的再研究，认为该址城垣西南角发现的40余座圆形建筑不可能作为居室，很像是粮仓，更可能是储盐仓库。其形状与《天工开物》画面中的盐仓相仿佛。若此，东下冯应是夏商时期中原王朝为控制和获取晋南食盐和铜矿资源设置的一处政治—军事据点①。

　　河东盐池产量很大，不仅满足当地消费，更多产品用于外销。在盐池南部的中条山曾发现有古驮运商道。其中，有些可能是早期的运盐通道。20世纪50年代以来，山西省考古研究所在芮城寺里—坡头遗址多次进行调查，发现有规模巨大、排列有序的大型窖穴，年代早至新石器晚期的庙底沟二期文化。调查者推测，此地极有可能是中条山内一处重要的仓储重镇。至于当时储藏的货物究竟是粮是盐，还有待进一步的研究②。2003年，山西省发掘了这处遗址附近的清凉寺墓地，有重要发现。该墓地位于中条山深处，地势偏鄙，但却是近年来中原地区发现史前时期殉人最多、葬玉（石）最丰的一处墓地。其厚葬习俗特别是随葬外来玉器的迹象暗示，曾有一个经济富裕、文化多元、性质特殊的群体生活在这里。由此联想到，欧洲很多制盐遗址和盐道上发现有"权贵遗存"，这类遗存普遍存在使用外来奢侈品的现象③。这对我们解读清凉寺墓地的"权贵"墓葬是富于启发的。考虑到河东盐池距离清凉寺仅15千米，由此向南20千米即黄河古渡口，外销向南运盐的商旅必须途经这里，自盐池至黄河渡口步行也仅需一日④。可见，清凉寺的"富豪"很可能就是史前时期控制"潞盐"外销的一个特殊群体，他们通过食盐贸易聚敛财富，并通过厚葬显示其身份。

4. 清江盆地

　　江西有修、赣、盱、信四大水系。其中，赣江水量最大、流程也最长，堪称江西的母亲河。在赣江中游的新干至丰城孕育有发达的古文化，从史前时期到青铜时代，著名的拾年山、筑卫城、营盘里、樊城堆、吴城⑤、牛城⑥等江西最为重要的遗址乃至

---

① 刘莉、陈星灿：《城：夏商时期对自然资源的控制问题》，《东南文化》2000年第3期；陈星灿、刘莉、赵春燕：《解盐与中国早期国家的形成》，《中国盐业考古（第二集）——国际视野下的比较观察》，科学出版社，2010年。

② 山西省考古研究所、运城市文物工作站、芮城县博物馆：《山西芮城寺里—坡头遗址调查报告》，《古代文明》（第3卷），文物出版社，2004年。

③ 〔德〕托马斯·塞勒（Thomas Saile）：《中欧早期的盐业：新石器时代的食盐生产与贸易模式》，《中国盐业考古（第二集）——国际视野下的比较观察》，科学出版社，2010年。

④ 薛新明：《山西芮城清凉寺墓地墓主身份与古盐道的关系》，待刊。

⑤ 江西省文物考古研究所、樟树市博物馆：《吴城——1973～2002年考古发掘报告》，科学出版社，2005年。

⑥ 朱福生：《江西新干牛城遗址调查》，《南方文物》2005年第4期。

新干大墓①都集中于此。20 世纪 70 年代，在清江盆地发现一座巨大的盐矿，已探明矿体面积达 133.6 平方千米，储量 103.7 亿吨②。有趣的是，地处清江盆地腹心的樟树是为赣地著名四大古镇之一、明代全国三十三大工商业重镇之一。樟树得名于"聂友射鹿"③ 的传说，故流经此地的赣江也称"鹿江"。当地孕育发达的古文化、地下蕴藏盐矿以及白鹿的传说，三者间构成某种内在联系。前不久，有学者以新干大墓出土青铜礼器上的圆雕立鹿为切入点，将"鹿崇拜"习俗与人类早期的"盐神崇拜"相关联，解读立鹿圆雕背后隐含着人类早期对食盐财富的欲望与追求④。

为此，江西的学者沿着清江流域展开了考古调查，试图了解古遗址的分布与早期制盐产业间的关系。第一阶段调查发现遗址 36 处，时代从新石器时代到战国时期。这批遗址基本分布于筑卫城遗址（新石器晚期至春秋时期）及牛城遗址（商周时期）周围，已存在规模性的聚落等级。此外，他们还发现了卤水井、卤水塘及土硝渗出的遗迹现象，似乎确实存在早期盐业开发的迹象⑤。目前，仅凭这些材料还难以证明当地的制盐产业及出现时间。据文献记载，历史上江西并不产盐，当地对盐的需求一直仰仗南粤沿海。直至 20 世纪，广东的客家人仍北上赣地贩盐⑥。但我们或许可换个角度思考，即清江盆地早年曾有过产盐的历史，唯产量有限，生产不易。汉代以后，随着华南沿海盐业兴盛，成本大降，导致清江盆地的土法制盐萎缩乃至于最终消失而难以寻找。

5. 华南沿海

有学者指出，20 世纪 50 年代在福建曾出土过相当于中原仰韶文化（公元前 5000 ~ 前 3000 年）的制盐陶器，并推测至少在距今 4700 年前，从山东至福建沿海已知煎煮海盐⑦。但此说显然缺乏证据。近年来有学者推测，华南沿海及周围诸岛的制盐史可上溯至新石器时代晚期，并据此提出"不仅要考虑广东汉代盐业考古的研究，而且，追溯到先秦时期盐业活动的考古学研究是十分必要和可能的"⑧。

---

① 江西省文物考古研究所、江西省博物馆、新干县博物馆：《新干商代大墓》，文物出版社，1997年。
② 据江西省地质局九一五地质大队 1975 年提交、经江西省储量委员会批准的"清江盐矿北部块段（岩盐）地质勘探报告"。
③ 传古时吴国大将聂友为豫章郡新淦（今江西樟树）人，少时家贫，好射猎。夜见一白鹿，击射，白鹿奔逃，不知所终。聂友追赶饥渴，困卧一樟树下，醒来仰观树干插有一箭，正是昨日自己所射，箭口尚有血迹。聂友见此甚为诧异，遂在树下摆酒设坛，祭拜三日后，伐此树造船，建成的大船踏波逐浪如履平地，为聂友日后平定儋耳（海南）立下赫赫战功。
④ 周广明：《生命之源——新干青铜器群立鹿造型意义探赜》，《南方文物》2010 年第 1 期。
⑤ 指南针专项研究"中国古代盐业文明"江西省文物考古研究所课题组提供资料。
⑥ 李岩：《广东地区盐业考古研究刍议》，《华南考古》（1），文物出版社，1994 年。
⑦ 朱去非：《中国海盐科技史考略》，《盐业史研究》1994 年第 3 期。
⑧ 李岩：《广东地区盐业考古研究刍议》，《华南考古》（1），文物出版社，1994 年。

此前，早有学者以深圳咸头岭遗址出土红烧土块为制盐业出现的凭据。这些烧土块均残破难以复原，厚 1.5～2 厘米，一面平整光滑且向内弧曲，另一面留有竹篾印痕。另在香港屯门涌浪遗址发现大量烧土块、炉箅、炉灶和灰烬。其中有一块拼接的红烧土，残长 33、宽 20 厘米，仍未接近原物边缘。其特征与咸头岭出土的烧土块颇相似。此类烧土块被认为与宋代文献所记用竹篾编制的"盐盆"接近。在简报中，咸头岭的烧土块被解释为倒塌的竹骨（木骨）泥墙，但这一解释太过牵强，因为岭南一带并不流行木（竹）骨泥墙建筑。此外，这些烧土块内往往掺有较多砂粒，估计是为满足熬盐所需的低温及防止皲裂的需求而特意掺加的①。上述分析是有道理的。因华南地区的传统制盐业常常使用竹篾编制、内外涂以蜃灰（蚌壳烧制的石灰）的"大篾盘"，其结构与深圳、香港等地所出印有编织纹的烧土块近似。大概在新石器晚期，当地还不会烧制蜃灰，只好在大竹篾盘内外涂抹夹砂泥土来煎盐。

有学者回顾，以往在广东曾发现疑似制盐的遗址，均因无法解释清楚而不了了之。其中，珠海淇澳岛东澳湾遗址的发现最值得关注。该址位置距海岸仅数百米，出土陶器以夹砂圜底器居多，时代约当商代。发掘清理了 3 座烧土和石块结构遗迹，其内残留陶容器和支脚，并被解释为炊煮一类遗留。它不像一般的窑或灶，却很像成都平原所出东汉盐井画像砖中的连锅灶②。经核实原报告，后一种解释比较可信。首先，该址 A、B、C 三组遗迹只能作为炉灶，其他解释均不通。其次，灶内遗留支脚、炉箅遗存应是与煮盐陶器组合配套使用的配件。再次，该址所出陶器类别单纯，以夹粗砂圜底釜为大宗，且制作粗糙，火候偏低，符合制盐陶器的特征③。遗憾的是，由于缺乏经验，加之不了解此类遗址的重要性，发掘资料报道过于简略，很多细节被忽略。若沿此线索深入追究，或许能够觅得岭南沿海一带早期制盐的线索。

由此联想到几个问题：首先，目前对华南沿海的早期盐业考古重视不够，以至于有些遗址已发现与制盐有关的遗物却不认识。如珠海宝镜湾曾发现一批"条形器"、炉壁④，尽管后来发掘者认识到当地存在制盐产业，但发掘报告却没有对此类遗存给出解释。以往在华南沿海多次发现此类遗物，都被解释成烧烤用具或炉灶附属物。随着我们与国外盐业考古学家的交流，特别是实地参与了国外盐业遗址的发掘之后，方知此类遗存应为制盐器具，即"Briquetage"。在法国布列塔尼沿海、英国东南埃塞克斯沿海的红丘及越南丘于厨遗址都曾发现有类似遗物。据法国学者研究，此类陶棍可搭在炉灶上，

① 容达贤：《深圳历史上的盐业生产》，《深圳文博论丛》，中华书局，2003 年
② 李岩：《广东地区盐业考古研究刍议》，《华南考古》（1），文物出版社，1994 年。
③ 广东省博物馆、珠海市博物馆：《广东珠海市淇澳岛东澳湾遗址发掘简报》，《考古》1990 年第 9 期。
④ 广东省考古研究所、珠海市博物馆：《珠海宝镜湾——海岛型史前文化遗址发掘报告》，科学出版社，2004 年。

将陶器放置其上煎煮制盐。如法国东部赛耶（Seille）河谷早期铁器时代制盐遗址就发掘出土难以数计的"陶棍"（Briquetage），且形制多样①。至于华南沿海的"陶棍"如何使用，这还需要在考古发掘中与遗址的遗迹现象结合寻找答案。在华南地区，早期制盐遗址有两类现象值得注意，一是成片的烧土，如深圳咸头岭、香港涌浪等。二是未见烧土，但有炉灶或其他制盐器具，如珠海东澳湾、宝镜湾等地的"陶棍"等。上述发现表明，华南的制盐业可能拥有不同的技术体系。其三，华南的制盐遗址与三峡和鲁北不同，前者除存在制盐遗迹或特殊器具外，还出土不少的生活用具，后者则鲜见生活用具。这表明：1）华南地区的制盐业规模小，尚不具备专业性，三峡和鲁北地区的制盐业已形成规模化产业；2）华南的制盐生产就安排在一般的生活聚落附近，三峡和鲁北地区已建立了专业化的生产场所。当然，以上设想仅仅指先秦时期，这或许与各自地区所处的社会发展阶段和社会组织形态有关。汉代以后，盐业已被纳入国家统一管理的范畴，则另当别论。

还有学者从方言及文字学的角度对岭南的盐业进行研究。如黎语中的"番"即"村"，"禺"即"咸"或"盐"。"番禺"二字合文实即黎语"盐村"之意②。汉代，今日的珠海、澳门、深圳、东莞、香港均隶属番禺，可见这一地区很早就以制盐而闻名了。

（四）结语

有学者认为："人类文化总是从产盐的地方首先发展起来，并随着食盐的生产和运销，扩展其文化领域。文化领域扩展的速度，殆与地理条件和社会条件是否有利于食盐运销的程度成正比例。起码，在十七世纪以前，整个世界历史，都不能摆脱这三条基本规律"③。此论看似夸张，却也不无道理。

1）远在三千多年前，甲骨文就出现了与盐有关的汉字④。近些年的考古发现不断以实物证实中国有悠久的制盐史。此后历朝历代，亦不乏盐业生产和盐政的文献。时至今日，在国内一些偏远地区仍可见到保留传统工艺的制盐产业，并在当地民众的生产生活中继续发挥重要的功能⑤，这些宝贵的资料和民族文化遗产为盐业考古提供了丰

---

① 〔法〕奥利维（Laurent Olivier）、〔英〕科瓦希克（Joseph Kovacik）等：《法国洛林 de la Seille 河谷的制盐陶器 Briquetage：欧洲铁器时代盐的原始工业生产》，《南方文物》2008 年第 1 期。
② 曾昭璇：《"番禺"意即"盐村"——广州古名新解》，《开放时代》1985 年第 5 期。
③ 任乃强：《华阳国志校补图注》第 52 页，上海古籍出版社，1987 年。
④ 冯时：《古文字所见之商周盐政》，《南方文物》2009 年第 1 期。
⑤ 王仁湘：《走过千年袖珍晒盐场：寻访海南洋浦盐田村》，《中国文化遗产》2008 年第 2 期；西藏自治区文物保护研究所、陕西省考古研究院、四川省考古研究院：《西藏自治区昌都地区芒康县盐井盐田调查报告》，《南方文物》2010 年第 1 期。

厚的土壤，深入其中挖掘将大有可为。

2）随着中国盐业考古的发现和研究，其影响力也与日俱增。迄今我们已在国内外组织举办了四次有关中国盐业考古的学术研讨会①，出版两部《中国盐业考古》②；自2008年开始，在《南方文物》创办"盐业考古专栏"。上述成果大大扩展了盐业考古在国内外学术界的影响力。2007年以来，在法国外交部和文化部支持下，北京大学考古文博学院师生连续四年受邀前往法国东部参加塞耶（Seille）河谷制盐遗址的发掘。上述国际合作进一步深化了我们对世界各地早期制盐业及盐业考古的了解，扩展了视野，积累了经验。

3）2008年，国家文物局在指南针专项研究中特别设立"中国早期盐业文明与展示试点研究"项目。该项目将国内十余家科研单位联合起来，目的是以中国早期盐业科学价值的发掘为主线，通过考古调查发掘，全面考察国内外早期制盐遗址和现存民族传统制盐业的科学成就，利用考古学、文献学、人类学、民俗学及现代科技手段，对各地的制盐工艺与技术发明展开专项研究，深入探讨盐业资源的开发及相关贸易对文明起源、社会复杂化及城市化进程起到的积极推动作用，最终通过博物馆将上述研究成果展示出来，面向大众普及科学知识教育。

4）十余年前，盐业考古在中国考古界还是个陌生词汇。随着"成都平原及周边地区古代盐业的景观考古学研究"国际合作项目的实施，中国的盐业考古在很短的时间里迅速缩短了与国外的差距，有了长足的进展，这一方面是中国考古工作者勤奋努力的结果，另一方面也与主动积极的国际交流合作的学术背景是分不开的。

2010年初稿于山东寿光

2011年3月定稿于北京蓝旗营

---

① 这四次会议分别为：2000年7月在英国达勒谟大学举办"东亚考古学大会第二届年会"（中坝制盐遗址考古发现研究专场）；2004年5月在美国加州大学洛杉矶分校考古研究所举办"跨文化视角下的中国早期盐业生产"学术会议；2006年6月在德国图宾根大学举办"长江上游盆地古代盐业的比较观察"学术研讨；2010年在山东寿光举办"黄河三角洲盐业考古"国际学术研讨会。

② 李水城、罗泰：《中国盐业考古（第一集）——长江上游古代盐业与景观考古的初步研究》，科学出版社，2006年；李水城、罗泰：《中国盐业考古（第二集）——国际视野下的比较观察》，科学出版社，2010年。

问玉凝眸马家浜

蒋卫东

（良渚博物院）

太湖流域是中国新石器时代晚期玉器文化最为发达的区域之一，良渚文化玉器数量之众多，器形之丰富，工艺之先进，纹饰之精美，功能之复杂，影响之深远，不惟为中国新石器时代，也为世界同时期所绝无仅有。寻根溯源，落脚点无疑是太湖流域最早制作和使用玉器的马家浜文化。不过，由于历年来进行过考古发掘的马家浜文化遗址并不多，发掘面积较大、成一定规模的更少，而已系统发表考古发掘资料尤其是出土玉器资料的更为屈指可数，因而，长期以来，我们对马家浜文化玉器的认知仍大致停留在《中国大百科全书·考古学卷》的水准，即马家浜文化"使用玉璜、玉玦等装饰品，这类玉器后来成了中国的传统饰物"、"有的墓还随葬玉玦、玉环、玉镯等装饰品"[1]。

2004 年，浙江省嘉兴市文化局为纪念马家浜遗址发现 45 周年，特意编辑出版《马家浜文化》一书，书中收录 20 处马家浜文化遗址的发掘简报，其中马家浜、吴家浜、罗家角、新桥、草鞋山、圩墩、祁头山、广福村、三星村、彭祖墩等 10 处遗址中都出土玉器[2]。

近年来，一方面有马家浜、邱城等遗址尘封多年的马家浜文化出土玉器资料的图录面世[3]，另一方面又有塔地[4]、江家山[5]、神墩[6]、邱承墩[7]等新发掘遗址马家浜文化

---

① 《中国大百科全书·考古学卷》"马家浜文化"，中国大百科全书出版社，1986 年。
② 嘉兴市文化局：《马家浜文化》，浙江摄影出版社，2004 年。
③ 《浙江省博物馆典藏大系·史前双璧》，浙江古籍出版社，2009 年。
④ 塔地考古队：《浙江湖州塔地遗址考古发掘获丰硕成果》，《中国文物报》2005 年 2 月 9 日第一版。
⑤ 楼航、梁奕建：《长兴江家山遗址发掘的主要收获》，《浙江省文物考古研究所学刊（第八辑）——纪念良渚遗址发现七十周年学术研讨会文集》，科学出版社，2006 年。
⑥ 神墩遗址相关考古发掘收获见嘉兴市文化广电新闻出版局、嘉兴经济开发区管委会主办的《马家浜文化考古发现成果展》图录，2009 年。
⑦ 江苏省考古研究所、无锡市锡山区文物管理委员会：《江苏无锡鸿山邱承墩新石器时代遗址发掘简报》，《文物》2009 年第 11 期。

玉器出土资料的补充，尤其是祁头山遗址考古发掘报告的出版①，给马家浜文化玉器的研究提供了较之前远为丰富的素材。

（一）

据不完全统计，见于各类考古发掘报告、简报、报道和其他著录的马家浜文化玉器已超出 150 件。表一是经考古发掘 20 处遗址出土的 151 件马家浜文化玉器的统计情况，所见玉器器形种类较为简单，仅有玦、璜、管（珠）、坠、环、镯、半环形饰、蛙形饰等少数几种，其中玦、璜、管（珠）从表一统计的情况看，分别占总数的 55.6%、19.9%

表一 马家浜文化出土玉器统计表

器名＼遗址	玉玦	玉璜	玉管（珠）	玉坠	其他	资料出处	合计	备注
马家浜	9	1		1	1	双璧	12	2 件玦为墓葬出土，余为采集
邱城	4	1				双璧	5	
吴家浜	4			2		马文	6	3 件玦为 1986 年出土
罗家角			1	1		马文	2	
新桥			2		半环形饰 1	马文	3	
草鞋山	5				玉环 2	马文	7	
圩墩	3	3	1		镯 1	考 1974：2	34	其中部分玉器可能属崧泽文化
	7	1	4			考 1978：4		
	5		3			史研 1984：2		
	1	2	1			考学 1901：1		
		2				东文 1995：4		
祁头山	10	5		2	蛙 1	祁头山②	18	
广福村	2					马文	2	

---

① 南京博物院、无锡市博物馆、江阴博物馆：《祁头山》，文物出版社，2007 年。

② 同①。

续表

器名 遗址	玉玦	玉璜	玉管 （珠）	玉坠	其他	资料出处	合计	备注
崧泽	1					崧泽①	1	
彭祖墩	5	2				马文	7	
塔地	2		1			04 重考	3	
神墩	1	1				马家浜	2	出土玉器 21 件，明确器形仅 2 件
梅园里	4					浙考	4	
梅堰	15	6	6			考 1963：6	27	其中部分玉器可能不属马家浜文化
越城	1	1				考 1982：5	2	
潘家塘	1	3		2	镯 1	考 1979：5	7	采集玉器更多，其中部分不属马家浜文化
东山村	2			2		文 2000：10	4	
江家山	2					马家浜	2	出土玉器约 10 件，明确器形仅 2 件
邱承墩		2	1			文 2009：11	3	
合计	84	30	20	10	7		151	
百分比（%）	55.6	19.9	13.3	6.6	4.6		100	

注：资料来源中的"双璧"为《浙江省博物馆典藏大系·史前双璧》②，"马文"为《马家浜文化》③，"04 重考"为《2004 中国重要考古发现》④，"浙考"为《浙江考古精华》⑤，"考"为《考古》，"文"为《文物》，"东文"为《东南文化》，"史研"为《史前研究》，"考学"为《考古学报》，"马家浜"为《马家浜文化考古发现成果展》图录。

---

① 上海市文物保管委员会：《崧泽——新石器时代遗址发掘报告》，文物出版社，1987 年。

② 《浙江省博物馆典藏大系·史前双璧》第 75 ~ 81 页，浙江古籍出版社，2009 年。

③ 见嘉兴市文化局编：《马家浜文化》，浙江摄影出版社，2004 年。

④ 国家文物局主编：《2004 中国重要考古发现》，文物出版社，2005 年。

⑤ 浙江省文物考古研究所：《浙江考古精华》，文物出版社，1999 年。

和 13.3%，合计约占总数的 88.8%，显然是马家浜文化玉器中最主要的三类器形①。

（二）

占马家浜文化出土玉器总数五成以上的玉玦，无疑是马家浜文化玉器中最具代表性和典型性的器类。我们按其形制差异，将其分为三型，即扁平环形玦、大孔镯形玦与管式玦。

扁平环形玦是马家浜文化玉玦中最常见的器形，同时也为中国境内出土玉玦中最通见的造型，从距今七八千年前的兴隆洼文化到 2000 多年前的小松山西汉墓葬，地域纵贯南北，时间绵延近 5000 年。② 文献中所谓"环之不周"（徐楷《系传》）、"如环而缺"（《国语·晋语》韦昭注）的玦③，所指应当便是此类扁平环形玦。马家浜文化的扁平环形玦可能只是中国境内这一形制玉玦制作与使用的悠久传统中薪火相承的一环。

由于目前马家浜文化玉玦的出土资料集中在晚期的墓葬和地层中，早期的地层和墓葬中尚没有见诸报道的出土玉玦，因此，马家浜文化扁平环形玦早晚形制的演变轨迹还不是很清晰。但我们在梳理马家浜文化扁平环形玦时，发现它们可以再分为两个各具特色的亚型：即直径 4 厘米以下的小孔玦与直径 4 厘米以上的大孔玦。其中直径 4 厘米以下的小孔玦，外缘轮廓一般为不规整的圆形，肉④部的横断面常为不规则形或一面近平、一面略弧凸，中孔小，孔径通常小于玉玦两侧边的肉宽，孔的位置常偏于与玦口相对的一侧；直径 4 厘米以上的大孔玦，外缘轮廓一般为较规整的圆形，肉的横断面常近扁方形，中孔大，孔径通常大于玉玦两侧边的肉宽，孔的位置居中

---

① 此表内未统计太湖流域具有马家浜文化特征的江苏金坛三星村遗址出土的玉器。三星村遗址位于太湖流域与宁镇地区交界处，文化面貌兼具两者特色，尤以宁镇地区文化面貌为著，且其距今 6500～5500 年的测年数据下限已超出马家浜文化的年代范畴，而据发掘简报尚难以明确加以区分，因此虽然出土了玉玦、玉璜、玉钺、玉纺轮、耳坠等 109 件玉器，但属于马家浜文化阶段玉器的具体数量尚难统计。此外，溧阳神墩遗址出土马家浜文化玉器 21 件，但已知器形的仅 2 件；长兴江家山遗址出土马家浜文化玉器约 10 件，已知器形的也只有 2 件，而统计在此表内的常州圩墩、吴江梅堰、武进潘家塘三处遗址中出土的玉器，有部分却可能属晚于马家浜文化的崧泽文化和良渚文化，所以在总数统计上尚存在变数。不过，马家浜文化出土玉器总数已超出 150 件，玦、璜、管（珠）作为其主要器形所占的百分比，大体反映了实际的状况。
② 兴隆洼文化玉玦出土资料见《中国出土玉器全集》（第 2 卷），科学出版社，2005 年；小松山西汉墓葬玉玦出土资料见云南省博物馆文物工作队：《呈贡小松山竖穴土坑墓的清理》，《云南文物》第 15 辑（1984 年）。
③ 引自陈星灿：《中国史前的玉（石）玦初探》，《东亚玉器》（第 1 卷），香港中文大学中国考古艺术研究中心，1998 年。
④ 对于玉玦边沿的名称，为便于行文，我们借用《尔雅·释器》中对扁平圆形带孔玉器的定义："肉倍好谓之璧，好倍肉谓之瑗，肉好若一谓之环"，称之为"肉"。

（图一）。这两个亚型的扁平环形玦，尽管共存于诸如余杭梅园里遗址 M6 等一些马家浜文化晚期墓葬，且没有明确的地层关系可判断其早晚，但参照同属长江下游南岸河姆渡遗址与塔山遗址的扁平环形玦的形态演变轨迹，似以小孔玦更为原始。因此，马家浜文化玉玦器形由小变大、由不圆整变圆整、肉的横断面由不规则的椭圆形变较规整的扁方形、中孔由小变大的总体趋势大致是成立的①。不过，从考古发掘出土的资料看，太湖流域的小孔扁平环形玦不仅多见于马家浜文化晚期，也流行于崧泽文化早期②。所以，马家浜文化小孔扁平环形玦与大孔扁平环形玦间的形制演变关系，并非单线条似的"取而代之"，而是犹如一棵树上分化的两条枝杈，同源异流，各成繁枝茂叶。

马家浜文化的大孔镯形玦形体较大，直径在 7～8 厘米之间，中孔直径 5～6 厘米，肉宽仅 1 厘米左右呈窄条状，横断面呈较规则的六边形或近圆形（图二）。太湖流域的大孔镯形玦极可能也由扁平环形玦演化分枝而出，但一则因其形制特殊，与扁平环形玦间的演变轨迹不够清晰；二则其流行时间不长，所发现的只限于马家浜文化晚期；三则分布范围较窄，目前仅在嘉兴马家浜③、吴家浜④、余杭梅园里⑤这三处位于太湖东南部的遗址出土，因此，我们将其视为马家浜文化玉玦的一种特殊类型。这种形制特殊的玉玦，在国内史前时期较为少见，除马家浜文化外，内蒙克什克腾旗南台子遗址属于红山文化的 M7 中也出土了一件，直径 8.3 厘米，为大孔镯形玦中已知直径最大者⑥。

管式玦是马家浜文化玉玦的另一类型，整体如玉管而一侧纵向切割出缺口，形制有竖直管形、中间鼓凸的腰鼓形、一端大一端小的台形等几种，但形体均较小，玦的

---

① 孙国平先生综合考察了河姆渡文化和马家浜文化的玉玦后，提出"玉玦的形态由早到晚表现出多方面的变化：（1）整体器形由小变大；（2）外缘轮廓由不规整圆形趋向整圆；（3）玦体由厚薄不均匀趋向均匀；（4）中孔由小变大，由偏位而渐居中；（5）抛光工艺日益精细；（6）整体趋向于匀称、美观"。见孙国平：《河姆渡·马家浜文化玉玦考察》，《浙江省文物考古研究所学刊（第六辑）——第二届中国古代玉器与传统文化学术讨论会专辑》，杭州出版社，2004 年。

② 属于崧泽文化早期的扁平环形玉玦见于海盐仙坛庙、安吉芝里等遗址。详见王宁远：《崧泽文化早期玉器》，《浙江省文物考古研究所学刊（第六辑）——第二届中国古代玉器与传统文化学术讨论会专辑》，杭州出版社，2004 年。

③ 浙江省文物管理委员会：《浙江嘉兴马家浜新石器时代遗址的发掘》，原载《考古》1961 年第 7 期。现见嘉兴市文化局编：《马家浜文化》第 20～34 页，浙江摄影出版社，2004 年。

④ 浙江省文物考古研究所、嘉兴市博物馆：《嘉兴吴家浜遗址发掘简报》，《马家浜文化》第 35～44 页，浙江摄影出版社，2004 年。

⑤ 浙江省文物考古研究所：《浙江考古精华》第 50 页，文物出版社，1999 年。

⑥ 引自陈星灿：《中国史前的玉（石）玦初探》，《东亚玉器》（第 1 卷），香港中文大学中国考古艺术研究中心，1998 年。

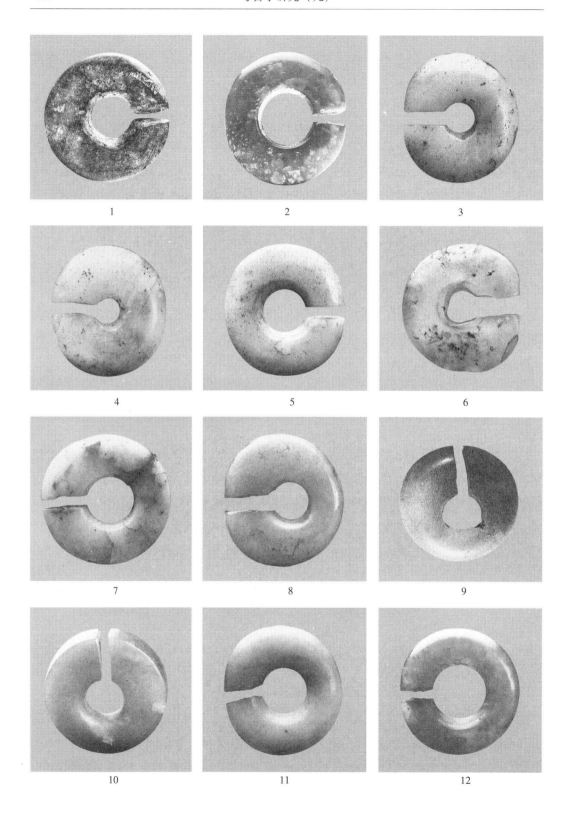

1　　　　　　　　2　　　　　　　　3

4　　　　　　　　5　　　　　　　　6

7　　　　　　　　8　　　　　　　　9

10　　　　　　　11　　　　　　　12

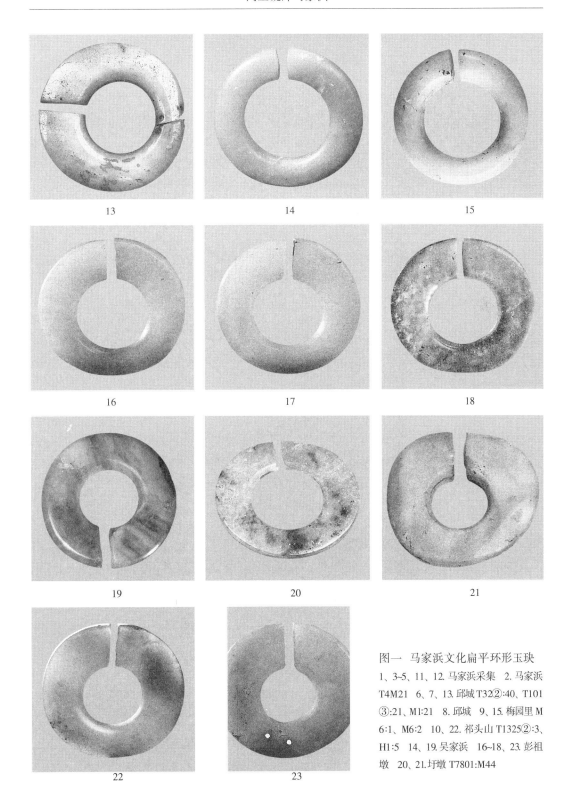

图一 马家浜文化扁平环形玉玦

1、3~5、11、12. 马家浜采集 2. 马家浜 T4M21 6、7、13. 邱城 T32②:40、T101 ③:21、M1:21 8. 邱城 9、15. 梅园里 M 6:1、M6:2 10、22. 祁头山 T1325②:3、H1:5 14、19. 吴家浜 16~18、23. 彭祖墩 20、21.圩墩 T7801:M44

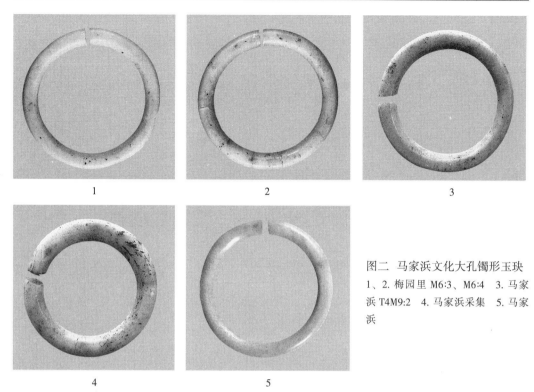

图二　马家浜文化大孔镯形玉玦

1、2. 梅园里 M6:3、M6:4　3. 马家
浜 T4M9:2　4. 马家浜采集　5. 马家
浜

厚度大于或接近于玦的最大径（图三）。马家浜文化的管式玦已发现于祁头山①、圩
墩②、彭祖墩③、草鞋山④等遗址。金坛三星村遗址墓葬中出土的 11 件所谓 A 型 I 式
玦，若按其形制，也应该属于管式玦⑤。现有考古资料显示管式玦的分布范围主要集中
在太湖北部、西北部和东北部地区。国内史前的管式玦，马家浜文化之外，还见于东
北的兴隆洼文化，而后者目前仅见竖直管形一种形制⑥。辽宁西部、内蒙古东南部与长

---

① 祁头山遗址出土马家浜文化管式玉玦 7 件，详见南京博物院、无锡市博物馆、江阴博物馆：《祁
　头山》，文物出版社，2007 年。
② 常州圩墩遗址出土管式玦多件，照片见嘉兴市文化局编：《马家浜文化》第 145 页图二十一、二
　十二，浙江摄影出版社，2004 年。
③ 南京博物院、无锡市博物馆、锡山市文物管理委员会：《无锡彭祖墩遗址马家浜文化层》，《马家
　浜文化》第 216 页图十二，浙江摄影出版社，2004 年。
④ 南京博物院：《江苏吴县草鞋山遗址》，《文物资料丛刊》（第三辑），文物出版社，1980 年。
⑤ 三星村遗址 A 型 I 式玦，形体小而厚实，所举标本 M913：8，直径 1.1、厚 0.9 厘米，就是管式
　玦。详见江苏省三星村联合考古队：《江苏金坛三星村新石器时代遗址》，《马家浜文化》第 145
　页图二十一、二十二，浙江摄影出版社，2004 年。
⑥ 兴隆洼文化的管式玦分别见于辽宁阜新县查海遗址和内蒙古敖汉旗兴隆洼遗址。前者资料见《辽
　宁阜新县查海遗址 1987～1990 年三次发掘》，《文物》1994 年第 11 期。后者资料见《中国出土
　玉器全集》（第 2 卷）第 6 页图文，科学出版社，2005 年。

图三 马家浜文化管
式玉玦
1、2.圩墩 T7801：M44、
T7801：M41 3.彭祖墩
4～7.祁头山 M54：3、
M47：3、M51：2、M51：3

江下游南岸的太湖流域，南北相距上千千米之遥，但两地出土的史前玉玦间存在着颇多的相似性，扁平环形玦、大孔镯形玦与管式玦三种玉玦形制均分别见于两地的史前文化，为中国史前仅见的案例。个中缘由是什么？是文化传播、相互影响的缘故，还是基于蒙古人种文化底层的心有灵犀？是一源的还是多源的？有趣的是，东北地区与长江下游地区这种史前文化玉器间跨区域的相似性，在两地区后续的考古学文化中仍是一种耐人寻味的现象。距今5500～5200年间，红山文化晚期与凌家滩遗址一些玉器相似的现象，目前也是学术界颇为关注的热点。

　　玉玦的功能，有众多的考古发掘资料印证其为缀于人体耳垂部的装饰物，即耳饰。湖州塔地遗址 M56 是一座被马桥文化灰坑打破的马家浜文化残墓，但墓主的头骨保留完整，侧面向西，2 件扁平环形玦出土时分别位于墓主头骨上下两耳部，是扁平环形玦作为耳饰最直接的例证①（图四）。管式玦作为耳饰也有圩墩遗址的考古资料为证。圩墩 M53 墓主头骨两侧耳部，分别出土一对管式玦，而且管式玦的缺口都朝向耳孔②。就连大孔镯形玦也有作为耳饰的例子，1959 年发掘的嘉兴马家浜遗址 T4 的 M9 中，直径 7 厘米的大孔镯形玦（T4M9：2）就出在人骨架头部耳际③。凡此种种，充分说明马家浜文化三型玉玦的主要功能，都是作为耳饰。然而，也有个别马家浜文化墓葬中玉

---

① 塔地考古队：《浙江湖州塔地遗址考古发掘获丰硕成果》，《中国文物报》2005 年 2 月 9 日第一版。

② 吴苏：《圩墩新石器时代遗址发掘简报》，《考古》1978 年第 4 期。

③ 浙江省文物管理委员会：《浙江嘉兴马家浜新石器时代遗址的发掘》，《考古》1961 年第 7 期。

玦的出土位置，并不在人骨头部。如 1986 年嘉兴吴家浜遗址发掘出土的大孔镯形玦，据称就发现于人骨架的腰腹部位①。1992 年余杭梅园里遗址 M6 出土了 4 件玉玦，其中 2 件大孔镯形玦也位于墓葬中部位置②（图五）。这些发现于墓葬中部或人骨腰腹部位的玉玦显然不太可能作耳饰使用。它们的功能是什么？长兴江家山遗址 M239 虽然是一座崧泽文化墓，却为我们理解此类玉玦的功用提供了线索。该墓中，一件玉玦套在墓主左手指骨上用作指环③（图六）。由此说明马家浜文化的玉玦应该也具有耳饰之外的其他功用。

（三）

　　玉璜约占马家浜文化出土玉器总数的五分之一，是仅次于玉玦的另一种代表性器类，

图四　塔地遗址马家浜文化 M56 玉玦的出土情形　　图五　梅园里 M6 出土的 4 件马家浜文化玉玦

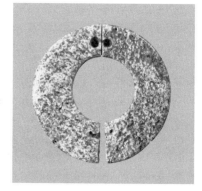

图六　江家山遗址崧泽文化 M239 扁平环形玉玦及其出土情形

① 魏正瑾：《马家浜文化玉质装饰品考察》，《农业考古》1999 年第 3 期。
② 浙江省文物考古研究所：《浙江考古精华》第 50 页，文物出版社，1999 年。
③ 楼航、梁奕建：《长兴江家山遗址发掘的主要收获》，《浙江省文物考古研究所学刊第八辑——纪念良渚遗址发现七十周年学术研讨会文集》，科学出版社，2007 年。

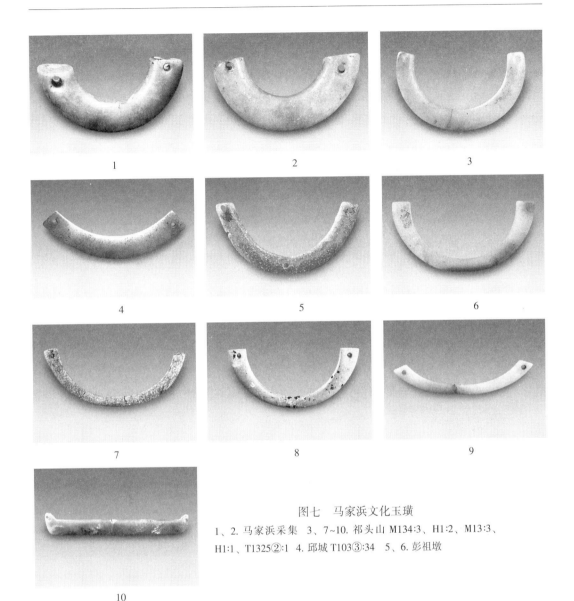

图七　马家浜文化玉璜

1、2. 马家浜采集　3、7~10. 祁头山 M134:3、H1:2、M13:3、
H1:1、T1325②:1　4. 邱城 T103③:34　5、6. 彭祖墩

但所见形制仅有圆弧形的条形璜和中段近平直、两端拐角明显的桥形璜两种①（图
七）。通过对祁头山遗址早晚层位间墓葬出土玉璜以及河姆渡文化、崧泽文化出土玉璜
形制特征的比较，可知这两种马家浜文化玉璜间存在着器形的早晚演变关系，而马家
浜文化玉璜由早到晚的形制变化趋势大致可概括为：（1）璜的外径有由小变大的趋势；

---

① 璜，《说文》的解释是"半璧也"，但考古学将弧形两端有穿孔可供系挂的玉器都定名为"璜"，
　并根据其肉部的宽窄与圆弧的形状，分别称为"条形璜"、"桥形璜"、"半璧形璜"、"异形璜"
　等。其中马家浜文化目前只见前两种璜。

（2）规整近半圆的条形璜，逐渐两端外侈，向中段近平直、两端拐角明显的桥形璜演变；（3）璜体剖面由近圆的椭圆形变为扁薄的扁方形；（4）璜两端宽度由略小于中部渐变为略宽于中部；（5）穿孔由两端一面与横截面的斜向钻通，变为两端两面的双向对钻（图八）。不过，与玉玦类似，马家浜文化玉璜由早到晚的形制演化也不是单一直线式的，条形璜与桥形璜间的关系，也宛如一棵树上分化出的枝杈，各自繁衍发展，甚至到了崧泽文化时期，当桥形璜、半璧形璜已成为玉璜主流器形之时，仍可时常见到条形璜的身影。余杭石马兜遗址 M32 出土的崧泽文化玉璜，就为规整半圆形的玉髓质条形璜①（图九）。海盐仙坛庙遗址崧泽文化早期墓葬中也出土了 3 件条形璜②。

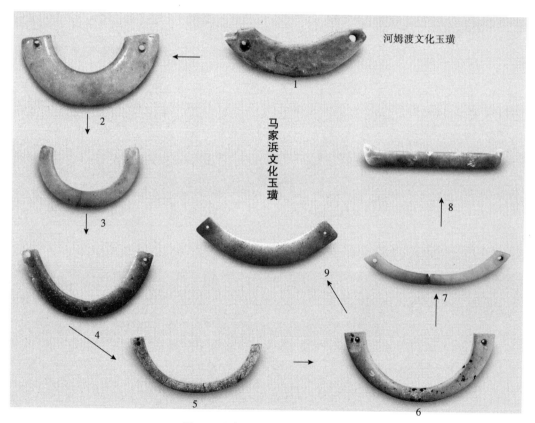

图八　马家浜文化玉璜器形演变

1. 河姆渡 T233③A：22　2. 马家浜采集　3、5~8. 祁头山 M134：3、H1：2、M13：3、H1：1、T1325②：1　4. 彭祖墩　9. 邱城 T103③：34

————————————

① 余杭石马兜遗址 M32 玉璜见《中国出土玉器全集》（第 8 卷），科学出版社，2005 年。

② 海盐仙坛庙遗址玉璜资料见王宁远：《崧泽早期玉器的几个特点》，《浙江省文物考古研究所学刊（第六辑）——第二届中国古代玉器与传统文化学术讨论会专辑》，杭州出版社，2004 年。

马家浜文化玉璜多数肉部细窄，晚期的玉璜更是中段最为窄细，因而使用过程中容易断折，断折后的玉璜从考古出土资料反映的情况来看，大致有两种处理方式：一种在断折处两侧各钻小孔，有些小孔间还琢以浅槽相连，推测当时曾用细线将断折的两段缀接复合成一件后继续作璜使用；另一种是将断折后的璜不加修治直接用作坠饰。第一种缀接式的璜在彭祖墩、祁头山、三星村等遗址都有出土，缀

图九　崧泽文化条形玉璜
（石马兜 M32）

接的钻孔有从璜体两正面对钻的，也有从璜体两个侧面钻朝天孔的。正面钻孔的以自然断裂面缀接，多见于太湖流域各地，似为整个流域通行的格式。侧面钻朝天孔并琢浅槽缀接的玉璜见有祁头山 H1：1 与三星村 M485A：1、M591：2、M920：9 等①。在侧面钻朝天孔耗时费事，却可将缀接线隐藏不露。这种侧面钻朝天孔缀合的玉璜由于缀接处常被取直磨平，导致我们产生这样的疑惑：它们究竟是断折后的修复，还是有意将璜截断后再缀接的特殊形制？缀接式的玉璜，更多见于江苏南京北阴阳营遗址。北阴阳营遗址出土玉璜 100 件，完整和较完整的 78 件，其中有 16 件是成对缀接的②，因此，缀接式的玉璜似可作为宁镇地区史前文化的特色之一（图一〇）。

　　判断马家浜文化玉璜功能的资料也主要来源于墓葬。从已公布的资料看，玉璜在马家浜文化墓葬中的出土位置，大多位于墓主人骨架的颈部③，而且到了崧泽文化时期，玉璜仍以紧贴人骨颈部为主要出土形态，发现于人骨胸部及其他部位的玉璜极少④，这无疑表明从马家浜文化开始直至崧泽文化，太湖流域的玉璜主要都是穿绳系线后佩挂在人体颈项部的装饰品，尚没有发展演变为胸饰，也没有发现它同管、珠等其他玉器组合成为玉组佩的现象。从崧泽遗址、南河浜遗址等崧泽文化墓葬中人骨鉴定

---

① 金坛三星村遗址出土相关玉器图片资料采自南京师范大学、金坛市博物馆：《金坛三星村》，南京出版社，2004 年。

② 南京博物院：《北阴阳营——新石器时代及商周时期遗址发掘报告》第 73 页，文物出版社，1993 年。

③ 祁头山 M134 中玉璜就出于墓主颈部。南京博物院等：《祁头山》，文物出版社，2007 年。

④ 有关太湖流域崧泽文化玉璜出土的情形，可参见上海市文物保管委员会：《崧泽——新石器时代遗址发掘报告》（文物出版社，1987 年）以及浙江省文物考古研究所：《南河浜——崧泽文化遗址发掘报告》（文物出版社，2005 年）。

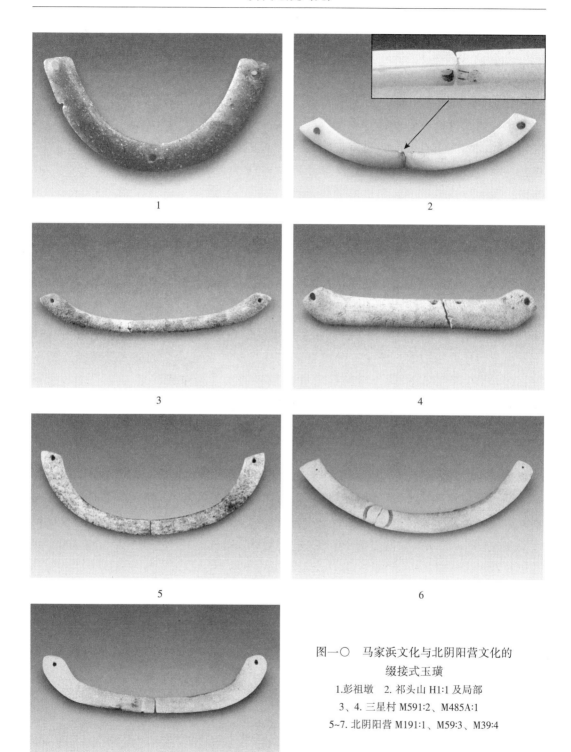

图一〇　马家浜文化与北阴阳营文化的
缀接式玉璜

1.彭祖墩　2. 祁头山 H1:1 及局部
3、4. 三星村 M591:2、M485A:1
5~7. 北阴阳营 M191:1、M59:3、M39:4

的结果看，佩戴玉璜的主要为女性①，但现有的考古资料尚难以确认璜的这种性别标签作用，是否早在马家浜文化时期就已形成。

　　璜形坠饰在多数的考古发掘报告或简报中都被称为璜，但其一端穿孔佩挂的方式，与两端穿孔系挂的璜截然有别，显非同类（图一一）。马家浜文化的璜形坠饰目前仅见于祁头山、吴家浜、马家浜三处遗址，其中马家浜遗址采集的一件属黑褐色低硬度的美石类材质，半圆条形（图一一，1），与河姆渡遗址 T18④:62 璜②的形制近似，应是早期的璜形坠饰（图一一，2）。吴家浜遗址 M2:2 与 T0405④:1 两件均为残断的桥形璜形坠饰，断裂处未作修治③（图一一，3、4）。祁头山遗址 H1 出土的两件璜形坠饰，一

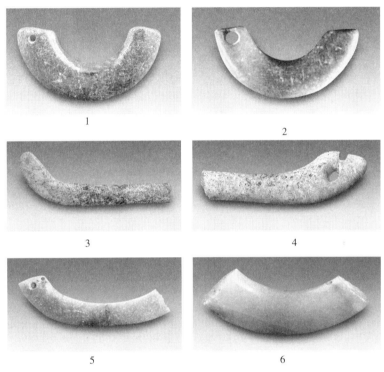

1　　　　　　　　　　　　　　　　　2

3　　　　　　　　　　　　　　　　　4

5　　　　　　　　　　　　　　　　　6

图一一　马家浜文化与河姆渡文化的璜形坠饰

1. 马家浜采集 2. 河姆渡 T18④:62　3、4. 吴家浜 T0405④:1、M2:2　5、6. 祁头山 H1:3、H1:4（2 为河姆渡文化，余为马家浜文化）

---

① 崧泽遗址与南河浜遗址人骨鉴定报告，可分别参见上海市文物保管委员会：《崧泽——新石器时代遗址发掘报告》（文物出版社，1987 年）与浙江省文物考古研究所：《南河浜——崧泽文化遗址发掘报告》（文物出版社，2005 年）。

② 河姆渡遗址玉璜的整体情况见浙江省文物考古研究所：《河姆渡——新石器时代遗址考古发掘报告》第 78 页文字、79 页图四八，下册彩版二四图 2、图版五八图 2，文物出版社，2003 年。

③ 吴家浜遗址 M2 璜形坠饰出土时位于人骨架右上部，从发掘简报看，大致在人骨左肩部上方。见浙江省文物考古研究所、嘉兴市博物馆：《浙江嘉兴吴家浜遗址发掘简报》，《文物》2005 年第 3 期。

图一二　马家浜文化玉管（珠）

1. 新桥 T2（二下）∶7　2~4. 圩墩 T7801∶M44

件为残断的桥形（H1∶3），一件为残断的条形（H1∶4）①（图一一，5、6）。由此可大略推知，马家浜文化璜形坠饰的形体演变过程与璜相似，由条形逐渐向桥形演变。其功能则也可由吴家浜遗址 M2 璜形坠饰的出土部位推知为穿绳系线后佩挂于人体颈项部的装饰品②。

管（珠）也是马家浜文化玉器中较为常见的器类，占到出土玉器总数的 13% 多，形制主要有圆柱形和圆柱体中间略外鼓的腰鼓形两类，形体大都较小（图一二）。湖州塔地遗址 M56 玉管出土时位于耳玦下方的颈项部，当也为佩戴在人体颈项部的装饰品（见图四）。

不过，玉器作为人类象征性思维的一种产物，在被人类用来作为装饰品的伊始，就获得了超越其自然矿物集合体及手工艺制品的属性，成为人类寄托情感与想象等精神文化内涵的载体，从而使其不仅具有"形而下"的"器"的形体与功用，并且还荷载着"形而上"的"道"的观念与情感。环太湖地区马家浜文化以玦、璜、管（珠）为代表的玉器系统，虽然器类简单，且主要用于人体装饰佩挂，却同样也是环太湖地区史前先民象征性思维的产物，其所体现的观念与情感显然也并不单纯局限于装饰与爱美的精神需求。

（四）

马家浜文化玉器的质料主要可以分为两类。一类是硬度较低、摩氏硬度在 5 度以下的滑石、萤石、叶蜡石类的美石；另一类是硬度较高、摩氏硬度达到 7 度的隐晶质石英，在考古发掘简报或报告中常被称为玉髓或玛瑙。

硬度较低的滑石、萤石或叶蜡石，磨制和钻孔都相对容易，因而成为人类进入新

① 南京博物院等：《祁头山》，文物出版社，2007 年。

② 浙江省文物考古研究所、嘉兴市博物馆：《浙江嘉兴吴家浜遗址发掘简报》，《文物》2005 年第 3 期。

图一三　田螺山遗址 H9 及其出土的河姆渡文化玉制品与制琢工具

石器时代之后制作玉器的首选材料，我们在距今 7000 年前后的萧山跨湖桥遗址和余姚河姆渡遗址早期地层中，已经见到滑石、萤石与叶蜡石质的玉制品，表明这些硬度较低的美石类玉料同样也是长江下游南岸地区早期玉器的质料特征。余姚田螺山遗址 T205H9 中出土了一堆由原料、半成品和燧石钻等 41 个个体组成的萤石和燧石制品，其中有多件磨制光洁、形制规整的萤石珠半成品①（图一三），显示河姆渡文化中已出现了制作萤石质玉器的专门场所与工匠。

　　马家浜文化早期玉器的资料不多，似也以硬度较低的美石为特征，到了晚期却可见到众多摩氏硬度达到 7 度的玉髓质玉器，而玉髓也已成为距今 6000 年前后太湖流域玉器在质料方面的一大特色——玉髓和玛瑙在矿物学上统称为玉髓，习惯上一般将隐晶质块体石英中具纹带构造的称为玛瑙，无纹带构造的则称为玉髓。两者质地纯者均为白色，但常因含色素离子和白色母体晶粒间的孔隙或晶面掺入杂质而呈现出非常丰富的颜色②。目前所见马家浜文化高硬度玉器以无纹带构造的玉髓为主，色彩绝少纯白者，而以半透明或不透明含杂质的灰白与灰黄色为主，但也偶见葱绿、黄褐、灰黑等其他颜色。

　　马家浜文化晚期，玉料与玉器器形间似乎已形成特定的对应关系，目前所见的大孔镯形玦均为玉髓质，扁环形玦中玉髓质地的也占五成以上，玉璜与璜形坠饰中玉髓质地的约占二至三成，而形体较小的管式玦与管（珠）中则尚未见到玉髓质地的。可见，玉髓质的玉器主要集中于马家浜文化中器物形体较大的玦与璜。

　　马家浜文化晚期为何会选择跟早期滑石、萤石、叶蜡石等硬度相差较大的玉髓作为玉料？我们分析其原因可能包含以下几个方面：（1）马家浜文化晚期可能存在着对

① 李安军主编：《田螺山遗址：河姆渡文化新视窗》，西泠出版社，2009 年。
② 赵永魁、张加勉：《中国玉石雕刻工艺技术》，北京工艺美术出版社，1994 年。

玉髓的硬度、色彩、光泽
等质材特性的特殊偏好。
玉髓硬度为摩氏 7 度，经
过细致的碾磨与抛光，表
面会形成明亮的光泽，这
是滑石、萤石或叶蜡石等
低硬度美石所不具备的材
质特性；（2）玉髓在太湖
流域有着广泛的分布，取
材便利；（3）玉髓性脆易
打制成型。1999 ～ 2000 年
发掘的余杭南庄桥遗址属
于马家浜文化的 T6 第 9 层
中，出土了 4 件马家浜文
化圆形玉坯件，1 件打制
后未加任何修治；1 件打
制后两面略加磨制；1 件

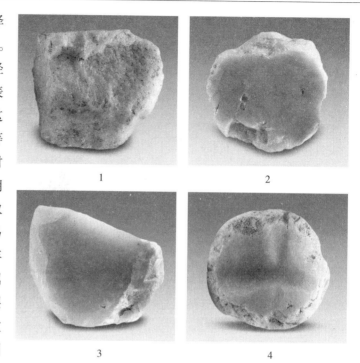

图一四　南庄桥遗址 T6⑨出土的 4 件马家浜文化玉坯件弃余物

打制后两面已磨制平整，打击的边缘部位也略磨了一下；1 件已打制呈圆饼形，边缘加
以细致的修治，两面在磨制平整的基础上，各有两道交叉成十字的磨槽（图一四）。显
示马家浜文化玦等圆形玉器，先采用直接打击法打制出粗坯，再修治、磨制成型。虽
然马家浜文化玉器在玦口裁割等工序中已经采用了"以砂为介质的间接摩擦法"① 的
新工艺，但源自石器的打制成坯、磨制成型的制作工艺，不仅在玉器的成型工艺中仍
居于主流地位，而且在玉器材质的选择上也起到至关重要的制约作用，因此，性脆易
打制成型当是玉髓被选作玉材的重要原因。

（五）

　　分析南庄桥遗址这 4 件玉坯件以及马家浜文化出土玉器成品，我们大致可以概括
出马家浜文化玉器制作的工艺流程。以工序最为复杂的玉玦为例，大致包括了打制粗
坯→磨制毛坯→钻琢中孔→截割玦口→碾磨抛光等五道工序。

　　打制粗坯与磨制毛坯的前两道工序，工艺似乎完全承袭自石器制作工艺，迄今尚
未发现马家浜文化有以切割、截取、管钻等手段获得玉玦坯料的案例。源自石器的打

① 　牟永抗：《良渚文化玉器·序言》，文物出版社、两木出版社，1990 年。

制成型技术，不仅在马家浜文化玉器的成型技术中占着主导地位，而且对其原料的选择也起着至关重要的制约作用。

虽然马家浜文化晚期石钺上已经出现管钻成孔的工艺，但在玉玦等圆孔玉器上，尚未发现使用管钻的明确迹象。钻琢中孔的工序，存在多种工具、工艺并行的局面，也在器物上留下了不同的制作痕迹。如不规则圆形且孔径小的中孔，多以窄细的燧石桯钻直接旋搅而成，马家浜遗址与邱城遗址出土的多件直接小于 4 厘米的扁平环形玉玦以及河姆渡遗址第一期文化的玉玦都为此法琢孔[1]；在尖细燧石钻具钻出细孔的基础上，再以软性线锯"搜拉"切割获得的中孔，也呈不规则的圆形，如余杭梅园里遗址 M6 中形体最小的一件玦[2]（图一五）；以较大的粗粒砂岩钻具磨旋获得的中孔，则成较规则的圆形（不排除在前两种钻孔基础上，用粗粒砂岩钻具作了进一步磨旋修治的可能性）。桐乡罗家角遗址与余杭南庄桥遗址就都出土了马家浜文化粗粒砂岩的"石钻头"[3]（图一六）。

1   2

图一五 马家浜文化扁平环形玉玦
（梅园里 M6：1）

图一六 马家浜文化石钻头
1. 罗家角 2. 南庄桥遗址 T4⑩

玦口截割的工序揭开了太湖流域玉石制作工艺"分流"的序幕。马家浜文化玦口的截割已普遍采用一种"以砂为介质的间接摩擦法"，即以柔性的线锯或硬性的片锯，带动质地坚硬的解玉砂（石英砂）作反复磋磨运行来截取玉料。这种以人力控制解玉砂作磋磨运行为主要特征的间接摩擦治玉工艺，在中国境内距今七八千多年前的兴隆洼文化、河姆渡文化中，便已被娴熟地运用，到距今 6000～5000 年间，更为各大区系

① 马家浜遗址与邱城遗址出土玉玦，参见《浙江省博物馆典藏大系·史前双璧》（浙江古籍出版社，2009 年）；河姆渡遗址第一期文化出土玉玦，参见浙江省文物考古研究所：《河姆渡——新石器时代遗址考古发掘报告》图版五八 1 玦（文物出版社，2003 年）。

② 浙江省文物考古研究所：《浙江考古精华》第 50 页，文物出版社，1999 年。

③ 香港中文大学邓聪教授认为，所谓"石钻头"是石质"辘轳承轴器"，为钻孔机械装置上的承轴，可备一说。

类型考古学文化所普遍采用，并且成为后世中国古代玉器制作的核心技术。太湖流域继马家浜文化之后，到距今约 5300～4300 年的良渚文化时期，将此种工艺广泛运用于开玉解料、磋切成坯、钻孔打眼、琢刻纹饰等玉器制作的各道工序，可视为中国史前玉器制作工艺的集大成者，是此种工艺传承中承前启后的重要环节。仔细观察出土的马家浜文化玉玦标本，以砂为介质的间接摩擦法治玉工艺尚处于应用的初始阶段，仅见于玦口截割与部分玉玦中孔"搜拉"这两步工序，但在玦口截割时，柔性的线锯与硬性的片锯已经并用，如良渚梅园里遗址 M6 中 4 件马家浜文化玉玦的玦口截割，3 件为硬性片锯切割而成，1 件为柔性线锯切割而成。具体的截割方式是：运用柔性线锯的，大都从玦体外缘垂直向中孔截割；运用硬性片锯的，则大多从玦体的一面向另一面截割。

碾磨抛光是马家浜文化玉玦制作中的最后步骤，我们通过余杭南庄桥遗址出土的 4 件马家浜文化圆形玉坯件可以看到，马家浜文化玉玦的初坯都为打制成型、边缘经细致的修治后，还需细致的整体碾磨才能将打制的痕迹完全消磨干净。出土的马家浜文化玉玦玦体表面与外缘，绝少见到前期打制的痕迹，大都赖于精细的碾磨，而马家浜文化玉玦形体大都呈扁圆形，绝少为正圆形，应该也跟后期的碾磨有关。整体碾磨之后的抛光工序，视玉料的硬度高低，其精细度也略有差异。硬度低的滑石、萤石或叶蜡石类玉料，很难抛磨出强烈的玻璃光，因而抛光过程也往往简略，有些玉玦玦体表面还留有明显的磨砺痕迹。硬度高的玉髓质玉玦，则常经细致的抛磨，形成明亮的玻璃光泽。

（六）

根据考古资料，中国境内制作与使用玉器的历史，如果从山顶洞人算起至少在一万年以上，而距今 6000～4000 年的新石器时代晚期，随着专业化制玉作坊的出现，玉器的制作和使用突飞猛进，形成了中华玉文化的第一个高峰期。此时中国境内以辽河流域红山文化、太湖流域崧泽文化与良渚文化、江淮地区凌家滩文化、海岱地区大汶口文化与龙山文化、江汉地区屈家岭文化与石家河文化、中原地区庙底沟二期文化与中原诸龙山文化、珠江三角洲石峡文化以及甘青地区齐家文化等为代表的数个区系类型考古学文化内，都形成了特征明显的制作与使用玉器的文化传统。在以上这些形成玉文化传统的区系类型考古学文化中，透闪石—阳起石系列的软玉（"真玉"）逐渐成为最受重视的玉材，从而奠定了中国后世玉器的选材标准。诸多超越人体装饰功能的玉器新器形与取像于神异动物的玉器新纹饰、新造型相继出现，社会少数精英阶层攫取绝大部分玉器、垄断某些特定玉器器形、独占玉器上神异动物肖像权的现象日益普遍，不仅赋予玉器强烈的精神文化内涵，同时也使玉器成为中国新石器时代晚期社会政治领域中权力与财富最主要的物质表现形式，其中玉钺更是各区系类型考古学文化中广泛认同的军事和政治领域的权力象征。因此，不同形制、不同纹饰、不同数量、不同组合的玉器，它们的交相辉映，既体现着中国新石器时代晚期玉器制作与使用的某些共性和千丝万缕的联系，又反映出不同区系类型考古学文化之间玉器功能与观念的差异；既同为疏解苏秉琦先生"多源一体"形成过程与"满天星斗"复杂状况的中国文明起源理论的重要实证，又表现出半牧半旱作、旱作以及稻作农业等生产方式的差异所导致的精神文化内涵的区别……这样的状况，使得玉器不仅已成为研究探索中国史前各大区系类型考古学文化中精神文化的重要切入点，同时也已成为考古学文化相互对比与区分中不可或缺的重要因子。不过，由于国内考古学界长期以来，在划分考古学文化及其内部类型时主要都以不同形制、不同组合的陶器为圭臬与标准，因而，作为物质与精神结合体的玉器，虽然早已成为考古学文化相互区分的关键性因素，但玉器在考古学文化中通常担当的是笼统模糊的"整体"角色，如红山文化玉器、良渚文化玉器、马家浜文化玉器等等，而对于个体玉器在考古学文化系统内部更为细微的地域特征及其所反映出来的类型划分的意义，则很少有研究者述及。

关于环太湖地区马家浜文化的类型划分，在20世纪80年代初就有学者根据考古材料进行过探讨，到目前为止，已形成了草鞋山—圩墩和罗家角两个类型①，罗家角、吴家埠和草鞋山—圩墩三个类型②以及东山村、草鞋山和罗家角三个类型③等不同观点。而划分类型的主要依据无一不是马家浜文化最具特征性的陶器——腰沿釜。从已发表公布的考古资料来看，马家浜文化的腰沿陶釜主要存在着圜底、平底两种形制，其分布地域也有差异，即圜底的腰沿釜主要见于以罗家角、草鞋山等遗址为代表的太湖东部和南部，平底的腰沿釜则主要见于以祁头山、骆驼墩、邱城④等遗址为代表的太湖北部和西部。不过，若仔细检索，不难发现圜底与平底这两大类腰沿釜各自还存在着若干形制有异、分布地域有别的亚类型。如：圜底腰沿釜有腹略浅与腹较深两种，其中腹略浅的见于罗家角、新桥、圩墩等遗址，但罗家角与新桥遗址的圜底腰沿釜呈有颈的罐状，圩墩的圜底腰沿釜在颈部有左右对称的小鋬；腹较深的见于草鞋山、圩墩、彭祖墩等遗址，但草鞋山的多为侈口筒腹，圩墩有束颈呈深罐状的，彭祖墩的则在颈或肩部加左右对称的方鋬。平底腰沿釜也有腹略浅与腹较深的差异，其中腹略浅的有罐形与筒形之别，两者共见于吴家埠、骆驼墩等遗址；腹较深的多为筒形釜，见于祁头山、彭祖墩等遗址，深腹高颈，

① 陈晶：《马家浜文化两个类型的分析》，《中国考古学会第三次年会论文集》，文物出版社，1981年。
② 浙江省文物考古研究所：《余杭吴家埠新石器时代遗址》，《浙江省文物考古研究所学刊（第二辑）——建所十周年纪念（1980~1990）》，科学出版社，1993年。
③ 张照根：《太湖流域史前文化的发展序列》，《苏州博物馆建馆四十周年纪念文集》（《东南文化》2000年增刊）。
④ 浙江省文物考古研究所：《浙江省湖州市邱城遗址第三、四次发掘报告》（马家浜文化部分），《马家浜文化》，浙江摄影出版社，2004年。

颈部通常带有四个长方鋬，祁头山遗址深腹筒形釜夸张的造型令所见者无不印象深刻。上述圜底腰沿釜和平底腰沿釜间的形制与分布地域的种种差异，已被考古资料证实，并非仅仅是两大类陶釜早晚器形演变所致，而应具有地域乃至文化亚类型划分的意义。

以腰沿釜为代表的陶器所体现出来的马家浜文化这种地域乃至文化亚类型上的差异，竟同样也在马家浜文化玉器上有所反映。尽管马家浜文化的玉器系统较为简单，只有玦、璜、璜形坠饰、管（珠）等少数几种器类，但如前文所述，同类器物间仍可划分出不同的形制。

玉玦是马家浜文化玉器中最具代表性和典型性的器类，依其形制差异，我们已将其分为扁平环形玦、大孔镯形玦与管式玦三型。扁平环形玉玦广见于马家浜文化分布区，但可分为直径4厘米以下的小孔玦与直径4厘米以上的大孔玦，两者间应该存在着早晚的器形演变关系，其中小孔的扁平环形玦主要见于嘉兴马家浜、湖州邱城、余杭梅园里等太湖东部与南部的遗址，似乎体现出马家浜文化扁平环形玦的原初形态可能受到了钱塘江南岸河姆渡文化的直接影响。管式玦已发现于祁头山、圩墩、彭祖墩、草鞋山等遗址，现有资料显示其分布范围主要集中在太湖北部、西北部和东北部地区，草鞋山遗址为其东南限，三星村遗址为其西南限。直径在7~8厘米的大孔镯形玦，则仅见于嘉兴吴家浜、马家浜、余杭梅园里三处太湖东部与南部的马家浜文化遗址。

玉玦器形与分布地域的差异，同样在玉璜、璜形坠饰等玉器上也有所体现。条形与桥形的璜和璜形坠饰，为整个太湖流域马家浜文化时期通行的玉璜与璜形坠饰形制，但约为圆环三分之一、长度在5厘米以下的早期条形璜与璜形坠饰，目前都只见于太湖东南部的马家浜遗址，与玉玦相似，也反映出河姆渡文化对这一区域的影响。而断折后经钻孔修治、以细绳线缀接后继续使用的缀接式玉璜，目前主要出土于太湖北部地区，其中在断璜侧面钻朝天孔的缀接式玉璜，更是仅见于太湖北部的祁头山遗址与太湖西北部的三星村遗址。由于缀接式玉璜多见于南京北阴阳营遗址，是北阴阳营文化的特色之一，因而太湖北部出土的缀接式玉璜，尤其是侧面钻朝天孔并琢浅槽缀接的玉璜，可视为马家浜文化玉器受到宁镇地区北阴阳营文化影响的产物。

如果我们整合上述以玦、璜为代表的玉器与以腰沿釜为代表陶器在器形与分布地域上的异同，便会发现，尽管马家浜文化的陶釜主要分为圜底与平底两大系统，但它们自身的形制差异经过与玉器的结合，便大致形成了四个各具特征的区域。即：（1）以马家浜与罗家角遗址为代表，以浅腹圜底釜、异形鬶与大孔镯形玦为特征的太湖东南部，其中马家浜遗址采集的小孔扁平环形玦与条形璜明显受到了钱塘江南岸河姆渡文化的影响（图一七）。（2）以祁头山与圩墩遗址为代表，以深腹平底釜、管式玦、钻朝天孔式缀接玉璜为特征的太湖北部，其中钻朝天孔式缀接玉璜突出反映了宁镇地区北阴阳营文化的影响（图一八）。（3）以草鞋山遗址为代表，以深腹圜底釜与大孔扁

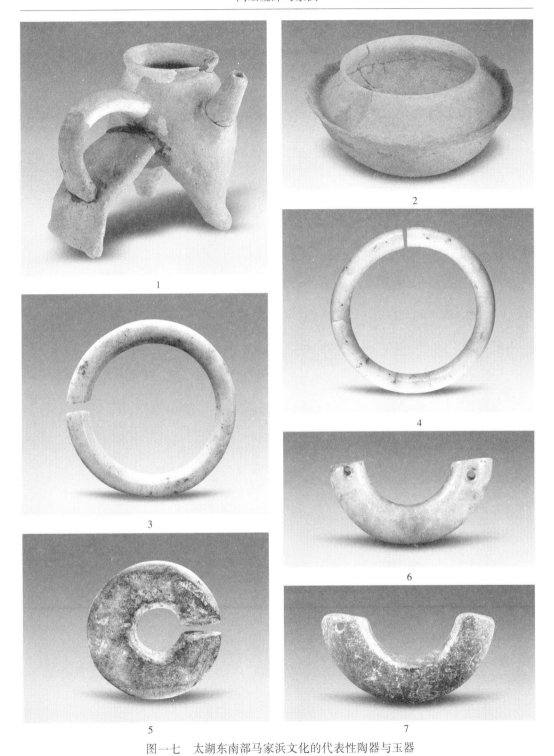

图一七　太湖东南部马家浜文化的代表性陶器与玉器

1. 异形陶鬶（荀山东坡 T2②:5）　2. 浅腹圜底腰沿陶釜（罗家角 T119（二）:10）　3、4. 大孔镯形玉玦（马家浜
T4M9:2、梅园里 M6:4）　5. 扁平环形玉玦（马家浜采集）　6. 玉璜（马家浜采集）　7. 玉璜形坠饰（马家浜采集）

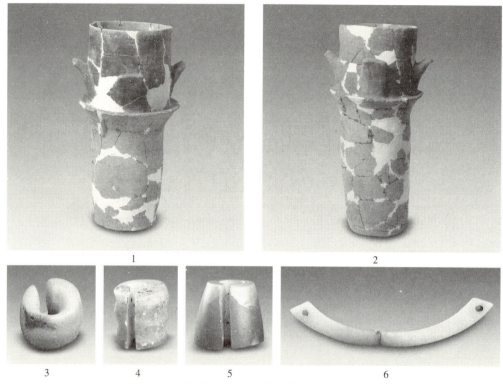

图一八　太湖北部马家浜文化的代表性陶器与玉器

1、2. 深腹平底腰沿陶釜（祁头山 M97：1、M10：82）　3~5. 管式玉玦（圩墩 T7801：M44、祁
头山 M54：3、祁头山 M51：2）　6. 缀接式玉璜（祁头山 H1：1）

图一九　太湖东部马家浜文化的代表性陶器与玉器

1. 深腹圜底腰沿陶釜（草鞋山）　2、3. 扁平环形玉玦（广福村 M12：4、M15：1）

图二〇　太湖西部与西南部马家浜文化代表性陶器与玉器

1. 浅腹平底罐形腰沿陶釜（骆驼墩 T5232⑥：1）　2. 浅腹平底罐形带錾腰沿陶釜（骆驼墩）　3、4.
浅腹平底筒形腰沿陶釜（邱城 T403②：3、骆驼墩 T5231⑥：18）　5. 扁平环形玉玦（神墩马家浜文化
墓葬）　6. 玉璜（神墩马家浜文化墓葬）

平环形玦为特征的太湖东部，圜底釜的分布集中在太湖东部与东南部，大孔扁平环形
玦也体现了这一区域与太湖东南部的密切关系，但陶釜筒形深腹的特点以及玉器中的
管式玦，却体现出太湖北部对这一区域的深刻影响（图一九）。（4）以骆驼墩、西溪、
邱城遗址为代表，以浅腹平底筒形釜、浅腹平底罐形釜与扁平环形玦为特征的太湖西
部及西南部（图二〇）。平底釜的分布集中在太湖西部与北部，腹的深浅则西、北截然
有别。

当然，限于考古资料公布与个人研究投入精力两方面的不足，以上四个区域的比

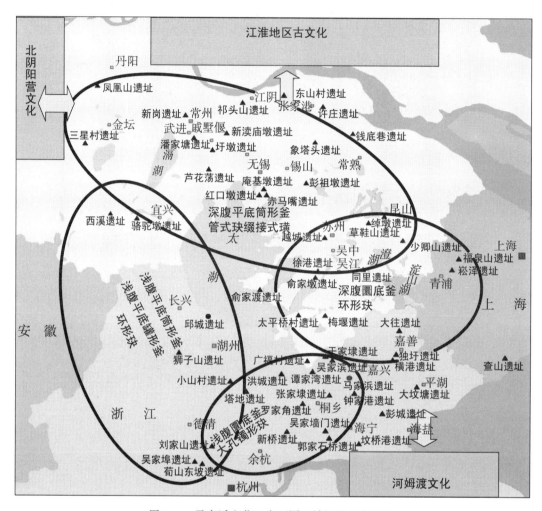

图二一　马家浜文化四个不同区域间的文化差异

较与划分还非常粗略，并不足以将它们作为马家浜文化的四个文化类型来看待，但我们从中已可看到区系类型考古学文化内部不同区域（类型）间的文化差异，并不只是表现在器形变化较为快速的陶器上，在玉器等寄寓着更多精神文化内涵的器类上也有迹可循（图二一）。太湖流域这种源自马家浜文化的玉器形制与分布区域的差异，在该区域后期的史前文化中依然有迹可循。在《新地里》考古发掘报告中，我们以陶器为表征，将环太湖地区良渚文化划分为五个各具特色的区域类型，即：太湖以南以余杭良渚遗址群为中心的杭州地区；太湖东北一隅以草鞋山—张陵山—福泉山一线为核心的苏南—沪西地区；太湖东南包括嘉兴、桐乡、海宁、海盐、平湖等在内的嘉兴—沪南地区；太湖以北以武进寺墩、江阴高城墩为核心的常州—无锡地区；太湖西部的湖州—宜兴地区①。现在我们注意到，太湖流域良渚文化这五个区域类型间的文化特征及其差异，实际上也同样反映在玉器的器类与形制方面。如良渚文化最具代表性的玉琮，虽然器形上存在着由圆变方、由矮变高的总体演变趋势，但迄今为止，尚未在太湖以南的杭州、嘉兴与湖州地区的考古发掘中出土八节以上的高节玉琮②。目前出土八节以上高节玉琮的遗址主要都位于太湖东部与北部，其最南界为上海金山亭林遗址，出土一件高24厘米的九节玉琮③。在以良渚遗址为代表的余杭地区，良渚文化由早到晚的发展序列基本完整，因此，没有高节琮出土应可视为这一地区玉琮形制与太湖东部、北部的地域（类型？）性差异。良渚文化的其他一些玉器也极具地域性特征，如玉三叉形器目前仅出土在余杭与桐乡两地，而两地三叉形器在良渚早中期的形制与选材又截然有别；龙首纹玉器目前主要发现于太湖以南以余杭良渚遗址为中心的杭州地区和太湖东南的嘉兴地区，太湖东北地区仅有青浦福泉山与常熟罗墩两处遗址各出土一件龙首纹玉环；人物侧面造型的圆雕玉器只在太湖东部的吴县张陵山遗址与昆山赵陵山遗址各出土了一件；长度在30厘米左右的琢纹长锥形器也只发现于太湖东部的青浦福泉山、嘉兴大坟与桐乡新地里三处遗址④；鸟、龟、鱼、蝉、蛙等神异动物圆雕玉器主要见于以反山、瑶山、福泉山、张陵山、新地里为代表的太湖东南部与东部……凡此种种，无不表明玉器的器形种类具有文化类型分析与划分上的表征作用，而以往，我们对玉器的研究往往侧重于其质料、工艺、器形、纹饰等方面的演变及其所承载的精神文化内涵的探讨，却忽略了玉器作为考古学文化重要文化因子所承载的考古学文化的地域或类型表征。本文借梳理马家浜文化玉器之机，提出这一问题，目的在于抛砖引玉，不妥之处，敬请指正。

---

① 浙江省文物考古研究所、桐乡市文物管理委员会：《新地里》，文物出版社，2006年。

② 浙江嘉兴地区的嘉善博物馆收藏有两件张天方捐赠的高节玉琮，一件为10节琮，高29.5厘米；一件为12节琮，高31.2厘米（资料出处见嘉兴市文化局：《崧泽·良渚文化在嘉兴》，浙江摄影出版社，2005年），据说出自嘉兴的双桥遗址，如此说成立，则双桥遗址为已知高节琮出土的最南界。

③ 上海博物馆考古研究部：《上海金山亭林遗址1988、1990年良渚文化墓葬的发掘》，《考古》2002年第10期。

④ 江苏新沂花厅遗址虽然也有长度30厘米左右的琢纹玉锥形器出土，但它并不位于太湖流域的良渚文化核心分布区内，因此，我们未予以采用。

从"西域国手"与"专诸巷"论南宋在中国玉雕史上的重要意义

邓淑蘋

（台北故宫博物院）

（一）从"西域国手"论历史上的"西域玉器"

在历史文献中，"西域国手"一词，仅见于明代晚期沈德符（1578～1642年）的《万历野获篇·玩具·云南雕漆》[①]：

> 近又珍玉帽顶，其大有至三寸、高有至四寸者，价比三十年前加十倍，以其可作鼎彝盖上嵌饰也。问之，皆曰此宋制，又有云宋人尚未办此，必唐物也。竟不晓此乃故元时物，元时降朝会后，王公贵人俱载大帽，视其顶之花样为等威。尝见有九龙而一龙正面者，则元主所自御也。当时俱西域国手所作，至贵者值数千金。本朝还我华装，此物斥不用。无奈为估客所昂，一时竞珍之。且不知典故，动云宋物，其耳食者从而和之，亦可哂矣。

此为17世纪前期撰写的文献，追记二三百年前元代王公贵人所戴大帽的玉帽顶，到明代时被改用作"鼎彝盖上嵌饰"，也就是俗称为香炉的"玉炉顶"。传世甚多镂雕或立雕蟠螭纹、蟠龙纹、鸳鸯、荷塘莲鹭、山林群鹿等主题的玉顶，它们究竟是最初当做元代王公贵人所用的帽顶，明代时才改作炉顶呢？还是制作之初就是用作炉顶？此一议题在2001年上海召开的学术会议中，曾有过热烈的讨论，论文集中有四篇论文都涉及此一议题[②]。甘肃张掖出土的石碑刻文中有"雅鹘帽顶"一词，而同出物中正有一件鹘攫天鹅的玉顶，学者据此推论这类玉顶应曾作过蒙元贵族所戴大帽的帽顶。

---

① 沈德符：《万历野获篇》，《笔记小说大观》第15编第6册26卷第662页，台北新兴书局，1977年。

② 杨伯达：《宋元明清玉器鉴定四题的探讨》，王正书：《"炉顶"、"帽顶"辨识》，嵇若昕：《元代的玉帽顶》，徐琳：《元钱裕墓、明顾林墓出土部分玉器研究》，均载《中国隋唐至清代玉器学术研讨会论文集》，上海古籍出版社，2002年。

为"帽顶说"找到一项重要证据①。

2001 年以来，湖北钟祥明代梁庄王墓葬发掘，出土 6 件带有金托、嵌有宝石或玉雕的帽顶，而嵌宝石金帽顶非常像元成宗、文宗画像中的帽顶②，使得此一争论多时的议题基本获得了答案，认为沈德符《万历野获篇》的记载属实③。

图一　元代玉帽顶　宽 5.1 厘米

a. 正面　b. 底面（江苏无锡钱裕墓出土）

从目前出土资料可推测元代玉帽顶或有一个发展的历程。最初可能就像江苏无锡钱裕墓出土者，是将一块馒头式的光素玉籽，下方磨平钻孔即可④（图一）。这也很像元代帝王画像中的帽顶。小玉籽作的帽顶也可以用錾花金属托托住，甚至上面还可略磨平后再嵌以包有宝石的錾花金属托，然后用成串玛瑙管珠连缀另一个被金属托包着的白玉籽。如甘肃漳县汪世显墓出土者⑤（图二）。

---

① 杨伯达：《宋元明清玉器鉴定四题的探讨》，《中国隋唐至清代玉器学术研讨会论文集》第 101～102 页，上海古籍出版社，2002 年。

② 其实，在明梁庄王墓帽顶出前，南京市博物馆已公布南京市炸药厂出土带有金属托座的玉顶，见该馆出版之《明都南京》（南京市博物馆）第 8 页，只是大家还不认识它是帽顶（有记录该墓是元墓，也有记录为明墓）。有关"帽顶"一说考证较扎实的，除了杨伯达《宋元明清玉器鉴定四题的探讨》（《中国隋唐至清代玉器学术研讨会论文集》，上海古籍出版社，2002 年）文中发表张掖出土石碑外，稽若昕《元代的玉帽顶》（《中国隋唐至清代玉器学术研讨会论文集》，上海古籍出版社，2002 年）论文论证亦称翔实。

③ 湖北省文物考古研究所等：《梁庄王墓》第 144～149 页，文物出版社，2007 年。这几件帽顶出于明代藩王墓葬中，有学者（如杨伯达在网络上的意见）认为是元代王公贵族所用，明廷接收元帝珍宝后，分赠与亲王赏玩。但还是有明代史料记录明代服饰中也有帽顶。如《明史·卷六十七·舆服三》"文武官常服"项下："洪武六年规定一、二品用杂色文绮、绫罗、彩绣，帽珠用玉；三至五品用杂色文绮、绫罗，帽顶用金，帽珠除玉外随所用。六至九品用杂色文绮、绫罗，帽顶用银，帽珠玛瑙、水晶、香木。"《明太祖实录·卷八十一·洪武六年夏四月癸巳条》中也有类似的记载。此外，记录明朝权臣严嵩（1480～1567 年）被抄家的财产清单《天水冰山录》（作者不详，知不足斋丛书·台湾艺文印书馆据百部丛书集成景印·1966）中也有三十五个帽顶，品名如："金厢红宝石帽顶"、"金厢绿宝石帽顶"等与梁庄王墓出土者相似，因此暂时无法确定梁庄王墓出土的究竟是明代还是元代的帽顶。

④ 此墓出土甚早，报告见：钱宗奎：《江苏无锡市元墓中出土一批文物》，《文物》1964 年第 12 期。但直到 1999 年才有学者意识到墓中那件馒头形白玉应是用作玉帽顶，见徐琳：《钱裕墓出土元代玉器综述》，《故宫文物月刊》第 193 期，1999 年 4 月；殷志强：《元代玉器鉴定探微》，《故宫文物月刊》第 195 期，1999 年 6 月。

⑤ 甘肃省博物馆、漳县文化馆：《甘肃漳县元代汪世显家族墓葬》，《文物》1982 年第 2 期。图片转载自甘肃省博物馆：《甘肃省博物馆文物精品图集》，三秦出版社，2006 年。蒙甘肃省博物馆许可，本人于 2009 年 7 月在该馆库房仔细观察该件实物。

　　随着社会发展，蒙古王公们对服饰逐渐考究，可能就在光素的玉顶上增添纹饰，因此就有了如图三前面二件，基本保留圆馒头形轮廓，但已经镂雕出鹘攫天鹅、蟠螭等纹饰①。在贵族们接受并爱好这样的设计后，玉工就可以比较随性取材，雕琢出如图三后面二件的玉顶。整体呈圆柱体，原来充满游牧民族气息的主题（鹘攫天鹅）也发展成荷塘鹭鸶纹。上海地区发掘的任氏墓群（1327～1353 年）已是元代晚期墓葬，出土的也是荷塘鹭鸶纹的玉顶②。

　　确定了沈德符的"帽顶说"符合历史真相后，对于他所提到的"西域国手"一说就更值得关注了。事实上作为中国历史上主要玉料来源的昆仑山北麓和阗一带，除了向东方输出玉料给中原外，也发展本土的玉雕工艺。只是该处的玉雕水平常随着本身经济的兴衰而起伏。

　　中国历史上的"西域"，其范围随时代而变，但主要就是清代时才纳入版图的新疆及其以西。新疆就是"中亚"的东半部，"中亚"的西半部就是今日的乌兹别克斯坦等五小国。广义的"西域"包括整个中亚，甚至可延伸至西亚的波斯。历史上"西域"是多种民族竞争融合的场域，史料记载三国至明代（220～1644 年）西域与中原双方玉器（包括少量水晶等美石作品）、玉料交流的记录，至少有 83 条（见文后之附录）。若再仔细分析、归纳、统计这些记录，可得表一如下。

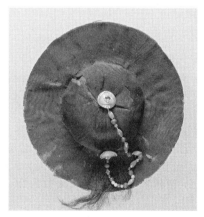 

图二　元代附有玉顶的大帽　直径35 厘米　　　图三　元代玉帽顶（4 件）　高3.8～4.5 厘米
　（甘肃漳县汪世显家族墓出土）　　　　　　　　　（张掖大佛寺金塔殿出土）

①　这件鹘攫天鹅玉顶就是杨伯达《宋元明清玉器鉴定四题的探讨》（《中国隋唐至清代玉器学术研讨会论文集》第 101～102 页，上海古籍出版社，2002 年）文中所提者。
②　沈令昕、许勇翔：《上海市青浦县元代任氏墓葬记述》，《文物》1982 年第 7 期。

表一　三国至明代（220～1644 年）西域（中亚、西亚）
与中原双方玉器与玉料输出入的次数与器类统计表

朝代	公元纪年	合计年数	西传东玉器次数及器类	西传东玉料次数及数量	东传西玉器次数及器类
三国	220～265 年	46	大秦的 1 件赤石带经疏勒传入曹魏		
南北朝	420～589 年	170	于阗国进献玉佛 1 件。北周的玉带可能自西域传入（？）		
隋	581～618 年	38	突厥国献于阗所制玉杖 1		
唐	618～907 年	290	共有 12 笔记录，共进 407 件：玉带 4、玉腰带 4、宝钿带 1①、玉带銙 300、玉圭 1、玉盘 2、玉食 30、玉杵 3、玉枕 1、玉环 2、玉佩 5、玉簪 40、玉钏 11、玉杯 2、宝装玉洒池瓶 1		
五代	907～960 年	54	共有 13 次，共进约 90 多件：玉带 3、玉带铰具 70、波斯宝缕带 1、玉印 1、白玉符 1、玉环 2、白玉狮子 1、指环 1、玉狻猊 1、用玉装饰的细毛布（氎）1、玉鞍马 2、玉鞍辔 3、玉辔头 1、玉鞍 1、玉装鞍辔 1、剑珤玉 1、散玉	共 19 次，共进玉团约 428 团、另千斤重玉料，也有所贡玉料不好而被退②	
北宋（包括辽 1 次）	960～1126 年	167	共有 11 次，共进约 12 件：玉带 3、玉圭 2、玉枕 1、玉盘 1、玉鞍勒 2、玉鞍辔 1、玉把刀 1、珠玉	共 8 次，共进玉团至少大小数百团，还有超过二尺羊脂白玉料 1	
南宋（金）	1127～1279 年	153	共 2 次，均被退		
明	1368～1644 年	277	共 1 次，玉碗 1（被退）	共 8 次，7 次记录进贡"玉石"，常因质量不佳而有纷争。但也记录私下交易货色精良。明曾拟向西亚买黄、红色玉	共 4 次，共赏赐玉带 2、玉系腰 1、金玉器

① 从陕西唐代窦皦墓出土嵌有仿宝石玉带可知，史料上所谓的"宝钿带"、"宝缕带"应该也是玉带。
② 所谓"玉团"，是古代于阗人包装玉石的一种方法，把不大的籽玉或山料用牛皮包装缝合成一团即一包，一团玉石数量不等，视其大小而定。有的装一二块成一包，有的装四五块成一包，视驮运方便而定。一般数十市斤一团（包）。采用这种装运方法，既方便又避免玉石磨损。见殷晴：《唐宋之际西域南道的复兴——于阗玉石贸易的热潮》，《西域研究》2006 年第 1 期文中附注。

分析附录及表一的资料，可得下述六点结论（下文六点中所称"序号"是指文后附录最左栏的编号）：

（1）从西边传入镶玉石之腰带的记录可溯自 3 世纪（序号 1）。公元五、六世纪时以金玉装饰腰带已是中亚人服饰常制（序号 2）。公元 6 世纪前半，用玉带的习俗已从中亚东传到华北（序号 3）。且自六朝到宋，一直有玉带或玉带板、玉带头输入中原（序号 1、2、3、6、8、14、16、17、36、37、52、57、60）。

（2）除了于阗（今之和阗）进贡玉带外，西亚的大食（阿拉伯半岛）、波斯（今之伊朗），也都进贡玉带（序号 10、23）。

（3）从五代高居诲、北宋王延德的记录可知，南疆的于阗（今之和阗）、北疆的高昌（今之吐鲁番）都有玉雕工艺存在，成品输往中原（序号 28、48）。

（4）五代到北宋，西域继续向东输入玉器，但中原对玉料进口的需求变强，宋神宗、徽宗都主动要求西域进贡品质优良的好玉（序号 62~64）。

（5）历代自西域输入的玉质器物主要有六类：

①镶嵌玉石、宝石的腰带，或是腰带上的玉带铐（带板）、玉铰具（带扣）。

②玉佛像。

③玉质器用：盘、碗、杯、奁、枕、杵、杖、玉把刀、印。

④玉质人体饰品：钏、环、指环、佩、簪。

⑤玉质马具装饰：鞍（马背上的骑垫）、辔头（拴马绳子的头）、鞍辔（可能是成组的鞍与辔）。

⑥玉圭①。

（6）南宋初年，高宗有感于时事而拒收大食进贡的宝玉（序号 65），北方金朝也有拒收西夏进贡珠玉的记载（序号 66）。但从出土资料可知，金朝、南宋时，玉雕工艺蓬勃发展且技艺精进，应是民间仍有大量和阗美玉自由贸易之故。

（7）明成祖永乐四年（1406 年），西域曾进贡玉碗，却被退还（序号 70）。倒是明代皇帝四度赏赐玉器给西域领袖（序号 68、73、74、75）。西域各国多次进贡"玉石"以换取"给赏"，但常因质量不佳而有纷争。史料中也记录民间交易"玉石"货色精良（序号 81）。明廷为礼制用玉，曾拟向西亚买黄、红色玉（序号 83）。

附录所收资料主要以正史记载为主，《辽史》中只有一条记录（序号 54），但《契丹国志》记载西域每三年向辽廷进贡，此事则不见于《辽史》。《明史》之外，《明实录》

---

① 附录中序号 13、42、55 均记录西域进贡"玉圭"，笔者怀疑可能是将玉璞刻意打制成长方厚片形，作为进呈的礼物。笔者在 2001 年访问新疆且末采玉场时，仍见这样的礼节。

记载亦多，附录仅择与《明史》相同者列入，其余尚
有十余条进贡玉石记录，内容雷同，限于篇幅，则暂
不列入。

　　从以上研究分析可知，远自公元前五六千年，中
国的玉器文化已萌芽。经过新石器时代，及夏、商、
周、汉，漫长的五六千年（约公元前6000～公元220
年），玉器文化高度发展，留下大量精致典雅的作品。
大约最晚在公元3世纪以后，西亚与中亚的广袤疆域
上，也发展了玉石工艺，制作一些人体饰物或生活用
品，并向东亚输出其成品。《隋书·何稠传》中记载
西域胡商后代何稠是多么善于工艺时，也提及他的父
亲何通"善斫玉"。

图四　唐代胡人吹笙纹方铐
宽4.9厘米
（陕西西安西郊唐墓出土）

　　所以，在六朝、隋唐、五代墓葬中出土的玉器，应该有相当比例是直接来自西域
的。经过风格分析，如图四至八，雕有胡人乐舞、或嵌有宝石、仿宝石的玉带，多曲
玉杯，花鸟纹玉梳背，玉簪等，不但纹饰主题与布局结构与汉晋以前的中原玉器大异
其趣，线条处理的细腻度与流畅度也明显地与汉人玉雕传统作品差异甚大，而在器类
上却合于附录文献所记的各种品名；学界多认为很可能直接来自中亚或西亚①。

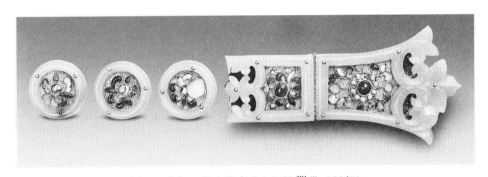

图五　唐初玉梁金筐真珠宝钿鞢鞢带（局部）
（陕西长安南里王村窦皦墓出土）

---

①　较早关注"西域玉器"问题的论文，见杨伯达：《隋唐—明代玉器叙略》第4～5页，《中国玉器
　　全集》（5）（河北美术出版社，1993年）。他认为碾工粗简，胡人纹饰的玉带板等应来自西域；
　　关于多曲玉杯的讨论虽不少，但可参考的中文论文为：刘云辉：《北周隋唐京畿玉器》（重庆出
　　版社，2000年）。西方学者多认为何家村窖藏出土的忍冬纹八曲长杯是波斯地区制作。见：Me-
　　likian-Chirvani, 1997, Precious and Semi-Precious Stones in Iranian Culture, Chapter Ⅰ. Early Iranian
　　Jade, *Bulletin of the Asia Institute*, New Series/Volume Ⅱ, pp. 123–173.

图六　唐代玉雕忍冬纹八曲杯　最长 10.2 厘米
（陕西西安何家村窖藏出土）

图八　唐代玉雕花鸟发饰
高 4.9 厘米
（宁夏吴忠市出土）

图七　唐代玉梳背　长 6 厘米
（陕西西安东郊韩森寨唐墓出土）

　　辽、金、元三个发迹于东北亚的民族，向南与黄河、长江流域的汉族长期交往征战，也通过草原丝路长期与西域来往。中原、西域两处的玉雕工艺，就是带动辽、金、元玉雕发展的两大源头。蒙元西征时，掳获大量工匠[1]；有学者考证认为，这类工匠发派至各地服役，大多都纳入官匠户中服役[2]。北京城是当时的大都（京城），蒙古国中统二年（南宋理宗景定二年，1261 年）曾徙和林白八里及诸路金玉玛瑙诸工三千余户于大都，立金玉局[3]。据《析津志辑佚》记载："南城彰仪门外，去二里许，望南有人家百余户，俱碾玉工，是名磨玉局。"[4] 山西大同路采砂所每年要采"磨玉夏水砂"二百担，起运大都，供给玉工磨玉之用[5]。

　　这些被迫迁到大都的玉工中，来自中亚于阗、高昌一带的玉工可能占相当大的比

① 冯承钧译：《多桑蒙古史》（上海书店出版社，2001 年）第一卷第七章记录，当初蒙古大军西征时，在中亚撒马尔罕烧杀抢夺，独留该城三万余工匠分赏给诸子、诸七、诸匠。

② 侯家驹：《中国经济史》第 876 页，（台北）联经出版社，2005 年。

③ 《经世大典·工典·玉工》。该书已佚失，目前所见多为各种书籍中的引文。

④ 《析津志辑佚》第 115 页，北京古籍出版社，1983 年。元人熊梦祥《析津志》是北京最早的地方志书，可惜久佚。北京图书馆善本组在 20 世纪 80 年代初将《析津志》的一些佚文从《永乐大典》中辑出，编为《析津志辑佚》一书，由北京古籍出版社于 1983 年出版。程越：《古代和阗玉向内地输入综略》，《西域研究》1996 年第 3 期。

⑤ 《元史·卷八十八·百官四》："大同路采砂所，至元十六年置，管领大同路拨到民一百六户，岁采磨玉夏水砂二百石，起运大都，以给玉工磨砻之用。"

例，或因属于"官匠户"，所以被称为"西域国手"①。元代时，来自中亚、西亚的各族在中原融合形成回族。直到 20 世纪北京城南的花街、牛市仍聚居以琢玉，或买卖珠玉宝石为业的回族。

从元代以来的七八百年，北京一直是中国的政治中心，也一直是玉雕工艺的重镇。元、明两代的官匠制度让京城内大多数玉工的作品，以供应朝廷典礼用玉器，以及皇室成员、高官大吏服饰所需的玉器为主。从元代政府组织中设有杭州路金玉总管府可知，所辖的杭州、江宁、淮安等地，应该也需奉旨为宫廷承做玉器。

北京之外的华北地区以及今日新疆境内，如：和阗、吐鲁番（历史上的高昌），甚至新疆以西的撒马尔干等地，在元、明、清三代时，应继续有地区性的玉雕作业②。撒马尔干是雄霸中亚的帖木儿帝国（1370～1506 年）的东方据点，沙哈鲁（Shah Rukh，1405～1447 年在位）及其子兀鲁伯（Ulugh Beg，1447～1449 年在位）对中亚地区玉作工艺的提升卓有贡献③。

值得注意的有 3 件曾由西方学者发表、讨论的"中国式"玉杯（西方人称为"杯"，但可能是用作文具的"水盛"）。一件刻有阿拉伯文兀鲁伯尊号④（图九）。二件在 1611 年（明神宗万历三十九年）由伊朗的萨非王朝的沙阿巴斯一世 Shah Abbas I

---

① 稽若昕：《十二至十四世纪玉雕工艺的新契机》，《故宫学术季刊》第十九卷第四期，2002 年。文中对"西域国手"一说以及多层次镂空工艺的兴起与发展，作了综合性研究。不过她认为"西域国手"就在西域当地。于平曾于《北京地区的玉器》（《北京文博》，2004 年）一文中首度提出"西域国手"在北京的观点，但并未详加考证。

② 〔土耳其〕奥玛·李查译，杨兆钧转译：《克拉维约东使记》第 57 页，商务印书馆，1957 年。记录：和阗之琢玉镶嵌之工匠，手艺精巧，为世界任何地所不及。以上资料参考张文德：《明与西域的玉石贸易》，《西域研究》2007 年第 3 期。

③ 印度学者 Dr. M. L. Nigam 在印度海得拉巴市 Hyderabad 的沙拉金博物馆 Salar Jung Museum 的图书馆中找到一篇古老的波斯文论述，其中引用了帖木儿第二代国君沙哈鲁的臣子 Mohammed Haji 的记载：由于 Shah Rukh 及其皇后对玉的珍爱，使得产玉的和阗地区居民也重视玉器，玉器成为人们社会地位的象征。M. L. Nigam, 2004, Fresh Light on the History of Indian Jade-carving, Kala, *Journal of Indian Art History Congress*, New Delhi, Vol. Ⅸ, pp. 13–18.

④ Pinder-Wilson, Ralph, and William Watson, 1960～1961, An Inscribed Jade Cup from Samarkand, *British Museum Quarterly*, Vol. 23.

Hansford, Howard, 1968, *Chinese Carved Jades*, London：Faber and Faber, pl. 79.

Rawson, Jessica and Ayers, John, 1975, *Chinese Jade throughout the Ages*, Catalogue of an Exhibition Organized by the Art Council of Great Britain and the Oriental Ceramic Society, London：Victoria and Albert Museum, pl. 325.

James C. Y. Watt（屈志仁），1980, *Chinese Jades from Han to Ch'ing*, New York：The Asia Society Inc. pps. 165–166.

邓淑蘋：《流传海外疑似赉赏的玉器》图一，《故宫文物月刊》总号 47，1987 年。

奉献给阿德比神庙 Ardebil Shrine，上面刻有可能是 1470 年帖木儿帝国官吏伯和布德 Behbud 的名款等①。这三件上都雕有所谓"中国式"纹饰：螭虎造型的把柄、回纹等；但仔细观察，并与出土的中国玉器对比后，就会发现这三件玉杯都非典型中国风格。所以这三件原作地，是否为华北至中亚的某个地区，也是值得探索的课题。

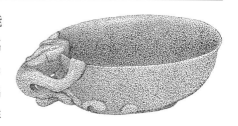

图九　明或帖木儿帝国带"兀鲁伯"
名款的玉杯　长 19 厘米
（大英博物馆藏）

在 18 世纪后半时，乾隆皇帝将新疆收入版图，更令中亚地区游牧民族数百年内使用的光素厚重的大玉盘，以及玉碗、玉盘碟、玉壶、玉罐等，在 18 世纪最后的二三十年，常成批地送入北京紫禁城。它们多带有长久使用痕，或器壁厚实，抛光钝哑，或底部内凹，但也有磨得细薄精致的。它们其中有相当数量被带到台湾，大部分已发表于笔者 2007 年出版的专书中，图一〇即属此批②。留在北京故宫博物院的还有 3 件非常厚重的大盘③（图一一）。

总之，至晚从公元五六世纪，也就是南北朝时，西域就已发展本土玉雕。作品以玉带、玉马具为最大宗，碗、盘、杯、奁等生活用具，钏、环、佩、簪等装饰品都在生产之列，成品常以贡品、商品的方式输至中原。13 世纪晚期蒙古大军

图一〇　中亚玉壶　高 19.3 厘米
（台北故宫博物院藏）

西征，括取、招募西域玉工，很可能部分被安置于北京城南作为"官匠户"，他们及其子孙继续在北京传承其手艺，很可能就是沈德符所称的"西域国手"，而中亚地区（西域）在 14 世纪以后也还继续存在玉雕工艺；自西至东：撒马尔干、和阗与北京各地的玉雕业继续繁荣，相互往来，隐然形成粗犷浑厚，不拘小节，大气、质朴的"北方风

---

① Hansford, Howard, 1968, *Chinese Carved Jades*, London：Faber and Faber, pl. 80. 邓淑蘋：《流传海外疑似赉赏的玉器》图二、三，《故宫文物月刊》总号 47，1987 年。

② 邓淑蘋：《国色天香——伊斯兰玉器》图 1－41，台北故宫博物院，2007 年。

③ 故宫博物院藏来自准噶尔部的 3 件大玉盘，其中完整的两件先后公布多次，最近一次公布于该院《故宫博物院藏品大系·玉器编·10》图 184、185，紫禁城出版社，2011 年；边缘有伤改琢成葵花式的一件，仅在苑洪琪：《故宫藏两对碧玉盘》（《文物》1993 年第 1 期）中出版中央刻有御制诗的局部。

图一一　中亚大玉盘　直径 65.3 厘米

（故宫博物院藏，乾隆二十三年（1758 年）御制诗刻于盘心）

格"。所以，两岸故宫的老前辈，如：那志良、李久芳等常爱以"粗大明"一词形容明代玉器的北方风格，如图一二是明神宗万历皇帝（1573～1620 年）所用的金托玉执壶，器腹的花叶纹及"寿"字、壶流下方的龙首纹都显得粗犷浑厚。

（二）明清史上的"陆子刚"与"专诸巷"

明末宋应星在其《天工开物》中记述当时："良玉虽集京师，工巧则推苏郡。"文献中的"吴郡"、"苏郡"就是指江苏吴郡苏州府。从这段记载可知，明晚期以来，江南苏州玉作就以精巧闻名于世。而最有名的就是活跃于16世纪后半苏州地区的陆子刚。他的名字在明代文献中就有"陆子刚"、"陆子冈"两个写法。

图一二　明晚期金托玉执壶　通高 25 厘米

（定陵出土）

　　"子刚玉器"是一个长达四百余年的谜团。1980 年，屈志仁先生（James C. Y. Watt）收集了 22 件，时代风格从明嘉靖到清乾隆（16 世纪中叶至 18 世纪末）的玉器，运用文献与实物的交互论证，将漫无标准的所谓"子刚玉器"，建立了较清晰的界说①。笔者在该基础上，用台北故宫藏品撰写了中、英文论文各一篇，当时提出一个观点：陆子刚的作品主要是明中晚期江南地区文人书斋所用各式文具，以及发簪、小佩等服饰，在雕琢器形、纹饰以及今草体阳文诗句时，还是用正规的，也就是用砣具配合解玉砂完成的，但是在雕琢篆体名款时，就直接用刀具刻成②。

　　但是近来笔者重新用立体显微镜检视这些玉器，并请教熟稔琢碾与雕刻工艺的同事，发现过去误以为是雕刻刀的痕迹，其实也是砣具的刻痕。换言之，聪明的陆子刚会利用同样的制作原理，也就是用各种尺寸的砣具配合各种硬度的解玉砂，却在同一件玉器上经营不同的趣味：既满足江南文人们对器物纹饰"滑熟可爱"的要求，又在落款上有着"工致伴古"的拙意。

　　16 世纪因文彭、何震等文人所带领的篆刻之风在以苏州为中心的江南地区兴起，许多文人雅士热衷于欣赏雕刀在印章上面留下错落有致、神采风骨俱佳的书体。可能就在这样的风气下，激发了陆子刚的灵感，利用砣具在高硬度的玉料上创造雕刀的效果，因而那些不懂矿物学、工艺学的文人，误以为陆子刚会直接用刀刻玉；这样的"梦幻解读"，哄抬子刚玉器的售价，机敏的陆子刚当然不会说穿底细，所以这个秘密也就无法授徒，因而子刚直接操刀刻玉的谣言在流传 50 年后，就被修地方志的官吏正式记载在《太仓州志》，自此就继续愚弄爱玉族近 4 个世纪③。

　　16 世纪苏州地区陆子刚玉雕的成名，有其特殊的时代背景。包括五代两宋以来南方经济的高度发展，以及元、明二代在"官匠户"之外的民间工匠，相对能较自由地发挥其创作力。当时江南地区文人对艺术品的爱好风尚，发展出对艺匠的尊重心态，也鼓励了艺匠"自创品牌"的风气。图一三玉樽是目前唯一一件考古出土带"子刚"款的玉器，也是目前较为大家接受可能是陆子刚真迹的一件名品④。

---

①　James C. Y. Watt（屈志仁），1980，*Chinese Jade from Han to Ch'ing*，New York：Asia House Gallery.

②　邓淑蘋：《陆子刚及其雕玉》，《故宫季刊》第十六卷第一期，1981 年；Teng, Shu-p'ing（邓淑蘋），1982，Twelve Jade in the Palace Museum Bearing Lu Tzu-kang's Name Mark，*National Palace Museum Bulletin*，Vol. 12，No. 1 and 2.

③　邓淑蘋：《探索"子刚"——晚明江南玉雕迷团的再思》，《故宫文物月刊》总号 345，2011 年 12 月。

④　1984 年周南泉在《明陆子冈及"子冈"款玉器》（《故宫博物院院刊》1984 年第 3 期）一文中报道，还有一件考古出土仿古觥形器带有"子冈"款，但二十多年来未见出版，近日笔者曾托北京市文物局于平副局长查核，目前首都博物馆所藏，只有一件考古出土的"子刚"款玉器；是否北京市文物研究所发掘后没有移交博物馆，还是周南泉文中所记仅为讹传？还待查证。

a   b

图一三　明晚期"子刚"款玉樽　高 10.5 厘米

（北京市西郊黑舍里氏墓出土）

a. 全器　b. 器柄下面"子刚"款

　　虽然苏州"专诸巷"的得名可溯及春秋时代的壮士"专诸"，但似乎尚无可靠的明代文献记录苏州琢玉的中心已在"专诸巷"，所以我们还无法将"陆子刚"与"专诸巷"作任何有根据的联系。但因晚明到盛清江南的社会变迁不大，所以不排除陆子刚时，专诸巷已是能工巧匠集中处。

　　"专诸巷"声名大噪的原因，主要是因为 18 世纪后半乾隆皇帝经常在他的诗文中提及之故。

　　清初在宫中设立造办处，从全国各地征调能工巧匠在造办处工作。但也常将需要的器用，发交地方制作。在玉器的制作方面，苏州就是供应能工巧匠，或直接按照宫中需求供应玉器成品的地方。但是，在乾隆皇帝的诗文里，虽有一些对苏州专诸巷玉工的赞美之辞，但有更多对专诸巷玉工的批评与非议。

　　（1）乾隆皇帝认为专诸巷玉工为了牟利而设计很俗的新款识，相关的研究以张丽端的论文最具拓荒性、全面性与深度①。下面仅抽样性选二则介绍如下②：

　　①"专诸易俗制（苏州专诸巷玉工每得和阗玉料，向其形似制为器物，意在惜材而邻于俗，

① 张丽端：《从"玉厄"论清乾隆中晚期盛行的玉器类型与帝王品味》，《故宫学术季刊》第十八卷第二期，2000 年。

② 二首诗分别见于：《和阗玉刻蓬壶仙侣图》（《清高宗御制诗五集》第 96 卷第 22 页，乾隆六十年（1795 年））以及《题和阗玉如意》（《清高宗御制诗余集》第 9 卷第 3 页。嘉庆二年（1797 年））收入《清高宗御制诗文全集》（台北故宫博物院据四库本影印出版，1976 年）。

甚为不取……）"

②"最嫌俗样巧（近来吴中玉匠多制为新样，意在炫巧图利，而不知其雕几入于纤俗）"

（2）乾隆皇帝认为专诸巷玉工的技术远不如痕都斯坦（北印度）玉工。笔者 1983 年专书中，收录所有乾隆皇帝为痕都斯坦玉器所赋之诗集所撰之文[①]。下面仅抽样性选二则介绍如下[②]：

①"豪芒不鄂悉分明，专诸巷里精工者（苏州专诸巷出玉工，较痕都水磨所为远不及）三舍真当退避行"

②"水磨痕都制异常（痕都斯坦玉工用水磨治玉，工省而制作精巧，迥非姑苏玉匠所及）"

总之，虽然明代承袭元制，仍保留了"官匠户"的制度，由官方掌握玉器制作的主流风格，但在商品经济繁荣的江南社会，民间玉工确有着不一样的发展方向。陆子刚所引领的"苏州风格"玉雕，以能掌握表现主题物像（水仙等）的神韵风情，以及能将仿古主题，制作得"滑熟"、"可爱"、"工致佹古"，得到缙绅先生们的欣赏，而赢得可以自创品牌，可与文人平起平坐的特权，机敏的陆子刚更顺应当时讲究篆刻的风尚，用砣具模仿刻刀的趣味来"签名"。对苏州玉雕，宋应星用了"工巧"二字作为总结。

到清代时，苏州专诸巷成为宫廷造办处玉作的后勤单位。但因为也需迎合一般社会大众的品位，逐渐朝着制作精巧方向发展。直到 20 世纪，苏州玉工的作品仍以"灵空"、"飘逸"、"精细"著称，与北方标榜"浑厚"、"大器"的风格，明显不同。这样的玉雕风格差异形成，南宋具有重要的关键地位。

（三）五代至元早期（10～13 世纪）北、南玉雕风格变化

10～13 世纪共 400 年中，基本上是汉人与北方的契丹、女真、党项、蒙古诸族相互交流融会的时期。笔者将目前已知的、比较重要的出土玉器遗址及其玉器整理成两个表（表二、三）。

比较表二、三可知，在第 10、11 世纪时，辽虽然始终没有占据整个黄河流域，但玉雕艺术一直不弱，辽中期时还呈现高度发展的现象。但是考古出土属于北宋时期的玉器倒是不多[③]。过去有学者认为，契丹民族原本不会琢玉，是受到汉人文化影响才发

---

① 邓淑蘋：《故宫博物院所藏痕都斯坦玉器特展图录》，台北故宫博物院，1983 年。

② 二首诗分别见于：《咏痕都斯坦绿玉碗》（《清高宗御制诗五集》第 48 卷第 4 页，乾隆五十四年（1789 年））以及《咏痕都斯坦玉碗》（《清高宗御制诗五集》第 63 卷第 11～12 页，乾隆五十六年（1791 年））收入《清高宗御制诗文全集》（台北故宫博物院据四库本影印出版，1976 年）。

③ 曲石：《两宋辽金玉器》，《中原文物》2001 年第 6 期。所收入北宋出土玉器的遗址有 12 处，扣去只出土玛瑙、水晶、煤精者，尚有 8 处。但或因出土物品不佳，除了静志寺外，其他多处玉器图片未选入近年各图集中出版。

表二　10~13世纪辽、金、蒙及华北地区元早期出土玉器重要遗址及代表性玉器

10世纪	11世纪		12世纪		13世纪	
辽早期 (916~982)	辽中期 (982~1055)	辽晚期 (1055~1125)	金早期 (1115~1156)	金中期 (1156~1189)	金晚期 (1190~1234)	蒙古国 (1206~1270) 元早期 (1271~1299)
吐尔基山墓 914年(?)（龙、摩羯、牡丹纹玉片）[1]	独乐寺 1017年（水晶龟、玉器7）[7]	红帽子辽塔地宫（竹节式盒）[14]	宝严寺 1123年（双鸟玉佩、鱼形佩、喇叭花形佩）[19]	奥里米古城（双鹿饰、牵牛花玉形佩）[27]	上海松江区西林塔（鹄攫天鹅玉佩）[34]	内蒙古达茂旗明水墓（成组人形玉带饰（蒙古国时期 1206~1271年汪古部制作））[36]
辽太祖陵 926年（人像雕）[2]	陈国公主 1018年（玉马、玉狻猊、成对玉凤、成对玉鱼、交颈鸳鸯形玉饰、玉带板、桃形玉带板、玉臂韝、龙凤纹玉盒、螺形玉盒、鱼形玉盒、鞢韘带、玉摩羯、玛瑙碗、水晶杯、肖生玉组佩、妆具形玉组佩、玉砚、玉柄刀）[8]	小刘仗子辽墓（菊花纹玉带）[15]	金完颜娄室墓 1130年（玉狮、镂空荷花玉冠饰）[20]	乌古伦窝伦墓 1184年（绶带鸟形佩、龟游带饰、食盒）[26]	西安夏殿村金墓（玉带扣）[35]	蒙元赏赐西藏五方玉印，其中二方均在13世纪，分别为1260年与1295年[37]
耶律羽之墓 942年（玛瑙团带铐2）[3]		白音汉窖藏（玉熊）[16]	完颜希尹墓 1140年（鹄攫鹅形玉饰）[21]	北京长沟峪墓（孔雀形钗、缠枝花、双鹤玉饰等）[28]		北京团城渎山大玉海 1265年制作[38]（元早期）
北票水泉一号墓（石雕摩羯）[4]	耿知新墓 1018年（山纹玉带板一组）[9]	富拉尔辽墓（白玉花形饰）[17]	扶余金墓（金扣玉带）[22]	绥滨县中兴乡墓（飞天、藻鱼饰、童子）[30]		山西大同冯道真墓 1265年（玉环扣）[39]（元早期）
（应历年间）高丽庙沟 M3（玉龟）[5]	喀左北岭1号墓（玉飞天一对）[10]		新香坊金墓（玉鹅、绶带鸟衔花玉饰）[23]	阿城市（玉带板、带铐、竹节佩等）[31]		河北石家庄史氏墓群（玉凤金簪、莲华玉饰、玉簪、玉荷叶铜簪）[40]（元早期）
萨力巴乡水泉墓（乐舞纹带板一组）[6]	解放营子墓（玉飞天）[11]		齐国王墓（玉雕双鹅饰、玉具剑）[24]	五女山古城（玉飞天）[32]		
	辽宁清河门 1044年（双鹅带盖小盒等）[12]		伊兰晨光金墓（耳饰）[25]	上海嘉定区法华寺（玉舞人）[33]		
	辽宁朝阳北塔 1047~1048年（坐龙、玉睡雁、玉飞天、玉孔雀、玉蝴蝶、玉逍遥）[13]					

① 内蒙古文物考古研究所:《内蒙古通辽市吐尔基山辽代墓葬》,《考古》2004年第7期；王大方:《关于内蒙古吐尔基山辽墓墓主人身份的推测》,《东北史地》2010年第2期。

② 洲杰:《内蒙古昭盟辽太祖陵调查散记》,《考古》1966年第5期。

③ 内蒙古文物考古研究所等:《辽耶律羽之墓发掘简报》,《文物》1996年第1期。

④ 辽宁省博物馆文物队:《辽宁北票水泉1号辽墓发掘简报》,《文物》1977年第12期。

⑤ 资料未发表,仅见于宝东:《辽金元玉器研究》(内蒙古大学出版社,2007年)文字报道。

⑥ 邵国田主编:《敖汉文物精华》,内蒙古出版社,2004年；辽宁省博物馆、辽宁省文物考古研究所:《辽河文明展文物集萃》,2006年；蔡玫芬等主编:《黄金旺族——内蒙古博物院大辽文物展》,台北故宫博物院,2010年。

⑦ 天津市历史博物馆考古队等:《天津蓟县独乐寺塔》,《考古学报》1989年第1期。

⑧ 内蒙古自治区文物考古研究所等:《辽陈国公墓》,文物出版社,1993年。

⑨ 朝阳地区博物馆:《辽宁朝阳姑营子辽耿氏墓发掘报告》,《考古学集刊》(第3集),中国社会科学出版社,1983年。

⑩ 武家昌:《喀左北岭辽墓》,《辽海文物学刊》创刊号,1981年。

⑪ 翁牛特旗文化馆:《内蒙古解放营子辽墓发掘简报》,《考古》1979年第4期；项春松:《解放营子辽壁画墓发掘简报》,《中国考古集成》第15册,北京出版社,1997年。

⑫ 李文信:《义县清河门辽墓发掘报告》,《考古学报》1954年第2期。

⑬ 朝阳北塔考古勘查队:《辽宁朝阳北塔天宫地宫清理简报》,《文物》1992年第7期。

⑭ 赵振生:《阜新县红帽子乡辽塔地宫清理记》,《阜新师专学报》1992年第2期。

⑮ 内蒙古自治区文物工作队:《昭乌达盟宁城县小刘仗子辽墓发掘简报》,《文物》1961年第9期。

⑯ 巴右文等:《内蒙古乌达盟巴林右旗发现辽代银器窖藏》,《文物》1980年第5期。

⑰ 许继生:《黑龙江省齐齐哈尔富拉尔基辽墓发掘简报》,《北方文物》1999年第3期。

⑱ 唐彩兰编著:《辽上京文物撷英》,远方出版社,2005年。

⑲ 河北省文物研究所等:《河北固安于沿村金宝严寺塔基地宫出土文物》,《文物》1993年第4期。

⑳ 刘红宇:《长春近郊的金代完颜娄室墓》,《北方文物》1986年第4期。

㉑ 在吉林舒兰小城子,资料见古方主编:《中国出土玉器全集》(2),科学出版社,2005年。

㉒ 吉林省博物馆:《吉林省扶余县的一座辽金墓》,《考古》1963年第11期。

㉓ 安路:《哈尔滨新香坊金墓发掘综述》,《黑龙江史志》1984年第2期。

㉔ 黑龙江省文物考古研究所:《黑龙江阿城巨源金代齐国王墓发掘简报》,《文物》1989年第10期；赵评春、迟本毅:《金代服饰——金齐国王墓出土服饰研究》,文物出版社,1998年。

㉕ 在黑龙江伊兰县,资料见黑龙江省文物考古研究所:《黑龙江古代玉器》,文物出版社,2008年；古方主编:《中国出土玉器全集》(2),科学出版社,2005年。

㉖ 杨海鹏:《俄罗斯沙俾伊金古城出土的金代玉石器》,《北方文物》2005年第4期。

㉗ 黑龙江省文物考古工作队:《松花江下游奥里米古城及其周围的金代墓群》,《文物》1977年第4期。

㉘ 北京市文物工作队:《北京金墓发掘简报》,《北京文物与考古》(第一辑),1983年。

㉙ 张先得等:《北京市房山县发现石椁墓》,《文物》1977年第6期。

㉚ 黑龙江文物考古工作队:《黑龙江畔绥滨中兴古城和金代墓群》,《文物》1977年第4期。

㉛ 阿城市内又分:双城村、金上京城址、半拉城址等。资料见阎景全:《黑龙江阿城市双城村金墓出土文物整理报告》,《北方文物》1990年第2期；黑龙江省文物考古研究所:《黑龙江古代玉器》,文物出版社,2008年。

㉜ 在辽宁桓仁县,资料见古方主编:《中国出土玉器全集》(2),科学出版社,2005年。

㉝ 上海市文管会:《上海嘉定法华塔元明地宫清理简报》,《文物》1999年第2期。

㉞ 黄宣佩主编:《上海出土唐宋元明清玉器》,上海人民出版社,2001年。

㉟ 陕西省考古研究院:《西安南郊夏殿村金代墓葬发掘简报》,《考古与文物》2010年第5期。

㊱ 内蒙古自治区文物工作队:《达茂旗明水金、元墓地》,《中国考古学年鉴·1986》,文物出版社,1988年。

㊲ 蒙元赏赐西藏五方玉印,其中二方分别为1260年与1295年。资料见于宝东:《辽金元玉器研究》,内蒙古大学出版社,2007年；索文清:《圣地西藏——最接近天空的宝藏》,台北故宫博物院,2010年。

㊳ 周南泉:《北京团城内的渎山大玉海》,《文物》1980年第4期。

㊴ 大同市文物陈列馆等:《山西省大同市元代冯道真、王青墓清理简报》,《文物》1962年第10期。

㊵ 河北省文物研究所:《石家庄市后太保元代史氏墓群发掘简报》,《文物》1996年第9期。

表三　10～13世纪五代、北宋、南宋及华南地区元早期出土玉器重要遗址及代表性玉器

10世纪	11世纪	12世纪			13世纪
五代（907～959）	北宋（960～1127）	南宋（1127～1279）			元早期（1271～1300）
		南宋早期（1127～1167）	南宋中期（1168～1228）	南宋晚期（1229～1279）	
四川成都西蜀王建墓918年（云龙纹玉带板一组）①	河北定州静志寺塔基地宫977年（玉龟、水晶龟、玉璧、素玉镯、玉飞鸟纹铊尾、水晶鱼、双鸟衔绶带纹玉盒，盒底刻"千秋万岁"）④	江西上饶赵仲湮墓1130年（玉璧、水晶珠子、水晶璧）⑧	浙江新昌卢渊1168年及其母季氏墓1174年（玉霞帔坠、玉石珠一串（内有一龟游））天犬组玉石印）⑭	四川华蓥安丙家族墓1224～1265年（玉童子、棋子6、玉坠2、勾饰1、夹饰1）⑱	安徽安庆范文虎墓1301（玉瓶、虎纽玉押）㉛
	山东泰安嵩里山禅地遗址出土真宗于1008年禅地祇玉册所附嵌片（龙、凤纹嵌片）⑤	浙江金华郑刚中墓1154～1177年（海棠式玉带环）⑨			
浙江杭州康陵939年（凤形玉簪首、龙形玉簪首、玉鸳鸯及牡丹形、花形、蝴蝶形、圆形等玉饰、玉梳背等）②	西安市长安县韦曲出土宋代白玉云雁纹饰，接近静志寺玉铊尾上鸟纹，可能属北宋⑥	南京秦桧夫人1155年（梳、璧、蟠龙纹心形佩、玉簪、玉印、玉人，动物形玉雕有：鱼、兔、鸡、鸭、鹅、猴、龙头、虎、羊、象、辟邪及瓜果、莲、瓶、金刚杵、人、飞天等）㉚	浙江苍南黄石墓1175年（立雕象纽印）⑮	江西吉水张宣义墓1237年（龙首带钩）⑲	浙江杭州鲜于枢墓1302年（仿古玉剑格、剑璏、联珠花形环2）㉜
浙江杭州雷峰塔地宫975年（散财童子、玉观音、玉龟、玉钱）③	江西上饶赵仲湮墓，葬于1130年，时为南宋初，墓主为宋高宗皇叔，所用玉带应属北宋晚期作品⑦	南京秦熺家族墓1161年前后（椭圆形雕花玉佩、玉印、玉簪）⑪	安徽休宁朱晞颜墓1200年（仿古兽面纹玉卣、玉带一组、玉杯、玛瑙杯、玉簪二）⑯	浙江衢州胡大昌墓1258年（素璧）㉙	江苏吴县吕师孟墓1304年（联珠花形环）㉝
		四川广元墓1162年（玉柄、玉印、玉兔、玉鹅、玉鱼、方谷璧、谷璧、卷云纹璧、黑玉带环、玉圈、白玉带环）⑫	浙江金华郑继道1201年（龙蟠纹璧、蟠纹璧、仿古带钩）⑰	浙江衢州史绳祖1274年（玉兔形镇纸、玉笔山、玉荷叶洗、兽纽玉印）⑳	
		南京江宁上坊赵朗墓1165年（仿古玉剑格、玉璧、水晶佩、玉簪）⑬			
		浙江兰溪南宋夫妻合葬墓（仿古谷纹璧、玉环）㉒			
		浙江杭州浙大南宋第16号墓㉓			
		四川蓬安南宋夫妻墓（花鸟纹玉饰、仿古三螭纹璧、葵花佩）㉔			
		四川广汉和兴乡铁匣子（蟠螭纹玉带饰、龟游荷叶玉饰、兽首玉带钩、童子玉坠、婴戏玉坠、云纹玉坠、云月玉饰、双鹅玉坠、天鹅玉雕饰、缠枝莲花玉镂饰2件、玉蝉、兽面玉饰2件、鱼形玉坠2件、玉璜1）㉕			
		浙江海宁智标塔塔基（海棠式螭纹宽边玉环、水晶狮子）㉖			
		上海西林塔（仿古云纹椭圆形环、螭纹瑑形佩、双螭纹璧等）㉗			
		江西波阳（玉鸟形坠）㉘			
		江西省南丰县琴城镇宋墓（蒲纹璧）应为南宋㉙			
		西安徐家寨出土宋代立雕玉人，无正式报告，风格较接近南宋㉚			

① 冯汉骥：《前蜀王建墓发掘报告》，文物出版社，2002年。
② 杭州市文物考古所等：《浙江临安五代吴越国康陵发掘简报》，《文物》2000年第2期。
③ 浙江省文物考古研究所：《雷峰塔遗址》，文物出版社，2005年。
④ 杨伯达：《中国玉器全集·5·隋唐—明》，河北美术出版社，1993年。
⑤ 邓淑苹：《唐宋玉册及相关问题》，《故宫文物月刊》第106期，1992年1月。
⑥ 杨伯达：《中国玉器全集·5·隋唐—明》，河北美术出版社，1993年。
⑦ 陈柏泉：《上饶发现雕刻人物的玉带牌》，《文物》1964年第2期。
⑧ 陈柏泉：《上饶发现雕刻人物的玉带牌》，《文物》1964年第2期。
⑨ 浙江文物考古研究所等：《金华南宋郑刚中墓》，《浙江宋墓》，科学出版社，2009年。
⑩ 《南京建中村南宋墓》，《2004中国重要考古发现》，文物出版社，2005年。
⑪ 王光明：《南京江宁区清修村宋代墓园》，《2007中国重要考古发现》，文物出版社，200 年。
⑫ 魏达议：《记广元宋墓腰坑出土文物》，《文物数据丛刊》第七辑，1983年。
⑬ 南京市博物馆：《南京江宁上坊宋墓》，《南京文物考古新发现》，江苏人民出版社，200 年。
⑭ 潘表惠：《浙江新昌南宋墓发掘简报》，《南方文物》1994年第4期。
⑮ 古方主编：《中国出土玉器全集》(8)，科学出版社，2005年。
⑯ 古方主编：《中国出土玉器全集》(6)，科学出版社，2005年。
⑰ 赵一新等：《金华南宋郑继道家族道家族清理简报》，《东方博物》第28辑。
⑱ 四川省文物考古研究院等：《华蓥安丙墓》，文物出版社，2008年。
⑲ 陈定荣：《江西吉水纪年宋墓出土文物》，《文物》1987年第2期。
⑳ 邓淑苹：《写实与仿古交会下的南宋玉器》，《文艺绍兴——南宋艺术与文化·器物卷》，台北故宫博物院，2010年。
㉑ 衢州市文管会：《浙江衢州市南宋墓出土器物》，《考古》1983年第11期。
㉒ 兰溪市博物馆：《浙江兰溪南宋墓》，《考古》1991年第7期；陈星、周菊青：《兰溪 垄口村南宋墓出土文物》，《东方博物》第39辑。
㉓ 蔡玫芬主编：《文艺绍兴——南宋艺术与文化·器物卷》第74页，台北故宫博物院，2010年。
㉔ 郑幼林、李力：《四川蓬安县西拱桥村宋墓简述》，《中国隋唐至清代玉器学术研讨会论文集》，上海古籍出版社，2002年。
㉕ 邱登成等：《四川广汉南宋窖藏玉器》，《中国隋唐至清代玉器学术研讨会论文集》，上海古籍出版社，2002年。
㉖ 浙江省文物考古研究所，《海宁智标塔》，科学出版社，2006年。
㉗ 上海市文管会黄宣佩主编：《上海出土唐宋元明清玉器》，上海人民出版社，2001年。
㉘ 古方主编：《中国出土玉器全集》(9)，科学出版社，2005年。
㉙ 古方主编：《中国出土玉器全集》(9)，科学出版社，2005年。
㉚ 古方主编：《中国出土玉器全集》(14)，科学出版社，2005年。
㉛ 杨伯达等主编：《中国美术全集·工艺美术篇·9·玉器》，文物出版社，1986年；杨伯达：《中国玉器全集·5·隋唐—明》，河北美术出版社，1993年。
㉜ 杭州市文物考古研究所 张玉兰：《杭州市发现元代鲜于枢墓》，《文物》1990年第9期。
㉝ 江苏省文物管理委员会：《江苏吴县元墓清理简报》，《文物》1959年第11期。

展玉雕；其至有学者认为辽墓出土的玉器，是契丹人利用被他们统治的汉人玉工，按照他们的需求所雕琢的具有"民族风格"的玉器。笔者认为这些观点都应重新检讨。

事实上自古就有一条横贯欧亚大陆北方草原地带的交通要道，也就是所谓"草原丝路"，中亚商人可通过它直接与契丹来往①。《契丹国志·卷二一》就记载包括高昌、于阗的西域各国商人每三年遣使四百人入辽进贡，贡品有：玉、珠、犀、乳香、琥珀、玛瑙器等。前文已述及，五代时的高居海、北宋时的王延德都记录西域有雕玉工艺存在，成品输往中原（附录序号28、48）。由此可合理地推测，高昌、于阗等国贡给契丹的"玉"，除了玉料外，应也有玉器。

所以，于宝东分析，辽金元的玉器与玛瑙器中，其多带有"西方"的文化因素，甚至直接来自西方②。他所称的"西方"，即是本文所称的"西域"，包括"中亚"甚至及于"西亚"一带。他所指称带有"西方因素"的玉器包括：带金盖褐红玛瑙罐、胡人乐舞纹玉带、曲口碗、对称构图的双凤、双鱼、对蝶等玉饰，以及以怪兽、蝎子、狮子、蝶、

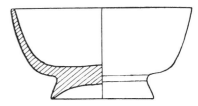

图一四　辽中期玛瑙碗　高 3.1 厘米
（陈国公主墓出土）

羽人等为母题的玉雕。笔者基本认同以上观点，但拟补充一点，即是碗底呈弧凹状，如图一四线绘图左半剖面图所显示者，也是中亚地区的风格③。

尤其值得注意的是一件出于吐尔基山墓（914年）的漆盒，漆胎外包着鎏金银片，又在银片上或银片镂空处镶嵌雕有龙、牡丹、摩羯纹的玉片（图一五；表四，4）纹饰线条带着浓厚的"野趣"，与唐代墓葬出土玉片颇有相似之处，从许多迹象观察，这些玉片很可能直接来自西域，但整个漆盒究竟是在辽地制作？还是在其他地区，如盛产漆的华南制作？尚待研究④。与吐尔基山墓同属10世纪前半的吴越国康陵，也出土了雕纹玉片（图一六至一八；表四，9～11），虽同属浅浮雕或镂雕的薄片作品，但整体而言就显得端庄精雅多了。

表四、五分别将10、11世纪，契丹与汉族的玉器，分"立雕"、"浮雕"、"薄片

①　王大方：《草原丝绸之路》，《丝绸之路》1998年第3期；张郁：《草原丝绸之路契丹印迹》，《内蒙古金融研究》2003年第S3期；卫月望：《契丹外交与草原丝绸之路及货币》，《内蒙古金融研究》2003年第S2期；孙泓：《从东北亚出土的玻璃器看丝绸之路的向东延伸》，《东方博物》第二十一辑，2006年第4期。

②　于宝东：《辽金元玉器研究》第161～166页，内蒙古大学出版社，2007年。

③　这样的碗底似乎一直存在于中亚地区，台北故宫藏有数十件装于回子布套中，可能直接来自中亚的玉碗盘，其中许多都是这种圆弧凹的"类圈足"底。部分发表于拙著：《国色天香——伊斯兰玉器》图6、7、9、15等（台北故宫博物院，2007年）。

④　张亚强：《从吐尔基山辽墓看辽代漆器》，《故宫文物月刊》2010年第3期。

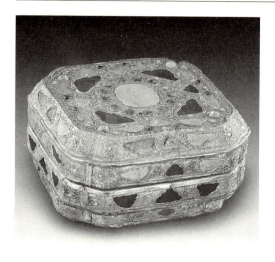

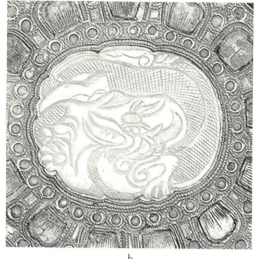

a

b

c

d

图一五　辽早期嵌玉漆盒　宽25厘米

（吐尔基山辽墓出土）

a. 嵌玉漆盒　b. 漆盒上的龙纹玉片　c. 漆盒上的牡丹纹玉片　d. 漆盒上的摩羯纹玉片

（b、c、d图片承内蒙古博物院塔拉院长提供，特此申谢）

图一六　五代蝴蝶纹玉片　长6.6厘米　　　　　图一七　五代牡丹纹玉片　长7.2厘米

（吴越国康陵出土）　　　　　　　　　　　（吴越国康陵出土）

浅浮雕、镂雕"三类进行比较。此时相当流
行将河中玉籽料，依其轮廓雕琢成趴伏的兽
类或曲颈的禽类（表五，2、3），若籽料够
大，还可掏膛做成小盒（表五，4），悬于腰
带上使用。比较人物造型，读者很易看出辽
太祖陵玉人竖眉瞪眼的神气（表四，1），与
雷峰塔玉观音与童子柔和的表情（表四，5、
6）相当不同；而萨力巴乡水泉墓乐舞纹带
板（图一九；表四，3），纹饰风格已与唐代
带板上的胡人吹笙纹（见图四）有些差异，

图一八　五代灵芝花纹玉片　长8.8厘米
（吴越国康陵出土）

人物发型衣着也有所不同；但到了11世纪，契丹族玉带板上的雕纹习俗，就从以"胡
人乐舞"为主流的传统中解放，流行起山岳纹、菊花纹等（图二○；表五，6、7）。

汉族社会中也流行以玉带板显示配者身份的习俗，西蜀王王建玉带板上雕琢口吐
圆珠的腾龙（图二一；表四，8）；赵仲湮玉带板上雕琢的人物慈眉善目、仙风道骨，
有如修炼的居士，这或许就是墓主自我期许的形象（表五，15）。赵仲湮贵为宋高宗的

表四　10世纪北方契丹族玉雕与长江流域汉人玉雕的比较

表五　11 世纪北方契丹族玉雕与黄河、长江流域汉人玉雕的比较

	立雕		浮雕		薄片浅浮雕、镂雕	
北	1. 陈国公主墓玉马	2. 白音汉玉熊	5. 陈国公主墓小盒盖一面龙纹、一面凤纹		8. 陈国公主墓双凤佩	9. 陈国公主墓镂空花结
	3. 北塔玉睡鹅					10. 北塔玉逍遥
	4. 陈国公主墓螺形玉盒		6. 耿知新山纹带板	7. 小刘仗子菊花带板	11. 北塔玉蝶	12. 富拉尔镂空牵牛花
南			13. 宋真宗玉册嵌片上龙纹	15. 赵仲湮墓人纹带板		
			14. 静志寺鸟纹铊尾			

图一九　辽早期乐舞纹带板（三片）　每片长6.8厘米

（萨力巴乡水泉墓出土）

皇叔祖，虽然他去世于南宋开国的第四
年（1130 年），但所佩玉带应是北宋晚
年的作品，所以在表三中，特别将该墓
玉带列入北宋一栏中，其他玉器则置于
南宋早期一栏中。

图二○　辽中期雕山形纹白玉带
（朝阳姑营子耿知新墓出土，朝阳市博物馆藏）

　　到了 11 世纪时，辽朝很可能已发展
出兴盛的本土玉作传统，所以考古出土
大量玉器，表二所列仅为比较知名的部
分墓葬①。从文献上也看出当时宋朝玉作不及辽朝。据记载辽廷的国母（皇太后）在
文化殿招待宋廷的使者时，用的是放在宽大玉台上的、带有 "屈指"（弯着拇指握拿的
环式柄）的玉瓘与玉盏来饮酒②。即或到了辽朝末年（12 世纪初），辽的宫廷中还有精
美的玉注碗，只在 "北主生辰，用以称寿"。所以宋徽宗（1101～1125 年在位）甚为
羡慕，甚至派玉工去看实物，回国后仿作③。

　　花鸟纹是契丹民族非常喜爱的主题，左右对称又是他们最擅用的构图，图二二出土
于内蒙古赤峰敖汉旗新地乡英风沟 7 号墓，中央上方是一朵盛开的花朵，下面有左右相对
的飞鸟，全器用镂空与阴线刻绘的技法琢制，这是流行于 10～11 世纪主要的技法。

图二一　五代玉带　铊尾长 19.5 厘米
（西蜀国王建墓出土）

---

① 　资料较完整的为：于宝东：《辽金元玉器研究》，内蒙古大学出版社，2007 年。少数未收入该书
　　的资料，见唐彩兰著：《辽上京文物撷英》，远方出版社，2005 年；邵国田主编：《敖汉文物精
　　华》，内蒙古出版社，2004 年。
② 　《乘轺录》贾敬颜《五代宋金元人边疆行记十三种疏证稿》第 61～65 页，中华书局，2004 年。
③ 　黄任恒：《辽代金石录》："使一玉人为中节，往辽瞻其大小、长短、如其制度琢之。"收入杨家
　　骆主编：《辽史汇编》，台北鼎文书局，1973～1974 年。

图二二　辽花鸟纹玉牌饰　长 4 厘米
（新地乡英风沟 7 号墓出土）

图二三　辽中期龙凤纹玉盒
（陈国公主墓出土）

图二四　北宋龙纹、凤纹玉片（拓片）
（宋真宗禅地玉册嵌片上的龙、凤纹）
上：龙纹玉片，长 10.1 厘米　下：凤纹（一半，约 8 厘米）

龙纹、凤纹是契丹与汉族都喜爱的纹饰，若将陈国公主墓玉雕小盒上的龙、凤纹（图二三；表五，5）与宋真宗禅地祇玉册嵌片的龙凤纹（图二四；表五，13）加以比对，虽然二者基本时代精神一致，但前者线条仍较狂野，后者较为精致。

到了 12、13 世纪，基本上是南宋汉族与北方女真族、蒙古族的对峙，但汉族政权已退守到淮河以南，最终被蒙古族吞并。所以，在女真族统治下的黄河流域，主体人口仍为汉族，此地区的玉雕并没有太明显的民族差异。

十二、十三世纪，是中国工商业发展迅速、大力开拓海上贸易、经济起飞的时期，因而带动了各种的艺术创作，玉雕技术突飞猛进，最明显的就是结合高浮雕与多层镂雕技术，将花叶、鸟兽、人物、山石、树木各类纹饰作了有机的结合，创造如表七，10 可称为"玉图画"的作品①。虽然考古资料显示，北方的金朝与南方

---

① "玉图画"一词是杨伯达提出的概念，见其《隋唐—明代玉器叙略》文（《中国玉器全集》（5），河北美术出版社，1993 年）。

的南宋都出土有丰富的玉器，但因为南宋以中原文化正统自居，在理学与金石学的影响下，兴起了仿古玉雕的制作。

表六、七虽沿袭表四、五，将北、南玉雕详加比对，为配合需要，在"立雕"、"浮雕"、"薄片浅浮雕、镂雕"三者之外，增加第四类"结合高浮雕与多层镂雕"。

北方女真人沿袭契丹民族对动物、花鸟、藻鱼等主题玉雕的热爱，表六，3与图二五是两件出土于金早期完颜娄室墓（1130年）的玉器，具有指标意义。到了金中期，

表六　12世纪北方契丹、女真族与黄河、长江流域汉人玉雕的比较

	立雕		浮雕	薄片浅浮雕、镂雕		结合高浮雕与多层镂雕
北	1. 沙伊金水晶兔	2. 沙伊金玉鹅	5. 中兴乡玉藻鱼	7. 奥里米双鹿玉饰	8. 齐国王墓玉天鹅	10. 乌古伦窝伦墓龟游玉饰
	3. 完颜娄室玉狮	4. 奥里米玉嘎哈拉	6. 阿城竹节式带板	9. 五女山城玉飞天		11. 乌古伦窝伦墓绶带鸟啄花玉饰
南	12. 秦桧夫人墓玉兔	13. 秦桧夫人墓玉鱼	15. 郑继道墓玉璧	17. 卢渊母季氏墓玉霞帔坠		19. 秦桧夫人玉鍱形佩
	14. 秦桧夫人墓玉子母虎		16. 西林塔玉环	18. 秦熺夫人郑氏墓玉佩		20. 朱晞颜夫妇墓玉卣

表七　13 世纪北方女真、蒙古族玉雕与长江流域汉人玉雕的比较

	立雕	浮雕	薄片浅浮雕、镂雕	结合多层镂雕、浮雕
北	1. 达茂旗明水蒙古墓玉人带饰	2. 西林寺玉带板	3. 夏殿村金墓玉带扣	4. 石家庄史氏家族元墓玉凤
南	5. 安丙家族墓玉童子	7. 海宁智标塔宽边环	9. 吕师孟墓联珠形玉环	10. 蓬安南宋墓花鸟纹玉饰
	6. 史绳祖墓玉兔	8. 鲜于枢墓玉剑格		11. 史绳祖墓玉荷叶洗

社会承平，文化提升，多层次镂雕工艺高度发展，因而成就了既精雅又蕴含深层内涵的玉雕。如表六，10 的龟游主题，是歌颂王者德泽湛清；表六，11 的绶带鸟与盛开花朵，象征万寿长春①。这些精致的作品都出土于北京附近的乌古伦窝伦墓。

辽、金民族在每年春季举行放鹘鹰捕天鹅的祈年活动，又称"春捺钵"或"春水"②，这一习俗也成为 12 世纪以来重要的玉雕主题③，图二六就是出于金早期完颜希

---

① "龟游"是出于《宋书·祥瑞志》的典故，歌颂皇帝"德泽湛清"，这类玉佩主要流行于宋元时期。"绶带鸟"的"绶"字，与"寿"谐音，故吉祥图案中常用"绶带鸟"象征"长寿"。

② 傅乐焕：《辽代四时捺钵考五篇》，《中央研究院历史语言研究所集刊》第十本，1942～1943 年初版（"中研院"1971 年再版）。此文是最先考证辽族捺钵文化的重要论文。

③ 杨伯达：《女真族"春水"、"秋山"玉考》，《故宫博物院院刊》1983 年第 2 期，是首度将此一习俗与传世玉雕作综合讨论的论文；嵇若昕：《十二至十四世纪玉雕工艺的新契机》（《故宫学术季刊》第十九卷第四期，2002 年）在傅乐焕文的基础上，对春水习俗的考证亦称翔实；田广林：《关于辽金时期春水秋山玉研究的几个问题》（待刊）对此一问题有了深度研究。

尹墓的鹘攫鹅形玉饰，这类以"春水"为主题的玉饰在金、元时期相当流行，除可作各种佩饰外，也常用作系腰带用的带环；图二七是阿城市金墓出土以春水为主题的铜鎏金带铐（也就是"带板"）①，由之可知湖北钟祥明初梁庄王墓出土的同样造型的玉雕春水纹带铐应该是金代作品②。但十二、十三世纪也流行纯以天鹅、鸿雁为主题的玉雕，则不宜全以"春水玉"概称之。

十二、十三世纪，北方民族所用玉石雕刻的带板，已摆脱了唐代、辽代流行的方板形

图二五　金早期白玉荷花冠饰　高4.3厘米
（完颜娄室墓出土）

图二六　金早期鹘攫鹅形玉饰　直径2.4厘米
（完颜希尹墓出土）

图二七　金鹘捕鹅纹鎏金铜带铐　长12.6厘米
（黑龙江阿城市出土）

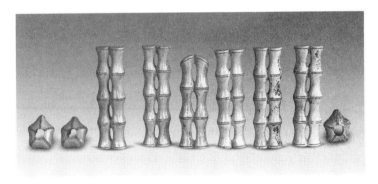

图二八　金竹节纹玉石带板一组　最高者高7.7厘米
（黑龙江阿城市出土）

① 阎景全：《黑龙江省阿城市双城村金墓群出土文物整理报告》，《北方文物》1990年第2期。
② 湖北省文物考古研究所等：《梁庄王墓》彩版一八二，文物出版社，2007年。

图二九　大蒙古国时期人纹玉带板
（达茂旗明水汪古部出土）

传统，而有了各种有趣的变化，如阿城市出土的竹节纹玉石带板一组（图二八；表六，6）、达茂旗明水汪古部出土人纹玉带板一组（图二九；表七，1），都表现各民族独有的风格①。

女真人的本土信仰是萨满教，神职人员擅用动物距骨（即"嘎哈拉"）占卜②。美玉或玛瑙雕琢的嘎哈拉（表六，4）或许是高级贵族的专利。

但外来的佛教相当盛行，玉雕飞天就是受佛教影响的玉饰（表六，9），受佛教影响的另一类玉雕就是执荷童子（表七，5）或抚鹿童子，与印度"鹿母莲花夫人"的故事有关。

1206年成吉思汗建立了大蒙古国，到1271年忽必烈改国号大元，这段时间与金、宋并存。大蒙古国时期，蒙古人也有自己的玉雕工艺，除了表七，1及图二九以人物为主题，造型奇特、雕工粗犷的玉带饰外，1260年忽必烈赐西藏八思巴的国师之印，以及1265年制作的渎山大玉海（图三〇）也是在1271年建国号为"大元"之前的重要玉器。

图三〇　大蒙古国时期渎山大玉海　高70厘米
（北京团城玉瓮亭存置）

---

① 汪古部是金元时期及其之前活动与内蒙古阴山东段地区的一个部族，信奉景教。
② 崔福来：《灵骨意识与嘎拉哈习俗》，《北方文物》1990年第4期。

（四）南宋玉器文化的特点

南宋的起讫自 1127 至 1279 年，这一百五十三年跨十二、十三世纪。本文表三清晰地呈现 11 世纪与 12 世纪，在宋朝疆域中出土玉器的数量由少到多，形成强烈的对比。前文已提及 12 世纪是一个经济起飞的时代，所以南宋的玉雕既多又美，正反映了此一趋势。笔者曾对南宋玉器作了初步探讨并发表专文①。该文综合《宋史》中有关礼制、舆服方面的玉器资料，以及《武林旧事》、《西湖老人繁胜录》等文献，归纳宋代的玉器大约有四类：

（1）祭祀时通神用礼器：圭、璧、圭璧、琮、玉册、玉简等。

（2）贵族、高官表彰身份的服饰：玉带、玉佩、玉具剑以及笄、簪、钩、璲、环等。

（3）精致高贵的生活用品：碗、盘、盆、碟、瓶、杯、枝梗瓜杯、钟、香鼎（香炉）等。

（4）镶嵌了玉饰的生活用器：玉鞍、玉辂、玉辇、玉把刀等。

核对考古发掘实物，与文献所记大致相符。若仔细分析考古出土的南宋玉器，可归纳其风格特征如下：

1）宋人吸收北方异族对动植物写真描绘的传统后，更增加动作与表情，并力图表现动、植物的质感，可以说，南宋玉工将动植物旺盛的生命力注入玉雕中。

2）从佛教、道教故事中，创造出造型可爱、寓意吉祥的主题性玉雕，如：莲孩儿、莲花鹿母②、龟游③等。

3）除原有的佩带、陈设等器类外，更发展出各种玉雕文房用品：水盛、笔洗、笔架、镇纸、印章等。

4）以战国、汉代古玉为主要追仿对象，发展仿古玉器。较常见的为玉璧，此外还有：剑格（又可称为：璏或镡）、镤形佩、带钩、辟邪等周汉时流行过的玉器器类，也有仿商周铜卣的玉卣，以及雕仿古纹饰的方圆形宽边环（表七，7）。南宋流行的仿古花纹则有龙、螭虎、动物面、云、谷、蒲等纹饰。

或是受西亚艺术影响，辽墓出土的动物主题玉佩，常设计成两个大小相当、方向

---

① 邓淑苹：《写实与仿古交会下的南宋玉器》，《文艺绍兴——南宋的艺术与文化·器物卷》，台北故宫博物院，2010 年。该文表一收集出土玉器的重要遗址，但遗漏了浙江新昌宋墓。

② 印度佛教中有"鹿母莲花夫人"的故事：鹿女为国王生养了五百个从莲花里化生的童男，个个都是俊美的大力士。随着佛教东传，以莲花、小鹿、童子为主题的玉佩，常具有祈求"连（莲）生贵子"的含意。

③ 除了前文提及出于北京附近金墓的龟游玉饰外，四川广汉和兴乡南宋窖藏铁匣子出土龟游荷叶玉带饰。

相对的设计（表五，8）；若是表现单一动物，则多采蹲坐姿态，头微扬，神情冷漠、严肃，甚至凶狠。陈国公主墓（1018 年）出土的镶玉马络、鞦韂带上，钉镶了成排的玉雕动物；表五，1 玉马及图三一玉狻猊（类似狮子）是笔者利用该批文物在台北故宫展出时，根据实物绘制的。它们的臀部两侧常保持切璞留下的平面，五官与肢体都以宽阴线简率表现①。北塔出土玉坐龙（图三二）、完颜娄室墓出土玉狮（表六，3），基本都是相似的姿态与神情。辽晚期白音汉玉熊（表五，2）、金早期沙伊金水晶兔（表六，1），就是迁就玉石原料将动物琢成蜷曲、匍匐状。

图三一　辽中期玉狻猊　长 3 厘米
（陈国公主墓出土）

图三二　辽中期玉坐龙　高 6.3 厘米
（辽宁北塔出土）

在人物造型上也有相似的简率风格，辽、金的玉飞天、玉童子的面孔（图三三至三五），以及大蒙古国时期人纹玉带板（见图二九），人的眼、鼻、口似乎都以块体表现，这是因为用铊具琢出了宽阴线之后，没有再进一步加以琢磨圆润，因而显得神情严肃凝重。

但南方汉族对动物及人像的处理，显然与北

图三三　辽中期玉飞天（头部）
（辽宁北塔出土）

图三四　金中期玉飞天（头部）
（五女山城出土）（全器线绘图见表六，9）

---

①　2010 年 2 月在台北故宫博物院展出，并出版图录，见蔡玫芬等主编：《黄金旺族——内蒙古博物院大辽文物展》（台北故宫博物院，2010 年）。

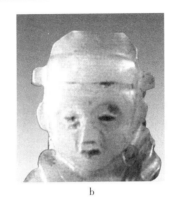

图三五　金中期玉童子　高 4.9 厘米

(黑龙江绥滨县中兴乡出土)

a. 全器　b. 头部

图三六　五代玉散财童子　高 8.6 厘米

(雷峰塔遗址出土)

a. 全器　b. 头部 (拓片)

方不同。雷峰塔(975 年)玉童子的面孔俊秀,眼、鼻、口的交接处均琢磨圆润(图三六),赵仲湮墓(1130 年)出土玉带中的组件(图三七;表五,15),浮雕的人物流露儒雅的气质;安丙墓(1224 ~ 1265 年)玉童子(图三八;表七,5)、和兴乡窖藏出土的童子玉坠(图三九),都是莲孩儿的造型,不但琢磨精致,且肢体动作也很丰富①。

---

① 图三八莲孩儿的手上可能执拿用有机质材制作的成束莲花,已朽不存。值得注意的是在契丹、女真的墓葬出土的童子,鲜有执拿荷莲,但常背着蕉叶,如图三五中兴乡童子,以及内蒙古赤峰敖汉高家窝铺乡韩家窝铺一号墓辽墓出土琥珀人像(《敖汉文物精华》,内蒙古出版社,2004 年),也可能有特殊典故,待考。

图三七　北宋末人物纹玉带板

（赵仲湮墓出土）

图三八　南宋晚期玉童子　高6.8厘米

（安丙墓出土）

a. 全器　b. 头部（线图）

图三九　南宋童子玉坠

（线图）　高5.1厘米

（广汉市和兴乡窖藏出土）

　　南宋初年秦桧夫人墓（1155年）中出土的玉兔作向上跳跃状（表六，12）；子母虎不但表情诙谐，彼此间还有着亲情的互动（图四〇；表六，14）。除了"子母"构图外，南宋时期也发展了动物家庭的构图，如出土于四川蓬安的玉璧（图四一），在其一面上雕琢了三只螭虎，肢体扭曲，相互张望，细审之，实为二大一小，有如双亲偕子，和乐融融。

　　到了13世纪的南宋晚期，玉雕工艺更是精益求精，我们在史绳祖墓（1274年）出

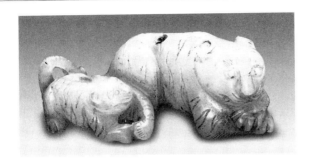

图四〇　南宋早期玉雕子母虎
（秦桧夫人墓出土）

a　　　　　　　　　　　　b

c　　　　　　　　　　　　d

图四一　南宋三螭纹玉璧　外径 10.4 厘米
（蓬安县锦屏镇西拱桥村南宋墓出土）
a、b. 正面　c、d. 反面

土的玉兔上看到，玉工用坚韧冰冷的玉料，创造出兔毛特有的柔和色泽与细腻质感，甚至在两眼之间都细腻地表现肌肉轻微的起伏，更成功地捕捉它恬静祥和的神韵（图四二；表七，6）。同墓出土的玉荷叶洗，是目前所见最早的一件利用花叶设计容器造

图四二　南宋晚期玉兔纸镇　长 6.7 厘米

（史绳祖墓出土，正面线绘图是依据笔者所拍图片绘制）

图四三　南宋晚期玉荷叶洗　长 11.5 厘米

（史绳祖墓出土）

型的玉器，成功地将庭院中植物的生命力带入文人书斋中（图四三；表七，11）。

除了以人物、动植物为主题的各类玉器外，南宋玉器很重要的一项创新即是出现了经由士大夫阶层严谨的考古研究后，所导引的仿古玉器制作。

北宋初年时，朝廷制作礼器主要依据聂崇义的《三礼图》，但是该书所绘的图样多依据文献、望文生义想象而成，表八摘录该书中的部分玉礼器。

表八　聂崇义《三礼图》中部分玉礼器及书中器名

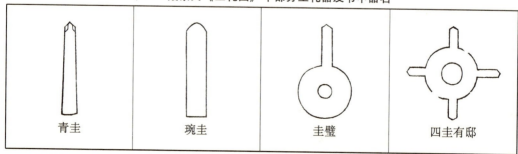

| 青圭 | 琬圭 | 圭璧 | 四圭有邸 |

　　虽有官方版本的礼书，但是当时士大夫并不满意这种凭臆测绘制的图样，而依据当时可以收集的古墓中出土的铜器、玉器详加研究。经过众人之力，宋哲宗元祐七年（1092 年）吕大临完成了《考古图》的编撰。虽然此书以铜器为主，但也搜罗了十多件玉器，详加考实。表九就是该书中的六件古玉。从《考古图》可知，宋儒对于古代玉器的名实考核工作做得还不差。除了璧、璜形佩、带钩之外，玉制的剑饰器已被考证出三种："璏"、"珌"分别是镶嵌在剑鞘上口、下端的玉饰；"璏"则是嵌于剑鞘中段，供腰带穿过它的长方孔，将剑鞘固定于腰间的玉饰。

表九　北宋吕大临《考古图》中所绘的数种玉器及书中器名

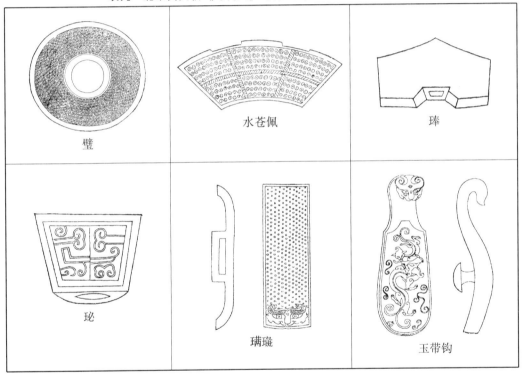

这样的研究肯定会带动古物的收藏风气，更进而带动仿古玉、伪古玉的制作。因此我们必须审思从宋代墓葬或窖藏出土的玉器，其器类可列入《宋史·志·礼》中的礼器行列的，如：璧、玉剑饰（因为"玉具剑"是礼器）等，究竟是史前至汉代的古玉？还是宋代官方文思院制作的礼器？甚至可能是宋代民间作坊雕琢的商品，自由买卖，以满足社会人士收藏、把玩的需求？

　　分析出土的玉器风格，并结合墓葬、窖藏数据，可归纳出下面五点：

　　（1）迄今宋墓出土玉璧虽多，可能具有礼制意义的只有两处。其一是赵仲湮墓出土，在圆周与孔边各有一圈带状浮雕（图四四）；其二是资政殿大学士兼户部侍郎胡大

昌墓中出土的径约十五六厘米的素璧，玉质
洁白温润，惜沾满污垢①。

　　（2）从墓主身份、夫妻合葬墓中仿古玉
器随葬位置，可推测南宋时已是男尊女卑的
社会。例如：南京江宁上坊赵朗夫妻合葬墓
（1165 年），墓主赵朗曾担任低阶文官，虽是
夫妻合葬墓，但只有在他的墓中出土玉簪、
玉剑格（图四五），以及雕有龙纹、云纹的玉
璧（图四六）。浙江金华郑继道家族墓，也只
有官至通直郎的男性墓主的墓中随葬 2 件玉
璧及 1 件带钩（图四七至四九）。此外，即或
男性墓主是没有担任官职的地主或商贾，墓
中仍可随葬玉璧，例如浙江兰溪夫妻合葬
墓，男性墓主随葬有谷纹璧（图五〇）。由
此可知，南宋时，尽管朝廷明文规定使用各
种玉礼器的级别与场合，但无法管控民间收
藏古玉，或自由雕琢买卖各式精美的玉器。
至于秦桧夫人墓中出土玛瑙、水晶雕琢的小
璧、剑格，或属玩好之器，而无礼器的
功能。

　　（3）从出土资料可知，南宋时流行在玉
璧及椭圆形或海棠式玉环上雕琢仿古的云
纹、谷纹、蒲纹，虽然刻意追仿东周至两汉
的花纹，但常在圆周或孔缘附近，处理较为
草率，如图五一 a、b，蒲纹不但格线疏密
紊乱，许多格线甚至刻到孔缘上。兰溪出土
的谷纹璧（见图五〇）是迄今笔者所见南
宋墓出土仿古玉器中最逼真的一件，不但用
莹润的白色闪玉（nephrite）且用心模仿战国

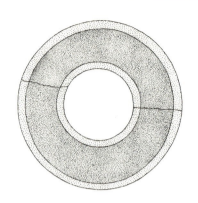

图四四　南宋玉璧（线图）

外径 8.8 厘米

（赵仲湮墓出土）

a

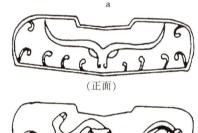

（正面）

（背面）

（截面）b

图四五　南宋早期玉剑格　长 7.4 厘米

（赵朗夫妻合葬墓出土）

a. 图片　b. 线图

---

① 2009 年 3 月，蒙衢州市博物馆柴福有馆长惠准观摩实物，并准予出版于拙作《写实与仿古交会
　　下的南宋玉器》插图三十（《文艺绍兴——南宋艺术与文化·器物卷》，台北故宫博物院，2010
　　年）。特此申谢。

图四六 南宋早期玉璧 外径5.2厘米

（赵朗夫妻合葬墓出土）

a. 图片 b、c. 两面线图

a b c

图四七 南宋中期玉璧 外径8.1厘米

（郑继道墓出土）

a、b. 琢龙纹、云纹一面 c. 琢螭虎纹一面（c面线绘图见表六，15）

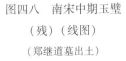

a b

图四八 南宋中期玉璧 图四九 南宋中期玉带钩（线图） 长12厘米

（残）（线图） （郑继道墓出土）

（郑继道墓出土） a. 勾面花纹线绘图 b. 勾尾纹饰线绘图

图五〇　南宋谷纹玉璧　外径 11.5 厘米

（浙江兰溪南宋墓出土）

a. 全器　b. 局部

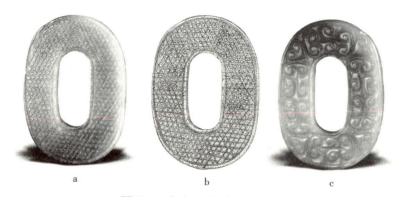

图五一　南宋玉环　长 5.5 厘米

（上海松江区西林塔出土）

a、b. 琢蒲纹一面（b 为线图）　　c. 琢云纹一面（线图见表六，16）

晚期西汉早期的谷纹，但仍未掌握战国至西汉谷粒的严谨与精神①。

（4）值得注意的是，战国至两汉魏晋玉器上流行的螭虎纹，经过南北朝、隋唐、五代、北宋近七个半世纪的断灭，在南宋时重新成为玉器上的主流纹饰之一。"螭虎"的重出江湖，具有重要的文化意义。战国至两汉魏晋时，玉器上螭虎纹可单独出现，或与龙、或与鸟嘴动物、或与熊，两两组配出现；也常与青龙、朱雀、玄武纹（常为龟蛇合体），共构"四神"主题。南北朝至北宋时玉器制作较少，祭祀用玉器（璧、

---

① 2009 年 3 月，笔者承蒙浙江省文物考古研究所曹锦炎所长陪同，获得兰溪博物馆馆长以及馆内同仁协助，在库房检视玉璧等文物，特此申谢。2010 年蒙浙江省文物局同意出版于台北故宫举办大展的图录内拙文中。

玉柜嵌片）上只雕琢龙、凤纹；但龙、凤的艺术造型依附于金银、陶瓷、砖雕、石刻等媒材广存中土，也流传于四裔：突厥、吐蕃、契丹、女真、党项等地。螭虎纹的情况却与龙凤纹大不相同，基本上自南北朝至北宋这700多年，似乎只有在高级墓葬有四神图像的石刻、砖雕时，会见到代表西方的"白虎"纹的存在，在玉雕及许多工艺上，螭虎纹是被遗忘的。

到了南宋，在这波玉器的仿古风尚中，螭虎纹不但复出，且成为日后元、明、清三代共600多年玉器上最常见的主题之一。从郑继道墓出土玉璧（见图四七）的两面纹饰可知，在南宋人心目中，龙与虎是截然不同的神物，龙首多雕作侧面，虎首多琢作自上方观察的正面像，且只有龙纹四周才出现缭绕的云纹。在蓬安县锦屏镇西拱桥村南宋墓出土玉璧上（见图四一），甚至只以云纹代替龙，与螭虎纹分庭抗礼。

图五二　南宋早期玉辟邪

（秦桧夫人墓出土）

（5）除此之外，还有以龙、虎等的头、面，配以图案式宽带回绕，装饰出古雅的带钩、玉卣（见图四九；表六，20）。此外，韘形佩（表六，19）、辟邪（图五二）这些汉代流行的，具有历史背景、文化含意的玉器，南宋时也开始成为仿作的对象。

（五）玉雕发展史上南宋的关键意义

若要深究仿古玉器在南宋兴起的原因，必须探索新儒学，也就是"理学"的内涵。

中世纪时，外来的佛教与本土的道教对"力行哲学"性质的儒家思想起了重大的挑战；为了强化学理中较为不足的世界观与方法论，宋代的士大夫在传统儒家的基础上，重新审视中国最远古、最本土的思想与信仰。萌芽于新石器时代"气"的生命观，被借用而发展出"理是宇宙万物的起源"的说法（从不同的角度认识，祂有不同的名称，如"天"、"道"、"上帝"等）①。

新石器时代的先民相信散发莹秀光泽的"美玉"蕴含丰沛的"精气"，也就是"能量"，将它雕琢表达宇宙观（天圆地方）或宗教信仰（神祇、祖先、神灵动物三位一体）的形制与纹饰，甚至刻上符号或文字，用以礼拜天地神祖时，就能产生同类相感通的法力，引领人们趋吉辟邪。换言之，自远古时，玉器就被赋予了"灵媒"功能。

---

① 理学的核心内容为："理"是宇宙万物的本源，是第一性的；"气"是构成宇宙万物的材料，是第二性的。可参考：孙开泰等，《中国哲学史》第256～257页（文津出版社，1995年）。

各类玉器中，圆璧是表达"天旋"与"太一"宇宙观最具象的玉器，龙、虎等纹饰以及演变出来的云纹、谷纹，更是宇宙中生生不息"气"的表征。

无论是"道学派"、"气学派"、"理学派"或其他学派①，宋代的理学家从远古的本土思维中汲取养分，建立起新的宇宙观，彻底摆脱佛学框架，完成以儒学为本位的文化复兴运动；因此，仿古风格的玉器就成为宋儒最喜爱的饰物与收藏。

总之，自8世纪中叶安史之乱重创了华北的经济后，中国经济重心就逐渐南移。五代时，长江中上游的西蜀国、长江下游的吴越国，经济实力雄厚，因而玉雕工艺高度发展，留下相当精美的玉器。南宋时，经济日益茁壮，玉雕工艺家在大的时代脉动中，将写实、求真的艺术精神发挥得淋漓尽致，更善于在作品中注入关爱与祝福的内涵；又在新儒学（理学）的带动下，雕琢了各式仿古玉器，以之诠释中国文化最深层的内涵。

总之，在中国玉器发展史上，南宋时期具有关键的地位。在形式上求"尚真"，在内涵上重"崇玄"，玉器艺术最重要的两个基本精神，在南宋时期终于发展成熟。此后，写实与仿古成为中国玉雕两个共存的创作方向。中国玉雕也从比较一统的局面，朝向北方玉雕喜好粗犷、大器，南方玉雕追求细腻、精雅，两个不同品味的方向发展。南宋，就是中国玉器走向北、南分宗的开端。

在本文结束之前，笔者希望对关心中国古玉研究的朋友们说几句衷心的话：

大家应该放弃"汉人才会雕玉"的偏见，因为文献及考古证明雕玉工艺存在颇广，南北朝以来西域即有玉雕工艺；契丹、女真、蒙古也都可能曾发展自己本土玉雕。但他们多制作装饰品、日用品；在深度汉化后，也曾学习汉人制度制作使用某些玉质礼器，但可能并没有真正深入理解玉礼制的内涵。

虽然琢玉工艺并非汉族的专利，在周边异族活泼写实的艺术风格影响下，汉族玉雕也不断改进，但是"以玉通灵"、"以玉比德"这些具有宗教的、社会的形而上思维，可能是汉人社会中独特的，且永恒长存的观念。

---

① 宋代理学的主要学派有：周敦颐的道学派，张载与王夫之的气学派，程颢、程颐、朱熹的理学派（分别以"道"、"气"、"理"为核心概念）。

附录　文献中有关三国至明代中亚与中原双方玉器、玉料交流的记录

时代	序号	史料原文	分析史料内涵（若未写明件数，则以1件计算）	玉器名、玉料
三国	1	《艺文类聚·卷六十七·衣冠部》："魏略曰。疏勒王献大秦赤石带一枚。"	公元3世纪时，位于今日喀什一带的疏勒国曾向（三国的）魏帝奉献地中海以东地区制作的赤石带	赤石带
南北朝	2	《南史·卷七十八·列传第六十九·夷貊下》："人皆善骑射，着小袖长身袍，用金玉为带。"	南北朝时（420~588年）西域人民多带着用黄金、美玉装饰的腰带	金玉带
	3	《周书·卷四十四·列传第三十六·李迁哲传》："太祖嘉之，以所服紫袍玉带及所乘马以赐之，并赐奴婢三十口。"	北周太祖在位时间（507~556年），华北已有玉带，但未说明玉带是否来自西域	玉带
	4	《梁书·卷五十四·列传第四十八·诸夷》："大同七年，又献外国刻玉佛。"相同记录见：《南史·卷七十八·列传第六十九·夷貊下》	梁武帝大同七年（541年）西域于阗国进献玉佛（当时华北是西魏、东魏）	玉佛一
隋	5	《隋书·卷八十四·列传第四十九·北狄·突厥》："七年……其年，遣其母弟褥但特勤献于阗玉杖……"相同记录见：《北史·卷九十九·列传第八十七·突厥》	隋文帝开皇七年（587年）西域的突厥国向隋文帝奉献于阗地区制作的玉杖	玉杖一
唐	6	《全唐文·卷七百三十三·韦端符·端符穆宗朝官拾遗·卫公故物记》："有玉带一。首末为玉十有三。方者七。挫两隅者六。每缀环焉。为附而固者以金……公擒萧铣时。高祖所赐于阗献三带。其一也。佩笔一、火镜二、大觿一、小觿一、笀囊二、椰杯一，盖常佩于玉带环者十三物。已亡其五。其存者八。"相同记录见：《新唐书·卷九十三·列传第十八·李靖》	唐高祖武德四年（621年），曾赐给功臣李靖"于阗玉带"，上面有十三块带钤，用黄金固定所附玉环，上面又经常挂着十三件用物。唐穆宗三年（823年）韦端符见此玉带，在《卫公故物记》记录上面佩挂了：笔一、火镜二、大觿一、小觿一、笀囊二、椰杯一共八件，其余五件已遗失。并记录是于阗国所献三条玉带之一	玉带三
	7	《旧唐书·卷一百九十八·列传第一百四十八·西戎》："高昌者……太宗嗣位，复贡玄狐裘，因赐其妻宇文氏花钿一具。宇文氏复贡玉盘。"	唐太宗时高昌国曾贡玉盘	玉盘一

时代	序号	史料原文	分析史料内涵 （若未写明件数，则以1件计算）	玉器名、玉料
唐	8	《旧唐书·卷一百九十八·列传第一百四十八·西戎》："于阗国，西南带葱岭，与龟兹接……其国出美玉……贞观六年，遣使献玉带，太宗优诏答之。"	唐太宗贞观六年（632年）西域的于阗国献玉带	玉带一
	9	《明皇杂记》："唐天后尝召诸皇孙坐于殿上……取竺西国所贡玉环钏杯盘列于前后，纵令争取，以观其志……"	唐武则天还在做皇后时（655～683年）曾取"竺西国"所贡各种玉器（四库本无"竺"字）给孙子们选	玉环、钏、杯、盘（各一）
	10	《旧唐书·卷一百九十八·列传第一百四十八·西戎》："大食国，本在波斯之西……开元初，遣使来朝，进马及宝钿带等方物。"	唐玄宗开元初（713年—），位于阿拉伯半岛的大食国，进贡给唐玄宗马匹及宝钿带	宝钿带一
	11	《册府元龟·卷九百七十一·外臣部十六·朝贡第四》："开元……四年……七月，大食国黑密牟尼苏利漫遣使上表献金线织袍宝装玉洒池瓶各一。"	唐玄宗开元四年（716年）位于阿拉伯半岛的大食献金线织袍、宝装玉洒池瓶	宝装玉洒池瓶一
	12	《册府元龟·卷九百七十一·外臣部十六·朝贡第四》："二十八年……康国遣使献宝香炉及白玉环玛瑙水精眼药瓶子。"	唐玄宗开元二十八年（740年）康国（康居、今萨马尔干）献白玉环……	玉环一
	13	《新唐书·卷二百二十一上·西域上》："初，德宗即位，遣内给事朱如玉之安西，求玉于于阗，得圭一，珂佩五，枕一，带胯三百，簪四十，奁三十，钏十，杵三，瑟瑟百斤，并它宝等。及还，诈言假道回纥为所夺。久之事泄，得所市，流死恩州。"	唐德宗即位时（742年）派朱如玉求玉于于阗，所得玉器种类有：圭、佩、枕、带胯、簪、奁、钏、杵。此外还有碧绿色宝石（瑟瑟）百斤等	圭一、佩五、枕一、带胯三百、簪四十、奁三十、钏十、杵三
	14	《册府元龟·卷九百七十二·外臣部十七·朝贡第五》："宪宗……元和……十二年……四月吐蕃使论乞髯献马十匹玉腰带二条金器十事。"	唐宪宗元和十二年（817年）位于今日西藏的吐蕃献玉腰带两条	玉腰带二
	15	《太平御览·卷八百五·珍宝部四》："……宪宗时隰州刺史吴晕献玉杯一颗，珍奇云先使吐蕃所得。"	唐宪宗时（806～820年）隰州刺史献呈皇帝玉杯，据云杯得自吐蕃	玉杯一

时代	序号	史料原文	分析史料内涵 （若未写明件数，则以 1 件计算）	玉器名、玉料
唐	16	《唐会要·卷九十八·回纥》："长庆元年三月……六月，回鹘宰相并公主献……鸭头子玉腰带……"	长庆元年（821 年）回鹘献玉腰带	鸭头子玉腰带一
	17	《册府元龟·卷九百七十二·外臣部十七·朝贡第五》："文宗太和元年……八月吐蕃使论壮大热进国信金银器玉腰带及马等。"	唐文宗大和元年（827 年）吐蕃进贡玉腰带	玉腰带一
五代	18	《册府元龟·卷九百七十二·外臣部十七·朝贡第五》："后唐庄宗同光……二年……四月回鹘都督李引释迦……等六十六人陈方物称本国权知可汗仁美在甘州差贡善马九匹白玉一团是月沙州曹义进玉三团。"	后唐庄宗同光二年（924 年）回鹘可汗仁美献白玉一团。沙州进玉三团	玉四团
	19	《册府元龟·卷一百六十九·帝王部一百六十九·纳贡献》："后唐庄宗同光……四年正月……是月又沙州节度使曹义全进谢赐旌节官诰玉鞍马二玉团硇砂散玉鞍辔铰具。" 相同记录见：《新五代史·卷五·唐庄宗纪》	后唐庄宗同光四年（926 年）正月沙州（敦煌）进谢赐旌节官诰玉鞍马二、玉团、散玉、鞍辔铰具	玉鞍马二、玉团一、散玉、鞍辔铰具
	20	《册府元龟·卷一百六十九·帝王部一百六十九·纳贡献》："后唐庄宗同光……二月，沙州曹义全……又进皇后白玉符金青符白玉狮子指环金刚杵。"	后唐庄宗同光四年（926 年）二月沙州（敦煌）又进皇后白玉符、白玉狮子指环	白玉符、白玉狮子指环
	21	《册府元龟·卷九百七十二·外臣部十七·朝贡第五》："明宗……长兴元年……九月河西蕃官姚东山吐蕃首领王满儒等三十人进马八十四玉一团沙州曹义金进马四百匹玉一团。"	后唐明宗长兴元年（930 年）吐蕃首领进玉一团。沙州进玉一团	玉一团、玉一团
	22	《册府元龟·卷九百七十二·外臣部十七·朝贡第五》："明宗……长兴……三年……沙州进马七十五匹玉三十六团。"	后唐明宗长兴三年（932 年）沙州（敦煌）进玉三十六团	玉三十六团
	23	《册府元龟·卷九百七十二·外臣部十七·朝贡第五》："闵帝应顺元年正月……回鹘可汗仁美遣使献故可汗仁裕遗留贡物鞍马器械仁美献马二团玉鞍辔硇砂羚羊角波斯宝缂带。"	后唐闵帝应顺元年（934 年），回鹘可汗仁美进献二团玉之外还有波斯宝缂带	二团玉、波斯宝缂带

续表

时代	序号	史料原文	分析史料内涵（若未写明件数，则以1件计算）	玉器名、玉料
五代	24	《旧五代史·卷一百三十八·外国列传第二》："清泰二年七月，（回鹘）遣都督陈福海已下七十八人，进马三百六十四、玉二十团。" 相同记录见：《册府元龟·卷九百七十二·外臣部十七·朝贡第五》	后唐废帝清泰二年（935年）回鹘可汗仁美献玉二十团	玉二十团
	25	《册府元龟·卷九百七十二·外臣部十七·朝贡第五》："晋高祖天福……三年三月可汗回鹘王仁美进野马独峯驼玉辔头。"	后晋高祖天福三年（938年）三月，回鹘王进献玉辔头	玉辔头
	26	《旧五代史·卷一百三十八·外国列传第二》："晋天福……五年正月，遣都督石海金等来贡良马百駟，并白玉团、白玉鞍辔等，谢其封册。"	后晋高祖天福五年（940年）正月（回鹘）进贡白玉团、白玉鞍辔等	白玉团、白玉鞍辔
	27	《新五代史·卷七十四·四夷附录第三》："晋天福三年，于阗国王李圣天遣使者马继荣来贡红盐、郁金、牦牛尾、玉璞等，晋遣供奉官张匡邺假鸿胪卿，彰武军节度判官高居诲为判官，册圣天为大宝于阗国王。" 相同记录见：《册府元龟·卷九百七十二·外臣部十七·朝贡第五》	后晋高祖天福三年（938年）于阗国王进玉团、玉璞、玉装鞍辔	玉团、玉璞、玉装鞍辔
	28	《重修政和经史证类备用本草》卷三引《高居诲行记》"齐国采玉之地云玉河。在于阗城外。其源出昆山……一曰白玉河……二曰绿玉河……三曰乌玉河……每岁五六月大水暴涨，则玉随流而至，玉之多寡由水之大小，七八月水退乃可取，彼人为之捞玉。其国之法，官未采玉，禁人辄至河边者。故其国中器用服饰往往用玉，今中国所有多自彼来耳。"	后晋高祖天福三年（938年）派遣供奉官张匡邺、假鸿胪卿彰武军节度判官高居诲前往于阗册封李圣天为大宝于阗国王。高居诲回国后写了《高居诲行记》（宋史）中称为《于阗国行程录》，记载玉作的器用服饰输到中国	玉作的器用服饰
	29	《敦煌曲子词斠证初编·谒金门（开于阗）》："开于阗。锦（原作'绵'）绫家家总满。奉献（原作'献'）生龙及玉碗。将来百姓看。尚书座（原作'痤'）官典。四塞休征（原作'正'）罢战。但（原作'侹'）阿郎千秋岁。甘（原作'甘'）州他自离乱。"	10世纪初流行于敦煌的歌曲，赞美于阗的丝、马和玉碗	玉碗

时代	序号	史料原文	分析史料内涵 （若未写明件数，则以1件计算）	玉器名、玉料
五代	30	《旧五代史·卷七十八·晋书四·高祖纪第四》："天福四年……三月……乙巳，回鹘可汗仁美遣使贡方物，中有玉㺜猊，实奇货也。" 相同记录见：《册府元龟·卷九百七十二·外臣部十七·朝贡第五》	后晋高祖天福四年（939年）（甘州）回鹘可汗仁美进贡剑珢玉、玉㺜猊	剑珢玉、玉㺜猊
	31	《旧五代史·卷一百三十八·外国列传第二》："五年正月，遣都督石海金等来贡，良马百驷，并白玉团、白玉鞍辔等，谢其封册。" 相同记录见：《册府元龟·卷九百七十二·外臣部十七·朝贡第五》	后晋高祖天福五年（940年）回鹘可汗仁美进贡白玉百团	白玉百团
	32	《册府元龟·卷九百七十二·外臣部十七·朝贡第五》："少帝天福七年回鹘都督来朝献马三百匹玉百团玉带一。" 相同记录见：《新五代史·卷七十四·四夷附录三》	后晋少帝天福七年（942年）回鹘都督进献玉百团、玉带一	玉百团、玉带一
	33	《新五代史·卷七十四·四夷附录三》："晋天福三年……（七年）匡邺等还，圣天又遣都督刘再升献玉千斤及玉印、降魔杵等。"	后晋少帝天福七年（942年）于阗献玉千斤及玉印、降魔杵等	玉千斤、玉印
	34	《册府元龟·卷九百七十二·外臣部十七·朝贡第五》："少帝……开运二年二月回鹘可汗进玉团狮子玉鞍。"	后晋少帝开运二年（945年）二月回鹘可汗进玉团、狮子、玉鞍	玉团、玉鞍
	35	《册府元龟·卷九百七十二·外臣部十七·朝贡第五》："汉隐帝乾祐元年五月回鹘可汗遣使入贡献马一百二十匹玉鞍辔玉团七十三。" 相同记录见：《旧五代史·卷一百三十八·外国列传第二》	后汉隐帝乾祐元年（948年）回鹘可汗进献玉鞍辔、玉团七十三	白玉、玉鞍辔、玉团七十三
	36	《册府元龟·卷九百七十二·外臣部十七·朝贡第五》："周太祖广顺元年二月西州回鹘遣都督来朝贡玉大小六团一团碧琥珀……白玉环子碧玉环子各一铁镜二玉带铰具六十九玉带一诸香药称是。"	后周太祖广顺元年（951年）西州回鹘进贡玉大小六团、一团碧琥珀、白玉环子、碧玉环子各一，玉带铰具六十九，玉带一	玉六团、白玉环子、碧玉环子、玉带铰具六十九、玉带一

续表

时代	序号	史料原文	分析史料内涵 （若未写明件数，则以1件计算）	玉器名、玉料
五代	37	《旧五代史·卷一百三十八·外国列传第二》："周广顺元年二月，遣使并摩尼贡玉团七十有七，白氎、貂皮、牦牛尾、药物等。先是，晋、汉已来，回鹘每至京师，禁民以私市易，其所有宝货皆鬻之入宫，民间市易者罪之。至是，周太祖命除去旧法，每回鹘来者，听私下交易，官中不得禁诘，由是玉之价直十损七八。" 《册府元龟·卷九百七十二·外臣部十七·朝贡第五》："周太祖广顺元年二月……回鹘遣使摩尼贡玉团七十七白氎段三百五十青及黑貂鼠皮共二十八玉带玉鞍辔铰具各一副。"	后周太祖广顺元年（951年）回鹘进贡玉团七十七、玉带、玉鞍辔铰具各一副。 周太祖除去原有对民间与回鹘买卖玉的禁令，使得玉的市价下跌百分之七八十	玉团七十七、玉带和玉鞍辔铰具各一副
	38	《册府元龟·卷九百七十二·外臣部十七·朝贡第五》："周太祖广顺……二年……三月回鹘遣使每与难支使副骨迪历等十二人来朝贡玉团三珊瑚树二十琥珀五十斤貂鼠皮毛褐白氎岑皮靴等。"	后周太祖广顺二年（952年）回鹘进贡玉团三	玉团三
	39	《册府元龟·卷九百七十二·外臣部十七·朝贡第五》："周太祖广顺……三年正月回鹘入朝使独呈相温贡白氎段七百七十玉团一珊瑚片七十。"	后周太祖广顺三年（953年）回鹘进贡玉团一、珊瑚片七十	玉团一
	40	《册府元龟·卷九百七十二·外臣部十七·朝贡第五》："世宗显德元年二月回鹘朝贡使以宝玉进上。"	后周世宗显德元年（954年）二月回鹘进献宝玉	宝玉
	41	《旧五代史·卷一百三十八·外国列传第二》："显德六年二月，又遣使朝贡，献玉并硇砂等物，皆不纳，所入马量给价钱。时世宗以玉虽称宝，无益国用，故因而却之。"	后周世宗显德六年（959年）二月回鹘进献玉，被世宗所退	玉
北宋	42	《宋史·卷四百九十·外国六》："于阗国……建隆二年十二月，圣天遣使贡圭一，以玉为柙；玉枕一。本国摩尼师贡琉璃瓶二、胡锦一段。"	宋太祖建隆二年（961年）于阗国王李圣天派使者进贡用玉盒子盛装的玉圭一，玉枕一。和阗国的摩尼师进贡琉璃瓶二	圭一（以玉为柙）、玉枕一
	43	《宋史·卷四百九十·外国六》："开宝二年，遣使直末山来贡，且言本国有玉一块，凡二百三十七斤，愿以上进，乞遣取之。善名复至，贡阿魏子，赐号昭化大师，因令还取玉。又国王男总尝贡玉把刀，亦厚赐报之。"	宋太祖开宝二年（969年）于阗国王遣使来告诉宋太祖，于阗想呈玉一块重达237斤的大玉，请宋朝派人去取。国王男总尝贡玉把刀	大玉料、玉把刀

时代	序号	史料原文	分析史料内涵 （若未写明件数，则以 1 件计算）	玉器名、玉料
北宋	44	《宋史·卷四百九十·外国六》："回鹘本匈奴之别裔……乾德二年，遣使贡玉百团、琥珀四十斤……"	宋太祖乾德二年（964 年）回鹘进贡一百团玉	一百团玉
	45	《宋史·卷二·本纪第二·太祖二》："戊午，甘州回鹘可汗、于阗国王等遣使来朝，进马千匹、橐驼五百头、玉五百团、琥珀五百斤。"	宋太祖乾德三年（965 年）甘州回鹘与于阗国进贡玉五百团、琥珀五百斤	玉五百团
	46	《于阗王尉迟徐拉与沙洲大王曹元忠书》："您心中的某些不快，是否因未收到适当的财礼……我们将送给大王许多礼物：一等中型玉一团，四十二斤，二等纯玉一团十斤，三等玉一团八斤半，三种玉共六十斤半。"（见黄盛璋：《于阗文〈于阗王尉迟徐拉与沙洲大王曹元忠书〉与西北史地问题》，载《历史地理》1983 年第 3 期）	宋太祖乾德八年（970 年）于阗王尉迟输罗（visa sura）致其舅敦煌大王曹元忠书中，告知对方将送到的玉团数量	玉团三
	47	《宋史·卷四百九十·外国六》："太平兴国二年冬，遣殿直张璨赍诏谕甘、沙州回鹘可汗外甥，赐以器币，招致名马美玉，以备车骑琼璜之用。"	宋太宗太平兴国二年（977 年）北宋主动告知甘州、沙州回鹘，为了制作礼器要求进贡美玉	美玉
	48	《宋史·卷四百九十·外国六》："太平兴国六年……五月，太宗遣供奉官王延德、殿前承旨白勋使高昌……雍熙元年四月，王延德等还，叙其行程来献，云：……高昌即西州也。其地南距于阗，西南距大食、波斯，西距西天步路涉、雪山、葱岭，皆数千里。地无雨雪而极热，每盛暑，居人皆穿地为穴以处……人白皙端正，性工巧，善治金银铜铁为器及攻玉。"	宋太宗太平兴国六年（981 年）王延德奉命出使高昌，回国后记述高昌有玉作工艺	
	49	《宋史·卷四百八十五·外国一·夏国上》："继捧立，以太平兴国七年率族人入朝。自上世以来，未尝亲觐者，继捧至，太宗甚嘉之，赐白金千两、帛千匹、钱百万。祖母独孤氏亦献玉盘一、金盘三，皆厚赉之。"	宋太宗太平兴国七年（982 年）夏州的领袖李继捧率族人入朝，他的祖母独孤氏也奉献玉盘一、金盘三	玉盘
	50	《宋史·卷四百九十·外国六》："咸平四年，可汗王禄胜遣使曹万通以玉勒名马、独峰无峰橐驼、宾铁剑甲、琉璃器来贡。"	宋真宗咸平四年（1001 年）回鹘可汗王禄胜进贡玉勒名马	玉勒

时代	序号	史料原文	分析史料内涵（若未写明件数，则以1件计算）	玉器名、玉料
北宋	51	《宋史·卷四百九十·外国六》："大中祥符……三年……龟兹国王可汗遣使……来进……玉鞍勒、琥珀……"	宋真宗大中祥符三年（1010年）龟兹国进献玉鞍勒	玉鞍勒
	52	《宋史·卷四百九十·外国六》："大中祥符……四年……秦州回鹘安密献玉带于道左。"	宋真宗大中祥符四年（1011年）秦州回鹘献玉带	玉带
	53	《宋史·卷四百九十·外国六》："大中祥符……六年，龟兹进奉使李延庆等三十六人对于长春殿，献名马、弓箭、鞍勒、团玉、香药等，优诏答之。"	宋真宗大中祥符六年（1013年）龟兹进献团玉	团玉
	54	《辽史·卷七十·表第八·属国表》："圣宗统和……二十四年，沙州敦煌王曹寿遣使进大食马及美玉，以对衣、银器等物赐之。"	辽圣宗统和二十四年（1006年）沙州回鹘遣使进贡美玉给辽主	美玉
	55	《宋史·卷四百九十·外国六》："大食国本波斯之别种……太宗因问其国，对云：'与大秦国相邻，为其统属。'……大中祥符元年……遣使麻勿来献玉圭。"	宋真宗大中祥符元年（1008年）大食遣使来献玉圭	玉圭
	56	《宋史·卷四百九十·外国六》："大中祥符……三年，……龟兹国王可汗遣使李延福、副使安福、监使翟进来进香药、花蕊布、名马、独峰驼、大尾羊、玉鞍勒、琥珀、瑜石等。"	宋真宗大中祥符三年（1010年）龟兹国王遣使来献玉鞍勒	玉鞍勒
	57	《宋史·卷四百九十·外国六》："大中祥符……三年……其年，夜落纥遣使贡方物，秦州回鹘安密献玉带于道左。"	宋真宗大中祥符三年（1010年）秦州回鹘安密献玉带	玉带
	58	《宋史·卷四百九十·外国六》："大中祥符……六年，龟兹进奉使李延庆等三十六人对于长春殿，献名马、弓箭、鞍勒、团玉、香药等，优诏答之。"	宋真宗大中祥符六年（1013年）龟兹进奉团玉	团玉
	59	《宋史·卷四百九十·外国六》："沙州本汉炖煌故地，唐天宝末陷于西戎……至天圣初，遣使来谢，贡乳香、硇砂、玉团。"	宋仁宗天圣初年（1023年）沙州回鹘遣使进贡玉团	玉团
	60	《宋史·卷四百九十·外国六》："天圣三年十二月，遣使……贡玉鞍辔、白玉带……"	宋仁宗天圣三年（1025年）于阗呈贡玉鞍辔、白玉带	玉鞍辔、白玉带

时代	序号	史料原文	分析史料内涵 （若未写明件数，则以 1 件计算）	玉器名、玉料
北宋	61	《宋史·卷四百九十·外国六》："熙宁以来，远不逾一二岁，近则岁再至。所贡珠玉、珊瑚、翡翠、象牙、乳香、木香、琥珀、花蕊布、硇砂、龙盐、西锦、玉鞍辔马、腽肭脐、金星石、水银、安息鸡舌香，有所持无表章，每赐以晕锦旋襕衣、金带、器币，宰相则盘球云锦夹襕。"	宋神宗熙宁（1068～1077 年）于阗使者几乎年年都来。贡珠玉、玉鞍辔马	玉、玉鞍辔马
	62	《续资治通鉴长编·卷三百四十七》："元丰七年秋七月己亥……（神）手诏李宪：'朝廷奉祀所用璧、璋、瓒，常患乏良玉充用，近岁于阗等国虽有贡，然品低下，无异恶石。尔可博选汉、蕃旧善于贾贩，与诸蕃踪迹谙熟者，厚许酬直，令广行收市。'"	宋神宗元丰七年（1084 年）诏令李宪寻访善识玉石的汉蕃商人或通过边地熟谙情况的居民，高价收购各式良玉	宋主动要找良玉
	63	《清波杂志·卷六·外国章表》："政和间，从于阗求大玉。表至，示译者，方为答诏。其表有云：日出东方、赫赫大光、照见西方五百里国、五百国内条贯主黑汗王，表上日出东方、赫赫大光、照见四天下、四天下条贯主阿舅大官家：你前时要者玉，自家甚是用心，只为难得似你底尺寸，自家已令人两河寻访，才得似你底，便奉上也。"	宋徽宗政和年间（1111～1117 年）宋徽宗为作玉玺，复让于阗进贡美玉，并得于阗黑汗王的积极响应。宋人笔记《清波杂志》有〈外国章表〉一节记录于阗国书的译文	于阗答应替宋找好的大玉
	64	《宋史·卷一百五十四·志一百七·舆服六》："政和七年，从于阗得大玉，踰二尺，色如截肪。徽宗又制一宝，赤螭钮……其宝九寸……号曰'定命宝'。合前八宝为九，诏以九宝为称，以定命宝为首。"	宋徽宗政和七年（1117 年）从于阗得超过二尺的羊脂白玉，用来制作玺印	超过二尺的羊脂白玉
南宋、金	65	《宋史·卷四百九十·列传第二百四十九·外国六》："建炎三年，遣使奉宝玉珠贝入贡。帝谓侍臣曰：'大观、宣和间，茶马之政废，故武备不修，致金人乱华，危亡不绝如线。今复捐数十万缗以易无用之珠玉，曷若惜财以养战士？'诏张浚却之，优赐以答远人之意。"	宋高宗建炎三年（1129 年），大食遣使进贡宝玉珠贝，被退却	宝玉
	66	《金史·卷一百三十四·列传七十二·外国上》："大定……十二年，上谓宰臣曰：'夏国以珠玉易我丝帛，是以无用易我有用也。'乃减罢保安、兰州榷场。"	今世宗大定十二年（1172 年），西夏国进贡金国以珠玉，被退	

续表

时代	序号	史料原文	分析史料内涵 （若未写明件数，则以 1 件计算）	玉器名、玉料
明	67	《明史·卷三百三十二·列传第二百二十·西域四》："别失八里，西域大国也。南接于阗，北连瓦剌，西抵撒马儿罕，东抵火州……永乐二年遣使贡玉璞、名马，宴赍有加。" 相同记录见《明太宗实录·卷三十三》	明成祖永乐二年（1404 年）别失八里进贡玉璞	玉璞
	68	《明史·卷三百二十九·列传第二百十七·西域一》："哈密……永乐……三年二月遣官赐祭，以其兄子脱脱为王，赐玉带。" 相同记录见《明太宗实录·卷四十》	明成祖永乐三年（1405 年）册封哈密领袖脱脱时，赐他玉带	玉带
	69	印度学者 Dr. M. L. Nigam 在印度海得拉巴市 Hyderabad 的沙拉金博物馆 Salar Jung Museum 的图书馆中找到一篇古老的波斯文论述，其中引用了帖木儿帝国国君 Shah Rukh（1405～1447 年）的臣子 Mohammed Haji 的记载：由于 Shah Rukh 及其皇后对玉的珍爱，使得产玉的和阗地区的居民也重视玉器，玉器成为人们社会地位的象征	Shah Rukh（1405～1447 年）约当中国的明成祖永乐三年至明英宗正统十二年，中亚至于阗重视玉	
	70	《明史·卷六·本纪第六·成祖二》："四年……是年……回回结牙曲进玉碗，却之。" 《皇明典故纪闻·卷七》："回回进玉碗，成祖谓礼部臣曰：'朕朝夕所用中国磁器，洁素莹然，甚适于心，不必此也。况此物今府库亦有之，但朕自不用。'又曰：'厉贪而谄，朕受之，必应厚赉之。将有奇异于此者，继踵而至矣，何益国事？'" 《殊域周咨录·卷十一》：在"默德那"条之下，先说明"默德那，即回回祖国也。其地接天方。初，国王谟罕蓦德者，生而神灵，臣服西戎诸国。"故目前学界认为是"默德那"就是麦加之外的阿拉伯大城"麦地那"。文中又记述："永乐四年，国主遣回回结牙思进玉碗。"但没有"却之"	明成祖永乐四年（1406 年），不收回回所进玉碗。 从《皇明典故纪闻·卷七》可知明成祖拒收玉碗的理由。从这份史料也可以知道，明代内府收藏中也有玉碗。 《殊域周咨录》是明朝行人司行人和刑科右给事中严从简，在明神宗万历二年（1574 年）所撰写的一部关于明朝边疆历史和中外交通史的书籍。也记录回回进玉碗的事	玉碗
	71	《明史·卷三百二十九·列传第二百十七·西域一》："土鲁番……永乐四年遣官使别失八里，道其地，以彩币赐之。其万户赛因帖木儿遣使贡玉璞，明年达京师。"	明成祖永乐四年（1406 年）土鲁番进贡玉璞	玉璞

时代	序号	史料原文	分析史料内涵 （若未写明件数，则以1件计算）	玉器名、玉料
明	72	《明史·卷三百二十九·列传第二百二十七·西域一》："火州，又名哈剌……永乐四年五月命鸿胪丞刘帖木儿护别失八里使者归，因赏彩币赐其王子哈散。明年遣使贡玉璞方物。" 相同史料见：《明太宗实录·卷六十六》	明成祖永乐五年（1407年）火州进贡玉璞	玉璞
	73	《明史·卷三百二十九·列传第二百二十七·西域一》："八年十一月遣官赐敕戒谕之。未至，而脱脱以暴疾卒。讣闻，遣官赐祭……且封脱脱从弟兔力帖木儿为忠义王，赐印诰、玉带，世守哈密。" 相同史料见：《明太宗实录·卷一百二十》	明成祖永乐九年（1411年）册封哈密领袖兔力帖木儿时，赐他玉带	玉带
	74	《明史·卷三百三十二·列传第二百二十·西域四》："失剌思，近撒马儿罕。永乐……十七年遣使偕亦思弗罕诸部贡狮子、文豹、名马，辞还。复命安等送之，赐其酋绒锦、文绮、纱罗、玉系腰、磁器诸物。" 相同记录见：《明太宗实录·卷二百十二》	明成祖永乐十七年（1419年）明成祖赐失剌思的酋长绒锦、文绮、纱罗、玉系腰、磁器诸物。王玉德等人合编《明实录类纂—涉外史料卷》，考证"失剌思"在今日伊朗	玉系腰
	75	《明史·卷三百三十二·列传第二百二十·西域四》："正统四年贡良马，色玄，蹄额皆白。帝爱之，命图其像，赐名瑞锦，赏赉有加。十年十月书谕其王兀鲁伯曲烈干曰：'王远处西陲，恪修职贡，良足嘉尚。使回，特赐王及王妻子彩币表里，示朕优待之意。'别敕赐金玉器、龙首杖、细马鞍及诸色织金文绮，官其使臣为指挥佥事。" 相同记录见：《明英宗实录·卷一百三十四》	明英宗正统十年（1445年）明朝皇帝给在撒马儿干的帖木儿帝国国王兀鲁伯曲烈干国书，以及金玉器、龙首杖、细马鞍及诸色织金文绮	金玉器
	76	《明史·卷三百三十二·列传第二百二十·西域四》："别失八里……景泰三年贡玉石三千八百斤，礼官言其不堪用，诏悉收之，每二斤赐帛一匹。"	明景宗景泰三年（1452年）别失八里贡玉石三千八百斤，但不堪用	玉石
	77	《明史·卷三百三十二·列传第二百二十·西域四》："黑娄，近撒马儿罕……景泰四年偕邻境三十一部男妇百余人，贡马二百四十有七，骡十二，驴十，驼七，及玉石、硇砂、镔铁刀诸物。" 相同记录见：《明英宗实录·卷二三六》	明景宗景泰四年（1453年）黑娄与邻国一起来进贡玉石三百四十一块	玉石

续表

时代	序号	史料原文	分析史料内涵 （若未写明件数，则以1件计算）	玉器名、玉料
明	78	《明史·卷三百三十二·列传第二百二十·西域四》："景泰七年贡马驼、玉石。礼官言：'旧制给赏太重。今正、副使应给一等、二等赏物者，如旧时。三等人给彩缎四表里，绢三匹，织金纻丝衣一袭。其随行镇抚、舍人以下，递减有差。'制可。又言：'所贡玉石，堪用者止二十四块，六十八斤，余五千九百余斤不适于用，宜令自鬻。而彼坚欲进献，请每五斤赐绢一匹。'亦可之。" 相同记录见：《明英宗实录·卷二百六十五》	明景宗景泰七年（1456年）撒马儿干的帖木儿帝国进贡玉石。礼官建议要减少给赏。同时抱怨所贡的玉石只有二十四块（论重量约占百分之一）可用。朝廷想拒收，但进贡者坚持进贡，要求每五斤换一匹绢	玉石
	79	《明史·卷三百三十二·列传第二百二十·西域四》："黑娄……弘治三年又与天方诸国贡驼、马、玉石。"	明孝宗弘治三年（1490年）黑娄又与天方诸国一起来贡驼、马、玉石	玉石
	80	《明史·卷三百三十二·列传第二百二十·西域四》："天方，古筠冲地，一名天堂，又曰默伽……弘治三年，其王速檀阿黑麻遣使偕撒马儿罕、土鲁番贡马、驼、玉石。" 相同记录见：《明孝宗实录·卷三十六》	明孝宗弘治三年（1490年）天方与撒马儿罕、土鲁番等联合来贡马、驼、玉石	玉石
	81	《明史·卷三百三十二·列传第二百二十·西域四》："天方……嘉靖四年，其王亦麻都儿等遣使贡马、驼、方物。礼官言：'西人来贡……所进玉石悉粗恶，而使臣所私货皆良。乞下按臣廉问，自今毋得多携玉石，烦扰道途。其贡物不堪者，治都司官罪。'从之。" 相同记录见：《明世宗实录·卷五十四》	明世宗嘉靖四年（1525年）天方来进贡，礼官抱怨进贡的玉石都很粗恶，但使臣私下交易的货色就很精良，要求以后少带玉石来进贡	玉石
	82	《明史·卷三百三十二·列传第二百二十·西域四》："嘉靖四年，其王亦麻都儿等遣使贡马、驼、方物。礼官言：'西人来贡，陕西行都司稽留半年以上始为具奏。所进玉石悉粗恶，而使臣所私货皆良。乞下按臣廉问，自今毋得多携玉石，烦扰道途。其贡物不堪者，治都司官罪。'从之。明年，其国额麻都抗等八王各遣使贡玉石，主客郎中陈九川简退其粗恶者，使臣怨。通事胡士绅亦憾九川，因诈为使臣奏，词诬九川盗玉，坐下诏狱拷讯。尚书席书、给事中解一贯等论救，不听，竟成边。" 相同记录见：《明世宗实录·卷六十二》	明世宗嘉靖五年（1526年），天方来进贡玉石，陈九川简去其中不好的，招使臣怨，而该国又求讨蟒衣金器皿等，陈九川不为奏覆，又得罪通事胡士绅等人，后来被诬陷侵盗贡玉	玉石

续表

时代	序号	史料原文	分析史料内涵 （若未写明件数，则以1件计算）	玉器名、玉料
明	83	《明史·卷三百二十六·列传第二百十四·外国七》："嘉靖时制方丘朝日坛玉爵，购红黄玉于天方、哈密诸蕃，不可得。有通事言此玉产于阿丹，去土鲁番西南二千里，其地两山对峙，自为雌雄，或自鸣，请如永乐、宣德故事，赍重贿往购。帝从部议，已之。" 相同记录见：《明世宗实录·卷一九二》	明世宗嘉靖年间（1522～1566年）想要向西域、阿拉伯国家购买红色、黄色的玉来制作礼器	玉

转引图片资料来源：

图一，徐琳：《钱裕墓出土元代玉器综述》，《故宫文物月刊》1999 年第 4 期，总号 193。

图二，甘肃省博物馆：《甘肃省博物馆文物精品图集》，三秦出版社，2006 年。

图三，甘肃省文物局：《甘肃文物精华》，文物出版社，2006 年。

图四、五、六，刘云辉：《北周隋唐京畿玉器》，重庆出版社，2000 年。

图七，冀东山主编：《神韵与辉煌——陕西历史博物馆国宝鉴赏·玉杂器类》，三秦出版社，2006 年。

图八，宁夏文物考古研究所、吴忠市文物管理所：《吴忠西郊唐墓》，文物出版社，2006 年。

图九，依据大英博物馆网站图片绘制。

图一〇，依据邓淑苹：《国色天香——伊斯兰玉器》（台北故宫博物院，2007 年）图 38 绘制。

图一一、三〇、三五，中国美术全集编辑委员会：《中国美术全集·工艺美术篇·9·玉器》，文物出版社，1986 年。

图一二、一三，北京市文物局：《北京文物精粹大系·玉器卷》，北京出版社，2002 年。

图一四，内蒙古自治区文物考古研究所、哲里木盟博物馆：《辽陈国公主墓》，文物出版社，1993 年。

图一五、一九，蔡玫芬等主编：《黄金旺族——内蒙古博物院大辽文物展》，台北故宫博物院，2010 年。

图一六至一八、二五、三九、四一、五一，上海博物馆：《中国隋唐至清代玉器学术研讨会论文集》，上海古籍出版社，2002 年。

图二〇，辽宁省博物馆、辽宁省文物考古研究所：《辽河文明展文物集萃》，2006 年。

图二一，四川省博物馆编：《四川省博物馆》，文物出版社，1992 年。

图二二，邵国田主编：《敖汉文物精华》，内蒙古人民出版社，2004 年。

图二三、二九、三三、三四，于宝东：《辽金元玉器研究》，内蒙古大学出版社，2007 年。

图二四，转引自邓淑苹主编：《敬天格物——中国历代玉器》第 114 页，台北故宫博物院，2011 年。

图二六，古方主编：《中国出土玉器全集》（2），科学出版社，2005 年。

图二七，阎景全：《黑龙江省阿城市双城村金墓群出土文物整理报告》，《北方文物》1990 年第 2 期。

图二八，李陈奇：《黑龙江古代玉器》，文物出版社，2006 年。

图三二、三九，张尉主编：《新见古玉真赏》，上海古籍出版社，2004 年。

图三六，浙江省文物考古研究所：《雷峰塔遗址》，文物出版社，2005 年。

图三七，杨伯达编：《中国玉器全集》（5），河北美术出版社，1993 年。

图三八，华蓥市文物管理所、广安市文物管理所、四川省文物考古研究院：《华蓥安丙墓》，文物出版社，2008 年。

图四〇、五二，国家文物局编：《2004 中国重要考古发现》，文物出版社，2005 年。

图四二，浙江省衢州市博物馆编：《衢州文物精品》，西泠印社，1999 年。

图四三、四七、四九，蔡玫芬主编：《文艺绍兴·南宋艺术与文化·器物卷》，台北故宫博物院，2010 年。

图四四，根据《中国出土玉器全集》（9）（科学出版社，2005 年）绘制。

图四五、四六，张年安编：《南京文物考古新发现》，江苏人民出版社，2006 年。

北京大学考古学丛书

考 古 学 研 究

（九）

庆祝严文明先生八十寿辰论文集

下　册

北 京 大 学 考 古 文 博 学 院
北京大学中国考古学研究中心　编

文物出版社
北京

Archaeology Series, Peking University

A Collection of Studies on Archaeology

(IX)

Festschrift in Commemoration of Prof. Yan Wenming's 80th Birthday

B

Compiled by

School of Archaeology and Museology, Peking University
Center for the Study of Chinese Archaeology, Peking University

Cultural Relics Press
Beijing

中原的形成

——以先秦考古学文化格局的演进为中心

段宏振

（河北省文物考古研究所）

（一）引言：中原的概念

中原，既是一个自然地理概念，同时又更具有浓厚的人文地理意义。中原概念的形成经历了一个长期的过程，其早期阶段可追溯至先秦时代，中原一词已经见于当时的文献。《诗经·小雅·吉日》曰："瞻彼中原，其祁孔有。"《诗经·小雅·小宛》曰："中原有菽，庶民采之。"但这里的中原均意为原野，并不具备专门指向的地理意义。《左传·僖公二十三年》："晋、楚治兵，遇于中原。"《国语·晋语三》："耻大国之士于中原。"《国语·吴语》："以与楚昭王毒逐于中原柏举。"很明显，这里的中原已经具备了专门指向的地理意义，即指黄河中下游一带。如果以文献来看，中原概念的初步形成，至少应在春秋时期。

先秦时期，与"中原"紧密相连的还有"中国"一词。文献中的"中国"一词，最早的见于《诗经》、《尚书》之中，例如，《诗经·大雅·民劳》："民亦劳止，汔可小康，惠此中国，以绥四方。"《尚书·梓材》："皇天既付中国民，越厥疆土，于先王肆。"而《何尊》的铭文将"中国"一词的出现年代提早至西周初年，其铭文曰："余其宅兹中国，自之乂民。"① 上述之中国，均指京师及邻近地域，实际上已含有中原的意义。而在《左传》等文献中，中国一词已明显具有中原之义，如《左传·庄公三十一年》："凡诸侯有四夷之功，则献于王，王以警于夷；中国则否。"《孟子·滕文公上》："禹疏九河……然后中国可得而食也……陈良，楚产也，悦周公仲尼之道，北学于中国。"

与中国紧密相连的还有"华夏"的概念。"华夏"一词最早见于《左传·襄公二十六年》："楚失华夏。"孔颖达疏："华夏为中国也。"《左传·定公十年》："裔不谋夏，夷不乱华。"孔疏："夏也，中国。有礼仪之大，故称夏。有服章之美，谓之华。华夏，一也。"

---

① 马承源：《何尊铭文初释》，《文物》1976 年第 1 期。

中国即指中原，两者的含义基本相合，自然地理意义上系指黄河中下游地域，人文地理意义上均包含有相对于边境及蛮夷戎狄而言的中央地区，综合起来的意义即指华夏族群集中居住的黄河中下游流域。此乃中原的一般基本要义，而若要全面而具体说来，中原的意义则要复杂得多，不仅需要狭义和广义之横向视野，还需要动态发展之纵向角度。从地域上讲，狭义的中原，指今河南一带的黄河两岸地区；而广义的中原，指以河南为中心的周边邻近地区，大致包括鲁东、冀南、晋南和关中东部地区，其范围基本在黄河中下游地区。从族群构成及融合发展上讲，早期的中原以早期的华夏族团为主，而后来的华夏族团则不断融合同化周边的诸多部族，随着中原地域的拓展不断膨大，位于中原周边的诸夷蛮戎狄等部族，不断被华夏蚕食消融同化为一体①。

与中原的正式形成相应，成熟的中原概念见于秦汉时期的文献。例如，大约成书于秦汉之际的《礼记·王制》篇曰："中国戎夷五方之民，皆有性也，不可推移。东方曰夷……南方曰蛮……西方曰戎……北方曰狄……中国、夷、蛮、戎、狄，皆有安居……五方之民，言语不同，嗜欲不同。"这是自先秦以来关于中国或中原本质含义的最分明阐释，同时也指出了四方夷狄与中原之间的本质差别。而对于中原与四方夷狄的本质区别，自先秦时期即有深刻的认识。如《荀子·正论》："故诸夏之国，同服同仪。蛮狄戎狄之国，同服不同制。"

很明显，鲜明的中原中国与四方相比较而凸显，秦汉的中国中原不仅地域分明，而且民族文化特征突出，是为成熟的成年的中原。中原的人文意义即应在此，中原的形成之路也至少由此向上追溯。中原人文地理意义的主要体现即是华夏族团的基本形成与稳定，即：核心地域的相对固定、族团人群的特征显现、文化风俗的积淀与传承、政治的表面或松散一统。如果依此标准，成熟的中原应自秦汉始。此前东周时代春秋战国的兼并战争，是中原内部的深层次整合剧变。而再此前西周时期的表面统一，则是中原的表层整合。而再早的商王朝的强盛与文化拓展，应是中原的首次凸显与拓展。

夏商周三代，先后接替在中原表演主角，它们虽族源不同但传承的是中原的一脉文化。至东周，经过剧烈的文化整合和民族同化，夏商周乃至诸多部族于中原逐渐交融一体，成为一个更大的华夏。自夏代的天下万邦，到商周的分封，再到春秋五霸战国七雄，最终至秦的一统，正是这一历程的政治反映。秦统一，最终在深层和表面上完成了中原的彻底整合。至此，中原才成人了，独立了。

商代、西周、东周应是中原的幼年期。中原在商代初定天下，于西周时期大幅度拓展，入东周时代则内部消化积淀充实，之后才有秦汉的一统整合。追溯中原的诞生，

---

① 徐旭生认为，华夏、苗蛮、东夷三个族团的同化到春秋时期已经快完全成功（参见徐旭生：《中国古史的传说时代》第 39 页，文物出版社，1985 年）。

夏代大概是中原的婴儿期，龙山时代则大致是中原的成熟胚胎期，或属临产前状态。更早的仰韶时代，属于中原的胚胎孕育和发育时期。

与其基本稳定的地域范围相应，历史上中原的内涵和意义也比较稳定：代表着发达的旱地农业经济，发达的青铜、铁器、瓷器和丝绸文明，发达的华夏政治和文化系统等等。历史的中原如此凸显和重要，因此有必要探究其形成的路径和动因。汇集成中原的上游支流群来自遥远的史前时代，因此考古学研究无疑是一种主要的探索手段。在考古学研究上，中原的概念具有特定的意义，具有考古学文化区域的特定含义，中原即指中原考古学文化区①。本文试图以考古学意为基础，并充分注意历史学方面的意义，重点探索中原文化区的出现及发展变化之演进历程，同时兼及黄土高原文化区和北方文化区等区系，以及它们之间随时代在地域范围上的此消彼长的相应变化。应当指出，从理论上讲，考古的中原与历史的中原并不能完全等同，但考古学无疑是追溯中原在史前时代形成轨迹的最好方法。换言之，本文对中原形成进程的考察方法是：从考古学意义的中原文化区，到历史意义的中原。

（二）中原形成轨迹的考古学观察

为了在考古学上理解中原考古学文化区的地域区划，本文尝试引入黄土高原考古学大文化区和太行山东麓文化区两个概念。从某种宏观角度看，某一阶段的中原只不

① 关于中国史前至青铜时代考古学文化的区系划分，有着诸多不同的认识。苏秉琦于1981年最早将中国考古学文化分为六大区系（参见苏秉琦：《关于考古学文化的区系类型问题》，《文物》1981年第5期），后来又对这个分区体系进行了详细的论述，即：北方、中原、东方、东南、南方和西南。其中，关于北方区和中原区的具体表述为：以燕山南北长城地带为重心的北方，以关中（陕西）晋南豫西为中心的中原。同时又提出，广义的北方分三大块：西北、北方和东北（参见苏秉琦：《中国文明起源新探》第29～30页，香港商务印书馆，1997年）。严文明将中国新石器文化分作六大区：燕辽、中原、山东、江浙、长江中游和甘青。其中，关于中原文化区的范围表述为：以渭河流域和晋陕豫邻接地区为中心，范围几乎遍及陕西、山西、河南、河北全境。并指出，中国史前文化是以中原文化区为花心的重瓣花朵式向心结构。很明显将中原区的核心地位提至相当的高度（参见严文明：《中国史前文化的统一性和多样性》，《文物》1987年第3期）。后来，严文明在中原区系之中，又划出一个文化亚区——雁北区，亦即将陕北、内蒙古中南、晋北和冀西北地区归入广义的中原区系。这种划分，反映了中原文化区系结构的复杂层次以及分化与发展。对于从史前到青铜时代中原文化区系的地位变化，严先生在该文中说，青铜时代早期，以中原的二里头文化最为发达，一个大体上是平等的多元一体格局正向以中原为核心的多元一体格局发展。即认为，中原核心在二里头时期基本形成（参见严文明：《东方文明的摇篮》，《农业发生与文明起源》，科学出版社，2000年）。

  李伯谦对中国青铜时代的文化分区系统进行了总体研究，其中北方文化区和中原文化区的范围因时代而不断变化（参见李伯谦：《中国青铜文化的发展阶段与分区系统》，《中国青铜文化结构体系研究》，科学出版社，1998年）。李学勤曾将东周时代划分为7个文化圈，其中的中原文化圈包括周和三晋地区（参见李学勤：《东周与秦代文明》，文物出版社，1984年）。

过是黄土高原大文化区的分化与支系。黄河的巨大回旋曲折使其与黄土高原紧密地融合在一起，黄水和黄土滋润涵养了黄河流域的古代文化。因此，黄土高原不仅仅是一个地理单元，在考古学和历史学意义上也是一个大文化区，代表着黄河流域的核心古文化。

黄土高原大区又可分为北区和南区两大部分：北区即阴山以南的河曲地带及邻近地区，南区即渭河、汾河下游流域的河谷平原及邻近地区。单从地理角度看，黄土高原东侧的东缘区为太行山东麓地区；东南侧的东南边缘区则为嵩山—伏牛山东麓地区。而这个东南边缘区，正是中原的发生地和基础，后来又融合了黄土高原南区。中原的文化地域概念，有其产生发展和变迁的历史过程，既存在着历史特定的比较固定的核心基础地域，同时其范围界限又在不断地发生着不同程度的变化（见图）。

目前的考古资料表明，中原文化区的发生与发展演进大致经历了以下几个阶段：

（1）第一中原区时期，约在公元前 6000～前 5000 年的裴李岗时期，是中原胚胎的最早孕育时期，其核心地域最初出现在豫中豫东南地区。

（2）第二中原区时期，约在公元前 5000～前 4700 年的仰韶最早阶段，是中原胚胎的初现时期。以豫中为核心的中原区得到初步的发展，核心地域范围扩大，几乎扩展至整个的黄土高原南区，南至伏牛山南麓的汉水流域。

（3）第三中原区时期，约在公元前 4700～前 4000 年的仰韶半坡期阶段，是中原胚胎

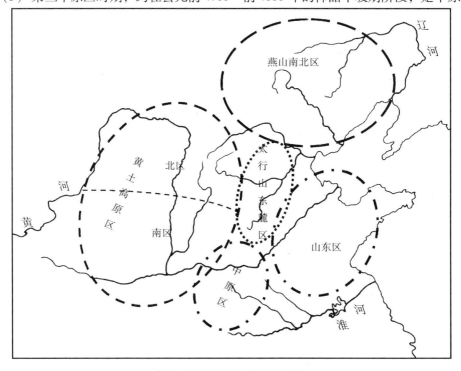

仰韶后期的中原文化区示意图

的重组时期。关中地区的半坡类型强势向东发展，形成关中豫西晋南的尖底瓶彩陶钵文化繁荣区。相比之下，前一阶段兴盛的中原区在西方的挤压下明显向东收缩而发生结构重组。

（4）第一黄土高原大文化区时期，约在公元前4000～前3500年的仰韶庙底沟期阶段，是黄土高原大文化区的繁荣时期。黄土高原的南缘河谷地带文化繁荣，极力向四方辐射扩张，整个黄土高原几乎整合为一个文化区，但中原继续保持着自己的传统并没有消亡，只不过是为黄土高原所涵盖，披上了黄土高原的外衣。

（5）第四中原区时期，约在公元前3500～前2500年的仰韶后期，亦即秦王寨期和庙底沟二期阶段，是中原胚胎挣脱黄土高原大区的重现时期。黄土高原大文化区分化和消解为三个区域：其一，北部阴山以南地区的独立性逐渐凸显，北方文化区初现；其二，南部关中晋南豫西地区传统的尖底瓶钵文化再次凸显，后一阶段斝的出现是新标志器；其三，豫中豫东南地区传统的鼎罐文化在脱下黄土高原的外衣后开始复兴，中原文化区得以重现并且发展迅速，与西面的关中晋南豫西地区形成对峙。

（6）第五中原区时期，约在公元前2500～前2000年的龙山时代，是黄土高原大文化区继庙底沟期之后的第二次整合和再次繁荣，即第二黄土高原大文化区时期，但同时也是中原胚胎的凸显与稳固时期。以豫中豫东南为核心的中原与黄土高原的区别愈来愈大，以鼎罐瓮文化为特征的独特性分明凸显。而黄土高原的主要地区，即阴山以南地区和关中豫西晋南地区的统一性比较显现，逐渐整合成为斝鬲文化区，并开始强烈向四方辐射，黄土高原东缘与东南缘的丘陵及山前平原为主要的影响接受区。

（7）第六中原区时期，约在公元前2000～前1600年的夏代，是中原初步形成的婴儿时代。二里头文化西拓进入豫西晋南，最终成为中原舞台的主角。中原的核心区域自此几乎定格在黄土高原南缘和东南缘的河谷及山前平原地带。

（8）第七中原区时期，约在公元前1600年至前11世纪的商代，是中原的初次繁荣及拓展时期。中原区扩大几乎占据黄河中下游流域，进入幼年时代。

（9）第八中原区时期，公元前11世纪～前771年的西周，是中原大文化区的形成与巩固时期。西周的分封使得中原继续拓展，影响所及北至燕山，南达长江流域。中原在表层得到大面积的整合。

（10）第九中原区时期，公元前770～前256年的东周，是中原的沉淀与固化时期，中原在深层次得到结构性的整合。

（11）第十中原区时期，公元前221～公元1127年，秦帝国到宋帝国，是中原的永恒与隐形时期。

纵观中原文化区的出现及发展演进历程，其核心虽一直位于豫中地区，然而地域范围始终是发展的动态的，其位置与作用也是起伏变化的，但总的趋势是地域范围不断扩大，位置作用不断稳固提升（见表）。

中原文化区形成与发展演进历程示意表

时代		黄土高原东南边缘区	黄土高原大文化区 南区	黄土高原大文化区 北区	燕山南北文化区
裴李岗时期		第一中原期	第二中原期	第一北方期	兴隆洼文化
仰韶前期	最早期				赵宝沟文化
仰韶前期	半坡期	第三中原期	第一黄土高原期		红山文化
仰韶前期	庙底沟期			第二北方期	小河沿文化
仰韶后期	秦王寨期	第四中原期	第二黄土高原期 南区		
仰韶后期	庙底沟二期				
龙山时期		第五中原期	第三黄土高原期（第三北方期）		
二里头时期		第六中原期			
商代	前期	第七中原期		第四北方期	第七中原期
商代	后期	第八中原期		第五北方期	第八中原期（中原期）
西周	前期	第九中原期			
西周	后期			第六北方期	第九中原期
东周	春秋				
东周	战国				
秦代至北朝末		第十中原期（中原农业帝国）		北方游牧部族群或农牧王朝	

说明：黄土高原东南边缘区的范围大致是豫东南地区。黄土高原大文化区分南北两个区域，南区的范围大致是中豫西和晋中南地区，北区的范围大致是内蒙古中南部、陕北和晋中北地区。燕山南北文化区的范围大致是内蒙古东南部，辽西和冀北地区。

1. 约公元前 6000 ~ 前 5000 年，裴李岗时期：中原胚胎的孕育

目前为止，公元前 6000 年以前的考古遗存目前发现的还非常有限。大致在公元前 6000 ~ 前 5000 年前期间，秦岭淮河以北地区的考古学文化主要有四大系统五支文化：燕山南北地区以筒形罐为特征的兴隆洼文化、太行山东麓地区以直腹盆（盂）为特征的北福地一期文化和磁山文化（宏观属于燕山南北系统）、山东地区以釜为特征的后李文化、豫中豫东南地区以鼎钵壶为特征的裴李岗文化、渭河关中地区以钵罐为特征的老官台—白家文化。

尽管有人指出白家文化应是裴李岗文化向西发展的结果①，但两者之间的区别还是明显的。豫西地区的渑池班村一期遗存，与大致同时期的裴李岗文化似乎也有相当的区别②。因此，这一时期的关中、豫中豫东南似乎分属于两个系统，但其中豫中豫东南地区的裴李岗文化无疑是最突出的。裴李岗文化除了向西拓展外，还向北发展与北福地一期文化碰撞结合后形成了磁山文化③，并还有可能是泰沂地区下一阶段的北辛文化的主要来源④，另外还可能南下参与了下王岗一期文化的形成⑤。因此，如果将以鼎钵壶罐为特征的裴李岗文化，视作这一时期黄河流域的代表性文化，那么豫中豫东南地区则是核心文化地区，而中原文化区的胚胎孕育即在这一地域。换言之，中原的核心地域最初出现在黄土高原东南缘地区的丘陵和山前平原地区，亦即以嵩山为中心的黄河到颍河上游的邻近地区。是为第一中原文化区时期。

2. 约公元前 5000 ~ 前 4700 年，仰韶最早期：中原胚胎的初现

大约从公元前 5000 年开始，黄河流域进入仰韶时代，这一时代考古学文化繁荣的中心，逐渐从黄土高原东南缘区移至南区，并拓展至整个黄土高原地区，成为吸引周边文化向心凝聚的汇集区。

约公元前 5000 ~ 前 4700 年，分布于黄土高原南区和东南缘区的考古学文化，发生

---

① 袁广阔：《关于裴李岗文化一支西迁的几个问题》，《华夏考古》1994 年第 3 期；韩建业：《中国西北地区先秦时期的自然环境与文化发展》第 45 页，文物出版社，2008 年。
② 张居中：《试论班村遗址前仰韶时期文化遗存》，《俞伟超先生纪念文集·学术卷》，文物出版社，2009 年。
③ 段宏振、张渭莲：《北福地与磁山——公元前 6000 ~ 前 5000 年黄河下游地区史前文化的格局》，《文物》2006 年第 9 期。
④ 栾丰实：《北辛文化研究》，《海岱地区考古研究》，山东大学出版社，1997 年。
⑤ 栾丰实：《试论后李文化》，《海岱地区考古研究》，山东大学出版社，1997 年；河南省文物研究所：《淅川下王岗》，文物出版社，1989 年。

了一个明显的大致同步现象①。这一时期，关中地区的零口类型②，豫西晋南地区的枣园一期和东关一期早段遗存③，豫中豫东南的石固五期④、大河村前三期和前二期早段⑤，伏牛山南麓南阳盆地的下王岗仰韶一期等⑥，陶器群构成基本相似：以红顶钵、弦纹罐、小口壶、锥足鼎等为主要内容。其中略有差异的是，豫中地区多见一种双耳罐，大概是直接上承裴李岗文化而来。此时的黄土高原南区和其东南边缘地区紧密地联系起来，以鼎钵壶罐为主要内容的文化整合特征明显，造成这种局面的主要动因有

① 关于这一阶段文化遗存的年代区间及性质的认识，存在着不同的认识。

　　1992年，笔者曾将太行山东麓地区晚于磁山、早于后岗一期的所谓前仰韶遗存单列出来，主要遗存有镇江营一期、北福地一期甲类、石北口早期和下潘汪早期等，主要文化特征是有釜无鼎无彩陶，称之为北福地文化（参见段宏振：《太行山东麓地区新石器早期文化的新认识》，《文物春秋》1992年第3期）。2003年，北福地遗址正式发掘澄清一期甲类乙类的关系后，笔者又将北福地文化改称之为北福地二期文化（参见段宏振、张渭莲：《北福地与磁山——公元前6000～前5000年黄河下游地区史前文化的格局》，《文物》2006年第9期）。北福地二期文化所处的时代大致相当于孙祖初所说的是新石器中期向晚期过渡时期的早期。孙祖初将赵宝沟文化、下潘汪文化、北辛文化、下王岗一期文化等视作前尖底瓶遗存，最初认为这个时期的年代在公元前5000～前4000年间，后来又调整为公元前5000～前4500年之间，而将半坡类型的最早年代定在公元前4500年前后（参见孙祖初：《中原地区新石器时代中期向晚期的过渡》，《华夏考古》1997年第4期；《半坡文化再研究》，《考古学报》1998年第4期）。参考碳-14年代数据并综合考虑各方面因素，本文暂将这一时期的年代定在公元前5000～前4700年之间，以待今后更多考古发现数据校正。

　　目前关于这一阶段文化遗存的地域划分及命名，更是复杂多样，计有：北首岭文化、零口类型或文化、东关文化、枣园文化、下王岗一期文化、镇江营一期文化、下潘汪文化、北辛文化、北福地二期文化等等。以目前的考古发现来看，黄土高原东缘的太行山东麓地区以镇江营一期、北福地二期、石北口早期等为代表的有釜钵壶罐而无鼎无彩陶的文化遗存，比较整合归一，基本属于东方系统，是后岗一期文化的直接前身。而黄土高原南区及南缘的关中东部、晋南、豫西、豫中以及豫西南地区的文化遗存则相对比较整合，主要文化特征是鼎钵壶罐，基本属于豫中中原系统。然而有趣的是，紧接的后一个阶段（半坡期），太行山东麓地区很快即转入鼎钵壶罐为主要内容的文化（后岗一期文化），而在黄土高原南区及南缘地区，鼎的范围由西向东急剧收缩而主要分布在豫中地区，代之而起的是尖底瓶的分布由西向东逐渐延伸。由此看来，大约公元前5000～前4700年期间，黄土高原腹地及其边缘地区曾经有过一个大致相似的同步时代，流行鼎钵壶罐（东缘地区流行釜，并主要受东面山东系统的影响）。这个体系大概应是豫中裴李岗文化鼎钵壶罐传统的后续，因此可以视作中原文化区的第一个大规模的拓展期。

② 陕西省考古研究所：《临潼零口村》，三秦出版社，2004年。

③ 山西省考古研究所：《翼城枣园》，科学技术文献出版社，2004年；中国历史博物馆、山西省考古研究所：《垣曲古城东关》，科学出版社，2001年。

④ 河南省文物研究所：《长葛石固遗址发掘报告》，《华夏考古》1987年第1期。

⑤ 郑州市文物考古研究所：《郑州大河村》，科学出版社，2001年。

⑥ 河南省文物研究所等：《淅川下王岗》，文物出版社，1989年。

可能是来自豫中地区或其至更远的东方①。总之，此时中原的范围远比上一个阶段向西拓展扩大了，几乎扩展至整个的黄土高原南区，南至伏牛山南麓的汉水流域。是为第二中原文化区时期。

另外，太行山东麓地区的北福地二期文化②，也以红顶钵、弦纹罐、小口壶等为主要特征，不同的是还包含有大量的釜，这一点与北辛一期文化有相似之处③。但这一支文化不久即由釜发展为釜形鼎，演变为后岗一期文化。此表明这一时期整个黄土高原及其边缘地区在文化发展上，具有一定程度的较大范围的一致性，为后来的黄土高原大文化区的形成奠定了基础。

3. 约公元前 4700～前 4000 年，仰韶早期：中原胚胎的重组

约公元前 4700～前 4000 年，关中地区以尖底瓶彩陶钵为特征的半坡类型自始至终具有鲜明的特点，其向东发展成为晋南豫西地区的东庄类型④，作为东方文化的东关一期遗存开始淡出这一区域⑤。关中地区文化的强势东扩，形成以渭河、汾河与黄河汇集地带为中心的尖底瓶彩陶钵文化繁荣区，亦即关中豫西晋南文化区。至此，黄土高原大文化区的南区进入了一个繁荣期。

豫中地区的大河村前二期晚段和前一期遗存，陶器群内容主要是：足根有指甲或捺窝纹的釜形鼎、弦纹罐、双耳罐、小口壶、红顶钵、泥突缸、豆及彩陶钵等，既有

① 中国历史博物馆、山西省考古研究所：《垣曲古城东关》，科学出版社，2001 年；山西省考古研究所：《翼城枣园》，科学技术文献出版社，2004 年；王月前：《东关遗址仰韶早期遗存的相关问题》，《中原文物》2007 年第 2 期。

② 河北省文物研究所：《北福地——易水流域史前遗址》，文物出版社，2007 年。

③ 关于北辛文化还存在着不同的认识。一种流行的观点是纵向的长跨度认识，将北辛遗址、大汶口遗址第 7～5 层（1974～1978 年发掘）、王因 5 层等遗存，均纳入北辛文化范畴，年代范围约在公元前5000～前4000 年（参见郑笑梅：《试谈北辛文化及其与大汶口文化的关系》，《山东史前文化论文集》，齐鲁书社，1986 年；栾丰实：《北辛文化研究》，《海岱地区考古研究》，山东大学出版社，1997 年）。另一种认识虽然纵向范围较窄，但横向的分布西延至太行山东麓一线（参见张忠培、乔梁：《后岗一期文化研究》，《考古学报》1992 年第 3 期）。本文倾向于认为：在泰沂地区，以北辛遗址早期遗存为代表的北辛一期文化，陶器群主体为釜钵，年代约在公元前5000～前4700 年，是与北福地二期文化年代相当、东西相邻并且文化内涵存在许多近似之处的亲属文化。以北辛遗址中晚期遗存为代表的北辛二期文化，陶器群主体为鼎钵壶，年代约在公元前4700～前4000 年，是与后岗一期文化年代相当、东西相邻并且文化内涵存在许多近似之处的亲属文化（参见段宏振：《太行山东麓地区新石器早期文化的新认识》，《文物春秋》1992 年第 3 期；段宏振、张渭莲：《北福地与磁山——公元前 6000～前 5000 年黄河下游地区史前文化的格局》，《文物》2006 年第 9 期）。

④ 严文明：《论半坡类型和庙底沟类型》、《略论仰韶文化的起源和发展阶段》，均载《仰韶文化研究》，文物出版社，1989 年。

⑤ 王月前：《东关遗址仰韶早期遗存的相关问题》，《中原文物》2007 年第 2 期。

与北面后岗一期相似的较多因素，又有与西面东庄类型相似的少量因素。因此产生了将大河村前二期和前一期归入后岗一期系统的看法①，但也有不同的意见将其划入下王岗类型②。

豫中豫东南地区的文化发展面临西面和北面两个方向的压力，自身传统特色受到冲击，但发展脉络并没有中断。上一阶段的中原文化区发生分化，豫中地区在豫西晋南的影响力开始后撤。在这一过程中，关中豫西晋南地区和豫中地区的文化面貌，变得渐行渐远，原来的中原区内部进行了重组。如何看待这个变化，大致有两个观察角度：

其一，如果我们注重历史传统基础，则可以将以大河村前二期、前一期为代表的鼎钵遗存，视作中原文化区的传承文化，而豫中地区即为中原区的核心地域，是为第三中原文化区时期。

其二，如果我们注重历史的新兴力量和发展趋势，则也可以将半坡东庄类型的尖底瓶钵遗存视作中原文化区的新生文化代表，而关中豫西晋南地区就成了中原区的核心地区，亦即中原文化区的核心向西发生了偏移。

但是，如果我们放眼黄土高原大文化区，则还是以第一种角度似乎为宜。第三中原文化区较前一阶段向东有所收缩，黄土高原南区的独特性开始显现。

太行山东麓地区的后岗一期文化，某种意义上甚至可以视作前一阶段中原系统的鼎钵壶罐文化的后裔，但其本质属性及渊源与东方系统还有着密切的关联③。后岗一期文化向北积极拓展，在阴山以南地区发展为当地的石虎山Ⅰ遗存，而稍早阶段的石虎山Ⅱ遗存可能就要追溯到北福地二期文化的北进④。相比之下，半坡—东庄类型的向北

---

① 郑州市文物考古研究所：《郑州大河村》，科学出版社，2001年。

② 韩建业：《论新石器时代中原文化的历史地位》，《江汉考古》2004年第1期。

③ 关于后岗一期文化的性质及分布目前还存在着不同的意见。一种著名的观点将后岗一期文化的分布范围，扩大为以华北平原为中心及其两翼的汾河谷地到河套和山东半岛，南达郑州地区（参见张忠培、乔梁：《后岗一期文化研究》，《考古学报》1992年第3期；陈光：《试论后岗一期文化》，《苏秉琦与当代中国考古学》，科学出版社，2001年）。本文认为北福地二期文化—后岗一期文化，属于一支釜（后为鼎）钵壶罐文化。北福地二期文化的形成，可能是后李文化西进和裴李岗文化北上的共同结果。北福地二期文化—后岗一期文化分布的核心地域，主要在太行山东麓南北一线，属于西部黄土高原和东方泰沂两个地区之间夹缝地带的一种走廊文化，但其本质属性应介于山东东方系统与豫中中原系统之间。换言之，北福地二期—后岗一期文化的鼎钵壶罐，介于北辛—大汶口文化的鼎钵壶鬶豆杯和石固五期—大河村前三至前一期文化的鼎钵壶罐两个系统之间，是两个系统的相互作用形成了太行山东麓地区本地特色的北福地二期—后岗一期文化的釜鼎钵壶罐文化。

④ 内蒙古文物考古研究所等：《石虎山遗址发掘报告》，《岱海考古（二）——中日岱海地区考察研究报告集》，科学出版社，2001年。

扩张可能要稍晚一步，它们在阴山以南地区形成鲁家坡一期遗存①。黄土高原东缘区和南区的文化分别相继北上拓展，在阴山南麓地区形成当地的文化，从而使整个黄土高原的文化逐渐呈现一统整合的趋势。虽然目前尚无确切证据表明当地是否早已经存在原始农业，但作为发达农业文化的半坡和后岗一期文化北上，将先进的农业移植到阴山以南地区当无问题。至此，黄土高原大文化区的北区出现了，即北方文化区的萌芽，甚至可以称之为第一北方文化区时期，是其产生的动因大致是南部农业文化北上的结果。

4. 约公元前 4000～前 3500 年，庙底沟时期：黄土高原大文化区的繁荣

约公元前 4000～前 3500 年，仰韶文化进入庙底沟时期，这是一个顶峰的整合期，气候环境适宜，黄土高原区域内的文化发展趋于统一并向四方扩展，尖底瓶和花瓣形图案彩陶成为标志器。这一整合过程的动力，是上一阶段关中晋南豫西的黄土高原南区文化发展强势的继续，向东至豫中地区发展成为以大河村一、二期为代表的阎村类型②，向北至阴山以南地区发展成为白泥窑子类型。

黄土高原南区亦即黄土高原的南缘河谷地带，大致以渭河、汾河、洛河、伊河与黄河汇集地带为中心，是文化繁荣的核心地域。此时不仅豫中已与豫西紧密联系在一起，甚至整个黄土高原的南区和北区几乎整合为一个文化区。这种态势下原来的中原文化区，既可理解为中原披着黄土高原区的大外衣，也可以理解为黄土高原大区涵盖收纳了中原区。是为第一黄土高原大文化区时期。

此时，黄土高原地区的文化积极向外施加影响，庙底沟类型彩陶广泛四传，在黄土高原之外的地域成为当地的庙底沟式彩陶，几乎波及整个黄河流域，南至长江沿岸③。庙底沟类型对四方的辐射力远远超越周边的微弱反影响，因此黄土高原成为黄河流域的一个文化中心。此时，黄土高原的庙底沟类型、燕山南北的红山文化、山东的大汶口文化，都是各地的区域文化中心，但其中似乎庙底沟的位置更凸显一些。庙底沟类型在冀西北与红山文化发生了接触与交流。红山的突出内容主要是坛庙冢及精美的玉器，可能属于一种发达的祭祀文化。或许中原以后也会发现类似的祭祀遗存，或许中原的发达没有过多地集中在这一层面。

第一黄土高原大文化区的形成，得力于南区文化的强势发展和辐射，不仅覆盖了北区的文化，而且还涵盖了东南缘地区上一阶段第三中原区的文化。但此时的中原并

---

① 韩建业：《中国北方地区新石器时代文化研究》，文物出版社，2003 年。
② 严文明：《略论仰韶文化的起源和发展阶段》，《仰韶文化研究》，文物出版社，1989 年；袁广阔：《阎村类型研究》，《考古学报》1996 年第 3 期。
③ 段宏振：《试论庙底沟类型彩陶的传播》，《文物春秋》1991 年第 1 期。

没有中断和消亡，而是在涵盖之下保持着自己的文化传统并继续发展。豫中地区的阎村类型具有鲜明的独特个性：多用鼎，尖底瓶瘦长，彩陶的色调与图案均丰富多彩，还有独特的葬具伊川缸等①。这说明中原文化区不仅在黄土高原大区之中个性凸显，即使与邻近的豫西晋南关中地区相比，也具有鲜明的独特性。

5. 约公元前 3500～前 2500 年，仰韶后期：中原胚胎的重现

（1）约公元前 3500～前 3000 年，仰韶后期早段的秦王寨期阶段

前一时期的文化大整合开始消解，各地的文化个性逐渐彰显：关中地区的半坡晚期类型，豫西晋南的西王—东关遗存，豫中以大河村三期至四期早段为代表的秦王寨类型或文化②，晋中的白燕一期类型③，太行山东麓地区南部的大司空类型。

晋南东关四期遗存陶器群的主要内容为：尖底瓶、罐、瓮、鼎、曲腹钵及彩陶钵等，既与关中地区保持着较多的一致性，又明显含有不少豫中地区的因素。

豫中地区大河村三期和四期早段陶器群的主要内容为：鼎、罐、瓮、缸、曲腹钵、豆及彩陶钵、罐，与晋南豫西的区别比较明显，显示着被覆盖的中原文化区逐渐回归重现。秦王寨类型这种鲜明的独特性，以至于有人认为其已基本从仰韶文化中脱胎出来了，应属于仰韶和大汶口两大文化之间的亚文化④。中原文化区的此次重现，自此以后再没有经历覆盖。是为第四中原文化区时期。

太行山东麓地区南部的大司空类型，陶器群以平底器为主，此与秦王寨类型形成区别。但两者的彩陶存在着不少的相似性，显示了中原区向北方的影响。至于太行山东麓地区北部以午方、东牛等遗址为代表的遗存，文化面貌显示出许多有别于大司空类型的地方特色，如刮条纹筒形罐、舌状或柱状錾手等，反映了北方文化向南方的渗透。

阴山以南地区为海生不浪类型或文化，又叫庙子沟文化，存在较多的细石器，狩猎比重较前期增加，农业经济开始发生减弱。文化面貌与经济类型均开始走向与黄土高原南区分离的道路，自身的独立性已经开始凸显。

北方区的东缘地区开始与燕山以北的辽西地区联系密切。燕山南侧的午方、姜家梁、雪山一期等遗存，与燕山北侧的小河沿文化存在一定的相似性，有人整合为雪山一期文化⑤。

（2）约公元前 3000～前 2500 年，仰韶后期晚段的庙底沟二期阶段

各地文化在个性发扬的同时，又在孕育着一个新的文化整合期。关中地区的泉护

---

① 严文明：《鹳鱼石斧图跋》，《文物》1981 年第 12 期。

② 孙祖初：《秦王寨文化研究》，《华夏考古》1991 年第 3 期。

③ 晋中考古队：《山西太谷白燕遗址第一地点发掘简报》，《文物》1989 年第 3 期。

④ 戴向明：《黄河流域新石器时代文化格局之演变》，《考古学报》1998 年第 4 期。

⑤ 韩建业：《论雪山一期文化》，《华夏考古》2003 年第 4 期。

二期类型，豫西晋南的庙底沟二期类型，晋中的白燕二期类型，豫中的谷水河类型①。

关中与豫西晋南地区虽然继续保持着较多的一致性，但此时晋南地区的文化特性似乎更为凸显一些。以晋南地区的东关五期为例，典型陶器有：鼎、斝、釜灶、高领罐、深腹罐、双鋬盆、刻槽盆等，篮纹比例较高。

豫中豫东南地区，以大河村四期晚段和五期为例，主要陶器有：鼎、深腹罐、盆、豆、杯等，缺乏斝、釜灶、箍状堆纹罐、刻槽盆等代表性的西部因素，反而含有不少大汶口和屈家岭等东方或南方的因素。豫中地区此时大概受到来自四面的文化冲击，其中来自西面的影响逐渐增强，如二里头1978年发现的H1，出土一组典型的庙底沟二期陶器②；登封告成北沟H1（后改为H29），出土具有庙底沟二期和大汶口文化合流特色的陶器（鼎罐斝豆刻槽盆)③；而在豫东地区，东进的庙底沟二期文化与当地的大汶口文化合流形成一种特殊的遗存段寨类型④。这一时期除了末期的大部分时间里，第四中原文化区的范围可能有所收缩，文化发展也暂时处于相对内敛沉寂的状态，但仍就继续保持着传统的延续。

阴山以南地区为阿善三期类型或文化，细石器继续增多，还有一定数量的篦纹陶。自身独特性继续增强，是黄土高原北区的发展延续。

在整个仰韶后期，原来的黄土高原大文化区进入分化的中间期，不仅北区和南区的独特性恢复显现并有显著发展，而且东南缘地区的中原区也得到重现。是为第四中原文化区和第二北方文化区时期。同时，黄土高原辐射四方的力量逐渐减弱，而接受周边文化的影响不断增强，尤其是大汶口文化和屈家岭文化对中原的影响更加突出⑤，故此甚至有人认为庙底沟二期文化的形成与大汶口文化有着很大的关系⑥。中原和北区开始慢慢脱下黄土高原大文化区的外衣，逐渐回归和重现本来的传统基础。

6. 约公元前 2500~前 2000 年，龙山时代：黄土高原大文化区的再次繁荣和中原胚胎的凸显与稳固

约公元前 2500~前 2000 年，龙山时代。各地文化进入一个新的整合时期：关中地

① 严文明：《略论仰韶文化的起源和发展阶段》，《仰韶文化研究》，文物出版社，1989 年。
② 中国社会科学院考古研究所二里头工作队：《河南偃师二里头遗址发现龙山文化早期遗存》，《考古》1982 年第 5 期。
③ 河南省文物研究所：《登封告成北沟遗址发掘简报》，《中原文物》1984 年第 4 期；河南省文物研究所：《登封王城岗与阳城》第 205~210 页，文物出版社，1992 年。
④ 段宏振、张翠莲：《豫东地区考古学文化初论》，《中原文物》1991 年第 2 期。
⑤ 可参阅：杜金鹏：《试论大汶口文化颍水类型》，《考古》1992 年第 2 期；杨育彬：《试论河南境内大汶口文化与屈家岭文化》，《苏秉琦与当代中国考古学》，科学出版社，2001 年。
⑥ 卜工：《庙底沟二期文化的几个问题》，《文物》1990 年第 2 期。

区的客省庄二期文化，晋南的陶寺类型，豫西的三里桥类型，豫中的王湾三期文化，太行山东麓的后岗二期文化，豫东的造律台类型。这些文化具有一定程度的共性和同步性，因而被纳入中原龙山文化系统①。但是，它们深层内涵的区别也是明显的，如果以典型陶器鬲的有无和多少来观察：客省庄二期、陶寺比较接近，鬲的比重较高，基本属于鬲文化，其中前者主要为单把鬲，后者主要为双鋬鬲；后岗二期、造律台比较接近，前者虽然存在少量鬲，但基本都仍属于平底罐瓮和甗文化；王湾三期总体上更接近于后岗二期和造律台，属于平底罐瓮和鼎文化。阴山以南到晋中地区的老虎山—游邀文化②，属于一种鬲甗（双鋬鬲和甗）文化，与陶寺更为接近。如此，黄河中游流域的龙山遗存似可分为两个宏观系统：黄土高原地区的鬲文化系统（包括双鋬鬲和单把鬲），黄土高原东缘和东南缘地区的平底罐瓮文化系统③。

如何认识这两个系统？对于黄土高原来说，应是继庙底沟整合期之后的又一次文化整合，但此次整合的标志器是鬲。以两种基本类型的鬲类为特征的龙山遗存，基本控制了黄土高原地区，并强烈向四边辐射影响。而以罐瓮甗（后岗二期）和罐瓮鼎（王湾三期）为特征的龙山遗存，则基本控制了黄土高原东缘平原和东南缘丘陵平原。是为第二黄土高原大文化区时期，上一阶段的北区则被覆盖在其下，唯有中原区置身之外，因此黄土高原文化区第二期的范围要比第一期时缩小了许多。

关于鬲的发生轨迹和发源地存在着不同的认识④。或是斝—斝式鬲—鬲，或是釜灶—鬲，抑或是两种途径并行甚至还有其他途径。鬲究竟具体源于晋南、晋中，还是晋北？或者单把鬲系统源于晋南或关中，双鋬鬲系统源于晋北？这些问题的解决还需要进一步的考古发现和探索，但可以肯定的是，鬲源于黄土高原腹地当无多大问题。龙山时代黄土高原的中心地区是鬲的繁荣核心地域，高原东缘山前平原和东南缘丘陵平原地区则是鬲的次一级分布区，含有一定数量的鬲。而东缘地区太行山东麓鬲的比重，似乎又要高于东南缘地区的豫中地区。

豫中地区的王湾三期文化，虽有少量的袋足器斝及鬲，但主要典型陶器是平

---

① 严文明：《略论仰韶文化的起源和发展阶段》，《仰韶文化研究》，文物出版社，1989 年。

② 许永杰、卜工：《三北地区龙山文化研究》，《辽海文物学刊》1992 年第 1 期；韩建业：《老虎山文化的扩张与对外影响》，《中原文物》2007 年第 1 期。

③ 段宏振：《试论华北平原龙山文化》，《河北省考古文集》（第一集），东方出版社，1999 年。

④ 苏秉琦：《谈晋文化考古》，《文物与考古论集》，文物出版社，1987 年；许永杰、卜工：《三北地区龙山文化研究》，《辽海文物学刊》1992 年第 1 期；高天麟：《黄河流域龙山时代陶鬲研究》，《考古学报》1996 年第 4 期；张忠培：《黄河流域空三足器的兴起》，《华夏考古》1997 年第 1 期；严文明：《内蒙古中南部原始文化的有关问题》，《农业发生与文明起源》，科学出版社，2000 年；韩建业：《老虎山文化的扩张与对外影响》，《中原文物》2007 年第 1 期。

底类的罐瓮盆以及鼎豆。此类遗存的主要上源即来自于本地的大河村五期遗存，其内涵既鲜明区别于黄土高原地区的鬲类文化，又相对区别于太行山东麓地区的罐瓮盆及甗文化。豫中地区在王湾三期文化时期，得到了稳固而长足的发展，至后期阶段向南扩张甚至取代了石家河文化①。另外，豫中地区龙山时代之后是二里头文化，两者之间通过新砦期紧密相连，因此王湾三期文化又常常被视作是二里头文化的直接前身，常常被列入先夏文化的范畴。因此，龙山时代的豫中地区，既个性凸显没有被黄土高原大区所覆盖，又在稳固中积极发展。是为第五中原文化区时期。

公元前 2300 ~ 前 2200 年期间发生降温事件，气候趋于干冷，促使老虎山文化南下临汾盆地形成陶寺晚期类型②、东进燕山南北地区渗透夏家店下层文化的形成③。龙山时代末期，黄土高原大文化区面临着新一轮的消解。

7. 约公元前 2000 ~ 前 1600 年，夏代：中原的初步形成

约公元前 2000 ~ 前 1600 年，历史的夏纪年范围，中原进入二里头文化时期。二里头文化的范围超出了王湾三期文化，尤其向西北和东南方向影响直接和强烈，西北方晋南地区东下冯类型遗存的存在，标志着中原开始向黄土高原南区的积极延伸。二里头文化的主要内涵基本承传了王湾三期，属于一种平底或小圜底的罐瓮盆及鼎文化。二里头文化积极向外辐射，影响地域东北方已至燕山南北，南方可达长江流域。中原文化区的成熟雏形至此已经初步形成，或可称之为进入婴儿时代，此前漫长的史前时期可称之为孕育时代。是为第六中原文化区时期。

中原从此时开始愈来愈凝聚和精炼，一个新时期的历史大舞台已经重新搭建并开启了大幕，夏王朝成为首先登台的主角。应当指出，中原的舞台并非是新建的，而只是一种新整合和新崛起，但此次重建或扩建的舞台意义非同以往，第一幕夏王朝的出现，以及此后连续的多幕剧，成为中国历史的一条主线。但问题是中原新舞台和新主角出现的契机是什么？是地理位置的居中？还是因洪水泛滥而大禹治水，因而形成临时联盟，因此产生出一个临时主持者？这些问题或许将成为先秦史研究的永恒课题④。

但是应当看到，新生的夏王朝基本上只是一个松散的部族联盟，而初生的中原文

---

① 韩建业：《王湾三期文化研究》，《考古学报》1997 年第 1 期。
② 韩建业：《老虎山文化的扩张与对外影响》，《中原文物》2007 年第 1 期。
③ 田广金、郭素新：《中国北方畜牧—游牧民族的形成与发展》，《中国商文化国际学术讨论会论文集》，中国大百科全书出版社，1998 年。
④ 徐旭生：《中国古史的传说时代》，文物出版社，1985 年；苏秉琦：《中国文明起源新探》，香港商务印书馆，1997 年。

化区也还不十分稳固。《左传·哀公七年》："禹合诸侯于涂山，执玉帛者万国。"联盟诸侯众多，其中与东方紧邻东夷的关系最为引人瞩目[1]。益干启位，太康失国，后羿代夏，相征淮夷、风夷及黄夷，直到少康即位，方夷来宾。少康中兴之后，继续与东方或战或和，杼征东海，槐合九夷，泄命六夷（以上见于《左传·襄公四年》、《左传·哀公元年》）。夏与东夷此消彼长的关系，正是华夏族团与东夷族团之间民族融合、文化整合的实证，同时也反映了中原化进程的反复与曲折，或言中原文化区的自身稳定及向山东文化区的拓展。夏代中原文化区的不稳固还表现在缺乏一个长期稳定的核心，即都邑的不确定性。丁山考证说，夏后氏十迁，不常厥邑[2]。诸多夏都之地望，主要集中于今豫中和晋南地区，二里头更是经过考古实证的夏都遗址。因此，夏代中原虽然尚未形成一个长期稳固之核心，但已经开始出现一个比较集中的向心趋向地域。

与中原的繁荣相应，黄土高原的鬲甗文化继续强盛。这个庞杂的鬲甗文化系统，包括阴山以南地区的朱开沟文化（鬲甗和蛋形瓮）、晋中地区的白燕四期文化、关中地区的先周文化、太行山东麓地区的下岳各庄—下七垣文化、燕山南北地区的夏家店下层文化等。

黄土高原鬲甗文化强烈向四边辐射，表明黄土高原大文化区一直保持着强劲的势头，尤其向燕山南北和太行山东麓地区影响剧烈，以至于这两个地区此时也基本成为鬲甗文化区——夏家店下层文化和下七垣文化，黄土高原边缘地区和燕山南北地区被充分地鬲化。至此，燕山南北地区的原有体系已经被替代了，黄土高原大文化区的范围从阴山东延至燕山一线。因此，可勉强称之为第三黄土高原大文化区时期，亦或称第三北方文化区时期。因为，黄土高原北区和南区之间在鬲类陶器外衣下的差异性比较明显，可以说鬲类标志器的整合作用从龙山时代发展至此已经开始趋向弱化。而阴山和燕山东西之间的整合深度及层次虽也很有限，但毕竟同属于一种鬲甗系统，黄土高原区积极向东拓展，阴山以南地区和燕山南北地区开始趋同。

鬲的东进至燕山南北，促使红山之后燕山南北文化区传统体系的中断和结束。燕山南北地区的新石器文化，一直受到黄河流域的强烈影响。兴隆洼文化向燕山以南地区积极发展，形成当地的北福地一期文化。赵宝沟文化与北福地二期—后岗一期文化

① 傅斯年：《夷夏东西说》，《庆祝蔡元培先生六十五岁论文集》（下），《国立中央研究院历史语言研究所集刊》外编第一种，1935 年；严文明：《夏代的东方》，《夏史论丛》，齐鲁书社，1985年。

② 丁山：《由三代都邑论其民族文化》，《国立中央研究院历史语言研究所集刊》第五期第一分册第 95 页，1935 年。

接壤，前者学习了后者发达的种植业等先进技术。而红山文化与庙底沟类型在张家口接壤并融合之后，遂有了更大发展①。但随着鬲的进入，燕山南北固有的历史传统面临着分解和重组。

在朱开沟文化中，北方地区自身特色的青铜器群开始出现，主要是小型工具和装饰品，如小刀、耳环等，开启了以后北方系铜器的先河，但此时的北方系青铜器并不标志着游牧文化的相伴出现②。据研究，朱开沟晚期第五段时期，农业虽仍占据相当的比重，但半农半牧的格局已初步形成，鄂尔多斯式青铜剑和刀是代表畜牧业文化的标型器③。也就是说，此时的北方尚属于游牧出现以前的农业或农牧时代。燕山南北地区的夏家店下层文化与中原的二里头文化一样，大概都是地方的中心。但中原的此次崛起是凝练的和集中的，而北方则是松散的和庞杂的。

8. 约公元前 1600 年～前 11 世纪，商代：中原的初次繁荣与拓展

约公元前 1600 年，商人入主中原舞台，将夏赶下台去而成为主角，并一直主演至公元前 11 世纪。商文明以陶器鬲甗和青铜礼器作为物质文化的主要内涵，其中的鬲甗渊源应当追溯至上一阶段黄土高原区的范围内。但此时的鬲已经远不再是龙山时代鬲类器物初生时狭隘的黄土高原属性了，经过近千年的发展，鬲家族早已经支脉庞大繁杂，子孙遍及整个黄河流域乃至长江流域。另一方面，商文化的主要内涵也上承了二里头文化，因此可以说中原文化的传承并没有中断，只是有所调整和革新。商在政治上灭夏，并不意味着商文化也完全中断灭亡了夏文化，两种文化更多的是在中原融合了。但毕竟商人在中原舞台上是个外乡来的主角，商灭夏基本上是某支鬲文化南下的结果。这是中原的势盛时期，文明程度远高于南北方，文化向四方强烈辐射，绳纹鬲成为显著的整合标志器。

商代中原的范围或者说影响地域急剧扩大，几乎覆盖黄河中下游流域。商代二里岗上层时期，商文化发生了一次短暂而急剧的扩张，西至关中，东抵泰山，南达长江，而向北则一度进至燕山南麓地区，但很快就后撤至易水到唐河沿线。自此始，中原的意义较前代已经发生了本质的变化：地域范围扩大，几近遍至黄河中下流流域；地位突出，高于周边；都邑稳定，核心形成和凸显。是为第七中原文化区时期。

商代的中原远比夏代凝聚，商王朝对四方的控制力和影响力要比夏大得多。《战国策·齐策四》："古大禹之时，诸侯万国……及汤之时，诸侯三千。"《逸周书·殷祝

① 朱延平：《东北地区南部公元前三千纪初以远的新石器考古学文化编年谱系及相关问题》，《考古学文化论集》（四），文物出版社，1997 年。
② 林沄：《夏代的中国北方系青铜器》，《边疆考古研究》（第一辑），科学出版社，2002 年。
③ 田广金、郭素新：《中国北方畜牧—游牧民族的形成与发展》，《中国商文化国际学术讨论会论文集》，中国大百科全书出版社，1998 年。

解》："汤放桀而复薄，三千诸侯大会。"诸侯的减少，说明商王朝在民族融合、文化整合方面的加强和进展。武丁卜辞，多次提及东土、南土、西土、北土等"四土"受年情况。而《诗经·商颂》中，关于商王朝对周边的控制多有记载，如《殷武》篇曰："自彼氐羌，莫敢不来享，莫敢不来王"；《玄鸟》篇曰："邦畿千里，维民所止，肇域彼四海，四海来假"。商主要通过征伐的手段控制四方，武丁时期尤为突出，屡征西方及西北方的羌方、鬼方、土方及呂方，东方的夷方，南方的虎方等。《易经·既济·九三》："高宗伐鬼方，三年克之。"商王朝对四方的扩张和控制，正是中原的拓展与繁荣。

商代中原繁荣的具体体现，一方面是地域得到了极大地扩张，另一方面就是中原核心的最终形成和凸显，亦即都邑的长期稳定。商代都邑在汤以后有五次迁徙①，而自盘庚迁殷之后，二百七十三年更不徙都（《古本竹书纪年》）。商前期都邑的屡迁，可视作是夏代以来中原核心不稳定的某种延续。而商后期都邑长期在殷，则反映了中原核心的形成和凸显。另一方面，即使在商前期，中原的向心地域已远较夏代凝聚和集中，其腹地以传统的豫中为中心，向东西均有所扩展，基本就是中游黄河东流沿线的"U"形河谷谷底一带，即晋南豫西豫中豫北地区。这一地带亦即商代的都邑区，考古确凿发现的偃师商城、郑州商城和安阳殷墟等，均位于"U"形河谷谷底的右下角沿线。盘庚迁殷，标志着中原核心的成熟形成。

阴山南麓到燕山一线的广大北方地区，鬲鼎文化继续发展。河曲一带的晋北地区，朱开沟文化结束以后是西岔文化，陕北晋西北地区为李家崖文化，晋中一带是白燕五期文化，燕山南北地区为围坊三期文化和魏营子文化。源于朱开沟文化的花边鬲作风开始逐渐流行开来，商代后期一直延伸到燕山南北地区，成为北方区文化整合的标志器之一。另一种标志器就是北方系青铜器，此时较前期已经有了更大的发展，类型除了工具兵器外，还有生活用器。朱开沟文化的消亡及后继文化的分化，显现着阴山以南地区文化正发生着剧烈的变化②。一些文化南下导致了与中原文化的碰撞与冲突，此时中原与北方可能多是一种挤压推移或是碰撞，还不是剧烈战争的交锋。

9. 公元前 11 世纪~前 771 年，西周：中原大文化区的形成（表层整合）

公元前 11 世纪，周人入主中原舞台，将商赶下台去而成为主角，并一直主演至公元前 770 年转场至中原腹地。这一过程几乎是近六百年前商灭夏一幕的重演。不仅如

---

① 关于商代都邑的迁徙，学者多论。可参阅：王国维：《说自契至于成汤八迁》，《观堂集林》卷十二；丁山：《由三代都邑论其民族文化》，《国立中央研究院历史语言研究所集刊》第五期第一分册第 95 页，1935 年；邹衡：《论汤都郑亳及其前后的迁徙》，《夏商周考古学论文集》第 183 页，文物出版社，1980 年。

② 田广金：《中国北方系青铜器文化和类型的初步研究》，《考古学文化论集》（四），文物出版社，1997 年。

此，接下来与商大致相似的还有：周文明几乎完全传承了商文明，继续以绳纹鬲和青铜礼器为主要文化内涵，中原文化的传统得以继续发展。由于西周的分封制，中原王朝势盛，周王朝的控制地域又比商扩展了许多，同时中原核心腹地的范围也有所西延。由于西周的都城在镐京，使得商以来的都城带由黄河"U"形河谷谷底的右下角西移至左下角一带，因此中原核心腹地的区域也西延至关中地区，亦即兼并了史前时代的黄土高原南区。中原成为大文化区，并从此固定下来。是为第八中原文化区时期。

西周对四土的拓展远远超越商代，中原的地域范围向四方大幅度扩张。《左传·昭公九年》："及武王克商，蒲姑、商奄，吾东土也；巴、濮、楚、邓，吾南土也；肃慎、燕毫，吾北土也。"在地域扩展的同时，周王朝增强了对地方的控制，其中之一体现即是诸侯的数量较商代大幅度减少。《史记·殷本纪》："周武王之东伐，至盟津，诸侯叛殷会周者八百。"《汉书·地理志》："（周）盖千八百国……至春秋时，尚有数十国。"但周王朝的一统还基本属于一种表层的整合，面临着内外双重的离心力量。武王之后，管蔡之乱，周公东征，继而大规模分封天下。《左传·僖公二十四年》："周公弔二叔之不咸，故封建亲戚以蕃屏周。"周初虽已开始了分封，但最大规模的分封乃是此次周公平叛之后。很明显，管蔡之乱中原不稳，可以说乃是此次大分封的直接动因。

不仅如此，为了稳定中原核心地区，周公又开始继续营建洛邑。洛邑的初建计划本始于武王，周公最终完成了此项大业。《左传·桓公二年》："武王克商，迁九鼎于洛邑。"《史记·周本纪》："成王在丰，使召公复营洛邑，如武王之意。周公复卜申视，卒营筑，居九鼎焉。曰：此天下之中，四方入贡道里均。"周本源自西方偏僻之地，周民族本乃戎狄或与之紧密相连。《国语·周语上》："我先王不窋用失其官，而自窜于戎狄之间。"而当周人东进入主中原、成为华夏之主后，还面临着自身民族华夏化和自有文化中原化之双重任务。因此，在夏商以来集中分布都邑的黄河"U"形河谷谷底地带，亦即中原的核心地域，营建新的政治中心洛邑，可视作西周中心的某种程度东移，其重要意义不言自明。因此，东都洛邑营建的意义，绝不仅仅是四方入贡道里均，而实际上乃是中原核心的回归。

周王朝对四方的征服也面临着重重阻力，西周主持的中原化进程也充满着曲折。昭王南伐荆楚不返（《竹书纪年》）；穆王西征犬戎，"自是荒服者不至"（《国语·周语上》）；懿王击南夷（《史密簋》）；厉王伐西戎（《竹书纪年》）；宣王伐西戎（《竹书纪年》）。西周延续着商代中原化进程的步骤，融合蛮族，整合文化。《国语·周语上》："夫先王之制，邦内甸服，邦外侯服，侯卫宾服，蛮夷要服，戎狄荒服。"此可能是周代理想化的服制，但也至少说明了中原对周边的控制，实际上即是对周边诸族的同化与整合。这些都是中原形成进程中的轨迹，中原是在与周边对峙与整合的交错进行中形成的。

西周时期，阴山以南地区的文化发展似乎进入沉寂阶段，燕山以北地区为魏营子文化—夏家店上层文化，燕山南麓地区为张家园上层文化。北方系青铜器出现新面貌，小型饰品开始出现，畜牧经济得到发展。中原与北方的交流和碰撞继续，并开始出现激烈冲突，碰撞开始转为交锋。西周前期，中原对北方和西北方处于强势状态。《小盂鼎》记载，康王时周人大败鬼方，获得大量车马牛羊。而分封的燕则直插北方文化的腹地，落地殖民后开始逐渐驱赶并同化土著的张家园上层文化。西周中期以后，国势日衰，中原面临着周边民族的侵袭。《史记·周本纪》曰："懿王之时，王室遂衰。"《虢季子白盘》载，宣王时，猃狁（严允）曾逼近洛邑。

10. 公元前 770 ~ 前 256 年，东周：中原的沉淀与固化（深层整合）

公元前 770 年，戎狄侵入关中腹地驱赶周人，但周王朝并没有下台，而是将主场转场到了东面的洛邑继续表演。都城又全面回归到中原核心腹地的东线一带。东周时期的周王朝已经名存实亡了，但只不过是内部膨胀后的一种分化和新生。中原的代表是主要秦晋燕齐，后来是秦韩魏赵燕齐。除了燕和齐之外，其他诸侯国的都城线依旧在黄河"U"形谷底沿线附近。由此可见中原核心腹地的稳固，也是中原固化的基础。是为第九中原文化区时期。

春秋战国之表面分裂，实乃进一步深层次的融合，远比西周之表面一统要实质，是在为秦帝国统一做最后的准备。从春秋五霸到战国七雄，中原在争雄与兼并的战乱中，不断深层次地融合沉淀、整合固化。春秋时，诸侯国急剧减少。《左传·哀公七年》："禹合诸侯于涂山，执玉帛者万国。今其存者，无数十焉。"顾祖禹在《读史方舆纪要》总结说，禹会诸侯于涂山时，执玉帛者万国。成汤受命，其存者三千余国。周武王时，有千八百国。周王东迁之初，尚存千二百国。而见于春秋经传者，凡百有余国。从夏至东周，邦国的逐渐减少历程，恰恰是中原逐步扩大固化的进程，也是华夏族不断融和同化的过程。东周为秦大一统帝国的出现准备了基础，可以说东周的中原是成年中原的前夜。

在北方，阴山以南地区为桃红巴拉文化、毛庆沟文化，燕山南麓为玉皇庙文化，燕山以北是夏家店上层文化。北方系青铜器进入春秋时期已经相当发达，春秋晚期达鼎盛阶段，典型器如鹤嘴斧、长方形动物纹饰牌等。而马具的出现具有划时代意义，标志着游牧文化的形成。与此同时，北方文化大区真正形成了，标志有二：游牧经济形成；阴山燕山真正连成一线。此前，自夏代开始，阴山南麓和燕山南北一直在合流过程中，至春秋时终于全面同步，是北方大文化区的正式形成期。

北方大文化区的形成，中原与北方的碰撞交锋也随之发生本质性的变化。此前是农业文化或农牧文化之间的交流碰撞，以征服殖民为目的。此后是农业与游牧之间的交锋与剧烈战争，以掠夺与反掠夺为主线。北方戎狄游牧文化南下侵袭，春秋时期屡侵中原，晋、邢、卫、齐等国首当其冲。公元前662～前658年，狄对邢、卫的入侵是毁灭性的，两国都城被迫迁移，国土大部沦为狄占区，幸得齐桓公救邢存卫，才使两国得以苟存。春秋时，晋乃北击戎狄之主力。《史记·匈奴列传》："晋文公攘戎翟，居于河西圁、洛之间。"战国时期，燕、赵、秦三国修建长城，北抗胡人。《史记·赵世家》载，赵武灵王二十年（公元前306年），"西略胡地，至榆中（今准格尔一带），林胡王献马……二十六年（公元前300年），复攻中山，攘地北至燕、代，西至云中、九原（今大青山南麓一带）"。《史记·匈奴列传》载，燕昭王时，北击大破东胡。中原击退戎狄之后，北上殖民屯兵与修建长城并举。此乃真正的中原与北方的交锋，双方之间是战争掠夺与战争反掠夺。

11. 公元前221～公元1127年，秦帝国到宋帝国：中原的永恒与隐形

公元前221年，秦统一天下。从秦帝国到大宋帝国，帝国都城的位置长期位于中原腹地的东西一线：咸阳、长安、洛阳、汴梁。这一黄河"U"形河谷谷底地带，基本上即为中原的横贯轴线。这些都城的主人绝大多数都属于中原汉族建立的帝国王朝，少数为汉化中原化的别族王朝。这一条东西狭长的都邑线，地处黄土高原南缘一线，其发生根脉来自三代的都邑群。自夏商以来，历经商周秦汉魏晋北朝隋唐宋，中原王国和帝国的都城几乎均在西安至安阳之间变迁。中原区的核心地域整合了黄土高原的南缘到东南缘一线地区，使之成为此后中国历史王朝的都城线。因此，元代以前，中原的集中意义在某种程度上似乎就是帝国的都城。

中原稳固的都城线，似乎即是中原帝国永恒存在的一个标志。即使在中原帝国遭受北方入侵而南下偏居之后，中原大地虽处于北方控制，但中原依旧鲜活地存在于南方帝国的精神领域，换言之中原隐形而存在。秦代以后，中原的意义已经深深融化于中原农业帝国的物质和精神世界。

（三）结语：中原的意义

简言之，中原的意义，就是华夏族集团形成与发展的意义。

中原、中国和华夏族团的核心居住地，几乎重合为一。探究中原的意义，必须追溯中原的形成之路。在考古学文化区格局的发展历史上，中原的区划和意义是不断变化的，并非固定和凝滞的①。目前学术界关于中原的区划及形成时间等问题都存在异

---

① 有不少学者提出了"嵩山文化圈"的概念，指出其中心区为豫中，边沿区包括关中冀南豫东淮河，影响区范围类似仰韶文化的影响区。这一文化区概念与本文的中原文化区有一些重合之处，但又存在着本质的区别，差异主要在于动态或固定看待一个文化区的存在与演进（参见周昆叔等：《论嵩山文化圈》，《中原文物》2005年第1期）。

议，但这正是中原形成进程复杂性的最好体现①。

　　在考古学上，中原存在和突出的证据之一是物质文化传统的连绵延续和不间断传承，前后两个时代总能找出延续的脉络。三代的陶器和青铜器自不必言，上追溯到龙山、仰韶，直至裴李岗，中原的陶器系统异乎寻常地得到连绵传承。中原固化与扩大的证据之一就是文化的统一普及性，商周一致性的扩大化正说明中原的大面积形成和固化。类似于中原自史前一直到三代连绵不绝的文化传承，四方之地至少目前为止似乎未有考古学的证明。

　　中原的地理区位决定了其在中国历史上的重要位置。史前时代，燕山南北、黄河流域、长江流域等四方地域，各自繁盛着本区域独特的文化，它们异彩纷呈又相互交流。中原是黄河流域史前文化繁荣的一个重要核心，同时又是北方与南方之间交流的重要平台和通道。但中原也并非是一成不变的核心，而更像是一座四方入驻表演的舞台。苏秉琦说中原不是摇篮，而是熔炉。大概即是此意。正是由于四方史前文化在中原一带的集中而强力地交汇、凝聚、沉淀和升华，因而到夏商周三代时期，中原成为突出于四方的中央舞台，夏商周三个王朝相继在这个舞台上表演，最后秦帝国拉上了曲终的大幕同时又开启了新的更长的一幕。因此，三代的中原不仅是人文中原的固化成熟期，也是华夏民族融合、汇聚和定型的形成期。华夏民族集团的核心最终在中原凝聚成形，中原也因此凸显于东亚大陆。秦代以后，直至元代，中原的持续固化凸显与永恒隐形相得益彰，几乎贯穿了1500多年的中国古代历史。中原的意义尤其显现在中原沦陷南北分裂的时代，东晋祖逖的中流击楫誓北伐、南宋陆游的王师北定中原日，无不反映着中原王朝南下之后对北上回归的热切渴盼。中原的形成、绵延与间断，成

① 关于中原的形成进程及核心地位等问题，大多数学者认同三代尤其是商周时期中原的先进核心位置，而对于史前时代（下限或延至二里头时期）中原的地位问题，学者们认为需要持审慎和全面的看法。比较主流的看法是：在承认中国古代文明形成是多元的基础上，重视中原的某个时代某种程度的核心地位，亦即既非简单的中原中心论，也非简单地否定中原中心论。例如，苏秉琦以漫天星斗说代替中华大一统的传统观念（参见苏秉琦：《中国文明起源新探》，香港商务印书馆，1997年）。张光直也曾指出说，过于集中于中原地区的史前考古工作结果，造成一种支持中原核心地位的错觉（参见张光直：《古代中国考古学》第392页，辽宁教育出版社，2002年）。严文明指出，史前文化是以中原文化区为花心的重瓣花朵式向心结构（参见严文明：《中国史前文化的统一性和多样性》，《文物》1987年第3期）。俞伟超则提出，中原超越东方的凸起，是缘于幸免于那场大洪水灾难（参见俞伟超：《龙山文化与良渚文化衰变的奥秘》，《文物天地》1992年第3期；俞伟超：《古史的考古学探索》，文物出版社，2002年）。赵辉认为，以中原为中心历史趋势的形成，开始于公元前3000～前2500年的庙底沟二期时期。这一时期，红山—小河沿文化、大汶口文化晚期、屈家岭文化等四方文化，向中原地区（晋南豫西豫中）施加影响，中原文化区开始形成。中原文化强盛起来的原因，也就是那些曾盛极一时的地方文明衰退消亡的原因（参见赵辉：《以中原为中心的历史趋势的形成》，《文物》2000年第1期）。

为中国上古史和中古史的一根主要经脉。

中原的形成，也是中原核心舞台的形成，胚胎雏形于裴李岗时期，诞生或初步形成于夏代后期，最终成熟于秦汉。此乃本文的主要推论。纵观中原形成与发展的总历程，大致可分为三大历史阶段：

第一，孕育阶段，约自裴李岗时期至龙山时代。这一阶段又可分为三个时期：第一期为庙底沟期以前的初孕时期，此时中原的胚胎雏形初现，范围不大，其核心地域位居豫中豫东南一带。第二期为庙底沟期的隐身时期，属于黄土高原大文化区的整合期，中原被纳入以豫西关中晋南为核心的黄土高原大文化区系，豫中豫东南地区的地位弱化，位居附属地位。第三期为龙山时期，此时为黄土高原大文化区的第二整合期，但中原已经开始从其中渐渐摆脱，逐步走向独自发展的道路，但总体上属停滞沉寂的积蓄时期。从某种角度甚至可以说，本阶段的中原在胚胎形成之后，基本上是在黄土高原大文化区母体中孕育成长。

第二，形成阶段，约自龙山时代末期至战国时期。这一阶段也可分为三个时期：第一期为二里头期的初现时期，或称婴儿时期，此时的中原初步形成，虽然还不稳定，但已经开始向四方拓展。第二期为商代至西周的积极成长时期，此时的中原至少在表层上为一个空前的整合时期，并积极向四方拓展。第三期为东周的深层次整合期，此时的中原虽然表层似乎分化，但实质上是在结构内剧烈融化整合之中。

第三，成熟阶段，秦代至宋代。中原的成人阶段可分为四个时期：两个整合高峰期、两个中间过渡期。而纵贯这四个时期的一条历史长线，就是中原与北方的交锋。这种交锋，双方态势多为强弱交替，势均力敌则多属短暂一显。因此交锋的历史可以分为两种类型：中原上风型和北方上风型。有趣的是，此两种类型正与中原帝国的运行状态吻合，即：中原处上风时正是帝国一统之际的整合期，而北方居上风时则恰遇帝国分裂时的中间过渡期。

第一期，秦汉整合期：中原基本上居上风，北击匈奴。

第二期，魏晋南北朝中间期：北方大部分时间处上风强势，五胡乱华，鲜卑南下。其间夹杂有西晋的短暂统一。

第三期，隋唐整合期：中原势强，北击突厥。

第四期，五代宋辽金中间期：北方居上，契丹、女真南下；北宋与辽有过势均相持阶段。

中原帝国的一统与分裂、整合与过渡，成为循环的历史周期。在整合期，中原为核心的统一大帝国势盛，有力抗击北方的南侵。而在中间过渡期，既是上阶段整合期的分裂期，又是下阶段整合期的准备期，中原帝国分裂势衰，北方大举南下入侵。但无论整合期还是中间期，抗击北方的南下始终是中原帝国的一个鲜明主题。这个主题的本质不仅仅是外向的，有时也是内向的。例如，汉武帝时，抗击北方成了稳定中原的一种手段。

中原与北方的交锋成为中原帝国历史的一条纵向主线。帝国整合期势盛，成功抗击北方，从而遥控北方，稳定中原。帝国中间期势衰，抗击北方乏力，结果北方入主中原。如此，对于始终处在北方压力之下的中原帝国来说，北方的意义何在？仅仅是蛮族的攻城略地吗？此乃中原帝国历史研究中的又一个永恒主题。中原形成之后与北方相辅相成而存在，两者之间的态势为：对峙交流融合—碰撞交锋战争—恢复对峙，如此周而复始。

2010 年初稿

2011 年改定

中原地区早期复杂社会的形成与初步发展

戴向明

（中国国家博物馆田野考古研究中心）

（一）前言

在人类早期历史发展的长河中，有几个重要的事件或阶段性变化尤为引人注目，除了以农业出现为标志的新石器革命及其后的城市革命、国家的起源等，复杂社会的形成与发展也是多年来学界讨论的一个热点问题，甚至是西方考古学界研讨的核心问题之一。与此相关，近些年来我国学者围绕中国文明的起源做了大量研究，在这一探讨的过程中一些学者也涉及到了社会复杂化的内容，但整体上看这一问题受到的关注仍显不足，对出现于史前时期的这种特定社会形态尚缺乏明确的界定和论证。有鉴于此，这里首先拟对中原地区早期复杂社会的形成与初步发展做一番梳理和分析。限于篇幅，本文的研究暂截止于仰韶时代，以后的状况容另外撰文讨论。

"社会复杂化"（social complexity）或"复杂社会"（complex society）是当代西方考古学中一个常见的基本概念和术语，意指社会从简单到复杂的变化过程，及社会发展到某种程度的特定状态。这样一种概念和研究理念近年来也逐渐出现在中国考古学文献中。社会复杂化有两个方面的含义，一是指社会系统内部横向的分异程度，即构成一个社会系统成分的多少及相互关系的复杂性；二是指社会系统内纵向的等级差异，这常常与政治组织结构密切相关①。后一方面通常是人们

---

① Blanton, R. E., S. A. Kowalewski, G. Feinman, and J. Appel, 1981, *Ancient Mesoamerica*, Cambridge University Press, Cambridge.

Hill, J. N., W. N. Trierweiler, and R. W. Preucel, 1996, The Evolution of Cultural Complexity: A Case from the Pajarito Plateau, New Mexico, In *Emergent Complexity: The Evolution of Intermediate Societies*, edited by J. E. Arnold, 107–127, International Monographs in Prehistory, Ann Arbor, Michigan.

讨论的重点内容,并有"简单社会"（如游团和部落）和"复杂社会"（如酋邦和国家）的
定性之分。

　　综合众多学者的研究,按照我们的理解,早期复杂社会主要包含两方面的内容。
其一,是指人类社会群体内部出现了制度化的不平等。如许多人意识到的,绝对平等
的社会也许从来不存在,甚至在很多动物特别是灵长类动物群中也都程度不同地存在
着不平等现象。在人类早期的群体中,基于性别、年龄、个人魅力与威望、家庭地位、专
门知识和特殊技能等方面的不平等乃是普遍现象。超出这些近乎自然属性的不平等
现象之外,基于自利性、欲望的膨胀和生产过剩等因素,人类社会又发展、建立了社会
性的不平等关系;最初这样的不平等只是个别现象,有学者甚至将这种社会不平等的
起源追溯到旧石器时代晚期,证据是在俄罗斯和欧洲旧石器时代晚期的个别遗址中出
现了"厚葬"现象[1]。但此时这种现象还只是在特殊自然环境与历史条件下形成的个
例,并非普遍出现了制度化的不平等。我们这里所指称的 "制度化社会不平等"
（institutionalized social inequality）,是指基于竞争而在社会政治、经济、精神领域等
方面形成的普遍、永久和以某种 "制度" 或体制来保障的社会不平等,社会群体内
部出现了等级的划分和阶层的差异。这样的不平等社会主要发生在以农业为经济基
础的社会中,因此对其起源与初步发展的探索也主要集中在新石器时代。在这种社
会群体内部,居于统治或支配地位的 "贵族" 往往以贵重、稀罕或外来的奢侈品,
以及精致考究的居址、墓葬等物化的形式来表现、强化其身份和地位。其二, 社会
复杂化还体现在社会群体之间的等级分化、主从关系。世界上许多地区的研究表明,
人类社会的发展经历了以家庭（族）为基本单位的小规模的游动团体, 到以血亲关
系为纽带组成的、具有较强自治性的稳定的定居村落, 再到超村落的区域政体这样
一个演变过程[2]。其中超村落社群组织或区域政体的出现是复杂社会形成的重要标
志, 这种社会组织的早期形态通常被称为酋邦, 其发展的高级阶段即为国家[3]。这种
社会组织, 不管出于什么样的原因, 都是以某种方式（经济的、军事的或意识形态

[1]　Hayden, Brian, 2001, Richman, Poorman, Beggerman, Chief: The Dynamics of Social Inequality, In
　　Archaeology at the Millennium: A Sourcebook, edited by Gary M. Feinman and T. Douglas Price, New
　　York, Kluwer Academic/Plenum Publishers: 244-246.

[2]　Johnson, Allen W. and Timothy Earle, 2000, *The Evolution of Human Societies: From Foraging Group
　　to Agrarian State*, Stanford, Stanford University Press.

[3]　Carneiro, Robert L., 1981, The Chiefdom: Precursor of the State, In *The Transition to Statehood in the
　　New World*, edited by Grant D. Jones and Robert R. Kautz, Cambridge, Cambridge University Press:
　　37-75.

　　Drennan, Robert D., and Christian E. Peterson, 2006, Patterned Variation in Prehistoric Chiefdoms, *Pro-
　　ceedings of the National Academy of Sciences* 103: 3960-3967.

的）整合在一起，由若干普通的小村落围绕一个或数个大型中心构成（较复杂的组织中还包括次级中心），这样在中心聚落与普通村落之间就形成了主导与服从、控制与被控制的等级关系，社群内也就出现了不同层级的社会精英与普通人之间的分化，前面所述的制度化的社会不平等也由此而得以实现。

由此可见，复杂社会的本质特征是超村落区域政体的形成，及这种政体内部等级的划分、阶层的出现和制度化的不平等社会关系。而围绕这样一种社会结构和网络体系的核心内容是对他人进行永久性控制、支配权力的出现，或者说是特权阶层的形成。那么，如何通过考古遗存来确认这种权力的存在、表现方式及其来源途径，将成为我们关注的重点问题。需要指出的是，鉴于上述研究内容，本文将以聚落考古的思路、方法为主要依托，来探讨不同时期社会关系和社会结构的变化。

本文所说的中原地区，不是严格地理学意义上的概念，而基本等同于史前考古学文化区系中的"中原文化区"，主要涉及山西南部、陕西和陇东的渭河流域、河南的大部及河北的南部（图一）。这一狭长区域也是黄河中游史前文化最发达的地区。此外，地处河套左近的内蒙古中南部和汉水中游的南阳盆地这一南一北两个区域，由于与中原仰韶文化有着千丝万缕的联系，资料又较丰富，故此在本研究中也有所涉及。本文采用严文明先生对中国新石器时代的分期方案作为大的编年框架①，在此基础上进行分阶段的讨论分析。

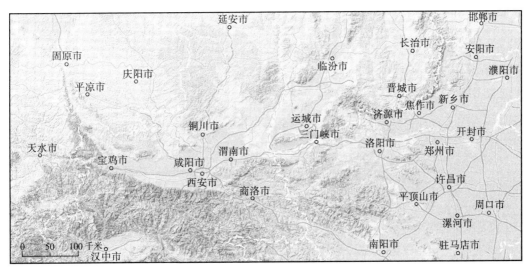

图一　中原及邻近地区地理形势图

①　严文明：《略论中国文明的起源》，《文物》1992 年第 1 期。

（二）新石器时代中期

距今 1 万余年前到公元前 7000 年左右的新石器时代早期，是农业从起源到初步发展的时期，渔猎和采集经济还占有相当大的比重。已发现的属于这个时期的遗址数量很少，就全国范围来说，零星分布在华北、中原和华南地区。这些遗址不管是洞穴型的还是旷野型的，规模都很小，反映当时的人们生活在很小的群体之中，所发现的考古遗存也还未见任何等级分化的迹象。因此，下面的分析将从资料较为丰富、人类的群体社会也获得了较充分发展的新石器时代中期开始。

新石器时代中期（约公元前 7000 ~ 前 5000 年），黄河中游自西向东依次分布着老官台文化、裴李岗文化和磁山文化，这也是广义上的大中原地区。这几个文化都已发现一些具有一定规模的定居村落，出土的工具中与农业有关的生产和加工工具占了主要部分，而且河北武安磁山遗址出土的大量粟作遗存说明此时在某些情形下粮食生产已达到很高的水平①。聚落内居址和墓地已有了明确的区划。不过这个时期的遗址大都规模很小，多在数千到数万平方米之间；聚落内的房屋大多很简陋，形状多不甚规整，面积也很小，即便有少数房子相对较大，如河南舞阳贾湖有几座 20 ~ 40 平方米的房子②，有的还分成多间，但都是些普通住房，并不见高规格的建筑。

从目前所见资料看，上述几个文化中以裴李岗文化的聚落资料相对较丰富，居址和墓地都有可观的发现，可以反映此时整体的社会状况。首先从几个经过系统或仔细调查的区域来看，河南灵宝铸鼎塬的调查面积有 200 多平方千米，发现的前仰韶遗址只有 2 处③。巩义伊洛河流域的调查局限在坞罗河和干沟河两个支流④，调查面积约 124 平方千米，发现裴李岗文化遗址 5 处，遗址面积 2000 ~ 7000 平方米，零星而分散。洛阳盆地调查项目集中在盆地东部偃师附近的伊洛河流域⑤，与前述巩义调查区相邻，调查面积约 638 平方千米，而裴李岗文化遗址只有 4 处，面积最大不过数万平方米，空间上很分散。山西垣曲盆地的调查在 200 余平方千米的范围内只在黄河南岸的渑池县

---

① 河北省文物管理处、邯郸市文物保管所：《河北武安磁山遗址》，《考古学报》1981 年第 3 期。
② 河南省文物考古研究所：《舞阳贾湖》，科学出版社，1999 年。
③ 河南省文物考古研究所等：《河南灵宝铸鼎塬及其周围考古调查报告》，《华夏考古》1999 年第 3 期。
④ 陈星灿等：《中国文明腹地的社会复杂化进程——伊洛河地区的聚落形态研究》，《考古学报》2003 年第 2 期。
⑤ 中国社会科学院考古研究所二里头工作队：《河南洛阳盆地 2001 ~ 2003 年考古调查简报》，《偃师二里头遗址研究》，科学出版社，2005 年。

境内发现了 3 处该时期的遗址，面积皆在 5 万平方米以下①。这些区域调查的结果表明裴李岗时期遗址数量相对较少、规模较小、分布稀疏，尚看不出有区域性聚合组织的出现。

在已发现和发掘过的裴李岗文化遗址中，河南新郑唐户遗址是个特例，据报道该遗址总面积 140 万平方米，裴李岗文化遗存分布面积达 30 万平方米②，是已知裴李岗文化遗址中最大的一个。该遗址最近发掘的主要收获是揭露出一批裴李岗文化时期的房址，总共有 63 座，这些房址最大不过 10 余平方米，呈狭长形状分布在河边阶地上，从现已揭露的部分看大致有 4、5 个房屋组，房屋组之间有明显的间隔，每组大约有 10 几个房子（有的尚未充分暴露而数量略少），房子周围有很多的灰坑（包括窖穴），房子之间有叠压打破关系的并不多见，每组房屋约略有一种向心的布局（图二）。如果各组内的房子大部分是同时使用的，那么每组房屋大约可以居住 30 ~ 50 人，大概代表着一个家族这样的继嗣群体，整个聚落就可能存在由数个家族组成的更高一级的社会组织（如氏族或家族联盟）。但实际上不同的房屋组之间可能有相对的早晚关系③，若如此则这些房屋组形成和存在的时间有先有后，那么该聚落实际的规模可能并不像现在看起来那么大。在每组房屋内部和各房屋组之间尚看不出有什么等级或规格的差别。因此该遗址尽管总的面积较大，但还不能说已有中心聚落的性质。

裴李岗文化遗存中发现最多的是墓地，主要有新郑裴李岗④、沙窝李⑤、密县莪沟北岗⑥、郏县水泉⑦、长葛石固⑧、舞阳贾湖等处。这些揭露较充分的墓地少则几十座、多则百余座甚至数百座墓葬，都可分为不同的墓群或墓区，各群中的墓大多成排（或

---

① 戴向明：《陶器生产、聚落形态与社会变迁——新石器至早期青铜时代的垣曲盆地》，文物出版社，2010 年。

② 郑州市文物考古研究院等：《河南新郑市唐户遗址裴李岗文化遗存 2007 年发掘简报》，《考古》2010 年第 5 期。

③ 信应君：《河南新郑唐户遗址裴李岗文化聚落考古新发现与初步认识》，《中国聚落考古的理论与实践》（第一辑），科学出版社，2010 年。

④ 开封地区文管会、新郑县文管会：《河南新郑裴李岗新石器时代遗址》，《考古》1978 年第 2 期；开封地区文物管理委员会等：《裴李岗遗址一九七八年发掘简报》，《考古》1979 年第 3 期；中国社会科学院考古所河南一队：《1979 年裴李岗遗址发掘报告》，《考古学报》1984 年第 1 期。

⑤ 中国社会科学院考古研究所河南一队：《河南新郑沙窝李新石器时代遗址》，《考古》1983 年第 12 期。

⑥ 河南省博物馆、密县文化馆：《河南密县莪沟北岗新石器时代遗址》，《考古学集刊》（第 1 集），中国社会科学出版社，1981 年。

⑦ 中国社会科学院考古研究所河南一队：《河南郏县水泉裴李岗文化遗址》，《考古学报》1995 年第 1 期。

⑧ 河南省文物研究所：《长葛石固遗址发掘报告》，《华夏考古》1987 年第 1 期。

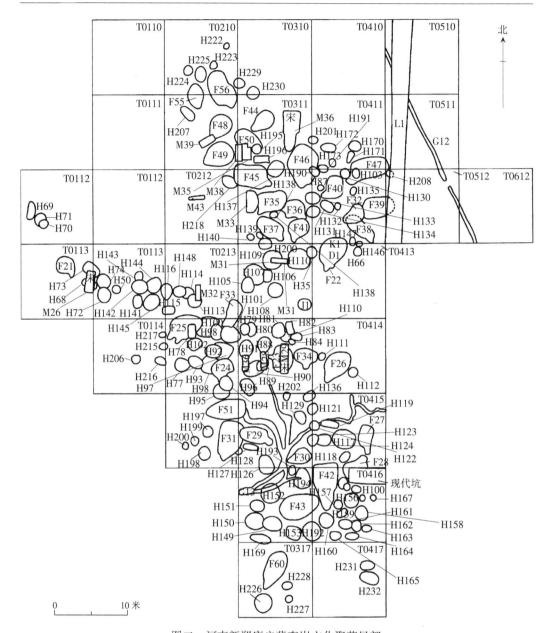

图二 河南新郑唐户裴李岗文化聚落局部

成组）分布（图三），据研究应普遍存在着家族和氏族等层级的社群组织①，这和唐户等居址所见的情形相似。这些墓葬多数都有随葬品，其中绝大部分只有很少的几件，

---

① 朱延平：《裴李岗文化墓地初探》，《华夏考古》1987 年第 2 期；朱延平：《裴李岗文化墓地再探》，《考古》1988 年第 11 期；戴向明：《裴李岗墓地新探》，《华夏考古》1996 年第 3 期；赵春青：《郑洛地区新石器时代聚落的演变》，北京大学出版社，2001 年。

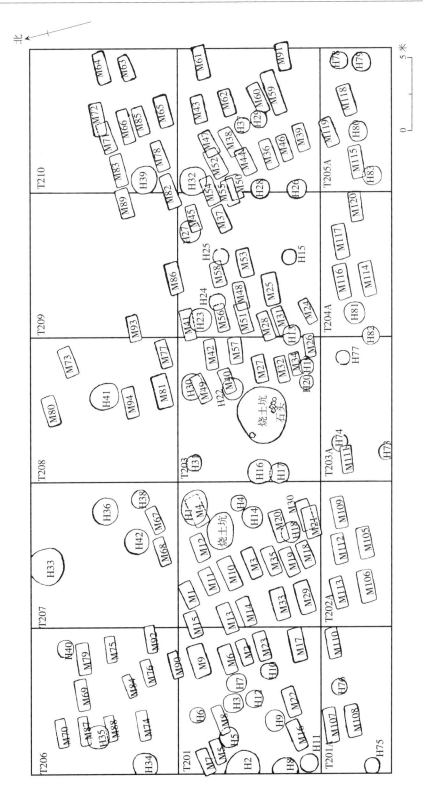

图三 河南郏县水泉裴李岗文化墓地

但也有少数规模相对较大的墓出有 10 件左右到 30 余件的器物。那些随葬品较丰富的单人墓葬，除有的可能因墓主生前拥有某种特殊技能而随葬与之相关的较多物品（如石制品或渔猎工具、制皮与缝纫工具等），有的则似乎体现着某种社会权力的存在。据有学者研究，在一些较大的墓中存在着随葬较多大型三足钵的现象，显示的是一种分配粮食的权力；但这样的权力只局限在墓群所代表的最小一级的继嗣群体中①。若如此，我们看到具有一定经济支配形态的权力已经出现，掌握此种权力的人很可能就是各家族的首领。其实，即便在很原始的状态下，任何一个人类群体都会存在"首领"人物，只是在一个简单社会中这样的首领只为群体生产与生活的组织者和协调者，而不一定拥有多少特权。裴李岗文化墓地中所见"厚葬"现象，随葬品都是些普通的日常生产工具和生活用具，并无标示特殊地位和权力的贵重物品；以较多的日常用品和与产品分配有关的三足钵来强调其特有的身份和权力形态，恰好说明这种权力是有限的，从某种意义上说这种人更像是一种公共服务者而非凌驾于他人之上的权贵者。而且拥有这种权力的人应只限于少数头领，尚未阶层化或集团化，整个社会仍然处于较为平等的状态。

在裴李岗文化墓地中，地处南部淮河流域的舞阳贾湖遗址所见墓葬显示出了许多特殊性。大部分墓葬只有 10 件以下的少量随葬品，一般以骨器为主。少数大墓随葬品较丰厚。如 M344 为一单人葬（壮年男性），随葬品 33 件，在头骨缺失的部位摆放着 8 件龟甲和 1 件骨叉形器，上身左侧有 2 件骨笛和 1 件骨饰，右侧有 2 件陶壶，在小腿和足部附近有骨镖 6、骨镞 6、牙削 2、牙饰 1、牙刀 3 和砺石 1 件。M282 为 2 人（皆为壮年男性）、M277 为 4 人（一次葬者为成年女性、其余三个二次葬者为成年男性）合葬墓。一般每个这样的合葬墓都有一人为一次葬，占据墓内中间位置；其余为二次迁葬，或在一次葬者的一侧，或偏居一隅，大多尸骨不全。这两墓各有 60 和 66 件物品，大部分置于一次葬死者附近或身上（图四）。这些情形说明一次葬者应为丧葬行为的主体对象。两墓的随葬品除二、三件壶、罐、钵等陶器和少量的斧、凿、砺石等石器，绝大部分仍为镞、镖、削、板、刀、锥、针等骨、牙器，另外还见龟甲、石子、骨笛等特殊物品。该墓地随葬大量兽骨制作的器物，且多与渔猎、制皮、缝纫等活动有关，遗址中也出有大量的野生动物骨头，说明渔猎经济在这里占有很大的比重。那些随葬品丰富的"大墓"除有较多日常用具外，还常见骨笛、骨叉形器和龟甲与石子（有的墓中龟甲内装石子），一般认为这些物品可能与某种神秘的宗教或占卜仪式有关，墓主当为巫师一类的人物②。若此说不误，那么在贾湖掌握较多社会资源和社会权力的人可

---

① 　张弛、魏尼：《裴李岗文化墓葬随葬品研究》，《古代文明》（第 7 卷），文物出版社，2008 年。
② 　河南省文物考古研究所：《舞阳贾湖》，科学出版社，1999 年。

能为巫觋一类的人，或者换句话说，掌握了专门的宗教礼仪知识和实施权力的人拥有相对较高的社会地位；但从这种墓同时还出有数量很多的普通工具、武器和生活用具看，这些人生前当非专职的巫师，而会参与和主持生产劳动，特别是捕捞、狩猎等日常事务，那么很有可能这种人同时兼具世俗经济管理权与超自然的宗教权力。由此还可进一步推断，那种未知的宗教占卜仪式很可能也是渔猎活动的一个组成部分，两者有机结合，都是由相同的人主持实施的。由此可见，地处不同环境、拥有不同经济形态的贾湖，其公共权力的表现也与北边其他裴李岗文化遗址所见世俗化的权力形态有所不同，而具有更多的基于宗教礼仪的意识形态色彩。不过，本质上看，这两者所见权力的功能性而非特权性特征仍然是一样的。

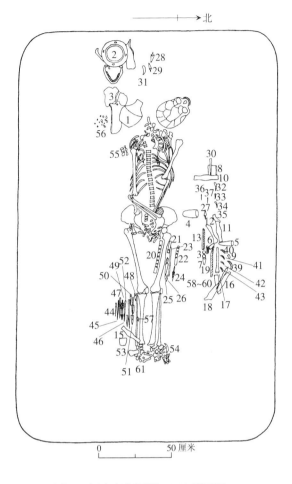

图四　河南舞阳贾湖 M282 平面图

1~3. 陶壶、罐、鼎　4~7. 石斧、凿　8、9、53. 砺石　10~12、15. 骨板　13、14、38、58. 骨凿　16~19. 骨刀　20、21. 骨笛　23、25、44~47、49、51、52. 骨镖　24、26~29、48、50、57. 骨镞　30. 骨锥　31、54. 牙削　32~34. 牙锥　35. 牙刀　36、37. 骨针　39~43. 牙饰　55. 龟甲　56. 石子　59、60. 骨柄　61. 角料

　　老官台文化遗址中所见房屋多很零散，聚落结构不详；墓葬发现较少，所见者部分有随葬品，随葬器物的种类、数量与裴李岗文化一般小墓相似，但陶器多为明器。磁山文化居址和墓葬的材料相对较贫乏，整体情况不清；最突出的现象是武安磁山遗址发现有80座埋藏粮食的灰坑，其中有些坑还同时埋有猪、狗的骨架，因此有学者认为这是一处祭祀遗址①。这些灰坑是否都与祭祀有关，还是只限于那些埋有动物的坑，因所见报道过于简略，详情难知。不过，在靠近河北中部的易县北福地所发现的早期遗存中

---

① 卜工：《磁山祭祀遗址及相关问题》，《文物》1987 年第 11 期。

（应属于磁山文化）①，许多房址里出土了众多的陶假面具，还有一处所谓的"祭祀场"，这些应与某种宗教礼仪和祭祀活动有关，说明磁山文化可能确实有着浓郁的宗教氛围和祭祀传统，其社会权力当有不同的表现。但总体看，估计这两个文化的社会状况本质上不会超出裴李岗文化所知的范围。

（三）仰韶早期

到仰韶早期（约公元前5000～前4000年），陕甘渭河流域继老官台文化之后发展起了半坡文化，该文化向东渗透到了晋南豫西，但在晋南豫西还存在着一种面貌不同的"枣园文化"。在原磁山文化分布的豫北冀南地区，新石器时代中期的后段因黄河下游北辛文化的扩张而发生了改变，到仰韶早期发展为后岗一期文化。此时位于中原腹地的河南中部地区的文化面貌较为复杂，至少不是原裴李岗文化的直接延续，以郑州大河村"仰韶文化前三期至前一期"②、长葛石固早期为代表的遗存表明，这里受到西面半坡文化、特别是东北面后岗一期文化强势扩张的影响，另外可能还沿用了早期裴李岗文化遗传下来的一些因素③，从而形成了本地区很有特点的一种文化遗存。

在一些区域调查中，有些将仰韶文化视为一个整体而未作早、中、晚的区分，这样便不能分辨仰韶各期遗址的构成与变化情况。但有几处区域调查却可反映这方面的情形。巩义伊洛河流域的调查只在坞罗河上游发现2处小型的仰韶早期遗址，比早先裴李岗文化的还要少④，此种情形似为豫中地区仰韶早期阶段的普遍现象⑤。其他地区则显示遗址的数量有明显的增长。豫西灵宝铸鼎塬发现的遗址由前期的2处增加到了13处，皆是面积为数万平方米的小遗址⑥。晋南地区尚未发现新石器时代中期的遗址，但到仰韶早期却有较多遗址。垣曲小盆地发现的仰韶早期遗址共有8处，都在10平方米以下，空间上较分散⑦。运城盆地东部的区域系统调查覆盖约1500平方千米，所见仰韶早期遗址有24处，可以分为5个相对较集中的群落，每群3～8处聚落不等（图五）⑧。多数群

①　河北省文物研究所：《北福地——易水流域史前遗址》，文物出版社，2007年。

②　郑州市文物考古研究所：《郑州大河村》，科学出版社，2001年。

③　戴向明：《黄河流域新石器时代文化格局之演变》，《考古学报》1998年第4期。

④　陈星灿等：《中国文明腹地的社会复杂化进程——伊洛河地区的聚落形态研究》，《考古学报》2003年第2期。

⑤　赵春青：《郑洛地区新石器时代聚落的演变》，北京大学出版社，2001年。

⑥　河南省文物考古研究所等：《河南灵宝铸鼎塬及其周围考古调查报告》，《华夏考古》1999年第3期。

⑦　戴向明：《陶器生产、聚落形态与社会变迁——新石器至早期青铜时代的垣曲盆地》，文物出版社，2010年。

⑧　中国国家博物馆田野考古研究中心等：《运城盆地东部聚落考古调查与研究》，文物出版社，2011年。

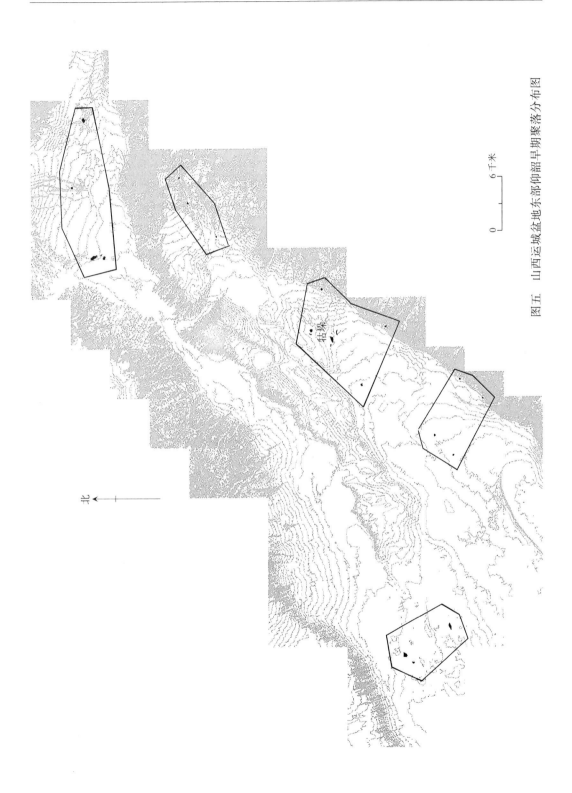

北

0　6 千米

图五　山西运城盆地东部仰韶早期聚落分布图

垣城

落内的聚落大小差别不是很大，可能是少数社群组织在长期生存和发展中自然繁衍、增殖的结果，那么在每群内部或许会形成具有亲缘关系的联盟组织；另外还有一种可能，就是这些大大小小的村落皆各自相对独立，而同一群落内的几个村落间结成一个互有婚姻或利益关系的部落组织。但无论如何，这些群落都还不是具有主从结构的区域政体。其中只有位于青龙河上游的一群大小差别较明显，7 处远近不等的小型聚落拱卫着位置较居中、面积近 15 万平方米的较大聚落牯垛，这也许表明具有真正主从关系的社会结构开始萌芽、产生。但因这样的例子尚不多见，也还缺乏聚落内的实证资料，目前还不敢说在仰韶早期（即便是在较晚阶段）就已出现了高度整合的超村落的区域组织。

在前述几个仰韶早期文化中，半坡文化以一批保存好、揭露面积大的聚落和墓地著称，这也为解剖当时的社会结构提供了充分的资料。严文明先生曾对半坡文化（或称仰韶文化半坡类型）的聚落和墓地做过深入系统的研究和总结[1]，迄今仍是这一领域最具代表性的成果。根据这些研究可知，半坡文化中的姜寨[2]、半坡[3]、北首岭[4]、大地湾[5]等聚落的房屋都成组分布（图六），但与前期裴李岗文化唐户聚落所见不同，每组房屋中几乎都有一个几十到 100 多平方米的大房子，然而这种大房子并非高等级的私人专有住所，而很可能是氏族酋长及其家族成员的居所，同时也是集会议事和举行公共活动的场所；每组房屋大概都是由几个家族组成的氏族公社，整个聚落则为几个有亲缘关系的氏族组成的胞族公社；聚落经济以农业为主，兼有渔猎、采集、家畜饲养和各种手工业，显示出自给自足的形态，商品交换和专业化手工业生产并不发达，而以氏族公社所有制为基础的不同级别的所有制（包括家族和胞族公社所有制）是此时聚落经济的一个显著特点。与居址相对应，半坡文化的许多墓地也反映出大体相同的内容，无论是以合葬墓为主的陕东区，还是以单人葬为主的泾渭区，以及陇东和陕南区，氏族这一级组织都有清楚的体现，而家族和胞族这两级组织也有程度不同的表现；有时不同氏族间甚至家族间的经济状况会有些差别，但都不很显著。一般墓葬或无随葬品或只有少量陶、石、骨制品等，以生活用具为主，次为生产工具和装饰品。少量墓葬随葬较多的器物，但大多也只有 10 件左右的陶器和少量生产工具，与其他墓相差并不悬殊。综合多种因素，还不能说此时已有了明显的贫富或等级的分化。另外

① 严文明：《仰韶文化研究》（增订本），文物出版社，2009 年。参见其中"叁 聚落形态"和"肆 埋葬制度"两部分。
② 西安半坡博物馆等：《姜寨——新石器时代遗址发掘报告》，文物出版社，1988 年。
③ 中国科学院考古研究所：《西安半坡》，文物出版社，1963 年。
④ 中国社会科学院考古研究所：《宝鸡北首岭》，文物出版社，1983 年。
⑤ 甘肃省文物考古研究所：《秦安大地湾——新石器时代遗址发掘报告》，文物出版社，2006 年。

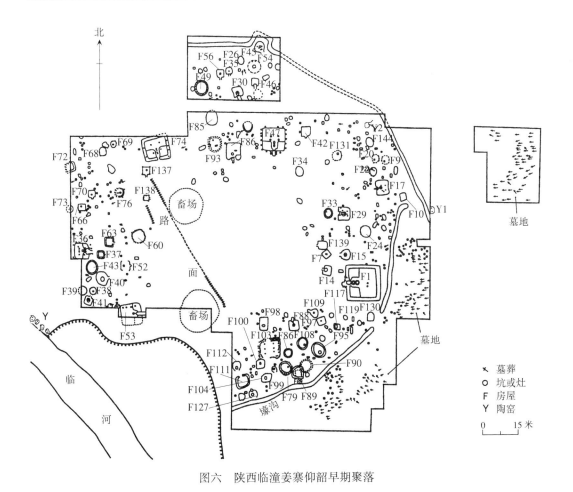

图六　陕西临潼姜寨仰韶早期聚落

我们注意到，随葬陶器较多者也以钵类居多（其次为罐类），其情形类似于裴李岗文化墓地中的"大墓"，也许其社会权力的表现仍主要在经济事务方面。

　　半坡文化各墓地中以宝鸡北首岭的"厚葬"现象较为特别[1]。该遗址仰韶早期的墓葬中，有几座单人墓随葬陶器较其他墓略多（一般只有 4、5 件以下，而这几座有 5、6 件以上，多者达 11 件），而其中的 77M4、77M8、77M11、77M20 还同时出有大量的骨镞（少者 20 余件，多者达 80 余件），其他工具则罕见，墓主皆为成年男性（图七）。这几座墓集中分布（皆位于 77T2 探方内），其中前三座并排而列、紧挨在一起，头向东北，应属同一家族。这几位墓主人生前可能尤擅狩猎，或许还有军事头领或战争勇士的身份，故而获得厚葬武器的待遇；77M4 和 77M11 还各有一件不见于其他墓的较精致的石斧，也许暗示他们确有不同一般的身份和权力。人类群体间的冲突可能由来已

①　中国社会科学院考古研究所：《宝鸡北首岭》，文物出版社，1983 年。

久，假如随葬大量骨镞及少见的石斧确与彰显军事才能和权力有关，则北首岭公共权力的获取或表现又不同于前期裴李岗文化及同期半坡文化其他聚落所见的世俗的经济分配权和超自然的宗教权，而是具有较强的军事色彩。不过这些人仍无特殊物品，随葬的仍是普通的生活用具和武器；仅见的两件石斧是否已有权力象征功能，尚不明确。总的看这种社会权力尚未超出"自然"的状态；这些墓主人生前的身份地位和所拥有的权力性质大概并未突破前期裴李岗文化等所见的状况，仍然没有形成特权阶层。

　　在中原仰韶早期遗址中，河南濮阳西水坡后岗一期文化墓地展露出的特殊现象引人注目①。该遗址面积 5 万余平方米，在仰韶早期墓地中发现有三组蚌塑图案，且南北排成一线，相互间隔 20 余米，图案主题以龙、虎为主。其中北边一组的蚌塑龙虎摆在 M45 墓主人两侧，按照发掘简报，其东、西、北三面还各有一个向外凸出的小龛，每个小龛内葬有一人，年龄都较小，简报认为这三人是墓主的人殉，反映墓主生前的"地位之高，权力之大"，是早期文明因素的体现（图八）。严文

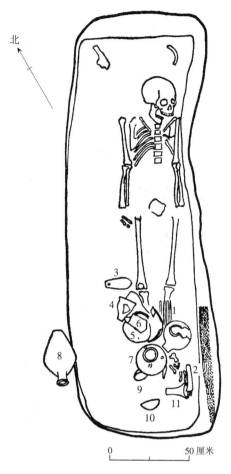

北

图七　陕西宝鸡北首岭 77M4 平面图
1、2. 成束骨镞　3. 石斧　4、5. 陶罐　6、9、
10. 陶钵　7. 陶鼎　8. 陶瓶　11. 陶杯

明先生根据 M45 的形制特征等认为，三个所谓的殉人实际上可能是三个单独的墓葬，分别与 M45 发生了打破关系；再参照仰韶早期大的社会背景和发展状况，这三组蚌塑龙虎鹿等图案应当看成是一种宗教遗迹，M45 墓主人应是与此有密切关系的巫师，同时还可能是该墓地代表的氏族或部落的酋长，但同文明起源问题没有什么关联②。张光直先生也把这些蚌塑的动物看作是一种原始宗教现象，认为它们与后来道家的"三蹻"

①　濮阳市文物管理委员会等：《濮阳西水坡遗址试掘简报》，《中原文物》1988 年第 1 期；濮阳市文物管理委员会等：《濮阳西水坡遗址发掘简报》，《华夏考古》1988 年第 1 期；濮阳西水坡遗址考古队：《1988 年河南濮阳西水坡遗址发掘简报》，《考古》1989 年第 12 期。
②　严文明：《略论中国文明的起源》，《文物》1992 年第 1 期。

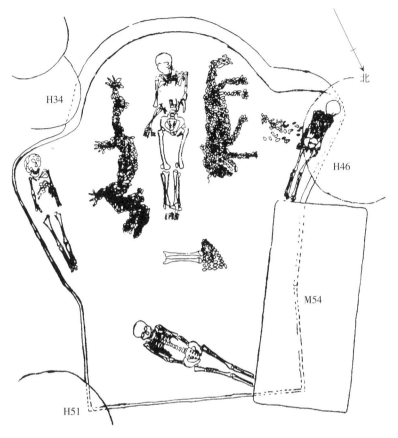

图八　河南濮阳西水坡 M45 平面图

是相通的，这种人兽复合图形表现的是巫师及助他上天入地的三蹻的艺术形象①。再退一步讲，即使那三个年轻的死者确为 M45 内的组成部分，但他们各守一边，与位于南端的墓主分处四个不同的方位，墓主又没有任何随葬品，这仍然更像与某种宗教祭仪有关；另外三个死者或可解释为宗教礼仪中的牺牲或参与者，而非专为墓主殉葬的人。假如那位墓主人生前确系拥有特殊的身份和权力，那么这种权力也是与宗教、巫术等超自然力量密切结合的，但不会是基于贫富和等级分化的特权。而这种浓郁的宗教色彩不禁使我们联想到本区域磁山文化的此类特征，显然，两者之间可能有一种传统上的联系。

　　总之，仰韶早期半坡文化的聚落形态表现出的都是发达的氏族社会的特征，迄今已知所有的居址和墓地都显示出以血缘关系为纽带构成的、较为平等的简单社会形态。后岗一期文化、枣园文化等的聚落资料远不如半坡文化丰富，而已有的发现

—————————

① 　张光直：《濮阳三蹻与中国古代美术上的人兽母题》，《文物》1988 年第 11 期。

也没有超出半坡文化发展阶段的迹象。在与中原邻近的汉水中游的南阳盆地，淅川下王岗遗址发现有大量的仰韶早期墓葬（下王岗仰韶文化一、二期）①，其墓地布局、结构、墓葬中随葬品的状况等方面与半坡文化的非常接近，亦反映出相似的社会特征。

（四）仰韶中期

仰韶中期，原半坡文化的关东变体（东庄类型）率先转化为庙底沟文化（约公元前4100至公元前3500年左右或更晚），随后以晋南豫西为中心（可能还包括陕东的部分地区），这一文化以强劲的势头向外扩展，笼罩了整个黄河中游，如重瓣花朵般层层铺展开来，于各地形成了特色不同的庙底沟文化诸类型，中国史前文化第一次出现了大范围统一的局面，其影响甚至渗透到了周边更远的黄河上游、黄河下游、东北的辽河流域和长江中游等地②。晋南豫西作为该文化的核心区，这里的庙底沟文化起始时间相对较早、结束时间则可能较晚，根据灵宝西坡庙底沟末期墓葬的最新测年结果，其年代下限或可晚到公元前3300年左右甚至更晚③。

几个区域系统调查显示，仰韶中期庙底沟文化的聚落数量、组成结构发生了非常大的变化。各区聚落数量都明显增加，并出现了许多大型中心聚落。灵宝铸鼎塬遗址的数量增长到了18处④，其中北阳平90余万平方米、西坡40万平方米，当属不同层级的中心聚落。巩义境内伊洛河的两个支流坞罗河和干沟河分别有5处仰韶中期的遗址，各自的分布都相对比较集中，其中位于干沟河上游的赵城遗址此期面积达20万平方米，其他遗址都在5万平方米以下，赵城很可能已具有中心聚落的性质⑤。垣曲盆地内遗址的数量由此前的8处骤增到了24处，而且首次出现了聚落等级的差异，最大聚落有30万平方米⑥。运城盆地东部的调查以更大的空间范围展示了此期宏观聚落的状

---

① 河南省文物研究所等：《淅川下王岗》，文物出版社，1989年。

② 戴向明：《试论庙底沟文化的起源》，《青果集——吉林大学考古系建系十周年纪念文集》，知识出版社，1998年；戴向明：《庙底沟文化的时空结构》，《文物研究》（第十四辑），黄山书社，2005年。

③ 中国社会科学院考古研究所、河南省文物考古研究所：《灵宝西坡墓地》，文物出版社，2010年。

④ 河南省文物考古研究所等：《河南灵宝铸鼎塬及其周围考古调查报告》，《华夏考古》1999年第3期；中国社科院考古研究所河南一队等：《河南灵宝市北阳平遗址调查》，《考古》1999年第12期。

⑤ 陈星灿等：《中国文明腹地的社会复杂化进程——伊洛河地区的聚落形态研究》，《考古学报》2003年第2期。

⑥ 戴向明：《陶器生产、聚落形态与社会变迁——新石器至早期青铜时代的垣曲盆地》，文物出版社，2010年。

况。聚落数量由前期的 24 处猛增到了 66 处,原 5 个聚落群此时发展为 6 个,并且每个群落都可进一步分为 2、3 个聚落组;每个聚落群、有的是在聚落组内都有一个大型中心聚落,面积从数十万平方米到百余万平方米不等,与其他中、小聚落共同构成 2 或 3 层聚落等级;在这些聚落群、组内应大多形成了等级分明、整合性良好的具有独立社会组织意义的区域政体,各区域组织的规模都不是很大,地域范围一般在几十到二三百平方千米之间①(图九)。

其他地区的一些考古调查也同样反映了从仰韶早期到仰韶中期遗址数量的显著增长,如内蒙古凉城县岱海地区②、陕西宝鸡至咸阳之间的渭河中游地区③、河南郑州—洛阳地区④等等。这些调查及其他有关资料还显示,此期面积达几十万乃至上百万平方米的大型聚落不只在晋南豫西,在庙底沟文化其他主要的分布区如陕西关中和豫中郑洛地区等地也都有发现,但在这"中原"以外的周边其他地区则少见此种现象,说明庙底沟文化中心与外围区的发展是不平衡的。

按照本人的认识,庙底沟文化的陶器编年可分四个时期⑤。其中第一、二期属早期阶段,三、四期可分别称为中、晚期阶段。早期遗存主要见于该文化的发源地晋南豫西,而同时期其他地区尚处于各自前行文化的晚期。据我们在晋南运城盆地和垣曲盆地的调查,真正属于庙底沟文化早期阶段的聚落数量并不多、规模也不大,与仰韶早期相比未见显著变化。只有到了庙底沟文化的中、晚期阶段,各地文化面貌高度相似,在从陕西渭河流域到晋南豫西、豫中郑洛地区一带的中心区域,聚落数量与规模骤然暴涨,聚落分化才明显地表现出来。而各地区大、小聚落所表现出的社会发展状态又是不相同的。

先看一下中原以外聚落内部的情况。位于内蒙古中南部的凉城县王墓山坡下遗址,总面积约 7 万平方米,被一条东西向冲沟分为南北两部分,其中北区仰韶中期聚落保存较完整,共发现 21 座房址,由大、中、小三种房屋组成⑥。小房子约有 15 座,大部分在 10~25 平方米之间;中型房子至少有 5 座(ⅠF6、ⅠF9、ⅠF11、ⅠF12、ⅠF13),多在 30~40 平方米之间;大型房子一座(ⅠF7),面积达 90 平方米。各房子出

① 中国国家博物馆田野考古研究中心等:《运城盆地东部聚落考古调查与研究》,文物出版社,2011 年。
② 田广金、郭素新:《环岱海史前聚落形态研究》,《岱海考古(二)——中日岱海地区考察研究报告集》,科学出版社,2001 年。
③ 中国社会科学院考古研究所渭水考古调查发掘队:《渭水流域仰韶文化遗址调查》,《考古》1991 年第 11 期。
④ 赵春青:《郑洛地区新石器时代聚落的演变》,北京大学出版社,2001 年。
⑤ 戴向明:《庙底沟文化的时空结构》,《文物研究》(第十四辑),黄山书社,2005 年。
⑥ 内蒙古文物考古研究所、北京大学中国考古学研究中心:《岱海考古(三)——仰韶文化遗址发掘报告集》,科学出版社,2003 年。

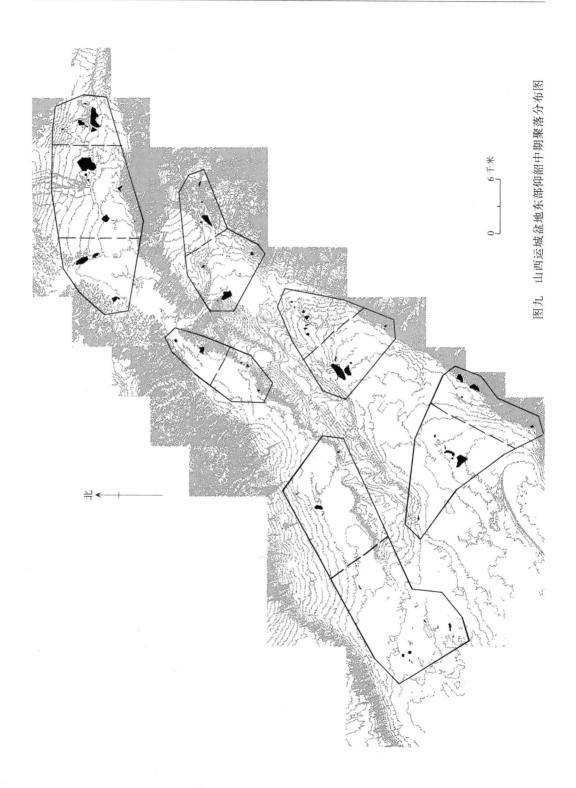

北

0　　6千米

图九　山西运城盆地东部仰韶中期聚落分布图

土陶器表现出高度的相似性（包括形制与组合），而且房子布局清晰、共同构成了一个完整的聚落，因此可以推断其中大部分是同时使用的。若此，那么该聚落当有100多人同时共存，三种房屋可能分别代表着小家庭、家族、氏族三级组织。这里的房子很多都是被焚毁而倒塌废弃的，房中的生活用具和生产工具等物件大都较充分地保存下来。几座中型房子都出有数量较多的陶器（成套的生活用具）和石器（主要有石刀等生产工具和磨盘、磨棒等食物加工工具），而小型房子所出陶、石器的数量皆相对较少。一个有趣的现象是，几座中型房子中都出有2~3套完整的体量较大的石磨盘和磨棒，而小房子或者不出此物，或者只有一个很小的磨盘（棒），或者有1、2件残断的磨盘（棒），大有"将就用"之意。由此可以判断，只有中型房子才拥有"正式"加工、可能还包括分配食物的权力，并代表一个较完整的生产和生活单位，而小房子则是这几个中型房子的附庸。但几座中型房子间隔均匀地并排而列，小房子散落其前及侧面，表明家族的独立性并没有被刻意凸显，整个聚落强调的仍是整体性和平等的关系，这与半坡文化的聚落相近。但不同者，王墓山聚落中唯一的大房子（ⅠF7）远离其他房屋而高居坡上位置，无疑是居高临下、统领全村的核心。我们注意到，这座房子虽然也毁于火灾而倒塌废弃，但并没像其他房子那样出有成套的生活用具和生产工具，可完整复原的器物只有一件置于火塘附近的火种罐和一件置于房内窖穴中的中口罐，由此推测这里很可能主要是举行公共活动、集会的地方，而不是普通的住宅。即使它还兼做氏族酋长及其家庭成员的居所，这所统领全村、但形制并无特别之处的大房子体现的仍是一种公共性而非个人化的权力特征，这一点与半坡文化相比亦无本质区别。

仰韶中期在豫西南的南阳盆地开始流行多间套长排房屋。如邓州八里岗遗址总面积约6万平方米，存在一处从仰韶中期偏晚阶段到仰韶晚期偏早阶段的双排房屋组成的聚落，每排房屋由若干座间套数不等的房子组成，那么一套间房子、一座房子、一排房子和整个聚落就代表了不同层级的社会组织单元[1]。有学者认为由若干套间构成的每座房子的大小规模和间套数差异很大，是否能代表一级独立的组织并不很明确，或者说这种社群组织并不是时时处处被强调；反之每排房子固定的位置和反复的原地重建则表明这一级组织是特别被强调的，而这样的一排房屋可能代表着大家族或氏族公社组织，应是聚落中最基本的社会单位[2]。该聚落的房屋虽有大、小之别，但似乎只是代表不同家庭（或家族）规模的差异，并无等级、规格上的高低之分。因此，八里岗聚落所反映的社会形态本质上仍与仰韶早期的相近。

---

① 北京大学考古实习队：《河南邓州八里岗遗址发掘简报》，《文物》1998年第9期。
② 张弛：《长江中下游地区史前聚落研究》，文物出版社，2003年。

再看中原的情形。位于黄河岸边的河南渑池关家遗址面积约 9 万平方米，揭露出一处保存较完整的仰韶中期聚落①，只是目前还不见详细的报道。该聚落的外围有壕沟和河岸断崖环护，沟内中部和西南部为居住区，共发现近 20 座房基，居住区周围散布着大量的储物窖穴。墓葬集中分布在西北部壕沟两侧和东南部，共有 50 余座墓葬，基本为单人一次葬，多无随葬品，只个别有少量陶器或绿松石小饰件，另在西南部还集中发现了 10 座瓮棺葬。遗址的东北部则是加工石器和烧制陶器的场所。显然，这是一处布局清晰、功能多样、有着统一规划的小型村落。居住区和墓葬似都可分为两、三片，可见该聚落至少存在居住区—村落，或墓区—墓地两级社会组织。从简略的报道中尚无法得知房子的大小状况和布局详情，但如果这约 20 座房子接近该聚落同时存在的房屋数，那么不同的居住区就可能代表着至少两个共存的家族，整个村落就可能是一个氏族公社组织。墓葬区的规模也与此相应。家族在生产与生活中或许有一定的独立性，但若石器的制作和陶器的烧制确实集中在一起，那么主要的手工业生产则为全村共同的产业。因此，关家聚落与前期半坡文化聚落相比仍有许多共同之处，包括以血缘关系为基础的不同层次的继嗣群体、以家族和氏族公社为基础的不同所有制、封闭的格局、较为平等的社会关系等等。值得注意的是，与西北部的墓葬不同，分布在东南部的墓葬多有生土二层台，且有朱砂涂面的现象，这种不同的葬俗是否也暗示着两个群体（家族）间并非完全平等的地位，尚不明确。

甘肃秦安大地湾遗址第三期遗存属于仰韶中期②。此期聚落只揭露出局部，其整体结构并不很清楚。这里共发现有 19 座房址，另有残存的灶坑 23 个。房址也有大、小的差别，并且这些房子和相关的窖穴有成组分布的迹象，其布局与该遗址前期聚落相比有一定的延续性；但不同者此期每组房屋的数量已明显减少，而可以分辨出的房屋组似又有所增加（大概有 4 组，每组房屋的朝向不同，或相互间有较明显的分界），这说明该聚落基本的社会组成单元可能已开始向小型化分解，或许为具有一定独立性的家族公社（图一〇）。

河南汝州洪山庙遗址面积 5 万余平方米，这里发现一座大型合葬墓 M1，长 6.3、宽 3.5 米，局部遭到破坏，墓坑内现存 136 个瓮棺，估计原有一百七八十个，较密集地排满了墓坑③。棺内盛殓二次葬的人骨，绝大部分为成人，另有少量的儿童和婴儿，因此这是一座男女老幼都有的合葬墓，埋葬的应是一个以血缘关系为基础的群体在一定时间内的死者。如报告所言，这个大型合葬坑内的瓮棺很可能是一次性迁入埋葬的，

① 樊温泉：《关家遗址发掘获重要成果》，《中国文物报》2000 年 2 月 13 日。
② 甘肃省文物考古研究所：《秦安大地湾——新石器时代遗址发掘报告》，文物出版社，2006 年。
③ 河南省文物考古研究所：《汝州洪山庙》，中州古籍出版社，1995 年。

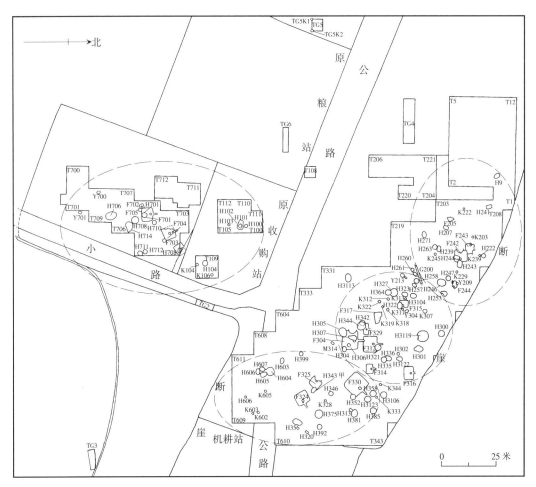

图一〇　甘肃秦安大地湾第三期（仰韶中期）遗迹分布图

那么这样一次的集体行为最长应不超出一代人记忆所及的范围，至多也就是几十年。在这样一个时间段内集中合葬近 200 名死者，其群体规模当不会小于一个氏族组织。据说像 M1 这样的合葬墓在该遗址至少有 3 座，另两座早已被破坏①，因此无法判断这 3 座墓是同时形成还是前后相继的关系，是属于一个还是不同的群体。这些墓中的瓮棺形制较单一，主要为一种带纽的陶缸，很多缸的表面绘有各种彩绘图案，个别的还有泥塑装饰，但看不出个体间有什么等级、地位上的根本差异。临汝阎村遗址也曾集中发现了一批以缸作葬具的瓮棺葬②，估计其埋葬形式与洪山庙属于一类。其中一件绘有一幅"鹳鱼石斧图"，是目前所见此类葬具上幅面最大、内容最复杂的图案（图一

①　赵春青：《郑洛地区新石器时代聚落的演变》，北京大学出版社，2001 年。
②　临汝县文化馆：《临汝阎村新石器时代遗址调查》，《中原文物》1981 年第 1 期。

一），严文明先生认为此缸是一部落酋长的葬具，图画是其权力的标志及对其生前战功的描绘①。从这件器物可以看出，一方面即便是像社群首领这样重要的人物，死后也同其他人一样用瓮棺殓葬，但同时其葬具上的特殊图画又表达了不同一般的身份地位；另一方面似又说明，墓主权力的表现主要同战争与军事活动有关。该器物的图画内容还表明，石斧除作为实用器外，在某些情形下已开始具有象征权力的功能。

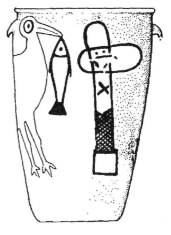

图一一 河南临汝阎村
鹳鱼石斧彩陶缸（瓮棺）

近年发掘的陕西高陵县杨官寨遗址总面积达 80 万平方米，在遗址北部发现一处仰韶中期的环壕聚落，壕内面积 24.5 万平方米，在庙底沟文化遗址中属于比较大的聚落。在西门址南北两侧的一段壕沟中各有 7 层堆积，每层的土质、土色尽管不同，但多含小石块、黄土块、红烧土、草拌泥残块、木炭粒、草木灰和兽骨、贝壳等，除最下面一、两层外，上面的几层都出有大量完整或可复原的陶器、石器、骨器等，数量从数十件到一百多件不等，而以陶器最多，其中的人面镂空覆盆形陶器、动物纹彩陶盆、涂朱砂的人面陶塑等为同期遗址中所罕见。这些迹象表明这两段壕沟中的堆积不像是普通的生活垃圾，而可能与某种宗教祭祀活动有关，这也反映了该聚落不同凡响的特殊一面。另外，如此大规模的聚落环壕在同期遗址中很少见，这不同于仰韶早期面积仅数万平方米的小型环壕，其巨大的工程需组织、调动大量的人力才能完成。这些都说明该聚落当属一处区域组织的中心地点，只是目前对其内部的设施、布局等情况尚不很了解。

陕西华县泉护村一座墓葬为了解仰韶中期的大型墓葬提供了一些线索。泉护村遗址总面积约 60 万平方米②，主要为仰韶文化堆积，在应属于该遗址范围内的太平庄（泉护村西南邻近村庄）东侧发现一座仰韶中期墓葬（M701），先后清理、发掘出较多随葬器物，包括骨笄 2 件、骨匕 14 件、石斧和石铲各 1 件，还有陶钵、釜、小口平底瓶各 1 件，年代特征属庙底沟文化的晚期阶段，而其中 1 件造型威猛的陶鹰鼎尤为引人注目（图一二）。仰韶中期，除豫西南汉水中游地区的墓葬多见随葬品（似较多继承了渭河流域半坡文化的传统），其他各区所见土坑墓绝大多数都无随葬器物，有的也只是很少的一点。泉护遗址这座墓不但随葬品的种类、数量多，还见一件颇具权势象征

---

① 严文明：《鹳鱼石斧图跋》，《文物》1981 年第 12 期。
② 北京大学考古学系：《华县泉护村》，科学出版社，2003 年。

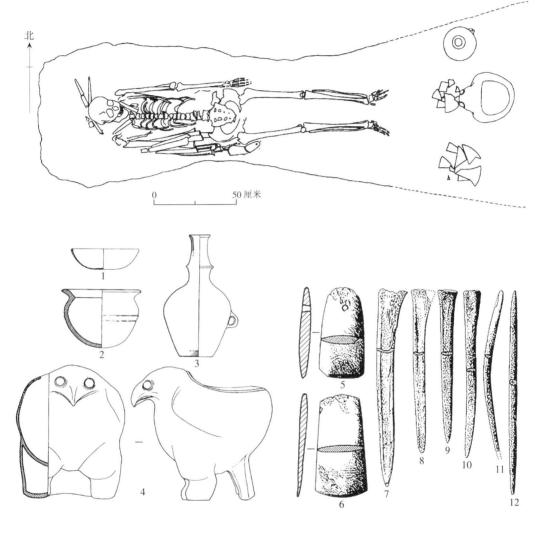

图一二　陕西华县泉护村 M701 及随葬品

1. 陶钵　2. 陶釜　3. 陶小口单耳瓶　4. 陶鹰鼎　5. 石斧　6. 石铲　7～10. 骨匕　11、12. 骨笄

性的罕见而精致的陶鹰鼎，其重要之处在于与普通日用器在功能上已有根本区别，说明此时开始以特殊的非日用品来表达超越的地位与权力，这种权力恐怕已有别于从前那种"自然"属性的权力。此墓随葬较多的骨匕，当属武器；而石铲和石斧或许如临汝阎村瓮棺"鹳鱼石斧图"中的石斧那样为权力的象征。两相结合，说明墓主的身份很可能与军事主导权有关。

　　河南灵宝西坡遗址的发掘为窥视庙底沟文化大型聚落的内涵提供了一些证据。西坡遗址总面积达 40 万平方米，以仰韶中期的堆积为主，经过几次发掘，在遗址的中心较集中地发现了数处房址①。这些房子均为带有窄长门道的近方形半地穴式建筑，其中有几个面积在 100 平方米左右，若放到小型聚落中都可算是大型房子，但在西坡这种规模的房子已发现多处，有的相距还很近，似是一种较常见的房屋类型。此外还有两座特大型房基址，南北相隔约 50 米。这两座房子的主体形状与其他房子相近，皆为带窄长门道的近方形半地穴式单体建筑，但结构与建造工艺更为复杂。F105 为一四周带有宽大回廊的巨型建筑，整体占地面积达 516 平方米，主体房基坑面积约 372 平方米，室内净面积约 204 平方米；房基坑现存总深度为 2.75 米，居住面以下为厚度近 2 米的夯土夹草拌泥地基，四周墙壁及墙基槽也经夯打，密布柱网；居住面由细泥、料礓和草拌泥等铺垫的数层小薄层构成，多层地面、墙面及部分夯层表面都有涂朱砂现象（图一三）。像这样规模宏大、结构复杂、建造工艺精致讲究的建筑，在仰韶中期的房屋中尚属仅见。F106 主体建筑面积更大，仅室内居住面积就达 240 平方米（建筑面积约 296 平方米），但其外围未见回廊，结构相对简单，半地穴房基坑的深度约 0.8 米，四周墙基槽最深为 1.6 米，墙壁也经夯打而成，居住面由 7 层草拌泥和料礓面构成，底层居住面和墙壁也见涂朱现象。F106 整体形制与其他房子差别不大，但规模宏大，很像是一个公共活动的场所；F105 带有宽大的回廊，建造考究，这样的房子很像是举行更高级活动的"原始殿堂"。

受发掘规模的限制，迄今西坡仰韶中期聚落的布局结构并不清楚，尚无法对这些房子之间的相互关系和它们所代表的社会组织级别、功能用途等做出确切的判断。从层位关系和出土陶器看，这些房子之间有相对的早晚关系。如 F104 打破 F105，F105 朝向东南，F104 叠压其上，朝向西南，说明在两者的转换之间聚落结构发生了较大的变动，原来殿堂式的大房子在废弃之后于原地又建起了较普通的房子。另一座大房子 F106 几乎不见出土物，与 F105 相距约 50 米，也未见直接的层位关系，我们无法判断两者到底是同时还是不同时期的建筑，因此也就无法推定这种占地面积达数百平方米的巨型房屋在同一时间里整个聚落是只有一座还是两座、或是多座，它们是整个聚落的中心还是其中某一次级群体的中心，或者只是功能有所区别？现在我们只能从两个大房子的形态、结构等方面做一些初步的推测。相比而言，F105 较之 F106 结构更为复杂、工艺更讲究、工程量也更大，仅房基坑内的土方量就有约 1000 立方米，超过 F106 两倍多，房基坑挖好后又铺垫、夯打起近 2 米厚的房基，而且将多层垫土、居住面都

① 　河南省文物考古研究所等：《河南灵宝市西坡遗址 2001 年春发掘简报》，《华夏考古》2002 年第 2 期；河南省文物考古研究所等：《河南灵宝西坡遗址 105 号仰韶文化房址》，《文物》2003 年第 8 期；中国社会科学院考古研究所河南一队等：《河南灵宝市西坡遗址发现一座仰韶文化中期特大房址》，《考古》2005 年第 3 期。

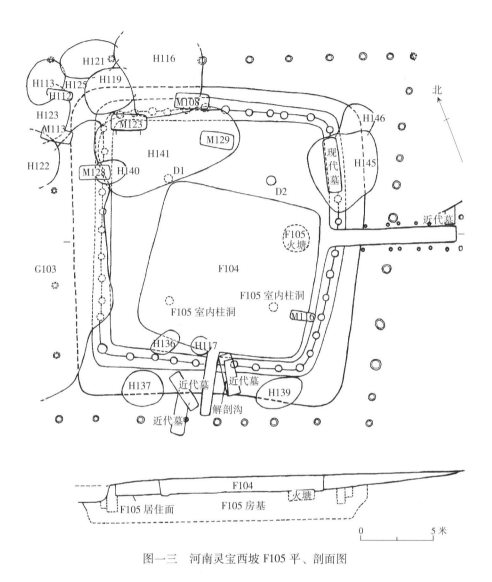

图一三　河南灵宝西坡 F105 平、剖面图

涂成朱红色，主体建筑周围又特意搭建起与众不同的回廊，这一耗费大量人力和物力、形制特异的建筑无非是要显示其特殊的地位和功能，因此不排除其作为整个聚落核心建筑的可能性；退一步说，即便它只是聚落中某一次级群体的中心，它所代表的这个群体也很可能要比其他群体拥有更高的地位。即使它还不是拥有特殊地位与权势的个人和家庭所专有的住宅，而主要作为公共集会、议事、祭祀典礼等活动的场所，但殿堂之内活动的组织者、主持者恐怕也绝不再是与芸芸众生地位平等的普通成员，而应拥有了超出他人之上的身份，那么可以肯定此时聚落内部的等级分化当已发生。再考虑到西坡在铸鼎塬地区至少属于次级中心聚落（附近还有面积约 90 万平方米的北阳平

遗址①，有可能是更高层级的中心地点），那么这种大房子所代表的群体恐怕已有整合
周围若干聚落的功能。

年代略晚的西坡墓地为我们较全面展示了仰韶中期末段大型聚落内的埋葬情况②。
西坡墓葬所出陶器中，釜灶为庙底沟文化的典型器物，而细颈壶等则有仰韶晚期的风
格，因此虽然发掘报告将这批墓葬的时代归属为仰韶中期的最晚阶段，但同时又指出
其具有由中期向晚期过渡的特点。由此可以肯定的是，这批墓葬要晚于前述居址中
F105 等大房子的年代。西坡墓地位于该遗址的西南部，总共揭露出 34 座墓葬，其中
20 座墓有随葬品，其余 14 座墓不见任何随葬品。无随葬品的墓规模都较小，有随葬品
的墓在形制、规模、随葬器物的种类与数量等方面都有较大差异，发掘报告依据这些
差异将这批墓葬分为四个等级。随葬的器物包括玉石器、骨器和陶器。有随葬品的墓
多数都有成组的陶器，常见者有釜灶、钵、细颈壶、簋形器、杯等，一般都集中放置
在脚下或专设的脚坑中，应是供享死者之用，其中两座规模最大的墓（M8、M27）还
各见一对施有红色彩带的大口缸，像是专供地位最高者的特殊用器。陶器中的簋形
器、细颈壶、大口缸等属于仰韶遗址中不常见的器类，釜灶、钵、杯等多为体量较
小的明器，而遗址中常见的尖底瓶、盆、夹砂罐等又不见于这批墓葬中，可见这里
随葬的陶器应是专为下葬而准备的，并形成了较为稳定的组合。骨器主要为骨簪一
类的饰物，多见于头顶，与等级关系不大；但两件象牙箍或为较稀罕贵重的物品。
玉石器主要为玉、石质的钺，位置较固定，一般放置在墓主身体或头部的右侧，与
身体平行，刃部朝上（头顶方向），出此器者一座墓只有 1～3 件，多见于规模较大
的墓（图一四）。

西坡遗址因遍布果树，其墓地的发掘主要根据钻探的结果布方；若钻探的结果可
靠并且对已探知的墓揭露得较充分，那么现有墓葬的分布应大体能够反映这片墓地的
布局与结构。从空间布局看，这些墓排列较稀疏凌乱，但多数墓葬的方向高度统一
（朝向西北）。既有相对的集中，又可分为彼此分隔的三组：东边一组为 M8、M17 以
东、以北各墓，约有近 20 座；西边一组为 M23 以西各墓，约有 7、8 座；南边一组分
布在整个墓地的东南，为 M1 以南各墓，现只发现 7 座（图一五）。发掘报告将有陶器
出土的墓分为早晚顺序的三段，但这三段衔接紧密，延续的时间当不会太长。将分期

① 河南省文物考古研究所等：《河南灵宝铸鼎塬及其周围考古调查报告》，《华夏考古》1999 年第 3 期；中国社会科学院考古研究所河南一队等：《河南灵宝市北阳平遗址调查》，《考古》1999 年第 12 期。
② 中国社会科学院考古研究所、河南省文物考古研究所：《灵宝西坡墓地》，文物出版社，2010 年。

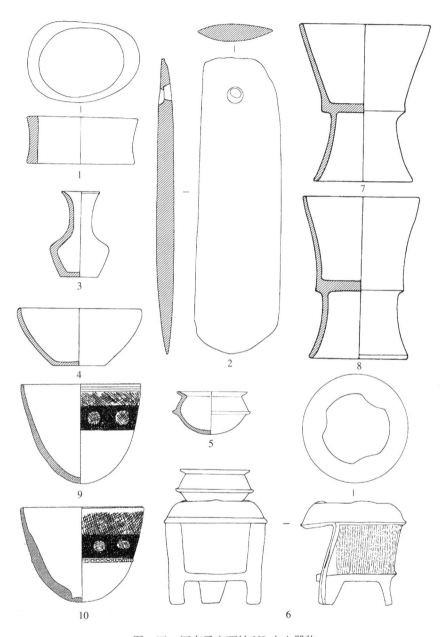

图一四　河南灵宝西坡 M8 出土器物

1. 陶器座　2. 玉钺　3. 陶细颈壶　4. 陶钵　5、6. 陶釜、灶　7、8. 陶簋形器　9、10. 陶大口缸

结果带回到墓地中就会发现，东组墓包含有各阶段的墓葬，西、南两组墓只见晚段墓葬（南组只有 1 座墓出陶器，属第三段）；东组墓虽然数量相对较多，但若分到各段，即使是数量最多的第三段的墓葬也不会超过 7、8 座。由此可知，这三个墓组至少在一定的时间段里是同时共存的，从其规模判断，很像是三个不同的大家庭或小家族在一

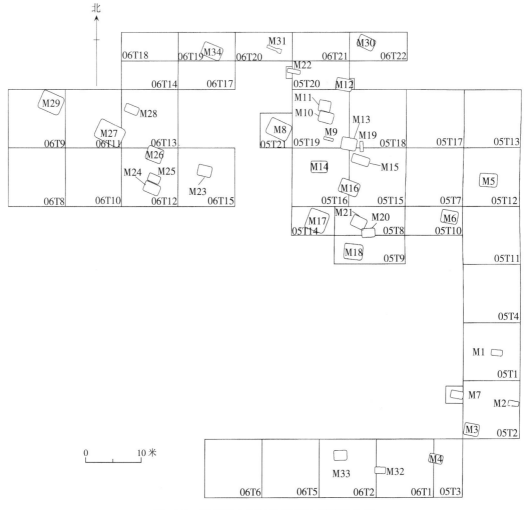

图一五　河南灵宝西坡仰韶墓地墓葬分布图

定时期里的墓地。南边一组各墓规模都较小，只有一座墓（M3）出有带盖小杯形器，其余都没有任何随葬品，说明该群体的地位相对较低。东、西两组墓大多规模较大，有随葬品的墓占据多数，而且每组墓中都有2座规模超大的墓，如东组中的M8、M17，西组中的M27、M29（这两座墓结构最复杂，墓室和脚坑之上皆有木板封盖，其上还有封泥，参见图一六），墓口的长宽都在3米以上，其位置在本组中也都突出靠前。这些都表明，这两个墓组当属于聚落中地位尊贵的家族或大家庭，家族（庭）成员普遍拥有较高的地位。玉（石）钺一向被视为权力特别是军事主导权的象征，可能延续了前述临汝阎村瓮棺图画所见那种石斧的象征性及功能性传统。在西坡20座有随葬品的墓葬中有9座墓出此类器物，比例较高，看来不是个别首领专用之物。这9座含玉钺的墓全部出在东墓组，包括其中两座最大的墓M8和M17，反映此组墓身份较特殊，似是

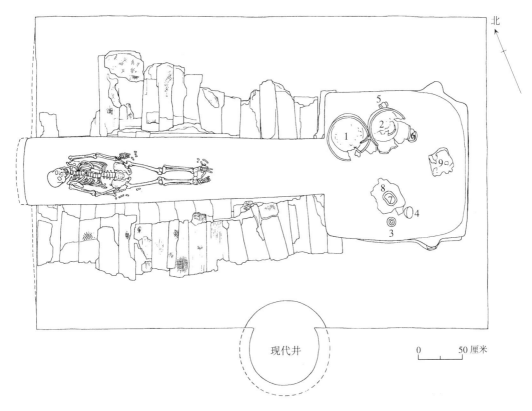

图一六　河南灵宝西坡 M27 平面图

1、2. 陶大口缸　3. 陶壶　4. 陶钵　5. 陶带盖簋形器　6、9. 陶簋形器　7. 陶釜　8. 陶灶

军事权力的掌管者；并且早晚都有，说明这种权力在家族中很可能是世袭的。但值得
注意的是，东组中一些规模较大的墓却不见玉（石）钺，如 M13、M14、M16、M18，
说明并非每个家族（庭）成员都享有这样的权力。西组墓的情况则与之相反，此组墓
基本不见玉钺，包括最大的 M27、M29（两墓的墓主皆为男性），只有一座规模并不很
大的 M24 出有一件石钺，这说明玉钺并非高级墓葬的必备之物，也不是权势与地位的
唯一象征物；这组墓代表的家族（庭）所拥有的权力形态应当更多指向其他方面。东、
西两组墓彼此相邻，结构相近，有可能同属于一个大家族（或氏族），在聚落中当为地
位相似的统治者，但各自的职能或掌管的权力或有不同。其内部在墓葬规模、随葬品
数量与种类等方面的差异当反映了这些家族（庭）成员在整个西坡社群当中所拥有的
身份与权力的差别。综合来看，这两组墓中的四座大墓当有较其一般家族（庭）成员
更高的地位，而且很可能属于整个聚落最高层首领一类的人物。因此可以看出，个人
与家族（庭）的超越性地位是一种有机的结合。与此形成鲜明对照的是南组墓葬的普
遍平庸，这当代表着聚落内普通家族（庭）成员的状况。但另一方面，如前面已指出

的，仰韶中晚期从陇东、关中到晋南豫西和豫中一带所发现的墓葬不但绝大部分不见任何随葬品，而且大多规模都很小（多数仅能容身），因此，相比之下像西坡南组一类的墓葬仍显得比其他普通聚落的规格要高（长多在 2 米以上，宽多在 1 米以上甚至 2 米左右，且多有生土二层台），这与居址中遍布规模较大的房子相对应，进一步反映出该聚落不同于其他小聚落的高等级地位。

西坡墓地揭示的另一重要现象，是首次出现了权势、身份的象征物与外来稀有物品的结合，即玉钺、象牙器等在高级墓葬中的出现。特别是玉钺，其原料当非本地就近出产，而应是通过某种途径由较远或很远的地方输入，权贵者通过对这种贵重、稀有物品的专有来强化其特殊的身份和地位，表明此时对权力确认和巩固的手段发生了新的变化；为巩固其统治，社会上层精英开始编织其对外关系的网络体系，服务于"政治"的经济也由此启动。此外，一些大墓中成套的供享陶器的特殊化与固定化、以玉石钺来表明身份的经常化，显露出某种礼制的萌芽。

总之，西坡仰韶中、晚期之交的社会已是一个阶层分化明显、等级制度形成的社会。换句话说，如果西坡那些大房子对于确证制度化不平等分层社会的形成尚不很充分，那么至晚在西坡墓地时期这种社会的成熟形态已有了较清晰的表达。

综合上述宏观与微观聚落的研究成果，可以有把握地说，仰韶中期是中原地区复杂社会的肇始，但主要限于庙底沟文化最发达的陕西关中、晋南豫西、豫中郑洛地区等地，其他外围地区未见实质性的变化。即便是在中心地带，社会复杂化也主要表现在大型中心聚落里，而在小型聚落中尚不见阶层分化的现象；但由于大小聚落构成的是一个具主从关系的有机整体，因此可以说这种超村落的区域团体具有了复杂社会的性质。

（五）仰韶晚期

仰韶晚期（约公元前 3500～前 2800 年[①]）中原地区文化的发展出现了新的趋势，此前统一的局面被打破，原来几乎覆盖整个黄河中游的庙底沟文化这时分解为面貌不同的若干个文化、类型。其中从陕甘渭河流域直到晋南豫西的文化面貌有基本的一致性，乃是仰韶晚期文化的中心区域，而在此区域中又主要表现为关中对晋南豫西的影响。另外郑洛之间的豫中地区也开始形成了自己富有特色的文化传统（秦王寨类型）。在这以外的周边地区，分别有晋中的义井类型、内蒙古中南部的海生不浪类型、豫北

[①] 又据最新研究统计，仰韶晚期的下限可到公元前 2700～前 2500 年之间，参见许永杰：《黄土高原仰韶晚期遗存的谱系》，科学出版社，2007 年。

冀南的大司空类型、豫南的下王岗类型等①。

此期不同区域聚落的发展既有一些共同之处，又有不同的表现。从聚落数量看，前述几个地区中有的较前明显减少了，如陕西渭河中游（从48到28处）、山西垣曲盆地（从24到13处）、河南灵宝铸鼎塬（从18到8处）等；有的地区则增加了，如巩义伊洛流域（从10到27处）、山西运城盆地（从66到81处）等②。但无论聚落数量是增加还是减少，许多地区聚落的总规模和各聚落群里中心聚落的规模都显著下降了。在陕、晋、豫中心地带，几乎不见前期那种面积达百余万平方米的特大型聚落，各区域的中心聚落多为数十万平方米，这反映此期人口数量似有明显的回落，一些中心聚落在社会群体中的整合作用和控制力有所降低，说明在中原的核心区域里社会复杂化并没有沿着仰韶中期所形成的轨迹持续地发展，而是表现为一定程度的"中断"或"衰退"。不过各聚落群所代表的区域组织的大小范围仍与前期相似，这种组织的社会性质仍未改变（图一七）。另一方面，此期区域间发展的不平衡现象依然突出，面积达几十万平方米的大型聚落仍主要集中在渭河流域、晋南豫西到豫中一带，而在这一线上似又以渭河中上游的关中西部和陇东更为发达。甘肃秦安大地湾遗址就是其中的代表，还有近期在陕西凤翔发现的水沟遗址③，两处都有本期罕见的面积达上百万平方米的大型聚落，反映此时陇东、关中西部地区社会的发展似有异军突起之势。很可能，这个时期社会与文化发展的重心出现了向西的偏移。

仰韶晚期普通聚落的居住形态和墓葬形态较前既有一定的延续性，同时也发生了进一步的变化，且不同地区之间仍有差异。

内蒙古中南部已发现许多此期保存较好的聚落，如凉城县王墓山坡上④、察哈尔右翼前旗庙子沟与大坝沟⑤、准格尔旗白草塔遗址⑥等。这些遗址都有一些共同的特征，即房子的分布可以划分为不同的组群，每一组群的房屋数量从5、6座到10余座不等，房屋的形制都很相近，大小或有些差别，但差别并不显著；一些房子内有储物窖穴，房外的窖穴或集中或分散，当反映着不同的所有制形式。每个房屋组至多也就是一个

---

① 戴向明：《黄河流域新石器时代文化格局之演变》，《考古学报》1998年第4期。

② 这几处区域调查的资料来源可参见上一节相关注释。

③ 张天恩：《渭河流域仰韶文化聚落状况观察》，《中国聚落考古的理论与实践》（第一辑），科学出版社，2010年。

④ 内蒙古文物考古研究所等：《岱海考古（二）——中日岱海地区考察研究报告集》，科学出版社，2001年。

⑤ 内蒙古文物考古研究所：《庙子沟与大坝沟》，中国大百科全书出版社，2003年。

⑥ 内蒙古文物考古研究所：《准格尔旗白草塔遗址》，《内蒙古文物考古文集》（第一辑），中国大百科全书出版社，1994年。

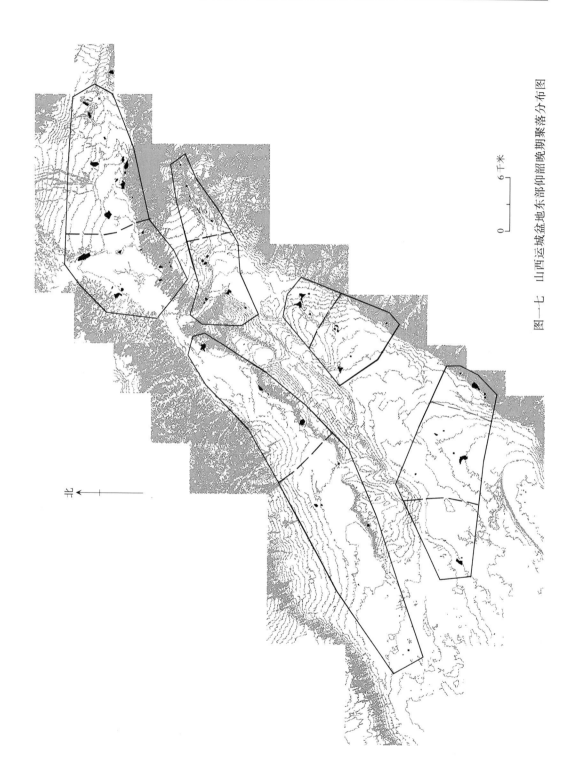

图一七　山西运城盆地东部仰韶晚期聚落分布图

北←

0　　6千米

家族的规模，构成了聚落中基本的社会单位。此期本地区的聚落已不见王墓山坡下那种统领整个村落、具有公共集会性质的大房子，也与王墓山坡下浑然一体的聚落格局有所不同，反映社会单元向小型化分解。但各聚落所见房子和墓葬都未显露出明显的等级分化的现象。

豫西南的南阳盆地，在淅川下王岗揭露出一座长达 85 米的连间排房，包括 5 个单间套和 12 个双间套共 17 套房屋[①]，其性质当与八里岗的由多座多套间房屋组成的排房相近，居住在这一排房中的人不管是属于一个大的家族还是一个氏族，都反映了该聚落仍以这样一个较大的基于血缘关系的公社组织为基本的社会单元，与前期相比无根本变化。

再看中原的情况。山西襄汾陈郭村发现一处仰韶晚期墓地[②]，共发掘墓葬 62 座，皆为单人一次葬，头向多朝西南，墓葬规模无甚差异。墓葬间有打破关系的并不多见，大致有一定的排列顺序，但并不很整齐，发掘简报将其分为大体对应的两群；因各墓都不见任何随葬品，故难以推断这些墓葬的下葬顺序和组群关系。如果这两群是同时共存的，那么从其规模判断整个墓地就有可能是包括两个家族的氏族墓地。

豫西孟津妯娌遗址是一个不同功能区有明显规划的聚落[③]。在遗址的北部发现 15座房址，这些房子似还可进一步分组；遗址中、西部为大量灰坑、窖穴，其中靠南边的几个坑出土了大量的石器、石料和石器半成品，应是加工石器的场所；遗址的南部为一片墓地，共发现 56 座墓，多为单人葬，排列紧凑有序，根据规模、形制（是否有二层台）、葬具、随葬品等方面的差异可分大、中、小三种[④]。最大的墓长 5.15、宽4.05 米，二层台内有棺，死者为一青年男性，手臂上套有象牙镯，说明在这样一个规模并不很大的群体内部（很像是一个氏族或大家族墓地），开始出现了身份、地位等方面的差异。

郑州大河村遗址面积约 40 余万平方米，发掘面积约 5000 平方米，属于仰韶晚期的第三、四期遗存有房屋、灰坑、墓葬等[⑤]。发掘区分南、北两区，间隔约 500 米，其中南区房屋数量较多，似成排分布，每期都有两、三排以上，但受发掘面积限制，整个聚落有多少排、每排有多少座房屋都还不太清楚。房屋中既有单间的，也有多

① 河南省文物研究所等：《淅川下王岗》，文物出版社，1989 年。

② 山西省考古研究所、襄汾县博物馆：《山西襄汾陈郭村新石器时代遗址与墓葬发掘简报》，《考古》1993 年第 2 期。

③ 河南省文物管理局等：《黄河小浪底水库文物考古报告集》，黄河水利出版社，1998 年。

④ 赵春青：《郑洛地区新石器时代聚落的演变》，北京大学出版社，2001 年。

⑤ 郑州市文物考古研究所：《郑州大河村》，科学出版社，2001 年。

间套的，但与八里岗不同，同一排房子彼此间并不紧密相连或呈紧凑的排列状态，而是有很大的间隔，常见一座多间房子或几座单间房子构成的一组房子单独存在；每一组房子或一座多间房子周围都有很多的灰坑、窖穴，附近甚至还有成片的墓地（包括瓮棺葬和成人土坑葬），显示出各自独立的态势（图一八）。假如这些房屋组或多间套房子代表的是一个个的大家庭或小家族，那么这样一种小型的社会组织已然突破了大家族或氏族公社的束缚，在聚落生活中显露出了较强的独立性，成为基本的社会组成单位。若从遗址面积看，大河村应属于较大型的聚落，但现已揭露出的几片墓地皆为无随葬品的小墓，连同那些普通的房屋一起都还不能反映出聚落内的等级差异。

郑州西山遗址总面积约 10 万平方米，发掘面积 6000 多平方米，在其西北部揭露出一座仰韶晚期的城址（这也是迄今所知中原地区最早的史前城址），平面近圆形，有方块版筑夯土城墙（已残），城外有环壕，推测城内面积约 25000 余平方米①。城内已发掘出 200 余座房基，多已残破，整体布局尚不清楚。在城内西北部发现一略呈扇面形的大型夯土建筑基址，东西长约 14、南北宽约 8 米，周围有数座房基环绕，其北侧是一处面积达数百平方米的广场，由此推测这应是一座功能特殊或等级较高的建筑，城址的建造当与这种建筑所代表的特殊人群或高级人物有直接的关系（图一九）。在城外西部和城内北部各发现一处墓地，城外墓地皆为单人葬，无任何随葬品；城内墓地有多种合葬墓。两处墓地的详情尚未见报道。在房基底部和城墙底部常见埋有陶器、婴儿瓮棺葬的现象，应是奠基遗存；此外，部分废弃的窖穴中埋有兽骨甚至人骨，人骨架有的呈挣扎状，应是祭祀用的牺牲或被捕获的俘虏。在城内东南部还暴露出较多的陶窑遗迹，应是集中烧制陶器的场所②。该城址建立在一个较大的聚落之上，但要在短期内完成这样一个规模的工程也许非一般的村落所能胜任，其背后当依托着一个区域组织；城址建造的主要目的也应是为保护这样一个中心聚落及区域集团的上层人物，这些人当掌握着实际的支配权力。城址的建造、各种功能区的规划、大型夯土建筑、以人奠基和祭祀等现象，无不透露出社会等级的分化和高高在上的权力的存在。而城址这种大型防御工事的出现，又反映着当时暴力冲突和社会矛盾的加剧，那么在这里社会权力的运作当与军事和战争有着紧密的关系。

---

① 国家文物局考古领队培训班：《郑州西山仰韶时代城址的发掘》，《文物》1999 年第 7 期；张玉石：《郑州西山遗址发掘的主要收获》，《河南文物考古论集》，河南人民出版社，1996 年。

② 赵春青：《郑洛地区新石器时代聚落的演变》，北京大学出版社，2001 年。

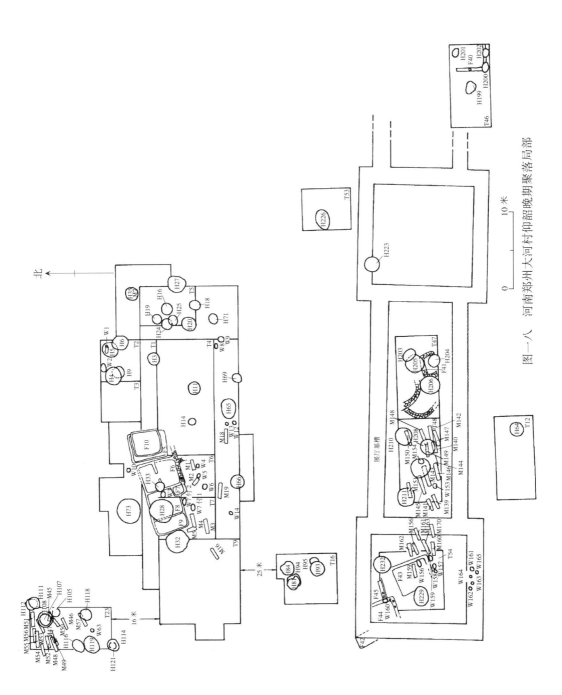

图一八 河南郑州大河村仰韶晚期聚落局部

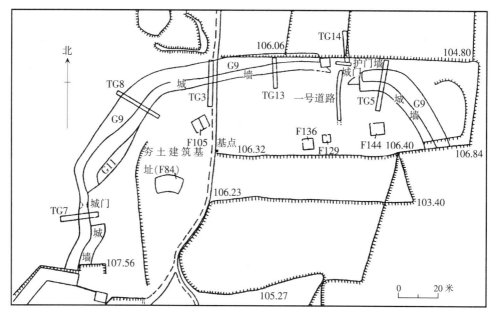

图一九　河南郑州西山仰韶晚期城址

河南伊川县伊阙城遗址发现 5 座仰韶晚期的墓葬①，单人竖穴土坑墓，头向西南，规模都很大，长 3 米以上，宽 2 米左右，都有二层台，而且有棺有椁，但随葬品并不丰富，最多的 M9 有 3 件石斧、1 件石铲、1 件玉佩饰，M6、M5 各有 1、2 件玉佩饰，M7 有 1 件陶罐和 1 件陶钵，而 M3 没有随葬品。5 座墓葬排列有序，形制相近，与上述一些遗址发现的普通小墓判然有别，应是某一社群中地位较高者的墓葬。由于这几座墓分布较集中，不排除属于一个高等级家族的可能性。

甘肃秦安大地湾遗址为了解此期大型中心聚落的社会结构提供了重要依据。大地湾遗址总面积约 110 万平方米，分为山地和河边阶地两部分，其中前者的面积远大于后者，而仰韶晚期遗存几乎覆盖了整个遗址，并以山坡地带的遗存最丰富②（图二○）。该遗址发掘出的仰韶晚期遗迹包括房址 56 座、灶址 11 个、墓葬 15 座、窑址 16 座，以及大量的灰坑和窖穴等。从各发掘区的遗迹分布平面图看，山下河边阶地不见高等级的建筑等设施，只有些零散的小房子和灶址，这些遗迹同窖穴、墓葬（或无随葬品，或只有极少的随葬器物）、陶窑等似分片成组分布。在遗址中部靠近山脚处的第Ⅸ发掘区内的遗迹似也可分为两组，其中有中型房子的残迹（如 F819），周围环绕着一些小房子、众多灰坑与窖穴；房子间有较多的叠压打破关系，说明经历了多次毁弃

① 洛阳市第二文物工作队：《河南伊川县伊阙城遗址仰韶文化遗存发掘简报》，《考古》1997 年第 12 期。
② 甘肃省文物考古研究所：《秦安大地湾——新石器时代遗址发掘报告》，文物出版社，2006 年。

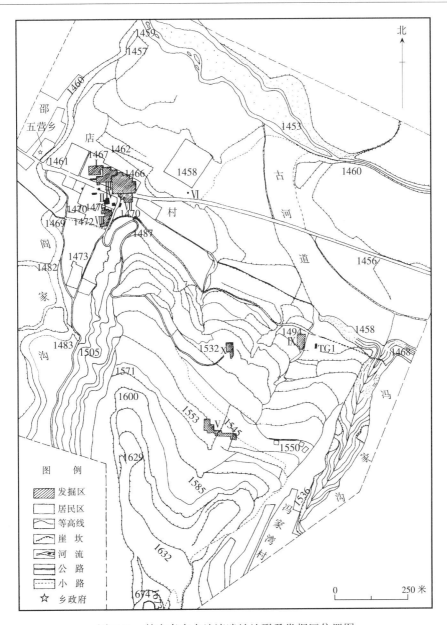

图二〇　甘肃秦安大地湾遗址地形及发掘区位置图

重建的过程。这种房屋组可能代表着聚落内具有一定独立性的最基本的社会组织单位，按其规模应是一个个的家族。遗址的山坡地带显然是该聚落的主体，保存有大量房基，据严文明先生从现场梯田剖面的观察与判断，估计整个遗址有几百座房址（有些房址间有上下叠压关系），而且可以分成几片，每片至少有一座中型房子和若干小房子[1]，

---

① 严文明：《秦安大地湾——新石器时代遗址发掘报告》序，文物出版社，2006年。

那么每一片房屋应代表着次一级的社群组织，其下或许还包括房屋组那样更小一级的单位。遗址所在山地如畚箕形，在其中轴线上发现有两座高规格的大房子。F405 位于山坡的高端（第Ⅴ发掘区），方向朝北偏东（坡下），略呈长方形，室外两侧有檐廊，共占地约 230 平方米，室内面积约 150 平方米，室内前部正中设一直径 2 米多的大灶台，其后两侧有顶梁大柱，四周墙壁有粗大的附墙柱，墙为木骨泥墙，墙基槽深度和宽度都达 2 米左右，层层夯起，居住面和墙壁内面都抹有一层光洁坚硬的料礓石质光面。房内（包括廊檐地面）出土物中除几件日用器皿，还发现一个磨制精细、汉白玉质地的环状石器，发掘报告判断为"权杖头"，说明这座房子是与权贵者紧密结合的。另外值得注意的是，在距 F405 东南方向约 20 余米处，还有一座与其邻近的大房子 F400，根据残存的一半房址推断，其面积在 260 平方米以上，方向亦朝东北，门内左右两侧应有隔出的套间，室内中部偏后有一屏风式内墙，中心部位还应有一个大灶台，房内出土物主要是日用陶器，从其布局等方面判断，这座大房子很有可能是一处高等级家庭成员的住所（图二一）。中轴线上另一大房子 F901，出土物年代略晚于 F405（但这只代表 F901 废弃时的年代，还不足以说明两者就没有同时存在过），位于半山腰陡崖之上的平缓之处（第Ⅹ发掘区），方向朝南偏西（坡上），与 F405 遥遥相对，是一

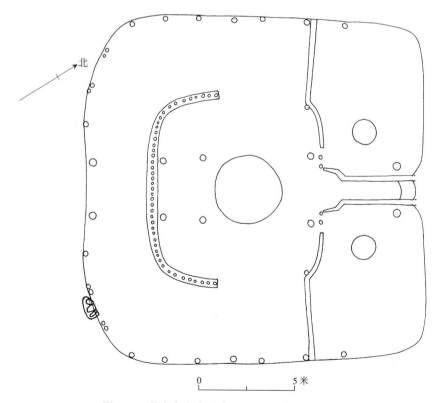

0　　　　　　　　5 米

图二一　甘肃秦安大地湾 F400 平面复原推测图

座规模更宏伟、结构更复杂的建筑（图二二）。F901 占地 420 平方米，为多间复合式房子，包括前堂、后室、左右厢房和房前广场。整个房子的建筑面积约 290 平方米，其中主室面积为 126 平方米，居住面为砂石和人造轻骨料混合材料做成，表面打磨得光洁平整，非常坚硬，其外观及实际的硬度极像现代水泥地坪；主室结构与 F405 相似，门内正中也有一直径 2 米多的蘑菇状灶台，其后有两个顶梁大柱，柱洞内径约 0.5

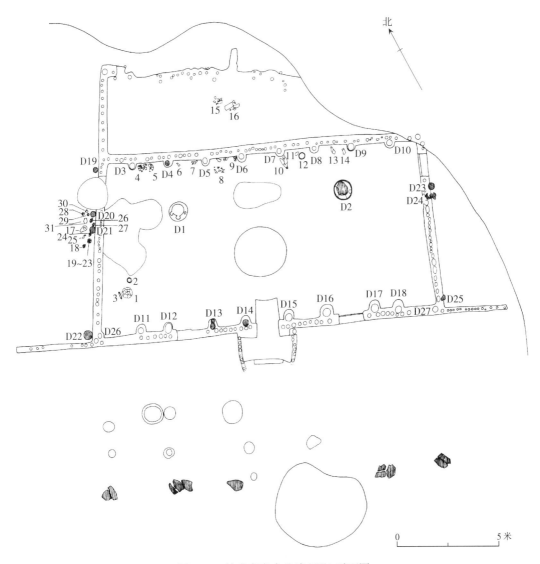

图二二　甘肃秦安大地湾 F901 平面图

1. 陶鼎　2、30. 喇叭形陶器　3. 条形陶盘　4. 敞口陶罐　5. 陶器盖　6. 石刀　7、19～28. 敛口陶钵　8. 斜沿陶瓮　9、10. 畚箕形陶器　11. 研磨石　12. 敛口陶罐　13、14. 砥磨石　15. 陶缸　16、18. 陶瓮　17. 陶研磨盘　29、31. 侈口陶罐　D1～D27. 柱洞

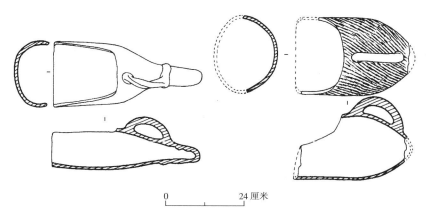

0   24 厘米

图二三　甘肃秦安大地湾 F901 出土陶畚箕形器

米，外径约 0.9 米；墙体厚 0.45 米，结构也与 F405 的相似，但工艺更复杂。这座房子的另一特异之处是在房前有一片广场，广场上有两排柱洞，柱洞外侧又有一排青石块，若复原起来每排柱洞和青石块都应为 6 个，可能是与某些典礼仪式等有关的设施。房内遗物大部分紧靠主室后墙放置，还有少部分置于后室和侧室，这显然是为了有意保留主室内的活动空间。出土物中除瓮、缸、罐、钵等日常生活用品，还见四足鼎（盘）、条形盘、喇叭形器、畚箕形器等特异型器物，其中畚箕形器有人考证可能为量器①（图二三）。从图上看房前广场两侧还有其他建筑，因此不排除这座房子还附有"配殿"的可能。F901 这座可称为原始殿堂的建筑可能是处理重要公共事务，举行大型祭祀、典礼和其他高级活动的场所，甚至可以称为原始的"宫殿"。从大地湾聚落的规模和设施看，它应具有本地区最高中心地点的性质，那么像 F405、F901 这样的中心殿堂也应是整个区域组织的最高活动中心（两者若同时，或许在功能或地位上有所区别）。

　　同是作为中心聚落中的中心建筑，大地湾与西坡的大房子有很大的不同。首先，大地湾 F405、F901 在聚落中的位置更加居中而突出，皆位于"中轴线"上，中心地位非常明确。其次，在西坡即使像 F105 这种规格最高的大房子，其主体建筑的结构、形态与其他普通住房相比也差别不大，皆为单间单体建筑，而阔大的空间更多地显示出公共活动场所的特性，据现有的迹象尚难以判断是否具有或兼具私人（首领）宅邸的功能；而且 F105 与不远处 F106 的相互关系也难以确知。大地湾 F405 与 F400 的结构布局及相互关系则似乎更能体现公共殿堂与高等级居所相关联的特点。而大地湾 F901更加特别，除了主体殿堂，还附有后室和两厢，且里面都见日用生活器具，包括后室

———————————

①　赵建龙：《大地湾古量器及分配制度初谈》，《考古与文物》1992 年第 6 期。

里的瓮、缸等储藏器和侧室里的钵、罐等食用器；而主室里的畚箕形器等称量器具则很可能与房主人掌握粮食分配权甚至收缴贡物的权力有关。故此，我们有理由推测该房子可能会兼作首领人物及其家庭成员的宅邸，若如此，那么这所"原始宫殿"的主人或掌管者就已经成了名副其实的高居庙堂之上的贵族统治者，其身份与地位较之从前更显超越。

这样的大房子在关中西部也有一些线索。陕西扶风案板遗址总面积约 70 万平方米，包含有仰韶中、晚期和庙底沟二期等多期堆积①。在遗址中部一处高台地上发现一座仰韶晚期大型房址 F3，该房址遭后期活动破坏严重，仅保留有墙基槽和部分地面，分为主室和前廊两部分，总建筑面积约 165.2 平方米，主室占地约 134.5 平方米，室内是否有灶或其他设施已不可知。F3 位于遗址中心的最高处，坐北朝南，居高临下，因此发掘报告判断这也是一处举行重要活动和仪式的场所。只是由于这所大房子所处环境背景、该期聚落的布局结构都还不清楚，尚难对其做进一步的推论，不过说它是一处中心聚落里的中心建筑当不为过。

根据上述材料和分析加以概括，仰韶晚期社会复杂化又有新的发展。各区域组织的规模和整合程度有起有落，但大小聚落内基本的社会组织单元都逐步向小型化分解，由从前规模较大的氏族等大集体转变为家族或大家庭等较小的群体。在此基础上，一些普通小型聚落内也开始出现了等级地位的分化，而大型中心聚落则发展起了更富集中性的权力结构。与此相应的是乱葬坑、防御城墙等反映的社会矛盾的日趋激化。

（六）总结与讨论

通过上述分析，我们可以将中原地区早期社会的发展划分为两大阶段，大致以仰韶中期为界，以前属于简单的平等社会，以后则转入复杂的分层社会。但实际的情形要比这简单粗率的划分复杂得多，社会的发展经历了一个既有长期的渐变积累、又有较短期内加速转化的过程。

从有资料可寻的新石器时代中期到仰韶早期，人类经营农业的生存空间逐渐扩展，特别是向北方的延伸比较明显，但各地区包括中原地区聚落的数量都不是很多、规模也都不大，即便有些地区的聚落有丛集成群的现象，但罕见有主从关系的结构系统，相邻社区间存在的至多也就是由"大人"或氏族、部落酋长组成的松散的联盟，而尚未形成具有真正政治整合意义的区域组织。各聚落内部也不见明显的等级分化现象，无论是居址还是墓葬，反映的都是以血缘关系为纽带构成的不同层级的社群组织，其中半坡文化成熟发达的氏族社会是这一阶段的代表；聚落内强调的是集体精神、平等

---

① 　西北大学文博学院考古专业：《扶风案板遗址发掘报告》，科学出版社，2000 年。

原则。少数首领在公共事务中可能拥有不同形态的权力，但这样的权力应是出自群体中日常事务的组织、管理、协调等方面的基本需要，颇具公共服务性质。这些权力在考古遗存（特别是墓葬）中或可识别为产品的分配权，或为宗教礼仪活动的主导权，某些地区到仰韶早期也许随着社群间冲突的频发而又出现了带有较强军事色彩的权力形态；不过这些权力都属于维持社群正常运转的基本需求，具有很强的"自然"属性，而非凌驾于其他成员之上的特权，更未有形成特权阶层的任何迹象。然而，另一方面也应看到，正是这些原始权力的存在为日后特权的滋生、社会的分化埋下了伏笔。

这种简单的社会形态到仰韶中期开始发生了转变。严文明先生较早就注意到了其中的变化，他在1999年发表的文章中更明确指出，最先发生社会分层和分化，从而迈开走向文明的第一步，当始于约公元前4000～前3500年的庙底沟期①。仰韶中期是一个社会发生剧烈变革的时代，但这种变化经历了一个较长的过程，复杂社会的形成并非短时间内一蹴而就。尽管目前还缺乏确切的统计资料，但根据我们在运城盆地东部系统调查中注意到的现象，以及已知的其他调查和发掘资料，可以说在仰韶中期庙底沟文化的早期阶段（该阶段庙底沟文化主要局限在晋南豫西等地，以及沿黄河谷地北上的内蒙古中南部等地），聚落形态和社会结构尚未发生大的改变。到了庙底沟文化中期以后即其繁荣阶段，该文化的核心区与外围区社会的发展开始出现分异。位于南北两端的内蒙古中南部和南阳盆地，仍不见大型中心聚落的线索，聚落内部结构反映的社会状况与前期仍有本质的相似性，社会分化并未发生。而自关中到豫中一带则不同，在这庙底沟文化的中心地带，各地区的聚落数量迅猛增长，而且涌现出了一些面积达数十万乃至百余万平方米的大型中心聚落，围绕这些中心聚落形成了许多层级明显、主从结构分明、整合性良好的聚落群。根据运城盆地的调查，这些具有独立社会组织意义的群落大小不一，可控地域多在几十到二三百平方千米之间，这应是早期超村落区域政体所能达到的规模范围。

从中原地区已有的发掘资料观察，在庙底沟文化的中晚期阶段，不同等级的聚落所表现出的社会发展状况是不相同的。普通的小型聚落一方面继续保持了以血缘关系为基础的氏族公社的诸多特点，原有的氏族公社组织仍在维系，另一方面家族组织的独立性似已开始显现，在一些居址与墓地中已见单独的存在，氏族组织的约束已有松动的迹象；但在这些小型聚落内社会等级的分化尚无明显的表现。与此同时，一些条件优越的聚落迅速发展壮大，聚集或繁衍起了众多的人口，积聚了较多的财富与能量，在与周围邻近聚落的互动中拥有了中心地位，这样的中心甚至形成了不同等级的差别，从而将一定地域范围内的若干聚落整合成有着主从关系的统一的区域组织，这种组织

---

① 严文明：《文明起源研究的回顾与思考》，《文物》1999年第10期。

开始超出单纯的血缘关系而向地缘组织迈进。这些大型聚落内部也随之出现了贵族精英和特权阶层。

　　大型中心聚落在社会团体的内部事务与对外关系方面，诸如资源调配、祭祀典礼、冲突与战争等活动中都起到主导作用，而掌握这些权力的个人与集团也就逐渐蜕变为高高在上的统治者（阶层），拥有了操纵和垄断重要社会资源包括他人劳动的特权，从而在一定程度上打破了基于平等原则的血缘关系的束缚，形成了"制度化的不平等"社会。这样的不平等及特权通过凝聚在殿堂般的大房子中的公共权力，通过形制、葬具或随葬品特殊的高等级墓葬而被固定下来，逐渐成为一种"制度"。西坡仰韶中期的大房子与仰韶早期半坡文化和同时期小聚落中的大房子有着根本的不同，不仅规模大得多，而且形制也有了特殊之处，建筑结构复杂、工艺考究，建造所需工程量很大，这些都需要精心设计、组织大量人力施工，很可能已不再是某一血缘群体的代表，而是整个聚落甚至是超聚落组织的活动中心。像泉护村 M701 那样的大墓也与仰韶早期的"大墓"有着根本的区别，不仅规模大、随葬品较多，而且出现了以前所不见的具有权势、地位象征性的特殊物品（陶鹰鼎），墓主人俨然已拥有超越普通成员之上的身份。而西坡墓地中以"族"为单位集中埋葬的大墓，更是通过阔大的墓室、成套的供享器具、象征权力与身份的稀有珍贵的外来物品而体现出了明确的等级制度和特权阶层的形成①。

　　概括地说，到仰韶中期的后半阶段，宏观与微观的聚落形态都展现出了强烈的变化。随着超村落区域组织的形成，中心聚落内制度化不平等社会关系逐渐确立，并且这种变化日渐深入，到庙底沟文化的末期或仰韶中晚期之交，复杂社会的成熟形态已表露无遗。按照西方有关复杂社会和社会进化的理论，这样的社会组织可称为"酋邦"。

　　仰韶晚期中原地区的社会变化继续向纵深发展。一方面，从宏观层面来看，中原地区文化与社会发展的重心似又发生了转换，在陕、晋、豫中心地带的许多地区，聚落波动所反映的人口总量和中心聚落的规模有所下降（但原有群落所蕴含的区域组织仍在延续），而渭河中上游的关中西部和陇东等地却异军突起，孕育出了像大地湾这样的特大型中心聚落。另一方面，从聚落的微观层面看，无论是普通小村落还是大型聚落，大家庭或家族公社逐渐取代氏族公社而成为聚落生产与生活中的基本组成单位，

----

①　其实，泉护村 M701 这座大墓与西坡墓地中的大墓在墓葬形制、随葬品摆放的位置、出土器物的类型与组合等方面都有很多相近之处。泉护村 M701 是在正规发掘区之外清理出来的，所见很可能是墓室底部二层台以下部分，其外围也应有更阔大的墓圹，足下的器物也应是摆放在脚坑中的。

这种现象即使还不十分普遍，但至少已成为一种发展的趋势；特别是大河村等所见各自分立的房屋组与小型墓地相结合的情形，是此期新出现的现象，更是清楚地说明了这一点。家族组织的独立也为该层面上社会等级的分化奠定了基础，这种分化至少可以上溯到西坡仰韶中期墓地。而此时氏族公社日益成为一种结构松散的社群组织，在聚落生产与生活中退居次要地位，只是在某些小聚落中还见于传统习俗与制度保留延续较多的墓地之中（如孟津妯娌遗址）。家族公社的独立与凸显甚至已突破中原区之外，而波及内蒙古中南部。

仰韶晚期另一重要的变化是在一些普通聚落内出现了等级的分化，如孟津妯娌遗址、伊川县伊阙城遗址等都见较高等级墓葬出现；这一现象犹未见于仰韶中期的小聚落，说明到仰韶晚期社会阶层的分化已开始向基层延伸。而大型中心聚落的变化更为显著。大地湾仰韶晚期聚落展现了此期已知的最复杂的社会结构。不同层级和等级的社群组织、对称的布局、中轴线上气势雄伟的如同原始宫殿般的大型建筑，似已显露出金字塔般的社会等级秩序和权力结构的雏形。

仰韶晚期陕晋豫特别是中原腹心地区考古遗存中，一个值得注意的重要现象是出现了许多埋有人骨架的乱葬坑或祭祀坑。如有学者已经注意到的，除前述郑州西山所见以人奠基与祭祀等现象，在洛阳王湾、西干沟、矬李及渑池西河庵、临汝（现为汝州）中山寨、郑州大河村、长葛石固等地，也都发现用灰坑或废弃的窖穴埋人的遗迹[1]。这些"乱葬坑"内的人骨架有的单独存在，有的与动物遗骸共存，有的还呈绑束状或挣扎状（显系活埋所致）。显然，这些乱葬坑掩埋的或是地位卑贱的人或非正常死者，或是用于祭祀的人牲，其中不排除从敌对外族捕获的俘虏。总之这种新出现的现象反映了社会分化和暴力冲突的加剧，说明随着群体内与群体间竞争的日趋激烈，各种社会关系趋于紧张，社会矛盾日益突出，从而加深了社会阶层的分化与社会复杂化的进程。也正是在这种背景下，才矗立起了像郑州西山那样高耸的城墙。

仰韶中晚期的聚落经济较前也发生了很大的转变。随着超村落区域组织的形成，从前那种以自给自足为主的经济形态有所改变，出现了一些较大规模的手工业生产与交换的线索。举例而言，属仰韶中期者，如前述渑池关家遗址存在专门的石器加工场所，在遗址东北部一些灰坑中出土了大量石料、石器、石器半成品和加工后余下的碎屑和小石块；陕县庙底沟遗址则出土了2230多件石盘状器[2]，数量惊人，应存在一处专业性很强的盘状器加工点。属仰韶晚期者，如孟津妯娌遗址也存在一处石

①　赵春青：《郑洛地区新石器时代聚落的演变》，北京大学出版社，2001年。
②　中国科学院考古研究所：《庙底沟与三里桥》，科学出版社，1959年。

图二四　陕西高陵杨官寨 H402 出土陶尖底瓶

器加工点；陕西杨官寨遗址则揭露出一处大规模的制陶作坊区①。在该遗址南区一处断崖边上发现有 13 座房址和穿插其间的若干座陶窑，附近还分布着许多窖穴，其中一座 H402 出土了 72 件陶器，包括尖底瓶 22、罐 19、钵 16、盆 9、瓮 5 件，另有 1 件可能是制陶用的轮盘。尖底瓶分喇叭口无耳瓶和葫芦口双耳瓶两类，从发表的照片看，每类瓶不同个体间的形态、大小都很接近，应是某个陶工或某个作坊集中生产的产品，反映了较高程度的标准化和专业化生产水平（图二四）。这些房子、陶窑、窖穴应共同组成了一处规模较大的制陶作坊区，这样一种超出家庭背景之外的专门的作坊区在从前几乎不见，昭示着专业化生产的发展。而西坡墓地所见玉器，更是反映了贵族手工业的出现和远程交换或贸易网络的形成。上述迹象说明，随着社会结构的变化，一些资源或生产能力优越的聚落开始出现规模较大、强度较高的集中性的手工业生产，其产品分配与流通的范围很可能已超出了聚落本身的需求，从而在一定程度上形成了基

① 陕西省考古研究院：《陕西省高陵县杨官寨新石器时代遗址》，《考古》2009 年第 7 期。

于贸易或再分配的、具有互补和互惠性的区域及跨区域的经济形态。而这种经济结构的转变与社会复杂化的发展是密切相关的，或者说正是复杂社会的形成才促进了手工业生产专业化与区域经济和贸易的发展。此外，同时我们还注意到，这个时期中原乃至整个黄河中游地区，专业化手工业生产的规模、产品流通的范围、区域间贸易的广度及对社会经济影响的深度，以及贵族手工业生产和交换在整个政治经济中所占的比重，似都远远不如长江中下游地区那么发达①，而这种状况直到龙山时代才有所转变，其中详情则要在以后再做交代了。

在本文所论及的中原各地及相关地区，各时期不同地区社会的发展往往是不平衡的。比较而言，新石器时代中期似以豫中裴李岗文化的社会发展更充分，但仰韶早期豫中却又远不如陕西关中和豫北冀南等地发达；到仰韶中期，晋南豫西到关中一带发展迅猛，豫北冀南等地又归于沉寂；而仰韶晚期在较为均衡的态势中似又以关中西部到陇东的渭河中上游更为发达。可见不同时期各地区聚落、人口和社会组织规模呈现此起彼伏的波动，没有哪个地区始终是直线上升的。况且，就现有的资料也还不足以将每个地区自始至终的发展情形都讲得很清楚，尤其若精确到诸如运城盆地、临汾盆地、洛阳盆地、关中谷地等这样较小的地理单元，更是无法将所有详情都全部厘清，而只能大范围、粗线条地勾勒整个中原及相关地区历时性的变化和同一时期里总体的社会发展状态。不过，根据我们已掌握的资料可以说，在仰韶中期和晚期，不一定每个地区都有像西坡、大地湾那样大的聚落和高规格的墓葬或建筑，这些可能代表了当时所能达到的最高发展水平和最复杂的社会形态；各时期不同地区存在的大小不一的社会集团，其所达到的社会复杂化程度肯定不是整齐划一的。特别是在中原以外的地区，如内蒙古中南部、豫西南的南阳盆地等，仰韶各时期的聚落与社会形态都表现出了相对的稳定性，其变化远不像中原一带那么剧烈。

综合上述分析，我们可以做出这样的推论，即现有的聚落资料所能展示的变化过程表明，仰韶中期以后社会发生质的变革应是在聚落和人口的数量增长、累积到一定程度之后的结果。也就是说，随着从前那种封闭内敛、自给自足、独立自治的村落不断发展壮大，经过分解与融合的过程，聚落间的社会关系重新组合，在一定的地域范围内，由联盟而转变为政权集中统一的区域组织，集团中重要事务的决断权逐渐转移到人口多、规模大、势力强的中心聚落里面，并与普通的小聚落构成了上下垂直的等级关系。因此，特权的出现、阶层的分化很可能是以超村落区域组织的形成、大小聚落间主从关系的确立为基础和前提，大型聚落的首领在社群的公共事务中获取了越来越多、越来越大的支配权，并且由外而内，这些首领及其家庭

---

① 张弛：《长江中下游地区史前聚落研究》，文物出版社，2003年。

（族）在以血缘关系为基础的社群组织之内也逐渐脱颖而出，最终蜕变为高高在上的统治者和特权阶层，而他们所享有的权利与地位也通过各种手段逐步具有了世袭的特性。

进一步讲，围绕社会复杂化发展的核心内容是权力形态的演进与特权阶层的形成。自仰韶中期以后，社会权力的性质与从前那种颇具"自然"属性的权力形态有了根本的不同。如前文所见，社会身份和权力变化的标识较明显地体现在不同时期大型房屋之结构与功能的转化，以及大型墓葬之规模、形制，特别是随葬品种类与特性的变化等方面。而像杨官寨仰韶中期环壕、西山仰韶晚期城址等大型公共工程的背后，也都隐含着超越性社会权力的运作。

墓葬是最能体现个人身份地位与权力形态的遗迹现象。从新石器时代中期到仰韶早期，拥有较高身份、地位或社会权力的人只是在墓中随葬相对较多的物品，包括与产品分配有关的盛量用具，与狩猎、战争有关的武器，或是与巫术、占卜、祭祀等有关的道具，总之都是些实用器或仿造的明器。自仰韶中期到仰韶晚期，除了实用器物，有些大墓还出现了以前所不见的具有象征意义的物品及稀有的装饰品等，如阎村瓮棺上的"鹳鱼石斧图"、泉护村 M701 的鹰鼎、西坡大墓的玉石钺、姐妮大墓的象牙籂和伊阙城大墓的玉佩饰等。从日常用品、到象征性物品、再到外来贵重奢侈品，有一个清晰的变化线索，反映着对权力表现与强化的方式的变化，同时也反映着由公共服务性的社会权力到占有较多资源与财富、超越普通人之上的特殊支配权的演变过程。而仰韶晚期众多奠基、祭祀、乱葬坑等褫夺生命的特殊遗迹，又表明特权已发展到可以操控、决断他人生命的程度。

从前文分析可知，在新石器时代中期到仰韶早期的简单社会里面，我们从墓葬中能够观察到多样化的权力形态，包括世俗的经济分配权（其背后还当有组织和协调生产的权力）、狩猎或军事行为的领导权以及宗教礼仪活动中的主导权等。到了仰韶中期以后，随着超村落区域团体的形成，除了大型墓葬、大型建筑等所体现出的掌控经济和役使他人的特权（这应是一切权力的基础），我们更多看到的是与象征军事权力有关的迹象，而与宗教等意识形态色彩相关的权力特征却已罕见。这或许说明，在中原地区，超越性的权力主要因群体间的冲突与战争而产生和强化，以致此种权力形态在整个社会生活中占有了突出的地位；这样的社会与权力结构同其他一些地区复杂社会的表现是不尽一致的。另外我们还看到，无论是西坡大墓还是大地湾原始宫殿般的大房子，都未显示出那里的权贵者拥有丰厚奢华的个人财富，这也与同时期大汶口文化、崧泽—良渚文化等所见贵族精英有着很大的差别，其个中详情与缘由也得留待将来通过比较分析才能进一步探究了。

辽河流域文明起源道路与特点的再思考

郭大顺

（辽宁省文物考古研究所）

近来学习严文明先生关于中国文明起源的论述，特别是 2004 年和 2010 年严先生在赤峰红山文化研讨会的两次讲话。在 2004 年的研讨会上，他对牛河梁遗址诸积石冢进行分析，提出它们在有共同特点的前提下，又在冢体形状、结构和随葬玉器组合、造型上各有不同，说明诸积石冢不可能只是就近的人群到这里埋葬的，一定是很大范围的各个群体向牛河梁地区汇集的结果，所以牛河梁应该就是红山文化的中心[1]。2010 年又是在赤峰会上，严先生对各地文明起源的特点进行比较，对中国文明起源的多元说和包括西辽河流域红山文化在内的多种文明起源模式作了系统论述[2]。受严文明等先生观点的启发，结合我近年对辽河文明起源道路与特点的思考，又不断有一些新的认识。

一　红山文化社会变革与社会经济生活的关系

红山文化已有金属铜出现的线索，主要实证是杨虎先生 1987 年在内蒙古敖汉旗西台遗址正式发掘到的陶范。陶范出土于一座房址（F202）中[3]。从发表的材料看，还不只一件，完整的是两组合范，范都为长方形，形体不大，一长 5、宽 3.5 厘米，一长

---

[1] 引自严文明先生于 2004 年 7 月在赤峰市召开的"红山文化国际学术研讨会"上的学术报告，参见严文明：《红山文化五十年——在红山文化国际学术研讨会上的讲话》，《红山文化研究——2004 年红山文化国际学术研讨会论文集》，文物出版社，2006 年。

[2] 严文明：《中华文明起源》，《第五届红山文化高峰论坛专辑》，《赤峰学院学报》2011 年第二辑。

[3] 敖汉旗西台遗址出土陶范的报道分别见于《中国文明起源座谈纪要》，《考古》1989 年第 12 期第 1120 页刘观民的发言；杨虎：《辽西地区新石器——铜石并用时代考古文化序列与分期》，《文物》1994 年第 5 期；杨虎、林秀贞：《内蒙古敖汉旗红山文化西台类型遗址简述》，《北方文物》2010 年第 3 期。

2.5、宽 2.1 厘米，都有浇口，是较为标准的铸铜陶范。此外在房址 F4 和南部围壕中还出有 6 件单扇的残陶范。西台遗址有南北两圈周长各 280、600 米的城壕，出陶范的 F202 位于北城壕的中部偏北，这都表现出这处红山文化遗址具有一定的特殊性和较高的等级。

牛河梁遗址与冶铜有关的有三处线索：一是第二地点四号冢冢顶墓的墓主人颈下出有 1 件铜环，为长环形，经鉴定为红铜；二是第十三地点土丘顶部铺有大片冶铜坩埚片，此址顶部在汉代筑烽火台时有较大扰动。柯俊先生曾根据这些坩埚片壁多孔的特点与埃及第十二王朝始以人工吹管鼓风助火的相近工艺比较，推测为较原始从而时代也较早的冶铜技术，但用热释光法测定年代数据晚于红山文化的年代①；三是牛河梁第十五地点山冈上一个较为单纯的红山文化遗址点也散布有不少这类坩埚片。严文明先生曾论证仰韶文化晚期已进入早期铜石并用时代，红山文化发现的这些与冶、铸铜有关的线索，为此提供了更多的证据②。

不过，西台遗址出陶范的房址规模不大，近方形，长 4.2、宽 3.6 米，在房址中与陶范同出的石器和陶器与红山文化常见的生产和生活用具相同，陶范的铸形也甚小，一似近鸟形小饰品。牛河梁第十三和十五地点即使其时代确定为红山文化，但在山冈顶部冶炼，也同金属冶铸的作坊不同，而更可能具有与祭祀有关的非实用性。

以上可见，红山文化虽已掌握到旧金属冶铸这种全新的技术，但只用作极少量的小件装饰品一类或从事其他非生产类活动，对经济和社会的发展所起作用不大。

红山文化主要的生产工具仍然是石器。红山文化的石器制作技术较为发达，既有打制石器和细石器，也有磨制石器，相比之下，打制石器和细石器水平更高，且多大型石器，特别是石耜多见。曾将红山文化这种特有的石耜与犁铧联系，以为是农业较为发展的证据，其实石耜的具体用途并不明确，特别是作为一种翻土器，入土部分甚扁而平，体中缺少分土线，使用痕迹也多只限于耜的尖端很窄部分。河北省涞源北福地第一期文化的祭祀坑，与诸多石斧类一起，出有一件大型石耜③，这启示我们，这类颇似犁铧的石器有的并不一定都用作工具，有的可能就与祭祀有关。辽宁喀左东山嘴和内蒙古敖汉小山等遗址也都发现有石斧用于祭祀的情况也可供参照④。以上表明，红山文化经济生活中有无农耕或农耕在该文化的生产活动和社会生活中占有何等地位，

① 引 1990 年 5 月柯俊先生在辽宁省文物考古研究所讲座稿；李延祥等：《牛河梁冶铜炉壁残片研究》，《文物》1999 年第 12 期。
② 严文明：《论中国的铜石并用时代》，《史前研究》1984 年第 1 期。
③ 河北省文物研究所：《北福地——易水流域史前遗址》，文物出版社，2007 年。
④ 郭大顺、张克举：《辽宁喀左东山嘴遗址发掘简报》，《文物》1984 年第 11 期；中国社会科学院考古研究所内蒙工作队：《内蒙古敖汉旗小山遗址》，《考古》1987 年第 6 期。

特别是对社会变革产生多大影响，仍然需要资料的进一步证明。

其实有学者已作过与红山文化经济生活有关的实验和研究。孔昭宸等先生曾作孢粉测定，结果是，红山文化分布中心的西辽河流域，在距今 8000~5000 年间，是阔叶林与针叶林混交地区，这同当时东北地区的自然环境和生态是一致的[1]。赵志军先生对兴隆沟遗址红山文化层作浮选土样分析，结果是"植物种子数量非常少，其中硬果类和鲜果类比较突出，栽培作物为黍和粟，数量很少"，说明当时虽已有农耕，但采集渔猎经济仍占主导地位[2]，这同石器的多样性也相吻合。

此外，赵宝沟遗址出有大量以鹿类和野性较强的猪等野生动物骨骼。属于赵宝沟文化小山遗址的房址出土细石器石叶数量近千个，说明赵宝沟文化以狩猎为主要经济活动[3]。富河沟门遗址出土石器 2700 余件，均为打制石器，细石器多而发达，主要是用作骨柄刀一类工具的内嵌石刃。骨器多锥、刀柄、针、鱼钩、鱼镖。动物骨骼鹿类的麝、麋、麅占 50%，野猪占 17%，狗獾占 9%，还有黄羊、狐、洞角类、犬科、鸟类等，整体动物群为现代东北动物区系的山地森林型，未见草原奇蹄类，也未见大型猛兽。有无家畜不能肯定。说明当时这里不同于现代沙漠草原区，而是以茂密的森林为主的山地自然景观，其经济生活可能已有原始农业，但狩猎、捕鱼占主要地位[4]。赵宝沟文化与富河文化年代与红山文化相近，分布范围与红山文化重合或交错，这几支史前文化的经济生活应该是相同或相近的。至于早于红山文化或作为红山文化前身的查海—兴隆洼文化，其采集与渔猎为主的经济活动就更为明确[5]。

由此可以推定，红山文化所在的辽西区，作为东北文化区的一部分，采集、渔猎经济仍是人们的主要经济生活。从民族学资料看，北方的渔猎人群大都盛行萨满教。发达的渔猎经济或以渔猎为本的天然本性，可能是红山文化祭祀发达从而产生急速社会变革的经济基础。

二　精神领域发展的超前性

在社会生产发展不够明显的情况下，红山文化跨进文明时代的主要表现在于精神

[1]　孔昭宸等：《内蒙古自治区赤峰市距今 8000~2400 年间环境考古学的初步研究》，《大甸子——夏家店下层文化墓地发掘报告》附录二，科学出版社，1998 年。

[2]　赵志军：《中国北方旱作农业起源的新线索》，《中国文物报》2004 年 11 月 12 日第 7 版。

[3]　中国社会科学院考古研究所：《敖汉赵宝沟——新石器时代聚落》，中国大百科全书出版社，1997年；中国社会科学院考古研究所内蒙工作队：《内蒙古敖汉旗小山遗址》，《考古》1987 年第 6期。

[4]　中国科学院考古研究所内蒙队：《内蒙古巴林左旗富河沟门遗址发掘简报》，《考古》1964 年第 1 期。

[5]　赵志军：《中国北方旱作农业起源的新线索》，《中国文物报》2004 年 11 月 12 日第 7 版。

生活的超前发展。这在牛河梁遗址的女神庙与红山文化玉器中都有突出表现。

20世纪80年代初发现的东山嘴和牛河梁遗址，都具有鲜明和富有特色的祭祀内容，从而为史前宗教考古也为各地文明起源是否具有自身特点提出新课题①。1983年在由苏秉琦先生倡导的东山嘴遗址座谈会上，严文明先生和其他各位先生都曾对这处祭祀遗址的宗教内涵及其演变进行过分析。在牛河梁女神庙遗址刚发现的1984年，严先生又撰文提出，牛河梁遗址发现的数米高的女塑像和宗教性建筑物"可能是最古的庙"②。1985年10月在辽宁兴城讨论多卷本《中国通史·远古时代》写作提纲时，受苏秉琦先生委托，严文明先生同俞伟超、张忠培两位先生到正在试掘的牛河梁女神庙现场考察，考察后严先生又进一步提出："这座建筑很可能是对女性祖先进行祭祀的祖庙。"③

我们根据试掘材料与相关材料的比较和各位先生的谈话及有关论述，对牛河梁女神庙及相关遗址的认识在不断加深。

（1）由女神崇拜、多神崇拜到祖先崇拜的认识过程。

牛河梁女神庙虽只经过试掘，但所获材料已为确定其性质等提供了较多依据，作些推测是允许的。

首先，女神庙所以被确定为庙宇性质而不是具其他功能的建筑址，主要在于庙内发现有被崇拜的对象——贴于墙壁上的高浮雕的女神塑像。同时女神庙规模虽然甚小（只有75平方米），布局和结构却相当复杂，有主体和附属两个部分，主体为可分出主室、东西侧室和南北室的多室相连的平面布局，而所出的神像残件，分别属于约六、七尊个体，她们大小不一，多相当于真人原大，也有约当真人两倍，更有相当于真人三倍，她们各有自己的出土位置，相当于真人三倍的残鼻残耳出在主室中部，相当于真人两倍的人体塑像残件出于西侧室，这些都说明女神庙内的神像不只一尊或几尊，而是由多尊神像组合而成的群神，而且从所在位置和相应的规格大小看，这些神像的地位也不是对等的，而是分层次的，有围绕主神的多神组合的线索可寻。联系牛河梁的积石冢一个最大特点是在冢的中心有一座大墓，其余墓葬分布在冢的南部一侧，也有规模大小、结构繁简和随葬玉器多少之别，所反映的等级分化中，有一人是至高无上的，这同女神庙内围绕主神的群神的层次划分有相吻合之处，相互比较，这应是当时以"一人独尊"为主的等级分化的社会结构在宗教上的反映。特别是可以依据泥塑

---

① 郭大顺、张克举：《辽宁喀左东山嘴遗址发掘简报》，《文物》1984年第11期；辽宁省文物考古研究所：《辽宁牛河梁红山文化"女神庙"与积石冢群发掘简报》，《文物》1986年第8期。

② 俞伟超、严文明等：《座谈东山嘴遗址》，《文物》1984年第11期；《中国考古学年鉴·1985》第15页，文物出版社，1985年。

③ 严文明：《纪念仰韶村遗址发现六十五周年》，《仰韶文化研究》第343页，文物出版社，1989年。

人像的高度写实性，依据诸多积石冢也有祭坛或烧土面等祭祀遗迹，推测积石冢有对祖先亡灵举行的墓祭，围绕其间的女神庙应该是更高的祭祖场所，由此我们也以为，牛河梁女神庙所祭祀的对象，主要是祖先神像，具祖先崇拜性质①。且在崇拜观念与祭祀形式上，已有了近亲与远祖的区别。

还要提到的是，近年我们在发掘其他红山文化积石冢和整理牛河梁遗址时发现，除牛河梁遗址第一地点的女神庙以外，其他红山文化积石冢也常有人的塑像发现：在牛河梁遗址的第三、十六地点积石冢分别发现有陶人面和陶塑人像残件②；牛河梁遗址群以外的建平县南郊东山冈积石冢发现有陶塑人像残件③；敖汉旗草帽山积石冢更有石雕人像发现④。在牛河梁遗址发现前曾发掘的东山嘴遗址，可能经历由积石冢到祭祀址的演变过程，这处遗址除两件小型孕妇雕像以外，也有较大的陶塑人像残件出土⑤。与牛河梁遗址的女神庙相比，以上诸积石冢所见的人体塑（雕）像，数量少，多只一尊，规模小，相当真人原大或更小，与女神庙内所见人体塑像的大规模、多层次的女神群像相比，差异甚大，且这些地点都尚无明确的庙址发现。相同的是，人体塑（雕）像的写实性都甚强，可看出性别的都为女性。东山嘴遗址陶塑人像为盘腿正坐式，表明各个有积石冢的地点的人体塑像也应是被祭祀的对象。由于红山文化积石冢或积石冢群，各独占一座山冈，表现为每个山冈所在的积石冢或积石冢群为当时社会组织中一个基本社会单元，而每个山冈上的积石冢或积石冢群所见人体塑（雕）像，应是每个山冈所代表的群体祭祀的偶像，而围绕在诸积石冢之中、规模更大的女神庙内成组合分层次的女神群像，则应为红山文化这一文化共同体所拥有，是红山人共同崇拜的偶像。可以这样认为：女神庙供奉的可能就是红山文化这一文化共同体的"共祖"⑥，而诸地点所代表的基本社会单元各自所崇拜的偶像，则可称为"个祖"。

既有远祖与近亲、又有共祖与个祖的区分，说明红山文化已进入祖先崇拜较为发达的阶段。而女神庙必已具宗庙或其雏形。

（2）与此有关的是对牛河梁遗址在红山文化中心地位的新认识。

牛河梁遗址正式发掘时，在遗址区 50 多平方千米范围内编号 16 个遗址点，后经历

---

① 孙守道、郭大顺：《牛河梁红山文化女神头像的发现与研究》，《文物》1986 年第 8 期；辽宁省文物考古研究所：《牛河梁红山文化遗址与玉器精粹》第 33～36 页，文物出版社，1997 年

② 辽宁省文物考古研究所：《牛河梁——总述及第二、三、五、十六地点发掘报告》，待刊。

③ 辽宁省文物考古研究所：《辽宁考古年报——铁朝高速公路特刊》第 16 页，2006 年。

④ 《敖汉旗发现红山时期石雕神像》，《中国文物报》2001 年 8 月 29 日收藏鉴赏周刊第 33 期。

⑤ 郭大顺、张克举：《辽宁喀左东山嘴遗址发掘简报》，《文物》1984 年第 11 期。

⑥ 苏秉琦：《写在〈中国文明曙光〉放映之前》，原载《中国文物报》1989 年 5 月 12 日；收入《苏秉琦文集》（三）第 141 页，文物出版社，2009 年。

年调查，在遗址区内又得红山文化遗址27个，共43个地点，这些遗址点主要是多道山梁上围绕女神庙的众多积石冢。问题在于，这众多积石冢的构筑，是一个群体埋完一处再埋一处，还是多个群体各自占据一处或数处，还有诸积石冢与女神庙在时间上的对照，这不仅关系到牛河梁遗址群的形成过程，而且是破解红山文化人群活动规律和社会结构，从而理解牛河梁在红山文化中心地位的大问题。为此，遗址的分期就成为解决问题的关键。

　　然而，由于红山文化遗址一般堆积较薄，完整陶器复原较少，墓葬又极少随葬陶器，致使红山文化系统的分期基础较为薄弱，缺少分期断代的标准陶器作对比材料。而牛河梁积石冢以积石为主的文化堆积也为在田野工作中划分地层和辨别早晚增加了很大难度。不过，经多年发掘和观察，终于在牛河梁已发掘的三个地点找到了地层叠压关系和相应的陶器演变规律，即牛河梁积石冢的地层叠压关系，可明确分出以碎石铺砌、规模较小、结构简单、随葬器物也较少的下层积石冢和以较大石块砌筑、规模较大、有冢台与冢界等结构较为复杂、随葬玉器数量、种类增多的上层积石冢；下层积石冢与上层积石冢所置筒形陶器的形制也有十分明显的相应时代变化，简言之，下层积石冢的陶筒形器为上下口都有口沿，颈部无弦纹装饰，上层积石冢则只上口有口沿，底口为底圈，颈部饰弦纹带。第一地点女神庙与山台所见筒形陶器近于上层积石冢又有差异，形制具有介于下层积石冢与上层积石冢之间的特点（图一）。另从尚未经正式发掘的各遗址点采集的陶片看，相当于下层积石冢筒形陶器甚少，而绝大多数遗址点采集到的筒形陶器片都属上层积石冢，包括牛河梁以外发掘的阜新胡头沟、喀左东山嘴以及敖汉旗草帽山遗址，说明积石冢的数量与分布面也是在晚期急剧增加的。这

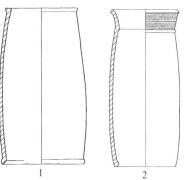

图一　牛河梁遗址出土陶筒形器分期
1. 下层积石冢　2. 第一地点　3. 上层积石冢

样，牛河梁遗址的分期证明，牛河梁包括女神庙和众多积石冢的诸遗址点的时代关系和形成过程，不是以作完一个接着再做一个为主，而是一部分遗址点大约同时始建，到上层积石冢时建筑突然加大加快。其具体过程可推测为：先筑下层积石冢，后筑女神庙、山台及相关建筑，然后以女神庙和山台为中心，上层积石冢构筑在牛河梁地区内外全面铺开。

　　牛河梁遗址群的这一形成过程，同前述严文明先生提到的由红山文化分布的广大地区的众多群体集中到牛河梁筑墓从而使牛河梁成为红山文化中心的想法是很吻合的。

前述牛河梁女神庙与周围相关遗址之间已有"共祖"与"个祖"的分化，也说明具有"共祖"规格的女神庙所在的牛河梁地区，是以对共同先祖的崇拜相维系，对红山文化诸群体拥有很强的凝聚与制约作用，从而成为红山文化整个文化共同体的祭祀中心。还要考虑的是，多个群体在这里分别占据各个山头连续进行规模巨大的积石冢等建筑的选点、规划和构筑时的采料、加工、砌筑，显然需要有序的管理，所以牛河梁地区还是红山文化的一个管理中心。这也说明，在当时的祭祀中心就是政权中心。

　　牛河梁遗址作为红山文化的祭祀中心和政权管理中心，还可以从牛河梁遗址在红山文化分布区的位置来加以说明。牛河梁遗址所在的辽西努鲁儿虎山谷属于大凌河流域，又距老哈河的河源不远，向北沿老哈河河川可通往内蒙古赤峰地区并继续向以北的蒙古草原深入；向南顺大凌河的南源，可直抵渤海海滨；向东沿大凌河的主干，通向朝阳和阜新地区，更可达辽河西岸；向东北，沿努鲁儿虎山山谷可通达内蒙古敖汉旗及周围的教来河和孟克河流域，以上由牛河梁所通的这些地区，都是红山文化遗址分布较为密集的地区。向西则沿大凌河西源通河北省承德地区，并可越燕山山脉直下华北平原，成为同华北平原农耕文化接触交流的双向通道。可见，牛河梁遗址处于红山文化分布区四通八达的中心地带，又偏向于靠近华北平原的西南一侧，以便于同中原文化交流，作为红山文化的中心，这是十分恰当的位置。

　　就牛河梁所在地理环境和诸遗址点的分布规律看，这个遗址群也具备了红山文化中心的规格。在女神庙周围方百里范围内外，无同时期居住址发现的线索，说明这是一个远离居住区以外独立存在的祭祀场所。这些与祭祀和埋葬有关的诸遗址点，全部都置于梁脊的冈丘之上，各点有高低主次之分，又可以互望。众多以大石块砌筑的积石冢间有祭坛，冢与坛方圆有致，有互成组合的规律，而女神庙和庙北的山台（山台上已有大房址发现的线索）坐落在牛河梁地区地势较高的主梁的梁顶，并顺山势定方向，从而形成诸多积石冢围绕庙台而设、"坛庙（台）冢"三位一体的组合，成为独立于居住区以外规模宏大的宗教祭祀性礼仪建筑群体，并以大范围的规划布局所体现的人文融于自然的文化景观将这一祭祀中心提升到一个新的更高的层次。

　　（3）红山文化精神领域发达的超前性，还突出表现在玉器的工艺、造型与功能上。

　　这里所引"超前性"一词，本就是来自于对史前玉器高度发展的评价，见于杨建芳先生对安徽古代玉器的论述："从时空两方面来考察，安徽古代玉雕由史前以迄汉代，都呈现出明显的超前性。所谓超前性，主要是指其器类、形制、纹饰或雕工，不见或罕见于同时代其他地区玉文化，而流行于后世的玉文化。换句话说，后世玉文化的某些所谓创新，其实都可以从安徽地区古代玉文化找到其源头。"[①] 在此，杨先生特

---

① 　杨建芳：《安徽古代玉雕的超前性》，《凌家滩文化研究》第 59、60 页，文物出版社，2006 年。

别提到凌家滩玉器造型中的动物合雕，一为异类动物的鹰猪合雕，一为同类动物的双虎首玉璜。提到异类动物合雕以前所知在中原地区是商晚期才出现的，而同类动物合雕在中原地区出现于西周早期流行于东周。现提前近两千年，当然是超前性的表现。

就史前玉器造型的超前性来说，红山文化玉器也有很突出的表现。本来大量选用动物题材就是红山文化玉器的一个主要特点。而其中最引人注目的，自然是已相当成熟的龙与凤的题材。而且如东山嘴遗址所见的双龙首玉璜及牛河梁遗址所见的双兽首三孔梳背饰，尤其是龙凤玉佩等，都是动物合体的造型，不仅有同类动物合体，也有异类动物合体。与上述凌家滩有关玉器相比较，无论是双龙、双兽还是龙凤合体的造型、五官、神化程度等，牛河梁较之凌家滩在形象上更为明确，体态的设计和工艺加工也较为变化自如，与后世龙凤的传承关系似也更加直接。

当然，红山文化玉器的发达还不只表现于造型上。红山文化玉料来源是普遍关心的课题，一般以为是辽宁东部山区岫岩细玉沟老玉矿的透闪石软玉，但也有来自北方外贝加尔湖地区的线索①。对此，红山文化玉器特定的选料方式可以提供一个新的思路。红山文化玉器的选料极为讲究，重要的玉类多选用河磨玉料。河磨玉是石之精华，也是玉之精华，是大自然的杰作，也是红山人对玉作为自然生成之物的用玉观念的刻意追求和崇玉观念达到高峰的体现。

适应选料与造型的需要，红山人制作玉器的工艺也攀升到一个新的水平，具体表现：一是当时普遍使用工艺的熟练掌握和超水平发挥，二是新技术的率先启用。前者如直径达9厘米的大孔径的管钻法以及圆雕和镂雕等，后者则有片切割与起地阳纹的普遍使用，而片切割与起地阳纹，也是后世玉器长期沿用的基本工艺。

就玉器所体现的精神领域的超前性来看，红山文化的"唯玉为葬"可能更说明问题。我们曾依据90年代以前牛河梁诸地点墓葬的随葬情况，提出红山文化有"唯玉为葬"的习俗②。此后牛河梁遗址十六地点的中心大墓和其他多座出玉器的墓，以及牛河梁遗址群以外地区发掘的红山文化积石冢，也都有只葬玉器的情况，红山文化的"唯玉为葬"得到进一步证实。由于红山文化拥有发达的制石和制陶工艺，发现有讲究硬度、色泽的细石器，有体形巨大的彩陶镂孔祭器以及方器等在内的各种特异形陶祭器，却独以玉为唯一随葬品，这种不同于其他史前文化的特有的埋葬习俗，反映红山人在表达等级观念时，有意排除与生产生活有关的石器、陶器，而独以反映思维观念的非

① 王时麒、赵朝洪等：《辽宁岫岩玉》，科学出版社，2007年；郭大顺：《从"以玉视目"看西辽河流域与外贝加尔湖地区史前文化的关系——兼谈红山文化玉料的来源》，《玉文化玉学论丛》（四编）上，紫禁城出版社，2006年。
② 郭大顺：《红山文化的"唯玉为葬"与辽河文明起源特征再认识》，《文物》1997年第8期。

实用的玉器作为唯一标准。我们曾多次引用王国维先生对"礼"（禮）字初意的解释："禮"字为"象二玉在器之形"，是为"以玉事神之器"[1]，直可理解为玉器因其通神功能而成为礼器形成过程中最具代表性的一种器类，红山文化的"唯玉为葬"使这一观点得到进一步的考古证实。而从"唯玉为葬"到"通神为礼"，正是红山文化因精神领域变革跨入文明社会的又一重要证据。

以上所论，严文明先生在 2009 年科技部与国家文物局联合举办的"早期中国——中华文明起源展"图录的"学术文章"中都有所概括。他说："红山文化的经济并不十分发达，却能调集大量的人力资源，在一个选定的地区营建宗庙、祭坛和巨大的贵族冢墓，所能凭借的只能是强烈的宗教信仰和强大的组织力量。红山文化玉器中的猪龙或熊龙，形态非常特殊又非常统一，论者多认为可能是红山人的图腾。表明红山文化的人民有着统一的宗教信仰。这种信仰一经同某种权力机构结合起来，就会产生巨大的力量。传统的氏族统一部落是做不到这一点的，因此说红山文化时期已经产生某种国家政权是合乎情理的。"[2]

三　文化交汇在辽河文明起源过程中的作用

红山文化是史前文化中与当地及与周邻文化主要是中原仰韶文化交汇较为频繁的一支史前文化。早在红山文化最初发现的 20 世纪二三十年代，梁思永、裴文中先生就对长城南北史前文化的交流作过论述[3]。东山嘴、牛河梁遗址发现后，苏秉琦先生对这一南北交流与文化组合有更具体的分析。他以为，红山文化对仰韶文化先进文化因素的吸收是大幅度的，但又不是单纯的模仿或替代，而是有所创新，如红山人采用了仰韶文化的彩陶技法，创造出具有本文化特色的龙鳞纹图案，还勾画出这一南北文化交汇的路线与接触点[4]。

与此同时，还有从"红山诸文化"的概念来探讨红山文化与当地诸史前文化如赵宝沟文化、富河文化的关系。虽然因其间时代关系尚不完全明朗，有关研究也有待深入，但这几支史前文化，既有相同的分布覆盖面，时间也有所交错，肯定有密切的交流关系，其中如赵宝沟文化已拥有包括在陶器上刻划龙凤等题材的"四灵"纹在内的相当多的先进文化因素，对红山文化必然产生过积极影响（图二）。从更大范围看，红山文化具有东北史前文化的共同特征，如饰压印纹筒形罐和多打制石器与细石器，以

---

① 王国维：《观堂集林》（第一辑）第 290 页，中华书局，1959 年。

② 严文明：《重建早期中国的历史》，《早期中国——中华文明起源》，文物出版社，2009 年。

③ 梁思永：《山西西阴村史前遗址的新石器时代的陶器》，《梁思永考古论文集》，科学出版社，1959 年；裴文中：《中国史前时期之研究》，商务印书馆，1948 年。

④ 苏秉琦：《中国文明起源新探》，商务印书馆（香港）有限公司，1997 年。

图二　小山遗址赵宝沟文化四灵纹陶尊

及外缘近方、内孔圆、边薄似刃的玉璧、多联璧等玉器的一些共同性，暗示出红山文化与东北地区其他史前文化交流的广泛性。

　　这里特别要提到的是红山文化与西部史前文化的关系。1992 年苏秉琦先生接受日本富山电视台内藤真作社长采访时，提到阿鲁科尔沁旗出土的一件红山文化彩陶罐。这件陶器有三组不同风格的花纹图案，苏秉琦先生以为其中最上面的菱形几何纹花纹，与西亚文化有近似特点①（图三）。我们在编写牛河梁遗址发掘报告时，曾对彩陶图案进行过归纳，结果是发现牛河梁遗址的彩陶图案正好也可分为如上述阿鲁科尔沁旗那件彩陶罐上的三类图案：一是红山文化吸收仰韶文化玫瑰花图案而形成的勾连花卉纹，二是红山文化采用仰韶文化彩绘手法创造出具红山文化自身特点的龙鳞纹，三是苏先生提到的与西亚有相近特点的各式几何纹（图四）。据初步统计，牛河梁遗址这类几何纹数量不少，约占到彩陶图案的1/3，且不止一种，有菱形方格纹、三角纹，还有大三角勾连

图三　阿鲁科尔沁旗出土彩陶罐

----

① 苏秉琦：《关于辽河文明——与日本富山电视台内藤真作社长谈话》（一），《苏秉琦文集》（三）第 195 页，文物出版社，2009 年。

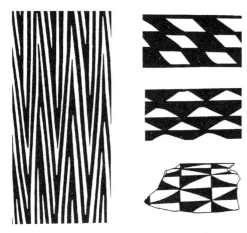

图四　牛河梁遗址出土各类几何纹彩陶图案

折线纹等，这类几何纹还经常与勾连花卉纹或龙鳞纹组合形成复合图案，这表明红山文化与西部的文化交流较深，且已将交流成果融入红山文化之中，成为该文化重要组成部分。这种几何形彩绘图案，在内蒙古中南部以及西北地区也偶有发现，似有一条沟通东西之间的路线，或可称为"彩陶之路"。

当然，红山文化与西部关系远不限于彩陶。石头建筑、神庙与神像都是与西部文明相近的文化因素。孕妇小雕像也是欧亚大陆到东北亚地区从旧石器时代晚期到青铜时代十分多见的作品，在中国的史前遗址中却长期未有露头，近年却在红山文化屡有出土，如赤峰西水泉、喀左东山嘴和牛河梁等遗址，应不是偶然的①。

文化交流是跨进文明时代的重要推动力。红山文化与周邻地区的文化交流既广泛、多方位又十分频繁，文化交流对红山文化社会变革的推动作用自然更大。前述牛河梁遗址的分期说明，红山文化社会变革主要发生在上层积石冢阶段。从下层积石冢到上层积石冢，都属于红山文化晚期，两者时间相隔不会很远，但变化却十分显著，这表明从下层积石冢到上层积石冢时期，其间在文化内涵和社会变革方面曾发生过一次巨大的突变，这一突变和作为这一突变集中表现的"坛庙冢"组合在辽西地区的出现，或许都与文化交汇有关。由苏秉琦先生主编、张忠培先生和严文明先生编写的《中国通史·远古时代》序言中，将仰韶文化后期到龙山时代文化区系的重新组合，作为文献所记五帝时代的时代特点之一，西辽河流域的红山文化与周邻文化特别是与中原仰韶文化的南北交汇与文化组合，应该就是从一个侧面对这一时代特点的真实写照②。

附记： 严文明先生是我在大学读本科时在洛阳王湾实习和写学年论文的辅导老师。记得学年论文的题目就是有关西辽河流域新石器文化的内容。我到辽宁工作后，特别是在红山文化的研究中，经常得到严先生的指导和鼓励。谨以此文向严先生八十诞辰表示祝贺。

---

① 见中国社会科学院考古研究所内蒙古工作队：《赤峰西水泉红山文化遗址》，《考古学报》1982年第2期第187页图四，15；郭大顺、张克举：《辽宁喀左东山嘴遗址发掘简报》，《文物》1984年第11期图版贰1～3；辽宁省文物考古研究所：《辽宁凌源市牛河梁遗址第五地点1998～1999年度的发掘》，《考古》2001年第8期第29页图二四。

② 白寿彝总主编、苏秉琦主编：《中国通史》第二卷《远古时代》序言，上海人民出版社，1994年。

长江下游的"玉石分野"与社会变革

——以五地墓葬材料为例

朔 知

（安徽省文物考古研究所）

一 引言

（一）问题的提出

从语义学角度而言，"玉"是包含在"石"的范畴之中，但在中国考古学中"玉器"与"石器"则是一对既相关又有区别的概念，两者之间的界定时有模糊，各家观点不一，较具代表性的一种观点是"以美石所制成的具有象征意义的器物，都可称为玉器"[①]，也有人认为应以纯矿物学概念为标准。自玉器出现以来，它在中国形成了广泛的影响，在一定时期甚至对当地社会的变革产生极大的影响。因此，玉与石、玉器与石器的讨论近年来日益受到研究者的关注，从 2001 年开始，中国玉学界提出了玉石分化的问题[②]。所谓"玉石分化"，即指从玉石不分到玉与石的不同材质特性被人们认识，进而产生不同的制作技术并赋予不同的功能、含义的过程。研究者多从技术、材料、功能三个方面来讨论这一过程，特别是注重于玉石分化的时间及功能含义。

只是单纯的玉石分化的研究还不能解决考古学上玉石之别所反映的一系列社会问题，特别是它们在不同区域的社会中，以何种形式、何种内涵、如何分化及对社会的变革起到何种作用问题，这就需要考古学不仅从时间的角度同时也需要从相关地理区

---

① 邓聪：《玉器起源的一点认识》，《中国玉文化玉学论丛》第 211 页，紫禁城出版社，2002 年。
② 亚林：《玉学研讨会讨论了什么》，《中国文物报》2001 年 6 月 24 日第 8 版；袁永明：《"玉石分化"说辨正——兼论玉器的起源问题》，《中原文物》2003 年第 5 期；王永波：《玉器研究的理论思考》，《中原文物》2002 年第 5 期；杨伯达：《"玉石分化"论》，《中国文物报》2003 年 10 月 29 日、11 月 5 日、11 月 12 日、11 月 19 日第 7 版。

域的角度加以探讨。本文所称的玉石分野，既指以时间为核心的分化过程，更倾向于以空间为核心的区域分化内涵。

以北阴阳营、凌家滩、薛家岗和良渚文化为代表的长江下游地区，玉、石器制造在不同时期、不同地域出现了此起彼落、各领风骚的繁荣景象，特别是凌家滩的大起大落引起了人们的极大兴趣，严文明先生认为："可以毫不夸张地说，在长江下游，凌家滩人是首先走上文明化道路的先锋队。虽然直到目前为止，我们还不知道他们的后继者是一个什么情况，是不是曾经拿过接力棒进一步奔向文明社会。但从各种情况分析，在凌家滩之后，文化发展的重心可能有所转移。至少玉石工业的重心转到太湖流域的良渚文化那里去了。"① 因此，长江下游距今 6000 年以降的这一时期是研究中国玉石分野的一个理想区域。

（二）研究材料的选择

长江下游这一时期考古发掘出土的玉、石器数量巨大，点多面广，但从总体上看，玉石分野的过程在普通的居址和墓地中表现并不明显，而是更多地在大型和高等级墓地中体现，这也正反映了早期的社会变革具有一种自上而下的特征。因此本文在材料的选择上并没有将全部地点纳入到讨论范围，虽然这种选择具有很大的主观性和不全面性，但还是可以勾勒出分野的宏观框架。

（1）玉、石器的时间和区域选择

宏观的探讨需要不同时代、不同区域的材料，本文选择了年代上大约距今 6000～4600 年、可构成前后相续几个阶段及地域上可涵盖整个长江下游地区的宁镇—巢湖区、皖西南区、泛太湖区三大区域中都具有高等级墓葬的北阴阳营、凌家滩、薛家岗、瑶山、反山五个墓地的材料作为主要分析对象，试图从一个侧面解析当时的社会变革问题，而崧泽文化目前所见玉石器材料较为单薄，特别是早期甚不发达，没有单独列入讨论②（图一）。

（2）玉、石器的出土单位选择

由于玉、石器在此年代区间表现出的特殊性，多数随葬于墓葬之中，其他地层单位存留及发现的机率大大减少，以之分析玉、石器的变化难以得出可靠的结论。因此，本文对玉、石器出土单位的选择主要以墓葬为对象。虽然随葬品也可能存在石器的数

---

① 严文明：《凌家滩·序》，《凌家滩》，文物出版社，2006 年。

② 最近的张家港市东山村相当于崧泽文化中晚期的墓地出土了较多的玉、石器，但材料未详细发表，特别是 9 座大墓中的一期与苏皖平原区有太多的关联，其文化性质尚待细致分析，目前还只能作为研究的参考。参见南京博物院、张家港市文广局、张家港博物馆：《江苏张家港市东山村新石器时代遗址》，《考古》2010 年第 8 期。

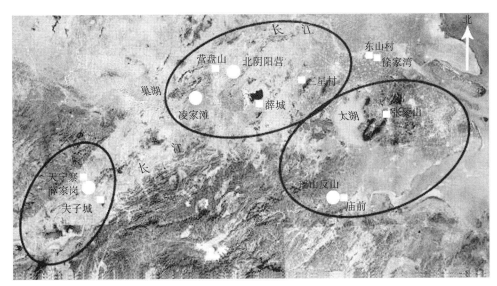

图一　三区五地位置示意图

量减少和实用功能发生变化等问题，并不能完全代表当时社会的现实状况，但毕竟墓葬是表达"事死如生"的场所，在一定程度上可以解读当时的社会。

即便如此，单个墓葬或单个墓地之间等级的不同也会导致可比性不足的问题，但在同一时期，同时具有高等级墓葬与普通墓葬的混合墓地，则具有良好的可比性，而独立的高等级墓地脱胎于混合墓地，是一个社会的特例，也是社会发展到一定阶段出现变革后才能出现的。虽然将两种形式的墓地混同讨论并进行数量分析不可避免地会出现较大的误差，但也正可以体现出当时的社会发展方向之不同。为适当修正这一误差，另选择了各自区域内的部分普通墓地材料作为对比补充之用。

（3）具体墓葬单位的选择

虽然以数百年为尺度的宏观讨论对年代的要求并不十分苛求，但为减少混乱，本文仍只选择年代差距不大或可分期的墓葬。北阴阳营墓地共 271 座墓，属二期的有 258 座墓，属三期的有 13 座墓①。凌家滩墓地前三次发表 44 座墓，虽然可以分期，但总体年代较为接近②，未再取舍。薛家岗墓地共 150 座墓，早期 36 座，晚期 98 座，未能确定期别的 16 座虽然有 11 座可能属晚期③，本文还是只利用可分期的 134 座墓的材料。

①　南京博物院：《北阴阳营——新石器时代及商周时期遗址发掘报告》，文物出版社，1993 年。

②　安徽省文物考古研究所：《凌家滩》，文物出版社，2006 年。另 2007 年发掘材料只详细发表了 M23，且内容不全面，未纳入讨论中，参见安徽省文物考古研究所：《安徽含山县凌家滩遗址第五次发掘的新发现》，《考古》2008 年第 3 期。

③　安徽省文物考古研究所：《潜山薛家岗》，文物出版社，2004 年。

瑶山墓地共 13 座墓，年代较为接近，其中 M12 被盗①，本文只选用 12 座墓的材料。反山共 11 座墓，其中 M19、M21 为残墓并且年代属良渚文化晚期，明显比其他的 9 座晚②，超出本文的范围，只选用了 9 座墓的材料。

（4）玉器与石器的划分

由于中国考古学研究中对两者尚无准确的划分标准，本文倾向于将各类具有润泽之象的真、假玉（含石英、萤石、方解石等）制造的装饰品均归入玉器范畴，个别鉴定结果不明确的则归入石器范畴，由此也会有些许的误差。

由于本文旨在宏观考察其变化，并不以分期为主要目的，依现有的年代研究成果③，可以以五地材料为代表，将距今约 6000～4600 年的长江下游三个区域玉、石器的发展分为早、晚两个大的时期作为本文讨论的年代框架（表一）。这种划分虽然只是粗线条的，每个墓地中或有个别墓葬年代可能调整，但不至于影响到宏观研究的结论，因此仍做了整齐划一的处理。

表一　五地相对年代关系表

期别	北阴阳营	凌家滩	薛家岗	瑶山	反山
早期	二期		早期		
晚期	三期		晚期		

二　玉石分野的前兆

中国玉器的发展总体上是以石器制造的进步为基础，但并非唯一的基础，尤其是在一个具体的区域中。长江下游是中国玉、石器发展的核心地域之一，石器制造虽然起始年代甚早，在各个区域均有发现，但直到距今 7000 年前并不发达，所出石器的种类简单，数量不多。玉器制造或可能始于跨湖桥早期④到河姆渡文化，如河姆渡遗址一

---

① 浙江省文物考古研究所：《瑶山》，文物出版社，2003 年。
② 浙江省文物考古研究所：《反山》，文物出版社，2005 年。
③ 杨晶：《关于凌家滩墓地的分期与年代问题》，《文物研究》（第 15 辑），黄山书社，2007 年；杨晶：《长江下游地区史前玉器研究》，《东南文化》1994 年第 4 期；田名利：《宁镇地区新石器时代玉器简论》，《玉文化论丛》（2），文物出版社、众志美术出版社，2009 年。
④ 浙江省文物考古研究所：《萧山跨湖桥新石器时代文化遗址》，《浙江省文物考古研究所学刊》，长征出版社，1997 年；浙江省文物考古研究所、萧山博物馆：《跨湖桥》彩版三五，7、8，文物出版社，2004 年。

期出土石器 427 件,其中玦、璜、管、珠、环、坠装饰品 66 件及蝶形器 2 件;二期出土石器 278 件,玦、璜、管、珠、环装饰品 74 件①,两期的装饰品绝大多数质料为石英、萤石,少量为叶蜡石、方解石、凝灰岩,大部分可以纳入广义的"玉"类;但生产工具中也有一定量的石英、萤石、凝灰岩质料,两者在质料的使用上虽有分化现象同时也存在一定的混同,工艺上也没有十分明显的区分。到马家浜文化中晚期,石器制造的数量和技术进步仍不明显,玉器制造也未成规模,但地理分布扩展到太湖流域,数量、种类增多,体量增大,更北的宁镇地区丁沙地遗址也开始出现极个别玉器②。

长江下游的玉器从发生之始主要就被作为装饰类用品,这与东北地区早期玉器的工具、装饰品并存现象是一个明显的区别。

自距今约 6000 年以降相当于北阴阳营文化二期阶段,在骨角器制造衰落的同时,玉器和石器制造基本上是同时获得了长足的发展,石器种类、数量大增,质量也迅速提高,而玉器更是十分突出,更多的玉、石器在更广的地域内被用于墓葬随葬品。从目前材料来看,这一时期的玉、石器制造在宁镇—巢湖形成了一个中心③。耐人寻味的是,同时期东翼的崧泽文化早期虽然擅长陶器制造,但玉、石器特别是玉器的制造却明显较弱④;西翼的黄鳝嘴类型玉、石器制造也只有零散表现。

这些表象说明,长江下游玉器制造的进步在时间上与石器制造的发展是近乎同时的,也就是说,这一区域的早期玉器制造虽然在技术上无疑源自石器制造,却并非在石器制造发达到一定程度后才出现的,而是在一定的时期大体同步发展,之后一个阶段甚至玉器制造起到了主导作用。在地理分布上,似乎有从钱塘江南岸向太湖流域、宁镇地区渐次扩展的自南而北的趋势。

在宁镇—巢湖区发达之后,长江下游的玉、石器制造便进入了一个十分明显的大发展阶段,由此进入了玉石分野的关键时期。

三 玉石分野的表象分析

本文重点分析的五地玉、石器之间既具有明显的差异,同时也有明显的传承关系,

① 浙江省文物考古研究所:《河姆渡——新石器时代遗址考古发掘报告》第 82~84、254、255 页,文物出版社,2003 年。
② 南京博物院:《江苏句容丁沙地遗址试掘钻探简报》,《东南文化》1990 年第 1、2 合期。
③ 张弛:《大溪、北阴阳营和薛家岗的玉、石器工业》,《考古学研究》(四),科学出版社,2000 年。
④ 张明华:《崧泽玉器考略》,《东亚玉器》(第一卷),香港中文大学中国考古艺术研究中心,1998 年;王宁远、顾晓峻:《崧泽早期玉器的几个特点——从仙坛庙出土玉器谈起》,《浙江省文物考古研究所学刊》(第六辑),杭州出版社,2004 年。

正是这些差异与传承为讨论长江下游的玉石分野提供了发展脉络。

（一）五地玉石器之别

可以从数量、种类、工艺三个方面加以探讨①。

1. 数量之别

数量的统计因玉、石器体量大小及由此付出的能量消耗不同，会造成一定问题，为便于计算，一律按不可再分离的最小个体数统计（包括偶合式璜和数量众多的管、珠串饰），在同一原则的前提下，可以有效地抵减统计误差。

表二　五地随葬品数量登记表

期别	地点	墓葬数量	玉器	石器	嵌玉漆器	陶器	其他	总数
早期	北阴阳营二期	258	296	538		593	92	1519
	凌家滩	44	791	378		317		1486
	薛家岗早期	36	1	20		124		145
晚期	北阴阳营三期	13	5	18		40	3	66
	薛家岗晚期	98	109	105		338		552
	瑶山	12	2584	17	2	53	3	2659
	反山	9	3075	53	7	36	1	3172

注：1. 本表仅限按选择原则纳入讨论的墓葬。

　　2. 经过核对原报告文字、表格，按最小个体重新计算，部分数量与原文有异。

在对五地的随葬品进行详细统计后（表二），可以发现以下现象：

从各类随葬品的百分比看，北阴阳营二期的玉、石、陶器三者呈现出递增的态势；三期陶器增多并居主导地位。凌家滩玉、石、陶器呈现出与北阴阳营二期相反的态势。薛家岗早期与北阴阳营状况相似，但玉器极少；晚期在均衡发展玉、石器的同时，陶器比重有所下降但仍居主导地位。瑶山、反山过度发展了玉器，瑶山玉、石、陶器分别占随葬品总数的97.2%、0.6%、2.0%，稍后的反山为96.9%、1.7%、1.1%，两者十分相近，但也有一个细微的变化，即反山的石器悄然上升2.6倍，陶器减少1倍（图二）。

以上情况说明，早期阶段，凌家滩对玉、石器的重视程度远高于北阴阳营但还保留了一定量的陶器，薛家岗的玉、石器则无所启及。晚期阶段，北阴阳营玉器下降速

---

① 张忠培先生也曾有过简略的分析，详见张忠培：《窥探凌家滩墓地》，《凌家滩玉器》，文物出版社，2000年。

度最快；薛家岗玉器上升迅速但总体与石器平衡；瑶山、反山与凌家滩的风格相似，只是更急速地发展了玉器，基本忽略了石、陶器。

从玉、石器本身的数量比值看（以玉为1），早期的北阴阳营二期玉、石器之比为1：1.82，凌家滩为1：0.48，薛家岗早期则为1：20。凌家滩玉器不仅总数大大增加，比值也超出石器一倍以上，说明凌家滩是玉器大发展的一个关键，而薛家岗根本没有发展起玉、石器。当然也有另一个可能，薛家岗并不重视死者随葬玉、石器而可能更多地将它们应用于实际生活中，但该文化区域内多个遗址的早期地层和遗迹单位出土的遗物中，均较少见玉、石器，表明这种可能性很小。晚期的北阴阳营三期玉、石器之比为1：

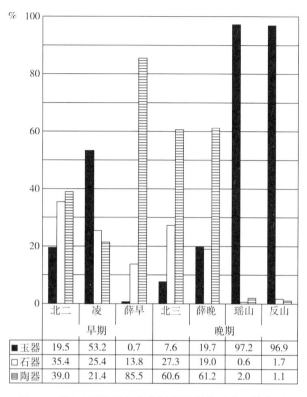

图二　五地玉石陶器占各自随葬品总数百分比柱状图
（图中"北"代表"北阴阳营"，"凌"代表"凌家滩"，"薛"代表"薛家岗"）

	北二	凌	薛早	北三	薛晚	瑶山	反山
玉器	19.5	53.2	0.7	7.6	19.7	97.2	96.9
石器	35.4	25.4	13.8	27.3	19.0	0.6	1.7
陶器	39.0	21.4	85.5	60.6	61.2	2.0	1.1

3.6，石器比值较早期翻倍，占据了更大的主导地位。薛家岗则较为均衡地发展起玉、石器，两者之比为1：0.96，十分接近。瑶山、反山表现出了另一种发展态势，致力于玉器的发展，玉、石之比竟达1：0.007和1：0.017，玉器占绝对多数。总体而言，凌家滩与瑶山、反山的发展态势有着相似的一面，即较为忽视石器，而重视玉器（表三）。

表三　五地玉、石器比值统计表

期别	地点	玉/石比值（以玉为1）
早期	北阴阳营二期	1.82
	凌家滩	0.48
	薛家岗早期	20
晚期	北阴阳营三期	3.6
	薛家岗晚期	0.96
	瑶山	0.007
	反山	0.017

　　因此，从宏观角度而言，随着时代的变迁，五地石器的使用总体呈下降趋势，但在薛家岗晚期有一个小的上升。玉器的使用则总体上相反，呈上升趋势，在凌家滩时期形成一个高峰，在瑶山、反山时期更是急剧上升，再次形成一个巅峰，但同时的薛家岗只表现出低量级的增长，数量与凌家滩和瑶山、反山均不可同日而语，北阴阳营三期更表现出十分明显的衰落状态。在地域上，早期是以北阴阳营二期、凌家滩为代表的宁镇—巢湖区一枝独秀，而在该区内部，宁镇的玉、石器一直是石器多于玉器，稍后中心或渐移到巢湖一带后，呈现出石器少于玉器的现象。到晚期，北阴阳营与凌家滩衰落之时，以薛家岗为代表的皖西南区玉、石器均有一个小小的均衡发展，而以瑶山、反山为代表的泛太湖区则呈现出玉器连续急升、石器大量减少的状态。

　　可以说，自北阴阳营玉、石器起步发展开始，长江下游的玉、石器制造经历了宁镇快速起步—凌家滩大发展—宁镇、凌家滩衰落—薛家岗低量级发展和良渚急速发展的历程，其中在宁镇、薛家岗是石器稍多而玉器略少；凌家滩与良渚则玉器为多，其发展实际上超出了石器的发展速度。

　　五地数据反映的这些现象在三个区域的其他遗址中也有明显的体现，只是不如五地表现得如此明显而已。

　　宁镇地区与北阴阳营二期同时的尚有三星村部分墓葬①、薛城中层②、营盘山③等。三星村由于总体年代稍早，玉、石器因未发表可资分析年代的器物组合，还不能细致讨论，但出土的109件玉器中据形态观察应有一部分属于这一时期。薛城下层年代较早，未见玉器报道，石器的数量、种类不多，体量较小，大者斧仅1件，而以小刮削器为主；中层的石器数量、种类和体量有较多增加，达138件，并出现了大孔钺、锄等与北阴阳营二期完全相同的器形，玉器仅15件，占随葬品总数的4.2%，石器占近38%，玉、石器之比为1:9.2。营盘山据部分墓葬统计玉器占随葬品总数的40%，石器占17%，陶器占35%，玉、石比值为1:0.43。薛城中层与营盘山的比值大不相同。

　　需要关注的是，位居太湖流域北缘、近于宁镇的东山村Ⅲ区9座大墓可分一、二两期，大略相当于凌家滩墓地和薛家岗文化早期。发表的4座墓葬材料中，一期M90、M92合计的玉器占随葬品总数的26.7%，石器占17.3%，陶器占56%，玉、石比值为1:0.65，玉器较多，石器最少，玉、石比值也类似于凌家滩；二期的M91、M93合计的玉器占随葬品总数上升到35.1%，石器仅占2.6%，陶器占62.3%，而

①　江苏省三星村联合考古队：《江苏金坛三星村新石器时代遗址》，《文物》2004年第2期。
②　南京市文物局、南京市博物馆、高淳县文管所：《江苏高淳县薛城新石器时代遗址发掘简报》，《考古》2000年第5期。
③　魏正瑾：《南京市营盘山新石器时代遗址》，《中国考古学年鉴·1984》，文物出版社，1984年。

1:0.07的玉、石之比①则已介乎凌家滩和瑶山之间，更接近于瑶山和反山的表现了。

泛太湖区的张陵山大致属良渚早期，与薛家岗晚期偏早接近，玉器占随葬品总数38%，石器占25%，陶器占37%，玉、石比值为1:0.66。庙前第一、二次发掘的二期30座墓属良渚文化早期，其中6座不能分期，另24座墓可分早、晚两段，早段玉器占随葬品总数11.5%，石器占13.5%，陶器占75%，玉、石比值为1:1.17；晚段玉器迅速上升到36.5%，石器略降到11.2%，陶器为52.3%，玉、石比值为1:0.31。庙前二期墓葬的这一变化更微观地表现出了良渚文化内的良渚小区普通墓葬玉、石器使用的变化，说明良渚小区自良渚文化早期开始无论高等级墓地还是普通墓地，对玉器的崇尚都经历了迅速上升的过程②。

皖西南一带的天宁寨下层相当于薛家岗早期，玉器占随葬品总数10.8%，石器占5.4%，陶器占83.8%，玉、石器之比为1:0.5；上层相当于薛家岗晚期，报告中缺玉器，石器占12.5%，陶器占87.5%。夫子城相当于薛家岗晚期，玉器占随葬品总数2.7%，石器占10.8%，陶器占86.5%，石、陶器之比与天宁寨上层相近，而玉、石比值为1:4，与天宁寨下层差距甚大。

如果将张家港徐家湾崧泽墓葬③、鼓山墓地④的数据作为参考纳入讨论中，则可以看出，徐家湾下层的玉、石比值为1:2.5，中层为1:5.13。鼓山墓地分期有问题，从总量上看，玉、石比值为1:8.15（表四）。

单从地域的角度观察，会发现有一个有趣的现象：一是以北阴阳营为代表，玉、石、陶器三者数量大体呈递增态势，一直以陶器为主，石器相对于玉器而言比值大于或接近于1，主要分布在宁镇周围和其西南方向，如薛城中层、薛家岗（晚期虽小于1但接近于1）。二是以凌家滩为代表，玉、石、陶器三者数量大体上呈递减态势或石器最少，石器相对于玉器而言比值明显小于1，主要分布在东南方向，如东山村一期和二期大墓、瑶山、反山、张陵山、庙前二期晚段。但也有不吻合之处，如天宁寨下层虽在西南却近于凌家滩一系；徐家湾下层和中层、庙前二期早段虽在东南，却近于北阴阳营一系，这些墓葬都非大墓，可能是表现出一种并非简单数据可以解决问题的更复杂的文化行为。在早期阶段，北阴阳营一系的分布并无特别明显的地理区分，但自凌

---

① 东山村材料若将两期合并计算，则玉器占30%，石器占11.4%，陶器占58.6%，玉、石比值为1:0.38，与分期统计的趋势相同。

② 庙前二期墓葬年代跨度较小，若将早、晚两段及不能分期的墓葬合并纳入统计，则玉器占随葬品总数的28.3%，石器11.9%，陶器占59.8%，玉、石比值为1:0.42，趋势与分段统计相似。

③ 苏州博物馆、张家港市文物管理委员会：《江苏张家港徐家湾新石器时代遗址》，《考古学报》1995年第3期。

④ 湖北省文物考古研究所：《武穴鼓山——新石器时代遗址发掘报告》，科学出版社，2001年。

表四　其他地点玉石器比例统计表

期别	地点	占总数百分比（%）		玉/石比值（以玉为1）	备　注
		玉	石		
早期	薛城中层	4.1	37.4	9.2	
	营盘山	40.0	17.0	0.43	
	天宁寨下层	10.8	5.4	0.5	
	东山村一期	26.7	17.3	0.65	仅据Ⅲ区大墓 M90、M92
	东山村二期	35.1	2.6	0.07	仅据Ⅲ区大墓 M91、M93
晚期	张陵山上层	38.0	25.0	0.66	另有26件陶器不知期别，未纳入统计总数
	庙前二期早段	11.5	13.5	1.17	第一、二次发掘的可分期的24座墓葬
	庙前二期晚段	36.5	11.2	0.31	
	天宁寨上层	0	12.5		缺 M1 未发表，数据不全，有误差
	夫子城	2.7	10.8	4	
参考	徐家湾下层	9.7	24.3	2.5	
	徐家湾中层	5.4	27.7	5.13	
	鼓山	2.0	16.3	8.15	分期不好，各期合在一起，仅参考

家滩出现以后，东南方向的大墓基本上倾向于凌家滩一系，北阴阳营一系则主要偏向于西南方向了（图三）。

这种分布现象总体上还是表达出一种可能的趋势：以宁镇—巢湖为中心，其西南、东南两个方向的文化分别接受了不同的理念，从而导致了长江下游玉石分野的不同趋势。这种趋势自早期开始，到早晚期之交便已出现了十分明显的分野。

总之，上述数据说明了一个问题：自北阴阳营二期起始，至凌家滩迅速发展起来的宁镇—巢湖区的玉、石器制造，到晚期时基本被皖西南和泛太湖区所取代，而皖西南区的石器制造稍显突出，泛太湖区的玉器制造一枝独秀。但其中凌家滩、泛太湖区对玉石器的重视程度远远高于宁镇和皖西南地区，特别是对玉器的重视程度。

2. 种类之别

（1）分类原则

由于利用的均为墓葬材料，随葬品都具有一定的社会意识形态含义，种类的划分在现有材料的基础上依据了以下原则：总体上按礼器、饰品、武器、工具、其他五大类划分，再细划为十小类。礼器是指为礼仪的需要可独立或组合使用的非日常用品，

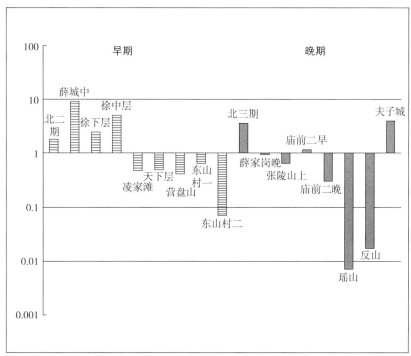

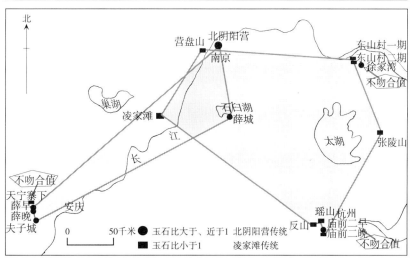

图三　各地玉石器比值柱状图及各地玉石比值分布图

上：各地玉石器比值柱状图（用对数刻度表示，图中"北"代表"北阴阳营"，"徐"代表"徐家湾"，"天"代表"天宁寨"）

下：各地玉石比值分布图

细分为兵礼器（暂时将刀、钺两种划入，限器物本身，不含端饰等附件，但是否确属"兵"礼器也存疑问）、象生礼器（人和动物形）、其他礼器（与身体部位装饰无关的礼仪用品，包括仪仗、兵礼器之附件）。饰品类指需与人体结合使用或附着于人体之上的装饰品，细分为体量稍大的首饰服饰、小饰品（虽然多数均可归入首饰服饰中，但体量小、数量大，一般成组或成串使用，少数功能不清的小体量器物也划入此类之中）。其他类中包括料与芯和残余料，一些半成品因具有讨论的价值也单独列出，数量极少而功能不清的则统列为"杂类"。最成问题的是关于礼器的划分，难以有准确的把握，虽然从广义而言，随葬入墓的器物基本上都有礼的性质，特别是饰品更具有礼仪的需要，但从其内涵而言却有明显区别；此外部分钺或为工具，但多数用作随葬实是作为特殊的礼器之用而统一划为兵礼器，个别精致的玉纺轮、石凿也可能属礼器但划入了工具等。由此可能会造成研究结果的一定误差，但从总量上看应不足以影响到宏观结论（表五）。

表五　五地玉石器种类数量统计表

质料	期别	地点	礼器			饰品		工具	武器	其他			小计
			兵礼器	象生礼器	其他礼器	首饰服饰	小饰品			半成品	料与芯	杂类	
玉质	早期	北阴阳营二期				163	132			1			296
		凌家滩	33	15	11	422	172	1		1	149		804
		薛家岗早期					1						1
	晚期	北阴阳营三期				4	1						5
		薛家岗晚期	6		2	18	83						109
		瑶山	6	1	157	185	2233	2					2584
		反山	5	7	376	56	2621	1					3066
石质	早期	北阴阳营二期	119					397		17		5	538
		凌家滩	188			2		180		4	3	1	378
		薛家岗早期	4					12				4	20
	晚期	北阴阳营三期	10					8					18
		薛家岗晚期	76			3		22	3			1	105
		瑶山	10		3	4							17
		反山	53										53

（2）种类比较

①早期阶段

北阴阳营二期的玉器种类中饰品占绝大多数，另有半成品1件，器形不足10种，表现得简略而集中。首饰服饰类为大宗，璜、环、玦为主体，占全部玉器数量的62%，小饰品主要是管，约占29%。玉器器形中，璜的数量最多，达100件，其中偶合式璜是目前长江下游所见最多的，明确的共8对16件。石器种类略为多样，但集中在工具、兵礼器，另有少量半成品等，其中仅工具一类数量即为玉器总数的1.3倍多，超过玉器总数100件以上。这些情况表现出北阴阳营二期玉、石器使用还是较为单调，是以石器尤以石质工具为主，礼器类还没有出现玉质，只有数量众多的石质兵礼器（刀、钺）而无其他种类，并随葬15件石钺半成品。这种石质兵礼器的出现应该是处于从工具到礼器的转变过程阶段，或者说还未完全摆脱工具的性质。

凌家滩的玉器基本上涵盖了各大类及小类，器形超过30种，显得丰富多彩，与北阴阳营二期相比有极大的变化。玉器仍以首饰服饰为大宗，璜、镯、环三类各约百件，约占玉器总数的39%，其中偶合式璜数量也较多，明确的有3对6件，另有部分单件。而最显眼的莫过于出现了一批无日常生活实用价值的礼器，包括大量兵礼器、少量象生礼器（龟、龙、鹰、人等）和其他形制特殊的礼器（版等）。虽然凌家滩的玉器总数已超过石器，但一方面玉器种类虽多而每个种类数量较少，表现出杂糅之态，更值得关注的是多达144件的玉芯与料出现在墓葬之中，并有玉质工具随葬，实则处于玉器使用变革之初的创新时期；另一方面石器种类、数量也都较多，工具的随葬仍然为数很多，并有少量半成品和个别石璧，兵礼器也占石质礼器的大多数。这些杂糅现象体现了玉、石两种质地的使用正处于交替阶段，器形的配伍也还没有形成制度，但玉器被作为礼器已快速发展起来。

薛家岗早期的玉器和石器与北阴阳营二期和凌家滩相比都是不值一提的，即无特色之优也无数量之强，但还是出现了个别玉饰、少量的石质兵礼器和工具随葬。

位处宁镇以东的东山村大墓如果加以讨论的话也是颇有意义的，虽然其材料从图和文字描述中只有一期的M90可以基本了解到相对完整的器物种类。该墓的玉器中饰品占绝大多数，首饰服饰类略多，但仅有璜、环、玦、耳珰四种，占全部玉器数量的53%，小饰品主要是管、珠、饰件，约占47%。石器种类有钺、锛、砺石、锥，另有一堆石英砂，均为兵礼器和工具类，较为单调，但质地精美的彩石钺的出现仍是值得注意的现象。从有限的材料看，东山村一、二期大墓或反映出北阴阳营一系和凌家滩一系对其影响的动态过程。

②晚期阶段

北阴阳营三期墓葬数量较少，与二期相比表现出十分明显的衰落。凌家滩尚无资料可探讨，但这一时期在宁镇—巢湖两翼的皖西南区薛家岗文化晚期和泛太湖区良渚文化早中期，玉、石器种类出现了明显变化。

薛家岗晚期的玉器较早期有了较大的发展，但以管等小饰品最多，占约76%；首饰服饰类仅占16.5%，器形单调不足10种，以璜略多但不见北阴阳营二期和凌家滩典型的偶合式璜，而以弓背式不对称璜和线切割的透雕璜为特点；兵礼器与凌家滩相比则数量大大减少；最晚时期还出现个别受良渚影响的小玉琮，特征明显的象生礼器几乎不见于薛家岗。虽然玉器不可与北阴阳营二期和凌家滩比拟，但石器却表现出既受北阴阳营二期和凌家滩的影响，又产生了自身的特点，除仍以石钺为兵礼器外，还出现了大量的多孔石刀，具有鲜明的特色，两者的体量大大超过了玉器的体量；饰品中偶见于凌家滩的石环在薛家岗也时有出现；镞类武器在最晚时期开始随葬于墓中，数量虽然不多但或许有更深的社会原因。总体上看，薛家岗的玉器并不如凌家滩那样注重造型艺术和璜、环、镯、璧等体量较大的饰品，是以形制简单、小体量的饰品占大多数，但却以大量器形朴实、体量甚大的石钺和多孔石刀为重要礼器，北阴阳营二期和凌家滩大量随葬石质工具的风格在薛家岗也未得到充分体现，这是一个十分值得注意的现象。在玉、石器两者制作工艺差距并不太大的情况下，出现上述现象的原因不外乎两种：一是玉矿资源的制约，二是理念的改变。玉矿资源的制约有两个可能：本地可掌控资源的不足，或没有足够实力掌控外界的资源。无论是何种原因，其结果都导致薛家岗对石器的重视程度远远大于玉器，也就是说在北阴阳营、凌家滩西翼的薛家岗，玉器的作用在很大程度上被石器所取代！

与薛家岗晚期大体同时的位于北阴阳营、凌家滩东翼的良渚文化却走上了与薛家岗不同的道路。墓地出现了分化，高等级墓葬开始独立于普通墓葬并形成了专有墓地，两种墓地中的随葬品也出现了巨大的差异。在良渚早期的瑶山墓地，玉器器形有20余种，以各类小饰品数量最多，达2000余件；首饰服饰数量较多，但除镯外少见其他直接装饰于体表的首饰；梳背则是另一种特殊的首饰，瓣形饰等配于衣物之表的缝缀件也别具特色，最特殊的当属那1件仅与衣服相关而无他用的带钩，这些夸张展现于表的玉饰品都表明瑶山墓葬主人对外在仪容的形式十分注重。瑶山的玉礼器急剧增多，数量几近于首饰服饰，其中兵礼器数量减少，象生礼器仅见1件，而其他礼器数量和形态最多，作为新器形的琮的出现是重要的特征，另外有相当一部分属配合主礼器使用的各类插件，如手柄、钺柄两端的端饰等；还有罕见的嵌玉漆器，也同样表现出借玉器展现礼仪的需求。瑶山的这些玉器在造型艺术上达到了一个高峰，表现形式在规范性的前提下，又有多样性。与薛家岗相反的是，瑶山的石器数量竟少得难以置信，种类以钺占绝大多数，工具类已完全消失。因此在瑶山，石器的作用基本上被玉器取代！

年代稍迟的反山情况与瑶山相似，值得注意的是在讨论的五个地点中唯反山玉质礼器数量首次超过首饰服饰，并达7倍之多，象生礼器也再度增多。石器种类虽已退化到仅钺一类，但与象生礼器相似的是数量也再度增多。

高等级墓地中的玉、石器种类变化趋势在普通墓地中表现有所不同。如庙前第一、二次发掘的第二期30座良渚文化早期墓，其中24座可分早（11座）、晚（13座）两段。玉器中早段6件均为小饰品；晚段39件仍以小饰品占绝对多数，但新出个别璜、锥形器。石器中早段7件可分兵礼器、武器、工具等；晚段12件以兵礼器为主，不见武器，工具数量增加。在这个墓地中不见象生礼器，首饰服饰也罕见，但玉、石器中以玉器为主的表现形式与瑶山是一致的。

概括而言，早期玉、石半成品的随葬见于北阴阳营二期、凌家滩，但总体上凌家滩的玉料与芯数量较多，到晚期各地点则无一墓随葬。石质工具从早期到晚期有一个明显的下降趋势，但在薛家岗晚期呈小幅上升，而瑶山、反山则完全不见；而玉质工具只见于凌家滩和瑶山、反山。玉质兵礼器以凌家滩和瑶山、反山略多，薛家岗仅有少量；石质兵礼器在各时期均有出现，但较特别的是凌家滩和反山的均值较大而接近。玉质小饰品也是凌家滩和瑶山、反山明显多于其他地点，只是瑶山、反山更突出。首饰服饰类以玉质常见，但也同样以凌家滩和瑶山、反山为多；石质首饰服饰数量极少，只见于凌家滩和薛家岗。玉质象生礼器只见于凌家滩和瑶山、反山。

上述现象表明，从北阴阳营二期开始到反山，玉器与石器的作用或者说各时期对它们的重视程度随着时间和地域的变化而出现了明显的不同。如果说绝对的总数不足以说明问题的话，那么每墓平均数量的分析也表现出了相同的趋势，会更有助于理解这种变化（表六；图四）。

表六　五地主要玉、石器种类每墓均值统计表

质料	期别	地点	小饰品	首饰服饰	兵礼器	象生礼器	工具	半成品	料与芯
玉质	早期	北阴阳营二期	0.51	0.63				0.004	
		凌家滩	3.91	9.59	0.75	0.34	0.02	0.02	3.39
		薛家岗早期	0.03						
	晚期	北阴阳营三期	0.08	0.31					
		薛家岗晚期	0.85	0.18	0.06				
		瑶山	186.08	15.42	0.5	0.08	0.17		
		反山	291.22	6.22	0.56	0.78	0.11		
石质	早期	北阴阳营二期			0.46		1.54	0.07	
		凌家滩		0.05	4.27		4.09	0.09	0.07
		薛家岗早期			0.11		0.33		
	晚期	北阴阳营三期			0.77		0.62		
		薛家岗晚期		0.01	0.19		0.84		
		瑶山	0.33		0.83				
		反山			5.89				

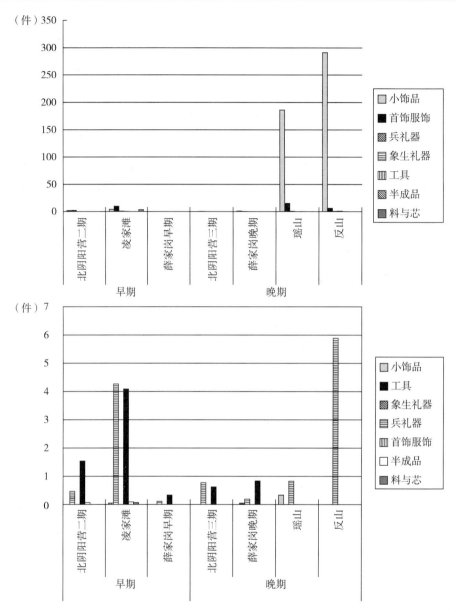

图四　五地玉、石器每墓均值柱状图

上：玉器　下：石器

以上诸多讨论说明了几个问题：

一是随葬玉、石质半成品和料芯现象只出现在早期，而晚期不见，应该是玉石器制造越来越趋向专业化的一种体现，专业作坊的出现或许就是这种转变的原因或结果。半成品中大都为礼器，它们作为随葬品的原因尚不清楚，而在晚期不再随葬更有可能是对于礼器的完整性、美观性要求进一步提高的反映。石质工具的减少也应是同样的道理，但薛家岗的小幅增加应与其对石器的重视有关。

二是早期的北阴阳营二期表现为石器种类多、使用广，而凌家滩则相反。从晚期开始，玉、石器在地域上有了明显分化，薛家岗的石器彰显了自身的特点，形成了以风形钺、多孔石刀为主体和特点的种类，而玉器相对来说不如石器；瑶山、反山则以玉器彰显，形成了以琮、璧和大量独特器形为主体的种类，石器已处于极其次要的地位。

三是在石质兵礼器的相对数量、玉质首饰服饰和小饰品的过度使用、玉质象生礼器几个方面，瑶山、反山都表现出了与凌家滩的相对一致性，这种现象当不会是偶然原因所致，说是它们之间有渊源关系并不为过。

因此，从玉石器种类的分析中也可以看出，长江下游的玉、石器在晚期发生了明显的分化，这种分化特别是表现在不同的区域之间，也即发轫于宁镇—巢湖一带，而分野于两翼的皖西南区和泛太湖区。

3. 工艺之别

工艺包括选料、技术、形态和纹饰几个方面，后两者已有较多研究，本文重点从选料和技术两方面分析。

（1）选料

由于各地点的玉、石器鉴定不够系统，给选料分析研究带来相当的困难，但从已有的结果中还是可以看出一些趋势。需要说明的是，部分石英制品在鉴定报告中或列入玉器中，或列入石器中，约略是根据器形而定的，饰品类的一般都归入到玉器中，工具类则大都归入了石器；少数石质的钺类或因外表似玉归入了玉器。这种现象其实也说明了矿物学分类与考古学分类之间的些许区别，更可能反映了古人的认识，本文未再做过多的调整。而其他个别明显属石器却归入玉器的，本文则进行了调整。

北阴阳营的墓葬出土玉、石器有857件，除23件属三期外，余均二期。其中共有约440件进行过鉴定①。玉器鉴定共81件，全部为饰品，原料共5种，集中于阳起石、蛇纹石、透闪石、玛瑙四种质地，另仅有2件石英制品，选料相对较为统一（图五）。其中数量最多的璜、玦对原料的选择较为宽泛，基本包括治玉的各种原料，并有个别以石英制造。石器选料则显得多种多样，据发表资料多达15种以上，以页岩、辉长岩、凝灰岩、花岗岩、石灰岩为主（图六）。总体而言，北阴阳营玉、石器的选料具备了一定的规范性，不同器类使用的质料也有了一定的讲究，如石锛以页岩占绝对多数，

① 南京博物院：《北阴阳营——新石器时代及商周时期遗址发掘报告》第32、78页，文物出版社，1993年；罗宗真：《南京北阴阳营新石器时代遗址出土玉器的初步研究》，《东亚玉器》（第一卷），香港中文大学中国考古艺术研究中心，1998年。数据通过综合而成，报告中未按墓葬分期登记，但因三期只有18件石器、5件玉器，数量极少，发表的材料基本上可以代表二期的质地。

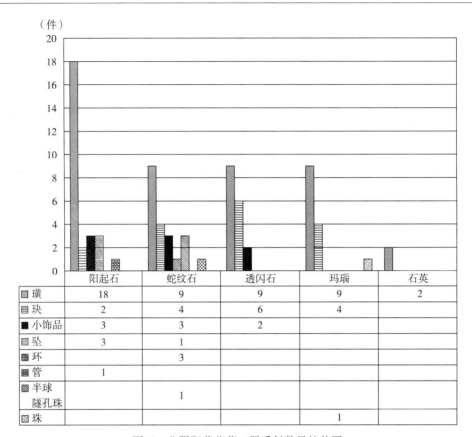

图五　北阴阳营墓葬玉器质料数量柱状图

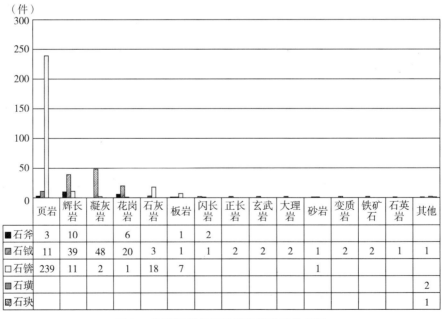

图六　北阴阳营墓葬石器质料数量柱状图

石斧也只选择适合于生产实用的五种，说明对不同原料的岩性已有相当的认识。但钺却较为杂乱，使用了鉴定过的全部原料，其中1件为石英钺，不过仍是以页岩、辉长岩、凝灰岩、花岗岩、石灰岩为主，约占89％，表现出即稳定又多样的特点。

凌家滩的墓葬出土玉、石器多达1169件，但只有70余件标本进行了鉴定[①]。玉器鉴定约40余件，涉及15种器形，不具备太多的统计学意义，但从中还是可以看出，凌家滩的玉器用料有些杂乱，"说明当时还没有一个基本的玉矿来源，而是四处收集或采集美石来做玉器"[②]，不同的器类对玉料的选择并无相对的规范，但一些特殊的器类还是表现出了一定的规范性，如对透闪石、蛇纹石的使用较多（图七）。石器的用料更为多样，且没有相对稳定的原料选择，经鉴定的石料即达21种[③]，值得注意的是钺的用料竟达14种（图八），与北阴阳营二期一样表现出杂乱，但那种随葬较多的厚体圆角弧刃所谓的"彩石钺"虽然各自质料有所不同，而感观上却表现出了一致性。

薛家岗的墓葬中玉石器共274件，大多数都做了鉴定[④]。玉器有130件，鉴定109件，符合本文分期要求的有96件，其中65件经过X射线衍射、拉曼光谱或红外光谱分析。早期仅1件，为滑石。晚期玉器质料相当统一，以闪石玉占绝对多数，管类饰品的选料略宽泛，表现出薛家岗晚期对玉的认识已十分清晰（图九）。石器共144件，鉴定97件，符合本文要求的82件，但石器仅为肉眼鉴定，存在一定的误差[⑤]（表七）。早期石器较少，原料使用有9种，没有表现出特别的集中性，但以粉砂质板岩、砂质板岩、变质砂岩略多，不同器类的用料也没有很严格的区分（图一〇）。晚期石器较多，用料增加到12种，但基本上承袭了早期的8种原料，仅质地较差的泥质板岩消失，新增4种原料的使用量很少且主要用于钺的制造。不同器类对原料的选择已较为固定，

---

① 安徽省文物考古研究所：《凌家滩》附表二、附录一、附录三、附录五，文物出版社，2006年；另有三篇论文公布了测试结果，张敬国等：《凌家滩墓葬玉器测试研究》，蔡文静等：《凌家滩出土部分古玉器玉质成分特征》，冯敏、张敬国：《凌家滩遗址出土部分古玉的材质分析》，均载于《凌家滩文化研究》，文物出版社，2006年。因发表的资料多有重合之处，本文经过校核后只选择了出土单位明确的随葬品，其他未采用，并对玉、石分类明显归错的做了部分调整。

② 严文明：《凌家滩玉器浅识》，《凌家滩玉器》，文物出版社，2000年。

③ 不同的鉴定涉及质料分类的细化程度问题。

④ 安徽省文物考古研究所：《潜山薛家岗》附表一一、一二，文物出版社，2004年。

⑤ 由于粉砂质板岩与千枚岩的区别细微，经对地层中出土的相同材质的残石器切片分析后，发现部分原鉴定为砂质板岩的石刀、钺的材质，应为千枚岩。参见庄丽娜：《薛家岗文化石料利用特点及产源初探——兼及石器产地的讨论》，《南方文物》2008年第3期。

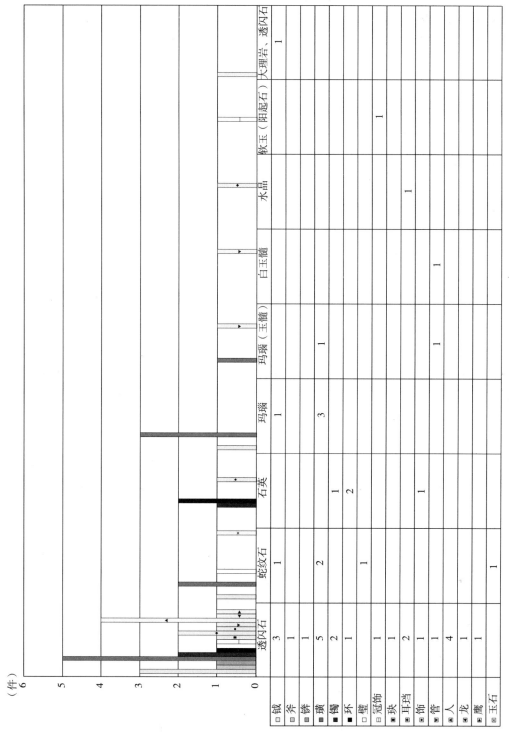

图七　凌家滩部分玉器质料数量柱状图

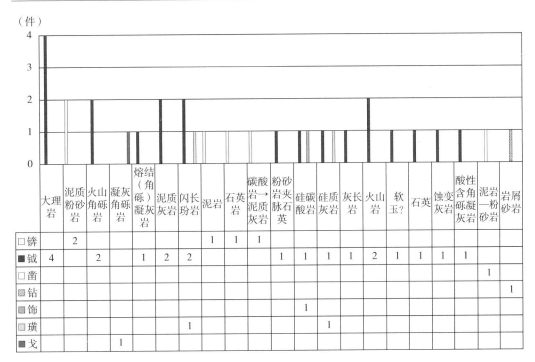

（件）	大理岩	泥质粉砂岩	火山角砾岩	凝灰角砾岩	熔结（角砾）凝灰岩	泥质灰岩	闪长玢岩	泥岩	石英岩	碳酸岩→泥质灰岩	粉砂岩夹脉石英	硅碳酸岩	硅质灰岩	灰长岩	火山岩	软玉?	石英	蚀变灰岩	酸性含角砾凝灰岩	泥岩—粉砂岩	岩屑砂岩
□锛		2						1	1	1											
■钺	4		2	1	2	2						1	1	1	1	2	1	1	1	1	
□凿																				1	
▨钻																					1
▤饰												1									
▨璜							1							1							
■戈				1																	

图八　凌家滩部分墓葬石器质料数量柱状图

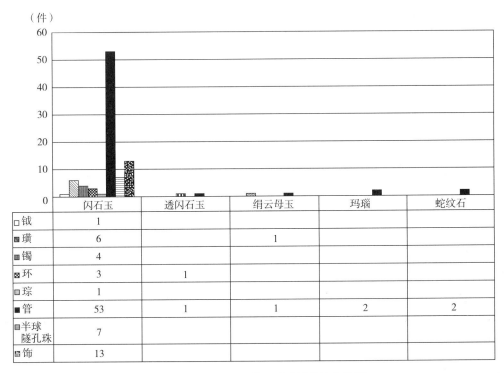

（件）	闪石玉	透闪石玉	绢云母玉	玛瑙	蛇纹石
□钺	1				
■璜	6		1		
▤镯	4				
▨环	3	1			
□琮	1				
■管	53	1	1	2	2
▤半球隧孔珠	7				
▨饰	13				

图九　薛家岗晚期墓葬玉器质料数量柱状图

表七　薛家岗墓葬石器质料统计表

期别	序号	质地	石锛	石凿	石钺	砺石	石器	石块	石刀	石球	石杵	石镞	合计
早期	1	粉砂质板岩	3				1						4
	2	砂质板岩	3	1									4
	3	变质砂岩	1			1	1						3
	4	绿泥石英片岩			2								2
	5	泥质板岩					1						1
	6	花岗岩				1							1
	7	石英岩							1				1
	8	绿泥云母石英片岩			1								1
	9	石榴角闪片岩			1								1
		合计	7	1	4	2	3	1					18
晚期	1	粉砂质板岩	2	1	11				12				26
	2	变质砂岩	9		8								17
	3	砂质板岩	3		2				5			2	12
	4	绿泥石英片岩			1								1
	5	花岗岩									1		1
	6	石英岩						1					1
	7	绿泥云母石英片岩			1								1
	8	石榴角闪片岩			1								1
	9	流纹岩			1								1
	10	闪长岩			1								1
	11	硅质板岩		1									1
	12	绿泥片岩			1								1
		合计	14	2	27	0	0	1	17	0	1	2	64

特别集中在早期即已较多使用的粉砂质板岩、砂质板岩、变质砂岩三类，约占86%，作为薛家岗文化典型器类的多孔石刀只选用粉砂质板岩和砂质板岩两类。钺的选料与北阴阳营和凌家滩一样，达9种，显得杂乱，但主体还是粉砂质板岩和变质砂岩两类，约占70%，也表现出即稳定又多样的特点（图一一）。需要提及的是，"彩石钺"在薛家岗遗址中却无所见。可以肯定地说，薛家岗玉、石器的用料已有了一整套规范，特别是在石器制造方面。

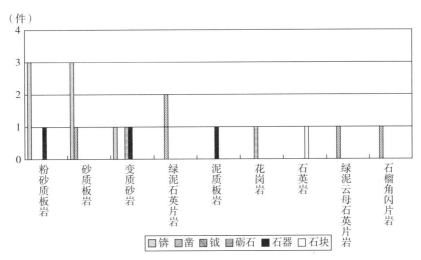

图一〇　薛家岗早期墓葬石器质料数量柱状图

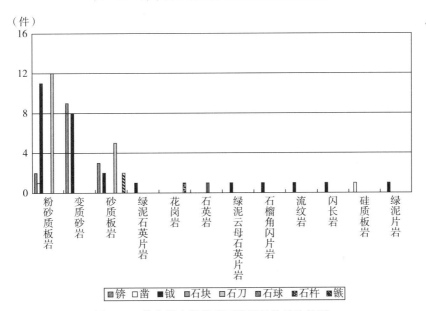

图一一　薛家岗晚期墓葬石器质料数量柱状图

瑶山、反山没有专门而系统的鉴定报告，但从各种文章中零散可以看出，以瑶山、反山为代表的整个良渚文化对玉料的选择已十分规范①，其中反山检测的53件玉器样

① 浙江省文物考古研究所：《瑶山》“后记”，文物出版社，2003年。另见中村慎一：《略论良渚文化石器》，《浙江省文物考古研究所学刊》（第八辑），科学出版社，2006年；刘斌：《良渚文化的玉钺与石钺》，《玉魂国魄——中国古代玉器与传统文化学术讨论会文集》，北京燕山出版社，2002年；蒋卫东：《良渚玉器的原料和制琢》，《良渚文化研究——纪念良渚文化发现六十周年国际学术讨论会文集》，科学出版社，1999年。

品中（另有石钺6件不计入）透闪石47件，蛇纹石3件，滑石1件；瑶山45件玉器样品中透闪石40件，滑石、白云母、绿松石各1件；值得一提的是瑶山M9和反山M20、M22三墓所检测的玉料几乎全是透闪石①。作为良渚文化最具代表性器形的琮，两个墓地的用料表现出了高度的一致性。瑶山没有出现但在反山大量出现的玉璧选料也是高度一致。两地的石器质料也较为接近，瑶山的10件钺为低阳起石②；反山53件钺均为凝灰岩③，成分主要为低阳起石，可能是与玉矿伴生的石料，最新检测表明其中一部分有刚玉和硬水铝石衍射峰，属富铝硅酸盐质岩④，这些石钺质地介于玉、石之间，均打磨光滑，颇显润泽，形态基本一致，都可归为"彩石钺"一类，其形态、质地与凌家滩高等级墓葬中所出较为接近。除石钺和个别带盖柱形石器、亚腰形石器外几无其他石器随葬的方式并不见于另三个地点，应是良渚文化的高等级大墓独特之处。

　　归纳起来，可以知道北阴阳营二期的玉、石器选料具备了一定的规范性，不同器类配用的原料也有了一定的讲究；凌家滩的玉、石器则均显得多样化，每种器类的用料不严格；而薛家岗玉器的用料十分规范，石器虽然选用的原料较多，但还是较集中在几种，此外每种器类大体上都有相同的用料，应该形成了一整套的规范，特别是偏重于石器制造；瑶山、反山无论是玉器还是石器，用料都十分严格，统一性极强，但玉器的表现十分突出，几乎忽略了石器。因此，从北阴阳营的相对规范到凌家滩的多样化，既表现了一种新的创新的理念，也表现出一种明显的混乱，之后再到薛家岗和瑶山、反山，便在各自的地域内形成了一套规范，但两个区域的着重点各不相同——也即对玉与石的利用程度上。

　　值得关注的是，除瑶山、反山外，其他三处地点的玉、石钺对原料的选择均毫无例外地表现出十分明显的多样性，无论如何，在已日益形成规范的大趋势下，却仍然在原料上表现出这种异常是不应该发生的，或许这种杂乱正表达了一种理念：钺已不再是一种需要用来实用的工具或者需要通过材质的统一来反映某个固定的功能，而是代表了一定的非实用性的特殊功能。不管墓中随葬的玉、石钺其来源是否单一、是否当地制造，这样的杂乱和数量的众多不是某种单一的权力或威信可以解释的。

　　此外，瑶山、反山出土大量与凌家滩在用料、形态上有很大程度上相似的厚体圆角弧刃"彩石钺"，也不应该是单纯的巧合，似乎显示了某种密切的亲缘关系（图一

① 干福熹等：《浙江余杭良渚遗址群出土玉器的无损分析研究》，《中国科学：技术科学》第41卷第1期，2011年。
② 浙江省文物考古研究所：《瑶山》第201页，文物出版社，2003年。
③ 浙江省文物考古研究所：《反山》第87页注49，文物出版社，2005年。
④ 干福熹等：《浙江余杭良渚遗址群出土玉器的无损分析研究》，《中国科学：技术科学》第41卷第1期，2011年。

图一二　凌家滩、反山彩石钺
左：凌家滩　右：反山

二）。"彩石钺"也曾见于宁镇一带（如三星村 M632 所出①，北阴阳营 M260：4 也应
是②），在其西南方向的薛家岗遗址没有发现，在整个薛家岗文化范围内也所见甚少
（如鼓山较晚阶段的 M10 中③），但在良渚文化中却时有所见，如果将良渚文化晚期诸
如龙潭港 M9 和 M28、寺墩 M3、草鞋山 M198 等诸多墓葬出土的这类石钺④一并考虑，
那么在钺已丧失了实用功能的前提下，而且板岩、页岩等片状的石料已广泛运用于钺
的制造、形态已基本变为扁薄的时期，这种质地和形制的石钺仍顽固地保留下来，尤
其主要是在良渚文化中保留下来，更是一种特殊的有意识行为了⑤。究竟是在共同的地
点开采玉矿而附带回的原料，还是因保持某种理念而有意开采这类原料，目前还没有
证据证明，但自凌家滩以来形成的这种独特的没有实用性的石钺历经千年亘古不变，
实在是"附带原料"所不能解释的，而更可能是保持理念的原因，或者说有某种程度
的追模祖先或祖艺的含义。

① 南京师范大学、金坛市博物馆：《金坛三星村出土文物精华》第 104 页，南京出版社，2004 年。
② 南京博物院：《北阴阳营——新石器时代及商周时期遗址发掘报告》图版八，2，文物出版社，
　1993 年。
③ 湖北省文物考古研究所：《武穴鼓山——新石器时代遗址发掘报告》彩版四，4，科学出版社，
　2001 年。
④ 浙江省文物考古研究所、海盐市博物馆：《浙江盐县龙潭港良渚文化墓地》，《考古》2001 年第
　10 期；南京博物院：《1982 年江苏常州武进寺墩遗址的发掘》，《考古》1984 年第 2 期图版五。
　草鞋山石钺见汪遵国：《考古发掘的第一座良渚文化大墓——苏州草鞋山第 198 号墓》，《中国文
　物世界》总 134 期，1996 年。
⑤ 刘斌即认为"应该考虑其生产与传播上的特殊性"，见刘斌：《良渚文化的玉钺与石钺》，《玉魂
　国魄——中国古代玉器与传统文化学术讨论会文集》，北京燕山出版社，2002 年。

（2）技术

北阴阳营二期的玉石器制造已经形成了切割、琢磨、钻孔、抛光一套技术，尚未见到刻划技术的使用，实心钻和管钻技术已得到广泛的使用，并可以钻出隧孔和小孔，定位技术也已掌握得较好，但已发表的材料还难以观察到具体的工艺和水准，七孔石刀应是代表了这一时期较高水平。

凌家滩除了具备北阴阳营的全套技术外，还增加了片切割技术，钻孔技术高度发达，减地、阴线刻、镂孔、圆雕、浅浮雕等体现了技术的多样化，玉人背后经多次斜钻钻出隧孔的管钻掏膛法和玉耳珰的薄胎加工技术更是首屈一指。这些技术对于日常用品而言几无用处，它的出现和使用自当是为了制造形制多样、工艺复杂的精致器物。但是，处于初始阶段的新技术使得凌家滩的玉石器特别是玉器更多地通过"形"来展示其特点，"纹"的应用还显简约。此外通过微痕迹显微观察，可知一部分玉石器的磨制痕迹相当规整，应当出现了工具的固定装置①，98M23：6 石钻不论是辘轳轴承器②或是其他钻孔工具，都可能是在有固定装置的状态下使用。特别值得一提的是，从地层中出土的一件内外双连的环（T1207②：2）了解到，通过先钻孔再线镂的镂雕技术已经出现，这种技术难度较大的曲线线镂技术，为后来薛家岗和良渚的独特线镂工艺发展打下了基础（图一三，1）。可以说，凌家滩已基本具备了后世玉石器制造方面的各种技术。但在这些发达技术产生的同时，多个墓葬中随葬大量的玉料、芯和边角料及原料，说明这时的玉石器制造应该是就近制造，可能并未形成相对独立的专业作坊场所，98M20出土的 4 件石板（锛的半成品）及 98M23 的砺石、石钻、石芯同出应是另一个证据。

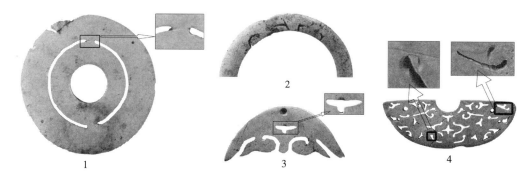

图一三　凌家滩、薛家岗、瑶山钻孔线镂技术
1. 凌家滩 T1207②：2　2、3. 薛家岗 T6②：23－2、M49：4　4. 瑶山 M11：84

① 杨竹英、陈启贤：《凌家滩出土玉器微痕迹的显微观察与研究——中国砣的发现》，《凌家滩文化研究》，文物出版社，2006 年。至于是否是砣形成的痕迹还无特别证据。
② 邓聪认为澳门黑沙、珠海宝镜湾出土的此类器物应为辘轳轴承器，见邓聪：《史前玉器管钻辘轳机械的探讨》，《中国社会科学院古代文明研究中心通讯》2002 年第 3 期。

薛家岗的玉、石器制造技术除具备北阴阳营那类基本技术外，并未有其他特别的技术，切割仍是以线切为主，辅以少量片切，利用多种技术的综合来创造新器形还较为少见，钻孔线锼的镂雕技术在凌家滩的基础上有所发展，并形成了以"L"形和弯曲线的线锼为鲜明特点，其中"L"形线锼技术略为成熟，但弯曲线的边缘还不甚整齐，纹样较简单（图一三，2、3），体现了技术水准还处于发展过程之中，尚不及瑶山的技术水准，与后世石家河文化的此种技术相比更显粗糙。薛家岗玉、石器制造中尤为重要的是钻孔定位技术达到了较高的水准，经过对 30 余件石刀的测量，多数误差只有一、二毫米甚至接近零误差①，说明这类技术已具备了很好的规范性甚至是专业化。多数钻孔石器都运用了精磨技术，连一些钻孔的边缘都有纵向磨痕，即便是对一般石器的磨制这一普通环节也并不过于降低水准这一特点，便与凌家滩形成了明显的反差。因而在技术种类相对单调的情况下，薛家岗的玉、石器制造技术主要体现在规范和细致上，玉器基本上是通过"形"而不是"纹"表现其特点，石器制造用简单而规范的技术对简单形制的批量化生产也是有别于凌家滩和瑶山、反山的特点之一。

瑶山、反山的玉石器制造工艺主要体现在玉器上，研者众众②，对于纹饰的研究更已达到很高的水准③。凌家滩时期出现的多种工艺此时都已完善并发挥到极致，而雕刻技术的飞跃式发展和大量运用更是这里与凌家滩及同时期的薛家岗的重要区别之一，阴线刻、减地技术远非凌家滩时期所能比拟，并成为良渚玉器制造从平面化朝向立体化发展的重要技术支撑之一，使得良渚玉器"形"的表现处于次要地位，而"纹"的表现被极度重视、夸张，只是这些技术在很大程度上仅仅被用来制造形制、纹饰高度一致的玉质重器。钻孔线锼技术也是良渚玉器制造的成熟技术之一，但并未得到广泛的应用，在瑶山墓葬中仅 M7：55 玉牌饰、M11：84 玉璜两件可以看到明显的线锼技术，技术水准超过薛家岗且纹样复杂，不过其切割的走向和边缘齐整程度仍未达到较高的水准（图一三，4）。从瑶山开始，玉器制造的高度规范化便已充分体现，而能够高度

---

① 朔知、杨德标：《薛家岗石刀钻孔定位技术的观测与研究》，《中国历史文物》2002 年第 5 期。

② 诸如林巳奈夫：《良渚文化玉器纹饰的雕刻技术》，林华东：《论良渚玉器的制作工艺》，均见《东方文明之光——良渚文化发现六十周年纪念文集》，海南国际新闻出版中心，1996 年；汪遵国：《关于良渚文化玉器的两个问题》，《良渚文化论坛》，1999 年；蒋卫东：《良渚玉器的原料与制琢》，《良渚文化研究——纪念良渚文化发现 60 周年国际学术讨论会文集》，科学出版社，1999 年 6 月。另见牟永抗：《关于史前制玉工艺考古学研究的一些看法》，黄建秋等：《良渚文化治玉技法的实验考古研究》，均见《史前制玉工艺技术》，台湾博物馆，2003 年。等等。

③ 牟永抗：《良渚玉器上的神崇拜探索》，《庆祝苏秉琦考古五十五年论文集》，文物出版社，1989 年；秦岭：《良渚玉器纹饰的比较研究》，《浙江省文物考古研究所学刊》（第八辑），科学出版社，2006 年。另见方向明多篇纹饰研究论文，如《良渚玉器纹饰研究之一——眼睛（球）的发端》，《玉文化论丛》（2），文物出版社、众志美术出版社，2009 年。等等。

规范的背景应该是需要专业的玉器作坊①。相形之下，以瑶山、反山为代表的石器制作工艺并不显得突出，总体上应逊于薛家岗。

所以，从工艺的角度至少可看出，凌家滩的多样化技术和多样化器形对应的正是工艺的创造性和非规范性，并且表现出玉石并重的状态；薛家岗则是以简单而规范的技术和器形对应了工艺的广泛应用性和规范性，并且表现出偏重于石器的状态；以瑶山、反山为代表的良渚文化是以多样化的成熟技术为支撑，重点运用雕刻、减地技术制造器形虽多但相对缺乏变化的玉质重器，对应的是针对特殊器物的工艺高度规范性和专业化，并且表现出明显偏重于玉器的状态。

（二）五地玉、石器的传承

五地玉、石器的差别虽然十分明显，但相互之间的联系也显而易见。属早期的北阴阳营二期、凌家滩、薛家岗早期墓葬中，以前两者关系最为密切，后者的玉、石器制造尚未发展起来。北阴阳营与凌家滩石器中最为典型的当属圆角弧刃小孔钺和近璧形大孔钺，据报告中的墓葬登记表，北阴阳营大孔钺最早出于第 4 层墓，大多数出于第 3 层墓，而第 2 层墓仍有少量，因此凌家滩同类器或因北阴阳营之影响而致。

玉器之间的联系十分紧密，无论是偶合式的璜，还是半球形隧孔珠、三角形坠饰，都别无二致，特别是侧面穿孔偶合式工艺及这种特殊的表现方法在北阴阳营第 4 层墓便有较多出现，更从技术和内涵两个层面表现出它对凌家滩的影响。关于玉器的传承影响研究已有较多讨论②，不再赘述（图一四）。

到了晚期，玉、石器在宁镇—巢湖区显得衰落③，但传承在更大范围内拓展开来，首得地域之便的是皖西南区薛家岗文化。在薛家岗遗址晚期墓葬中，玉、石器的制造呈现出突飞猛进的态势，与早期的少量玉、石器形成了鲜明的对比，凌家滩玉器中盛行的长梯形或长风字形钺，在制作工艺和形态上都与薛家岗文化晚期同类器极为相近，并在薛家岗晚期得到了广泛推广。薛家岗晚期典型的多孔石刀也见于北阴阳营和三星村，虽然两者形态有所区别，在晚期或有反向的交流，但其渊源应在宁镇。半球形隧孔饰、三角形饰均与北阴阳营二期和凌家滩如出一辙。由于薛家岗早期并无盛行玉、

---

① 良渚文化早中期作坊还无明确材料，但晚期已有确切的作坊，可参看王明达、方向明等：《塘山遗址发现良渚文化制玉作坊》，《中国文物报》2002 年 9 月 20 日第 1 版。

② 俞伟超：《凌家滩璜形玉器是结盟、联姻的信物》文后补记，《凌家滩文化研究》，文物出版社，2006 年；田名利：《凌家滩墓地玉器渊源探寻》，《东南文化》1999 年第 5 期。等。

③ 张敏：《关于环太湖地区原始文化的思考》，《庆祝张忠培先生七十岁论文集》，科学出版社，2004 年。

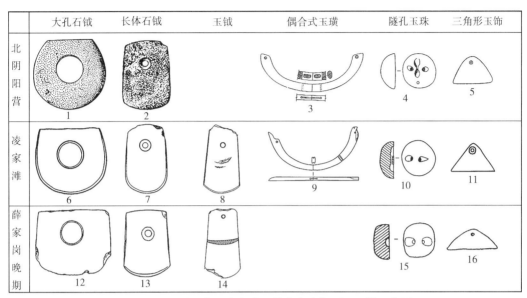

图一四　北阴阳营、凌家滩、薛家岗晚期石、玉器比较图

1～5. 北阴阳营 M26：1、M259：3、M191：1、M191：13、M62：9　　6～11. 凌家滩 87M4：24、87M8：39、87M8：24、87M9：17 和 18、87M9：10、87M9：26　　12～16. 薛家岗 M86：2、M89：15、M47：7、M47：2－1、M47：2－2

石器的传统，周边其他区域也找不到确切渊源，这些相似性只能是源自北阴阳营和凌家滩，陶器方面的研究也同样支持这一观点，但两者之间或也有相互的交流①（图一四）。

其次是距离较远的泛太湖区良渚文化。其前身崧泽文化素以陶器制造工艺发达而显现于世，虽然从马家浜文化晚期开始这一区域的玉、石器制造有所发展，但并不发达，本来并没有偏重于玉、石器尤其是玉器的传统。到目前为止，整个崧泽文化玉器总数不过 300 余件（包括东山村遗址大墓的新发现）。崧泽文化早期玉器数量少到只有数十件，体量较大的器形只在仙坛庙发现过 2 件玉钺②，其长条形圆角形制具有明显的凌家滩文化风格；崧泽文化中、晚期玉器虽然数量增多，但钺类体量较大的器形仍然少见，如南河浜 2 件（M61：8、M68：2）③。而石器种类、数量与同时期的宁镇—巢湖地区相比也有明显差异。但从良渚文化早期开始，在杭州湾西端的良渚区骤然发展起了极其发达的玉、石器制造业，而同时在浙北、苏南的原崧泽文化核心分布区却依旧保持着旧有的传统，玉、石器制造表现出缓慢的发展态势。部分学者认为这种状况的

① 安徽省文物考古研究所：《潜山薛家岗》第 427～429 页，文物出版社，2004 年。

② 王宁远、顾晓峻：《崧泽早期玉器的几个特点——从仙坛庙出土玉器谈起》，《浙江省文物考古研究所学刊》（第六辑），杭州出版社，2004 年。

③ 浙江省文物考古研究所：《南河浜——崧泽文化遗址发掘报告》图版一四三，文物出版社，2005 年。

出现可能与宁镇或凌家滩玉石器工业的转移有关①。

其实不管是以何种方式或何种原因，凌家滩与良渚文化的关系已有一定的迹象显现②，而良渚文化早期玉、石器受到凌家滩影响的现象已越来越被认识到，具体表现为以下几点：

第一是时间。良渚文化早期玉、石器兴盛的时间与凌家滩衰落的时间相吻合。

第二是通道。以太湖中道和南道为交通的沿线考古发现为远距离的传承提供了线索。马鞍山烟墩山遗址出土了个别体量较大的玉镯、璜，以及体量较小的圆锥形锥状器、隧孔珠③，与良渚文化早期的瑶山 M7 等所出十分接近④，侧面雕琢的人像则与其东面的高淳朝墩头 M12 可比⑤，与遥远的吴县张陵山 M5 和昆山赵陵山 M77 的玉觿在形态和工艺上也都有明显的相似⑥（图一五）。烟墩山遗址陶器显示年代与凌家滩接近

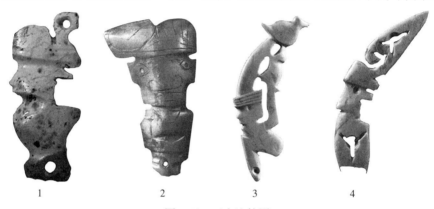

图一五　玉人比较图

1. 烟墩山　2. 朝墩头 M12　3. 张陵山 M5　4. 赵陵山 M77

---

① 严文明：《凌家滩·序》，《凌家滩》，文物出版社，2006 年；秦岭：《环太湖地区史前社会结构的探索》第 194、195 页，北京大学博士论文，2003 年；张敏：《关于环太湖地区原始文化的思考》，《庆祝张忠培先生七十岁论文集》，科学出版社，2004 年。

② 朱乃诚：《凌家滩文化的文化成就及其在中国文明起源中的地位与作用》，田名利、甘恢元：《凌家滩文化与崧泽——良渚文化玉器的初步认识》，均见《玉魂国魄——中国古代玉器与传统文化学术讨论会文集》（四），浙江古籍出版社，2010 年。

③ 叶润清：《安徽马鞍山烟墩山遗址发现新石器时代至西周文化遗存》，《中国文物报》2004 年 6 月 11 日；叶润清：《安徽皖江下游南岸地区史前文化试析》，《道远集》，黄山书社，2008 年。

④ 浙江省文物考古研究所：《瑶山》第 246、249、259 页，文物出版社，2003 年。

⑤ 谷建祥：《人·鸟·兽与琮》，《东方文明之光——良渚文化发现 60 周年纪念文集》，海南国际新闻出版中心，1996 年；殷志强：《古玉菁华——南京博物院玉器馆展品选萃》，2000 年。

⑥ 殷志强：《古玉菁华——南京博物院玉器馆展品选萃》，2000 年；江苏省赵陵山考古队：《江苏昆山赵陵山遗址第一、二次发掘简报》，《东方文明之光——良渚文化发现 60 周年纪念文集》，海南国际新闻出版中心，1996 年。本项比较受启于方向明《南方玉器通史》未刊稿中所标绘的"宁镇和古芜湖地区出土的人形化玉器"图，并致谢意。

或略晚（图一六），从年代上看，烟墩山、朝墩头遗址应介于凌家滩与良渚文化早期之间。在安徽宣州、郎溪、广德一带调查的遗址中，大多数都包含崧泽晚期的陶片，也从另一个侧面说明凌家滩与良渚两地之间交流的可能性。这种远距离传承和交流不仅体现在具有时间先后关系的凌家滩与良渚文化之间，也体现在同时期相距更远的薛家岗与良渚文化之间①。

第三是理念。以瑶山、反山为代表的良渚文化早、中期对玉器的重视程度在崧泽文化中并无足够的渊源，而玉质首饰服饰的过度使用、玉质象生礼器的出现与凌家滩都具有较高的一致性，特别是瑶山、反

图一六　烟墩山遗址陶器

山墓葬在基本上体现了"唯玉为葬"的同时，却单独随葬一种不合当时选料和工艺规范的彩石钺，这种潜意识更是与凌家滩有着深层次的渊源。"彩石钺"本身并不十分重要，但其特有的质地、传统的形制或许是解开长江下游玉石分野复杂线索的一把小钥匙。

第四是器形。以瑶山为代表的良渚文化早期墓葬中出土的玉石器可以寻找到凌家滩的因素。除一般半球形隧孔珠、璜、镯等器物的基本甚或完全相同外，风形钺、亚腰形管，都与凌家滩有难以割舍的联系。在凌家滩仅见于 87M4 一墓的特殊器形，如 87M4：26 玉匙与瑶山征集的 2836 号属同类稀有产品②；87M4：124 等多件所谓扁方圆形饰的形态、钻孔更与瑶山 M11：82 等相似③，均应是缝缀饰件；87M4：58 所谓菌状饰，其实也是一件柄形插件，与瑶山柄饰有异曲同工之妙④（图一七）。

① 朔知：《初识薛家岗与良渚的文化交流——兼论皖江通道与太湖南道问题》，《浙江省文物考古研究所学刊》（第八辑），科学出版社，2006 年。

② 安徽省文物考古研究所：《凌家滩》彩版二九，5，文物出版社，2006 年；浙江省文物考古研究所：《瑶山》彩图 616，文物出版社，2003 年。

③ 安徽省文物考古研究所：《凌家滩》彩版三七，4，文物出版社，2006 年；浙江省文物考古研究所：《瑶山》彩图 519，文物出版社，2003 年。

④ 安徽省文物考古研究所：《凌家滩》彩版三一，3，文物出版社，2006 年；浙江省文物考古研究所：《瑶山》彩图 5105，文物出版社，2003 年。

图一七　凌家滩与瑶山特殊玉器比较图

1、2. 玉匙（凌家滩 87M4：26、瑶山征：2836）　　3、4. 玉缝缀件（凌家滩 87M4：124、瑶山 M11：82）　　5、6. 玉手柄（凌家滩 87M4：58、瑶山 M11：72）

第五是工艺。以瑶山为代表的良渚文化早期各种玉器制作工艺基本上都见于凌家滩，特别是阴线刻、减地、线镂三种较为复杂的工艺都在凌家滩起步而发达于良渚，如果说器形的相似还可以相对独立创造的话，复杂工艺却必须有一个长时间的创造、传承、发展过程，至少良渚文化的上述三种工艺应是源于凌家滩的。

但就目前资料而言，凌家滩与良渚文化的关系表现得并不十分明显，特别是器物形态的相似性还不足以论证它们之间的传承，两者之间更多地表现为理念和技术的传承方式或者需要从另一个角度而不仅仅是器物形态的角度来加以分析，才能了解良渚文化玉器迅速发展的背景。

通过上述墓葬随葬品的玉石器数量之别、种类之别、工艺之别以及传承关系的讨论，长江下游玉石分野的过程已大体显现。可以认为这一过程发生的时间是起始于凌家滩，而在凌家滩与薛家岗晚期、良渚早期之间，也即距今 5300 年左右发生了质的变化。分野之前的巢湖一带以凌家滩为代表的文化在承袭了宁镇一带的玉、石器制造传统后，孕育了多样化的种类和技术。在整个长江中下游对玉、石器需求日益扩大的前提下，宁镇—巢湖区的这些技术和理念向东西两翼扩展，分别为薛家岗文化和崧泽、良渚文化吸收，从而形成了两条不同的发展道路。西翼的薛家岗文化晚期主要承袭了北阴阳营和凌家滩的部分理念和一些基本技术，同时还承袭了较复杂的钻孔线镂技术，整体发展方向倾向于北阴阳营传统，重点偏向于石器，表现为随葬品中的石器总体多于玉器、更精于石器及普通器形的制造。东翼的崧泽文化晚期并未过多地承袭这一玉、石器制造传统，但良渚文化早期时基本上承袭了凌家滩的理念和各种技术，并重点发展了雕刻、减地等复杂的技术，将技术主要应用于玉器制造，整体发展方向更倾向于凌家滩传统，表现为玉器总体上多于石器、更精于玉器及特殊器形的制造。东、西两翼之间在分野之后相互间也还存在一些零星的交流。因此，长江下游作为一个大的玉、石器制造中心，实际上在微观地理区位上是动态而不是静态的。

四　玉石分野的社会意义

长江下游玉石分野的出现并不是偶然的产物，而是在一定的自然和历史背景下发生的。

其中一个背景是气候环境问题。根据对泛太湖区崧泽文化多个地点的气候环境分析，得知崧泽文化时期存在着暖湿—温干—暖湿的变化，但总体上偏于温暖[①]。良渚文化早期也存在一段温暖湿润的气候[②]。近年利用巢湖湖泊沉积记录开展的研究也表明，这一区域在距今约 6040～4860 年期间，环境由前一时期的温和稍湿向更加温暖湿润转化，但气候不稳定，是气候波动相对频繁的一个阶段，也是巢湖湖面张缩变化大的一个时期，在距今约 5840～5500 年达到最盛的暖湿期，之后即进入到距今约 5375～4930 年期间的 Elm Decline 榆树衰退期，湖面缩小[③]。两个区域的气候环境大致相同。

当社会发展到一定阶段后，适宜的环境影响到聚落的增加和人口的繁衍。至少从相当于崧泽文化晚期开始，长江下游各个区域聚落的数量都有了较大规模的增加[④]，针对原先荒芜之地的大规模开发利用乃成为不可避免的事，以农业为核心的社会经济开始快速发展，在泛太湖区原先以木、骨器为主的与农业相关的工具渐为石器所取代，石犁、锛、刀、镰等获得了推广。其他区域因发掘多限于墓葬，日常生产用具尚不甚明了，但从墓中出土的较多石器来看，石器的广泛使用应是情理之中的事了。以生产工具（主要是石质工具）的大量需求为代表的经济需求是长江下游玉石分野的第二个背景。

[①]　可以参考陈杰：《文明化进程中的环境作用——以长江三角洲为例》，《长江下游地区文明化进程学术研讨会论文集》第 58～59 页，上海书画出版社，2004 年；浙江省文物考古研究所：《南河浜——崧泽文化遗址发掘报告》第 209～210 页，文物出版社，2005 年；并参见高蒙河：《长江下游考古地理》第五章第一节，复旦大学出版社，2005 年。等等。

[②]　系根据广富林遗址的孢粉分析结果，见陈杰：《文明化进程中的环境作用——以长江三角洲为例》，《长江下游地区文明化进程学术研讨会论文集》第 59 页，上海书画出版社，2004 年。

[③]　王心源等：《巢湖湖泊沉积记录的早—中全新世环境演化研究》，《科学通报》第 53 卷增刊 I 第 136 页，2008 年。

[④]　张弛：《长江中下游地区史前聚落研究》第二、三章，文物出版社，2003 年；高蒙河：《长江下游考古地理》第二章第二、三节，复旦大学出版社，2005 年。

生产用具的大量需求同时会促进该项手工业技术的进步和专业化生产的出现。没有技术的进步，玉、石器的制造便难以在选料、种类、形态等诸方面取得突破，它们之间的功能分化便难以完成，而自凌家滩开始出现的多种技术则逐渐完成了技术方面的积累，手工业技术的进步是满足经济需求的条件。这是长江下游玉石分野的第三个背景。

技术的进步在客观上使高等级的玉、石器等奢侈品的大量生产成为可能。诚然，这些奢侈品的大量生产并非是直接顺应经济发展需求的产物，但却是经济发展导致社会需求的结果。所谓的社会需求，是一种包罗万象的概念，而在长江下游聚落的增加以及由此形成的相对密集的聚落群和文化交流密切、统一性增强的情形下，一定区域内的社会管理问题是需求的一项重要内容，在尚无中央集权的中国古代社会中，最有效的管理手段当属宗教神权了。人为造成的对奢侈品的尊崇使得高等级玉、石器从饰品逐渐演变成为宗教神权的物质代表。在经济需求和社会需求的前提下，整个长江下游的玉、石器制造因此而受到了强烈的刺激。这是长江下游玉石分野的第四个背景。

但经济与社会这两种需求的刺激并不一定对所有的区域社会起作用，关键在于两种需求是否与该区域社会的发展阶段和价值取向吻合。上述玉石之别的表象，或许正是不同时期五个区域社会的发展阶段和价值取向对两种需求的不同响应。

如果假设对玉、石、陶的拥有量代表了一个区域社会对不同资源的掌控程度的话，那么这些不同体现在以下几个方面：

（1）五个区域社会对玉、石器的消费形式不同

五地作为各自小区域的一个中心，它们对玉石器的消费形式却并不相同。在早期阶段，北阴阳营二期发现了一定量的毛坯、半成品、钻芯等，凌家滩也同样出现这种状况并且还有原料、边角料和石质工具随葬，至少说明相当一部分属于自产自消费性质，凌家滩还不排除特殊条件下的贸易可能性。晚期阶段，薛家岗晚期只见极少量石芯，瑶山、反山尚未发现这类器物，如果没有更特殊的可能性，那么这一时期应该具有了独立的专业化的生产方式。如此，五地的墓主人对玉、石器资源的掌控方式也就发生了变化：早期的北阴阳营二期、凌家滩是以同时拥有原料、制造工艺和产品为特点，对两种需求的响应并无十分明显的区别；而晚期的薛家岗晚期、瑶山、反山则是以拥有终端产品为特点，对两种需求的响应有明显的区别，后两者对社会需求的响应更强烈些。消费形式的不同其实反映了各自社会的分工程度及其所带来的社会变革，就这一点来说，各地之间所反映的墓地主人的角色地位也是不相同的。

（2）五个区域社会对玉、石器的消费理念不同

凌家滩、瑶山、反山的较多玉器均非日常生活或装饰用品而与礼仪相关，实为偏

向基于礼仪需要以玉（或美石）为主要载体的宗教等意识形态表现，强调材料的稀缺性和形态的独特性，这是一种有意识的求异现象，对社会需求的响应较为强烈。但在凌家滩时期，石器并未受到忽略，从而形成以玉为主、以石为辅的倾向；瑶山、反山则基本上忽略了石器，形成了以玉独尊、以石为辅的倾向，这两种倾向都导致两地总体上向具有浓厚宗教氛围的社会发展①。

北阴阳营二、三期和薛家岗早、晚期虽然年代上有交错，但都表现出偏向以石器为主要载体，不过于强调材料的稀缺性和种类形态的独特性，而注重材料使用和形态的规范性，但这种规范主要运用于常规器形，这是一种有意识的求同现象，与良渚文化的规范主要运用于特殊器形差异明显。虽然基于礼仪的需要也崇尚玉器，但数量不多，更倾向于对经济需求的响应，从而形成了以石为主、以玉为辅的倾向，导致两地总体上向不具有浓厚宗教氛围的社会（或者说世俗社会）发展。

（3）五个区域社会的地位不同

北阴阳营二期、三期和薛家岗晚期的玉、石、陶器数量呈递增现象，即它们以对陶器的拥有为主，总体上对玉、石器特别是玉器的掌控较少；而凌家滩、反山反之，瑶山的石器则略少于陶器，这三者总体上对玉、石器特别是玉器的掌控占很大优势，瑶山、反山更是占绝对优势。如果说从北阴阳营二期到薛家岗晚期玉、石、陶器还能大体保持平衡状态的话，那么凌家滩、瑶山、反山则因玉器的超大量使用打破了这种平衡，明显反映了它们各自的社会地位的不同。只是从选料角度而言，凌家滩还表现出对玉料资源的多方寻求现象，而瑶山、反山则应该形成了数量巨大的稳定玉料来源和十分稳定的工艺，就掌控玉料资源的能力和治玉工艺来看其社会地位在当时是无出其右的。

消费形式的差异、消费理念不同、社会地位的不同表达出两层内涵：一是社会发展的程度，二是社会发展的方向。北阴阳营二期和凌家滩的社会发展程度只是玉、石分野的开始，还不足以完全响应经济需求与社会需求，但已在一定程度上对两种需求分别表现出了不同的响应。薛家岗晚期、瑶山、反山的社会发展已达到一定高度，并分别主要承袭了北阴阳营和凌家滩的传统，对两种需求表现出了明显的响应，倾向性也更加明显，响应的结果便是玉、石的分野（图一八）。

从凌家滩开始的以玉为主、以石为辅，到薛家岗晚期的以石为主、以玉为辅和良

① 关于良渚文化的宗教型社会论述较多，具代表性的可参看赵辉：《良渚文化的若干特殊性——论一处中国史前文明的衰落原因》，《良渚文化研究——纪念良渚文化发现六十周年国际学术讨论会文集》，科学出版社，1999年；张敏：《红山与良渚——玉器形态与原始宗教形态相互关系的再思考》，《玉魂国魄——中国古代玉器与传统文化学术讨论会文集》（四），浙江古籍出版社，2010年。

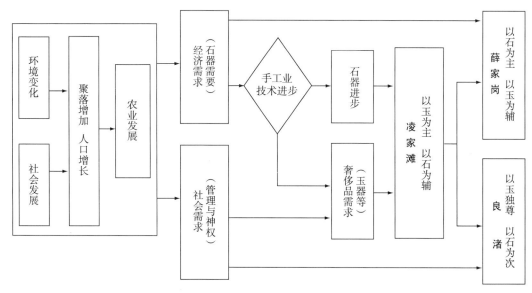

图一八　玉石分野理论模式图

渚的以玉独尊、以石为辅，这三种方式表现出的长江下游的玉石分野，既是客观条件使然，也是不同区域社会的价值取向使然，出现两种不同的响应或者说分野的动因，当然远不是"价值取向"四个字所能简单解答，更不是仅对玉、石器的表象分析可以解答。但可以肯定的是，长江下游的玉石分野是对玉、石认知的一次飞跃，它所体现的是玉、石一元观的瓦解和二元观的形成，自此以后，玉器在审美需求之外被赋予了更多神圣的含义。玉与石的彻底分野，并不在于玉与石是否仅仅被使用或被赋予个人、群体的个性需求，而是在于是否被一个较大的社会群体接受并赋予具有特殊社会意义的功能。这种功能不是玉和石这些矿物本身所能引发的，而是在一定的条件下、一定的人群选择它作为一种表达方式的有意识选择。不同的区域社会对玉和石选择的不同，促使了社会朝向不同的方向发展。

2010 年 11 月初稿于铜陵

2010 年 12 月底改于舒城

2011 年 3 月定稿于合肥

附记：谨以此文作为对严文明先生在《凌家滩·序》中所论的一个不成熟诠释。

良渚城址发现的意义 *

中村慎一

（日本金泽大学）

2007 年，良渚遗址群发现了一座规模巨大的古城。20 世纪 80 年代以来，中国各地陆续发现了多座新石器时代的城址，却唯独在长江下游地区没有发现。作为长江下游地区新石器文化的研究者，笔者对此现象感到大惑不解。仅就考古资料表现的情况看，良渚文化是中国新石器时代社会复杂化发展程度最高的文化。然而何以在良渚遗址群中没有城？或许当时并无必要为确保统治特权地位而修建这样一座与外界隔离的城垣——笔者曾经不得不这样认为。然而，考古工作最终发现良渚遗址群里还是有城的。本文拟就这一发现所具有的历史意义进行初步讨论。

（一）良渚城址概要

良渚遗址群地属浙江省杭州市余杭区，具体自良渚镇至瓶窑镇东西长约 11、南北约 7 千米范围内①。目前，在这个范围里已经发现 140 多处遗址或地点，其总称为良渚遗址群。但遗址分布疏密不同，似可以划分为莫角山及周边遗址群、荀山及周边遗址群和天目山南麓遗址群三大群②。

本次发现的巨大环壕聚落位于莫角山及周边遗址群的中心，围绕着莫角山，墙厚 60 米的城垣环绕的面积为南北长 1800～1900、东西宽 1500～1700 米，总面积达 290 万平方米③

---

* 本文由秦小丽译，赵辉校。

① 浙江省文物考古研究所：《良渚遗址群》，文物出版社，2005 年。

② 中村慎一：《玉の王権－良渚文化期の社会構造－》，《古代王権の誕生》第 1 卷，角川书店，2003 年；中村慎一：《良渚文化的遗址群》，《古代文明》第 2 卷，文物出版社，2003 年；Nakamura, Shin-ichi, 2005, Le Riz, le jade et la ville: Évolution des sociétés néolithiques du Yangzi, *Annales*: *Histoire*, *Sciences Sociales* 60-5.

③ 刘斌：《杭州市余杭区良渚古城遗址 2006～2007 年的发掘》，《考古》2008 年第 7 期。

图一　良渚城址卫星写真
在现代地表仍可辨认出良渚古城的部分城墙和环壕

（图一）。城垣内外两侧似乎开挖有壕沟，但具体位置、规模大小尚未确认。城垣的保存状况因地点而不同，保存较好的段落还可以看到4～5米高的堆筑土，下面的墙基平铺以人可搬动起来的大石块打底（图二）。

在这里首先成为问题的即这座城垣的建造年代。目前为止，考古人员已经在几个地点对墙体进行了横断面解剖。各发掘地点都在城垣墙根部发现了覆盖墙脚的良渚文化晚期堆积（距今4600年左右），据此可以推测城垣的建造年代在良渚文化晚期。但是，在城垣上面又发现了良渚文化晚期的水井打破城垣，当时究竟出于什么原因——躲避洪水或人口增加等——人们在城垣之上居住了，而城垣两侧也就成了人们丢弃垃圾的垃圾场？那么，城垣本身是否在更早些时候就已经建成了的讨论也由此而生。若要得到城垣确凿的建造年代，或许还需花些功夫。

（二）环壕聚落的发展谱系

长江下游地区聚落形态考古研究开展较晚，迄今为

图二　良渚城址城垣
宽60米的城垣基础地面上的铺石（浙江省文物考古研究所刘斌提供）

止尚无完整揭露一座遗址的考古工作，当是主要制约原因。但最近一段时间里，完整揭露一座聚落的考古项目逐渐增加。据此可以了解到，长江下游地区在相当早的时代就已经出现了环壕聚落①。目前已知最早的是约当上山文化后期（距今9000年左右）的浙江鄞县小黄山遗址，环壕15米宽，为方形，环绕着40米见方的居住区范围②。马家浜文化晚期（距今6000年左右），于安吉市芝里遗址和长兴县江家山遗址上，都发现了极有可能为环壕的半环状壕沟。进而在崧泽文化晚期的江苏省苏州市独墅湖遗址，有三条壕沟环绕聚落③。

　　良渚文化时期的遗址中，有的于今仍可在地表看出环壕（如江苏省昆山市赵陵山），也有的经过进一步发掘得到了落实。现在在正在发掘中的杭州市余杭区玉架山遗址由宽10~20米、四至110×120米的环壕围绕着，聚落平面几乎为正方形④。而在平面正方形的环壕聚落中，规模最大的即前述2007年良渚遗址群中的发现，其面积达到290万平方米。若修建同样面积的聚落，当以建造成圆形所投入劳动最少。然而，却修建这些正方形的环壕聚落，体现出某种人为的意志。

---

① 中村慎一：《比較考古学からみた弥生巨大環濠集落の性格》，《弥生時代の考古学》（第3卷），同成社，2011年。
② 浙江省文物考古研究所发掘资料。王海明先生教示。
③ 朱伟峰：《独墅湖遗址发掘报告》，《苏州文物考古新发现》，古吴轩出版社，2007年。
④ 浙江省文物考古研究所发掘资料。楼航先生教示。

在中国考古学中，一般把有城垣围绕的聚落称为"城址"，又可进一步划分出两大类。黄河中下游地区新石器时代的城垣为版筑，垂直矗立地表之上，相反，长江中下游地区的城垣以"堆筑法"建造，墙体两侧是很缓的斜坡，两者区别明显。与前者重视城墙墙体的建造不同，后者更强调墙外壕沟的作用。两者的目的不同，应当区别看待。笔者分别把前者称作"围墙聚落"（日语原文为围壁集落——译者注），后者叫做"环壕聚落"。良渚和石家河遗址是后者的代表。

此外，长江下游地区进入青铜时代之后，仍旧持续修建环壕聚落，被认为是西周淹国都城的江苏省淹城遗址，发现有三重环壕，浙江省湖州市邱城、下菰城及杭州市余杭区小古城等也是以环壕和城垣围护的聚落。这几处遗址的年代还没有最后确定。邱城大约从马桥文化开始，到春秋时期结束①。需要注意的是，邱城城垣的建造方法尽管尚有许多不明之处，但可知其城墙的建筑为版筑，在建筑技术受到来自黄河流域影响的同时，仍保留着环壕与城墙的配合这一地方传统。

（三）城市的判定标准

无论在谁看来，面积达 290 万平方米的良渚城址，绝非是一个单纯的农业村落。那么，能否将其认定为城市呢？

笔者曾就柴尔德（Childe）提出的十条城市的判断标准再加上查尔斯·雷德曼（Charles Redman）和克来德·克拉克洪（Clyde Kluckhohn）的研究对构成城市的基本标准总结为以下三点②。

1）具有 5000 人以上的人口规模。

2）发达的非农业生产和彼此互补的经济结构。

3）基于地缘关系的组织原则建立的政治权力。

但在这以后，由于受缺少全面揭露的聚落资料制约，以致在讨论一座聚落在一定时期的居住人口问题时几乎陷于绝望。而且，对于无法直接观察到当时人们活动的考古学研究而言，若想找到和验证所谓"发达的非农业生产"和"基于地缘关系的组织原则"这种根本性标准，也是极其困难的。笔者一直在摸索如何从考古学可见资料信息中判断一处聚落是否为城市的方法，于是提出了聚落的大小和聚落中是否有大型宫殿建筑作为判断的标准③。

① 浙江省文物考古研究所：《浙江省湖州市邱城遗址第三、四次的发掘报告》，《浙江省文物考古研究所学刊》（第七辑），杭州出版社，2005 年。

② 中村慎一：《中国における囲壁集落の出現》，《考古学研究》第 44 卷第 2 号，1997 年。

③ 中村慎一：《中国における都市の生成》，《国立歴史民俗博物館研究報告》第 119 集，2004 年。

1. 聚落规模

这里所谓聚落规模，不用说是指一个时间断面上的情况而言。如西亚的土墩遗址，其规模往往是人们于此长达数百乃至数千年连续居住的结果，而不能反映一个时期的具体规模。相反，在环壕聚落或围墙聚落上，凭借壕沟城墙能够清楚把握至少是建设阶段的聚落规模。

在聚落规模问题的探讨上，澳大利亚考古学家罗兰·费莱切（Roland Fletcher）的跨文化研究给笔者以极大启发 ①。根据费莱切的研究，刚开始从事农业的定居村落，规模一般为 1 万~2 万平方米以上；农业社会的城市，规模可达 100 万平方米以上；工业化以来的城市面积则可达 100 平方千米以上。不同历史时期的聚落规模，并与当时交通、通讯等的技术水平相关。

这里的问题在于，作为区别村落与城市的 100 万平方米这个数字（当然，这只是一个大概的标准，费莱切本人也曾考虑过采用 70 万~150 万平方米的幅度为划分标准）。它何以能够作为判断标准，费莱切并未给出具体的说明。如果考虑到聚落规模与其中的居住人口数量相关，则人口数量达到需要 100 万平方米面积来集中居住的农业村落，他们到耕地的距离也就过远了。我想，这可能是制约村落规模的最大原因。若作逆向思考的话，面积超过 100 万平方米的聚落之居民，其中相当多的人口就不是从事耕作的农业人口了。

美索不达米亚初期王朝的乌鲁克、古印度文明期的摩亨朱达罗、欧洲古典期的雅典都已超过了 100 万平方米这个初设的阈值（图三）。再看中国的情况，被认为是夏代都城的二里头遗址面积 300 万平方米（遗址上没有发现城墙，这一面积由遗迹遗物的分布范围估算而得）、商代早期的偃师商城（大城）面积 190 万平方米、郑州商城（内城）面积 340 万平方米，皆达到了城市级别的规模。而年代更早且面积在 100 万平方米以上的聚落，于各地也有发现，湖北石家河、山东两城、山西陶寺以及浙江良渚皆在其例。

良渚城址以其 290 万平方米的面积，与陶寺城址并列为新石器时代中国最大的城址。而实际上，良渚古城城墙外围还有密集分布的遗址或地点，笔者所谓的莫角山遗址群实际面积可达 500 万~600 万平方米，规模之大，即便是二里头、偃师商城以及郑州商城，都不能望其项背。二里头、偃师商城和郑州商城皆为都城，则我想没有理由否认良渚和陶寺也是都城。

文明（civilization）是与城市（civitas）既有区别又有联系的概念，而城市又是国

---

① Fletcher, Roland, 1995, *The Limits of Settlement Growth : A Theoretical Outline*, Cambridge University Press.

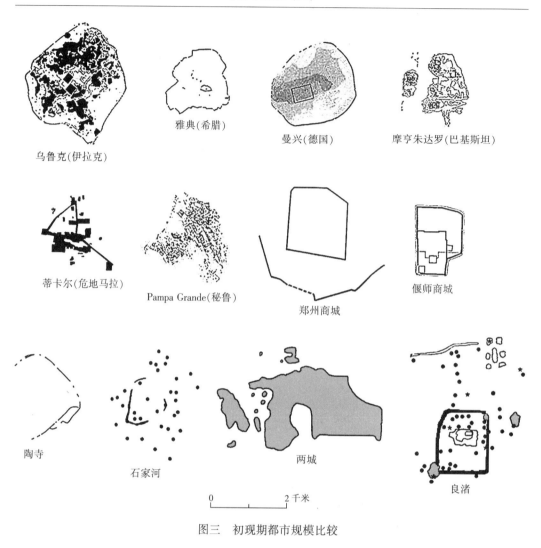

图三　初现期都市规模比较

家这种政体的景观表现①。现有资料表明，公元前 3 千纪的中国各地已经盛开出城市文明之花，其政体亦已经达到了国家的水平。良渚即为其中的典型代表。

　　良渚文化中，可称为城市的遗址还有若干。据车广锦先生复原，江苏武进寺墩遗址以直径 100、高 20 多米的"祭坛"为中心，周围有边长约 1000 米的双重环壕，环壕平面亦呈方形②。同在江苏的草鞋山遗址，从航拍照片上可以看出，遗址中心部分为边长 500 多米、不太规整的方形河渠围绕着。这两个遗址曾经因出土以玉琮为首的大量玉器而著名。它们虽然还不能与良渚遗址群相提并论，但可认为是良渚文化晚期的地

①　Wright，Henry，1977，Recent Research on the Origin of the State，*Annual Review of Anthropology* 6.
②　车广锦：《良渚文化古城古国研究》，《东南文化》1994 年第 5 期。

方中心。

2. 宫殿

帝王所居为宫殿。若在遗址上发现宫殿遗迹，即可证明王的存在。有王就有王国，王居住的城市也就是首都。古典期的希腊城邦国家实行民主政治，城市里没有宫殿。但在东亚的早期国家，这种可能性很低。

需要注意的是，这里所说的"王"，专指"国家"这种政体的最高统治者，而不是酋邦领袖的酋长。酋邦的酋长其特征之一是他可以通过征发劳役的方式建造神殿以及其他公共建筑，但不能利用劳役为自己营建住宅①，因此也不能为所欲为地驱使社会劳动给自己营造豪华墓地。也即需要投入巨大社会劳动才能兴建起来的"王陵"之类，在酋邦社会阶段是没有的。

问题在于，从考古学角度究竟应该如何判断宫殿呢？肯特·弗兰纳里（Kent Flannery）审视世界各地考古发现后指出，早期宫殿的特征是功能多样、结构复杂②。宫殿里不仅有王和王妃的寝宫，还有王族以及仆从下人的住室、举行典礼仪式和接受臣工谒见的殿堂、库府仓室及厨膳和作坊，进而也还包括神殿。也即宫殿不仅仅是一间殿堂，而是包括众多功能在内的一座建筑群。因此，也许干脆将其直呼为"王宫"反而不容易招致误解。

安置神祇造像之类崇拜物的殿堂为"神殿"。神殿的功能单纯，故不需要为其配套许多建筑。与此同时，神为整个社会共同体全体成员所共有，因而神殿属于公共建筑。因此，规模宏大的神殿往往多见于酋邦社会。例如尚处在社会阶层分化的复杂酋邦社会阶段的夏威夷诸岛，各地建造了称之为 heiau 的石构神庙，但却根本没有宫殿、王陵以及城市之类③。

再看中国。偃师二里头遗址一号和二号宫殿刚刚发现的时候，能否将其称为宫殿，笔者曾经是有疑问的。原因在于它们仅是由回廊环绕的一栋建筑，不如看做是"神庙"更为妥当。但是随着此后考古工作开展，宫殿基址不断被发掘出来，笔者的疑问也就消失了。现已确认，这是一处有多座建筑组成的"宫殿区"。

至于新石器时代的遗址，论者一般认为陶寺和新密古城寨的发现都是宫殿。但若依照宫殿应为具有多种功能的建筑群的标准看，这些发现的性质还有进一步深究之必

---

① Sanders, William, 1974, Chiefdom to State: Political Evolution at Kaminaljuyu, Guatemala, C. B. Moore (ed.): *Reconstructing Complex Societies: An Archaeological Colloquium*, *Supplement to the Bulletin of the American Schools of Oriental Research* 20.

② Flannery, Kent, 1998, The Ground Plans of Archaic States, *Archaic States*, School of American Research Press.

③ 中村慎一：《湿地、水田、そして都市へ—長江下流域新石器時代の景観変遷—》，《東アジア内海文化圏の景観史と環境》第 2 巻，昭和堂，2011 年。

要。良渚遗址上至今也还没有发现可认定为宫殿的建筑群。推测极可能为宫殿所在的莫角山和东苕溪北岸以姚家墩为中心整齐坐落的一组土墩之上，由于迄今为止的考古发掘面积极其有限，也还不能确认有大型建筑群。这在令人感到遗憾之余，又对今后的考古工作充满期待。

（四）城市出现的农业基础

城市居民基本不从事农业生产。要建立一座城市，就必须有可供市民消费的粮食产量。从农民的立场来看，过去如果有 10 个农民，那么他们能生产出够 10 人吃的大米就行了，但在城市出现以后，他们必须生产出够 11 或 12 人的大米，使得这成为可能的是农业的集约化。

石犁是良渚文化极富特征的石器之一，其最大的可长达 60 厘米（图四）。平湖庄桥坟遗址曾原封不动地出土了安置在木质犁床上的石犁①，可见它是实用器，亦可进一步推测良渚时期人们是用犁来耕田的。以石犁耕田，无论用动物还是人牵引，一定是在足够大的田块里作业方可②。

图四　壮桥坟遗迹出土石犁
（引自《考古》2005 年第 7 期）

① 浙江省文物考古研究所等：《浙江平湖市庄桥坟良渚文化遗址及墓地》，《考古》2005 年第 7 期。
② 中村慎一：《稻の考古学》，同成社，2002 年。

图五 澄湖遗迹发现的崧泽文化晚期的水田遗迹
与马家浜文化的水田相比，面积有所扩大，但不规整的状况依旧

　　在长江下游，以苏州草鞋山遗址①的发现为嚆矢，又相继在昆山绰墩②、苏州澄湖③等遗址发现了水田。草鞋山和绰墩遗址马家浜文化晚期的水田依次分布在一条沟状洼地旁，有沟渠连通洼地，田块一般为圆角方形，也有很多不规则形的。田块很小，在草鞋山平均3平方米，澄湖者平均5.4平方米，澄湖遗址崧泽文化晚期的水田面积扩大了一倍多（图五），平均12.3平方米，依旧是不规则形。在这样的水田里，很难施展开石犁。

　　而且一说起"水田"这个词，就很容易唤起人们对现代水田的印象：以田埂围成方形，大小相当，一个田块的面积至少百平方米左右，并有排灌水渠。但这样的水田在长江下游什么时候才出现的，很长时间里没有线索。直到最近，浙江杭州市郊临平茅山遗址的考古发现才在这个问题上取得重大突破④。茅山遗址的发掘还在进行，报告

①　シンポジウム"稲作起源を探る"実行委員会事務局：《シンポジウム 稲作起源を探る—中国・草鞋山遺跡における古代水田稲作—》，日本文化財科学会，1996年。

②　管风良、丁金龙：《绰墩山》，《东南文化》2003年增刊。

③　丁金龙：《苏州澄湖遗址发掘报告》，《苏州文物考古新发现》，古吴轩出版社，2007年。

④　浙江省文物考古研究所发掘资料。丁品先生教示。

尚未出版，不能对遗址情况做详细介绍。但已知遗址上发现了几个时期的水田，其中在良渚文化的水田面上发现了 5 条彼此间隔 20～30 米、南北向的宽大田埂状遗迹，其间的地面极其平整，土壤为黑灰色淤泥，从中检测出高密度的水稻植硅石。虽然目前尚未在宽大田埂延伸的方向上发现其转折的迹象，但每块水田的面积都有数百平方米。在这样的水田里，是可以施展犁耕的。而事实上，茅山遗址也的确出土了组合式石犁。

石镰也是良渚文化的典型石器之一。通常刃部长 20 厘米大小，不是用来掐穗，而是从根部收割的工具。能从根部收割，则意味着水稻品种已经得到改良，稻谷成熟期趋于一致了。

进而在良渚文化时期，还可能开始了插秧。在庄桥坟遗址，与出土上述带犁床的石犁的同一灰黑色淤泥层表面发现了数十个直径 7～8 厘米的灰白色土块，彼此间隔数十厘米，杂乱散布在地面上①。参考日本弥生文化水田的情况，其为插秧痕迹的可能性甚大。

良渚文化已然出现了与现代差别不大的水田，人们使用的是石犁、石镰等工具。这类石质农具的石材均为板岩或者角页岩②。在几乎没有山区的良渚文化分布范围内，石材的产地是极为有限的。这类石器的生产与分配，或许是在良渚遗址群的统一控制下进行的。也即是利用分配石器的办法奖励其辖制下的农民，以获取剩余粮食，供应城市居民。

实际上，农业的集约化自崧泽文化晚期就开始了。石犁也好，石镰也罢，它们的出现皆可追溯到崧泽文化晚期。但在崧泽晚期，石犁和石镰还不是普遍现象，而是从太湖南岸的湖州一带逐渐扩散开来的，到良渚时期遂扩大至文化全境。苏州澄湖崧泽文化晚期的水田还保留着马家浜文化水田的特点，可能就是和石犁尚未普及到这个地区有关。

崧泽文化晚期的遗址里，几乎不再出土狩猎采集所得的食物类遗存。取代这一现象的是开始出现石犁、石镰等农具。与多样化生计方式向稻作专门化生计方式的转变步调合拍的是，专门用来蒸煮大米的甗、鼎开始成为陶器群中炊具的主体，软玉制品、人工堆筑台状墓地等现象也都开始于这个时期。晚期的崧泽文化在各个方面上，奠定了良渚文化的基础，在对长江下游地区社会进化过程的探讨上，占有极其重要的地位。

（五）良渚城市文明的崛起和消亡

如何确保对城市居民的粮食供给，是城市产生之后面临的问题。但作为一个问题，

---

① 浙江省文物考古研究所发掘资料。徐新民先生教示。

② 中村慎一：《略论良渚文化石器》，《浙江省文物考古研究所学刊》（第八辑），科学出版社，2006 年。

它实际上随着人口逐渐向城市集中的过程，就已经显现出来了。

关于城市居民的集中方式，有通过战争俘获附近农民的途径，最简便容易的则是凭借宗教的力量聚集信众。从良渚文化玉器构成已经远远超出装饰品的范围（如琮、璧、钺等）来看，很容易想象出当时已经存在极其复杂的宗教仪式了。这些玉器上刻划的神人兽面纹，或许就是对天马行空的神祇的形象描写。

美国政治学家查尔斯·梅里安（Charles Merriam）将权力的正当性诉诸人们情绪的政治手段叫做 Miranda，把将其诉诸人们理性的手段叫做 Credinda[1]。若换个叫法，则也可分别说成是"象征"（symbol）和"意识形态"（ideology）。神人兽面纹显然是一种象征，其背后或许有过一个有关君临于横行各地的众神之上的天神神话（此即相当于意识形态）。良渚人创造宗教来说明他们的神祇至高无上，其结果成功地说服民众认可良渚人政治统治地位的合法性。向良渚神祇的皈依进一步带动了人口和物资向良渚集中的系统的建立。笔者认为，作为回报，那些从原料开采到完成制作，皆被置于良渚遗址群的一元化严密管控之下的刻饰有神人兽面的琮、钺等玉器，正是作为信物凭据，从这里分发给各地的统治者的[2]。

以这种方式维系运作的良渚文明，于公元前 4500 年左右突然土崩瓦解了。其原因，曾有推测是大范围洪水导致的结果。从正在发掘中的临平茅山遗址可见，良渚文化层之上直接叠压了广富林文化的地层，再以上则覆盖了一层厚厚的灰色淤泥，成因当时洪水淤积。也即当地的确有过一段洪水频仍的时期，但却是发生在良渚文化结束的数百年之后。

广富林文化分布重叠于良渚文化的范围，包含了许多来自河南、山东等地龙山文化的北方因素。这容易令人想到良渚文化崩溃的原因是受到北方异族的侵入。但是，在良渚遗址群，至今没有发现如陶寺遗址所遭受的那种暴力破坏行为（大墓盗掘等现象）。这促使笔者提出以下另一种解释。

良渚王权是以玉器为权威的象征与来源来实现社会整合的。这样的整体可以恰当地叫做"玉之王权"。在这种只有持有玉器才能获得权威并可以维系下去的社会里，一旦玉料资源枯竭，王权的基础就会发生动摇。良渚文化晚期玉料品质逐渐降低。中期以前，玉琮之类的重要器物通常要选用半透明的黄绿色优质玉料（风化后表面会白化，形成所谓的"鸡骨白"）加工制作。然而到了晚期，其材质多为含大量杂质的灰白色或

---

[1]　Merriam, Charles, 1934, *Political Power: Its Composition and Incidence*, Whittlesey House.

[2]　中村慎一：《玉の王権—良渚文化期の社会構造—》，《古代王権の誕生》（第 1 卷），角川書店，2003 年；中村慎一：《良渚文化的遗址群》，《古代文明》（第 2 卷），文物出版社，2003 年；Nakamura, Shin-ichi, 2005, Le Riz, le jade et la ville: Évolution des sociétés néolithiques du Yangzi, *Annales: Histoire, Sciences Sociales* 60-5.

青灰色玉料，暗示这时的优质玉料已经很难到手了。持续 500 年以上的良渚王权衰败消亡的背景，也许就是这种与王权等值的玉料资源的枯竭。权威一旦失掉了源泉，崩溃就接踵而来了。神圣王权的脆弱性，由此一览无余①。

附记：1987 至 1989 年在北京大学考古学系留学期间，严文明先生是我的指导老师。1987 年开学，向严先生咨询学习计划时，先生说："你既然已经在日本取得了硕士学位，就不一定要再选修北大本科生的课程了。更要紧的是多去外地参观考察遗址遗物，多结识些中国学者，于学业更有帮助。"有了先生的尚方宝剑，我得以"逃避"课堂，走向广阔天地。1988 年 12 月间，我第一次访问良渚遗址。当时，我拿着严先生写的介绍信到浙江省文物考古研究所拜访牟永抗、王明达两位先生，他们亲自带我到良渚遗址群参观。莫角山的威严壮观和良渚玉器神人兽面纹的精雕细刻给予我以强烈的灵感。正是良渚文化，使我感到已经触摸到解读中国文明起源的钥匙。自那以来，我对良渚文化的研究持续了 20 多年，但还远未达到可以报答先生的水平。这次能将本文奉献给先生，令我感到望外之喜。搁笔之际，再祝先生健康。

---

① 中村慎一：《良渚文化の滅亡と「越」の世界の形成》，《講座 文明と環境》（第 5 卷），朝倉書店，1996 年。

庙底沟期仰韶文化"大房子"功能浅论

陈星灿

（中国社会科学院考古研究所）

截至 1986 年，仰韶文化的房屋已经发现了 460 多座，其中大体能看出分布格局的村落遗址也有四五处。严文明先生根据这些材料，对仰韶文化的房屋和聚落形态做出了迄今为止最为详细精深的研究。他把仰韶文化的房屋，依面积大小分为大中小三类，小房子大致从数平方米至 30 平方米不等，绝大多数为 15～20 平方米，这类房屋的数量最多，约占总数的 93%。中型房子一般为 30～60 平方米，以 40～50 平方米为多。大房子约为 60～300 平方米，其中以 80～150 平方米为多，所占比例很小。大房子全部是方形的。自仰韶文化晚期开始，出现分间的大房子，原来的半地穴式也蜕变为平地高墙式。就大房子而言，面积是不断扩大的。仰韶文化早期，面积约为 60～125 平方米，中期为 200 平方米左右，晚期约为 150～300 平方米；仰韶文化末期，与此相当或略大。关于大房子的功能，严文明先生推测早期没有超出氏族公用房的范围，中期也许有部落公用房，晚、末期则可能为若干部落或村社所共有①。

从 20 世纪 80 年代中期到现在，仰韶文化又发掘了不少遗址，其中最为突出的发现之一，是仰韶文化中期也就是庙底沟期仰韶文化的大房子。就大房子而言，除了严先生前文所举泉护村 F201、西安南殿村 F1 外，最近发现的还有河南灵宝西坡 F102、F104②、F105③、F106④、陕西彬县水北遗址 F1⑤、陕西白水下河遗址 F1、F2 和 F3。

① 严文明：《仰韶房屋和聚落形态研究》，《仰韶文化研究》，文物出版社，1989 年。
② 河南省文物考古研究所等：《河南灵宝西坡遗址 2001 年春发掘简报》，《华夏考古》2002 年第 2 期。
③ 河南省文物考古研究所等：《河南灵宝西坡遗址 105 号仰韶文化房址》，《文物》2003 年第 8 期。
④ 中国社会科学院考古研究所河南一队等：《河南灵宝市西坡遗址发现一座仰韶文化中期特大房址》，《考古》2005 年第 3 期。
⑤ 陕西省考古研究院、咸阳市文物考古研究所：《陕西彬县水北遗址发掘报告》，《考古学报》2009 年第 3 期。

白水下河遗址的调查至少发现 5 座大房子①，灵宝东常、西坡、北阳平也都发现过长度超过 10 米的房基面②。它们均属于仰韶文化中期，结构虽较中小型房子复杂，但类型单一，其间且具有非常大的类同性。它们的功能该当如何呢？能否结合民族志的材料把它们说得稍微清楚点呢？为了便于说明问题，这里先简要叙述新发现的大房子的结构。

（一）近年来考古发现的"大房子"

西坡 F102　半地穴式，平面略呈五边形。坐西北朝东南。门道方向 127°。门道居前门正中，呈长方形直壁斜坡状，长 4.8、宽 0.68 米，坡度为 14°。房基坑长 9.2（残）～10、宽 8.7～9.35 米，房基占地面积 98 平方米。室内面积超过 68 平方米。火塘位于室内前部，正对门道，平面近圆形，口大底稍小，斜壁，平底，口径 1.05～1.12、底径 0.85～0.98、深 0.76 米。火塘前壁中下部有一斜伸向门道的通道，长 0.74 米，壁面有火燎痕，与烧烤较甚的火塘周壁有较大区别，因此发掘者推测其应为进风道而非烟道。

室内有 4 个较大的圆形直壁柱洞，大致呈对称分布，前两者相距 3.5 米，后两者相距 3.55 米，前、后排之间距离分别为 3.05、3.12 米。柱洞口径为 0.24～0.3 米，深 0.25～0.44 米。柱洞下置柱石，表面光平，涂成红色。四周墙基发现柱洞 47 个，据复原总数当为 52 个。柱洞皆为圆形，口径 0.12～0.2 米，深 1.5～1.72 米。分布较均匀，间距多为 0.65 米。柱洞下部柱础坑口径 0.35～0.5 米，深 0.7～0.9 米，柱洞底部为十分坚硬的夯土。直壁，墙壁表面为厚约 0.02 米经火烧烤过的灰褐色细泥层，局部保存有刷抹厚约 0.001 米的白灰层。墙壁似经夯打处理。墙壁面与居住面浑然一体，均为经过火烧的光面。室内居住面为厚约 0.02 米、并经火烧烤的青灰色细泥土硬面。居住面下有三层垫土和四层夯土。垫层为二层料礓石层和一层细黄土，厚均约 0.02 米。夯土层自上而下，分别为黄花土、灰褐色花土、灰褐色花土、浅黄色土，厚度从 0.06 到 0.12 米不等。屋内堆积分为三层，第 1 层被认为是房屋废弃之后的堆积，第 2、3 层属于房屋的倒塌堆积。第 2 层出土有大量的烧土颗粒、小陶片和动物骨骼；第 3 层出土破碎陶盆 2 件，分别位于室内中部和西南部③（图一）。

---

① 张鹏程：《下河遗址》，见陕西省考古研究院考古年报 2010；陕西省考古研究院、白水县文物旅游局：《陕西白水县下河遗址仰韶文化房址发掘简报》，《考古》2011 年第 12 期。

② 中国社会科学院考古研究所河南一队等：《河南灵宝市北阳平遗址调查》，《考古》1999 年第 12 期；河南省文物考古研究所等：《河南灵宝铸鼎塬及其周围考古调查报告》，《华夏考古》1999 年第 3 期；中国社会科学院考古研究所河南一队等：《河南灵宝市北阳平遗址试掘简报》，《考古》2001 年第 7 期。

③ 河南省文物考古研究所等：《河南灵宝西坡遗址 2001 年春发掘简报》，《华夏考古》2002 年第 2 期。

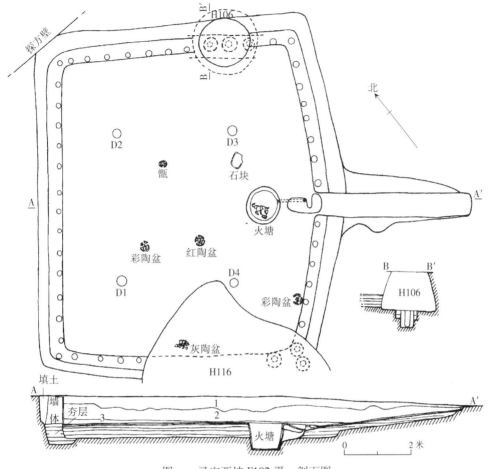

图一　灵宝西坡 F102 平、剖面图

西坡 F104　半地穴式，平面略呈五边形。坐东北朝西南。门道方向210°。门道位于前壁正中，呈长方形直壁斜坡状，底略经烧烤，长4.8、宽0.75米，房基坑长10.1～10.8、宽9.4～10.2米，房基占地面积约106平方米，室内面积约83平方米。火塘位于室内前部，正对门道，圆形，前壁稍倾斜，向下内收，后部斜壁，向下外张，平底，口径1.4米，深0.96米。进风道朝向门道，长0.8米。火塘壁、底及进风道周壁均涂抹一层厚约0.02米的细泥，火塘壁、底经火烧呈青灰色硬面，进风道则略有烧燎痕。火塘内后部近底部发现有数块尖底瓶腹片。

室内发现6个柱洞，均圆形直壁状。其中4个较大，呈对称分布。前两者间距4.65米，后两者间距4.46米，前后排之间分别为4.1和4.16米，口径0.3～0.35米，深0.12～0.15米，下均置柱础石。据发掘者解剖观察，柱础石是在房基夯、垫层形成之前设置的。另两个柱洞较小、深，位于室内东北部，硬底无础石。推测为房屋使用过程中为加固上部建筑而后加的。墙壁四周发现柱洞44个，据复原当为48个。多圆形，口径 0.12～0.18 米，深 0.85～1.48 米，间距 0.6～1.1 米。柱洞下面的柱础坑内土质甚坚硬，柱洞下部也为夯土。墙壁上面均为厚约 0.02 米的经火烧烤的细泥层光面。室内居住面为烧烤过的青灰色硬面，平整光滑，厚约 0.02 米。下面有料礓层和夯土各一层，分别厚约 0.03、0.06～0.1 米，均甚坚硬。室内西北部居住面上有一破碎的泥质灰陶盆①（图二）。

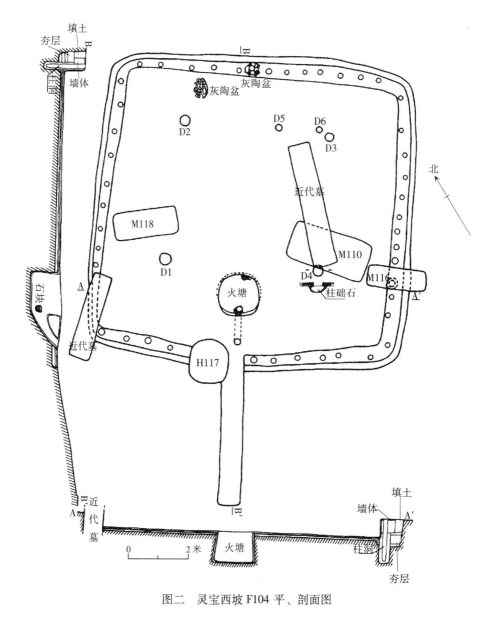

图二　灵宝西坡 F104 平、剖面图

①　河南省文物考古研究所等：《河南灵宝西坡遗址 2001 年春发掘简报》，《华夏考古》2002 年第 2 期。

西坡 F105　半地穴式,平面略呈五边形,压在 F104 之下。坐西朝东,以半地穴主室为中心,四周设置回廊。东墙略偏北处设门道,门道方向 110°。长 8.75、宽 0.95～1 米。坡度 6°,底部为踩踏硬面。门道两侧发现柱洞 13 个,左右对称,复原为 14 个,当用来支撑门棚。室内东部正对门道处设立火塘。火塘因保护 F104 未发掘,推测应为圆形坑,直壁,平底。火塘深约 0.6 米,底部为坚硬的红褐色烧烤面。室内低于房外原地表 0.95～1 米。房基南北长 19.85、东西宽 18.75 米,面积约 372 平方米。房基坑内以层层夯打的垫土作地基,下层厚约 1.85 米,浅灰色土,夹杂少许灰褐色土,系用所挖之生土与带黏性的灰褐土掺和而成。房基坑四周上层厚约 0.9 米,灰褐色土,杂有少量浅灰色土,土质坚实。在房基坑中部,中层为三层灰白色草拌泥,每层厚约 0.05～0.08 米,非常坚硬致密。每一层表面均抹平,刷抹泥浆并涂成朱红色。上层为五层黄灰色夯土,土质硬密。最顶层为居住面。在房基的夯土层和草拌泥层中,局部发现有朱红色物质,经过 X 射线衍射分析,此物质是辰砂。

室内南北长 14.9、东西宽 13.7 米,面积约 204 平方米。居住面位于房屋地基之上,分为五层,自上而下分别是灰白色细泥层、白灰色料礓层、掺有料礓粉、蚌壳末的黑灰色细泥层和草拌泥层。除第 2 层外,每层表面均刷抹泥浆,并用辰砂涂成朱红色。墙表原本刷一层厚 0.001～0.002 米的细泥,表面再涂成朱红色。墙壁分为内外两部分,夯筑而成,内墙宽约 0.35～0.7、深 1.85～2.05 米,外墙宽约 0.4～0.78、深 1.25～1.5 米。室内发现柱洞 2 个,推测另外两个压在 F104 之下,当呈对称分布。柱洞圆形,直壁、平底,洞底置柱础石,石表面用辰砂涂成朱红色。柱洞 D1 口径 0.53、深 0.7 米,D2 口径 0.6、深 0.5 米,两者间距 6.65 米。柱础石被压在五层黄灰色夯土之下、三层灰白色草拌泥层之上。墙壁柱洞共清理出 38 个,据推测在 41 个以上。柱洞圆形,直径 0.4～0.65、深 2.2～2.65 米,间距 1.2～1.6 米。柱洞多为直壁,圜底或平底。部分坑底经过夯打、砸实,每个柱洞底部都有辰砂。

回廊仅存外廊的柱础坑,围绕在半地穴的主室周围,南北长 24、东西宽 21 米,大体呈正方形。前部回廊较宽,宽 3.55～4.7 米;两侧稍窄,宽 3～4.05 米;后部回廊较窄,宽 2.9～3.2 米。共清理出回廊柱洞 30 个,复原为 37 个左右。础坑多圆形,有直壁平底、直壁圜底、斜直壁平底、斜直壁圜底等四种形式,直径 0.4～0.7、深 0.3～0.75 米,间距 2～3.5 米。柱洞也多为圆形,直壁平底,直径 0.27～0.54 米。整个房子连同回廊和门棚,建筑面积约 516 平方米。

室内出土器物甚少,除室内柱洞出土小口尖底瓶的残片和彩陶盆的口沿外,填土中也曾出土少量陶、石器,但发掘者认为这些堆积非房屋的倒塌堆积,当系一次性填充而成①。

西坡 F106　半地穴式，平面略呈五边形。坐西南朝东北，北墙中部开有斜坡式门道，方向24°。门道长约6.8米，两壁有厚约0.15米的抹泥，内部宽约0.45~0.8米，进入半地穴部分最宽，向出口处渐窄。火塘正对门道，距门道入半地穴处2米，开口近圆形，直径约1.45米，直壁，平底，深约0.9米；壁、底坚硬，呈褐色。火塘与门道之间有一个高0.62、宽约0.2米的弧顶暗道，估计应是进风道。

半地穴部分南壁长约15.7、东壁长约14、西壁长约14.3米。北壁外弧，被门道分为东西两段，长度分别为8.5和8.8米。室内面积240平方米。墙体宽约0.6米，上面为平整的抹泥台面，夯筑而成。墙槽底部距离抹泥台面约1.6米，居住面以下部分深约0.8、底部宽约0.5、上宽约0.8米，内填黄色夯土。墙体相当于居住面及其以上部分，外侧为棕色夯土，厚约0.15~0.2米，内侧厚约0.1米的青灰色草拌泥，表面涂朱。居住面加工考究，共七层，总厚度0.255米。自上而下分别是青灰色草拌泥、黄色硬土、棕色草拌泥、青灰色夹料礓石的抹泥、青灰色草拌泥、棕色草拌泥和包含大量料礓石的坚硬地面。

室内柱有4个，匀称地分布在室内对角线上，距离对应屋角均约4米。其中东北部柱坑底部有础石，低于居住面约0.2米，直径约0.26米。其余3个柱坑底部低于居住面约0.3米，室内柱附近发现多个圆凹坑，直径约0.3米，发掘者推测是房屋使用过程中立辅柱支撑房顶留下的柱窝。壁柱柱洞发现41个，壁柱下部埋在墙槽中，居住面以上部分半边贴附在地穴壁内。间距从0.4到4.6米不等，柱洞直径约0.16~0.4米，多数为0.25~0.3米。

与半地穴墙壁平行的外墙，南壁长约17、东壁长约14.7、西壁长约14.5米。北壁东西段分别约为9和9.4米，厚度因保存状况不同，差别较大，为0.4~0.95米，平均厚度0.6米。内侧抹有约0.05米厚的草拌泥。外墙内面积约270平方米，如果包括墙壁，面积则多达296平方米。外墙也是夯筑而成②（图三）。

下河 F1　半地穴式，平面略呈五边形。坐北朝南，门道方向170°。房屋残，残存的建筑和使用面积分别为263.4和217平方米。复原后建筑面积364.85平方米，使用面积304.5平方米。门道位于南墙正中，长方形斜坡状。其上无活动面。南部残损，北部与上层居住面齐平。南部低于上层居住面0.6米，东西宽约1.6米，南北残长1米，坡度13°。门道底部北端有一个长1.1、东西宽0.9、深0.4~0.65米的口底同大的

---

① 河南省文物考古研究所等：《河南灵宝西坡遗址105号仰韶文化房址》，《文物》2003年第8期。

② 中国社会科学院考古研究所河南一队等：《河南灵宝市西坡遗址发现一座仰韶文化中期特大房址》，《考古》2005年第3期。

图三 灵宝西坡 F106 俯视图

方坑，方坑边缘有一宽 0.01 米的烧土线，方坑内南侧偏东处有一个柱洞。方坑底和门道底都为生土，无踩踏痕迹。门道北端为连通灶，由操作间、火门、火塘和地面灶四部分组成。操作间紧接门道北端，北与火塘间隔 0.5 米，长方形，口底同大，东西长约 1.6、南北宽约 1～1.1 米，残深 1.5 米，南壁中部稍外弧，其他三壁直，平底。填土底部有一层厚约 0.03～0.05 米厚的灰白色草木灰，内出有少量兽骨和陶、石器。火门呈圆角方形筒状，南高北低，直通火塘，宽 0.4 米，进深约 0.6 米，南端高 0.7 米，北端高 0.8 米。周壁经长时间的火烧而形成 0.02～0.03 米厚的青灰色烧结面，外部为 0.2～0.3 米的红烧土。火塘平面呈圆形，口大底小，口径 1.8、底径 1.3 米，深 2 米，斜壁内收，平底，壁面、底部均涂抹一层泥面，厚 0.02～0.03 米，较为光滑，经火烧而形成青灰色烧结面（火塘口部自上而下 0.2 米处无烧结面），之外为 0.2～0.3 米厚的红烧面，壁面上部坚硬，下部及底部略硬。发掘者判断该火塘经过二次使用，火塘在使用过程中曾经过修补、加固。火塘内堆积分为四层，第 1 层除少量红烧土块、炭屑和兽骨外，还发现不少陶片。第 2、3、4 层分别发现 0.3、0.58 和 0.4 米厚的草木灰，除少量陶片外，第 4 层还出土磨石一件。地面灶位于火塘北端，平面呈梯形，南北长 1.6、东西北端宽 1.9、南端宽 1.7 米，深 0.2 米。灶壁参差不齐，底部也不甚平整，底部经长时间火烧而形成青灰色烧结面。灶内填松散纯净的草木灰。

居住面北部残宽 12.2 米，复原后 16.5 米，南端最宽处残宽 13.4 米，复原后宽 18 米，南北长 17.5 米。居住面自上而下分为四层，上层居住面厚 0.02 米，系料礓石烧成的白灰地面。在南部以火塘为中心隆起约 0.1 米，其余区域地面平坦。火塘两侧区域表面较为破碎，北部 5 ~ 6 米范围内表面光滑平整，发掘者推测火塘两侧是日常起居所在。第 2 层灰黄色草拌泥层，厚约 0.08 米。第 3 层为下层居住面，厚 0.02 米，系料礓石烧成的白灰地面，细腻、坚硬，地面平滑。第 4 层灰黄色草拌泥层，厚 0.08 ~ 0.15 米。其下为房址的基础。房基深约 1 ~ 1.2 米，北高南低，可分为两部分，第一部分为居住面下两层不连续夯土及其间的松软黄色土，第二部分为第 2 层夯土以下堆积，这部分因为没有发掘情况不甚清楚。

绕房基底部周壁有内外墙的基槽，基槽低于基坑底部，内墙基距离居住面深 1.25 米以上（未清理到底），外墙基深 0.6 米。墙体西侧保存基本完整，南墙西段仅存墙基部分，其他多被梯田破坏。残存墙体分内外两道，外墙宽 0.5 ~ 0.8 米，内墙宽 0.5 ~ 0.7 米。内外墙基均宽 0.8 米，发掘者认为内外墙体均为逐层分段构筑，无夯打痕迹，每段长度在 0.5 ~ 3.5 米之间。发现柱洞 45 个，其中室内柱 4 个，内墙 35 个，外墙 3 个，门道 1 个，门棚 2 个。壁柱直径 0.35 ~ 0.48 米，深 0.7 ~ 1.3 米。个别柱洞壁上发现红色颜料。四个室内柱与墙体的距离约为 3.25 ~ 5 米，依房屋中轴线对称，相互间距为 5.45 ~ 7.6 米，直径 0.6 ~ 0.7、深 0.4 米。柱洞圆形筒状，壁面用草拌泥涂抹，内填土与房址内最下一层堆积相同，无出土遗物。外墙的三个柱洞直径均为 0.4 米，门棚处两个柱洞直径均为 0.15 米，这五个柱洞因未清理深度不详①。

下河 F2　半地穴式，平面为五边形。叠压在 F3 之上。坐北朝南。门道位于南侧中部，门道方向 180°。残存建筑面积 112 平方米、使用面积 92 平方米，复原建筑面积 240.6 平方米、复原使用面积 181.44 平方米。门道残，以连通灶的中轴线复原后宽度为 1.1、残长 0.6 米。平面略成长方形，因目前门道处已低于居住面 0.35 米，详情不明。门道向北与火门相连，向南与一斜坡相连，该斜坡上有一厚 0 ~ 0.1 米的踩踏面。该踩踏面延伸成一院子，西北高东南低，但向南、西延伸的情况不详。连通灶由火塘、火门组成。火门向南与门道相连，向北与火塘相连。火门位于居住面下，圆角方形筒状，南高北低直通火塘底部。南侧顶部距居住面深 0.1 米，北侧顶部距居住面深 0.3、长 0.85、宽 0.4、高 0.3 米，周壁为青灰色烧结面，烧结面外为烧土。火塘平面呈圆形，口底同大，直径 1.1、深 0.6 米，直壁，壁面涂抹一层草拌泥，多处有涂抹痕迹，

① 陕西省考古研究院、白水县文物旅游局：《陕西白水县下河遗址仰韶文化房址发掘简报》，《考古》2011 年第 12 期。

且经长期火烧形成青灰色烧结面，其外则为厚薄不一的红烧土。火塘内有两层烧结面。火塘内填土有两层，下层有厚 0.4 米的灰白色草木灰。

居住面平面呈五边形，北部残宽 4.1、复原后 11.7 米，南部最宽处残宽 8.8、复原后宽 15.2 米，南北长 13 米。居住面据东侧断面判断分为五层。第 1 层为上层居住面，厚 0.01 米，为料礓石烧成的白灰面，地面平整，质地坚硬；第 2 层厚 0.02 米，灰黄色土层，致密而少见包含物；其下据发掘者判断为 F3 的居住面；第 4 层厚 0.08 米，灰黄色草拌泥，质地坚硬，包含物少；第 5 层厚 0.13～0.15 米，经火烤而呈红色的坚硬土层，怀疑为直接烧烤生土所致。

墙体仅西墙保存基本完整。有内外两道墙体，外墙宽 0.45～0.65、内墙宽 0.55～0.7 米。北墙外墙残长 4.5、复原后长 13.4 米，内墙残长 4.4、复原后长 12.8 米；西墙外墙长 13.6、内墙长 12.7 米。南墙被门道分割为东西两段，西段外墙残长 1、复原后长约 8 米，内墙残长 2.7、复原后长 7.4 米。外墙为纯净的黄色土，偶见红烧土块，内墙有草拌泥墙皮，用细腻的灰黄色细泥涂抹壁面，内墙西北角及北墙东部等数处可见残留的红色颜料。柱洞发现 22 个，其中 2 个为室内柱，内墙柱为 20 个。室内柱位置对称，距离西墙、北墙 2.68～3.5 米，直径 0.5～0.6 米，深 0.3～0.4 米。壁面光滑，外周为草拌泥填实，底部呈锅底状，所涂抹的泥被烧成青灰色的烧结面。据发掘者判断，F2 使用部分 F3 室内柱的柱洞。内墙柱为扶墙柱，位于内墙内侧，均为圆形筒状，直径 0.15～0.4 米，多为 0.2 米左右，距房址地面深 0.65～0.9 米，间距 0.42～1.4 米[①]。

下河 F3　半地穴式，平面呈五边形，坐北朝南。F3 被 F2 叠压，由北侧墙体方向推测，方向为 170°。由门道、连通灶、居住面、内外墙体、柱洞和房基组成，但因压在下面，不少尺寸不详，发掘者估算其复原建筑面积达 300 平方米。门道完全被 F2 和灰坑破坏。火塘被叠压在 F2 的火塘、地面和门道之下，结构不详。仅知其直径约 1.4、深 0.9 米，壁面平整光滑，也烧成青灰色烧结面。内填 0.25 米的青灰色草木灰和少量炭屑。也有内外两道墙体，F2 的内外墙完全破坏了 F3 的内外墙，F2 的内墙从东侧剖面看直接叠压在 F3 的白灰地面上。仅北墙、西墙的局部和西南角得以保存，内墙宽 0.5 米。内墙通体烧成红色，其上有炭化的木柱痕迹，外墙残宽 0.9 米，残高 0.35 米，为松散的黄褐色土。残留墙体上发现有扶墙柱和粗细不同的两种木骨柱，扶墙柱直径 0.35～0.4 米，间距约 0.6 米。粗木骨柱直径 0.05～0.15 米，间距 0.05～0.1 米。细木骨柱直径 0.03～0.06 米，间距约 0.03～0.04 米。发掘者判断 F3

①　陕西省考古研究院、白水县文物旅游局：《陕西白水县下河遗址仰韶文化房址发掘简报》，《考古》2011 年第 12 期。

乃因火遭毁弃①。

水北 F1　这是唯一的一座地面建筑。房基建在生土之上，大致坐西朝东，主室平面为圆角五边形，但是门前有附属建筑，发掘者虽然把它称为前室，但也认为应该属于门棚之类。门棚宽约 4.5 米，惜破坏严重，仅清理出 10 个柱洞，多在南侧，难以恢复原状。房基主室东西中轴线长 20.1、南北宽 12.2 米，总建筑面积约为 190 平方米。室内地面东西长 12.3、南北宽 10.2 米，面积约 125 平方米。居住面经过五层处理，厚约 0.25 米，自上而下依次为：浅黄色夯土，厚约 0.09 米；草拌泥层，厚 0.08 米，上部因经火烧烤而呈红色；黑色硬面，厚 0.03 米，也系用火烧成，十分坚硬；青灰色草拌泥层，厚 0.05 米；青灰色硬面，用料礓石末与沙土混合材料制作而成，厚 0.005 米，硬度接近现在的 100 号水泥。除第 5 层外，其他处理层铺到墙下，范围与墙的外缘一致。墙体还有部分残存。墙体内侧 0.3 米的墙土为分层涂抹的草拌泥，墙体外侧的墙土中没有拌草，是用版筑的方法建造。墙表原来涂有一层紫红色矿物颜料，但大部分都已脱落，仅在北墙内侧发现少量残块。

主室柱洞可分为室内柱和壁柱两种。室内柱南北排列，共清理出 9 个，位于房子中部稍偏南。柱洞圆形，直壁、平底，壁面光滑平整，洞底发现陶片和石块，发掘者认为应起柱础的作用。九个柱洞可分为五组，东西排列，除一组为一个小柱洞外，其他四组都是一大一小两个柱洞，小柱洞位于大柱洞南侧，小柱洞直径 0.15~0.25 米，大柱洞直径 0.35~0.55 米，大小柱洞的间距是 0.15~0.6 米，各组柱洞的间距约为 3.5~4.2 米。壁柱 32 个，据复原当有 40 个以上，壁柱好像也有主次之别，主柱间距约 1 米，辅柱洞发现 4 个，位于靠近室内的地方。因为破坏严重，门道已荡然无存。灶也不在门道所在的中轴线上，而是偏在室内东南部。圆形灶坑，近直壁，平底，直径 1.3、深 1.15、壁坑厚 0.01 米。因长期使用，灶坑壁与底部被烧得十分坚硬，呈红褐色。烟道位于灶坑南侧，其两侧各有两块石板支撑，上面用四块石板平铺而成，从墙下通到房外，与房外的出烟孔相连。灶坑内填满松软的草木灰和少量的红烧土块。室内堆积中东北部大面积填红褐色烧土块，出土物很少；在室内地面、灶坑和柱洞内发现少量陶器残片，无可复原者，因此发掘者推测 F1 可能是因火的原因而遭废弃②（图四）。

庙底沟类型仰韶文化大房子，除水北 F1 稍微有点特殊外，余具有许多共同特征。

① 陕西省考古研究院、白水县文物旅游局：《陕西白水县下河遗址仰韶文化房址发掘简报》，《考古》2011 年第 12 期。
② 陕西省考古研究院、咸阳市文物考古研究所：《陕西彬县水北遗址发掘报告》，《考古学报》2009 年第 3 期。

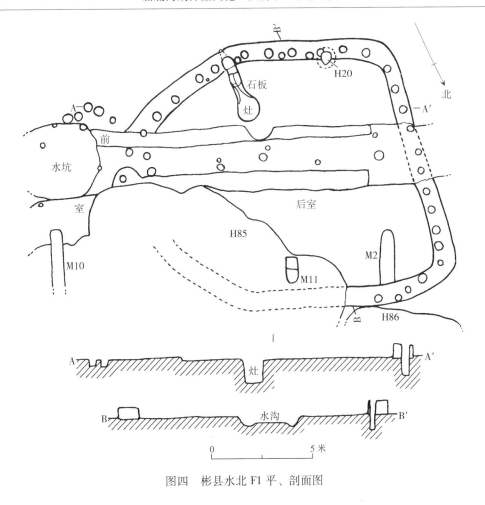

图四　彬县水北 F1 平、剖面图

通过上面的描述，我们可以看得非常清楚：

1）它们都发现在面积很大的遗址中。比如西坡面积 40 万平方米，下河遗址 40 万平方米，水北遗址 12 万平方米，北阳平遗址近百万平方米，东常遗址 12 万平方米。

2）房屋面积大，多为半地穴式（只有水北 F1 是地面式），平面略呈五边形，多有内外两道墙体（水北 F1 似只有一道墙体），结构复杂，工艺先进。

3）都有狭窄的门道、与门道连通的操作间、火口和火塘（水北 F1 例外，火塘位于室内一侧，且不与门道相连，没有操作间，但有烟道通往室外）。火塘均为圆形或圆角方形，既大且深，周壁都被烧成青灰色，肯定经过长期的烧烤。

4）室内柱皆为四个（水北 F1 的室内柱呈线状分布，与两两对称的其他大房子的室内柱也不相同），使用期间有的可能还使用辅柱；室内柱粗大且对称分布，壁柱多在内墙里。

5）都有狭长的门道，有的还有门棚（水北 F1 的所谓前室应该就是门棚，但结构好像与西坡 F105 的门棚不一样），门棚也有立柱。

6）制造的程序或有不同①，但都非常讲究，居住面用料礓石、草拌泥等多层铺垫而成，面上涂抹用料礓石做成的白灰面，有的白灰面上还涂红。

7）居住面下多有厚达 1 米甚至更厚的不同颜色和土质的夯土或者草拌泥房基；墙壁上多涂有一层薄细泥，有的墙壁上还涂有红色的颜料。这种红色的颜料在有的遗址被证明是辰砂。

8）不少室内柱都有石柱础，柱础上还涂有红色。

9）居住面做工讲究，但并没有发现凸起为床的土台子，只有个别房子靠近火塘的一侧隆起约 0.1 米，形成低矮的台子。

10）房子内少见遗物或其他生活设施，也有证据说明大部分情况下这些房子是有计划的拆除。

11）在西坡和下河遗址，都发现上下叠压的大房子，说明这是一批人先后使用的；而两个遗址的情况还说明，同时使用的大房子，也许均不止一个。

12）大房子朝向不同，也不一定分布于遗址的中心。在下河是偏向于遗址的南部边缘；在西坡则是偏向于遗址的北部，已经发掘的 4 座大房子并不位于地势最高的中部地区。

13）虽然一个遗址可能不止一个大房子，但它们的面积是有区别的且区别很大。比如有的超过 300 平方米，有的不足 100 平方米。也许存在功能方面的区别。

14）从壁柱的密度和个别房屋残存的木骨结构看，这些大房子很可能是有木骨泥墙的；假如四周没有窗户和天窗，很可能狭长的门道是唯一的采光口。

15）一般是房屋越大，室内柱就越粗大，壁柱也越粗大，说明它们的承重也越大。

16）这些房屋的外形，复原起来应该同半坡 F1 和庙底沟 F302 的复原图类似，应该是四角锥形的屋顶。水北 F1 的情况也许稍有不同。

（二）台湾民族志上所见的"大房子"

台湾民族志中也见有不少"大房子"，似乎可以借用这些民族志材料理解仰韶文化的同类发现。

---

① 发掘者推测的建筑过程各不相同，这可能跟目前的认识不足有关，但也可能不同房子建筑的程序略有不同。参见河南省文物考古研究所等：《河南灵宝西坡遗址 105 号仰韶文化房址》，《文物》2003 年第 8 期；中国社会科学院考古研究所河南一队等：《河南灵宝市西坡遗址发现一座仰韶文化中期特大房址》，《考古》2005 年第 3 期；陕西省考古研究院、白水县文物旅游局：《陕西白水县下河遗址仰韶文化房址发掘简报》，《考古》2011 年第 12 期；陕西省考古研究院、咸阳市文物考古研究所：《陕西彬县水北遗址发掘报告》，《考古学报》2009 年第 3 期。

1. 南势阿美族

该社①按年龄分为数个等级，每个等级有级长。统治整个等级组织的是长老（*pa-peloay*），凡攸关全社利害之大事，皆须经由长老们协议后决定。另设头目和副头目，对外代表该社，对内为执行命令的唯一机构。但实际上头目在社内并无决定权，仅能在长老们的协助及赞同下，发布并执行命令。男子成年后皆加入年龄等级组织，负责修路、架桥以及修缮集会所等公共事务。一旦加入就是终身制，不许退出，此后每八年晋升一级。但组名不变，只是所负责的公共事务将随级数升高而逐渐减轻，直到无须担任公务时，即可专心从事个人事业。这是因为每八年即有新的等级组产生，且可由其继承前一组的工作②。

一社有两个集会所，结构如住屋，但没有墙壁，地上有数个火炉，其规模大小因社而异，大的宽约八、九至十间，小的约五、六间③（图五）。每逢攸关全社事宜，头目和长老皆聚居在此商议，而全社的共同事务也在此进行。例如，渔捞活动的前一天，壮丁们在此制作筌和簾等渔具。通知头目、长老或壮丁们集合开会时，乃是以敲击木鼓或者竹鼓作为信号④。

图五　南势阿美族的集会所外观

---

① 这是 20 世纪初日本人调查的记述。"社"略同于后文的部落。
② "中研院"民族研究所编译、台湾总督府临时台湾旧惯调查会编：《蕃族调查报告书》（第一册）第 13～14 页，2007 年。
③ "间"为日本度量衡中的长度单位，一间约 2 米。
④ "中研院"民族研究所编译、台湾总督府临时台湾旧惯调查会编：《蕃族调查报告书》（第一册）第 39～43 页，2007 年。

　　比如每年 2 月 26 日举行的 *misatalo'an* 祭，就必须在集会所举行。一大早，集合男子年龄等级组织 'Alemet 和 Rarao 两组人员共同搭建集会所。集会所的高度 20 尺，长度七八十尺。下午五点左右，壮丁们携带酒和一只鸡到集会所，等候长老和头目前来祭祀 Malataw。祭祀的祷辞内容大多是祈求谷物丰收、社内平安、社民长寿、坏人如来社即变成疯子或瞎子或死亡等。祭毕，在南门外搭建神殿（在粟收割时拆毁），以祭祀 Malataw、Dongi、Aningayaw 等神。当天晚上，'Alemet 和 Rarao 两组人员在集会所聚餐，而头目、长老以及壮丁们也都受邀前来共饮。第二天夜晚，年龄组织等级中的 'Aramay 等上级者，以及头目和长老等皆来集会所聚餐。酒有下级者提供，麻糬和鸡则是参加者带来的①。

　　以上是 20 世纪初年日本殖民时代的情况。到 50 年代初李亦园先生等对南势阿美族重新调查时，部落会所继续存在。他是这样记述的：

　　每一部落有一部会所 taroaŋ，位于部落之中央；有几个青年会所或守望所，位于部落大门左边。部落会所为全部落之政治、宗教中心。会所原为一巨形干栏式建筑，面东背西，地基为长方形。此一干栏屋之地板乃以紧密而平行之藤条 t'at'akəl 编成，搭架于高出地面约 70cm 之木椿上，木椿之数目前后各七根，两侧各五根。地板两侧竖起楹柱各三，中央之柱较旁二者为高，用以承栋，旁二柱高约二公尺，用以架梁即楣庑。椽自栋两边下斜，伸出于楣庑之外，其上覆以茅草，屋顶作两坡式（gable sharp）。屋之四周无墙，偶或以茅草围之。长方形之地板上有三方形之火炉孔，炉里生火，终年不息。会所前有一广场，广场四周围以石子，并植有高大之台湾松 titið。广场之面积甚大，遇有祭仪时，部落成员即在此广场上歌舞饮宴。

　　部落会所象征部落之政治、宗教、以至教育之中心。部落中之重要会议如长老会议、村民大会、级长会议等，皆在会所举行；部落领袖在此办理公共事务，审理争讼，处罚罪犯。遇有战争时，部落之战士亦在此集合，听候部落领袖之训话与武士长之分配工作。年龄级举行会议时，参加人员按资格而有一定之席位。大致部落领袖坐于中央靠近中央之火炉，两旁之火炉，则为长老 matoasai 及各级级长之座位，青年人坐于地板四周，不得靠近火炉。

　　部落中之重要祭祀，亦大都在部落会所举行。计在会所之祭祀有：部落繁荣祭 toŋino rihsin，五谷祭 paihsin to sak'aorip，除祓祭 paihsin to korot，祖先祭 paihsin to totas，粟收获祭 milihsin，以及最重要之成年礼 misral。每遇有祭仪时，部落成员则在部落会所之广场上，狂歌漫舞，日以继夜②。

① "中研院"民族研究所编译、台湾总督府临时台湾旧惯调查会编：《蕃族调查报告书》（第一册）第 20～21 页，2007 年。
② 李亦园：《南势阿美族的部落组织》，《台湾土著民族的社会与文化》第 154～155 页，台北联经出版公司，1982 年。

不仅如此，实际上部落会所也是少年教育中心，其中包括"公民"训练和军事训练。前者教授部落历史、传统和礼俗，后者包括胆量、抛石、弓矢、战术、跑步等方面的训练内容①。

2. 阿美族马兰社

马兰社由 321 户母系家族所组成，社内非但无整齐的道路，房子也是三三两两地散居各处。有一名头目和数名副头目负责统治全社，其下有十数名辅佐的长老。头目和副头目有长老选举，且经政府同意后选出②。凡攸关全社利害以及惩罚的事宜，皆须由长老及副头目先行商议，再经头目裁决。因此头目拥有极大的权力，有时宛如专制君主。该社自古就存在年龄等级组织，男子十五六岁时称为 papakarong，此时仍居住在家中受父母照顾。数年后加入年龄等级组织，称为 pakarongay。大约十七八岁时，想进入集会所的年轻人，便结伴到山上练习舞蹈和工作，如此经过多日，社中的 kapah（青年级），便上山寻找他们，将其带回加入组织。在集会所再经过三年的艰苦磨炼，主要是学会服从上级的命令，才具有 kapah 的身份及结婚成家的资格。papakarong 和 kapah 每天必须留在集会所过夜，但已婚者除外。马兰社的年龄等级共有八级，各等级的工作是固定的。只有到了最高年龄等级的 malitengay i sefiay，才无须再到集会所，多在家中从事自己的工作。

社里有 6 个集会所，建筑构造完全相同。集会所外有石墙围绕，墙内为 18～20 尺见方的空地，走过空地，便是一座以茅草为顶的平房，与住家不同之处在于其屋檐是在前后而非左右（图六）。集会所设有炉子，位于后面两个角落处的台子是单身男子睡觉的地方，故严禁妇女进入。男童长到 pakarongay 时，即来此居住，不再跟父母同寝。此外，离婚后恢复单身的 kapah 也必须夜宿在此。集会所内铺有茅草以防潮气，也利于睡眠。冬天直接睡在茅草上，夏天闷热则睡在藤床上。长老们有事便在集会所内聚会商议。新年期间年龄等级组织中的 latokos，还会在此聚集并吃鱼饮酒③。

3. 阿美族奇密社

该社也与其他阿美族一样，有男子年龄组织，大致分为 kapah（壮丁）和 mato'asay（老人）两个等级。两者还可细分为若干等级。每个等级有级长，对内负责监督，对外代表该等级。另设有头目，负责统治全社。

---

① 李亦园：《南势阿美族的部落组织》，《台湾土著民族的社会与文化》第 155～156 页，台北联经出版公司，1982 年。
② 这是 1912 年日本统治台湾期间，日本学者的考察报告。此处乃指日本殖民政府。报告也指出，头目和副头目的设置始于清朝，由长老选举、决议而长生。参见李亦园：《南势阿美族的部落组织》，《台湾土著民族的社会与文化》第 150～154 页，台北联经出版公司，1982 年。
③ "中研院"民族研究所编译、台湾总督府临时台湾旧惯调查会编：《蕃族调查报告书》（第一册）第 153～155、168～172 页，2007 年。

图六　阿美族马兰社的集会所外观

　　该社位于险要之处，约有六十户，一般人家的住居都是由住屋、数间谷仓和一间猪舍组成。社的入口处有一个集会所，所以该社有两个集会所。其周围仅有柱子，未用茅屋围住。茅草屋顶，地板距离地面有六七寸高，上面铺着藤席，中间设置六尺四方的炉子，炉火不分昼夜地燃烧着。集会所负有监察外敌来袭的责任。另外，集会所也是未婚青年的夜宿处。凡攸关全社的事宜亦聚在此处商议，还是祭仪时设宴的地方。集会所屋顶两端装饰着稻草人，这是祛除恶魔的护身符。再者，编制藤或竹类手工艺品时，若需要较宽阔的场地，长老们也都来此进行①。

　　4. 阿美族大巴塱社

　　该社也有年龄组织，各等级名称系采循环袭名制，与南势阿美族略同。长老和头目齐聚集会所后，召唤十四五岁的青年才俊来组织新等级，受命者随即召集同辈，转达长老和头目的命令，从该日起皆宿在集会所。新等级组织每五年举行一次。各等级有级长，起初由长老任命，对该等级成员有命令和惩罚之权。当这些级长成为老人时，再从中挑选出优秀者担任长老。长老掌握着大权，社民相信如若犯罪而遭长老惩罚，该人必定生病或死亡。

　　该社有集会所两个，一个在社的中央，惯称 *kapaysinan a soraratan*，是举行祭仪之处；另一处在社的入口处，不仅未婚男子夜宿于此，社务也在此聚众商议，这样的集

---

① “中研院”民族研究所编译、台湾总督府临时台湾旧惯调查会编：《蕃族调查报告书》（第二册）第19～24、35～36页，2009年。

会所称为 *soraratan*①。

5. 阿美族马太鞍社

该社也有年龄组织，且采取循环袭名制。男子约十五六岁时，主动与年龄组织的基层等级 kapah 中的 'Aramay 往来，并且见习壮丁们的工作，成为 'Alemet（实习生）。新等级的诞生，通常是等欲加入组织的新人到达一定人数，头目与长老即召开会议，并依决议组织新等级。举行仪式当天，社群齐聚集会所，宰猪一头以开庆祝宴，而 'Alemet 以上成员（包括青年和老人共六级年龄组织），则从清晨舞蹈至夜晚。级长由各等级成员自行选举产生，其中握有处罚权限者约有三四名。还要从老人（mato'asay）中推选出数名 papeloay（长老），统治全社。新长老当选时，必须要请长老前辈及老人们到集会所，并杀猪举行就职典礼。典礼过后，举行酒宴，酒过三巡，众人相互牵手跳舞，旧长老为新长老戴羽帽，穿呢绒上衣，并授予饰有黄铜线的红色权杖。

集会所也叫 soraratan，干栏式建筑。规模很大，除了四周支撑屋顶的大柱子外，一人高的干栏屋地板下面还满布着小柱子。屋顶是两面坡式的，用茅草覆盖②。

6. 卑南族卑南社

该社由许多母系家庭组成，户数逾两百，包括 tatimul、puepueD、TueTuer 等三个部落。全社设有头目一名、副头目两名，并有十名长老辅佐。凡攸关全社利害以及诉讼事件皆由长老及副头目先行商议，再经头目裁决方可执行。

他们也有发达的年龄等级组织，还有少年和成年两种集会所。少年自穿兜裆布起即夜宿少年集会所，初进入的一年半属于见习时期，称为 *maLaLakan*，受年长者差遣，之后升入 *muwalapus* 始可差遣后进的年少者。第三、四年称为 *malatawan*，此时进入成人集会所当 *miyabetan*（也就是成人集会所成员）的见习生。此后三年凡事听从上级指示，不洗澡也不梳洗头发，此外，还须头戴破皮帽，上身不穿衣，腰部缠兜裆布，并且不可接近火堆。晚餐由家人送到集会所而不在家中食用。第四年即正式变成 *miyabetan* 即成人集会所成员。不仅 *miyabetan* 夜宿集会所，鳏夫亦然，所以也有人认为所谓成人集会所，应改成青年集会所才合适。已有三年经历的 *miyabetan*，经过成年礼成为独当一面的 *bangsaran*，自此穿着黑色兜裆布，且可与女子交往。在 *miyabetan* 阶段，不仅禁止接近异性，每天还必须到成人集会所做事，晚上还要到练习场学习传统习俗或图

---

① "中研院"民族研究所编译、台湾总督府临时台湾旧惯调查会编：《蕃族调查报告书》（第二册）第 113～114、129～131 页，2009 年。

② "中研院"民族研究所编译、台湾总督府临时台湾旧惯调查会编：《蕃族调查报告书》（第二册）第 157～158、173～178 页，2009 年。

案技术等等。*Bangsaran* 累计几年经验后，即可成为长老，若是口齿伶俐且为人正直，就有可能被推选为头目而掌握治理全社的统治权①。

　　每逢攸关全社利害的事件，壮丁及长老们到其所属的集会所商议后，再各自派代表到 *raera* 集会所——*karunun* 进行最后协商。有时是长老们聚集一处讨论，若彼此意见冲突，再由头目居中协调，败诉者要赠送酒给胜诉者。全社共有六个集会所，分别设在距离蕃社二至三町处②，虽各有名称，但统称为 *palakuwan*。各集会所分别属于该集会所内有权势人家的祖灵屋，且相关祭仪皆在此举行。各集会所的构造相同。前有篱笆，篱笆两侧有入口，进入后是泥地间，地上经常铺设茅草以方便坐卧。再往里面便是小屋，也是前后屋檐、两面坡的平房。内部设置床铺，中间放置大火炉以御寒。集会所以竹子搭建，屋顶覆盖茅草，内部设置上下式的床铺，并有梯子方便上下。屋内没有窗户所以相当黑暗，加上挂着制作皮帽的生鹿皮，所以室内弥漫着臭气（图七）。社内未婚男子夜宿集会所，白天也有数名壮丁在此工作，以备社内发生紧急事件时可立即支援。床铺处还挂着称为 *tawLiyuL*（铁磬）的物品，如遇家中有人过世，只要至集会所通报，就会有人在腰间挂上 *tawLiyuL*，代替丧家前往亲戚家报丧。

图七　卑南族卑南社的成人集会所外观

---

① "中研院"民族研究所编译、台湾总督府临时台湾旧惯调查会编：《蕃族调查报告书》（第一册）第 247～248 页，2007 年。
② "町"为日本旧度量衡中的长度单位，一町约 109 米。因为新社是从旧址搬出的，祖灵屋和集会所都还在旧址，这也就是说集会所距离新社址约二三百米。

图八　卑南族卑南社的少年集会所外观

少年集会所有两处。皆以竹子搭建，屋顶铺茅草。内部构造同成人集会所（图八、九）。两集会所的成员每年割稻时会比赛角力。个人可随喜好选择加入这两处少年集会所，成人集会所亦然①。

需要说明的是，卑南社集会所和少年集会所的规模并不很大，也许跟数量较多有关。以前卑南社分为南北两部，南北部各有三个领有举行岁时祭仪的祖灵屋（*karumaan*）和成人集会所的领导家系。第一任头目 sapayan 属于北半部，之后皆由其子孙世袭；直到一代豪杰 *raera* 出现才更换新头目，后者属于南半部，是领导南半部的领导家族。文献或传说中所说

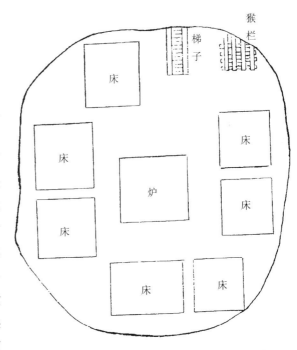

图九　卑南族卑南社的少年集会所内部结构示意图

---

① "中研院"民族研究所编译、台湾总督府临时台湾旧惯调查会编：《蕃族调查报告书》（第一册）第 265 ~ 273 页，2007 年。

的"卑南王"，就是来自 *raera* 家。直到日本殖民时期，这个格局才被打破，日本人任命了一个新头目①。

7. 邹族

居住在阿里山的邹族，实际上包含着许多部族。北邹族大社及户口多的小社，都设有共同会所，takopulan 和 kankanávu 两社则均设之。北邹族把共同会所称为 kuba，但小社的会所则仅称为 nʉfʉ（旱田小屋之意）。日本人又称邹族的会所为公廨。

北邹族大社的公廨由全党的人共同建造②，位于小社的公廨则仅有该小社的人建造。Takopulan 以及其他两社的公廨也都由全体社民共同建造。公廨大小不一。tapangʉ、tfuya 两党的公廨，正面宽约五、六间，纵深六、七间，都盖有四面倾斜的茅草屋顶，四面不设墙（图一○）。然后在离地面四五尺的地方铺设木板。另外，在中央设有方约五六尺的方形炉，地板用藤编制，只有前面数尺铺设地板。公廨是一党或一社的

图一○　北邹族达邦部落的集会所外观

---

① "中研院"民族研究所编译、台湾总督府临时台湾旧惯调查会编：《蕃族调查报告书》（第一册）第 248 页，2007 年。

② 这里所谓的"党"，是指包括一个中心社和附属的一个或数个小社，中心社称为 hosa，也译为大社，附属社称为 maemoemoo lenohi'u，译为小社。Maemoemoo 为各户之意，lenohi'u 为离家而居住在外，即分社之意。所谓"党"略同于部落。见"中研院"民族研究所编译、台湾总督府临时台湾旧惯调查会编：《番族惯习调查报告书》（第四卷）《邹族·第三册》第 7~8 页，2001 年。

集会所，也是收藏敌人头骨之处，所以也是首级祭的祭祀场（但北邹小社的公廨不收藏头骨）。夜间时公廨为未婚青年男子住宿的地方，因此禁止妇女进入公廨，甚至连女人的所有物都不能进入。北邹族将敌人的头骨放在藤制的簧笼里，放在公廨一角，其他各部族则用藤条系起来，吊在公廨的屋顶内①。

北邹族包括下列三个部落——Lufutu，Tufuya，Tapangu②。每个部落由大社（hosa）和一些小社（denohiu）所构成。小社是大社的移民所建立。由于大社的扩张，因此某些小社可能是由两个或更多的部落移民所共同组成。Tapangu 的大部分小社均是这种形式。

被称为 kuba 的男子会所，是部落立法、司法和行政的中心。所有会议与公开审判均在会所中举行。与部落事务有关的消息，通常会在会所或会所前当中宣布。在猎首行动或大型狩猎行程之前，参与者通常聚集于会所前的广场，讨论猎程之组织细节与分派各人任务。回来后，亦聚集于此，以分配战利品和庆祝凯旋。总之，男子会所是邹族的社会中心。

在邹族和其他的父系社会中，妇女被排除于许多社会活动之外，尤其是有关政治、战争和狩猎的活动。邹族的会所是训练部落战士的中心，因此只有男性才可进入。虽然邹族并没有如上述阿美族的年龄组织，但是个体成长的每一阶段，还是有其特定的功能和责任。邹族的生命周期一般可分为五个阶段：（1）孩童期，从出生到十岁。（2）男女少年期，约在十岁到十七岁。（3）青年期，从十七岁到三十岁左右。（4）成年期，从三十岁到约六十岁。（5）老年期：六十岁以上。在第一个阶段，两性之分别不十分明显。男女在他们第一次生日之前均为 foinana，生日之后则均称 oko no naʔno。然而，在男孩首次生日时，即第一次到会所后，从此时起，他们持续的在会所内玩耍或居留；但女孩则被禁止进入会所。从第二个阶段开始，两性的社会分化逐渐明显。在这个阶段内（masatso），女孩（iʔimuʔumu）居留于家中，而男孩（jaefuʔefa）则住在会所里面；男孩在会所内向其长辈学习各种事情，如制造和使用武器的方法、打猎捕鱼的器具制造与使用、军事战术、部落历史、传统、文化英雄故事、社会礼仪。进入第三阶段青年期（sasmojusku），男孩必须通过一成年仪礼（jaʔasmojusku）而成为年轻男子（jufafoinana）。这是必须向长辈与部落服劳役的阶段。除了继续对其少年级成员的训练和指导之外，他们亦必须参与战争与狩猎，并由酋长指示参与各种内政。即使在他们婚后，亦经常留在会所并讨论部落事务③。

---

① "中研院"民族研究所编译、台湾总督府临时台湾旧惯调查会编：《番族惯习调查报告书》（第四卷）《邹族·第三册》第 91~92 页，2001 年。
② 这里的三分法与前引日本人的四分法不同，拉丁文书写方式也略有差异，本文没有统一。
③ 陈奇禄：《台湾土著的年龄组织和会所制度》，《台湾土著文化研究》第 218~219 页，台北联经出版公司，1992 年。

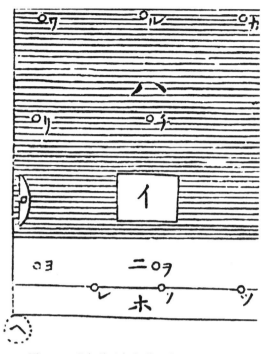

图一一　北邹族达邦部落的集会所平面图

日本人佐山融吉最早以文、图记录了北邹族的 kuba。他说，达邦集会所面积有 36 尺见方（也即约 12 米见方）。四周无墙，地板离地 5 尺（约 1.5～1.8 米）高，铺竹、藤排或木板。梯子以圆木刻出踏阶，中央设约 5 尺见方的炉，整日不灭。炉上有竹或藤制架子。其左侧亦挂一篮子，收藏钻木取火器（图一一）。研究者推测建造这个集会所的九根大柱子，应该都是大木料①。

8. 邵族

居住在日月潭地区的邵族，早在康熙三十二年（1693 年）即以水沙连思麻丹社（Sibatan）为名，成为供奉朝廷的化番。之后数百年受汉文化浸淫很深，有关邵族集会所的文献很少。清代头社有位童生名庄士杰，写过一份《头水社化蕃采访资料》，说会所："男子无妻者，同造一大茅屋，就其中建一通眠之床。至夜间，无妻者同住其所安眠，表其名曰公廨，南北蕃皆如斯，又一名'玛璘寮'。"② 1897 年日本人伊能嘉矩在台湾调查时，记录较详："部落有一种公廨，蕃语叫做 Varin。公廨的大小，差不多是每边两间（十二尺），是用原木支撑的三尺高床屋，木板上铺有藤席，高床上茅顶低垂，进屋后无法站立于其上，也没有墙壁，空荡荡的。公廨是专供单身男子夜间睡觉的地方。高床下面的空间放杂物，也常充作牛舍。"③

看来邵族的公廨比较小。南岛语族文化的研究者杨南郡认为，邵族的公廨虽然与他族一样是所谓高床式建筑，但规模和功能都远不及他族。他认为少年集中在公廨睡

①　佐山融吉著、余万居译：《临时台湾旧惯调查会第一部·蕃族调查报告书·曹族阿里山蕃、四社蕃、简仔务蕃》第 57、59～60 页，台湾总督府蕃族调查会，1985 年（1915 年原刊）。转引自关华山：《阿里山邹族男子会所 kuba 的重构与变迁》，《邵、布农、阿里山邹居住文化之比较》第 125 页，台北稻香出版社，2010 年。

②　转引自关华山：《再现日月潭邵族传统居住建筑的构筑与意义》，《邵、布农、阿里山邹居住文化之比较》第 273 页，台北稻香出版社，2010 年。

③　伊能嘉矩著、杨南郡译注：《台湾踏查日记》（上）第 221～222 页，台北远流出版公司，1996 年。

觉,似乎是男子集会所的遗留,只是受到汉化的影响,已经失去训练少年或者夜间警戒的作用①。

其他如排湾、布农、泰雅人等族也有集会所、青年会所或公廨,大小或有不同,功能也不尽相同。比如布农族的会所,并非男子经常性的夜宿、白天受训的场所,而只是有事时男性开会、集体行事之所在,同时也是举行凯旋祭敌首的地方②。排湾族的青年会所,方形,面宽和进深都只有二、三间,上盖以半球状的茅草顶,周围以石垒筑或编茅草为壁,其一面宽三四尺、高四五尺之入口,还附有木板门。屋内铺石板,中央设灶,沿着前左右三个墙壁,设高约一尺的竹床为卧铺。入口处左右一侧之壁上有穴龛,收藏敌人首级。但据记载,这种公廨仅为青年男子住宿之用,似没有上举诸族大房子的功能繁多。这也许跟它的面积不够宽大有关③。泰雅人的青年会所可以一个家庭建一个,也可以几个人合建一个,一个部落中青年会所的数目并不固定。它是未婚男女交谊的地方,晚上青年男女可以在这里聚会,也可以跟情人在这里约会,只不过已婚少妇则严禁涉足④。

(三) 庙底沟期仰韶文化"大房子"的功能蠡测

汪宁生先生根据世界民族志的材料,曾经把中国考古发现的大房子分为公共住宅、集会场所、男子或妇女公所、首领住宅等四种类型。他推测泉护村 F201 应是集会场所,建筑形式与 F201 类似的、属于半坡类型的西安半坡 F1 也是集会场所,而临潼姜寨的五幢大房子,则是集会或男子公所⑤。西坡遗址的发掘者认为 F105,绝非普通的生活居住用房,而应是一处重要的公共活动场所,很可能具有原始殿堂性质⑥,被认为是"仰韶文化中期社会结构复杂化的重要证据"⑦。水北遗址的发掘者也认为这种大型房屋,应是聚落首领所居,或者用于集会、议事、祭祀及举行某种重要仪式的中心场所⑧。下河

---

① 伊能嘉矩著、杨南郡译注:《台湾踏查日记》(上)第 222 页,台北远流出版公司,1996 年。
② 关华山:《台湾中部邵、布农、阿里山邹三族居住文化之比较研究》,《邵、布农、阿里山邹居住文化之比较》第 391~393 页,台北稻香出版社,2010 年。
③ 中研院民族研究所编译、台湾总督府临时台湾旧惯调查会编:《番族惯习调查报告书》(第五卷)《排湾族·第三册》第 254 页,2003 年。
④ 宋光宇主编:《泰雅人——台湾宜兰县武塔村调查》第 130 页,云南大学出版社,2004 年。
⑤ 汪宁生:《中国考古发现的"大房子"》,《民族考古学探索》,云南出版集团公司,2008 年。
⑥ 河南省文物考古研究所等:《河南灵宝西坡遗址 105 号仰韶文化房址》,《文物》2003 年第 8 期。
⑦ 中国社会科学院考古研究所河南一队等:《河南灵宝市西坡遗址发现一座仰韶文化中期特大房址》,《考古》2005 年第 3 期第 6 页。
⑧ 陕西省考古研究院、咸阳市文物考古研究所:《陕西彬县水北遗址发掘报告》,《考古学报》2009 年第 3 期;田亚岐、苏庆元:《咸阳彬县水北遗址》,《留住文明》,三秦出版社,2011 年。

遗址的发掘者虽认为大房子的功能难以明确，但也肯定它在聚落中具有特殊的地位，因为修建它需要集中大量的资源，也是社会组织程度提高的表现①。

仅靠考古发掘的材料推论仰韶文化大房子的功能是困难的。因为除了个别遗址，我们对发现大房子遗址的整体情况并不清楚，换言之，大房子在聚落中的位置及其与周围房屋的关系我们并不了解，甚至大房屋周围有多少房屋、有什么样的房屋也不清楚。西坡遗址做过仔细的整体钻探，发现至少四五十处房址②；大房子除了上述已经发掘的 F102、F104、F105 和 F106 外，遗址中部的公路南侧也曾发现过长逾 10 米的多层房基面，两地相距约 100 米，这说明很可能西坡遗址面积超过 100 平方米的大房子并没有集中分布在一处，同时并存的也可能不止一处。

从大房子本身看，它与同时代的半地穴五边形或方形的中小型房子确有不少类似之处；不同之点，即在于它的体量巨大，加工精巧，装饰讲究，因此耗费的人工和材料必大大超过中小型房子③。与小房子相比，大房子普遍使用白灰涂面，不少大房子还在地面和墙壁涂红。大房子多在正对门道的房屋前半部设置圆形深灶，这一点与小房子并无不同；如果我们肯定小房子的炉灶具有炊事的功能，似乎很难据此否定大房子大型深灶也可能具有类似的功能。比如庙底沟 F301，室内面积不过 20 余平方米，火塘口径竟达 1.17 米，底径 0.91 米，深 1.24 米；F302 室内面积也不过 20 多平方米，火塘的口径也达 1 米，底径和深度则分别达到 0.76 和 0.71 米。与房屋面积相比，大房子的圆形火塘，反而并不显得很大，不过体量依然相当惊人。这或者说明庙底沟仰韶文化的居民，使用灶火的方式特别；或者说明，即便庙底沟遗址这两座小型的五边形房子，也可能具有与大房子相似的功能。

参照台湾民族志的材料，这种不分间的大房子，很可能是集体活动的场所。不管是行母系的阿美族还是行父系的邹族，无论有无年龄等级，上述各族都有男子集会所。这些会所，不仅是未婚男子夜宿的地方，更是部落举行集会、祭祀等大型活动的地方。凡是攸关部落的大事，都是在这里讨论、举行。因此会所是部落的行政中心、礼仪中心，同时也是教育青年，甚至举行集体劳动和安全保卫的场所。台湾民族志所见的集会所，在结构上有不少是可以跟庙底沟期仰韶文化的大房子做比较的。比如，（1）规模大。（2）一个部落有一个集会所，也有两个甚至多个的，数量不等，大小也不尽一致。（3）不论大小都有火塘，且多有尺寸很大的火塘；火塘常年不熄，多做取暖之用；

---

① 陕西省考古研究院、白水县文物旅游局：《陕西白水县下河遗址仰韶文化房址发掘简报》，《考古》2011 年第 12 期。
② 西坡遗址钻探资料，承李新伟先生示知。
③ 小房子的实例可参考庙底沟 F301、F302。见中国科学院考古研究所：《庙底沟与三里桥》第 7～15 页，科学出版社，1959 年。

仰韶文化的大房子，火塘周壁烧成青灰色，也可能具有类似的功能。（4）结构同住房相仿，不过多是干栏建筑。（5）多不分间。（6）虽然做工没有仰韶文化的大房子讲究，但不少房屋里面存放人头，这一点很可能同仰韶文化大房子的地面涂红、础石涂红等等的现象相类似，具有某种宗教或仪式的色彩。（7）因为不是家庭住房，青年们白天要回家里吃饭，因此生活用具少见；仰韶大房子罕见生活用具的情况，虽然不排除当时人有计划拆除房屋的可能，但也许与此有关。（8）大社的集会所（比如邹族）由全部落的人共同修建，小社的集会所则只有小社自己的人完成。仰韶文化大型聚落的房屋，也可能不仅仅是由某一个氏族或者村落完成的，而是由包括数个村落在内的整个部落完成的。（9）集会所并不都在村社中心，也可以位于村社的边缘或出入口的地方；两者可以并存，功能也可以不尽一样。（10）集会所虽然都是干栏式建筑，且没有四壁，但因为屋顶低垂，所以光线不好，这也许跟它的仪式功能相关。仰韶文化的大房子，即便四壁有个别的窗户甚至天窗，但考虑到它的体量巨大，室内光线也必定是昏暗的。（11）集会所内因为是男子专用的，集会所又具有全部落集会的特点，所以集会所前面或周围一般都有较大的公共空间，或广场或院落。仰韶大房子前面或者周围的考古资料还嫌不足，但看起来也好像具有较大的空间。

庙底沟期仰韶文化的大房子，在形态上跟台湾民族志所见集会所的情况相类似，因此也可能具有集会所的性质。集会所只是一个简便的称呼，内涵丰富，是集行政、仪式、教育、保卫和集体劳动为一身的公共活动场所。我们不知道庙底沟仰韶文化的先民是否也有年龄等级，甚至也不知道这个集会所是否一定仅仅是专为青年男性建造的，但台湾民族志所见的青年男性集会所或者少年男性集会所，为我们理解庙底沟期仰韶文化大房子的功能提供了可资借鉴的材料。在目前考古资料不足的情况下，我觉得把这些考古上所见的大房子定义为举行部落公共活动的场所，是比较合适的。当然，建造仰韶文化的大房子，比台湾高山诸族所见的干栏式建筑要花费更多的时间、材料和劳力，这也许说明庙底沟仰韶文化先民有更大的经济能力和社会组织能力，社会动员的力量也更加强大。

辽东半岛四平山积石墓研究[*]

宫本一夫

（日本九州大学大学院人文科学研究院）

　　1941 年，日本学术振兴会发掘辽东半岛四平山积石墓（图一），藤田亮策担任团长，八幡一郎、澄田正一、森修等人参加了发掘工作，发掘所得遗物送到了京都大学。这项工作备受关注，但战后很长时间没有出版正式的发掘报告，仅有部分纪录为外界所知①。后在有关人员的努力之下，终于在 2008 年出版了发掘报告——《辽东半岛四平山积石墓研究》②。本文将介绍和解释在编写报告过程中了解到的当年的考古工作情况，包括积石墓构造、随葬品年代、从随葬品组成所见社群的阶层关系，以及从积石墓的时空变迁，对构筑四平山积石墓的社会进行复原。

（一）积石墓的石室构造和编年

1. 四平山积石墓的石室

　　四平山积石墓中出土人骨，经鉴定得知一座石室内并非为多人的骨骸，而是同一个体的人骨，即不是多人葬，而是单人葬③。过去曾有人认为包括四平山积石墓等的辽东半岛积石墓是火葬④，然而鉴定结果不能予以肯定。鉴定者指出，墓葬人骨可能受过低温火烤，但未必是特殊的丧葬行为所致，而很可能是受到山林火灾波及的结果。各

---

* 　本文由赵辉译。

① 　澄田正一：《遼東半島の積石塚 – 老鉄山と四平山 –》，《愛知学院大学文学部紀要 人間文化》第 20 号，1990 年；澄田正一、秋山进午、冈村秀典：《1941 年四平山积石墓的调查》，《考古学文化论集》（四），文物出版社，1997 年。

② 　澄田正一、小野山節、宫本一夫编：《遼東半島四平山積石塚の研究》，柳原出版，2008 年。

③ 　大藪由美子、片山一道：《四平山積石塚で出土した人骨》，《遼東半島四平山積石塚の研究》，柳原出版，2008 年。

④ 　安志敏：《中国辽东半岛的史前文化》，《东方学报》京都第 65 册，1998 年。

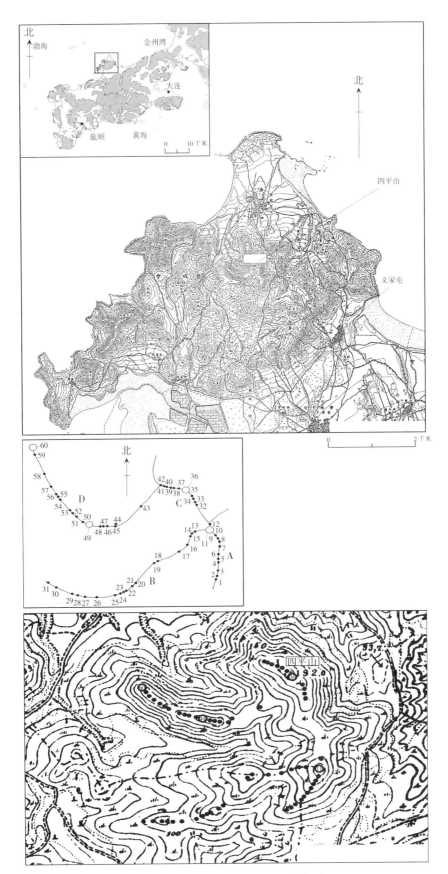

图一　四平山积石墓的位置和分布图

石室的规模如表一所示，空间用来直肢葬仍十分足够，且从其中部分四肢骨的排列看来很可能是仰身直肢葬。因此可以确定各石室都是单人葬。以下据此讨论石室的构筑过程。

　　四平山积石墓分为单列多室墓和单独墓。M32、M34、M35、M36、M38、M39、M40 是单列多室墓，M33、M37、M41 是单独墓（图二）。其中 M33 未做发掘，但规模较大，和 M32 近似，可能也是单列多室墓。坐落在四平山脊线上的积石墓，无论单独还是连续成排的墓室，都分别给予了编号。这当中，M36 墓位于四平山山顶，其中的 P 石室更在最高处。像这样以山顶为中心沿脊线排列的各积石墓以及各石室之间一定存在着某种关系。兹以几乎全部发掘了的 M35 为主，从墓室结构来看其构筑的顺序。

表一　四平山积石墓的石室规模　　　　　　（长度单位：米）

	墓圹长	墓圹宽	墓圹深	盖板	有机质土	头向	其他
M32	2.9	1.2					
M35A 北	2.3	2	1.1			西	
M35A 南	1.6	0.8	1.2				
M35A – B	1.5	1.3	1.1				
M35B	2.7	1.9	1.1	有	有		
M35B – C	1.9	1.1	0.9			西	
M35C	2.1	2	1.1	无			
M36E	3.7	1.9		有			
M36K – L				有	有	西	
M36P			1.5	有	有	西南	
M36Q	2	1.2					
M36S	2	1.1		有	有	西南	
M36U – V							
M36V	1.9	1.1		有	有		
M36W	2.3	0.8		有			
M37	3.4	1.9		有		东南	石棺
M38E	3	1.5					石棺
M38G – H	2.8	1		有	有	西南	
M39	2.6	1.4	1.05	无			

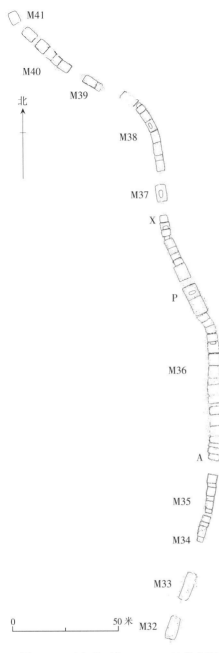

图二　四平山积石墓 M32～M41 分布图

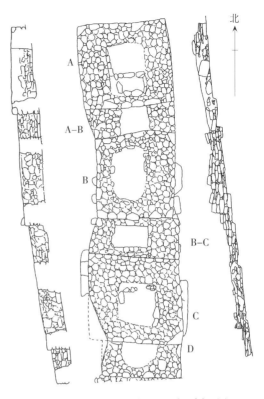

图三　四平山积石墓 M35 平、剖面图

2. 单列多室墓编年

在地表调查时，将 M35 单列多室墓和 M34 单独墓划分开来（图三）。然而经以后的发掘，于 M35 和 M34 中间发现了 M35 的 D、E 石室。因此得知这是一座连续的单列多室墓，可能是由于后来陆续追加构筑墓室所形成的。但是由于 M34 未经发掘，因此不能判断 M35 和 M34 的构筑顺序。

从图三墓葬侧视图看，M35B 石室的墓壁保存最好，得以判断其构筑过程：首先于 A 室旁的斜坡上挖掉部分坡土，平整地面，再于其上积砌石室墓壁，最后积石堆迭出方形坟丘。坟丘外壁也即石室的侧墙外墙面保留齐整的砌石面，其构筑之精巧，以致被误为是一座方坟。又由墓葬侧视图来看，A 室外墙向 B 室方向崩塌，B 室外墙被 A 室和 A－B 石室下来的崩塌石块覆盖。但这并不能说明 B 室的建造比 A 室早。这是因为 A 室建在上坡，其坟丘崩坏时的堆积自然会覆盖到位于下坡的 B 室上。唯一可以肯定的是，A 室南壁和 B 石室北壁大致是在同一高度的地面上起建的，这是有意识的做法。A 石室南壁和 B 石室北壁的地基分别挖成阶梯状，两个石室间构成平台面。由此可以发现两石室在构筑时是相互有意识的，但却无法判断两者在建造上孰早孰晚。

M35B 室和 C 室也有密切关系。图三剖面图显示，B 室和 B−C 室位于同一水平上，较 A 室低了一个台阶。虽然 C 室较 B 室又低了一个台阶，但建在 B 室和 C 室之间的 B−C 室则有意识地将石室底面和 B 石室构建在同一平面上。靠近 B 石室坟丘外壁的 C 室，则是和 B 石室建构在同一水平面上。这也就是说，B 室建成之后，再建造 C 室时，是意识到前者的存在的，最后再盖 B−C 石室。由此而论，建构在较高位置上墓室年代早。如以同一原则来看 A 石室的话，它可能是 M35 中最早建成的石室。虽然还不能肯定 A 室和 B 室的构筑顺序，但已经可以看出 A 室→A−B 室；B 室→C 室→B−C 室这两组时间关系，只是很难确定这两组之间的时间关系。不过，至少能看出建造 A−B 室时，B 室已经盖好了。关于这个构筑顺序的问题，后文中将通过随葬品的类型学分析再做探讨。

总之，M35 在 A 室建构后接着建造了 A−B 室，在 B 室建成后加建 C 室，之后再加 B−C 石室，推测这些石室是依次构筑起来的。而 M34 在面向 M35 的一侧建造了 E 室，再建 D 室，连接到 M35C 室。如此构成了一连串的列状墓室。只是 M34 尚未发掘，M35E 室和 D 室的发掘资料中也还有许多细节尚不清楚。但已经可以明了，列状多室墓是单独墓建成之后，各墓室之间陆续加建墓室，逐渐连接而成的。其起点很可能就是较高处的单独墓。

3. 石室特征

如 M35 各室所见到的，积石墓在地表堆积石块，形成方形坟丘。坟丘四面砌成垂直状。同样的石室四壁也垂直砌建，墓底坐落在地面上，因此是地上墓。这种形制和华北地区一般的墓葬形制不同，而与红山文化的积石墓一样，属于分布在长城地带以北的积石墓系统。但红山文化的积石墓有方形和圆形坟丘，墓室部分设在地下，反映出和辽东半岛积石墓的不同地域特征。此外，沿着山脊线的排列也和红山文化积石墓的景观不同。沿丘陵脊线的地表积石建构方形坟丘和石室，是辽东半岛特有的墓制。

四平山积石墓中值得注意的是，如表一所示，在 M36E 和 P 石室及 M37 发现了石盖板。多数情况下，盖板已经掉进墓室内或墓底，但是也有像 M37 的还保留在原位置上。据此可知盖板为近长方形的石板，几块盖板横架在石室上，以上再积石成方形坟丘。也就是说，石室内部是空的，靠上面的积石密封。室内安厝死者，随葬品则放在死者周围。发掘时发现，靠近墓底的土已经变为有机质土，令人不由得想到密封的石室内过去可能有木棺。但是根据一般北方积石墓的情况推测，这种可能性不大，不如说石室本身就有木棺的功能吧。

这种石室和积石墓的构造，表现出相当明显和独特的地域特点，为中原等地华北新石器时代的墓葬所不见。仅从积石墓来看，应当属于红山文化的积石墓系统。但红山文化的分布范围在辽西，辽东地区没有发现这类积石墓，辽东半岛前端的积石墓在分布上和红山文化不连续，很难说与红山文化有直接关系。而且，辽东半岛的积石墓和构筑地下墓室的红山文化积石墓有着极为明显的地区差异。至今尚不清楚辽东半岛积石墓以前的墓制形态，因此有关它的产生尚存许多谜团。目前也还只能推测它是当地的发明。

4. 四平山积石墓的布局

四平山积石墓的特征之一是一座或若干座墓皆沿脊线排列。我曾将其分类为单列多室墓和单独墓①。此外老铁山和将军山积石墓地发现多列多室墓，这两个地点也有单列多室墓。四平山积石墓附近的东大山积石墓②亦属多列多室墓。不论是单列多室还是多列多室构成的片状，相继构筑所依照的原则是相同的，只是最终的结果形态不同而已。这可能是由于在陆续加建石室时，于陡峭的山梁脊线上只能形成列状墓室，而在比较开阔的丘陵坡地上，则可以建成成片墓室。因此，这两种不同形态，更可能是同在龙山文化阶段，因地形环境差异出现的结果，而非时期差异的产物。千叶基次曾推测有单独墓→单列多室墓→多列多室墓这样的演变序列，如今看来很可能并非如此。

更重要的是，单列多室墓和多列多室墓中埋葬的死者之间存在前后序列的关系，单室墓意味着这个关系中断了。在前一种情况，连续埋葬依据的应当就是亲族结构的基本原则——血缘关系，后一种情况是血缘谱系仅在一代人之后就断绝了。也许，这种连续的埋葬习俗正是一个单位在社群中稳定存续状态的体现。就像以下将还要论述的，四平山积石墓中随葬品内容组成反映了在社会内部正逐渐形成新的阶层关系，进而这种氏族间的阶层关系成为构建更大社群的基点。因此与其推论这个阶段的积石墓优先重视以单室墓的形式突出社群中的重要人物，不如说是体现了随着血缘氏族间的分化发展而导致的社会变化趋势。

（二）随葬陶器的编年

1. 黑陶

四平山积石墓出土的黑陶，在相对年代上属山东龙山文化早期。李权生将山东龙

① 宫本一夫：《辽宁省大连市金州区王山头积石冢考古测量调查》，《东北亚考古研究——中日合作研究报告书》，文物出版社，1997年。
② 冈村秀典编：《文家屯——1942年辽东先史遗迹发掘调查报告书》，辽东先史遗迹发掘报告书刊行会，2002年。

山文化分为 5 期，这里的早期指李权生的第 2 期。年代较晚的 M38，李权生认为属第 5 期①。但果真如此吗？下文通过对山东龙山文化分期的研究，重新审视其编年。

　　与辽东半岛黑陶对比分析的应是对岸胶东半岛的资料。但胶东半岛的资料缺少墓葬出土的共存关系，很难做出清晰的编年，因此使用与胶东半岛接壤的鲁东南地区的资料进行比较分析。鲁东南地区出土较多的黑陶完整器，形制类似胶东地区，进而可据此考察四平山的资料。鲁东南地区的资料主要见于胶县三里河②、诸城呈子③、日照两城镇④等遗址。

　　三里河遗址有大汶口文化晚期到龙山文化的连续墓地，资料已经发表，有很多良好的共存关系资料。在此基础上，再根据陶鬹和黑陶高柄杯的形态变化，将遗址中龙山文化共分为 5 段（图四）。大汶口文化末期以 M282、M302 为代表，陶鬹鬹流横出，龙山文化以后，鬹流高耸、鬹颈变粗、袋足粗肥、实足鬹呈平底。黑陶高柄杯杯身渐趋发达，杯口渐变为盘形口，杯底逐渐下垂至杯柄内。呈子遗址陶器可分 3 期，分别可与三里河相对应。

　　以上三里河墓地分期和栾丰实⑤、赵辉⑥有关山东龙山文化的分期对应关系见表二。

表二　黑陶编年的对应关系

龙山文化	本文编年（三里河墓地）	三里河墓地分期	栾丰实分期	赵辉分期
早期	1 段（M2113）	第 1 期	第 1 期	
	2 段（M2108）	第 1 期	第 1 期	第 1 期
	3 段（M2124）	第 2 期	第 2 期	
	4 段（M134）	第 3 期	第 3 期	第 2 期
晚期	5 段（M2100）	第 3 期	第 4 期	第 3 期
			第 5 期	第 4 期
			第 6 期	

① 李权生：《韩国支石墓社会研究》，学研文化社，1992 年。

② 中国社会科学院考古研究所：《胶县三里河》，文物出版社，1988 年。

③ 昌潍地区文物管理组、诸城县博物馆：《山东诸城呈子遗址发掘报告》，《考古学报》1980 年第 3 期。

④ 中美两城地区联合考古队：《山东日照市两城镇遗址 1998 - 2001 年发掘简报》，《考古》2004 年第 9 期。

⑤ 栾丰实：《海岱地区考古研究》，山东大学出版社，1997 年。

⑥ 赵辉：《龙山文化的分期和地方类型》，《考古学文化论集》（三），文物出版社，1993 年。

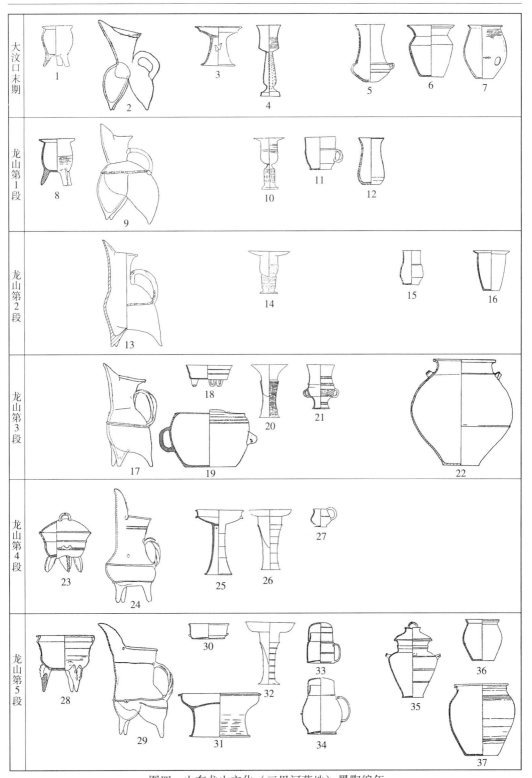

图四　山东龙山文化（三里河墓地）黑陶编年

对山东龙山文化的分期，有早晚两期或是早中晚三期两种意见，学界一般倾向前者。栾丰实和赵辉也主张分为两期，其他还有韩榕的两期划分①，内容和赵辉的分期大致相同。黎家芳、高广仁的分期②主要针对的是龙山文化早期阶段，可说是对龙山文化早期的细分编年。表二所示本文对三里河墓地的编年中，第1~4段相当于以上龙山文化的早期，这里的型式变化却显示出是大汶口末期到龙山文化早期。

根据山东龙山文化的陶器编年讨论四平山黑陶的年代时，首先应当从形制变化上最能表现时间变化的陶鬶入手。也正因为这个原因，这里把理应放在下文红褐陶陶器中讨论的鬶提前讨论。鬶的突出变化之一是Ⅱ式鬶流横出向Ⅲ式鬶流直立的转变，Ⅱ式鬶流的特点与其说是山东龙山文化期的特征，不如说是大汶口晚期特征的孑遗。四平山M36Q室出土有Ⅱ式鬶，同时出土了形制与Ⅰ式鬶相近的猪形鬶。猪形鬶不见于龙山文化，而是大汶口文化晚期的器形。因此，仅从鬶的形制看，M36Q室的年代早于龙山文化而属大汶口晚期文化，只是共存出土的黑陶具有龙山文化1期的形制特征。M37出土的高柄杯形制不属于1期，而为更早阶段的特点。李权生认为年代晚的M38，其出土黑陶也应归为龙山文化早期。M38E石室出土Ⅴ式鬶，鬶流较短却垂直向上、薄胎、流口接合处饰乳丁纹，这些特征已出现于Ⅱ式鬶上，绝非新的特征，更不是龙山文化晚期特征。M38E石室还伴出龙山文化早期红褐陶鼎的凿形足，可见M38也属龙山文化早期。这与前述李权生有关M38年代的判断③很不相同。不过，李权生的龙山文化分期实际上也仅限于呈子等遗址的鲁东南地区，也即本文所说的龙山文化早期。他的问题在于将鲁东南地区龙山文化早期的东西和鲁西北、鲁中南地区龙山文化晚期的东西混为一谈了。

如以上所说，四平山积石墓目前为止所发现的黑陶皆属于龙山文化早期。但是，若进一步从形制上明确它们在龙山早期内的分期细别却很困难。从两地黑陶的情况看，四平山的陶杯和高柄杯与鲁东南者颇为相似，但蛋壳黑陶的凿形足陶鼎却不见于胶东，显示出辽东的黑陶有很强的地方特点。特别是小型的黑陶罐，与本地红褐陶罐的制作技法相同，即本地至少也制作生产部分黑陶器物。过去曾推测辽东的黑陶系自胶东输入④，然最近通过稳定同位素检测发现，胶东和辽东的黑陶器物之碳同

---

① 韩榕：《试论城子崖类型》，《考古学报》1989年第2期。
② 黎家芳、高广仁：《典型龙山文化的来源、发展及社会性质初探》，《文物》1979年第11期。
③ 李权生：《韩国支石墓社会研究》，学研文化社，1992年。
④ 宫本一夫：《海峡を挟む二つの地域－山東半島と遼東半島、朝鮮半島南部と西北九州、その地域性と伝播問題》，《考古学研究》第37卷第2号，1990年；岡村秀典：《中国先史時代玉器の生産と流通－前三千年紀の遼東半島を中心に－》，《東アジアにおける生産と流通の歴史社会学的研究》，中国書店，1993年。

位素数据不一致①，因此可以认定四平山积石墓的黑陶主要为本地生产，同时有部分外来输入品。

2. 红褐陶

随葬品中的红褐陶有鼎、钵、杯、盆、鬶、壶、罐、小罐、盖等。其中，型式变化明显，可作为陶器编年基准的仅限于钵、杯、小罐、鬶，其分类和式别变化详述于下。

钵分直口的Ⅰ型和折沿敞口的Ⅱ型。Ⅰ型钵又有直口和口部微折的两种，但共同特征是口沿部素面，再以下有斜格刻划纹。推测口沿下素面并微折者定为Ⅰa式（图五，5），折口位置施刻划平行线，转折模糊的为Ⅰb式（图五，6），只有斜格刻划纹者为Ⅰc式（图五，7）的变化方向，但还有待以墓葬为单位资料的验证。Ⅱ型钵分四式：Ⅱa式素面无纹饰（图五，8）；Ⅱb式颈部以下施列点纹、间有乳丁（图五，9）；Ⅱc式饰横向席纹窄带数周，纹饰带之间以无纹带做间隔，或有把手（图五，10）；Ⅱd式器表装饰细密弦纹，设对称把手（图五，11）。Ⅱ型钵被视作小珠山上层（郭家村上层）文化的常见器物。

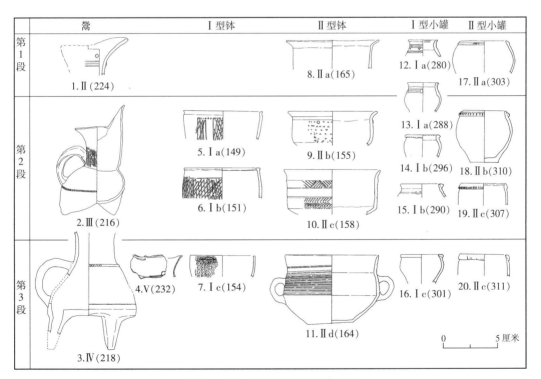

图五　四平山积石墓的红褐陶编年

① 三原正三、宫本一夫、小池裕子：《龍山文化期黑陶片試料の炭素安定同位体比分析》，《遼東半島四平山積石塚の研究》，柳原出版，2008年。

　　四平山出土的陶鬶中，M36Q 石室的猪形鬶是罕见珍品，属山东半岛大汶口文化晚期阶段的形制，兹作为Ⅰ式。可复原整器的资料出自 M36P 室（图五，2），鬶流稍大并向上直立，袋足上方饰一周齿状附加堆纹。这些特征，尤其是流部直立的形态，亦见于 M36E 室、S 室、K—L 室的陶鬶上，是一个时期的典型特征。M36Q 室的鬶，流部横出（图五，1），是大汶口文化晚期陶鬶的特征，比流部直立者年代要早。现将鬶流横出者作为Ⅱ式，直立者定为Ⅲ式。Ⅲ式鬶中，M36E 室的一件，袋足较 M36P 室（图五，2）的粗大些，两者有一定差别。M36K—L 室的白陶鬶形制更接近 P 室出土者，皆属Ⅲ式。M36E 室另出一件平底实足鬶（图五，3），形态与Ⅲ式差别较大，兹定为Ⅳ式，但其流部特征与Ⅲ式相同，是当注意之处。M38E 石室的鬶，器壁较以上标本薄很多，或许是明器化的表现，随整体的形制不明，但因明显不同于其他鬶，故定为Ⅴ式。

　　小罐分为两大类。Ⅰ型厚唇微外折；Ⅱ型口外贴附加堆纹，堆纹上有刻纹。Ⅰ型可细分三式：Ⅰa 式侈口束颈（图五，12、13）。Ⅰb 和Ⅰc 式厚唇外卷，其中，以附加泥条贴加于沿外侧的为Ⅰb 式（图五，14、15）；于唇上贴附泥条的为Ⅰc 式（图五，16）。Ⅱ型也可分为三式。Ⅱa 式在略微离开口沿下方处施一周断面为三角形的附加堆纹，堆纹条上有刻划纹（图五，17）；Ⅱb 式口沿外贴断面为三角形的附加堆纹，堆纹条上施刻划（图五，18、19）；沿外贴宽泥条，上施凌乱刻划的为Ⅱc 式（图五，20）。

　　以上就红褐陶进行分类，进而推测各自的式别变化。若有关它们变化的分析成立，则这个变化应在各共存关系也即各墓室出土器物的式别组合中也无矛盾才对，这是类型学分析的常识。表三给出各石室出土红褐陶的型式组合，而类型学分析得到的各型陶器的式别变化分别是：钵Ⅰa→Ⅰb→Ⅰc 式；钵Ⅱa→Ⅱb 及Ⅱc→Ⅱd 式；鬶Ⅰ、Ⅱ→Ⅲ→Ⅳ、Ⅴ式；小罐Ⅰa→Ⅰb→Ⅰc 式；小罐Ⅱa→Ⅱb→Ⅱc 式（图五）。这些器物的式别变化与表三各墓室陶器的组合关系非常吻合，几乎没有相互抵牾之处，是知有关红褐陶形制变化的分析成立。在此基础上，按照式别组合关系排序各墓室单位如表四，并可根据组合关系的式别内容，将这些墓室划分成 3 段：钵Ⅱa 式，鬶Ⅰ、Ⅱ式，小罐Ⅰa、Ⅱa 式为第 1 段；钵Ⅰa、Ⅰb、Ⅱb、Ⅱc 式，鬶Ⅲ式，小罐Ⅰb、Ⅱb 式为第 2 段；钵Ⅰc、Ⅱd 式，鬶Ⅳ、Ⅴ式，小罐Ⅰc、Ⅱc 式为第 3 段。也就是说，各墓葬石室是依这个顺序建造起来的。从前文对黑陶和鬶的形态特征分析来看，四平山 M32、M35、M36、M37、M38、M39 年代为山东龙山文化的早期。而依照表三所示红褐陶器的式别变迁，可进一步了解这些石室的年代前后关系。

　　根据红褐陶的分期，可以复原出积石墓的建造分三个阶段（表四）。1 段：仅有 M36Q 室。2 段：M32，M36P、K—L、V、W 室，M37 和 M39。3 段：M35A、A—B 室，M36E、S 室，M38E 石室。

表三　四平山积石墓红褐陶和黑陶的型式组合

石室编号	鼎	钵 I	钵 II	盆	豆	鬶	杯	器盖	长颈壶	壶	短颈壶	广口壶	小罐 I	小罐 II	罐
M32				Ⅲ									Ⅰb		Ⅰ、Ⅲ
M35A		Ⅰb	Ⅱb							Ⅲ				Ⅱc	Ⅱ
M35A－B					Ⅰ			Ⅱ						Ⅱc	Ⅱ
M35B										Ⅰ			Ⅰa		Ⅰ
M35B－C															
M35C													Ⅰb		
M36E		Ⅰa	Ⅱd	Ⅰb	Ⅱ	Ⅲ、Ⅳ	Ⅲ	Ⅳ		Ⅰ·Ⅱ			Ⅰa、Ⅰb、Ⅰc	Ⅱb、Ⅱc	Ⅰ、Ⅱ
M36K－L		Ⅰa		Ⅰa、Ⅰb	Ⅳ	Ⅲ	Ⅰ	Ⅱ	○		Ⅱa、Ⅱb		Ⅰb	Ⅱa	Ⅰ、Ⅱ
M36P	○					Ⅲ、Ⅴ	Ⅰ、Ⅲ、Ⅴ						Ⅰa		Ⅱ
M36Q	○		Ⅱa	Ⅱ	Ⅰ、Ⅱ	Ⅰ、Ⅱ、Ⅲ	Ⅳ	Ⅱ	○		Ⅱa		Ⅰa	Ⅱa、Ⅱb	Ⅱ、Ⅲ
M36S		Ⅰc				Ⅴ	Ⅱ		○						Ⅰ
M36U－V				Ⅰa						Ⅰ					Ⅱ
M36V			Ⅱb	Ⅲ				Ⅱ、Ⅲ	○	Ⅰ			Ⅰa	Ⅱb	
M36W		Ⅰa、Ⅰb	Ⅱc		Ⅳ			Ⅱ		Ⅱ				Ⅱb	Ⅰ、Ⅲ
M37			Ⅱc	Ⅰb、Ⅲ				Ⅱ					Ⅰa、Ⅰb		Ⅰ
M38E	○	Ⅰc	Ⅱc	Ⅰa、Ⅱ		Ⅴ	Ⅲ	Ⅰ		Ⅰ			Ⅰa、Ⅰc		Ⅰ、Ⅲ
M38G－H	○	Ⅰc					Ⅱ					○			Ⅱ、Ⅲ
M39			Ⅱc		Ⅲ			Ⅰ、Ⅲ					Ⅰa	Ⅱb	Ⅰ、Ⅲ

表四　四平山积石墓红褐陶的型式变化

段别	石室编号	钵		盆	鬶	小罐	
		Ⅰ	Ⅱ			Ⅰ	Ⅱ
第1段	M36Q		Ⅱa	Ⅱ	Ⅰ、Ⅱ	Ⅰa	Ⅱa、Ⅱb
第2段	M35B					Ⅰa	
	M36P				Ⅲ	Ⅰa	
	M36K－L	Ⅰa		Ⅰa、Ⅰb	Ⅲ	Ⅰb	Ⅱa
	M36V		Ⅱb	Ⅲ		Ⅰa	Ⅱb
	M36W	Ⅰa、Ⅰb	Ⅱc				Ⅱb
	M36U－V			Ⅰa			
	M37		Ⅱc	Ⅰb、Ⅲ		Ⅰa、Ⅰb	
	M38G－H			Ⅰa、Ⅱ			
	M39		Ⅱc			Ⅰa	Ⅱb
	M35C					Ⅰb	
	M35B－C						
	M32			Ⅲ		Ⅰb	
第3段	M35A	Ⅰb	Ⅱb				Ⅱc
	M35A－B						Ⅱc
	M36E	Ⅰa	Ⅱd	Ⅰb	Ⅲ、Ⅳ	Ⅰa、Ⅰb、Ⅰc	Ⅱb、Ⅱc
	M36S	Ⅰc			Ⅴ		
	M38E	Ⅰc	Ⅱc		Ⅴ	Ⅰa、Ⅰc	

　　M35B室虽然没有鬶、钵等可用来明确分期的器物，但根据出土的Ⅰa式小罐判断，其年代属第1段的可能性很大。M35C室有Ⅰb式小罐，因此可能属于第2段。前文通过对墓葬结构分析已经了解到在M35中，B室之后建造C室，再建B—C石室。A室和B室的建造顺序虽然不明，但是从随葬红褐陶来看，A室应晚于B和C室。据此整理M35的建造顺序为：B、C、B—C石室于第2段建造；A、A—B室是第3段建造的，从而完成了整座M35的建造。从时间上看，M35大致可分为B、C室的一组；A、A—B室为另一组。B室年代暂定为第2段，有可能上溯到第1段。

　　M38E室可能属于第3段。G—H室的年代判断比较困难，虽然出土有Ⅰa、Ⅱ式盆，但Ⅱ式盆见于第1段的M36Q室，Ⅰa式盆见于第2段的M36K—L室和U—V室。由此可以大致把出土Ⅰa、Ⅱ式盆的M38G—H室放在第2段。

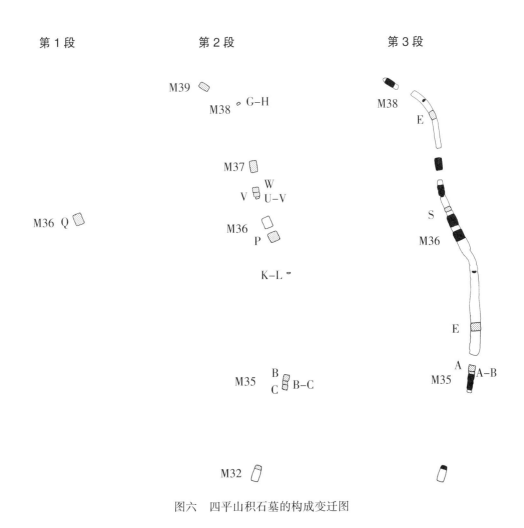

图六　四平山积石墓的构成变迁图

通过对红褐陶式别变化的细致分期，以及结合前文从石室构造推测的建造顺序，使得积石墓的建造过程更加清晰明确。如 M35B、C 室建成后再建 A 室，而 A—B 室和 B—C 室的建造就像刻意填补之间的空白之举。M35 开始建造于第 2 段，第 3 段起建造了 A 室，接着在已经建成的 A、B 两室之间加建 A—B 室，从而形成了沿着山脊线排列的积石墓列。四平山各积石墓都是以这样的方式建造起来的，各墓的建造顺序如图六。据此可知尽管刻意按照现存状态可将积石墓分为单列多室墓和单独墓，但从建筑程序上，都是从一座单墓开始陆续建成的，最终形成了像单列多室墓这样的集团墓。一座单列多室墓的起点，如 M36Q 室位于山顶，同时也是 M36 的中心位置。M35B 室也是在墓列的中心位置。每座多室墓的建造，都是围绕一座中心墓室展开的。

3. 小结

四平山积石墓随葬陶器有黑陶和红褐陶两种。黑陶应视为山东龙山文化的系统，红褐陶为源自辽东半岛史前文化的陶器谱系。但是红褐陶中也有受山东龙山文化影响所产生的器形，因此很难把两系统清楚地区别开。另外，黑陶中也有具有辽东半岛地方特征的鼎等器形，而真正可以肯定是从山东半岛输入的黑陶器物仅为极少数。郭家村①和文家屯遗址C区②也出土黑陶，表明辽东半岛的一般聚落也有黑陶存在。由此推测，辽东半岛可能不只有红褐陶，也有黑陶的制造生产。两者可能在山东龙山文化期间就已经共同被作为随葬陶器使用了。

从黑陶和红褐陶类型学年代排队并结合石室单位随葬陶器共存关系的验证结果看，有关两者的演进分析结果一致。黑陶的类型学比较显示，四平山积石墓大约相当于山东龙山文化早期。根据红褐陶的型式和组合内容的变化，可进一步将四平山积石墓的建造分为三个阶段。自龙山文化初期起，陆续开始了各墓区的建造过程，并随着不断追加增建墓室，最终形成了今天所见的若干座单列多室墓。并且还可以看出，墓地的建造是首先于山顶最高处营建中心墓葬，继而各墓也皆选择较高地点开始建造第一个墓室，并以此为中心陆续增建扩大这样一个程序。

（三）四平山积石墓的社会——黑陶的器类组成与墓葬位置

比较各墓室中的黑陶，可以发现其组合上有很多差异，如表五所示，可分为五类情况。已经知道在山东龙山文化里，随葬陶器组合内容的不同体现着阶层分化的状况③。因此，在四平山积石墓中，以鬶为中心的山东龙山系统黑陶组合在各墓室单位的种种差异之意义，也颇值得探讨。在这里排除了本地系统的红褐陶，而专注于黑陶和鬶这类山东龙山文化系统陶器的墓葬随葬品组合规范，是否也同样存在于四平山积石墓的问题。

以下是随葬品组合情况分类。

A类：杯

B类：杯、罐（壶）

---

① 辽宁省博物馆、旅顺博物馆：《大连市郭家村新石器时代遗址》，《考古学报》1984年第3期；宫本一夫：《遼東半島周代併行土器の変遷－上馬石貝塚Ａ．ＢⅡ区を中心に》，《考古学雑誌》第76卷第4号，1991年。

② 冈村秀典编：《文家屯——1942年遼東先史遺跡発掘調査報告書》，遼東先史遺跡発掘報告書刊行会，2002年。

③ 宫本一夫：《山東地区新石器时代墓制所见阶级制及礼制起源》，《东方考古》（第3集），科学出版社，2006年。

表五　四平山积石墓黑陶和鬶的器物组合

石室编号	鼎	钵	豆（高杯）	鬶	高柄杯	杯	壶	罐	器盖	合计
M32										0
M35A		1				2	2			5
M35A－B		1				2	1	1		5
M35B		1				1		1		3
M35B－C						2	1	1		4
M35C		1				2		1		4
M36E		2	1	2		15	5	2		27
M36K－L		1		1		3		4	2	11
M36P	4		3	1		2				10
M36Q	2	3	2	2		4	4		1	18
M36S	1			1		3	1	1		7
M36U－V						1			2	3
M36V						3	1	1		5
M36W						3				4
M37	1		1		1	3	1		2	9
M38E	2		1	1		4				8
M38G－H						1		1		2
M39						1	1			2

C 类：杯、罐、钵

D 类：杯、鬶、罐、（豆）、（钵）

E 类：杯、（鬶）、（高柄杯）、鼎、罐、（豆）、（钵）

从中可明显看出，杯在所有随葬黑陶的墓葬中都是不可或缺的基本要素。兹将仅有杯的作为 A 类，也即 A 类是仅有饮器的组成。

杯和贮藏器罐的组合为 B 类。有时罐也由类似的壶替代。B 类的实质内容是饮器＋贮藏器。

B 类中再加入钵的就成为 C 类。也就是饮器和贮藏器再加上盛食器。

C 类中若伴出鬶，则为 D 类。D 类当中有时也伴出豆，但并非通例，所以有无鬶是此分类的标准。D 类实际上可看成是饮器和盛食器组合的扩大或丰富。

E 类则是在这些器种之外再加上鼎、豆和钵，但后两者并非一定，因此鼎的有无是分类基准。E 类实际上是在上述器类组合上再加上炊器。

　　从 A 类到 E 类，器类在组合中逐渐增加，或者换句话说，器类组合是分等级的。若暂不考虑 M36E 室情况的话，在表六中还可看出，各墓室单位随葬陶器总数量的多寡和黑陶器类组合的等级之间也存在大致对应的关系。进一步讨论这种对应关系时，本地系统红褐陶的组合即成为问题。从表六的统计可见，与黑陶器 A 类组合共出的红褐陶有钵（盆）和小型罐（壶），也就是盛食器和贮藏器再加上饮器的黑陶杯。在未出黑陶的 M32 中随葬红褐陶盆和罐，从红褐陶的器种组合来看，与上面有黑陶杯的组合相同。于是，红褐陶的这一组合因黑陶的有无，形成了等级差异。也即只随葬红褐陶的 M32 墓主地位较低。

　　与黑陶 B 类组合共出的红褐陶有钵、小罐和豆或杯。这个组合里，红褐陶器类增加了，并以红褐陶钵补充了原组合中缺少的盛食器。黑陶 C 类组合也有与红褐陶豆或杯共出的情况。合并黑陶和红褐陶的器种组合来看的话，B 类和 C 类的器类内容并无不同。但换个角度看，就可发现其盛食器是黑陶还是红褐陶的差别，兹也表明了存在着等级差别。

表六　四平山积石墓红褐陶的组合

石室编号	鼎	钵	盆	豆	杯	壶	小罐	罐	器盖	合计
M32		1						3		4
M35A		3		1			5	1		10
M35A – B				1			1	1	1	4
M35B				1			1			2
M35B – C		1				1		4		6
M35C				1			1			2
M36E		2	1	8	1	3	9	9	3	36
M36K – L	1	1	1	3	1	5	2	2	2	18
M36P	1			1	4		2	2		10
M36Q	1	1	1	4	7	5	4	2	2	27
M36S		1			1	2		1		5
M36U – V		1					1	1		3
M36V		1	1			2	2		2	8
M36W		3		2		1	3	1	1	11
M37		1	2				3	1	1	8
M38E	1	1		2	1	1	1	3	1	11
M38G – H		2		2	2		5			11
M39		1		1			2	2	2	8

如果视红褐陶在某种意义下是黑陶的替代品的话，那么黑陶 D 类和 E 类组合的红褐陶器类构成就不存在差异，皆为钵、小罐、豆、杯，总体上的器类有所增加。而根据上述分析，这里随葬红褐陶器类的构成，也同样表示了黑陶器类组合的等级差别。

接下来再考察陶器和其他随葬品的对应状况。表七登记的是各墓随葬的玉器。黑陶组合 E 类比器类少的 A 类随葬玉器明显要多。玉器中特别贵重的是牙璧，除了四平山 M38E 室外，其余出土黑陶 E 类组合的墓都有牙璧。由此来看，黑陶器类组合等级和随葬玉器相关。或者说，黑陶组合的等级和其他随葬品的数量和质量都相关，黑陶器类越多，其他随葬品的质量和数量也会提高。因此，四平山的黑陶组合等级结构，很有可能反映了死者生前的社会阶层结构，或者反过来说，死者的身份透过黑陶器类组合表达出来了。但是，一个非常有意思的现象是，黑陶 D 类组合的随葬陶器数量非

表七　四平山积石墓玉器的组合

石室编号	黑陶器类构成	玉石器			
		牙璧	环	斧	其他
M32					簪 1
M35A	C				小珠 2
M35A – B	C	1			
M35B	C	1	1	1	长方形器 1
M35B – C	B			1	
M35C	C	2			
M36E	D			2	指环 1、镞 1
M36K – L	D				
M36P	E	1		1	指环 1、小珠 1、锥形器 1
M36Q	E	1	2		小珠 1、玉管 1、戈形器 1
M36S	E	1	1		指环 1、棒状垂饰 1
M36U – V	A		1		小珠 1
M36V	B			1	
M36W	B		1		簪 1、圆形垂饰 2
M37	E	1	1		石块 2、钏 1、小珠 3、玉管 2、玉珠 1
M38E	E		2	1	
M38G – H	B				
M39	B	1	1		玉管 2

常多，却很少与牙璧等玉石器共存。相反，等级较低的 C 类组合却和牙璧有共存现象。这或许表示了有以随葬陶器为主的陶器墓，和以重视随葬玉石器的玉器墓这样两个类型。这样的差异可能在表现社会阶层差异的同时，又反映着性别差异。尽管例子很少，出土黑陶 E 类组合的 M36P 室为男性墓主，表明男性占据了社会的最上层。同样的现象在以 C 类组合为主的 M35 多室墓里也能看到。在墓列中据主要位置上的 B、C、A 室皆出土 C 类组合，B、C 室随葬有牙璧，A 室没有，但 A 室随葬陶器明显较多。它们是同一阶层，但从随葬品差异上看，将 B、C 室解释为男性墓，A 室是女性墓，也是可行的。

将这样的等级结构简单整理如表八。其中，随葬 E 类组合的等级最高，以下依次为 D、C、B 类组合；随葬 A 类组合的陶器数量少，连同仅随葬红褐陶墓之等级最低，总计分为五个等级。

表八　四平山积石墓随葬品与墓主的身份关系

石室编号	黑陶器类构成	黑陶器件数	红褐陶器件数	陶器总件数	玉石器			社会阶层
					牙璧	环	斧	
M32		0	4	4				5
M35A	C	5	10	15				3
M35A – B	C	5	4	9	1			3
M35B	C	3	2	5	1	1	1	3
M35B – C	B	4	6	10			1	4
M35C	C	4	2	6	2			3
M36E	D	27	36	63			2	2
M36K – L	D	11	18	29				2
M36P	E	10	10	20	1		1	1
M36Q	E	18	27	45	1	2		1
M36S	E	7	5	12	1	1		1
M36U – V	A	3	3	6		1		5
M36V	B	5	8	13		1	1	4
M36W	B	4	11	15				4
M37	E	9	8	17	1	1	1	1
M38E	E	2	11	13		2	1	1
M38G – H	B	8	11	19				4
M39	B	2	8	10	1	1		4

那么，这一等级结构和墓室排列位置的相关性如何呢？四平山墓地随葬黑陶的年代皆属山东龙山文化早期。根据红褐陶型式变化，墓地存续年代可再分为三段，一段之内的时间跨度有限，其中的遗存可看作是同时的。以此为前提来讨论随葬品等级和墓室排列的关系。

图七标示出了各墓室的随葬品等级。从图七可以看出，等级最高的M36P室和Q石室位于脊线最高处，其次为M36S室和M37。从随葬黑陶看，在这最高等级的一群中，又以M36Q室的地位最高，紧随其后的是随葬4件陶鼎的M36P室。总之，等级最高的墓也位于脊线最高处。第2等级的黑陶D类组合墓位于南侧坡下。同样的现象也见于M38。尽管该墓只发掘了2座墓室，但是比较其随葬品和墓室位置后可发现，M38的中心是随葬黑陶E类组合的E室，北侧坡下为第4等级即随葬B类组合的G－H室。墓列围绕最高等级墓室展开。

更靠南的M35中，出土黑陶C类组合的有B、C、A室，其间附设的B－C石室为B类组合。可知B室和C室是M35的中心，中间设置了等级低的墓室。也即M35以第3等级为顶点，再依次安排低等级墓室，形成墓列。

由此来看，M36以随葬第1等级的黑陶E类组合墓室为中心，第2等级的墓室在南侧坡下，第4等级的B类组合墓室位于北坡末端，墓列的中

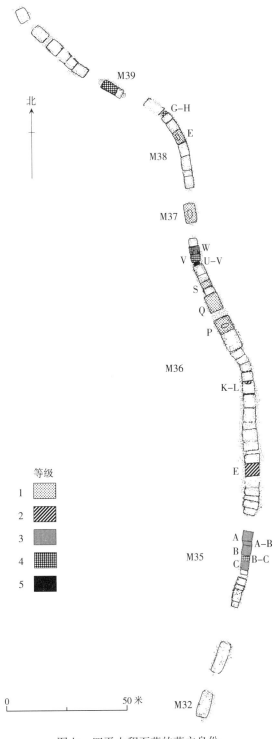

图七　四平山积石墓的墓主身份

心在脊线最高处，按等级向两侧展开。脊线顶部的 M37 和 M36 属同一级别，也许是有意安排在了近邻的位置上。但 M37 仅有一个石室，不似 M36 那样的一个集体。由若干不同等级的墓室构成的 M36，应当代表了一个社群单位，也许就是一个氏族。而 M37 只有一个最高等级的墓室，估计与之相应的氏族集体没有再持续建造该墓。M35 亦应为一个氏族，但地位最高的仅为黑陶 E 类组合的第 3 等级。这种情况反映了不同氏族集体之间存在分化。

因此，四平山墓地各墓位置的安排是根据氏族集体之间的分化地位进行的。第一等级的 M36、M37、M38 位于丘陵脊线的最高段，北坡是第 4 等级的 M39，南坡是第 3 等级的 M35，南坡最低的位置为只有红褐陶随葬的第 5 等级的 M32。这种排列明确地标示了各氏族单位地位。只是其中的 M37 和 M39 单室墓，能否代表一个氏族单位是有疑问的，推测或许反映了该氏族只埋葬一代人之后就结束了，也即这个氏族的香火从此断绝了。

再看各时段的情况。四平山墓地的建造分三个阶段：第 1 段建造的第 1 等级的 M36Q 室。第 2 段，M36 持续以盟主的姿态存在，于山顶建造了 P 室，并于下坡位置续建第 4 等级乃至更低的墓室。与此同时，第 3 等级的氏族集体在 M36 南侧斜坡上，围绕 B 室开始了 M35 的营造过程。在 M36 北侧，则有同一等级 M37，以及低等级的 M38、M39 及南侧 M32 的建造。第 3 阶段时，M36 代表的氏族集团仍维持其盟主般的地位，建造了第 1 等级的 S 室。然而等级秩序此时发生了变化，新兴氏族以第 1 等级 E 室为中心开始了 M38 的营建。原有的社会等级秩序开始崩坏，四平山墓地也逐渐走向尾声。

根据上述分析，四平山积石墓在随葬品上可以区分出五个等级。这种等级首先是氏族内部分层化结构的反映。而各氏族分别建造自己的列状多室墓，多室墓之间在随葬品等级、墓葬所在脊线上的具体位置等方面表现出来的等级差别，也就同时体现着氏族之间的分化状况。由此可以知道，四平山积石墓的社会正处在氏族内部出现分化以及氏族之间也出现了分化的发展阶段（图八）。

应当注意的是，尽管积石墓是分布仅限于辽东半岛南端的地方性墓制，但随葬品中的黑陶和鬶等却和山东龙山文化者非常相似；等级结构所显示的社会发展阶段，与山东半岛大汶口文化晚期及山东龙山文化早期相同。以随葬品来表示社会阶层地位埋葬制度规范，也和山东龙山文化完全相同[①]。这里所见的五个等级，与山东龙山文化识别出来的四个等级的情况相当。进而在表示等级地位的随葬陶器组合内容上，两者也无太大区别。例如都以鼎来表示最高等级等。换句话说，表面上采用了当地特有的积

---

① 宫本一夫：《山东地区新石器时代墓制所见阶级制及礼制起源》，《东方考古》（第 3 集），科学出版社，2006 年。

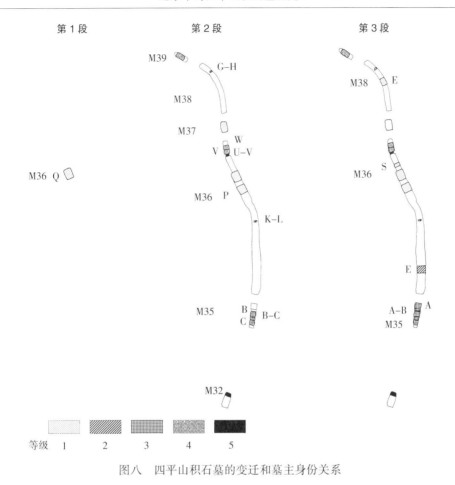

图八　四平山积石墓的变迁和墓主身份关系

石墓墓制，内在却是追随了山东龙山文化的社会规范和葬仪。在接受外来的山东文化的传播或影响的过程中，这种包含了信仰和仪礼的丧葬行为与山东龙山文化者完全一致的情况，着实耐人寻味。象征着山东半岛移民的黑陶和鬶等和本地土著象征的红褐陶交融在一起，就像外在的墓葬形制保留本地传统的同时，内在的葬仪已然采纳了外来社会的基础制度。

　　山东半岛移民和本地土著融合产生的新的认同导致了积石墓的建造。在看不见的层面上，通过推行山东龙山文化的丧葬制度和葬仪，以维持移民为中心的社群阶层体系。以此构筑起来的社会秩序，在第三阶段随着新兴氏族崭露头角而发生了变化，这也象征着四平山积石墓走向尾声。

（四）从积石墓看辽东半岛史前社会

1. 四平山积石墓的历史背景

积石墓是仅见于辽东半岛南端的墓制，分布范围局限在旅顺到金州以南地区。尚不清楚其最早的形态，但自龙山时代出现以来，一直持续到春秋时期①。这可能意味着辽东半岛南端一直是一个相对独立存在的地方社会。

辽东和胶东之间的交流开始于大汶口文化早期。大汶口文化晚期，胶东对辽东的影响加强，不只在陶器方面，石器和石器组合上都可以看出胶东半岛的强大影响力②。龙山文化阶段，山东龙山文化沿着所谓的黄海沿岸通道，从鲁东南传向胶东。这一轮的文化传播，正值山东半岛南部的农业在原有的粟稷农耕中引进了稻作农业，生计活动发生变化的阶段③。在辽东，这个时期的文化是小珠山上层文化。小珠山上层文化的陶器沿袭了当地传统的红褐陶筒形罐、纹饰等，但也新出陶罐的器类，陶器组合有了明显变化④。这是一个文化传播和文化变迁的繁荣时期。和在日本北部九州弥生文化成立期中，渡来人扮演了重要角色一样，推测从胶东到辽东的文化传播中也有人群迁徙。

正是这个时期，辽东系统的积石墓开始随葬黑陶器物，进而增加了陶鬶，随葬品组合中融入了山东龙山文化的因素。积石墓虽然外观构造保持着强烈的本地风貌，但黑陶和鬶、牙璧等玉器为中心的随葬品组合，以及与之对应的社会等级阶层结构则是来自山东龙山文化。换句话说，外观表现为土著传统，内在的社会系统层面已然受到山东龙山文化强烈的影响。

从这个传播过程的角度看，是与牙璧、锥形器等玉器在山东半岛制作后再传入辽东的见解相吻合的。另外，四平山积石墓随葬贝和螺，是见于鲁东南地区的习俗，而牙璧和锥形器的出土是以鲁东南为中心的，这些现象出现在辽东，也说明了文化的传播。粟稷农业里增加了稻作农业的地区，这是黄海沿岸的鲁东南地区。黑陶的稳定同位素对比分析⑤发现，鲁东南至山东东端的烟台地区，进而再到辽东半岛，是包括稻作

① 宫本一夫：《辽宁省大连市金州区王山头积石冢考古测量调查》，《东北亚考古研究——中日合作研究报告书》，文物出版社，1997 年。

② 宫本一夫：《海峡を挟む二つの地域－山東半島と遼東半島、朝鮮半島南部と西北九州、その地域性と伝播問題》，《考古学研究》第 37 卷第 2 号，1990 年；宫本一夫：《膠東半島と遼東半島の先史社会における交流》，《東アジアと"半島空間"－山東半島と遼東半島》，思文閣出版，2003 年。

③ 宫本一夫：《东亚地区农耕的形成与扩散》，《东方考古》（第 1 集），科学出版社，2004 年；宫本一夫：《農耕の起源を探る　イネの来た道》，吉川弘文館，2009 年。

④ 宫本一夫：《中国東北地方における先史土器の編年と地域性》，《史林》第 68 卷第 2 号，1985 年。

⑤ 宫本一夫：《海峡を挟む二つの地域－山東半島と遼東半島、朝鮮半島南部と西北九州、その地域性と伝播問題》，《考古学研究》第 37 卷第 2 号，1990 年；岡村秀典：《中国先史時代玉器の生産と流通－前三千年紀の遼東半島を中心に－》，《東アジアにおける生産と流通の歴史社会学的研究》，中国書店，1993 年。

农业在内的文化传播的主要路径，而其根本则肯定伴随着人群的迁徙。

此后，辽东半岛文化转变为双砣子一期，这期间来自山东半岛的影响转弱，但之后的双砣子二期文化中，来自山东半岛的岳石文化再度发挥影响力。双砣子三期文化中，出现了十字形镂孔和簋形器这些来自二里岗和殷墟等商文化的因素①，但总体上是间接的影响关系，且显示出逐渐本地化的变化趋势。这个时期，和胶东之间的交流中断。相反，从这个时期以来，辽东半岛的文化开始向朝鲜半岛影响和传播，这也正是朝鲜半岛无文陶器文化的形成时期②。胶东和辽东文化交流关系的变化，当与这个时期山东半岛内部发生的变化相关。约当双砣子三期阶段，山东半岛西侧开始受到商王朝的影响和商人移民，被纳入商文化圈。进而在半岛东侧及周边区域也开始接受商的陶器文化，胶东半岛珍珠山文化阶段出现了陶鬲。不过，至此商文化的扩张停滞下来。西周时，胶东半岛出现了西周封国——黄，青铜器文化随之于胶东地区展开了。但隔海相望的辽东半岛看不到西周的影响，双砣子三期文化沿着自己的传统方向演化，于是在当地出现了面貌独特的上马石 A 地点下层、上层遗存③。再以后，在辽宁式青铜短剑文化影响下，文化进入了春秋时代的楼上墓、岗上墓阶段。

2. 四平山积石墓的特征与社会

辽东半岛南端的龙山时代积石墓的分布可分为两大区：旅顺区和营城子区。旅顺区指从将军山到老铁山沿山地脊线连续分布的积石墓群。营城子区指黄龙尾半岛东部，以四平山为中心，文家屯贝丘背后丘陵脊线上分布着大量积石墓。旅顺区和营城子区的积石墓群附近山麓地带都分布有同期聚落。如前者有郭家村遗址，后者有文家屯贝丘。文家屯贝丘附近有东大山积石墓，2 千米之外即四平山积石墓。文家屯的居民是否和这些墓地有关，不是没有疑问的④，但目前除了文家屯之外，还没有发现其他相符的聚落。从距离上看，郭家村和老铁山⑤、将军山积石墓比起文家屯和四平山似有更密切的关系。郭家村遗址的延续年代从小珠山中层开始，经吴家村期、郭家村 3 层期到小珠山上层（郭家村上层）期连绵不断。在小珠山上层期，附近则出现了将军山和老铁山积石墓。文家屯的年代则从吴家村期开始，延续到小珠山上层期。

---

① 中国社会科学院考古研究所：《双砣子与岗上——辽东史前文化的发现与研究》，科学出版社，1996 年。

② 宫本一夫：《东亚地区农耕的形成与扩散》，《东方考古》（第 1 集），科学出版社，2004 年；宫本一夫：《農耕の起源を探る　イネの来た道》，吉川弘文館，2009 年。

③ 宫本一夫：《遼東半島周代併行土器の変遷－上馬石貝塚 A・BⅡ区を中心に－》，《考古学雑誌》第 76 卷第 4 号，1991 年。

④ 三原正三、宫本一夫、小池裕子：《龍山文化期黒陶片試料の炭素安定同位体比分析》，《遼東半島四平山積石塚の研究》，柳原出版，2008 年。

⑤ 旅大市文物管理组：《旅顺老铁山积石墓》，《考古》1978 年第 2 期。

四平山积石墓随葬黑陶的最早型式属尚存大汶口文化遗风的龙山文化最早阶段。在辽东，相当于山东龙山文化的是小珠山上层（郭家村上层）和双砣子一期。以四平山积石墓黑陶的定位来看，小珠山上层相当于山东龙山文化早期，双砣子一期相当于晚期。含四平山积石墓在内的小珠山上层文化，其陶器群可分为承袭本地传统的红褐陶和源自山东龙山文化系统的黑陶。但受龙山文化的影响，前者的器类组成已发生明显变化，同时，外来谱系的黑陶也部分地出现了本地化特征，进而辽东也很可能自己生产黑陶了。也就是说，这个阶段辽东文化在接受山东半岛强烈影响的同时，内部也产生了种种变化。这背后来自山东半岛移民的作用不容小觑。这一动态，在相当于龙山文化晚期的双砣子一期时，更趋加速发展，而双砣子二期文化中，又再度受到山东岳石文化的影响。在如此一波波的影响下，辽东文化中外来文化的色彩日渐浓厚。不过，这种仅从文化面貌所见的情况是否为移民规模的如是写照，尚不得而知。双砣子三期时，文化的发展很大程度上回到本地传统的轨道上来了。这可能是因为作为传播源头的山东半岛地区的文化发生了重大变故，被纳入中原商文化的波及范围乃至商人的经济圈内，进而在西周时期即胶东的上马石 A 地点下层文化以来，胶东和辽东之间的接触，至少在表面上已经全然不见了。

四平山积石墓始建于山东龙山文化的初期，在整个建造过程中，虽然坚持着本地文化的传统，同时也持续受到了山东龙山文化的影响，这在黑陶和红褐陶器物的制作，以及本地传统的墓制等方面都有反映。应当强调的是，来自山东龙山文化的影响主要在制度方面，即葬俗方面。如前文分析指出的，以黑陶和鬶为中心的随葬陶器组合中已有某种规范，考虑到这些组合和玉器这类具有地位象征意味的随葬品之间的相关性，则这种规范是用来表达死者社会身份地位的。死者的身份地位实为他所属氏族之类血缘单位的社会地位，很可能各血缘单位分别营造自己的墓葬，于是形成了墓室相连的列状多室积石墓。血缘单位的阶层等级差别表现在了积石墓的位置上，社会阶层高的单位其墓葬占据了山顶视野开阔的位置。这种现象在朝鲜半岛南部的支石墓群中也看得到①——尽管时间、地点不同，并且在血缘单位的墓地内部，身份地位较高的死者墓室，也被安排在更接近山顶的位置。表明在氏族之类的血缘单位之间分化的同时，集体内部个人之间的分化也在发展着。这种通过随葬品组合内容的等级规范来表示阶层地位或身份的做法，与山东龙山文化中所见的相同。很可能是辽东社会采用山东龙山文化的做法，以建立和维持自己的秩序。

辽东地区积石墓中的单列多室墓和多列多室墓，很可能是受不同地形条件制约的结果。与此同时，片状墓地则可能是由有一定联系的血缘单位陆续营建并最终连缀而

---

① 李荣文：《韩国支石墓社会研究》，学研文化社，2002 年。

成。四平山附近的东大山积石墓①也为片状墓而非列状墓。不过，与四平山相比，东大山积石墓很可能系由社会身份相对较低血缘单位建造的。此外，四平山还有仅有一座墓室、埋葬了一名死者的单独墓，其很可能代表了一个血缘关系未能保持延续下去的集体。

从营造传统形制的积石墓，但红褐陶器类的增加和黑陶生产的本地化等一系列对待外来文化的态度上看，四平山积石墓的居民构成中必定包括了来自山东半岛的移民，并且他们可能是一些掌握了粟作和稻作复合农业技术的优秀人物②。然而，这应该是短暂的人群移入，绝非殖民方式的大规模移民，并和本地居民很快有婚配交流。四平山虽然是尚属较为平等的社会，但是在血缘家族或氏族层面上的分化已经开始。在通过随葬品组合作为社会秩序或成员身份表征方面，引进的是山东龙山文化的葬俗与规范，以此巩固和维持以外来移民为中心的社会等级秩序。只是这样的集团关系，随着新兴的有力氏族集团的发展，也让四平山积石墓走向末途。此后的辽东半岛，外来文化的影响虽然接踵而至，但再也没能深入涉及埋葬制度这种反映社会内在发展的层面上。直到春秋时期的岗上、楼上墓阶段，社会才出现了像酋长这样突出的个人。

---

① 冈村秀典编：《文家屯——1942 年遼東先史遺跡発掘調査報告書》，遼東先史遺跡発掘報告書刊行会，2002 年。

② 宫本一夫：《东亚地区农耕的形成与扩散》，《东方考古》（第 1 集），科学出版社，2004 年；宫本一夫：《農耕の起源を探る イネの来た道》，吉川弘文館，2009 年。

甘肃临潭磨沟齐家文化墓地
发掘及主要收获

钱耀鹏　　毛瑞林

（西北大学文化遗产学院　甘肃省文物考古研究所）

　　临潭磨沟遗址坐落在洮河西南岸、磨沟河西岸的马蹄形山间台地上，行政隶属甘南藏族自治州临潭县王旗乡。这里地处青藏高原东北边缘，海拔高度一般在 2200 米以上。遗址为省级重点文物保护单位，文化内涵丰富，其中齐家文化墓地就是磨沟遗址的重要内容之一。2008 年，基于九甸峡水库建设的需要，甘肃省文物考古研究所与西北大学文化遗产学院合作，对磨沟遗址齐家文化墓地展开考古发掘。首次发掘结果便引起了学术界的高度关注①，被评为 2008 年度全国十大考古新发现之一。目前，发掘工作仍在继续进行。截至 2011 年 8 月，共清理出以齐家文化时期为主的墓葬 1530 余座，获得了有关墓葬结构、埋葬过程及埋葬习俗等方面的诸多证据，不仅有助于进一步认识齐家文化乃至史前时期埋葬现象，同时对于探索黄河上游地区的文明化进程具有重要意义。

（一）发掘概况

　　磨沟齐家文化墓地位于遗址东部偏北处，临近洮河。墓地中部偏北处遭到后世堡墙基槽及现代冲沟（包括小片洼地）的破坏，被分割成南北两部分。其中，冲沟南侧的墓葬已于 2010 年发掘完成，而其北侧的墓葬尚在发掘之中。墓地现存面积达 10000 平方米左右，被破坏部分面积约为 2000 平方米，所以磨沟墓地实际面积应在 12000 平方米左右（图一）。

　　因磨沟遗址面积较大，我们采用象限法分区（以顺时针方向）布方发掘，并以

---

① 李学来：《"第八届中国社会科学院考古学论坛·2008 年中国考古新发现"纪要》，《考古》2009 年第 7 期。

图一　磨沟墓地远景（北—南）

坐标法进行探方编号，探方规格 5 米×5 米。墓地主要分布在Ⅰ、Ⅱ区。具体到墓葬发掘，最初采用传统的方法，在确认墓葬开口后即对墓穴进行水平式整体清理，墓穴内的堆积情况并未得到高度关注。但在发掘过程中，一些墓葬结构（多偏室）或偏室堆积现象甚为复杂，为审慎起见，便随机实施局部性解剖清理。如 M206 的右偏室，解剖清理的堆积状况充分显示，该偏室的使用过程明显经历了三个阶段①。

　　经过两次发掘之后，我们觉得随机性解剖清理固然可以获得一些反映埋葬过程的堆积证据，但其他墓葬未必就不存在这些方面的相关证据。因此，自 2009 年秋季开始，对所有墓葬均采取解剖性发掘清理方法，包括竖穴土坑墓及竖穴偏室墓的墓道部分；偏室部分则采取不超过偏室平面范围的揭顶式解剖清理，以便最大限度地获取埋藏方面的堆积证据。事实证明，对墓穴部分这一发掘清理方法的改变是非常必要的，而不应把解剖性发掘清理方法仅仅局限于地表坟丘部分。有关埋藏方面的堆积证据，后文中屡有涉及，暂不赘述。

　　在发掘过程中，见于随葬现象，尤其空间位置复杂多变，我们对同一座墓葬内随葬器物，根据空间位置上的显著差异，诸如墓道、头龛、脚龛、不同偏室甚至坟丘底

---

① 甘肃省文物考古研究所、西北大学文化遗产与考古学研究中心：《甘肃临潭磨沟齐家文化墓地发掘简报》，《文物》2009 年第 10 期。

面等进行分组编号。具体则是按照发现的先后顺序，依次编为 A、B、C、D 等不同组别，具体如 M888：A1、A2……，M888：B1、B2……由于各墓葬的情况不一，所以 A、B、C、D 组别所表示的空间位置并不固定。即便如此，也不能完全反映随葬现象的复杂性。因为同一墓葬的头龛或偏室等空间范围内的随葬器物，还存在进一步分组的迹象。只是进一步的分组需要仔细分析，难免附加较多的主观判断因素，因而暂未区分，留待研究分组。

再者，以往对于墓葬发掘结果多采用表格式的记录形式，内容固定且所能容纳的信息量比较有限。尤其对于墓葬结构及埋葬现象极为复杂的磨沟墓地，表格式墓葬记录已不能充分体现实际发掘结果。针对这种情况，我们及时以发掘记录取代表格记录形式，从而保证墓葬记录能够容纳更加详细而丰富的信息内容。

截至目前，磨沟齐家文化墓地的发掘已近尾声。除了北部区域范围，其余大部已经发掘揭露，墓地布局基本得以显现。墓葬方向一般朝向西北，整体上由东北向西南排列。由西北至东南，计有 29 排墓葬。每排多者可达百余座，少者一两座。由于墓葬排列有时会出现弧形分布现象，致使两排墓葬之间的距离逐渐加大。于是，在这两排墓葬之间又会增加一排墓葬。其中有 3 排墓葬属于中间增加的，并未贯穿墓葬排列的始终。从现存状况来看，南部墓葬保存较好，而北部墓葬因修整梯田而遭到不同程度的破坏，墓地所在地形应是南高北低呈缓坡状。

（二）墓葬形制及其特点

较之以往的发现，磨沟墓地的墓葬结构甚为复杂。根据墓穴部分的主要结构特点，可分竖穴土坑和竖穴偏室（或称偏洞，即洞室位于长方形竖穴墓道两侧，以区别于墓道与墓室呈纵向结构的洞室墓）两大类。在整体数量上，竖穴偏室墓数量明显居多，而竖穴土坑墓相对较少。但若将整个墓地分为北、中、南三区（或可分四区），则北区以竖穴土坑墓为主，估计应在 70% 以上（涉及未发掘部分），中区则锐减至 30% 左右，南区比例进一步降低。无论竖穴土坑还是竖穴偏室墓，竖穴部分一般为圆角长方形，只是圆角甚小。

竖穴土坑墓的结构相对比较简单，均为长方形竖穴土坑。成人墓葬一般长 1.8 ~ 2.1、宽 0.5 ~ 1.2、深 1 ~ 1.9 米，儿童墓穴相对小而浅。个别竖穴土坑墓发现有专门放置随葬器物的头龛，或头脚两端发现有用于棚架的水平状凹槽。竖穴墓中以单人一次葬居多，也有少数上下叠置、多人并列或推挤堆置的合葬现象，其中并列合葬的墓穴一般较宽。

竖穴偏室墓一般长 1.8 ~ 2.2、宽 0.6 ~ 0.8、深 1.4 ~ 2.3 米；偏室宽度差异较大，一般 0.6 ~ 1.3 米之间。依偏室数量可分单偏室、双偏室和多偏室三类。其中，单偏室墓葬数量最多，又以偏室位置分为左偏室和右偏室（以墓葬方向和仰身直肢葬为准）；双偏室墓葬相对较少，以偏室位置也可再分为左右偏室和位于同一侧的上、下偏室；多偏室墓葬最少，墓道左右两侧皆有偏室，其中一侧或两侧为上下偏室。竖穴偏室墓大多设有一个头龛，侧龛或脚龛少见；个别拥有上下两个头龛，或者既有头龛也有脚龛。竖穴墓道下部头脚两端、靠近偏室一侧多有对称的竖向凹槽，用以放置封堵偏室口的木板，可谓封门槽。少数仅墓道一端有封门槽，或者不设封门槽。另外，除个别墓道下部设有二层台外，一些墓道底部甚或偏室底部还发现有竖向柱洞遗迹，而一些墓道一端或一侧发现有水平状的凹槽、圆洞（图二）以及不见随葬器物的空龛等结构性迹象。这些迹象当与墓葬的使用或埋葬方式密切相关。偏室口一般呈长椭圆形，即两端呈圆弧形、中部近水平状；偏室底面一般略低于墓道底面（个别高于墓道底面），平面亦呈椭圆形，一般前半部分略宽而后半部分稍窄，也有前后宽窄基本一致者。

图二　M848 墓道脚端柱洞与侧壁凹槽

根据保存较好的偏室结构来看，其周壁呈弧形结构，而顶部中央则为平顶。竖穴偏室墓以多人合葬居多，也有部分单人葬。不计墓道部分，合葬人数在 2～10 余人不等。

地表坟丘的确认是磨沟墓地发掘在墓葬结构方面所获得的重要认识之一。

有关墓葬的地上标志始终是我们关注的重要问题之一。最初，在传统认识的影响下，未曾设想地表坟丘的存在。然而，发掘过程中遇到的一些现象确曾令我们百思不得其解。如有些墓葬开口部分时常发现有成层或成堆的碎石堆积，石堆多近圆形且大小不一，分布范围有时及于偏室顶部；再如一些墓穴开口部分大致呈圆形分布的花土堆积等。由于这些堆积缺乏明显的隆起特征，一时难以确认其性质和意义。尤其令人不解的是，在圆形浅穴内以石板围砌、内置火葬罐的火葬墓，其绝对高度往往高于墓穴开口，但开口层位却很难确认，而火葬罐的形态特征又与开口位置略低的竖穴偏室墓随葬的同类器物别无二致。

直到 2009 年秋冬季，在墓地西南部（保存状况最好的区域）发掘时，一个探方南壁上出露了一处隆起的圆堆状黄土堆积，明显有别于周围广泛分布的黑褐色土（夹杂

图三　M901 坟丘与墓道剖视图

白色霉变物质，当地俗称鸡粪土，疑似黑垆土），疑为坟丘。随即观察处理，得到初步确认后便实施解剖性清理。结果证实，隆起的黄土四周向下倾斜，西北一侧已蔓延至墓道头龛之中；在与地表高度相当的黄土堆积中（即坟丘底部位置），还发现有呈圆形分布的碎石堆，从而获得了地表坟丘存在的可靠证据。该墓编号 M901（图三），系竖穴墓道右偏室墓，偏室内未见人骨，仅墓道部分发现一具头向东南（即墓葬脚端）的侧身屈肢葬人骨，当为殉人。不过，从头龛中随葬陶器的情况来看，该墓曾正常使用过。进而，从偏室与墓道部分均为人为填埋的胶泥土分析，偏室曾整体塌陷，且塌陷土又被整体移出，最后再重新予以填埋。而移出塌陷土的直接原因，可能就是为了迁出被葬者。

由此看来，前述墓穴开口部分的圆形花土范围，不乏因偏室整体塌陷而下陷的坟丘下部堆积；而圆形分布的碎石堆积，也应是坟丘存在的重要证据。随后，进一步确认了墓葬坟丘也涉及竖穴土坑墓，甚或同一座坟丘下覆盖有 1 座竖穴土坑和 2 座竖穴偏室墓；而且，还在一座坟丘（M933）靠近其边缘部分发现了一处石板围砌的火葬墓（M934），是知这种火葬墓原本多建于坟丘之中（图四），其顶部绝对高度难免高于墓穴开口。最初的诸多疑惑，终于随着坟丘的确认及相关发现迎刃而解了。

（三）埋葬方式及其特点

磨沟墓地齐家文化墓葬的埋葬方式以土葬为主，同时也发现有少量火葬以及个别土葬与火葬混合埋葬的现象。土葬通常是指尸体直接埋入墓穴之中的埋葬方式。而所谓火葬，则是指尸体经焚化、骸骨经碎化处理后再葬入墓穴

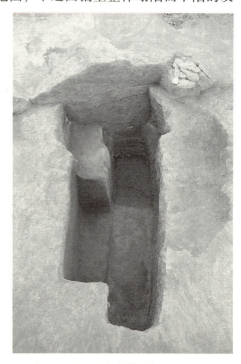

图四　M934 石砌火葬墓与 M933 坟丘

的埋葬方式。碎化的骸骨多置于陶器之中，陶器少则1件，多者3件，个别骸骨则直接置于偏室之中。推测火葬者的埋葬方式及盛放骸骨的陶器数量，可能与死者的年龄即碎化的骸骨体积有关。

　　土葬现象甚为复杂。按照人骨出土时的放置特点，可进一步分为一次葬、二次葬、迁出葬、扰乱葬及人骨推挤现象等。

　　在一次葬中，除了竖穴土坑单人葬外，合葬墓中即便两具或更多尸骨具有一次葬特征，往往也不便确定这些个体就是同时埋葬的。原因在于，这些尸骨所具备的一次葬特征，时常受到墓穴空间以及葬入后来者时尚未白骨化的直接影响。有时甚至还会因偏室空间不足、先期葬入者尚未白骨化而不便推挤，致使葬入后来者时不得不以特定的方式向墓道方向拓展空间，如M861（图五）。另外，在正常埋葬的个体中，除了仰身直肢一次葬，还有少数侧身屈肢（含微屈）一次葬。侧身葬既有女性，也有个别男性。女性侧身屈肢曾被视为妻妾殉葬的证据，但磨沟墓地发现的情况恰恰相反，实际应是亲密关系的一种表现形式。M1227的成年男女侧身相向，面部紧贴，男性右手搂于女性腰部，女性左手搂于男性腰部，不似活埋而应是"被亲密"的埋葬结果（图六）。尤其M84右偏室的成年女性侧身面向二次葬的成年男性，而左偏室的成年女性与儿童却为仰身直肢葬，况且墓道下部还有两层三具殉葬的人骨个体①。

图五　M861人骨出土状况

①　甘肃省文物考古研究所、西北大学文化遗产与考古学研究中心：《甘肃临潭磨沟齐家文化墓地发掘纪要》，《考古》2009年第7期。

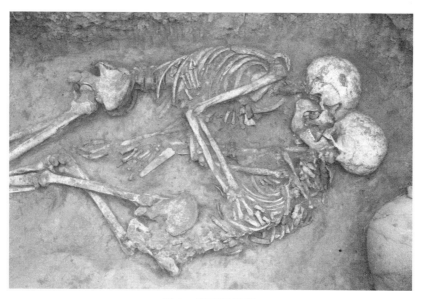

图六　M1227 局部

　　二次葬一般是指按照一定方式对白骨化后的尸骨重新进行安葬的埋葬方式。二次葬与迁出葬虽然不无联系，但不能完全等同起来。以往二次葬通常被认为是在异处完成白骨化过程后再行安葬所形成的，其中也包括与迁出葬相对应的迁入葬。而磨沟墓地发现二次葬，除了部分可能与迁出葬有关外，更多的却是原穴或同穴异室二次葬。除了 M84 右偏室的成年男性源自该偏室下层、两根腓骨遗留于下层黑色花土堆积以外，M206 右偏室发现有三层零散人骨，而左偏室则为多人二次葬。再说，类似的二次葬现象还不止这两座墓葬。

　　甘青地区史前二次扰乱葬已经受到学术界的关注。磨沟墓地的发现不仅证实了二次扰乱葬存在的事实，还进一步揭示出二次扰乱的方式与过程。扰乱葬可分有序扰乱和无序扰乱，也可概括为局部扰乱和整体扰乱。所谓有序扰乱，就是指人骨虽经扰乱但程度有限，扰乱部位多限于上半身，甚或仅身首分离，而其余部分仍保持一次葬特征。实例则如 M240，该墓为单偏室墓，竖穴墓道底部叠葬两人，骨架完好；左偏室内葬有三人，但只有内侧的儿童（性别不明）骨骼俱在偏室之内（图七）。而头龛的女性头骨和墓道内的男性头骨，恰与偏室人骨（近墓道者为女性、中间为男性）缺失的头骨数量及性别年龄特征吻合。尤其头龛底面高于墓道底部约 40 厘米，且这具头骨之下还压有一层厚约 4~5 厘米的沉积土。显然，这种头骨位移现象只能是人为的有意扰动，且应是墓道完全填埋之前扰动的，否则便无法解释墓道底部上下叠置的两具人骨何以保存完好。尤其 M929 偏室内仅葬一人，但其左小臂皆为桡骨而右小臂皆为尺骨，右腿骨也存在扰动痕迹（图八）。这种扰乱现象，一般只能是在尸体白骨化以后才能进行。从墓道保存较好、未发现被打破现象的情况分析，应是通过打开（如棚架封闭）而非挖开墓道进行的。无序扰乱是指人骨扰乱程度较甚，致使人骨堆放往往呈无序状态，无需赘言。

人骨推挤现象是在磨沟墓地发掘过程中逐步确认的。所谓人骨推挤，就是指人骨虽经二次扰动但目的并不在于重新安葬被扰动的人骨，而是为了获取必要空间以埋葬后来者，明显不同于按一定顺序堆放的二次葬或二次扰乱葬。推挤程度取决于偏室空间大小及合葬人数多少，可初步概括为局部推挤和整体推挤两类，其中最为清晰可靠的则是局部推挤。实例如M230偏室内侧的两具成年人骨均经局部推挤。其中紧靠内壁的人骨上半身曾被推挤，而下肢骨等则有序地置于原位。而其外侧的成人骨架大部被

图七　M240 局部扰乱人骨

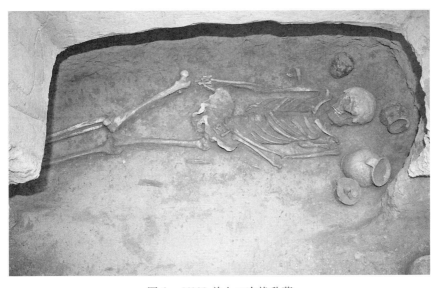

图八　M929 单人二次扰乱葬

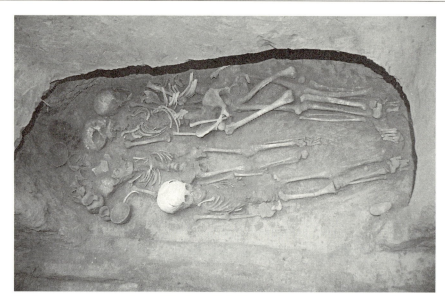

图九　M230人骨局部推挤现象

图一〇　M1216局部

推挤，下肢骨叠压在前者腿骨之上，但趾骨似乎还留在原位。亦即偏室脚端孤立存在的、较粗且长的趾骨，当与外侧两具少年骨架无关（图九）。而内侧成人骨架之所以被局部推挤，显然是为了埋葬后来者。值得注意的是，这种推挤现象在竖穴土坑墓中也得到了确认。如M1216内葬两人，左侧男性虽经拢聚堆放，但具一次葬特征的脚骨却发现于墓穴脚端底面中部，当属原位保留，其余骨骼则被推挤位移，而推挤的直接原因就是为了合葬右侧的成年女性（图一〇）。显然，人骨推挤现象应是多次合葬的重要证据之一。

（四）埋葬过程及其特点

磨沟墓地多样性的埋葬方式，如二次葬和二次扰乱葬所揭示的多次使用，以及人骨推挤现象所揭示的多次合葬，又引发出另外一个问题，即这些多次使用及多人合葬现象具体是怎样形成的，其埋葬过程究竟如何？换言之，墓葬人骨个体所揭示的埋葬方式，虽可一定程度地反映多次合葬与使用过程，但还不足以充分揭示埋葬过程的具体情形，尤其是多次使用过程中对墓道的处理方式。这一问题很快就引起了我们的关注，我们积极探寻相关的线索和证据。除了墓道中发现的一些特殊结构，解剖性发掘则为之提供了直接而可靠的埋藏证据。

从发掘结果来看，在多次使用及合葬现象的形成过程中，通常对墓道采取不完全填埋即封闭处理的方式，以便打开墓道再次使用。而封闭处理墓道的方式相当复杂，至少可分为棚架式填埋和直接填埋墓道下部两种封闭处理方式。

棚架封闭的关键在于如何在墓道中搭建棚架设施，而搭建棚架设施的关键则在于如何支架。在正常情况下，最终填埋墓道时棚架设施往往不复存在，致使考古发现的偶然性极高。唯有某些特殊原因，才能导致棚架设施最终有所保留，成为弥足珍贵的直接证据。在磨沟墓地的发掘过程中，经反复确认得知，墓道棚架封闭的情况甚为复杂。具体来说，棚架设施如何搭建，往往取决于棚架材料（包括相对于墓道的长短尺寸等），结构性痕迹在墓道中或有或无，随意性很强。

从墓道中发现的结构性痕迹来看，棚架设施在结构方面至少存在对称和不对称结构两类，甚或对称结构还可区分为完全对称和不完全对称两小类。对称结构相对比较容易确认，如 M206 墓道下部的石砌二层台、M85 墓道下部头脚两端高度基本一致的水平状凹槽，有些则类似于头龛和脚龛如 M208，或如 M430 墓道底面四角存在对称的柱洞遗迹（图一一）。就前三种情况来说，只需利用墓道中的这些对称结构搭建棚板（或棚木）即可。而后一种情况，有时还需要在头脚两端左右对称的立柱上搭置横板（或横木），然后再在横板上纵向搭置棚板。M430 即应如此，否则必须使用与墓道长宽相

图一一　M430 墓道底面柱洞

若的整块木板。而其墓道所埋两人都经过二次扰乱，说明棚架设施至少从葬入搭建使用到了二次扰乱（白骨化）之际。

相对而言，不对称结构的确认则较为困难，需要更加清晰而可靠的证据。如墓道一端存在的水平状凹槽（包括类似头龛或脚龛者）、水平状圆洞等，或墓道一侧高于偏室处存在的水平状凹槽，或墓道底面不对称的柱洞等。对于墓道中存在的这类结构性不对称痕迹，只有在发现直接使用的相关遗存时才能充分加以确认。M642墓道设有头龛和脚龛，但头龛随葬陶器，而脚龛明显高于头龛，且脚龛空置，两者用途当有区别。重要的是，该墓在接近墓道底面的堆积中发现有数块纵向木板朽痕，分布范围从墓道中部到偏室中部（图一二），明显超越了封门板数量及其可能的分布范围，应系棚架设施随偏室塌陷所致，脚龛当是搭建棚架设施的结构性遗留。而这种不对称结构的另一端，则应是以树杈等物或者垫土支架。树杈类支架的使用痕迹理论上应该存在，但实际则由于使用痕迹极不明显而很难确认。M913墓道头端底面曾发现1件类似于柱础的物件，系在残破陶器的口肩部内侧涂泥并略加烧制而成，其顶面中部有一圆窝，很可能是用于支垫高度不足的木柱（图一三）。更能说明这一问题的是，M861墓道棚架设施发现时，棚板即搭置于两端对称的半圆形立柱之上及偏室口上部的水平状凹槽之中（图一四）。这些实例当可说明墓道棚架设施存在不对称或不完全对称结构的客观事实。

另外，从形成条件方面分析，墓道下部及底部的淤土、沉积土以及偏室塌陷堆积延伸至墓道部分等堆积现象，通常也应是在墓道下部被架空的情况下形成的。尤其沉

图一二　M642塌陷木板朽痕

图一三　M913 墓道头端底面疑似柱础

积土中包含有少量花土颗粒，则应是棚架
设施之上填土封闭的直接证据。换言之，
一些墓道虽无结构性痕迹发现，但只要墓
道下部存在淤土、沉积土或塌陷土等特殊
堆积，也能说明墓道下部曾存在一段空置
期，进而说明棚架设施也可能存在全部利
用棚架材料搭建的现象，墓道中没有任何
结构性痕迹。

　　直接填埋墓道下部的封闭处理方式也
是极难确认的。即便墓道下部与上部填土不
同，也不便作为填埋封闭墓道下部的可靠证
据。因为在一次性填埋墓道的过程中，也可
以形成明显的层状堆积。无疑，确认这一现
象还需要相关证据进一步证实墓道上、下部
不同堆积的形成过程是间歇而不连续的，即
在形成过程和时间方面明显应是两次填埋所
致。如墓道上、下部填土不仅土质土色存在
一定差异，且其间存在淤土或沉积土、塌陷

图一四　M861 墓道脚端支柱与偏室顶部凹槽

堆积，才能说明上、下填土具有间歇性形成特点。如竖穴偏室墓 M1073，距墓道底部约
40 厘米时，墓道范围才显清晰，上部堆积延伸范围较大，包含块状塌陷黄土及淤土堆积

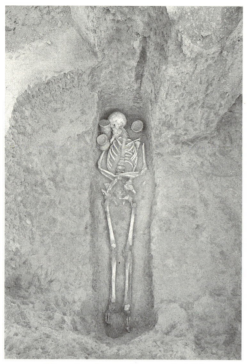

图一五　M1066（M1073 在右侧）

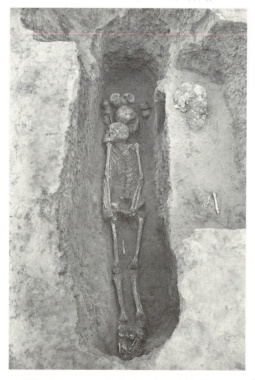

图一六　M1268 竖穴墓再次挖开合葬现象

等。尤其西南侧的竖穴土坑墓 M1066，发现于塌陷及淤土堆积之下，墓道花土堆积仅40厘米左右（图一五）。这两座墓葬下部的花土堆积明显不同于上部塌陷、淤土堆积等，应系塌陷之前填埋的，墓道上部则不曾填埋，并因积水塌陷而连成一体。此外，还有其他一些堆积证据能够说明这种封闭处理方式存在的事实，不再一一列举。

无论是竖穴土坑还是竖穴偏室墓，除了人为因素，墓葬的使用难免也会受到各种自然因素的制约和影响，所以导致墓葬终止使用、最终完全填埋墓道的直接原因未必完全一致。对于多次合葬与使用的墓葬而言，其使用和埋葬过程至少存在三种情况。一是合葬与使用结束后，一次性填埋墓道，此时往往不再使用棚架设施及封门板等；至于最终完成合葬的社会性原因及标志，尚需进行系统而仔细的分析。二是分阶段填埋墓道，即在偏室存在扩建或改建使用等情况下，时常导致先期填埋墓道下部的现象，但这种现象甚为少见。三是合葬虽未完成，但因偏室塌陷不便继续使用而填埋墓道。

此外，还有极少一些通过再次挖开墓道实施合葬的现象，我们曾以原始墓道和再次挖开墓道加以区分。就再次挖开墓道现象的确认而言，竖穴偏室墓相对比较容易，因为先后形成的墓道对应的却是相同的偏室，实例如 M260 等。而难以确认的当是竖穴土坑墓中再次挖开的合葬现象，原因就在于这种现象极易理解为具有打破关系的两座墓葬，且符合地层学原则。如 M1268，上层人骨的墓穴与下层人骨墓穴有所偏移，但上层随葬陶器却置于下层人骨的头骨之上（图一六），与人骨上下叠置的竖穴土坑墓（如 M21）极为相似，因而可以理解为同一座墓葬，当属再次挖开墓穴的合葬现象。前文提到的火葬墓常常建于一些墓葬坟丘的边缘部分，实际也可理解为一种合葬现象，只是形式较为特殊而已。

尽管这些现象未必就是埋葬过程的全部例证，也足以证实磨沟齐家文化墓葬的多次使用与合葬过程。正因为如此，所以才会在同一座墓葬中出现多种葬式。

（五）墓道埋人现象及其特点

在磨沟墓地，竖穴偏室墓中墓道埋人现象较为常见，但具体情况不尽一致。综合各方面的特征，墓道埋人现象可分为两种类型，一是因偏室空间不足而向墓道方向拓展形成的，绝对位置虽处于墓道部分，但实际则与偏室连为一体；二是墓道所葬之人与偏室处于分隔状态，埋葬特点明显不同于前者。

第一类墓道埋人现象，要么通过立柱架板的方式把偏室空间拓展至墓道部分，要么把相对较低的偏室底面延伸到墓道中部。如前所述，在多次合葬的过程中，时常存在偏室空间不足的情况，因而导致了人骨推挤现象的出现，但人骨推挤一般只能发生在先期葬入者已经白骨化的情况下。而我们无法设想每一次合葬都发生在先期葬入者白骨化以后，难免也会出现两次埋葬的时间距离不及白骨化的最短周期，无法或者不便通过推挤而获取必要空间。在这种情况下，则通过向墓道方向拓展必要的埋葬空间。如 M861，因偏室空间不足，就在靠近偏室一侧的墓道下部立柱架板，偏室最外侧的人体大部位于墓道之中，但下肢骨斜入偏室部分，与偏室其他人骨基本一致（见图五）。M430 也当如此。另外，基于偏室底面通常略低于墓道底面的事实，所以还有一些墓葬则是通过局部下切墓道底面，使之等同于偏室底面的方式，以体现空间上的一致性。而且，位于墓道的人骨个体，其埋葬方式都无异于偏室中的人骨个体。

第二类墓道埋人现象，埋葬特点明显有别于第一类，埋葬方式多变。头向既有与墓葬方向一致者，也有与墓葬方向相反者；且以俯身葬、侧身葬居多，也有仰身直肢葬等，甚至存在捆绑、挣扎姿态以及殉牲同葬的现象；位置明确、归属清晰的随葬现象非常少见。这类墓道埋人现象，应属殉人类遗存。如 M204，在墓道底部紧贴右壁和脚端墓壁上各挖一竖穴浅坑，两坑邻接处有一道土棱相隔。墓道右侧的圆角长方形浅坑内置一具成年女性，俯身屈肢，头向东南。墓道脚端的半圆形浅坑内，放置一具完整的狗骨架（图一七）。又如 M888 紧靠墓道脚端墓壁发现一具人骨，呈屈坐状，左手握于右臂，双腿弯曲。墓道底面浅穴内还发现一具人骨，为俯身葬，双臂置于身下，头向东南即墓葬脚端（图一八）。从埋藏姿态来看，屈坐状人骨似系活埋所致。墓道发现的这两具人骨，其埋葬状况与偏室人骨迥异，明显应属殉人类。类似的实例还有不少发现，甚至包括个别相对独立的殉人坑或祭祀坑。另外，从埋葬方式、堆积顺序等

图一七　M204 墓道殉人与殉牲

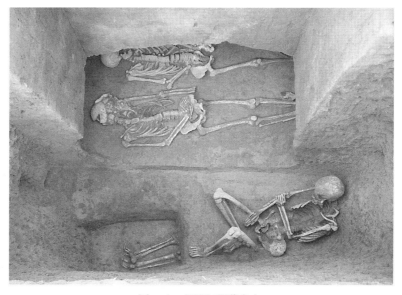

图一八　M888 墓道殉人

方面分析，墓道殉人在埋葬时间和过程方面也不尽一致。既有墓葬初始阶段埋入的，也有墓葬使用过程中或最终填埋墓道时埋入的，埋葬过程与特点复杂多变，无法一概而论。

　　根据 2008 年发掘墓葬的统计结果，在可确认为殉人类的墓道人骨个体中，妇女儿童的比例高达 70％ 左右，亦即殉人多是妇女儿童。

　　尽管墓道埋人现象也包括少数正常埋葬者，但明显的空间差异以及诸多不同于偏室人骨的埋葬特点，仍为认识齐家文化墓葬的殉人现象提供了比较可靠的线索和依据，至少不宜把侧身屈肢简单地作为殉人特征来理解。

（六）磨沟墓地年代的初步认识

磨沟墓地的年代无疑是一个重要问题。最初，我们在综合考察磨沟墓地出土遗物的基础上，初步断定为齐家文化晚期。从随葬陶器特征来看，明显可以分为甲、乙两大类组合，甲类是以泥质红陶双大耳罐、腹耳罐、侈口细颈罐、夹砂罐、豆等为代表，具有比较典型的齐家文化特征；乙类则以泥质灰陶双耳鼓腹罐、夹砂褐陶双耳罐等为代表，器类及其形态特征皆有别于甲类陶器。无论各墓随葬器类是否完全一致，通常一座墓葬只随葬其中一类陶器。不过，在一些双偏室墓葬中也发现有两类陶器的共存现象，但却分别见于不同的偏室，诸如 M84 左右偏室[①]（图一九）、M303 上下偏室。另外，分别随葬这两类陶器的墓葬常常相间排列，甚为有序。因而可以肯定，分别随葬这两类陶器的墓葬应属同一时期同一墓地[②]。不过，两类随葬陶器的存在，难免也会引起对磨沟墓地文化属性的认识分歧。

迄今，发掘工作已接近尾声，我们对磨沟墓地的认识也渐趋全面。如前所述，磨沟墓地初步可以分为北、中、南三个区域（或可分四个区域）。北区年代最早，竖穴土

图一九　M84 随葬陶器（左侧 3 件出自左偏室，其余出自右偏室）

---

① 甘肃省文物考古研究所、西北大学文化遗产与考古学研究中心：《甘肃临潭磨沟齐家文化墓地发掘纪要》，《考古》2009 年第 7 期。
② 甘肃省文物考古研究所、西北大学文化遗产与考古学研究中心：《甘肃临潭磨沟齐家文化墓地发掘简报》，《文物》2009 年第 10 期。

坑墓比例很高，除了随葬陶器，墓穴下部或人骨之上常见白色石英岩（俗称火焰石）碎石堆及猪下颌骨随葬现象，猪下颌骨最多达 32 个个体（M1508）。这些现象常见于以往发现的齐家文化墓葬。随葬陶器中的泥质红陶腹耳罐、双大耳罐等更加接近秦魏家上层墓葬等出土的同类器物。竖穴偏室墓数量甚少，且多随葬乙类陶器，不见于秦魏家上层墓葬。综合来看，磨沟墓地的年代上限接近或略晚于秦魏家上层墓葬的年代。值得注意的是，在 M1202 和 M1467 的随葬陶器中，各有 1 件白陶盉（图二〇），形态甚似二里头文化的同类器物。

在中区墓葬，竖穴偏室墓数量剧增，表明随葬甲类陶器的墓葬形制受到了随葬乙类陶器墓葬的强烈影响，两者存在明显的文化融合现象。只是随葬甲类陶器的墓葬偏室普遍较窄，人骨推挤现象较为普遍。虽然随葬陶器组合变化不大，但代表性器物的形态特征略有变化。尤其值得注意的是，M1192 除了头龛和偏室内的随葬陶器外，在墓口即坟丘底部发现有两个圆形碎石堆（图二一），其中夹杂较多陶片，可辨或可复原器类包括足跟类似鸭嘴状、体饰细绳纹的高领袋足鬲、夹砂或泥质灰陶素面双耳罐、泥质红陶素面大口罐，陶色不甚纯正的夹砂或泥质素面小口鼓腹罐等。其中除了双耳罐和大口罐，袋足鬲和小口罐的口沿外侧普遍施加一周泥条，器类及其特征与墓葬随葬品迥异（图二二至二四）。但从墓葬埋葬过程来看，年代应基本一致。另外，在火葬墓（M287）中也偶见以此类陶器盛放碎骨的现象，应非孤例。这一发现似可表明，用于随葬的陶器类型较为固定，并非日常使用陶器的全部器类。

在南区墓葬中，腹耳罐、双大耳罐等存在明显减少的趋势，形态特征也有一定

图二〇　M1202 随葬陶器

图二一　M1192 墓口石堆（含大量陶片）

图二二　M1192 随葬陶器

变化，似乎表明随葬品中的甲类陶器已近尾声。而在随葬乙类陶器的墓葬中，开始出现了个别竖穴土坑木棺墓，其形制结构等与该墓地发现的典型寺洼文化墓葬极为相似，仅陶器特征仍有较大区别。这些情况说明，北区墓葬的年代更加接近于寺洼文化。

　　综合来看，以磨沟墓地为代表的这类遗存，或可作为齐家文化晚期的新类型，但需进一步确认其地理分布范围。在部分墓葬所随葬的乙类陶器中，双耳罐已初具马鞍

图二三　M1192 墓口出土陶器　　　　　　图二四　M1192 墓口出土陶器

口趋势，而且竖穴偏室墓、竖穴土坑木棺墓、人骨推挤现象等也见于该遗址发现的寺洼文化墓葬，或可视为寺洼文化的原始因素。换言之，寺洼文化极有可能萌发于齐家文化晚期，类似于商与夏、周与商的包容轮替关系。进而，从这些情况来看，用齐家文化末期来表示磨沟墓地的年代范围，似乎较之齐家文化晚期更为确切一些。

　　概括而言，磨沟墓地是迄今发掘规模最大的齐家文化墓地，为研究齐家文化乃至甘青地区史前葬俗、甘青地区的复杂化进程及其与中原地区的文化关系等重大学术问题提供了非常难得的新资料。相信随着研究工作的进一步开展，磨沟墓地发掘的收获和意义将会进一步得到显现。

简析齐家文化大何庄遗址和秦魏家墓地

陈洪海

（西北大学文化遗产学院）

齐家文化是甘青地区重要的史前考古学文化之一，其男女合葬墓所反映的殉葬问题更是学界关注的热点。本文拟对甘肃永靖大何庄遗址和秦魏家墓地这两处最重要的发现做一个简单的统计分析，以求换一个角度来观察、理解男女合葬墓问题。

（一）大何庄遗址墓葬分析

大何庄遗址共有 82 座墓葬，其中儿童墓 55 座占 67.1%，成人墓 26 座占 31.7%，另有 1 座为成人与儿童合葬墓①。

55 座儿童墓基本都是头向西北，采用仰身直肢葬的有 38 座占 69.1%，侧身屈肢葬者 4 座占 7.3%，姿势不清者 12 座占 21.8%。38 座仰身直肢葬中 18 座墓随葬有 1~5 件陶器不等，超过半数的 20 座墓葬没有任何随葬品；4 座侧身屈肢葬中有 2 座随葬陶器。

在 26 座成人墓葬中，10 座采用侧身屈肢葬的墓葬均无随葬陶器出土，仅 M14 有 1 枚绿松石珠和 6 块羊下颌骨、M9 和 M65 各有石刀 1 件。而 15 座采用仰身直肢葬的，都有随葬陶器之外，7 座有随身工具，8 座随葬猪骨，且有些量相当大（如 M34 有 36 具），也有的随葬有羊骨（M27）。另有 1 座墓葬葬式不明。

经过人骨性别鉴定的仅 5 座。3 座男性墓葬中侧身屈肢葬的 1 座（M28），一无所有；仰身直肢葬的 2 座（M54、M63），都随葬 4 件陶器，这个数目在整个墓地中处于中等偏上的位置，并且 M63 还拥有 16 件猪骨。2 座倾向于女性的墓葬中，仰身直肢葬者有 3 件陶器、1 枚骨针；屈肢葬者没有陶器，随葬 1 枚绿松石珠和 6 块羊下颌骨。比

---

① 中国社会科学院考古研究所甘肃工作队：《甘肃永靖大何庄遗址发掘报告》，《考古学报》1974 年第 2 期。

较来看这位侧身屈肢葬男性甚至比不上同样葬式的女性，更不如采用仰身直肢葬的男性、女性。

成年墓葬的头向也有不同。头向西北者 14 座占 53.8%，除 1 座葬式不明外其余均是仰身直肢葬；头向东北 3 座、西南 3 座、南 2 座、西 1 座共 9 座，均侧身屈肢葬；头向东南者 3 座，其中 1 座（M11）无随葬品，另 2 座（M88、M87）分别随葬 5 件和 4 件陶器。

成人与儿童合葬墓（M55）中成人为仰身直肢葬，儿童则侧身屈肢葬，头向西北，随葬陶器 5 件、猪骨两块。按照我们的观点，此儿童属于殉葬者。

从以上各项统计数字可以得出几点认识：

（1）成年人墓葬可以分为两个大的群体，其仰身直肢葬群体多数头向西北，基本都有陶器和其他随葬品，甚至还有一例使用儿童殉葬；侧身屈肢葬群体头向分散但绝无西北方向者，几乎一无所有。这两个群体应该分属于社会地位相差很大的等级。

（2）男女性别之间未见明显差别。

（3）儿童墓葬占绝大比例，但是多数头向西北、仰身直肢，应该属于成年人的仰身直肢葬群体。

（二）秦魏家墓地分析

秦魏家墓地共有墓葬 138 座，其中单人墓葬 114 座，合葬墓 24 座。南区墓葬头向西北，北区墓葬头向均西[1]。

114 座单人墓中仰身直肢葬 98 座约占 86.0%，侧身屈肢葬 2 座，侧身直肢葬 3 座，俯身直肢葬 1 座，另外 10 座葬式不清。

98 座仰身直肢葬中有陶器的 80 座占 81.6%；在没有陶器的 18 座墓葬中又有 11 座墓葬分别随葬工具、装饰品、猪骨等物，如 M28 虽然没有陶器，但随葬有被认为是当时"衡量财富的标尺"[2] 的猪下颌骨 16 件；真正一无所有者仅 7 座占 7.1%。2 座侧身屈肢葬中 1 座没有陶器，仅有 5 枚小石子；1 座随葬 3 件陶器、1 枚骨针、13 枚小石子。3 座侧身直肢葬和 1 座俯身直肢葬均有随葬陶器和其他物品。

儿童单人葬仅有 2 座，均仰身直肢，其中 1 座有陶器，1 座无随葬品。3 座年龄不详者均有随葬品，1 座女性仰身直肢葬，另 2 座性别、姿势不明。109 座成年单人葬中

---

① 中国社会科学院考古研究所甘肃工作队：《甘肃永靖秦魏家齐家文化墓地》，《考古学报》1975 年第 2 期。

② 同①。

经过性别鉴定者仅 14 座，男性 8 座中 6 座有陶器，另 1 座有工具，完全无随葬品的仅有 1 座墓，并且也是仅有的 1 座侧身屈肢葬；女性 6 座墓均有陶器和其他随葬品，其中 5 座仰身直肢葬，1 座葬式不清。

由秦魏家墓地之单人墓葬的统计分析，可以得到如下几点认识：

（1）该墓地的主体是仰身直肢葬，其他葬式比例很小，侧身屈肢葬者社会身份地位略低，如 M32 仅有 5 枚小石子。

（2）儿童与成人比例异常，可能遵循未成年人不入集体墓地的制度。

（3）男女数量比例相似，墓葬的形制、葬式、随葬品也相似，看不出身份地位的差别。如 7 座女性墓都有随葬品，其中 M13 除 4 件陶器（盆、双大耳罐、高领双耳罐、双耳罐）外，还有骨针、骨匕各 1 件，猪下颌骨 2 件，小石子 8 枚。

秦魏家墓地共有合葬墓 24 座。其中成人与儿童合葬墓 8 座，2 座为成年男子与儿童合葬（M6、M51），3 座为成年女子与儿童合葬（M30、M65、M97），其余 3 座无性别鉴定结果。16 座成年与成年合葬墓中，经性别鉴别的有 7 座均是男女合葬，男人呈仰身直肢姿处于中心地位，女性侧身屈肢面向男性处于附属地位，仅有一例的女性呈仰身直肢姿（M108）。

从合葬墓的统计分析可以有如下认识：

（1）成年与儿童合葬中，既有成年男性也有成年女性，不存在明显的男女性别差异。

（2）成年与成年合葬中，男女性别的身份地位有明显差别，属于不同的社会层级。

（3）合葬墓中居于主导地位的被葬者几乎全是仰身直肢姿，仅有一例侧身直肢者；而居于附属地位的被葬者则多数是侧身屈肢姿。

（三）大何庄遗址与秦魏家墓地关系分析

大何庄遗址和秦魏家墓地都位于甘肃省永靖县莲花公社大何庄村南 500 米的台地上，北临黄河、东近大夏河，两处遗址仅以苦水沟相隔，距离约 500 米[1]。从沟边断崖上多见灰层和墓葬来看，这两处遗址原先可能距离更近一些（见图）。

两遗址的年代关系，张忠培先生曾经对其出土陶器做过认真细致的比较研究[2]，本文便不再进行分析。需要注意的是，两遗址尽管未必属于同始共终的绝对并存，但也在相当长的时间阶段上是同时存在的。那么两个大致同时、又几乎相连的遗址，是否存在着一定的内在联系呢？

---

① 黄河水库考古队：《临夏大何庄、秦魏家两处齐家文化遗址发掘简报》，《考古》1960 年第 3 期。
② 张忠培：《齐家文化研究》，《考古学报》1987 年第 1、2 期。

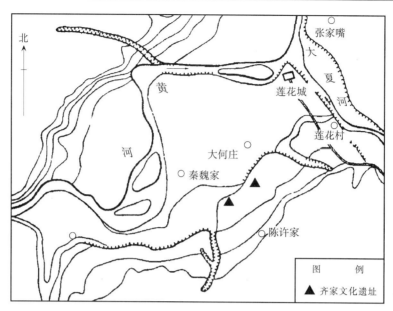

大河庄遗址与秦魏家墓地位置图

大何庄遗址主要是生活区，因为灰层密布而被群众称为"大灰台"。发掘居住面和房址 7 处，窖穴 15 个，石圆圈 5 处。43 座墓葬在 2 层下，39 座墓葬在 3 层下。墓葬与居址混杂，成人墓与儿童墓交错，不能明确分出各自独立的范围①。而秦魏家墓地则相对单纯一些，石圆圈 1 处、窖穴 73 个。虽然报告有墓葬与窖穴同在 3 层的描述，但是看地层堆积图就能明白，墓葬基本上是 1 层下打破 2 层的，而窖穴则均为 2 层下打破 3 层的，墓葬和窖穴不属于同一层位②。从整齐排列的墓葬分布更能清晰地看出，秦魏家墓地是一片专门规划的墓地。

若是忽略一个聚落的人们在某一个区域内的阶段性迁移摆动，单以秦魏家墓地使用时期为观察对象的话，我们可否有如下的认识：

（1）大何庄与秦魏家属于同一个聚落，大何庄为居住生活区，秦魏家为专用墓葬区。

（2）这个聚落的人群有着明显的等级差别，能够划分为统治集团和被统治集团，前者流行仰身直肢葬，后者流行侧身屈肢葬。

（3）秦魏家墓地只是统治集团的成年人的公共墓地，未成年人死亡仍是埋在居址周围。而被统治集团的人们不能进入秦魏家墓地，只能随意地埋葬在大何庄这个居住

① 中国社会科学院考古研究所甘肃工作队：《甘肃永靖大何庄遗址发掘报告》，《考古学报》1974 年第 2 期。
② 中国社会科学院考古研究所甘肃工作队：《甘肃永靖秦魏家齐家文化墓地》，《考古学报》1975 年第 2 期。

生活区的范围内。

（4）尽管整个聚落分化为两个等级森严的集团，但是在同一个集团内却没有明显的身份地位高低，尤其是没有男女性别的高低之分。统治集团的女性也可以使用儿童殉葬，而男性则有使用儿童和女性殉葬两种方式。

（5）殉人来自于被统治集团，也就是流行侧身屈肢葬的人群。

（6）统治集团的人们并未脱离生产劳动，因为经常还有随身工具随葬。加上埋葬习俗的差别，可以判断两个集团的分化并不是出自于同一个血缘族群的贫富分化，而是一个血缘族群对另一个血缘族群的征服。

（四）余论

多数学者引用马列经典著作的结论，并利用民族学材料为佐证，认为这种合葬墓的出现，表明甘青地区在齐家文化时期已出现男女性别压迫，男子在社会上处于统治地位，女性则处于被统治地位，男性对女性有生杀予夺的权利，甚至相信阶级的出现最初就表现为男性对女性的奴役[①]。个别学者考察了成年男女合葬墓的源流，认为这种合葬墓不是父系氏族社会的必然，是特殊社会环境下的产物，产生原因可能是氏族收养行为[②]。

本文换一个角度，通过分析大何庄和秦魏家两个典型遗址，从单人葬出发进行统计分析，没有得出男女之间的太大差异，但是得出了仰身直肢葬和侧身屈肢葬两个群体的身份地位差别。并没有否认男女成人合葬墓中男女地位的悬殊，可是放在整个群体中来看，就不能简单地归结为男女性别差异。

侧身屈肢和仰身直肢这两种人骨摆放方式在甘青地区由来已久，半山—马厂时期的甘肃中部地区正是侧身屈肢葬的集中流行区域[③]。并且这种葬式也并不是女性独有的屈辱葬式，例如青海柳湾马厂类型三人合葬墓 M327，一侧身屈肢葬男性居于中央，两侧是仰身直肢葬男性[④]。只是到了齐家文化时期，该地区才转化为仰身直肢葬流行，侧身屈肢葬成为一个没有财产权甚至没有生命自主权的人群。考虑到齐家文化起源于东部地区，可以推测齐家文化合葬墓的真正原因，正是仰身直肢葬群体西进，对甘肃中部地区的侧身屈肢葬群体实施了征服、统治。

---

① 吴汝祚：《齐家文化墓葬初步剖析》，《史前研究》1983 年第 2 期；王吉怀：《齐家文化墓葬的几种埋葬方式》，《考古与文物》1989 年第 6 期；谢端琚：《略论齐家文化墓葬》，《考古》1986 年第 2 期；张忠培：《齐家文化研究》，《考古学报》1987 年第 1、2 期；张忠培：《黄河流域史前合葬墓反映的社会制度的变迁》，《华夏考古》1989 年第 4 期。

② 尚民杰：《对史前时期成年男女合葬墓的初步探讨》，《中国史研究》1991 年第 3 期。

③ 陈洪海：《甘青地区史前墓葬中的葬式分析》，《古代文明》（第 2 卷），文物出版社，2003 年。

④ 青海省文物管理处等：《青海柳湾》，文物出版社，1984 年。

从蛇神的分类、演变看华南文化的发展

吴春明

（厦门大学人文学院历史系）

华南蛮、苗、越、畲等土著各族不具有本民族自身的文献历史，"南蛮蛇种"是上古华南土著蛇神祭祀、图腾等特殊的"他文化"现象先后映入华夏人文视野后，出现于汉文史籍的跨文化"话语"。《说文解字》卷十三篇（上）"虫"部："南蛮，蛇种，从虫、亦声。""闽，东南越，蛇种，从虫、门声。"《史记·吴太伯世家》注"荆蛮"引唐司马贞索隐："蛮者，闽也，南夷之名，蛮亦称越。"《山海经·海内经》载："南方有赣巨人……又有黑人，虎首鸟足，两手持蛇，方啖之……有人曰苗民，有神焉，人首蛇身，长如辕，左右有首……"《淮南子·原道训》载："九嶷之南，陆事寡而水事众……于是人民披发纹身，以像鳞虫。"高诱注："文身，刻画其体内，点其中，为蛟龙之状，以入水蛟龙不伤也。"《越绝书·九术传》云："于是作为策楯，婴以白璧，镂以黄金，类龙蛇而行者，乃使大夫种献于吴。"《吴越春秋·阖闾内传》："（子胥）造筑大城……立蛇门者，以象地户也。阖闾……欲东并大越，越在东南，故立蛇门，以制敌国……越在巳地，其位蛇也，故南大门上有木蛇，北向首内，示越属于吴也。"明邝露《赤雅》"上篇"说："畲民神宫，画蛇以祭，自称龙种。"清陆次之《峒溪纤志》也说："畲族，其人皆蛇种，故祭皆祀蛇神。"顾炎武《天下郡国利病书》载："（潮州）畲人，有姓夷、濮、吴、苏，自古以南蛮为蛇种，观其畲家，神宫蛇像可见。""南蛮蛇种"一词概括下的南方土著自然崇拜、图腾信仰中的崇蛇文化，也成为古代中原华夏、汉人看东南蛮、苗、越等民族的一个重要的族群识别符号。

历史学者、民族学者、民俗学者、宗教学者对华南蛇崇拜文化现象，从不同角度做了大量论述，但都限于资料的归纳、描述与表层解释[1]。笔者曾经对南方蛇神崇拜在

---

[1] 林蔚文：《福建民间动物神灵信仰》，方志出版社，2003年；林国平：《闽台民间信仰源流》第39页，福建人民出版社，2003年；秦慧颖：《福建古代动物神灵崇拜》，《东南考古研究》，厦门大学出版社，2003年。

史前时代发生到近现代华南社会延续积淀的历史，做过初步的阐述①。实际上，在漫长的南方民族史上，以"蛇"为核心因素的宗教文化的内涵与形态各不相同，从文化类型学上可以大致区分为三类，即"正面"的蛇神、"反面"的蛇妖或镇蛇之神、"改造"的蛇神。我们发现，南方蛇神形态的多样性是土著文化在周汉以来的华夏、汉文化氛围下发展、变化的结果，与南、北方土、客族群的迁徙、传承、变迁与融合有关。

（一）"南蛮蛇"与"华夏龙"的差别

"南蛮蛇种"作为华夏、汉人话语中对南方民族的一种典型的"图腾"表述，是南方土著民族精神文化的特征之一，某种意义上是华南地区作为东亚古代文化一个特殊区系的代表性因素。但在南方文化史乃至中华文化史的一般论著中，常见蛇、龙不分、模糊两者界限的观点。因此，开展"南蛮蛇种"、南方蛇神研究的前提，必须首先厘清"南蛮蛇"与"中华龙"的关系。

诚然，"南蛮蛇"与"中华龙"的异同是一个非常复杂的文化史问题，涉及中华民族多元一体文化形成过程中中原（夏、汉）文化与南方土著（蛮）文化漫长的互动融合，但究其形态与性质，还是可以找到两者的基本差别的。

"龙"并非生物学上真实存在的一个物种，但作为存在于中国人认知领域的"图腾符号"，"龙"是汉文史籍中"智慧"、"万能"之躯的虚拟的精神象征，《说文解字》说"龙，鳞虫之长，能幽能明，能细能巨，能短能长，春分而登天，秋分而潜渊"②，对于这样一种虚拟"物种"的历史来源和在现实世界的"原型"，研究者有很不一样的看法，蛇、鳄鱼、蜥蜴、龟、马、牛、猪、鸟、熊、雷电等都曾被不同学者解读为"龙"的隐喻对象③。

实际上，我们难以确定"龙"在现实世界的原型，其形象特征具有非唯一性，如古人所谓的"九似"。宋代罗愿《尔雅·翼·释龙》语："角似鹿，头似驼，眼似龟，项似蛇，腹似蜃，鳞似鱼，爪似鹰，掌似虎，耳似牛。"明代李时珍《本草纲目》卷四十三"鳞"部又有不同的表述："龙有九似，头似驼，角似鹿，眼似兔，耳似牛，项似蛇，腹似蜃，鳞似鲤，爪似鹰，掌似虎，是也。"大量中原、北方史前、上古考古发现中被指为"龙"的图像也证实了这一非生物学"物种"的"多元"形体特征（图一）。

---

① 吴春明、王樱：《"南蛮蛇种"文化史》，《南方文物》2010 年第 2 期。
② （东汉）许慎《说文解字》卷十一篇（下）"龙"部。
③ 张笑恒：《神秘的龙文化》，西苑出版社，2007 年；田秉锷：《龙图腾——中华龙文化的源流》，社会科学文献出版社，2008 年；朱乃诚：《中华龙起源和形成》，生活·读书·新知三联书店，2009 年。

图一　考古资料中的上古"中华龙"形象

1. 安阳小屯铜盘（M18∶14）蟠龙纹　2. 徐州狮子山楚王墓玉龙佩（SW4∶30）

作为一种虚拟的图腾符号、中华人文的精神象征，"龙"的"多元"形态特征，与中华民族文化的"多元"性质吻合，"龙的传人"一语将所有"多元"中国人归于"一体"，正与"龙图腾"、"九似"、多元、组合特点相吻合。不难推测，"龙"之所以能将不同的图腾动物形象集于一身，大致反映了史前至上古时期以中原为中心的"四方万国"范围内多民族文化冲突、融合的历史过程。因此，把"龙"看成是华夏、汉族原创的，并伴随华夏、汉文化传播、融合而逐步为整个"中华民族"所认同的"统一"的"始祖"精神象征与图腾符号，应该不会大错。

而华南土著文化中原生的"蛇"崇拜完全不同于具有"九似"特征的"龙图腾"，是华南地理环境中客观存在的大量蛇类爬行动物在土著图腾文化上的反映，是史前、上古文化史和艺术史上一个非常独特的时空类型——华南类型的代表性因素，应该是华夏、汉文化南播之前华南土著的图腾文化特征之一。

但是，历史文献中为什么有那么多龙、蛇不分的段落表述呢？我认为将图腾文化史上的"中华龙"归源于、甚至等同于"南蛮蛇"，是有复杂的历史原因的。诚然，"龙"作为历史上形成的中华民族"统一"的图腾象征，"南蛮蛇种"理所当然地也是中华民族多元文化的有机组成部分，不能排除"南蛮蛇"曾是塑造"中华龙"虚拟形象的有机元素之一。不过，将"中华龙"等同于"南蛮蛇"，更多的带有古代史上华南士绅阶层仰慕、崇媚中土情结的主观"心愿表达"。在以"中国—四方"、"中心—边缘"格局为特点，以华夏、汉族强势主导并占据中心的"中华"多元民族关系格局中，边缘族群除了仰慕、依附中心、融入主流外，还得认同华夏甚至戴上"中州移民"

的"金冠"①，达到族群文化的"身份转化"，摆脱多元族群格局中的弱势地位。将"中华龙"归源于"南蛮蛇"，更是可以"提升"南方族群在"中华民族多元一体格局"中地位相当不错的"历史"表述，应该是华南士绅一厢情愿的"历史建构"。因此，澄清被混淆的蛇、龙关系史，是认识华南文化史真实面貌的至关重要的一环。

（二）华南民族考古中源远流长的"正面"蛇神

所谓"正面"蛇神，是土著族群文化立场上的原生的蛇图腾、蛇崇拜形象，是华南蛇神的主体。这类土著蛇神大量发现于"南蛮"、"百越"地带的史前、上古时期的考古文物中，在中古以来直到近现代仍见于黎族、侗族、傣族、壮族、畲族、高山族乃至华南"汉人"的"蛇祖"、"蛇母"、"蛇娘"、"蛇仙"、"蛇王"、"蛇神"崇拜中。考古发现与民族志上的这类"正面"蛇神，反映了"南蛮"土著蛇图腾文化的源远流长。

1. 华南史前陶器中的崇蛇纹样

印纹陶是华南新石器至青铜时代的一种代表性的物质文化因素，有学者认为印纹陶的纹饰是蛇形、蛇皮鳞纹的简化，起源于古越族的蛇图腾崇拜②。印纹陶的纹饰是复杂多样的，许多几何形纹饰因其简化、抽象的形式，与蛇确切关系还有待更多明确的证据。但作为印纹陶文化传统前身的华南新石器文化中，确有不少蛇形的装饰纹样，可以感受到鲜明的蛇崇拜韵味。

在距今六七千年间的湘江上游与珠江水系间的高庙、咸头岭等一类文化，出土了一批戳印、压印篦点、刻划、彩绘等形成的精美几何形纹、动物纹、星象纹、祭仪题材等装饰纹样的（白）陶器群，研究者认为动物纹主题是飞鸟、獠牙兽为代表的神性动物图案。实际上，高庙、咸头岭等一类遗存中典型的圈足盘、簋的腹外壁与圜底罐的颈、肩部常见装饰复线填点的波状、曲折状的条带纹饰，就酷似蟠行的长蛇，应是探索华南史前文化中崇蛇形象起源的重要对象③（图二）。

---

① "南方汉人"是汉民族群体中社会文化非常特殊的群体，其中包含"汉化"的土著（百越），但在"南方汉人"晚近历史阶段编撰的"族谱"资料中，"中州移民"似成为所有"南方汉人"的"通史"，这是边缘族群历史记忆"建构"的典型版本，是中华民族多元一体形成过程中常见的"汉化"模式。参见吴春明：《东南汉人的形成：民族考古学提纲》，《桃李成蹊集——庆祝安志敏教授八十诞辰论文选》，香港中文大学，2004 年。

② 陈文华：《几何印纹陶与古越族的蛇图腾崇拜》，《考古与文物》1981 年第 2 期。

③ 湖南省文物考古研究所：《湖南洪江市高庙新石器时代遗址》，《考古》2006 年第 7 期；深圳市文物考古鉴定所等：《广东深圳市咸头岭新石器时代遗址》，《考古》2007 年第 7 期。

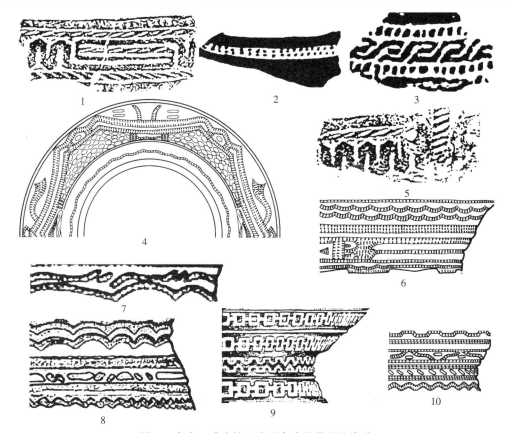

图二　高庙—咸头岭一类遗存中的类蛇纹陶片

1、3、5. 咸头岭 T201 采、T104 采、T201 采　2. 广东大黄沙 T202④: 15　4、6、10. 高庙 T0814⑬: 1、T2003㉑: 10、T12 – 02⑲: 50　7、8. 坡脚 04T9H5: 30、04T9H5: 27　9. 汤家岗 M7: 1

　　在东南地区史前文化中，比较明确装饰蛇形、蛇纹图案的器物见于良渚文化，浙江余杭良渚、庙前、奉化名山后、海盐龙潭港，江苏吴县草鞋山，上海金山亭林、青浦福泉山等都发现了写实或接近写实的蛇纹陶器，蛇纹常见于扁腹盘形鼎、高足浅盘豆、圈足壶的外腹和器盖上，刻画繁缛有致的螺旋状盘蛇纹，间有卷云、飞鸟，未见于其他文化，具有蛇崇拜的文化特征①（图三）。

---

① 施昕更：《良渚——杭县第二区黑陶文化遗址初步报告》，浙江省教育厅，1938 年；浙江省文物考古研究所：《庙前》，文物出版社，2005 年；名山后遗址考古队：《奉化名山后遗址第一期发掘的主要收获》，《浙江省文物考古研究所学刊——建所十周年纪念》，科学出版社，1993 年；浙江省文物考古研究所等：《浙江海盐县龙潭港良渚文化墓地》，《考古》2001 年第 10 期；南京博物院：《江苏吴县草鞋山遗址》，《文物资料丛刊》（第三辑），文物出版社，1980 年；上海市文物管理委员会：《福泉山——新石器时代遗址发掘报告》，文物出版社，2000 年；孙维昌：《良渚文化陶器纹饰研究》，《上海博物馆集刊》（第 6 集），上海古籍出版社，1992 年；朱乃诚：《良渚的蛇纹陶片和陶寺的彩绘龙盘》，《东南文化》1998 年第 2 期。

图三　良渚文化陶器上的蛇纹

1~3. 福泉山 M65:90、M101:90、M65:1　4. 奉化名山后 H14

2. 越系青铜文化中的崇蛇形态

进入青铜时代后，华南、东南越系青铜器中有大量装饰蟠螭纹、蛇纹、蛙纹、鸟纹，有别于"商周文化"。其中，苏、浙、皖交界青铜文化的造型受到"商周文化"的直接影响，但各式几何纹和蛇、蜥蜴、鸟、鱼、蛙等写实的动物纹样，具有鲜明的吴越文化特征[①]。

安徽出土一批商周青铜器装饰有形象的蛇纹、蛇形，如繁昌汤家山的蟠蛇纹纽盖盉、蟠蛇纹矛，汤家山与青阳庙前汪村的鱼蛇纹圈足盘，芜湖的牺首蛇纹尊等，都是近乎写实的蛇形象，与中原北方商周青铜器等常见的兽首、鱼鳞身、带鹰爪足并被人格化的华夏"龙"是不同的[②]（图四）。

江苏无锡鸿山邱城墩、万家坟等墓地出土一大批仿铜青瓷器、硬陶器、玉器，装饰堆塑、浮雕蛇形象和刻划的蛇纹，诸如堆塑六条或九条蟠蛇的青瓷鼓座、蛇形悬虫的青

---

① 　肖梦龙：《试论江南吴国青铜器》，《东南文化》（第二辑），江苏古籍出版社，1987 年；宋永祥：《试析皖南周代青铜器的几个地方特征》，《东南文化》1988 年第 5 期；傅举有：《古越族的青铜艺术》，原载香港《中国文物世界》第 59 期，转引《中国历史与文物考古研究》，岳麓书社，1999 年。

② 　安徽大学、安徽省文物考古研究所：《皖南商周青铜器》第 91~93、100~104、108~109、176~177、216 页，文物出版社，2006 年。

瓷甬钟、蛇形纽的青瓷镈钟与振铎、以八条蛇盘成的琉璃釉玲珑球形器、雕刻蟠蛇的玉带钩与玉佩饰等，具有浓重的蛇图腾韵味①（图五）。

江苏淮阴高庄、镇江王家山、六合程桥等东周墓中，发现了一组精美、繁缛的刻纹铜器，蟠蛇纹、爬行四脚蛇（蜥蜴）纹是其中的主题纹饰，还有青铜盉上的蛇纹提梁、管状环形器上的小蛇装饰等。此外，六合程桥墓发现的9件编钟的鼓面和舞面也都装饰蟠螭纹和近似蛇形的螺旋形纹。江西贵溪崖墓的附加堆蛇纹陶坛、福建武夷山闽越王城的蛇纹铜铎等，也属于同类②（图六）。

湘江流域东周时期的越人墓葬中，发现一批装饰几何纹和包括蛇纹在内的动物

图四　皖南吴越青铜器上的蛇纹、蛇形象
1. 青阳汪村盘内鱼蛇纹　2. 繁昌汤家山盘内鱼蛇纹
3. 繁昌矛蛇纹　4. 繁昌汤家山盉盖蛇形纽

纹的青铜器群，成为区别于中原传统的显著特点③。衡阳渣江区赤石村春秋越人或越文化墓葬中，出土了一件蜴形动物饰提梁卣，造型与中原同类器相似，但卣腹部、器盖满布突起的二十条蛇及若干蜴（四脚蛇）形动物形象，突显越人青铜器装饰艺术中的独特风格④。

① 南京博物院等：《鸿山越墓发掘报告》、《鸿山越墓出土乐器》、《鸿山越墓出土玉器》、《鸿山越墓出土礼器》，文物出版社，2007年。
② 镇江博物馆：《江苏镇江谏壁王家山东周墓》，《文物》1987年第2期；淮阴市博物馆：《淮阴高庄战国墓》，《考古学报》1988年第2期；江苏省文物管理委员会等：《江苏六合程桥东周墓》，《考古》1965年第3期；福建博物院等：《武夷山城村汉城遗址发掘报告》第357页，福建人民出版社，2004年。
③ 向桃初：《湘江流域商周青铜文化研究》第418、437页，线装书局，2008年。
④ 衡阳市博物馆：《湖南衡阳县赤石春秋墓发掘简报》，《考古》1998年第6期；陈建明主编：《湖南商周青铜器陈列》第32页，湖南省博物馆印。

图五　无锡鸿山越墓器物上的蛇形象、蛇纹
1. 万家坟硬陶鼓座（M1:169）蛇形堆饰　2、3. 邱城墩青瓷鼓座（M1:1011、M1:1053）蛇形堆饰
4. 邱城墩玉带钩（M1:21）蛇纹

岳阳莄口的一座春秋时期楚墓，该墓具有墓地铺设河卵石、土坑墓设置壁龛等越文化
因素，其中也发现一件类似的"人像动物纹"铜卣，器盖及卣腹均装饰阳凸的蛇纹①。
湘潭荆州乡金棋村有一件"动物纹提梁卣"，腹中部几何形地纹上突起双肩越式钺图案
和十二条蛇纹，器盖上也满布八条蛇及蜥、蜈蚣、蛙类、四脚小爬虫等动物纹样②。类
似的装饰还见于衡山县霞流出土的一件春秋时期的蛇纹垂腹尊③。广西恭城秧家的春秋
时期的铜尊，颈部和腹部分别装饰四组由蛇斗青蛙纹为主、云雷纹为地的纹饰带，风
格与湘江流域所见非常相似，被认为是湘江流域扬越文化的扩展④（图七）。

---

① 岳阳市文物工作队：《岳阳县莄口出土春秋人像动物纹青铜卣》，《湖南博物馆文集》，岳麓书社，
　1991 年。
② 熊建华：《湘潭县出土周代青铜提梁卣》，《湖南考古辑刊》（第四集），岳麓书社，1987 年。
③ 周世荣：《桑蚕纹尊与武士靴形钺》，《考古》1979 年第 6 期；陈建明主编：《湖南商周青铜器陈
　列》第 33 页，湖南省博物馆印。
④ 李如章：《岭南地区出土青铜器研究》第 55～56 页，文物出版社，2006 年；向桃初：《湘江流域
　商周青铜文化研究》第 416 页，线装书局，2008 年。

图六　吴越青铜文化中的蛇形象
1. 淮阴高庄铜盘（M1∶48）内底外区六蛇蟠绕　2. 淮阴高庄铜盘（M1∶3）内底外区十蛇蟠绕
3. 淮阴高庄铜盘（M1∶0146）内底六蛇蟠绕　4. 镇江王家山东周铜鉴内底蟠蛇纹
5. 武夷山闽越王城铜铎舞面蛇纹　6. 六合程桥东周刻纹铜器内底蟠蛇纹

3. 濮系蛇形、蛇纹青铜文化

　　云贵高原是古代百濮系之滇、夜郎以及滇越等土著族群的活动空间，云南晋宁石寨山、江川李家山、昆明羊甫头、曲靖八塔台等东周至秦汉时期滇文化墓地的考古发现中，从生产工具的斧、锛、凿、铲、锄到兵器的戈、矛、剑、剑鞘、啄、叉、钺、匕首，礼乐器的钟、储贝器、仪仗器及装饰品、马具等，均有大量的蛇形象或图像①，成为滇文化的最大特色之一，表现出滇人对蛇的宠爱和崇拜。这些蛇图像形态各异，有些性质有别，反映了蛇崇拜形态的多样性以及文化融合与发展。

　　滇文化发现了许多立体蟠蛇或蛇形的青铜器。石寨山多件储贝器上有蟠蛇立柱的雕塑，如 M1∶57A "杀人祭铜柱储贝器"器盖雕刻的祭祀广场中心表柱，柱顶立虎，柱

---

① 云南省博物馆：《云南晋宁石寨山古遗址及墓葬》，《考古学报》1956 年第 1 期；云南省博物馆：《云南晋宁石寨山古墓群发掘报告》，文物出版社，1959 年；云南省博物馆：《云南晋宁石寨山第三次发掘简报》，《考古》1959 年第 9 期；云南省博物馆：《云南晋宁石寨山古墓第四次发掘简报》，《考古》1963 年第 9 期；云南省文物考古研究所等：《晋宁石寨山——第五次发掘报告》，文物出版社，2009 年；云南省博物馆：《云南江川李家山古墓群发掘报告》，《考古学报》1975 年第 2 期；云南省文物考古研究所等：《江川李家山——第二次发掘报告》，文物出版社，2007 年；云南省文物考古研究所等：《昆明羊甫头墓地》，科学出版社，2005 年；云南省文物考古研究所等：《曲靖八塔台与横大路》，科学出版社，2003 年。

图七　湘江流域青铜文化中的崇蛇纹样

1、2. 衡阳赤石提梁卣器盖及腹部蛇纹　3、4. 湘潭荆州金棋提梁卣器盖与腹部蛇纹　5. 恭城秧家铜尊腹部蛇纹

身蟠绕两条攀爬向上的长蛇；M12：56 的同类器，柱身蟠绕一条正在吞人的巨蛇。石寨山与李家山的铜器中有蛇形纲网状器、蛇形銎斧与铲、蛇形茎剑等，蛇头张口露牙，透露出一股逼人的气势，羊甫头还有蛇吞蛙形象的卷刃器木柄，蛇的形象都十分生动逼真（图八）。

图八　滇文化中的蛇形青铜器具

1. 石寨山蛇纲网状器　2. 石寨山蛇形銎铜斧（M71：139）　3. 江山李家山蛇形銎铜铲（M51：337）
4. 石寨山储贝器（M1：57A）上的蟠蛇立柱　5. 昆明羊甫头铜卷刃器（M113：353－2）木柄蛇吞蛙形象
6. 石寨山蛇首茎一字格剑（M71：37）　7. 江川李家山蛇首茎一字格剑（M47：119）

　　滇文化中还有大量青铜器装饰平面写实蛇纹。如羊甫头的矛形仪仗器、卷刃器及李家山的剑鞘等有二至四条攀爬的长蛇纹，羊甫头、李家山的铜斧、凿、戈等也都有多条蟠卷的蛇形象，石寨山的一件两鼓叠置储贝器（M71：142）还有蛇吞飞鹰、蛇吞蜈蚣的图像，石寨山"滇王之墓"环纽编钟器身各装饰四条龙首（兽形带角、耳）蛇身（无足）图像，这是滇人蛇纹铜器中少有的龙化的蛇形象，是秦汉时期文化融合的结果（图九）。

4. 壮侗语族的"蛇祖"、"龙母"、"蛇母"

　　岭南是商周时期"瓯"、"桂国"、"九菌"故地，周汉时代为"西瓯"、"骆越"及"裸国"等百越支系，汉晋以来，随着中原王朝的军政统一、民族同化，逐步发展

图九　滇文化青铜器上的蛇纹

1. 羊甫头矛形仪仗器（M113：87）　　2. 羊甫头卷刃器（M113：356）　　3. 江山李家山铜鞘饰（M68ⅩⅠ：25－3）
4. 羊甫头木柲铜凿（M113：351－14）　　5. 羊甫头铜斧（M19：83）　　6、7. 江川李家山横銎铜戈（M51：284）
8. 石寨山叠鼓储贝器（M71：142）

为以"汉民"人文为主体，"遁逃山谷"的"南蛮"后裔"乌浒蛮"、"乌蛮"、"俚僚"、"俚蛮"、"峒僚"等大杂居、小聚居的局面，成为现今华南壮侗语族少数民族僮（壮）、侗、水、布衣、傣、黎等民族文化。在壮侗语族各族群的始祖传说及图腾偶像中，保留着深厚的"蛇祖"、"龙母"、"蛇母"等崇拜。

　　在广西大明山地壮族社会，传说在遥远的古代，一位贫穷的老婆婆在进山采集野菜的路上救起了一只小虫，并把它抚养成可爱的"独龙"。独龙越长越大，养母的茅棚都不够住了，她就告诉独龙只有切掉一段小尾巴才不会越来越长，壮语把剪了尾巴的独龙称为"特吉"。特吉的尾巴不再加长，身体却仍然越长越大，养母就要它出去谋生，于是特吉变成一只腾空巨龙飞向深潭。养母死后，特吉将她葬在龙头山顶，每年前来祭祀。迄今，在大明山地的武鸣、上林、马山、宾阳等县分布大量龙母村和龙母庙①，武鸣县

---

① 黄桂秋：《大明山龙母文化与华南族群的水神信仰》，《广西师范学院学报》（哲社版）2006 年第 3 期。

图一〇　广西武鸣两江龙母村
龙母庙明代蛇形石刻
（照片由广西文物考古研究所覃芳提供）

两江镇的旧龙母屯还保留一尊古老的石雕蛇头图腾石，突显龙母文化的蛇图腾性质（图一〇）。"龙母"传说还流行于广东西江流域的"汉人"社会，根据德庆西江与悦城河交汇处"悦城龙母祖庙"的传说，秦汉时期悦城河、西江与绛水河交汇处的一位老渔翁，有一天他救起了西江上游漂来的木盆里的一位女婴，并将其抚养成人。一日她在西江河滩上捧回一个巨卵，回家孵化出五条小蛇，她就将小蛇养在悦城河中，原来她捧回的是龙蛋，五条小蛇是五龙子，她就常与水中游动的五龙子像母子一样相处，她因此被称为"龙母"，五龙子长大后满身鳞光、蟠腾江中，母子扶危济困于西江两岸。龙母死后葬在悦城东岸，后人再设立祠庙祭祀①。

岭南壮、汉社会的"龙母"传说故事稍有差异，但都说"龙母"是蛇的养母，因此水神"龙母"实际上就是"蛇母"，是一种蛇神。遗迹遍及岭南，据不完全统计，清代西江流域的龙母庙就有 352 座，龙母行宫更多，大凡江河要冲和出海口处都有龙母庙。龙母是岭南西江流域和珠江流域壮、汉各族人民共同崇拜的至高无上的女神、水神，标明岭南壮、"汉"民族具有共同的文化源头，这也从一个侧面说明岭南的汉民社会文化与史前上古土著文化的关系，岭南"汉民"实际上是汉化的越人或土著化的汉人②。

侗族有大花蛇始祖的故事，据广西三江、龙胜等县侗家始祖传说，上古时有两父女在上山打柴路上遇到一只大花蛇，昂头张口、尖长牙齿，大花蛇劝说老父把女儿嫁给它，后来姑娘就走入山洞与花蛇成亲，并产下一对男女。大花蛇就是侗家的始祖"萨堂"，侗家人都是蛇种"登随"，而"登随"只是存在于母系，女子是"登随"流传的渠道。每年元宵节期间，侗族都要以隆重的蛇舞来纪念蛇祖"萨堂"。跳蛇舞时，侗民们身穿织有蛇头、蛇尾、鳞身的蛇形服饰，在侗寨神坛前的石板上围成圆圈，模

① 蒋明智：《龙母信仰的历史发展——悦城龙母信仰研究之三》，《广西民族研究》2003 年第 4 期。
② 吴春明：《东南汉人的形成：民族考古学提纲》，《桃李成蹊集——庆祝安志敏教授八十诞辰论文选》，香港中文大学，2004 年。

仿蛇匍匐而行的步态。侗民有严厉的蛇禁忌，禁捕禁食蛇，若违犯禁忌，就要斟酒化纸敬祭祖先，向其赎罪，否则就会遭遇瘟疫、患病等灾难，甚至认为遇见蛇蜕皮、交尾是惹祸损财的凶兆，也要通过祭祖才能逢凶化吉①。

傣族、老龙族是汉晋以来西迁的部分骆越、西瓯及汉晋间云贵高原上故有的越人后裔融合生成的，唐宋时期为越系"黑齿"、"金齿"、"银齿"、"绣脚"、"绣面"、"茫蛮"、"棠魔"、"白衣"等族。蛇图腾是傣族多样图腾文化之一，表现在傣族民间众多的蛇、龙图腾传说，以及蛇纹文身形态上。根据傣文历史记载，傣族部族神为人身蛇尾的猛神，"傣族的祖先是龙，世世代代都是龙变的。经书上说爱在河边水边生活的人是龙，为了不忘记老祖宗是龙，总是要把两条腿纹成龙壳（龙壳即鱼鳞状纹），镶金牙是龙齿"②。

海南黎族为壮侗语族黎语支，古"岛夷"、"儋耳"、"雕题"、"骆越"、"俚"、"俚僚"后裔。黎族各支系的创始神话分别有"黎母山传说"、"勾花的传说"、"蛇郎"、"蛇女婿"、"五妹与蟒蛇"等，都说黎族始祖来源于蛇。据万历《琼州府志》卷三"山川"载："黎母山，（定安）县西南三十里光螺都，虞衡志云山极高，常在雾中，图经云婺星现此山因名。旧志又以雷栂蛇卵生一女号为黎母。"③ "勾花的传说"谓上古海岛一巨蟒生卵破出"蛇女"，蛇女长大，与过海采香男子结婚，生下一男孩，不久丈夫去世，剩下母子二人，而海岛荒无人烟，蛇女恐儿子难于婚配而绝后嗣，就与儿子商议，让儿东行寻找配偶，自己则用"勾花"之法在脸上锥刺绣面，然后抄近道与儿子相遇，因儿子已认不出母亲，遂结为夫妻繁衍后代④。"蛇郎"故事说，古时一对孪生姐妹阿花和阿香常在月光下编制箩筐，一日漂亮的妹妹阿香发现箩筐内有一只大蟒蛇，蛇要阿香嫁给它，阿香说她不会嫁给会咬人的蛇，蛇就威胁阿香要杀死她的父母，阿香就随蟒蛇进山洞，夫妻和睦繁衍后代，成为黎族先祖⑤。

黎族蛇图腾表现在文身形态上。宋周去非《岭外代答·黎蛮》说"其妇人高髻绣面"；宋范成大《桂海虞衡志》"女及笄，即黥颊为细花纹，谓之绣面"；《广东通志》卷28说，黎俗"女将及笄，置酒会亲属，女伴自施针笔，涅为极细虫蛾花卉，而以淡栗纹编其余地，谓之绣面"。黎女绣面文式的"虫蛾花卉"应就是蛇纹。在近代民族学

① 陈维刚：《广西侗族的蛇图腾崇拜》，《广西民族学院学报》1982年第4期。
② 李子泉：《西双版纳傣族纹身调查》，《傣族社会历史调查》（西双版纳之十），云南民族出版社，1987年。
③ （明）万历《琼州府志》卷三"山川·定安县"，《日本藏中国罕见地方志丛刊》，书目文献出版社，1990年。
④ 林冠群：《"勾花"的传说》，《民族研究》1981年第3期。
⑤ 梅伟兰：《试论黎族的蛇图腾崇拜》，《广东民族学院学报》1990年第2期。

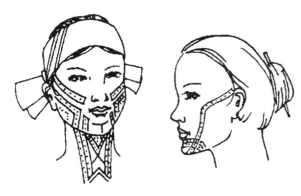

图一一　海南黎族蛇形纹身

（引自王学萍主编《中国黎族》第 253 页，民族出版社，2004 年）

上最早对黎族文身调查的是民国时期的刘咸教授，他看到的黎族文身的"斜形文素"甚似蛇身纹样①。海南"美孚黎"妇女在脸部和四肢均刺上蟒蛇状纹样，因而得名"蟒蛇美孚"②（图一一）。

5. 苗瑶语族的"蛇娘"、"蛇仙"

汉藏语系的苗瑶语族包括苗族、瑶族、畲族等南方少数民族，学界对苗瑶语族的归属还有不同的认识，或认为苗、瑶等族也属于壮侗语族，或认为与壮侗语族并列同属于汉藏语系，无论如何与同奉"南蛮"传说始祖"盘瓠"的华南土著各族关系密切。苗瑶语族也有鲜明的"蛇娘"、"蛇仙"崇拜。

在湘沅间的苗族常见一种"蛇娘"巫术，祭祀蛇神的巫师叫雷师公，他为蛇娘立坛造硐穴，封入一个蛋，并贴有"禁内有蛇"的字符，示人蛇卵生有灵。雷师公的法堂正中，还竖一根雕有人面蛇身的法棍，如同图腾柱。雷师公在扮演蛇娘施术时，用二尺四寸桃木板画上"人面蛇身"的蛇符，打在十字路口，或用黄纸画符，火化吞吃，谓能逐邪、断路、变物、藏身，神变万千。从雷师公所诵的咒语中能看出蛇图腾的内涵，即"存吾身，化吾身，化在南蛇肚里去藏身。去在南蛇背上去，回在南蛇肚里藏"③。

闽东福鼎县双华畲族的蛇崇拜表现在"二月二"歌会，又称为"会亲日"。相传古时一天，突然狂风暴雨，在他们祖先开基的石洞中先后爬出两条赤黄、青蓝的大蛇盘在厝基上，人们两次将蛇放到水中，两条蛇反复返回到厝基上。第三次，祖头公亲自把蛇送到水口放生并点香祷告，当天晚上，两只蛇没有再回来，但祖头公在夜里却梦见双龙的化身红面和青面两位将军向他致谢。祖头公醒来后，就召集当地畲民，择二月初二日在水口盖起石板宫，塑红面和青面将军两尊蛇神像以奉祀，从此双华畲民人丁兴旺。于是二月初二的畲民"会亲日"成为当地最大的节日，每逢该日，众多畲民回到双华村祭祀二神④。

① 刘咸：《海南黎人文身之研究》，《黎族研究参考资料选辑》第 1 辑。
② 吴永章：《论我国古代越族的蛇图腾》，《百越民族史论丛》第 250 页，广西人民出版社，1985 年；王学萍主编：《中国黎族》第 244～260 页，民族出版社，2004 年。
③ 杨青：《论龙的原型——南蛇图腾之源变》，《中国民间文化》1993 年第 4 期。
④ 蒋炳钊：《畲族史稿》第 235～236 页，厦门大学出版社，1988 年。

6. 台湾高山族的蛇图腾

台湾高山族的蛇图腾主要存在于南部山区的排湾族、鲁凯族，少量见于中部山地的泰雅族、布农族，表现在创始神话、物质文化与文身艺术上。鲁凯、排湾两族有丰富且相似的始祖神话传统。鲁凯族认为，远古时代从海边漂来一个陶罐，里面有两颗蛋，后来孵化成两条百步蛇，成为鲁凯人的祖先。又说，太阳在山上产了两颗卵，一条蛇前来孵卵，生出一对男女，成为鲁凯部落头目的祖先，鲁凯平民则是由一种青色的蛇产下的卵孵化而成①。在排湾族，大武山（Kavulungan）的神话认为，Pinabakatsan 的一根竹子裂开生出许多灵蛇，化成男女，成为祖先。考加包根山（Kinabakan）神话说，太古时山上有处大石裂开生出男女二人，二人相婚生下许多子女，有蛇、瞎眼儿、单手或单脚或无头的，最后才有完整的男女，后来一部分北上赴知本社为卑南族之祖，其余南下成排湾族的祖先；又说在山的绝顶上，太阳生下红、白二卵，由名叫保龙的灵蛇孵化出男女二神，即为排湾头目之家；还有传说在帕伊鲁斯社（Pairus）的马卡拉乌拉乌吉（Makarawrauzi）太阳每日产下二卵都被大蛇吞掉，后有三女子合力捕蛇投入深渊，太阳卵才孵化繁衍为排湾头目之祖。知本山塔拉马卡乌社的传说认为，从前在匹那布卡兹安的一根竹子破裂，滚下四颗蛋，蛋里出现了蛇身的男女，相婚繁衍生子，长子残障，次子健康，长大后做祈祷产生了众多的人类②。

排湾、鲁凯等族的蛇图腾偶像最突出地表现在建筑形态上，头目家屋、青年会所、骨头棚、祖灵屋等建筑上都不同程度地使用蛇形象的装饰和标志。笔者 2008 年在屏东县雾台乡鲁凯部落、来义乡望嘉村排湾部落的考察，传统的头目家屋多以石板构筑，一般都有宽阔的前庭广场，中植一棵老榕树，并树立一方表示权威地位的祖像、百步蛇纹和蛇纹陶壶图像的石碑，家屋正面的屋檐、横梁、门楣、门窗、大门上也都刻划猎首与盘蛇形象，室内中厅的雕刻柱以及摆设的屏风、陶壶、木盘、占卜箱、刀剑鞘等也都不同程度装饰蛇纹和人像（图一二）。

高山族的文身图案也由蛇纹演变而来。《隋书·流求传》："男子拔去髭鬓，身上有毛之处皆亦除去。妇人以墨鲸手，为虫蛇之文。"《诸罗县志》云：平埔族"文其身，遍刺蝌蚪文及虫鱼之状"。根据现代民族志调查，台湾原住民最典型的文身形态保存于

---

① 达西乌拉弯·毕马：《台湾的原住民——鲁凯族》第 12 页，台北台原出版社，2003 年；潘英：《台湾原住民族的历史源流》第 152～153 页，台北台原出版社，1999 年。

② 台湾总督府临时台湾旧惯调查会原著：《蕃族惯习调查报告书》（第五卷——排湾族第一册）第 111～119 页，"中研院"民族学研究所编译出版，2003 年；潘英：《台湾原住民族的历史源流》第 150～152 页，台北台原出版社，1999 年；铃木作太郎著，陈万春译：《台湾蕃人的口述传说》《民学集刊》第一册，2003 年。

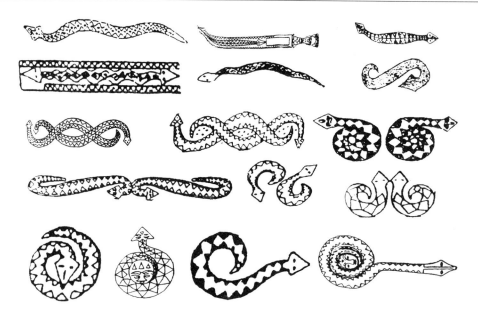

图一二　台湾排湾族器具装饰上的蛇纹
（引自台北十三行博物馆 2008 年"排湾族特展"）

中部山地的泰雅族和赛夏族人群中，纹饰的形态与蛇、人有密切的关系，以百步蛇身上的三角形斑纹演变成的各种花纹如曲折线纹、半圆形纹、叉纹、网纹、菱形纹等为主①。

7. 东南汉民社会的"蛇神"、"蛇王"

在东南百越文化分布区内的"汉民"社会中，保存着十分丰富的蛇图腾"文化残余"，除了前述岭南汉民信奉与壮族相同的"龙母"图腾外，江、浙、闽的汉民社会还有许多"蛇神"、"蛇王"崇拜。

在江南苏、浙地带"蛇王庙"及蛇神偶像崇拜随处可见，如南京太仓、苏州娄门内的蛇王庙，宜兴城隍庙、南京太仓土地庙中的蛇神偶像崇拜，这些蛇神塑像或为蟠蛇形态，或为人首蛇身，或为蛇郎君手中握蛇，或蛇娘子佩蛇形发簪。各地把遇到蛇看成是吉利的好事，是祖宗回家或财神将到，于是旧时太仓、常州、宜兴一代还常见"召蛇"或"请蛮家"的巫术，即在遇到天灾人祸和巨大灾难时，举行仪式，请求蛇神"蛮家"保护，祭祀时使用人头蛇身像和蛇形、蛇蛋形的食物。这些民间崇蛇习俗，基本上都是原汁原味的土著蛇图腾文化②。

---

① 何廷瑞：《台湾土著诸族文身习俗研究》，台湾大学《考古人类学刊》第 15、16 期合刊。
② 缪亚奇：《江南汉族崇蛇习俗考察》，《民间文学论坛》1987 年第 5 期；姜彬：《吴越民间信仰民俗》第 37～44 页，上海文艺出版社，1992 年。

　　汉唐以来，闽中的蛇崇拜未有中断，蛇神庙、蛇王庙是常见的民间宫庙①。福州城内的闽越王庙，有蛇神偶像崇拜，据称"王有二将，居左右，尝化青红二蛇，见香几间以示灵显，闽人有祷即应"②。清代福州南台、闽侯洋里仙洋村也有较大规模的蛇王庙，供奉雕塑蛇像。闽中还崇尚蛇形装饰，清人施鸿保《闽杂记》记载："（福州农妇）多带银簪，长五寸许，作蛇昂首之状，插于髻，俗名蛇簪……簪作蛇形，乃不忘其始之义。"彭光斗的《闽琐记》记载福建妇女好将头发盘成黑蛇蟠卷状："髻号盘蛇……乃见闽妇女绾发，左右盘绕，宛然首戴青蛇，鳞甲飞动，令人惊怖。"崇尚蛇形装饰是蛇神信仰的族群心理反应。

　　南平樟湖板镇的"蛇王庙"保存了闽中地区最完整的蛇图腾习俗，传说该庙供奉的"蛇王"为姓连的蟒蛇精，称"连公"、"连公爷"，庙为"连公庙"，庙内斗拱出檐处饰蛇首状昂头，庙内供奉"连公蛇神"偶像，陈列道光十年铸造铁花瓶、铁烛台以及光绪年蓄蛇瓷瓮，农历正月十七至十九的"游蛇灯"活动和农历七月初七的活蛇赛神活动是主要的崇蛇活动。蛇灯以色纸糊扎的巨型蛇头、蛇尾及中间衔接长达几里的灯板组成，每块灯板长约2米，上置灯笼三盏，内燃红烛，几百万人组成的游行队伍人手一板，衔接成长队，代表蛇的身躯，入夜时分绕镇游行直至夜半。赛神活动初见明代谢肇淛《长溪琐语》，"（福州）水口以上，有地名朱船坂（即樟湖坂），有蛇王庙，庙内有蛇数百，夏秋之间赛神一次。蛇之大者或缠人腰缠人头，出赛"。每年六月间，当地民众就外出捕捉活蛇，将之交给庙中的庙祝"蛇爸"，"蛇爸"将活蛇置于蓄蛇瓷瓮中，至七月七日再分发给参加赛蛇神游行活动的男子，人手一蛇，人们或将蛇缠于头上，或盘于腰上，活动后将活蛇放生于闽江水中，之后在蛇王庙前搭台唱戏以酬神③（图一三）。

　　综上所述，以蛇图腾为核心内涵的蛇神崇拜在华南社会文化中源远流长，上溯考古发现的史前与上古土著文化中的一系列崇蛇形象，下迄华南壮侗语族、苗瑶语族、台湾高山族及华南"汉民"社会的"蛇祖"、"蛇母"、"蛇娘"、"蛇仙"、"蛇王"等诸多蛇图腾崇拜。这些原汁原味的蛇神体现了"南蛮蛇种"土著族群文化立场上的"正面"形象，具有济世保民的神圣力量与伦理责任，成为数千年来华南社会持续崇拜的神祇，从土著时代传承、积淀到汉人时代，凸显其在华南社会文化体系中的底层特征及其顽强生命力。

①　林蔚文：《福建民间动物神灵信仰》，方志出版社，2003年。
②　（明）谢肃：《竭镇闽王庙》诗前引，转引自林蔚文：《闽越地区崇蛇习俗略论》，《百越研究》（第二辑），安徽大学出版社，2010年。
③　林蔚文：《福建南平樟湖板崇蛇民俗考察》，《东南文化》1991年第5期。

图一三　福建南平樟湖板"蛇王庙"与游蛇节
（照片由福建省文物局常浩提供）

（三）周汉以来的"反面"蛇妖及"镇蛇之神"

所谓"反面"，实际上是站在中原华夏、汉人社会立场上的蛇文化形象。自周汉以来的华南考古与民族志资料中，逐步出现了许多有关"蛇妖"、"恶龙"、"斩蛇"、"操蛇"、"镇蛇"、"噬蛇"的神话传说与图像记录，生动地反映了华夏、汉文化南播与文化接触过程中，华南土著蛇神的跨文化遭遇。

1. 周汉时代青铜文化中的"擒蛇"、"镇蛇"、"噬蛇"形象

相较于自史前时代迄今源远流长的土著蛇图腾形象与传说，"反面"形象的蛇妖及镇蛇之神的出现要晚一个历史时期，比较明确的资料出现于东周时代。《山海经》中就有不少山海神怪操蛇、衔蛇、践蛇等描述，如"（洞庭）多怪神，状如人而载蛇，左右手操蛇"（《中山经》），"又有神衔蛇、操蛇，其状虎首人身"（《大荒北经》），"南海渚中有神，人面，珥青蛇，践两赤蛇，曰不廷胡余"（《大荒南经》）等。有学者认为，这类"操蛇神怪"流行于战国到汉代的长江中游，与楚人的崇鸟、厌蛇习俗有关①。

前述江苏淮阴高庄发现的不少刻划蟠蛇纹、爬行四脚蛇纹的吴地贵族墓葬青铜器中，就共存不少神人"戏蛇"、"擒蛇"、"斩蛇"、"践蛇"的生动形象。常见的是神人双手擒蛇（图一四，1、2）或执戈擒蛇、斩蛇（图一四，4、5），还有神人双手擒蛇、头顶一蛇、两耳伴蛇（图一四，3），或神人头顶两鸟、两手抓住兽尾、两耳伴蛇、两脚踩踏两蛇（图一四，7），或神人头顶立柱、双手擒蛇、两耳及立柱各伴两蛇（图一四，6）等②。

战国楚墓的镇墓兽有明确操蛇、噬蛇形象，学界已有较多关注。据说湖南湘乡牛形山战国楚墓就有噬蛇镇墓兽，"蛇似乎已被镇住不能动弹，蛇已作为一种被制服的对象，楚人常常通过这种巫术来表达自己的愿望与爱恶"③。河南信阳楚墓的镇墓兽，圆目兽首、张口吐舌，两前爪抓住蛇身的首尾，大口咬噬蛇身中段④（图一五）。

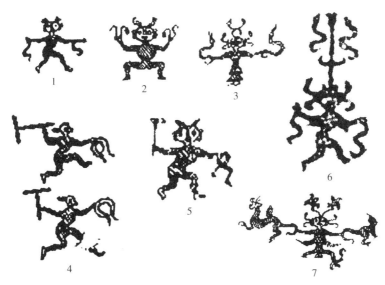

图一四　淮阴高庄东周墓铜器花纹中的"擒蛇"、"斩蛇"、"践蛇"图像

1. 刻纹铜器（M1：0154）　2. 铜匜（M1：0138）内壁　3. 铜匜（M1：0138）内壁　4. 刻纹铜器（M1：0153）内壁
5. 铜匜（M1：0138）内壁　6. 铜盘（M1：0147）内壁　7. 刻纹铜器（M1：0154）

---

① 吴荣曾：《战国、汉代的"操蛇神怪"及有关神话迷信的变异》，《文物》1989 年第 10 期。
② 淮阴市博物馆：《淮阴高庄战国墓》，《考古学报》1988 年第 2 期。
③ 湖南省博物馆等：《长沙楚墓》第 541 页，文物出版社，2000 年。吴荣曾文《战国、汉代的"操蛇神怪"及有关神话迷信的变异》（《文物》1989 年第 10 期）也提及，"（镇墓兽）湖南湘乡出土的也有作噬蛇状的"。但上述书、文所列湘乡楚墓的镇墓兽在所提及的原报告湖南省博物馆《湖南湘乡牛形山一、二号大型战国木椁墓》（《文物资料丛刊》第三辑，文物出版社，1980 年）的图文中，均没有相关表述。
④ 河南省文物考古研究所：《信阳楚墓》第 60、61 页，文物出版社，1986 年。

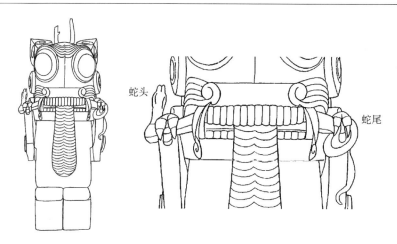

图一五　楚墓中的"噬蛇"镇墓兽
（河南信阳楚墓 M1-694）

滇墓中浮雕人兽主题的铜扣饰上，也有不少"践蛇"、"噬蛇"形象，如石寨山鎏金铜扣饰（M71：90①），牛与驯牛人均践踏在长蛇身上；羊甫头铜腰扣（M104：38），四虎与牛均践踏在长蛇身上，一老虎还咬住蛇身前段；李家山铜扣饰（M13：7），羊与牧羊人均践踏长蛇；李家山铜扣饰（M57：24）上，熊践踏着多条蟠卷的长蛇，并做吞噬状（图一六）。

周、汉时代华南青铜文化中出现的这些"操蛇"、"镇蛇"、"噬蛇"形象，不应该是简单的民俗现象，而是一起民族文化史事件，与这一时期周楚、楚汉在华南的文化扩张与强势统一有关。当然，淮阴高庄的东周墓葬到底是吴越人的墓葬，还是楚人的墓葬，学者间有不同的认识，但这批墓葬共存崇蛇与厌蛇两种现象，无疑代表了越、楚两族截然不同的族群文化立场，其背后蕴含了楚、越文化接触过程中的文化传承与冲突。据《史记·越王句践世家》，"楚威王兴兵而伐之，大败越，杀王无疆，尽取故吴地，至浙江，北破齐于徐州。而越以此散，诸族子争立，或为王，或为君，滨于江南海上，服朝于楚"。楚统一江南是周、汉文化南播的前奏，吴地发生的土、客文化的传承与冲突，其内涵的文化史讯息既是复杂的，又是深刻的和有学术价值的。同样的，不管是淮阴高庄东周墓中的"擒蛇"、"践蛇"，楚墓中的"噬蛇"镇墓兽与滇墓中的"践蛇"形象，都可以见到跨文化接触过程中，周楚进"南蛮"退、汉进越退的历史踪迹。

2. 汉唐以来华南文化中的"斩蛇"、"镇蛇"民俗

汉唐以来迄于当代，华南民族志中的"斩蛇"、"驱蛇"传说与"镇蛇"民俗从未间断，表明汉越文化接触过程中文化冲突、融合的延续，也佐证了前述周汉时代青铜文化中的"操蛇"、"镇蛇"、"噬蛇"等不是简单的民俗现象，而是华夏、汉族征服百越、"南蛮"之持久文化史事件的开端。

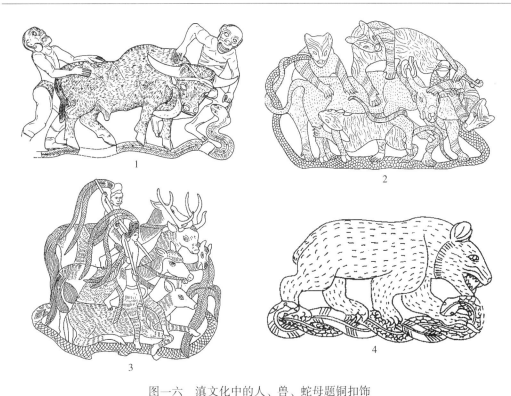

图一六　滇文化中的人、兽、蛇母题铜扣饰

1. 石寨山驯牛鎏金铜扣饰（M71:90①）　2. 羊甫头四虎噬牛铜腰扣（M104:38）

3. 李家山牧羊铜扣饰（M13:7）　4. 李家山熊铜扣饰（M57:24）

　　在黔东南台江施洞镇苗族龙船节的起源神话蕴含了鲜明的"恶龙祭祀"内容①。传说远古的一天，清水江边的苗民父子保与九保突遇狂风巨浪，江中恶龙把九保拖进龙洞杀死，保就放火烧了龙洞、烧死恶龙，恶龙灵魂作祟并危害清水江边百姓生活。恶龙托梦给苗民，希望他们能用杉木仿照它的身躯造龙船，每年在清水江边划几天，就能保佑苗民，于是各寨纷纷伐木造舟，每年农历五月二十五日划龙船竞赛，果然获得风调雨顺。"恶龙祭祀"体现华夏、汉文化立场，或非"南蛮"土著文化立场上的"驱蛇"观念，与前述湘沅地带苗族传统的"蛇娘"崇拜反向对立。"恶龙"与"蛇娘"共存，显示苗文化的多样性与文化变迁的复杂性。

　　闽中地区是多种"蛇神"民俗文化共存的典型区域，除了前述各类土著文化立场上正面的"蛇神"、"蛇王"崇拜外，还有一系列"反面"形象的"蛇妖"传说。"李寄斩蛇"传说的主角是一条祸害民间、吞食汉唐朝廷命官的大蟒蛇，故事出自晋干宝

---

① 吴春明：《黔东南台江施洞苗族子母船及其在太平洋文化史上的意义》，《贵州民族研究》2008年第5期。

《搜神记》卷十九，"东越闽中，有庸岭，高数十里，其西北隰中，有大蛇，长七八丈，大十余围，土俗常惧。东冶都尉及属城长吏，多有死者。祭以牛羊，故不得祸。或与人梦，或下谕巫祝，欲得啖童女年十二三者。都尉、令、长，并共患之，然气厉不息。共请求人家生婢子，兼有罪家女养之。至八月朝祭，送蛇穴口。蛇出，吞啮之，累年如此，已用九女。尔时，预复募索，未得其女。将乐县李诞家，有六女，无男。其小女名寄，应募欲行……至八月朝，便诣庙中坐。怀剑，将犬，先将数石米糍用蜜麨灌之，以置穴口。蛇便出，头大如困，目如二尺镜，闻糍香气，先啖食之，寄便放犬，犬就啮咋，寄从后斫得数创，疮痛急，蛇因踊出，至庭而死"。危害民间的大蟒蛇终究被民女李寄剑杀。

　　类似的民间故事还有"买女祭蛇"，也与驱逐吃人的大蟒蛇有关。宋洪迈《夷坚志》支戊卷三载，宋绍兴二十九年（1159年），建州政和人借口纳妾从莆田买到一女孩，买回后为其沐浴、抹香、穿着新衣，关在房里不敢碰触，其实此人养了一条大蟒蛇，每天都要焚香跪拜，有一天他终于要将女孩祭蛇，他将蛇笼移到女孩的房间，黄昏时刻陈设祭品、祈祷蛇神，然后离开，大蟒蛇出来后，惧怕而不敢吃，然后就消失了。

　　此外，嘉靖《建阳县志》记载，妙高峰下的横山王庙为妖蛇所据，祭祀时必用童男女，否则将引发瘟疫，老百姓以火烧王庙驱逐蛇妖。

　　闽西，长汀、连城等地的许多"蛇王庙"祭祀的并非真正的"蛇神"、"蛇王"，而是"镇蛇之神"。据清光绪《长汀县志》卷二十六、二十七载，长汀府城西门外罗汉岭有蛇王宫一座，庙中供有蛇王菩萨像，蛇王形似一僧人，手中执有一蛇。厦门大学人类学博物馆内藏一件长汀蛇王像，青蛇则是被镇压于足下。笔者在闽西连城调查的一座蛇王像，两条黑蛇被镇蛇之神踩踏于脚下（图一七）。

图一七　闽西的"镇蛇之神"
1. 笔者拍摄于闽西连城
2. 厦门大学人类学博物馆藏闽西长汀出

　　综上所述，周汉以来的华南考古与民族志资料中出现了一系列与"南蛮蛇种"土著文化伦理相悖的

"操蛇"、"擒蛇"、"镇蛇"、"逐蛇"、"噬蛇"、"斩蛇"形象与民俗故事，体现华夏、汉文化立场上"蛇神"转变成"蛇妖"的文化史过程。这一过程是持续不断的，现有资料缘起于周楚、楚汉南渐的周汉时代，延续到晚近历史时期。这一过程又是复杂的，甚至在特定时空文化中"崇蛇"与"镇蛇"共出，"蛇神"与"蛇妖"共出，这与华南史前上古考古学文化形态中多元文化因素共存的性质是一致的，也体现了宗教信仰在族群文化精神与大众民俗景象之间不完全整合的复杂关系。但无论如何，周汉时代以来出现的一系列华夏、汉文化立场的"反面"蛇神与"镇蛇之神"，折射出的是汉、越族群在长期的跨文化接触过程中，反映出土、客文化强烈对立、冲突的主题，以及周楚进"南蛮"退、汉进越退的历史主题。

（四）华夏、汉文化强势氛围下"蛇妖""改造"成"蛇神"

所谓"改造"蛇神，是"反面""蛇妖"的进一步发展与变化，同样是站在华夏、汉文化立场上的蛇文化现象，是在南北方文化漫长的接触过程中，在华夏、汉文化强势氛围下，曾经"祸害民间"的"蛇妖"、"蛇精"被"改造"成"蛇面人心"的善神，重归"蛇神"的"改造"过程。

唐宋以来，华南地区出现了这类"改造蛇妖"的蛇神崇拜和民间传说故事，比如闽中地区的"九使蛇神"、"侍者公"传说，还有流传江南的"白蛇传"故事，都体现了土著文化汉化、"南蛮蛇种"被"文化改造"的深刻的文化史过程。

"九使蛇神"的传说流行于闽东沿海一带，始载于明代徐𤊹《榕荫新检》，唐僖宗年间，福州市福清县黄檗山中的一只大蟒蛇，把村民孙乾的妹妹抢到山洞中，并生育了十一个蛇仔，其中第九仔成神，乡人立庙祭祀，即所谓"九使"或"九婿"蛇神。清道光《黄檗山志》引《晋安逸志》的记载更详，说唐僖宗时福清黄檗山大帽峰西北有一巨蟒作怪，乡人刘孙礼妹妹刘三娘被巨蟒掠入洞内为妻，并先后生育了十一个蛇仔。刘孙礼十分愤怒，就外出学法归来，接连杀了巨蟒及八蛇仔，当要砍到第九仔时，刘三娘于心不忍，急忙跪下求饶，后来三个幸存的蛇仔都被教化、皈依为蛇神，民间称之为"九使"、"十使"、"十一使（婿）"，乡民立庙奉祀，春秋献祭。邻近的连江县城关玉山品石岩"蛇王庙"也祭祀"九使蛇神"，庙中供奉有"蟒天洞主"、刘夫人、"九使"、"十使"、"十一使"三蛇仔神像①（图一八）。闽江下游的"九使蛇神"传说，生动地再现了劫掠百姓、作怪民间的"坏"蟒蛇被教化、皈依为人民喜爱、春秋祭祀的"蛇神"的过程，这一过程所折射出的汉文化（非南蛮蛇种）的立场十分鲜明！

---

① 　林蔚文：《闽越地区崇蛇习俗略论》，《百越研究》（第二辑），安徽大学出版社，2010年。

图一八 福建连江品石岩"九使蛇神庙"
（照片由连江县博物馆骆明勇提供）

"侍者公"的传说流行于闽南地区，大约一千多年前，漳州平和地方有一妖蛇长期危害民众，唐会昌五年（845年）僧人杨义以法力制服妖蛇，蛇妖改邪归正，成为杨义的随从侍者并为民众做了许多好事，修炼成神，于是闽南各地民众塑像立庙祭拜"侍者公"神，这就是今闽南漳州地区众多"侍者公庙"的由来。"侍者公"从"蛇妖"被制服、并修炼成"蛇神"的过程，同样是一出十分精彩的"南蛮蛇种"汉化史。

江南地区流传久远的"白蛇传"故事，也透露出类似的文化史讯息。"白蛇传"是中国古代四大民间传说之一，对该神话来源和形成也有多种不同的解释，明代冯梦龙《白娘子永镇雷峰塔》将故事定型。白蛇传故事应有华南区域深厚的蛇神话的基础，反映了汉民人文视野下"南蛮蛇种"被诬为"蛇妖"的文化历史，故事中的"白蛇"时以白衣女子现身、时又蛇形毕露，被设计成专门掠杀男人的"蛇妖"。在明清小说中的白蛇故事中，"蛇妖"白娘子与许仙的爱情遭遇"法海和尚"的阻挠，白娘子被永镇雷峰塔十八年，最终被"改造"成"蛇面人心"好女子。这一民间故事再次折射出汉民人文面临"非我族类"的"南蛮蛇种"时强势的民族文化心态，华夏视野中的"南蛮蛇种"是坏的"妖孽"，需要被"改造"成符合华夏伦理的"好人"。从文化史、民族史的角度观察，唐宋、明清历代的汉话文本下"蛇妖"白娘子故事的跌宕情节，反映了华南越、汉文化更迭过程中，"南蛮蛇种"遭遇"华夏文明"和被征服的命运。

可见，华南社会文化中的"九使蛇神"、"侍者公"、"白蛇传"等传说故事都具有相似的文化景象，都在诉说"祸害民间"的"蛇妖"被制服、皈依为人民喜爱"蛇神"的过程。这组蛇神信仰，与前述"南蛮蛇种"源远流长的蛇神的境遇截然不同，与汉文化背景下"斩蛇"、"驱蛇"、"镇蛇"传说中的"蛇妖"的下场也有别，"蛇妖改造"反映的是汉、越跨文化接触过程中和平融合与同化的主题。不过，"斩蛇"、"驱蛇"、"镇蛇"或"蛇妖改造"，都表现出华夏、汉文化的立场及其强势氛围。

（五）从蛇神演变看"南蛮汉化"的历史轨迹

在传统史学的一般论述中，汉晋以来"中原板荡"、"衣冠南渡"的大移民是以汉族为主体的华南社会文化形成的根本原因。但是，这一历史文化过程是复杂、曲折的，华南文化的形成不能理解为中原南下的华夏、汉人与土著的"南蛮"、百越之间简单的族群更迭。"南蛮蛇种"的文化境遇就是这一复杂文化史过程的生动个案，在大致始于周汉以来的南、北方间较大规模的文化接触、族群迁徙的漫长进程中，土著"蛇神"文化的内在延续及其在土、客之间的冲突、融合同时发生，最终形成了华南蛇神的多样形态及其发展的阶段性特征，深刻地体现了"南蛮蛇种"传承与汉化的历史轨迹（见下表）。

华南蛇崇拜的不同形态是显而易见的，其中"正面形象"的蛇神、蛇王崇拜源远流长，可以上溯到史前时代崇尚蛇形象的新石器时代蛇纹陶，历经上古时代，表现为大量崇尚蛇形象的青铜文化，迄于中古以来华南壮侗语族、苗瑶语族、华南汉人及台湾高山族中大量蛇祖、蛇母、蛇娘图腾及蛇王、蛇神、蛇仙崇拜。这些"正面形象"蛇神是基于土著"南蛮蛇种"文化立场的，是华南蛇神崇拜的原初形态。从现有资料看，"正面形象"蛇神的文化主体既有史前、上古"南蛮"及百越土著先民，还有壮、侗、傣、黎、苗、畲、排湾、鲁凯等"南蛮"及百越各后裔少数民族，甚至岭南汉人及闽中、江南汉人社会的一些支系，他们基本上保留了"南蛮蛇种"图腾文化的原初形态。据说，电影《白蛇传》要在福建闽侯县上街乡后山村放映时，受到了迄今仍崇拜蛇神村民的强烈反对而被迫取消，这一事例十分生动地反映了蛇图腾文化在华南"汉民"社会的深厚根基①。华南汉人崇尚"蛇神"，不但凸显了华南土著文化的传承与基层特征，更透露出华南汉民社会文化发展的复杂性，不管华南汉民是越人的汉化还是越化的汉人，抑或就是"民族识别"中"弄错"了的非汉民族，他们身上浓重的崇蛇文化，表明他们并不是中原汉民简单的"衣冠南渡"，体现了华南文化史上华夏与"南蛮"之间、汉越之间"你中有我、我中有你"的文化混杂局面。

---

① 林蔚文：《闽越地区崇蛇习俗略论》，《百越研究》（第二辑），安徽大学出版社，2010年。

华南民族考古中"蛇神"资料的类型学初步框架表

		史前时代	上古时期	周末秦汉	晋唐、宋明以来
族群文化史		"南蛮"及百越先民文化阶段，土著蛇图腾文化的奠基与发展		土、客族群文化接触阶段，土著蛇神文化传承的同时，成为华夏与汉文化视野中的"反面蛇妖"，遭遇文化上的"镇压"	汉族为主、"南蛮"后裔为辅的社会体系形成阶段，土著蛇神内在传承的同时，遭遇外在的文化上被"镇压"与被"改造"的两种命运，华南蛇神进一步多样化
蛇神类型	"正面蛇神"	蛇纹陶： 上海福泉山 金山亭林 吴县草鞋山 余杭良渚 海盐龙潭港 洪江高庙 澧县汤家岗 天柱坡脚 深圳咸头岭	蛇纹、蛇形（仿）铜器： 无锡鸿山越墓 繁昌汤家山商周铜器 芜湖商周铜器 青阳汪村商周铜器 衡阳赤石春秋墓 岳阳筻口春秋墓 湘潭金棋春秋铜器 衡山霞流春秋铜器 恭城秧家春秋墓	蛇纹、蛇形铜器： 淮安高庄战国墓 镇江王家山战国墓 六合程桥战国墓 贵溪仙岩崖墓 武夷山闽越王城 晋宁石寨山墓地 江川李家山墓地 昆明羊甫头墓地	蛇神信仰与传说： 南京太仓蛇王庙 苏州娄门内蛇王庙 宜兴城隍庙蛇神偶像 福州南台蛇王庙 闽侯洋里蛇王庙 南平樟湖板蛇王庙 福鼎畲族蛇仙 台湾鲁凯、排湾族蛇图腾 武鸣大明山壮族龙母 德庆悦城龙母 三江、龙胜侗族蛇祖 海南黎族蛇母 湘沅苗族蛇娘
	"镇蛇之神"与"反面蛇神"	未见		蛇妖、镇蛇形象： 淮阴高庄擒蛇、斩蛇 湘乡楚墓噬蛇 信仰楚墓噬蛇 滇墓中践蛇、噬蛇	蛇妖、镇蛇神崇拜与传说： 台江施洞苗族恶龙祭祀 闽中李寄斩蛇 建阳买女祭蛇、烧庙驱蛇 连城、长汀镇蛇之神
	改造蛇神	未见			改造蛇神崇拜与传说： 闽江下游"九使蛇神" 闽南"侍者公" 江南"白蛇传"

"反面形象"的蛇妖以及各类"镇蛇之神"的出现明显要晚一阶段，始现于中原华夏、汉文化与"南蛮"、"百越"跨文化接触以来的周末秦汉时期，从淮阴高庄战国墓的"擒蛇"、"斩蛇"、"操蛇"形象，湘乡与信阳等地楚墓的"噬蛇"形象，滇墓中

的一系列"践蛇"、"噬蛇"形象，延续到中古迄今华南各民族的"恶龙"、"斩蛇"、"驱蛇"、"镇蛇"之神灵崇拜。这些被妖魔化、邪恶化"反面形象"的蛇神显然是基于"非南蛮蛇种"的华夏、汉文化的立场和价值观，一系列的"镇蛇之神"无疑就是汉文化的"卫道士"。"反面蛇神"、"镇蛇之神"的出现，反映出土、客文化强烈的对立与冲突。

"改造蛇神"主要见于中古以来东南汉民社会的民间传说与蛇神崇拜，不管是闽中的"九使蛇神"、"侍者公"崇拜，还是江南的"白蛇传"故事，均可上溯到唐宋时期。"改造蛇神"的前提是"反面蛇妖"的存在，同样是基于汉文化的立场。从逻辑上说，"改造蛇神"崇拜的出现，是"南蛮蛇种"与非蛇种的土、客文化强烈冲突对立过程中发展起来的文化融合新模式。"改造蛇神"既是站在华夏、汉文化立场上对土著文化的"改造"，同时也是跨文化接触、整合方式的"改造"。诚然，"改造蛇神"与"镇蛇之神"一样，都凸显土、客文化整合过程中华夏与汉文化的强势地位，同样存在土著"南蛮蛇种"遭遇"文化改造"痛苦过程，但"改造蛇神"并重新为土、客民族所接纳，毕竟要比"镇蛇之神"、"擒蛇"、"斩蛇"、"驱蛇"、"噬蛇"等文化杀戮，更符合人类文化发展的常伦。

长江下游以南所在的华南地区，是我国史前文化"重瓣花朵"结构的外瓣，是上古"华夏中国—四方万国"民族文化框架的外围，是中华民族多元一体文化的边缘环节①。在总体上以中原华夏、汉为中心的中华文化史上，华南文化从南蛮到华夏、从百越到汉民的土、客文化分层性、多样性特征十分明显。一方面，周汉以来在华夏、汉文化南下及其强势主导下的文化整合、融合，最终形成了以华南汉人为主导的社会文化体系。另一方面，"居楚而楚，居越而越，居夏而夏"（《荀子·儒效》），客来的华夏、汉文化也处于不断的土著化、"越化"过程中。源于"南蛮蛇种"图腾文化的华南蛇神多样性、多族群性及其发展的阶段性特点，比较客观地反映了华南文化发展的这一复杂过程。

---

① 严文明：《中国史前文化的统一性与多样性》，《文物》1987 年第 3 期；费孝通：《中华民族的多元一体格局》，《北京大学学报》（哲学社会科学版）1989 年第 4 期。

中国古代发饰研究

——以新石器时代—早期青铜时代资料为主

秦小丽

（加拿大皇家安大略博物馆世界文化部）

（一）序言

毛发之于人类非常重要，无论是在古代还是现代，世界许多国家都视毛发为人类精神、灵魂之栖息所在。特别是在古代中国，无论男女都留长发，都有特定时代约定俗成的发型。同时一个人的发型与他们所在社会的阶层和婚姻状况有关，因此那时发饰所体现的不仅是一种时尚流行和纯审美意义的装饰品，它涵盖了一个人在当时社会中的地位、身份等级以及在家庭中的角色。在中国古代一旦发型发生改变则常与一些特别的礼仪形式相关联。古代民俗中就有新生儿满月的剃头礼、成年束发礼等与头发有关的礼仪行事。正是基于头发对人的这种特殊意义，发饰在整个装饰品中就具有了独特性。比如冠饰不仅是发饰，它更重要的意义在于体现其佩带者的社会地位，其他即使具有财富而无相应社会地位的人也不能随便佩带冠饰。而梳子和篦子，并不像今天那样仅仅是一个修理头发的工具，它曾经是具有特殊社会意义的头部装饰品。当然，占据发饰的大多数并不像冠饰那样只限于少数特殊人群，或是像梳子篦子那样具有特殊的意义，而是像本文将要重点研究的笄（簪）、束发器、串形发饰、发箍那样，与其社会学的意义相比，它们具有更多审美及装饰的意义或是二者兼而有之。

具有时代特性的发型发式决定发饰的种类，而像笄、发梳、束发器、串形头饰、发箍这种自始至终都流行的发饰，也因时期的不同，其形状和数量也发生较大的变化。作为头饰的笄与簪的名称，常见于考古报告或关于服饰研究的书籍和文章中，而二者之间的区别并不明确。根据古文献《礼记》的记载，笄与簪其实就是同一件东西。只是在汉代以前多称笄，而汉代以后多称簪①。它们作为束发和固定头发成一定形状的功能更是完全一致的。

人类使用头部装饰品的历史很长，即使在旧新石器时代交替之际的中国已经有骨笄这样的头部装饰品发现。到了新石器时代，可以说每个遗址中都有骨笄发现，同时还发现了陶、玉石、蚌、铜等不同材质的笄。最早出现的笄与其说它是头部装饰品，不如说它是一种梳理头发的工具更为确切。因为早期的骨笄大多都是利用动物肢骨的自然形状稍加工而成。从审美的角度来看，它更像一件工具，因此可以推想它的出现应是为了把披散的头发束扎起来而产生的。到了新石器以及夏商时代，发笄在它的使用功能之外，开始追求其外形的美感，如一些骨笄和玉石笄、铜笄等都在笄的端部雕刻出漂亮的花纹。骨梳的出现也比较早，也是笄之外较为普遍的发饰之一。目前考古发现的梳子有骨梳、玉石梳、象牙梳、铜梳等，多出于墓葬，其中一些是用于随葬的，而一部分则是佩带在头部的。最早的骨梳形式较为简单，多是利用动物肢骨制作，以呈竖形的梳子为主，目前除了在宁夏菜园子墓地发现的一件骨梳呈横形外均为竖形。而其后的玉石梳、象牙梳、竹木梳和铜梳则要华丽许多。特别是玉石梳背，它的雕刻显示着很高的艺术美感，可以说是所有头部装饰品中技能水平最高的艺术品。束发器的出现晚于笄、梳，就目前的考古资料来看，仅在山东大汶口文化墓葬中发现较多，大多为骨牙质。而在甘肃秦安大地湾遗址中发现的陶质相似形状的遗物是不是束发器，因为没有墓葬佩带实例无法确切断定。但是，束发器就像今天的半圆形发卡一样，应该是较为普遍的头部装饰之一。另外，还有串珠形发饰。串珠的出现很早，在旧石器时代晚期的山顶洞人遗址中就发现了石珠、蚌螺珠和贝珠等，但是大多数学者都推定它们是用于项链的颈部装饰，也的确没有发现用于头部的串珠②。但是就世界范围的考古资料来看，法国巴玛格兰德洞穴人遗址③曾发现头部佩带蚌壳和螺壳串成的串饰形发饰。进入新石器时代以后，串珠发现较多，而且材质也多样化，不仅有骨珠，还有陶珠、玉石珠、玛瑙珠、绿松石珠、贝蚌珠等。这些串珠中相当多的是用于项链和手链。但是在一些具有佩带实例的墓葬资料中我们发现了用于头部的串珠装饰，因此这里将串珠列入发饰之一进行讨

① 杨天宇：《礼记译注》，上海古籍出版社，2004 年。

② 贾兰坡：《山顶洞人》，龙门联合书局，1953 年；盖培：《虎头梁旧石器时代晚期遗址的发现》，《古脊椎动物与古人类》1977 年第 4 期；黄慰文等：《海城小孤山的骨制品和装饰品》，《人类学学报》1986 年第 3 期；张森水：《中国旧石器文化》，天津科学技术出版社，1987 年；贾兰坡等：《山西峙峪旧石器时代遗址发掘报告》，《考古学报》1972 年第 1 期；安志敏：《河南安阳小南海旧石器时代洞穴堆积的试掘》，《考古学报》1965 年第 1 期。

③ 转引自李天元：《古人类研究》，武汉大学出版社，1990 年。

论。而发箍的研究目前比较少，对它的功能解释也多有分歧。考古资料中以东北地区红山文化墓葬中出土的玉石类发箍最多，其发现部位也多在人骨头部。而在河南西坡遗址一个墓葬人骨的头部还发现了一件骨质发箍。虽然它的功能仍存在争论，本文暂将其归入发饰来讨论。新石器时代的冠饰发现较少，目前仅在东部的大汶口文化和良渚文化遗址中发现玉石质冠饰。但是从发达的玉石梳背来看，那时候流行相似形状的冠饰也是可能的，因此这里将其作为发饰的一种列入讨论的范围。

关于中国古代发饰与发型的研究在艺术史、美术史和服装史研究领域有所涉及，但是从考古学角度进行研究的比较少，而正如上文已经列举的那样，发饰资料大多出土于考古遗迹，即使那些从艺术史角度的研究也需要利用考古资料以及与考古相关的岩画、彩陶绘画、陶质雕塑、玉石雕塑等实物资料进行分析。因此发饰与发型的深入研究，首先需要从考古学资料的基础研究入手。本文正是基于这样的出发点而进行的，因此分析的重点主要在于那些来自考古资料的信息。

（二）发饰研究史

2008 年出版的《中华篦梳六千年》① 可以说是一本难得的与发饰有关的学术书籍。作者杨晶先生从考古、历史和艺术的不同角度对考古出土和博物馆藏的篦梳资料进行了详细的分析。而在此之前的 1984 年王仁湘先生就对中国古代的篦梳做过专门研究②。而在 20 世纪 30 年代殷墟发掘之际，李济先生就以《笄形 8 类及其纹饰之演变》对殷墟出土骨笄的类型、形制和纹饰的差异和演变进行了详细而有意义的研究③，至今仍然是我们研究发笄的基础性必读论文。石璋如先生也以《殷代头饰举例》为题，以殷墟出土遗物为主线对椎髻饰、额箍饰、髻箍饰、双髻饰、多笄饰、玉冠饰、编石饰、雀屏冠饰、编珠鹰鱼冠、织贝鱼尾冠和耳饰、鬓饰、髻饰等各种可能的头部装饰品从遗物、墓葬佩带例子和视角图像等方面进行了详细分析，对殷墟及相关遗址出土的商代发饰作了全面的研究④。80 年代以来随着考古资料的增加，殷墟之前的发笄资料更加丰富，特别是在发笄、发梳之外，还发现了玉石冠饰、串珠发饰、束发器和箍形发饰等形态多样的头部装饰品，然而相应的研究却非常不足。而与此同时有关史前时期各种视角图像如彩绘、玉石陶质雕塑、画像等资料也在不断发现，使得从考古学、美术

---

① 杨晶：《中华篦梳六千年》，紫禁城出版社，2006 年；杨晶：《史前时期的梳子》，《考古与文物》2002 年第 5 期。

② 王仁湘：《中国古代梳篦发展简说》，《湖南考古辑刊》（第 4 集），岳麓书社，1986 年。

③ 李济：《笄形 8 类及纹饰演变》，《李济考古学论文选集》，文物出版社，1990 年。

④ 石璋如：《殷代头饰举例》，《庆祝胡适先生六十五岁论文集》，《史语所集刊》28（下），1957 年。

史、服饰史和原始艺术史的角度进行研究成为可能。正如陈兆复、邢链著的《原始艺术史》所述的那样，自我美化是人类最早的社会意识之一，而使用装饰品美化自我是人类的一种文明意识①。就在中国境内的山顶洞人用石珠、蚌壳、骨管和牙饰来装饰自己的同时，欧洲的巴渭兰人也在用基本相同的装饰品来表现自己的美感，而且在同时期的意大利洞穴遗址中还发现了人头骨部佩带着由 200 颗介壳串成的头饰，这应是目前所知最早的头部装饰品的考古实例。在东北属于夏家店下层文化的大甸子墓地 M762 的儿童头部发现了一例佩带在头部由贝珠构成的串形头饰。这些考古发掘资料不仅为我们提供了多种头部装饰品的遗物，而且也是我们了解它们是如何佩带在头部的重要参考资料，特别是这些墓葬佩带实例的启示。虽然各地区都或多或少发现有佩带实例，而山西陶寺遗址中发现 24 组头饰组合佩带实例是迄今为止最为难得的资料。根据高炜先生对这些头饰的复原研究，24 组头饰出土于 24 座墓葬中，它们由玉饰、绿松石镶嵌片和骨笄组装而成，这是目前可以确认的年代最早的一组标本②。它们一般包括两种玉组件：其一是镶连在骨笄顶端的玉饰片，多呈小圆形或小璧形，个别作半璧形；其二是玉坠饰，顶端皆穿孔，多作长条形，也有近梯形或弯角形的，有的还发现配套的玉笄和骨簪。

日本美术史学家和服饰史学家也对发饰和发型进行了多角度的研究。20 世纪 80 年代之前，大阪国际女子短期大学的服饰史学教授钧田敏子就利用当时有限的考古资料对中国古代笄和簪进行了研究③。而日本女子美术大学的桥本澄子则从古代文献、绘画雕塑和考古资料等方面对日本古代的发型和发饰作了专题性研究④。最值得关注的是《古代服饰の研究》一书，其作者增田美子引用大量从绳文时代到奈良时代的考古资料对日本古代包括发饰在内的装饰品和服饰进行了翔实而系统的研究，是目前最为全面的关于日本古代服饰史的学术著作⑤。樋口清之从 40 年代开始就发表了一系列关于日本人体装饰方面的文章，他以专题性的论文分别研究了日本古代发梳和发针，特别是他关于发梳的研究迄今仍具有参考价值⑥。他将日本从绳文时代直到历史时代考古出土

---

① 陈兆复、邢链：《原始艺术史》，上海人民出版社，1998 年。
② 高炜：《陶寺文化玉器及其相关问题》，《东亚玉器》（第 1 卷），香港中文大学中国考古艺术研究中心，1998 年。
③ 钧田敏子：《中国古代の服饰—腕饰りと髪饰り》，双叶综合出版株式会社，2001 年。
④ 桥本澄子：《日本の髪型と髪か饰りの历史》，源流社，1996 年。
⑤ 增田美子：《古代服饰の研究》，源流社，1995 年。
⑥ 樋口清之：《栉考——石器时代身体装饰品之研究 其二》，《上代文化》第 11、12 辑；樋口清之：《发针考》，《上代文化》第 16 辑；樋口清之：《日本先史时代的身体装饰》，《人类先史学讲座》13、14；樋口清之：《古代日本人身体装饰的概观》，《史公论》六－1；樋口清之：《腕饰考——石器时代身体装饰品之研究 其六》。

的发梳分类为骨梳与漆梳，根据发梳的形态，骨梳可以区分为三角头形、长头形和柄头形，而漆梳可分为方头形、半圆头形和鞍形头形。如果详细观察其分类图可以发现日本的骨梳都是竖梳或不规则竖梳，而漆梳都为横梳或不规则横梳。同时他也提到了复合梳的存在，是首篇对发梳进行专题研究的论文。

（三）发饰的分类

本文将以考古资料常见的发笄、发梳、束发器、串珠发饰和冠饰作为主要的分析对象，就新石器到夏商时代较常见的发饰进行分析。由于以上几种发饰已经表明了其在形状和功能方面的分类，因此这里将在注重材质的基础上，将发饰分为Ⅰ类的玉石质、Ⅱ类的陶质、Ⅲ类的骨牙质、Ⅳ类的蚌贝质和Ⅴ类的铜质五个类型，然后根据每个类别的平面形态和功能分为A笄、B梳、C束发器、D串珠发饰、E发箍和F冠饰六型。再根据每个型的断面或平面形式不同分类为Aa圆锥形、Ab带帽形、Ac伞形、Ad雕刻形、Ba竖形、Bb横形、Ca带孔、Cb无孔、Da串珠形、Db串管形、Dc串片坠形、E发箍、Fa单冠形、Fb冠与管璜结合形。

（1）Ⅰ类：玉石质发饰

可分为A、B、D、E、F五类，未见C类的束发器，其中A类玉石笄和D类串饰发饰为最多。B类玉石梳发现不多，但是与其他木竹复合的玉石梳背却发现较多，它与冠饰一样仅在东部地区的良渚文化和东北红山文化遗址中发现①。A类玉石笄在各地区的遗址中均有发现，但是石笄的数量远多于玉笄。而玉笄仅在上海福泉山、山东朱封、陕西北部芦山峁、湖南城头山和孙家岗、湖北罗家柏岭和肖家屋脊、黑龙江小南山、辽宁阜新胡头沟和牛河梁、河南偃师二里头和郑州二里岗、湖北秭归大沙坝的夏及早商文化墓葬中有少量发现②。石笄则发现比较普遍，特别是在西北地区及中部地区

---

① 杨晶：《良渚文化玉质梳背饰及其相关问题研究》，《文物》2002年第11期。

② 上海市文物管理委员会：《福泉山——新石器时代遗址发掘报告》，文物出版社，2000年；中国社会科学院考古研究所山东工作队：《山东临朐朱封龙山文化墓葬》，《考古》1990年第7期；湖南省文物考古研究所：《澧县城头山——新石器时代遗址发掘报告》，文物出版社，2007年；石家河考古队：《肖家屋脊》，文物出版社，1999年；湖北省文物考古研究所、中国社会科学院考古研究所：《湖北石家河罗家柏岭新石器时代遗址》，《考古学报》1994年第2期；湖南省文物考古研究所、澧县文物管理处：《澧县孙家岗新石器时代墓群发掘简报》，《文物》2000年第12期；佳木斯市文物管理站、饶河县文物管理所：《黑龙江饶河县小南山新石器时代墓葬》，《考古》1996年第2期；中国社会科学院考古研究所：《偃师二里头——1959年～1978年考古发掘报告》，中国大百科全书出版社，1999年；河南省文物考古研究所：《郑州商城——1953～1985年考古发掘报告》，文物出版社，2001年；方殿春、刘葆华：《辽宁阜新县胡头沟红山文化玉器墓的发现》，《文物》1984年第6期；湖北省文物考古研究所：《湖北秭归大沙坝遗址发掘报告》，《考古学报》2005年第3期；姬乃军：《延安市发现的古代玉器》，《文物》1984年第2期。

有较多发现。玉石笄从外形上可以分为 Aa 圆锥形、Ab 圆柱带帽形、Ac 圆钉伞形、Ad 顶端雕刻形四种。B 类玉石梳确切地说是指玉石梳背。因为除了玉石梳背以外，目前仅在山西陶寺墓地发现了 1 件玉梳、3 件石梳和西藏曲贡遗址出土的 13 件石梳[1]，浙江海盐周家浜良渚文化墓地[2]除了发现一件玉背饰象牙梳以外，大多仅能看到玉石梳背。D 类串饰发饰也主要在玉石装饰品发达的东部、东北以及长江中游地区发现。而西北地区的玉石串饰大多为绿松石质或滑石质。由于串饰即可作项链又可作手链，因此判断是否为发饰就需要看串饰的出土部位。E 类发箍以红山文化出土较多，均为斜口的圆筒形。F 类冠饰有玉石单冠、玉石冠与其他串饰或挂饰组合而成两种。

（2）Ⅱ类：陶质发饰

仅有 A、C、D 三种。其中 A 笄外形最丰富，有 Aa 圆锥平顶形、Ab 带帽笄形、Ac 钉子或伞形和 Ad 尾部雕刻有线刻纹饰四种。C 类束发器形状都是呈弯曲的鹿角状，端部带孔或不带孔，表面有刻划纹饰。D 类串珠发饰发现较少，用陶珠穿串而成。

（3）Ⅲ类：骨牙质发饰

该类发饰最为丰富，是所有发饰材质中使用最多的一种。除了 F 类冠饰之外余五类发饰都有一定发现，特别是 Aa 笄可以说从新旧石器时代交替之际开始，几乎所有遗址中都有发现。骨笄可分为 Aa1 圆锥形、Aa2 扁平形、Aa3 两头尖形、Ac 钉伞形或带骨关节形、Ad 刻纹或雕刻形以及 Ab 笄帽形六种形式。这些形式与不同地区人们利用不同动物骨骼的习惯有关。B 类梳包括象牙梳和角梳，从形制上看，Ba 竖形梳是这时期的主流，Bb 的横梳较少见。C 类束发器以牙质为主，骨质少见。大部分的牙质束发器都是 Ca 的两端带孔，少部分有 Cb 不带孔的。C 类束发器目前在东部沿海、东北和长江流域发现较多。D 类串珠发饰形式多样，有 Da 串珠形、Db 串管形和 Dc 的片串三种。E 类发箍目前仅在西坡遗址发现一件。

（4）Ⅳ类：蚌贝质发饰

数量虽不多，但是在一些普通遗址中都有发现。A 类笄较少，仅见 Aa1 圆锥形和 Aa2 的尾端较宽的两种。蚌质发梳少见，仅有竖形一种；而串珠发饰则较常见，有利用蚌壳和贝珠穿孔穿串的发饰。未见蚌质束发器、发箍和蚌质冠饰。

（5）Ⅴ类：铜质发饰

主要以早期青铜时代的出土物为主，数量及分布范围都很小。目前发现笄、梳、

① 中国社会科学院考古研究所：《拉萨曲贡》，中国大百科全书出版社，1999 年；中国社会科学院考古研究所山西工作队、临汾地区文化局：《山西襄汾县陶寺遗址发掘简报》，《考古》1980 年第 1 期；中国社会科学院考古研究所山西工作队、临汾地区文化局：《1978～1980 年山西襄汾陶寺墓地发掘简报》，《考古》1983 年第 1 期。
② 浙江省文物考古研究所：《海盐周家浜遗址发掘简报》，《浙江考古精华》，文物出版社，1999 年。

半圆形束发器或称发卡。笄有 Ac 钉伞形和 Ad 的雕刻形，而梳则具备 A、B 竖横两种。铜质束发用的半圆形发卡目前仅在云南的青铜时代遗址发现。发卡的外侧表面雕刻有花纹，非常美观。

关于发饰的年代，我们基本以其出土遗址的年代来界定其时间框架，并使用目前常用的新石器时代已有的编年分期，大致区分为仰韶文化期、庙底沟二期文化期和龙山文化期、早期青铜文化。

（四）新石器—早期青铜时代发饰资料分析

发饰在新石器—早期青铜时代的分布非常普遍，以地域来区分大致聚集在以下六个地区，即（1）从青海、宁夏和甘肃往东到陕西西安东部的豫晋陕三省交界地带的西北地区；（2）从内蒙古西南部，到山西北部、河北北部、辽宁、黑龙江一带的北方地区；（3）从山西西南部到河北南部、河南的中部地区；（4）以山东、安徽、江苏、浙江和上海为中心的东部地区；（5）以湖南、湖北、四川为主的长江中游地区；（6）以广东、福建、台湾、香港为中心的南方地区。以下分别以这六个地区为单位对各种发饰作详细分析。

1. 西北地区

西北地区几乎所有的新石器到早期青铜时代的遗址中都有笄形发饰的出土，是除了环形饰品以外出土最为普遍的人体装饰品之一。其中骨笄出土最多，形制也最为复杂。西北地区最为常见的骨笄以圆锥形断面为特征，利用鸟骨或羊、鹿的小肢骨稍加磨制而成的。有的对两端都加以磨制，使骨笄的两头都带尖；有的则是将较大的兽骨劈开加以磨制，其断面以扁平形为特征的；还有一些利用骨关节，仅对另一段加以磨制做出尖部；还有的在骨笄尾端做出像短链或是像圆钉帽形的装饰。永昌鸳鸯池墓地发现的一件骨笄，在顶端处镶嵌绿松石珠，是目前西北地区发现最为漂亮的一件骨笄[①]。此外还在一些遗址中发现了骨笄帽，比如在甘肃东乡林家就发现了 13 件骨笄帽[②]。这种笄帽是骨笄尾端部的一种装饰，它与笄体分别制作后接合在一起。玉石笄和陶笄的发现是西北地区的又一特征。石笄数量仅次于骨笄。目前在大地湾、原子头、师赵村、隆德页河子、傅家门、福临堡、案板、西安半坡、姜寨、零口、下魏洛等遗址中都发现了石笄或陶笄，而玉笄则仅在大地湾和芦山峁各发

---

① 中国社会科学院考古研究所甘肃工作队：《甘肃永昌鸳鸯池墓地发掘简报》，《考古》1974 年第 5 期。

② 甘肃省文物工作队等：《甘肃东乡林家遗址发掘报告》，《考古学集刊》（4），中国社会科学出版社，1984 年。

现一件①。此外还在宁夏隆德采集一件。玉石笄的形状相对比较单一，基本上都是圆锥状尾端成钉帽形或伞形，或者是平顶。陶笄形状基本上是模仿石笄做成的，其发现的遗址也基本与石笄相同。

　　西北地区发梳目前发现 31 件，其中 17 件是骨质的，1 件是蚌质的，13 件是石质的。除了宁夏菜园子墓地的一件为横式梳之外②，其他都是竖式的。在永靖张家嘴辛店文化墓地发现 10 件用动物肋骨制成的竖式骨梳，有四至八个梳齿③。而永昌鸳鸯池一件骨梳则与同出的骨笄一样，在骨梳背部有黑色黏着物及镶嵌物装饰，但是因为没有发表照片其形状不得而知④。此外在宝鸡关桃园、东乡林家、民和核桃庄和拉萨曲贡遗址还发现 5 件骨梳⑤。13 件石梳均出土于西藏曲贡遗址，其形状与骨梳相似，都是竖形的，只是其横幅略宽，约为 7～11 厘米；梳齿也多于骨梳，大约在六至十三齿之间，齿序排列整齐，但是大小疏密有一定的差别，齿槽也比较浅，除少数梳齿较锋利外，大部分梳齿都比较钝。此外，在新疆木垒四道沟发现一件竖式骨梳⑥，是利用动物肩胛骨制成的，共有六齿。牙质束发器是在山东大汶口文化墓地常见的一种发饰，但是在西北地区的一些遗址和墓地也有发现，而且除了牙质之外还发现了陶质的束发器。

　　大地湾遗址发现了许多疑似陶束发器，但是因为没有墓葬的佩带实例，发掘者将

① 戴应新：《神木石峁龙山文化玉器》，《考古与文物》1988 年第 5、6 合期；陕西省考古研究所：《陕西神木新华遗址 1999 年发掘简报》，《考古与文物》2002 年第 1 期；甘肃省文物考古研究所：《秦安大地湾——新石器时代遗址发掘报告》，文物出版社，2006 年；宝鸡市考古工作队、陕西省考古研究所：《陇县原子头》，文物出版社，2005 年；中国社会科学院考古研究所：《师赵村与西山坪》，中国大百科全书出版社，1999 年；北京大学考古实习队、固原博物馆：《隆德页河子新石器时代遗址报告》，《考古学研究》（三），科学出版社，1997 年；宝鸡市考古工作队、陕西省考古研究所：《宝鸡福临堡——新石器时代遗址发掘报告》，文物出版社，1993 年；西北大学文博学院考古专业：《扶风案板遗址发掘报告》，科学出版社，2000 年；中国科学院考古研究所、西安半坡博物馆：《西安半坡》，文物出版社，1963 年；西安半坡博物馆等：《姜寨——新石器时代遗址发掘报告》，文物出版社，1979 年；陕西省考古研究所：《临潼零口村》，三秦出版社，2004 年；西北大学文化遗产与考古学研究中心、陕西省考古研究所：《旬邑下魏洛》，科学出版社，2006 年。
② 宁夏文物考古研究所：《宁夏海原县菜园村遗址切刀把墓地》，《考古学报》1989 年第 4 期。
③ 中国社会科学院考古研究所甘肃工作队：《甘肃永靖张家咀与姬家川的发掘》，《考古学报》1980 年第 2 期。
④ 中国社会科学院考古研究所甘肃工作队：《甘肃永昌鸳鸯池墓地发掘简报》，《考古》1974 年第 5 期。
⑤ 陕西省考古研究所、宝鸡市考古工作队：《宝鸡关桃园》，文物出版社，2007 年；甘肃省文物工作队等：《甘肃东乡林家遗址发掘报告》，《考古学集刊》（4），中国社会科学出版社，1984 年；青海省文物考古研究所、青海省文物管理处、西北大学文博学院：《民和核桃庄》，科学出版社，2004 年；中国社会科学院考古研究所：《拉萨曲贡》，中国大百科全书出版社，1999 年。
⑥ 新疆维吾尔自治区文管会：《新疆木垒县四道沟遗址》，《考古》1982 年第 2 期。

其称为陶角而对其用途没有解释①。但是在同遗址的一座墓葬中发现 2 件同样形状的牙质束发器位于人骨的头部，从其造型来看显然是与大汶口文化束发器相同，于是人们推测这种陶质的角形器也应该是束发。陶质束发器与牙质的相比，仅在少量遗址中有所发现。目前有陶角形器报道的有大地湾、原子头、福临堡、案板等遗址，而牙质束发器有墓葬佩带实例的有大何庄、秦魏家、菜园子、页河子、姜寨、半坡、龙岗寺、何家湾和马家营。其他由于没有佩带实例无法断定其是不是束发器的牙饰更多。

西北地区串珠发现较多，但是串珠形发饰的佩带实例很少。在元君庙墓地发现一件由圆蚌饰组成的串形发饰位于 M470 女性的头部②。柳湾墓地还有绿松石珠串成的串饰佩带在头部③。而在此后的徐家碾寺洼文化墓地也发现两件串形发饰，一件由 11 件骨珠、3 件玉珠和 1 件玛瑙珠组成的头饰佩带在 M31 人骨的头部，另一件佩带在 M22 人骨头部的串形发饰仅由 13 件骨珠组成④（图一至三）。

2. 东部地区

东部地区是目前所知新石器时代—早期青铜时代发现玉石类装饰品最丰富的地区，也是考古发掘资料最集中的地区之一。特别是大汶口·龙山文化和良渚文化的墓葬不仅提供了大量装饰品的实物资料，而且还展示了翔实的装饰品佩带实例，为我们研究这一时期的装饰品提供了最基础的信息。下面将对山东、安徽与江浙上海地区分别讨论。

（1）山东和安徽地区的大汶口文化和龙山文化的考古发现大多为墓葬资料。这里的墓葬都有丰富的随葬品，其中许多为装饰品。特别是大汶口⑤、王因⑥和野店墓地⑦为我们提供了大量的发饰实物资料。骨笄也是这里最常见的发饰之一，以断面形态区分为多个类型，其中以扁圆锥形最多，但是其他形式与西北相比更复杂。不仅有两端尖的、顶端呈钉帽形的、带关节的，还有顶端带雕刻纹的、有刻槽的、空芯三棱形的、顶端呈勺状的。与骨笄同时并存的也有玉石笄，但尚未发现陶笄。玉石笄中除在凌家滩⑧和朱封大

① 甘肃省文物考古研究所：《秦安大地湾——新石器时代遗址发掘报告》，文物出版社，2006 年。
② 北京大学历史系考古教研室：《元君庙仰韶墓地》，文物出版社，1983 年。
③ 青海省文物管理处考古队、中国社会科学院考古研究所：《青海柳湾——乐都柳湾原始社会墓地》，文物出版社，1984 年。
④ 中国社会科学院考古研究所：《徐家碾寺洼文化墓地——1980 年甘肃庄浪徐家碾考古发掘报告》，科学出版社，2006 年。
⑤ 山东省文物管理处、济南市博物馆：《大汶口——新石器时代墓葬发掘报告》，文物出版社，1974 年；山东省文物考古研究所：《大汶口续集——大汶口遗址第二、三次发掘报告》，科学出版社，1997 年。
⑥ 中国社会科学院考古研究所：《山东王因——新石器时代遗址发掘报告》，科学出版社，2000 年。
⑦ 山东省博物馆、山东省文物考古研究所：《邹县野店》，文物出版社，1985 年。
⑧ 安徽省文物考古研究所：《凌家滩——田野考古发掘报告之一》，文物出版社，2006 年；安徽省文物考古研究所：《凌家滩玉器》，文物出版社，2000 年。

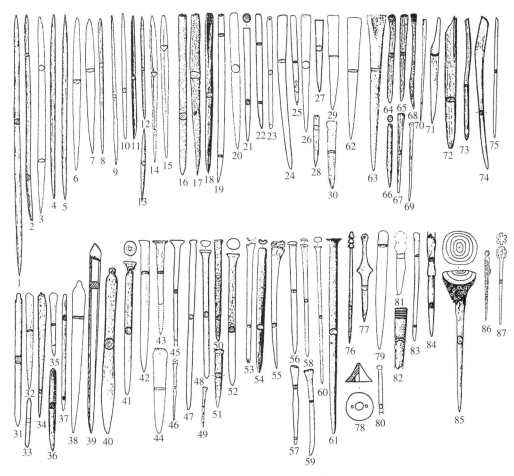

图一　西北地区骨牙质发饰

1. 案板 H18：2　2. 泄湖 T2④：13　3. 大地湾 F245 下：2　4. 案板 H11：45　5. 大地湾 F202：3　6. 福临堡 T29⑤：9　7. 宗日 M188：6　8. 姜寨 M159：10　9. 大地湾 H321：16　10. 泉护 H1115：226　11. 泉护 H1115：226　12. 泄湖 T3④：6　13. 秦魏家 H62：1　14. 大地湾 T211③：19　15. 大地湾 T327④：22　16. 毛家坪 T5④A：6　17. 毛家坪 T1③：4　18. 泉护 H232：76　19. 胡李家 H13：6　20. 大地湾 QDO：17　21. 胡李家 F3：30　22. 姜寨 H15：8　23. 大地湾 H336：1　24. 福临堡 T1③：14　25. 浒西庄 T32④：4　26. 大地湾 T109③：31　27. 林家 H20②：16　28. 林家 T46④：8　29. 福临堡 T15③：16　30. 福临堡 T1③：14　31. 师赵村 T213A：13　32. 福临堡 T23②：9　33. 林家 H64：3　34. 大地湾 H254：3　35. 福临堡 F10：32　36. 曲贡 T106②：70　37. 水北 AT7④：2　38. 大地湾 H257：1　39. 案板 H18：2　40. 原子头 T134③：13　41. 师赵村 T233④：43　42. 福临堡 H44：2　43. 师赵村 T38③：1　44. 福临堡 H78：2　45. 原子头 F9：14　46. 焦村　47. 页河子 T203④：6　48. 原子头 T233④：38　49. 石嘴头　50. 姜寨 DT9③：58　51. 傅家门 T04④：1　52. 师赵村 T134⑤：73　53. 大地湾 T803③：39　54. 泉护 T130③：161　55. 大地湾 H809：1　56. 北首岭 77T1：5：6　57. 水北 AT3④：1　58. 大地湾 M318：1　59. 泉护 T130③：110　60. 大地湾 M226：1　61. 泉护 T107③：155　62. 大地湾 H322：2　63. 泉护 H236：8　64. 原子头 F9：13　65. 原子头 H69：3　66. 红古下海 M22：11　67. 原子头 H113：5　68. 原子头 H23：5　69. 石嘴头 H22：5　70. 大地湾 M226：1　71. 福临堡 F6：8　72、73. 阳洼　74. 曲贡 T121③：110　75. 福临堡 F6：18　76. 卡若 T12④：179　77. 毛家坪 T1②：6　78. 原子头 T33⑥：2　79. 大地湾 T205②：5　80. 浒西庄 T21①：6　81. 泉护 H1065：329　82. 傅家门 T101④：10　83. 浒西庄 H36：12　84. 曲贡 H7：125　85. 鸳鸯池 M32：7　86. 下西河 M221：9　87. 下西河 M185：27（比例不同）

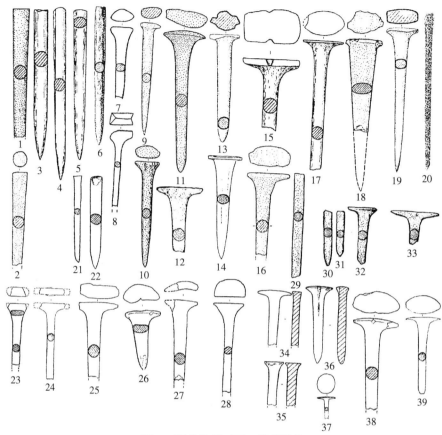

图二　西北地区玉石、陶质发饰

1. 师赵村 T109②：99　2. 师赵村 H10：3　3. 案板 H71：15　4. 案板 H26：3　5. 案板 H30：9　6. 半坡 P3532　7. 页河子
H212：23　8. 页河子 T203⑤：1　9. 师赵村 H20：2　10. 师赵村 T239③：19　11. 师赵村 T114⑤：107　12. 姜寨 T185②：4
13. 大地湾 T331②：48　14. 半坡 P3531　15. 案板 H1：4　16. 师赵村 H20：6　17. 案板 H26：33　18. 傅家门 T103⑤：3
19. 大地湾 H869：1　20. 芦山峁　21. 姜寨 T12⑤：21　22. 西山坪 T49⑤：1　23. 姜寨 T248③：34　24. 福临堡 T33②：5
25. 师赵村 T383③：6　26. 师赵村 T344②：1　27. 傅家门 T203④：20　28. 页河子 T203③：1　29. 姜寨 H468：2　30. 姜
寨 H86：22　31. 姜寨 T255②：79　32. 姜寨 T45⑤：3　33. 姜寨 T194②：8　34. 大地湾 H802：13　35. 大地湾 T218①：38　36. 大
地湾 T379③：4　37. 石嘴头 H32：6　38. 师赵村 H20：3　39. 福临堡 T25③：4（1～20 为玉石质，余为陶质；比例不同）

墓①发现两件雕刻精美玉笄外，大多为石笄。特别是在大汶口墓地发现的 29 件石笄是目
前所知发现最多的一批石笄，此外还在枣庄建新②、北辛遗址③发现少量石笄。玉石笄多

---

① 韩榕：《临朐朱封龙山文化墓葬出土玉器及相关问题》，《东亚玉器》（第 1 卷），香港中文大学中
国考古艺术研究中心，1998 年；中国社会科学院考古研究所山东工作队：《山东临朐朱封龙山文
化墓葬》，《考古》1990 年第 7 期。

② 山东省文物考古研究所、枣庄市文化局：《枣庄建新——新石器时代遗址发掘报告》，科学出版
社，1996 年。

③ 中国社会科学院考古研究所山东队、山东省滕县博物馆：《山东滕县北辛遗址发掘报告》，《考古
学报》1984 年第 2 期。

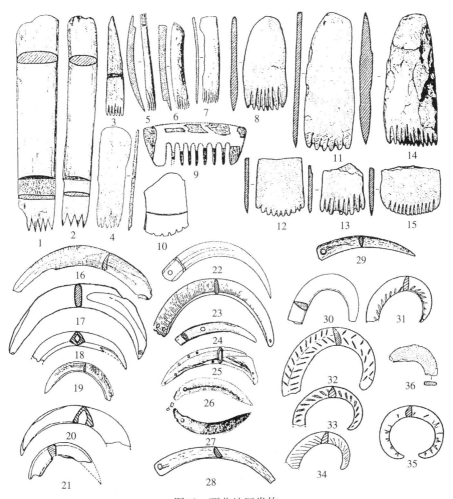

图三 西北地区发饰

1. 核桃庄 M193∶3　2. 核桃庄 M179∶1　3. 曲贡 T121③∶83　4. 木垒四道沟　5. 张家嘴 H27∶6　6. 张家嘴 H121∶6
7. 张家川 T17∶4　8. 曲贡 T112④∶1　9. 菜园子 M25∶2　10. 大地湾 F218∶12　11. 曲贡 T111④∶250　12. 曲贡 T123
③∶1　13. 曲贡 T104②∶16　14. 曲贡 T150③∶106　15. 曲贡 T110③∶67　16. 师赵村 T39H26∶1　17. 菜园子 M2∶27
18. 菜园子 M217∶8　19. 龙岗寺 M33∶4　20. 大地湾 H217∶7　21. 马家营 M2∶5　22. 毛家坪 T5③∶3　23. 西山坪
T21②∶6　24. 核桃庄 M277∶3　25. 宗日 94M31∶1　26、27. 泉护 H1067∶122、H1040∶170　28. 半坡 P3040　29. 半
坡 P3038　30. 师赵村 T104②∶15　31. 大地湾 H399∶3　32. 福临堡 H3∶5　33. 大地湾 T212②∶5　34. 大地湾 T212
④∶12　35. 大地湾 H307∶3　36. 师赵村 H20∶9（1～7、9 为骨质，8、11～15 为石质，10 为蚌质，余为牙质）

以圆锥形断面为主，也有方柱形、扁平镞式、扁圆形和扁菱形的。而玉笄则在尾端有雕刻，
如朱封的玉笄其尾端的两侧是三个浮雕人像。山东地区共发现 5 件发梳，其中 2 件是大汶口
墓地的象牙梳，均为竖式但是比骨梳要宽大，有十六个梳齿，其背部的雕刻非常华丽，表现
了这一时期象牙制作工艺的最高水平；另 3 件骨梳出土于野店墓地和莒县陵阳河墓地①。其

---

① 山东省考古研究所等：《山东莒县陵阳河大汶口文化墓葬发掘简报》，《史前研究》1987 年第 3 期。

中野店的骨梳形状与象牙梳相似，也为竖式十五齿，但是陵阳河的 2 件虽然梳齿都有十二齿，但是梳背呈横平长方形，并明显宽于梳齿，整个发梳的形状呈"T"字形，与西北地区的四至八齿梳、梳背与梳齿同宽的形态多有不同，既有用于男女成年人的，也有用于儿童的。这里的束发器大多带一或两个以上的孔，有的还有刻纹，根据形状可分为大型无刻纹、小型有孔及锯齿纹的、带刻槽的和牙尖有纹饰的多种类型。此外在野店、尚庄①、大汶口和姚官庄龙山墓地②也发现牙质束发器。未见陶质束发器。串珠形发饰仅在大汶口墓地发现两件佩带实例。一件由 25 片石薄片与 2 件牙饰组合而成，出于人骨前额头部；另一件由 31 件石管饰组成，位于人骨头部左后侧。在朱封墓地还发现了一件玉冠形饰（图四至七）。

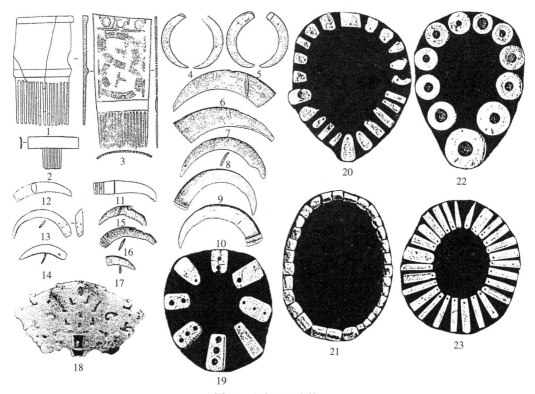

图四 山东地区发饰

1. 野店 M50:49　2. 陵阳河 79M12　3. 大汶口 M26:5　4. 大汶口 M105:2　5. 大汶口 M58:13　6. 野店 M47:6　7. 野店 M47:5　8. 王因 M2343:1　9. 大汶口 M2005:1、2　10. 大汶口 M47:11　11. 王因 M168:1　12. 北辛 M1002:18　13. 大汶口 M30:1　14. 王因 M2376:11　15. 王因 M2144:2　16. 王因 M169:6　17. 王因 M2384:5　18. 朱封 M202:1　19. 大汶口 M47:11　20. 大汶口 M47:10　21. 大汶口 M10:14　22. 大汶口 M47:12　23. 大汶口 M10:13（比例不同）

---

① 山东省文物考古研究所：《茌平尚庄新石器时代遗址》，《考古学报》1985 年第 4 期。
② 山东省博物馆：《山东潍坊姚官庄遗址发掘简报》，《考古》1963 年第 7 期。

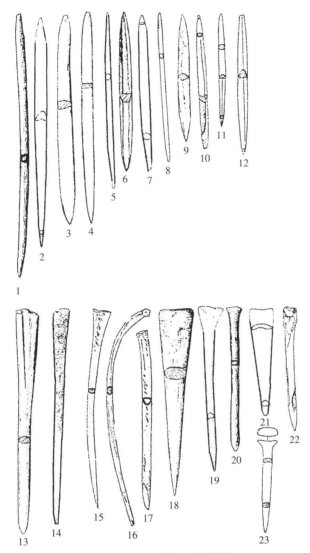

图五 山东地区骨、牙质发饰

1. 王因 T1003④下:4 2. 北辛 H14:30 3. 大汶口 M2005:2 4. 尹家城 T266⑦:4 5. 鲁家口 T102③:7 6. 北辛 H709:3 7. 北辛 T704③:14 8. 西吴寺 H4015:2 9. 尹家城 T5⑥:5 10. 双墩 9270123⑦:341 11. 双墩 9210621 ⑦:242 12. 双墩 9210723②:41 13. 野店 M73:2 14. 鲁家口 T303②:22 15. 照格庄 H7:20 16. 照格庄 H41:11 17. 照格庄 T9③:7 18. 野店 M22:12 19. 北辛 T705③:24 20. 王因 T266⑤:27 21. 北辛 H202:2 22. 双墩 9110819③④:53 23. 双墩采:42（比例不同）

　　牙质束发器在山东地区发现较多且都有墓葬佩带实例，是这个地区的发饰特点之一。迄今为止，这里共报道了 97 件牙质束发器。其中王因墓地发现 64 件且均出土于墓葬中人骨头部，有的在前额，有的在脑后部。大多一人一件，少数两件。

　　安徽处于江淮之间，这里的考古资料既有山东大汶口·龙山文化的影响，也有马家浜、崧泽和良渚文化的因素，但是其主体文化因素更多地显示其地域的独特性。潜

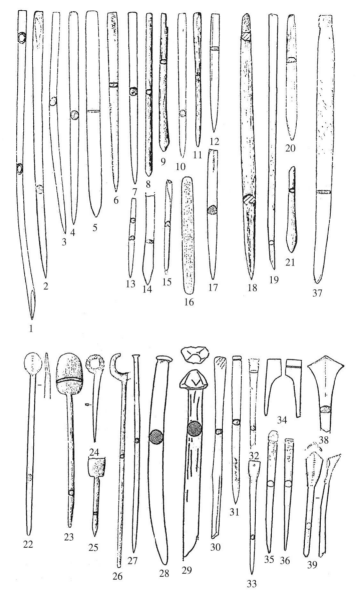

图六　山东地区骨质发饰

1. 尹家城 H512:1　2. 尹家城 H734:2　3. 尹家城 T209②:12　4. 尹家城 F1218:1　5. 尹家城 T234⑦:1　6. 照格庄 H11:6　7. 尚庄 H217:2　8. 王因 T409④:12　9. 王因 H2 下:4　10. 尹家城 H774:14　11. 西吴寺 H514:15　12. 尹家城 H774:18　13. 双墩 9110719⑧:4　14. 尹家城 T238⑦:10　15. 双墩 9110819④:59　16. 尹家城 T244①:4　17. 尹家城 H774:13　18. 西吴寺 H514:12　19. 北辛 H301:4　20. 王因 T266⑧:28　21. 大汶口 M1014:39　22. 白石村 81JG⑤:81　23. 王因 T4012 下:3　24. 三里河 T270H9:1　25. 王因 T260⑤:9　26. 王因 T270H9:1　27. 尚庄 H96:9　28. 姚官庄西 BT12:24　29. 姚官庄 H72:2　30. 西夏侯 T3⑧:9　31. 照格庄 H6:38　32. 北辛 H711:20　33. 尹家城 H779:7　34. 杭头 M8:11　35. 鲁家口 T305②:40　36. 鲁家口 T303②:23　37. 尹家城 T243①:8　38. 尹家城 T227⑦:22　39. 白石村 80T92②:19（比例不同）

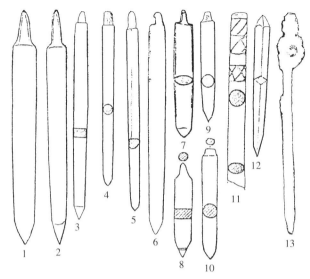

图七　山东地区玉石质发饰

1. 三里河 M302∶2　2. 大汶口 M47∶1　3. 大汶口 M1∶6　4. 建新 M55∶55　5. 西夏侯 M4∶1　6. 大汶口 M54∶37　7. 大汶口 H117∶10　8. 野店 M47∶1　9. 大朱封 M15∶6　10. 大朱封 M26∶4　11. 北辛 H604∶19　12. 大汶口 H117∶10　13. 大朱封 M202∶3（比例不同）

山薛家岗是一处典型的薛家岗文化遗址①，这里发掘的 150 余座墓葬出土了一批玉石质装饰品，由于人骨普遍保存不好，其性别和装饰品的佩带部位难以确认，但是在其出土的装饰品种类中发饰类的笄、束发器、梳等较少。然而在同一地区的凌家滩遗址则有玉笄和串形发饰及冠饰出土。在江淮东部的龙虬庄墓地②发现的玉石装饰品中也少见发饰，但是有 7 件骨笄出土。

（2）以马家浜、崧泽和良渚文化为主的江浙上海地区，考古资料以墓地材料为主，但是由于这里人骨保存状况不好，因此装饰品在墓葬中的佩带实例不像山东地区清晰。特别是头部装饰，一旦头骨无存，很难判断其装饰品的具体位置。这里的装饰品以玉石器为主，但是也仍然发现许多骨笄。特别是新石器时代早期的河姆渡文化不仅骨笄数量多，而且制作精美③。一、二期共发现 13 件骨笄，几乎每件都在尾端部有精美的雕刻纹或是立体附加装饰。此外一期还发现 2 件象牙笄。在常州圩墩马家浜文化遗址中发现了 64 件骨笄，其中 21 件带有笄帽为细长的圆管形，而 43 件无笄帽的则为长条或两头尖的针形④。另外这一地区发现骨笄最多的遗址应是江苏金坛三星村⑤，距今

①　安徽省文物考古研究所：《潜山薛家岗》，文物出版社，2004 年。
②　龙虬庄考古队：《龙虬庄——江淮东部新石器时代遗址发掘报告》，科学出版社，1999 年。
③　浙江省文物考古研究所：《河姆渡——新石器时代遗址考古发掘报告》，文物出版社，2003 年。
④　吴苏：《圩墩新石器时代遗址发掘简报》，《考古》1978 年第 4 期。
⑤　江苏省三星联合考古队：《江苏金坛三星村新石器时代遗址》，《文物》2004 年第 2 期。

6500~5500 年早于良渚文化遗址中出土 248 件骨笄。大部分骨笄都出土于人骨头部，多带笄帽，一些笄的尾端带刻纹同心圆或几何纹，骨笄断面以扁圆薄形和细长圆形为多。此外还发现 5 件象牙笄，呈细长圆形，带半圆形笄帽，成对出土于人骨后头部。另外还在刘林①、崧泽下层②、海安青墩③、福泉山④崧泽层和北阴阳营等非良渚文化遗址中发现有较多骨笄出土。而在良渚文化期之后，则很少发现骨笄，取而代之的是玉石笄。目前这里明确报道为玉笄的共有 6 件，其中武进寺墩⑤出土 4 件，福泉山出土2 件。与前期相比，良渚文化骨笄数量明显减少，但是在许多遗址中都出土有玉石锥形器，虽然其外形与玉笄非常相似，但是由于其成组出土以及带孔等特征，对于它的用途还有争议⑥。但从大多数锥形器都出土在人骨头部看，可以肯定它是与头部或头发有关的随葬品。日本考古学家林巳奈夫⑦和浙江省文物考古研究所的牟永抗⑧先生认为这些锥形器是头饰的一部分。目前考古资料中锥形器的报道较多，如反山⑨和瑶山墓地⑩。此外还有花厅⑪、福泉山、新地里⑫、庙前⑬、龙潭港⑭、高城墩⑮等遗址也都有一定量的锥形器出土。若这些锥形器是发笄的话，那么在玉石器发达的良渚文化时期，江浙地区的人们一改其前期文化使用骨笄的传统，转而使用流行的玉石材质来制作更为美观耐用的玉石笄也是顺理成章的。

　　江浙地区良渚文化发现较多的装饰品之一是发梳，确切地说是玉石质发梳背，是指由两种材质合成的复合形发梳，玉石质梳背不易腐朽而残存下来，但是木竹类易腐

①　南京博物院：《江苏邳县刘林新石器时代遗址第二次发掘》，《考古学报》1965 年第 2 期；江苏省文物工作队：《江苏邳县刘林新石器时代遗址第一次发掘》，《考古学报》1962 年第 1 期。

②　上海市文物管理委员会：《崧泽——新石器时代遗址发掘报告》，文物出版社，1987 年。

③　南京博物院：《江苏海安青墩遗址》，《考古学报》1983 年第 2 期。

④　上海市文物管理委员会：《福泉山——新石器时代遗址发掘报告》，文物出版社，2000 年；南京博物院：《北阴阳营——新石器时代及商周时期遗址发掘报告》，文物出版社，1993 年。

⑤　常州市博物馆：《江苏武进寺墩遗址的新石器时代遗物》，《文物》1984 年第 2 期。

⑥　蒋卫东：《试论良渚文化的锥形器》，《文物》1997 年第 7 期；吴敬：《再论良渚文化玉锥形器》，《文物研究》2004 年第 6 期。

⑦　林巳奈夫：《良渚文化的锥形玉器》，《文明的曙光——良渚文化文集》，浙江人民出版社，1996 年。

⑧　牟永抗：《良渚玉器上的神崇拜的探索》，《庆祝苏秉琦考古五十五年论文集》，文物出版社，1989 年。

⑨　浙江省文物考古研究所：《反山》，文物出版社，2005 年。

⑩　浙江省文物考古研究所：《瑶山》，文物出版社，2003 年。

⑪　南京博物院：《花厅——新石器时代墓地发掘报告》，文物出版社，2003 年。

⑫　浙江省文物考古研究所、桐乡市文管会：《新地里》，文物出版社，2003 年。

⑬　浙江省文物考古研究所：《庙前》，文物出版社，2005 年。

⑭　浙江省文物考古研究所、海盐县博物馆：《浙江海盐县龙潭港良渚文化墓地》，《考古》2001 年第 10 期。

⑮　江苏省高城墩联合考古队：《江阴高城墩遗址发掘简报》，《文物》2001 年第 5 期。

朽的梳齿部分则荡然无存。就像在浙江海盐周家浜 M30 发现的玉质梳背与象牙梳齿复合的那样，只残存象牙梳齿，而其他木竹类梳齿则已经看不到。在浙江平湖庄桥 M147 出土一件木梳[1]，虽已严重残损，但说明良渚文化时期的确有木质梳。根据杨晶先生的研究[2]，良渚文化的玉质梳背饰一般为扁平体，上大下小，形近倒梯形，下沿皆有扁榫，并钻有一至五个小穿孔，以便于固定在有机质地的梳子上端。这种玉梳背广泛分布在太湖流域的江苏武进、吴县、常熟，上海青浦，浙江的余杭、嘉兴、海盐和桐乡等地。另外在江苏花厅大汶口文化墓地和安徽含山凌家滩薛家岗文化墓地以及辽宁牛河梁[3]、凌源三官甸子[4]、巴林右旗那斯台[5]等地的红山文化墓地也出土形状相似的玉质梳背。据不完全统计，迄今为止良渚文化共有 10 多个遗址出土了 50 余件玉质梳背。这些玉梳背大多出土于人骨头部或附近，表明其是作为一种头部装饰品用于佩带，而并非仅仅是一种梳理头发的工具。有些玉梳背有非常繁杂的神面雕刻纹饰，更显其装饰的功能或社会宗教礼仪。此外还在嘉兴吴家浜[6]的马家浜文化和江苏昆山绰墩遗址[7]中各发现一件象牙梳。这两件象牙梳都呈竖式，而且都出土在早于良渚文化的遗址中。另外在嘉兴盛家墩采集到一件骨梳[8]，梳背上镶嵌有两排圆形的小石子，推测属于良渚文化。综观这一地区发梳的出土状况，从河姆渡文化、马家浜文化到崧泽文化，有玉笄但骨笄发达，有象牙梳、骨梳或木梳而未见玉石梳，但是进入良渚文化之后，伴随着玉石梳的大量出土，不仅象牙梳、骨梳等少见，而且骨笄也很少见。这也许反映不同文化之间在装饰品的佩带和材质选择方面存在着差异，也暗示装饰品背后具有的文化传统与社会礼仪的差异。束发器在这一地区很少发现，特别是在良渚文化遗址中几乎未见到。目前发现的牙质束发器，一件出土于与山东邻近的江苏大墩子[9]遗址；另外 4 件一组发现于福泉山崧泽文化墓葬中，4 件均带孔，发现于人骨头部（图八至一〇）。

　　串珠发饰是江浙一带诸考古学文化特别是良渚文化装饰品的又一特征。目前仅就已出版的《反山》与《瑶山》两本考古报告为例来讨论串珠管发饰。由于墓葬人骨

① 浙江省文物考古研究所：《浙江平湖市庄桥坟良渚文化遗址与墓地》，《考古》2005 年第 7 期。
② 杨晶：《良渚文化玉质梳背饰及其相关问题研究》，《文物》2002 年第 11 期。
③ 刘国祥：《牛河梁玉器初步研究》，《文物》2000 年第 6 期。
④ 李恭笃：《辽宁凌源县三官甸子城子山遗址试掘》，《考古》1986 年第 6 期。
⑤ 内蒙古巴林右旗博物馆：《内蒙古巴林右旗那斯台遗址调查》，《考古》1986 年第 6 期；刘淑娟：《红山文化玉器类型探究》，《辽海文物学刊》1995 年第 1 期。
⑥ 陆耀华：《浅谈嘉兴地区史前文化》，《农业考古》1999 年第 3 期。
⑦ 苏州博物馆等：《江苏昆山市绰墩遗址发掘报告》，《东南文化》2000 年第 1 期。
⑧ 蒋卫东：《良渚文化复合件玉器的初步研究》，"第五届中国云文化玉学江阴研讨会——中国南方地区玉文化研究专题"资料，2005 年。
⑨ 南京博物院：《江苏邳县四户镇大墩子遗址探掘报告》，《考古学报》1964 年第 2 期。

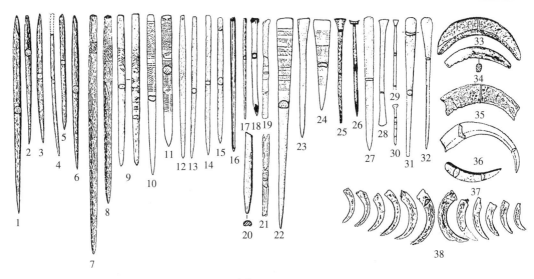

图八　东部地区骨牙质发饰

1. 龙虬庄 M256：5　2. 龙虬庄 M184：7　3. 龙虬庄 T3929⑦：10　4. 龙虬庄 T1427④：3　5. 龙虬庄 M275：2　6. 龙虬庄 M256：8　7. 刘林 M7：3　8. 刘林 M7：4　9. 青墩 T15⑥：35　10. 河姆渡 T212④A：107　11. 河姆渡 T215④A：50　12. 大坟 M2：6　13. 尉迟寺 T2412⑤：1　14. 尉迟寺 T2320⑤：5　15. 尉迟寺 T3711⑤：7　16. 福泉山 T28⑦：5　17. 圩墩 T2502⑤：42　18. 圩墩 T8504⑤：5　19. 圩墩 M17：6　20. 福泉山 T5③：5　21. 绰墩 M7：9　22. 河姆渡 T234④B：331　23. 河姆渡 T19④：36　24. 河姆渡 T233④B：116　25. 三星村 M78：2－1　26. 三星村 M742：8　27. 尉迟寺 H154：13　28. 圩墩下层　29. 圩墩 M3：7　30. 圩墩 T3504⑤：1　31. 尉迟寺 T4212⑤：7　32. 尉迟寺 T3918④：5　33. 龙虬庄 M199：7　34. 龙虬庄 M161：1　35. 刘林 M7：14　36. 青墩 T6：2　37. 青墩 T3：7　38. 龙潭港（比例不同）

均腐朽无存，难以判断装饰品具体而确切的佩带部位。但是不妨根据现有资料作一些推测。瑶山与反山墓地共发表了23座墓葬，报告中均有详细随葬品资料和在墓葬中的具体位置。位于头部的主要有玉冠形饰、玉锥形器和一些玉串珠管。虽然并不是每件都在头部，但是根据对瑶山墓地的分析，12座墓葬中的 M14：1－9、M11：96、M10：65、M9：77、M8：4－7、M7：70、M5：5、M4：35 应该是串珠管发饰无疑。反山的情况也大同小异，基本上在每一座墓葬中都在头部发现有串珠或串管发饰。而在此之前的崧泽文化和马家浜文化也有发现管珠类的例子，特别是在北阴阳营墓地的第二、三期，玉管多成组出土的状况反映了它们是穿串在一起使用的。管珠串饰在头部的装饰状况大概有以下几种。其一是常见的穿串成半圆形链状直接佩带在前额部；其二是将管珠缝缀在帽子上的头部装饰；其三是镶嵌或挂串在头部冠饰上的装饰；其四是吊挂在发笄尾部的装饰。从良渚文化墓地人骨头部出土大量或成串或散在的管珠来看，以上几种佩带状况同时存在的可能性比较大。总之可以说头部装饰繁富而多样是以反山和瑶山为代表的良渚文化的最大特点。此外在胸部、腰部和腿部也都装饰有管珠串饰，这些串饰可能为颈饰、腰部的串形挂饰、串珠腰带。但是还有可能是服装上的串珠边缀，特别是在人骨腿部的管珠应该与裙裤上的缝缀装饰有更密切的关系。

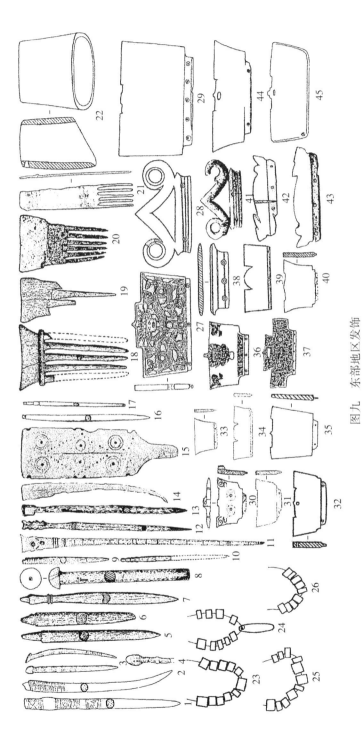

图九 东部地区发饰

1. 河姆渡 T32④：62　2. 河姆渡 T221④B：137　3. 河姆渡 T213③B：53　4. 龙虬庄 M248：4　5. 龙虬庄 M25③：15　6. 刘林 M118：6　7. 龙虬庄 M304：2　8. 三星村 M39：1　9. 青墩 T15④C：45　10. 龙虬庄 T4129④：4　11. 三星村 M834：4－2　12. 三星村 M450：21　13. 三星村 M285：1　14. 三星村 M677A：1　15. 三星村 M909A：9　16. 尉迟寺 T3918④：2　17. 尉迟寺 T2519④：10　18. 刘林 M184：1　19. 刘林 M2：5　20. 吴家浜 M5：1　21. 吴家浜 M5：2　22. 凌家滩 07M23：125　23. 新地里 M19：16　24. 新地里 M91：2　25. 新地里 M91：18　26. 新地里 M19：8　27. 反山 M15：7　28. 凌家滩 M15：38　29. 凌家滩 M20：96　30. 卞鞋山 M199　31. 林衣山 M2：31　32. 福泉山 M60：54　33. 邱承墩 M5：18　34. 邱承墩 M4：4　35. 福泉山 M101：39　36. 瑶山 M2：1　37. 反山 M16：1　38. 凌家滩 M15：35　39. 张陵山 M4　40. 大坟 M2：7　41. 凌家滩 M15：35　42. 凌家滩 M10：7　43. 凌家滩 M10：5　44. 福泉山 M18：2　45. 龙潭港 M9：12（1～21 为骨牙石质，余为玉石质，比例不同）

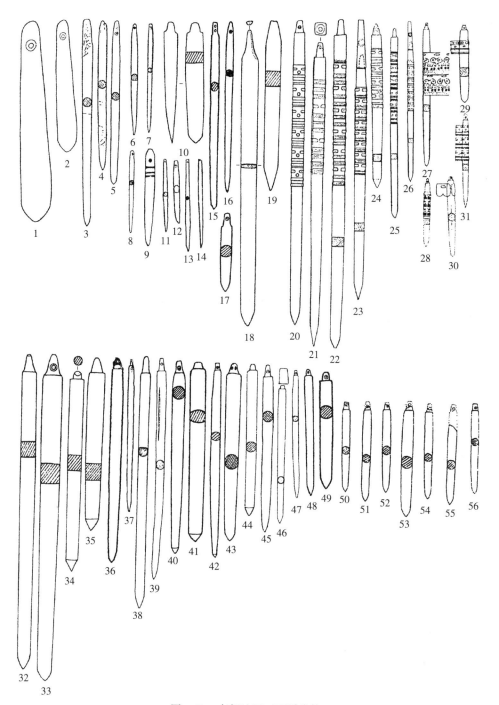

图一〇　东部地区玉石质发饰

1. 凌家滩 87M4：36　2. 凌家滩 M4：36　3. 龙潭港 M9：48　4. 龙潭港 M9：51　5. 龙潭港 M9：49　6. 反山 M12：74
7. 张陵山 F23：9　8. 钵衣山 M1：3　9. 福泉山 M145：10　10. 花厅 M34：68　11. 反山 M12：74　12. 反山 M15：6③
13. 反山 M12：74　14. 反山 M12：74　15. 福泉山 M144：26　16. 福泉山 M144：24　17. 寺前 IIT809⑤：2　18. 尉迟寺
T3110⑧：1　19. 花厅 M20：12　20. 大坟 M1：7　21. 新地里 M73：15　22. 花厅 M16：1　23. 花厅 M18：1　24. 新地里
M140：4　25. 花厅 M16：1　26. 花厅 M18：1　27. 反山 M20：73　28. 反山 M16：11　29. 龙潭港 M9：52　30. 福泉山
M60：38　31. 瑶山 M7：22　32. 花厅 M20：17　33. 花厅 M20：23　34. 好川 M14：2　35. 花厅 M23：47　36. 寺墩
37. 新地里 M73：15　38. 花厅 M78：3　39. 新地里 M25：8　40. 高城墩 M1：27　41. 花厅 M20：19　42. 反山 M15：6
43. 花厅 M29：3　44. 好川 M60：3　45. 龙潭港 M9：50　46. 新地里 M86：10　47. 反山 M15：6④　48. 大坟 M2：1
49. 福泉山 M109：7　50～56. 汇观山 M2 一组（比例不同）

3. 中部地区

中部地区是迄今为止发现新石器—早期青铜时代遗址最丰富的地区。

在这些遗址中，发饰发现数量最多、分布最普遍的是骨笄。骨笄有断面为扁平形的，有磨制成平顶的半圆锥形，有的呈两头尖状，有的呈三棱形或长方形断面，还有的直接利用骨关节作顶端装饰，或是以骨头的自然弯曲形态略加磨制，有的则把顶端部磨制成圆钉形或伞形。还有一部分骨笄的尾端部雕刻划纹或立体形装饰，如在白营遗址就发现了刻有竹节纹、方格纹和带双角似动物头部的雕刻装饰[1]。在瓦店[2]、王城岗[3]、王湾[4]、李大召[5]等遗址有尾端刻制成圆钉形、伞形和三角形的骨笄，特别是李大召夏商时期的立体雕刻笄是目前发现最具有美感的笄，它开启了此后殷墟时代立体雕刻骨笄的先河。另外在山西下靳墓地[6]还发现2件片状斜尖的骨笄。进入早期青铜时代以后，这一地区虽出土大量骨笄且笄的尾端更具有装饰性，但是仍然未超出新石器时代晚期已经有的类型。骨笄尾端形态的转化应该是在此后的殷墟时代。此外在涧溪遗址[7]还发现了1件骨笄帽，反映了这里也许开始骨笄与笄帽分别制作，而在大河村遗址[8]中不仅发现有笄帽，而且还发现了一件红陶盛笄器，共有13个孔可以容纳13件笄。这些都暗示这一地区在骨笄制作方面较其他地区更为复杂和多样化。另外，这里还发现了少量陶笄、玉石笄和蚌笄。陶笄是西北地区的特点，这里仅在距离西安较近的西王村遗址[9]发现1件，其他遗址则很少见到。玉石笄在下靳墓地、王城岗遗址和二里头、二里岗遗址均有发现，玉笄一般呈扁平状，尾端平顶，笄身中部有孔或无孔。而在庙底沟和三里桥遗址[10]发现2件蚌笄，一件呈扁平状，另一件呈菱形。这里共发现各种材质发梳10余件，其中3件石梳和1件玉梳出土于陶寺遗址[11]，玉石梳均呈竖式，

---

① 安阳地区文管会：《河南汤阴白营龙山文化遗址》，《考古》1980年第3期；河南省安阳地区文物管理会：《汤阴白营河南龙山文化村落遗址发掘报告》，《考古学集刊》(3)，中国社会科学出版社，1983年。

② 河南省文物考古研究所等：《禹州瓦店》，世界图书出版社，2004年。

③ 河南省文物考古研究所、中国历史博物馆考古部：《登封王城岗与阳城》，文物出版社，1992年。

④ 北京大学考古文博学院：《洛阳王湾——田野考古发掘报告》，北京大学出版社，2002年。

⑤ 郑州大学历史学院考古系：《新乡李大召——仰韶文化至汉代遗址发掘报告》，科学出版社，2006年。

⑥ 山西省临汾行署文化局、中国社会科学院考古研究所山西工作队：《山西临汾下靳村陶寺文化墓地发掘报告》，《考古学报》1999年第4期。

⑦ 河南省文化局文物工作队：《河南孟县涧溪遗址发掘》，《考古》1965年第1期。

⑧ 郑州市文物考古研究所：《郑州大河村》，科学出版社，2001年。

⑨ 中国科学院考古研究所山西工作队：《山西芮城东庄村和西王村遗址的发掘》，《考古学报》1973年第1期。

⑩ 中国科学院考古研究所：《庙底沟与三里桥》，科学出版社，1959年。

⑪ 中国社会科学院考古研究所山西工作队：《山西襄汾陶寺遗址发掘简报》，《考古》1980年第1期。

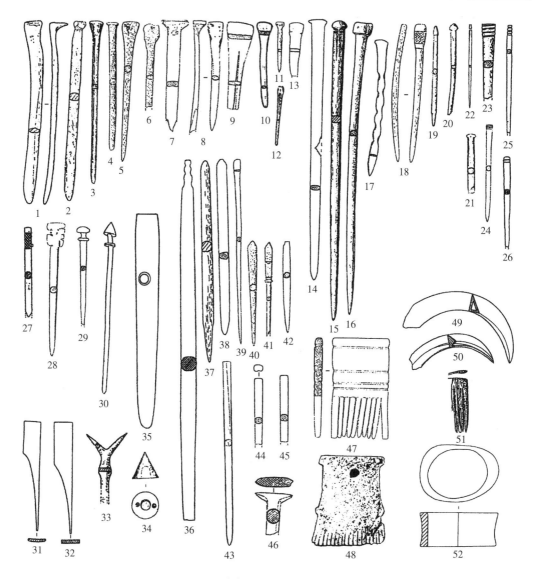

图一一　中部地区骨牙、玉石质发饰

1. 东关 H244 下:5　2. 东关 H61:40　3. 王湾 M76:1　4. 郑州商城 C7T104⑤:54　5. 郑州商城 7H29:1　6. 郑州商城 C5T92②:23　7. 东关 IH101:36　8. 刘庄 H11:1　9. 枣园 H7:22:20　10. 白营 H74:3　11. 李楼 IT0501H284:4　12. 郑州 C5T92②:1　13. 李楼 VT0211H212:4　14. 冢子坪 H17:1　15. 王湾 H149:24　16. 固镇 H1:6　17. 二里头 II、VH150:1　18. 郑州 C9IH162:5　19. 王城岗 H23:5　20. 陶寺 H370:6　21. 李大召 IT0501H284:1　22. 大寒 T102④:53　23. 瓦店 IVT3H1:2　24. 李楼 92T5⑧:13　25. 二里头 VIIIT16②:2　26. 孟屯 T45J3:9　27. 白营 71 采:20　28. 李大召 IIT2406H290:1　29. 孟庄 H203:1　30. 涧溪 T1:5　31. 下靳 M8:5　32. 下靳 M3:1　33. 白营 T7②:11　34. 涧溪 T1:6　35. 下靳 M40:1　36. 郑州商城 C5T92②:1　37. 马河 H4:25　38. 冢子坪 H59:1　39. 东关 IH28:22　40. 郑州商城 C9IH42:4　41. 王城岗 WT24④:1　42. 二里头 VIIIT14④:3　43. 郑州商城 M144:1　44. 郑州商城 C9T124①:4 - 2　45. 郑州商城 C9T124①:4 - 1　46. 西王村 H4:1:4　47. 郑州商城 8M3:11　48. 陶寺 M282:2　49. 下靳 0052:2　50. 下靳 0052:1　51. 西坡 M8:1　52. 庙底沟 H563:24（35~46、48 为玉石质，余为骨牙质，比例不同）

大约有十一短梳齿。而骨梳在这里发现较少，其中庙底沟遗址的骨梳，呈竖式带四梳齿，在背部有刻划纹。另一件出土于郑州洛达庙①二里头文化灰坑中，制作比较精细，而在此后郑州二里岗商城②的制骨作坊附近发现多件骨梳，也许这些骨梳是制骨作坊的产品之一。而在同遗址的白家庄期的墓葬内发现了一件象牙梳，牙梳呈竖式，带十个较长的梳齿，梳背部上中下各有一道凹玄纹。牙质束发器发现例子较少，仅在下靳墓地有 2 件。但是在河南灵宝西坡遗址③发现了一件类似骨钏的束发器，与红山文化中常见的玉箍相似，由于是有佩带实例的墓葬资料，因而其束发器的功能是确切的。这一地区还未发现串珠形发饰和冠形饰（图一一至一三）。

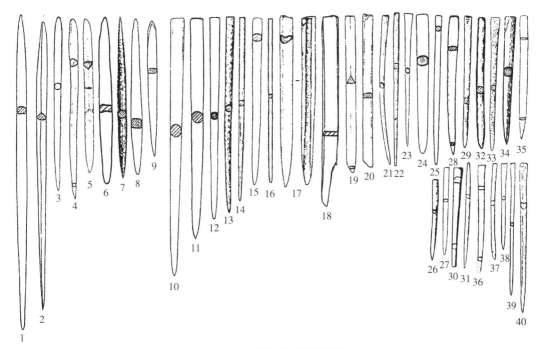

图一二　中部地区骨牙质发饰

1. 东庄村 H115:4:14　2. 东庄村 H115:4:19　3. 水泉 M31:15　4. 东关 H184:6　5. 枣园 H8:4　6. 东关 H216:2　7. 王湾 H144:14　8. 冢子坪 T2④:14　9. 孟庄 T141H283:1　10. 垣曲商城 H113:5　11. 交兑 H4:1　12. 二里头 VIIIT12③A:18　13. 瓦店 IVT5③:7　14. 王城岗 T45H103:2　15. 大师姑 T1③:5　16. 大寒 T0215:16　17. 枣园 H61:33　18. 东关 H33:7　19. 东关 H150:1　20. 东关 H266:2　21. 王城岗 H36:25　22. 王城岗 H619:2　23. 王油坊 H7:1　24. 二里头 IVT10②:10　25. 大师姑 H52:10　26. 李楼 T15④:12　27. 李楼 T103④:2　28. 辕村 F18②:13　29. 站马屯 H5:2　30. 新砦 H111:25　31. 李大召 H33:6　32. 大师姑 H6:1　33. 郑州商城 C9T124④:2　34. 大河村 T44⑤:2　35. 西王村 H2:13　36. 西王村 H2:2:18　37. 煤山 T2⑤C:2　38. 煤山 T24③B:4　39. 煤山 J1:1　40. 煤山 T15④:1（比例不同）

---

① 河南省文物局等：《郑州洛达庙遗址发掘简报》，《华夏考古》1989 年第 2 期。
② 河南省文物考古研究所：《郑州商城——1953～1985 年考古发掘报告》，文物出版社，2001 年。
③ 河南省文物考古研究所等：《河南省灵宝西坡遗址发掘简报》，《考古》2001 年第 11 期。

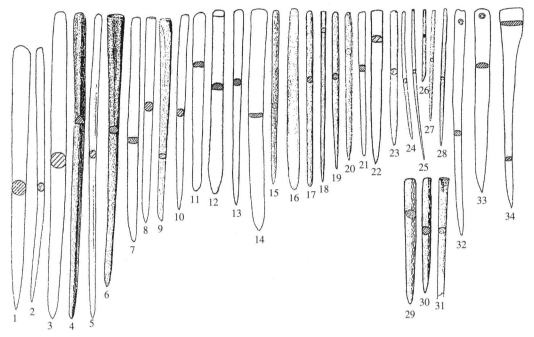

图一三　中部地区骨质发饰

1. 垣曲 H225：5　2. 王油坊 H5：15　3. 垣曲 H250：14　4. 王湾 H166：31　5. 垣曲 H152：39　6. 王湾 H215：70　7. 冢子坪 H48：2　8. 垣曲 H121：6　9. 新密 H4：1　10. 西坡 M14：9　11. 西坡 M14：2　12. 枣园 H7：73　13. 孟庄 H98：1　14. 孟庄 H313：1　15. 郑州商城 C5T302①：69　16. 李大召 H67：2　17. 王湾 H18：5　18. 大师姑 G5④6：3　19. 王城岗 H43：2　20. 鲍家堂 T2062⑧：2　21. 黄棟树 T7②：207　22. 东关 H188：36　23. 王城岗 T43③：7　24. 煤山 H61：6　25. 煤山 H62：5　26. 西高崖 T1④：1　27. 西王村 H29：1：1　28. 李大召 H211：1　29. 大河村 H200：1　30. 大河村 H19：2　31. 大河村 H189：1　32. 孟庄 H215：6　33. 孟庄 H301：4　34. 孟庄 H101：1（比例不同）

　　龙山文化时期的陶寺遗址，是目前所知中部地区出土玉石制品最为丰富的遗址之一。在 1300 余座墓葬中共有 200 余座随葬玉石器 800 余件以及绿松饰镶嵌饰片 900 余件。除了以上提到的玉笄和玉石梳等头饰外，在 24 座墓葬中发现的玉骨组合头饰尤其引人注目，一墓一组。出土时组件已经散落，每组现存饰件 2～5 件不等。其中 10 组曾镶嵌绿松石饰片，由 10 枚到 60 枚不等。根据高炜先生对其中 8 组的复原研究，这种头饰组合可以分为三型。

　　一型：以 M2010、M2001、M2036 等为例。特点是骨笄近上端斜穿在玉环中，在骨笄的顶端利用自然骨节或磨出凹槽或穿孔用以吊挂坠饰。其中的 A1 类为笄与环交界处用漆或树脂类物质胶粘固定，接近骨笄顶端的一面镶嵌绿松石。共有 4 组属于这一类。M2010 包括玉坠饰 3 件、骨笄 1 件、玉笄 1 件、镶嵌绿松石 27 件。出土时骨笄尚穿在玉环中位于头颅右侧耳后，笄的尖端朝向颅顶，绿松石及弯角形坠散落在玉环下。另一件玉笄刃端朝上斜置于颅顶（图一四，1）。M2001 包括玉笄 1 件、骨笄 1 件和绿松石片 26 枚。出土时嵌连成一体的骨笄，玉环和绿松石在右耳边，但见坠饰、玉笄散落在肩部（图一四，2）。M2028 包括玉坠饰 3 件、骨笄 1 件、玉笄 1 件、绿松石饰片 10 枚。出土时已散落，玉笄在额骨下方，骨笄在颅后左侧，玉环在枕部骨笄下，坠饰和绿松石片散落在右肩部（图一四，3）。M3018 包括玉坠饰 3 件、骨笄 1 件、绿松石片

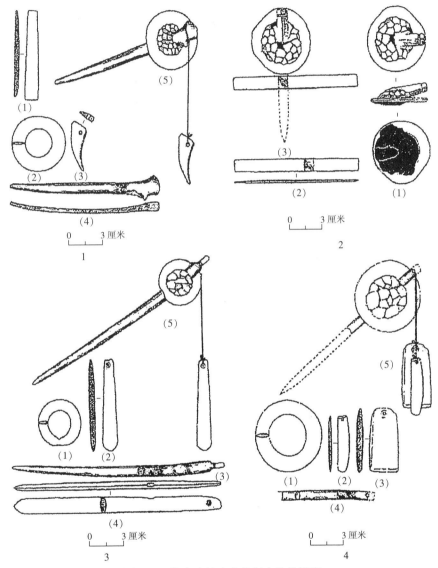

图一四　陶寺遗址出土的组合头饰类型

（转自高炜《陶寺文化玉器及相关问题》文中图，见《东亚玉器》第 1 卷，香港中文大学中国考古艺术研究中心，1998 年）

1. M2010　（1）玉笄　（2）玉环　（3）玉坠饰　（4）骨笄　（5）局部复原图
2. M2001　（1）残骨笄与玉环、绿松石嵌连状　（2）玉笄　（3）局部复原图（缺坠饰）
3. M2028　（1）玉环　（2）玉坠饰　（3）骨笄　（4）玉笄　（5）局部复原图
4. M3018　（1）玉环　（2）、（3）玉坠饰　（4）残骨笄　（5）复原图

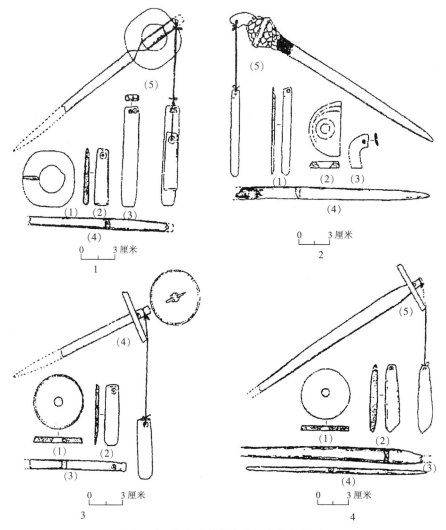

图一五　陶寺遗址出土的组合头饰类型

（转自高炜《陶寺文化玉器及相关问题》文中图，见《东亚玉器》第 1 卷，香港中文大学中国考古艺术研究中心，1998 年）

1. M2036 　（1）玉环 　（2）、（3）玉坠饰 　（4）残骨笄 　（5）复原图
2. M2023 　（1）坠饰（蛇纹石）　（2）半圆形穿孔玉片 　（3）"L"形穿孔玉片 　（4）骨笄 　（5）复原图
3. M2235 　（1）圆形穿孔玉片 　（2）玉坠饰 　（3）残骨笄 　（4）复原图
4. M2186 　（1）圆形穿孔饰件（大理岩）　（2）坠饰（大理岩）　（3）骨笄（残）　（4）骨簪 　（5）局部复原图

26 枚。出土时已经残乱，但均在右前额上方及颅顶，骨笄上有胶黏物质（图一四，4）。B1 类为骨笄与玉环交界处没有胶黏物质，据推测可能是用丝麻类细绳固定的。M2036 属于这一型，包括骨笄 1 件、玉坠饰 3 件。出土时骨笄尚穿在玉环内，位于颅顶右侧，坠饰 2 件散落在右肩部（图一五，1）。

　　二型：其特点是骨笄端头从下方穿入玉片的孔中，而穿孔玉片的上面另嵌入一件带孔的"L"形饰件，上、下两面堆积一定的厚度，起固定作用的胶状物并镶嵌多枚绿松石，用"L"形玉件上端的圆孔穿绳吊挂坠饰。M2023 属于这一类，包括骨笄 1 件，玉饰 3 件，绿松石嵌片 60 枚。出土时骨笄、半圆玉片及"L"玉片连接在一起置于颅顶上方，交界处有胶着物质及残留的绿松石片 30 余枚。坠饰则横向残落在颅顶，另有 10 数枚绿松石在胶黏物上面，散落在颞骨下方（图一五，2）。以上 6 组的复原结果表明，其共同特点都是从颅右侧插入发髻，吊坠约在右耳前后，或前额至颞骨间。

三型：其特点是骨笄上端比中腰细，自下而上垂直穿过轮形饰片中部小孔，使笄与轮形饰固定，共有 A、B 两组。A 组以 M2235 为例，包括骨笄、小璧形玉片及玉坠饰各一件。出土时 3 件均位于颅左侧，笄与轮形玉片尚套在一起（图一五，3）。而 B 组以 M2186 为例，包括骨笄、骨簪、纺轮形玉饰片及玉坠饰各 1 件。出土时骨簪压在颅下，骨笄、轮形饰片及坠饰落在左髋骨外侧（图一五，4）。出土组合头饰的 24 座墓葬中，经鉴别属于女性的墓葬 15 座，可能为女性的 3 座，男性或可能为男性的分别为 3 座和 2 座，性别不明的 1 座。由此可以看出这种组合头饰主要用于女性，并且以从右侧插入为主要佩带方式。而根据陶寺墓地以墓葬规模、葬具、随葬品诸因素的综合分析，1300 余座墓葬可以分为 6 大类，每类之间墓主人的身份有较大的差异。1 类为王室类成员墓，2、3 类为不同等级的贵族，4 类为中下级贵族，5、6 类为一般平民，其中 5、6 类约占墓葬总数的 80% 以上。而出土 24 组组合头饰的墓葬中属于 1 类的仅有 M2001，2 类有 M2003 和 M2023 两座，3 类 12 座，5 类占 9 座。因此可以说龙山时代的组合头饰并不是仅供上层人士佩带的用以表明身份地位的装饰品，而是作为女性头部装饰的一种，或者是作为女性社会角色的一种表现形式而存在的。比如已婚女性、少女或是在宗族、家族中具有特殊身份人士的装饰品。因此看似复杂而奢华的头部装饰并不完全与佩带者的社会身份等同，装饰品毕竟不是礼仪用品，它在一些时代一些地区可能与佩带者的身份相关联，而在一些地区则仅仅是以示美为目的，或是在一些特殊的礼仪场合佩带的装饰品。

以上根据高炜先生对陶寺墓地骨玉组合头饰的复原成果进行了简单的综合。陶寺墓地是出土新石器时代唯一具有组合头饰佩带实例的资料，非常珍贵。中部地区的山西西南部在龙山文化晚期的陶寺文化和早期青铜时代是比较特别的地区之一，除陶寺墓地之外，还有下靳、清凉寺墓地等也出土大量玉石器。

4. 北方地区

北方地区最早的发饰资料是在新石器时代早期的赵宝沟遗址[①]发现的，该遗址出土

① 刘晋祥：《敖汉旗博物馆南台地赵宝沟文化遗址调查》，《内蒙古文物考古》1991 年第 1 期；刘晋祥：《赵宝沟文化初论》，《庆祝苏秉琦考古五十五年论文集》，文物出版社，1989 年。

骨笄一件，呈圆柱体，利用鹿角制成。此后的红山文化遗址多有骨笄发现，但是与其他遗址相比数量较少，而在牛河梁①、胡头沟②、小南山③和大连郭家村④等遗址都有玉石笄出土，其形状多圆锥形，郭家村的石笄尾端呈半圆形，而小南山的玉笄则为扁长形。在邯郸涧沟发现一件蚌笄，而岗上墓地⑤、昌平张营⑥等北方早期青铜时代遗址中还出土有铜笄，铜笄呈圆锥形，尾端有圆笄帽，中部有凸弦纹；另外张营出土一件带柄的铜梳。内蒙古中南部及河北北部一带有大量骨笄发现，特别是在辽宁南部和河北一带的仰韶、龙山文化遗址中出土较多。比如在大连郭家村、武安磁山和邯郸涧沟⑦分别出土了45件、72件和63件骨笄。在正定南杨庄遗址⑧的第1期发现骨笄11件、第2期49件、第3期10件，这些骨笄均为磨制光滑的圆锥形断面。而白音长汗遗址⑨发现的3件骨笄断面为扁凹形，是利用较大的动物骨片制成的。在内蒙古同时期遗址内仅有零星骨笄发现，骨笄断面多呈圆锥形，但是有一定量的三棱形断面，显示其骨笄制作与其他地区的不同特点。特别是在内蒙古的庙子沟文化遗址中，骨笄多利用大型动物骨加工而成，断面成扁长形两头尖或是尾端平齐或是成圆钉形。有的骨笄利用骨关节作尾端，而有的骨笄则在尾端雕刻纹饰或有立体雕刻花纹。有的骨笄则利用动物肢骨的自然形状成弯曲形。特别是郭家村的骨笄形式多样，制作精细。发梳在北方地区有复合形发梳的玉梳背发现于牛河梁、凌源三官甸子和巴林右旗那斯台等红山文化遗址中，据其形状通常称为三孔器，杨晶先生认为它们也是玉梳背的一种。而属于

① 辽宁省文物考古研究所：《辽宁凌源市牛河梁遗址第五地点1998～1999年发掘》，《考古》2001年第8期；辽宁省文物考古研究所：《辽宁牛河梁第五地点1号冢中心大墓发掘简报》，《文物》1997年第8期；辽宁省文物考古研究所：《辽宁牛河梁第二地点1号冢21号墓发掘简报》，《文物》1997年第8期；辽宁省文物考古研究所：《辽宁牛河梁红山文化'女神庙'与积石冢群发掘》，《文物》1986年第8期。

② 方殿春、刘葆华：《辽宁阜新县胡头沟红山文化玉器墓的发现》，《文物》1984年第6期。

③ 黑龙江省博物馆：《黑龙江饶河小南山遗址试掘简报》，《考古》1972年第2期；佳木斯市文物管理站、饶河县文物管理所：《黑龙江饶河县小南山新石器时代墓葬》，《考古》1996年第2期。

④ 辽宁省博物馆、旅顺博物馆：《大连市郭家村新石器时代遗址》，《考古学报》1984年第3期。

⑤ 中国社会科学院考古研究所：《双砣子与岗上——辽东史前文化的发现和研究》，科学出版社，1996年。

⑥ 北京市文物研究所、北京市昌平区文化委员会：《昌平张营——燕山南麓地区早期青铜文化遗址发掘报告》，文物出版社，2007年。

⑦ 河北省文物管理处、邯郸市文物保管所：《河北武安磁山遗址》，《考古学报》1981年第3期；河北省文化局文物工作队：《河北邯郸涧沟村古遗址发掘简报》，《考古》1961年第4期。

⑧ 河北省文物研究所：《正定南杨庄——新石器时代遗址发掘报告》，科学出版社，2004年。

⑨ 内蒙古自治区文物考古研究所：《白音长汗——新石器时代遗址发掘报告》，科学出版社，2004年。

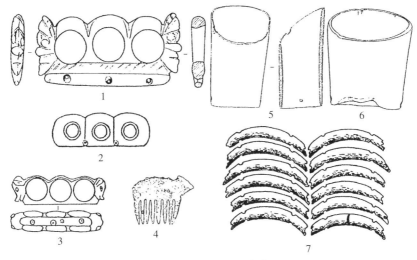

图一六　北方地区发饰

1. 牛河梁 M17∶1　2. 那斯台　3. 城子山采∶1　4. 昌平张营 H105∶8　5. 牛河梁 M25∶3
6. 牛河梁 M22∶1　7. 大南沟 M51∶7（4 为铜质，7 为蚌牙质，余为玉石质，比例不同）

早商时期河北藁城台西村①的制骨作坊附近也出土了一件骨梳。岗上早期青铜时代墓地还发现了一件铜梳，梳体呈方形共有八齿，梳长 3.7、宽 4 厘米。北方地区没有发现墓葬中牙质束发器佩带实例，但是在大南沟红山文化墓地发现 2 件蚌质束发器出土于人头骨附近和一组 12 件骨质束发器位于已经腐朽的人头骨附近；此外还发现一件骨发卡位于人骨的头部和一组 6 件蚌串饰，这件蚌串饰应该是串珠发饰的一种。与其他遗址多玉石装饰品相比，大南沟墓地以骨蚌装饰品为主流。从束发器、串珠发饰到发卡都以骨蚌为材料（图一六、一七）。

5. 长江中游地区

长江中游地区在新石器时代有连续发展的大溪文化、屈家岭文化和石家河文化。迄今发现的上百处遗址出土有发饰，但是其他地区常见的骨笄在这里却不多，而像东部地区的良渚文化一样玉石笄发现较多。

骨笄发现较少，大多出土于大溪文化和屈家岭文化遗址，如朝天嘴②、中堡岛③、曹家楼④和雕龙碑⑤等遗址出土 20 余件骨笄。骨笄形态比较单一，以尾端平顶和两头

---

① 河北省博物馆等：《藁城台西商代遗址》，文物出版社，1977 年。
② 国家文物局三峡考古队：《朝天嘴与中堡岛》，文物出版社，2001 年。
③ 国家文物局三峡考古队：《朝天嘴与中堡岛》，文物出版社，2001 年。
④ 武汉大学历史系考古教研室等：《湖北宜城曹家楼新石器时代遗址》，《考古学报》1988 年第 1 期。
⑤ 中国社会科学院考古研究所：《枣阳雕龙碑》，科学出版社，2006 年。

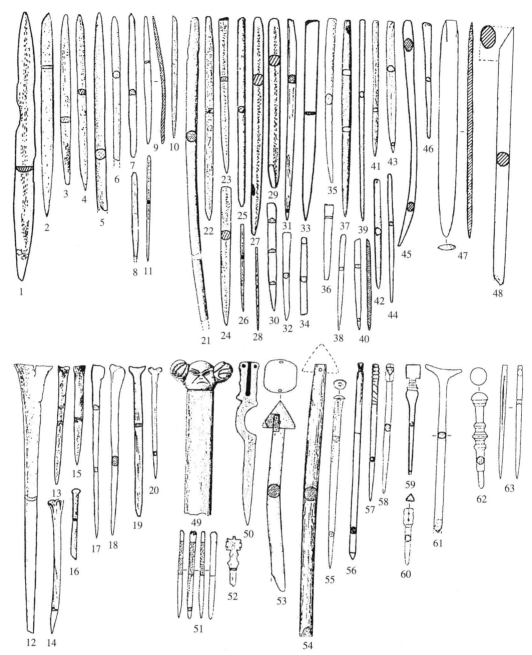

图一七　北方地区发饰

1. 二里半 H63：1　2. 大口 DK：91　3. 二里半 T25④：4　4. 西园 H49：1　5. 白音长汗 AF21②：27　6. 大坝沟 H25：4
7. 大潘家村 T6②：37　8. 新安采：47　9. 西园 H12：464　10. 新安庄采：5　11. 永兴店 T3⑤：1　12. 庙子沟 M11：4
13. 小沙河 T15②：14　14. 郭家村 T3④：15　15. 小沙河 T15②：13　16. 西园 T608②：7　17. 大潘家村 T7⑥：42
18. 大长山 T4④：31　19. 海生不浪 T509④：11　20. 郭家村 T1③：18　21. 岗上 M14：10　22. 西园 T609②：7　23.
二里半 H32：2　24. 二里半 H32：3　25. 西园 H35：2　26. 二里半 H63：1　27. 二里半 H30：5　28. 永兴店 H31：6
29. 二里半 T2⑤：17　30. 大潘家村 T1②：14　31. 大嘴子 IIT1③：2　32. 上马石 T6②：23　33. 牛河梁 H16：3　34.
双砣子 M58：14　35. 上马石 T6⑥：45　36. 大坝沟 H25：7　37. 药王庙 F2：1　38. 磁山 H137：5　39. 庙子沟 M22：3
40. 西园 T7④：1　41. 药王庙 T2②：1　42. 双砣子 T8：9　43. 郭家村 T1④：4　44. 庙子沟 H224：5　45. 朱开沟 C：5
46. 大长山 T4⑤：13　47. 小南山 M1：10　48. 胡头沟　49. 和龙兴城 86 采：1　50. 哈拉海沟　51. 郭家村 T7⑤：12
52. 郭家村 T4③：14　53. 容城上坡 T29③：42　54. 容城上坡 T28③：400　55. 左家山 H15：1　56. 大嘴子 T37⑤：17
57. 三关 79YSH56：8　58. 大长山 F1：27　59. 张家堡 ZA 采：4　60. 大长山 HG1②：2　61. 南杨庄 F1：8　62. 岗上
M14：13　63. 张营 T2③：4（47～61 为玉石质，62、63 为铜质，余为骨牙质）

尖为多，其他类型少见。而玉石笄主要出土于较晚的石家河文化遗址，如迄今在罗家柏岭①、肖家屋脊②、麻城栗山岗③和孙家岗遗址④的石家河文化遗址中共出土 16 件玉石笄，而仅在大溪文化的城头山遗址⑤发现玉石笄各一件，因此可以说玉石笄是石家河文化的一个特点。玉石笄的形态有以下几种：断面圆锥形，尾端素面平顶，尾端呈三角形或束腰形或有短链；断面扁圆形，尾端有雕刻纹，有雕刻竹节纹、有的雕刻鹰头，还有一些笄身部有圆孔。这里未见牙质束发器的报道，但是在中堡岛遗址发现的一件骨圈，类似于河南西坡遗址的骨束发器，因没有佩带实例而不能确认。发梳仅在青龙泉⑥屈家岭文化早期发现一件象牙梳，发梳呈长方形，有二十三个梳齿，梳背略呈倒梯形，近梳齿处有一道凸弦纹，梳背中轴线上有两个对称的圆孔，梳齿占整个发梳的三分之二。这件发梳出土于 F6 居址内，应该是当时人们使用品的遗留。大溪墓地⑦出土了许多蚌质串饰，其中一些出土于人骨头部的应该是串形发饰，而其他遗址目前还没有串珠形发饰佩带实例的报道，但是在一些遗址或墓地都有零星管珠发现的报道，因此这里也有玉石质串饰的佩带习惯（图一八）。

6. 南方地区

南方地区在新石器—早期青铜时代也发现许多发饰，特别是像在石峡⑧、昙石山⑨以及云南剑川鳌凤山⑩和海门口⑪、昌宁坟岭岗⑫等早期青铜时代或更晚期的墓葬中还出土了许多铜发饰。

这一地区属于新石器时代的遗址不如其他地区丰富，而且时代多偏晚。在云南元谋大墩子⑬、福建昙石山和江西那坡感驮岩⑭出土的骨笄大约有三种形态。其断面均为

① 湖北省文物考古研究所、中国社会科学院考古研究所：《湖北石家河罗家柏岭新石器时代遗址》，《考古学报》1994 年第 2 期。
② 石家河考古队：《肖家屋脊》，文物出版社，1999 年。
③ 武汉大学历史系考古教研室等：《湖北麻城栗山岗新石器时代遗址》，《考古学报》1990 年第 4 期。
④ 湖南省文物考古研究所：《澧县孙家岗新石器时代墓群发掘简报》，《文物》2000 年第 12 期。
⑤ 湖南省文物考古研究所：《澧县城头山》，文物出版社，2007 年。
⑥ 中国社会科学院考古研究所：《青龙泉与大寺》，科学出版社，1991 年。
⑦ 四川省博物馆：《巫山大溪遗址第三次发掘》，《考古学报》1981 年第 4 期。
⑧ 广东省文物考古研究所等：《广东曲江石峡墓葬发掘简报》，《考古》1978 年第 7 期。
⑨ 福建省博物馆：《闽侯昙石山遗址第六次发掘报告》，《考古学报》1976 年第 1 期。
⑩ 云南省文物考古研究所：《剑川鳌凤山古墓发掘报告》，《考古学报》1990 年第 2 期。
⑪ 云南省文物考古研究所、大理州文物管理所、剑川县文物管理所：《云南剑川县海门口遗址第三次发掘》，《考古》2009 年第 8 期。
⑫ 云南省文物考古研究所：《云南昌宁坟岭岗青铜时代墓地》，《文物》2005 年第 8 期。
⑬ 云南省博物馆：《元谋大墩子新石器时代遗址》，《考古学报》1974 年第 1 期。
⑭ 广西壮族自治区文物工作队：《广西那坡县感驮岩遗址发掘简报》，《考古》2003 年第 10 期。

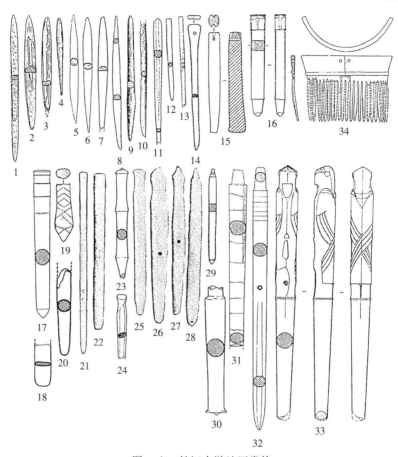

图一八　长江中游地区发饰

1. 西寺坪 T1③:4　2. 西寺坪 T1③:12　3. 西寺坪 T1②:8　4. 中堡岛 T8⑥:17　5. 朝天嘴 T1312⑧:62　6. 朝天嘴 T1312⑦:67　7. 中堡岛 H214:4　8. 雕龙碑 H52:14　9. 青龙泉 T67⑩A:19　10. 青龙泉 T53HG:78　11. 雕龙碑 T8308④B:25　12. 雕龙碑 T2207④A:29　13. 青龙泉 T43⑧:119　14. 陆墩 M2:3　15. 八十垱 T45⑥:3　16. 肖家屋脊 W6:51　17. 肖家屋脊 W6:6　18. 城头山 T3225④:1　19. 八十垱 T43⑧:154　20. 城头山 T3224⑥:8　21. 孙家岗 M14:5　22. 孙家岗 M33:2　23. 邓家湾 T35③:12　24. 大沙坝 T1③:1　25. 孙家岗 M14:8　26. 孙家岗 M9:1　27. 孙家岗 M33:1　28. 孙家岗 M33:采 1　29. 陆墩 M5:2　30. 青龙泉 T41②A:4　31. 肖家屋脊 W71:4　32. 肖家屋脊 011　33. 肖家屋脊 012　34. 青龙泉 F6 北室:1（15～33 为玉石质，余为骨质，比例不同）

圆锥形，但尾端有平顶的，两头尖状和带短铤的。在曲江石峡墓地发现 13 件玉笄，均呈圆锥体，笄尾有孔或无孔，有些笄身头刻划纹饰或雕刻纹，尾端呈小三角尖状，平顶或带短铤。其他遗址未见有玉石笄的报道。而在青铜时代较晚的云南剑川鳌凤山出土了 5 件铜笄均位于人骨头部，其中 3 件为长条形一端带孔，1 件笄中间宽两端窄、尾端呈角叉状，1 件尾端呈钉形。发梳共发现 2 件，其中 1 件骨梳出土于海南鱿鱼岗遗址①，1 件

---

① 广东省文物考古研究所、北京大学考古系实习队：《广东南海市鱿鱼岗贝丘遗址的发掘》，《考古》1997 年第 6 期。

石梳出土于那坡感驮岩遗址。牙质束发器仅有一件,出土于海南鱿鱼岗 M12 人骨头部。而在三水银州贝丘①夏商之际的遗址中发现的木质束发器则是目前所知唯一的一件。束发器呈弯月形与牙质束发器相似,出土于人骨的头部。此外在更晚的剑川鳌凤山墓葬中还出土了 4 件铜发箍。均用 50~60 厘米长的铜片弯曲而成,开口处各有一圆孔饰乳丁纹和动物雕刻纹。而在台湾卑南遗址②中出土的铃形玉珠,个体非常小,据研究是一种缀饰在头饰上的装饰品。从 PNB1029 和 PNOAB7 两个石板棺墓佩带实例显示,它们是成串的头上装饰品,或是钉缀在头上装饰带上的缀珠(图一九)。

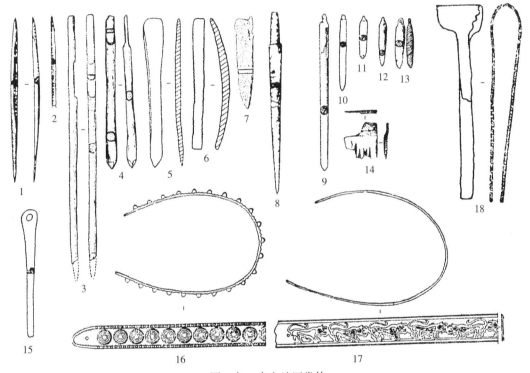

图一九　南方地区发饰

1. 感驮岩 AT01③:12　2. 感驮岩 AT01②:4　3. 昙石山 T119:6　4. 银州 H25:1　5. 海门口 AT2505⑥:2　6. 海门口 AT2103⑥:13　7. 大墩子 T3:6-28　8. 感驮岩 AT01④:5　9. 石峡 M21:1　10. 石峡 M43:5　11. 石峡 M52:9　12. 石峡 M104:5　13. 石峡 M59:32　14. 感驮岩 BT03②:7　15. 鳌凤山 M101:1　16. 鳌凤山 M156:9　17. 鳌凤山 M27:1　18. 鳌凤山 M53:3（15~18 为铜质,余为骨牙质,比例不同）

---

① 广东省文物考古研究所、北京大学考古学系、三水市博物馆:《广东三水市银州贝丘遗址发掘简报》,《考古》2000 年第 6 期。

② 宋文薰、连照美:《台东县卑南遗址发掘报告(一)》,台湾大学考古人类学刊第四十三种,1983年;宋文薰、连照美:《卑南遗址第 11~13 次发掘工作报告》,台湾大学考古人类学专刊第十二种,1988 年。

（五）图像资料所反映的发饰佩带习俗及社会礼仪

考古资料中除了发掘出土的发饰实物资料外，还有更为直观的图像资料。这些图像资料大致可以总结为以下几类：（1）陶器上的图像纹饰，最为丰富的是新石器时代的陶器彩绘图像、刻划纹饰以及陶器部件上的立体塑像，比如把手部、流嘴部、口沿部的雕塑图像，另外还有陶质雕塑品，比如人面像、人物雕像的出土资料。（2）玉石质雕像、人面神像、玉石器上和骨质文物上的刻划纹饰。（3）墓葬资料中可用于复原的佩带实例。下文将从以上三个方面对图像资料所反映的装饰品佩带习俗及社会礼仪进行简单的分析。

陶器上的彩绘图像有在许多著作中都已经提到的半坡和姜寨遗址出土的彩陶人面纹、马家窑文化半山类型出土的几件陶塑彩绘人头器盖，出土资料分别是出土于广河现已流失国外的彩陶人像器盖，1973 年出土于秦安大地湾的披短发人头器口彩陶瓶，东乡林家遗址出土的人面纹彩陶盆残片①，永昌鸳鸯池出土的马家窑文化彩陶筒形罐上的披短发彩陶人面纹；最为著名的是 1973 年在青海大通县上孙家寨出土的舞蹈纹彩陶盆②。这些彩陶表现的头饰以披短发和梳理整齐的齐额短发为多，也有像上孙家寨舞蹈盆那样的辫发或是下垂式结发，但是看不到结发所用的发饰。而在甘肃礼县高寺头遗址出土仰韶文化的一件陶塑人头器盖残片上③，人头的前额向后有半圈附加堆塑泥带，带上有压印的凹痕用以表示带在头发上的串饰，两耳垂处穿孔，发际的串饰可能是珠管一类，也可能象征贝形串饰，这与前面多处叙述过的墓葬头部串饰的佩带实例完全一致。北首岭遗址④出土了一件彩绘人面像，这件人面的表现手法较特别，既有雕刻又有彩绘：人面的眼睛、嘴巴和耳部穿孔都以雕塑的形式表现，而眉毛、胡须和额部的头发则用黑色彩绘表现，非常生动和形象。耳穿孔的位置在下耳垂，应该是佩带耳饰的。而头部的发饰表现较特别，额头部有锯齿样的刻画表现，它也许是表示头发的，也许是表示头部的串形装饰的。

以往考古资料中有关玉石质人物雕像以殷墟及其以后的出土物比较多，近年来新石器时代的玉石人物雕像有所发现，值得注意的是在凌家滩遗址和石家河文化诸遗址出土的玉石质人面神像的头部有相同的表现之处，即它们都带着扁冠，在凌家滩的玉

---

① 甘肃省文物工作队等：《甘肃东乡林家遗址发掘报告》，《考古学集刊》（第 4 集），中国社会科学出版社，1984 年。

② 青海省文物管理处考古队：《青海大通县上孙家寨出土的舞蹈纹彩陶盆》，《文物》1978 年第 3期。

③ 张朋川：《黄河文明——甘肃远古彩陶展》，高雄市立博物馆，2000 年。

④ 中国社会科学院考古研究所：《宝鸡北首岭》，文物出版社，1983 年。

人扁冠上饰两排方格纹，冠中间有三角形小尖顶，脑后刻四条横线，似乎是带在头部的冠饰，而石家河的玉人头部也有类似的表现。出土于肖家屋脊和枣林岗①的 5 件玉石人面像分别佩带五种形式的冠帽形象：第 1 类冠呈立体三角形，三角的中心位于额中部，三角的两边斜向头部两侧展开；第 2 类头带扁冠，冠上刻有卷云纹；第 3 类也是扁冠，但是其冠顶圆润，在冠的前额部似乎有一道装饰带，带上有斜向刻槽；第 4 类佩带的冠顶呈椭圆形，冠顶部大于额部；第 5 类是一件呈璜形的玉人像，弯曲的身体，头带尖钉冠帽。

进入青铜时代之后，这样的雕塑资料更为丰富，特别是商代晚期，除了在殷墟发现的玉石人雕像外，还在忻县莲寺沟商墓中发现了一件尾部带雕刻的铜笄②。笄尾部表现了一位头带冠饰、耳部夸张的神面透雕像，冠饰佩带在由两列对称的似束发器的发饰之上，使得头部的冠饰高高耸立在头部，神面五官清晰，面部慈祥。这些玉石质和铜质雕塑资料为我们了解装饰品的佩带提供了非常形象的可视资料。

除了在大汶口文化和石家河文化以及此后诸文化中发现的玉石铜质人面雕像外，还有一些表现头部装饰、刻划在玉石器上的平面线刻资料，其中以良渚文化玉石器上的神面刻划纹最有特点、也最丰富。这些刻划纹不仅在祭祀用器的玉琮和冠形饰上，还在一些璜佩饰和锥形器及玉镯上也有发现。如反山墓地 M12 良渚神像的头部有一个硕大的长方形冠饰，冠饰上刻有放射状条纹，中间有一个凸起的峰，近额头部有一圈卷云纹饰带两边下垂并遮盖两耳部，身体部分也都以卷云纹装饰，在胸部两侧有两个对称的系结的大环饰似的眼睛，神人两手放在其上，神像的下中部有似牙饰的装饰一字排开。这种神像虽然是一种特殊的神人造型，但是神像头上的装饰恰恰在考古出土的实物中多有发现，如冠形饰、环饰和牙饰等，因此这能从一个侧面反映当时人们的装饰佩带状况。此外，1963 年在山东日照两城镇遗址③发现的一件石斧上有神像的刻划纹饰，以大眼和大嘴强调面部，头顶刻划有山形的冠饰形象。北方地区的红山文化也发现了一些玉石神人像和陶塑像④。玉石神像采集于红山文化遗址，其整个面部的表现手法显得成熟流畅，头带扁冠，冠的前额部有斜向凸刻的叶状纹饰，粗眉大眼，但是耳部的耳垂较小，也有小耳穿。另一件石质雕像出土

---

① 湖北省荆州博物馆：《枣林岗与堆金台——荆江大堤荆州马山段考古发掘报告》，科学出版社，1999 年。

② 忻州莲寺沟铜笄现藏于山西省博物院展厅，作者曾前往观察。

③ 日照市图书馆、临沂地区文管会：《山东日照龙山文化遗址调查》，《考古》1986 年第 8 期；刘敦愿：《日照两城镇龙山文化遗址调查》，《考古学报》1958 年第 1 期。

④ 辽宁省文物考古研究所：《牛河梁第十六地点红山文化积石冢中心大墓发掘简报》，《文物》2008 年第 10 期。

于那斯台①，人像为全身像但是面部刻划不清晰，头上带一顶似三层塔状的帽子，呈蹲坐式，双手合十向前。还有一件就是著名的牛河梁红山文化女神像，这件陶质塑像形象地刻划了人面的五官，头部有带冠帽的刻划，似乎也是一件扁冠。

考古发掘资料中墓葬人骨发饰的佩带实例资料最为丰富，虽然这些资料的视角效果不直观，难以在人们看到的瞬间就能了解它们是如何佩带的，但是这些佩带实例却是我们了解发饰佩带状况最为具体的资料。比如在元君庙墓地发现了骨珠串饰佩带和骨笄的使用，大甸子墓地少女头部的贝形串饰，陶寺遗址发现的 24 组组合式头部装饰复原，江苏常州圩墩头部插有 5 枚骨笄的 M11 墓例，大汶口墓地束发器的佩带，牛河梁墓地 M21 箍形器和勾云形器的佩带等，这些发饰佩带的图像资料是我们了解古代人们头部装饰风格的最好视角图像参考（图二〇）。

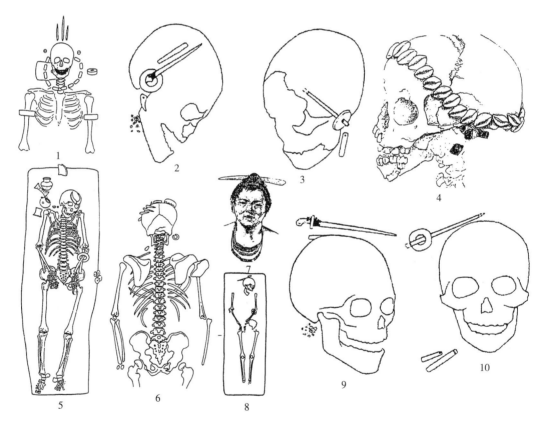

图二〇　头部装饰品墓葬佩带实例

1. 反山 M19　2、3. 陶寺 M2010、M2235　4. 大甸子 M756　5. 大汶口 M5　6. 圩墩 M11　7. 元君庙 M420:20　8. 下靳 M69　9、10. 陶寺 M2023、M2036（比例不同）

---

①　巴林右旗博物馆：《内蒙古巴林右旗那斯台遗址调查》，《考古》1987 年第 6 期。

（六）结语

中国古代六大地区在发饰装饰习俗上存在材质选择和佩带种类的差异，西北地区的人们善于利用陶质以及骨质材料来制作它们的头部装饰品，特别是仰韶文化时期，骨质发饰占到半数以上，陶质则占到近 20%，而玉石质与蚌质仅占 10% 以下。到了龙山文化时期，随着陶质和玉石质发饰的增加，骨质发饰大幅下降，但是到了早期青铜时代玉石质和陶质发饰几乎绝迹，骨质发饰占到发饰总量的 90% 以上，蚌质发饰虽然也有发现，但是数量很少。而中部和北方地区从仰韶文化到早期青铜文化时期都以骨质发饰占据主流，达到发饰总量的 90% 左右，玉石质装饰品占有一定的比例，但是蚌质和陶质均较少。山东以及东部地区的大汶口文化和马家浜、崧泽文化时期，骨质装饰品较多，占到装饰品总量的半数左右；进入龙山文化时期，山东地区仍然以骨质为多；而良渚文化和薛家岗文化则不同，玉石质装饰品占 90% 以上，成为装饰品用材中的主流。这种状况在长江中游地区和南方地区也相同。

发笄、发梳的佩带，与当时人们梳理的发型密切相关，比如发笄应是固定头发时需要的必备工具之一。除了自然的披发和辫发之外，将长发收拢在脑后做成发髻是古代中国传统的发式与发型，这种髻形发式的流行必将产生大量固定头发的发笄。发梳作为梳理头发的工具与装饰发型的插梳二者兼有，其功能与意义和发笄基本相同。但是从装饰效果来看，发梳更具视角效应。可以说这两种发饰是随着盘发为髻这种发型的产生而流行起来的。从新石器时代早期的贾湖遗址①，到仰韶文化元君庙墓地②，青铜时代的云南晋宁石寨山③铜器妇女雕塑，甘肃灵台白草坡西周墓出土的男性玉人发髻和河南光山宝相寺春秋时代墓地贵族妇女的发髻，发髻作为中国古代各个地区人们的普通发式始终没有太大的变化。这也是考古遗址中大量出土各种材质、各种样式发笄的背景。现在我们使用的发梳基本以横向梳子为主，很少见到竖梳。但是正如前文叙述，新石器—早期青铜时代出土的发梳几乎全都是竖梳。这种发梳形式也许与它的插梳功能是一致的。在陶寺遗址 M248 人骨头部的玉质发梳就是这一解释的最好注解。而仅仅出现在部分地区的束发器就像现在的发卡一样，是发髻成型后的装饰品，如在王因墓地成对出土的牙质束发器和大南沟墓地佩带对称两排 12 只束发器的墓葬，都应该是发髻盘成后为了装饰而佩带的。串形发饰和冠饰不像发笄那样普遍，从目前发现的

① 河南省文物考古研究所：《舞阳贾湖》，科学出版社，1999 年。
② 北京大学历史系考古教研室、中国社会科学院考古研究所：《元君庙仰韶墓地》，文物出版社，1983 年。
③ 云南省博物馆：《云南晋宁石寨山古墓群发掘报告》，文物出版社，1959 年。

考古资料来看，头部串饰以玉石质和蚌螺贝质较多，而且在一些墓地大多发现在少女的头部或头部装饰上的串缀物。如大甸子墓地 M756 和 M454 墓主均为女性，头部有白石珠或海贝与绿松石组成的配色很具美感的串饰及装饰搭配。总之，头部串形装饰品的多样化和这其中所体现的美学感受是当时人们通过对材料、颜色和形状的把握和利用来表达他们对美的追求和在身体装饰上的审美观。但是其中的一些串形装饰也许还有着纯粹装饰品之外的特别意义，比如社会的、礼仪的或传统习俗的含义。

附记： 值此严文明先生 80 寿辰之际，谨以此文感谢先生多年来对我的关怀与指导。

楚帛书《时日》篇中的天文学问题

武家璧

（北京联合大学应用文理学院）

　　长沙子弹库战国楚墓出土帛书，由中部八行、十三行及四周三部分组成，一般习惯上按内容称八行文为《四时》篇、十三行文为《天象》篇、四周为《月令》篇。其中《四时》篇主要讲"四时"、"日月"和"昼夜"的起源，反映早期古史观和宇宙论，是研究上古神话传说和先秦哲学以及早期天文学思想的重要资料。随着澳洲学者巴纳德（Noel Barnard）公布楚帛书的红外照片之后[1]，经过饶宗颐[2]、陈邦怀[3]、陈梦家[4]、李学勤[5]、李零[6]、何琳仪[7]、刘信芳[8]等先生的考释，楚帛书的文字障碍基本扫除，但其中涉及天文学的一些基本概念和物理图像，未见有深入讨论。笔者仔细研读楚帛书文字，非常吃惊地发现，透过神话外衣，帛书讨论的宇宙起源问题完全可以用现代天文学中地球公转与四季成因的理论来加以解释。虽然在理论上设想的起源和发展三阶段事实上并不存在，但帛书起源论的思辨水平和推理过程完全符合逻辑，例如设想日月没有产生以前，四季是以"天旁动"的方式产生的；日月出现后，四季又由"日行"的位置来决定等等，其理论模型之简单，物理图像之清晰，与近代科学假说颇相类似。因撰此文，详加阐释，以期对古史及科学史研究有所裨益。又，楚帛书所述的"四神"与"共工"时代，是我国古史的传说时代，在年代上相当于新石器时代中

①　Noel Barnard, 1973, *The Ch'u Silk Manuscript* (Translation and Commentary), Australian National University Press.
②　饶宗颐、曾宪通：《楚帛书》，中华书局香港分局，1985 年。
③　陈邦怀：《战国楚帛书文字考证》，《古文字研究》第 5 辑，中华书局，1981 年。
④　陈梦家：《战国楚帛书考》，《考古学报》1984 年第 2 期。
⑤　李学勤：《楚帛书中的古史与宇宙观》，《楚史论丛》，湖北人民出版社，1984 年。
⑥　李零：《长沙子弹库战国楚帛书研究》，中华书局，1985 年。
⑦　何琳仪：《长沙帛书通释》，《江汉考古》1986 年第 1 ~ 2 期。
⑧　刘信芳：《子弹库楚墓出土文献研究》，台北艺文印书馆，2002 年。

晚期的"仰韶时代"与"龙山时代"。

　　宇宙分为时间和空间两个部分，中国早期宇宙起源论也相应地分为两个部分，关于宇宙空间的起源，笔者有过相关讨论①，楚帛书宇宙论载述的是关于时间起源的部分。依据帛书《四时》篇的内容，可把时间起源分成"四时"形成、"日月"出现和"昼夜"产生三个时期。篇名《四时》是今人所加，并不恰当，笔者拟名《时日》篇，这样可能更加切合实际内容——拟名中的"时"指"四时（季）"之时，"日"既可指"十日"之日（太阳），也可指昼夜之日（白天），可使篇名涵盖三个时期。

　　前两个时期可称为四神时代与共工时代，四神推步"四时（季）"历，共工推步"十日"历，分别以"天动"和"日行"的物理机制解释四季成因。"天动"阶段设想没有日月和昼夜，只有黄极"旁动"与黄道"腾转"，使"热天"与"冷天"在天顶相继交替出现，以形成"四时（季）"。"日行"阶段设想在日月产生以后、昼夜形成以前，太阳在静止的恒星背景上运行，因而产生四季交替。"天动"和"日行"两种模式都等效于地球的公转效应。第三时期为后共工时代，因前期共工推步，搞乱日月五星秩序，上帝乃使"天转"而生昼夜，使秩序恢复正常，其科学内涵实即以"天转"机制解释昼夜起源，以"昼夜消息"解释四季成因等。详论如下。

（一）四神时代的"天动"模式

1. 四神时代与"四时历"

　　《时日》篇开篇讲包戏（伏羲）娶某氏之子"女皇（娲）"，生子四人，此四子疏通山陵，跋山涉水，以量天测地，被封为四神，负责推步四时。其文云：

　　是生子四，□□是襄，天践是格，参化法地，为禹为万，以司堵（土）襄（壤）。咎天步途，乃上下腾转。山陵不疏，乃命山川四海，热气寒气，以为其疏，以涉山陵，泷汩渊灢。未有日月，四神相戈，乃步以为岁，是惟四时。

帛文大抵四字成句，颇规整。"参化法地"后二字饶宗颐释"法逃"，李零释"废逃"，按上下文意似应为"法地"。《易·系辞》："知崇礼卑，崇效天，卑法地，天地设位，而易行乎其中矣。"上文"天践是格"是"效天"，下文当为"法地"，与接下来的"以司土壤"相衔接。

　　"上下腾转"后二字李零释"朕断"非是，饶公释"腾转"甚确。"腾转"就是辗转腾挪，是一种全方位转动，包括水平位置的辗转和上下位置的腾挪。因"腾转"必定引起上下位置的高低变化，故称"上下腾转"。完整的句式应说"天乃上下腾转"，

---

①　武家璧：《早期宇宙起源论的几个特征》，《自然辩证法通讯》2008 年第 6 期。

即只有天盖本身在上下腾转，并非指上天、下地互相转动，因为帛书是在讨论"四时"起源的状态，假想没有昼夜和日月的原始状况，不可能考虑"地动"的复杂情形。因此"上下腾转"应指黄道天区高低"腾转"，与下文"天旁动"同义（详见下文）。

按帛书文意天地原本疏通，上下本应通气，其连接处就在"山陵"。但由于天盖"乃上下腾转"遂使"山陵不疏"。这里隐含的物理图像是说"同气相求"，九天的寒热是分区的，只有与地上的寒热互相对应才能上下通气，但由于天旁转，天地之气的对接就被切断了。寒气阻在山陵之间形成终年不化的雪山，阻断交通，四子不能跋涉山水，以完成天文大地测量，于是上帝"乃命山川四海，热气寒气，以为其疏"。四子的测量工作与《尧典》的记载类似，《尧典》载四子之名为"羲仲"、"羲叔"、"和仲"、"和叔"，分别被派往遥远的"四方"去观测四季天象。

"四神相戈"与文献中的"二子相戈"类似。《左传·昭公元年》载："昔高辛氏有二子，伯曰阏伯，季曰实沈，居于旷林，不相能也，日寻干戈，以相征讨。后帝不臧，迁阏伯于商丘，主辰，商人是因，故辰为商星。迁实沈于大夏，主参，唐人是因。……故参为晋星。"辰星西名天蝎座（Scorpio），参星西名猎户座（Orion），二者相去约180°，在天空中此起则彼落，于是"二子"各安一方，王不见王，无由相斗，故俗语云"参商不相见"。帛书解决"四神相戈"的办法是步天四时以为岁，即将天盖分为四区，"四神"各相去90°而守一方，一岁之内轮流执掌一季之事，为一时之主，其余三季各自休息。天上"四神"对应地上"四方"，因此"四神"既是季节神，又是方位神。

四神的"步天"之法，类似《尧典》所载"日短星昴"、"日永星火"、"日中星鸟"、"宵中星虚"等，只是没有昼夜长短作参考，须确定一个起点（如冬至点），直接用勾矩在星空中划出每隔90°的星区，然后根据某区的星宿开始成为"中星"（在固定时刻到达南中天），即可决定哪位"时神"当值。四神步天推得的历法，没有昼夜和日月，只有四时（季），我们姑且称之为"四时历"。

2. 反映地球公转的"天动"模式

"四神"推步"四时"只是一种表象，四季的形成另有其物理机制。据帛书所载，从其物理图像来看，"天动"是造成"四时"交替的主要原因。先从关于"九天"的划分说起。《吕氏春秋·有始览》、《淮南子·天文训》、《太玄·太玄数》均载"天有九野"之说，《淮南子》最详：

中央曰钧天，其星角、亢、氐；
东方曰苍天，其星房、心、尾；
东北曰变天，其星箕、斗、牵牛；

北方曰玄天，其星须女、虚、危、营室；

西北方曰幽天，其星东壁、奎、娄；

西方曰颢天，其星胃、昴、毕；

西南方曰朱天，其星觜巂、参、东井；

南方曰炎天，其星舆鬼、柳、七星；

东南方曰阳天，其星张、翼、轸。

文献中的"日冬至牵牛，夏至东井"分别位于东北和北方、西南和南方的交界处，实为进入"玄天"和"炎天"的标志。从"九天"的名称可以看出每一天区的寒热属性是固定的，如南方曰"炎天"，依据实际天象和生活经验来看，每当"炎天"天区正午到达天顶时，正好是炎热的夏天；东方曰"苍天"，每当"苍天"天区正午到达天顶时，正好是苍凉的春天等等。

帛书设想四神"步以为岁"之后"千有百岁"，日月才产生，则四神时代是没有日月和昼夜的时代，到处可见星空，判断哪一片天区到达天顶是很容易的。四神"步天"是为了分出"四时"（四季），因此想象中的星空移动只能是周年运动，即"天动"的速度很慢，一年转一圈，实际上就是地球公转以生四季的一种曲折反映。

根据现代知识，如果"九天"围绕同一个固定中心旋转，虽然每个天区都会相继到达人们所在的天顶，但不会形成四季变化。地球自转就是这样的运动，显然地球自转不是四季的成因。寒暑变化真正的物理机制是由太阳带来的，因为某天区正午到达天顶时，太阳也同时到达。"九野"不过是对"日月之舍"二十八宿的等分而已，其与八方的对应是人为规定的，例如"中央"天区并不在八方的中心位置，显然是为凑数而设。每个天区的寒热属性实际上是太阳位置的反映，太阳每年周期性地回到一定天区，由于地球公转保持固定的倾斜姿态，使太阳在不同天区对地面的辐射保持不同程度的倾斜，人们误以为诸天区本身具备固有的寒热属性，实际上是太阳直射与斜射造成的。如果太阳围绕天极（赤极或北极）公转，即黄道与赤道合一，那么就不会有直射和斜射的问题，也就不会有寒暑变化。但太阳实际不在赤道上而是在黄道上运行，围绕黄极旋转，黄道与赤道有一个夹角，称为"黄赤交角"（今值 23.5°，古称 24 度），因此黄极与北极之间有一个同样大小的张角。赤极（北极）不动，一年内黄极围绕北极转动一周，使得黄道天区在天空中的位置，不仅前后左右辗转，而且上下高低腾挪。黄道位置在高低变化，于是就产生了太阳的直射和斜射问题。在讨论起源问题时，楚帛书剥离了太阳的存在，把相关属性直接赋予黄道附近的相应天区，从而形成了"热天"、"冷天"等今天日常生活中我们仍在使用的概念。

从上面的物理机制分析，帛书所谓"上下腾转"，实即黄极所在的天轴围绕北极摇动，每年摇动一周，摇摆幅度的大小等于黄赤交角（24度），其客观效果就是可推步"四时"，因此它不是周日运动而是周年运动。黄极围绕赤极的周年运动，是地球围绕太阳公转的反映，地球自转轴和公转轴的夹角等于黄赤交角。值得注意的是，帛书中的"天动"生四时模式，是想象"未有日月"之前的状况，即彻底排除太阳的存在，这种想法完全超出直观之外，推想起源状态的物理图像，居然能合理解释四季成因，其想象力、抽象思维和理论思考能力十分令人吃惊。

（二）共工时代的"日行"模式

1. "千有百岁"反映的历法问题

帛书云"千有百岁，日月夋生"，"日月"诞生标志着宇宙进入新时代。"四神"独断的时代仅"千有百岁"，按文献当为"千五百二十岁"。首先这个数被认为是五德终始之数，《后汉书·郎顗传》引孔子曰"三百载斗历改宪"，《易纬乾凿度》引孔子曰"立德之数，先立木、金、水、火、土德，各三百四岁，五德备凡千五百二十岁，太终复初。"①《春秋命历序》说"黄帝一曰帝轩辕，传十世，千五百二十岁"。

其次，这个数是四分历"章蔀纪元"结构中的一纪之岁，《淮南子》称"大终"，《周髀算经》称"遂"，后汉《四分历》称"纪"。《淮南子·天文训》："天一以始建七十六岁……名曰一纪，天一凡二十纪，千五百二十岁大终，日月星辰复始甲寅之元。"《周髀算经》卷下之三："日月之法，十九岁为一章，四章为一蔀七十六岁，二十蔀为一遂，遂千五百二十岁。"《论衡·调时篇》："《周髀算经》、《乾凿度》、《淮南天文训》并以千五百二十岁为一统，四千五百六十岁为元。"《续汉书·律历志》："至朔同日谓之章，同在日首谓之蔀，蔀终六旬谓之纪，岁朔又复谓之元。""元法四千五百六十，纪法千五百二十……蔀法七十六……章法十九。"

以上名称虽异，实质相同，我们统一使用《四分历》名称，自蔀首76年后再次重演"至朔同日"同时发生在"日始"时刻，前后两蔀内气、朔、闰之分布完全相同，但蔀首日名不同。一纪之后所有蔀名恢复相同，称为甲子蔀、癸卯蔀、壬午蔀等共20蔀。纪首年名只有三个，称为天纪、地纪、人纪。三纪为一元，一元复始，年名、日名恢复相同。

"千有百岁"说明帛书实际使用四分历概念推演起源状态。四分历规定1太阳年（回归年）长365又1/4日，因年长日数余分的分母为四，故称"四分历"。《汉书·律历志》载"三代既没，五伯之末，史官丧纪，畴人子弟分散，或在夷狄，故其所记，有黄帝、颛顼、夏、殷、周及鲁历"。《续汉书·律历志》载有古六历的历元年名，

---

① 本文所引纬书出自安居香山、中村璋八《纬书集成》，河北人民出版社，1994年。下不另注。

《开元占经》载有古六历的上元积年。因"古之六术，并同四分"（《宋书·律历志》），为与后汉《四分历》相区分，一般将先秦六历称"古四分历"。

古六历之间的明显区别是建正不同，孔子《尚书大传》："夏以孟春月为正，殷以季冬月为正，周以仲冬月为正。夏以十三月为正……殷以十二月为正……周以十一月为正。"《春秋公羊传解诂》隐公元年："王者受命，必徙居处，改正朔，易服色……明受之于天，不受之于人。夏以斗建寅之月为正……殷以斗建丑之月为正……周以斗建子之月为正。"《春秋元命苞》曰："周人以十一月为正，殷人以十二月为正，夏人以十三月为正。"《史记·历书》"索隐"按"及颛顼、夏禹亦以建寅为正，唯黄帝及殷、周、鲁并建子为正（按：一说殷以建丑为正），而秦正建亥，汉初因之"。

古六历产生于"五伯之末"，是中国推步历法形成初期。楚帛书抄写于战国中晚期，其中天文历法知识形成的时代更早，估计不晚于春秋战国之际的百家争鸣时代，与推步历法形成的时代相合。帛书描写的推步三时代，反映推步历形成初期有关天文历法知识的状况。楚人是颛顼帝和重黎氏的后裔（《史记·楚世家》），屈原《离骚》自称"帝高阳（颛顼）之苗裔"，其历法属于颛顼历系统无疑。帛书四周的《月令》篇所载月名与《尔雅·释天》"始陬终涂"月名一致①，属于寅正历，故帛书寅正历是《颛顼历》。夏历源于颛顼历，如《新唐书·历志》云："本其所由生，命曰《颛顼》，其实《夏历》也。"传世《夏历》实即《夏小正》，故帛书《颛顼历》应属《颛顼小正》。因此楚帛书中的"千有百岁"实际指古四分历的一纪之数"千五百二十岁"。

按帛书所论，宇宙起源分为四神、共工和后共工时代，相当于四分历的天、地、人三纪，故曰"千有百岁，日月爰生"。也有把"纪"称为"统"者，有天、地、人"三统"之说，《史记·周本纪》"正义""按'三正'，三统也。周以建子为天统，殷以建丑为地统，夏以建寅为人统也"，这是后人受"大一统"思想影响形成的误解，以为夏、商、周各据一统，都是正统，叠相继承。兹据楚帛书提供的信息，可知历法中的"三纪"或者"三统"，应为"四神"、"共工"与"后共工"三时代。"人纪"或"人统"在共工之后，相当于尧舜禹时期。文献称《夏历》为"人正"，《淮南子·天文训》称"禹以为朝昼昏夜"，故进入"人纪"才有昼夜之分。《夏历》继承唐尧虞舜历法而来，唐虞夏之间以禅让著称，没有发生革命和改正历朔事件，故唐虞历法也是"人正"，可归入共工之后的"人纪"之内。《尧典》记载羲和氏能依据"日中"、"宵中"、"日永"、"日短"分出四季，这与楚帛书描写后共工时代"有宵、有朝、有昼、有夕"是相符合的。

根据楚帛书的新资料，我们可以定出一套历法史上的天、地、人纪"三时代"，并

---

① 李学勤：《补论战国题铭的一些问题》，《文物》1960 年第 7 期。

与古史传说时代及新石器考古学时代相对应。今知尧舜禹距今约 4000 余年，则传说中的共工时代距今约 5500 ~ 4000 余年，四神时代距今约 7000 ~ 5500 余年。历法史上的"四神"时期相当于古史传说的"伏羲女娲"时代或"三皇"时代；历法上的"共工"时期相当于古史传说的"五帝"时代。中国古史的传说时代在年代上对应于考古学新石器时代的中晚期，严文明先生提出中国新石器时代晚期存在"龙山时代"之说①，将龙山时代的年代界定为公元前 3000 ~ 前 2000 年，并认为"与传说中的五帝时代正好吻合"②，据此可以估计历法上的"四神"时期大致相当于考古学的"仰韶时代"（距今 7000 ~ 5000 年），"共工"时期大致相当于考古学的"龙山时代"。

2. "日月"出现与"十日历"

"日月"产生后出现新的问题，首先是大地的平坦性问题，影响对日出入方位的准确判断。《淮南子·天文训》载："昔者共工与颛顼争为帝，怒而触不周之山，天柱折，地维绝。天倾西北，故日月星辰移焉；地不满东南，故水潦尘埃归焉。"大地倾斜带来严重问题，帛书云：

　　千有百岁，日月夋生。九州不平，山陵备侧，四神乃乍（作），至于复。

"山陵备侧"末字从李学勤先生释为"侧"，倾侧之意。"九州不平"影响日月之行，这个问题有科学内涵，不只是神话问题。《淮南子·天文训》："日入于虞渊之氾，曙于蒙谷之浦，行九州七舍……禹以为朝昼昏夜。"高诱注"自旸谷至虞渊凡十六所，为九州七舍也"。钱塘补注"王充所说十六道，与此十六所合"③。《论衡·说日》篇："日行有近远，昼夜有长短也。夫复五月之时，昼十一分，夜五分；六月昼十分，夜六分；从六月往至十一月，月减一分……岁日行天十六道也。"这种把一天分为十六等分来计算昼夜长短的方法，见于云梦秦简《日书》中的"日夕分"表，据分析它不是赤道系统的时间数据，而是地平系统的方位角数据，所谓的"日夕分"就是太阳出入方位的地平经差④。这给我们一个很强的信息，即帛书"九州"是度量太阳方位的盖天说地平系统，如果"九州不平"，将影响地平经差的测量。

关于"日月夋生"，《山海经·大荒南经》云"羲和者，帝俊之妻，生十日"。这"十日"的名称据甲骨文记载就是甲、乙、丙、丁等十天干，每天出一日，十天出完称为一旬，是卜辞占卜最常见周期"旬占"的单位长度。不过卜辞中的"十日（昼夜）"

---

① 严文明：《龙山文化和龙山时代》，《文物》1981 年第 6 期。
② 严文明：《中国文明起源的探索》，《中原文物》1996 年第 1 期。
③ 钱塘：《淮南天文训补注》（二）第 158 页，中华书局，1991 年。
④ 武家璧：《含山玉版上的天文准线》，《东南文化》2006 年第 2 期。

是"人纪"时代的概念，"共工"时代没有昼夜，那时的"十日"相当于把一年分为"十月"。与前文所引"二子"、"四神"相戈一样，如果每"日"职司范围划分不当，"十日"也会"日寻干戈"，如《庄子·天运》言"日月其争于所乎"。解决办法类似于"四神"各司一方，将大地平均分为"十方"，"十日"各守一方。"四神"推步只需四等分圆周即可，而"十方大地"涉及五等分圆周的问题，这是个数学问题，先秦时已能解决，这里不加讨论。问题是如果"九州不平"，十等分地平圈就不会均匀。古代一般用长度单位度量角度，如描述两天体之间相距1度称"差一尺"等①，这样便于用正多边形周长逼近圆周长，但不管用角度还是用正多边形等分圆周，都要求大地平坦。实际情况是大地并不平坦，人们经常看到太阳"出山"而不是出地平面，但如果山势较平，问题也不大。然而帛书描述的情况很严重，就是"山陵备侧"，所以"四神"的首要任务就是"至于复"。如果说上次疏通山陵是"四子"借助上帝神力所为，此次覆平山陵，就是"四神"亲力亲为了。

大地覆平了，"十日"安顿下来，反映在历法上，就是把一年分为"十日"。此时没有昼夜之分，即设想没有地球自转，只有太阳在黄道上运行的情况，将天空上的太阳位置垂直引入"九州"地平方位，按"十日"定出"十方"，太阳每经过一方称为一日，每"日"平均约36天，我们姑且称之为"十日历"。在我国西南少数民族彝族、傈僳族、白族、土家族中盛行一种叫"十月历"的太阳历②，一年十月，每月36天，加过年五、六天，等于一太阳（回归）年。"十月历"的发现，证明这种太阳历在我国原始先民部族中确曾出现过，彝族"十月历"很可能就是上古共工"十日历"的孑遗。

特别需要指出的是，帛书所讲起源时期的"日"与后来习惯上的日（昼夜）是完全不同的概念，前者大约是一年的十分之一，按文献记载可称为"之日"。如《诗经·豳风·七月》云："七月流火，九月授衣；一之日觱发，二之日栗烈"，"二之日凿冰冲冲，三之日纳于凌阴；四之日其蚤，献羔祭韭"。

《礼记·月令》载"季冬之月……冰方盛……命取冰"，"仲春之月……天子乃献羔开冰"，据此推知"一之日"必在仲冬（冬至月）；"二之日"到"四之日"等于季冬到仲春，三个"之日"之间相差三个多月，每"日"应是36天，故"十日历"或可称为"之日历"。把"凿冰"、"开冰"直接与"之日"相联系，不与"月"联系，是因为"日"与"冰"有直接关系，而与"月"没关系，因此是一种纯阳历的安排。

---

① 刘次沅：《中国古代天象记录中的尺寸丈单位含义初探》，《天文学报》1987年第4期；王玉民：《古代目视天象记录中的尺度之研究》，《自然科学史研究》2003年第1期。

② 陈久金、卢央、刘尧汉：《彝族天文学史》第152～166页，云南人民出版社，1984年。

　　按上古的神话系统，在正常情况下"十日"不能并出，只能由飞鸟驮一日出行，其他九日藏在各自的"日舍"里，等待出行的太阳来临就取而代之。如：甲日运行到乙舍，乙日取而代之；乙日运行到丙舍，丙日取而代之；如此等等，往复无穷。"十日"的位置是轮换的，每"日"的太阳不同，即所谓"苟日新，日日新，又日新"（《礼记·大学》）。由于没有昼夜，日出和日止在同一地点，故"一日方至，一日方出，皆载于乌"（《山海经·大荒东经》）。这样的"日舍"按理应在天上的二十八宿之中。但共工时代被设想成没有昼夜的时代，人们无法得知太阳在二十八宿中的位置。

　　共工时代的"十日"就是把地平方位十等分的结果；此"十方"对应在二十八宿中有十个"日舍"，像"四神"对应大地"四方"一样，天圆总是对应地方。根据球面天文学原理，由于黄道圈与地平圈并不平行，那么黄道上的"日舍"与其对应地平圈上的"十方"不可能同时都是等分的，二者只能居其一；又帛书认为四神特地覆平了大地，则"日月夋生"以后按照"日行"位置确定的"十日"，应是按地平方位"十方"划分出来的，因此"十日历"是一种"地平历"。这种"地平历"在原始部落中仍有保留，如美洲土著印第安人中的一支霍比人就使用"地平历"[①]。

3. 稳定性问题与奠三天、四极

　　"日月"产生后，必须解决"天动"模式遗留下来的稳定性问题，以使日行有一个固定的通道，或者说以"日行"机制取代"天动"模型，以解释四季的形成问题。"天动"模式与传统宇宙结构有一个不可调和的矛盾，就是对"擎天柱"产生摩擦，使之随时有折断的危险。如前所述"四神"处理了一次天柱折断问题，使九州覆平，然而如果"天动"不止，逻辑上同样问题还会再度发生。帛书云：

　　天旁动，攼昌之青木、赤木、黄木、白木、墨（黑）木之桢。炎帝乃命祝融，以四神降，奠三天，□□思郭，奠四极，曰："非九天则大侧，则毋敢蔑天灵（命）。"帝夋乃为日月之行。

"天旁动"诸家释"旁"通"方"，非是。"旁动"就是"旁转"，古代天文专指一种绕转方式（见图），如《晋书·天文志上》："天旁转如推磨而左行，日月右行。"显然"旁转"是天盖在天极周旁绕转，天盖像一个伞盖，其顶点就是"黄极"。故"旁转"实指黄极围绕赤极顺时针向右（东）转，带动黄道跟着腾挪转圈。不过此时的"旁转"是地球的公转效应，速度很慢，一年转一圈，与地球自转无关。

　　如果"天动"不是公转而是绕轴自转，天盖的高度不变，那么天柱是可以适应的，

---

① 〔英〕米歇尔·霍金斯主编，江晓原等译：《剑桥插图天文学史》第6～17页，山东画报出版社，2003年。

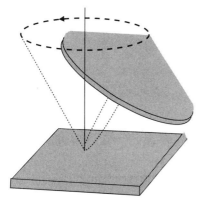

"天旁动"示意图

不会有折断的威胁，但天盖却是在"旁动"、"腾转"，即摇晃着打转，天幕忽高忽低，"擎天柱"就很危险了。帛文"墨木之桢"末字从李零释"桢"，《尔雅》"桢，干也"。"扞界"诸家以"扞蔽"解之，今案《说文》"扞，忮也"，段注"忮当作枝"，则"扞界"乃"枝蔽"之意，是谓五木以枝遮蔽主干。帛书四角绘有青木、赤木、黑木以及墨线白描的白木，皆作主干粗壮而枝叶繁茂状，其枝叶应是用来捍卫主干的。

　　五木自蔽毕竟不是解决问题的办法，最根本的方法是制止"天动"。这只有上帝才能做到。作为上帝的"炎帝"乃命楚人的祖先祝融启动两个神系统来制动，一个是作为"四维"神的"四神"来"奠三天"；另一个是作为"四方"神的"□思"神来"奠四极"。

　　奠定"三天"、"四极"是为"日行"作准备，它们应该在二十八宿的"九野"分区上。"三天"在四维上应是西北幽天、中央钧天、东南阳天，即在理论上的西北—东南线上，以对应"天倾西北"、"地不满东南"的问题。"四极"如《周髀算经》卷下之一载：

　　凡日月运行四极之道……故日运行处极北，北方日中，南方夜半；日在极东，东方日中，西方夜半；日在极南，南方日中，北方夜半；日在极西，西方日中，东方夜半。凡此四方者，天地四极四和。

此谓太阳运行到某极，对冲两极之间的昼夜正好相反，帛书讨论的是未有昼夜以前的情况，但四极的位置应该没错，具体位置如《汉书·天文志》所载："（日）北至东井……南至牵牛……冬至角，西至娄。"冬至点在"牵牛初度"的年代约在公元前450年[1]，楚帛书抄写年代在战国中晚期，故其所奠"四极"就是上所列的二分二至点，在天的四正方向上。

4. 反映地球公转的"日行"模式

　　"天动"被四维、四方神制止以后，"四时"产生的原有机制没有了，怎么办？于是"帝夋乃为日月之行"，以新的机制取而代之。这里的"日行"是天静止后太阳在恒星背景上的运行，因此是周年运动。太阳的周年视运动是地球围绕太阳公转的反映。

---

[1]　中国天文学史整理研究小组：《中国天文学史》第74页注②，科学出版社，1981年。

关于"日行"与"四时"的关系，文献多以"日行远近"来解释。《吕氏春秋·有始览》"冬至日行远道……夏至日行近道"。《论衡·说日》"夏时日在东井，冬时日在牵牛；牵牛去极远，故日道短；东井近极，故日道长……故曰日行有近远，昼夜有长短也"。此处"日道"指太阳周日视运动圆周上的昼弧，相应的夜弧称"夜道"。这里解释白昼（日道）长短与日去极远近有关。《周髀算经》载日行"七衡六间"以生二十四节气，"七衡"指以北极为中心的七个同心圆（衡），分布在以天极为顶点的天盖上，"日冬至在牵牛，极外衡……日夏至在东井，极内衡"。以上是盖天说的解释，以太阳周日视运动的昼弧（日道）的长短，来标志日行去极远近，进而说明四季成因。太阳去极远近可根据北极高度及太阳中天时的高度测知，昼夜长短可通过计时工具测知，后者更加简便易行，故可通过昼夜长短依据盖天说的"七衡图"推知日行远近。帛书在这里所说的是有"日行"之后、无昼夜以前的情形，既无昼夜，则盖天说理论完全不适用。

浑天说的解释如《汉书·天文志》载："黄道……夏至至于东井，北近极，故晷短……冬至至于牵牛，远极，故晷长……（日）去极远近难知，要以晷景，晷景者，所以知日之南北也。"所谓"日南北"就是去极度，此处用晷影长短来标志黄道日行去极远近。太阳在恒星背景上的位置，除日食以外肉眼看不到，古人一般利用晨见昏伏星、昏旦夜半中星来推断太阳在东西方向上的位置，如果只需要知道太阳的南北位置，可通过晷影长度测得去极度的远近。

"晷影"一般指立杆所测正午时太阳的影长，它是正午太阳高度的直接反映。太阳高度是其天顶距的余角，而天顶的极距是北极高度（地理纬度）的余角，显然太阳去极度等于太阳天顶距加天顶极距，故太阳去极度等于太阳高度的余角加上地理纬度的余角。晷影长短实际上是由太阳的直射和斜射引起的，故用晷影与去极度相联系，以解释冬夏至和四季的形成，更具有科学性。假想地球没有自转即未产生昼夜以前的情况，将"晷影"测量推广到任意时刻的太阳高度，即可得知不同时节太阳直射斜射的情况，那么不需要引入"昼夜"概念就可说明四季成因。以上分析可以用来说明帛书"日月之行"以生"四时"的理论。

浑天说与盖天说最大的不同是引入"黄道去极度"的概念，《隋书·天文志》径称为"浑天黄道去极"，又载"祖暅为《漏经》，皆依浑天黄道日行去极远近，为用箭日率"。"黄道去极度"即今"太阳极距"或"太阳去极度"，如上所述它可由正午时的太阳高度得到，它同时又是太阳赤纬的余角（当去极度大于90°时等于90°加赤纬的绝对值），在现代天文学中太阳赤纬是季节的决定因素。最早把"黄道去极度"引入历法的是《夏历》。《续汉书·律历志》载"《夏历》漏刻随日南北为长短，密近于官漏……以晷景为刻，少所违失，密近有验"，这里的"日南北"就是太阳去极度。刘昭注引张衡《浑仪》曰："今此春分去极九十少，秋分去极九十一少者，就《夏历》'景去极'之法以为率也。"《续汉书·律历志》中华书局标点本《校勘记》按"'夏历景'，影印宋本《御览》引作'夏历暑景'"，故上引《夏历》"景去极"之法，应是"暑景去极"之法。这里证明《夏历》有独具特色的"暑景去极"法。

《史记·历书》载"至今上即位，招致方士唐都，分其天部；而巴落下闳运算转历，然后日辰之度与夏正同"。《索隐》引陈寿《益都耆旧传》"闳……隐于落下，武帝征待诏太史，于地中（洛阳）转浑天，改《颛顼历》作《太初历》"。落下闳参照《夏历》的"日辰之度"作为《太初历》的标准，这表明《夏历》有不同于其他诸历的历法数据，并且在汉武帝以前就已存在，这不大可能为秦及汉初所草创，应属于先秦古历，即孔子主张"行夏之时"所依据的《夏历》。以上分析表明先秦古六历中的《夏历》使用了浑天说理论的"暑景去极"之法，与帛书的时代相合，故可用于对帛书的解释。

帛书的时间起源说，使用了类似于现代科学理论的"假说"方法，排除次要因素，解释主要成因。假设天球（或天盖）静止不动，只考虑"日行"黄道，解释四季成因。根据《夏历》的"暑景去极"之法，只要有"日行"，自然会有"去极度"变化，引起暑影长度变化，暑影长则太阳斜射，暑影短则太阳接近直射，寒暑四季就形成了。不过这里的"暑影"不是每日中午时太阳的影长，因为帛书起源论假设此时还没有昼夜，那么日行一周天为一年，实际上一年只有一个昼夜：春分日出，秋分日落；夏半年为白天，冬半年为黑夜；黑夜无暑影，日出入时的暑影无限长。

此时"日出—经天—日入"的路线并非如平时所见为平行于赤道的纬圈，而是与赤道相交 24 度的大圆——黄道。太阳位置本应由黄道二十八宿来表示，但由于没有昼夜，只有昼半年和夜半年，在夜半年人们看不到太阳，无从知道太阳位置；在昼半年人们看不到恒星，虽能看到太阳却无从知道太阳在恒星中的位置，只能对准天顶将太阳位置投影到地平方位上，因此单纯依据"日行"制订的"十日历"只能是地平历。从下文可知"日行"方向与产生昼夜的"天转"方向相逆反，故"日行"为西升东落。设想"天动"停止、"天转"未生，没有昼夜、只有"日行"的情况——就是一年一次的"太阳从西边出来"。

帛书起源说的"日行"机制比"天动"机制，解释四季成因更合理、更直观，它揭示了太阳是寒热变化的能量来源，太阳直射和斜射是四季形成的根本原因。先秦两汉时，另有"地动说"，包括地有"四游说"、"升降说"和"天旋地转说"等，以解释四季的成因[①]，虽然后者更接近物理真实，但帛书的"日行"去极说代表主流说法，

---

① 陈美东：《中国古代天文学思想》第 475～483 页，中国科学技术出版社，2007 年。

也是最简洁明晰的理论。

（三）后共工时代的"天转"模式

1. 共工时代的推步困难

前文所说"四时"、"十日"都是阳历因素，如果没有"月"的参与，不会有阴历因素。单纯的阳历推步在"四神"时代比较简单，那时不仅没有昼夜，也没有日月，随时随处所见都是星空，故推步"四时"就是步天中星。传说中出现日月之后、没有昼夜之前的共工时代，其历法推步显得比较混乱。帛书云：

> 共攻（工）夸步十日四时，□□神则闰，四□毋息。百神风雨，晨祎乱作。乃逆日月以转，相□息，有宵有朝，有昼有夕。

帛文"四□毋息"与"相□息"中的末字本作"思"，从李零释与"息"通。"乃逆日月以转"的"逆"字从饶公释。

共工推步的历法就是"十日历"或"之日历"，须与四神推步的"四时历"相协调，故帛文说共工"步十日四时"。共工推步比四神推步最大的不同，就是出现了日月却没有昼夜，太阳位置没有恒星背景无法描述，只有把太阳在二十八宿中的位置引申到地平圈上，通过地平方位来表示，地平上的"九州七舍"（十六分）就是这样的系统。共工推步遇到的第一个难题是，太阳在地平上转过相同的角度，经过的时间不等。从现代天文学知识来说，就是地平坐标系与时角坐标系不同，太阳方位角不等于时角，赤道上的二十八宿距度不能按比例化为地平经差，两者是三角函数关系，没有简单的比例关系。依据地平系统，共工推不出相等的"日"的长度。

共工推步的第二个难题是，用"十日"把一年平均分为十等份，"十日"和"岁"没有公约数。"岁"即一回归年，约365.25天，平均分为十份，每份得整数36天，十份共360天，比回归年少5.25天。彝族"十月历"把剩余的五至六天作为"过年日"[①]，共工历因为不考虑日（昼夜）的存在，怎样计算闰余不得而知，但累积若干年设置"闰日"是肯定的，故帛书有"神则闰"字样。

共工推步的第三个问题，可能是个神话问题，具体情况不明，依据帛文"四□毋息"推测是与四神推步发生矛盾，或得不到准确的"四时"，致使本已平息干戈的"四神"又起冲突。在历法上的后果就是"晨祎乱作"，"晨祎"应作"辰纬"，分别指"日月之辰"和"五纬"（五大行星）。按照共工的推步，不该发生的发生了，该发生的没有发生，就是"辰纬乱作"，即日月合朔和五星位置发生错乱。

---

① 陈久金、卢央、刘尧汉：《彝族天文学史》第167页，云南人民出版社，1984年。

2. 反映地球自转的"天转"模式

帛文"乃逆日月以转"是指上帝启动了"天转"。这次"天转"与四神时代的"天动"有本质区别。首先，前次的"上下腾转"和"天旁动"是整个天轴在摇动，从而带动所有天区腾挪而变换黄道的高低位置；此次"天转"的天轴在原地不动，是一种绕轴运动。其次，前者产生"四时"，是周年运动，故摇动的速度很慢；后者产生昼夜，是周日运动，故绕转的速度很快。再次，从两者相对于日行的方向来看，它们转动的方向相反。

先看日行的方向。考虑两种球面方向：一种把地球放到球心，太阳放在球面；另一种正好相反。在地心天球上，太阳从冬至点移动到春分点，等效于在日心天球上，地球从夏至点移动到秋分点，从直线方向来看，两者在每一瞬间都是相反的。设想太阳和地球位于同一天球的表面上，在各自的对立面（相差180°），那么平面相反的方向就变成球面一致的方向了[①]。因此我们看到太阳在恒星背景上自西向东行进，那么这个方向正好是地球公转的方向，与地球自转的方向一致。我们知道四季形成是由地球公转也就是太阳东行造成的，帛书推断在没有太阳以前就已形成四季，那就只有设想天球（或天盖）自西向东转来取代太阳自西向东行，才能达到同样效果。据此判断四神时代的"天动"是自西向东的。而自共工以后的"天转"是"逆日月"方向的，因而是自东向西的。古人判断天西转，是根据恒星东升西落的周日视运动作出的直观判断，实际上是地球自西向东自转的逆反映。

3. "逆日月以转"与"右旋"说

天球或天盖"逆日月以转"，是"天转"和"日行"两种运动的复合运动，实质是地球公转和自转的综合反映。习惯上判断天转或者星行的方向，是面对北极而言的，由西向东围绕北极顺时针方向转，等于由左向右转，故称为"右旋"；反之由东向西转等于由右向左转，称为"左旋"。古人认为恒星附着在天盖（盖天说）或者天球（浑天说）上，漫天星斗东升西落，表明天在"左转"，这一点自西方天文学传入以前，中国古代并无异词。有争议的是日月五星的运行方向，分为"左旋"说和"右旋"说[②]。

"左旋"说以《夏历》为代表，《宋书·天文志》引"刘向《五纪》说，《夏历》以为列宿日月皆西移，列宿疾而日次之，月最迟"。《春秋元命苞》曰"日月左行"。《太平御览》卷二《天部二》引"桓谭《新论》曰：通人扬子云因众儒之说，以天为盖，常左旋，日月星辰随而东西"。以上认为日月与恒星都在同一天层上，运行方向相同，而速度不同。这里用速度不同产生的相对运动来解释日月落后于恒星转动的情况，

---

① 金祖孟：《地球概论》第62页，人民教育出版社，1978年。
② 郑文光、席泽宗：《中国历史上的宇宙理论》第99～104页，人民出版社，1975年。

实际上把周年视运动与周日视运动混为一谈。

帛书所载最后启动的"天转"是与"日行"逆向的，因此不属于"左旋"说，而是迄今为止所知最早的"右旋"说。传世文献记载"右旋"说，约始于西汉纬书。《白虎通·日月》载云"天左旋，日月五星右行……《含文嘉》曰'计日月右行也。'《刑德放》曰'日月东行'"。《太平御览》卷二《天部二》引杨泉《物理论》"故作盖天，言天左转，日月右行"。"右旋"说有一个经典而形象的比喻——"蚁行磨上"。《论衡·说日》载"日月……系于天，随天四时转行也。其喻若蚁行于硙上，日月行迟，天行疾，天持日月转，故日月实东行而反西旋也"。"儒者说曰……天左行，日月右行，与天相迎……其取喻若蚁行于硙上焉"。《说文》："硙，磨也"。《晋书·天文志》说得更明白：

周髀家云……天旁转如推磨而左行，日月右行，随天左转，故日月实东行，而天牵之以西没。譬之于蚁行磨石之上，磨左旋而蚁右去，磨疾而蚁迟，故不得不随磨以左回焉。

磨蚁的比喻形象生动地解释了为什么转动方向相反却同样东升西落的现象。这个比喻最早是盖天家发明的，用磨盘形象地比喻天盖，浑天说以天球代替磨盘就轻而易举地把盖天右旋说变成了浑天右旋说①，如云"今制日月皆附黄道，如蚁行硙上"（《宋史·律历志》）。从帛书以天转起"昼夜消息"来看，应该是盖天派的"右旋"说。

4. 后共工时代与"昼夜消息"

克服共工推步难题的根本办法是引入"昼夜"系统，如帛书所云上帝再次显示神力，"乃逆日月以转，相□息"。"□息"疑即"消息"。传说"黄帝为盖天"，《史记·历书》载"黄帝考定星历，建立五行，起消息，正闰余"；又曰"黄帝…名察度验"。《汉书·律历志》作"名察发敛"。"发敛"与"消息"互相同步。《周髀算经》载"冬至夏至者，日道发敛之所生也；至，昼夜长短之所极"。《续汉书·律历志》"景长则日短，天度之端也，日发其端，周而为岁"。根据盖天说理论，从夏至到冬至，太阳由内衡至外衡，其周日视运动圆周由小变大称"发"，而其日道昼弧由大变小称"消"；从冬至到夏至，太阳由外衡至内衡，其周日视运动圆周由大变小称"敛"，而其日道昼弧由小变大称"息"。故日道发而昼消，日道敛而昼息。"发敛"一词也为浑天说使用，指黄道去极度。如《汉书·律历志》颜师古注："晋灼曰：蔡邕《天文志》'浑天名察发敛，以行日月，以步五纬。'"《史记·历书》"集解"曰"《续汉书》以为'道之发敛，景之长短'，则发敛是日行道去极盈缩也"。由此可见"发敛"一词的

① 陈美东：《中国古代天文学思想》第 324 页，中国科学技术出版社，2007 年。

含义由盖天说的"日道发敛"变成了浑天说的"日行去极"。而无论"日道发敛"还是"日行去极"，都会产生"昼夜消息"。帛文中的"消息"指昼夜长短变化，包括昼消夜息与夜消昼息，隐含着四季交替的信息。

按帛书所论，自上帝启动天转以生昼夜之后，推步历法进入新时代，我们姑且称之为"后共工"时代。《尚书·尧典》载尧时已能根据"日中"、"日永"、"宵中"、"日短"等昼夜长短的变化和对应昏中星，来校正"仲春"、"仲夏"、"仲秋"、"仲冬"四节气的准确日期，这应该是"昼夜"产生以后的事情。《淮南子·天文训》称"禹以为朝、昼、昏、夜"，即夏禹王进一步在"昼夜"的基础上再分出"朝"、"昏"，使一日分为四个时段，这是"四分历"的基础。故"后共工"时代至晚自尧帝时开始，或可称为"尧舜禹"时代。此时最大的特点是引进昼夜系统，克服了共工"十日历"的诸多问题。首先，昼与夜虽然分别有消长，但昼与夜相加恒等于 1 天，这个新的一"日"单位是等长的，可以用新单位把一年分为四季。四神推步靠步天得到"四时"，后共工时代靠步日得到"四时"，而共工推步既无昼夜参考，又无等时单位，故得不到准确的"四时"。

其次，后共工时代"有宵，有朝，有昼，有夕"，可据晨见昏伏星、昏旦或夜半中星直接推算出太阳在二十八宿中的位置，无需借用地平圈上的"九州七舍"等十六分方位。二十八宿位置有三种坐标，一种是黄道坐标，如《续汉书·律历志》引"《石氏星经》曰黄道规牵牛初"，即战国中期魏石申时代已有黄道坐标。第二种是地平坐标，如《周髀算经》记载二十八宿距度的测量方法，所举例"牵牛八度"就是地平经差[1]，我们认为所谓二十八宿"古度"[2]，可能属于盖天说地平坐标系统。第三种是赤道坐标，太初历由落下闳测定的二十八宿"今度"，就是浑天说赤道坐标系统。后共工时代无论使用哪种坐标，因有夜晚的星空作参考，太阳位置已回归星空的二十八宿之中，因而更加直接和准确。

再次，就是提供了划分四季的新方法——"昼夜消息"法。"天转"启动后，太阳的周日视运动在空中划出一个平行于赤道的纬圈，位于地面以上者古称"日道"今称"昼弧"，位于地下者称"夜道"或"夜弧"。如果太阳始终位于同一位置不移动，随天转而划弧，其昼弧和夜弧的长短就一直不会有变化。然而太阳在黄道上每天移动一度，就必然引起"日道发敛"与"昼夜消息"的变化。

---

[1] 钱宝琮：《盖天说源流考》，《科学史集刊》（1），科学出版社，1958 年；又见《钱宝琮科学史论文选集》第 388 页，科学出版社，1989 年。

[2] 王健民、刘金沂：《西汉汝阴侯墓出土圆盘上二十八宿古距度的研究》，《中国古代天文文物论集》，文物出版社，1989 年。

人们根据"昼消夜息"或者"夜消昼息"的信息，可以掌握四季的变化。这里需要计时工具配合，如水漏、沙漏或燃绳、测影等。把"昼夜消息"与四神时代的步天术结合起来，就是《尧典》的"四仲中星"法，这是经典的观象授时方法。还可以根据北极璇玑四游加时、斗柄授时、日出入方位、日午时的晷影长短（太阳去极度的反映）等等来判断季节变换。

总之，由于有日月和昼夜的产生，天转和日行的参照，地球公转与自转的综合效应得以充分显现，各种观象授时的传统方法都能各显神通，只有到此时，作为宇宙起源的"时间"部分，才真正完备起来。

引入昼夜系统，给神话传说带来一个问题：太阳原本在同一"日舍"换班出入，现在的出入地点必须分开。太阳东升西落，出入地点相差悬殊，按已有神话，阳乌每天负一日从东方天边飞行到西方天边，只需十天就把太阳全搬到西边去了，东边已无日可出。必须有一种大鸟，从天边的地上把太阳搬回东边去。这从考古学文化中似乎可以找到证明。山东大汶口文化大口尊上刻划一种常见复合符号，上为日，下为山，中间或释为鸟，表示阳乌负日在山上飞行①。仰韶文化庙底沟类型的汝州洪山庙遗址，出土彩绘陶缸上有大鸟驮日图像②，图中间绘一只大鸟，鸟头前倾，两脚前后张，似奋力在驮运一只巨大的日轮；左右两侧各竖立一只鸟，引颈张口，作迎送状。据文献载这种鸟应名"运日"。《淮南子·缪称训》"运日知晏（晴），阴谐知雨"。《广雅》"鸩鸟，雄曰运日，雌曰阴谐"。《说文》"鸩，毒鸟也……一名运日"。《离骚》王逸注"鸩，运日也"。洪山庙彩陶上的"运日鸟"，描绘的正是从地上驮日行走的情形，应是从天边把太阳搬回东方去，这样就可以解释神话传说中，太阳何以层出不穷的问题。

（四）余论

楚帛书《时日》篇以神话故事的形式，表述了楚人关于时间起源的哲学思想和科学思考。剥开帛书的神话外衣，我们发现它具有丰富的科学内涵，它使用严格意义上的科学概念，运用严密抽象的逻辑推理，适当选用简单的物理机制，合理解释复杂的自然现象等等，这些非常类似于近代科学理论和科学假说的特征。这使我们有必要重新认识神话与早期科学之间的关系，充分发掘神话传说中隐藏的科学内涵和深刻思想，为历史文化和科学思想研究开辟新的途径。

楚帛书讨论时间起源问题的方法，非常类似西方的"奥卡姆剃刀"原理（Occam's

---

① 武家璧：《史前太阳鸟纹与迎日活动》，《文物研究》（第 16 辑），黄山书社，2009 年。
② 河南省文物考古研究所：《汝州洪山庙》，中州古籍出版社，1995 年；袁广阔：《仰韶文化的一幅"金乌负日"图赏析》，《中原文物》2001 年第 6 期。

razor）①，这个原理由英国奥卡姆人、14 世纪逻辑学家、圣方济各会修士威廉（William of Occam，约 1285～1347 年）提出。他在《箴言书注》第 2 卷 15 题说"切勿浪费较多东西去做用较少的东西同样可以做好的事情"。这个原理被简述为"如无必要，勿增实体"（Entities should not be multiplied unnecessarily）。主张只承认确实存在的东西，剔除多余无用的东西，被称为"简单有效原理"。"奥卡姆剃刀"促进经验科学摆脱神学束缚，使科学、哲学从神学中分离出来，引发了欧洲的文艺复兴和宗教改革。楚帛书假定在时间起源的第一阶段只有"四时"，因而把"日月"、"昼夜"等复杂因素剔除掉，用一个仅仅能产生四季的"大动"机制来说明问题就足够了。在第二阶段增加实体"日月"，但"日行"本身可以产生"四时"，因而又剔除掉多余的"天动"机制——通过奠定"三天"、"四极"使"天动"被制止下来。第三阶段，仅用"日行"和"天转"就足以解释四季和昼夜的成因。楚帛书的思想方法，删繁就简，去伪存真，取精用宏，完全符合"简单有效原理"。

楚帛书表达了一种宇宙进化论的观点，认为宇宙是由低级到高级、由简单到复杂发展起来的。这种进化论是通过神创论的形式体现出来的，早期神的创造，遗留不可克服的问题，于是新的创造取而代之。例如四神时代的"天旁动"存在稳定性问题，于是"天动"被制止，由"日行"取而代之；而"日行"又造成共工时代的推步困难，因而启动"天转"以克复之，世界就这样一步一步完备起来。这与基督教的神创论有明显区别，基督教认为上帝用六天创造了全部世界，第七天休息，世界就形成了，没有进化论的位置。中国的起源论也是一种神创论，不过众神都参与了创造，最高神"帝"（或炎帝）有时命令下属去创造，有时根据众神的需要去创造，因此中国的"创世纪"是一个漫长的、英雄辈出、众神创造的时代。

以前人们谈到中国早期宇宙论总会提到"盖天说"和"浑天说"这两种宇宙结构理论，并且一般认为盖天说早于浑天说，浑天说晚至汉武帝时代才真正建立起来。然而关于浑盖之争的早期文献记载非常缺乏，一般只能从西汉末年的纬书中找到只言片语，楚帛书的发现，弥补了这方面的严重不足。今从楚帛书的时间起源论来看，它分别采用了浑盖之说的有关部分作为立说依据。例如帛书说在"奠三天"、"奠四极"之后，"帝夋乃为日月之行"，这时还没有产生昼夜，而盖天说是建立在"日道发敛"、"昼夜消息"的基础之上的，没有昼夜是不能用盖天说理论来解释的。楚帛书设想"共工"推步"十日"历，不用"昼夜消息"而用"日行南北"来解释四季成因，这正是浑天说的独到之处，表明浑天说完全可以早到先秦时代。同时又认为"共工"是在"九州"覆平的基础上"步十日四时"的，在没有昼夜只有"日行"的情况下，不能

---

① 《简明大不列颠大百科全书》（第 12 册）第 209 页，中国大百科全书出版社，1999 年。

观测太阳在恒星背景上的位置，只能观测太阳方位，因而"十日"历是一种地平历，而地平历是盖天说的特征。总之，楚帛书起源论在同一个问题上把浑天说和盖天说理论融合在一起，这是我们以前并不了解的新情况。楚帛书的发现，补正了文献记载的缺失，对于我们重新认识上古时代的天文学思想提供了非常珍贵的资料。

附记： 严文明先生是我国新石器时代考古学界的泰斗，研究仰韶文化，提出龙山时代，倡导聚落考古，探索文明起源，著作等身，博大精深；高山仰止，景行行止，虽不能至，心向往之。余每有请益，亲炙教诲，如坐春风，如临大海，由是心存感激，适逢先生八十秩寿庆，谨以此文为严先生寿！

关于古代国家的概念定义与标志

王震中

（中国社会科学院历史研究所）

（一）国家概念与定义

国家起源的研究既是考古学实践问题，也是理论问题。研究国家的起源，首先需要明确国家的概念与定义。然而，由于一百多年来，学术界对于国家的概念和定义并没有一个权威性的统一说法，所以本文首先需要对一些已有的主要的观点予以梳理和说明，然后在此基础上，提出自己有关古代国家的概念和定义。

我们知道，国家这一政治实体，若按照时代来区分，尚有古代国家与现代国家之别。也有人把古代国家称为"传统国家"，把现代国家称为"民族—国家"①。就一般意义上的国家特征而言，欧美学术界比较广泛认同马克斯·韦伯的定义。韦伯认为，国家是一种"在一个给定范围领土内合法垄断了武力（暴力）使用权的"组织②。对此，英国学者安东尼·吉登斯（Anthony Giddens）说："韦伯对'国家'的界定包括下述三个要件：（1）存在着固定的行政官员；（2）他们能坚持合法地垄断暴力工具这一要求；（3）他们还能在既定的地域内维持这种垄断。韦伯的定义已凸显出暴力（violence）和领土权（territoriality）这两个特征"③。安东尼·吉登斯自己则指出：

日常用语中的"国家"具有双重含义……"国家"有时指政府机构或权力机器，有时却又指归这种政府或权力所支配的整个社会体系。尽管在绝大多数情况下这两种

---

① 〔英〕安东尼·吉登斯著，胡宗泽、赵力涛译：《民族—国家与暴力》第 4~5 页，生活·读书·新知三联书店，1998 年。

② 转引自易建平：《文明与国家起源新解》，《中国社会科学报》2011 年 8 月 11 日。

③ 〔英〕安东尼·吉登斯著，胡宗泽、赵力涛译：《民族—国家与暴力》第 19 页，生活·读书·新知三联书店，1998 年。

用法并不会产生混乱，但我们仍须探究此术语在这两种用法之中的差异。因而，当我指政府的行政机构时，我将用"国家机器"一词，而当我指环绕在我们周围的社会体系时，我则用社会"社会"或"文化"一语。不过，"社会"和"文化"本身也是模糊不清的。①

上述马克斯·韦伯和安东尼·吉登斯有关国家概念的这些论述，与西方政治学中较一般的界说是一致的。如最近出版的《西方哲学英汉对照辞典》对于国家是这样表述的：

在一拥有由它的公民或臣民构成大量人口的领土内运行的一套有组织的机构及其制度。它有一个法律体系控制社会的活动和调节属于它的个人和集团的冲突的要求，这一法律体系受到独占的合法强制的支援。就国家的消极功能而言，它保卫其领土完整而不受外来侵犯，维持秩序和维持它的公民的安全。一个国家承认其他国家的平等的主权，并加入受国际法约束的国与国的关系中。②

对于《西方哲学英汉对照辞典》中的这一国家概念，沈长云、张渭莲说它"谈到作为国家应具备的几个要素：较大量的人口、领土、主权、政治组织及相关法律制度"，但"这个概念却存在着一个根本缺陷，就像其他许多西方学者的政治解说一样，它没有谈到国家的阶级实质，即国家作为社会上占统治地位的阶级的镇压工具的实质"③。沈、张两位这一指出是正确的。本来，国家就是与阶级的产生相伴随而出现的，国家社会也被称为阶级社会。阶级的存在是国家"社会体系"中一项重要特征，所以，在有关国家的概念中理应包含阶级这一要素。

关于国家要素中的"领土"概念，在现代国家中是有国界划分的，但古代国家却不完全是这样。安东尼·吉登斯曾正确地指出：

在对传统国家的领土权和民族—国家的领土权进行区分时，很基本的一点是：我们应该看到，传统国家的"边陲"与民族—国家的"国界"两者之间具有显著的差异。政治地理学在使用"边陲"这一术语时具有双重含义。它或者指，两个或更多的国家之间具体类型的分界；或者指，单一国家中人口聚居区和无人居住区之间的分界……不管怎么说，"边陲"均指某国家的边远地区（不必然与另一国家毗邻），中心

---

① 〔英〕安东尼·吉登斯著，胡宗泽、赵力涛译：《民族—国家与暴力》第18页，生活·读书·新知三联书店，1998年。
② 《西方哲学英汉对照辞典》第952页，人民出版社，2001年。
③ 沈长云、张渭莲：《中国古代国家起源与形成研究》第46～47页，人民出版社，2009年。

区的政治权威会波及或者只是脆弱地控制着这些地区。而另一方面，"国界"却是使两个或更多的国家得以区分开来和联合起来的众所周知的地理上的分界线。尽管在国界地区生活的群体，可能会（经常确实如此）显示出"混合的"社会和政治特征，但仍可辨识出，这些群体是隶属于这一国家还是另一国家的行政管辖。在我看来，国界只是在民族—国家产生过程中才开始出现的。①

此外，作为国家要素的"政治组织和相关的法律制度"也有这样的情况，即古代国家与现代国家是有区别的。诚然，在国家的概念中，古代国家与现代国家之间的区别应当予以关注，但更重要的是国家与前国家社会之间的区别。

研究国家与前国家社会之间的区别，也就是研究国家的起源。在这个问题上第一次进行全面系统论述的是弗里德里希·恩格斯。1884 年，恩格斯出版了《家庭、私有制和国家的起源》一书。在该书的"野蛮时代和文明时代"一章中，有多处谈到国家的概念，恩格斯写道：

国家决不是从外部强加于社会的一种力量。国家也不是像黑格尔所断言的是"伦理观念的现实"，"理性的形象和现实"。确切说，国家是社会在一定发展阶段上的产物；国家是承认：这个社会陷入了不可解决的自我矛盾，分裂为不可调和的对立面而又无力摆脱这些对立面。而为了使这些对立面，这些经济利益互相冲突的阶级，不致在无谓的斗争中把自己和社会消灭，就需要有一种表面上凌驾于社会之上的力量，这种力量应当缓和冲突，把冲突保持在"秩序"的范围以内；这种从社会中产生但又自居于社会之上并且日益同社会相异化的力量，就是国家。

国家和旧的氏族组织不同的地方，第一点就是它按地区来划分它的国民……

第二个不同点，是公共权力的设立，这种公共权力已经不再直接就是自己组织为武装力量的居民了……这种公共权力在每一国家里都存在。构成这种权力的，不仅有武装的人，而且还有物质的附属物，如监狱和各种强制设施，这些东西都是以前的氏族社会所没有的……

由于国家是从控制阶级对立的需要中产生的，由于它同时又是在这些阶级的冲突中产生的，所以，它照例是最强大的、经济上占统治地位的阶级的国家，这个阶级借助于国家而在政治上也成为占统治地位的阶级，因而获得了镇压和剥削被压迫阶级的新手段。②

———————————

① 〔英〕安东尼·吉登斯著，胡宗泽、赵力涛译：《民族—国家与暴力》第 60 页，生活·读书·新知三联书店，1998 年。

② 《马克思恩格斯选集》（第四卷）第 170~172 页，人民出版社，1995 年。

上述恩格斯所说的史前社会与国家的两个区别——"按地区划分它的国民"和凌驾于全社会之上的"公共权力的设立",是他提出的国家形成的两个标志,对此如何看待,我们在后面将作进一步分析。在恩格斯所论述的国家概念中,特别强调了它的阶级性,强调了它属于阶级社会的特征,也强调了它的公共权力。恩格斯的这些论述被后来的西方学者概括为"社会内部冲突论"。

事实上,在阶级和统治关系产生的途径上,恩格斯在《反杜林论》中曾提出有两条道路。一条是从社会的公共事务的管理和社会职位的世袭中产生统治阶级和公共权力的道路。恩格斯给我们描述了:在原始社会后期,在维护公共利益,在对公共事务的管理和社会职务的担当中,"这些职位被赋予了某种全权,这是国家权力的萌芽";"社会职能对社会的这种独立化怎样逐渐上升为对社会的统治;起先的公仆在情况有利时怎样逐步变为主人";"最后,各个统治人物怎样结合成一个统治阶级"①。在这里,恩格斯对这条道路的论述,显然是后来一些西方学者中所主张的国家和阶级起源于"内部管理论"(也称为"融合论")的思想渊源。

恩格斯还提出另一种阶级形成过程,即在史前社会末期"已经达到的'经济状况'的水平上"时,"战俘获得了某种价值;因此人们就让他们活了下来,并且使用他们的劳动。这样……奴隶制被发现了"②。这是一条奴隶和奴隶主阶级形成的道路。奴隶主要来源于战俘,这应当是奴隶制中奴隶来源的主要形式。此外,根据对我国西南少数民族历史的调查,也有在一个家庭中把收养来的"养子"转化为奴隶的情形。有了一定数量的奴隶,自然也就形成了奴隶阶级和奴隶主阶级。

总之,在国家起源的研究上,恩格斯关于国家和阶级的一系列论述,对后世欧美学术界有广泛的影响。例如,提出著名的社会分层理论的弗里德(Morton H. Fried)在给国家下定义时说:国家是为了维护社会的分层而出现的,"是超越血缘关系之上的社会力量建立的复杂机构"③。他还说:

国家是一种由正式和非正式的专门机构和部门(specialized institutions and agencies)所组成的集合体,它的目的在于维护分层秩序。通常,国家的关键特征在于以下基本组织原则(Usually its point of concentration is on the basic principles of organization):等级制,占有基本资源上的不平等,服从官吏,保卫所拥有的地域。国家既要对内维护自身,又要对外维护自身。它使用物质的手段,使用意识形态的手段,通过拥有军

① 《马克思恩格斯选集》(第三卷)第522~523页,人民出版社,1995年。
② 《马克思恩格斯选集》(第三卷)第523~524页,人民出版社,1995年。
③ Morton H. Fried,1967,*The Evolution of Political Society:An Essay in Political Anthropology*,New York:Random House,p. 229.

队，通过在其他相似部门确立认同感，来实现这一目标。①

弗里德所说的"社会分层"，类似于恩格斯说的阶级，也有学者将它翻译为"阶层"②。国家的"目的在于维护分层秩序"的看法，以及国家的"基本组织原则"有"等级制，占有基本资源上的不平等，服从官吏，保卫所拥有的地域"等，都与上文恩格斯所说的"为了使这些对立面，这些经济利益互相冲突的阶级，不致在无谓的斗争中把自己和社会消灭，就需要有一种表面上凌驾于社会之上的力量，这种力量应当缓和冲突，把冲突保持在'秩序'的范围以内"，是一致的。说国家"是在超越血缘关系基础上建立起来的社会政权"，也与恩格斯所说的国家"按地区来划分它的国民"是一致的。说国家是由各种机构和部门组织起来的"集合体"——"社会政权"，说它拥有"军队"等，也与恩格斯所说的"这种公共权力在每一个国家里都存在。构成这种权力的，不仅有武装的人，而且还有物质的附属物，如监狱和各种强制设施，这些东西都是以前的氏族社会所没有的"③，是一致的。

运用系统论的动态过程来分析社会结构的分化和集中的肯特·弗兰纳利（Kent V. Flannery）也主张国家社会是"高度分层"的、有合法的武力和在居住上非血缘性。他对于国家与前国家社会作了如下的区分：

国家是一种非常强大，通常是高度中央集权的政府，具有一个职业化的统制阶级，大致上与为较简单的各种社会之特征的亲属纽带分离开来。它是高度的分层的，与在内部极端分化的，其居住型态常常基于职业分工而非血缘或姻缘关系。国家企图维持武力的独占，并以真正的法律为特征；几乎任何罪行都可以认为是叛违国家的罪行，其处罚依典章化的程序由国家执行，而不再像较简单的社会中那样是被侵犯者或他的亲属的责任。国民个人必须放弃用武，但国家则可以打仗，还可以抽兵、征税、索贡品。④

① Morton H. Fried, 1967, *The Evolution of Political Society: An Essay in Political Anthropology*, New York: Random House, p. 235. 转引自易建平：《部落联盟与酋邦》第230页，社会科学文献出版社，2004年。
② 陈淳：《文明与早期国家探索——中外理论、方法与研究之比较》第85页，上海世纪出版集团，2007年。黄松英在翻译A. M. 哈赞诺夫《关于早期国家研究的一些理论问题》一文时，也将此翻译为"阶层"，见中国世界古代史学会编：《古代世界城邦问题译文集》，时事出版社，1985年。
③ 《马克思恩格斯选集》（第四卷）第171页，人民出版社，1995年。
④ *The Cultural Evolution of Civilizations*, *Annual Review of Ecology and Systematics*, 3 (1972), pp. 403–404. 转引自张光直：《中国青铜时代》第53页，生活·读书·新知三联书店，1983年。

在弗兰纳利的看法中，国家的必要条件有三个：高度的社会分层（即阶级分化）、血缘关系在国家组织上为地缘关系所取代，以及合法的武力（即公共权力）。这些与恩格斯的观点基本上是一致的。

提出"游团—部落—酋邦—国家"这一酋邦理论的塞维斯（Elman R. Service）认为，一个真正的国家，不管怎样不发展，与酋邦以及其他更低阶段的社会之区别，突出地表现在一种特殊的社会控制方式之中，也即武力合法地掌握在社会的某一部分人手上，他们不断地使用武力或者威胁要使用武力，以此作为维护社会秩序的基本手段。在国家社会中，这一部分人垄断了武力，或者说，在他们之外，不允许其他个人或者团体（非政府的个人或者组织）未经他们许可而使用武力，这是国家权力的最为简单也是最为突出的标志[1]。在这里，塞维斯所说的国家社会里那种制度化的强制性的约束力、垄断了的武力，就是恩格斯所说的"凌驾于全社会之上的公共权力"。塞维斯与弗里德不同，弗里德把分层社会看做是连接最复杂的阶等社会与最简单的国家社会之间的合乎逻辑的模式；而塞维斯则认为分层社会是国家产生以后才出现的社会，社会分层是国家形成的结果，而不是国家形成的原因。所以，塞维斯在探讨国家和文明起源时是不主张讨论经济意义上的阶级和阶级分化问题的，但他并不否认国家诞生以后社会出现政治阶级的分化，存在着由公民官僚（civic bureaucrats）、军事领袖和上层祭司等构成的贵族阶层。这也就是恩格斯所说的由对社会公共事务管理的"社会职能""逐渐上升为对社会的统治"。塞维斯的提法是"在集中领导的制度化过程中探讨政府的起源问题"，他说：

这种领导，为维持社会而发展它的管理职能，成长为一种世袭贵族政治。新生官僚政治在其服务、自主权和统治范围扩大时也发展了它们经济和宗教方面的职能。因此，最早的政府所保护的，并非社会上哪一个阶级或阶层，而是它自己。它使自己所充当的整个社会保护者的合法化。[2]

欧美学者中，约翰逊（Allen W. Johnson）和厄尔（Timothy K. Earle）在塞维斯酋邦理论的基础上，又进一步划分出"简单酋邦"与"复杂酋邦"，他们对古代国家的定义或基本特征的描述是：

---

[1]　Elman R. Service, 1962, *Primitive Social Organization: An Evolutionary Perspective*, New York: Random House, p. 163. 转引自易建平：《部落联盟与酋邦》第198页，社会科学文献出版社，2004年。

[2]　Elman R. Service, 1975, *Origins of the State and Civilization: The Process of Cultural Evolution*, New York: W. W. Norton & Company, p. 8. 转引自乔纳森·哈斯著，罗林平等译：《史前国家的演进》第59页，求实出版社，1988年。

国家与酋邦的区别主要在于，前者规模更大，总的人口更多，族群成分更复杂，分层更严格。随着地方的、阶级的和其他的特殊利益集团的增加，规模与内部分化的整合遇到进一步的困难。这个层次上的整合已经不是世袭精英非正式的控制方式所能够满足的了。它要求国家官僚制度、国家宗教、司法制度和警察暴力。①

这里，与前国家的酋邦相比，约翰逊和厄尔强调在人口规模、族群复杂、社会等级阶级分化等方面国家要胜过酋邦，他们也指出"国家官僚制度、国家宗教、司法制度和警察暴力"这些都是前国家社会所没有的。

最早提出"早期国家"这一概念的荷兰学者克赖森（Henri Joannes Maria Claessen)② 对于早期国家的定义是：

早期国家是一种有三个层次（国家、地区与地方层次）的权力集中起来的社会政治组织。它的目的在于调控社会关系。它那复杂的分层社会，至少分成了两个基本阶层，或者说，两个新兴的社会阶级，也即统治者和被统治者。这两个阶层或阶级之间关系的特征是，前者实施政治控制，后者缴纳赋税。早期国家的合法性在于共同的意识形态，这又是以互惠为基本原则的。③

所谓早期国家，克赖森对此的表述是："介于非国家组织和成熟国家之间的社会形式，我们称之为早期国家。"他把早期国家按照纵向演进的关系划分为三种类型："初始的早期国家"、"典型的早期国家"和向成熟国家过渡的"过渡形态的早期国家"④。A. M.哈赞诺夫则说："早期国家是指最早的、真正原始类型的国家，是紧接着原始社会解体之后的国家。早期国家标志着人类历史发展的新阶段，它构成了这一地区或那一地区或长或短的国家发展链条的第一环。"⑤ 也就是说，早期国家属于古代国家一种类型，也是古代国家的早期阶段。所以，克赖森上述对早期国家定义中所说的权力的

---

① Allen W. Johnson and Timothy K. Earle, 1987, *The Evolution of Human Societies: From Foraging Group to Agrarian State*, Standford University Press, pp. 318–319. 转引自易建平：《部落联盟与酋邦》第 268 页，社会科学文献出版社，2004 年。

② 也有将 Claessen（克赖森）译为"克列逊"。见《古代世界城邦问题译文集》，时事出版社，1985 年。

③ 克赖森著，胡磊译：《关于早期国家的早期研究》，《中国社会科学院古代文明研究中心通讯》第 12 期，2006 年。

④ 克赖森著，胡磊译：《关于早期国家的早期研究》，《中国社会科学院古代文明研究中心通讯》第 12 期，2006 年。

⑤ A. M. 哈赞诺夫：《关于早期国家研究的一些理论问题》，《古代世界城邦问题译文集》，时事出版社，1985 年。

集中、新兴的社会阶级——统治者与被统治者，等等，当然属于古代国家最基本的特征。

在古代国家的概念中，学者们说得最多是国家有"公共权力"，或者称之为"强制性权力"、"合法的垄断的武力（暴力）"、"国家机器"、"政权机构"等。在这点上，除上面列举的恩格斯、韦伯、弗里德、塞维斯、弗兰纳利、吉登斯等人之外，桑德斯（William T. Sanders）也认为，社会等级分化和向国家社会的发展过程是一种强制机制的发展①。此外，提出一种"强制理论"，并把战争看做是国家起源的动因的美国考古学家卡内罗（Robert L. Carneiro）对于古代国家的定义是："国家是一种自治的政治实体，其领土由许多公社组成，有一个权力集中的政府（centralized government），它有权征募兵员或者劳动力，征集税收，颁布与强制实施法律。"② 还有，著有《史前国家的演进》一书的乔纳森·哈斯（Jonahan Haas），先是在该书的"导言"中说："我想用最普通的术语把国家定义为：具有实行中央集权的专门化政府的社会。"③ 而后，在该书第七章"研究国家演进的构架"中又说："我把国家定义为一个分层社会，在这个社会中，管理机构控制着基本生活资料的生产或谋取方式，从而必然对其余居民行使强权。"④ 哈斯的前一个定义过于一般，只强调了国家社会中"中央集权的专门化政府"；他的后一个定义，受弗里德的社会分层理论的影响，也主张国家是一个分层社会，但也指出"管理机构"对其居民行使着"强权"。与卡内罗相比，卡内罗把国家所具有的公共权力表述为"权力集中的政府"，而哈斯把它表述为"中央集权的专门化政府"或对居民行使强权的"管理机构"。

以上我们列举了欧美学术界关于国家概念的诸种说法。从诸说的差异性上看，不同的学者之间确实存在见仁见智的情况。这说明人们研究国家起源虽说为时久远，而作为古代国家概念本身却远不明确。用 A.M.哈赞诺夫的话来说，就是"根本不存在为整个学术界所公认的国家定义"⑤。尽管如此，在上述诸说中，也可以归纳出几项谈论得较多的古代国家的特征。其中，第一项是国家具有强制性权力（或称为"公共权力"，或称为"合法的垄断的武力"、"暴力"，或称为"国家机器"、"政权机构"等），这是诸说中每一说都论及的，也是国家区别于前国家社会的本质特征。第二项是

---

① 陈淳：《文明与早期国家探索——中外理论、方法与研究之比较》第181页，上海世纪出版集团，2007年。

② 易建平：《部落联盟与酋邦》第242页，社会科学文献出版社，2004年。

③ 乔纳森·哈斯著，罗林平等译：《史前国家的演进》第3页，求实出版社，1988年。

④ 乔纳森·哈斯著，罗林平等译：《史前国家的演进》第155页，求实出版社，1988年。

⑤ A. M.哈赞诺夫：《关于早期国家研究的一些理论问题》，《古代世界城邦问题译文集》，时事出版社，1985年。

说国家社会也是阶级社会，在国家里已有阶级或阶层分化（或称为"社会分层"）。第三项是说国家里的国民已超越了血缘关系而被地缘关系所替代。

对于这里所归纳的这三项古代国家的特征，究竟应如何评判和取舍呢？笔者以为检验真理的标准就在于理论联系实际。中国的古代国家和文明属于世界上第一批原生形态的国家与文明①，也是世界上唯一源远流长、连续至今的文明与国家。联系中国古代历史的实际来衡量以上三个方面的特征，问题就会有所深入。在中国古代，例如商代和周代都早已是建有国家的文明社会。在商周的国家社会中，具有强制性的权力和隶属于王、邦君的各种官吏，这是有甲骨文、青铜器铭文和历史文献记载的；在商周国家中存在着明显的阶级分化和社会不平等现象，也属于不争的事实。但在商周的国家社会里，地缘关系却并未完全取代血缘关系，虽说当时地缘的因素也在滋长，可是社会的基层组织主要是以血缘为基础，家族与宗族依旧是真正的政治经济实体，在政治上发挥着很大的作用。

当然，商周社会中的血缘关系已属转型了的血缘关系。以晚商王都殷墟为例，在36平方千米的殷墟范围内，除了宫殿区和王陵区外，大量的是散布在四面八方的其他族众居住的居址与手工业作坊遗址。而这些族众的居址和手工业作坊遗址则呈现出"大杂居小族居"的特点。所谓"大杂居"是说在整个殷墟（即王都）交错杂处居住着许多异姓的族人，呈现出一种杂居的状态；所谓"小族居"是说每一族在较小的范围内是以"家族"或"宗族"为单位族居族葬的。对"小族居"族氏结构的进一步剖析则发现，王都内的王族和一些强宗大族呈现出宗族结构；而王都内那些外来的、在朝为官的其他族属的族人，最初每每是以家族的形式出现的。如在王都出土的族氏铭文中的"丙"族、"息"族、"韦"（韦）族、"光"族、"长"族等族氏，对照甲骨文和全国各地发现的相关的墓地和墓葬资料来看，他们都是外来的族氏，其本家都在外地，却都是以家族为单位族居族葬于殷墟。这种在王权的作用下，以家族为单元而呈现出的大杂居小族居，反映出王都内亲族组织的政治性要较其他地方发达，这当然有助于王都内地缘性因素的滋长②。在王都之外，《左传·定公四年》在说到周初分封时，曾分给鲁公伯禽"殷民六族"，并"使帅其宗氏，辑其分族，将其丑类"。这里的"宗氏"和"分族"属于宗族与家族两级族组织。这说明，就一般而言，殷人的族氏结构是由若干个血亲家族组成宗族这样一种结构。此外，从商代到西周前期，青铜器

① 王震中：《中国文明起源的比较研究》第8~9、13~14、378~442页，陕西人民出版社，1994年。
② 王震中：《商代都鄙邑落结构与商王的统治方式》，《中国社会科学》2007年第4期；王震中：《商代都邑》第318~359页，中国社会科学出版社，2010年。

和少数其他器物上常见的那些被称为"族徽"的族氏铭文，也表明"血缘的族氏组织在那时是非常普遍的"①。转了型的血缘关系还表现在：西周地域组织的"里"与血缘组织的"族"长期并存。这就是有学者所说的，"到西周，国中虽已出现了地域性的组织——里，但里与族又始终是并存的。有时一里含有数族，族包括在里中；有时一个大家族就可聚居为一里，里、族重合为一。由于地域组织给予家族的影响还很微弱，故家族依旧是真正的政治经济实体"②。

事实上，自侯外庐先生揭示出中国古代国家和文明社会的形成，走的是"保留氏族制度的维新的路径"之后，我国学术界多认为，夏、商、周三代，国家机器虽已建立，但社会的基层单位依旧是血缘性的家族乃至宗族，国家还没有彻底与血缘组织分离，家族—宗族组织与政治权利同层同构③，也就是说，在夏商周三代国家社会的政治经济中，"族氏血缘关系"依旧发挥着重要的作用，家族和宗族依旧是政治经济实体，对于中国早期国家形态中这一重要特征的认识，已成为我国学术界的主流观点④。

既然，在地缘与血缘关系的问题上，中国古代在进入了国家社会以后相当长的时间内，国家还没有彻底与血缘组织分离，依旧保留着"血缘关系的外壳"，那种以地缘关系取代血缘关系为标准来衡量国家是否形成的做法，不适用于中国，而古代中国又是世界古代国家分类中代表性之一种，那么，我们就应该放弃古代国家概念中强调地缘因素的这种说法。在这一问题上，当年张光直先生在把酋邦理论介绍给中国学术界时即已感到困惑，并提出了解决问题的思路。他在介绍了上面我们已引述的肯特·弗兰纳利的国家概念之后，接着分析说：

照这种看法，国家的必要条件有两个：血缘关系在国家组织上为地缘关系所取代，和合法的武力。从这上面看商代文明，前者不适用而后者适用；商代是不是已达到国家的阶段？Sanders 在讨论中美文明史上酋邦向国家的转变时……这样看来，商代社会岂不是酋邦而非国家了么？可是从其他方面看（合法武力、分级统制、阶级）商代社

---

① 李学勤：《东周与秦代文明》第 376 页，文物出版社，1984 年。
② 赵世超：《西周为早期国家说》，《陕西师范大学学报》1992 年第 4 期。
③ 王震中：《中国文明起源的比较研究》第 435～436 页，陕西人民出版社，1994 年。
④ 李学勤：《东周与秦代文明》第 376 页，文物出版社，1984 年；张光直：《考古学专题六讲》第 12 页，文物出版社，1986 年；田昌五：《古代社会断代新论》第 88～102 页，人民出版社，1982 年；田昌五、臧知非：《周秦社会结构研究》第 17～38 页，西北大学出版社，1996 年；赵伯雄：《周代国家形态研究》第 323 页，湖南教育出版社，1990 年；朱凤瀚：《商周家族形态研究》第 2 页，天津古籍出版社，1990 年；赵世超：《西周为早期国家说》，《陕西师范大学学报》1992 年第 4 期；王震中：《中国文明起源的比较研究》第 247～250、434－436 页，陕西人民出版社，1994 年；沈长云、张渭莲：《中国古代国家起源与形成研究》第 61、116～121 页，人民出版社，2009 年。

会显然合乎国家的定义。换言之，商代的社会型态使上举社会进化分类里酋邦与国家之间的分别产生了定义上的问题。解决这个问题可有两种方式。一是把殷商社会认为是常规以外的变态。如 Jonathan Friedman 把基政权分配于血缘关系的古代国家归入特殊的一类，叫"亚细亚式的国家"（Asiatic State）。另一种方式是在把国家下定义时把中国古代社会的事实考虑为分类基础的一部分，亦即把血缘地缘关系的相对重要性作重新的安排。三代考古学在一般理论上的重要性，自然是在采用后一途径之下才能显示出来的。①

张先生提出试图解决问题的这两种方式，并已有自己的倾向，但没有进一步去实践它。笔者在最初研究文明和国家的起源时，也深感有必要对一般所说的国家的概念和标志做出新的探讨，为此，笔者在 1990 年发表的《文明与国家》② 一文中曾提出：

恩格斯《家庭、私有制和国家的起源》中所提出的国家形成的两个标志——按地区来划分它的国民及凌驾于社会之上的公共权力的设立，对于古希腊罗马来说是适用的，而对于其他更为古老许多文明民族则有一定的局限性。笔者认为，国家形成的标志应修正为：一是阶级的存在；二是凌驾于社会之上的公共权力的设立。阶级的出现是国家得以建立的社会基础，凌驾于全社会之上的公共权力的设立则是国家的社会职能，是国家机器的本质特征。

尽管农业民族与游牧民族在文明起源的具体途径上有着许多差异，然而，将国家形成的标志规定为阶级的存在与凌驾于全社会之上的公共权力的设立，无论对于农业民族还是游牧民族，无论对于东方还是西方，都是适用的。因而将此作为人类文明社会产生和形成的共同标志也是切实可行的。

今天看来，笔者二十多年前所做的这一理论思考③，尚未过时。在这里，我们以此为基础，并吸收上述诸说中合理成分而将古代国家定义为：拥有一定领土范围和独立主权、存在阶级、阶层和等级之类的社会分层，具有合法的、带有垄断特征的凌驾于全社会之上的强制性权力的政权组织与社会体系。

在笔者给出的这个定义中，所谓"拥有一定领土范围"，是说每一个国家都有自己的空间范围，这是指该国所能控制的区域。但诚如安东尼·吉登斯所言，古代国家的领土概念每每是有"边陲"而无"国界"，国界只是在所谓"民族—国家"产生过程

① 张光直：《中国青铜时代》第 53～54 页，生活·读书·新知三联书店，1983 年。
② 王震中：《文明与国家》，《中国史研究》1990 年第 3 期。
③ 王震中：《中国文明起源的比较研究》第 345 页，陕西人民出版社，1994 年。

中才开始出现的。在古代，国与国之间往往有一些属于无主地带或缓冲地带，而且随着国力的消长，国家所能控制的区域或者说国家的边陲往往处于动态变化之中，从而使得领土即国土，或者有所扩张，或者有所收缩。所谓"独立主权"，这并非只适用于现代国家，在古代国家也一样。例如，在夏商周三代，那些以时王为"天下共主"的"侯"、"伯"之国或纳入王朝体系之中的"庶邦"之国，就因为听命于中央王权，自己没有独立的主权（主权不完整）而成为"复合制国家结构"中的组成部分①；而那些与王朝敌对的方国（邦国），则属于有独立主权之国。这一定义中把阶级、阶层和等级的存在作为国家社会的基础，是因为国家社会也就是阶级社会，阶级、阶层、等级之类的划分，是国家社会中普遍存在的现象。强制性权力的合法性这一概念是由韦伯引入到国家定义中的。他认为合法性是建立在人民的信念基础之上的。如果一个统治者行事符合人民的信念，他就是用合法的方式来行事②。其实，在这之外，早期国家中强制性权力机制也是借助于一些具有极强的社会公众性事务发展起来的，全社会的公共利益、公共事务、公共工程，以及诸如《左传·成公十三年》所讲的"国之大事，在祀与戎"等，都带有很强的社会公众性，国家的出现既是"对既成的阶级秩序和结构的维护"，"也是适应社会公众的需要而发展起来的"③。这种社会公众性就是合法性的体现。此外，在这一定义中，将"政权组织"与"社会体系"相并列，是因为笔者赞成吉登斯的说法："国家"具有双重含义，它有时指政府机构或权力机器，有时却又指归这种政府或权力所支配的整个社会体系。

（二）古代国家形成的标志

论述了国家的概念与定义，再谈论古代国家形成的标志，理解起来应该更方便一些。如前所述，一百多年前，恩格斯在《家庭、私有制和国家的起源》中曾提出国家形成的两个标志，即按地区来划分它的国民和凌驾于社会之上的公共权力的设立。按地区来划分它的国民，是为了区别于原始社会的组织结构以血缘为特色而概括出的标志；凌驾于社会之上的公共权力的设立，说的是伴随着国家的出现而产生了强制性权力机构。对于恩格斯提出的这两个标志，我国学术界长期以来一直是这样使用的。但随着研究的深入，我们发现，按地区划分它的国民，并不适用于古代中国的历史实际，为此，笔者曾提出："国家形成的标志应修正为：一是阶级的存在；二是凌驾于社会之

---

① 王震中：《夏代"复合型"国家形态简论》，《文史哲》2010 年第 1 期；王震中：《商代都邑》第459、465~466、485~486 页，中国社会科学出版社，2010 年。

② 克赖森著、胡磊译：《关于早期国家的早期研究》，《中国社会科学院古代文明研究中心通讯》第12 期，2006 年。

③ 王震中：《中国文明起源的比较研究》第 349、374 页，陕西人民出版社，1994 年。

上的公共权力的设立。阶级或阶层的出现是国家这一管理机构得以建立的社会基础，凌驾于全社会之上的公共权力的设立则是国家的社会职能，是国家机器的本质特征。"①尽管在国家形成途径或机制的解释上有内部冲突论、外部冲突论、管理论、融合论、贸易论等诸多理论观点的不同，但作为国家形成的结果，都有阶级或阶层、等级之类社会分化的存在，都有某种形式的强制性权力的设立，则是确凿无疑的。所以，即使各文明国家中阶层、阶级和强制性权力形成途径和存在形式可有差异，但并不影响将二者（即阶级和强制性权力）的出现作为进入国家社会的标志②。

　　从研究上的可操作性来讲，关于远古社会中等级、阶级和阶层之类是否已形成，我们可以通过对考古发掘出土的墓葬资料和居住建筑物的规格等方面的资料来进行考察。在一个社会的墓地和墓葬资料中，那些随葬品十分丰富而且异常精美者，其在社会的阶层和等级中当然处于上层，可列入统治阶级或富有阶层的行列。而那些随葬品非常贫乏甚至一无所有者，则处于社会的下层，属于普通民众，甚至还是被奴役者；至于那些殉葬者和尸骨被丢弃在垃圾坑里的人，无论他们是由战俘转化为奴隶的人，还是因其他原因而沦为被奴役者，他们都属于社会的最底层。作为社会下层的普通民众和由俘虏转化而来的奴隶，这二者在整体上都属于被统治阶级。从居住的环境、条件和规格上来看，那些居住在宫殿中的人与居住在普通地上的建筑物里和居住在地穴式、半地穴式建筑物里的人，其身份地位和社会阶层的不同，也是十分明显的。所以，作为我们提出的国家形成的标志之一——等级、阶层、阶级的存在，在文明和国家起源的研究中，其可操作性和其所具有的物化形式是显而易见的。

　　关于凌驾于全社会之上的公共权力亦即强制性的权力，我们也可以找到它的物化形式或者称之为物化载体，可以通过考古发掘出土的都邑、都城和宫殿之类的建筑物来进行考察。我们知道，一个庞大的城垣，需要大规模地组织调动大量的劳动力，经过较长时间的劳动才能营建而成；而城垣之内宫殿宗庙之类的大型房屋建筑，也需要动员众多的人力物力之资源，这一切都显示出在其背后有完善的社会协调和支配机制来为其保障和运营。考古发现还表明，虽然修建了都邑城墙，但并非所有的族人都居住在城内，在城邑的周边还有一些村落亦即小的聚落，在远离都邑的一定范围内，也有该聚落群的一些聚落，而城内的宫殿也只是供统治阶层和贵族居住，也就说，中国上古时代的城邑及其城内的大型建筑并不是为该地域内整个聚落群的人口居住所修建，它是为贵族中的上层及其附属人口的居住所营建，但统治阶层却有权调动和支配整个

①　王震中：《文明与国家——东夷民族的文明起源》，《中国史研究》1990年第3期；王震中：《中国文明起源的比较研究》第345页，陕西人民出版社，1994年。
②　王震中：《中国文明起源的比较研究》第3、346～350页，陕西人民出版社，1994年。

聚落群的劳动力，显然这种支配力具有某种程度的强制色彩。当然，我们并不主张一见城堡即断定国家已存在，如西亚巴勒斯坦的耶利哥，在距今 10000～9000 年前，尚处于前陶新石器时代，即由于军事和其他特殊的原因（如保卫宗教上的圣地圣物等）而修建了城堡。但是，当一个社会已存在阶层和阶级时，城邑的出现，则可视为国家构成的充分条件。也就是说，这种带有强制性的权力与当时社会划分为阶层或等级相结合所构成的社会形态，是不同于史前的"分层社会"或被称为"酋邦"的社会形态的。

对于上述笔者提出的国家形成的这两个标志，也有学者认为，阶级的出现只是"国家产生的前提条件之一"，把"前提条件之一作为主题事物本身的标志，十分不宜。任何的一种前提条件，都可以存在于主题事物出现之前很久，这是一个常识。并且，有了该前提条件，也难以断定，该主题事物一定会随之产生。比如，就社会发展来看，有了阶级，国家并未产生的情况，比比皆是。典型的例子有大家经常提到的中国凉山彝族"①。这样的讨论，显然使问题有所深入，但也不能不辨。我们说，尽管可以存在只有阶级分化而没有国家政权的社会实体，但不存在只有国家政权而没有阶级的社会；不论是阶级产生之后才有国家，还是国家是随同阶级的产生而一同出现，阶级是国家的社会基础，是国家社会的重要现象，所以，这一现象既可以是所谓"前提条件之一"，也可以同时是"主体事物本身"的标志之一，何况我们并非仅以阶级的产生作为国家形成的标志，而是把它与强制性的凌驾于全社会之上的公共权力一起作为国家形成的标志，二者缺一不可。以阶级的存在作为国家形成的标志之一，有助于说明国家权力的强制性。

顺便需要指出的是，提出这一质疑的易建平在该文中比较赞成马克斯·韦伯的有关国家的定义，但他又认为韦伯定义中的国家所"垄断了"的强制权力一直到近代也没有完全实现。若以此为标准，岂不是直至近代，中国也没有进入国家社会吗？既然"韦伯的'国家'定义本身存在着根本性的问题"，那么我们为何还要用这一定义来作为衡量是否已形成国家的标准呢？说韦伯的这一定义只适用于所谓"早期国家阶段"、"成熟国家阶段"、"标准国家"中的"标准国家"②，也是自相矛盾的。难道"早期国家"、"成熟国家"就不是国家了吗？

诚然，关于古代国家形成的标志问题，还不能说已形成定论，这一学术课题并没有完全解决，它一直被作为国家起源中的重要理论问题而受到学者们孜孜不倦的探索。20 世纪 70 年代以来，一部分西方人类学者和考古学者通过所谓四级聚落等级来区别酋邦与国家的做法，就很有代表性。

---

① 易建平：《文明与国家起源新解》，《中国社会科学报》2011 年 8 月 11 日第 5 版。
② 同①。

这种做法的起因是，20 世纪 50 年代，美国人类学家卡莱尔沃·奥博格（Kalervo Oberg）提出酋邦概念；60 年代，塞维斯（Elman R. Service）建立"游团（band）—部落（tribe）—酋邦（chiefdom）—国家（state）"这一演进模式之后，学者们又认识到酋邦之间在社会复杂程度上存在着巨大差异。厄尔（T. K. Earle）等人把酋邦划分为"简单酋邦"与"复杂酋邦"两种类型，并提出只有复杂酋邦才能演变为国家，而区别这两种类型的考古学依据之一，便是决策级别的多少。这是从系统论和信息论中发展来的一种理论概念，其理论逻辑认为复杂社会发展中根本的变化首先是决策等级的增多，其次是信息加工的专业化。这一理论被亨利·瑞特（Henry T. Wright）、约翰逊（G. A. Johnson）、厄尔（Timothy K. Earle）等人应用到文化进化和国家起源的研究中，提出了区别酋邦与国家的所谓"四级聚落等级的国家论"的理论。例如，约翰逊提出部落和酋邦拥有一到二级行政管理机构，国家则至少拥有三级决策机构①。瑞特、厄尔等人则将这种决策等级（行政管理层次）与聚落等级相对应，进一步提出：四级聚落等级代表村社之上的三级决策等级，因而表示国家；三级聚落等级代表在村社之上的二级决策等级，因而表示复杂酋邦；二级聚落等级代表其上有一级决策等级，因而表示简单酋邦②。至于划分和衡量聚落等级的标准或方法，采用的是"第二大聚落（即二级）应是最大中心聚落规模的二分之一，第三大聚落（即三级）应是最大中心聚落规模的三分之一，以此类推"③。为此，澳大利亚雷楚布大学的刘莉教授在其《中国新石器时代——迈向早期国家之路》一书中，将上述说法列表予以表示④：

衡量社会复杂化程度的四种变量之间的大致对应关系

社会组织	聚落等级层次	管理等级层次	人口规模（人）*
简单酋邦	2	1	数千
复杂酋邦	3	2	数万
国家	4	3	10000～100000 或更多

＊简单和复杂酋邦的人口规模根据 Earle，国家的人口规模估计基于 Feinman。

---

① G. A. Johnson,1973,Loca Exchange and Early State Development in Southwestern Iran,*Museum of Anthropology*,*University of Michigan Anthropological Papers* 51,pp. 4–12.

② Henry T. Wright,1977,Recent Research on the Origin of the State,*Annual Review of Anthropology* 6:379–397,pp. 389.
Timothy K. Earle,1991,The Evolution of Chiefdom,In *Chiefdoms:Power,Economy,and Ideology*,edited by T. Earle,pp. 3,Cambridge University Press.

③ 刘莉：《中国新石器时代——迈向早期国家之路》第 146 页，文物出版社，2007 年。

④ 同③。

我们说聚落等级若划分得科学且符合历史实际的话，在某种程度上，可以反映出当时政治隶属和等级机制，它属于社会复杂化的一个方面或物化形式，因而有其理论上的意义。但"四级聚落等级的国家论"是有局限性的。这种局限性表现为三个方面：其一是划分和衡量史前聚落等级的标准有研究者主观上的因素，因而所划分出的等级只是相对的，而不能视其为绝对。其二是所谓国家的产生是由四级聚落等级组成和其上有三级决策等级来表示的说法，过于绝对化，过于教条。用中国上古时期即虞、夏、商、周时代的情况来检验，似乎与古代中国的实际不符。其三作为区分酋邦与国家的衡量标准，问题的实质并不在于某个聚落群中聚落等级究竟是由三级还是四级构成，而在于该政治实体是否存在较集中的强制性权力结构，社会中是否存在阶层或阶级的不平等。

首先，就划分聚落等级的具体情形而言，我们以《中国新石器时代——迈向早期国家之路》一书引用的资料为例，该书将中原、山东、陕西中部各地区和各亚地区的聚落群，大部分划分为三级，也有二级和四级，可是地区与地区之间的标准并不统一。同样作为龙山时代的第一级聚落，陶寺中期的城址规模是 280 万平方米，而伊洛地区王湾类型的一级聚落规模是 20 万～30 万平方米，豫北地区后岗类型的一级聚落是 30 万～56 万平方米，豫中地区的一级聚落是 20 万～50 万平方米，山东临沂地区的一级聚落是 75 万平方米，山东日照地区的一级聚落（两城镇）是 246.8 万平方米，鲁北地区一级聚落城子崖城址是 20 万平方米，等等。可见，虽然都被称为第一级聚落，但各地的悬殊是很大的。考古学者在依据聚落规模进行聚落等级的划分时，各地并没有统一的标准，也无法作出统一标准。即使同为第一级聚落，晋南 280 万平方米的陶寺城址与豫西、豫北、豫中三四十万平方米的第一等级聚落遗址，完全不是一个概念。此地被划分为第一等级的聚落，放在彼地就只能属于第二乃至第三等级的聚落。所划出的各个规模等级在本聚落群中有相对意义，但在各地之间却没有可比性。此外，对于城址的面积与遗址面积需要区别对待，这是因为从事过考古学调查的人都知道，在一个遗址中，由城垣圈起来的城内面积与整个遗址的面积不是一个概念，城址面积往往要小于一般意义上的遗址的面积。这样，对于某一聚落群来说，如果把 20 万平方米以上的遗址划为第一等级的话，那么作为城址，究竟多大规模的城址与之相当呢？是 10 万平方米以上还是 15 万平方米以上呢？其换算的依据是什么？总之，聚落规模等级的划分只是在各地聚落群内部具有相对性，而在各地的聚落群之间无法给它一个统一的量化标准，它含有研究者主观因素是显而易见的。

其次，是否只有四级聚落等级才表示国家的产生，也是很难说的。若用已知推未知，我们用我国商周时期都鄙邑落的等级情况来检验这一说法，问题就看得比较清楚了。以商代为例，商的"内服"之地（亦即王邦之地，是商王直接支配的地区，相当于后世所谓"王畿"）的都鄙邑落的等级可分为三级：即王都为第一级（最高级），朝臣、贵族大臣的居邑或领地（类似于周代的采邑或公邑）为第二级，普通村邑或边鄙小邑为第三级；商的"外服"之地（即位于四土的侯伯等附属国之地，亦即主权不完全独立的诸邦国之地）的都鄙邑落的等级亦分为三级：即最高一级是侯伯之君所居住的中心性都邑，如甲骨文中"侯唐"（即唐侯）之"唐邑"、丙国之"丙邑"、"望乘"族邦之"望乘邑"等；第二级是该邦内其他贵族之邑或族长所居住的宗邑；第三级是该邦内的边鄙小邑或侯伯贵族领地内贫穷家族所居住的普通村邑，如"沚"伯领地的"东鄙二邑"、甲骨文中的"鄙二十邑"、"三十邑"之类用数字计量的小邑等①。由于商代是"复合型国家结构"②，商代有些侯伯在臣服于商王之前是独立的邦国，在臣服或从属于商王之后，商王对侯伯之地的统治和支配也是间接性的支配，所以划分商代的聚落等级结构只能将作为内服的王邦与作为外服的侯伯分别区划，而且这些聚落等级之间的上下关系也只是有某种隶属关系而不是行政区划的分级管理关系。仅就聚落的等级分类而言，已经由邦国即初始国家发展为王国的商王朝，无论是商王直接统治的王邦还是由侯伯支配的各个族邦都看不到有所谓四级的聚落等级结构，这与瑞特、厄尔等人只有四级聚落等级才表示国家的理论是完全不同的。当然，若以商代复合制国家结构的角度而论，将商的王都与侯伯领地的三级聚落等级累加起来，就会有四级的聚落等级，但这已属于国家形态和结构都已大大发展了的情形，而不是作为独立的、早期国家的、单一制的邦国的情形。所以，与"四级聚落等级的国家论"说的不是一回事。

　　聚落等级的划分往往与聚落考古调查的推进密不可分。在这种调查中，较有成效的做法是被称为考古学"区域系统调查"（regional systematic survey）或"全覆盖式调查"（full-coverage survey）③。自 20 世纪 90 年代中期以来，山东大学东方考古研究中心、中国社会科学院考古研究所等研究机构通过与国外同行合作，先后在山东日照④及河南安阳⑤、灵宝⑥、洛阳⑦、伊洛河地区⑧、偃师⑨等地开展了规模大小不一的区域系

---

① 王震中：《商代都鄙邑落结构与商王的统治方式》，《中国社会科学》2007 年第 4 期；王震中：《商代都邑》第 486～500 页，中国社会科学出版社，2010 年。

② 王震中：《商代的王畿与四土》，《殷都学刊》2007 年第 4 期；王震中：《商代都邑》第 459、465～466、485～486 页，中国社会科学出版社，2010 年。

③ 方辉主编：《聚落与环境考古学理论与实践》，山东大学出版社，2007 年。

④ 中美两城地区联合考古队：《山东日照市两城地区的考古调查》，《考古》1997 年第 4 期。

⑤ 中美洹河流域考古队：《洹河流域区域考古研究初步报告》，《考古》1998 年 10 期。

⑥ 中国社会科学院考古研究所河南第一工作队等：《河南灵宝市北阳平遗址调查》，《考古》1999 年第 12 期。

⑦ 中国社会科学院考古研究所二里头工作队：《河南洛阳盆地 2001～2003 年考古调查简报》，《考古》2005 年第 5 期。

⑧ 陈星灿等：《中国文明腹地的社会复杂化进程——伊洛河地区的聚落形态研究》，《考古学报》2003 年第 2 期。

⑨ 许宏等：《二里头遗址聚落形态的初步考察》，《考古》2004 年第 11 期。

统调查，发表了一系列成果。其特点是所调查的对象，时间跨越几千年，面积有的超过千余平方千米，这对了解该地的聚落群的分布状况及其前后变化是大有裨益的，是聚落考古研究中必要的一环。当然，最为理想的状态是一个区域范围内典型遗址的发掘与区域系统调查以及调查中的试掘这三者的结合。典型遗址的大规模全面的发掘，可以解决聚落内的社会组织结构和关系；典型遗址所在地的区域系统调查及调查中的必要的试掘，则可以解决聚落与聚落之间即聚落群内与群外的关系。所以，以聚落形态研究为目的的发掘、调查、试掘，三位一体，学术目标明确，学术问题也容易得到解决或推进。在这里，限于篇幅，我们不准备对人类学中聚落等级与决策等级之间量变关系的理论做系统的验证，但我们可以利用商代王都所在地的洹河流域的考古调查资料，对所谓第一等级聚落（最高中心聚落）统辖若干第二等级聚落（次级中心聚落），第二等级聚落统辖若干第三等级聚落，第三等级聚落统辖若干第四等级聚落的层层递进的理论模式，进行个案式检验。

1997～1998 年，中美洹河流域考古队曾对安阳殷墟外围的洹河流域进行了多学科的考古调查，调查的范围以殷墟为中心，向东西各约 20 千米，向南北各约 10 千米展开，总面积将近 800 平方千米。以这次调查为主，综合历次调查的结果，发现仰韶文化后岗时期的邑落遗址 6 处，仰韶文化大司空时期的邑落遗址 8 处，龙山文化时期的邑落遗址 30 处，下七垣文化时期的邑落遗址 8 处，商文化殷墟阶段以前的邑落遗址 19 处，殷墟时期的邑落遗址 25 处，西周时期 22 处，东周时期 36 处。其中，商文化殷墟第一期晚段以前的阶段即商文化白家庄期至洹北花园庄晚期（亦即殷墟第一期早段）的 19 处邑落是：姬家屯、东麻水、大正集、柴库、洹北花园庄、西官园、东官园、聂村、大市庄、大定龙、大八里庄、袁小屯、郭村西南台、晋小屯、韩河固、东崇固、开信、将台、伯台。殷墟时期的 24 处邑落遗址是：北彰武、阳郡、北固现、姬家屯、蒋村、西麻水、大正集、安车、西梁村、柴库、范家庄、秋口、后张村、小八里庄、大八里庄、晁家村、南杨店、郭村、晋小屯、大寒屯、韩河固、东崇固、将台、蒋台屯。中商至晚商第一期早段的 19 处聚落，除洹北商城作为王都而规模庞大外，大多数属于规模较小的普通村邑。殷墟时期的 25 处聚落，调查者说其面积最大者不过 35000 平方米。为此，调查者的结论是："除殷墟外，洹河流域似不存在其他较大的中心聚落。这有可能说明当时分布于王畿附近的聚落都是由商王直接控制的，其间或许没有介于商王与族长之间的中层组织或机构。"[①] 安阳殷都及其周边 800 平方千米的范围内的聚落等级只有两级，而且这两个等级之间悬殊又非常大。我们并非用它来说明商王国的聚落等级结构（即都鄙邑落结构）只有两级。如前所述，无论是商王直接统治的

---

① 中美洹河流域考古队：《洹河流域区域考古研究初步报告》，《考古》1998 年第 10 期。

王邦之地还是由侯伯支配的族邦之地，其都鄙邑落结构（即聚落结构）都是由三级构成①。洹河流域安阳殷都及其周边的聚落考古调查却可以说明：围绕在最高聚落等级（即第一等级）周边的聚落也可以是最基层的聚落（第三级或第四级聚落，即最基层的村邑），而不必是所谓次级聚落中心（第二等级聚落），王都与其周围被统治的最基层聚落之间可以没有中间结构。

　　周代的情况也是这样，既有两级聚落等级，也有三级和四级聚落等级。西周王邦之地（即后世所谓"王畿"的地方）实行公邑、采邑制和国野制。从"国"与"野"来看，是两级聚落等级，加上贵族所领有的采邑（封邑）或公邑可构成三级聚落等级。西周诸侯国后来也实行采邑制，但在被分封初期，不需要向公室弟子分出采邑（封邑），所以西周诸侯国最初是没有采邑的。西周诸侯国在被分封初期，直接控制的国土并不是很大，其都城及周边地域也当实行国野制，经过发展，有的诸侯国成为具有一定领土范围和几个城邑的贵族国家，有的则依旧是由单一城邑和其周围的村邑组成的贵族国家。其中，在具有几个城邑（公邑和采邑）和某种领土范围的诸侯国中，其国都的邦君与公邑之间有隶属关系；国都与分封给贵族的采邑之间作为不同等级的聚落层次，国都为一级，采邑只能是次一级，但二者绝非行政区划的分级管理关系。与商代的情况相类似，从复合制国家结构的角度来看，如果把周的王都与诸侯国内三级聚落等级（即诸侯的国都和诸侯国内贵族宗邑以及普通村邑）累加起来，自然可构成四级乃至更多级别的聚落等级，只是这种划分法与"四级聚落等级的国家论"者的划分法，完全不是一个概念。至于商周时期只有单一城邑和其周围村邑的贵族国家，有点像春秋时期的一些小诸侯国。如《左传·昭公十八年》记载说："六月，鄅人籍稻，邾人袭鄅。鄅人将闭门，邾人羊罗摄其首焉，遂入之，尽俘以归。鄅子曰：'余无归矣。'从帑于邾，邾庄公反鄅夫人，而舍其女。"从这段记载中我们可以看到，鄅国国小民少，邾人破城便灭其国，可见其统治的范围仅限于都城周围地区，显然属于一个以都城为中心的城邑国家，很难作出聚落形态上的三级或四级之类的等级划分。

　　这样，笔者认为，所谓二级、三级、四级聚落等级及其最高等级的聚落规模，反映的只是社会复杂化程度和这一政治实体所控制的领土范围，何况我们对于聚落等级的划分也只是相对的，而且即使聚落等级之间有隶属关系，也不能说这种隶属关系就是行政区划的行政管理关系。也就是说，在古代中国，在夏商周时期的上古社会，邦君与贵族领地或采邑之间的某种隶属关系并不等于秦汉以后郡县制下中央与地方的那种具有行政级别的行政管理关系。那种只有具有四级聚落等级形态才表示国家已形成

---

① 王震中：《商代都鄙邑落结构与商王的统治方式》，《中国社会科学》2007 年第 4 期；王震中：《商代都邑》第 486～500 页，中国社会科学出版社，2010 年。

的理论是有局限性的，它并不能说明国家是否产生这一问题的实质，因而也不应作为其衡量的标准。

我们将聚落考古学与社会形态学结合起来研究古代国家和文明的起源，固然要对聚落的等级做出划分，并由此来说明社会的复杂化，这只是问题的一个方面，与此同时，我们还必须对史前社会组织、等级、阶层、阶级的产生、权力性质的演变，乃至宗教意识形态领域的变化等，进行多方面的考察，方可说明早期国家与文明社会是如何产生的，其演进的机制和运动的轨迹是什么，早期国家的形态和特点是什么。仅就国家形成的标志而论，笔者依然主张阶级与阶层的出现和凌驾于全社会之上的强制性公共权力的设立是最具特征性的，而且在考古学上可以找到其依据和物化形式，因而是具有可操作性的。

中国史前文化格局构建的心路历程*

李新伟

（中国社会科学院考古研究所）

中国现代考古学自诞生之日起便承担起了重建中国上古史的重任，这与当时的时代背景密不可分。1911 年，辛亥革命爆发，中华民国成立。孙中山提出"五族共和"的主张①，这一以汉族为主体、融合各民族的架构在很大程度上是传统的大一统思想的继承和发扬。自大一统思想产生起，追述上古圣王一统天下的黄金盛世就是维护其合理性的有效手段。新生民国的领导者和知识精英继承了这种方式。黄帝是中华民族共祖的观念被大力宣扬②。正当此时，新文化运动蓬勃而起。以顾颉刚为首的"古史辨派"提出"古史是层累地造成的，发生的次序和排列的系统恰是一个反背"的论断，否定了整个三皇五帝时代③，传统古史系统崩溃，大一统观念失去了强大的依托。

与此同时，自 17、18 世纪即初露端倪的中国文化西来说渐有兴旺之势，"文化西来说种种，在二十世纪初年灾难深重的中国知识分子当中引起很大反响。在强大的西方资本主义文明面前，一种交织着爱国主义和民族虚无主义的悲凉情绪支配着大多数知识分子"④。

在此情况下，中国上古有什么样的人文和政治景观成为国人热切期盼解决的问题。

学术界不约而同地把目光投向了新生的现代考古学。顾颉刚在《古史辨·自序》

---

* 本文得到国家科技支撑计划"中华文明探源及其相关文化保护技术研究"的资助（课题编号 2010BAK67B11）。

① 孙中山：《中华民国临时大总统宣言书》，《孙中山全集》（第 2 卷）第 100 页，中华书局，1982 年。

② 王明珂：《第十章 近代中国炎黄论述》，《英雄祖先与兄弟民族》，中华书局，2009 年。另参考高翠莲：《清末民国时期中华民族自觉进程研究》，中央民族大学出版社，2007 年。

③ 顾颉刚：《自序》，《古史辨》（第一册）第 52 页，上海古籍出版社，1982 年。

④ 陈星灿：《中国史前考古学史研究》第 34~35 页，生活·读书·新知三联书店，1997 年。

中明确指出："我知道要建设真正的古史，只有从实物上着手的一条路是大路，我的现在的研究仅仅在破坏伪古史的系统上面致力罢了。"① 胡适在致顾颉刚的《自述古史观书》中也提出："大概我的古史观是：现在先把古史缩短二三千年，从诗三百篇做起。将来等到金石学、考古学发达上了科学轨道以后，然后用地底下掘出的史料，慢慢地拉长东周以前的古史。"② 众望所归，中国考古学自此便承担起了"科学地"重建古史的重任，90年以来一直矢志不渝。构建史前中国整体文化格局，并以此建立三代和秦汉帝国的史前基础，在根源上为统一的多民族国家找到依托，是古史重建的最重要内容之一，也是"中国考古学派"的真意所在。从最初的"三系"、"三集团"、"夷夏东西"到其后的"黄河流域中心论"、"区系类型"模式、"重瓣花朵"模式和"中国相互作用圈"模式，都是不同阶段史前文化格局构建的努力。本文意在回顾这些艰辛努力的曲折心路历程，梳理各种思路，在整个学术史的背景下对上述各种模式的意义进行重新思考。

（一）1949年以前史前文化格局的构建

1. 构建的基础：寻根溯源

学术界一般以瑞典学者安特生1921年在仰韶村等遗址的发掘作为中国史前考古学诞生的标志③，但安特生的考古工作主要源自他的个人兴趣和偶然发现，真正目标明确的对中国古史的考古学探索应以1926年李济在晋南的调查和对西阴村的发掘为肇始。

本已有古史辨派摧毁了古史系统，文化西来说又日渐盛行，安特生更依据仰韶村获得的资料提出："吾人就考古学上证之，亦谓此著彩之陶器当由西东来非由东西去也。使他日可证明制陶之术来自西方，则其他文化或种族之特性，亦可由此输入。"④ 以众所期待的考古学加强了中国文化西来说。在这种情势下，中国第一代考古学者自然认为重构古史的第一步是追寻中国文化的根源。

李济在谈及西阴村发掘的缘起时，指出安特生的工作证明了中国北部存在一种新石器时代晚期文化，"这文化的来源以及它与历史期间中国文化的关系是我们所最要知道的"⑤。1931年，他在谈及城子崖发掘的意义时也说："现代中国新史学最大的公案就是中国文化的原始问题。"⑥ 1928年，从清华大学返回齐鲁大学任助教的吴金鼎在山

① 顾颉刚：《自序》，《古史辨》（第一册）第50页，上海古籍出版社，1982年。
② 胡适：《自述古史观书》，《古史辨》（第一册）第22页，上海古籍出版社，1982年。
③ 陈星灿：《中国史前考古学史研究》第90页，生活·读书·新知三联书店，1997年。
④ 安特生：《中华远古之文化》，《地质汇报》第五号第17~18页（中文第11~12页），1923年。
⑤ 李济：《西阴村史前的遗存》，《李济文集》（卷二）第170页，上海人民出版社，2006年。
⑥ 李济：《发掘龙山城子崖的理由及成绩》，《李济文集》（卷二），上海人民出版社，2006年。原文1931年发表于《山东省立图书馆季刊》第1集第1期。

东章丘龙山镇调查，发现了城子崖遗址，为考古寻根找到了新的线索①。1930～1931年，史语所对城子崖进行正式发掘，直接动机有三："第一是想在采陶区域以外作一试验，第二是想看看中国古代文化之滨海性，第三是想探比殷墟——有绝对年代知识的遗迹——更早的东方遗址"。这是寻根探源的另一项重要工作。

如果说上述两项工作是直接探寻中国文化较早源头的话，殷墟和斗鸡台的发掘则可以说是把比较确凿的古史向上延伸的努力。李济在1931年指出："我们当然择一个若明若昧的时期作一个起发点；这个时期，大部分的学者承认在秦汉以前的夏商周三个朝代。因为我们中国文化的基础是在这'三代'打定的。要能把这将近两千年的文化找出一个原委，中国文化的原始问题，大部分就可解决。"这应该是学术界的共识。

1928年，新成立的中央研究院历史语言研究所对殷墟进行发掘，这是中国学术机构组织的第一次田野发掘，其目的用李济的话说是："在开始这一工作时，参加的人员就怀抱着一个希望，希望能把中国有文字记录历史的最早一段与那国际间甚注意的中国史前文化连贯起来，作一次河道工程师所称的'合龙'工作。"② 1933年，国立北平研究院史学研究会（1937年改为所）在宝鸡地区调查，次年发掘斗鸡台遗址。在该院的《五周年工作报告》中，谈到这些工作的缘起："至周秦二民族初期之文化，则古书中所载与之有关之史料，数量极少，无参证比较之余地，真伪正纰，无法核定。且意义暗昧，颇多难索解处。实为学术界最大之缺憾。"③ 斗鸡台发掘的动因与殷墟发掘一样，同样是想以考古资料补足文献记载之不足，探索"先周"和"先秦"渊源问题④，使若明若暗的起发点明朗。

一系列重要的考古工作初步证明中国文化有自己的根源，对西来说提出了质疑。西阴村发掘后，李济认为"考较现在我们所有的材料，我们还没得着十分可靠的证据，使我们断定在中国所找的带彩陶器确发源于西方"⑤。1945年5月，夏鼐在甘肃宁定县阳洼湾齐家文化墓葬填土中发现"仰韶式的彩陶"，推翻了安特生的分期系统，彻底动摇了中国文化西来说的基础⑥。城子崖的发掘，以黑陶为特色的龙山文化的发现，更是证明除了彩陶文化外，中国文化另有一强大根系，摆脱了单以追寻彩陶源流探中国文

---

① 吴金鼎：《平陵访古记》，《中央研究院历史语言研究所集刊》第一本第四分册，1930年。
② 李济：《中国古器物学的新基础》，《李济文集》（卷一）第339页，上海人民出版社，2006年。原文1950年发表于台湾大学《文史哲学报》第1期，是1948年1月的演讲稿。
③ 转引自苏秉琦：《斗鸡台沟东区墓葬》，《苏秉琦文集》（一）第312页，文物出版社，2010年。
④ 苏秉琦：《山东史前考古》，《苏秉琦文集》（二）第8页，文物出版社，2010年。
⑤ 李济：《西阴村史前的遗存》，《李济文集》（卷二）第181页，上海人民出版社，2006年。
⑥ 夏鼐：《齐家期墓葬的新发现及其年代的改订》，《夏鼐文集》（上册），社会科学文献出版社，2000年。

化之源的模式，"替中国文化原始问题的讨论找了一个新的端绪"，"有了城子崖的发现，我们不但替殷墟一部分文化的来源找到一个老家，对于中国黎明期文化的认识我们也得了一个新阶段"，"凡此一切都给予我们一个强有力的暗示，就是构成中国最早历史期文化的一个最紧要的成分，显然是在东方——春秋战国期的齐鲁国境——发展的"①。正如有学者指出的，龙山文化的发现固然不能解开仰韶文化是否西来的疑问，但在一定程度上推翻了中国文化西来的假说②。

确立中国文化的独立起源对于中国古史重建有筚路蓝缕之功，为史前文化格局的构建奠定了坚实的基础。

2. 初步构建

第一代中国考古学家几乎在寻根溯源的同时，便与当时的新史学家以"二重证据法"释古和以新史观解析文献资料的潮流紧密配合，一起开始了依循被古史辨派质疑的古代文献重新构建古史的努力。

事实上，几乎在古史辨派倡导的"疑古"之风盛行的同时，1925 年，王国维在清华研究院讲授"古史新证"课时即提出："吾辈生于今日，幸于纸上之材料外，更得地下之新材料。由此种材料，我辈固得据以补正纸上之材料，亦得证明古书之某部分全为实录，即百家不雅训之言亦不无表示一面之事实。此二重证据法惟在今日始得为之。"顾颉刚本人是赞成这种"二重证据法"的，对王国维也极为推崇③。傅斯年在其《史学方法导论》中论及史料问题时，更是以王国维对商先王先公的考释为结合直接史料和间接史料的典范④。

以新史观审视文献、重构古史整体格局的代表人物则首推蒙文通、傅斯年和徐旭生。

蒙文通于 1927 年初 "发愤撰集"、1929 年在《史学杂志》上连载的《古史甄微》提出中国上古史"三系"说，"将时序系统的古史传说一变而为以地域划分的部落并立"⑤。蒙文通按照古史记载的古帝活动地域、经济生活、文化特征和"姓"，认为史前时代存在三个民族：炎族、黄族和泰族。炎族以炎帝、神农、三苗、共工、祝融、蚩尤为代表，以姜姓为主，活动在江汉流域，故又可称为"江汉民族"；黄族以黄帝、颛顼、帝喾、帝尧为代表，以姬姓为主，活动在河洛地区，故又可称为"河洛民族"；

① 李济：《城子崖发掘报告·序》，《李济文集》（卷二）第 206、209、210 页，上海人民出版社，2006 年。
② 陈星灿：《中国史前考古学史研究》第 205～227 页，生活·读书·新知三联书店，1997 年。
③ 曹书杰、杨栋：《疑古与新证的交融——顾颉刚与王国维的学术关联》，《文史哲》2010 年第 3 期。
④ 傅斯年：《史学方法导论》，《傅斯年全集》（第二卷），湖南教育出版社，2003 年。
⑤ 张凯：《出入"经""史"："古史三系说"之本意及蒙文通学术旨趣》，《史学月刊》2010 年第 1 期。

泰族以燧人、伏羲、女娲、太皞和少皞、帝舜、皋陶为代表，以风、偃、嬴姓为主，活动在海岱地区，又可称为"海岱民族"。三族各具特性：江淮—炎族"专恃刑法，崇神道"，最缺乏政治组织；河洛—黄族"强武而优于政治组织"；海岱—泰族则富于研究和思考。三族中，"泰族者中国文明之泉源，炎、黄二族，继起而增华之"。三族在斗争中融合，至夏代归于一元，形成"华夏民族"，各具特色的文化融合成"华夏新文化"，但在后来的历史时期，各方文化特征仍然以不同形式表现出来①。

傅斯年 1930 年完成、1933 年发表的《夷夏东西说》提出了著名的夷、夏二分说②。夷居"东平原区"，主要包括"黄河下游及淮济流域一带"，西以"太行山及豫西群山"为界；"东边是大海"；"北边有热、察两省境的大山作屏障"，山外的辽洮平原为东平原的"姊妹行"，"本来是一个的，分而为不断的两个了"；南端本可以到浙西，但因为环境差异，"我们的东平原可有淮南，却不能有江北"。夏居"西高地系"大体为"太行山及豫西群山以西的地域"，包括"兼括渭泾洛三水下游冲积地"的"关中高原"、"汾水区"和"伊洛区"这三个核心区，还包括泾渭上游的"陇西区"、昆仑山脚下的"洮湟区"，秦岭为其南界，秦岭之南的汉水流域"与我们所谓西高系者不能混为一谈"。将黄河及淮河流域划分成了东西两大部分，并在每个部分中又细化出若干小区域。

徐旭生 1939 年动笔、1941 年完成的名著《中国古史的传说时代》通过对文献的辨别、梳理和分析提出："我国古代民族的部族的分野，大致可分为华夏、东夷、苗蛮三集团——仔细地分析也未尝不可以分为六部分：因为西北方的华夏集团本来就分为黄帝、炎帝两大支：黄帝支居北，炎帝支居南，近东方的又有混合华夏、东夷两集团文化，自成单位的高阳氏（帝颛顼）、有虞氏（帝舜）、商人。接近南方的又有出自北方的华夏集团，一部分深入南方，与苗蛮集团发生极深关系的祝融氏族。"华夏集团"发祥于今陕西省的黄土原上，在有史以前已经渐渐地顺着黄河两岸散布于中国的北方及中部的一部分地方"。东夷集团的地域"北自山东北部，最盛时也或者能达到山东的北部的全境。西至河南的东部，西南至河南的极南部。南至安徽的中部；东至海"。苗蛮集团的中心在"今日的湖北、湖南两省。西及南两方的界限到什么地方，今日文献无徵，却很难说。在东面，江西省的大部分当仍属于这个集团。再向东的吴及越地，在文化上是否也属于这一集团也很难说。独北面的疆域比较明白。东部当以今日豫、鄂连境的大别山脉为界，以东邻于东夷集团。西部则北越南阳一带，侵入伏牛、外方各山脉间，以北邻于华夏集团"③。

———————————

① 蒙文通：《古史甄微》，《蒙文通文集》（第5卷），巴蜀书社，1995年。
② 傅斯年：《夷夏东西说》，《傅斯年全集》（第三卷），湖南教育出版社，2003年。
③ 徐旭生：《中国古史的传说时代》，文物出版社，1985年。

中国第一代考古学家们欣然加入到了上述重构古史的行列中。

李济在为城子崖报告写的序言中深刻讨论了释古情结①，他说："我们大约尚记得，十余年前，在古史新运动的初期，那反对疑古派所执为最充足的理由是怕尧、舜、禹的黄金时代若打倒，就'会影响到人心'。骨子里的意思大概是说，假如我们要把中国上古的文化说得不像他们所想象的那样子，我们民族的自尊心就要失掉了。这点感情虽是不十分合理，动机却很纯洁，且是极普遍存在的。好多成熟的科学家与哲学家都免除不了。外国人带了这种感情来论中国事，无形之中就要把中国的民族史看得比他本国的格外不同一点。被误解的人自然也要想法子自卫。是非曲直，反愈闹愈纠纷了。不过治史学的人，并不一定要完全抑制这类的感情。说穿了，这仍是一个技术问题。技术高的史学家就能把他的感情贯注到真的史实里，技术低的人往往就由着感情作用不惜创作伪史；但结果总要弄巧成拙。"他还曾明确指出："殷墟发掘的经验启示于我们的就是：中国古史的构成，是一个极复杂的问题。上古的传说并不能算一篇完全的谎帐。那些传说的价值，是不能遽然估定的。只有多找新资料，一步一步地分析他们构成的分子，然后再分别去取，积久了，我们自然会有一部较靠得住的中国上古史可写。"

苏秉琦深受其导师徐旭生的影响，专门著文讨论文献记载与古史重建问题，提出："一部理想的中国上古史必须是根据全部可用的文献、传说和遗物，三种材料综合运用，适当配合写成的。"②

中国第一代考古学家们，明显没有完全抑制对古史记载的黄金时代的感情，但他们要做的不是受感情驱使创作伪史，而是做"技术高的史学家"，把感情贯注到对考古工作的规划和对考古资料的解释中。

李济在选择由中国考古学家独立主持的第一项田野工作时，依循文献的思路非常明确。他选择晋南地区进行调查的一个重要原因是，文献记载的尧、舜和夏的活动区域都集中在汾河流域。在谈及发掘西阴村的原因时，他自述道："选择西阴村这个史前遗址，主要是因为它覆盖的面积比交头河为大；部分地也是由于它的位置正处在传说中夏王朝——中国历史的开创时期——的王都地区的中心。"③ 他在临汾考察尧陵，在运城访舜陵，在夏县寻夏陵，西阴村便是在探寻夏陵途中发现的④。1926年2月25日，

① 李济：《城子崖发掘报告·序》，《李济文集》（卷二），上海人民出版社，2006年。

② 苏秉琦：《试论传说材料的整理与传说时代的研究》，《苏秉琦文集》（二），文物出版社，2010年。原发表于《史学集刊》第五期，国立北平研究院史学研究所印行，1947年。

③ 李济：《西阴村史前遗址的发掘》，《李济文集》（卷二），上海人民出版社，2006年。原文为1927年以英文写给资助晋南调查和西阴村发掘的美国弗利尔艺术馆的报告。

④ 李济：《山西南部汾河流域考古调查》，《李济文集》（卷二），上海人民出版社，2006年。本文最初于1927年以英文发表。

他到达临汾时，不禁发出感叹和遐想："临汾县（平阳府），这是一个勾起人们的历史遐想的城市——尧帝的古都！中国的读书人又有谁不熟悉这位伟大君王的种种崇高品德呢？可是，他究竟建造过一个雏形的城市没有？"在这段充满感情的话语中，不难感受到李济以考古印证古史的激情。

如果说李济在晋南开展工作更多是一位深受中国传统文化浸染的年轻考古学家自然而然地对尧舜圣地的寻找的话，史语所在城子崖的工作则是在"夷夏东西"这一古史框架下目的性更强的古史重建举措。前者是试图印证原始的文献记载，而后者则开启了更具雄心的古史重建之路：先重新解读文献建立新的古史框架，再以考古学手段证明之。紧随城子崖之后在宝鸡地区的考古调查及对斗鸡台的发掘，走的是同样的道路，是在徐旭生"三集团说"框架下的考古实践，意在寻找"发祥于今陕西省的黄土原上"的华夏集团的踪迹。

虽然没有学者明确阐述过，但构建这一框架实际隐含的目的是在史前时代寻找后来中国的影子，建立史前中国与三代中国和秦汉帝国的联系——传统的古史系统既然已经被摧毁，新史学家和考古学家试图通过自己的努力，重建三代中国和秦汉帝国的史前基础。最初的构建从三个方面表达了这种联系。

第一是空间的重合。古史重构的空间范围大致包括黄河流域和长江中下游。傅斯年喜用"周秦时代"概念，其心目中需要重构的上古中国的空间应该是以周秦时代疆域为基准的。其他学者虽未明确阐述，但应大体持同样的观念。

考古学家关注的也大致为黄河流域和长江中下游。李济在1923年完成的博士论文《中国民族的形成》中借用了李雅各（James Legge）在其英译的《诗经》的序言里面提出的"中国本部（China proper）"的概念，给自己限定的空间范围是北纬20°～40°，东经100°～121°之间[1]，时间范围从公元前722年至公元1644年，即"诗经年代"至明代。可见其心目中的中国本部也即"周秦"时代疆域。梁思永在东北地区做过大量的调查和发掘工作，当时他基本认为北方地区自成一个系统[2]。在1930年即以英文发表的《山西西阴村史前遗址的新石器时代的陶器》中[3]，他指出"满蒙群不仅属于不同的陶器地区，而且年代也较中国本土各群为晚"，在说明北方地区独立性的同时，认

---

[1]　李济：《中国民族的形成》，《李济文集》（卷一），上海人民出版社，2006年。英文博士论文完成于1923年，1928年出版。

[2]　梁思永：《远东考古学上的若干问题》，《梁思永考古论文集》，科学出版社，1959年。英文原文发表在 American Anthropologist 1932 Vol. 4，p. 365–376。

[3]　梁思永：《山西西阴村史前遗址的新石器时代的陶器》，《梁思永考古论文集》，科学出版社，1959年。该文的编者按特意说明，龙山已经有高圈足器，仰韶是受龙山影响，"满蒙群可能也受了龙山文化的影响"。

为其时代较"中国本土"晚，似未将其纳入重构古史的范围。

古史重构的空间因此与周秦时代空间取得了一致。

第二是根据地理单元划分文化区系并将其与古史记载中的部族联系起来。古史学家将古史重构的空间划分成了大区系，虽然各位学者在具体划分上有三分和两分的不同，但有一个共识，即傅斯年在《城子崖》序言中指出的："中国的史前史原文化本不是一面的，而是多面互相混合反映以成立在这个文化的富土上。"大区下又划分小区。如傅斯年指出夏居"西高地系"，包括"关中高原"、"汾水区"和"伊洛区"这三个核心区，还包括泾渭上游的"陇西区"、昆仑山脚下的"洮湟区"。他除了提到辽西地区外，还提到长江下游的浙西地区及秦岭之南的汉水流域两个地域概念。徐旭生则明确提出华夏、东夷、苗蛮三集团"仔细地分析也未尝不可以分为六部分"：华夏集团分为黄帝、炎帝两大支：黄帝支居北，炎帝支居南；近东方的又有混合华夏、东夷两集团文化，自成单位的高阳氏（帝颛顼）、有虞氏（帝舜）、商人。接近南方的又有出自北方的华夏集团，一部分深入南方，与苗蛮集团发生极深关系的祝融氏族。他还指出，吴越在文化上是否也属于苗蛮这一集团很难说，可能自成体系。这些依据文献进行的古史构建为考古学家划分考古学文化的区系，并建立这些区系与古史记载的联系奠定了基础。

考古学方面，因为傅斯年的重要影响力，夷夏东西框架深刻影响了对考古学文化格局的认识。当时的主要考古工作集中在黄河流域，但中外学者在周边地区，如东北地区和长江下游地区，也开展了工作，并有重要发现。但在对这些资料的解读中，考古学家采取的技术路线是从仰韶文化和龙山文化中提炼出彩陶和黑陶两大内容宽泛的文化特征，将主要的史前考古发现纳入到这两大文化系统中，并以东西二元对立解释二者的关系。当时东北地区如上所述，未被纳入古史重构空间范围；长江下游的考古工作以 1931 年施昕更对良渚遗址的发掘最为引人注目[1]，但施昕更本人和梁思永均认为可以将其纳入到以黑陶为特征的龙山文化系统中[2]。这种认识模式无疑受到了夷夏东西框架的强烈影响。

考古学家们也认识到在大区下可以划分小区。梁思永在其 1939 年发表的经典论文《龙山文化——中国文明的史前期之一》中，虽然将中国东部发现的 70 多处遗址均归入龙山文化，但划分了山东沿海区、豫北区和杭州湾区三个小区，并总结了各小区文化面貌上的特征。但严谨的考古学家们并没有将这些小区与文献记载的部族对应。

---

① 施昕更：《良渚——杭县第二区黑陶文化遗址初步报告》，浙江省教育厅出版，1938 年。

② 梁思永：《龙山文化——中国文明的史前期之一》，《考古学报》第 7 册，1959 年。是据 1939 年英文稿翻译成。又见《梁思永考古论文集》，科学出版社，1959 年。

需要着重指出的是，夷夏东西模式中，夷和夏的核心区域分别在黄河下游和中游，该模式实际上赋予了黄河流域特殊的地位。与此模式契合的考古工作，也具有明显的以黄河流域为中心的倾向，将良渚的发现解读为龙山文化的地方类型即是这一倾向的结果。文献记载中，夏商周三代均在黄河流域兴起，因此，证明了黄河流域自史前时代即为核心地区，即证明了三代的兴起是有史前文化基础的，这就沟通了三代和史前时期的联系。

第三点是各区系间的互动与文献记载重大事件的对应。新史学家们均认为各区系即各部族不断以各种形式互动，终于渐成一体。蒙文通认为，"泰族者中国文明之泉源，炎、黄二族，继起而增华之"。三族在斗争中融合，至夏代归于一元，形成"华夏民族"，各具特色的文化融合成"华夏新文化"，但在后来的历史时期，各方文化特征仍然以不同形式表现出来。徐旭生认为华夏和东夷集团在夏代以前即先经过战争融合为一体，夏代融合进一步加强。傅斯年则认为夏和夷两大群体在三代一直处于"夷夏交胜"的互相争斗的阶段。学者多通过对文献记载的著名事件如涿鹿之战、阪泉之战、大禹治水等的重新解读，讨论各区系亦即各部族的关系。

考古学家方面，梁思永在1935年发表的《小屯、仰韶和龙山》中认为："仰韶文化彩陶自黄河上游向下发展达到河南北部的安阳县高楼庄后冈和渑池县仰韶村之后，自黄河下游向上游发展的龙山文化才侵入河南北部。它先到后冈，占领了彩陶文化早期就废弃的遗址，后到仰韶村，遇着发达的已过了最高点的彩陶文化。"[①] 该文中多次使用"侵入"和"占领"，夷夏东西对立意味浓厚。

总之，在古史重建的开启阶段，第一代中国考古学家们在基本确立了中国文化独立起源的基础上，接受"夷夏东西"框架，对中国史前文化格局进行了初步构建。

（二）1949 年以来的构建

1. 构建的新基础：考古学文化时空框架的建立

1949年以后，中国史前考古学的一个重大进展是各地考古发现的大量增多。至1979年，"建国三十年来，新石器时代遗址的发现已超过六七千处，大规模的调查发掘遍及全国，新的发现丰富多彩，文化类型的分析及其相互关系的探索日益深入"[②]。经过发掘并成为考古学文化和重要类型命名地的遗址即有黄河中游的老官台、北首岭、半坡、庙底沟、西王村、客省庄、王湾、大河村、后冈和大司空，黄河下游的大汶口、

---

① 梁思永：《小屯、仰韶和龙山》，《梁思永考古论文集》，科学出版社，1959年。原文发表于1935年《国立中央研究院庆祝蔡元培先生六十五岁论文集》第555～568页。

② 安志敏：《三十年来中国的新石器时代考古学》，《中国新石器时代论集》，文物出版社，1982年。

刘林、大墩子、花厅、三里河、西夏侯、姚官庄、尚庄和尹家城，黄河上游的柳湾、秦魏家、大何庄和皇娘娘台；辽西地区的富河、西水泉、胡桃沟和小河沿，东北地区的双坨子和新开流；长江中游地区的大溪、红花套、三元宫、屈家岭、青龙泉、石家河、仙人洞、山背和筑卫城，长江下游的北阴阳营、马家浜、河姆渡、崧泽、钱山漾、草鞋山和马桥。此外，在华南发现有福建闽侯县石山，广东南海西樵山、曲江石峡，广西桂林甑皮岩和云南宾川白羊村①。

大量新考古发现的直接结果是"文化类型的分析及其相互关系的探索日益深入"，梳理异彩纷呈的考古遗存的时空关系，建立考古学文化的时空框架自然而然地成了中国史前考古学的最重要任务。夏鼐在 1959 年发表《关于考古学上文化的定名问题》②，为框架建设提供了理论指导③。70 年代，碳-14 测年技术的应用又为框架建设提供了技术支持。

1972 年，中国科学院考古研究所实验室发表第一批碳-14 数据，安志敏著文，整体讨论各地考古学文化序列问题，在六个小节中分别讨论了仰韶文化、龙山文化、西北地区、长江下游、长江中游和西南地区的文化序列④；1981 年又发表论文进行了更细致的探讨，设立"仰韶文化的类型和变体"、"龙山文化的再认识"、"江汉地区的诸遗存"、"长江下游的文化序列"和"东南和西南的遗存及有关问题"诸小节⑤。

1977 年，夏鼐著文，参照碳-14 年代全面地叙述了各地考古学文化的发展序列。文章按照中原、黄河上游（甘青地区）、黄河下游和旅大地区、长江中下游、闽粤沿海、西南地区和东北地区七个地区展开讨论⑥。

苏秉琦自 70 年代起便在不同场合阐述自己对中国史前整体文化格局的思考⑦，提出"若再往前追溯到四五千年到五六千年的新石器时代"，可以看到中原、沿海、东南、江汉、甘青和北方六个区系并立的格局。1981 年，他将以前的思考整理成文，正式提出了著名的"区系类型"说⑧，将中国史前文化分为六大区：陕豫晋邻境地区、山东及邻省一部分地区、湖北和附近地区（1997 年改为"以环洞庭湖与四川盆地为中

① 任式楠：《绪论》，《中国考古学·新石器时代卷》，中国社会科学出版社，2010 年。
② 夏鼐：《关于考古学上文化的定名问题》，《考古》1959 年第 4 期。
③ 张忠培：《中国考古学史的几点认识》，《中国考古学：实践·理论·方法》，中州古籍出版社，1994 年。
④ 安志敏：《略论我国新石器时代文化的年代问题》，《考古》1972 年第 6 期。
⑤ 安志敏：《三十年来中国的新石器时代考古学》，《中国新石器时代论集》，文物出版社，1982 年。
⑥ 夏鼐：《碳-14 测定年代和中国史前考古学》，《考古》1977 年第 4 期。
⑦ 苏秉琦：《学科改造与建设——1975 年 8 月间为吉林大学考古专业同学讲课提纲》，《苏秉琦文集》（二），文物出版社，2007 年。
⑧ 苏秉琦：《关于考古学文化的区系类型问题》，《文物》1981 年第 5 期。

心的西南部"①）、长江下游地区、以鄱阳湖—珠江三角洲为中轴的南方地区、以长城地带为重心的北方地区。

对比这些时空框架构建方案，可以看出在区系划分和对各区系内文化发展序列的讨论中并无本质区别。这些经典论文的发表，可以作为中国史前考古学文化时空框架在 20 世纪 80 年代初步建立的标志。

需要着重说明的是，考古学文化时空框架的建设与对中国史前文化格局构建密切相关，但不能混为一谈。前者是依据类型学和地层学为考古资料找到恰当的时间和空间位置，后者则是站在重建古史的立场上对前者结果的解读。在 1949 年以后历时三十年的考古学文化时空框架建设过程中，对中国史前文化格局的思考从未停止。20 世纪 50 年代仰韶文化早于龙山文化的事实被确认后，以"夷夏东西"为指导的仰韶和龙山两大文化东西对立的旧模式即受到了严重挑战。面对各地区史前考古学文化异彩纷呈的景象，致力于古史重建的新中国考古学家们，在逐步建立考古学文化时空框架的同时，一直在同时思考一个重大学术问题：如何以新的模式解读新的考古学文化时空框架下各区系间的关系，并在这种解读的基础上建立史前中国和三代以至秦汉时期中国的联系。

2."黄河流域中心"模式

此模式常被称为"中原中心论"，但实际上它强调的是以整个黄河流域为中心的仰韶和龙山文化的核心作用和强大影响力，以这种影响力作为维系各地区文化、构成史前中国文化体系的纽带。

1959 年，安志敏在阐明仰韶文化与龙山文化为早晚相继的两个发展阶段而非东西对立并存后，提出"从新石器时代到金属时代，黄河中下游一直是古代文明的中心，阶级社会统治王朝夏、商、周的产生与发展，也与这里的新石器文化有着不可分割的联系。据近年来所发现的丰富资料，仰韶文化是发生在黄河中下游而经过长期发展的一种新石器文化，继而兴起的龙山文化，至少在豫、晋、秦一带可能是从仰韶文化发展来的。龙山文化也同样经过长期的发展过程，而历史上的'夏'文化，便要从这个地区的晚期文化中去探求……据以上看法，则龙山文化承袭着仰韶文化，而'夏'和殷代文化又与龙山文化有密切的联系。至于西周文化，则是从陕西龙山文化中演化出来的，它们的发展系统还都比较清楚。这种悠久的文化传统与不可分割的联系，奠定了中华民族古代历史的发展基础"②。

"黄河流域的古代文明与世界上其他大河流域的古代文明相同，它的发生和发展也

---

① 苏秉琦：《中国文明起源新探》，香港商务印书馆，1997 年。
② 安志敏：《中国新石器时代考古学上的主要成就》，《文物》1959 年第 10 期。

推动和影响了邻近地区的古代文化，如长江流域以及边疆地区的古代文化遗存都与黄河流域有着密切的联系。从黄河流域考古学上所提出的各项证据，对研究中国古代文化的形成与发展上是具有重要意义的"①。在当时，这是被广为接受的模式。石兴邦曾指出："黄河流域是我国历史发展的中心地区，历史上我国多民族国家的形成，是以这一地区为核心的。黄河流域考古学上主要问题的解决，直接间接地有助于其他地区历史问题的解决。因为，中国自古以来，以黄河流域为中心的中原居民与边疆及少数民族聚居地区的古代民族的活动，就拧结成了一条紧密的历史纽带。"②

1981 年，在全面讨论考古学文化的时空框架后，安志敏提出："辽阔的祖国大地上，分布着各种类型的新石器文化，它们有着不同的来源和发展关系，由于不同地域的文化交流和相互影响，往往会出现新的文化类型，并逐渐扩大它们的分布范围，最后呈现融合统一的趋势。由于社会发展的不平衡，必然存在着先进与落后的差别，发展的速度也不一致，不过先进的经济和文化作为一种推动力量，也常常发挥它的影响和作用……一般把黄河流域作为中国古代文明的摇篮，更确切地说，它应该是亚洲或世界上的古文化中心之一。"③ 与二十年前相比，他明确指出各地区有自己的发展序列，而且相互影响，但仍然强调黄河流域的中心地位，作为"先进的经济和文化"，是一种推动力量，常常发挥它的作用和影响，在中国文明起源过程中的作用尤其如此。

此模式将分别占据黄河中游和下游的仰韶文化与龙山文化同时并存、二元对立的旧模式变为泛仰韶文化和泛龙山文化在不同时期占据黄河流域并在文化发展上一直处于领先地位的新模式。但在坚持黄河流域一直处于领先地位的中心，不断对周边施加影响方面，与夷夏东西是相同的，因此也通过强调史前核心地区与三代发生地区的重合，建立了史前时代与三代的联系。

3. "区系类型"模式

很多学者把苏秉琦 1981 年正式提出的"区系类型"模式纳入建立中国史前考古学文化时空框架的范畴，赞之者认为该文是"对我国考古学文化谱系研究具有奠基意义的重要文章"，"是苏秉琦先生几十年来运用类型学方法研究各种考古遗存的必然结果"④，"标志着中国考古学文化谱系建设初具规模"⑤。持异议者认为："考古学文化

---

① 安志敏：《试论黄河流域新石器时代文化》，《考古》1959 年第 10 期。

② 石兴邦：《黄河流域原始社会考古研究上的若干问题》，《考古》1959 年第 10 期。

③ 安志敏：《三十年来中国的新石器时代考古学》，《中国新石器时代论集》，文物出版社，1982 年。

④ 张忠培、俞伟超：《〈苏秉琦考古学论述选集〉编后记》，《中国考古学：实践·理论·方法》，中州古籍出版社，1994 年。

⑤ 何努：《中国文明起源考古探索的新思考》，《从考古到史学研究之路——尹达先生百年诞辰纪念文集》，云南人民出版社，2007 年。

的分区和系统，是考古学研究中的常用手段，并不具有什么新的含义。"① 如上文所述，1949 年以后，面对日益丰富的考古资料，建立考古学文化时空框架自然成为史前考古学的基本任务，"文化类型的分析及其相互关系的探索日益深入"，经过三十年的努力，至 20 世纪 80 年代，考古学文化的时空框架已经基本确立，各位学者阐述的框架并无本质差别。在 1981 年的文章中，苏先生确实倡导"各地同志应立足于本地的考古工作，着力于把该地区的文化面貌及相互关系搞清楚"，即完善已经初具规模的考古学文化时空框架。区系类型学说提出后，也确实极大促进了时空框架的建设。但是，区系类型模式的真正重要性不在于第一次把异彩纷呈的考古学文化梳理出了头绪、建立起了基本时空框架，而在于通过对已经初步建立起的时空框架的综述提出了一种新的、不同于"黄河流域中心"模式的解读，提出了中国史前文化格局构建的新方案。

在 20 世纪 50 年代对于仰韶文化的研究中，苏秉琦就已经形成区系的观点，并用图解的方式试图说明包括江、淮、河、汉四大流域地区几个不同方面史前文化之间在一个时期内相互作用的论点②，而其思想源头更可以追溯到徐旭生提出的"三集团"说，"同前辈诸先生的启发不能说没有关系"③。这一模式的核心是强调各区系的独立性，指出它们"以各自的特点和途径在发展着"，否定"黄河流域中心"模式赋予中原地区的领先地位，认为各地区之间"影响总是相互的，中原给各地以影响；各地也给中原以影响"。20 世纪 80 年代以后的一系列重要考古发现，充分印证了中原以外史前文化区取得过毫不逊色于中原的发展成就。苏秉琦在这些新发现的基础上，不断对区系类型模式进行更深入的阐述，其主要内容是以各地区沿独特道路发展、没有核心的视角，全面重构中国文明起源波澜壮阔的过程④，包括以下要点：

一是多个主要文化区系沿各自的道路发展，均达到过相当高的社会发展程度，出现"文明曙光"，整个中国文明起源呈满天星斗之势。

二是各地区在发展过程中除了自己的"裂变"外，相互间也有密切互动，表现为"撞击"和"融合"，即区系间的相互学习和某些区系对其他区系因素的兼容并蓄。

三是提出庙底沟类型"玫瑰花"形彩陶图案及该类型所在的华山周围与华夏族的关系，陶寺所在的晋南地区为尧舜禹活动中心，"帝王所都曰中，故曰中国"，是"共识的中国"所在之地，也就是在一定程度上承认中原地区有其特殊重

① 安志敏：《论环渤海的史前文化——兼评"区系"观点》，《考古》1993 年第 7 期。
② 苏秉琦：《关于仰韶文化的若干问题》，《考古学报》1965 年第 1 期。
③ 苏秉琦：《中国文明起源新探》第 43 页，香港商务印书馆，1997 年。
④ 苏秉琦：《中国文明起源新探》，香港商务印书馆，1997 年。

要性。

四是提出"中原地区是中国古代国家发展模式中的'次生型'",避免了对中原重要性的过高估计。其论据有三:一是以牛河梁的重大发现为依据,强调红山文化的重要性,"距今七千至五千年间,源于华山脚下的仰韶文化庙底沟类型,通过一条呈'S'形的西南—东北向通道,沿黄河、汾河和太行山麓上溯,至山西、河北北部桑干河上游至内蒙古河曲地带,与源于燕山北侧的大凌河的红山文化碰撞,实现了花与龙的结合,又同河曲文化结合产生三袋足器,这一系列新文化因素在距今五千至四千年间又沿汾河南下,在晋南同来自四方(主要是东方、东南方)的其他文化再次结合,这就是陶寺"。即陶寺文化的发展是因为"有了北方作样子",是"在北方影响下产生的第二次阶级分化",红山文化是中原地区社会发展的重要参与者甚至是先行者。二是明确指出"把黄河中游以汾、渭、伊、洛流域为中心的地域,称作中华民族的摇篮并不确切,如果把它称作在中华民族形成过程中起到最重要的凝聚作用的一个熔炉,可能更符合历史的真实"。陶寺文化的发展是吸收周围各地区先进因素的结果。三是"中原地区国家的最终形成,主要是在从洪水到治水的推动下促成的,这是超越社会大分工产生政治实体的推动力"。总之,中原地区早期国家形成的主要原因不是自身的先进性,而是这三方面的"外部因素"。

区系类型模式以庖丁解牛之术,将"黄河流域中心"模式以中心辐射力维系的史前中国文化"全牛"解剖为各自独立的文化区系,为深入研究各地区文明化进程的独特性和不平衡性提供了更好的理论框架。与此模式颇具渊源的"三系统"说和"三集团"说也持古史多元观点,但其依据主要是古史传说,涉及的时空范围也有限;以考古发现为基础的区系类型模式是对古史多元论的证实和发展,时空范围更加广泛,对于破除"大一统"思想的"怪圈"具有重要意义,开拓了古史重建的新视角。

4. "重瓣花朵"模式

此模式认为,俯视中国史前文化景观,中原居中如花心,环绕在其周围的各区系文化如多重花瓣,中原因其位居各文化区系核心的特殊地理位置,得以博采众长,形成凝聚力或向心力,率先取得突破性发展,进入达到"国家"级别的社会阶段,而这种凝聚力正是维系各地区文化、构成史前中国文化体系的纽带。

苏秉琦在20世纪70年代即指出:"远在约四千年左右,在我国大地上不仅是围绕着中原形成了若干个文明中心,而且在它的外围,甚至遥远的边疆也形成更为广泛的许多文明中心,这些中心之间又是以中原这一腹心地区为其核心的广泛联系,而且从那时起,除看到它们相互之间的联系而外,还可以看到它们都对我国文化形成与发展做出过自己的贡献。在大量科学考古工作基础上认识阐明这一历史过程,无疑对加强我国各民族之间的团结有其重大现实意义。"① 在这一模式中，中原居中，其他文化区呈两重环状分布于中原周围。内环包括"晋南、关中、湖北（江汉平原）、安徽（淮南北）、江苏（北）、山东、豫北冀南等七地区"；外环包括"以昭盟为中心的辽河西（包括冀北、中）、以伊盟为中心的包括晋陕二省沿黄河一带、甘青间、河西走廊至南疆、四川盆地、滇西（以大理为中心）、粤东北（包括闽赣一部分）、洞庭湖南北、赣江下游鄱阳湖周围（可能连接宁芜）、杭州湾与太湖流域等十个地区"。"在以上两个环形包围下的中原则在政治上、民族文化上起过重要的核心作用。"

苏秉琦强调了这一格局的形成是在距今"约四千年左右"。比起他后来系统提出的"区系类型"模式，这一较早的思考中，中原占有更核心的地位，并没有被特意淡化。

严文明在 1987 年发表的经典文章中，系统阐述了"重瓣花朵"模式②。他指出，史前文化格局中，"最著名的是中原文化区，它以渭河流域和晋陕豫三省邻接地区为中心，范围几乎遍及陕西、山西、河北、河南全境"。这一大中原地区周围有甘青文化区、山东文化区、燕辽文化区、长江中游区和江浙文化区，"这五个文化区都紧邻和围绕着中原文化区，很像一个巨大的花朵，五个文化区是花瓣，而中原文化区是花心。各文化区都有自己的特色，同时又有不同程度的联系，中原文化区更起着联系各文化区的核心作用。""假如我们把中原地区的各文化类型看成是第一个层次，它周围的五个文化区是第二个层次，那么最外层也还有许多别的文化区，可以算作第三个层次。它包括福建的昙石山文化、台湾的大坌坑文化、广东的石峡文化，以及云南宾川白羊村、西藏昌都卡若、黑龙江新开流和昂昂溪、从内蒙到新疆的诸细石器文化等……它们同第二个层次的关系较第一个层次更为直接也更为密切，好像是第二重的花瓣。而整个中国的新石器文化就像一个巨大的重瓣花朵。"

在略早的一篇论文中，严文明明确指出"中国新石器文化既不是外来的，也不单是从某一个中心（比如黄河中游的中原地区）发源的……有的地方在某些时期的作用比较大些，另一些地方在别的时期的作用比较大些，没有一个始终处在领先地位的核心。只是发展到了后期，黄河中游的地位才逐渐突出起来，从而奠定了产生中国最早文明的基础"③，初步提出中原核心地位的形成有个历史过程。赵辉着重对重瓣花朵格局何时形成，中原何时成为中心进行了阐述，认为在公元前 3000～前 2500 年之间，中原文化区开始出现，中国新石器文化呈现出以中原为中心的三重结构④。公元前 2500

---

① 苏秉琦：《学科改造与建设——1975 年 8 月间为吉林大学考古专业同学讲课提纲》，《苏秉琦文集》（二），文物出版社，2007 年。
② 严文明：《中国史前文化的统一性与多样性》，《文物》1987 年第 3 期。
③ 严文明：《新石器时代考古研究的回顾与前瞻》，《文物》1985 年第 3 期。
④ 赵辉：《以中原为中心的历史趋势的形成》，《文物》2000 年第 1 期。

年以后的龙山时代，"中原地区出现了几支亲缘性很强的地方文化，分别为关中地区的客省庄二期文化、豫西地区的王湾三期文化、豫北冀南的后冈二期文化、豫东地区的造律台文化以及局限在晋南襄汾盆地里的陶寺文化。它们面貌相近，彼此之间的关系错综复杂，结成一个巨大的考古学文化丛体，可以统称为'中原龙山文化'。这个文化丛体占据了史前农业文化经济区的中心，紧靠它的周边，环绕着山东龙山、湖北石家河等地方文化，再以外，则是那些长期滞留在采集渔猎经济的区域文化。至此，考古学文化意义上的'以中原为中心'的态势已经形成"①。更明确地指出了重瓣花朵格局并非从新石器时代开始即出现，以中原为中心的历史趋势在龙山时代才真正形成。

与"区系类型"模式相比，"重瓣花朵"模式在承认各地区有独特发展道路的同时，非常明确地确立了大中原地区的核心地位。但是，它虽然认为"中原地区的史前文化发展水平较高"，却并没有像"黄河流域中心"模式一样强调中原地区一直处于领先地位，具有强大辐射力和影响力，推动着周边地区的发展，而是认为中原在文化上的核心地位很大程度上是由其地理上的核心位置决定的——中原因为位居花心，"易于受到周围文化的激荡和影响，能够从各方面吸收有利于本身发展的先进因素，因而有条件最早进入文明社会"。这样就提升了周围地区的重要性，而没有把它们放在从属的、被动接受影响的位置上，这更符合考古资料反映的情况。但同时也强调了中原地区的特殊地位，认为这种重瓣花朵的格局是"一种分层次的向心结构"，"这种格局不但把统一性和多样性很好地结合起来，而且产生出强大的凝聚力"。也就是说，中原仍然是维系各地区文化、构成史前中国文化体系的关键，但靠的是凝聚力而不单纯是影响力。

"重瓣花朵"模式还非常明确地试图将各文化区系与文献记载的古代部族对应，提出中原地区"根据古史传说，这一带曾是黄帝和炎帝为代表的部落集团活动的地域，以后在这里形成华夏各族"；甘青地区的新石器文化"应是往后戎羌各族的史前文化"；在山东地区，"大汶口文化和龙山文化等就应是东夷诸族的史前文化"；燕辽地区古文化可能是燕文化的重要渊源；长江中游孕育了楚文化；长江下游诸文化应是古越族的史前文化。在这种对应中，我们也不难看到蒙文通"三系统说"和徐旭生"三集团"的影响，但此模式中的对应同样是建立在更完备的考古学文化时空框架之上的，因而也更具说服力。通过这种对应，史前时代被与后来的历史发展紧密结合起来。这一模式赋予中原的核心位置使得夏王朝在中原出现成立"史前文化发展的必然结果"，这一模式的向心结构"奠定了以汉族为主题的、统一的多民族国家的基石……即使在某些时期政治上发生分裂割据，这种民族的和文化的凝聚力量也毫不减弱，成为中国历史

① 赵辉：《中国的史前基础——再论以中原为中心的历史趋势》，《文物》2006年第8期。

发展的一个鲜明特色"。由此，史前文化格局不但奠定了第一个王朝形成的基础，也预示甚至是决定了后来历史发展的大方向。

此模式在尊重各地区沿各具特征的道路独立发展、各有优势的同时，强调了中原地区的核心作用，是对"黄河流域中心"模式和"区系类型"模式的整合，力求兼顾中国史前文化的统一性和多样性。

5. "中国相互作用圈"模式

几乎在"重瓣花朵"模式提出的同时，张光直提出了"中国相互作用圈"模式①。

在 1986 年出版的 The Archaeology of Ancient China（《古代中国考古学》）第四版中，张光直将公元前 4000 年时期的中国新石器文化分为红山、小珠山、仰韶、大汶口、大溪、山背、马家浜、河姆渡、石峡—昙石山—凤鼻头八个文化系统，在论述这些系统的关系时，借用了美国学者葛德伟（Joseph R. Caldwell）在讨论美国东部印第安人文化时使用的相互作用圈（sphere of interaction）概念。葛德伟提出他的概念时，主要指各区域之间在葬仪上或宗教上的相互作用，张光直所谈的中国相互作用圈则"似乎牵涉到范围远较广泛的诸种活动"。他指出，在公元前 5000 年以前，各地史前文化互相分立，"我们实在没有什么特别的理由把这几处文化放在一起来讨论"；公元前 5000 左右，新的文化出现，旧的文化扩张；"到了约公元前 4000 年，我们就看见了一个会持续一千多年的有力的程序的开始，那就是这些文化彼此密切联系起来，而且它们有了共同的考古上的成分，这些成分把它们带入了一个大的文化网，网内的文化相似性在质量上说比网外的为大。到了这个时候我们便了解了为什么这些文化要在一起来叙述：不但它们的位置在今天的中国的境界之内，而且因为它们便是最初的中国"。"这个在公元前四千年前开始形成，范围北自辽河流域，南到台湾和珠江三角洲，东自海岸，西至甘肃、青海、四川的相互作用圈，我们应当如何指称？我们也可以选择一个完全中立的名词而称之为 X，可是我们也不妨便径称之为中国相互作用圈或中国以前相互作用圈——因为这个史前的圈子形成了历史期间的中国的地理核心，而且在这圈内所有的区域文化都在秦汉帝国统一的中国历史文明的形成之上扮演了一定的角色"。

与"区系类型"模式相似，本模式同样强调各文化区的平等和独立性，未强调中原地区的核心作用。张光直曾深刻反省自己对中国史前文化格局的认识如何从具有"核心区的偏见"的"龙山形成期"（longshanoid）模式转变为"中国相互作用圈"模式，其中提到了"区系类型"模式的影响，指出自己的分区与苏秉琦相似②。但与

---

① 张光直：《中国相互作用圈与文明的形成》，《庆祝苏秉琦考古五十五年论文集》，文物出版社，1989 年。

② 张光直：《二十世纪后半的中国考古学》，《古今论衡》1998 年第 1 期。

"区系类型"模式不同的是，本模式非常明确地提出各文化区间的密切联系使得它们形成一个整体这一现象，并对这一整体的出现给予高度的重视，热情地称之为"最初的中国"。

张光直在1990年前后即写成，但逝世后才发表的《论中国文明的起源》①中，是让人发出"相见恨晚"之叹的重要论文，深刻阐明了提出"中国相互作用圈"模式的意义。他精辟地指出："谈中国文明起源问题，第一步是决定'文明'该如何界说，下一步便要决定什么是'中国'文明。"首次明确提出在对中国文明的探索中，不能只关注什么是文明，也应关注什么是"中国"。他又指出，对"中国"的界说有两个途径："一是先决定它该有什么内容，再到考古资料中去辨认；二是在考古资料中去看文化分类的趋势，然后在所分的诸文化中寻找中国文明的祖型。"但他认为对"中国"文明的界说问题"不论从哪个途径出发，讨论都嫌不够"。

回顾对中国文明起源问题的探讨，很容易发现讨论的焦点是文明标准问题，少有学者明确涉及什么是史前中国的问题。苏秉琦常以庖丁解牛比喻区系类型模式，但没有讨论为什么称各文化区系为同一条"全牛"上的一部分，而非一头头独立的牛。"重瓣花朵"模式也没有明确说明史前盛开的这一花朵的整体或其花心加第一层花瓣就是"最初的中国"。中国文明起源的标志被定义为在现代中国（或秦汉时期中国）的疆域内最早的国家政体的出现。先辨认出中国，"中国"文明起源才成为有意义的命题，"中国相互作用圈"模式第一次用考古学方法明确辨认和论证史前"中国"，为中国文明探源提供了另一个重要视角。

90年代以来，随着考古资料的积累和各时代杰出考古学家和古史学家的宏大构建，我们对史前中国整体文化格局的认识不断被引入新的境界，之一跌宕起伏的心路历程是中国史前考古学和古史重建中最引人入胜的篇章。"区系类型"模式强调的各地区独立发展，"中国相互作用圈"模式强调的各区系通过密切联系形成的"最初的中国"，传统古史系统、"夷夏东西"模式、"黄河流域中心"模式一直关注、"重瓣花朵"模式系统论证的中原地区的特殊地位，所有这些深刻的思考都为中国古史重建提供了"一个都不能少"的视角。在精要总结了20世纪中国古史重建思潮后，张光直曾动情地寄语："诸位青年考古学家，希望你们以下一世纪考古家自命，用新的观念去问21世纪第一个新的考古问题，什么是21世纪第一个新的考古问题？"②身在21世纪初的我们，恐怕还只能是在前辈构建的框架中做深入些的思考：各区系的独特性道路，中

---

① 张光直：《论中国文明的起源》，《考古学专题六讲》（增订本），生活·读书·新知三联书店，2010年。

② 张光直：《二十世纪后半的中国考古学》，《古今论衡》1998年第1期。

原的特殊地位都是需要我们进一步探索的课题，而"中国交互作用圈"模式及未得到充分展开的中国文明起源中的"中国"问题更是一个会将中国文明探源引向新境界的研究方向。

中国古史重建这一中国考古学与生俱来的使命也仍将是 21 世纪考古学家的使命，类型学这样的方法中国有，外国早已有；对考古学文化时空框架的建设中国有，外国早已有；依据坚实的考古资料对时空框架进行解读，寻找三代和秦汉帝国的史前基础，寻找中华民族生生不息的根源，这应是"中国特色考古学派"的真义所在。

聚落考古田野实践的思考

栾丰实

（山东大学东方考古研究中心）

近些年来，随着中国考古学研究的重心由以往的文化序列和发展谱系的建构逐渐向古代社会研究的转移，学术界越来越重视聚落考古研究方法的实践。聚落考古是以聚落为基本的研究单位，据其研究范围和内容，又可以依其涉及的空间范围区分为微观、宏观聚落形态研究两种。前者主要是指单个聚落形态及其内部结构的研究，后者则是区域的空间聚落形态的研究。不管哪一种情况，都会涉及历时变迁问题。聚落考古是研究和认识已经消失了的古代社会的重要途径和方法。

自 1995 年以来，经国家文物局批准，山东大学与美国耶鲁大学、芝加哥福地博物馆等单位合作，围绕古代社会复杂化进程的研究目标，在山东日照沿海地区进行了较长时期的区域系统调查和考古发掘工作。在中国传统田野工作的基础上，有选择地采用了一些欧美地区流行的调查和发掘方法。近几年，我们在鲁南的薛河流域、胶东半岛一些地区，也进行了类似的调查和发掘工作。关于这些野外工作的实践，经常听到同行们的各种意见，我们团队内部也存在相同或不同的认识和看法。因此，我认为有必要对聚落考古实践的经验和存在问题进行思考并做出初步的总结，希冀为关心中国聚落考古研究发展的同行提供一些参考。

一 关于区域聚落形态研究

在区域聚落形态研究方面，最近十几年来，国内多个单位或与国外学者合作，或独自组织人力，在选定的特定区域开展了规模大小不等、时间长短不一的区域系统调查工作①。

① 这是由英文翻译过来的一种称谓。英文为 "full coverage archaeological survey" 或 "systematic regional archaeological survey"，直译为 "全覆盖式调查"，或 "区域系统调查"，也有人译为 "卷地毯式调查"。从字面来看可能如此，但从十几年来的调查实践看，这种调查既做不到 "全覆盖"，也不是 "卷地毯"，倒是称为 "拉网式调查" 最为贴切。所以，我建议以后这种调查的正式中文名称可采用 "区域系统调查"，而通俗的名称则以使用 "拉网式调查" 为好。

以求从宏观角度分析和研究聚落形态横向的空间关系及其纵向的历时演变，进而探讨特定区域古代社会组织、社会结构及其变迁过程。如山东大学和美国耶鲁大学、芝加哥福地博物馆等，1995 年以来在山东日照地区的合作调查；中国社会科学院考古研究所和澳大利亚拉楚布大学等，1997 年以来在河南伊洛河下游地区的合作调查；中国社会科学院考古研究所、内蒙古自治区文物考古研究所、吉林大学与美国匹兹堡大学等，1998 年以来在内蒙古赤峰地区的合作调查；成都市文物考古研究所、北京大学与美国加州大学等，2005 年以来在成都平原的合作调查等。此外，国内多家单位也在湖北、湖南、河南、山西、安徽、黑龙江等地开展了规模不等的类似工作，如中国社会科学院考古研究所在河南偃师二里头地区的调查等，均取得了引人注目的成绩。鉴于这一工作所取得的成果，国家文物局于 2003 年冬及时地在北京召开专门会议，由各工作单位介绍情况，并希望在全国各地予以推广和实践①。

（一）区域系统调查方法的可行性和优势

田野考古调查是了解不同时期遗址的数量和分布、遗址的内容、性质和时代的基本方法。在教科书中，考古调查又分为普查和复查、一般调查和重点调查、围绕某种特定目标的专题调查等。其基本方法就是通过地面散布的以陶片为主的各种遗物、断面上可见到的文化堆积和各种遗迹等，来确定遗址的范围、内涵和时代。可以说所有的古遗址都是通过野外考古调查而发现的，所以，考古调查是考古学野外工作的基本方法和内容之一。

20 世纪 80 年代后期以来，随着聚落考古研究方法在考古学界得到越来越多的学者的认可，与聚落考古研究配套的区域系统调查方法也从北美引到中国。通过若干年来的实践，尽管这种方法在中国还需要在实践中不断地完善和发展，但可以认为是一种实用价值较高、切实可行、便于操作的野外考古调查方法，并且难度不大、相对花费也不太贵。到目前为止，我们还没有找到比其更好的方法。

区域系统调查和传统的调查既有相同的方面，也存在着较大差别。

两者的基本内容是相同或相近的。例如：通过调查发现和记录遗址，并为后续的发掘、研究和保护工作奠定基础；均采用野外徒步踏查的基本方法；以采集地面陶片等遗物为主，并利用可供观察的文化堆积来确定遗址范围、内涵及其时代；采用文字、绘图和照相等手段进行记录；进一步了解需要进行勘探和发掘等。

但两种方法的区别也是明显的。首先，学术目的有所不同。传统的调查主要是发

---

① 孙秀丽：《检阅中外合作考古成果　探讨考古调查方法——中外合作区域考古调查工作报告会在京召开》，《中国文物报》2003 年 11 月 26 日第 1 版。

现和记录遗址，为保护、发掘和研究做准备，而区域系统调查的目的性较强，在调查之前就设计好了特定的学术目标。当前已经开展的工作，多数是从区域的角度研究古代社会组织和社会结构的形态及其发展进程，从个案研究的角度来探索中华文明的起源和形成。

其次，调查的范围不同。传统的调查一般没有特殊的区域限制（专题调查等除外），而区域系统调查则是围绕特定的学术目的来选择调查区域，多为一个相对独立的地理单元，或是选择一个小流域，或者选择一个面积适中的盆地、小平原，或是围绕一个大的中心遗址展开等。调查区域的面积通常都在一两千平方千米之内，小的只有数百平方千米。

第三，调查的方法不同。传统的调查尽管也要求走遍区域内每一块土地，但在实施过程中随意性比较强，很多只是走马观花。区域系统调查则不同，必须是按事先确定的规则走位，如所有参与调查的人要一字排开，人和人之间的间距有明确规定，实行无遗漏地拉网式调查。这样调查过的区域，绝大多数遗址是不会被漏掉的。效果与传统调查有比较大的差别，从目前开展过此类工作的若干区域看，新发现的遗址在全部遗址中的比例能占到2/3左右，有的甚至更多。所以，单是从为了摸清家底和进行遗产保护的角度，这种方法也是值得提倡和推广的。

第四，采样的方法不同。传统调查的采样多是以遗址为单位，一个遗址内部不再做更细致的划分。而区域系统调查则不然，在遗址内部进一步设定更小的采集区，这样就可以对长期使用的遗址再按期别细分出各自不同的分布范围。不仅如此，区域系统调查的特点还在于强调系统性，即除了遗址本身的情况之外，还要注意观察遗址所处的环境、地貌、资源情况（如水源、石料、动植物等）等。

第五，记录方面的差别。传统调查的记录相对比较简单，一般多采用简单的表格和文字描述来记录，有的辅之以照片。区域系统调查的记录更细致并有明确要求，如要在现场标出遗物采集点的准确位置（或全部用 GPS 定位，录入电脑后输到电子地图上），填写专门设计的表格，每个遗址及发现的文化堆积情况都要拍摄其整体和局部的照片，分时间段划分和记录遗址的范围和面积等。

第六，分析和研究方面的差别。传统调查的主要目的是发现和记录遗址，为后续的保护、发掘和确定考古学文化的分布范围等提供基础资料。区域系统调查除了达到上述要求之外，着眼点主要放在调查区域的系统分析和研究上，不同时段区域社会组织和社会结构状况、人们生存的社会与环境状况、资源利用的互动关系、不同区域之间的共性特征和个性差异以及区域的社会发展进程等。

正是因为有了以上各个环节的差别，才可以说区域系统调查是系统的，在后续研究中具有明显的优势。所以，我认为区域系统调查的方法值得我们有更多的人在更多的地区进行实践，并在实施过程中根据中国不同区域的具体情况不断完善和发展，使之成为通过聚落考古的桥梁来研究古代社会的重要方法和技术。

（二）关于聚落遗址的几个问题

目前我们所采用的区域系统调查方法，主要来自美洲。这种方法引入中国之后，是否完全适用？中国幅员辽阔，东西、南北各不同地区的历史文化传统和自然地理区域、地貌环境、气候条件的差别极为悬殊。那么，在采用区域系统调查方法进行野外作业时，是否需要进行相应的调整？这些都是需要我们在实践的基础上做出思考和回答的问题。

区域系统调查是为后续考古研究奠定基础的工作，也是一种和聚落考古研究相配套的田野考古工作方法，其所获资料的真实性和可靠性是后续研究的基础和依据，所以其重要性不言而喻。我们在调查时，是以地面分布着的不同时期的陶片（也包括其他人工遗物）来确定遗址的范围、时代及其性质的。那么，遗址真实性、遗址范围和时代的确定是否准确等，就会直接影响后续研究的结论。

1. 关于遗址的真实性

陶器的出现可以说是人类技术发展史上一个重大发明。陶器作为发现和认识新石器时代以来古遗址的指示性标志是学界的共识。所以，发现遗址和初步确定遗址的延续时间，主要依靠收集散落在地表的陶片来判断。那么，地面有不同时代陶片分布的区域能不能确保都是不同时期的遗址？或者说调查发现的遗址，其真实性和可靠性有多大，这个问题对后续研究可以说是至关重要。如果一个地区实际上有 100 处聚落遗址，而如果通过调查记录了 300 处，无疑是夸大了聚落遗址的数量。如果再以这些数据来研究区域的人口状况、资源消费等问题，恐怕就会产生比较大的麻烦。

我们在田野调查时，主要是以地面有无陶片等遗物的分布（当然也会注意有没有文化层和遗迹等证据）来发现和确定遗址的。这里有一个假设的前提，就是在某一个地点的地面上发现了陶片（或其他遗物），即认为这一陶片是从相同地点的地下翻动上来的。实际上，有许多时候并非如此。比如，农民在田间管理时，时常会把田中影响耕作的石块和较大的陶片、硬化了的红烧土等拣出来，扔在路边、田头或附近的沟里。这种情况虽然移动了遗物的位置，但由于移动的距离相对有限，对于认识和辨别遗址及其范围所造成的误差不大。所以，这种情况基本上可以忽略不计。但在有些情况下，人们对遗址上的遗物会做比较远距离的搬动，这样的情况就需要慎重对待。例如，过去农村中家家户户都养猪，也有养牛和马等大牲畜的，经常需要从村外运土来铺垫圈栏，而过一段时间，又把圈栏中变成了农家肥的垫土运往自家的农田之中。如果由村外运来的土恰好是遗址中的土，就会把遗址里的文化遗物一同运来，最后又一同运到另外的农田里。这样就会造成遗址中的陶片等遗物人为地远距离移位。不仅如此，建造房屋也会出现类似的情况。过去中国农村大都是用土来做墙体，而用来做墙的土也可能取自遗址的文化层，这种情况在山东日照的两城镇比比皆是。我们在那里工作时发现，20世纪80年代以前建成的房屋上半部墙体和庭院的围墙绝大多数是夯土墙，墙体中各个时代的陶片随时可见，有的还有石器，大家戏称其为"文化墙"。房屋重建时拆除旧墙，墙土多半也被运到农田里，会出现前述同样的问题。由于中国古代文化发达区域历代人口十分密集，许多遗址往往被压在历史和现代的村庄之下，这种现象在人口稠密的省份和区域比较常见。这样，我们调查时所发现并记录的陶片等遗物分布地点，未必就一定是古代人们居住过的聚落遗址，有些可能是由于不同时代人为移动所形成的。

所以，如何有效地解决这一问题，是区域系统调查中不能回避的一个难题，许多人曾对此提出过质疑。

要解决这一问题，最理想的办法就是对发现的所有陶片分布地点，全部采用勘探的方法加以鉴别。但实际上，由于陶片分布地点的数量巨大，每一个发现点都经过勘探来确定不太现实，甚至可以说难以做到。所以，在日照做区域系统调查的初期，我自己曾经设想，从遗址的可靠程度上考虑，可以把调查发现的有陶片分布的地点从可靠程度上分为四个不同的类别。

第一类是在可供观察的断面上发现文化层或明确遗迹的地点，这一类没有疑问应该是古人居住和活动留下来的遗址。

第二类是虽然没有发现文化层或遗迹，但其周围相当范围内没有同时期的遗址存在，客观上不存在搬运形成的可能性，这样的地点可列为极有可能是古人居住或活动过的遗址一类。

第三类是附近有同时期的遗址，但没有证据证明这里的陶片等遗物是从附近其他遗址搬运来的，这是需要进一步做工作加以解决的一类。

第四类是附近有明确的同时期遗址，而且有证据证明地面上发现的陶片等遗物是由邻近遗址搬运来的，这一类可以直接排除掉，也可列入可靠性差的"黑名单"。第四类情况的信息可以通过调查访问当事人或了解情况人员的途径获得。

我们在两城镇遗址周围调查时，在东距两城镇遗址约1千多米的大界牌村南，曾发现面积约20万多平方米陶片分布区，调查时确定为大界牌遗址。后来，我们在两城镇遗址发掘时偶然获悉，两城六村（两城镇驻地共有10个行政村，六村整体位于两城镇遗址的中心部位）在大界牌村南有约200多亩"飞地"，20世纪60～70年代集体耕作时，经常把包含有陶片的农家肥料运到这片土地上。经现场辨认，发现大界牌遗址的范围基本在两城六村的田界之内。如是，就可以排除由于现代人搬运的原因而虚构出来的这一"遗址"。其实这种情况在两城镇遗址南面和其他类似遗址的周围也存在。所以，在调查位于现代村落附近的遗址时，要特别注意是否存在类似的情况。

按以上分类原则，在后面的资料处理上可以区别对待。第一类调查时就可以确定下来，第四类可以通过走访和调查予以排除（但调查的结果还是应该公布），而重点要在第三、二类遗址上进一步开展工作。如果时间或经费不允许，甚至可以主要做一下第三类，把工作后的结果予以公布。

我们开展调查的初期，团队内部经常讨论这一问题。一种观点认为，这些散布在遗址外围的陶片，即使在其位置发现不了文化层和遗迹，也不能完全排除其价值。形成这种现象的原因，既有可能是原来这里有文化层或遗迹，发现时已经完全被破坏了，也可能是当时人的各种野外活动所遗留下来的，恰恰可通过其分布来了解古人的活动足迹。这些说法不能说没有道理，所以，我认为应对调查的原始资料加上补充说明后予以完整公布。

总之，今后在历史上和现代人口密集区开展区域系统调查工作，以上所述是一个需要面对和解决的问题。

2. 遗址范围和面积的界定

这是接着上述内容而来的问题。第一个问题讨论的是遗址的真实性，即遗址的有还是无，而这里要讨论的是遗址的范围和大小，探讨调查所得到的遗址面积和实际的遗址面积之间的误差及其形成原因和解决办法。

首先要说明的是，这一个问题对于开展相关研究也很重要，或者说仅次前面的第一个问题。例如，如果5万平方米的遗址，因为人为或其他原因，将其夸大成10万平方米或20万平方米，那么对于后续研究就会产生很大的不利影响，甚至得出错误的结论。实践证明这个问题确实存在，仍以日照地区调查的一些遗址为例。如调查之后分别做过勘探、发掘工作的两城镇遗址和五莲丹土遗址，两个遗址均有相当部分叠压在现代村庄之下，另外的部分则位于村庄周围。前者调查面积为265万平方米（如果加上周边几个有二次搬运形成嫌疑的遗址面积就更大），勘探面积不足100万平方米；后者调查面积为164万平方米，勘探面积只有约20万平方米。不仅大遗址如此，中小遗址也存在同样问题。如日照大桃园遗址和胶南甲汪墩遗址，两个遗址均紧挨着村庄的村北，前者调查面积20万平方米，勘探后的面积只有约4万多平方米；后者调查面积52.06万平方米，勘探面积约3万平方米。由此可知，在人口密集区域，遗址实际面积和调查面积之间存在相当大的差别，这种误差往往会超过数倍之多。如果用这样的数据来研究古代社会问题，特别是人口数量和规模、资源的消费和利用等敏感问题，无疑会得出与实际情况差别较大的结论。

形成这一现象的原因与第一个问题大体相同。就是因为遗址邻近村庄，人们就近取用遗址里的土，用以积肥、建房、修路、筑墓、平整土地等各种活动。而这些活动都有可能把"文化层"内的陶片等遗物搬运到遗址的外围地带，这样就会不同程度地扩大遗址实际的分布范围。那么，我们依据地表陶片等遗物计算出来的遗址面积，可能就会不同程度地超过了遗址的实际面积。当然，就像因为各种原因导致地表没有可供我们确定遗址的遗存而无法发现遗址一样，也会有因为埋藏较深（不易破坏）、远离村镇（无人破坏）等原因，造成通过考古调查所得到的遗址面积要小于实际的情况。但是在人口分布比较密集的区域，后一种情况应该大大少于前一种情况。

要解决这一问题，获得比较准确的遗址分布范围和面积，我认为方法只有一个，就是对每一个遗址都要进行实地的勘探工作，就像我们对待不同级别的遗址做四有资料一样，通过勘探确定其实际分布范围和准确面积。当然，这是一项十分费时费力的工作，不是一件短时间内能够完成的任务，要有长期工作的计划。

如果时间和财力等不允许，可以考虑采用抽样的方法进行校正。即在调查区域内随机抽取不同层级、不同时代、不同类型和不同地貌区的遗址进行实地勘探，然后与调查所得到的范围和面积做比较，求得两者之间的误差率，最后按误差率进行校正。误差率可以是一个，也可以按类别做出几个，分别进行校正。当然，这只是权宜之计，是一个没有办法的办法，目的是尽可能缩小调查数据的误差。

3. 聚落遗址的分期及各时期范围的确定

中国的古代遗址，其中只有一个时期遗存的现象比较少见，多数遗址经过连续或断续的长期使用，于是就会在同一个遗址上留下不同时期的堆积，有的遗址甚至从新石器时代到历史时期一直有人居住。那么，对于这样的遗址，如何分期和确定其时代，如何确定不同时期聚落遗址的范围和规模，也是一个比较重要并且需要解决的问题。

区域系统调查引入中国之前刊布的考古调查资料，一般是这样处理遗址的时代和范围的：时间上按大的时代来划分，即史前时期按考古学文化区分，历史时期则按朝代区分；至于同一遗址不同时代的范围和规模大小，多数不加任何区分，而是共用一个数据。如果一个遗址的调查面积为 10 万平方米，包含了五个时代，那么这五个时代都是按 10 万平方米来统计。这种方法得到的遗址面积多数情况下可能是不准确的。

实施区域系统调查的各个考古队，都按自己的思路在实践中设法解决这一问题，并取得一定程度的进展。日照地区的调查是区分为北辛文化，大汶口文化早、中、晚期，龙山文化早、中、晚期，岳石文化，商代，西周、东周，汉代等 12 个时期采集数据①；伊洛河地区的调查是分为裴李岗文化（公元前6500～前5000年）、仰韶文化（公元前5000～前3000年）、龙山（公元前3000～前2000年）、二里头（公元前1900～前1550/1500年）、商（公元前1600～前1046年）和周（公元前1046～前221年）等6个时期收集资料②；赤峰地区的调查则分为兴隆洼文化（公元前6000～前5250年）、赵宝沟文化（公元前5250～前4500年）、红山文化（公元前4500～前3000年）、小河沿文化（公元前3000～前2200年）、夏家店下层文化（公元前2200～前1600年）、夏家店上层文化（公元前1000～前600年）、战国—汉时期（公元前600～公元200年）、辽代前后（公元200～1100年）等8个时期进行记录和统计③。

日照地区调查结果的年代划分，仅龙山文化就分为早、中、晚三期，每期约200年，相对于前后其他各时期，显得过细，相互之间不对等。以现在的眼光来看，至多分为早晚两期即可。伊洛河地区的工作，其中仰韶文化、龙山文化（包括了庙底沟二期文化和中原龙山文化）和周代，都只是作为一个大的时期来记录和分析，时间范围包含过宽，如果能够各再细分为两到三个时期可能效果更好。赤峰地区的调查，红山文化是该地区古代社会发展的重要阶段，把1500年作为一个时间尺度，会失去从聚落形态变迁中观察当地古代社会复杂化发展进程的机会。

现在多数单位进行的区域系统调查工作是按大的时代来划分的。例如，一个仰韶文化延续了2000年，绝大多数的仰韶文化遗址可能只存在其中某一阶段。所以，按目前的数量统计结果，显然是夸大了一个时期共存的遗址的总数量和总面积。其他时期的遗址也存在同样的问题。况且，从历史发展的角度看，一个遗址甚至一个遗址的一种考古学文化也未必只是一个聚落，有的还可以再划分。

同一遗址不同时期的面积如何确定也是一个需要重视的问题。上面谈过，以往我们是一而概之，现在大家都在想办法对同一遗址不同时期的规模和面积加以区分。实施的方法是在遗址内部再划分出若干更小的遗物采集区，依据这种小区内采集遗物的时间差别来确定不同时期遗存的分布范围，最终可以把连续使用的遗址，按时期区分出各自的不同规模和面积。这里撇开与前述相同的因素不论，就方法本身而言，关键是如何划分采集区。目前的做法已有多种，或者是随机划分采集区，或者是按提前确

①　中美两城地区联合考古队：《山东日照市两城地区的考古调查》，《考古》1997年第4期；方辉等：《鲁东南沿海地区聚落形态变迁与社会复杂化进行研究》，《东方考古》（第4集），科学出版社，2006年。

②　陈星灿等：《中国文明腹地的社会复杂化进程——伊洛河地区的聚落形态研究》，《考古学报》2003年第2期。

③　赤峰中美联合考古研究项目：《内蒙古东部（赤峰）区域考古调查阶段性报告》，科学出版社，2003年。

定的规则划分采集区，如 20 米×20 米、50 米×50 米或 100 米×100 米不等。而这样的划分是否应该有一个大家都可以接受或约定的规则，则是需要认真讨论和研究的。目前是"八仙过海，各显其能"，这样做的结果，势必会因为各考古队调查过程中采用的采集方法和规则的不同而影响最终的整合研究。所以，按大的环境区域统一采集方法和规则是很有必要的。

二　关于单个聚落遗址的研究

单个聚落遗址的形态和内部结构的研究，在中国开展得比较早，较为典型的是 20 世纪 50 年代发掘的西安半坡仰韶文化聚落遗址，后来发掘的宝鸡北首岭、临潼姜寨、长岛北庄、敖汉兴隆洼、蒙城尉迟寺、邓州八里岗等都属于这一类。

从本义上说，聚落考古的目的是研究当时的社会关系。所谓社会关系，我理解其内容是包罗万象的，既要研究聚落所反映的社会组织和社会结构，也要研究人们在聚落内的各种活动，如经济活动、生产技术、交换贸易、日常生活、精神文化等，还要研究社会与环境的互动、人们对资源的利用等。总之，聚落考古研究的是古代社会。因为上述活动或以聚落为单位进行，或以聚落内不同层级的社会组织为单位进行。所以，我们不仅要研究聚落一级的社会组织，也要分析聚落内不同层级的社会组织形态，即所谓的聚落组成单位。在这样的认识前提下，看似杂乱无章的聚落遗存，其实都是不同时期严密的聚落组织架构内的组成部分。同时，为了获取更多研究古代社会的信息，在各个环节尽可能地采用各种新方法和新技术，不仅十分必要也很迫切。

正是为了实现上述研究目标，我们十几年前进行的日照两城镇遗址的合作发掘，对传统的发掘方法采取了一系列的改进措施，详细情况已有说明①。结合近年来的实践，检视和反思这些做法，将利于今后的继续探索。

（一）关于发掘面积与聚落布局研究

微观聚落形态是在聚落内部开展，而宏观聚落形态则是进行区域的研究。一般说来，宏观聚落形态研究的基础资料主要来自田野考古调查，而微观聚落形态研究则要以遗址的考古发掘为主导。

聚落布局和内部结构是微观聚落形态研究的着力点之一。过去我们曾认为，要研究一个聚落的布局、内部结构及其变迁，前提条件是要把该聚落遗址的时空关系都搞清楚。那么，要达到这样的程度，就需要对作为研究对象的聚落遗址进行大面积、全方位的系统发掘，进而弄清其空间布局和内部结构以及是否可以划分为不同的聚落。要达到这样

---

① 栾丰实：《中美两城合作考古及其意义》，《文史哲》2003 年第 2 期。

的目标，最好就是对一个保存较好的聚落遗址进行完整的揭露，并逐层发掘到底。

就近些年的实践和要求来看，上述想法似乎只是一种理想。要完整地揭露一个普通的聚落遗址，在理论上讲是可以进行的，但在实践上则十分困难。随着发掘观念的更新、技术的进步，特别是需要收集的资料和信息成倍甚至成数十倍的增长，极大地限制了考古发掘的速度和面积。从学科发展的角度讲，这无疑是一件大好事。但我们不得不承认，在现阶段按新观念进行的发掘，要想完整发掘一个哪怕是只有 3 万~5 万平方米的小遗址，也必须有长远的发掘计划和长期作战的思想准备。这个长期有可能是十几年甚至几十年，否则几乎是不可能的。如 1999~2001 年，我们连续三个季度发掘两城镇遗址，每个季度发掘 2~3 个月，每次发掘有 10 余人参与。三年下来，实际发掘到底的面积只有 500 多平方米，而且两城镇遗址发掘部位的文化堆积只有 1~1.2 米。相对于两城镇这样面积接近 100 万平方米的遗址，这点发掘面积几乎可以忽略不计。

所以，要研究不同时期不同规模和等级的聚落遗址的整体布局和内部结构情况，如何进行田野操作，采用什么样的方法，是一个需要认真研究的问题。也是基于这一点，我们曾提出"聚落组成单位"的概念，以求在比较小的发掘面积的情况下，仍然可以完全依照聚落考古的思路进行田野发掘和后期的分析研究工作。

（二）地层学和操作层面的探索

1. 关于考古地层学的新认识

过去一般认为，地层学是指导田野考古发掘的方法或技术，而不同地层单位代表的时间尺度，则要靠类型学分析加以解决。现在看来，对于过去解决年代学的分期研究而言，也许是这样，但在上升到聚落形态研究层面的目前，情况则发生了质的变化。依靠类型学方法，划分到 50~100 年一期就已经算比较细致，要进一步提高年代的分辨率则十分困难。同时，一般的分期很难复原和再现聚落遗址的动态形成过程，而在地层学指导下的精细操作或许可以做到。

地层学认识上的一个发展是"地面"或"活动面"概念的提出并付诸实践。其实在以往的地层学论著中，有的学者已经注意到地面或活动面的作用①，但将其与聚落考

---

① 俞伟超先生在《关于"考古地层学"问题》中数次提到地面，如"修建任何房子、窖穴或是墓葬，一定是在当时的**地面**上实行的，而这种**地面**，在发掘中是应该能够辨认出来的"（《考古学是什么》第 25 页，中国社会科学出版社，1996 年）。严文明先生在《考古遗址发掘中的地层学研究》一文中，明确提到地层形成的时间和地面，如"事实上，绝大多数地层，不论它的厚薄是如何地不同，本身形成的时间并不很长，有的甚至是一下子就堆成的……一个地层基本形成之后，往往有一个较长的稳定时期……这些**地面**在相当长时期内都不会有多少堆积"（《走向 21 世纪的考古学》第 33 页，三秦出版社，1997 年）。

古的研究目的相结合，作为田野考古操作中的一个重要支撑点而予以强调，则是最近十几年的一个发展①。在一个没有中断而连续使用的遗址中，形成多层依次叠压的文化层堆积，以往一般认为这些堆积层在时间上是连续的。"地面"或"活动面"的概念提出来之后，使我们有必要重新认识和评估以往的看法。从理论上说，依次叠压的文化层堆积所代表的时间多数是断续的而非连续。换言之，文化层堆积的形成通常是在较短时间内完成的（特定地段也有持续形成的情况），形成一个稳定的活动空间之后，人们依托地面进行各种活动。就像我们现在周围的情况一样，可能你在一个地方居住了很长时间，周围开展各种活动的地面并没有什么变化。所以，遗址里上下依次叠压的文化层，每一个层次本身形成的时间可能较短，而两个层次之间包含着各种遗存的空间延续的时间很长，是"活动面从时间上把文化层堆积连接成一个连续的过程"②。在没有对聚落进行根本性的变革或改造时，尽管在同一个地面上开展的各种活动，包括增加或减少部分建筑遗存、局部地段的渐次垫高等而导致聚落有一些变化，但仍然应该视为同一个聚落。

把这一新的理念运用到聚落考古发掘的实践中，就会获得许多新的信息。我们的理想是在田野发掘的操作过程中，揭示出一个聚落遗址的形成、发展、变化和最后消失的动态过程。在两城镇遗址的发掘中，我们曾努力进行过这一方面的探索，特别注意以房址为主干的遗迹之间的联系，这种联系有纵横两种情况。

一是在空间上的横向联系。保存较好的房址，户外均有一个大小不一的活动面，应是庭院一类遗存，这个活动面通过门道与房屋内的地面相连接。发掘中发现有的房址的室内地面和户外庭院的活动面经常用土铺垫，从而形成若干个依次叠压的活动面。通过这种铺垫的活动面可以把房内地面与庭院地面以及邻近的其他房址连接起来，他们的共时关系及其动态的变动情况就会比较清晰地展现出来。如两城镇遗址 A 发掘区③，在生土面上发现土坯墙结构的圆形房址 F39，门道向南，门外有庭院，解剖后知庭院地面有 10 个小层，就是说前后经过了 10 次铺垫。当庭院铺垫到第 3 层的时候，在其西侧新建一座门道向东、面积略小的圆形房屋（F65），此后与 F39 共用一个庭院（第 4～10 层），形成正屋（F39）与西厢（F65）相配合的结构，最后一同废弃。这样，我们就有理由认为 F39 和 F65 共同构成一个聚落组成单位，居住其内的人当属于一个社会基层单位，从可居住人数上看，可能是一个比核心家庭略大的家庭。同时，

---

① 赵辉：《遗址中的"地面"及其清理》，《文物季刊》1998 年第 2 期；赵辉：《聚落考古工作方法的尝试》，《中国考古学跨世纪的回顾与前瞻》，科学出版社，2000 年。

② 栾丰实：《关于聚落考古学研究中的共时性问题》，《考古》2002 年第 5 期第 68 页。

③ 中美两城地区联合考古队：《山东日照市两城镇遗址 1998～2001 年发掘简报》，《考古》2006 年第 9 期。

也发现有同时建成而先后废弃的例证。

二是在时间上有先后承继关系。如 2001 年发掘的中部和西部的 3 座房址，原地经过数次翻建，即把旧房子毁掉后在原址重建，房子的大小、位置和建筑结构或略有变化。这种时间上的延续，或可认为是同一个社会组织（家庭）的先后传承。

如果能够把一个聚落遗址的完整变迁如上述那样揭示出来，从而了解和认识聚落遗址的动态变化过程，这是我们追求的理想境界，其与考古发掘的客观现实之间有相当距离。首先如前所述，照目前的实际情况很难全面揭露一个遗址。其次是绝大多数遗址由于各种原因保存不好，没有范围较大的原始地面保存下来，层与层之间的面多半是被破坏的面，而非原生地面。再次，这样的目标对发掘者的学术视野和田野操作水平要求很高，不仅初学者即使是较为熟练的技工做到也不易。所以，在提高认识的基础上，加强实践，总结出一套聚落考古的田野发掘操作方法是今后一个重要任务。

2. 发掘操作和资料处理

为了获取更多研究古代社会的资料和信息，近年来我们在田野发掘的操作设计中使用了一些新方法和新技术。如探方的设计、文化堆积中土的处理、土样的采集和检测分析、土质土色的描述方法、测年样品的选择、绘图和新测绘仪器的使用、各种文化堆积的编号问题、表格的设计和记录等等。有些是属于发掘操作过程中的问题，有的是记录和后续分析研究的问题，也有兼而有之者。

从整体上看，考古发掘和记录的具体方法和采用的各种分析技术都属于手段的范畴，毫无疑问，手段是为研究目的服务的。所以，采用什么具体方法和技术要视发掘目的而定。

采用探方法进行发掘，并逐渐地把探方确定为 5 米 ×5 米或 10 米 ×10 米的规格，成为田野发掘规程中的一项具体要求。我们在两城镇遗址的发掘时，曾为采用 2 米 ×2 米还是 5 米 ×5 米的探方与外方学者有过激烈的讨论，最后的结果是采用了 4 米 ×4 米的探方、探方之间保留 0.5 米隔梁的做法。经过几年的实践，从聚落考古的角度考虑，采用探方法进行发掘，固然有便于小范围操作和控制层位关系等有利因素，但也存在明显的缺点。如探方的隔梁把原本相连的遗存人为的分开，除了出现跨方的遗迹如房址或墓葬等情况，一般都是把探方的边界保持到最后。这种做法其实很不利于基于聚落考古的田野操作。特别是在新的测绘仪器如全站仪的广泛使用之后，使遗迹和遗物的测绘可以在全工地统一记录坐标，探方的实际意义越来越小。所以，在现行的发掘工作中，可以像以往一样的设置探方，但应该随时把探方的隔梁去掉，以保持整个发掘区连成一片，进而可以统一地观察地面及其所承载的各种遗存的空间分布关系。

对土的处理方式的变化或许最能体现近些年来考古发掘在技术上的进步。以往被认为是没有什么资料价值的土，现在通过各种新技术的运用，从中可以获取许多意想不到的新信息和新资料。如孢粉分析、植硅体分析、淀粉粒分析、化学成分分析、土壤微形态分析等，特别是采用了筛土和水洗（浮选）技术之后，可以获取大量肉眼在土中难以发现的新资料，如各种炭化的植物化石、碎小的动物骨骼、剥落的小石片等。其中像加工石器遗留下来的小石片和碎石渣，据其出土位置和形态可以确定石器的具体加工地点和场合，进而为探讨石器生产方式和生产组织提供了第一手资料和证据。当然，限于人力、物力和时间，发掘中又不太可能把全部的土过筛和水洗，并且是否要把发掘的土全部过筛处理，不同地区的情况也不太一样。比如南方地区的土黏且湿度大就很难过筛，同一个遗址的土，一般的地层堆积和墓葬中的填土，是否有必要全部过筛，这些都是可以讨论的。水洗也是一样，像田螺山遗址的发掘，全部文化堆积的土均经过水洗，结果发现了大量各类生物遗存，对后续研究的意义自不待言，但也确实需要一般性发掘数倍甚至十数倍的人力物力财力。所以，特殊情况下可以采用全洗的方法，而一般的发掘是否按比例或者固定的量（比如20升）收集土样进行水洗即可，则需要经过实践之后制订出明确的标准和规范。

关于土质土色的描述，是发掘记录中的一项具体内容。以往和现在基本上是凭个人的感性认识来确定。20多年以前就有学者呼吁采用色谱来统一土色的描述，但一直未能实行。对此，我们进行过探索和试验，应该是可行的，但需要有强制性的措施跟上才能普及，一家一户自愿使用则意义不大。

1999年以来我们进行的一些发掘工作，为了与表格的记录方式相匹配，还采用了顺序号的编号方法对遗址的地层单位进行记录。具体做法是一个探方给若干号码，探方的负责人可以根据实际情况自行使用这些号码编号。一个文化层可以编一个号，也可以编若干个号，遗迹也是一样。每个编号都要有相应的表格来记录和绘图来表示。这种方法也是采自国外。实践证明，这种做法的问题是把考古遗存划分的过于琐碎，特别是数字编号与遗迹和文化层完全没有内在联系，很不容易记忆。越是在后期的整理中，越显示出其繁琐性。至少目前我们还很不适应这种记录方法。而且，我们本身的编号系统和方法如果进一步细化，也可以达到这种数字记录方法的效果。如在一个灰坑内部，可以依次地划分若干小层来表示堆积的连续形成过程，文化层也是一样，似乎没有必要采用枯燥和难以记忆的纯数字来表示。这有点类似早年用数字编号来进行类型学分析一样。

3. 考古发掘与遗产（遗址）保护的关系

随着文化遗产保护的持续升温和日益普及，切实保护考古遗址已经成为我们必须面对的一个现实问题。考古遗址的保护是针对破坏而言的，对遗址的破坏又可以分为两种情况：

第一种情况是人为破坏或自然原因导致遗址受到损坏。前者如在遗址上取土、建房、修路、开挖各种沟渠、修建水利设施等，这种破坏有的是集体行为，有的是个人行为。现在所谓的配合基本建设考古，主要是针对这一部分人为破坏因素的，进而采用法律法规程序来规范这一类行为，对策就是先发掘后建设，特别重要的就设法避开。现在的问题是群众个人的一些活动导致的破坏，尚没有好的办法解决。如群众在遗址上取土和进行各种生产活动，积少成多，时间久了也会对遗址造成比较大的损坏。就更不用说在遗址上造房子、挖沟渠、取土烧砖瓦等活动了。自然原因如洪水、地震、海侵、山体滑坡等灾害性事件，这些多数为人力所无法抗拒。

第二种情况就是考古发掘也会对遗址造成破坏，因为古遗址是不可再生的资源，挖掉一块就会少一块。对此，有学者呼吁要尽量减少主动发掘，甚至不同意发掘一些比较重要的遗址，如国家级或省级文物保护单位的遗址。如何理解考古发掘和遗址保护的关系，如何面对和处置这一问题，是需要决策层和从业者认真考虑的。我们认为，考古发掘的破坏和上述第一种行为的破坏，性质完全不同。从最简单的层次设想，如果没有考古发掘工作提供的第一手资料，我们如何分析和评价一个遗址的价值，又怎么能够把他们区分为不同等级的保护单位呢？所以主动发掘仍然是必要的，当然可以提高门槛，明确要求按聚落考古的方法开展发掘工作。同时，在发掘过程中如果有重要发现，要坚决地予以原地保护，不要轻易进行破坏性发掘。这样做也符合文化遗产保护的理念和要求。

综上，在古遗址的保护方面，对个人等行为造成的破坏，应坚决地予以制止并防患于未然；对于具有一定规模的建设行为，要事先开展考古调查和发掘工作，就像目前所做的一样；对自然因素造成的破坏，要尽人力使之降低到最低水平；而对于考古工作者需要的主动发掘工作，则应提出明确要求，履行严格的申报和批准手续，并且提高考古从业者的保护意识，把文化遗产保护的理念贯彻到考古发掘工作之中。

理论、方法与实践之间

——中国田野考古中对遗址堆积物研究的历史、现状与展望*

张　弛

（北京大学中国考古学研究中心　北京大学考古文博学院）

　　无论是在西方还是在中国，田野考古都被认为是近代考古学的基础。这是由于田野考古学试图在遗址中把握古代实物遗存的时间、空间及相互间的关联，从而使考古遗存成为科学考古的资料。近代田野考古的理论基础脱胎于地质学的地层学，此后又考虑人类活动产生的堆积特性，进而出现考古地层学，并在逐渐完善发掘操作方法和测量、绘图、记录方法的基础上，保证了实物遗存成为考古资料的最重要的指征——层位、位置和共存关系能够被确切地提取出来[1]，从而形成整套的近代田野考古学的完整体系。

　　20 世纪中期特别是新考古学出现以来，考古学新的研究视角层出不穷，环境考古、实验考古、民族考古、空间考古、景观考古等考古学分支学科逐渐壮大，新的科学技术越来越多地参与到遗址堆积物的发掘研究中来。其中在遗址堆积形成理论方面贡献尤多的有席弗（Micheal B. Schiffer）的堆积形成理论[2]和哈里斯（Harris, E. C.）地层学[3]。在实践中一些来自古生物、地质、地貌学的研究方法如埋藏学[4]、沉积物学[5]等逐渐运用于实际的田野工作。田野操作技术上也在一些新的测量、采样及数据处理技

---

*　本文由国家社科重大项目 "环境考古与古代人地关系研究"（批准号：118IID183）子课题 "考古学文化区系类型形成与演化的环境基础研究" 资助。

①　科林·伦福儒、保罗·巴恩著，中国社会科学院考古研究所译：《考古学：理论、方法与实践》第 49 ~ 70 页，文物出版社，2004 年。

②　Schiffer, M. B., 1987, *Formation Processes of the Archaeological Record*, University of New Mexico Press: Albuquerque.

③　Harris, E. C., 1989, *Principles of Archaeological Stratigraphy*（2nd ed.）, Academic Press: London.

④　尤玉柱：《史前考古埋藏学概论》，文物出版社，1989 年。

⑤　Courty, M. A. Golgberg, P. and Macphail, R. 1989, *Soils and Micromorphology in Archaeology*, Cambridge University Press: Cambridge.

术如激光测距仪、电子经纬仪、浮选法以及电脑数据库的不断应用中飞速发展。

我国近代田野考古学来自西方，早期有法、美、英等不同的影响①，其中贡献特大的梁思永毕业于哈佛大学，夏鼐毕业于伦敦大学考古学院，他们的老师中分别有基德和惠勒，都是近代考古学后期对田野考古学做出杰出贡献的人物。因此我国近代田野考古的起点还是很高的，20 世纪 30 年代殷墟等遗址的发掘已经达到了当时世界先进水平②。至 80 年代，出现了一批对田野考古理论和方法探讨的研究成果③，权威考古研究机构出版了《田野考古工作手册》④，文化部于 1984 年颁发了《田野考古工作规程》（试行），表明我国田野考古已经有了成体系的理论、方法与实践规范。

20 世纪 90 年代以来英美田野考古学方法对我们的田野工作产生了很大的影响，旧石器时代考古开始全面引入了西方的方法，新石器时代以降的田野考古也对哈里斯地层学和英式田野方法展开过介绍和讨论⑤。干筛、湿筛、浮选法等采集遗物的方法，利用电子经纬仪和计算机数据库等采集、保存、处理数据技术更是得到普遍的使用。然而，在田野考古操作中资料的采集和处理技术达到令人满意的水平并不困难，困难的是对这些操作方法和技术有效性依据的解释。而对这一有效性的评估实际上应当来自对遗址堆积物性质、形状及其形成原因、形成过程的认识。本文认为探讨中国田野考古中对遗址堆积物研究的历史和现状，并借以展望这一研究的动态，或可对相关问题研究的推进有所助益。

本文认为上引席弗的堆积形成理论至今仍然是关于遗址堆积形成理论最重要的文献。席弗认为考古遗存或遗址堆积的形成可以分解为两个过程，即生产过程（或形成过程）和遗存过程（或遗留过程），在这两个过程中堆积物都受到两种作用的影响，一种作用是人类文化的作用，另一种是自然营力的作用（cultural formation and natural formation processes）。尽管实际上在堆积过程中文化和自然的营力是同时发生作用的，但还是可以分开讨论，本文即依照这一划分展开。

① 俞伟超：《关于"考古地层学"问题》，《考古学是什么——俞伟超考古学理论文选》，中国社会科学出版社，1996 年。

② 张海：《中国考古学的殷墟传统——早年安阳殷墟的发掘与研究》，《古代文明》（第 4 卷），文物出版社，2005 年。

③ 如苏秉琦、殷玮璋：《地层学与器物形态学》，《文物》1982 年第 4 期；俞伟超：《关于"考古地层学"问题》，《考古学是什么——俞伟超考古学理论文选》，中国社会科学出版社，1996 年；张忠培：《地层学与类型学的若干问题》，《文物》1983 年第 5 期；严文明：《考古遗址的发掘方法》，《考古学研究》（二），北京大学出版社，1994 年。

④ 中国社会科学院考古研究所：《田野考古工作手册》，文物出版社，1982 年。

⑤ 李浪林：《系统考古单位的定义与应用》，《东南亚考古论文集》，香港大学美术馆，1995 年；孙德容：《试述 Context System 及其考古地层学原理》，《文物世界》2000 年第 1 期。

（一）人类文化堆积

研究人类过去活动产生的堆积物，一般认为属于所谓"考古地层学"的范畴。"考古地层学"对于考古遗存（遗址）形成过程的认识，按照堆积物形成的过程可以分解为三个方面：一是地面或界面，二是堆积物体，三是堆积顺序。这出于一个简单的"原理"，即人类在地面上按照顺序造成堆积物。在田野考古实践中，对遗址堆积物发掘时的操作就是依照堆积物体形成的顺序和层面按相反的次序进行揭露的。然而在遗址发掘过程中，顺次揭露往往并不能顺利进行，对界面、顺序和堆积物的认定也存在多种问题，况且，简单地顺序揭露遗址并不是发掘唯一的目的。发掘的目的主要还在于对遗址堆积物性质的认识。

1. 地面与界面

人类生活在地面上，地面是人类一切活动开始的起点。不断地活动造成的堆积物覆盖老的地面导致新的地面的形成，老的地面被埋藏在遗址之中。但覆盖了老地面的堆积物必有来源，被移走堆积物的地方也同时会出现新的地面。一般来说，堆积物覆盖老地面而出现的新地面要高于老地面，堆积移走后出现的新"地面"要低于老地面，并且两种情况下都可能出现竖向的"地面"。为恰当地表达这样的不同状态的"地面"，于是在国外考古地层学中也统称为"界面"。只是"新地面"与其他"老地面"仍然相连续，这个时候界面的意思是指"新地面"或"新界面"。也就是说"界面"有两种含义，一是指新界面，另一是指无论新老都连续存在的地面。在不同的语境中是可以理解其具体的含义的。另外，在一些地面上有人类集中活动痕迹遗留下来的地方还被称作是"活动面"。

由此可知，新界面的出现一定是成对双生的，一个出于"叠压关系"，一个出于"打破关系"。在国外地层学中也被称为"加法"和"减法"[①]（图一）。"打破"的结果破坏老界面生成新界面，"叠压"则覆盖老界面生成新界面。如果只有打破行为而不将堆积物移走，则原来的界面仍在原处，不发生改变，这样的例子就是"耕地"。在理论上，地面是早就存在的，但脱离了打破与叠压关系的"新界面"

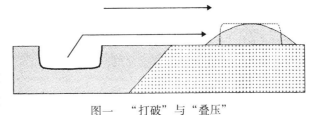

图一　"打破"与"叠压"

（引自 Harris, E. C. 1989, *Principles of Archaeological Stratigraphy* (2nd ed.) 图 13, Academic Press：London)

---

① Harris, E. C., 1989, *Principles of Archaeological Stratigraphy* (2nd ed.), Academic Press：London.

并不存在，只有对与之相关的堆积的理解才能理解界面的意义。

　　在中国田野发掘中对界面的重视由来已久，"找边"被认为是中国田野考古中成熟的技术和优良传统。由早先特别重视对灰坑、房屋、墓葬和路土等"遗迹"边界的确定，到后来对房屋以外"地面"或界面的重视以及对"地面"这一概念的讨论①，以致最近在国家文物局新颁发的《田野考古工作规程》中也对此做了特别的强调②。

　　在田野发掘的实际工作中，仅仅从界面的物理性状、凭借肉眼和手感当即可以判断的界面可以分为两种，一种是人类经常活动、甚至经过处理的地面或界面，平滑而清晰，有清楚的"剥离面"，在发掘时可以将附着在它表面的堆积物干净地剥离，这种情况下"找边"是比较容易把握的。例如一般的保存比较好的灰坑、房屋、墓葬、路土等遗迹的界面就是这种情况。另外一种是反之，没有清楚的边界和可以轻易剔剥干净的"剥离面"，如农田的表面。有清楚剥离面的界面固然重要，没有清楚剥离面的界面也同样重要，亦如古代的农田。

　　在遗址堆积中处处存在界面，不论能否辨别。极端的例子如墓葬回填时，每一锹填土都会形成两个新界面（一个在坑内一个在坑外），但发掘时无法分辨，尽管分辨出来并非毫无意义。即使有清楚剥离面的界面如夯土，每个夯层的层面都容易剥离，但那只是在研究夯筑技术时有用处，与其他如夯土城墙或建筑基址边界的界面并不是一个意思。因此，在田野发掘中对于界面的把握都是与堆积物或者遗迹的性质相联系的。容易剥离的界面往往都是一些刻意经过处理或有长期活动的堆积物表面，如窖穴、房基、墓葬、路土等。不容易剥离的界面或地面就更要在与堆积性质的相互联系中加以把握，如古代农田，如果也算是一种"堆积"的话，那么它的界面在堆积的上面，耕土下面没有界面（至少没有连续的界面），对其性质的把握则要看这种堆积下部的犁沟或利用土壤微结构分析、微遗存分析等方法。在旧石器时代遗址中，很难发现可以清楚地剥离的活动面，发掘中只要发现相对集中的遗物，周边堆积物是原生的，也往往被发掘者理解为在遗物集中分布的地方存在有短期的"活动面"。当然也可能还有无法分辨的活动面③。

　　由此可见，无论在理论还是在实践上，对界面的解释，实际上无法离开对堆积物性质的理解，只有理解了堆积物性质，才能理解界面的意义。只是在遗址中堆积物在很多情况下都很破碎，加之发掘面积有限，对于堆积物形状的认识难以达到，因而会面对很多无法解释的界面或者忽略掉很多有意义的界面。

―――――――――

①　赵辉：《遗址中的"地面"及其清理》，《文物季刊》1998 年第 2 期。
②　国家文物局：《田野考古工作规程》第 3 ~ 4 页，文物出版社，2009 年。
③　蒋乐平：《地层与生活面》，《南方文物》1994 年第 3 期。

2. 堆积物形成的顺序、早晚与同时性

遗址的堆积物是有形成顺序的。在田野考古的实践中，对堆积顺序的认识途径是从"叠压"和"打破"两种堆积现象入手的，被叠压和被打破的堆积单位在堆积顺序中处于早的位置，相反的则晚，这是考古发掘中必须遵循的铁律。但从堆积形成原理来看，在同一行为事件中，叠压和打破是一对同时发生的行为或现象。"打破"必然发生"叠压"，有"叠压"则必须有"打破"（见图一）。在理想的田野考古实践情况下，应当能够同时找到形成"叠压"堆积物的"打破"行为，发现一堆土就会有一个坑。换句话说，从同一行为事件产生的堆积结果来看，应当能够发现一对同时存在的"地层单位"，一个是打破的"地层单位"，一个是叠压的"地层单位"。不断发生的打破和叠压将形成多个成对的堆积序列，构成堆积的"层位"。因此，堆积形成的顺序即"层位"在原理上应当是双链条的，有两个系列。只是由于在实际工作中远远不能是理想的状态，在多数情况下我们只能获得单一的（或分叉的）链条或顺序（图二）。而单一的顺序链条是不完全或局部的堆积顺序或层位，显然不是堆积次序的实际情况。因此叠压打破关系通常告诉我们的是堆积物的相对早晚关系而非实际的顺序。

在中国田野考古实践中，对遗址堆积层位的认识始自殷墟、城子崖和后岗遗址的发掘[1]，特别是后岗"三叠层"的辨识[2]。此后随着对各种发生打破关系的"遗迹"现象的认识逐渐深入，"叠压"与"打破"关系乃至"界面"（如将灰坑与灰坑中填土区分为至少两个"地层单位"）均被引入堆积形成顺序的辨认[3]。在国外田野考古学中，哈里斯根据"context"堆积原理，采用"系统图"的图示方式，表示遗址发掘区域中堆积单元堆积顺序的方法[4]，与上述认识是一样的。新版《田野考古工作规程》根据我国田野考古对堆积单元及其编号的理解所推荐的"系统图"[5]（见图二），可以直观地说明这一点。不论对遗址堆积层位认识到如何细致的程度，对叠压和打破关系的确认都同样有赖于对堆积物的划分。而对堆积物的划分，实在是一个对堆积性状的判断的结果。即便在局部的发掘面积内，也有无数的堆积物形成的顺序，没有对堆积

---

① 张海：《中国考古学的殷墟传统——早年安阳殷墟的发掘与研究》，《古代文明》（第4卷），文物出版社，2005年。

② 俞伟超：《关于"考古地层学"问题》，《考古学是什么——俞伟超考古学理论文选》，中国社会科学出版社，1996年；张忠培：《梁思永先生与中国近代考古学——纪念安阳后岗遗址发掘五十周年》，《中国考古学：实践、理论、方法》，中州古籍出版社，1994年。

③ 如张忠培：《地层学与类型学的若干问题》，《文物》1983年第5期。

④ Harris, E. C., 1989, *Principles of Archaeological Stratigraphy* (2nd ed.), p. 34–39, Academic Press: London.

⑤ 国家文物局：《田野考古工作规程》第35～36页，文物出版社，2009年。

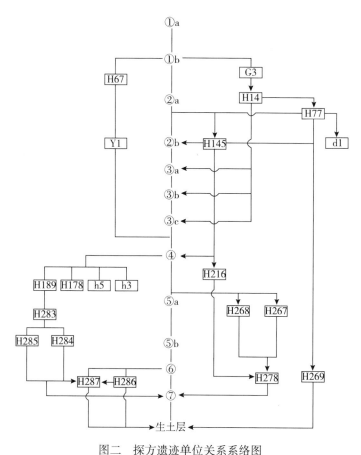

图二　探方遗迹单位关系系统图

（引自国家文物局：《田野考古工作规程》示意图九，文物出版社，2009 年）

性状的判断无法划分清楚。

在考古年代学的研究中，知道遗址堆积物的早晚关系也许已经能够满足初步研究的需要，但在当下史前聚落考古方兴未艾之时，遗址中是否有"同时性"的堆积物也成为一个重要的问题。按照地层学原理，"地面"不论新旧都曾经同时，同时的地面只有一个。而在遗址堆积形成的过程中，没有绝对"同时"的堆积物，如果一定要找，也许双生的"打破"与"叠压"关系是最接近"同时"的堆积单元，例如挖一个坑与坑内的出土。位于同一层面上甚至是在同一"活动面"上开口的"遗迹"，相互之间"同时性"的时间边界相对上面的例子就更宽。显然这里所谓"同时性"是一个相对的概念，问题的关键实际在于如何看待"同时性"。

在研究案例中，姜寨一期聚落有数百的房屋、墓葬、窖穴、壕沟以及其他遗迹，必然不属同一"层位"，建造和使用的时间也必定不是完全"同时性"的，但严文明认为姜寨一期环壕围住的聚落同时存在有 5 组房屋，可以借以研究当时的社群组织，显然这里是在说这个聚落规划的同时性①。大南沟墓地数十座墓葬，没有叠压打破关系，属于同一"层位"②，但苏秉琦认为这些墓葬显然不是同一时期的，而且有排列的顺序，可以从分布的位置上看出早晚的关系③，这个例子也适用于哪怕是在同一地面乃至同一活动面上的墓地。因此，对所谓"同时性"的理解要看研究问题的需要以及堆积的性质，并不是层位关系所能回答的问题。

总之，对遗址堆积时间性的判断无外"叠压"和"打破"这一对现象，根据这样的现象虽然可以期待获得有关堆积形成顺序的线索，但在实践中很难达到这样的理想，也不能解决堆积物是否"同时性"的问题，而只能得到相对的早晚关系。而即便是要获得相对的早晚关系，也还要凭借对堆积性状的把握来实现。

3. 堆积物性状与性质

哈里斯总结过考古地层学四项原理，一是叠压原理（law of superposition），二是原生堆积的倾向于水平性（law of original horizontality），三是原生堆积物的连续性（law of original continuity），四是地层序列的连续性（law of stratigraphical succession）④。解释堆积的早晚关系和堆积及堆积物形成时的形状，加上界面的解释，构成考古地层学原理。仅仅根据这些原理虽然在一定程度上可以解决遗址发掘的操作问题，但显然还无法了解遗址堆积的性质及性状，无从了解发掘到了什么东西，也就不能很好地解释堆积及其顺序。

在我国田野考古学的实践中，对遗址堆积性质与性状的认识至少在殷墟发掘时期就已经开始。从那以后，就有了在遗址中对遗迹的辨认，才可能了解到遗址堆积中的"界面"、"地层单位"和"层位"。但如何判定遗址堆积物的性质和性状一直是一个不论在理论还是在实践中都会不断引起争论的问题。早在 1984 年颁布的《田野考古工作规程》（试行）中就明确指出，要"根据土质、土色及其他现象划分地层和遗迹单位"⑤，之所在土质、土色之外还加上"及其他现象"，显然意思在于并没有一个仅仅根据土质、土色就能够了解堆积物性状的单一标准。

对"土质、土色"变化的分辨只是一个了解遗址堆积物性状的线索，除此之外，

---

① 严文明：《姜寨早期的村落布局》，《仰韶文化研究》，文物出版社，1989 年；严文明：《关于聚落考古的方法问题》，《中原文物》2010 年第 2 期。

② 辽宁省文物考古研究所、赤峰市博物馆：《大南沟——后红山文化墓地发掘报告》，科学出版社，1998 年。

③ 苏秉琦：《关于编写田野考古发掘报告问题》，《辽海文物学刊》1987 年第 1 期。

④ Harris, E. C., 1989, *Principles of Archaeological Stratigraphy*（2nd ed.）, p. 29–34, Academic Press: London. 相关译文参见孙德荣：《试述 Context System 及其考古地层学原理》，《文物世界》2000 年第 1 期。

⑤ 中华人民共和国文化部：《田野考古工作规程》（试行）第 4 页，1984 年。

显然更为重要的是还要知道在遗址堆积中会出现多种"土质、土色"变化的机制。即何种人类活动会造成怎样的堆积，这样的堆积又会有怎样的形状和边界，具有了这类知识，反过来即可以通过遗址中相同的堆积形状判断出堆积物的性质。否则，即便观察到了"土质、土色"的变化，也不知道该如何解释如何划分。正如早年李济在西阴村发掘中对一些地层中"交叉或袋形的状态"很是迷惑①，而这在现在看来不过是中国北方新石器时代遗址堆积中很简单的堆积现象。

　　了解人类活动产生的堆积物的性状有多种途径，早期主要依赖于所谓民族志比较的方法和文献记载的线索，近些年来则还有实验考古和沉积物分析等方法。例如版筑技术在我国历史文献中多有记载，在民间至今仍然有这样的建筑技术，北方地区的袋形窖穴至今在农村也仍然使用，这样的技术所造成的堆积物在殷墟发掘的过程中已经得到辨认②。民族考古实践给旧石器遗址堆积物带来了革命性的解释③，进而大大改变了旧石器时代的田野考古工作方式。以实验考古方法观察堆积物形成过程及形成原因的工作在我国也有开展，取得了可喜的成绩④。沉积物分析方法则还处于探索阶段，如喇家遗址堆积土壤微结构分析⑤，磁山遗址灰坑堆积物微遗存分析（植硅石）等⑥。

　　对于遗址堆积物性状和性质的分析还有赖于对遗址各种堆积物相互之间联系的把握，这种研究方法在今天被称为聚落考古，上举严文明和苏秉琦对姜寨一期聚落和大南沟墓地的研究都是显例。在田野考古的实际工作中每次发掘的面积都十分有限，实际的发掘工作之于遗址堆积物的研究来说无疑是抽样式的，更何况遗址堆积物大多又是以残留的状态保存下来的，这就更要有对遗址堆积整体把握的视野。特别是对一些大体量的堆积体（大型遗迹）来说，建造程序的多样造成局部土质、土色的变化情况

①　陈星灿：《中国史前考古学史研究》（1895～1949）第148～150页，生活·读书·新知三联书店，1997年。

②　张海：《中国考古学的殷墟传统——早年安阳殷墟的发掘与研究》，《古代文明》（第4卷），文物出版社，2005年；星灿：《灰坑的民族考古学考察——石璋如〈晋绥纪行〉的再发现》，《中国文物报》2002年3月1日。

③　路易斯·宾福德著，陈胜前译：《追寻人类的过去》，上海三联书店，2009年。

④　如王吉怀：《考古学实验——红烧土房屋的建造与烧烤》，《中国文物报》2002年12月27日；北京大学考古文博学院、河南省文物考古研究所：《登封王城岗考古发现与研究》（2002～2005）第657～663页，大象出版社，2007年。

⑤　董广辉、夏正楷、刘德成：《青海喇家遗址内外的土壤微形态初步分析》，《水土保持研究》2005年第12卷第4期。

⑥　Houyuan Lu, Jianping Zhang, Kam-biu Liu, Naiqin Wu, Yumei Li, Kunshu Zhou, Maolin Ye, Tianyu Zhang, Haijiang Zhang, Xiaoyan Yang, Licheng Shen, Deke Xua and Quan Li, 2009, Earliest Domestication of Common Millet(Panicum Miliaceum) in East Asia Extended to 10,000 Years Ago, *PNANS*. Vol. 106, No. 18, 7367-7372.

很多，不从堆积相互联系的角度考察将不能正确认识堆积物的性状。上述所有对遗址堆积物研究的手段其实也都是聚落考古的研究方法，因此对遗址堆积性状和性质的研究也可以说就是聚落考古。

遗址堆积的微结构和微遗存研究就更是如此。土壤微结构和堆积微遗存的研究样本之于哪怕是个别的堆积单元来说都是抽样式的，离开对堆积单元的整体把握，得出的毋宁是局部的堆积情况，不能代表堆积的整体。例如对磁山遗址窖穴 CS–I 中 1.5 米厚谷物堆积顺序采样的植硅石研究结果，发现其中有 3 层富集黍内外稃植硅石的堆积，各层之间的堆积中则富集芦苇和黍叶片植硅石，解释为以芦苇和黍叶间隔的方式窖藏黍。这就意味着窖穴 CS–I 内现在还保留着这样的堆积顺序。如果没有这个窖穴堆积物全部而详细的说明并标明确切的采样位置，说服力显然是不够的①。

此外，由于人类文化是有时代和区域性差异的，由此造成的遗址堆积显然也是有时代性和区域特性的。甚至于很多遗址而言，由特定地点的地形、地貌、自然沉积物、其他自然资源以及人类活动的特点所决定，会出现以遗址为单位的堆积性状的特点。凡田野考古的实践者都有这样的体会，长期在某个地区做田野工作的从业者，对这个地区特定时期遗址的堆积物往往会有比较准确的判断，这样的经验积累需要加以总结并至少反映在遗址发掘的报告中。

总之，田野考古的目的是对遗址中堆积物性质和性状的分辨以及对其成因的解释。在中国考古学的传统中，一般将遗址中人工堆积物的性质和性状统称为遗迹，而对遗迹的认识可以归结为聚落考古的问题。由堆积物相互联系的情景中把握并总结出各种堆积物的性质并由此把握其性状，这样即便在发掘时遇到残破的、没有其他聚落遗存关联的堆积物的情况下，也可借以进行判断。

（二）与遗址相关的自然堆积

人类活动堆积物的形成是与第四纪自然沉积物的形成过程相伴而行的。人类活动的堆积存在于第四纪沉积物之中，自然堆积物和自然营力的作用也处处见于人类文化的遗址之中。因此，对遗址堆积的研究不得不涉及第四纪地质与环境的自然营力作用。

自然营力主要是破坏作用，特别是一些强烈的自然力，如地震、风蚀、洪水、滑坡等可以使原初遗址甚至是当时的聚落遭到彻底的破坏，遗存完全脱离原来的位置，

① 研究文章只配发了此坑的局部照片。Houyuan Lu，Jianping Zhang，Kam-biu Liu，Naiqin Wu，Yumei Li，Kunshu Zhou，Maolin Ye，Tianyu Zhang，Haijiang Zhang，Xiaoyan Yang，Licheng Shen，Deke Xua and Quan Li，2009，Earliest Domestication of Common Millet（Panicum Miliaceum）in East Asia Extended to 10,000 Years Ago，*PNANS*. Vol. 106，No. 18，7367–7372.

考古遗址的一些所谓"地点"就是这样形成的。即便是一般的自然营力如重力作用、植物根系的生长、有机物被分解、化学氧化作用等也会使遗存极大地改变原有的状态，有时甚至完全被消解。但有时在一些极端的自然环境和极端的自然营力情况下，也会对遗存的保护有利，如极冷、极干或极湿的环境，以及突然的洪水冲积物的覆盖等。

遗址堆积在埋藏后受到自然营力的作用固然重要，但实际上很多自然营力的作用是与遗址堆积形成过程交织在一起的，特别是微弱的自然营力对遗址堆积形成过程的改变更是如此。

1. 强力自然营力作用

强烈的自然营力涉及的方面很多，全球尺度的有气候的变迁和海平面的升降等，区域和流域性的则有地壳升降、火山地震、河流变动、洪水滑坡等。对这些问题的研究当然主要不是针对考古遗址，也不仅是为了考古研究。研究主体来自第四纪地貌、第四纪沉积物、第四纪环境等多个学科[1]。从考古学角度入手的研究发展为地学考古、环境考古学，从人类利用环境的角度考察则发展为景观考古学。研究的结果历来为考古学所重视，用以解释小到遗址的废弃，大到文化的变迁、人类社会的发展等种种问题。反过来，考古学也为第四纪地貌与环境的研究提供很多研究的证据、视角和方法。例如在洞庭湖下发现大量新石器时代遗址就解释了洞庭湖形成的时间和机制等问题。小区域的第四纪地貌与环境研究则主要来自考古学的推力。考古学年代学还将为第四纪堆积物形成年代问题的解决提供研究的方法。

在考古遗址堆积物研究中，旧石器时代遗址往往是伴随了第四纪强烈自然营力作用下形成的，这方面的田野工作特别重视对自然营力产生的堆积遗存的研究。中国的旧石器时代考古与第四纪地质地貌学有长期的历史渊源，发掘特别重视对遗址堆积物的产状及其物理性状（粒度、分选、磨圆度、颜色、致密度等）的沉积物学考察，同时也重视堆积物中所含文化遗物的埋藏学分析和记录（如记录分布、长轴方向、倾角、磨圆度及物理、化学风化程度等指标），以解释堆积物的沉积和再沉积过程。新石器时代的遗址也经常发现强烈自然营力作用下的堆积。近年来对喇家遗址发现的地震和洪水的堆积物研究就是典型的案例，解释了喇家遗址齐家文化时期聚落堆积形成的原因[2]。中国文明探源工程的成果中还有更多的研究案例[3]。第四纪强烈自然营力产生的堆积所覆盖的地方往往能完好保存下面的遗址，即便是没有遗址的地方，也有可能保存

① M. A. J. Williams 等著，刘东生等编译：《第四纪环境》，科学出版社，1997 年；杨晓燕、夏正楷、崔之久：《第四纪科学与环境考古学》，《地球科学进展》2005 年第 20 卷第 2 期。

② 夏正楷、杨晓燕、叶茂林：《青海喇家遗址史前灾难事件》，《科学通报》第 48 卷第 11 期，2003 年。

③ 莫多闻等：《中华文明探源工程环境课题主要进展》，《中华文明探源工程文集》（环境卷Ⅰ），科学出版社，2009 年。

一些重要的与人类活动有关的遗存，如农田以及当时的自然景观，因而值得特别重视。

由于文献的便利，景观研究在我国历史时期聚落研究中有悠久的历史，特别是历史时期遗址中城市和墓地的研究与景观的考察密不可分，极大地便利了对于这些遗存相关的遗址堆积物的认识。在史前考古中，景观分析也很多见，严文明在研究姜寨一期聚落时注意到，环壕围住的诸多房屋中，南部有很多朝向北的房屋，这在中国北方房屋的朝向中是十分不利的，因此必然出于是聚落整体规划的需要，由此解释了聚落堆积整体性状一个十分关键的问题，就是一个很好的例子。景观考古在对史前遗址聚落的分布、位置及其堆积整体性状的研究中还有很大的发展潜力①。

2. 局部自然营力作用

遗址内乃至遗址中堆积体内局部的自然营力作用也包括来自物理、化学和生物等很多方面，其中特别显著的有重力坍塌、裂隙、淋滤、动物洞穴等。这些作用力看似微弱，但对遗址堆积的破坏作用同样显著。与强力的自然营力相比，这些微弱的自然营力发生更为普遍，可以说时时刻刻在起作用，见于任何遗址乃至任何遗址的堆积个体中。只是由于研究的目的不同，在实际的田野工作中，对这类作用的关注度大不相同。由于这类作用很少对遗址堆积物的整体性状以及堆积物中人工制品共存情况产生根本性的改变，在一般性的年代学、考古学文化和聚落研究中常常不被注意。但当今考古学中环境与经济研究盛行，对社会和意识形态的研究也大大深化，研究对象已经拓展到微小遗存，诸如植物种子、孢粉、植硅石、淀粉颗粒、残留物乃至微生物等无所不用其极。对于墓葬的人体、葬具及随葬品等下葬顺序也十分关注，因为这样的资料对于解释埋葬制度至关重要。而微弱自然营力对于遗址堆积物中这类遗存的影响就很大，不得不加以重视。

遗址中凡是留有空洞的堆积体——遗迹，甚至空体遗迹充填物比较疏松的情况下，上部都会坍塌，只有少数如支撑比较好的砖室墓不出现这样的情况。这样的遗迹在我国考古遗址中是十分常见的，如有葬具的墓葬、洞室墓、井、窑洞、陶窑、袋形窖穴等。这类遗迹尚未坍塌的时候，底部在雨水淋滤作用下会形成细沙层，极端的情况下这样的沙层甚至充满整个遗迹的空间，如马厂文化的洞室墓（图三）。反之，如果在遗迹底部发现有自然形成的细沙层，则可以判断这样的遗迹原本是空洞的，这对一些已经坍塌或仅残留底部的空洞遗迹性状的判断是一个重要的线索。柳湾墓地早期发掘的墓葬在清理时没有留意这个现象，失去了当即判断为洞室墓的机会②。

---

① 加里·费曼：《聚落与景观考古学》，《东方考古》（第 2 集），科学出版社，2005 年。
② 青海省文物管理处考古队、中国社会科学院考古研究所：《青海柳湾》第 53～79 页，文物出版社，1984 年。

图三　青海民和马牌墓地 M61
（图片右侧可见洞室内层层淤土）

有葬具的墓葬因葬具朽烂而发生塌陷改变了墓葬随葬品原来的摆放位置，这种现象在我国新石器时代考古以降的墓葬发掘中经常见到，也被发掘者和研究者所重视，在田野发掘中已经有研究者试图细致地复原墓葬在下葬时的最初情况①，获得了很好的研究成果。袋形窖穴会因塌陷而废弃（图四），也会在废弃后因填充土疏松而发生上部坍塌，在这种情况下只有在窖穴的下部还会保留有

图四　河南邓州白庄村刘岐东家院内窖穴及刘岐东隔壁王家塌陷废弃窖穴成为垃圾坑
1. 刘岐东家院内窖穴　2. 刘岐东隔壁王家塌陷废弃窖穴成为垃圾坑

残存的人工界面，一般在壁面上面留有工具痕迹（图五），而上部塌陷后留下的是"自然界面"。塌落到坑内的堆积物可以分辨，但如果清理不加以注意，则会造成其中包含遗物时代的混乱。

　　遗址堆积物中微小遗存的来源是十分复杂的，其中有与堆积形成基本同时的，有早于堆积本身形成时间的，甚至还有可能来自上部堆积物中的晚期遗存。可以用相关研究中分别被称为本体遗存（indigenous remains）、残留遗存（residual remains）和下迁遗存（infiltrated remains）三个概念来概括②。国内研究者早已论及遗址堆积中孢粉、植硅石一类微遗存可能是携带它们的土壤中原有的，要早于堆积形成的时期③，属于残

---

① 　浙江省文物考古研究所、浙江海宁市博物馆：《2009 年海宁小兜里遗址良渚墓葬的发掘收获》，《南方文物》2011 年第 2 期。

② 　Harris，E. C.，1989，*Principles of Archaeological Stratigraphy*（2nd ed.），p. 121，Academic Press：London.

③ 　张忠培：《考古学的局限性》，《中国考古学：九十年代的思考》第 44 页，文物出版社，2005 年。

留遗存。这样的问题在理论上似乎是可
以解决的，例如在器物类型学分析时，
一般用早的堆积单元和形成时间短的堆
积单元中的器物，去鉴别堆积混杂单元
中的器物，以剔除"残留遗存"，还原
"本体遗存"。对于微遗存来说，可以利
用沉积物分析的方法，分辨出堆积物土
壤的来源，然后找到来源土壤，比较来
源土壤与遗址堆积土壤的微遗存，从而
找到堆积形成时期的"本体遗存"。

图五　河南邓州八里岗遗址石家河文化时期窖穴
（上部壁面为穴壁塌落后的自然面，
下部有工具痕迹，为人工壁面）

　　但在自然营力下形成的下迁遗存也
许同样复杂。其中属于堆积物中因自然
裂隙和动物洞穴可能带来的上部堆积物
下迁的情况在发掘时可以留意①，玉蟾岩
发掘中利用土壤微结构分析来评估堆积
是否曾经被扰动②。这些方法可以借以判
断下迁遗存中小遗存如炭屑和种子等的
来源。而属于雨水淋滤下渗带来的微遗
存下迁情况至今还难以分辨，但已经有
相关的沙土中植硅石迁移的实验③。

图六　河南邓州八里岗遗址屈家岭文化时期灰坑
（坑内堆积中成层灰烬的形成应当与雨水淋滤有关）

　　从一些明显的例子来看，雨水淋滤
作用下发生的微小堆积物下迁的情况还是很常见的，可以用肉眼观察到的一般都在有
空洞的堆积体和疏松堆积体的下部以及堆积物的界面上。如上举洞室墓、瓮棺葬的底
部常见淤沙，砖室墓底部常见淤泥等；再如含灰分较多且疏松的一层堆积物，在雨水
淋滤作用下有时会在此层和下一层之间形成一个薄灰层（图六）；甚至一些极为坚硬的

---

① 张东菊等：《甘肃大地湾遗址距今 6 万年来的考古记录与旱作农业起源》，《科学通报》2010 年第 55 卷第 10 期。

② Elisabetta Boaretto, Xiaohong Wu, Jiarong Yuan, Ofer Bar-Yosef, Vikki Chu, Yan Pan, Kexin Liu, David Cohen, Tianlong Jiao, Shuicheng Li, Haibin Gu, Paul Goldberg, and Steve Weiner, 2008, Radiocarbon Dating of Charcoal and Bone Collagen Associated with Early Pottery at Yuchanyan Cave, Hunan Province, China, *PNAS*, Vol. 106, No. 24, 9595–9600.

③ Fishkis, O., Ingwersen, J., and Streck, T., 2009, Phytolith Transport in Sandy Sediment: Experiments and Modeling, *Geoderma*, 151, 168–178.

堆积体如夯土，如果是利用含灰分的土夯打而成的话，其中的灰分也会被淋滤到夯层之间的微小间隙中。显然考古地层学的铁律（叠压在下面的堆积比上面的晚）在这种局部的情况下就不能成立了。只是其他一般的堆积物是否也会出现这样的情况还不是很清楚，但至少应当加以考虑和研究。为避免因上述原因造成的微遗存样本出现混乱的情况，目前多利用堆积不同部位样本比照的方法加以考察，采用土壤微结构分析的方法还不多见①。

在遗址的不同部位会有不同的局部自然堆积物产生，其中有很多就是在聚落生活时期形成的，如聚落的环壕中一般都有淤土。没有环壕的聚落在其边缘也有自然堆积物，但堆积中往往含沙，并包含小陶片、炭屑和烧土颗粒等人工遗物②。这样的自然堆积是遗址不同部位的指征。例如遗址边缘堆积物可以帮助我们在发掘和调查中认定遗址上聚落的范围，这对于了解遗址聚落的准确面积提供了可以参照的指标，同时也可以成为评估遗址上聚落保存情况的重要指示物。

（三）遗址堆积物的发掘策略、分类、记录与绘图

对于遗址堆积性状的认识和解释不同，田野调查和发掘的策略就不同，对堆积物的编号体系、记录的内容以及绘图的方式也会不同。这也导致了目前在世界各个不同地区的田野工作方法存在着或多或少的差异。仅以我国流行的田野工作方法来说，就存在很多正在争论的问题。

1. 遗址发掘策略

在主动的田野考古发掘中，发掘策略一般是因课题的需要而设计，挖遗址的哪个部位、发掘多大面积及以哪种方式开挖都因课题的需要而有所不同。但不论出于什么目的，发掘时都会碰到对堆积物性状的判断问题。因此，任何发掘策略都应当是以旨在揭示遗址堆积物的性状为依据的。依照上文的分析，揭示遗址堆积性状的根本手段在于对聚落考古方法的把握，而不能仅仅凭借所谓考古学地层学的一两条规定。即便发掘的目的不是基于聚落考古，也需要有聚落考古的基本认识和视角，否则会造成对堆积性状把握的偏差，从而难以达到发掘的目的。

尽管任何发掘实际上都是对遗址的抽样式了解，任何遗址堆积物基本都处于或多或少的残留状态，但对以聚落考古为目的的发掘来说，都必须以方便对遗址堆积物的整体性把握来设计发掘策略。按照严文明的说法，首先"要发掘足以代表遗址性质的

---

① 靳桂云：《土壤微形态分析及其在考古学中的应用》，《地球科学进展》1999 年第 14 卷第 2 期。
② 北京大学考古实习队：《河南邓州太子岗遗址复查记》，《古代文明》（第 5 卷），文物出版社，2006 年。

最重要的地方"，否则把遗址零打碎敲挖完，还不知道挖掉的是什么①。只有认识遗址堆积物的整体性状，才能把握住那些没有完整遗迹只留下残余部分堆积的性质，从而找到残余堆积物之间的相互联系。

具体的发掘方式如开探沟还是开探方、是否留隔梁等也要看是否方便对堆积物整体性状的判断而定。例如早在惠勒梅登堡的发掘中就可以看到在遗址周边开探沟，在遗址中部开探方的发掘方式②，这样的做法现在在我国已经十分流行。因为遗址边缘堆积物一般都是壕沟和层状自然堆积，开探沟可以横跨这种堆积，以最小的发掘面积了解堆积物的整体。遗址中部一般是居住区，只有大面积揭露方能便于了解堆积物的整体而不至于肢解遗迹。

2. 遗址堆积物分类及编号系统

对遗址堆积物性质的判断也影响到中国田野操作系统中对堆积物的分类方式。在我们流行的遗址堆积物分类方式中，一般将堆积分为"地层"与"遗迹"两大类，"遗迹"再细分为房屋、墓葬、灰坑、窑址等。这种分类方式大致与美国相似（分为 zone（地层）和 feature（遗迹）两类），所有堆积按照这两个系统编号。区别在于美国只有这两个系统，中国在后一系统中还再分出 F、M、H、Y 等。而英式的哈里斯"context"分类方式则只有一个系统，编号也是一个系统的流水账式③。对于这两种分类方式究竟哪种更好，学界一直有争论。英式分类的内在逻辑以堆积原理和实际发掘情况相联系的角度出发，认为不论是界面还是堆积体、不论是"加法"（叠压）还是"减法"（打破）都属于一个"堆积单位"，代表了一次可以辨认的行为结果。英式分类虽有内在的逻辑性，但显然肢解了遗址堆积物的整体性状，不利于对遗迹的整体性把握。美式的分类原则看上去像是区分了叠压（zone）和打破（feature）两种堆积方式，但打破（feature）又没有分清界面和填土。

中式分类显然并没有按照简单的所谓"地层学原理"来考虑，其中遗迹一类是试图以堆积物的整体性状——遗迹为线索进行划分，凡能辨认出整体性质的堆积物如房基、墓葬、灰坑、窑穴、沟等都分类分别编号，便于对遗址堆积整体性状的把握，更加接近聚落考古的思维方式。另外一类——地层，则比较复杂，主要包含的是人工层状堆积和自然层状堆积。照道理，在遗址中除了自然堆积物以外，所有的人工堆积都应当是遗迹，不论是否为层状，比如大范围的垫土，只是很多时候我们不知道这种遗

---

① 严文明：《走向 21 世纪的考古学》第 202～203 页，三秦出版社，1997 年。

② Steve Roskams, 2001, *Excavation*, p16, Cambridge University Press：Cambridge.

③ *Archaeological Site Manual*, Museum of London Archaeology Service, 3rd ed, 1994.

迹的性质①。如果单独将层状堆积单独分出，就与分类的逻辑基础产生了矛盾，抹杀了"地层"中很多层状人工堆积作为遗迹的性质。当然在田野实践中有的时候也有明知某些堆积物的性质，但仍故意忽略的情况。例如位于现在农田下的遗址，最上面的堆积物明明是耕土，但中式习惯编号为第①层，而不是 T1 （"田1"，或许为避免与探方编号混淆）。当然也有很多层状堆积都是某些遗迹被破坏后的遗留，因为不清楚其性质，而被编为地层。

因此，中式分类"遗迹"与"地层"如果理解为这样的两种，一类是知道性状的堆积物，一类是不知道性状的堆积物，就既有分类的内在逻辑又符合对遗址堆积物性质的理解了。如果随着田野考古水平的提高，对遗址中人工"地层"的性质和性状认识越来越明确，后一分类中将只剩下自然堆积物。那时中式分类和编号系统将更为符合上两节对遗址堆积物形成过程和形成原因的认识。

3. 堆积物土质土色描述与绘图

遗址发掘中必须采用文字记录的方式对堆积物进行描述，其中争议最大的是堆积物的土质土色描述。在中国传统田野考古发掘中，一直没有对堆积物土质土色进行描述的统一标准，这与描述的目的有关。如果只是为了描述不同堆积物之间的相对区别，自然不需要绝对的标准，只要每个发掘者和描述记录者自己的标准一致就可以，而传统中国考古学以年代学为目的的发掘正是这样的情况。但如果引入聚落考古的考察，需要研究堆积物性质，研究的堆积土壤与遗迹之间的相关性，研究堆积体土壤的来源，甚至研究堆积土壤在不同地点之间的关系，就不可能不建立一个超出单个遗址和单个发掘者范围的统一的描述标准。因此自 20 世纪 80 年代以来，田野考古研究中对土质土色描述客观性的需要日益增强。

在英美田野考古中，很早就引入了土壤学的描述方法，一般以芒塞尔色标（Munsell colour scale）为准描述土色，以土壤学粒度标准为准描述土质，并建立了包含物性状（大小、磨圆、分选等）的判断标准②。最近我国国家文物局新颁发《田野考古工作规程》也推荐使用其中的一些标准。

在国内田野考古实践中，很早就有发掘案例引入了类似的堆积物描述方式③，但一直没有得到推广。其原因是由于遗址堆积物十分复杂，不像自然土壤在比较大的范围内具有均一性，单单一个堆积单位很可能就有多种土质土色，简单引用任何标准都难

---

① 燕生东：《关于地层堆积和灰坑的几个问题》，《华夏考古》2008 年第 1 期。

② *Archaeological Site Manual*，Museum of London Archaeology Service，3rd ed，1994.

③ 例如中国科学技术大学科技史与科技考古系等：《河南舞阳贾湖遗址 2001 年春发掘简报》，《华夏考古》2002 年第 2 期。

以准确描述。例如，打破了 5 层不同土质土色的大型墓葬回填土，如果仅仅凭印象描述为"五花土"也许就可以了，只是一旦墓葬填土中有特意从别处搬运来的堆积物就要求有更为复杂的描述①。而机械地对填土中每个不同质色的土块都加以定位描述的话，那么对于大型墓葬来说仅仅是描述的内容都势必成为一本书的分量。因此，堆积描述必须要引入土质土色描述标准，同时又要考虑描述的针对性和有效性的平衡。例如，盗墓者对墓葬填土仅仅用"五花土"来描述就足以满足盗掘的要求。而在考古发掘者看来，在知道是墓葬回填土的前提下，可以分别以某种标准描述五种土质土色，然后抽样描述它们的分布也许就达到了有效记录的要求。这样也就意味着欲准确描述遗址堆积物的土质土色，就必须了解该堆积物的性质和形成原因，否则描述何来目的性和针对性。

　　鉴于构成遗址的土壤分布的地域性以及遗址堆积物的性质与堆积土壤的相关性，也鉴于聚落考古正在向需要了解堆积物土壤来源地发展，对考古遗址堆积的描述显然要求发掘者具备对发掘遗址当地土壤的相关知识。中国土壤分类学实际早已跨入定量描述的时代②，对土壤分类也有系统的研究③，并有自己的土壤颜色标准比色卡④。因此在中国遗址堆积描述中引入这些研究成果是必然的，否则不便于与本土本区域土壤资源的对比研究。而达到在田野中比较精确地描述土质土色，利用现在土壤学和沉积物分析经常使用的便携式激光粒度仪和光谱仪（分光仪）也许更为方便。

　　田野考古绘图也是记录中的一个重要方式，方法则有手工测绘、摄影测绘和全息三维激光扫描，但不论哪种方法，均是对遗址堆积物解释的记录，因此离不开对堆积性质的认识。我国田野绘图中平面图上的线条一般画的是遗迹的边界，但剖面图中则既有堆积物的边界——界面，又有所谓"地层分界线"，表示的是对两种堆积物间的区分，因此在"图理"上没有逻辑的一致性。例如，剖面图上一般会强调画所谓"耕土线"，但耕土下并没有界面，"耕土线"无非是区分耕土与下一层的"分界线"，而在剖面图上的灰坑、墓葬等画的则都是清楚的界面边界线。当然，也有很多时候，灰坑特别是袋状窖穴以及洞室墓等上部曾经坍塌，这样的灰坑和墓葬无论在平面和剖面图上也一样画实线的话，就模糊了坍塌后的"自然界面"与没有坍塌的人工界面边界之间的区别，因而在图上无法区分出这两种不同的边界及其位置。这也说明目前的遗址

---

① 如西坡墓葬 M27。见中国社会科学院考古研究所河南一队等：《河南灵宝市西坡 2006 年发现的仰韶文化中期大型墓葬》，《考古》2007 年第 2 期。

② 龚子同、张甘霖：《中国土壤系统分类：我国土壤分类从定性向定量的跨越》，《中国科学基金》2006 年第 5 期。

③ 龚子同、陈志诚：《中国土壤系统分类——理论·方法·实践》，科学出版社，1999 年。

④ 中国科学院南京土壤研究所制：《中国标准土壤色卡》，南京出版社，1989 年。

发掘绘图既有实测部分又有示意部分，其间不合逻辑之处是缺乏对"图理"讨论的结果。国外常见的以线条表示界面，以不同图案区分其他"边界"的堆积物绘图方式至今未引起我们的重视。如何在绘图中准确表现种种不同的堆积现象是今后值得进一步探讨的，而探讨和实践的基础仍要建立在对遗址堆积物性质和性状的把握之上。

（四）结语

田野发掘面对遗址堆积，是考古学证据链条中的"第一现场"。只有正确理解、解释、揭露和记录每一个堆积物，判明遗址堆积物的性质、性状及其形成过程和形成原因，才能使遗址中的考古遗存——无论遗迹、遗物还是微遗存——成为考古学可以进一步研究的考古资料。

对于遗址堆积形成过程的解释可以分解为文化和自然两个方面。人类文化造成的堆积物形成过程的解释虽然有考古地层学可为依据，但目前地层学的一对范畴，即打破和叠压关系，只是对人工堆积形成原理性解释，并不足以满足对遗址堆积性质的认识。遗址上所有的人工堆积都应当理解为"遗迹"，考察遗迹有民族考古学、文献证据、实验考古、空间考古、景观考古等方法，这些方法又必须以聚落考古来统御。对于自然堆积的认识，主要来自第四纪科学的一些方法，如环境考古、埋藏学、沉积物学等。其中强力自然营力的研究并不仅仅局限在考古遗址上。而在遗址上可以看到局部自然营力的作用则处处都有，在考古学进入微遗存研究的时代之际对这类作用力的研究显得尤其重要。

遗址堆积形成过程中人类文化和自然营力是交织在一起的，而且不论从文化和自然哪个方面来看，遗址堆积都是有时代和区域特征的，甚至还存在个别遗址的堆积特点。可以说既有一些共同的规律，又没有完全一样的现象，因此对遗址堆积的认识是每一次田野考古发掘都需要面对和总结的，每次发掘对遗址堆积物的解释在各方面都应有所贡献，最后还应体现在每一部发掘报告中。中国田野考古有很多时代性、区域性的堆积规律隐藏在一些田野考古从业者的发掘经验中，很少被总结出来，这一直是个重大损失。从这个意义上看，中国文物保护政策甚至提倡在抢救发掘中都要有课题意识，是十分有远见的战略性思考。也由此可见，对遗址堆积物的认识是处于理论、方法和实践之间的一件事情。

我国田野考古学的起点是比较高的，从殷墟发掘就开始了聚落考古的实践①，历来重视对遗址堆积中"遗迹"的判断，在实践中对遗址发掘的策略及堆积物的分类也有所长，但在很多方面都还有可以改进的余地。从田野操作的层面上来看，无论是发掘

---

① 严文明：《关于聚落考古的方法问题》，《中原文物》2010 年第 2 期第 20 页。

的策略、堆积物的分类，还是堆积物的描述记录和画图，都必然考虑操作的针对性和有效性的平衡，否则便没有可操作性而言。而针对性来自对堆积性质和性状的认识，有效性来自操作方法的把握，因此更要找到理论、方法和实践之间的平衡。

附记： 本文是在笔者《考古学导论》和《考古学理论与方法》两门课程讲稿的基础上整理而成。其中前一门课由严文明先生所创设，后一门的前身之一是严先生《新石器时代考古理论与方法》课程。由于时间已久，本文也分不清楚哪些是先生的想法，无法一一引证。夫子勖哉！本文当然也有笔者在听先生授课时的同学以及听我课和参与讨论的历届同学的贡献，但愿他们没有太多不同意见。诸生勉之！本文如有失误及附记如有矫情之处概由笔者负责。

怎样考察学术史

赵　辉

（北京大学中国考古学研究中心　北京大学考古文博学院）

对历史的研究，不仅仅是为了抚慰我们对已经逝去时光的怀念，或者是为了满足我们对过去的好奇心——尽管这是支撑历史学存在的重要原因。历史研究的根本目的是总结经验、温故知新，在时间的长河中理解现代，谋划未来。学术史的研究也是如此。虽然中国考古学的发展不足百年，许多事情还历历在目，但也许正是因为这个原因，中国考古学史的研究一直颇受重视。在没有或极度缺少文献资料佐证引导，因此不得不依靠自己的理论方法建设来发展的史前考古领域，考古学史的研究文章也就尤其多。每次开卷，皆有收益。但在几个问题上，却有自己的想法。愿借这个机会就教大方。

（一）中国考古学的开始

看似简单的问题，却有不同看法，主要观点大约有三种：

最具权威性的意见见于《中国大百科全书·考古学卷》"中国考古学简史"条，将 1928 年中央研究院历史语言研究所考古组成立和同年殷墟遗址的发掘，作为中国考古学诞生的标志。与之接近的是尹达主张的以 1927 年李济主持的西阴村遗址的考古工作为起点[1]。不过，大多数研究者似乎还是愿意把 1921 年安特生发掘仰韶村视为中国考古学的滥觞[2]。同事们聊天时，也有人主张，所谓中国考古学，也即在中国的考古，按照这个角度看，把中国境内最早的考古工作视为中国考古学的开始也未尝不可，这

---

[1] 尹达：《新石器时代》，生活·读书·新知三联书店，1979 年。尹达并未在自己的著作中明确地说出中国考古学开始于西阴村的发掘。但陈星灿对尹达的本意有精当的分析。见陈星灿：《中国史前考古学史研究》，生活·读书·新知三联书店，1997 年。

[2] 陈星灿：《中国史前考古学史研究》，生活·读书·新知三联书店，1997 年。

样，中国考古学的开始就可以上溯到 19 世纪 80 年代了。此外，以特立独行的学术思想闻名的卫聚贤则把凡是利用古物做历史研究的都叫做考古学，如此一来，中国考古学竟在东周时期就开始了①。

除去卫氏的观点不足为训外，其他主张各有根据。揣摩起来，各家对中国考古学这个词在字面上的理解有所不同。一种理解可以表述"中国的考古学"，认为凡是针对中国历史研究开展的考古都是中国考古。如此，也就自然可以把中国考古学的开始追溯至最早的考古工作——持上述第三种观点的先生们的思考角度大致如此。另一种理解似乎是把中国考古学看成是"中国自己的考古学"。这种观点强调的是考古学作为一个学科在中国学术界的出现。——第一、二种观点即从这个角度出发考虑的结果。但我们还可从中体会出些微不同。尹达和《中国大百科全书·考古学卷》强调中国考古学的开始应当以中国学者为主体、中国自己的学术机构主持下开展考古活动为标志，这可称之为考古学在中国的"实体性的出现"。而把 1921 年安特生在仰韶村的发掘看作中国考古学出现的标志，则更多地着眼于这个学科于"学理上的出现"。

比较起来，我倾向最后一种观点。

众所周知，考古学起源于西方。14 世纪兴起于意大利，很快蔓延至整个欧洲的文艺复兴运动，在政治上为新兴的资产阶级争取社会地位，建立新的社会制度准备舆论，但它倡导的人文主义和对古典的回归，激发了人们对历史的兴趣，以及对古物收藏、欣赏的兴趣。古物学由此繁荣起来。进而到了 18 世纪，欧洲爆发了工业革命。伴随城市化进程和大规模建设，大量埋藏地下的古代遗迹遗物重建天日，引起了人们的注意。而工业革命和科学技术的发展，其结晶便是进化论思想的产生。进化论为理解包括古代遗存在内的世界万象提供了一个合乎逻辑的理论。当人们进而试图把这个理论转化为寻求古物的田野活动的方法时，考古学便出现了。这个时间，一般认为在 1840 年左右。

传统的中国学术体系中，也有一门和古代遗物有关的学问，那就是以"证经补史"为目的的金石学。金石学在宋代取得了很高的成就，清代乾嘉学派更将其推向鼎盛。但由于仅限于对传世品的研究，没有科学获得资料的方法，且中国没有欧洲文艺复兴以来形成的社会政治、经济、科学技术和文化思想的环境，金石学就很难再有发展。

中国学术界对考古学的认识是经过一个过程的。18 世纪末，随着新一轮的"西学东渐"，章太炎等一些先进知识分子开始著文向国人介绍考古学；殷墟甲骨和敦煌文书的发现也给人们展现了出土文物之于历史研究的重要性。此外，一些外国学者、探险家也鱼龙混杂地在中国境内进行了多项科学考察和探险，其中也包括一些考古学的活动。但所有这些，尚不足以引起中国学人对考古学的真正注意，还需要等待一个契机、

① 卫聚贤：《中国考古学史》，商务印书馆，1937 年。

一个理由。

　　情况因"新文化运动"和继之而起的"五四运动"有了变化。新文化运动倡导民主和科学精神，是一场伟大的思想解放运动。产生于这个背景下的"疑古派"用科学的方法重新整理史料并得到一个重要结论，即由"三皇五帝"等概念构成的中国古史体系是"层累地造成的"，切不可"唯古是信"。如此，疑古派彻底颠覆了中国传统史学观念和历史体系，但也同时使得中国学术界在建设新的历史体系方面陷入了既缺少资料、也无方法的窘境。于是，考古学成为了希望之所在。换言之，中国学术的发展产生了对考古学的需求。恰恰在这个时期，安特生发掘了仰韶村遗址。

　　安特生在对仰韶村发掘后不久，即出版了研究专著《中国远古之文化》①。晚一些时候，在有关仰韶村发掘认识的基础之上，综合更多田野资料，又出版了著名的《黄土的儿女》②。基于仰韶村出土的资料，安特生第一次提出仰韶文化的命名，并根据发掘品中全然不见铜器，但石器中有农业工具的现象，准确地判断出仰韶文化是中国境内的史前文化，年代应当在新石器时代的晚期。安特生还注意到这些远古遗存虽然年代久远，却与后来的汉文化有一定的联系，因此推测是中国文化的本源。

　　安特生对仰韶村的发掘和研究的意义在于，第一，它为中国学界提供了一个如何通过田野考古复原历史的工作范例，尽管用今天的观点看，这些还很粗糙。第二，安氏有关中国远古文化的一系列认识，最大限度地贴近了中国学界重建中国历史的诉求。也就是这两个原因，导致了中国学术界对考古学这个学科的接受和主动实践。而在安氏之前，中国境内无论是介绍考古学的文章，还是任何一项考古活动，都没有产生过这样的作用。从这个意义上说，1921 年是中国考古学的开始之年③。

（二）中国考古学的学术定位

　　中国考古学从其产生的原因过程看，她一开始就旗帜鲜明地要复原重建中国历史。历史语言研究所考古组成立的目的、殷墟和城子崖等遗址的发掘④以及北平研究院在陕西境内的考古活动⑤等这些早年间最为重大的事件，无一不怀有一个明确的历史复原研

---

① 安特生：《中华远古之文化》，《地质汇报》第五号，1923 年。
② J. G. Andersson, 1934, *Children of the Yellow Earth*, London.
③ 出于政治的原因，中国学术界在很长时间里对安特生的评价都是带有偏见的。严文明在纪念仰韶文化发现六十五周年会议上的长篇发言，恐怕是第一次对安特生学术贡献的公允评论。见严文明：《纪念仰韶村遗址发现六十五周年》，《仰韶文化研究》，文物出版社，1989 年。
④ 傅斯年：《历史语言研究所工作之旨趣》，《中央研究院历史语言研究所集刊》第一本，1928 年；杜正胜：《无中生有的志业——傅斯年的史学革命与史语所的创立》，《新学术之路》，1998 年；《城子崖》傅斯年序、李济序，国立中央研究院历史语言研究所，1934 年。
⑤ 苏秉琦：《斗鸡台沟东区墓葬》，1948 年。

究的指向。因此，中国的考古学就是历史学，或者说是历史学的一翼、史学之车的两个车轮之一。西方尤其是新大陆的情况有所不同。20 世纪 70 年代后期，随着新考古学思潮传入，西方学术界中有关考古学应该是历史学还是人类学的讨论，也多多少少地影响到中国考古学界，引发了一些思索。最近几年，西方学术界在这个问题上又出现一些讨论。与上一次不同的是，这次似乎主张向考古学回归的观点占了上风。这也被一些学者介绍进国内①。总的看来，这些谈论并没有对中国考古学定位于历史学或历史研究的立场产生多大影响。不过，既然这是个郑重其事的问题，有些话还是应该说得更清楚一些为好。

把考古学定位在文化人类学上的主张，认为考古学是文化人类学的过去时态。但我实在不太清楚过去时态的文化人类学和历史学的区别到底在哪里。历史作为人类社会的过程，有其特殊的部分，也有普遍意义的部分，是个统一体。我不太赞同把对后者的关注划为文化人类学，把对前者的研究叫做历史学的划分方法，宁愿把对两者的研究一并叫做历史学。

再需要明确一点的是，这里说的历史学，不是传统意义上的文献史学。我曾经就定位于历史学的考古学与传统史学的关系，请教过严文明先生。严先生认为，考古学是传统史学发展到一定阶段或高级阶段的产物。考古学以物质遗存为史料，扩展了人们对历史认识的深度和广度。但考古学需要针对物质资料的特点开发自己的研究技术方法，发展自己的阐释理论。在这个意义上，现阶段的考古学与文献史学尚有很大的区别。但若放眼将来，考古学和文献史学一定会融汇为一体，形成一个大历史学。这将是中国考古学和文献史学界今后努力的方向。本文也是在这个意义上考虑考古学定位的。

诚然，现阶段，一个国家、一个地区或一个流派的考古学如果过多地关注人类历史的普遍性部分，抑或相反更多重视特定的历史进程，都会影响到他们在阐释历史遗存背后的社会时，所选择的角度或切入点，以及兴趣偏好，进而又导致对研究方法乃至理论的选择。在这方面，中国考古学的确表现出鲜明的倾向性，这是有学术史上的原因的。有关的分析见下文。

（三）中国考古学史的分期问题

与有关中国考古学开始节点的意见分歧相似，在对中国考古学史的分期研究上，也难找到公认的分期方案。诸家考察学术史时立意不同、标准不一，或者选用重大事件、或者选杰出人物为代表来做分期标准。此外，学术史的分期不仅是对过程的叙述，

---

① 王巍等：《"考古学的定位"学术研讨会笔谈》，《考古》2002 年第 3 期；陈淳：《谈考古学的学术定位》，《考古学的理论与研究》，学林出版社，2003 年。

更是对过程的概括总结和评价，因此论者本人的立场态度乃至喜恶，也会不可避免地强加进这个原本客观的过程上来了。歧说纷纭之中，在中国考古学史上还是有几个比较公认的时间节点：一个是1949年，一个是1966～1976年，背后的政治事件及其对学术的影响，大家都是再清楚不过的了。但它可否成为划分学术史段落的标准，或者在什么层次上成为标准，似乎并没有讨论过。

对生活在现代的我们而言，历史是一个已经发生了的过程。回顾这个过程，我们可以看到历史是在充满各种人物、原因的纠结中一步步走过来的。这其中，有些是必然的成分，有些则是偶然因素，是两者的统一体，包括考古学史在内的学术史也是如此。这意味着，中国考古学90年的发展过程中，在各种人物、事件的背后应该存在着一个内在且必然的逻辑，而学术是可以通过不尽相同的方式、途径来实现它的，有时候直接、有时候迂回，有时候自觉、有时候不自觉，从而导致了各种各样的争执歧义、观点流派乃至趣闻轶事。因此，在讨论学术史时，应该把这两者区别开来，或者说是要透过现象看到事情的本质。

我们都知道，在研究历史时，首先需要搞清楚史料的年代、地点，然后才能依次处理什么人、什么事情、怎么做的，最后是为什么这样几个问题，即所谓的六个W（When、Where、Who、What、How、Why。顺便说到，这几个问题和解答顺序也是新闻采访、刑事侦查等行业的行事通则）问题。通常对前一个问题没有相当程度的了解，是无法展开后一个问题的研究的。无论是对一个历史事件，还是对历史的整体研究，都要按照这个顺序展开。作为历史学的考古学，我以为，这个逐次递进的设问和解答顺序，可视为其发展的根本逻辑。例如20世纪50年代后期，新石器考古曾经爆发过一场有关仰韶文化究竟是母系社会还是父系社会的大讨论。且不说这场论战中的各方秉承的概念有这样那样的问题，仅就材料而言，当时有关仰韶文化的分期研究还很不充分，一个聚落内各遗迹之间的关系不能落实，由此表现出来的社会结构也就很不清楚，这些用作立论依据的材料不扎实，因此使得那场空前热烈的讨论最后不得不无果而终，以致竟然没有给今天留下多少印象。类似的，中国考古学还曾参加过亦猿亦人的论战、以社会性质为核心问题的中国古史分期的讨论等等，皆流于无声无息。殷墟的研究也是如此。最初的一批学者显然是把殷墟当做一个整体看待的。如果按照傅斯年的宏大抱负，把殷墟放在世界史的角度来考察①，则它从武丁到帝辛约250年②的时间跨度可

---

① 傅斯年：《历史语言研究所工作之旨趣》，《中央研究院历史语言研究所集刊》第一本，1928年；杜正胜：《无中生有的志业——傅斯年的史学革命与史语所的创立》，《新学术之路》，1998年；《城子崖》傅斯年序、李济序，国立中央研究院历史语言研究所，1934年。

② 《夏商周断代工程1996－2000年阶段成果报告》（简本），世界图书出版社，2000年。

以忽略不计，但若讨论商代历史，这个时间幅度就显得太宽，因此学术界不得不回过头来再做殷墟的年代分期研究①。可见，上述六个问题之间的逻辑关系，是一个怎么也规避不开的程序。

资料的年代学问题，是所有考古学研究的起点。因为有甲骨文上的商王庙号和历史文献的契合，在殷墟早年的工作中，年代问题尚未凸显出来。但对大量没有纪年标识的遗迹遗物的分期编年研究，如上所见，是迟早要补上的一课。而在全无文献佐证的石器时代考古中，无论周口店北京人遗址，还是仰韶文化、龙山文化的研究上，它们的年代问题，早早地就摆到研究者的桌面上来了。有关仰韶和龙山两个文化的关系问题，说到底是两者的相对年代问题。龙山文化发现之初，问题也就不请自来了，而有关它的研究，直到 20 世纪 50 年代方算告一段落②。

建设有效的年代学方法也是需要时日的。考古学传入中国时，考古地层学和类型学已经在西方发展的比较成熟了，但将其转化为适合中国资料特点的工作方法，还是经过了一段不太短的时间。一般认为，后岗三叠层③的发现为标识，地层学初步完成了它的"中国化"。类型学有两个功能，在相对年代的排比方面，安特生首先运用它对甘肃新石器文化进行了分析。其后，巴尔姆格伦、李济、梁思永、吴金鼎、尹达等都有这方面的研究④。而苏秉琦对宝鸡斗鸡台墓地出土之瓦鬲的研究中摸索的类型学方法⑤，日后影响犹大。随着考古活动的开展，各地资料逐渐增加，类型学也被应用于区域间的比较研究上。梁思永关于龙山文化三个区的分析⑥，当为一时的典范。但是，直到 20 世纪 80 年代初期，俞伟超、张忠培、严文明等还多次撰文讨论地层学和类型学的问题，足见把它们完全地"中国化"实乃一个既长期又精雕细刻的过程。

考古资料的绝对年代研究由于缺少技术而长期进展缓慢。树木年轮、冰碛湖纹泥等方法所受局限太大，始终未能推广普及。直到 1949 年美国人利比建成第一座碳–14

① 邹衡：《试论殷墟文化分期》，《北京大学学报》（人文科学版）1964 年第 4 期。
② 1931 年梁思永主持发掘安阳后岗遗址，发现小屯、龙山和仰韶文化的"三叠层"，已经找到了仰韶文化和龙山文化相对年代关系的证据，但囿于当时对史前文化东西对峙的成见，很长时间里，学术界未能定论它们分别为两个时代的产物。1949 年以来，在仰韶文化分布范围内普遍发现了龙山文化的遗存，有关两者关系的认识遂取得一致。这个过程，参见中国科学院考古研究所：《新中国的考古收获》，文物出版社，1961 年。
③ 梁思永：《小屯·龙山与仰韶》、《后岗发掘小记》，《梁思永考古论文集》，科学出版社，1959 年。
④ 有关 1949 年前的类型学实践，陈星灿在他的著作里收集得最为详备，不再详述。见陈星灿：《中国史前考古学史研究》，生活·读书·新知三联书店，1997 年。
⑤ 苏秉琦：《斗鸡台沟东区墓葬》，1948 年。
⑥ 梁思永：《龙山文化——中国文明的史前期之一》，《梁思永考古论文集》，科学出版社，1959 年。

年代学实验室，情况才得到根本的改观，以致许多考古学家因之有了某种被解放了的感觉。中国科学院考古研究所 1965 年在国内率先建成了服务于考古学研究的碳–14 年代学实验室，随着一批批年代数据公布出来，尤其在新石器时代考古研究中，立即显示出巨大的潜力①。

中国考古学面对的是一个发生在广袤的地理空间里的悠远绵长的过程。随着田野考古资料的积累，内中的复杂性也就呈现出来了，并立即引起关注②。当情况变得越发复杂的时候，夏鼐于 1959 年撰文向中国考古学界详细介绍了考古学文化理论③。考古学文化既是一种客观存在，也是一种研究中的概念工具④。夏鼐的文章非常及时地给中国学术界提供了如何处理纷繁复杂的资料现象的标准。与此同时，考古学文化这类共同体因其具有强烈的人类共同体的暗示意味，很容易唤起人们保留在文献或传说中的有关古代民族的丰富记忆。这是一个容易让现代的研究者倾注血缘感情的问题。于是，中国考古学在利用考古学文化搭建时空框架的同时，又出现了谱系梳理⑤和文化因素分析⑥之类的研究方向。

通过以上回顾可以了解到，自中国考古学产生之初，考古资料的年代学问题就摆在了学者的面前。很快地区域间的比较研究也提上日程。围绕这些问题，中国考古学一方面尽可能地积累田野考古资料，另一方面也需要不断完善研究技术和方法。这一切成为相当长时间里的学术主旋律，甚至这项任务至今也不能说全部完成了。但我认为，有两件事情可作为其告一段落的标志。一件是苏秉琦先生 20 世纪 70 年代后期提出的区系类型学说⑦。这个学说的意义不仅仅是对中国史前文化提出了一个分期分区的方案，同时也提醒各地研究者，进一步完善这个文化年表是当前任务，具有指导方法的意义⑧。另一个标志性事件是 1984 年文化部颁布了《田野考古工作规程（试行）》。这

---

① 碳–14 测年首先为考古学家在对一些重要现象进行基本估计时，提供了几乎是全新的时间维度的感觉。例如安特生曾估计仰韶文化开始于公元前 3500 年左右等等，新的绝对年代数据将之提前了 1500 年。它所给出的绝对年代数据使人们对各地文化的时间跨度、演变速率等根本性问题有了全新认识，并在中国新石器文化是从黄河流域起源并向四周扩散的，还是多起源的这样一些问题上，给人以历史观性的启发。最后，它还使得一些没有直接关联的文化之间的比较成为可能。这皆影响了学者们有关中国史前史的基本估计。夏鼐：《碳–14 测定年代和中国史前考古学》，《考古》1977 年第 4 期。
② 梁思永：《龙山文化——中国文明的史前期之一》，《梁思永考古论文集》，科学出版社，1959 年。
③ 夏鼐：《关于考古学上文化的定名问题》，《考古》1959 年第 4 期。
④ 赵辉：《关于考古学文化和对考古学文化的研究》，《考古》1993 年第 7 期。
⑤ 苏秉琦：《关于仰韶文化的若干问题》，《考古学报》1965 年第 1 期。
⑥ 李伯谦：《论造律台类型》，《文物》1983 年第 4 期。
⑦ 苏秉琦：《考古学文化的区系类型问题》，《文物》1981 年第 5 期。
⑧ 赵辉：《关于考古学文化和对考古学文化的研究》，《考古》1993 年第 7 期。

是在 80 年代初国家文物局组织的一系列全国田野考古人员培训的基础上产生的技术标准。它的颁布实施，其基本目的是规范各地田野考古工作的质量。而这个质量的主要技术指标就是所获资料在地层关系以及共存关系上准确无误，换言之，是在年代学上准确无误的资料。尽管在那个时期，年代学为核心的考古学文化框架年表的建设还有很多工作要做，但这两件事情标志了这项研究的理念和技术方法都已经成熟，成为考古学家们的常识。于是，相关的研究也就渐渐脱离了学术的前沿而成为基础。

今天再度回顾这段学术史，我只是想强调，与年代学有关的研究任务自中国考古学产生之初就提出来了，直到 20 世纪 80 年代中期，围绕它的研究在一定意义上告一段落。这期间，无论是抗日战争、解放战争、新中国成立、"大跃进"、"文化大革命"，都没有改变这个主旋律；这期间，涌现了许多杰出人物，发明了一些重大技术，他们和它们让这个主旋律更加雄浑激昂，甚至加快了节拍，却没有变调。你可以从中选择任何一件事情来划分考古学研究史的段落。但无论哪个都不如 80 年代中叶这个节点意义明确和重大。因为从这个节点开始，中国考古学可以将 When、Where 的问题放置到它的基础领域，而有能力着眼于更深邃的历史内容了。

（四）变化的本质

尽管不是所有的研究者都同意将 20 世纪 80 年代称为中国考古学的黄金时代，但由于社会政治环境的变化，中国考古学的确从此进入了一个迅速发展和变化的时期。这期间，在苏秉琦区系类型学说的倡导下，各地开展了大量旨在完善本地文化系列的田野考古活动和以此为基础的考古学文化关系的比较研究①；以当时在西方学术界颇具盛名的张光直先生应邀访问北京大学并做《考古学专题六讲》② 为标志，中国学术界恢复了和西方学术界中断已久的交流，包括新考古学在内的各种西方学术思想、流派一下子涌进国内，尤其这是发生在"文化大革命"结束后不久，原本的政治或哲学信仰被大大削弱的时候，它给人们思想带来的冲击意外巨大；尽管聚落考古对中国学术界

---

① 20 世纪 80 年代，不但各地考古研究机构把田野考古的重点放在了建立本地考古学文化谱系的研究上，高校也成为这一研究领域的重要乃至中坚力量。80 年代初起，北京大学、吉林大学等高校的考古研究生纷纷走向各地，通过对有代表性的遗址进行考古工作，大大丰富了新石器至商周青铜时代的考古学文化的年代框架。与此同时，一批非常有中国特色的研究课题，如楚文化研究、秦文化研究、晋文化研究、夏文化研究、先商文化研究、先周文化研究等，也陆续提出并得到关注。这些研究集中在青铜时代，其实从根本上说就是要建立一张不仅有夏商周三个主要文化的整个时代的年表。这个时期学术刊物、学术会议等发表的研究文章也以所谓区系类型内容的研究为主，集中成果可见苏秉琦等主编：《考古学文化论集》（一至四），文物出版社，1987～1997 年。

② 张光直：《考古学专题六讲》，《文物出版社》，1986 年。

而言并不陌生，但新开展的聚落考古项目无论在研究目的上还是方法论的探讨上都远较此前深刻①；在各地活跃的田野考古活动中获得的一批重大考古发现促成了一系列新的研究课题，其中最为重大者莫过于中国文明问题的提出，并立即引起学术界的广泛关注②；自然科学技术正以空前的规模应用于考古学，产生一批新的研究领域，相关研究方法的建设也在摸索之中。最后，苏秉琦在八九十年代之交，重提学科的根本任务，号召重建中国古代史③。

这些新气象当然都是学科发生变化的具体写照。然而我的问题在于，这些变化究竟意味着什么？

在科学史的研究上，托马斯·库恩曾提出过一个影响深远的观点，认为科技史上的每一次重大进步，都是范式的转换（Paradigm shift）。库恩本人始终没有就范式给出一个明确的定义，但大致可以表述为：一定的团体按照一套公认的信念所进行的"专业活动"——在一定思想指导下的高度定向的研究活动④。如果撇开"一定团体"这样的社会学意义之外，则按我的理解，库恩的范式转换强调是包括研究思想、技术路线等在内的整体结构的变化。

那么，考古学的研究体系或者研究结构是什么？翻检文献，中国考古学界有关的论述竟意外地不是很多。在这个问题上，我赞成维利在《美洲考古学史》⑤ 中的表述，考古学的研究体系结构分以下三个层次：

考古学资料分人工遗存和自然遗存两大类。人工遗存的数量和种类说到底都是有

---

① 从 20 世纪 50 年代发掘西安半坡遗址以来，中国考古学的聚落考古虽然不是田野考古活动的主流，却也不绝如缕地开展着，但由于学界主要的注意力不在这里，如何开展聚落考古的相关研究也就始终没有认真开展过。从发掘目的到发掘方法、技术的全面研究始于北京大学考古专业1980 年山东长岛北庄遗址的发掘，此后，北大新石器考古就沿着这个方向探索至今，陆续又开展了湖北天门石家河遗址群、河南邓州八里岗、浙江桐乡普安桥等聚落考古工作。稍晚些时候，北京大学与中国社会科学院考古研究所和陕西省考古研究院合作，在陕西周原也开展了聚落考古的田野工作，并持续至今。在这些工作中，逐渐产生了若干有关聚落考古工作方法的思考，如赵辉：《聚落考古工作方法的尝试》（见《中国考古学跨世纪的回顾与前瞻》，科学出版社，2000年）、《遗址中的"地面"及其清理》（《文物季刊》1998 年第 2 期）。

② 这些重大发现包括甘肃秦安大地湾仰韶文化中心聚落和宫殿式大型建筑，河南登封王城岗、淮阳平粮台龙山文化城址，辽宁凌源牛河梁红山文化大规模宗教遗迹群，浙江余杭反山、瑶山等良渚文化高等级贵族墓地和以精致玉器为代表的贵族手工业，湖北天门屈家岭—石家河文化大型城址等。涉及文献众多，不再一一列举。

③ 苏秉琦：《中华文明起源与重建中国史前史》，《史学史研究》1991 年第 3 期；苏秉琦：《关于重建中国史前史的思考》，《考古》1991 年第 12 期。

④ 托马斯·S·库恩著，李宝恒、纪树立译：《科学革命的结构》第 4 页，上海科学技术出版社，1980 年。

⑤ Gordon. R. Willey. etc., 1974, *A History of American Archaeology*, W. H. Freeman.

限的。倒是这些年，因为科技手段的提高以及研究领域的扩大，许多原本不在考古学家视野之内的自然遗存日益显露出在复原古代人类社会生活时的潜力，成为重要的研究对象。

不过，真正的考古学家的兴趣不在于资料本身，而是资料中所蕴含的历史信息。这些历史信息可以从资料身上的某些特点表达出来。例如资料的形态可能有制作技术、功能与使用习惯、审美情趣诸方面的意味，同时也有时代的风格。同样的，资料的材料质地也与产地、制作技术、功能等原因有关。如此，一件资料身上可能蕴含了许多种类的历史信息。但通常情况下，单个的信息尚不足以说明一个历史问题，还需要按照大量信息之间的相关性把它们组织起来，或者叫做系统化处理。如果将若干个形态相同陶器的胎土成分鉴定放在一起，我们或许能一定程度上把握这类陶器的生产情况。信息的相关性不仅指不同个体上的同类信息，还由于它所处的时空位置而与其他相同或不同种类的信息发生关联。这个时空位置首先指同一件资料身上的各种信息的共存关系，进而指该资料在遗迹单位里和其他资料共存关系以及空间位置关系——例如一间房子里各陶器的摆放位置等，还可再扩展到该遗迹与其他遗迹的关系、该遗址与其他遗址的关系等等。系统信息在相当大程度上是有赖于资料的系统性的。考古学家的主要工作就是获得系统资料，进而从中提取出各种信息，并根据其相关性将它们组织起来。这些系统化了的信息，才是进行历史阐释的根据。

我把获得资料和从中提取信息的手段叫做技术，这是前面所说的第一个层次；把获得系统资料和把各种信息系统化处理的作业叫做方法，也即第二层次。方法是按照一定逻辑关系组织起来的技术体系。清理一座灰坑，可以说成是某种技术的运用，但发掘一座遗址，就要考虑如何按照各种资料的埋藏年代（实际操作中是按照它们被埋藏的相反顺序）逐一清理、记录、收集起来。如此，整个发掘作业是分成许多环节和若干个技术的子系统的——如2009年国家文物局颁布的《田野考古工作规程》就将整个田野考古作业划分成发掘、记录、采样三个技术系统。在一个环节上首先用到什么技术。然后实施什么技术、它们各自的技术标准等等，都是围绕上述获得系统资料的目的设计和严格规定的。这是一个内容庞杂但逻辑关系清楚的技术体系。同样的，运用某种仪器设备分析检测一件资料样本，获得一个或一组数据的作业可以视为一种技术的运用。但出于某个特定目的检测若干样本，以便获得一连串数据，并将其系统化起来，就可以叫做方法了。例如在一连串的堆积单位中采集碳-14标本并测定年代，分析和排除数据偏差，确定这一连串地层单位的形成年代，再与文化内容的相对年代分期比较，这一整套年代学作业，就是所谓的方法了。而有关这类方法体系的设计原理是否合理、是否有效以及在多大程度上有效、如何通过一些技术措施提高其有效性等的讨论，是所谓的方法论。顺便说道，过去有研究者将考古地层学和考古类型学叫做考古学的基本理论，这是不对的。它们都属于考古学的方法论范畴。

根据系统化了的信息，我们可以获得有关历史某一问题的认识。这样的认识积攒多了，就可能达到对历史某种本质或规律性认识的高度，从而形成有关历史过程的理论。不过，在很多情况下，系统化了的信息之真正意义未必就能直接呈现出来。例如在度量了许多陶器之后，我们可能发现某种程度的标准化倾向。但要对这种陶器尺寸、形态上的标准化现象给出历史或社会学意义的说明，往往需要借助其他角度乃至其他领域的知识启发，如民族学的、社会学的、经济学的以及文献史料的知识等等。因此，一些学者把这类启发、帮助我们说明考古学物质文化现象的知识叫做"中程理论"①。因为中程理论是可以转化或升华为历史理论的，所以我认为，这些都属于第三个层次的内容。

在这个研究体系中，技术的引进或开发具有明显的务实或功利色彩，同时由于考古学的研究资料的物质属性，这些技术绝大多数源于自然科学。但我不赞成将运用现代技术从事的考古活动称为"科技考古"，因为考古学从一开始就是依赖当时的最新科技建立起来的，从一开始就是"科技考古"。

考古学的方法是针对某一领域的问题组织起来的技术体系。考古学科的根本目的是历史研究，但在其特定的阶段，有其特定的关注重点或问题，也即学科的阶段性目标是变化的，随着新问题、新领域的提出，就需要有针对性地开发新的研究方法。因此，在方法的层面上，考古学是开放和富于变化的。在这个意义上，只把地层学和类型学说成是考古学的基本方法就有失偏颇了。

顺便说到，考古学家在运作这个研究体系的时候，可以从资料出发，采取归纳的方法，也可以从问题出发，采取演绎推理的方法。新考古学将后者为自己的科学范式之主要内容，以示与传统考古学的区别，而捍卫传统的学者强调前者，主张让资料牵着鼻子走，这两者都有过分之嫌。其实两种认识方式总是交织在研究者的思考中的。无非根据场合偏重于一种罢了。

那么，回过头来再看进入90年代以来中国考古学的种种气象，其中除了考古学文化区系类型问题的相关研究是前个阶段学科任务的继续之外，余者皆为新出现的变化，并分别涉及了考古学研究体系的三个层面。

如前所述，中国文明问题的提出，是田野考古资料极大丰富和物质文化史的基础研究积累到相当程度后水到渠成的结果，是学科目标进一步的诉求。中国文明的问题本质上是古代社会的复原和研究。按照历史唯物主义的理解，社会可划分为生产力和生产关系构成的经济基础以及与此相适应的上层建筑，是包罗万象的统一体。如此一

---

① 布鲁斯·G·特里格著，陈淳译：《考古学思想史》，中国人民大学出版社，2010年。

来，古代社会的复原与研究这一学科新阶段的任务就不得不分解为许多领域的课题。面对这些仿佛一下子之间就涌现出来的大量新领域或新课题，蓦然回首，中国考古学却发现没有现成的方法，甚至没有能够满足这些研究目的的资料与信息，这和此前整个中国考古学都采用相同的技术方法、获得系统化的年代学资料信息、致力于文化史的重建的情况大不相同。新技术和新方法的引进开发遂成为当务之急。于是，我们看到，进入90年代以来，考古学开始大量吸收引进现代技术，包括发现遗址的各种探测技术，特别是用于拓展研究资料和信息的各种分析技术。借此之力，许多原本不在考古学家视野之内的资料正成为重要的信息资源，如遗址堆土中包含的各种微小动植物遗存等。针对各种资料特性，正逐渐形成一批新的研究方法，如动物考古、植物考古、环境考古、人类体质考古、分子生物考古、计量考古等等。新技术方法层出不穷，令人眼花缭乱，但它们都有一个非常明显的共同特征，即不再只满足于种属之类的鉴定，而更强调信息的量化分析，也即信息的系统化处理。与此同时，当聚落研究逐渐成为田野考古的主要目的时，传统的地层学和类型学以及年代学①也发生着深刻变革。

进入80年代，尤其是90年代以来的中国考古学在研究体系的三个层面上出现了一连串的互动变化。这种变化是结构性的和整体性的，而有别于此前考古学在年代学方向上的量的积累。

（五）特点

撇开田野考古资料的积累过程不谈，西方考古学自1840年产生以来，最初的几十年里，主要用于对年代学方法的探索和完善，并于20世纪初，提出了考古学文化理论，把物质文化史基础研究继续了上百年。约当20世纪40年代后期，学术界开始表现出对物质文化史研究取向的不满，出现有关影响或制约文化过程的如环境或经济因素的探讨，并终于在60年代形成气候，也即人们熟知的新考古学的形成。进而，由于社会的复杂性和多样性并非可用一般进化理论轻易概括和解释，新考古学在试图发现古代人类社会演进的一般法则方面遇到了困难。与此同时，人们又发现考古学家在通过破碎的并因为偶然原因保留下来的古代遗存进行社会复原时，即受到资料的限制，也受到研究者自己的知识结构的影响，而对能否完整准确复原重建过去产生了疑虑。各种各样的思考在20世纪80年代以来喷涌而出。尽管它们之间的差别极大，甚至南辕北

---

① "夏商周断代工程"提出碳-14测年的系列样本问题。2000年开始至今的"中华文明探源工程"中又进一步厘清了以下概念：（1）系列样本指采集于系列地层堆积中的样本。（2）一个地层单位中的采集样本数应有多个。（3）测年样本应首选短年生植物或动物材料。（4）系列样本的测年结果最接近该系列堆积之各层堆积的形成年代，而不直接反映文化的分期。

辙、水火不容，但都是对考古学如何重建古代社会的进一步思考，故被统称为"后过程主义考古学"。当前，后过程主义的争论似乎不再那么激烈了，但不意味着西方学术形成了较为统一的认识。事实上，分歧依旧深刻，达成共识似乎全无可能，发展之道只能在实践中摸索。

西方考古学从经济领域或文化生态的角度入手，中国考古学主要是靠中国文明问题的引导，殊途而同归，先后从物质文化史的表层研究走向了背后的社会研究。这印证了考古学学科内在的发展逻辑。但不得不说，中国考古学发展过程的阶段性上远不如西方学术清晰，更像一条绳索，若干绳股从一开始纠结搅缠在了一起。例如 20 世纪50 年代，中国考古学在如何运用地层学和类型学为核心方法建立物质文化编年框架方面还没有来得及深思熟虑，却已经开始了西安半坡等聚落形态的田野考古发掘，尝试复原史前社会的面貌。同样的，三代考古很早就关注着诸如营国制度、宫室制度、丧葬制度等的问题。再晚近一些的历史时期考古，更喜欢用新发现的考古资料丰满或订正一个历史故事，却不顾及在建设历史时期考古学物质文化年代框架方面较其他段落欠账更多的事实。对于这种现象，俞伟超先生认为，这是因为中国考古学起步较晚，基础领域的研究需要时日，但在与国外学术界的交流中又不断吸收借鉴着当时的前沿思想，从而导致了两步并作一步走①的独特风景。

不过，进一步分析这背后的原因，似乎不只是因为中国考古学自产生以来时间尚短，又不断追踪学术前沿那么简单。对中国考古学的重点研究领域稍加整理就可发现，中国考古学只是在某些特定的领域较为容易、甚至是迫不及待地要深入到社会层面的。她显然偏好古代社会关系、政治制度以及精神文化等所谓上层建筑的领域，相对忽视生产技术等经济基础领域，这些兴趣领域也就是文献典籍记录中内容最丰富部分。即便在本质上是文化框架建设的基础研究中，也尽可能联系上古代族属的考订。研究者们十分在意夏商、商周的分野，以及大量诸如楚文化、秦文化以及先周、先楚、先秦文化之类的问题。

这些问题几乎全部来源于文献史料，并且可说是早已经根植在研究者的潜意识里了。也就是说，中国考古学的发展始终是在中国史学的传统背景下展开的。就是缺少或没有文献史料的如新石器考古，也不能摆脱这个背景。张光直先生曾经感慨到，如果中国人组织实施的第一次考古不是在殷墟，而是一个史前遗址，那么，今天的中国考古学的样子可能就大有不同，可能更接近西方学术。我则以为，中国人的首选不可能不是殷墟。甲骨卜辞的发现把传说中的商代落实为信史，谁又能经得起探索这个王朝的诱惑呢？即便傅斯年、李济这样的西学功力深厚的大家，也不可能免俗。再退一

① 　俞伟超：《考古学思潮的变化》，《当代外国考古学的理论与方法》书序，三秦出版社，1991 年。

步说，就算中国人的第一项田野考古发掘的是史前遗址（其实，西阴村的考古就应该算是了），结果又会如何？还不是立即有学者忙着考证仰韶文化与炎黄的关系？诚然，史前考古总的来说在研究课题的选择方面受史学传统的影响相对较小，在技术方法的建设以及研究领域的开发方面走得快一些，但下面就要谈到，研究者们的思考方法与三代或更晚近时段的考古学家们并无本质区别。因此，这个强大史学背景对中国考古学发展的影响，是讨论学术史问题时不能忽视的部分。

总结史学背景对考古学的影响，主要有三个方面：（1）如上所述，强大的历史文献导向潜移默化地约束住中国学者的研究选题在文献涉及范围之内，使之不太在意考古学物质资料在重建历史方面的优势和潜力——其中许多恰恰是文献史料没能记录下来的方面。（2）同样的原因把田野考古的兴趣引向都城、宫殿、王侯大墓这类社会上层的遗存，而相对忽视社会基层或社会基础方面。（3）既然课题从文献资料中产生，解释也就依赖文献，这个研究程式或者范式并无对中程理论的迫切需求，因此造成考古学本身解释系统的建设长期被忽视。

丰厚的文献资源和强大的史学传统，再加上中国考古学的研究群体以中国学者为主，历史对于他们而言不是一个已经逝去了的客体，而是仍然保留在记忆里的、和自己有血缘联系的昨天。在中国考古学取得巨大成就的同时，这些原因也凑成了中国考古学非常突出的史学特点。

一些学者，尤其是西方学术背景出身的学者对于中国考古学这一史学传统上的惰性表现，提出过非常尖锐的批评。但大多数研究者们对此并不理会，我行我素做自己的研究。如此，又引起了批评者的进一步抱怨①。这两种态度似乎反映了是两种范式的对立，一种主张考古学的研究应当重视考古资料本身的特点，考古学的研究应如现代自然科学研究，从理论预设开始、设计技术方法、获取和分析资料、检验预设前提，即所谓的科学考古范式；另一种主张从材料出发，在文献中求解，可谓是经验主义的研究范式。

说到这里，我本人已经没有能力评价两者了。但我知道，自然科学领域的研究也不总是从假设到验证，至少它的假设部分源于对资料的归纳认识，也即假设的提出之前，还有一个受现象启发而提出假设的阶段。例如现代数学领域的一个重要分支混沌学就是缘起于对自然界非线性行为的观察。系统论、信息论等的提出也有相似的经历。科学考古学的研究也是如此。有了对考古资料的不理解，才有寻求预设理论的动机，这个理论预设可能来自民族学或人类学、社会学、经济学、心理学、语言学、地理学、

① 布鲁斯·G·特里格著，陈淳译：《考古学思想史》中《译后记》，中国人民大学出版社，2010年。

生态学等等，当然也应该包括文献史学。所以，中国考古学家习惯的工作方式之问题不是所谓研究范式不同，而是我们的预设理论几乎全部来自文献史学，或者反过来说，文献就是预设理论，考古学要做的无非就是从实物资料的角度对其证明罢了。

强大的史学传统限制了考古资料的潜力，限制了考古学研究的深度和广度。这是我们应当加以警觉的！

但是，中国考古学在利用文献上确有非常成功的方面，而且为数不少。例如利用文献成功地找到了夏文化和夏都、晋国始封地等。又如登封王城岗城址发现之初，有学者立即考证是"禹居阳城"①。很长时间里，大家对此不敢苟同。但近些年在王城岗小城之外又发现了更大规模的龙山城址。是否是阳城另当别论，但传说中透露出当地有过一座重要城址这一点得到了证明。陶寺遗址的情况也与之类似。此外，参与中华文明探源工程的多数学者都感到，从材料中总结概括出"古国"、"方国"的内容，对于重建中国的上古史是非常有意义的事情。

因此，丰富的文献史料以及传说对于中国考古学，实乃一份得天独厚的珍贵资源。虽然它在许多方面限制了考古学家的思考，但西谚说得好，倒洗澡水时，不应把盆里的婴儿一同倒掉！这也许是中国考古学的一项特有任务：即要认真分析研究如何善用这份资源；如何在善用这份资源的同时，开启思路，重视和借鉴相关学科的成果。如此，或许才是中国考古学继续走向历史学更高级阶段的正确道路。

附记：本文不是对中国考古学史的正面研究，而主要是就如何考察学术史以及在考察学术史时需要注意之问题的一些见解。话题所致，也对一些现象提出了自己的观点，如应将 20 世纪八九十年代之交作为考古学史上质的分期节点等。本文的这些考察方法，最早源于将近二十年前跟从严文明先生学习的一门课程——"仰韶文化研究"——的心得。研究生学习阶段，听了不少课，唯独对这门的印象最深，当时的情形还可清晰地浮现于眼前。这门课是严先生首次开的，也是专门为我和吴玉喜、李权生两位师兄开的。课程每星期一次，半天，在北大图书馆借一个小房间——大概是走的张玉范老师的后门。每节课之前，严先生通常要我们做些准备，主要是到资料室或大图书馆借出些书来，有些并不好找，如早年的《地质汇报》、《地质专报》等。上课那天，把书搬到课堂房间。我们三人还有个分工，记得是老吴带茶叶，权生打一壶开水，我带杯子，那时的图书馆里这些服务设施远不似现在齐全方便。这些事情做好，严先生就开讲了。只有师生四人，授课气氛轻松愉快，当然是先生话多，话到哪里，参考书也就翻到哪里，但插嘴、讨论都很随便，七岔八岔地走了题的情况也是有的。

---

① 河南省文物考古研究所等：《登封王城岗与阳城》，文物出版社，1992 年。

好在严先生的思维逻辑极强，每次都能把我们拽回来。

课程是从仰韶文化的发现讲起，按照年代讲下来，直到先生本人有关仰韶文化的最新认识，其实就是一部仰韶文化研究史。讲授中，每涉及一位重要人物，严先生不只讲他的研究成果、主要观点，他的学术贡献和失误，还要进一步分析贡献与失误的原因。让我体会尤深的是，做这样的分析时，严先生不是用现在的标准衡量当时，而是尽可能从当时仰韶文化研究的程度上，以及从这位研究者的学术背景、学术实践经历、乃至所处学术大环境如当时的主要学术思潮甚至是社会思潮的角度来分析他的得失。例如在讲安特生的甘肃仰韶文化六期说时，严先生并没有着力批评六期说中的错误，而是特别强调在当时的仰韶文化整体研究水平上，在全无田野考古基础的中国西部地区，能够把收集来的资料清清楚楚分出六组，实在是一项非常精彩的成果。至于安特生的失误，也是因为没有发掘资料为基础，不得不依照进化论的想法来操作所造成的可以理解和原谅的错误。要知道，当时的书刊杂志但凡说到安特生，一律是口诛笔伐。而从严先生嘴里说出来的安特生，形象竟然完全不同，这着实让我吃惊了好一阵子。严先生这样分析一个人、一件事，结果就往往不限于仰韶文化的研究了。例如在介绍苏秉琦先生时，严先生是从苏秉琦先生怎么挖斗鸡台开始的，他的类型学思想是如何在处理历史上一个民族杂糅地区的文化遗存的过程中形成的。如此，严先生的仰韶文化研究史，实际上就是一部缩减版的中国考古学史了。

学习这门课，最大的收获不是严先生有关仰韶文化某个具体问题的具体观点，而是先生治学的方法。总结起来，（1）评论一个人或一件事，不能只用现在的标准，而要尽量把自己置于当时，设身处地地理解他（它）。（2）评论人、事，不能就事论事，而是要将其置于更大的背景和更深远的过程中打量他（它）。（3）可能是学问之外的内容了，即评论人、事，首先要尊重他（它）。不是君子，做不到这一点。严先生是当前对仰韶文化研究得最为精深的学者。通过这门课，我多少明白了一些的是，先生对仰韶文化的研究选题，也就是对学术增长点的把握，都是建立在如此这般的分析基础上的。在以后的执教生涯里，这一治学方法让我受益匪浅。后来，我也为研究生开了一门课，叫做"考古学文献研读"。本意是想把我所体会的先生的治学之道，通过精读不同时期有代表性的考古报告的方式传播下去，却不知效果究竟如何。这篇文章，也在力图体现出一些从严先生那里学来的方法，但自知差得还远。

谨以此文，贺先生八十寿！

面向公众的考古学

宋建忠

（山西省考古研究所）

（一）考古学为何要面向公众

1. 考古学学科发展的内在动力

考古学是通过调查、勘探、发掘古代人类遗迹遗物对古代社会进行研究的一门学科，就传统的考古学定义而言，考古学就是一门严肃的人文科学。1928年，中央研究院历史语言研究所成立，其中下设的考古组成为中国最早的官方考古学研究机构。史语所成立者并首任所长傅斯年主张历史、语言的研究要运用新材料，发现新问题，采取新方法，奠定了中国考古学的根基和后世发展的基本方向。

1950年，中国科学院考古研究所成立，基本任务是在马克思主义的指导下，以田野考古为基础，应用包括自然科学技术手段在内的各种方法，并结合古代文献，揭示史前及各历史时期不同类型文化遗存的内涵、特征、性质及其相互关系，进而对古代的政治、经济、文化、社会进行全方位的考古学研究，探讨古代社会发展演变的进程和规律。

1952年，我国高校的第一个考古学专业——北京大学历史系考古专业正式成立。自此之后，以中国科学院考古研究所为机构模式，以北京大学考古专业培养的人才为专业骨干，各省的考古机构相继成立。从此，一个遍布全国、机构模式雷同、方向和目标一致的考古行业基本形成。

直到今天，我们多数考古工作者都未能跳出这一思维定式，那就是考古学是研究历史、探讨古代社会发展演变规律的学科，是少数专业人员而为之的高深学问，而远远脱离了现实生活，并没有将考古学科与现代社会的发展联系起来。

从20世纪60年代以来，考古学与社会、与公众的关系就逐渐成为西方考古学研究的一个重要的方面，公众考古学随之进入人们的视野。当时，美国文化资源保护工作曾经历了文化资源调查、抢救性考古发掘和文化资源保护立法及实施等几个步骤，取得了一定成绩。然而，文化遗产保护工作本身却没有取得预期效果。当时的城市、郊区和工业发展指数成倍增长，但对历史遗址的建设性破坏事件却急剧增多。加上公众机动性和休闲时间的增加，有利可图的文物交易市场进一步扩展。这都使得对遗址的毁灭性盗掘日益猖獗，对遗址的破坏达到了空前的、令人担忧的程度。这种情形同我国文化遗产今天所面临的紧迫形势是何其相似。

进入 21 世纪，随着中国经济的高速发展，公众考古的话题逐步引起了中国考古学者的关注。实际上，苏秉琦先生很早就提到过公众对于考古的意义，他说："一、考古是人民的事业，不是少数专业工作者的事业。人少了成不了气候。我们的任务正是要做好这项把少数变为多数的转化工作。二、考古是科学，真正的科学需要的是'其大无外，其小无内'。是大学问，不是小常识。没有广大人民群众的参加也不成，科学化与大众化是这门学科发展的需要。"[1] 苏秉琦先生的话可谓高屋建瓴、高瞻远瞩，我想今天我们讨论的话题不就是苏先生六十年想要圆的这个梦吗？2002 年，在杭州召开的"全国十大考古新发现颁证与学术研讨会"上，第一次将"考古学与公众——考古知识的普及问题"作为会议的主题。2003 年 3 月，由北京大学考古文博学院、中国社会科学院考古研究所、科学出版社联合召开了"新世纪中国考古学传播学术研讨会"。实际上，这两个会议是随着一系列有关公众考古活动召开的，说明个体的、自发的、局部的公众考古行为已经引起了业内的关注和思考。

2. 公众主体价值实现的外在激励

考古学是一门社会科学，与文学、历史学、哲学等其他社会科学一样，它不可能解决"吃什么"、"喝什么"的问题。然而，科学不能也不应该通过怎么样满足生存需要才有其存在的理由。尤其是在物质生活极大丰富的今天，人们越来越关注并强调自己的主体价值，追求人生更高的目的和意义，寻求更多彩的生活和信仰。因此作为社会科学之一的考古学也同样适合满足人们具体的情趣要求，适合表达更加抽象、多元化的文化内容。

同时还需强调的是，当那些有关古代的历史、文化、思想被遗忘、被抛弃，那么，植根于人民生活的自然基础，以及涉及现代的人类社会发展就会因为贫血而日益衰败。因此，人们也开始注意到这种"现代病"，开始为文化寻根找一个契合点，这对于有着悠久历史的中华民族尤其重要。考古学研究的就是人类的过去，在公众对自我价值的关注和探讨日益高涨，对人文精神的诉求日益强烈的今天，考古学便很自然地被要求

---

[1] 苏秉琦：《六十年圆一梦》，《华人·龙的传人·中国人——考古寻根记》，辽宁大学出版社，1994 年。

面向公众、走近公众，成为公众主体价值实现的一个绝佳的契合与落脚点。总结起来，"公众考古学实践的价值，在于它丰富了人们的生活，开阔了人们的视野，提升了人们的人文素质，增进了不同种族、民族、国家和地区的人们之间彼此的尊重、理解、互信和合作，使整个社会变得更加宽容、和谐、美好。"①

3. 文化遗产保护与传承的必然要求

文化遗产是人类文明的载体，它见证了人类历史的进程，它可以再现过往历史的一些情景，是帮助我们重拾历史记忆不可再生的宝贵资源，是全社会共同的文化财富，理应由全社会共知、共享、共守护。进入 21 世纪，随着经济建设和现代化的快速发展，我们中国的文化遗产，特别是埋藏在地下的物质文化遗产，面临的挑战比历史上任何一个时期都严峻。因此，如何最大限度地制止文化遗产的破坏和消失是文化遗产保护工作者的首要职责。当今对文化遗产的保护已上升到一个全新的高度，2005 年 12 月《国务院关于加强文化遗产保护的通知》的发布就是充分说明。

当今我国社会发展的中心主要在经济建设，文化遗产的保护并没有深入人心，单靠政府和文博专业机构的力量是远远不够的，必须依靠公众和全社会的共同关注。给公众创造亲近考古、亲近历史的机会，让他们在共同分享祖先留下来的珍贵文化遗产的同时，能够主动的善待文化遗产、保护文化遗产，对于古今和谐、文化繁荣、社会发展都将起到重要的作用。

由于考古学面对的物质文化遗存遍布于人们随处可见的城市、乡村、街道、田间等地下，这就必然注定了考古学离不开大众。同时，考古学揭示和研究的是我们人类的过去，任何一处遗存的发现必然反映当地的一段历史和文明，这完全应该也有必要让当地民众了解他们的历史和文化，唤醒他们对自己文化遗产的保护。正如单霁翔所说："我们必须尊重和维护民众与文化遗产之间的关联和情感，保障民众的知情权、参与权和受益权。任何忽视和割断文化遗产与民众的历史渊源和联系的行为，都必将损害文化遗产的自身价值，甚至危及其存在的基础。"② 只有最广泛的公众，尤其是当地民众的热心参与，才能有效地保护好我们的遗产，这成为考古学面向公众的必然要求。

（二）考古学如何面向公众

在公众考古学理论尚未成熟时期，所有的探索性方法都必然要经过考古学面向公众实践的检验。在这一过程中，有必要树立一个基本前提，那就是"公众考古"究竟是"公众视角"还是"考古视角"的问题。

---

① 李琴、陈淳：《公众考古学初探》，《江汉考古》2010 年第 1 期。

② 单霁翔：《试论新时期文化遗产事业的发展趋势》，《南方文物》2009 年第 1 期第 9 页。

前文已提及，随着人们物质生活、文化水平的提高，公众开始关注并日益强调自身的主体价值。各种大众媒体也投入了前所未有的热情，今天的考古学已不再是一门冷僻怪异的学科。随手打开电视、翻阅报刊、闲步书店、搜索网络，我们发现和考古有关的内容无处不在，绝大多数都是考古行业外的公众在考古界边缘进行的"探秘"活动。这样做的优点是，广泛的缓解了公众的好奇心理，在一定程度上满足了公众的求知欲望；然而弊端也很突出，由于是公众视角下的考古观察，难免产生不当、片面等问题，影响了考古学专业形象，更为严重的是催生了考古文物的市场环境，许多人打着专业的旗号从事文物鉴定、交易活动，为肆意泛滥的盗掘行为提供了机会。

相反，如果考古文博机构能够合理的利用我们自身的资源优势，充分地发挥我们的自主地位，主动出击和主流媒体合作，用通俗易懂的语言、喜闻乐见的形式占领考古和文化遗产传播的舞台，唱响考古传播的主旋律，使哗众取宠、别有用心的节目、报刊、书籍、网络等无可乘之机，使得考古知识、保护理念能够正确、积极的在公众中广泛传播，这必将对文化遗产的保护和传承产生深远而有益的影响。

自2008年以来，不断地有考古机构和考古学者主动尝试探索公众活动，许多考古文博机构设立公众考古、文化遗产保护传播机构和组织，开始专门性的进行公众考古实践和研究，形式也日益多元化。

1. 亲临遗址现场、体验考古真实

考古机构依托田野发掘项目，将正在发掘或已经发掘保护的遗址，在保障安全的前提下固定时间和范围向公众开放，义务科学普及考古、历史、文化知识。

（1）考古遗址单项展示

仅就某一个考古发掘遗址进行单项主题展示。

2008～2010年的三年时间，中国文化遗产研究院、山东省文物考古研究所、河南省文物考古研究所、陕西省考古研究院、北京大学考古文博学院、山西省考古研究所、中国社会科学院考古研究所、山西大学文博学院、河北省文物研究所、湖南省文物考古研究所、四川省文物考古研究院、重庆市文物考古所等十几家文物考古机构先后举办"走进考古发掘现场"的公众考古活动，这些遗址有当年新发现的如汾阳东龙观宋金墓地、屯留康庄墓地，完成发掘保护的晋侯墓地、新干大洋洲商墓，以及进行长期发掘的如柿子滩遗址、二里头遗址、殷墟遗址、周公庙遗址等等，涉及参观的单项遗址遍布全国各地。受众面包括学生、市民、农民、建设工人、基层领导干部等。

其中，山西省考古研究所率先在向公众展示考古发掘成果的同时又加入了公益讲座，邀请省内外专家学者将考古文物知识、考古发掘故事、遗址出土历史文化信息，以严谨、通俗的形式奉献给公众，引起了公众的极大兴趣。如2009年1月"走近考古、步入宋金"大型公益讲座就取得了超出预料的效果，社会反响强烈。此后，山西省考古研究所又推出"走近考古、触摸文明（共守家园）"之"晋侯墓地的发现与解读"、"下王尹的故事"、"走进康庄墓地"三次系列活动，举办"我与考古·山西考古文化周"等相关主题活动，内容涉及举办考古类公益讲座、播放考古类电影和纪录片、图书首发式、邀请山西考古志愿者参观考古遗址及沙龙座谈等。分别针对中心城市市民、遗址所在地农村居民、小学生、中学生、大学生、筑路工人群体举办，使他们在参观遗址现场的同时，也增加了对文物考古的科学认知、增强了历史自豪感和文化遗产保护意识。

（2）考古遗址线性展示

这主要是一些考古文博机构面向学生群体举办的考古夏令营活动，组织营员在一个区域内进行多个遗址的参观、学习。

自 2008 年起，北京大学考古文博学院和北京大学公众考古与艺术中心举办的夏令营活动已成功举办了三届，并成为学院发展的固定项目每年吸引着来自全国各地的高中生。夏令营旨在普及历史考古知识，增进文化遗产保护意识；扩大中学生视野，提升中学生人文素养和实践能力，并为考古专业选拔潜在生源。全程由专业考古学者带队，参观考察沿线的考古遗址、博物馆、古建筑、考古发掘现场，观摩珍贵文物，进行田野考古发掘和调查实践等一系列活动。三届考古夏令营分别在陕西、山西、浙江举办。活动获得了参加者的一致好评，取得了很好的社会效益。

2. 大众媒体在考古传播中的广泛运用

让公众近距离的分享考古发掘过程、感知历史文物，对于公众了解考古是最直接、有效的方式，但由于遗迹、遗物本身所具有的特殊性，它的承载力是极其有限的，与此同时，遗址类博物馆在我国尚在少数，惠及面窄。因此有必要利用大众媒体，与公众搭建起迅捷、广泛地传播平台，达到科学、有益的公众教育目的。

（1）考古类科普图书日益丰富

市面上经常可见考古探秘性质的单行本或丛书，对于公众认知考古起到一定的帮助作用，但内容往往流于神秘、悬疑化，容易使公众形成误解。已经有许多考古从业人员意识到这个问题，他们在编写严肃的研究性报告之余，主动策划出版通俗的考古科普读物，已知的有《考古人和他们的故事》书系（学苑出版社，2006 年）、《殷墟：一个王朝的背影》（唐际根著，科学出版社，2009 年）、《最早的中国》（许宏著，科学出版社，2009 年）、《胡商 胡腾舞与入华中亚人——解读虞弘墓》（张庆捷著，北岳文艺出版社，2010 年）等等，在与公众分享考古故事的同时，也可以得到来自公众的反馈和监督。

（2）网络媒体异军突起

网络媒体作为一股新势力，也已迅速的贴近群众。专门性的公众考古网站数量目前还很少，已知的有北京大学考古文博学院、北京大学公众考古与艺术中心主办的"中国公众考古网"（http：//www. caagp. com/）；其次就是一些考古相关的网站、论坛上开辟的公众考古专区、版块，如"中国考古"的"公共考古中心"频道、"博雅论坛"的"公众考古"专区、湖南省文物考古研究所与山西省考古研究所的官网的"公众考古"栏目等等；除此之外，许多大型门户网站、考古文博机构的官方网站、论坛等上发布大量的考古发现和考古知识；再有，就是一些考古从业人员及考古爱好者的个人博客、主页，提供与考古相关的发现及研究成果①。以上这些，对于公众了解考古行业信息效果突出。

3. 招募和发动考古志愿者群体

目前官方、民间已经有一些固定的文保组织和社团，如中国文物保护基金会发起的"中国文物保护志愿者"、民间长城爱好者建立的"长城协会"，以及许多高校内部设立的"文物爱好者"社团等等，但考古志愿者群体仍较稀缺。

最先进行考古志愿者招募实践的是湖南省文物考古研究所，他们于2009、2010年连续两年推出湖湘考古志愿者活动。组织志愿者进行基本的考古知识培训和亲临考古现场发掘古墓葬、拼陶片等实践活动。但湖湘考古志愿者基本为临时一次性招募，并非真正意义上的长期服务组织。

2010年11月，山西省考古研究所发布招募考古志愿者的通知以后，共收到200多份申请表，经过面试考核，最终确定了15名首批山西考古志愿者，通过制订专门的章程、胸牌、志愿者标识，规范和完善志愿者管理制度，逐步形成内容丰富、形式多样、长期有效的山西考古志愿服务体系。它将成为一支游走于考古行业内外的新鲜力量，发挥他们的优势，开展文物普法、考古宣传支教、文化遗产监督等等活动，由点及面的带动更多的人，为中国的文化遗产保护事业发挥其积极的作用。

（三）考古学面向公众实践中的现状和问题

中国的公众考古实践目前仍在探索阶段，虽然每一次由考古文博机构精心策划的活动，都能引起参与者的共鸣，取得非常好的效果，但也存在一些遗憾和问题。

1. 公众热情度高但可参与性小

举办了几次公众考古活动以后，我们也有实际的体会，公众参与考古活动的意愿十分强烈，热情非常高涨，在讲座中认真地聆听、记笔记，与考古学者积极的互动交

---

① 访问量较高的有复旦大学文博系高蒙河教授"公众考古试验田"（http://gaomenghe. blog. sohu. com/）、中国社会科学院考古研究所许宏研究员"考古人许宏"（http://blog. sina. com. cn/xuhong63）。

流，给举办方建言献策，尤其在参观考古遗址时表现出浓厚的兴趣，表达出希望考古机构多举办类似活动的意愿等等。但是限于时间、资金、人力，以及出于对人员和文物安全等多方面考虑，这样的机会在全国范围内来说还是很少的，更不可能满足所有爱好者的需求；而且，作为考古研究机构，并不具备专业的策划、服务水平，难免在公众实践渠道选择上保守、单一。在这种情况下，公众可参与性小就成为一个必然的问题。

2. 公众认知不足和关注点错位

目前对公众考古学理论的研究常提到"不足模式"一词，公众考古学的"不足模式"认为，"公众需要接受正确的教育来理解考古学，而公共考古学的角色就是建立公众对专业考古工作者的信任"，这一概念最早被西方学者提出①。由于公众对考古专业、考古行业缺乏真正了解，他们对考古的认知基本都是来源于电视、书刊、网络的非科学性描述，考古形象在他们心目中的定位就是探秘、挖宝等等。所以我们面对的公众爱好者，绝大部分都是出于好奇的目的，有一部分认为参加公众考古活动可以近距离接触"宝贝"，丰富"鉴宝"知识，了解发掘内幕等，造成关注点错位。

中国的公众考古背景与西方有一定的区别，很大程度上是基于对文化遗产传承与保护的需要，考古机构在与公众的沟通与交流上难免有所偏差，因此必须认识到，公众考古是一项长期缓慢的工程，不能急于否定，也不能急于求成。

3. 公众考古力量薄弱

中国的公众考古实践尚在起步阶段，并未形成气候，只是为数较少的考古科研院所在依靠自身的力量，步履维艰。

考古工作的对象——物质文化遗产是属于国家和全民的公共资源，而对于它的调查、发掘、研究、保护都是依靠国家的财政支持，在法律法规、组织结构等方面并未对公众考古形成一种规范，同时公共资源的市场环境还不成熟，多元运营模式还存在疑点、难点。因此，完全由考古科研机构协调自身的人力、物力、财力，很难快速、有效地将考古社会化，不得不面对公众考古在短时间内会遭遇瓶颈、发展缓慢的现实。

（四）考古学面向公众实践中的思考和建议

1. 转变考古行业观念，发展公众考古力量

考古行业在我国是一个比较特殊的行业，从业人员少，垄断性强，行为相对保守，许多考古科研机构由于传统工作观念的束缚，对公众考古很少问津。公众能否正确认

---

① 〔美〕尼克·麦瑞曼著，周晖译，方辉校：《公共考古学的多样性与非调和性》，《南方文物》2007 年第 2 期。

识考古、能否自觉参与到文化遗产保护的队伍中来，很大程度上取决于考古行业的态度和行为。在目前文化遗产保护的巨大压力面前，公众考古的发展已经成为必然，考古行业必须承担起重要责任，积极主动的转变工作观念，发展公众考古研究力量，以求得对文化遗产传承与保护的最大实现。

2. 加大政府投入

为更好的完善和发展公众考古，需要政府在立法、行政、财政支持等多方面加大对公众考古的关注和投入。

（1）为公众考古立法或制定行政法规，将考古的社会责任和义务进一步规范化、具体化。（2）设立专项的考古科普实验经费项目。目前，很多考古科研机构已经设立了专门的公众考古科室，从事相关内容的实践和研究，设立专项考古科普实验经费项目，可以为他们提供资金支持，使其更能充分、深入地进行研究。（3）建立考古科研机构的文物陈列室或科普基地，为有条件的考古科研机构建立面向公众的文物陈列室、科普基地提供资金支持。考古发掘出土的大部分文物都在考古科研机构的库房积攒堆压，使这些文物在出土、报告出版后就永无"出头"之日，造成了文物资源的浪费。目前看到的对文物利用相对较好只是一些高校的文博学院建立的小型博物馆，但是它们的运营主要依靠社会捐助或自身力量，很多同类型的博物馆由于资金受阻而难以为继，文物展柜内落满尘土，文物保护现状堪忧。（4）建立考古类博物馆、遗址公园也是进行公众考古的有利载体，人们可以在放松、休闲的同时，近距离的感知考古信息，了解古代的历史文化。从脆弱的、承载力有限的考古遗址变为公共场所，需要在遗址的后期开发保护利用中更好的关注、满足公众的利益和需求。

3. 尝试市场化运作

这就必然涉及公众考古形式的多样化问题。要想让考古成果人人分享，真正惠及绝大多数公众，考古学家和考古机构就需要探索多种途径、多种方式来为考古和公众搭建沟通的桥梁。

举办讲座、编纂科普图书报刊、考古现场体验、专家与公众座谈交流等传统形式虽然深受公众的欢迎，但毕竟是杯水车薪，而且在人力、物力、财力有限的情况下，很难取得大的突破和进展，因此有必要在考古边缘探索社会化、产业化的合理合法的新途径。比如：（1）可以利用时下较为流行的即时信息平台，在不失考古科学性的原则基础上，寻求商业互惠合作，制作考古科普网站，建立网络互动平台；（2）在条件成熟的时候尝试拍摄真正考古题材的影视纪录片，开发动漫产品、游戏、玩具，但要在前期设计、生产环节及参与者心里认知上，严格控制和把关，真正实现益健的作用；（3）在法律允许的范围内，设立文化遗产保护基金，吸收社会力量，进行文化遗产科普和保护的实践及研究。

　　考古工作，使用的是公共资源（人力、财力、物力），研究的是公共资源（人类共有的文化遗产），从这个意义上讲，面对的也应该是公共群体。长期以来，由于行业的专业限制，在公众服务方面，一直存在着软弱、畏缩、滞后的问题。随着社会经济的发展，公众自我意识的崛起，客观要求考古走近大众视野，同时也成为考古学科和考古行业自身发展的需要和动力之一。

　　"公众考古学不仅仅是让考古学家做老师，向公众普及考古知识，它更深层关心的是考古学的社会角色、考古学的伦理责任和考古资源管理及文化遗产保护、传承等问题。"① 在中国，公众考古面临着一个极为紧迫的现状就是，随着经济建设的迅猛发展，文化遗产尤其是地下文物数量在日趋减少，保护现状岌岌可危，然而考古科研力量是有限的，执法环节是滞后的，利用行业的一己之力很难立竿见影。在这种情况下，就需要依靠政府的投入，长期而有效地搭建与公众沟通的平台，才能真正让考古学面向公众，实现考古资源的社会化，同时也实现考古资源乃至整个文化遗产资源保护的真正社会化。

---

① 陈淳：《走近公众的考古学：兼谈考古伦理学与全国十大考古新发现评选活动》（http://archaeologist. bokee. com/696602. html）。